ISBN 978-0-428-04443-5
PIBN 11238188

ORATORES
ATTICI

ET QUOS SIC VOCANT

SOPHISTÆ

OPERA ET STUDIO

GULIELMI STEPHANI DOBSON A.M.

REGIÆ SOCIETATIS LITERARUM SOCII

TOMUS SEPTIMUS

DEMOSTHENES

LONDINI

EXCUDIT J. F. DOVE

(APUD QUEM ETIAM VENEUNT)

A. S. MDCCCXXVIII

DEMOSTHENIS

QUÆ EXSTANT OMNIA

INDICIBUS LOCUPLETISSIMIS

CONTINUA INTERPRETATIONE LATINA

VARIETATE LECTIONIS

SCHOLIIS TUM ULPIANEIS TUM ANONYMIS

ANNOTATIONIBUS VARIORUM

H. WOLFII OBSOPŒI TAYLORI MARKLANDI JURINI MOUNTENEII STOCKII HARLESII
F.A. WOLFII SPALDINGII AUGERI RÜDIGERI WUNDERLICHII BREMII
ALIORUMQUE ET SUIS

ILLUSTRAVIT

GULIELMUS STEPHANUS DOBSON A.M.

REGIÆ SOCIETATIS LITERARUM SOCIUS

ACCEDUNT ANIMADVERSIONES

REISKII DOUNÆI WEISKII AMERSFOORDTII

ET NUNC PRIMUM PUBLICI JURIS FACTÆ

THOMÆ STANLEII VEL POTIUS JACOBI DUPORTI

NECNON ADVERSARIA

PETRI PAULI DOBREE

GRÆCARUM LITERARUM APUD CANTABRIGIENSES

NUPER PROFESSORIS REGII

TOMUS TERTIUS

DEMOSTHENIS PUBLICÆ ET EXCEPTIONES

LONDINI

PROSTANT APUD J. F. DOVE

A. S. MDCCCXXVIII.

TABULA

EORUM QUÆ CONTINENTUR

IN

TOMO SEPTIMO.

ΔΗΜΟΣΘΕΝΟΥΣ

Ο ΚΑΤΑ

ΜΕΙΔΙΟΥ

ΛΟΓΟΣ

ΠΕΡΙ ΤΟΥ ΚΟΝΔΥΛΟΥ.

I. TAYLORI

PRÆFATIO

AD

ORATIONEM DEMOSTHENIS

CONTRA MIDIAM.

MIDIAS, Midiæ F. Atheniensis, domo Anagyrasius, homo divitiis abundans et luxurie diffluens, præstantissimæ huic Orationi, uti ex argumentis didicisti, materiam præbuit. Quam et multi ex antiquis Scriptoribus certatim laudant, (cujus vocabuli vis ut varia est, nam ea et *citare* et *commendare* dicimus, ita varie utor) eximius ille Criticus, Longinum intelligo, a nonnullis existimatur commentariis suis illustrasse. Qui quidem Commentarii (si tamen scripserit, nam de ea re valde dubito) una cum multis ad hanc orationem a veteribus Scriptoribus annotatis penitus interciderunt. Multis, inquam, quoniam, ut ait Photius Cod. CCLXV. *γέγονεν οὗτος ὁ λόγος οὐκ ὀλίγοις ἐν σπουδῇ, καὶ τῆς πρὸς ἀλλήλους ἀμφισβητήσεως ἀφορμὰς παρέσχε· καὶ οἱ μὲν τοῦ παθητικοῦ χαρακτῆρος εἶναί φασιν αὐτὸν, μετὰ δεινώσεως ἐπειργασμένον, οἱ δὲ τοῦ πραγματικοῦ*, et quæ sequuntur. Habitam quidem non fuisse, id profecto vero est simillimum, cum Æschines (quem, licet infensissimum, et exprobranti similem, tamen in re nuperrime prorsus gesta ideoque pervulgatissima, *πρὸς εἰδότας* permentiri ægre existimabis) Demostheni objiciat, eum injuriam istam cum Midia transegisse, et Populi, quod obtinuit, præjudicium triginta minis fuisse cauponatum. *Καὶ ταῦτα ἤδη τὰ περὶ Μειδίαν, καὶ τοὺς κονδύλους, οὓς ἔλαβεν ἐν τῇ ὀρχήστρᾳ χορηγὸς ὢν, καὶ ὡς ἀπέδοτο τριάκοντα μνῶν ἅμα τε τὴν εἰς αὐτὸν ὕβριν, καὶ τὴν τοῦ δήμου καταχειροτονίαν, ἣν ἐν Διονύσου κατεχειροτόνησε Μειδίου.* Æsch. c. Ctesiph. [§. *κ'*.] Id quod et alibi in ead. oratione innuit. [§. *οδ'*.] *Τοσοῦτον καταγελᾷ τῆς πρὸς ὑμᾶς φιλοτιμίας, ὥστε τὴν μιαρὰν κεφαλὴν ταύτην καὶ ὑπεύθυνον, ἣν οὗτος παρὰ πάντας τοὺς νόμους γέγραφε στεφανῶσαι, μυριάκις κατατέτμηκε, καὶ τούτων μισθοὺς εἴληφε, τραύματος ἐκ προνοίας γραφὰς γραφόμενος, καὶ κατακεκονδύλισται, ὥστε αὐτὸν οἶμαι τὰ τῶν κονδύλων ἴχνη τῶν Μειδίου ἔχειν ἔτι φανερά. ὁ γὰρ ἄνθρωπος οὐ κεφαλὴν, ἀλλὰ πρόσοδον κέκτηται.* Plutarchus in vita Demosthenis, [§. *ιβ'*.] ut Historicum magis decuit, rem ita exponit: *Δῆλος δ' ἔτι καὶ τὴν κατὰ Μειδίου παρασκευασάμενος εἰπεῖν δίκην, δύο μὲν ἐπὶ τοῖς τριάκοντα* γεγονὼς ἔτη, μηδέπω δ' ἔχων ἰσχὺν ἐν τῇ πολιτείᾳ, μηδὲ δόξαν. ὃ καὶ μάλιστά μοι δοκεῖ δείσας, ἐπ' ἀργυρίῳ καταθέσθαι τὴν πρὸς ἄνθρωπον ἔχθραν·

Οὐ γάρ τοι γλυκύθυμος ἀνὴρ ἦν, οὐδ' ἀγανόφρων,

ἀλλ' ἔντονος καὶ βίαιος. περὶ τὰς ἀμύνας· ὁρῶν δ' οὐ φαῦλον, οὐδὲ τῆς αὐτοῦ δυνάμεως ἔργον, ἄνδρα καὶ πλούτῳ καὶ λόγῳ, καὶ φίλοις εὖ πεφραγμένον καθελεῖν, τὸν Μειδίαν, ἐνέδωκε τοῖς ὑπὲρ αὐτοῦ δεομένοις. αἱ δὲ τρισχίλιαι καθ' ἑαυτὰς οὐκ ἄν μοι δοκοῦσι τὴν Δημοσθένους ἀμβλῦναι πικρίαν, ἐλπίζοντος καὶ δυναμένου περιγενέσθαι. Insignis est locus Isidori Pelusiot. IV. Epist. 205. quem quia non uno mendo laborat, hic describam. πῶς δὲ Δημοσθένης — τὸν Μειδίαν οὐχ εἷλε τὸν τοσαῦτα αὐτὸν κακὰ διαθέντα; ὅτι μὲν γὰρ ἐβούλετο αὐτὸν ἑλεῖν, διὸ καὶ παντὶ σθένει τὴν κατηγορίαν ἔγραψε, δῆλον· διὰ τί οὖν οὐχ εἷλεν; οὐκ ἐπειδὴ ἀσθενεστέρους τοὺς λόγους τῆς τῶν ἐχθρῶν δυναστείας ἐνόμισεν; (Ita omnino lege cum interrogatione: aliter cadet Isidori argumentatio. Ita supra, διὰ τί Πλάτων ἐξέπεσεν; οὐκ ἐπειδὴ μηδένα τύραννον πεῖσαι ἠδυνήθη; Πυθαγόρας δὲ—; οὐκ ἐπειδή —;) οὐ γάρ τι λαβὼν, ὡς Αἰσχίνης ἔφη, ἀπέδοτο τὴν καταχειροτονίαν· οὐ γὰρ δέχεται τὴν αἰτίαν τῆς αἰσχροκερδείας ἡ μεγαλοψυχία τοῦ ῥήτορος· οὐδ' ὁ τοῖς ἐπιτρόποις ἀφεὶς τὰ πατρῷα μετὰ τὴν νίκην, οὗτος ἂν ἔλαβεν αἰσχρῶς ἀπὸ (l. ἐπὶ) τῆς κεφαλῆς. ἀλλὰ τοὺς ἐχθροὺς ἰσχυροὺς (l. ἰσχυροτέρους) ἡγησάμενος τοῦ λόγου, καὶ ὡς πρὸς τὴν ἐκείνων βίαν οὐδαμοῦ φανεῖσθαι τὴν τέχνην λογισάμενος, εὐπρεπῶς κατέθετο τὴν συμφορὰν, ἄμεινον ἡγησάμενος τῇ πρᾳότητι καθυφῆναι δόξαι τοῦ κρίσει δικαστῶν ἡττᾶσθαι. Turba quidem Scriptorum uno ore submissionem ad argentum referunt: τρισχιλίαις ἐπείσθη, τρισχιλίας λαβὼν ἀπέλυσε τῆς δίκης, et similia, Suidas, Photius, Plutarchus in vitis X. Oratorum, (si tam pugnantia scripsisse potuit) et Scriptor vitæ Demosthenicæ ἀνώνυμος, quam beneficio cl. Sallierii ex bibliotheca Regis Christianissimi descriptam teneo. Inde factum est, quod, cum hanc causam nunquam perorasse creditur, suspiciosi quidam Critici, ut Photius memorat, nævos quosdam, quales in imperfecto opere esse solent, deprehendisse sibi visi sunt. Καὶ ὁ κατὰ Μειδίου δὲ, καὶ κατ' Αἰσχίνου λόγος αἰτίαν ἔσχε τοῦ μὴ τὴν αὐτὴν κατὰ πάντα ἀρετὴν τῷ Δημοσθενικῷ συνδιασώσασθαι χαρακτῆρι. καὶ γὰρ ἐν τοῖς δυσὶ τούτοις λόγοις ἐκ διαλειμμάτων τινῶν ταῖς αὐταῖς ἐννοίαις ἐπιβάλλων, ἁμιλλᾶσθαι δοκεῖ πρὸς ἑαυτὸν, ὥσπερ ἀσκούμενος, οὐκ ἐπ' αὐτοῖς ἀγωνιζόμενος τοῖς ἔργοις. διὸ καί τινες ἔφησαν, ἑκάτερον λόγον ἐν τύποις καταλειφθῆναι, ἀλλὰ μὴ πρὸς ἔκδοσιν διακεκαθάρθαι. Photius in vita Demosthenis. Recte sane. Nam, cum §. κή. pulcherrimam quandam γνώμην, sive effatum philosophicum ad Midiam coercendum expromat, eandem, §. νά. quasi sui immemor, (vel, quod verius est, πρὸς ἑαυτὸν ἁμιλλώμενος, et re nondum satis explorata, utri loco argumenti ea ῥῆσις decentius conveniret) verbis ipsissimis et disertissima oratione repetat. Verosimilius est multo, hæc ex inconstantia, ut dixi, Auctoris profecta, qui nondum rem ad exitum perduxerat, quam consilio, et usu veterum, ut nugatur Scholiastes. Qui utrumque locum expensitaverit, mecum sentiet. Criticus ex antiquioribus memoriæ prodidit, multum in hac oratione profecisse Demosthenem ex Lysia, Lycurgo et Isæo. Δημοσθένης εἰς τὸν κατὰ Μειδίου τά τε Λυσίου καὶ Λυκούργου ἐκ τῶν τῆς ὕβρεως λόγων, καὶ τὰ Ἰσαίου ἐκ τῶν κατὰ Διοκλέους ὕβρεως μετενήνοχε. Theo. Progymn.

Instituta fuit hæc causa, cum Demosthenes annum ætatis ageret 33. Hoc disertissime testatur Plutarchus in vita, atque adeo Orator ipse, §. μγ'. οὗτος (de Midia verba faciens) γεγονὼς ἔτη περὶ πεντήκοντα, οὐδὲν ἐμοῦ πλείους λειτουργίας ὑμῖν λελειτούργηκεν, ὃς δύο καὶ τριάκοντα ἔτη γέγονα. Juxta eundem Plutarchum, Zosimum, Vitæ Scriptores, Dionysium Halic. cæterosque fide dignos, natus erat Demosthenes anno, qui Centesimam Olympiadem proxime anteibat; ita ut hæc Causa, eam rem recte supputante eod. Dionysio, in annum quartum Olymp. CVII. caderet, archonte Atbenis Callimacho. Κατὰ τοῦτον γέγραπται τὸν Ἄρχοντα [Callimachum] καὶ ὁ κατὰ Μειδίου λόγος, ὃν συνετάξατο μετὰ τὴν, ἣν ὁ δῆμος αὐτοῦ κατεχειροτόνησε (restitue ex MSS. μετὰ τὴν καταχειροτονίαν, ἣν ὁ δῆμος αὐτοῦ κατεχειροτόνησε.) Dionys. Halic. ad Ammæum. Plutarchus interea in vitis X. Oratorum, anno quarto Olymp. non XCIX. sed XCVIII. natum esse mavult auctorem nostrum. Quo duce, causam hanc meditabatur (*egisse* enim dicere, parum tutum esse videtur) anno extremo Olymp. CVI. siquidem Midiam, ut modo vidimus, in jus vocavit annos natus XXXII. At profecto ea tempestate plurimæ ex iis rebus gestæ non sunt, quas hic ut gestas Orator commemorat. Tu interea cave credas, Plutarchum Plutarcho adversari, (neque enim Tractatulus iste, quem habemus de vitis X. Oratorum, Plutarchi esse potest) verum recentem aliquem Scriptorem, Plutarchi nomine ementito, Photii, qui de Vitis Oratorum commentatus est, indiligentiam et ἀνιστορησίαν studiose et dedita opera descripsisse, aliquando etiam nonnullam ex proprio penu addidisse. De Samuele Petito, qui in Demosthenis Natalibus fidem Pseudo-Plutarchi computo adstruere velit, (Attic. Legg. Edit. Nov. p. 266. seq.) commodior erit dicendi locus.

Hæc Actio peculiari nomine vocatur Προβολή. De qua diligenter minus, et perfunctorie tantum, qui Jurisprudentiam Atticam profitentur. Προβολὴ erat ex iis Actionibus, quæ *publicæ* dicebantur, uti ex hac oratione liquet, §. θ'. Ἔστι δὲ πρῶτον μὲν ἐκεῖνό οὐκ ἄδηλος ἐρῶν, — ὡς — δίκας ἰδίας μοι προσῆκεν αὐτῷ λαχεῖν — οὐχὶ δημοσίᾳ κρίνειν αὐτόν. et deinde, εἰ μὴ προυβαλλόμην αὐτὸν, ἀλλ' ἐδικαζόμην. Complectebatur quidem præcipue eos, qui in Pestis et Religionibus insolenter, aut proterve egerint. Τοῦτο δὲ δημόσιον. προβολὴ γάρ ἐστιν ὄνομα δίκης κατὰ τῶν περὶ τὴν ἑορτὴν ἀδικούντων. Ulpian. ad init. hujus Orationis. Προβολὴ ἡ κλῆσις εἰς δίκην κατὰ τῶν κακόνως πρὸς τὸν δῆμον διακειμένων — προβολαὶ δὲ ἦσαν καὶ αἱ τῆς συκοφαντίας γραφαί. ἐγίνοντο δὲ καὶ περὶ τῶν ἐξυβρισάντων, ἢ ἀδικησάντων, ἢ ἀσεβησάντων περὶ τὰς ἑορτὰς, ὡς ἡ κατὰ Μειδίου Προβολή. Poll. l. 8. c. 6. §. 46. Ἐν δὲ τῷ κατὰ Μειδίου, καὶ προὐβαλλόμην, φησὶν, ἀδικεῖν τοῦτον περὶ τὴν ἑορτὴν, ἀντὶ τοῦ προβολῇ ἐχρησάμην τῇ συνήθει καὶ νομιζομένῃ κατὰ τῶν περὶ τὴν ἑορτὴν ἀδικούντων, ὠνόμασα τοῦτον ἐν τῷ δήμῳ. Harpocr. Sycophantas etiam, ut ex Xenophonte, Æschine et Isocrate discimus. Οὐ πολλῷ χρόνῳ ὕστερον μετέμελε τοῖς Ἀθηναίοις, καὶ ἐψηφίσαντο, οἵτινες τὸν δῆμον ἐξηπάτησαν, προβολὰς αὐτῶν εἶναι, καὶ ἐγγυητὰς καταστῆσαι, ἐὰν κριθῶσιν — προὐβλήθησαν δὲ καὶ ἄλλοι τέτταρες. Xenoph. Hist. Gr. l. 1. exeunte. Τῇ μὲν Φήμῃ δημοσίᾳ θύομεν, ὡς Θεῷ· τῶν δὲ συκοφαντῶν, ὡς κακούργων, δημοσίᾳ προβολὰς ποιούμεθα. Æschin. π. παραπρεσβ. [§. μέ. fin.] Περὶ δὲ τῶν συκοφαντῶν χαλεπωτέρους, ἢ περὶ τῶν ἄλλων κακουργιῶν, τοὺς νόμους ἔθεσαν. τοῖς μὲν γὰρ μεγίστοις τῶν ἀδικημάτων ἐν ἑνὶ τῷ δικαστηρίῳ τὰς κρίσεις ἐποιήσαντο· κατὰ δὲ τούτων, γραφὰς μὲν πρὸς Θεσμοθέτας, εἰσαγγελίας δ' εἰς τὴν Βουλὴν, προβολὰς δ' ἐν τῷ δήμῳ, νομίζοντες τοὺς ταύτῃ τῇ τέχνῃ χρωμένους ἁπάσας ὑπερβάλλειν τὰς πονηρίας. Isocr. de Permutatione. Similiter in Accessionibus ad Harpocrat. ineditis, ex Cod. MS. in Biblioth. Reg. Cant. dicuntur ea actione teneri, qui Argentifodinas publicas clam exercent, aut aliquid demum ex publicis rationibus aliquo modo depeculantur. Errare ergo videtur T. Magister, cum scribit, ad Dionysia et in iis ἀδικήματα proprie pertinere, ad cætera improprie trahi hoc vocabulum. Προβολὴ καὶ ἡ κατὰ τῶν ἀσεβούντων ἐν τοῖς Διονυσίοις κατηγορία. καταχρηστικῶς δὲ καὶ ἡ περὶ πάσης δίκης κατηγορία. ὡς Αἰσχίνης· δημοσίᾳ προβολὰς ποιούμεθα. Locum Æschinis modo laudavimus. Προβολαὶ igitur erant quasi *Provocationes ad Populum*, statim et indesinenter factæ, παρ' αὐτὰ τἀδικήματα, ut loquitur noster, §. θ. med. §. ζ. et, τότε ἐν τῷ δήμῳ παραχρῆμα ἐξήλεγξα, §. ζ'. Quod si Populi præjudicium fieret, causa ad Thesmothetas deferebatur, qui eam ad judices adducebant, ut ibi περὶ τῆς τοῦ δήμου καταχειροτονίας, quo modo loquitur Libanius in argumento, contentio fieret. Καὶ τὰς εἰσαγγελίας εἰσαγγέλλουσιν, καὶ τὰς προβολὰς εἰσάγουσιν, καὶ τὰς τῶν παρανόμων γραφάς. Poll. VIII. 9. Vid. σχ. Ulpian. ad hæc verba Demosthenis §. β'. καὶ κατηγορήσων, ἐπειδή τις εἰσάγει, πάρειμι, ὡς ὁρᾶτε. Hanc denique actionem, ut omnes eas, quæ in publico jure versabantur, ἐξῆν τῷ βουλομένῳ γράφεσθαι, quoniam ad Remp. crimen spectare videbatur; hac tamen addita cautione, quod ὁ μὴ μεταλαβὼν τὸ *πέμπτον μέρος τῶν ψήφων, προσωφλίσκανε χιλίας.* Poll. VIII. 6. Sunt autem qui existimant, *προβάλλεσθαι*, ut *εὐθύνειν, εἰσαγγέλλειν, γράφεσθαι* etc. de *Criminalibus* actionibus, prout a Civilibus distinguuntur, intelligi debere. Inter quos est magnus Budæus. [*Δίκαι ἴδιαι* et *δημόσιαι* are they distinguished, as we do *Actions civil* and *criminal?* TAYLOR in schedis.]

Liberalitatem hanc Demosthenis, benevolentiamque in Tribum, qua se ipse ultro, cæteris renuentibus, Ludorum Curatorem designavit, honestissimo præconio nobilitavit Populiscitum, quod rogavit Demochares, ubi inter cætera legitur:

ΚΑΙ ΧΟΡΗΓΙΑΝ ΑΝΔΡΑΣΙΝ ΕΠΙΔΟΝΤΙ ΟΤΕ ΕΚΛΕΙΠΟΝΤΩΝ ΤΩΝ ΠΑΝΔΙΟΝΙΔΩΝ ΤΟΥ ΧΟΡΗΓΕΙΝ ΕΠΕΔΩΚΕ. κ. τ. λ.

Quod ad Midiam attinet, erat homo divitiis, auctoritate, et potentia apud suos nobilis: præter modum contumeliosus, ut ex hoc judicio liquet, et narratione etiam lepida, quæ apud Diogenem Laertium exstat in vita Diogenis Cynici: *Ἀλλὰ καὶ Μειδίου κονδυλίσαντος αὐτὸν* [Diogenem] *καὶ εἰπόντος· Τρισχίλιαί σοι κεῖνται ἐπὶ τῇ τραπέζῃ· τῇ ἑξῆς πυκτικοὺς λαβὼν ἱμάντας, καὶ καταλοήσας αὐτὸν ἔφη· Τρισχίλιαί σοι κεῖνται ἐπὶ τῇ τραπέζῃ.* Credibile fortasse quibusdam videri possit, et ex hac historiola, et ex pretio, quo superius causam hanc transegisse Demosthenes dicitur, Talenti dimidium, sive MMM drachmarum summam, vel lege vel moribus fuisse in his contumeliis definitam. Perinde ut in antiquo jure Romanorum, in summa Auri raritate, contumelias et verbera pauxillulo nummorum æstimabant. Unde homunculus apud Gellium XX. 1. in re lauta positus, Midiæ consimilem ludum lusisse dicitur. *Quidam Lucius Veratius fuit, egregie homo improbus atque immani vecordia. Is pro delectamento habebat os hominis liberi manus suæ palma verberare. Eum Servus sequebatur, crumenam plenam assium portitans: et quemcunque depalmaverat, numerari statim secundum XII. Tabb. quinque et viginti asses jubebat.* Ut ad Midiam revertar, videtur ex Plutarcho olim adducto in vita Demosthenis, facundia præcelluisse, causasque aliquando publicas egisse, ut liquet ex initio Androtianæ. Honoribus multis in Rep. functus, etiam eo ipso tempore, quo Demosthenem lacessivit, (si Ulpiano credimus) *ἱππαρχίαν* gessit, et militiæ equestris curam habuit; unde lux aliqua loco Orationis Midianæ, sc. §. *ζ'.* non plene adhuc intellecto, et, si hanc notitiam Hominis demseris, subobscuriori, affundi poterit. Olymp. CX. 1. ad Concilium Amphictyonicum cum potestate missus, Æsch. c. Ctesiphontem. Thrasylochum fratrem habuit, Demostheni pariter infensum, ut ex hac, et II. c. Aphobum, oratione constat. An causam egerit c. Phocionem *ἐπὶ Ξενίου ἄρχοντος* [sc. Olymp. CXVIII. 4.] ut affirmat Plutarchus in Hyperide, id profecto vehementer disputo. Nam et constat ex Auctoribus, quos longe majoris facio, quam hunc homuncionem, Phocionem cicutam bibisse Olymp. CXV. 3. et Midiam, tum, cum Æschines in judicium adduxit Ctesiphontem, sc. Olymp. CXII. 3. teste ipso Æschine in eadem oratione, atque etiam dolente, desiisse inter vivos numerari. En Historicum fide dignum! En illum, quem vocant Plutarchum. TAYLOR.

SPALDINGII PRÆFATIO.

* * *

NUNC, antequam ad ipsum oratorem dimittam lectorem, monenda mihi sunt aliqua, universe ad Atticæ orationis, et hujus potissimum, interpretationem spectantia.

Si sit judicialis oratio, quam legimus, ut est nostra, compellat plerumque orator judices suos, ibique apud Atticos recurrit semper illud: ὦ ἄνδρες δικασταὶ, vel, ὦ ἄνδρες Ἀθηναῖοι. Eæ locutiones ex Attici fori natura sunt repetendæ. Cum enim populus ipse judicum muniis obeundis libertatis suæ usum exerceret, eodem redit, sive δικαστὰς sive Ἀθηναίους appellet auditores orator. Non loco nobili nati, non literis aut aliqua artificiali jurisprudentia instructi erant ii, qui judices sederent apud Athenienses; sed, qui homo esset et civis, is etiam recte judicare posse credebatur. Quæ judiciorum conditio, ut æqualium nostrorum aliquot futili, quam appellant, philosophiæ et levitati democraticæ magnopere fortasse arridebit, ita magis sobrie philosophantibus pestifera veræ libertati justitiæque et fuisse et esse debere videbitur. Præter Consilium in Colle Martio (τὴν ἐν Ἀρείῳ πάγῳ βουλὴν) quod solum, etiam post Periclis circumscribendi ejus conamina haudquaquam irrita, dignitatem aliquam conservabat, decem alia erant tribunalia, quorum quatuor cædes non consulto factas judicabant, paullo majori diligentia delecta illa, neque mera sorte data: sex autem de civilibus causis cognoscebant, in quibus levitas et nequitia Atheniensium grassabatur in primis. Horum judices sorte capiebantur omniumque ordinum civibus 30 annos natis aditus ad ea patebat. Nobilissimum eorum erat Ἡλιαία, non semper eodem constans illud judicum numero (etsi proprii ejus tribunalis erant quingenti judices) sed auctum, in majoribus causis, aliorum judiciorum accessione, qua ratione bis mille interdum sedebant judices. Apud hos causam dixisse Socratem ingeniose disputat Buganvillius in Commentariis Academiæ bonarum literarum Gallicæ V. 18. p. 87. Cum itaque judices in orationibus appellantur ἄνδρες Ἀθηναῖοι, probe id distinguendum est ab ipsius populi nomine, qui interdum hisce diserte opponitur, ut in nostra §. μη'. ὅσων, καταχειροτονήσαντες τοῦ "δήμου", ὑμεῖς κατεγνώκατε "ὦ ἄνδρες Ἀθηναῖοι." Populus ille, est concio (ἐκκλησία). De judicibus Atheniensium locus est aliquis in nostra oratione, in quo etiamnum hæreo. Negat Demosthenes (§. ξβ΄.) τῷ μεθ' ὅπλων εἶναι συντεταγμένους μόνους τῶν ἄλλων πολιτῶν, τοὺς ἀεὶ δικάζοντας ἰσχυροὺς εἶναι. Id quomodo sit intelligendum, non habeo dicere. Armati igitur judicabant? An circumstabant Scythæ, Reipublicæ satellites, tribunalia? Concioni tamen et senatui iidem præsto erant, ut non possent dici judices μόνοι τῶν ἄλλων πολιτῶν μεθ' ὅπλων συντεταγμένοι, in qua ipsa loquendi forma obscuritas est quædam. Nota fortasse res est peritioribus, ego nihil de ea apud scriptores inveniebam; et Ulpianus in extremis hisce deficit.

Dionysiorum vel Liberalium, festi Atheniensium, ratio, etsi a summis viris, Ruhnkenio (ad calc. Hesychii) et Barthelemio, (In Commentt. Acad. bon. lit. V. 39. p. 173. seqq.) luculentissime exposita, tamen ad nostram orationem non satis mihi videtur collata esse. Tria erant harum feriarum genera: Ruralia Dionysia, Lenæa, et Magna. Jam neminem eorum VV. DD. qui orationem nostram tractarunt subiit quærere: quo potissimum horum trium festorum pugnis a Midia cæsus esset Demosthenes? Lex, quæ recitatur §. γ΄. quæque ex ea repetit orator §. δ΄. docent, post Pandiorum, vel Jovialium, festum comitia ea esse haberi solita, quibus de peccatis circa Dionysia judicaret populus. Jam videtur fore ut pateat, quæ potissimum intelligantur Dionysia, si constet in quod tempus anni ceciderint Jovialia. Ea autem (si modo Πάνδια et Διάσια eadem sunt festa, quod Tayloro facile credo) Scholiastes Aristophanis ad Nub. 407. mense Anthesterione (respondet is nostris Januario et Februario dimidiatis singulis) exeunte celebrari solita esse narrat. Hunc si sequimur, quæ alia possunt intelligi Dionysia nisi Lenæa aut Anthesteria, quæ Lenæone aut Anthesterione (idem est mensis, idemque festum, duplici appellatione) celebrabantur? Eo igitur festo vapulavit Demosthenes. Sed obstat, quod ipse dicit §. κά. fin. ἐναντίον πολλῶν — ξένων — ὑβριζόμην. cf. etiam §. 60. post med. Lenæis enim Dionysiis non intererant peregrini, quod docet luculentus Aristophanis locus in Acharnensibus v. 501. 502. Quo accedit, Dionysia, si simpliciter appellentur, e Ruhnkenii sententia, manifestis argumentis firmata ea, intelligenda esse magna, vel urbana. Quo minus itaque putemus injuriam a Midia factam esse Demostheni Διονυσίοις ἀστικοῖς, nihil impedit nisi Scholiastes ille Aristophanis, Jovialia mensi Anthesterioni assignans, cum magna Liberalia mense Elaphebolione (Februario nostro et Martio æquali) celebrarentur. Sed, idem si erroris convictus est, in miscendis Ληναίοις et τοῖς κατ' ἀγροὺς, a summo Ruhnkenio, ad Acharnensium v. 201., quidni eum, itidem in tempore τῶν Πανδίων designando, hallucinatum esse suspicemur, cum nihil præterea ejus sententiæ faveat? Harpocratio et

Suidas Jovialia post Liberalia fuisse celebrata narrant, quo ipso magna, vel urbana, innuunt Liberalia. Si velis itaque defendere Scholium ad Arist. Nubes, Taylori rationem deseras necesse est, et Διάσια a Πανδίοις differre agnoscas. Ea est Corsini in Fastis Atticis sententia, qui Διάσια Anthesterioni assignat, Πάνδια autem Elaphebolioni. Jam ratio reddenda est lectionis a me in textum receptæ: τῇ ὑστεραίᾳ τῶν Πανδίων. Nullis ea Codd. nititur, sed est e conjectura Palmerii. Firmatur tamen satis, ipsius Demosthenis (§. δ'.) verbis; ut licuerit eam sine dubitatione in tali editione exprimere, pro Codd. et edd. depravato illo: ἐν Πανδίονι. Restat τῆς πομπῆς τῷ Διονύσῳ ἐν Πειραιεῖ mentio (§. δ'. facta) nobis expendenda. Memoratur hoc festum hoc uno loco, ut difficile sit aliquid certi de eo statuere. Si reputemus, tria etiam hic enumerari Dionysia et constare de πομπῇ τῇ ἐπὶ Ληναίῳ pariter ac de τοῖς ἐν ἄστει Διονυσίοις, reliquum esse festum Liberalium ruralium apparebit. Quid si illud est ipsum hoc ἐν Πειραιεῖ? Demus tribus Hippothoontidis erat ipse Piræeus, quod luculentis testimoniis ostendit Meursius in Piræeo. In demis autem agebantur Διονύσια τὰ κατ' ἀγροὺς, ut ex Aristophanis Acharnensibus docet Ruhnkenius l. c., quo pertinent hæc potissimum Comici verba (v. 263—267): φαλῆς — ἕκτῳ σ' ἔτει προσεῖπον, εἰς τὸν "δῆμον" ἐλθὼν ἄσμενος. Optaverat autem antea (v. 250) idem qui illa dicit Dicæopolis, ut sibi liceret ἀγαγεῖν — τὰ κατ' ἀγροὺς Διονύσια. Ejusdem generis videntur esse τὰ ἐν Βραυρῶνι Διονύσια, de quibus est Hemsterhusii disputatio ad Pollucis lib. 9. 74. p. 1046. Sic, pro variis, ubi agebatur, demis, varia fortasse asciscebat nomina universum hoc Liberalium ruralium festum; neque mirum sit, si Piræeusia Liberalia, tanquam ceteris clariora et majori apparatu agi solita pro toto genere h. l. memorentur. Hanc qualemcunque conjecturam eruditorum examini, meliora doceri paratus, relinquo. De choragia hoc loco disputandi otium fere mihi fecit Libanius in argumento, cui addere juvabit F. A. Wolfii in Prolegg. ad Leptineam (p. 371. seqq. vol. II.) rei explicationem. Illam tangere liceat quæstionem, qualis fuerit is, quem Demosthenes instruxit, chorus? Duobus orationis nostræ locis, §. ή. ubi memorantur οἱ κριταὶ τῷ ἀγῶνι τῶν ἀνδρῶν, et §. μδ'. ubi ait noster se κεχορηγηκέναι αὐληταῖς ἀνδράσι satis apparet, tibicinum fuisse eum. Κριταὶ autem illi, post editum in theatro munus, sorte ducebantur ab Archonte, festi moderatore.

Injuriæ a Demosthene acceptæ genus paullo curatius exponere non ab re fuerit. Dicitur κονδύλους εἰληφέναι. "Κόνδυλοι proprie sunt ipsæ articulorum in digitis prominentiæ, atque inde etiam plaga articulis inflicta." Verba sunt Langbænii ad Longinum (p., Tollio, 136.) cf. Arist. Hist. animall. 1, 15. Hic vapulandi modus quam ignominiosus fuerit et servorum proprius, docet prolixe Tollius ibid. p. 232. Jungitur illi, nostræ orationis §. κά. τὸ ἐπὶ κόῤῥης τύψαι, i. e. τὸ τὴν γνάθον πλατείᾳ πλῆξαι χειρὶ e Phrynichi et Thomæ Magistri explicatione.

Oratio hæc ipsa scriptane sit solum an dicta ad judices? quærat aliquis. Docemur autem ab Æschine (§. κ'. §. οδ'. κ. Κτησιφ.) transegisse Demosthenem cum Midia, triginta minis ab eo acceptis. Posteriorem locum adscribere juvat: Δημοσθένης τὴν μιαρὰν κεφαλὴν ταύτην καὶ ὑπεύθυνον, ἣν οὗτος (ὁ Κτησιφῶν) παρὰ πάντας τοὺς νόμους γέγραφε στεφανῶσαι, μυριάκις κατατέτμηκε, καὶ τούτων μισθοὺς εἴληφε, τραύματος ἐκ προνοίας γραφὰς γραφόμενος, καὶ κατακεκονδύλισται, ὥστε αὐτὸν οἴομαι τὰ τῶν κονδύλων ἴχνη τῶν Μειδίου ἔχειν ἔτι φανερά. ὁ γὰρ ἄνθρωπος οὐ κεφαλὴν, ἀλλὰ κεφάλαιον, κέκτηται. Hic, ubi plus liceat quam in justa Æschinis editione, non dubitavi asciscere ingeniosissimam Toupii conjecturam, qua ille joco, alias inficeto, aculeum se dedisse non immerito gloriatur: scribendo nimirum κεφάλαιον pro πρόσοδον, quod est in omnibus libris. Glossema hoc sapit; est enim κεφάλαιον caput, unde usuræ redeunt. Cum hac litis cauponandæ facilitate male profecto coit grandiloqua ista integritatis suæ ab omni corruptione alienæ ostentatio apud nostrum §. β'. et §. ξ'. Sic, cujus ingenium mirabamur, ejus animum pene contemnere discimus. Erat enim contra leges ipsas talis causæ remissio §. ιά. sq. et ιδ'. Quod igitur habita hæc non fuit oratio, eo factum esse putarunt veterum aliqui, ut affectam, non perpolitam, relinqueret eam orator. Inde repetitarum aliquot sententiarum rationem reddi posse judicat Photius. Ex hoc genere illa potissimum est similitudo, quam ab ἐράνῳ mutuatur bis, et §. κή. et νά. Demosthenes. Equidem Tayloro assentior qui, cum Photio, hanc iterationem commentantis fuisse putat et fluctuantis, quo loco talis sententia aptissime poneretur? Simili modo, etsi ea brevior est locutio, bis legitur: ἔσται βραχὺς ὁ λόγος κἂν ἄνωθεν κ. τ. λ. §. κγ'. et μέ. Quale autem et quantum ingenii robur in oratore nostro fuerit, id tum maxime apparet, cum inchoatum hoc ejus et affectum modo opus tot ac tantis videmus splendere virtutibus. Maximi hæc oratio semper facta est ab elegantissimis quibusque omnis ævi hominibus. Testis sit Plinius minor, citante Tayloro.

* * *

EX EDITIONE HERVAGIANA

PRÆFATIO.

DEMOSTHENES pugno cæsus in theatro a Media Atheniensi prædivite, eum ad populum accusavit. Tunc enim ab illo pulsatus est

Demosthenes, cum Dionysia agerentur, qui ludi erant in honorem Liberi patris instituti, curatorque ludorum erat cum aliis delectus Demosthenes, quos choragos appellabant. eam injuriam, atque id crimen cum magnopere exaggerare vellet orator, aliquot hominum exempla recensens, qui ob hujuscemodi facinora in fraudem capitalem inciderant, et ab injuriam passis cæsi erant, ita inquit, *οὐ γάρ ἡ πληγὴ παρέστησε τὴν ὀργὴν*, &c. Ut autem res melius intelligatur, uno aut altero versu locum altius repetitum traducam hoc modo, ac sesquiversu producam. Noverunt hoc multi, Evæona Leodamantis fratrem inter epulas, in conventuque publico obtruncatum a Bœoto, unicum ob colaphum inflictum. neque vero unica plaga iræ impetum illi, sed ignominia civit. neque cædi ingenuis grave est, tametsi est ipsum grave. id enimvero demum grave est, ad contumeliam cædi. Siquidem multa facere, o viri Athenienses, existimari potest qui alium cædit, quorum partem, ne is quidem qui verberibus afficitur, indicare satis sermone atque effari possit, ipsa perpetrandæ rei specie, obtutu truculento, vocis atrocitate, adde cum sugillandi animo, quum inimicum se profitendo, denique quum pugnis, et quum in malam cædit. Atqui hæc promovent, hæc inquam emovent de mentis suæ statu homines contumeliæ atque sugillationis insolentes. His commemorandis, o viri Athenienses, nemo est qui rei atrocitatem animis audientium oculisque repræsentare queat, præut quidem est injuria re ipsa conspicua omnibus numeris evidentiæ, iis qui rei spectatores fuerunt, ipsique adeo injuriam perpesso. Quorum verborum oratoris hæc sententia est, ea quæ rei adjuncta dicuntur (a Quintiliano etiam complexus causarum et circumstantiæ nomine appellantur, ut Græci appellant *περίστασιν*) esse hujusmodi, ut magna ex parte animo magis concipi, quam verbo enunciari possint. Citatur autem hic locus a Jureconsulto in Cap. Aut facta §. qualitate rixæ. ff. de pœnis. Ubi cum Jureconsultus ea amplificationis argumenta quæ a circumstantia ducuntur, in septem modos digesserit, qualitatis exemplum a Demosthene potissimum ducendum esse censuit, qui in qualitate et æstimatione injuriæ, facinoris perpetrati speciem (quod schema ipse vocat) animadvertendam esse duxit, hoc est, habitum et affectum corporis, animique tam pulsantis quam vapulantis, et quandam veluti actionem atque repræsentationem improbitatis ejus qui cædebat atque impotentis animi, contraque fœdi ac pudendi aspectus ejus qui vapulabat exhibitionem, animo obversari judicum oportere, ut pœnam pro dignitate rei statuant. In qualitate etiam ponit, truces minacesque oculos pulsantis, in eum qui pulsatur, tum vociferationem desævientis, territantisque eum qui violentiæ cedit. Quæ omnia accidere verisimile est, cum sugillandi animo id fit, id est, notam, ignominiamque inurendi homini integræ famæ intemeratique pudoris, quum inimicum se profitetur qui pulsat, injuriamque ita accipi vult, tanquam ab inimico offendendique cupido illatam, cum plaga infligitur non expansa manu, sed in pugnum contracta, quo ictus sit nocentior et gravior, postremo cum in eam partem corporis de industria plaga incumbit, quo atrocissima noxa corpus multari potest, sugillataque ea pars esse ac diu manere conspicua, indeque facies dehonestari. Hóc enim significat ἐπὶ κόῤῥης, id est, κατὰ τῆς σιαγόνος πατάξαι, Atticorum lingua loquentibus. quod Interpres ignarus *pupillam* transtulit, quasi κόρης Demosthenes scripsisset. Hæc sunt, inquit Demosthenes, quæ homines injuriis non assuetos animi impotentes faciunt, id est, quæ patientiam quantumvis prudenti excutiunt. Quintilianus in sexto, de concitandis affectibus loquens, " Atrocitas," inquit, " crescit ex his, quid factum sit, a quo, in quem, quo animo, quo tempore, quo loco, quo modo, quæ omnia infinitos anfractus habent." Et paulum infra, " Plurimum tamen," inquit, " affert atrocitatis modus, si graviter, si contumeliose, ut Demosthenes ex parte percussi corporis, ex vultu ferientis, ex habitu invidiam Midiæ quærit." Idem alibi, " Namque in hoc eloquentiæ vis est, ut judicem non ad id tantum compellat, in quod ipse a rei natura ducetur, sed aut, qui non est, aut majorem quam est faciat affectum. Hæc est illa, quæ Dinosis vocatur, rebus indignis, asperis, invidiosis addens vim oratio, qua virtute præter alios plurimum Demosthenes valuit." Hæc et plura in Annotationibus posterioribus in Pandect. Budæus. Quin et Alciatus eundem locum exponit Dispunctionum libro secundo, cap. 16.

ΛΙΒΑΝΙΟΥ ΥΠΟΘΕΣΙΣ ΤΟΥ ΚΑΤΑ ΜΕΙΔΙΟΥ ΛΟΓΟΥ ΠΕΡΙ ΤΟΥ ΚΟΝΔΥΛΟΥ.

Pag. ed. Reisk.

ʽΕΟΡΤΗΝ ἦγον οἱ ʼΑθηναῖοι Διονύσῳ, ἣν ἐκάλουν ἀπὸ τοῦ θεοῦ Διονύσια· ἐν δὲ ταύτῃ τραγικοὶ, 508
καὶ κωμικοὶ, καὶ αὐλητῶν χοροὶ διηγωνίζοντο. καθίστασαν δὲ τοὺς χοροὺς αἱ φυλαὶ, δέκα τυγ-
χάνουσαι· χορηγὸς δὲ ἦν ἑκάστης φυλῆς, ὁ τὰ ἀναλώματα παρέχων τὰ περὶ τὸν χορόν. ὁ 509
τοίνυν Δημοσθένης τῆς ἑαυτοῦ φυλῆς, τῆς Πανδιονίδος, ἐθελοντὴς ὑπέστη χορηγός. ἐχθρῷ δὲ
κεχρημένος τῷ Μειδίᾳ, τῶν πλουσίων ἑνὶ, φησὶ μὲν καὶ ἄλλα [1] περὶ τὴν χορηγίαν [2] αὐτοῦ πε-
πονθέναι κακῶς, τὸ δὲ τελευταῖον, ἐπὶ τῆς ὀρχήστρας κονδύλους [3] ἔλαβεν ἐναντίον πάντων τῶν
θεατῶν. ἐπὶ τούτῳ κατηγόρησεν ἐν τῷ δήμῳ τοῦ Μειδίου, ὡς ἠσεβηκότος εἰς τὴν ἑορτὴν, καὶ
[4] εἰς τὸν Διόνυσον. ἐκαλεῖτο δὲ ἡ τοιαύτη κατηγορία, προβολή. ὁ μὲν οὖν δῆμος κατέγνωκε τοῦ
Μειδίου τὴν ἀσέβειαν. ἀγωνίζονται δὲ νῦν ἐν δικαστηρίῳ, περὶ τῆς τοῦ δήμου καταχειροτονίας.
ἔδει γὰρ, καταγνόντος τοῦ δήμου, [5] δικαστήριον κρῖναι δεύτερον. ἔστιν οὖν ὁ ἀγὼν περὶ ὑποτιμή-
σεως. οὐ γὰρ περὶ τοῦ μηδὲν ἀδικεῖν ὁ Μειδίας ἀγωνίζεται, ἀλλὰ περὶ τοῦ τιμήματος, πότερον
ὕβρεως, ἢ ἀσεβείας ὀφείλει δίκην. ὁρικὸς οὖν ὁ λόγος τῇ στάσει, τοῦ μὲν Μειδίου λέγοντος, ὕβριν
εἶναι τὸ πραχθὲν, ἐπειδὴ ἔτυψεν ἄνδρα ἐλεύθερον· τοῦ δὲ Δημοσθένους, ἀσέβειαν, ἐπειδὴ χορη-
γὸς ἦν ὁ τυφθεὶς, καὶ ἐν Διονυσίοις, καὶ ἐν τῷ θεάτρῳ· διὰ γὰρ τούτων καὶ ἠσεβηκέναι τὸν Μει-
δίαν φησίν· ὡς εἶναι διπλοῦν ὅρον κατὰ [6] σύλληψιν, ὅταν μὴ ἐκβάλλοντες τὸ ὑπὸ τῶν ἀντιδίκων
εἰσαγόμενον ὄνομα, καὶ ἕτερον αὐτῷ προστιθῶμεν, ὥσπερ ἐνταῦθα ὁ Δημοσθένης, τοῦ Μειδίου
λέγοντος ὑβρικέναι, οὐκ ἐκβάλλει μὲν οὐδὲ τὴν ὕβριν, προστίθησι δὲ αὐτῇ καὶ τὴν ἀσέβειαν.

[7] ΕΤΕΡΑ ΥΠΟΘΕΣΙΣ. 510

ΔΙΑΦΟΡΟΙ παρʼ ʼΑθηναίοις ἤγοντο ἑορταί. ἐν αἷς ἦν τὰ Παναθήναια, ἅπερ ἦν διπλᾶ, μικρά τε καὶ μεγάλα. καὶ τὰ μὲν μεγάλα κατὰ πενταετηρίδα ἐτελεῖτο· τὰ δὲ μικρὰ κατὰ τριετη-

[1] ἐπὶ R. [2] ὑπʼ αὐτοῦ T. [3] λαβεῖν T. [4] Deest εἰς. T. [5] τὸ δικαστ. κρίναι T. [6] σύλληψιν. ἔστι δʼ οὗτος, ὅταν T. [7] ΑΛΛΩΣ.

ΠΕΡΙ] Ita ex Codd. Regg. α. β. et Vindob. non ὑπὲρ cum vulgatis. Taylor.

Περὶ τὴν χορηγίαν] ʼΕπὶ Editt. superiores, Ald. Felic. et Paris. cum MS. Baroc. et Vindob. Wolfius περὶ vel κατὰ legit. Variatum est in cæteris. παρὰ, ὑπὸ, Man. Codd. Regg. Lind. Ven. Bodl. Istud παρὰ est omnium optimum. Demosthenes statim ineunte oratione, § ά. πολλὰ καὶ βίαια παθὼν π α ρ ὰ πᾶσαν τὴν χορηγίαν. Proxime τὴν χορηγίαν αὐτοῦ Ald. Felic. Man. Paris. et MSS. nonnulli. Taylor. Vix dubito, quin, pro περὶ τὴν χορηγίαν αὐτοῦ πεπονθέναι, sit scribendum: παρὰ (hoc e Paris. α. nam περὶ sine auctore datum est ab H. Wolfio) τὴν χορηγίαν ὑπʼ (hoc de conjectura additur) αὐτοῦ (lenem aliquot cdd. habent) πεπονθέναι· Spalding.

Λαβεῖν] ῎Ελαβεν cum Ald. Bar. Felic. Man. Paris. Vindob. etc. legit et interpretatus est Wolfius. διέλαβεν Ven. λαβεῖν margo Benenati. Taylor.

Προβολὴ] Videtur latius patuisse hoc actionis genus, quam hic a Libanio et a Thoma Magistro quoque finitur, qui fuisse ait actionem in eos, qui in festo Dionysiorum deliquissent, καταχρηστικῶς δὲ καὶ τὴν περὶ πάσης δίκης κατηγορίαν. Aptissime ex locis Xenophontis, Isocratis et Æschinis, apud Taylorum in præf. ad hanc or. exhibitis, dixeris fuisse *Provocationem ad populum*. Spalding.

Τὴν ἀσέβειαν] Τὴν ante ἀσέβειαν abjecerim. Idem.

Περὶ ὑποτιμήσεως] De æstimatione litis, ὅ, τι χρὴ παθεῖν, ἢ ἀποτίσαι. Postea [sc. §. θ΄. med.] τὴν ὑποτίμησιν alio nomine τὸ τίμημα vocat. Wolf.

Στάσει] De *constitutione causarum* (vel statu) et quidem hac potissimum *definitiva* (ὁρικὴ στάσις) tironibus consulendus est Cic. de Inv. l. 1. c. 8. it. Quint. III. 6. 79. et passim hoc capite; loquitur enim Fabius ut de nota re, neque justam adhibet definitionem. Spalding.

ΕΤΕΡΑ ΥΠΟΘΕΣΙΣ] Desideratur hoc posterius Argumentum, quod ex editione Taylorana edere curavimus, in editione Spaldingii.

Διπλᾶ] Restituimus ex Edit. Paris. et MS. Vindob. Taylor.

ῥίδα. ἐν μὲν οὖν τοῖς μεγάλοις γυμνάσιά τινα ἐγίνοντο, καὶ προὐβάλλετο ἀφ' ἑκάστης φυλῆς
εἷς γυμνασίαρχος, λαμβάνων χρήματα εἰς τὸ γυμνάζειν τοὺς ἐπιτελέσοντας τὴν ἑορτὴν, καὶ
[1] δώσων τὰς τούτων δαπάνας τοῖς τῆς ἑαυτοῦ φυλῆς. ἤγετο δὲ παρ' αὐτῶν καὶ τὰ Διονύσια, καὶ
ταῦτα διπλᾶ, [2] μικρά τε κατ' ἔτος ἐν ἄστει, καὶ μεγάλα διὰ τριετηρίδος ἐν τοῖς Ληναίοις· ἐν οἷς
προὐβάλλετο χορηγὸς ἀφ' ἑκάστης φυλῆς πρὸς τὸ τρέφειν χοροὺς παίδων τε καὶ ἀνδρῶν· ἐλάμ-
βανε δὲ εἰς τοῦτο χρήματα. ἐπιστάσης δὲ τῆς ἑορτῆς, ἠγωνίζοντο πρὸς ἀλλήλους οἱ χορηγοὶ καὶ
ἤριζον, ὕμνους εἰς τὸν Διόνυσον ᾄδοντες· καὶ τῷ νικῶντι τρίπους τὸ ἆθλον ἦν· ἐπειδὴ τὸν αὐτὸν
Ἥλιον καὶ Ἀπόλλωνα καὶ Διόνυσον ᾤοντο. παυομένης δὲ τῆς ἑορτῆς, ἐν τῷ πρώτῳ μηνὶ προὐ-
βάλλοντο οἱ χορηγοὶ τῆς μελλούσης ἑορτῆς. ἐν τοίνυν τῷ παρόντι καιρῷ προεβλήθησαν οἱ χορηγοὶ
ἑκάστης φυλῆς. ἐσπάνιζε δὲ ἡ Πανδιονὶς, ἡ τοῦ Δημοσθένους φυλὴ, χορηγοῦ, καὶ ἠμέλησε τὸ
πρῶτον ἔτος, τὸ δεύτερον, τὸ τρίτον. ἔθος δὲ ἦν πρὸ μηνὸς τῆς ἑορτῆς τὸν ἄρχοντα συνάγειν τοὺς
χορηγοὺς ἑκάστης φυλῆς εἰς τὸ λαχεῖν περὶ τῶν αὐλητῶν· καὶ ἐλθόντων τῶν χορηγῶν ἑκάστης
φυλῆς πλὴν τοῦ τῆς Πανδιονίδος, ἰδὼν ὁ Δημοσθένης τὴν ἑαυτοῦ φυλὴν ἀτιμαζομένην παρὰ
511 πάντων, τῷ μὴ κεκτῆσθαι χορηγὸν, αὐτεπάγγελτον καὶ αὐτοχειροτόνητον ἑαυτὸν χορηγὸν τῇ
φυλῇ καθίστησι· κἀντεῦθεν ἐπῃνεῖτο παρὰ πάντων. [3] καὶ λαχόντος αὐτοῦ περὶ τῶν αὐλητῶν,

[1] δώσοντας τούτων [2] μικρά τε καὶ μεγάλα, καὶ τὰ μὲν μικρὰ ἤγετο κατ' ἔτος, τὰ δὲ μεγάλα διὰ τριετ. [3] καὶ δὴ

Δώσων τὰς] Eam utique lectionem quanquam revocavit Wolfius, interpretationemque suam juxta accommodavit, (cum Editt. constanter fere δώσοντας, quod certe pro nihilo habeo) constat tamen, MSS. Codd. vel in varietate legendi, antiquæ scripturæ auctoritatem, non Wolfii emendationem tueri, cum Lambini Codd. et Vindob. habeant εἰς τὸ γυμνάζειν τοὺς μέλλοντας ἐπιτελέσαι τὴν ἑορτὴν, καὶ διδόναι τὰς τούτων δαπάνας, et quæ sequuntur. Idem.

Τοῖς τῆς ἑαυτοῦ φυλῆς] Scil. χορευταῖς, ἢ ἀγωνισταῖς. Wolf.

Μικρά τε] Portasse μικρά τε κατ' ἔτος (ἢ καθ' ἕκαστον ἐνιαυτὸν) ἐν ἄστει, καὶ μεγάλα διὰ τριετηρίδος. Sic esse legendum colligi potest e vita Tragicorum Poetarum, Æschyli, Sophoclis, Euripidis, et Apharei apud Plutarchum in vita Isocratis, ubi fit mentio διδασκαλιῶν ἀστυκῶν καὶ ληναϊκῶν. Wolf. Vides, mi Lector, textum, quem cudi fecimus, esse ex Wolfiano penu, cum Editt. superiores, quas ille in hac notula reformare voluit, constanter legant μικρά τε καὶ μεγάλα διὰ τριετηρίδος. Sola Parisiensis, si Cod. Vindob. excipias, effusius paulo, et quodammodo ad Wolfii mentem propius: Διονύσια, καὶ ταῦτα διπλᾶ, μικρά τε καὶ μεγάλα, καὶ τὰ μὲν μικρὰ ἤγετο κατ' ἔτος, τὰ δὲ μεγάλα διὰ τριετηρίδος ἐν τοῖς Ληναίοις. Utcunque distinxerit Wolfius inter Liberalia in urbe, et Liberalia ἐν τοῖς Ληναίοις, (et ego recte distinxisse non negaverim) Tu tamen cave fidem adhibeas Scriptori nostro anonymo, et hic, et in sequentibus, qui Festa Bacchi anniversaria alia, alia trieterica esse contendit. Neque enim vera ait. Dionysia peculiari commentario illustrare voluit I. Meursius, qui non pauca Festa Atheniensium dedita opera et multo literarum lumine elucidavit. Eos labores, sive injuria ætatis interceptos, sive ad umbilicum non perductos, aliqua ex parte compensabunt, quæ de istis sacris commentati sunt, Scaliger ὁ μέγας de Emend. Temporum, Is. Casaubonus Animadv. ad Athenæum, p. 445. et Commentar. ad Theophrast. p. 131. Castellanus de Pestis Græcorum, Seldenus ad Marm. Oxon. p. 166. seqq. Edit. Mattaire, Viri docti ad Ælian. V. H. H. 13. 30. Petavius ad Themistii Orat. XII. Palmerius in Exercit. ad Auctores Græcos, p. 505. 617. Petitus ad LL. Atticas, p. 112. Edit. Wesseling. Meurs. Athen. Attic. p. 150. Spanhemius de usu Numismatum, et in Notis ad Aristoph. Nubes, Menagius denique in tractatu, quem de Fabula Terentii, Heautontimorumenos dicta, patrio idiomate conscripsit. Taylor.

Ἐπιστάσης δὲ τῆς ἑορτῆς] Wolfius: *Festo autem jam instante*, minus recte; nec enim certabant inter se choragi festo jam instante, sed in ipsa festi celebratione. Reddendum itaque: *Quum vero celebraretur festum.* Jurin.

Χορηγοὶ] Wolfius: *Æediles.* Sed Ædilis apud Romanos longe alia et longe major erat auctoritas et munus, quam choragi apud Athenienses. Malim itaque: *Choragi*, vel *chori ductores*, tum hic, tum ubique. Idem.

Ἐσπάνιζε δὲ] Ita cum Paris. non δή. Taylor.

Πρὸ μηνὸς τῆς ἑορτῆς] Ἀντὶ τοῦ, μῆνα πρὸ τῆς ἑορτῆς. Wolf.

Εἰς τὸ λαχεῖν etc.] Ἀντὶ τοῦ, εἰς τὸ κληροῦσθαι τοὺς αὐλητάς. Quid inter τὸ λαχεῖν καὶ κληροῦσθαι differat, non est ignotum. Idem.

Πλὴν τοῦ τῆς Πανδιονίδος — τῇ φυλῇ καθίστησι] Vid. Var. Lect.

Καὶ λαχόντος] Paris. καὶ δὴ λαχόντος, melius. Et pro λαχόντος in marg. κληρουμένου. Taylor.

συνέπραξεν [1] αὐτοῦ ἡ τύχη τῇ προθυμίᾳ, καὶ ἔλαχεν αὐτῷ ὁ κάλλιστος τῶν αὐλητῶν ὁ Τηλεφάνης. θέλων [2] οὖν κοσμῆσαι τὸν αὐτοῦ χορὸν πλέον τῶν ἄλλων, ἐποίησεν αὐτὸν φορέσαι χρυσοῦς στεφάνους. Μειδίας δὲ, τῶν πολιτευομένων [3] τίς, ὢν σφόδρα πλούσιος καὶ πολλὰ δυνάμενος, ἐχθρὸς τῷ Δημοσθένει γεγονὼς διὰ τὰς αἰτίας, ἃς ἐρεῖ [4] κατὰ μικρὸν ἐν τῷ λόγῳ, πολλάκις καὶ ἄλλα παρηνώχλει καὶ ἐπηρέαζε, καὶ δὴ [5] καὶ ὁ Δημοσθένης λέγει, ὅτι ὀμνυόντων τῶν κριτῶν τῷ καλῶς ᾄσαντι δοῦναι τὴν νίκην, νύττων αὐτοὺς ὁ Μειδίας ἔλεγε, πλὴν Δημοσθένους. ὅθεν ὁ Δημοσθένης ἐβόα ἐλέγχων αὐτόν. καὶ τελευτῶν, εἰς τοιαύτην ἦλθε μανίαν ὁ Μειδίας, ὥστε ἐν τῷ θεάτρῳ κόνδυλον αὐτῷ παρασχεῖν, καὶ τὴν ἱερὰν περιῤῥῆξαι ἐσθῆτα. καὶ ἰδὼν ὁ δῆμος ἐπεσύριττεν· ὃ παρὰ τοῖς παλαιοῖς ἐπὶ κακοῦ ἐλαμβάνετο. ἀπελθὼν δὲ ὁ Δημοσθένης ἐσκέψατο τὸν παρόντα λόγον, κατηγορῶν αὐτοῦ δημοσίων ἀδικημάτων· ἐν ᾧ καὶ διαβάλλει τὸν Μειδίαν ὡς κλέψαντα [6] τῶν χρυσῶν στεφάνων ὁντινοῦν παρὰ τοῦ χρυσοχόου. ἄγει τοίνυν αὐτὸν ἐπὶ τὴν κρίσιν ὁ ῥήτωρ, καταφορᾷ πλείστῃ καὶ τόνῳ σφοδρῷ προσχρησάμενος. ἡ γὰρ τοῦ Μειδίου ποιότης, καὶ ἡ τῶν πραγμάτων προπέτεια, τῇ καταδρομῇ συμμαχεῖ. Ἡ δὲ στάσις ὁρική. ζητούντων ἡμῶν ἴδιον ὄνομα τῷ ἐγκλήματι. ὁ μὲν γὰρ Μειδίας, ἰδιωτικὸν, ὁ δὲ ῥήτωρ, δημόσιον εἶναι κατασκευάζει. ὅρος γάρ ἐστιν, οὗ τὸ μὲν, πέπρακται, τὸ δὲ, λείπει πρὸς τὸ τέλεον τοῦ 512
ὀνόματος τοῦ ἐπιτεθησομένου τῷ πράγματι. ὡς ἐπὶ τοῦ τὸ κενοτάφιον ὀρύξαντος καὶ κρινομένου τυμβωρυχίας. ἐνταῦθα γὰρ πέπρακται μὲν τὸ ὀρύξαι, λείπει δὲ τὸ τάφον [7] ὀρύξαι. λέγει γὰρ ὁ φεύγων, ὤρυξα μὲν, οὐ τάφον δέ· οὐ γὰρ εὗρον νεκρόν. ὁ δὲ διώκων ἀντιφέρει, ὅτι τὸ διορύξαι κενοτάφιον, τυμβωρυχίαν καλῶ. οὐ γὰρ αὐτὸς ᾔδεις, ὅτι κενοτάφιόν ἐστιν· ἀλλ' ὡς τάφον ὀρύττων, ἐπεὶ κενοτάφιον εὕρηται, ἀξιοῖς μὴ δοῦναι δίκην. οὕτω κἀνταῦθα, πέπρακται μὲν τὸ τύψαι τὸν Δημοσθένην· λείπει δὲ, τὸ καλέσαι τὸν αὐτοχειροτόνητον χορηγόν. ὁ γὰρ Δημοσθένης λέγει, ὅτι χορηγὸν ἔτυψας· ὁ δὲ Μειδίας, ὅτι [8] χορηγὸν οὐκ ἔτυψα· αὐτοχειροτόνητος γὰρ ἦσθα· ἀλλ' ἰδιώτην. τοῦτο δὲ οὐκ ἔστι δημόσιον ἀδίκημα. Διπλοῦς [9] δὲ ὅρος εἴδους τοῦ κατὰ σύλληψιν. κατὰ σύλληψιν δέ ἐστιν, ὅταν ὁ διώκων τὴν [10] αὐτοῦ δικαιολογίαν καὶ τὴν τοῦ φεύγοντος εἰς ἓν συνάγῃ. ἔνθα γὰρ οὐ τὸ μὲν, ἐκβάλλει [11] τίς, τὸ δὲ, δέχεται, ἀλλ' ἄμφω συγκροτεῖ καὶ συλλαμβάνει, [12] τούτῳ ὑπάγομεν τῷ εἴδει. φαίνεται οὖν ὁ ῥήτωρ ἐν πολλοῖς τοῦτο ποιῶν μέρεσι, καὶ φάσκων ἅμα αὐτῷ καὶ τὴν πόλιν ὑβρίζεσθαι. κεφάλαια δὲ, τὰ τῇ [13] στάσει προσήκοντά ἐστι τῷ

[1] αὐτῷ [2] οὖν ὁ Δημοσθένης κοσ. τὸν αὐτοῦ [3] τις ὢν, [4] μετὰ [5] καὶ ὡς ὁ [6] ἀπὸ τῶν [7] ὀρύξαι, οὐ κενοτάφιον. [8] χορηγὸν ἁπλῶς οὐκ [9] δὲ ὁ ὅρος [10] αὐτοῦ [11] τις [12] τοῦθ' [13] τάξει

Συνέπραξεν κ. τ. λ.] Ὁμηρικῶς sæpe Dativi pro Genitivis ponuntur: sed hic lego aut αὐτοῦ τῇ προθυμίᾳ, aut αὐτῷ τῆς προθυμίας. sub. ἕνεκα. Wolf. Olim legebatur αὐτῷ — τῇ προθυμίᾳ. marg. Par. αὐτοῦ. Taylor.

Καὶ ἔλαχειν] Ἀντὶ τοῦ, ἔλαχε τὸν ἄριστον. Wolf.

Τῶν πολιτευομένων τις] Wolfius: *unus ex civitatis gubernatoribus.* Rectius puto: *unus ex Rhetorum numero,* vel *unus ex eorum numero, qui civitatis negotiis se immiscebant.* Jurin.

Πολλὰ δυνάμενος] Wolfius: *magnæ auctoritatis,* malim, *magna potentia.* Auctoritas enim virtuti tribuitur: potentiam vero factione et partium studio vel improbissimi nonnunquam consequuntur. Idem.

Καὶ δὴ καὶ] *Tum vere quoque:* Wolfius. Erratum forte preli est, et legendum: *Tum vero quoque.* Idem.

Τῷ καλῶς ᾄσαντι δοῦναι τὴν νίκην] Wolfius: *se victoriam illi daturos, qui præclare cecinisset.* Vertendum: *qui optime cecinisset.* Idem.

Ἐν τῷ θεάτρῳ] *Ut ei alapam impingeret, et vestem dilaceraret.* Wolfius. Quem miror in Interpretatione eas potissimum voces omisisse, quibus Orator ipse tantam vim et auctoritatem tribuat: ut impingeret *in theatro,* et vestem *sacram* dilaceraret. Vid. §. ζ. med. §. κ'. med. §. κά. fin. Taylor. Legendum: *ut etiam in theatro ei alapam impingeret, et vestem* sacram *dilaceraret.* Jurin.

Λείπει δὲ τὸ τάφον ὀρύξαι] Wolfius: *ambigitur vero, an sepulcrum sit effossum.* Rectius: *id vero deest, ut sepulcrum fuerit, quod effossum sit.* Idem.

Ὁ δὲ διώκων ἀντιφέρει] Wolfius: *Accusator vero objicit.* Rectius: *reponit,* vel *retorquet.* Idem.

Τὸν αὐτοχειροτόνητον] Wolfius: *qui ultro sese obtulit.* Melius: *qui, nemine suffragium ferente, se ipse ultro obtulit.* Idem.

Αὐτοχειροτόνητος γὰρ ἦσθα] Wolfius: *nam tuo suffragio es creatus.* Vertendum: *nam tuo unius suffragio* es *creatus.* Idem.

Ἀλλ' ἰδιώτην] Editio Parisiensis cum Cod. Vindob. multa in hoc argumento pleniora et disertiora habet, sed quibus sensus non magnopere adjuvatur. Uti in hoc loco: ὁ δὲ Μειδίας, ὅτι χορηγὸν ἁπλῶς οὐκ ἔτυψα· αὐτοχειροτόνητος γὰρ ἦσθα· ἀλλὰ Δημοσθένην ἰδιώτην ὄντα· τὸ δὲ τύψαι ἰδιώτην οὐκ ἔστι δημόσιον ἀδίκημα. Eodem tenore orationis procedunt in iis, quæ mox sequuntur: φαίνεται οὖν ὁ Δημοσθένης — καὶ φάσκων ἅμα Δημοσθένει κ. τ. λ. Taylor.

Τούτῳ] Recte Wolfius pro τοῦθ' Editionum omnium superiorum. Idem.

Κεφάλαια δὲ, τὰ τῇ τάξει προσήκοντα]

λόγῳ. τὰ δὲ προοίμια, καταφορικὰ, ὑπερβολὴν ἔχοντα πολλὴν, καὶ τῶν περιστατικῶν αὔξησιν.
τὸ γὰρ, οὐ πρὸς ἅπαντας, καὶ οὐ πρὸς ἐμὲ μόνον, καὶ τὸ ἀεὶ, τὴν μελέτην τῆς ἀτοπίας, καὶ οὐ
513 πρὸς ἅπαξ ἐκ τύχης ἡμαρτηκότα δείκνυσι. κεφάλαια δὲ τοῦ [1] λόγου ταῦτα, ὅρος, ἀνθορισμὸς,
γνώμη νομοθέτου, συλλογισμὸς, [2] πηλικότης, μία τῶν ἀντιθετικῶν, μεθ' [3] ἣν τὸ μεταληπτικὸν,
καὶ ἀντιληπτικόν. ἐνταῦθα διὰ τεσσάρων ὅρων ὁ ῥήτωρ ἐμπλέκει τὴν κατηγορίαν, δεικνύων, ὅτι
δημοσίᾳ Μειδίας ἠδίκησεν. ἔστι [4] δὲ πρῶτος ὅρος οὗτος, ὅτι οἱ ἐν ἑορτῇ ἀδικοῦντες δημόσιον ἀδί-
κημα ποιοῦσι. δεύτερος ὅρος, καὶ μάλιστα [5] ἐὰν οἱ χορηγοὶ ἀδικοῦνται. [6] τρίτος, ὅτι πᾶσα ὕβρις
δημόσιόν ἐστιν ἀδίκημα· παραλογίζεται δὲ ἐνταῦθα ἐκ τῆς ὁμωνυμίας τῆς ὕβρεως, λέγεται γὰρ
ὕβρις ἡ δι' αἰσχρουργίας, καὶ ἡ διὰ λόγων, καὶ ἡ διὰ πληγῶν, δημόσιον δὲ ἀδίκημα ἡγοῦντο τὴν
αἰσχρουργίαν, τῇ οὖν ὁμωνυμίᾳ παρελογίσατο. τέταρτος ὅρος, ὅτι ὁ πάντας ἀεὶ ὑβρίζων δημοσίᾳ
ἀδικεῖ· εἰ γὰρ τὸ δημόσιον ἐκ πάντων συνίσταται, ἄρα δημόσιον τἀδίκημα. τίθησι δὲ σπερμα-
τικῶς ἐν τῷ προοιμίῳ τοὺς τέτταρας ὅρους. ἐκ τούτων εἰσὶν ἐν τοῖς ἀγῶσι τρεῖς. τὸν δὲ [7] τέ-
ταρτον τίθησιν ἐν τῇ παρεκβάσει. [8] δικαίως. λέγων γὰρ ὅτι πάντας ὑβρίζων δημοσίᾳ ἀδικεῖ,
προεξέρχεται λέγων τὸν πρότερον αὐτοῦ βίον. ἔχει δὲ [9] ὁ λόγος οὗτος δύο προοίμια· τὸ πρῶτον ἐκ
διαβολῆς εἰλημμένον τοῦ ἐναντίου, καὶ ἐκ συστάσεως τοῦ οἰκείου προσώπου, καὶ ἐκ προσοχῆς.
ἔστι δὲ ἡ πρότασις διμερής· καὶ τὸ μὲν πρῶτον μέρος ἀκατάσκευον· τὸ δὲ δεύτερον καὶ αὐτὸ
διμερές. καὶ κατασκευάζει τούτων ἑκάτερα. εἶτα ἐπιφέρει τὸ συμπέρασμα, ἐν ᾧ ἐστὶν ἡ προσ-
514 οχή. Ὅρος κατὰ σύλληψιν. λέγεται δὲ οὕτως, ὅταν τοῦ φεύγοντος ἀντονομάζοντος, ὁ διώκων
καὶ τούτῳ κἀκείνῳ ὑπεύθυνον αὐτὸν εἶναι λέγῃ τῷ ὀνόματι. ὥστε [10] διπλοῦς ἐστὶν, ἐπεὶ δύο
[11] περιέχῃ ἐγκλήματα. [12] παράδειγμα. ὁ στρατηγὸς ὁ βιασάμενος τὴν παρατεθεῖσαν κόρην ὑπὸ

[1] λόγου εἰσὶ ταῦτα [2] πηλικότης πρός τι, καὶ μία [3] ἣν ἐμπίπτει τὸ [4] δὲ ὁ πρῶτος [5] Deest ἐάν. [6] τρίτος ὅρος [7] τέταρτον ὅρον [8] καὶ δικαίως. [9] ὁ παρὼν λόγος [10] διπλῶς [1] περιέχει [12] παράδειγμα ὁ

Videntur aut hæc verba redundare, aut ipsa capitum enumeratio deesse. Fortassis etiam legendum προήκοντα, ἀντὶ τοῦ, προϊόντα. WOLF. Nihil eorum, quæ suspicatus est bonus Wolfius, aut *redundat*, aut deest, neque *fortussis legendum* προήκοντα. Tu tamen cum marg. Edit. Benenati et Vindob. leges τῇ στάσει προσήκοντα non, τῇ τάξει, et versionem pariter reformabis. Monendus es autem, abesse nonnulla, quæ hic leguntur, a Codd. Vindob. et Reg. α. atque ita procedere sententiam integræ simillimam: Κεφάλαια δὲ, τὰ τῇ στάσει προσήκοντα, τὰ δὲ προοίμια καταφορικὰ, ὑπερβολὴν ἔχοντα πολλὴν κ. τ. λ. Unde admonuit doctissimus Marklandus, aliquid hujusmodi subesse: scil. κεφάλαια δὲ, τὰ τῇ στάσει προσήκοντα, τάδε· τὰ δὲ προοίμια etc. Hucusque enim a linea 11ma. paginæ prioris de Statu disseruerat: Jam ad Proœmia explicanda accingitur. TAYLOR. Wolfius: *Ac capita in oratione ordine posita, hæc sunt.* At nisi Græca corrupta sint, vertendum videtur, *Habet autem oratio capita ordini instituto convenientia.* JURIN.

Ὑπερβολὴν] Τουτέστιν, αὐξητικά. Sed περιβολὴν pene malim, de qua vide Hermogenem. ὑπερβολὴν Cicero *superlationem*, nonnulli *excessum* vertunt. WOLF. περιβολὴν, qua voce tantopere delectabatur Wolfius, ut eam, non alteram, lectionem interpretatione donaret, habent MSS. quibus usi sunt Aldus, Manutius et Felicianus. TAYLOR.

Τὸ γὰρ, οὐ πρὸς ἅπαντας, καὶ οὐ πρὸς ἐμὲ μόνον, καὶ τὸ ἀεὶ] Agitur hic de vehementia qua orationem orditur Orator, ubi hæc verba habet, τὴν ὕβριν ἣ πρὸς ἅπαντας ἀεὶ χρῆται Μειδίας. Itaque proculdubio legendum, τὸ γὰρ, πρὸς ἅπαντας, vel saltem, τὸ γὰρ, ἣ πρὸς ἅπαντας. Id cum non animadverteret Wolfius, multum ab Expositoris mente aberravit. Cum enim reddit, *Id quod hoc, Annon adversus omnes? et, non contra me solum: item, petulantiam semper meditatus, et, non semel fortuito deliquisse, ostendunt*; vertere potius debuisset, *Istud enim* adversus omnes, *et non in me solum, et istud*, semper, *studium improbitatis, non semel fortuito* deliquisse ostendunt. JURIN.

Γνώμη νομοθέτου] Wolfius, *sententia legislatoris.* Potius, *legislatoris consilium*, vel *scopus*. IDEM.

Ἐὰν — ἀδικοῦνται] Ἐὰν — ἀδικῶνται. MARKLAND.

Αἰσχρουργίας] Αἰσχρολογίας MSS. Ald. cum Vindob. et marg. Par. ubi etiam hic locus ita legitur: λέγεται γὰρ ὕβρις ἡ δι' αἰσχρολογίας γινομένη. λέγεται ὕβρις καὶ ἡ διὰ λόγων. λέγεται πάλιν ὕβρις καὶ ἡ διὰ πληγῶν. TAYLOR.

Ὅρος κ. τ. λ.] Vix habeo necesse admonere lectorem, hæc non continuari orationis filo, (cum supra explicatum sit, quid intellexerint Rhetores per Ὅρον κατὰ σύλληψιν. Vid. pag. 16. v. 23.) verum assuta esse ex notula *novi* alicujus Magistri, qui et rhetoricas suas quisquilias huic loco allevit. Absunt a Vindob. Juxta etiam habeo et id quoque notare, et exitum hujus argumenti in nonnullis Editt. conglutinari cum Scholiorum initio; et in nonnullis, puta in Parisina, adhærescere etiam quædam, quæ Wolfius nulla cum lectoris injuria plane omisit. Pro v. antepen. λέγεται δὲ οὕτως, maluit præstantissiτοῦ πρεσβευτοῦ, καὶ δημοσίων ἀδικημάτων κρινόμενος, καὶ ἀποκρινόμενος μὴ δημοσίᾳ ἠδικηκέναι, ἀλλὰ βιάσασθαι· ὁ δὲ πρεσβευτὴς, ἀμφοτέροις αὐτὸν φάσκων ὑπεύθυνον [1] εἶναι.

[1] εἶναι. τὸ προοίμιον ἀπὸ τοῦ ἀντιδίκου· ὁ δὲ λόγος δι᾽ ἑνὸς εἴδους προάγεται, ἤτοι δικανικοῦ· τούτου γὰρ καὶ τὸ τέλος δίκαιον, καὶ ἡ κατασκευὴ διὰ τοῦ δικαίου.

mus Marklandus λέγεται δὲ οὗτος, uti pag. 14. v. 15. ἐρῶ κατὰ σύλληψιν. ἔστι δ᾽ οὗτος. Deinde p. 17. v. ult. delet punctum post παράδειγμα. παράδειγμα ὁ στρατηγὸς (ἔστιν sc. subintellecto) ne casus ille, quem *rectum* vocant, ὁ στρατηγὸς, verbo suo destituatur. ib. quoque leges cum MSS. Lambini τὴν παρακαταθεῖσαν. Sed de his satis. Aliquando Demosthenem ipsum dicentem audiamus. IDEM.

ΔΗΜΟΣΘΕΝΟΥΣ

Ο ΚΑΤΑ ΜΕΙΔΙΟΥ ΛΟΓΟΣ

ΠΕΡΙ ΚΟΝΔΥΛΟΥ.

ά. ΤΗΝ μὲν ἀσέλγειαν, ὦ ἄνδρες δικασταὶ, καὶ τὴν 514
ὕβριν, ᾗ πρὸς ἅπαντας ἀεὶ χρῆται Μειδίας, οὐδένα οὔθ᾽
ὑμῶν, οὔτε τῶν ἄλλων πολιτῶν, ἀγνοεῖν οἴομαι. ἐγὼ δ᾽,
ὅπερ ἂν καὶ ὑμῶν ἕκαστος ὑβρισθεὶς προείλετο πρᾶξαι,
τοῦτο καὶ αὐτὸς ἐποίησα. καὶ προὐβαλόμην ἀδικεῖν τουτονὶ
περὶ τὴν ἑορτὴν, οὐ μόνον πληγὰς ὑπ᾽ αὐτοῦ λαβὼν τοῖς
Διονυσίοις, ἀλλὰ καὶ ἄλλα πολλὰ καὶ βίαια παθὼν
παρὰ πᾶσαν τὴν χορηγίαν. ἐπειδὴ δὲ, καλῶς καὶ τὰ δί-
καια ποιῶν, ὁ δῆμος ἅπας οὕτως ὠργίσθη καὶ παρωξύνθη,
καὶ σφόδρα ἐσπούδασεν ἐφ᾽ οἷς ἠδικημένῳ μοι συνῄδει, ὥστε,
πάντα ποιοῦντος τούτου καί τινων ἄλλων ὑπὲρ αὐτοῦ, οὐκ 515
ἐπείσθη, οὐδ᾽ ἀπέβλεψεν εἰς τὰς οὐσίας τὰς τούτων, οὐδὲ
τὰς ὑποσχέσεις, ἀλλὰ μιᾷ γνώμῃ κατεχειροτόνησεν αὐτοῦ·
πολλοί μοι προσιόντες, ὦ ἄνδρες δικασταὶ, καὶ τῶν ἐν τῷ

ά. Ἐγὼ δ᾽, ὅπερ ἂν ὑμῶν ἕκαστος καὶ ὑβρισθεὶς προείλετο πρᾶξαι] Τὸ καὶ aut abundat, aut deest participium aliquod, cujusmodi sit προπηλακισθεὶς (aut πληγεὶς) καὶ ὑβρισθείς. Sed rectissime legi videtur: ἐγὼ δ᾽, ὅπερ ἂν καὶ ὑμῶν ἕκαστος ὑβρισθεὶς κ. τ. λ. WOLF. Edidi juxta Wolfii certissimam emendationem, cui suffragantur MSS. Aug. Ven. Bar. TAYLOR.

δικαστηρίῳ νῦν ὄντων ὑμῶν, καὶ τῶν ἄλλων πολιτῶν, ἠξίουν καὶ παρεκελεύοντο ἐπεξελθεῖν, καὶ παραδοῦναι τοῦτον εἰς ὑμᾶς· ὡς μὲν ἐμοὶ δοκεῖ, δι' ἀμφότερα, ὦ ἄνδρες Ἀθηναῖοι, νὴ τοὺς θεούς, καὶ δεινὰ πεπονθέναι νομίζοντες ἐμέ, καὶ δίκην ἅμα βουλόμενοι λαβεῖν, ὧν ἐπὶ τῶν ἄλλων ἐτεθέαντο θρασὺν ὄντα καὶ βδελυρόν, καὶ οὐδὲ καθεκτὸν ἔτι.

β'. Οὕτω δὲ τούτων ἐχόντων, ὅσα [1] μὲν παρ' ἐμοῦ προσῆκε φυλαχθῆναι, πάντα δικαίως ὑμῖν τετήρηται, καὶ κατηγορήσων, ἐπειδή τις εἰσάγει, πάρειμι, ὡς ὁρᾶτε, πολλὰ μέν, ὦ ἄνδρες Ἀθηναῖοι, χρήματ', ἐξόν μοι λαβεῖν, ὥστε μὴ κατηγορεῖν, οὐ λαβών, πολλὰς δὲ δεήσεις καὶ χάριτας, καὶ νὴ Δί' ἀπειλάς, ὑπομείνας. ἃ δ' ἐν ὑμῖν μετὰ ταῦτά ἐστιν [2] ὑπόλοιπα, ὅσῳ πλείοσιν οὗτος ἠνώχληκε καὶ

[1] μὲν [οὖν] παρ' R.

[2] ὑπόλοιπα. ὅσῳ γὰρ πλείοσιν T.

Καὶ δίκην ἅμα βουλόμενοι κ. τ. λ.] Wolfii versio, quanquam mentem auctoris tetigit, est contorta nimis, ideoque subobscurior. Dilucidior et felicior multo Italica: *Parte perciocche — e parte perche volevano far vendetta dell' altre cose, nelle quali l' haveano visto insolente, malvagio, e non piu supportabile.* Pro ὧν ἐπὶ τῶν ἄλλων, v. 5. ὃν ἐπὶ τῶν ἄλλων quibusdam non displicet. IDEM.

β'. Οὕτω δὲ τούτων ἐχόντων, ὅσα μὲν παρ' ἐμοῦ——τετήρηται——ὑπομείνας· ἃ δ' ἐν ὑμῖν——ὑπόλοιπα·——τὸ δίκαιον ἕξειν] Hunc in modum hæc interpungenda videntur, ut unam periodum, non plures conficiant, quo modo hactenus edita fuerunt. Sententia manifesta est. *Quæ quidem in me sita erant,* inquit Orator, *ea omnia vobis integra præstiti: quod autem postea vestræ potestatis est, jus meum me consecuturum spero, et quidem tanto magis, quanto magis iste vobis molestus est.* Hoc si vidisset Wolfius, scripsisset non, *quæ a me observari conveniebat,——et quæ jam apud vos reliqua sunt experiri voluerim. Nam quanto,* sed, *quæ quidem a me observari conveniebat,——quæ vero post ea in vobis reliqua sunt, nam quanto* etc. JURIN.

Ὅσα μὲν] Omisi cum H. Wolfio et aliquot MSS. et edd. οὖν, quod jure displicebat Reiskio. Neque erat, quod parceret vocabulo, propter ὑμῖν, quod in eo latere suspicabatur. Nequaquam enim "hic loci prorsus est necessarium ὑμῖν hoc," ut ait ille. Alia ratio τοῦ οὖν est infra §. ζ'. ubi idem est, quod hic οὕτω δὲ τούτων ἐχόντων. SPALDING.

Ὑμῖν τετήρηται] Vel ὑμῖν del. vel significat *vestri causa.* AUGER.

Κατηγορήσων] Ergo procemium hoc antecessit agendi potestatem? vide Ulpian. WOLF.

Εἰσάγει] Εἰσάγειν utroque modo dicitur, et de privato, qui causam aliquam defert ad judices, et de magistratu, qui judices jubet tractare causam. Hæc nostri loci est ratio; illa infra: ὁ πληγεὶς — οὐδ' εἰσήγαγε τὸν Πολύζηλον. SPALDING.

Χρήματ' ἐξόν] Distingue: πολλὰ μὲν — χρήματ', ἐξόν μοι λαβεῖν, ὥστε μὴ κατηγορεῖν, οὐ λαβών. MARKLAND.

Ἃ δ' ἐν ὑμῖν κ. τ. λ.] Aut ἀπὸ κοινοῦ repetendum ὑπομείνας, aut ἐλλειπτικὸν est, aut fortassis addendum προελόμενος. WOLF. Nihil horum: neque deest quidquam, nisi verbum substantivum, et distinctio: ἃ δ' ἐν ὑμῖν (ἐστὶ) μετὰ ταῦτα, ἔστιν ὑπόλοιπα, *quæ vero in vobis deinceps sita sunt, ea restant;* hoc est, quod superest, judices, a vobis dependet. Et rationem reddit proxime sequens sententia. Vel poni potest comma post ὑμῖν. Ἐν ὑμῖν, *in vestra potestate,* ut §. ξγ'. MARKLAND.

Ὑπόλοιπα] Tametsi textum Reiskianum secutus sum, non confectam tamen habeo rem de hujus loci lectione. Impedit in primis auctoritas qualiscunque Ulpiani, quo minus constitutione Reiskiana acquiescam. γὰρ post ὅσῳ, quod, cum aliquot Codd., expungit Reiskius, faceret ad distinendam sententiam sequentem a præcedenti, sicuti Ulpianus intelligebat. Dicit enim, post ὑπόλοιπα esse ἀποσιώπησιν. Utrocunque modo constitueris locum, dis-

[1] παρήγγελκεν, — ἑώρων γὰρ αὐτὸν ἄρτι πρὸ τῶν δικαστηρίων οἷα ἐποίει —, τοσούτῳ μᾶλλον ἐλπίζω τὸ δίκαιον ἕξειν. οὐ γὰρ ἂν καταγνοίην ὑμῶν οὐδενὸς, οὔθ᾽ ὡς, περὶ ὧν πρὸς ἐμὲ ἐσπουδάσατε αὐτοὶ πρότερον, τούτων ἀμελήσετε, οὔθ᾽ ὡς, ἵνα Μειδίας ἀδεῶς [2] τὸ λοιπὸν ὑβρίζῃ, ψηφιεῖταί τις ὑμῶν, ὀμωμοκὼς, ἄλλο τι, πλὴν [3] ὅτι ἂν ἡγῆται δίκαιον.

γ΄. Εἰ μὲν οὖν, ὦ ἄνδρες Ἀθηναῖοι, παρανόμων, [4] παραπρεσβείας, ἤ τινος ἄλλης τοιαύτης αἰτίας [5] ἤμελλον αὐτοῦ κατηγορεῖν, οὐδὲν ἂν ὑμῶν ἠξίουν δεῖσθαι, νομίζων τῷ μὲν κατηγόρῳ περὶ τῶν τοιούτων προσήκειν ἐξελέγχειν 516
μόνον, τῷ δὲ φεύγοντι, καὶ παραιτεῖσθαι. ἐπειδὴ δὲ τούς τε κριτὰς διαφθείραντος τούτου τότε, καὶ διὰ τοῦτο τῆς φυλῆς ἀδίκως ἀφαιρεθείσης τὸν τρίποδα, καὶ αὐτὸς πληγὰς εἰληφὼς, καὶ ὑβρισμένος, οἷα οὐκ οἶδ᾽ εἴ τις ἄλλος πώποτε χορηγὸς ὑβρίσθη, ἣν ὑπὲρ τούτων ἀγανακτήσας καὶ συνοργισθεὶς καταχειροτονίαν ὁ δῆμος ἐποιήσατο, ταύτην εἰσέρχομαι, οὐκ ὀκνήσω καὶ δεῖσθαι. εἰ γὰρ οἷόν τε τοῦτ᾽ εἰπεῖν, ἐγὼ νῦν φεύγω, εἴπερ ὑβρισθέντα μηδεμιᾶς τυχεῖν δίκης ἔστι τις συμφορά. δέομαι οὖν ὑμῶν ἁπάντων, ὦ

[1] παρήγγειλεν T. R. [2] τολοιπὸν T. [3] ὅ, τι T. R. [4] ἢ παραπρεσβείας T. R. [5] ἔμελλον T.

plicet ταυτολογία illa: μετὰ ταῦτα — ὑπόλοιπα, neque bene dici putem ἐν ὑμῖν ἐστὶν ὑπόλοιπα cum præp. ἐν. Quid si allitum est μετὰ ab eo, qui ταῦτα non intelligeret? Locus foret hujusmodi ἃ δ᾽ ἐν ὑμῖν, ταῦτά ἐστιν ὑπόλοιπα. Sic infra: τοῦτο γὰρ ὑπόλοιπον. At ne sic quidem ἀποσιώπησις ulla in hoc loco apparet. Eam igitur agnoscam post παρήγγελκεν, quo fortasse pertineut demum, quæ monet Ulpianus, qui, ἀπηρτημένος, inquit, ἐστὶν ὁ λόγος. ἠκολούθησε γὰρ οὕτως ἂν ὁ νοῦς· ὅσῳ δὲ (sic, et præstat fortasse hoc) πλ. ο. ἡ. κ. π. τοσούτῳ μᾶλλον προσδοκᾷ λήψεσθαι τὴν ψῆφον. Subjicit autem orator pro his, præter expectationem: τοσούτῳ κ. τ. λ. quæ codunt in honorem judicum. Quod inter exponendum infercit Reisk. ἐμοὶ, post ὑμῖν, nusquam, unde habeat, apparet. SPALDING.

Ὅσῳ γὰρ] Istud γὰρ restituit Wolfius. Deest in Ven. Bar. Reg. a. et Aug. Verte autem: *quanto pluribus iste molestias concitavit et denunciavit.* TAYLOR.

γ΄. Παρανόμων] Παρανόμων non est *violatarum legum*, sed, ut Interpres Italus felicius vertit, *di leggi mal poste.* Quod semel annotasse sufficiat. IDEM. Bene monet Taylorus τὴν παρανόμων γραφὴν esse actionem legum *male rogatarum*, non "*violatarum.*" Exemplum luculentum, inter plurima, sit Pro Cor. Αἰσχίνης — ἀπήνεγκε — παρανόμων γραφὴν κατὰ Κτησιφῶντος — ὅτι ἔγραψε παράνομον ψήφισμα. ed. Reisk. p. 243. SPALDING.

Εἰσέρχομαι] Neque vim hujus locutionis, neque totum loci tenorem cepit, saltem non expressit, Interpres Latinus: Ubique præstat Italus, omnium, quos vidi unquam, felicissimus: *Oltre ch' io vengo nel giudicio con quella condannagione, la quale il popolo per queste cose isdegnato et adirato ha fatto, non dubiterò anco di recorrere a i prieghi.* Scilicet *præjudicium* tulit Populus contra Midiam in æde Bacchi congregatus, quod nunc Demosthenes *in jure* persequitur. TAYLOR. Καταχειροτονίαν εἰσέρχεσθαι idem est ac δίκην ἤδη κατακεχειροτονημένην εἰσέρχεσθαι, neque opus est supplemento Reiskiano βεβαιωσόμενος. SPALDING. Malim ἐπεισέρχομαι, *persequor.* AUGER.

Συμφορὰ] Ὁ φεύγων ἐστὶν ὁ συμφορᾷ κεχρημένος in omni judicio; si igitur recte ἄνδρες Ἀθηναῖοι, καὶ ἱκετεύω, πρῶτον μὲν εὐνοϊκῶς ἀκοῦσαί μου λέγοντος. ἔπειτ᾽, ἐὰν ἐπιδείξω Μειδίαν τουτονὶ μὴ μόνον εἰς ἐμὲ, ἀλλὰ καὶ εἰς ὑμᾶς, καὶ εἰς τοὺς νόμους, καὶ εἰς τοὺς ἄλλους ἅπαντας ὑβρικότα, βοηθῆσαι καὶ ἐμοὶ καὶ ὑμῖν αὐτοῖς. καὶ γὰρ οὕτω πως ἔχει, ὦ ἄνδρες Ἀθηναῖοι, ὕβρισμαι μὲν ἐγὼ, καὶ προπεπηλάκισται τὸ σῶμα τοὐμὸν τότε, ἀγωνιεῖται δὲ καὶ κριθήσεται τὸ πρᾶγμα νυνὶ, πότερον ἐξεῖναι δεῖ τὰ τοιαῦτα ποιεῖν, καὶ εἰς τὸν τυχόνθ᾽ ὑμῶν ἀδεῶς ὑβρίζειν, ἢ μή. εἴ τις οὖν ὑμῶν ἄρα καὶ τὸν ἔμπροσθεν χρόνον τῶν ἰδίων τινὸς ἕνεκα γίγνεσθαι τὸν ἀγῶνα τόνδε ὑπελάμβανεν, ἐνθυμηθεὶς νῦν, ὅτι δημοσίᾳ συμφέρει, μηδενὶ μηδὲν ἐξεῖναι [1] τοιοῦτόν τι ποιεῖν, ὡς ὑπὲρ κοινοῦ τοῦ πράγματος ὄντος, καὶ προσέχων ἀκουσάτω, καὶ τὰ φαινόμενα αὐτῷ δικαιότατ᾽ εἶναι, ταῦτα ψηφισάσθω. ἀναγνώσεται δὲ πρῶτον μὲν ὑμῖν τὸν νόμον, καθ᾽ ὃν εἰσιν αἱ προβολαί. μετὰ δὲ ταῦτα, καὶ περὶ τῶν ἄλλων πειράσομαι διδάσκειν ὑμᾶς. λέγε τὸν νόμον.

517 ## ΝΟΜΟΣ.

Τοὺς πρυτάνεις ποιεῖν ἐκκλησίαν ἐν Διονύσου τῇ ὑστεραίᾳ [2] τῶν Πανδίων.

[1] τοιοῦτο ποιεῖν T.

[2] ἐν Πανδίοις T. ἐν Πανδίονι R.

potest appellari συμφορὰ, τὸ ὑβρισθέντα μηδεμιᾶς τυχεῖν δίκης (ut potest sane) poterit etiam Demosthenes dici φεύγειν h. e. reus esse. Spalding.

Καὶ ἐμοὶ] Concinnitatis servandæ causa inserere velit Reisk. καὶ τοῖς νόμοις. Inesse hoc potest τῷ: ὑμῖν αὐτοῖς, neque ad concinnitatem sufficiat, quæ quartum etiam membrum desiderat hoc loco. Simili modo ὑμεῖς (οἱ ἀκροαταὶ) et νόμοι ut unum tractantur ab Æschine, initio contra Ctesiph. πρῶτον μὲν τοῖς θεοῖς, δεύτερον δὲ τοῖς νόμοις καὶ ὑμῖν. Idem.

Εἴ τις οὖν] Οὖν abest a Cod. Bavarico. Libentius proscripserim ἄρα, quod sequitur. Utrumque certe vix placet hoc loco. Ne καὶ quidem videtur hujus loci esse. Fortasse latet aliquid exquisitius in illis ἄρα καί. Quid si, pro ἄρα καὶ, legitur ἄνδρες δικασταί? Idem.

Τοιοῦτο] Sic Wolfius pro τοῦτο Aldi, Manutii, aliorum: τοιοῦτο Cod. optimus Reg. α. et Vindob. τοιοῦτό τι Baroc. Aug. Verum, ut Fabricius recte observavit, tum μηδὲν erit omittendum. Proxime fortasse v. 14. monente Viro eruditissimo, cui tantum debet lector, τὰ φαινόμενα αὐτῷ sibi scilicet. Taylor. Valde placet Marklandi lectio αὑτῷ, per asperum. Spalding.

Ἀναγνώσεται] *Scriba*, qui semper adstat oratoribus, *leget*. cf. F. A. Wolf. ad Leptin. §. η. Idem.

Ἐν Πανδίονι] F. ἐν Πανδίοις, τοῖς Διασίοις, ut habet Pollux et Hesychius: Πάνδια, ἑορτὴ Ἀθήνησι. Quod si displicet, lege Πανδιονίοις, ut sit Festum in honorem Pandionis. Πανδίαν dici Lunam, παρὰ τὸ πάντη ἰέναι, ut et Solem Πανδίονα, quasi πάντη ἰόντα, ut et Ὑπερίονα, παρὰ τὸ ἐπάνω ἰέναι: etsi non inepta conjectura est, tamen quem certum auctorem ex veteribus habeat,s cire velim. Wolf. Τῃ ὑστεραίᾳ ἐν Πανδίοις. *Postridie Jovialia.* An vero τῇ ὑστεραίᾳ τῶν Διονυσίων ἐν Πανδίοις, ut Pandia secuta proxime sint τὰ Διονύσια? Quod si Διόνυσος Sol est, cui medius inter Planetas orbis assignatur, (etsi Veteres Lunam illi proximam fecerunt) haud male ejus Festum sequeretur Festum Lunæ τῆς Πανδίας. Auctor ipse τῇ ὑστεραίᾳ ἐν Πανδίοις interpretatur μετὰ τὰ Πάνδια. Idem. Ex sequentibus paulo post verbis ejusdem Demosthenis videtur legi debere ἐν δὲ ταύτῃ χρηματίζειν πρῶτον μὲν περὶ ἱερῶν· ἔπειτα τὰς προβολὰς παραδιδότωσαν τὰς γεγενημένας ἕνεκα τῆς πομπῆς ἢ τῶν ἀγώνων τῶν ἐν τοῖς Διονυσίοις, ὅσαι ἂν μὴ ἐκτετισμέναι ὦσιν.

δ'. Ὁ μὲν νόμος οὗτός ἐστιν, ὦ ἄνδρες Ἀθηναῖοι, καθ' ὃν αἱ προβολαὶ γίγνονται, λέγων, ὥσπερ ἠκούσατε, ποιεῖν τὴν ἐκκλησίαν ἐν Διονύσου μετὰ τὰ Πάνδια. ἐν δὲ ταύτῃ ἐπειδὰν χρηματίσωσιν οἱ πρόεδροι περὶ ὧν διῴκηκεν ὁ ἄρχων,

τῇ ὑστεράιᾳ τῶν Πανδίων, i. e. *postridie ludorum Jovialium.* Nam sic hæc verba legis explicat, ἐν Διονύσου μετὰ τὰ Πάνδια. Hoc Festum, si Suidæ fides, fiebat post Dionysia, magna, ut puto, et sic incidebat in decimum octavum Elaphebolionis diem. Sed timeo, ne Suidas id acceperit ex hoc loco Demosthenis, et, eo quod ait ἐν Διονύσου, eum putasse id intelligendum esse de Festo Liberalium. Sed aliud est: nam intelligendum est de loco, non de tempore; ἐν Διονύσου, supple ἱερῷ, vel τεμένει, et sic intelligit Scholiastes. De hoc Festo sic loquitur Etymologicum magnum: Πάνδια, ἡ ἑορτὴ Ἀθήνησιν ἀπὸ Πανδίας τῆς Σελήνης, ἢ ἀπὸ Πανδίονος, οὗ καὶ ἡ φυλὴ ἐπώνυμος, ἢ ὅτι τῷ Διῒ ἄγονται τὰ Πάνδια. De Luna et Pandione frustra est, nam sine dubio dicuntur Πάνδια, ut Παναθήναια. Sed donec aliunde lux affulgeat, sequendus est Suidas; nam et quæ sequuntur apud Demosthenem, nihil contrarium tinniunt. PALMER. Nugantur certe Codd. qui legunt ἐν Πανδίονι, ut sunt Aldini, Regii, Vindob. et Venetus. Nam optime emendat ἐν Πανδίοις, vel τῶν Πανδίων, (id perinde erit, τῇ ὑστεραίᾳ τῶν Πανδίων, *postridie primi Jovialium*, vel τῇ ὑστεραίᾳ ἐν Πανδίοις, *die secundo in Jovialibus*) præter Wolfium et Palmerium, præstantissimus Lambinus. Nugantur quoque Scriptores veteres, de Sole et Luna, et consimili farina: inter nugacissimos autem non immerito Ulpianum nostrum pono. Nugatur denique Wolfius de Festo Pandionis, et de Jovialibus postridie Liberalium celebratis. Πάνδια, alio nomine, Διάσια, erant Jovis sacra, et dicuntur eodem more, quo Παναθήναια, Πανιώνια, Παμβοιώτια, Πανελλήνια. Vid. Poll. VI. 37. Verum quia nostra explicatio hujus tetrici loci supponit, eadem esse Πάνδια, de ea re primo dispiciamus. Nemo mecum contenderit, alia fuisse, qui Thucydidem legerit, I. 126. Ubi memoriæ proditur, Cyloni fuisse Delphis responsum, ut Athenarum arcem occuparet τῇ τοῦ Διὸς τῇ μεγίστῃ ἑορτῇ, *in celeberrimo et frequentissimo Jovis die festo*: (fuisse autem τῶν Πανδίων celebriorem, cum nempe Jovi πανδημεὶ et lautissime sacra faciant, quis dixerit?) Ille ratus, oraculum ad Olympia alludere, dum ea agebantur, facinus aggreditur, non animadvertens, fuisse Athenis Διάσια, ἃ καλεῖται Διὸς ἑορτὴ Μειλιχίου μεγίστη, ἔξω τῆς πόλεως, ἐν ᾗ πανδημεὶ θύουσι, et quæ apud Thucydidem sequuntur. Eadem sunt ergo Πάνδια et Διάσια. Proximum est, ut videamus, quomodo cum Liberalibus temporis ratione conspirent. Liberalia magna, antiqua, sive Anthesteria, de quibus hic agitur, celebrabantur Athenis Mensis Anthesterionis diebus undecimo, duodecimo et decimo tertio. Proximus dies *legitimus*, quo Κυρία Ἐκκλησία, sive Senatus *ordinarius*, *stativus* et *lege institutus* habebatur, is erat, ut ex Fastis Atticis discimus, ejusdem mensis dies 24. sive Ἀνθεστηριῶνος φθίνοντος ἑβδόμῃ. Sequeretur itaque, quod pridie istius Senatus agerentur Διάσια, sive Πάνδια, cum Lex, quam hic adducit Demosthenes, cogat τοὺς Πρυτάνεις ποιεῖν ἐκκλησίαν ἐν Διονύσου τῇ ὑστεραίᾳ τῶν Πανδίων, vel, ut ipse perinde explicat, ποιεῖν ἐκκλησίαν μετὰ τὰ Πάνδια. Jam eo mense, et quidem eo mense exeunte, agi Πάνδια, sive Διάσια, aliunde discimus. Διάσια, Ἀθήνησιν ἑορτὴ Μειλιχίου Διὸς, μηνὸς Ἀνθεστηριῶνος φθίνοντος. σχ. Aristoph. Nub. 407. Cavit igitur Lex, ut de iis, quæ acciderunt in Liberalibus, (diebus sc. Anthesterionis mensis 11. 12. et 13.) quæstio haberetur proximo die legitimo senatus habendi, sc. ejusdem mensis die 24. TAYLOR. Theodoret. de Martyr. et Sacrif. *In schedis* IDEM. Legendum τῇ ὑστεραίᾳ τῶν Πανδίων. Nam explicans legem Orator paulo post habet μετὰ τὰ Πάνδια. JURIN. Consule præfationem Spaldingii de hoc loco.

Χρηματίζειν] Wolfius, *respondento.* Immo potius, *dicendi potestatem faciant*, hoc est, si quid perperam factum sit, accusandi facultatem cuilibet concedant. Eodem sensu τὸ χρηματίσωσιν, et τὸ χρηματίζειν, quæ proxime sequuntur, manifeste accipienda sunt. JURIN.

Προβολαὶ μὴ ἐκτετισμέναι] H. l. dicuntur injuriæ eæ, de quibus læso non satisfactum sit ante concionem. SPALDING.

δ'. Ἄρχων] Ἐδίδου γὰρ λόγον εἰ τὸ ἄγαλμα

χρηματίζειν κελεύει καὶ περὶ ὧν ἄν τις ἠδικηκὼς ᾖ περὶ τὴν ἑορτὴν, ἢ παρανενομηκώς. καλῶς, ὦ ἄνδρες Ἀθηναῖοι, καὶ συμφερόντως ἔχων ὁ νόμος, ὡς τὸ πρᾶγμα αὐτὸ μαρτυρεῖ. ὅπου γὰρ, ἐπόντος τοῦ φόβου τούτου, φαίνονταί τινες οὐδὲν ἧττον ὑβρισταὶ, τί χρὴ προσδοκᾶν τοὺς τοιούτους ἂν ποιεῖν, εἰ [1] μηδεὶς ἐπῆν ἀγὼν, μηδὲ κίνδυνος; βούλομαι τοίνυν ὑμῖν καὶ τὸν ἑξῆς ἀναγνῶναι νόμον [2] τούτῳ· καὶ γὰρ ἐκ τούτου φανερὰ πᾶσιν ὑμῖν ἥ τε τῶν ἄλλων [3] ἁπάντων ὑμῶν εὐλάβεια γενήσεται, καὶ τὸ τούτου θράσος. λέγε τὸν νόμον.

ΝΟΜΟΣ.

Εὐήγορος εἶπεν, ὅταν ἡ πομπὴ ᾖ τῷ Διονύσῳ ἐν Πειραιεῖ, καὶ οἱ κωμῳδοὶ, καὶ οἱ τραγῳδοὶ, καὶ [4] ἡ ἐπὶ Ληναίῳ πομπὴ, καὶ οἱ τραγῳδοὶ, καὶ οἱ κωμῳδοὶ, καὶ τοῖς ἐν ἄστει Διονυσίοις ἡ πομπὴ, καὶ οἱ παῖδες καὶ ὁ κῶμος, καὶ

[1] μηδ' εἷς T. R. [2] τουτονὶ T. R. [3] Deest ἁπάντων. T. [4] Deest articulus. T.

ἀλώβητον ἔσωσε, εἰ τῶν ἄλλων μηδὲν ἐνέλιπε χρηματίζων. Ulp. Omnem hanc archontis (qui est in magnis Dionysiis ἐπώνυμος, in Lenæis autem βασιλεύς. v. Pollux IX. 90, 91.) administrationem ad festum pertinere, docent verba legis ἐν δὲ — ἱερῶν. In aliena itaque abit Augerus vertens: "après avoir traité des objets réglés par l'archonte." IDEM.

Χρηματίζειν κελεύει καὶ περὶ ὧν ἄν τις ἠδικηκὼς ᾖ περὶ τὴν ἑορτὴν] Χρηματίζειν hoc loco pro *referre ad populum* positum est. Et χρηματισμὸς hujusmodi actio dicitur. alibi vero pro *jus reddere*, et *rebus explicandis constituendisque vacare* dixit. *Ex edit.* HERVAG.

Μηδεὶς] Scripsi, nullo Codice nixus, μηδεὶς pro μηδ' εἷς. Lenis est mutatio, et cui ignosci possit. Sensus autem aptior si "*nullus*" intelligatur, quam si "*ne unus quidem.*" Fortasse accommodare voluit librarius nostrum vocabulum sequenti μηδὲ, quod tamen minime erat necesse. SPALDING.

Τούτῳ] Hoc, ex Paris. α. prætuli vulgato τουτονί. IDEM.

Ἐν Πειραιεῖ] Cum tria ab Atheniensibus celebrarentur Liberalia, sc. (1) τὰ ἐν ἀγροῖς, vel τὰ Ληναῖα, mense Posideone, (2) τὰ ἐν ἄστει, quæ Elaphebolione, et (3) denique magna et antiqua, quæ et Ἀνθεστήρια et ἐπὶ Λίμναις, mense Anthesterione, (quorum de numero, distinctione et celebritate minima est hodie, aut potius nulla, apud doctos controversia) et cum tria hæc festa Evegori nostri rogatio complecti velle videatur; quæritur potissimum, quo pacto conciliemus Anthesteria, sive Limnæa sacra, cum Piræensibus, nam de reliquis duobus nulla oriri potest suspicio, ὅταν ἡ πομπὴ — ἐν Πειραιεῖ — καὶ ἐπὶ Ληναίῳ — καὶ τοῖς ἐν ἄστει Διονυσίοις. Petitus, vir ad emendandum minime natus, LL. Attic. p. 117. novæ editionis, legit: ὅταν ἡ πομπὴ ᾖ τῷ Διονύσῳ, ἣν πεξ αἰεὶ, καὶ οἱ κωμῳδοὶ καὶ οἱ τραγῳδοὶ, rationemque adducit æque duram et coactam, atque est emendatio ipsa. Vir illustrissimus Ezech. Spanhemius ad argum. Ranar. Aristoph. auguratur, sacra hæc Anthesteria fuisse aliquando ab urbe Piræeum translata, nempe post exstructum in ea regione Dionysii Theatrum. Quod certe non longe a vero abest. TAYLOR.

Πομπῇ] Ἐπὶ Ληναίῳ πομπῇ, ut sit adjectivum, ἡ Λήναιος πομπή. Sin, ut alii habent, καὶ ἐπὶ Ληναίῳ πομπὴ recto casu, erit subintelligendum ὅταν ᾖ πομπὴ ἐπὶ Ληναίῳ, forte ἐπὶ Ληνοῖς, ad torcularia, καὶ ὅταν ὦσιν οἱ τραγῳδοί. WOLF. Placent Wolfii δεύτεραι φροντίδες. πομπῇ quidem in dandi casu est lectio Aldina, Codd. item Parisinorum, præter α. et ε. Sed lectionem, quam recepimus, confirmat erudita antiquitas. Λήναιον enim erat δῆμος Atticus, sed incertæ tribus. Illud testantur Stephanus et Hesychius.

Αὐτοὶ γὰρ ἐσμὲν, ὁ ὑπὶ Ληναίῳ τ' ἀγών.

Aristoph. Acharn. 502. Cujus Scholiastes: Ὁ τῶν Διονυσίων ἀγὼν ἐτελεῖτο δὶς τοῦ ἔτους, τὸ μὲν πρῶτον, ἔαρος ἐν ἄστει — τὸ δεύτερον ἐν ἀγροῖς, ὁ ἐπὶ Ληναίῳ λεγόμενος. TAYLOR. Malim ἐπὶ Ληναίων. Τὰ

οἱ κωμῳδοὶ, καὶ οἱ τραγῳδοὶ, καὶ Θαργηλίων τῇ πομπῇ καὶ τῷ ἀγῶνι,[1] μήτι
ἐξεῖναι μήτε ἐνεχυράσαι, μήτε λαμβάνειν ἕτερον ἑτέρου, μηδὲ τῶν ὑπερημέ- 518
ρων, ἐν ταύταις ταῖς ἡμέραις. ἐὰν δέ τις τούτων τι παραβαίνῃ, ὑπόδικος ἔστω τῷ παθόντι, καὶ προβολαὶ αὐτοῦ ἔστωσαν ἐν τῇ ἐκκλησίᾳ τῇ ἐν Διονύσου, ὡς ἀδικοῦντος, καθὰ περὶ τῶν ἄλλων τῶν ἀδικούντων γέγραπται.

έ. Ἐνθυμεῖσθε, ὦ ἄνδρες δικασταὶ, ὅτι ἐν τῷ προτέρῳ νόμῳ κατὰ τῶν περὶ τὴν ἑορτὴν ἀδικούντων οὔσης τῆς προβολῆς, ἐν τούτῳ καὶ κατὰ τῶν τοὺς ὑπερημέρους εἰσπραττόντων, ἢ καὶ ἄλλ' ὁτιοῦν τινὸς λαμβανόντων, ἢ βιαζομένων, ἐποιήσατε τὰς προβολάς. οὐ γὰρ ὅπως μὴ τὸ σῶμα

[1] μὴ T. R.

Ληναῖα dicebantur festa Bacchi quæ celebrabantur in agris. Auger.

Καὶ ὁ Θαργηλίων τῇ πομπῇ] F. καὶ τῶν Θαργηλίων τῇ πομπῇ. Suidas: Θαργήλια ἑορτὴ Ἀρτέμιδος, καὶ Ἀπόλλωνος, Θαργηλιῶνι μηνὶ ἀγομένη. Quem consulito. Wolf. Ὁ Θαργηλιὼν Editt. superiores, cum Cod. Vindob. Θαργηλιῶνος MSS. α. β. Scripsit procul dubio Auctor perinde, ut Wolfius emendavit, qui Lambinum nactus est consentientem, καὶ ἐν τῇ Θαργηλίων πομπῇ, Codicemque item Italicum, ἐν Θαργηλίων πομπῇ. — Notes hic dici, in Thargeliorum solennitatibus eandem legibus dari securitatem, quæ in Dionysiis dari solebat; idque confirmat Antipho Orat. περὶ χορευτοῦ. Ἐπειδὴ χορηγὸς κατεστάθην εἰς Θαργήλια, τὸν χορὸν συνέλεξα ὡς ἐδυνάμην ἄριστα, οὔτε ζημιώσας οὐδένα, οὔτε ἐνέχυρα βίᾳ φέρων, οὔτ' ἀπεχθανόμενος οὐδενί. Taylor.

Μήτε ἐξεῖναι] Lego: μὴ ἐξεῖναι μήτε ἐνεχυράσαι μήτε λαμβάνειν ἕτερον ἑτέρου. sc. κτῆμά τι. Sicut ipse Auctor declarat: ἢ καὶ ἄλλ' ὁτιοῦν τινὸς λαμβανόντων, ἢ βιαζομένων. Nisi ponatur ἀντὶ τοῦ ἐπιλαμβάνεσθαι, *ne quis alteri manus injiciat*. Wolf. Ante Hieron. Wolfium legebatur μήτε, sine sensu. Ille primus encliticam expunxit, quæ abest etiam ab aliquot MSS. Residebat tamen difficultas: ellipsis accusativi, quo referretur λαμβάνειν, vix ferenda. Cui ut mederetur, Reiskius proposuit, post ἑτέρου scribi μηδέν; probabiliter, propter sequens μηδέ. Nostri textus lectio est e conjectura Buttmanni certissima, cui occasionem dedit Codicis Italici scriptura vitiosa: μήτε ἐξεῖναι ἐνεχυράσαι. μήτι ἐνεχυράσαι, μήτε κ. τ. λ. Spalding. Vid. Var. Lect.

Προβολαὶ αὐτοῦ ἔστωσαν] F. κατ' αὐτοῦ. Wolf. Conjecturam Wolfii nulla scriptura munitam rejecimus. Nostro enim more loquitur Xenoph. Hist. Gr. l. 1. fin. οἵτινες τὸν δῆμον ἐξηπάτησαν, προβολὰς αὐτῶν εἶναι. Cod. Ital. προβολαὶ αὐτῶν ἔστωσαν. αὐτῷ Lindenb. Viodob. et Reg. α. Mox restituimus ἐν τῇ ἐκκλησίᾳ ex Ald. Ven. Baroc. Lind. Paris. et Ital. Taylor.

Καθὰ κ. τ. λ.] Est quod me offendat in hac appendicula καθὰ — γέγραπται. Subaudit Augerus ad ἀδικοῦντος et ἀδικούντων hæc: εἰς τὴν ἑορτήν. Reiskius pro ἄλλων τῶν malit ἄλλο τι. Desidero exemplum structuræ illius: ἀδικεῖν τι. Sensum hunc accipio: Eorum, qui per tempus festi, vel suas ipsorum res repetierint, rationem fore eandem ac manifestam injuriam inferentium. Si liceret abjicere γέγραπται, legerem: καθάπερ τῶν ἄλλων κ. τ. λ. ut genitivus penderet a προβολαὶ ἔστωσαν. Fortasse latet aliquid in illo geminato articulo τῶν ante ἀδικούντων, qui displicet sane. Spalding. Sentio equidem, posse videri contra usum frequentissimum scriptorum esse, quod *desidero exemplum structuræ: ἀδικεῖν τι*. Sexcenties legitur μηδὲν ἀδικεῖ τοῦτο ποιῶν. ἆρα ἀδικεῖ τι; ut intelligatur κατά. Fateor. At illud dubito, unquamne sic nude dicatur ἀδικεῖν τι pro mero eo: ἀδικεῖν, quod si minus fiat, ἄλλο τι ἀδικεῖν ne ipsum quidem puto dici posse; neque hujos formæ exemplum ullum succurrit. Malim ἄλλως πως pro ἄλλων τῶν. Idem.

Καθὰ] *Secundum quæ*, i. e. quemadmodum. Auger.

έ. Κατὰ τῶν etc.] Ita emendamus ex divinatione Lambini, atque auctoritate Cod. Italici. Vid. §. θ'. *med.* κατὰ τῶν παρὰ τὴν ἑορτὴν Baroc. Vulgo περὶ τῶν κατὰ τὴν ἑορτήν. Friget hic Versio Wolfii, *de injuriosis*. Aliter Italus: *Considerate — che nella prima legge essendo l' accusa di quelli che nella festa commeton male, in questa* etc. Taylor.

Βιαζομένων] *Vim faciunt*. Hæreo. Fortasse, *quidvis alienum capiunt, aut* capere conantur. Iterum ita expone §. ιβ'. init. Idem.

Οὐ γὰρ ὅπως μὴ τὸ σῶμα ὑβρίζεσθαί τινος

ὑβρίζεσθαί τινος ἐν ταύταις ταῖς ἡμέραις, ἢ τὴν παρασκευὴν, ἣν ἂν ἐκ τῶν ἰδίων πορίσαιτό τις εἰς τὴν λειτουργίαν, ᾤεσθε χρῆναι, ἀλλὰ καὶ τὰ δίκῃ καὶ ψήφῳ τῶν ἑλόντων γιγνόμενα, τῶν ἑαλωκότων καὶ κεκτημένων ἐξ ἀρχῆς, τῇ γοῦν ἑορτῇ, ἀπεδώκατε εἶναι. ὑμεῖς μὲν τοίνυν, ὦ ἄνδρες Ἀθηναῖοι, πάντες εἰς τοσοῦτον ἀφῖχθε φιλανθρωπίας τε καὶ εὐσεβείας, ὥστε καὶ τῶν πρότερον γεγενημένων ἀδικημάτων τὸ λαμβάνειν δίκην ἐπέσχετε ταύτας τὰς ἡμέρας· Μειδίας δ' ἐν αὐταῖς ταύταις ταῖς ἡμέραις ἄξια τοῦ δοῦναι τὴν ἐσχάτην δίκην ποιῶν δειχθήσεται. βούλομαι δὲ [1] καθ' ἕκαστον ἀπαρχῆς ὧν πέπονθα ἐπιδείξας, ἔτι καὶ περὶ τῶν πληγῶν εἰπεῖν, ἃς τὸ τελευταῖον προσενέτεινέ μοι. ἓν γὰρ μηδέν ἐστιν, ἐφ' ᾧ τῶν πεπραγμένων οὐ δίκαιος ὢν ἀπολωλέναι φανήσεται.

ς'. Ἐπειδὴ γὰρ, οὐ καθεστηκότος χορηγοῦ τῇ Πανδιονίδι φυλῇ τρίτον ἔτος τουτὶ, παρούσης δὲ τῆς ἐκκλησίας, ἐν ᾗ
519 τὸν ἄρχοντα ἐπικληροῦν ὁ νόμος τοῖς χοροῖς τοὺς αὐλητὰς κελεύει, λόγων καὶ λοιδορίας γιγνομένης, καὶ κατηγοροῦντος τοῦ μὲν ἄρχοντος τῶν ἐπιμελητῶν τῆς φυλῆς, τῶν δ' ἐπιμελητῶν τοῦ ἄρχοντος, παρελθὼν ὑπεσχόμην ἐγὼ χορηγήσειν ἐθελοντὴς, καὶ κληρουμένων, πρῶτος αἱρεῖσθαι τὸν αὐλητὴν ἔλαχον· ὑμεῖς μὲν, ὦ ἄνδρες Ἀθηναῖοι, πάντες ἀμφότερα, ὡς οἷόν τε μάλιστ', ἀπεδέξασθε, τήν τ' ἐπάγ-

[1] Deest καθ'. T.

——ᾤεσθε χρῆναι· ἀλλὰ καὶ] Legendum videtur, οὐ γὰρ μόνον μὴ τὸ σῶμα etc. vel, οὐ γὰρ μόνον ὅπως μὴ τὸ σῶμα etc. Certe verbum μόνον, aut aliquid simile, hic necessarium est, vel expressum, vel subintellectum. JURIN.

Ὅπως] Non potest proprie cum Reiskio et, qui eum exscribit, Augero dici, ὅπως hoc loco significare μόνον, etsi sensus addicit. Est ratio τῶν οὐχ ὅπως qualis τῶν μὴ ὅτι, quam vide apud Hoogevenum. SPALDING.

Ἐξ ἀρχῆς] Pertinet hoc "ἐξ ἀρχῆς" non ad vere primam, h. e. justam, possessionem, sed ad eam, quæ fuerat ante litem judicatam. Caveant tirones ne ἑαλωκότας active accipiant; opponuntur ii τοῖς ἑλοῦσι. IDEM.

Καθ' ἕκαστον] Dubito, an recte imitatus sim Reiskium ex uno Aug. pr. recipientem καθ' ἕκαστον pro ἕκαστον. IDEM.

ς'. Τρίτον ἔτος τουτὶ] *Tertio abhinc anno* Wolfius. Melius Italus: *questri tre anni.* Pro τρίτον nonnulli MSS. τέταρτον, nonnulli τρίτον ἢ τέταρτον, quod posterius certe enatum est ex varia lectione. TAYLOR.

Ἐθελοντὴς] Huc pertinet, quod alterum argumentum uberius, a nobis cum lectoribus non communicatum, memorat: ὁ γὰρ Δημοσθένης λέγει, ὅτι χορηγὸν ἔτυψας. ὁ δὲ Μειδίας, ὅτι χορηγὸν ἁπλῶς οὐκ ἔτυψα· (αὐτοχειροτόνητος γὰρ ἦσθα·) ἀλλ' ἰδιώτην. Etsi per ipsam orationem id argumenti non refellit orator, se verum non esse choregum, utpote voluntarium. SPALDING.

Κληρουμένων] Absolute, *cum sortitio fieret.* AUGER.

Μάλιστ'] Restitui ex Editt. Fel. Man. Lutet. et MSS. Baroc. Obsop. Ital. et Vindob. TAYLOR.

γελίαν τὴν ἐμὴν, καὶ τὸ συμβὰν ἀπὸ τῆς τύχης· καὶ θόρυβον καὶ κρότον τοιοῦτον, ὡς ἂν ἐπαινοῦντές τε καὶ συνησθέντες, ἐποιήσατε· Μειδίας δ' οὑτοσὶ μόνος τῶν ἁπάντων, ὡς ἔοικεν, ἠχθέσθη, καὶ παρηκολούθησε παρ' ὅλην τὴν λειτουργίαν ἐπηρεάζων ἐμοὶ συνεχῶς, καὶ μικρὰ καὶ μείζω.

ζ'. Ὅσα μὲν οὖν, ἢ τοὺς χορευτὰς ἐναντιούμενος ἡμῖν ἀφεθῆναι τῆς [1] στρατείας, ἠνώχλησεν, ἢ προβαλλόμενος καὶ κελεύων ἑαυτὸν εἰς τὰ Διονύσια χειροτονεῖν ἐπιμελητὴν, ἢ [2] τἄλλα πάντα, ὅσα τοιαῦτα, ἐάσω. οὐ γὰρ ἀγνοῶ τοῦθ', ὅτι τῷ μὲν ἐπηρεαζομένῳ τότ' ἐμοὶ καὶ ὑβριζομένῳ, τὴν αὐτὴν ὀργὴν ἕκαστον τούτων, ἥνπερ ἄλλ' ὁτιοῦν τῶν δεινοτάτων, παρίστη· ὑμῖν δὲ τοῖς ἄλλοις, τοῖς ἔξω τοῦ πράγματος οὖσιν, οὐκ ἂν ἴσως ἄξια ταῦτα καθ' αὑτὰ ἀγῶνος φανείη· ἀλλ' ἃ πάντες ἂν ὁμοίως ἀκούσαντες ἀγανακτήσαιτε, ταῦτ' ἐρῶ. ἔστι δὲ ὑπερβολὴ τῶν μετὰ

[1] χορείας T. R. [2] τἆλλα T.

Παρηκολούθησε κ. τ. λ.] Bergler. Ep. Alciphron. Lib. II. ep. IV. vertit: *Secutus est per totam administrationem me assidue vexans omnibus modis.* Quem consule, multis de locutione μικρὰ καὶ μείζω et similibus annotantem in l. l.

ζ'. Ἐναντιούμενος ἡμῖν] F. ὑμῖν. Quia ludi pluris erant vulgo, quam militia. Wolf.

Ἀφεθῆναι τῆς χορείας] Sub. ὥστε στρατεύεσθαι. Hoc malo, quam τῆς στρατείας. Idem. Στρατείας habent Fel. Ven. Bar. Bodl. Ital. Vindob. et scholiastes Ulpianus. In marg. Benenati: γρ. μὴ ἀφεθῆναι τῆς στρατείας ἠνώχλησεν, et, ἀφεθῆναι τῆς στρατείας ἐκώλυσεν. Lambinus conjicit, locum ita esse legendum: ἢ τοὺς χορευτὰς κωλύων ἀφεθῆναι τῆς στρατείας, ἡμῖν ἠνώχληκεν, ἢ προβαλλόμενος κ. τ. λ. Non inscite hunc locum explicat Scholiastes, si στρατείας legas. Nimirum eo tempore, quo hæc fiebant, equitatui præfectus erat Midias: eaque auctoritate fretus chorum Demosthenicum ad militiam adegit, licet istius rei immunitatem nactus esset ratione muneris, quod tum gerebat. Ἔθος ἦν, τοὺς τῷ Διονύσῳ χορεύοντας μὴ στρατεύεσθαι τοῦτον τὸν χρόνον. ὁ τοίνυν Μειδίας ἠνάγκαζεν αὐτοὺς ἐξιέναι, καὶ οὐκ εἴα τῆς στρατείας ἀφίεσθαι. Ulpian. Προβαλλόμενος hic male a Wolfio vertitur *lacessendo*, cum debuit utique *sese offerendo*. vid. H. Vales. ad Harpocr. pag. 70. alieniore quidem sensu, quam quo sæpius in hac oratione occurrit προβάλλεσθαι. v. Petit. LL. AA. L. VIII. tit. II. Taylor. Utique legendum est στρατείας pro χορείας, quod exhibent editi omnes, illud inter varias lectiones rejicientes. Certatim ita laudant Rhetores, et Norrmannus ad Aristid. p. 471. firmat hanc lectionem. Ad explicandum autem locum ita constitutum sufficit Ulpianus. Noster locus participio illo κωλύων, quod Hermogenes infercit (vid. Reisk.) non indiget. Est illud interpretamentum τοῦ ἐναντ. ἡμ. ut apte monet Buttmannus, loca gemina afferens Platonis: Apol. Socr. C. 19. τοῦτό ἐστιν, ὅ μοι ἐναντιοῦται τὰ πολιτικὰ πράττειν. cf. mox: οὐ γάρ ἐστιν ὅστις ἀνθρώπων σωθήσεται, ὑμῖν γνησίως ἐναντιούμενος καὶ διακωλύων πολλὰ ἄδικα ἐν τῇ πόλει γίγνεσθαι. Paullo diversa est ratio ubi additur negatio, ut ibid. C. 20. ἐγὼ μόνος ἠναντιώθην ὑμῖν μηδὲν ποιεῖν παρὰ τοὺς νόμους. Est igitur ἐναντιούμενος ἡμῖν τοὺς χορευτὰς ἀφεθῆναι τῆς στρατείας pro eo: κωλύων τοὺς ἡμετέρους χ. α. τ. στ. Spalding.

Ἔστι δὲ ὑπερβολὴ] Ἀντὶ τοῦ, ὑπερβάλλοντά ἐστι τῇ πονηρίᾳ. Si addas negationem, οὐκ ἔστι δ' ὑπερβολὴ, αὐξητικώτερον ἔσται. Sed non opus est mutatione, cum et hæc bona lectio sit. Wolf. Lambinus legit ὑπερβολὴ τούτων τὰ μετὰ ταῦτα, vel ὑπερβολὴ ταῦτα, ἃ μέλλω etc. Verum

ταῦτα, ἃ μέλλω λέγειν. καὶ [1]οὐκ ἂν ἐπεχείρησα ἔγωγε κατηγορεῖν αὐτοῦ νῦν, εἰ μὴ καὶ τότε ἐν τῷ δήμῳ παραχρῆμα ἐξήλεγξα. τὴν γὰρ ἐσθῆτα τὴν ἱερὰν — ἱερὰν γὰρ ἔγωγε νομίζω πᾶσαν, ὅσην ἄν τις ἕνεκα τῆς ἑορτῆς παρα-
520 σκευάσηται, τέως ἂν χρησθῇ — καὶ τοὺς στεφάνους τοὺς χρυσοῦς, οὓς ἐποιησάμην ἐγὼ, κόσμον τῷ χορῷ, ἐπεβούλευσεν, ὦ ἄνδρες Ἀθηναῖοι, διαφθεῖραί μου, νύκτωρ ἐλθὼν ἐπὶ τὴν οἰκίαν τὴν τοῦ χρυσοχόου. καὶ διέφθειρεν, οὐ μέντοι πάντας γε· οὐ γὰρ [2]ἠδυνήθη· καίτοι [3]τοῦτό γ' οὐδείς πώποτε οὐδένα φησὶν ἀκηκοέναι τολμήσαντα, οὐδὲ ποιήσαντα ἐν τῇ πόλει. οὐκ ἀπέχρησε δὲ [4]αὐτῷ τοῦτο, ἀλλὰ καὶ τὸν διδάσκαλον, ὦ ἄνδρες Ἀθηναῖοι, διέφθειρέ μου τοῦ χοροῦ. καὶ εἰ μὴ Τηλεφάνης, ὁ αὐλητὴς, ἀνδρῶν βέλτιστος περὶ ἐμὲ τότε ἐγένετο, καὶ, τὸ πρᾶγμα αἰσθόμενος, τὸν ἄνθρωπον ἀπελάσας αὐτὸς συγκροτεῖν καὶ διδάσκειν ᾤετο [5]δεῖν χορόν· οὐδ' ἂν [6]ἠγωνισάμεθα, ὦ ἄνδρες Ἀθηναῖοι· ἀλλ' ἀδίδακτος ἂν εἰσῆλθεν ὁ χορὸς, καὶ πράγματα αἴσχιστα ἂν ἐπάθομεν. καὶ οὐδ' ἐνταῦθ' ἔστη τῆς ὕβρεως, ἀλλὰ τοσοῦτον αὐτῷ περιῆν, ὥστε τὸν ἐστεφανωμένον ἄρχοντα

[1] οὐδ' T. R. [2] ἐδυνήθη T. [3] τοιοῦτον οὐδεὶς T. [4] αὐτὸ R. [5] δεῖν τὸν χορὸν T. R. [6] ἠγωνίσμεθα T.

proba lectio esse potest, τῶν μετὰ ταῦτα. Vide §. κθ'. et §. λβ'. *ante med.* TAYLOR.

Τῶν μετὰ ταῦτα] *Ea quæ dicturus sum ex his quæ sequuntur, exuperant omnem sermonem.* AUGER. Explicat hoc incisum Reiskius ita: τῶν μετὰ ταῦτα (post factorum) ἐκεῖνα, ἃ μέλλω λέγειν, ὑπερβολὴ (ὑπερβάλλοντα) ἐστί. Potest hoc ferri, etsi contortius mihi videtur. Lambini emendatio magnopere arridet: ἔστι δὲ ὑπερβολὴ τούτων, τὰ μετὰ ταῦτα, ἃ μέλλω λέγειν. SPALDING.

Τέως ἂν χρησθῇ] Ἀντὶ τοῦ, ἕως ἄν τις αὐτῇ ἐν τῇ ἑορτῇ χρήσηται. Τὸ χρησθῇ passive capitur. Sub. ἡ ἐσθής. WOLF. Non subintelligendum est ἡ ἐσθὴς, sed ἐκεῖνος, ante χρησθῇ, et Active, non *Passive*, capiendum χρησθῇ: *quam diu* ille ea *usus fuerit.* Vide ipsius Wolfii versionem: nam in hac notula sibi ipse contradicit. MARKLAND. Wolfius: *quamdiu ea utare.* At nondum ea veste usus erat Demosthenes, sed erat ea penes aurificem. Itaque vertendum puto: *donec ea usus fueris*, vel *uti cessaveris.* JURIN.

Καὶ τοὺς στεφάνους τοὺς χρυσοῦς — ἐπεβούλευσεν — διαφθεῖραί μου] Elegantius: διαφθεῖραί μοι. IDEM.

Ἀλλὰ καὶ τὸν διδάσκαλον διέφθειρέ μου] Budæus legit χοροδιδάσκαλον, ἀντὶ τοῦ, τὸν ἡγεμόνα τοῦ χοροῦ. Est enim ὁ χοροδιδάσκαλος καὶ χοροστάτης καὶ χοροστατῶν, ὁ χοροῦ ἐξάρχων καὶ κορυφαῖος. *Ex edit.* HERVAG.

Τὸν διδάσκαλον — διέφθειρέ μου τοῦ χοροῦ] Hic etiam legere malim διέφθειρέ μοι τοῦ χοροῦ. JURIN.

Ἀπελάσας αὐτὸς] Cujus, ut tibicinis, hæc non erat provincia. συγκροτεῖν h. l. synonymum est τοῦ διδάσκειν. SPALDING.

Ὥστε τὸν ἐστεφανωμένον ἄρχοντα διέφθειρε] Malim: διαφθείρειν. Nec arridet istud τὸν ἐστεφανωμένον ἄρχοντα. Nec enim ipsum Archontem civitatis hic designari puto, quum magni esset res periculi, hunc in modum de summo magistratu loqui, sed potius præsidem festi, τὸν τῶν ἐστεφανωμένων ἄρχοντα, qui pompam ducebat. JURIN.

Ἄρχοντα] Adscribit Ulpianus: ὁ γὰρ τὰ πλεῖστα διοικῶν τῆς ἑορτῆς, ὁ ἄρχων ἦν. SPALDING.

διέφθειρε· τοὺς χορηγοὺς συνῆγεν ἐπ' ἐμέ· βοῶν, ἀπειλῶν, ὀμνύουσι παρεστηκὼς τοῖς κριταῖς, τὰ παρασκήνια φράττων προσηλῶν, ἰδιώτης ὤν, τὰ δημόσια, κακὰ καὶ πράγματα ἀμύθητά μοι παρέχων διετέλεσε.

η'. Καὶ τούτων, ὅσα γε ἐν τῷ δήμῳ γέγονεν, ἢ πρὸς τοῖς κριταῖς ἐν τῷ θεάτρῳ, ὑμεῖς ἐστέ μοι μάρτυρες πάντες, ὦ ἄνδρες δικασταί. καίτοι τῶν λόγων τούτους χρὴ δικαιοτάτους [1] καὶ πιστοτάτους ἡγεῖσθαι, οὓς ἂν οἱ καθήμενοι τῷ λέγοντι μαρτυρῶσιν ἀληθεῖς εἶναι. [2] προδιαφθείρας τοίνυν τοὺς κριτὰς τῷ ἀγῶνι τῶν ἀνδρῶν, δύο ταῦτα ὡσπερεὶ κεφάλαια ἐφ' ἅπασι τοῖς ἑαυτῷ νενεανιευμένοις ἐπέθηκεν. ἐμοῦ μὲν ὕβρισεν εἰς τὸ σῶμα, τῇ φυλῇ δὲ, κρατούσῃ τὸν ἀγῶνα,
αἰτιώτατος τοῦ μὴ νικῆσαι κατέστη. τὰ μὲν οὖν εἰς ἐμὲ 521

[1] Desunt καὶ πιστοτάτους. T.

[2] προσδιαφθείρας T.

Συνῆγεν] An συνήγαγεν? Idem. Vulgatam tuetur Wunderlichius in Præf. ad Or. π. Στεφ.

Τὰ παρασκήνια φράττων, προσηλῶν, ἰδιώτης ὢν, τὰ δημόσια] Wolfius: *Scenæ aditus obstruendo, clavis defigendo : ipse homo privatus, vim publicam facere.* Potius: *Scenæ fores obstruendo, clavis defigendo, ipse homo privatus, publicas.* Jurin.

Φράττων] Τουτέστιν· ἀποφράττων τὰς ἐπὶ τῆς σκηνῆς εἰσόδους, ἵνα ὁ χορὸς ἀναγκάζηται περιϊέναι διὰ τῆς ἔξωθεν εἰσόδου, καὶ οὕτω, βραδύνοντος ἐκείνου, συμβαίνῃ καταγελᾶσθαι τὸν Δημοσθένην. τὸ δὲ "προσηλῶν" τοὺς ἥλους ἐντιθεὶς, ἵνα ἀσφαλῶς αἱ θύραι ἐκκλείωνται. Ulpianus. Spalding.

Τὰ δημόσια] Vide, ne fallaris. τὰ παρασκήνια τὰ δημόσια conjunge, non τὰ δημόσια κακά. Wolf. Pone igitur distinctionem post δημόσια. τὰ παρασκήνια φράττων — ἰδιώτης ὢν τὰ δημόσια, κακὰ etc. Taylor. Placet H. Wolfii ratio, hanc vocem sejungentis a δημόσια quod referri præstat ad παρασκήνια, nisi malis δημόσια seorsim intelligere: προσηλῶν, ἰδιώτης ὢν, τὰ δημόσια, "locum publicum;" tum post φράττων erit incidendum. Neque tamen ipse Wolfius neque Augerus, hanc rationem tenuerunt in versione. Nos interpungendo expressimus. Etiam post ἐπ' ἐμὲ colon posuimus, ut participia hæc omnia referrentur ad διετέλεσε. Spalding.

η'. Προσδιαφθείρας] F. προδιαφθείρας τοίνυν τοὺς κριτὰς τῷ ἀγῶνι τῶν ἀνδρῶν, id est, τοὺς κρινοῦντας περὶ τοῦ ἀγῶνος (ἢ τὸν ἀγῶνα) τῶν ἀνδρῶν, ut sit phrasis, τινὰ κριτὴν εἶναι ἀγῶνί τινι, ἀντὶ τοῦ, τοῦ ἀγῶνος. Sin προσδιαφθείρας, expono, διαφθείρας τοὺς κριτὰς πρὸς τῷ ἀγῶνι τῶν ἀνδρῶν, hoc est, τοὺς κριτὰς καὶ τὸν ἀγῶνα, ut referatur ad chorodidascalum. Fuerunt autem χοροὶ παίδων καὶ ἀνδρῶν. Wolf. Male hic se gessit bonus Wolfius. Προδιαφθείρας ferri non potest, et προσδιαφθείρας pessime ab illo exponitur. Miror hæsisse in *annotationibus*, qui in *interpretatione* feliciter se expedivit. Italus etiam: *Hora havendo egli* oltre all' altre ingiurie corotti *i giudici de i giuocatori huomini.* Observabit lector in marg. Edit. Benenat. a Lambino, atque etiam ab Ulpiano hic legi τοὺς κριτὰς τῶν ἀγωνιστῶν ἀνδρῶν: uti etiam Ferrum Italum vertere vides. Modo v. antepen. reposui νενεανιευμένοις, pro νεανιευομένοις, ex auctoritate Baroc. Bodl. Reg. *a.* et Lamb. a qua lectione non procul absunt Editt. Felic. et Lutet. τοῖς ἑαυτῶν νεανιευμένοις. Taylor. H. Wolfii conjecturam cum Reiskio secutus sum, extrudentis σ ante δ in hac voce. τῷ ἀγῶνι autem h. l. ut sæpe apud Græcos, est pro τοῦ ἀγῶνος. ἀγὼν est pro choro. Spalding.

Δύο ταῦτα ὡσπερεὶ κεφάλαια ἐφ' ἅπασι τοῖς ἑαυτῷ νεανιευομένοις ἐπέθηκεν] *Hæc duo facinora flagitiosis audacibusque factis addidit.* Siquidem νεανιεύεσθαι voce passiva prolatum significat præter alia *temere* et *confidenter aliquid audere.* Alibi tamen aliter, ut infra in eadem, οὐδ' ἐνεανιεύσατο τοιοῦτον οὐδὲν, id est, *nec strenua liberalitate in rempub. usus est*, id est, non obtulit se χορηγήσοντα, ut ego feci. *Ex edit.* Hervag.

Τὰ μὲν οὖν εἰς ἐμὲ καὶ τοὺς φυλέτας ἠσελγημένα] Ἀσελγαίνειν, est *petulanter et improbe agere*, ut *per petulantiam quempiam* καὶ τοὺς φυλέτας ἠσελγημένα, καὶ [1]τὰ περὶ τὴν ἑορτὴν ἀδικήματα τούτῳ πεπραγμένα, ἐφ᾽ οἷς αὐτὸν προὐβαλόμην, ταῦτ᾽ ἔστιν· ὦ ἄνδρες Ἀθηναῖοι, καὶ πολλὰ ἕτερα· ὧν ὅσα ἂν οἷός τε ὦ, διέξειμι πρὸς ὑμᾶς αὐτίκα δὴ μάλα. ἔχω δὲ λέγειν καὶ πονηρίας ἑτέρας αὐτοῦ [2]παμπληθεῖς, καὶ ὕβρεις εἰς πολλοὺς ὑμῶν, καὶ τολμήματα τοῦ μιαροῦ τούτου πολλὰ καὶ δεινά· ἐφ᾽ οἷς τῶν πεπονθότων οἱ μὲν, ὦ ἄνδρες δικασταὶ, καταδείσαντες τοῦτον, καὶ τὸ τούτου θράσος, καὶ τοὺς περὶ αὐτὸν ἑταίρους, καὶ πλοῦτον, καὶ ὕβριν, καὶ [3]τἄλλα, ὅσα δὴ πρόσεστι τούτῳ, ἡσυχίαν ἔσχον· οἱ δ᾽ ἐπιχειρήσαντες δίκην λαμβάνειν, οὐκ ἠδυνήθησαν· εἰσὶ δ᾽ οἳ [4]καὶ διελύσαντο, ἴσως λυσιτελεῖν αὐτοῖς ἡγούμενοι. τὴν μὲν οὖν ὑπὲρ αὐτῶν δίκην ἔχουσιν οἵ γε πεισθέντες, τῆς δ᾽ ὑπὲρ τῶν νόμων, οὓς παραβὰς οὗτος κἀκείνους ἠδίκει [5]τότε, καὶ νῦν ἐμὲ, καὶ πάντας τοὺς ἄλλους, ὑμεῖς ἐστὲ κληρονόμοι. πάντων οὖν [6]τούτων ἀθρόων ἓν τίμημα ποιήσασθε, ὅ τι ἂν δίκαιον ἡγῆσθε. ἐξελέγξω δὲ, πρῶτον μὲν, ὅσα αὐτὸς ὑβρίσθην· ἔπειθ᾽ ὅσα ὑμεῖς ἠδίκησθε, μετὰ ταῦτα δὲ καὶ τὸν ἄλλον, ὦ ἄνδρες Ἀθηναῖοι, βίον αὐτοῦ [7]πάντα ἐξετάσω, καὶ δείξω πολλῶν θανάτων, οὐχ ἑνὸς, ὄντα ἄξιον. λέγε μοι τὴν τοῦ χρυσοχόου πρώτην λαβὼν μαρτυρίαν.

ΜΑΡΤΥΡΙΑ.

Παμμένης Παμμένους ἔπαρχος, ἔχω χρυσοχοεῖον ἐν τῇ ἀγορᾷ, ἐν ᾧ καὶ

[1] Deest articulus. T. [2] *παμπληθεῖς αὐτοῦ* T. [3] *τἄλλα δὴ, ὅσα* T. [4] *καὶ οἳ* T. [5] Deest *τότε*. T. [6] Deest *τούτων*. T. [7] *πάντα αὐτοῦ* T.

pulsare et conviciari. ἀσελγαίνεσθαι vero, *hujusmodi injuriam*, vel *contumeliam pati*, quod etiam ἐνασελγαίνεσθαι vocatur. et *contumeliæ ipsæ* τὰ ἐνασελγαινόμενα, καὶ τὰ ἐνησελγημένα καὶ ἠσελγημένα, dicuntur. Unde in orationis hujus argumento Libanius vel alius interpres ita inquit, φαμὲν δὲ ἡμεῖς ὅτι ἀσελγὴς λέγεται ὁ μὴ μετέχων μήτε δικαιοσύνης, μήτε ἀρετῆς. nomenque hoc ab urbe Selgo dictum inquit, in qua viri erant omnes probi. *Ex edit.* HERVAG.

Διέξειμι] Observa usum Atticum præsentis pro futuro διεξελεύσομαι. cf. §. ξ´. SPALDING.

Ἔσχον] Ita restitui pro ἔχον, confirmantibus omnibus Editt. et MSS. Marg. Par. ἦγον. TAYLOR.

Ἓν τίμημα ποιήσασθε] *Unam multam, unam pœnam irrogetis.* AUGER.

Ἡγῆσθε] Verum est, quod ex Parisina servavit Reiskius, pro eo, quod Wolfius habet: ἡγεῖσθε. Codicem an ingenium secutus sit, non prodidit Lambinus. In Aldinæ exemplo Berolinensi suprascriptum est η. SPALDING.

Ἔπαρχος] Alias nomen τοῦ δήμου solet addi. Hoc aliud cognomen esse videtur. WOLF. Mibi potius videtur esse nomen pagi, vel corrupti, vel cujus alia memoria intercidit. Mox recte restituit Wolfius ἔχω pro ἔχων Editorum. TAYLOR.

Ἔπαρχος] Plurimum difficultatis est in hoc vocabulo, quam interpretes ad unum omnes agnoverunt. Legitur illud

καταγίγνομαι καὶ ἐργάζομαι τὴν χρυσοχοϊκὴν τέχνην. ἐκδόντος δέ μοι Δη- 522
μοσθένους, ᾧ μαρτυρῶ, στέφανον χρυσοῦν ὥστε κατασκευάσαι, καὶ ἱμάτιον διάχρυσον ποιῆσαι, ὅπως πομπεύσῃ ἐν αὐτοῖς τὴν τοῦ Διονύσου πομπὴν, καὶ ἐμοῦ συντελέσαντος αὐτὰ, καὶ ἔχοντος παρ' ἐμαυτῷ ἕτοιμα, εἰσπηδήσας πρός με νύκτωρ Μειδίας ὁ κρινόμενος ὑπὸ Δημοσθένους, ἔχων μεθ' ἑαυτοῦ καὶ ἄλλους, ἐπεχείρησε διαφθείρειν τὸν στέφανον, καὶ τὸ ἱμάτιον, καί τινα μὲν αὐτῶν ἐλυμήνατο, οὐ μέντοι πάντα γε ἐδυνήθη διὰ τὸ ἐπιφανέντα με [1] κωλῦσαι.

θ'. Πολλὰ μὲν τοίνυν, ὦ ἄνδρες Ἀθηναῖοι, καὶ περὶ ὧν τοὺς ἄλλους ἠδίκηκεν, ἔχω λέγειν, ὥσπερ εἶπον ἐν ἀρχῇ τοῦ λόγου, καὶ συνείλοχα ὕβρεις αὐτοῦ καὶ πονηρίας τοσαύτας, ὅσας ἀκούσεσθε αὐτίκα δὴ μάλα. ἦν δ' ἡ συλλογὴ ῥᾳδία· αὐτοὶ γὰρ οἱ πεπονθότες προσῄεσάν μοι. βούλομαι δὲ πρὸ τούτων εἰπεῖν, οἷς ἐπιχειρήσειν αὐτὸν ἀκήκοα ἐξαπατᾷν ὑμᾶς· τοὺς γὰρ ὑπὲρ τούτων λόγους, ἐμοὶ μὲν ἀναγκαιοτάτους προειπεῖν ἡγοῦμαι, ὑμῖν δὲ χρησιμωτάτους ἀκοῦσαι. διὰ τί; ὅτι τοῦ δικαίαν καὶ εὔορκον θέσθαι τὴν ψῆφον ὁ κωλύσας ἐξαπατηθῆναι [2] λόγος, οὗτος αἴτιος ἔσται. πολὺ δὴ μάλιστα πάντων τούτῳ τῷ λόγῳ προσέχειν ὑμᾶς δεῖ, καὶ μνημονεῦσαι τοῦτον, καὶ πρὸς ἕκαστον ἀπαντᾷν, ὅταν οὗτος λέγῃ. ἔστι δὲ πρῶτον μὲν ἐκεῖνο οὐκ ἄδηλος ἐρῶν, ἐξ ὧν ἰδίᾳ πρός τινας αὐτὸς διεξιὼν ἀπηγγέλλετό μοι, ὡς, εἴπερ ἀληθῶς ἐπεπόνθειν ταῦτα, ἃ λέγω,

[1] κολύσαι R.

[2] λόγος ὑμᾶς οὗτος T. R.

reo loco, quo et in legibus et in testimoniis afferendis solet vel ejus, qui legem rogat, vel testis demus, unde sit oriundus, designari. Non constans autem est usus in testimoniis addendi vel omittendi nomen patris testis. Elegans est Reiskii conjectura, (sequens scripturam Bavarici codicis a secunda manu profectam ἔπερχος,) περγασεὺς a περγασὴ, pago tribus Erechtheidis. SPALDING.

Ἔχω] Parum accurate a Tayloro dicitur Wolfius recte "*restituisse*" verbum finitum pro "*editorum*" participio (ἔχων), quod etiam negligentius repetit Reiskius in varietate lectionis, ubi cupias discere, utrum Codd. omnes, vel plurimi saltem, cum Wolfio faciant, quod videtur affirmare Taylorus. Ceterum præstat sane lectio Wolfiana, propter sequens in proxima sententia δέ. Quid si μὲν antiquitus legebatur post ἔχω, quod deinde cum verbo coalesceret in ἔχων. IDEM.

Πομπεύσῃ] Pendet conjunctivus ab oratione obliqua, non ab ὅπως. IDEM.

Εἰσπηδήσας πρός με] Εἰς τὸ χρυσοχοεῖον. WOLF.

Ἐδυνήθη] Desidero atticismum ἠδυνήθη, qui in ceteris ἤμελλον, et ἠδυνηθήσαν invectus est a Reiskio. Lambinus enim et Wolfius plerumque ignorant eum. SPALDING.

θ'. Συνείλοχα] Pro συλλέλοχα, παρὰ τὸ συλλέγω, ἀττικῶς: unde passivum συνειλεγμένοι. WOLF.

Ὑπὲρ] Omnino περί. sæpissime hæ voces confundi et misceri inter se solent. TAYLOR. Recte. SPALDING.

Ὅτι] Restitui ex Manut. et Felic. Codd. Regg. Baroc. Ital. Obsop. Vindob. et Aug. Proxime, v. 18. præstantior multo est lectio Ven. Bar. Bodl. Aug. Ital. κωλύσων. TAYLOR.

Ὅταν] Meminerint tirones ἕκαστον esse neutrum: unde patet aliquis pro ὅταν legendum esse ὅ τι ἂν, pro quo tamen Græcitas malit ὧν ἄν. SPALDING.

Αὐτὸς] Ita, adjuvantibus Ald. Ven. Baroc. Vindob. Lindenb. Aug. Ital. Lambino et Wolfio. Vulgo αὐτούς. TAYLOR. Lege αὐτός. JURIN.

δίκας ἰδίας μοι προσῆκεν αὐτῷ λαχεῖν· τῶν μὲν ἱματίων καὶ τῶν χρυσῶν στεφάνων τῆς διαφθορᾶς, καὶ τῆς περὶ τὸν χορὸν ἁπάσης ἐπηρείας, βλάβης· ὧν δ' εἰς τὸ σῶμα
523 [1]ὑβρίσθαι φημὶ, ὕβρεως· οὐ μὰ Δί' οὐχὶ δημοσίᾳ κρίνειν αὐτὸν, καὶ τίμημα ἐπάγειν, ὅ τι χρὴ παθεῖν, ἢ [2]ἀποτῖσαι. ἐγὼ δὲ ἓν μὲν ἐκεῖνο εὖ οἶδα, καὶ ὑμᾶς δὲ εἰδέναι χρὴ, ὅτι εἰ μὴ προὐβαλλόμην αὐτὸν, ἀλλ' ἐδικαζόμην, οὑναντίος ἂν ἧκεν εὐθύς μοι λόγος, ὡς, εἴπερ ἦν τι τούτων ἀληθὲς, προβάλλεσθαί με ἔδει, καὶ παρ' αὐτὰ τἀδικήματα τὴν τιμωρίαν ποιεῖσθαι· ὅ τε γὰρ χορὸς ἦν τῆς πόλεως, ἥ τε ἐσθὴς τῆς ἑορτῆς ἕνεκα πᾶσα [3]παρεσκεύαστο· ἐγώ τε, ὁ πεπονθὼς ταῦτα, χορηγὸς ἦν. τίς ἂν οὖν ἑτέραν μᾶλλον εἵλετο τιμωρίαν, ἢ τὴν ἐκ τοῦ νόμου κατὰ τῶν περὶ τὴν ἑορτὴν ἀδικούντων οὖσαν; ταῦτ' εὖ οἶδ' ὅτι πάντ' ἂν ἔλεγεν οὗτος τότε. φεύγοντος μὲν γὰρ, οἶμαι, καὶ ἠδικηκότος ἐστὶ, τὸ τὸν παρόντα τρόπον [4]τοῦ δοῦναι δίκην διακρουόμενον, τὸν οὐκ ὄνθ' ὡς ἔδει γενέσθαι λέγειν· δικαστῶν δέ γε σωφρόνων, τούτοις τε μὴ προσέχειν, καὶ, ὃν ἂν λάβωσιν ἀσελγαίνοντα, κολάζειν. μὴ δὴ τοῦτο λέγειν αὐτὸν ἐᾶτε, ὅτι καὶ δίκας ἰδίας δίδωσιν ὁ νόμος μοι, καὶ γραφὴν ὕβρεως,

[1] ὑβρίζεθαί φημι T. [2] ἀποτίσαι T. R. [3] παρεσκευάζετο T. [4] τοῦ μὴ δοῦναι T.

Τίμημα ἐπάγειν] Ἐπὶ γὰρ τοῖς ἰδιωτικοῖς ἐκ τῶν νόμων ὥριστο τὸ τίμημα, ἐπὶ δὲ τοῖς δημοσίοις ὁ κατήγορος ἐτιμᾶτο. Ulpianus. SPALDING.

Δὲ εἰδέναι] De hujusmodi δὲ, quod valet *etiam*, consule Hoogevenum Schützii p. 176. seqq. et Vigerum Zeun. 528. IDEM. Cf. περὶ Στεφ. §. ξγ'.

Εἰ μὴ προὐβαλλόμην αὐτὸν, ἀλλὰ ἐδικαζόμην] *Si eum non criminali judicio aggressus essem, sed civili:* vel, quod si ego illi statim diem non dixissem, ob temeratam ludorum celebritatem, sed privatum judicium injuriarum intendissem, objectum utique illico mihi foret, non esse quodquererer verisimile, quippe si id verum esset, oportuisse hominem in re præsenti postulatum, quando, ea injuria ad populum pertineret, cum in munere publico fungendo injuriam passus essem. Porro verbum προσβάλλεσθαι de iis dicitur, qui criminose agunt, ut etiam εὐθύνειν, κρίνειν, εἰσαγγέλλειν, γράφεσθαι, ἐνδεικνύναι, hoc est, *deferre, postulare, arcessere, insimulare. Ex edit.* HERVAG.

Οὑναντίος] Ὁ ἐναντίος, ἀττικῇ κράσει. Observa etiam τὸ τὲ ter repetitum, ὅ τε χορὸς—ἥ τε ἐσθὴς—ἐγώ τε. WOLF.

Οὑναντίος ἂν ἧκεν εὐθύς μοι λόγος] Wolfius: *contrariam statim rationem objici mihi potuisse.* Potius: *eum contrariam statim rationem mihi fuisse objecturum.* JURIN.

Προβάλλεσθαι] Προβαλέσθαι marg. Benenati et Aug. Melius. TAYLOR.

Φεύγοντος μὲν γὰρ — ἐστὶ, τὸ τὸν παρόντα τρόπον — διακρουόμενον, τὸν οὐκ ὄνθ' ὡς ἔδει γενέσθαι λέγειν] Wolfius: *Rei enim est — certum judicii modum — detrectundo, dictitare, eum fuisse modum usurpandum, qui nullus est.* Pro certum malim *præsentem:* opponuntur enim sibi invicem ista, τὸν παρόντα et τὸν οὐκ ὄντα. JURIN.

Μὴ δοῦναι] Reg. α. τοῦ δοῦναι δίκην sine μή. Vide, annon præstet. Hæreo tamen. Totam vero hanc periodum ita melius cum Italo interpreteris: *Percioche del reo, e di chi ha peccato, e officio riprovando il presente giudicio, dire che bisognava, ch' ei fosse stato ad altro tribunale chiamato.* TAYLOR.

— δίδωσι γὰρ —, ἀλλ᾽, ὡς οὐ πεποίηκεν, ἃ κατηγόρηκα, ἢ, πεποιηκὼς, οὐ περὶ τὴν ἑορτὴν ἀδικεῖ, τοῦτο δεικνύτω. τοῦτο γὰρ αὐτὸν ἐγὼ προυβαλόμην, καὶ περὶ τούτου τὴν ψῆφον οἴσετε νῦν ὑμεῖς. εἰ δ᾽ ἐγὼ τὴν ἐπὶ τῶν ἰδίων δικῶν πλεονεξίαν ἀφεὶς, τῇ πόλει παραχωρῶ τῆς τιμωρίας, καὶ τοῦτον εἱλόμην τὸν ἀγῶνα, ἀφ᾽ οὗ μηδέν ἐστι λῆμμα λαβεῖν ἐμοὶ, χάριν, οὐ βλάβην δήπου, τοῦτ᾽ ἂν εἰκότως ἐνέγκαι μοι παρ᾽ ὑμῶν.

ι. Οἶδα τοίνυν, ὅτι καὶ τούτῳ πολλῷ χρήσεται τῷ
λόγῳ· μή με Δημοσθένει παραδῶτε, μηδὲ διὰ Δημοσθένην
με ἀνέλητε. ὅτι τούτῳ πολεμῶ, διὰ τοῦτό με ἀναιρήσετε;
τὰ τοιαῦτα πολλάκις οἶδ᾽ ὅτι φθέγξεται, βουλόμενος φθό- 524
νον τινὰ ἐμοὶ διὰ τούτων τῶν λόγων συνάγειν. ἔχει δ᾽ οὐχ
οὕτω ταῦτα, οὐδ᾽ ἐγγύς. οὐδένα γὰρ τῶν ἀδικούντων ὑμεῖς
οὐδενὶ τῶν κατηγόρων ἐκδίδοτε· οὐδὲ γὰρ, ἐπειδὰν ἀδικηθῇ
τις, ὡς ἂν ἕκαστος ὑμᾶς ὁ παθὼν πείσῃ, ποιεῖσθε τὴν τι-
μωρίαν, ἀλλὰ τοὐναντίον, νόμους ἔθεσθε πρὸ τῶν ἀδικη-
μάτων ἐπ᾽ ἀδήλοις μὲν τοῖς ἀδικήσουσιν, ἀδήλοις δὲ τοῖς
1 ἀδικησομένοις. οὗτοι δὲ τί ποιοῦσιν οἱ νόμοι; πᾶσιν ὑπι-

1* ἀδικηθησομένοις R.

Προὐβαλόμην] Ex Ald. Ven. Bar. Fel. Man. Par. Aug. pro προὐβαλλόμην vulgata. Idem. Fortasse concinnior foret oratio, si servato eo, quod est in Wolfiana, προὐβαλλόμην, post γὰρ adderetur τότε, quod responderet τῷ νῦν sequenti. cf. §. γ΄. ubi itidem opponuntur tempora: ὕβρισμαι — τότε, ἀγωνιεῖται — νυνί. Restituit supra §. ή. Taylorus e Codd. τότε simili modo, post ἠδίκει. Spalding.

Ἐπὶ τῶν ἰδίων] Publicorum criminum mulctam ad remp. privatorum ad accusatorem rediisse, locus hic docet. Wolf.

Ἐνέγκαι μοι] Variant Codd. ἐνέγκαιμι, ἐνέγκοιμι, ἐνεγκαίμην, quarum lectionum utram prætuleris, pro τοῦτ᾽ legendum erit τούτου, ut Wolfius vidit. Videtur autem præstantissimo Marklando recepta lectio bene posse constare. Taylor. Displicet mihi nescio quid in vulgata, neque video, cur in lectione ἐνέγκαιμι aut ἐνεγκαίμην necessaria sit mutatio τοῦ τοῦτ᾽ in τούτου. Explicari potest illud διὰ τοῦτο. Spalding.

ι. Τούτῳ] Jucundius paulo, et suavius, Lind. Vindob. Obsop. et Ital. ὅτι ἐκείνῳ πολεμῶ, διὰ τοῦτό με ἀναιρήσετε; Taylor. Malim ἐκείνῳ cum Codd. aliquot, propter sequens τοῦτο, ne eodem sono obtundamur; nisi forte figura est in hac geminatione. Spalding.

Ἐμοὶ] Non male Reiskius videtur monere, ob sequentia convenientius hic fore ὑμῖν. Idem.

Ἔχει] Wolfium in interpretando vides sequi lectionem Aldinam ἔχοι, quæ tamen improbanda est. Taylor.

Ἕκαστος] An ἑκάστοτε, vel ἑκάστοθ᾽? Spalding.

Ἀδικήσουσιν] Ita ex MSS. Vindob. Bar. Bodl. Aug. Ital. Reg. a. Editi ἀδικήμασιν, male: ἀδικοῦσιν habet σχ. Hermog. pag. 88. Taylor.

Ἀδικησομένοις] Abstinui a Reiskiana conjectura, audacter ab inventore in textum inducta, quæ non est necessaria: ἀδικηθησομένοις. Passive dicitur ἀδικησόμενος, ut supra §. γ΄. ἀγωνιεῖται; et sæpe apud Atticos, v. Xen. Cyrop. 3. 2. 18. εἰ πιστεύοιμεν μὴ ἀδικήσεσθαι pro ἀδικηθήσεσθαι. cf. Zeunii index syntacticus ad Cyrop. et Küsterus de verbis mediis p. (ed. Wolfii) 84. seqq. Spalding.

σχνοῦνται τοῖς ἐν τῇ πόλει δίκην, ἂν ἀδικηθῇ τις, ἔσεσθαι
δι᾽ αὐτῶν λαβεῖν. ὅταν τοίνυν τῶν παραβαινόντων τινὰ
τοὺς νόμους κολάζητε, [1] οὐχὶ τοῖς κατηγόροις τοῦτον ἐκδί-
δοτε, ἀλλὰ τοὺς νόμους ὑμῖν αὐτοῖς βεβαιοῦτε. ἀλλὰ μὴν
πρός γε τὸ τοιοῦτον, ὅτι Δημοσθένης, φησὶν, ὕβρι-
σται δίκαιος καὶ κοινὸς καὶ ὑπὲρ ἁπάντων ἔσθ᾽ ὁ λόγος.
οὐ γὰρ εἰς Δημοσθένην ὄντα με ἠσέλγαινε μόνον ταύτην
τὴν ἡμέραν, ἀλλὰ καὶ εἰς χορηγὸν ὑμέτερον· τοῦτο δ᾽ ὅσον
δύναται, γνοίητ᾽ ἂν ἐκ τῶνδε. ἴστε δήπου τοῦθ᾽, ὅτι τῶν
θεσμοθετῶν τούτων οὐδενὶ θεσμοθέτης ἔστ᾽ ὄνομα,
ἀλλ᾽ ὁτιδήποτε ἑκάστῳ. ἂν μὲν τοίνυν ἰδιώτην ὄντα τινὰ
αὐτῶν ὑβρίσῃ τις, ἢ κακῶς εἴπῃ, γραφὴν ὕβρεως καὶ δίκην
κακηγορίας [2] ἰδίαν φεύξεται. ἐὰν δὲ θεσμοθέτην, ἄτιμος
ἔσται καθάπαξ. διὰ τί; ὅτι τοὺς νόμους ἤδη ὁ τοῦτο ποιῶν
προσυβρίζει, καὶ τὸν ὑμέτερον κοινὸν στέφανον, καὶ τὸ τῆς
πόλεως ὄνομα· ὁ γὰρ θεσμοθέτης, οὐδενὸς ἀνθρώπων ἔστ᾽
ὄνομα, ἀλλὰ τῆς πόλεως. καὶ πάλιν γε τὸν ἄρχοντα, ταὐτὸ
τοῦτο, ἐὰν μὲν ἐστεφανωμένον πατάξῃ τις, ἢ κακῶς εἴπῃ,
ἄτιμος· ἐὰν δὲ ἰδιώτην, ἰδίᾳ ὑπόδικος. καὶ οὐ μόνον περὶ
525 τούτων οὕτω ταῦτ᾽ ἔχει, ἀλλὰ [3] καὶ περὶ πάντων, οἷς ἂν
ἡ πόλις τινὰ ἄδειαν, ἢ [4] στεφανοφορίαν, ἢ τινὰ τιμὴν δῷ·
οὕτω τοίνυν καὶ ἐμὲ εἰ μὲν ἐν ἄλλαις τισὶν ἡμέραις ἠδίκησέ
τι τούτων Μειδίας ἰδιώτην ὄντα, ἰδίᾳ καὶ δίκην προσῆκεν
αὐτῷ διδόναι· εἰ δὲ χορηγὸν ὄντα ὑμέτερον, ἱερομηνίας οὔσης,
πάνθ᾽, ὅσα ἠδίκησεν, ὑβρίσας φαίνεται, δημοσίας ὀργῆς

[1] οὐ T. [2] Deest ἰδίαν. T. [3] Deest καί. T. [4] στεφανηφορίαν. T. R.

Κακηγορίας] Vix moneo, olim legi κατηγορίας, et istud tueri Codd. Levis ea emendatio, et quam præripuit Wolfius. Eleganter tamen legi moneo in Ven. Bar. Aug. Ital. Vindob. δίκην κακηγορίας ἰδίαν φεύξεται. uti v. 19. ἰδίᾳ ὑπόδικος, et v. antepen. ἰδίᾳ καὶ δίκην. Vide etiam pag. 31. v. ult. et pag. 32. v. 4. TAYLOR.

Ἄτιμος ἔσται καθάπαξ] Vide Ulpianum de diminutione capitis. WOLF.

Στέφανον] Quo ornatus est Thesmotheta. SPALDING.

Καὶ πάλιν] Lambinus legit: καὶ πάλιν γε ἐὰν τὸν ἄρχοντα, ταὐτὸ τοῦτο. TAYLOR.

Ἀλλὰ] Ἀλλὰ καὶ περὶ πάντων Edit. Lut. et Codd. Aug. et Vindob. Quod unice verum est. IDEM.

Τινὰ ἄδειαν] *Aliquam immunitatem*, i. e. magistratum aliquem, vel munus aliquod, ex quo veniat aliqua immunitas. AUGER.

Ἐν ἄλλαις] Istud ἐν ex Vindob. Baroc. Aug. Ital. et Edit. Parisina. Absorptum erat nempe in præcedenti μέν. TAYLOR.

Πάνθ᾽ ὅσα] Vidit Wolfius, hæc similiter dici, ac si scripsisset, ἐν πᾶσιν, οἷς ἠδίκησεν, sed non vidit, saltem in Interpretatione non hoc significavit, quanta cum contentione et δεινότητι hæc dicerentur. Si ἠδίκησε χορηγὸν ὑμέτερον, si istud fecerit ἱερομηνίας οὔσης, si denique ἠδίκησε cum ὕβρει, si πάνθ᾽, ὅσα ἠδίκησεν, ὑβρίσας φαίνεται. IDEM. Malim cum Aug. pr. et Bav. ἠδίκηκεν pro ἠδίκησεν. SPALDING.

καὶ τιμωρίας δίκαιός ἐστι τυγχάνειν· ἅμα γὰρ τῷ Δημο-
σθένει καὶ [1] χορηγὸς ὑβρίζετο. τοῦτο δ' ἐστὶ τῆς πόλεως
ὄνομα. καίτοι ταύταις ταῖς ἡμέραις, αἷς οὐκ ἐῶσιν οἱ νόμοι.
χρὴ δὲ, ὅταν μὲν [2] τιθῆσθε τοὺς νόμους, ὁποῖοί τινές εἰσι
σκοπεῖν· ἐπειδὰν δὲ θῆσθε, φυλάττειν καὶ χρῆσθαι· καὶ
γὰρ εὔορκα ταῦθ' ὑμῖν ἐστὶ, καὶ ἄλλως δίκαια. ἦν ὁ τῆς
βλάβης ὑμῖν νόμος πάλαι, ἦν ὁ τῆς αἰκίας, ἦν ὁ τῆς ὕβρεως.
εἰ τοίνυν ἀπέχρη τοὺς τοῖς Διονυσίοις τι ποιοῦντας τούτων
κατὰ τούτους τοὺς νόμους δίκην διδόναι, οὐδὲν ἂν ὑμῖν προσ-
έδει τοῦδε τοῦ νόμου. ἀλλ' οὐκ ἀπέχρη. σημεῖον δέ· ἔθε-
σθε ἱερὸν νόμον αὐτῷ τῷ θεῷ περὶ τῆς ἱερομηνίας· εἴ τις
οὖν κἀκείνοις τοῖς προϋπάρχουσι νόμοις, καὶ τούτῳ τῷ μετ'
ἐκείνους τεθέντι, καὶ πᾶσι τοῖς λοιποῖς ἔστ' ἔνοχος, ὁ
τοιοῦτος πότερα μὴ δῷ διὰ τοῦτο δίκην, ἢ μείζω δοίη δι-
καίως; ἐγὼ μὲν οἶμαι μείζω.

ια'. Ἀπήγγειλε τοίνυν τίς μοι περιϊόντα αὐτὸν συλλέ-
γειν καὶ πυνθάνεσθαι, τίσι πώποτε συμβέβηκεν ὑβρισθῆ-
ναι· καὶ λέγειν τούτους, καὶ διηγεῖσθαι πρὸς ὑμᾶς μέλλειν.
οἷον, ὦ ἄνδρες Ἀθηναῖοι, τὸν πρόεδρον, ὅν ποτέ φασιν ἐν
ὑμῖν ὑπὸ Πολυζήλου πληγῆναι, καὶ τὸν θεσμοθέτην, ὃς
ἔναγχος ἐπλήγη τὴν αὐλητρίδα ἀφαιρούμενος· καὶ τοιού-
τους τινάς· ὡς, ἐὰν πολλοὺς ἑτέρους πολλὰ καὶ δεινὰ πε- 526
πονθότας ἐπιδείξῃ, ἧττον ὑμᾶς ἐφ' οἷς ἐγὼ πέπονθα ὀργιου-
μένους. ἐμοὶ δ' αὖ τοὐναντίον, ὦ ἄνδρες Ἀθηναῖοι, δοκεῖτε

[1] καὶ ὁ χορηγὸς T. R.

[2] τίθησθε R.

Καίτοι ταύταις] Καὶ τὸ ταύταις Bar. Lind. Aug. Ital. καὶ τοιαύταις Bodl. Wolfius conjicit καὶ ἔτι ἐν ταύταις. Eruditissimus autem Marklandus καὶ ταῦτ' ἐν ταύταις ταῖς ἡμέραις. Vide §. κά. *fin.* *bis.* κβ'. init. et alibi sæpissime. TAYLOR. Variatur in hac vocula; facillima intellectu est Marklandi conjectura καὶ ταῦτ' ἐν —; καίτοι an plane eodem sensu accipiam, dubito. SPALDING.

Πάλαι] Post πάλαι addendum censet Lambinus ἦν ὁ τῶν βιαίων. TAYLOR.

Σημεῖον δὲ] Marg. Benenati, τεκμήριον δέ. ἀπόδειξις δέ. Quæ, quemadmodum scite observavit Wolfius, ut et complura alia, scholia potius esse, quam varias lectiones, dixeris. IDEM.

Ἔθεσθε ἱερὸν νόμον] Post σημεῖον δέ· τεκμήριον δέ· et locutiones similes, sequi solet vox γάρ. σημεῖον δέ. ἔθεσθε γὰρ ἱερὸν νόμον. Sic §. μβ'. MARKLAND. Vide de hac structura Morum ad Isocr. Paneg. p. 39. et Bachium ad Xenoph. Sympos. 4. 17. p. 183. ed. Zeunii, ubi etiam nostri loci ratio habetur. SPALDING.

Ἱερομηνίας] Vid. D'Orville Charit. Aphrod. Lib. VI. cap. II. p. 515.

Δοίη] Miror hunc optativum carere τῷ ἄν. SPALDING.

ιά. Θεσμοθέτην] Οἱ θεσμοθέται, τῶν τε ἄλλων ἐπεμελοῦντο, καὶ δὴ καὶ τῆς εὐκοσμίας· καὶ νύκτωρ περιϊόντες ἐσκόπουν, μή τινες ἁρπαγαὶ γίγνωνται. τότε οὖν, εὑρὼν τινας νεωτέρους ἁρπάζοντας τὴν αὐλητρίδα, ἠβουλήθη ἀφελέσθαι. καὶ οὕτως ὑπ' αὐτῶν ἐπλήγη. Ulpian. IDEM.

Ὀργιουμένους] Absoluti hi sunt accusativi, satis frequentes post ὡς, cum signifiποιεῖν ἂν εἰκότως, εἴπερ [1][ὑπὲρ] τοῦ κοινῇ βελτίστου δεῖ μέλειν ὑμῖν. τίς γὰρ οὐκ οἶδεν ὑμῶν, τοῦ μὲν πολλὰ [2]τὰ τοιαῦτα γίγνεσθαι τὸ μὴ κολάζεσθαι τοὺς ἐξαμαρτάνοντας αἴτιον ὄν, τοῦ δὲ μηδένα ὑβρίζειν [3]τὸ λοιπὸν, τὸ δίκην τὸν ἀεὶ ληφθέντα, ἣν προσήκει, διδόναι, μόνον αἴτιον ἂν γενόμενον; εἰ μὲν τοίνυν ἀποτρέψαι συμφέρει τοὺς ἄλλους, τοῦτον καὶ δι' ἐκεῖνα κολαστέον· καὶ μᾶλλόν γε, ὅσῳ περ ἂν ᾖ πλείω καὶ μείζω. εἰ δὲ [4]παροξῦναι, καὶ τοῦτον [5]καὶ τοὺς ἄλλους ἐατέον. ἔτι τοίνυν, οὐδ' ὁμοίαν οὖσαν τούτῳ, κἀκείνοις, συγγνώμην εὑρήσομεν. πρῶτον μὲν γὰρ ὁ τὸν θεσμοθέτην πατάξας, τρεῖς εἶχε προφάσεις, μέθην, ἔρωτα, ἄγνοιαν, διὰ τὸ σκότους καὶ νυκτὸς τὸ πρᾶγμα [6]γεγενῆσθαι. ἔπειθ' ὁ Πολύζηλος [7]ἐκεῖνος, ὀργῇ καὶ τρόπου προπετείᾳ, [8]φθάσας τὸν λογισμὸν, ἁμαρτὼν [9]ἔπαισεν· οὐ γὰρ

[1] ὑπὲρ T. [2] Deest articulus. T. R. [3] τολοιπὸν T. [4] παροξύναι T. R. [5] καὶ πάντας τοὺς ἄλλους ἐατ. R. καὶ πάντας ἐατ. T. [6] γενέσθαι T. [7] Deest ἐκεῖνος. T. [8] φθάσαι T. [9] ἔφησεν T.

cat *quasi*; alias non item. Sic apud Platonem in Gorgia. Vol. (Bip.) 4. 96. σκυτέας λέγων οὐδὲν παύῃ, ὡς περὶ τούτων ἡμῖν ὄντα τὸν λόγον. Isocr. Paneg. (ed. Mori) p. 30. ὥσπερ οὐ — τοὺς λόγους ὄντας. Noster adv. Phænippum ed. Reisk. 1041. ὥσπερ — ἀφαιροῦντας. Inter loca a Tayloro in Indice Lysiæ allata, huc non pertinet Lys. p. 178. (Rsk.) 1. ἐλθόντας enim pendet ab ᾔδεσαν. Cetera sunt hujus tantum generis. IDEM.

Ὑπὲρ] Reiskius τὸ ὑπὲρ uncis ut spurium recte videtur inclusisse. Sensus non postulat, et insuavem facit sonum. IDEM. F. del. ὑπέρ. AUGER.

Τίς γὰρ οὐκ οἶδεν ὑμῶν, τοῦ μὲν πολλὰ τοιαῦτα γίγνεσθαι, &c.] Attici per præteritum sæpe loquuntur de futuro, ut hoc loco etiam videre est. *Ne autem*, inquit, *in posterum quisquam hujusmodi petulantia uti ausit, quis non videt hoc præstaturum, si ut quisque convictus ac damnatus injuriarum fuerit, ita pœnam legitimam luerit*. De futuro enim loquens, participio præteriti temporis usus est. Latini sic quodammodo loqui videntur, cum per futurum subjunctivi efferunt quod dicunt, quod ipsum a præterito formatur. Exempla vide in Comment. Budæi. *Ex* edit. HERVAG.

Εἰ δὲ παροξύναι] S. δεῖ τοὺς ἄλλους. WOLF. Male hæc olim interpungebantur: εἰ δὲ παροξύναι καὶ τοῦτον καὶ πάντας· ἐατέον. Atque adeo ab ipso Wolfio, qui tamen recte vertit. Plenius Bar. et Aug. καὶ τοῦτον καὶ πάντας τοὺς ἄλλους ἐατέον. Iidem deinde Codd. quorum alterum ex altero describi credibile est, pro γενέσθαι v. 12. γεγενῆσθαι, et statim, Πολύζηλος ἐκεῖνος. Porro circa hunc locum uterque Interpres fidem fefellit: ὅσῳπερ ἂν ᾖ πλείω καὶ μείζω. Nihil enim hic de Midia et ejus facinoribus. Sensus est apertus: *Si alios ab* hujusmodi facinoribus, *quæ iste allegat esse frequentia, deterreri* expedit, *ea de causa* iste *puniendus est, eoque magis*, quo *plura* ea sint *et atrociora*, cætera. TAYLOR.

Ὀργῇ καὶ τρόπου προπετείᾳ; φθάσαι τὸν λογισμὸν κ. τ. λ.] Ἁμαρτὼν ἔφησεν φθάσαι τὸν λογισμόν. Sicut paulo post, §. ιβ'. ἃ μὲν ἄν τις ἄφνω τὸν λογισμὸν φθάσας ἐξαχθῇ τι πρᾶξαι. utcunque ferri potest. Sed quid si legas: φθασάσῃ τὸν λογισμὸν, ἁμαρτεῖν ἔφησεν. WOLF. Immo quid si cum pluribus et præstantioribus Codd. ὀργῇ καὶ τρόπου προπετείᾳ φθάσας τὸν λογισμὸν, ἁμαρτὼν ἔπαισεν? Nempe Polyzelus φθάσας τὸν λογισμὸν, ut infra l. c. τὶς ἄφνω τὸν λογισμὸν φθάσας. φθάσας habent Reg. ε. Ital. ἔπαισεν Bodl. Ital. utrumque Ven. Bar. Aug. Simoni Fabricio, qui Augustanum Cod. contulit, magis placere video ἔπταισεν. TAYLOR. Non est, ut vertit H. Wolfius, "subitus animi impulsus" sed insita, innata, morum vehementia, *Heftigkeit des Characters* (*hastiness of temper* or *disposition*). Non est mera ταυτολογία τῆς ὀργῆς. Ceterum expressi lectionem Codd. quam certatim arripuerunt Taylorus et Reiskius,

ἐχθρός γε ὑπῆρχεν ὤν, οὐδ᾽ ἐφ᾽ ὕβρει τοῦτ᾽ ἐποίησεν. ἀλλ᾽
οὐ Μειδίᾳ τούτων οὐδέν ἐστιν εἰπεῖν. καὶ γὰρ ἐχθρὸς ἦν,
καὶ μεθ᾽ ἡμέραν, εἰδὼς, ὕβριζε· καὶ οὐκ ἐπὶ τούτου μόνον,
ἀλλ᾽ ἐπὶ πάντων, φαίνεται προῃρημένος με ὑβρίζειν. Καὶ
μὴν, οὐδὲ τῶν πεπραγμένων ἐμοὶ καὶ τούτοις οὐδὲν ὅμοιον
ὁρῶ. πρῶτον μὲν γὰρ ὁ θεσμοθέτης, οὐχ ὑπὲρ ὑμῶν, οὐδὲ
τῶν νόμων φροντίσας, οὐδ᾽ ἀγανακτήσας φανήσεται· ἀλλ᾽
ἰδίᾳ πεισθεὶς, ὁπόσῳ δήποτε, ἀργυρίῳ, καθυφεὶς τὸν ἀγῶνα.
ἔπειθ᾽ ὁ πληγεὶς ἐκεῖνος ὑπὸ τοῦ Πολυζήλου, ταὐτὸ τοῦτο,
ἰδίᾳ διαλυσάμενος, ἐρρῶσθαι πολλὰ τοῖς νόμοις εἰπὼν καὶ 527
ὑμῖν, οὐδ᾽ εἰσήγαγε τὸν Πολύζηλον. εἰ μὲν τοίνυν ἐκείνων
κατηγορεῖν βούλεταί τις ἐν τῷ παρόντι, δεῖ λέγειν ταῦ-
τα. εἰ δ᾽ ὑπὲρ ὧν ἐγὼ τούτου κατηγόρηκα, ἀπολογεῖσθαι,
πάντα μᾶλλον, ἢ ταῦτα λεκτέον. πᾶν γὰρ τοὐναντίον
ἐκείνοις, αὐτὸς μὲν οὔτε λαβὼν οὐδὲν, οὔτ᾽ ἐπιχειρήσας λα-
βεῖν φανήσομαι, τὴν δ᾽ ὑπὲρ τῶν νόμων καὶ τὴν ὑπὲρ τοῦ
θεοῦ καὶ τὴν ὑπὲρ [1] ἡμῶν τιμωρίαν δικαίως φυλάξας, καὶ
νῦν ἀποδεδωκὼς ὑμῖν.

ιβ΄. Μὴ τοίνυν ἐᾶτε ταῦτ᾽ αὐτὸν λέγειν, μηδ᾽, ἂν βιάζηται, πείθεσθ᾽ ὡς δίκαιόν τι λέγοντι. ἂν γὰρ ταῦθ᾽ οὕτως ἐγνωσμένα ὑπάρχῃ παρ᾽ ὑμῖν, οὐκ ἐνέσται αὐτῷ λόγος οὐδὲ εἷς. ποία γὰρ πρόφασις, τίς ἀνθρωπίνη καὶ μετρία σκῆψις φανεῖται τῶν πεπραγμένων αὐτῷ; ὀργὴ νὴ Δία. καὶ γὰρ τοῦτο τυχὸν λέξει. ἀλλ᾽ ἃ μὲν ἄν τις ἄφνω τὸν

[1] ὑμῶν T. R.

ἔπαισεν pro ἔφησεν. Habet illa, quod blandiatur. Sed si tueris, ut necesse est et faciunt illi, præstantem alteram lectionem φθάσας pro φθάσαι, quid facies τῷ ἁμαρτὼν in quo est mera repetitio τοῦ φθ. τ. λ.? Incidi in eandem H. Wolfio conjecturam, ut ἁμαρτεῖν legerem, inf. pro participio. Tum locum ita constituerim: φθάσας τὸν λογισμὸν ἁμαρτεῖν ἔφησεν. ἔφησε *contendit, affirmavit, causatus* est, rarius. Apud Platonem (Bip.) 10. 360. ἐφήσαμεν. SPALDING. L. φθάσας. deinde ἔπαισεν pro ἔφησεν. AUGER.

Ἔστιν εἰπεῖν] Cl. Marklando arridet ἔνεστιν, ut §. ιβ΄. οὐκ ἐνέσται αὐτῷ λόγος. et δι᾽ ὀργήν γ᾽ ἔνι φῆσαι πεποιηκέναι. TAYLOR.

Ταὐτὸ τοῦτο] Distingue post τοῦτο hoc modo: ταὐτὸ τοῦτο, ἰδίᾳ διαλυσάμενος, uti §. *ι. med.* καὶ πάλιν γε τὸν ἄρχοντα, ταὐτὸ τοῦτο, ἐὰν μὲν κ. τ. λ. ταὐτὸ τοῦτο, eodem *prorsus more*, subintellecto sc. κατὰ, non *de ea ipsa re*, ut Wolfius male vertit. MARKLAND.

Ἐκείνων] Αὐτὸν τὸν Μειδίαν πεποίηκε κατηγοροῦντα τοῦ προέδρου καὶ τοῦ θεσμοθέτου, ὅτι τοῖς ὑβρίσασιν οὐκ ἐπεξῆλθον. Ulpian. SPALDING.

Πᾶν γὰρ τοὐναντίον] Αὐτὸς μὲν γὰρ φανήσομαι πᾶν τοὐναντίον ἐκείνοις, (s. πεποιηκὼς) οὔτε λαβών. WOLF.

ιβ΄. Λέγοντι] Λέξοντι, *dicturo.* MARKL.

Ἀλλ᾽ ἃ μὲν ἄν τις ἄφνω τὸν λογισμὸν φθάσας ἐξαχθῇ τι πρᾶξαι, κἂν ὑβριστικῶς τοῦτο ποιήσῃ] Non sunt hæc sana. Nam aut delendum est τι, et scribendum ταῦτα, vel, quod magis arridet, et propius ad consuetam lectionem accedit, scribendum ἀλλὰ μὲν ἄν. JURIN.

λογισμὸν φθάσας [1] ἐξαχθῇ πρᾶξαι, κἂν ὑβριστικῶς τοῦτο ποιήσῃ, δι᾽ ὀργήν γ᾽ ἔνι φῆσαι πεποιηκέναι. ἃ δ᾽ ἂν ἐκ πολλοῦ, συνεχῶς, ἐπὶ πολλὰς ἡμέρας, παρὰ τοὺς νόμους πράττων τις φωρᾶται, οὐ μόνον δήπου [2] τοῦ [3] [μὴ] μετ᾽ ὀργῆς [4] ἀπέχει, ἀλλὰ καὶ βεβουλευμένος ὁ τοιοῦτος ὑβρίζων ἐστὶν ἤδη φανερός. ἀλλὰ μὴν ὁπηνίκα καὶ πεποιηκὼς, ἃ κατηγορῶ, καὶ ὕβρει πεποιηκὼς, φαίνεται, τοὺς νόμους ἤδη δεῖ σκοπεῖν, ὦ ἄνδρες δικασταί. κατὰ γὰρ τούτους δικάσειν ὀμωμόκατε. καὶ θεωρεῖθ᾽, ὅσῳ μείζονος ὀργῆς καὶ ζημίας ἀξιοῦσι τοὺς ἑκουσίᾳ, καὶ δι᾽ ὕβριν, [5] τι πλημμελοῦντας, τῶν ἄλλως πως ἐξαμαρτανόντων. πρῶτον μὲν τοίνυν οἱ περὶ τῆς βλάβης οὗτοι νόμοι πάντες, ἵν᾽ ἐκ τούτων ἄρξωμαι,
528 ἂν μὲν ἑκὼν [6] τις βλάψῃ, διπλοῦν· ἂν δ᾽ ἄκων, ἁπλοῦν τὸ βλάβος κελεύουσιν ἐκτίνειν. εἰκότως. ὁ μὲν γὰρ παθὼν πανταχοῦ βοηθείας δίκαιός ἐστι τυγχάνειν. τῷ δράσαντι δ᾽ οὐκ ἴσην τὴν ὀργὴν, ἄν θ᾽ ἑκὼν ἄν τ᾽ ἄκων, ἔταξεν ὁ νόμος. ἔπειθ᾽ οἱ φονικοὶ, τοὺς μὲν ἐκ προνοίας ἀποκτιννύντας, θανάτῳ, καὶ ἀειφυγίᾳ, καὶ δημεύσει τῶν ὑπαρχόντων ζημιοῦσι, τοὺς δ᾽ ἀκουσίως, [7] αἰδέσεως καὶ φιλανθρωπίας πολλῆς ἠξίωσαν.

[1] ἐξαχθῇ τι πρᾶξαι T. [2] [τοῦ] R. [3] Absunt unci. T. R. [4] [ἀπέχει] R. [5] Deest τι. T. [6] Deest τις. T. [7] ἀνέσεως T.

Ἐξαχθῇ] Cf. D'Orville Charit. Aphrod. Lib. V. cap. VIII. p. 481.

Οὐ μόνον δήπου κ. τ. λ.] Wolfius interpretatur, perinde ac si legisset, *οὐ μόνον δήπου τοῦ μετ᾽ ὀργῆς ἀπέχει*, sine *μή*. Verum utrovis modo recte dicitur: quemadmodum et §. θʹ. more Attico additur negativa, et §. μζʹ. Ea autem, quæ modo præcedunt, Tu accuratius distinguas: *ἃ δ᾽ ἂν ἐκ πολλοῦ, συνεχῶς, ἐπὶ πολλὰς ἡμέρας, παρὰ τοὺς νόμους*, etc. Hæc cum vocis contentione et membratim pronunciata, mirum quantam vim et gravitatem orationi concilient. TAYLOR. Turbatur hic locus *τῷ μὴ* quod *παρέλκει*. Proscribendi "*τοῦ*" et "*ἀπέχει*" audaciam Reiskianam, nullo præsertim Codice addicente, nolui imitari. Satis frequens locutio est apud Demosthenem *ἀπέχειν τοῦ ποιεῖν* vel *πάσχειν τι*; neque glossatorem sapit. Libentissime cum H. Wolfio abjicerim *μὴ*, quare uncis inclusi. Taylorus præter rem mihi videtur tueri *μὴ* ex Atticismo. Alia enim est ratio geminandi negationem, alia addendi eam ubi sensum turbat. Nulla hic diserta est negatio, sed dissimulatur verbo *ἀπέχειν*. Plena autem genitivi per *τοῦ* designati forma hæc foret: *τοῦ μετ᾽ ὀργῆς πεποιηκέναι*. Illuc *μὴ* infereiri, nisi cum ruina sensus, non potest. Ceterum malim aut *βεβουλευμένως* legere, aut *ὑβρίζειν*. SPALDING.

Ὕβρει] MSS. nonnulli *ὕβριν*. Videtur ergo olim lectum fuisse, ut admonuit marg. Benen. *δι᾽ ὕβριν*. TAYLOR.

Τοὺς δ᾽ ἀκουσίως αἰδέσεως καὶ φιλανθρωπίας πολλῆς ἠξίωσαν] *Clementia dignos censuerunt.* Est enim *αἴδεσις venia* et *misericordia*, et *personæ periclitantis* respectus et *tuitio, ultionis animadversionisque remissio.* Lege autem licebat, cædis non voluntariæ crimen evadere, si is qui cædis reus erat, quendam ex consanguineis precibus exorare potuisset, et ad clementiam adducere: cujusmodi exorata placabilitas *αἴδεσις* vocabatur. *Ex edit.* HERVAG.

Αἰδέσεως] Οἷον ἀξιώσεως. εἰ γὰρ δεηθείη

ιγ΄. Οὐ μόνον δ' ἐπὶ τούτων τοῖς ἐκ προαιρέσεως ὑβρισταῖς χαλεποὺς ὄντας ἰδεῖν ἐστὶ τοὺς νόμους, ἀλλὰ καὶ ἐφ' ἁπάντων. τί γὰρ δήποτ', ἄν τις ὄφλων δίκην μὴ ἐκτίσῃ, [1]οὐκέτ' ἐποίησεν ὁ νόμος τὴν ἐξούλης ἰδίαν, ἀλλὰ προστιμᾶν ἐπέταξε τῷ [2]δημοσίῳ; καὶ πάλιν, τί δήποτε, ἂν μὲν ἑκὼν παρ' ἑκόντος τις λάβῃ τάλαντον ἓν, ἢ δύο, ἢ καὶ δέκα, καὶ ταῦτ' ἀποστερήσῃ, οὐδὲν αὐτῷ πρὸς τὴν πόλιν [3]ἐστίν; ἂν δὲ μικροῦ πάνυ τιμήματος ἄξιόν τις λάβῃ, βίᾳ δὲ τοῦτο ἀφέληται, τὸ ἴσον τῷ δημοσίῳ προστιμᾶν οἱ νόμοι κελεύουσιν, [4]ὅσονπερ ἂν τῷ ἰδιώτῃ; διὰ τί; ὅτι πάνθ' ὅσα ἄν τις βιαζόμενος [5]πράττῃ, κοινὰ ἀδικήματα, καὶ κατὰ τῶν ἔξω τοῦ πράγματος ὄντων, ἡγεῖτο ὁ νομοθέτης. τὴν μὲν

[1] οὐκ T. [2] δημοσίῳ. T. [3] ἐστίν· T. [4] ὅσον περ τῷ ἰδιώτῃ. T. [5] πράττει T. R.

τινὸς τῶν συγγενῶν τοῦ ἀνῃρημένου· εἶτα (f. κᾆτα) ἐκεῖνος ἐπιτρέποι· καταλύεται ὁ φόνον ἀκούσιον δράσας. Ulp. SPALDING.

ιγ΄. Τοῖς ἐκ προαιρέσεως ὑβρισταῖς χαλεποὺς ὄντας ἰδεῖν ἐστὶ τοὺς νόμους] Wolfius: *hominibus petulantibus* et *protervis leges iratas* esse *cernitur*. Potius: *homines deliberato injuriam facientes leges gravius punire cernitur*. JURIN.

Οὐκ ἐποίησεν] Οὐκ ἔτ' ἐποίησεν. Ita restitue cum MSS. quamplurimis, Bar. Vindob. Lind. Aug. Ital. marg. Benen. et σχ. TAYLOR.

Ἐξούλης] Ὄνομα δίκης ἣν ἐπάγουσιν οἱ φάσκοντες ἐξείργεσθαι τῶν ἰδίων, κατὰ τῶν ἐξειργόντων. δικάζονται δὲ ἐξούλης κἀπὶ τοῖς ἐπιτιμίοις (pœnæ a judice irrogatæ iis, qui causa cecidissent) οἱ μὴ ἀπολαμβάνοντες ἐν τῇ προσηκούσῃ προθεσμίᾳ (dies præstituta), ὑπερημέρων γιγνομένων τῶν δικασθέντων. οἱ δὲ ἁλόντες ἐξούλης, καὶ τῷ ἑλόντι ἐδίδοσαν ἃ ἀφῃροῦντο αὐτοῦ, καὶ τῷ δημοσίῳ κατετίθεσαν τὰ τιμηθέντα. Harpocration in h. v. SPALDING.

Ἀλλὰ προστιμᾶν ἐπέταξε τῷ δημοσίῳ] Wolfius: sed *ad crimina publica referri oportere statuit*. Potius vertendum: *sed insuper mulctam* solvere *ærario jusserit*. JURIN.

Τί γὰρ δήποτε, ἄν τις ὄφλων δίκην μὴ ἐκτίσῃ, οὐκ ἐποίησεν ὁ νόμος τὴν ἐξούλης ἰδίαν ἀλλὰ προστιμᾶν ἐπέταξε τῷ δημοσίῳ] Ad horum verborum intelligentiam scire oportet, quod pecuniæ damnato tempus rei judicatæ faciendæ præstituebatur, quo elapso, si judicatum non faciebat, is secundum quem judicatum fuerat, in possessionem bonorum damnati mittebatur. Qui si inde vi expelleretur, judicium jam non privatum, sed publicum esse incipiebat, hoc est, ἐξούλης δίκη, quæ actio erat pœnalis, contra vim inferentem, cumulabaturque judicium privatum judicio publico. Erat enim ἐξούλη sive ἐξούλης δίκη, interdictum unde vi, et judicium de vi, vel quasi vis publicæ judicium, non quod publicum per se crimen esset, sed quod mulcta in publicum committebatur: ut fit hodie, quum ex disceptationibus privatis enascitur actio procuratori regis, cujus damnatio et mulcta cedit in fiscum. ἐξούλη vero παρὰ τὸ ἐξείλλειν τῆς κτήσεως dicitur, quod est *possessione ejicere*, quo verbo πρὸς Πανταίνετον etiam utitur. [p. 976-7. ed. R.] Inde illud a Demosthene dictum hoc loco, τί γὰρ δήποτε ἄν τις ὄφλων δίκην μὴ ἐκτίσῃ, &c. *Quanam enim de causa* si quis *debitor* est *ob rem judicatam, et non solverit, lex judicium de vi non jam* privatum esse *voluit, sed in eum animadvertendum* esse *mulcta jussit in publicum cessura?* Et inferius sibi respondens, διὰ τί; ὅτι πάνθ' ὅσα τις βιαζόμενος πράττει, κοινὰ ἁμαρτήματα καὶ κατὰ τῶν ἔξω τοῦ πράγματος ὄντων ἡγεῖτο ὁ νομοθέτης, quoniam *quæcunque quis violenter facit*, communes *ex* eo *injurias legislator* esse *censuit*; *adversusque* eos *perpetratas, ad* quos res *ipsa non pertinebat*. Porro autem ὄφλων δίκην dicitur, *qui rei judicatæ debitor est*, qui si non solvebat intra terminum rei judicatæ, nec patiebatur bona sua possideri, tunc erat res ei etiam cum republica, non tantum cum creditore. Ut si quis hodie pignus prætorium vi auferat, de vi tenebitur. *Ex edit.* HERVAG.

Ἄξιόν τις] Non est nihili, quod suadet Reiskius, ut pro ἄξιόν τις legatur ἄξιόν τι. SPALDING.

Ὅσον περ] Vid. Var. Lect.

Τὴν μὲν γὰρ ἰσχὺν, ὀλίγων, τοὺς δὲ νόμους,

γὰρ ἰσχὺν, ὀλίγων, τοὺς δὲ νόμους, ἁπάντων εἶναι, καὶ [1] τὸν πεισθέντα, ἰδίας, τὸν δὲ βιασθέντα, δημοσίας δεῖσθαι βοηθείας. διόπερ καὶ τῆς ὕβρεως αὐτῆς τὰς μὲν γραφὰς ἔδωκεν ἅπαντι τῷ βουλομένῳ, τὸ δὲ τίμημα ἐποίησεν ὅλον δημόσιον. τὴν γὰρ πόλιν ἡγεῖτο ἀδικεῖν, οὐχὶ τὸν παθόντα μόνον, τὸν ὑβρίζειν ἐπιχειροῦντα. καὶ δίκην ἱκανὴν
529 τὴν τιμωρίαν εἶναι τῷ παθόντι, χρήματα δ' οὐ προσήκειν τῶν τοιούτων ἐφ' ἑαυτῷ λαμβάνειν. Καὶ τοσαύτῃ γ' ἐχρήσατο ὑπερβολῇ, ὥστε, κἂν εἰς δοῦλον ὑβρίζῃ τις, ὁμοίως ἔδωκεν [2] τούτου γραφήν. οὐ γὰρ, ὅστις ὁ πάσχων, ᾤετο δεῖν σκοπεῖν· ἀλλὰ τὸ πρᾶγμα ὁποῖόν τι τὸ γιγνόμενον. ἐπειδὴ δὲ εὗρεν οὐκ ἐπιτήδειον, μήτε πρὸς δοῦλον, μήθ' ὅλως ἐξεῖναι πράττειν ἐπέταξεν.

ιδ'. Οὐ γάρ ἐστιν, οὐκ ἔστιν, ὦ ἄνδρες Ἀθηναῖοι, τῶν πάντων οὐδὲν ὕβρεως ἀφορητότερον, οὐδ' ἐφ' ὅτῳ μᾶλλον ὑμῖν ὀργίζεσθαι προσήκει. ἀνάγνωθι δ' αὐτόν μοι λαβὼν τὸν τῆς ὕβρεως νόμον. οὐδὲν γὰρ, οἷον ἀκούειν αὐτοῦ τοῦ νόμου.

[1] τὸν μὲν πεισθέντα T. R.

[2] ὑπὲρ τούτου T. R.

ἁπάντων εἶναι] Vertendum: *robur enim corporis, paucorum; leges vero universorum esse.* JURIN.

Καὶ τὸν μὲν πεισθέντα, ἰδίας· τὸν δὲ βιασθέντα, δημοσίας δεῖσθαι βοηθείας] Wolfius: *eum, qui transegerit, sibi: cui vis facta sit, reipublicæ velle satisfactum.* Reddendum potius: *et eum, cui per fraudem persuasum sit, sua ipsius; eum vero, cui vis facta sit, publica ope indigere.* IDEM.

Δημοσίας δεῖσθαι βοηθείας] *Reip. velle satisfactum.* Perperam. Vertas cum Italo: *Colui, chi di sua volontà s' è accordato, di privato, e chi è flato forzato,* di publico ajuto ha di bisogno. TAYLOR.

Δημόσιον] Scrupulus, quem in hoc loco recte sentit, etsi non eximit item, Ulpianus, est in eo, quod hic ait Demosthenes lege fuisse τὸ τῆς ὕβρεως τίμημα ὅλον δημόσιον, cum supra §. θ'. dixerit, se τὴν τῶν ἰδίων δικῶν πλεονεξίαν ἀφεῖναι καὶ τοῦτον ἑλέσθαι τὸν ἀγῶνα, ἀφ' οὗ μηδέν ἐστι λῆμμα λαβεῖν. Aptissimum videtur, trahere illic τὰς ἰδίας δίκας, ἀφ' ὧν ἐστὶ λῆμμα λαβεῖν, ad solam *actionem damni*, quod perpessus erat Demosthenes in iis rebus, quas Midias, apud Pammenem inventas, absumserat per injuriam, non autem ad δίκην ὕβρεως, unde lucrum nullum perveniebat ad actorem. SPALDING.

Τοιούτων] Ἕνεκα addit margo exempli Aldinæ, in Bibliotheca Regia Berolinensi. Malim ἀντί. IDEM.

Ἐφ' ἑαυτῷ λαμβάνειν] *Injuriam vendere pecunia.* Nihil hic agitur de *transactionibus*, et *litibus cauponandis.* Nihil minus. Dicitur solummodo in causis τῆς ὕβρεως, τιμωρίαν fuisse privatam, *mulctam* ad *fiscum*, ad *publicum* redire, τὸ τίμημα ἐποίησεν ὅλον δημόσιον. Nihil lucri aut quæstus accedebat dolenti. Quantum intersit inter hunc sensum et interpretationem Wolfii! TAYLOR.

Καὶ τοσαύτῃ γ' ἐχρήσατο ὑπερβολῇ] Wolfius: *et rem usque adeo exaggeravit.* Potius: *et eo usque severitatis processit.* JURIN.

Ἐπέταξεν] Vix manum abstinui, quo minus in textu ponerem non paucorum Codd., interque hos Par. α. lectionem ἐπέτρεψεν, quæ magis hujus loci esse videtur. Obstitit quod antecedit ἐξεῖναι, in quo esse dicat aliquis, τὸ ἐπιτρέψαι. Fortasse manus Demosthenis fuit: μ. π. δ. μ. ὅ. πράττειν ἐπέτρεψεν, sine ἐξεῖναι. SPALDING.

ιδ'. Οὐδὲν γὰρ, οἷον ἀκούειν αὐτοῦ τοῦ νόμου] *Nihil enim vetat.* Siquidem οἷον etiam ἀντὶ τοῦ, κωλύον, τίθεται. Aristoph. ἀλλ' οὐδὲν οἷόν ἐστ' ἀκούειν τῶν ἐπῶν. potest tamen

ΝΟΜΟΣ.

Ἐάν τις ὑβρίσῃ [1] εἴς τινα, ἢ παῖδα, ἢ γυναῖκα, ἢ ἄνδρα, τῶν ἐλευθέρων, ἢ τῶν δούλων, ἢ παράνομόν τι ποιήσῃ εἰς τούτων τινὰ, γραφέσθω πρὸς τοὺς θεσμοθέτας ὁ βουλόμενος Ἀθηναίων, οἷς ἔξεστιν. οἱ δὲ θεσμοθέται εἰσαγόντων εἰς τὴν Ἡλιαίαν τριάκοντα ἡμερῶν, ἀφ' ἧς ἂν ἡ γραφὴ, ἐὰν μή τι δημόσιον κωλύῃ. εἰ δὲ μὴ, ὅταν ῃ πρῶτον οἷόν τε. ὅτου δ' ἂν [2] καταγνῶτε ἡ Ἡλιαία, τιμάτω

[1] Deest εἰς. T. [2] καταγνωσθῇ T. καταγνῶτε, ἡ ἡλιαία τιμάτω R.

etiam significare *melius*, βέλτιον, *ut nihil melius quam verba legis audire*, &c. *Ex edit.* HERVAG.

Οὐδὲν γὰρ] *Nihil est enim tale quale audire*, &c. i. e. nihil enim magis conducit, &c. AUGER.

Τοῦ νόμου] Sic Plato Gorg. Vol. (Bip.) 4. p. 75. οὐδὲν οἷον τὸ αὐτὸν ἐρωτᾷν. Prorsus ut Galli: Il n'y a rien de tel. Consule Vigerum Zeun. p. 120. SPALDING.

Ἀθηναίων] Quales sint inter Athenienses, quibus non liceat coram populo dicere, exponit Æschines contra Timarchum p. 21. ed. T. οἱ αἰσχρῶς βεβιωκότες. IDEM.

Τριάκοντα] Ἔντος τριάκοντα ἡμερῶν, ut Wolfius interpretatur, Cod. Italicus. TAYLOR. Sensus certe ille est. SPALDING.

Ἀφ' ἧς ἂν ἡ γραφὴ] Sub. ἀπενεχθῇ ἡ γένηται. εἰ δὲ μὴ, sub. τριάκοντα ἡμερῶν, ὅταν ᾖ πρῶτον οἷόν τε. WOLF. Nonnulli, qui hanc legem laudant, dubium, an casu, an consilio, ita legunt: τριάκοντα ἡμερῶν, ἀφ' ἧς ἂν γραφῇ. Eruditissimus Marklandus censet ante ἡ γραφὴ consimilem vocem elidi, ἀφ' ἧς ἂν ᾖ ἡ γραφή. TAYLOR.

Εἰ δὲ μὴ] Operæ pretium est hanc locutionem illustrare et rationem ejus reddere: eo magis, quod video, Wolfium, optimum fere Interpretem, et linguæ Græcæ bene gnarum, in ea lapsum fuisse. Sententia integra hæc est: Οἱ δὲ Θεσμοθέται εἰσαγόντων εἰς τὴν Ἡλιαίαν [ἐντὸς] τριάκοντα ἡμερῶν, ἀφ' ἧς ἂν [ᾖ] ἡ γραφὴ, εἰ μή τι δημόσιον κωλύῃ· εἰ δὲ μὴ, ὅταν ᾖ πρῶτον οἷόν τε. *Sexviri autem actionem danto intra dies triginta apud Heliæam ab eo die, quo res in judicium allata fuerit, nisi publicum aliquod impediat: tum vero, cum primum fieri poterit.* Wolfius vertit εἰ δὲ μὴ, *tum vero*: in annotationibus autem dicit: εἰ δὲ μὴ, *subintellige* τριάκοντα ἡμερῶν, hoc est, *si vero non* dent actionem intra triginta dies etc. Sed in hoc falsus est vir optimus. Hæc enim phrasis, εἰ δὲ μὴ, vel εἰ δὲ μή γε, vel εἰ μή γε, nunquam respicit remotiorem, sed semper proxime antecedentem, sententiam; ut in hoc loco, ubi non refertur ad τριάκοντα ἡμερῶν, sed ad ἐὰν μή τι δημόσιον κωλύῃ, et, licet Negativa sit, tamen vim habet *Affirmativam*: et significat, *si vero publicum aliquod negotium impediat.* Cujus significationis hæc est Ratio. Elliptica est, εἰ δὲ μὴ, et plena locutio foret: εἰ δὲ μὴ οὕτως ἔχει, *si vero res non ita se habet.* Jam vero connecte huic ea, quæ præcedunt: *Sexviri actionem danto intra* XXX. dies, *si publicum aliquod non impediat*: εἰ δὲ μὴ, *si vero res* NON *ita se habet, ut publicum aliquod* NON *impediat*, hoc est clare, *si vero publicum aliquod impediat.* Ut igitur εἰ δὲ μὴ *affirmet*, necesse est, ut *Negativa* sit sententia, quæ præcedit. Atque hæc est vis hujusce locutionis apud optimos Græcos Scriptores, a quibus defluxit ad Evangelistas. D. Marcus II. 22. Οὐδεὶς βάλλει οἶνον νέον εἰς ἀσκοὺς παλαιούς· εἰ δὲ μὴ, ῥήσσει ὁ οἶνος ὁ νέος τοὺς ἀσκοὺς etc. ubi iterum εἰ δὲ μὴ est, *si vero mittit vinum novum in veteres utres* etc. eadem, qua prius, resolutione. *Si vero res* NON *ita se habet, ut iste* NON *mittat*; hoc est, *si vero mittit.* Vide Matthæum IX. 17. et Lucam V. 36. qui habent εἰ δὲ μή γε, quod idem est. Quod si sententia, quam proxime sequuntur hæc verba, *Affirmativa* sit, tunc εἰ δὲ μὴ *Negativam* retinet et usitatam verborum significationem, *si vero non.* Cujus non opus est ut exempla proferam, quæ ubique occurrunt. MARKLAND. Ita Xenoph. Anabas. l. IV. ed. Steph. p. 191. 14. τραχὺς ἦν ὁ ποταμὸς — καὶ οὕτω ἐν τῷ ὕδατι ἦν ἔχειν τὰ ὅπλα. εἰ δὲ μὴ, ἥρπαζεν ὁ ποταμός. *In schedis* TAYLOR.

Καταγνῶτε] Forte καταγνωσθῇ. Prior est κατάγνωσις, reum teneri objecto crimine; posterior, æstimatio mulctæ. WOLF. Καταγνῶτε est lectio Editt. omnium, et Codd. plurium. καταγνῶται Bar. pro varia lectione: καταγνῷ marg. Paris. καταγνῶτι, alii. Recte hic animadvertit Wolfius, agi de binis sententiis, quarum prior damnabat, altera pœnam adjudicabat. Atque ita intelligo locum in parili lege apud Æschinem c. Timarch. in qua de altera ὕβρεως specie, nempe ea, quæ stuprum designat, similiter cavetur. Has duas leges, quia in utraque περὶ ὕβρεως agitur, et eadem fere severitate verborum, eodem certe ritu et solennitate, Petitus in unam miscet, quem, quia Cl. Wesselingo satis pœnarum dedit, idcirco dimittam. Ibi legiπερὶ αὐτοῦ παραχρῆμα, ὅτου ἂν δόξῃ ἄξιος εἶναι παθεῖν, ἢ [1]ἀποτῖσαι. ὅσοι δ' ἂν γράφωνται γραφὰς ἰδίας κατὰ τὸν νόμον, ἐάν τις μὴ ἐπεξέλθῃ, ἢ ἐπεξιὼν μὴ μεταλάβῃ τὸ πέμπτον μέρος τῶν ψήφων, ἀποτισάτω χιλίας δραχμὰς τῷ δημοσίῳ. ἐὰν δὲ ἀργυρίου τιμηθῇ τῆς ὕβρεως, δεδέσθω, ἐὰν ἐλεύθερον ὑβρίσῃ, μέχρις ἂν ἐκτίσῃ.

[1] ἀποτίσαι T. R.

tur: τίμημα ἐπιγραψάμενος, ᾧ ἂν τὸ δικαστήριον καταψηφισθῇ. Corrigunt alii οὗ ἂν, alii ὃ ἄν. Quibus prior correctio placet, locum præ manibus, prout a Wolfio emendatur, habere possunt vindicem, ὅτου δ' ἂν καταγνωσθῇ. Verum infeliciter semper causam egit Wolfius, quandocunque contra omnes Codd. et editos et MStos divinationem suam obtrudat. Lege et punge mecum: ὅτου δ' ἂν καταγνῷ τι ἡ Ἡλιαία, τιμάτω περὶ αὐτοῦ παραχρῆμα. *Quemcunque in aliqua causa condemnaverit Heliæa, statim* etc. Vel potius, ὅτου δ' ἂν καταγνῷ ἡ Ἡλιαία, cum marg. Benenati. Simile quiddam in proxima oratione, §. δ'. ὁ νόμος οὐκ ἐᾷ τὴν βουλὴν αἰτῆσαι τὴν δωρεὰν, ἐὰν μὴ ποιήσητε τὰς τριήρεις. Immo ποιήσῃ certe, nisi corrigendum, ut scribi fere video, ἐὰν μὴ ποιήσαιτο. Quæ scriptura mendo in Demosthenis Codd. locum fortasse dedit. TAYLOR. Hic recte hærent VV. DD. cum aliena sit sec. pers. plur. Parum tamen est præsidii a Codd. Optima ad sensum sane legendi ratio hæc foret: καταγνῷ ἡ Ἡλ., τιμ. κ. τ. λ. Operæ pretium erat afferre elegantem Taylori conjecturam pro καταγνῶτε legentis καταγνῷ τι. SPALDING. Lego et distinguo: ὅτου δ' ἂν καταγνῷ ἡ Ἡλιαία, τιμ. AUGER.

Ὅσοι δ' ἂν γράφωνται γραφὰς ἰδίας] Wolfius: *Qui vero privata judicia dictarint.* Potius: *qui vero lites privatas intenderint.* JURIN.

Γραφὰς ἰδίας] Opponuntur hic οἱ ὑβρισμένοι αὐτοὶ, qui ἰδίας γραφὰς γράφονται, τοῖς ἔξω τοῦ πράγματος οὖσι, quorum antea mentio erat. SPALDING. ἰδίας del. arbitror. AUGER.

Ἐὰν δὲ ἀργυρίου τιμηθῇ τῆς ὕβρεως] Sub. ἕνεκα ὁ φεύγων. Alias dicit τιμᾶται τῷ φεύγοντι. WOLF. γρ. τῷ δημοσίῳ, ἐὰν ἀργυρίου τιμηθῇ· τῆς δ' ὕβρεως, ἐὰν ἐλεύθερον κ. τ. λ. marg. Benenati. Locum ita ex ingenio refingere vult Lambinus: τῷ δημοσίῳ· ὁ δ' ὑβρίσας εἴτ' εἰς ἐλεύθερον, εἴτ' εἰς δοῦλον, ἐὰν μὲν θανάτου τιμηθῇ, αὐθήμερον τεθνάτω, ἐὰν δ' ἀργυρίου, δεδέσθω, μέχρις ἂν ἐκτίσῃ. Ἀκούετε etc. Concinnius multo, sine ulla cautione de ultimo supplicio, cujusmodi vocum nec vola nec vestigium superesse videtur in Codd., mecum reformabis: τῷ δημοσίῳ. ἐὰν δὲ ἀργυρίου τιμηθῇ, δεδέσθω, μέχρις ἂν ἐκτίσῃ. Totam ergo Legem ita ordino: ΝΟΜΟΣ. Ἐάν τις ὑβρίζῃ τινὰ, ἢ παῖδα, ἢ γυναῖκα, ἢ ἄνδρα τῶν ἐλευθέρων, ἢ τῶν δούλων, ἢ παράνομόν τι ποιήσῃ εἰς τούτων τινὰ, γραφέσθω πρὸς τοὺς Θεσμοθέτας ὁ βουλόμενος Ἀθηναίων, οἷς ἔξεστιν. Οἱ δὲ Θεσμοθέται εἰσαγόντων εἰς τὴν Ἡλιαίαν [ἐντὸς] τριάκοντα ἡμερῶν, ἀφ' ἧς ἂν [ᾖ] ἡ γραφὴ, ἐὰν μή τι δημόσιον κωλύῃ, εἰ δὲ μὴ, ὅταν ᾖ πρῶτον οἷόν τε. Ὅτου δ' ἂν καταγνῷ ἡ Ἡλιαία, τιμάτω περὶ αὐτοῦ παραχρῆμα, ὅτου ἂν δόξῃ ἄξιος εἶναι παθεῖν, ἢ ἀποτίσαι. (Ὅσοι δ' ἂν γράφωνται γραφὰς ἰδίας κατὰ τὸν νόμον [τοῦτον,] ἐάν τις μὴ ἐπεξέλθῃ, ἢ ἐπεξιὼν μὴ μεταλάβῃ τὸ πέμπτον μέρος τῶν ψήφων, ἀποτισάτω χιλίας δραχμὰς τῷ δημοσίῳ) ἐὰν δὲ ἀργυρίου τιμηθῇ, δεδέσθω, μέχρις ἂν ἐκτίσῃ. Ita vero interpretor: LEX DE CONTUMELIIS. *Quicunque contumeliose tractaverit liberum vel servum, liberam servamve, publice de eo cognoscitor. Si damnas fuerit, secundis sententiis statuito, quid luendum* [corpore], *aut solvendum* [ære] *fuerit.* Actionem ὕβρεως publicam esse voluit sapientissimus Legislator, ut in hac oratione pluribus contendit Orator noster: πάνθ', ὅσα τις βιαζόμενος πράττει, κοινὰ ἀδικήματα, καὶ κατὰ τῶν ἔξω τοῦ πράγματος ὄντων ἡγεῖτο ὁ νομοθέτης — τὸν βιασθέντα δημοσίας δεῖσθαι βοηθείας, διόπερ τὰς γραφὰς ἔδωκεν ἅπαντι τῷ βουλομένῳ. [§. ιγ'.] Γραφέσθω, ait Lex, ὁ βουλόμενος Ἀθηναίων οἷς ἔξεστιν. Eam enim esse formulam, sive solennitatem *publicæ* actionis erudite ostendit Salmasius ὁ μέγας Observat. ad Jus Attic. et Rom. C. 7. p. 231. *Hæc quippe nota est*, inquit ille, *publici judicii, cum volenti cuilibet licet reum facere illum, a quo non læsus est, si modo alterum læserit* etc. Idcirco autem publice datur accusatio, saltem omnibus, quibus causæ dictio est, (ὁ βουλόμενος eorum, οἷς ἔξεστιν) quoniam par est, existimare, crimen ad omnes pertingere, Remque publicam, non eum solummodo, qui contumeliam perpessus sit, in eo lædi. Ut recte Ulpianus: εἰ πᾶσιν ἔξεστι κατηγορεῖν τοῦ ἀδικοῦντος, πρόδηλον, ὅτι κοινὸν ἁπάντων ἔγκλημα καὶ δημόσιον ἀδίκημα. Interea tamen si ille ipse, cui facta sit injuria, eam persequi velit, pergit Lex, sive potius divertitur, modumque agendi circa eam rem quasi *interlocutorie* definit:

Ἀκούετε, ὦ ἄνδρες Ἀθηναῖοι, τοῦ νόμου τῆς φιλανθρωπίας, ὃς οὐδὲ τοὺς δούλους ὑβρίζεσθαι ἀξιοῖ. τί οὖν πρὸς [1] θεῶν; 530
εἴ τις εἰς τοὺς βαρβάρους ἐνεγκὼν τὸν νόμον τοῦτον, παρ' ὧν τὰ ἀνδράποδα εἰς τοὺς Ἕλληνας κομίζεται, ἐπαινῶν ὑμᾶς, καὶ διεξιὼν περὶ τῆς πόλεως, εἴποι πρὸς αὐτούς· ὅτι εἰσί τινες, Ἕλληνες ἄνθρωποι, οὕτως ἥμεροι καὶ φιλάνθρωποι τοὺς τρόπους, ὥστε πολλὰ ὑφ' ὑμῶν ἠδικημένοι, καὶ φύσει τῆς πρὸς ὑμᾶς ἔχθρας αὐτοῖς ὑπαρχούσης πατρικῆς, ὅμως οὐδ' ὅσων ἂν τιμὴν καταθέντες δούλους κτήσωνται, οὐδὲ τούτους ὑβρίζειν ἀξιοῦσιν, ἀλλὰ νόμον δημοσίᾳ τὸν ταῦτα κωλύσοντα τέθεινται τουτονὶ, καὶ πολλοὺς ἤδη πα-

[1] θεῶν, T.

Si privatus quispiam injuriam sibi factam conquestus fuerit juxta legem hanc, eamque aut non persecutus fuerit, aut persecutus quintam suffragiorum partem non tulerit, is mille drachmis damnas esto. Potuit nempe de contumeliis et *publice* agi, ubi scil. accusabant Reip. gratia οἱ ἔξω τοῦ πράγματος; potuit etiam *private*, ubi causam egerit ille, qui indoluit. Et in hac fortasse parte cessabant omnes illæ *publici judicii* solennitates, ea privilegia, quæ Reip. causa dabantur: δίκη ἰδία instituebatur, verum de publico crimine, atque tum demum ærario solvebat Actor, si quintam suffragiorum partem non tulerit. Civitas igitur ad *publicas* actiones de vi et injuriis hortabatur, ad *privatas* non item, nam ibi Actori et pœna mille drachmarum, si quintæ parti Judicum non persuaserit, atque etiam ἀτιμίας, sive Capitis diminutionis, si verum sit, quod habet Ulpianus, erat proposita, ὁ μὴ ἐλέγξας ἐν τοῖς δικαστηρίοις ἀτιμοῦται. Lex ergo, cum modum statuisset inter *publicam* et *privatam* contumeliarum actionem, redit, unde divertebatur, nempe ad illud, quod luere aut solvere deberet, qui judicio teneretur; *Si ære*, inquit, *æstimabitur*, ἐὰν δὲ ἀργυρίου τιμηθῇ, δεδέσθω, μέχρις ἂν ἐκτίσῃ. Addidit nimirum aliquis τῆς ὕβρεως, deinde alius ἐὰν ἐλεύθερον ὑβρίσῃ, ad oras Exemplarium, utrumque scil. ut admoneatur lector, hoc ultimum comma non spectare ad mille drachmas, quibus teneri potuit Actor privatus, licet id tamen proxime antecessit, sed ad mulctam ὕβρεως causa, ad judicium Heliastarum, ad sententiam, si quis ὑβρίσῃ. Deletis igitur otiosis iis vocabulis, restat communis Atticarum legum formula, ἐὰν δὲ ἀργυρίου τιμηθῇ, δεδέσθω, μέχρις ἂν ἐκτίσῃ. Ita Demosth. c. Timocrat. ἐὰν δὲ ἁλῷ, τιμάτω ἡ Ἡλιαία, ὅ, τι χρὴ παθεῖν αὐτὸν, ἢ ἀποτίσαι· ἐὰν δὲ ἀργυρίου τιμηθῇ, δεδέσθω τέως, ἕως ἂν ἐκτίσῃ. p. 733. 14. ed. Reisk. et rursus: ἐὰν δ' ἁλῷ, τιμάτω ἡ Ἡλιαία περὶ αὐτοῦ, ὅ, τι ἂν δοκῇ ἄξιος εἶναι παθεῖν, ἢ ἀποτίσαι· ἐὰν δὲ ἀργυρίου τιμηθῇ, δεδέσθω τέως, ἕως ἂν ἐκτίσῃ, ὅ τι ἂν αὐτοῦ καταγνωσθῇ. pag. 720. pen. ed. R. TAYL. Non præter rem Lambinus hic desiderabat μὲν ante δὲ, quare conjecit, audacius sane, nixus tamen simili lege apud Æsch. in Tim. l. c. p. 42. ὁ δ' ὑβρίσας, εἴτ' εἰς ἐλεύθερον εἴτ' εἰς δοῦλον, ἐὰν μὲν θανάτου τιμηθῇ, αὐθημερὸν τεθνάτω· ἐὰν δὲ κ. τ. λ. Taylorus, quo jure, omissa supplicii mentione "*concinniorem*" dicat fore lectionem, equidem non video. Consentit tamen in eo cum Lambino, quod ejicit "τῆς ὕβρεως" et "ἐὰν ἐλ. ὑβρ." quorum utrumque parum ἀκριβῶς defendere mihi videtur Reiskius. Ceterum plus profecto, quam in ipsa oratoris verba, Criticis licet in hujusmodi legum formulas, quæ fortasse nunquam ab ipsis auctoribus adscribebantur, (ut in Cicerone non apparent) quare etiam a Codd. abesse solent, ut ab Augustano pr. etiam hæc. Neque ejus rationem habet Ulpianus. cf. F. A. Wolfius in Leptineam §. ή. med. SPALDING.

Ὅσων] Pro πάντας τούτους, ὧν τιμ. κ. τ. λ. IDEM.

Οὐδὲ τούτους ὑβρίζειν ἀξιοῦσιν] Ἀθηναῖοι καὶ τῆς τῶν δούλων προνοοῦντες τύχης ἐνομοθέτησαν καὶ ὑπὲρ δούλων γραφὰς ὕβρεως εἶναι. Ὑπερίδης γοῦν ὁ ῥήτωρ ἐν τῷ κατὰ Μαντιθέου· Αἰκίας, φησὶ, ἔθεσαν οὐ μόνον ὑπὲρ τῶν ἐλευθέρων, ἀλλὰ καὶ ἐάν τις εἰς δούλου σῶμα ὑβρίσῃ, γραφὰς εἶναι κατὰ τοῦ ὑβρίσαντος. τὰ ὅμοια εἴρηκε καὶ Λυκοῦργος ἐν τῷ κατὰ Λυκόφρονος πρώτῳ, καὶ Δημοσθένης ἐν τῷ κατὰ Μειδίου. Athen. l. VI. p. m. 134. TAYLOR.

ραβάντας τὸν νόμον τοῦτον ἐζημιώκασι θανάτῳ. εἰ ταῦτ' ἀκούσαιεν καὶ συνεῖεν οἱ βάρβαροι, οὐκ ἂν οἴεσθε δημοσίᾳ πάντας [1]ἡμᾶς προξένους αὐτῶν ποιήσασθαι; τὸν τοίνυν οὐ παρὰ τοῖς Ἕλλησι μόνον εὐδοκιμοῦντα νόμον, ἀλλὰ καὶ παρὰ τοῖς βαρβάροις εὖ δόξαντ' ἂν ἔχειν, σκοπεῖσθ' ὁ παραβὰς, ἥντινα δοὺς δίκην, ἀξίαν ἔσται δεδωκώς.

ιέ. Εἰ μὲν τοίνυν, ὦ ἄνδρες Ἀθηναῖοι, μὴ χορηγὸς ὢν ταῦτ' ἐπεπόνθειν ὑπὸ Μειδίου, ὕβριν ἄν τις κατέγνω μόνον τῶν πεπραγμένων αὐτῷ. νῦν δέ μοι δοκεῖ, κἂν, ἀσέβειαν εἰ [2]καταγιγνώσκοι [3]τις, τὰ προσήκοντα ποιεῖν. ἴστε γὰρ δήπου τοῦθ' ὅτι τοὺς χοροὺς ὑμεῖς ἅπαντας τούτους καὶ ὕμνους τῷ θεῷ ποιεῖσθε, οὐ μόνον κατὰ τοὺς νόμους τοὺς περὶ τῶν Διονυσίων, ἀλλὰ καὶ κατὰ τὰς μαντείας, ἐν αἷς ἁπάσαις ἀνῃρημένον εὑρήσετε τῇ πόλει, ὁμοίως ἐκ Δελφῶν καὶ ἐκ Δωδώνης, χοροὺς ἱστάναι κατὰ τὰ πάτρια, καὶ κνισσᾷν ἀγυιὰς, καὶ στεφανηφορεῖν. ἀνάγνωθι δέ μοι λαβὼν αὐτὰς τὰς μαντείας.

[1] ὑμᾶς T. [2] καταγινώσκοι T. R. [3] [τις] R.

Ἂν οἴεσθε] Nolint tirones referre hoc ἂν ad proximum οἴεσθε, sed ad remotius ποιήσασθαι. Spalding.

Ὁ τοίνυν οὐ παρὰ τὸ τοῖς Ἕλλησι] Lego: ὃ τοίνυν οὐ παρὰ τὸν παρὰ τοῖς Ἕλλησι μόνον — ἀλλὰ καὶ τοῖς Βαρβάροις εὖ δόξαντ' ἂν ἔχειν etc. Wolf. Scripturam haud paulo præstantiorem ex Editt. et MSS. expressimus. Taylor.

Ἂν ἔχειν] Iterum caveant tirones ab ἂν perperam jungendo. Pertinet ad participium. Spalding.

Καταγιγνώσκοι] Optativum cum Reiskio ex Aug. pr. recepi pro καταγιγνώσκει, necessarium ob ἂν, in κἂν, pertinens ad ποιεῖν. Ceterum non operæ pretium erat cum eodem uncos ponere ad τις, quod, etsi supervacaneum, sensum non turbat et est in omnibus Codd. [excepto] Aug. pr. Idem.

Κνισσᾷν] Τιμᾷν Cod. Reg. ε. quod displicet nostro Wolfio, ut decebat. Ille tamen conjicit, aliquando legi potuisse pro τιμᾷν, θυμιᾷν, ut esset Scholion. Hoc quidem eleganter. Cæterum de phrasi hac κνισσᾷν ἀγυιὰς, consulas Hellad. Besantin. apud Phot. Biblioth. cui adjungas hæc Aristophanis:

Ἐγώ; πρὸς ἀνθρώπους πέτομαι παρὰ τοῦ πατρὸς,
Φράσουσα θύειν τοῖς Ὀλυμπίοις θεοῖς,
Μηλοσφαγεῖν τε βουθύτοις ἐπ' ἐσχάραις,
Κνισσᾷν τ' ἀγυιάς. Aves, 1230.

Ὦ ταῖς ἱεραῖς νήσοις ἐπίκουρε, καὶ φέγγος ἐν Ἀθήναις,
Τίν' ἔχων φήμην ἀγαθὴν ἥκεις, ἐφ' ὅτῳ κνισσῶμεν ἀγυιάς; Equit. 1316.

Pluribus contendit Harpocratio legendum esse apud Demosthenem, non ἀγυιὰς cum gravi, sed circumflexe, ἀγυιᾶς, ut sit pro ἀγυιέας, a recto ἀγυιεὺς, κνισσᾷν non *vicos* et *compita*, sed *statuas* compitalitias ante fores positas. Hominem vide. Cujus tamen crisin refellere videtur Oraculum a Demosthene allegatum in Orat. c. Macartatum, iisdem fere verbis conceptum, quibus illud, in quo expoliendo jam exercemur: Καὶ ἀποπέμπειν Ἀμφικτυόνεσσι περὶ τύχας ἀγαθᾶς, Ἀπόλλωνι Ἀγυιεῖ, Λητοῖ, Ἀρτέμιδι, καὶ τὰς ἀγυιὰς κνισσῆν, καὶ κρατῆρας ἱστάμεν etc. p. 1072. 20. ed. Reisk. Et clarissime refellit epitheton εὐρυχόρους in hoc Oraculo. quales enim (Dii boni!) sunt *statuæ*, in quibus *lati chori duci possunt?* Taylor. Non confecta res est de scriptura hujus vocaboli, inter veteres ipsos controversa, utrum ultima sit acuenda (ab ἀγυιὰ, vicus) an circumflectenda (ab ἀγυιεὺς, ara ante

ΜΑΝΤΕΙΑΙ. 531

Αὐδῶ [1] Ἐρεχθείδαισιν, ὅσοι Πανδίονος ἄστυ
Ναίετε, καὶ πατρίοισι νόμοις ἰθύνεθ' ἑορτὰς,
Μεμνῆσθαι Βάκχοιο, καὶ εὐρυχόρους κατ' ἀγυιὰς
Ἱστάναι ὡραίων Βρομίῳ χάριν ἄμμιγα πάντας,
Καὶ κνισσᾷν βωμοῖσι, κάρη στεφάνοις πυκάσαντας.

Περὶ ὑγιείας θύειν καὶ εὔχεσθαι Διῒ ὑπάτῳ, [2] Ἡρακλεῖ, Ἀπόλλωνι προστατηρίῳ· περὶ τύχας ἀγαθᾶς, Ἀπόλλωνι ἀγυιεῖ, Λατοῖ,

[1] Ἐρεχθείδεσσιν T. R.

[2] καὶ Ἡρακλεῖ T.

fores). Harpocration et Suidas posterius suadent, quod etiam probabilius fit, si reputes τὸν ἀγυιέα non esse *statuam* Apollinis, ut intelligit Taylorus, sed *aram*. V. Hesych. in h. v. et Schol. Eur. Phœn. 634. itemque Suid. Adstipulatur locus Eurip. Alc. 1159. βωμούς τε κνισσᾷν, et ipsum oraculum nostrum κνισσᾷν (ἐν) βωμοῖσι. Nisi obstaret itaque magni Hemsterhusii auctoritas (ad Luc. Prometh. Vol. (Bip.) 1. p. 472.) et locus Demosth. adv. Maçart. ubi est τὰς ἀγ. et hic et ubique apud scriptores in hac formula circumflecterem ultimam. Quicquid est de hac re, in oraculo ipso, κατ' ἀγυιὰς, de *vicis* intelligendum est. SPALDING.

Κνισσᾷν] *Sacrificiorum odore perfundere.* AUGER.

Ἐρεχθείδαισιν] Confidenter contra omnes Editiones atque Codd. adeo, quantum quidem de iis constat, scripsi, cum solis Parisino α. et correctore Lessingiano, ἐρεχθείδαισιν pro ἐρεχθείδεσσιν, cujusmodi errores esse ex prava recentiorum pronunciatione docet summus Valckenaerius ad Theocr. 16. 36. cf. etiam Brunckius ad Ap. Rhod. 3. 578. et ipse Reiskius ad προσαναιροῦσι p. 47. v. 1. ait Græcos librarios ε et αι promiscue habere. Argutiæ sunt illæ, quæcunque disputantur a Scholiaste Theocriti ad 1. 92. Accusativum plur. pr. decl. corripi, tanquam tertiæ, Dorice (βοῦτας pro βούτας), novimus omnes; sed, nominativum quoque et ceteros casus Doricam pr. declinationem communes habere cum tert., unus hic Scholiastes narrat. SPALDING.

Εὐρυχώρους] Editt. Felic. Manut. et Cod. Reg. α. εὐρυχόρους. Atque ita omnino rescribe, *sive* vocem hanc non pro *spatioso* acceperis, sed pro *loco choreis apto*, ut vel hic sumi possit: *sive* cum Poetis ω magnum in parvum licenter mutaveris: *sive* denique, quæ aliorum est sententia, verum maxime improbabilis, χορὸς in hac compositione vim et notionem τοῦ χῶρος induerit. Homerus certe semper εὐρύχορος. Vid. Iliad. Β. 498. Ι. 474. Ψ. 299. Odyss. Δ. 635. Ζ. 4. Λ. 255. Ν. 414. Ο. 1. Ω. 467. [Pausan. Phocic. p. 614. Lucian. T. 1. Not. p. 54. Priscian. col. 554. Salmas. ad Inscr. Herodis et Regillæ. Diodor. Vol. I. p. 430. ed. Wessel. Athen. L. XII. p. 536. Callimach. Hymno in Cererem et fragm. Φιλίππου Μεγαρέως εἰς τοὺς ἀναιρεθέντας ὑπὸ Περσῶν Θεσπιεῖς. Ἄνδρες θ' οἵ ποτ' ἔναιον ὑπὸ κροτάφοις Ἑλικῶνος, Λήματι τῶν αὐχεῖ Θεσπιὰς εὐρύχορος. Apollon. Rhod. IV. 48. ἄστεος εὐρυχόροιο. Hoelzlin. ad Ap. Rh. II. 906. Dorville ad Chariton. seu potius Manethon. p. notar. 768. TAYLOR *in schedis*.] Ita apud Diod. Sic. l. XI. Οἱ δ' Ἕλληνες ἐκ τῶν λαφύρων δεκάτην ἐξελόμενοι κατεσκεύασαν χρυσοῦν τρίποδα, καὶ ἀνέθηκαν εἰς Δελφοὺς, ἐπιγράψαντες ἐλεγεῖον τόδε·

Ἑλλάδος εὐρυχόρου Σωτῆρες τόνδ' ἀνέθηκαν,
Δουλοσύνης στυγερᾶς ῥυσάμενοι πόλιας.

Ita Oraculum apud Herodot. VII. 220.

Ὑμῖν δ', ὦ Σπάρτης οἰκήτορες εὐρυχόροιο.

Corrige ergo Poetam apud Plutarch. in Theseo fin.

τὸν ἐν εὐρυχώρῳ ποτ' Ἀφίδνῃ
Μαρνάμενον Θησεὺς Ἑλένης ἕνεκ' ἠϋκόμοιο
Κτεῖνεν.

et Inscriptionem poculi, quod dicavit Pausanias Lacedæmonius, et memorat Heracleotes apud Athenæum:

Μνᾶμ' ἀρετῆς ἀνέθηκε Ποσειδάωνι ἄνακτι
Παυσανίας ἄρχων Ἑλλάδος εὐρυχώρου
Πόντου ἐπ' Εὐξείνου, Λακεδαιμόνιος γένος, υἱὸς
Κλεομβρότου, ἀρχαίας Ἡρακλέους γενεᾶς.
TAYLOR.

Καὶ Ἡρακλεῖ] Vel dele καὶ ante Ἡρακλεῖ cum Reg. α. vel substitue istam particulam ante Ἀπόλλωνι cum Ital. IDEM.

Προστατηρίῳ] Προστατήριος· τὸν Ἀπόλλωνα οὕτω λέγουσι, παρόσον πρὸ τῶν θυρῶν αὐτὸν ἀφιδρύοντο. Hesychius. SPALDING.

Ἀρτέμιδι, καὶ κατ' ἀγυιὰς κρατῆρας ἱστάμεν καὶ χοροὺς, καὶ στεφανηφορεῖν, κατὰ τὰ πάτρια, θεοῖς ὀλυμπίοις πάντεσσι καὶ πάσαις, [1] ἰδίας δεξιὰς καὶ ἀριστερὰς ἀνίσχοντες, καὶ μνασιδωρεῖν.

[2] ΕΚ ΔΩΔΩΝΗΣ ΜΑΝΤΕΙΑΙ.

Τῷ δήμῳ τῶν Ἀθηναίων ὁ τοῦ Διὸς σημαίνει. ὅτι τὰς ὥρας παρηνέγκατε [3] τῆς θεωρίας, [4] αἱρετοὺς πέμπειν [5] [κελεύει] θεωροὺς ἕνεκα τούτου, τοὺς δὲ ἀπάγειν τῷ [6] Διῒ τῷ ἐν Τομάρῳ τρεῖς βοῦς, καὶ πρὸς ἑκάστῳ [7] δύο ὄϊς. τῇ δὲ Διώνῃ βοῦν καὶ ἄλλα ἱερεῖα, καὶ

[1] ὁσίας δ. κ. ἀ. ἀνίσχοντας T. [2] ΕΤΕΡΑ. ΕΚ Δ. T. [Ἑτέρα.] Ἐκ Δ. R.
[3] τῆς θυσίας καὶ τῆς θεωρίας T. R. [4] αἱρετοὺς δὲ πέμπειν T.
[5] κελεύει θεωροὺς ἐννέα καὶ τούτους διὰ ταχέων τῷ Διῒ T. R.
[6] Διῒ τῷ Δωδωναίῳ ἀροτρεῖς βοῦς T. Διῒ [τῷ δωδωνείῳ] ἀροτρεῖς βοῦς R. [7] δύο βοήσεις. T. R.

Ἰδίας] F. ὁσίας. Quis enim *alienas* manus porrexerit? et ἀνίσχοντας, refertur enim ad Infinitivum.

Casta decent Superos: pura cum veste venite,
Et manibus puris sumite fontis aquam.
WOLF.

Ἰδίας] Habent MSti, credo, et editi omnes libri. Ego textum corrigo ad mentem Wolfii, tam ὁσίας, quam ἀνίσχοντας, (vulgo enim legitur ἀνίσχοντες) cui postremæ lectioni favent quodammodo marg. Par. et Ital. Abest certe tam ἰδίας, quam ὁσίας, ab Oraculo altero in Orat. c. Macart. p. 1072. 21. ed. Reisk. στεφανηφορεῖν κατὰ πάτρια θεοῖς Ὀλυμπίοις καὶ Ὀλυμπίαις, πάντεσσι καὶ πάσαις, δεξιὰς καὶ ἀριστερὰς ἀνίσχοντας μνασιδωρεῖν. TAYLOR. Videtur Formula fuisse in Sacris Gentilium: ὁσίας χεῖρας (vel δεξιὰς καὶ ἀριστερὰς) ἀνίσχειν. Et huic forte alludit, et simul lectionem ὁσίας confirmat S. Paulus 1 Tim. II. 8. Βούλομαι οὖν προσεύχεσθαι τοὺς ἄνδρας ἐν παντὶ τόπῳ, ἐπαίροντας ὁσίους χεῖρας, χωρὶς ὀργῆς καὶ διαλογισμοῦ. MARKLAND. Proscribere hanc vocem, quæ, alienissima profecto, abest ab oratione adv. Macartatum (Rsk. Dem. p. 1072.) promtissima videtur hujus loci medicina; quod si facere religio est, cum H. Wolfio legamos, ὁσίας. Lenior etiam mutatio proponitur a Buttmanno ἰθείας pro ἰδίας (Hesych. ἰθεῖα· ὀρθή.) modo exempla hujus formulæ suppeterent. Ceterum ἀνίσχοντες, sollicitare legendo ἀνίσχοντας, nihil attinet, quo subaudiendum esse μέμνησθε, recte monet Reiskius. Est tritissima imperandi forma, ut in oraculo: μὴ κινεῖν Καμάριναν κ. τ. λ. Alia ratio est adv. Macartat. ubi antecedit συμφέρει. SPALDING.

ΔΩΔΩΝΗΣ] Vide ad fin. hujus Orationis de hisce duobus oraculis Dodoneis.

Ὁ τοῦ Διὸς] Ὁ Ἀπόλλων. WOLF. Subaudi ἱερεύς. AUGER.

Τῆς Θυσίας] F. τῆς Θυσίας καὶ τῆς Θεωρίας. αἱρετοὺς δὲ πέμπειν. WOLF. Hanc interpunctionem Wolfius de ingenio suo procudit. Lectum olim et scriptum τῆς Θυσίας. καὶ τῆς Θεωρίας αἱρετοὺς πέμπειν sine δέ. TAYLOR. Cf. Valckenaer. Animadvers. ad Ammon. Lib. II. cap. 3. p. 93.

Καὶ τούτους διὰ τ. τ. Δ.] F. θύειν τῷ Διῒ τῷ Δωδωναίῳ ἐννέα ἀροτρεῖς βοῦς. Et, pro δύο βοήσεις, v. ult. f. δύω βοΐσσας, ἢ βοΐδας, unde βοΐδιον et κατὰ συναίρεσιν, βοίδιον τρισυλλάβως, ut notat Ulpianus. WOLF. Non inconcinne Vir doctissimus transduxit istud ἐννέα ad βοῦς, non ad θεωρούς. Certe abest a nonnullis Codd. et vehementer etiam displicuit Viro solerti, qui Italicum Cod. contulit: legit enim ille pro ἐννέα, ἕνεκα, puta, θεωρίας ἕνεκα, et proxime juxta Wolfii suspicionem, queritur, omissam fuisse a Scriba post ταχέων vocem θύσοντας. Porro, in Aldino exemplari deerat Δωδωναίῳ, quod cætera rite supplent. Minus feliciter Bodl. Κτησίῳ ἢ Νεμίῳ. Deinde, admonemur ab Italico annotatore, quosdam, quos non memorat, opinari legendum οἷς pro βοήσεις, quod quo modo fieri potuit, parum perspicit, divinat tamen, aliam varietatem lectionis posse indicari ista notula, nempe pro βοήσεις, βοήσοις. Quod ego minus perspicio. Procol dubio intelligendum est legere istos viros ὄϊς aut ὄϊας, nimirum, *boves novem, et bis tot oviculas.* Et nescio sane, annon hæc vera sit lectio. Solere enim aliquando sacra fieri duabus victimis, majore primum, deinde minore, *bove* nimirum illa, hac autem *ove*, atque hoc sacrificii genus vocari Ἐπίβοιον, docet Harpocratio. Ἐὰν δέ τις τῇ Ἀθηνᾷ θύῃ βοῦν, ἀναγκαῖόν ἐστι καὶ τῇ Πανδώρᾳ θύειν ὄϊν μετὰ βοὸς, καὶ ἐκαλεῖτο τὸ θῦμα ἐπίβοιον. Certe βοήσεις non legitur in Lexicis. TAYLOR. Nihil *transponendum* puto, si adhibeatur hæc distinctio: τῆς θεωρίας. αἱρετοὺς δὲ πέμπειν κελεύει θεωροὺς, ἐννέα (καὶ τούτους διὰ ταχέων) τῷ Διῒ τῷ Δωδωναίῳ ἀροτρεῖς βοῦς, καὶ πρὸς ἑκάστῳ δύο βοήσεις· τῇ δὲ Διώνῃ βοῦν etc. Si poneτράπεζαν χαλκῆν. καὶ πρὸς, τὸ ἀνάθημα, ὃ ἀνέθηκεν ὁ δῆμος ὁ Ἀθηναίων.

ΕΤΕΡΑ.

Ὁ τοῦ Διὸς [1] σημαίνει ἐν Δωδώνῃ· Διονύσῳ [2] δημοτελῆ ἱερὰ τελεῖν, καὶ κρατῆρα κεράσαι, καὶ χοροὺς ἱστάναι· Ἀπόλλωνι ἀποτροπαίῳ βοῦν θῦσαι, καὶ στεφανηφορεῖν ἐλευθέρους καὶ δούλους, καὶ [3] ἐλινύειν μίαν ἡμέραν. Διῒ κτησίῳ βοῦν λευκόν.

ιϛ'. Εἰσὶν, ὦ ἄνδρες Ἀθηναῖοι, καὶ αὗται καὶ ἄλλαι
πολλαὶ μαντεῖαι [4] τῇ πόλει καλαὶ κἀγαθαί. τί οὖν ἐκ τού- 532
των ὑμᾶς ἐνθυμεῖσθαι δεῖ; ὅτι τὰς μὲν ἄλλας θυσίας τοῖς
ἐφ' ἑκάστης μαντείας προφαινομένοις θεοῖς προστάττουσι
θύειν, ἱστάναι δὲ χοροὺς, καὶ στεφανηφορεῖν κατὰ τὰ
πάτρια πρὸς ἁπάσαις [5] ἀεὶ ταῖς ἀφικνουμέναις μαντείαις

[1] σήμαιν' T. R. [2] δημοτελεῖ ἱερεῖον τέλειον T. R. [3] ἐλεεῖν θύειν μίαν T. [4] ἐν τῇ T. [5] Deest ἀεί. T.

retur καὶ ante ἐννέα, nulla de lectione fuisset dubitatio, sed frequenter omittitur copula, quando plures et diversæ res, ut in hoc loco, recensentur. Quod autem viri docti, Wolfius atque Italus, suspicantur deesse θύειν vel θύσοντας ante τῷ Διῒ, in eo falluntur, prout ex sequentibus patet. Licet enim recte dicatur θύειν τῷ Διῒ βοῦς, et τῇ Διώνῃ βοῦν καὶ ἄλλα ἱερεῖα, nemo tamen, opinor, dicit θύειν τράπεζαν χαλκῆν et τὸ ἀνάθημα. Nihil igitur hic deest, sed verbum πέμπειν singulis applicandum est, πέμπειν βοῦς, καὶ ἱερεῖα, καὶ τράπεζαν, καὶ τὸ ἀνάθημα. MARKLAND. Post βοῦς addo ἐννέα: pro βοήσεις lego ὄϊς aut ὄϊας, *oviculas*. Post χαλκῆν tollo punctum, deleo καὶ, item virgulam post πρός. AUGER.

Ὃ ἀνέθηκεν] F. ἀντὶ τοῦ ηὔξατο ἀναθήσειν. Cur enim jam dicatum denuo dicetur? WOLF.

Σήμαιν'] Σημαίνει Ital. Lambin. Hic proxime δημοτελεῖν ἱερεῖον τέλειον. Recte. TAYLOR.

Καὶ ἐλεεῖν] Dubito de lectione, sed emendationis conjecturis destituor. WOLF.

Διῒ Κτησίῳ] Vide, quæ scripsit de Jove Ctesio Cl. Mattaerius ad Inscriptionem II. in Appendice ad Marm. Oxon. Lond. 1733.

ΔΙΟΣ ΚΤΗΣΙΟΥ
ΔΙΟΣ ΚΑΠΕΤΩΛΙΟΥ
ΡΩΜΗΣ
ΑΓΑΘΟΥ ΔΑΙΜΟΝΟΣ.

Jupiter Κτήσιος erat Athenis Icuncula, ex Diis Penatibus una, πλουτοδότης, ideoque in Cella penuaria, ἐν τῷ ταμείῳ, collocata. Egregius est locus Isæi de Cironis hæreditate, ideoque exscribam: Οὐδέποτε θυσίαν ἄνευ ἡμῶν οὐδεμίαν ἐποίησεν, ἀλλ' εἴτε μικρὰ, εἴτε μεγάλα θύοι, πανταχοῦ παρῆμεν ἡμεῖς, καὶ συνεθύομεν. καὶ οὐ μόνον εἰς τὰ τοιαῦτα παρεκαλούμεθα, ἀλλὰ καὶ εἰς Διονύσια εἰς ἀγρὸν ἦγεν ἀεὶ ἡμᾶς· καὶ μετ' ἐκείνου τε ἐθεωροῦμεν καθήμενοι παρ' αὐτὸν, καὶ τὰς ἑορτὰς ἤγομεν παρ' ἐκεῖνον πάσας, τῷ Διῒ τε θύων τῷ Κτησίῳ, περὶ ἣν μάλιστ' ἐκεῖνος θυσίαν ἐσπούδαζε—καὶ ηὔχετο ἡμῖν ὑγίειαν διδόναι καὶ κτῆσιν ἀγαθήν. [v. Antiph. 113. 12. 22. Maussac. ad Harp. p. not. 54. 205.] Hinc satis apparet, quam negligenter a Wolfio versum *opulento Jovi*. Admonere potuit illud Callimachi Hym. I. 91.

Χαῖρε μέγα, Κρονίδη πανυπέρτατε, δῶτορ ἐάων.

TAYLOR.

De Jove Κτησίῳ tantum ex Harpocratione et Suida afferre juvat: Κτήσιον Δία ἐν τοῖς ταμείοις ἵδρυντο, ὡς πλουτοδότην. SPALDING.

ιϛ'. Προστάττουσι] Qui sint, qui jubeant? recte quæras. Respondet Augerus: οἱ θεοί. Ceteri interpretes ne hæsisse quidem videntur. Equidem mihi persuadeo subjectum esse ipsas μαντείας. Est ea forma insolentior, sed quam hujus tamen loci esse dixerim. Multum refert utrius generis facias, quod antecedit ἐκ τούτων, neutrius an feminini. Si feminini, quod nexus suadet, subjectum erunt μαντεῖαι. Durissimum in hac ratione videatur, quod μαντεῖαι dicuntur ἐφ' ἑκάστης "μαντείας" πρὸς ἁπάσαις "μαντείαις" προσαναιρεῖν. Quid si ex glossa irrepserunt signata verba? Expunctis illis, etsi subaudiendis, aliquanto molliorem fieri orationem putem. IDEM.

Πρὸς] Hic pro ἐν. AUGER.

προσαναιροῦσιν ὑμῖν. οἱ τοίνυν χοροὶ πάντες οἱ γιγνόμενοι καὶ οἱ χορηγοὶ δῆλον ὅτι τὰς μὲν ἡμέρας ἐκείνας, ἃς συνερχόμεθα ἐπὶ τὸν ἀγῶνα κατὰ τὰς μαντείας ταύτας, [1] ὑπὲρ αὐτῶν στεφανούμεθα, ὁμοίως ὅ τε μέλλων νικᾷν, καὶ ὁ πάντων ὕστατος γενήσεσθαι· τὴν δὲ τῶν ἐπινικίων, ὑπὲρ αὑτοῦ τότ' ἤδη στεφανοῦται ὁ νικων. τὸν οὖν εἴς τινα τούτων τῶν χορευτῶν, ἢ τῶν χορηγῶν, ὑβρίζοντα ἐπ' ἔχθρᾳ, καὶ ταῦτ' ἐν αὐτῷ τῷ ἀγῶνι καὶ ἐν τῷ τοῦ θεοῦ ἱερῷ, ὅτον ἄλλο τι, πλὴν ἀσεβεῖν, φήσομεν; καὶ μὴν ἴστε γε τοῦθ', ὅτι, βουλόμενοι μηδένα ἀγωνίζεσθαι ξένον, οὐκ ἐδώκατε ἁπλῶς τῶν χορηγῶν οὐδενὶ, προσκαλέσαντι τοὺς χο-

[1] περὶ αὐτῶν T. περὶ αὐτῶν R.

Οἱ χορηγοὶ] Nominativi hi, quo referantur, non habent, aut non habere videntur certe. Reiskiana emendatio, οἱ mutans in εἰ, inferens ἱεροὶ post τοίνυν, incidens post γιγν. et δῆλον ὅτι in unum conflans δηλονότι, et satis est lenis et sensum habet facilem; sed sequentia, quæ interpungendo dirimit ab antecedentibus, confragosa reddit et parum concinna. Illud in margine Paris: δηλοῦσι pro δῆλον, et auctore caret, et præsidii nihil affert. Quare cum H. Wolfio, in versione, jungo hos nominativos primæ personæ, quæ est in στεφανούμεθα. Absolutos etiam non male interpreteris eos, hoc sensu: Quod igitur ad nos attinet, qui choros efficimus et choregi sumus, &c. SPALDING.

Δῆλον] Δηλοῦσι marg. Par. f. δῆλοί εἰσι. Sed tum pro στεφανούμεθα legetur στεφανούμενοι. WOLF.

Περὶ αὐτῶν] Solito errore περὶ pro ὑπέρ. Hoc legit Scholiastes, qui et optime interpretatur, ὑπὲρ αὐτῶν, τῶν Θεῶν δηλονότι ἁπάντων. Idque apparet ex iis, quæ proxime v. 6. infert: τὸν οὖν εἴς τινα τῶν χορευτῶν ὑβρίζοντα ἄλλο τι πλὴν ἀσεβεῖν φήσομεν; Minus recte igitur Baroc. et Fel. ὑπὲρ ὑμῶν, quemadmodum conjecerat atque interpretatur Wolfius, et ὑπὲρ ὑμῶν αὐτῶν, ut legunt Obsop. et Manut. Memineris porro, ὑπὲρ scribi in Ald. Ven. Aug. et Regg. β. ε. ὑπὲρ ἡμῶν αὐτῶν ἐστεφανούμεθα Vindob. TAYLOR.

Ὑπὲρ] Ὑπὲρ pro περὶ scripsi cum pluribus MSS. αὐτῶν ab aliis alio trahitur. Mihi Augerus suam rationem maxime probat, qua *oracula* ipsa respici existimat. Quid enim simplicius, quam pronomen referri ad proximum nomen? Est quidem quod offendatur lector in ea forma: ὑπὲρ τῶν μαντειῶν στεφανοῦσθαι, pro qua expectes: διὰ τὰς μαντείας στεφ., sed apparet causa variandæ structuræ. Concinnitas jubebat similem formam opponi sequentibus iis: ὑπὲρ αὑτοῦ. Sententiam autem et argumentationis vim optime exponit Ulpianus: Ἀντίπιπτον (quod objiciat aliquis) ἔλυσεν (refellit)· ὅτι οὐ διὰ τὰς μαντείας, ἀλλὰ διὰ τὴν νίκην τὴν ἰδίαν, περιέκειτο τὸν στέφανον. ὁ δέ φησιν ὅτι ὁ μὲν νικήσας δι' αὑτὸν στεφανοῦται, ὁ δὲ πρὸ τοῦ ἀγῶνος ἐστεφανωμένος κατὰ τὰς μαντείας ἐστεφάνωται. Apparet ex hoc scholio, non eundem ejus auctorem esse atque eum, qui ὑπὲρ αὐτῶν exposuerat: τῶν θεῶν δηλονότι ἁπάντων, quæ interpretatio mihi non æque placet ac Tayloro. Superest alia difficultatis et ambiguitatis medela, audacior illa, sed quæ defendi possit. Quid si ὑπὲρ αὐτῶν mera est glossa? Hinc fortasse varietates illæ, περὶ, ὑπὲρ, αὐτῶν, ὑμῶν. Tunc interpunge hoc modo: συνερχόμεθα ἐπὶ τὸν ἀγῶνα, κατὰ τὰς μαντείας ταύτας στεφανούμεθα. Ulpianus potest videri repetiisse ipsa hæc verba: κατὰ τὰς μαντ. ἐστεφάνωται. SPALDING.

Τὴν δὲ τῶν ἐπινικίων] Wolfius non recte hæc cepit: *qui parta victoria sacrificat.* Per τὴν τῶν ἐπινικίων intelligo *diem* victoriæ celebrandæ, et respondet superioribus, τὰς μὲν ἡμέρας ἐκείνας etc. pro Diis coronamur, τὴν δὲ τῶν ἐπινικίων, victor pro seipso. Vidit præstantissimus Ferrus: *El giorno della festa della vittoria per se medesimo alhora* s' *incorona il vincitore.* Vide, si vacat, quæ olim scripsimus ad Lysiæ orat. c. Alcibiad. ineuntem, p. 517. Not. 4. TAYLOR.

Τούτων] F. del. AUGER.

Προσκαλέσαντι] Scil. πρὸς τὸν ἄρχοντα; quod infra p. 50. v. 8. plene affertur, προσκαλέσασθαι πρὸς τὸν ἄρχοντα. Unde exρευτὰς σκοπεῖν, ἀλλ' ἐὰν μὲν καλέσῃ, πεντήκοντα δραχμὰς, ἐὰν δὲ καθίζεσθαι κελεύσῃ, χιλίας ἀποτίνειν ἐτάξατε. τίνος ἕνεκα; ὅπως μὴ τὸν ἐστεφανωμένον καὶ λειτουργοῦντα τῷ θεῷ ταύτην τὴν ἡμέραν καλῇ, μηδ' ἐπηρεάζῃ, μηδ' ὑβρίζῃ μηδεὶς ἐξεπίτηδες. εἶτα, τὸν μὲν χορευτὴν οὐδ', ὁ προσκαλέσας, κατὰ τὸν νόμον, ἀζήμιος ἔσται· τὸν δὲ χορηγὸν [1] [αὐτὸν] οὐδ' ὁ συγκόψας, παρὰ πάντας τοὺς νόμους, οὕτω φανερῶς, οὐ δώσει δίκην; ἀλλὰ μὴν,

[1] Absunt unci. T. R.

plicantur ista, quæ sequuntur: ἀλλ' ἐὰν μὲν καλέσῃ (nempe πρὸς τὸν ἄρχοντα) πεντήκοντα δραχμάς· ἐὰν δὲ (καὶ τὸν ἄρχοντα) καθίζεσθαι κελεύσῃ, χιλίας ἀποτίνειν ἐτάξατε. Hoc est, *simpliciter* citare aliquem a Choro, ut appareret coram τῷ ἄρχοντι, puniebatur mulcta L drachmarum: si vero qui hoc fecerat, rem urgebat et persistebat, ita ut cogeret ἄρχοντα καθίζεσθαι, *pro tribunali sedere*, de causa cogniturum, mille drachmis hoc delictum æstimabatur. MARKLAND. Ego tamen aliter explico: *Si choragus aliquem in jus vocaverit, de peregrinitate hominis experturus, mulcta erat L drachmæ: sin autem causa indicta, et sua solummodo auctoritate fretus, e choro deturbaverit et inter spectatores sedere jusserit*, καθίζεσθαι κελεύσῃ· (id quod non sine vi et contumelia fieri potuit) M *pendito*. Et hæc est mens Scholiastæ non uno in loco: ἐὰν κελεύσῃ αὐτὸν ἀπελθόντα εἰς τὸ πλῆθος καθέζεσθαι, ὡς ξένον, χιλίας διδόναι. Iterum: οἷον οὐ βιαίως ἀποσπάσει μὲν ἀπὸ τοῦ χοροῦ, θεωρεῖν δὲ καὶ μετὰ τῶν ἄλλων καθέζεσθαι ἀναγκάσει. TAYLOR.

Καλέσῃ] Nempe μεταξὺ χορευόντας, ὄντας ἐν θεάτρῳ.—Καθίζεσθαι, *sedere*, nempe, recedere de theatro et inter vulgus spectantium sedere. AUGER.

Ἐτάξατε] Lex erat, quæ peregrinos inter chorum versari vetaret. Non tamen ea potestatem dabat chorego, *ubicunque* inveniret hominem peregrinitatis nomine suspectum (ἁπλῶς), cum, explorandi causa, ad archontem vocandi (προσκαλέσαντι σκοπεῖν). Si, inter saltandum (μεταξὺ χορεύοντα, hoc enim utique supplendum mente, ut ratio legis et consensus cum altera appareat), in jus vocasset, L drachmas pendere cogebatur, sin inter spectatores relegasset (καθίζεσθαι κελεύσῃ), M. SPALDING.

Κατὰ τὸν νόμον] *Qui actorem citarit, lege indemnis non erit*. Wolfius. Pessime tamen. Lex erat Athenis, ξένον μὴ χορηγεῖν, verum huic negotio se inserere volentem, vel hoc negotio defunctum in jus vocare. Erat tamen altera, ξένον μεταξὺ χορηγοῦντα μήτε καλεῖν μήτε ἐπηρεάζειν, propter coronæ, quam jam gestabat, religionem, loci temporisque solennitatem. Demosthenes igitur κακούργως, ut ait Ulpianus, prioris legis adminiculo utitur, ut clarior esset antithesis et oppositio. Si ille, qui *actorem lege citaverit* (nam lege quidem potuit, sed priori, sed generaliter, non μεταξὺ χορηγοῦντα) condemnabitur: qui *ædilem ipsum* contra *omnes leges conciderit*, ille pœnas non dabit? Astute quidem hoc et κακούργως. Nam peregrinum *coronatum et sacris operantem* citare adeo erat legibus interdictum, ac ædilem ipsum pulsare. TAYLOR. Sensus est: *ne is quidem, qui legitime citarit, indemnis erit*. Opponuntur enim τὸ κατὰ τὸν νόμον, et quod sequitur, παρὰ πάντας τοὺς νόμους. JURIN. Secundum illam legem, quæ peregrinos a choro arcebat. Sic ceperunt Jurinus, Taylorus et Augerus, Ulpiano duce. H. Wolfius et Reiskius κατὰ τὸν νόμον male jungunt τῷ: οὐκ ἀζήμιος ἔσται, quod erat referendum ad προσκαλέσας. Hic multa turbat in toto hoc loco. παρὰ (cujus lectionis nemo, ne ipse quidem, ullam mentionem fecerat) an κατὰ τ. ν. legas, nihil ait referre. At refert plurimum. Omnis perit concinnitas ni κ. τ. ν. opponatur sequenti illi: παρὰ πάντας τοὺς νόμους. Quam agnoscunt hic cum Ulpiano Taylorus et Augerus κακουργίαν Demosthenis, eam non magnam puto. "Ne id quidem, quod ceteroqui legitimum esset, in saltantem (χορευτὴν) licebat." Is sensus est, et verus ille, non κακοῦργος. SPALDING.

Αὐτὸν] Uncis inclusi pronomen, quod abest a Paris. α. Officit etiam concinnitati, cum supra ad χορευτὴν nihil additum sit. IDEM.

οὐδέν ἐστ' ὄφελος καλῶς καὶ φιλανθρώπως τοὺς νόμους
533 ὑπὲρ τῶν πολλῶν κεῖσθαι, εἰ τοῖς ἀπειθοῦσι καὶ βιαζομένοις αὐτοὺς ἡ παρ' ὑμῶν ὀργὴ, τῶν ἀεὶ κυρίων, μὴ γενήσεται.

ιζ'. Φέρε δὴ, πρὸς θεῶν, κἀκεῖνο σκέψασθε· παραιτήσομαι δ' ὑμᾶς μηδὲν ἀχθεσθῆναί μοι, ἐὰν ἐπὶ συμφοραῖς τινῶν γεγονότων [1] ὀνομαστὶ μνησθῶ. οὐ γὰρ ὀνειδίσαι μὰ τοὺς θεοὺς οὐδενὶ δυσχερὲς οὐδὲν βουλόμενος τοῦτο ποιήσω, ἀλλὰ δεῖξαι, τὸ βιάζεσθαι καὶ [2] τὸ ὑβρίζειν καὶ [2] τὸ τὰ τοιαῦτα ποιεῖν, ὡς ἅπαντες ὑμεῖς οἱ ἄλλοι φεύγετε· Σαννίων ἐστὶ δήπου τις ὁ τοὺς τραγικοὺς χοροὺς διδάσκων. οὗτος ἀστρατείας ἑάλω. καὶ κέχρηται συμφορᾷ. τοῦτον μετὰ τὴν ἀτυχίαν ταύτην ἐμισθώσατό τις φιλονεικῶν χορηγὸς τραγῳδῶν, οἶμαι, Θεοσδοτίδης. τὸ μὲν οὖν πρῶτον, ἠγανάκτουν οἱ ἀντιχορηγοὶ, καὶ κωλύσειν ἔφασαν. ὡς δ' ἐπληρώθη τὸ θέατρον, καὶ τὸν ὄχλον συνειλεγμένον εἶδον ἐπὶ τὸν ἀγῶνα, ὤκνησαν, εἴασαν, οὐδεὶς ἥψατο. ἀλλὰ τοσοῦτον [3] τῇ εὐσεβείᾳ ἐν ἑκάστῳ τις ἂν ὑμῶν ἴδοι [4] τὸ συγκεχωρηκὸς, ὥστε πάντα τὸν μετὰ ταῦτα χρόνον διδάσκει τοὺς χορούς, καὶ οὐδὲ τῶν ἰδίων ἐχθρῶν οὐδεὶς κωλύει. τοσοῦτ' ἀπέχει τῶν χορηγῶν [5] τις ἅψασθαι. ἄλλος ἐστὶν Ἀριστείδης Οἰνηΐδος φυλῆς, ἠτυχηκώς τι καὶ οὗτος τοιοῦ-

[1] ὀνόματι T. [2] Deest τό. T. [3] τῆς εὐσεβείας T. R. [4] Deest τό. T. [5] τινος T.

ιζ'. Ὀνομαστὶ] Hæc, pro ὀνόματι, egregia est Reiskii conjectura, eamque firmat antiqua illa manus in margine Aldinæ Exempli Berolinensis, ἐπὶ συμφοραῖς γεγονότες sunt ἠτιμωμένοι. Idem.

Ὀνειδίσαι] *Exprobrare* h. l. vertere hoc verbum meminerint tirones. Idem.

Οἱ ἀντιχορηγοὶ] Minus explicate vertitur a Wolfio: *ejus in ædilitate æmuli.* Ἀντιχορηγοὶ erant, qui cæteris tribubus invicem certaturis præficiebantur: ut pag. 51. v. 14. συμβῆναι Τισίαν — ἀντιχορηγῆσαι τῷ Διοκλεῖ. Taylor.

Ἀλλὰ τοσοῦτον κ. τ. λ.] Ἀλλὰ ἴδοι τις ἂν τοσοῦτον εὐσεβείας ἐν ἑκάστῳ ὑμῶν συγκεχωρηκὸς, τουτέστι συνεληλυθός. Τὸ συγκεχωρηκὸς τῆς εὐσεβείας, ἀντ' εὐλαβείας, ἢ συγχωρήσεως. περὶ τὴν εὐσέβειαν τοσαύτης, οὐκ ἀρέσκει, καίτοι οὐκ ἀγνοοῦντι τὸ συνειδὸς ἀντὶ συνειδήσεως λεγόμενον, καὶ ἄλλα τοιαῦτα. Wolf. Pro ἐν ἑκάστῳ legit quidam ἕνεκα. Τὸ συγκεχωρηκὸς Bar. Aug. et Ital. συγκεχωρηκὼς Reg. ε. *Ma tanta facilità per cagion della religione in* ciascuno *si potea vedere.* Italus. Taylor. Lego τῇ εὐσεβείᾳ — τὸ συγκεχωρηκὸς ὥστε etc. *Tantum quod cedit religioni, i. e. tantas religioni factas concessiones.* Participialia enim regunt verborum suorum casus: Συγχωρεῖν αὐτῷ §. μά. med. τοῖς νόμοις §. ιή. post med. Markland. Marklandi conjecturam, pro τῆς εὐσεβείας, in textum recipere non dûbitavi, ut lenem et sensu præstantem. Spalding. *Tanta pietatis facilitas.* Auger.

Τοσοῦτ' ἀπέχει] S. ἕκαστος ὑμῶν, ἢ τῶν ἐχθρῶν, ἅψασθαί τινος τῶν χορηγῶν. Wolf.

Τῶν χορηγῶν] Vide, annon præstet lectio Cod. Vindob. ἀπέχει τοῦ χορηγῶν τ. ἅ. Taylor. Servavi Reiskianam conjecturam, quam in textu posuit ipse, pro: τῶν χορηγῶν "τινος" ἅψ. Est enim lenissima. Spalding.

τον. ὃς νῦν μὲν καὶ γέρων ἐστὶν ἤδη, καὶ ἴσως ἥττων χο-
ρευτής. ἦν δέ ποθ' ἡγεμὼν τῆς φυλῆς κορυφαῖος. ἴστε δή-
που τοῦθ', ὅτι τὸν ἡγεμόνα ἂν [1]ἀφέληταί τις, οἴχεται ὁ
λοιπὸς χορός. ἀλλ' ὅμως πολλῶν χορηγῶν φιλονεικησάν-
των, οὐδεὶς πώποτε τοῦτ' εἶδε τὸ πλεονέκτημα, οὐδ' ἐτόλ-
μησε τοῦτον ἐξαγαγεῖν, οὐδὲ κωλῦσαι. διὰ γὰρ τὸ δεῖν
αὐτὸν, ἐπιλαβόμενον τῇ χειρὶ, τοῦτο ποιῆσαι, καὶ μὴ 534
προσκαλέσασθαι πρὸς τὸν ἄρχοντα ἐξεῖναι, ὥσπερ ἂν εἰ
ξένον τις ἐξαγαγεῖν ἠβούλετο, ἅπας τις ὤκνει τῆς ἀσελ-
γείας ταύτης αὐτόχειρ ὀφθῆναι γενόμενος.

ιή. Οὐκ οὖν δεινὸν, ὦ ἄνδρες δικασταὶ, καὶ σχέτλιον, τῶν μὲν νικᾷν [2]ἂν παρὰ τοῦτ' οἰομένων χορηγῶν, τῶν ἀνηλωκότων πολλάκις πάντα τὰ ὄντα εἰς τὰς λειτουργίας, μηδένα τολμῆσαι πώποτε, μηδ' ὧν οἱ νόμοι διδόασιν, ἅψα-

[1] ἀφέλῃ τις T.

[2] ἂν ταὐτὸν παρὰ T. ἂν [ταὐτὸν] παρὰ R.

Ἥττων] An ἧττον? Idem.

Κορυφαῖος] Video Reiskium jam dubitasse de hoc vocabulo (in Ind.) Scabram reddit orationem, nisi forte est adjectivum ad ἡγεμὼν pertinens, ut plures fuerint ἡγεμόνες. Tunc est tollendum comma post ἡγεμὼν, quod feci interim cum H. Wolfio. Idem.

Ἴστε δήπου] Forte ἴστε δὲ δήπου τοῦθ', vel ἀλλ' ἴστε δήπου etc. Sic §. κή. ἀλλ' ἴστε δήπου τοῦθ', ὅτι κ. τ. λ. Markland.

Οὐδεὶς πώποτε τοῦτ' εἶδε τὸ πλεονέκτημα] Wolfius: *nullus unquam prærogativam hanc animadvertit.* Magis ad sensum Demosthenis: *nemo unquam hanc vincendi occasionem animadvertit.* Jurin.

Εἶδε] Εἶχε Lamb. Taylor. Non sollicitandum credo hoc vocabulum: omniumque minime Lambini conjecturam admiserim: εἶχε. Parum accurate tamen vertisse mihi videntur H. Wolfius et Augerus τὸ οὐδεὶς εἶδε: *nemo animadvertit.* In ignorantia tum causa fuisset abstinendi ab injuria, non in religione. Est ἰδεῖν hic: *rationem habere, proponere sibi.* Sic ὁρᾷν in Epistola Dem. 3. p. 1478. ed. R. τί — οὐχ ἑώρα τὰ δίκαια ταῦτα; *quidni earum legum rationem habebat?* Spalding.

Προκαλέσασθαι] M. προσκαλέσασθαι. Wolf. Ita lege cum Codd. non προκαλέσασθαι cum Editt. Manut. et Paris. Taylor.

Αὐτόχειρ] Ὅρα ὅπως τὸ τῶν ἀνδροφόνων ὄνομα ἔθηκεν ἐπὶ τῶν ὑβριστῶν, ἐγγὺς ποιῶν τὸ πλημμέλημα παρὰ ταῦτα, εἰ ἐκβάλλει τοῦ χοροῦ τὸν διδάσκαλον. Sic scite Ulpianus. Spalding.

ιή. Οὐκ οὖν — φροντίζειν;] *Annon igitur.* Wolf. Ita melius cum Interrogatione ex mente Wolfii, quam absolute et categorice οὐκοῦν — φροντίζειν, juxta Edit. Benenati, etc. Taylor.

Νικᾷν ἂν ταὐτὸν] Τὸ ταὐτὸν videtur nihil facere ad sententiam. Wolf. Ταῦτα, τουτὶ et ταυτὶ alii. τῶν μὲν νικᾷν παρὰ τουτὶ Lambin. uti interpretatur Wolfius, atque Italus: *iquali per questa cosa sola pensano di poter vincere.* Inutile quidem est ταὐτὸν, et abesse potest cum optimis exemplaribus, Aug. et Bar. Recte hæc Wolfius: *in ea re positam esse victoriam putarent,* νικᾷν παρὰ τοῦτ' οἰομένων, *à cela pres.* Angl. *If it had not been for that.* Proxime v. ult. distinguas: μηδένα τολμῆσαι πώποτε, μηδ' ὧν οἱ νόμοι διδόασιν, ἅψασθαι. Taylor. ταὐτὸν del. vid. Auger. Ut expeditior esset tironibus lectio, omisi, in tali editione, vocem ταὐτὸν, quæ hic in edd. omnibus, itemque Codd., exceptis tribus, comparet. De iis, quæ in hac voce latere possint videri, Reiskius consulendus est, qui non aliena proponit. Ceterum quæ argutantur et hic et Taylorus in explicando παρὰ τοῦτ', ea, etsi vera per se, hujus loci non sunt. Non enim hic dicitur παρὰ eo sensu, quo in forma παρὰ μικρὸν, sed plane significat, *ob, propter.* Spalding.

Τῶν μὲν νικᾷν ἂν ταὐτὸν παρὰ τοῦτ' οἰομένων χορηγῶν] Legendum videtur τῶν μὲν νικᾷν ἂν ἑαυτοὺς etc. et ad hanc le-

σθαι, ἀλλ' οὕτως εὐλαβῶς, οὕτως εὐσεβῶς, οὕτω μετρίως διακεῖσθαι, ὥστε ἀναλίσκοντας, ἀγωνιῶντας, ὅμως ἀπέχεσθαι, καὶ προορᾶσθαι τὰς ὑμετέρας βουλήσεις, καὶ τὴν περὶ τὴν ἑορτὴν σπουδήν· Μειδίαν δὲ, ἰδιώτην ὄντα, μηδὲν ἀνηλωκότα, ὅτι τῳ προσέκρουσε, καὶ ἐχθρὸς ὑπῆρχε, τοῦτον ἀναλίσκοντα, χορηγοῦντα, ἐπίτιμον ὄντα, προπηλακίζειν καὶ τύπτειν, καὶ μήτε [1] τῆς ἑορτῆς, μήτε τῶν νόμων, μήτε τί ὑμεῖς ἐρεῖτε, μήτε τοῦ θεοῦ φροντίζειν. πολλῶν τοίνυν, ὦ ἄνδρες Ἀθηναῖοι, γεγενημένων ἐχθρῶν ἀλλήλοις, οὐ μόνον ἐξ ἰδίων, ἀλλὰ καὶ ἐκ κοινῶν πραγμάτων, οὐδεὶς πώποτε εἰς τοσοῦτ' ἀναιδείας ἀφίκετο, ὥστε τοιοῦτόν τι τολμῆσαι ποιεῖν. Καίτοι φασὶν Ἰφικράτην ποτὲ ἐκεῖνον Διοκλεῖ τῷ Πιτθεῖ τὰ μάλιστα ἐλθεῖν εἰς ἔχθραν. καὶ ἔτι πρὸς τούτῳ συμβῆναι, Τισίαν, τὸν Ἰφικράτους ἀδελφὸν, ἀντιχορηγῆσαι τῷ Διοκλεῖ. ἀλλ' ὅμως πολλοὺς μὲν ἔχων φίλους Ἰφικράτης, πολλὰ δὲ χρήματα κεκτημένος, φρονῶν δ' ἐφ' ἑαυτῷ τηλικοῦτον, ἡλίκον εἰκὸς ἄνδρα καὶ δόξης καὶ τιμῶν τετυχηκότα, ὧν ἐκεῖνος ἠξίωτο παρ' ὑμῶν,
535 οὐκ ἐβάδιζεν ἐπὶ τὰς τῶν χρυσοχόων οἰκίας νύκτωρ, οὐδὲ κατερρήγνυε τὰ παρασκευαζόμενα ἱμάτια εἰς τὴν ἑορτήν· οὐδὲ διέφθειρε διδάσκαλον, οὐδὲ [2] χορὸν μανθάνειν ἐκώλυεν, οὐδὲ τῶν ἄλλων οὐδὲν, ὧν οὗτος διεπράττετο, ἐποίει· ἀλλὰ τοῖς νόμοις καὶ τῇ τῶν ἄλλων βουλήσει συγχωρῶν, ἠνείχετο καὶ νικῶντα καὶ στεφανούμενον τὸν ἐχθρὸν ὁρῶν. εἰ-

[1] Deest articulus. T.

[2] τὸν χορὸν T.

ctionem accommodata est versio Wolfiana. JURIN.

Ἐπίτιμον] Τὸν τετιμημένον, ἢ τὸν πλούσιον, ἢ τὸν μὴ ἄτιμον. Scholium in Cod. Bavarico. Primum ferri potest, alterum nihili est, sed postremum unice verum judico. SPALDING.

Προπηλακίζειν] Vid. D'Orville Charit. Aphrod. Lib. IV. cap. II. p. 369.

Πιτθεῖ] Id mavult Wolfius et Lambinus. Πιθεῖ MSS. quamplurimi, quæ vera est lectio, si Stephano Byzantino et Interpretibus ad Hesiodum fides haberi possit. Sed verissimam esse confirmat Marmor:

ΑΙΞΟΝΕΙΣ
ΣΤΕΦΗΦΟΡΟΥ
ΑΓΝΟΣ ΣΤΕΦΗΦΟΡΟΥ
ΟΝΗΣΙΜΟΣ ΣΤΕΦΗ
ΦΟΡΟΥ
ΕΡΜΕΙΑΣ
ΕΡΜΕΙΑΣ
ΕΡΜΟΓΕΝΗΣ ΕΡΜΕΙΟΥ
ΠΙΘΕΙΣ
ΗΛΙΟΔΩΡ · · ΗΜΟ
ΔΩΡΟΥ
ΕΠΙ ΚΛ . . . . .
ΕΥΧΑΡΙΣΤΟΣ
ΓΡΑΜΜΑΤΕΥΣ ΒΟΥ
ΛΕΥΤΩΝ ΣΤΡΑ
ΤΩΝ ΟΛΥΜΠΙΟΥ ΜΕΛΙΤΕΥΣ.

TAYLOR.

Debebam obsequi Tayloro in scribendo nomine gentili Πιθεῖ, non Πιτθεῖ. Rem conficit Marmor quod ad partes vocat ille, itemque Stephanus Byzantinus, hæc κότως. ἐν ᾗ γὰρ αὐτὸς εὐδαίμων ἤδει γεγονὼς πολιτείᾳ, ταύτῃ συγχωρεῖν τὰ τοιαῦτα ἠξίου. πάλιν Φιλόστρατον ἅπαντες ἴσμεν τὸν Κολωνῆθεν, Χαβρίου κατηγοροῦντα, ὅτ᾽ ἐκρίνετο τὴν περὶ Ὠρωποῦ κρίσιν θανάτου, καὶ πάντων τῶν κατηγόρων πικρότατον [1]γεγενημένον, [2]καὶ μετὰ ταῦτα χορηγοῦντα παισὶ Διονύσια, καὶ νικῶντα, [3]Χαβρίαν οὔτε τύπτοντα, οὔτε ἀφαρπάζοντα τὸν στέφανον, οὐδ᾽ ὅλως προσιόντα ὅποι μὴ προσῆκεν αὐτῷ. πολλοὺς δ᾽ ἂν ἔχων εἰπεῖν ἔτι, καὶ διὰ πολλὰς προφάσεις, ἐχθροὺς γεγενημένους ἀλλήλοις, οὐδένα πώποτε οὔτε ἀκήκοα, οὔτε ἑώρακα, ὅστις εἰς τοσοῦτον ἐλήλυθεν ὕβρεως, ὥστε τοιοῦτόν τι ποιεῖν.

[1] γιγνόμενον T. [2] [καὶ] R. [3] καὶ Χαβρίαν T. [καὶ] X. R.

dicens: Πίθος, ὁμωνύμως τῷ ἀγγείῳ, δῆμος τῆς Κεκροπίδος φυλῆς. SPALDING.

Ταύτῃ] Ita restituit Wolfius contra Editt. omnes, quæ ταύτην exhibent. Et recte. Cum Wolfio faciunt Vindob. Baroc. et Regg. α. β. TAYLOR. ἐν ταύτῃ. AUGER.

Φιλόστρατον] Plutarchus in vita Demosthenis habet: Καλλιστράτου τοῦ ῥήτορος ἀγωνίζεσθαι τὴν περὶ Ὠρωποῦ κρίσιν ἐν τῷ δικαστηρίῳ μέλλοντος. Sed ut hic præcipuus fuerit Accusator, fieri potest, ut Philostratus quispiam Subscriptor fuerit, aut τὴν δευτερολογίαν habuerit. WOLF. Non habuit, unde pertimesceret Wolfius, permisceri hic Philostratum cum Callistrato Oratore. Nam sive causa illa, quam egit Callistratus, fuerit de finibus regundis, Oropum civitatem conterminam Thebanis hinc, Atheniensibus inde vendicantibus; sive, ut verba Plutarchi potius suadent, reus in ea actione Callistratus causam capitis dixerit; neutra quæstio spectare potest judicium, ad quod alludit noster in hac oratione, ubi *accusabat* Philostratus *reumque peragebat* Chabriam. Præterea Callistratus ille, si qua fides Plutarcho in Oratt. vitis, domo erat Ἀφιδναῖος, Philostratus hic Κολωνῆθεν, atque idem esse videtur cum eo, quem memorat Demosthenes c. Neæram. TAYLOR.

Ὠρωποῦ] Thebani, quibus opem ferre contra Lacedæmonios jusserat cives Chabrias, Oropum, finitimum sibi oppidum, servati Atheniensibus reddere noluerunt, unde accusatus est hic tanquam conscius et socius injuriæ. Non video, quare Taylorus neget τὴν περὶ Ὠρωποῦ κρίσιν esse posse causam illam, quam orantem audiens Callistratum, eloquentiæ amore primum exarsit Demosthenes. v. Plut. §. ϛ. p. ccxl. vol. I. (non solum Pseudo-Plut. p. ccxc. vol. I. ut laudat summus Ruhnkenius, Histor. Orr. Græcc. p. 59. Ille non memorat causam, etsi rem narrans), et Gell. 3. 13. Eam ipsam Chabriæ causam fuisse illam, qua oranda Demosthenem ad eloquentiam colendam excitaverit Callistratus, diserte defendit Henr. Valesius ad Ammianum Marcellinum, P. (Annotationum) 403. Quare autem inter *accusatores* potissimum Chabriæ fuisse Callistratus videatur Valesio, equidem non dixerim. Suidas ὑπὲρ Ὠρωπίων dixisse Callistratum ait, in voce Ὠρωπία. SPALDING.

Νικῶντα] In omnibus et Codd. et edd. subjicitur hic καὶ, quod, uncis inclusum a Reiskio, expunximus, sensu jubente. Dicat aliquis vocabulum natum e compendio articuli, τὸν, male intellecto. Non eadem ratio mihi esse videtur superioris καὶ, post γεγενημένον, quod uncis itidem notavit Reiskius. Nimirum trahebat ille χορηγοῦντα ad Χαβρίαν, quasi is fuisset χορηγῶν. Id secus mihi videtur. Ἐχορήγει, ἐνίκα ὁ Φιλόστρατος; at enim οὔτε ἔτυπτεν, οὔτε κ. τ. λ. ὁ Χαβρίας. Non igitur pendent accusativi illi: Φιλόστρατον — — νικῶντα ab ἴσμεν sed a τύπτοντα, quod ipsum regitur ab ἴσμεν. Magis etiam consentaneum est, ut ante Iphicratis, ita hic Chabriæ, pariter clari ducis, moderationem, erga choregum inimicum, Midiano furori esse oppositam. Sic cepisse Ulpianus quoque videtur. Verterunt ita H. Wolfius et Augerus. IDEM.

ιθ'. Οὐδέ γε ἐκεῖνο οὐδεὶς ὑμῶν οἶδ' ὅτι [1]μνημονεύει πρότερον τῶν ἐπὶ τοῖς ἰδίοις, ἢ καὶ τοῖς κοινοῖς, ἐχθρῶν ἀλλήλοις γενομένων οὐδένα, οὔτε, καλουμένων τῶν κριτῶν, παρεστηκότα, οὔθ', ὅταν ὀμνύωσιν, ἐξορκοῦντα, οὔθ' ὅλως ἐπ' οὐδενὶ τῶν τοιούτων ἐχθρὸν ἐξεταζόμενον· ταῦτα γὰρ πάντα καὶ τὰ τοιαῦτα, ὦ ἄνδρες Ἀθηναῖοι, φιλονεικίᾳ μὲν ὑπαχθέντα, χορηγὸν [2]ὄντα, ποιεῖν, ἔχει τινὰ συγγνώμην. ἔχθρᾳ δὲ, ἐλαύνοντά τινα, ἐκ προαιρέσεως, ἐφ' ἅπασι, καὶ τὴν ἰδίαν δύναμιν καὶ βίαν [3]κρείττω τῶν νόμων οὖσαν
536 ἐνδεικνύμενον, Ἡράκλεις, βαρὺ καὶ οὐχὶ δίκαιόν ἐστιν, οὐδὲ συμφέρον ὑμῖν. εἰ γὰρ ἑκάστῳ τῶν χορηγούντων τοῦτο πρόδηλον γένοιτο, ὅτι, ἂν ὁ δεῖνα ἐχθρὸς ᾖ μοι, Μειδίας, ἤ τις ἄλλος θρασὺς οὕτω [4]καὶ πλούσιος, πρῶτον μὲν ἀφαιρεθήσομαι τὴν νίκην, κἂν ἄμεινον ἀγωνίσωμαί τινος· ἔπειτ' ἐφ' ἅπασιν ἐλαττωθήσομαι καὶ προπηλακιζόμενος διατελέσω· τίς οὕτως ἀλόγιστος, ἤ τις οὕτως ἄθλιός ἐστιν, ὅστις ἑκὼν ἂν μίαν δραχμὴν ἐθελήσειεν ἀναλῶσαι; οὐδεὶς δήπου. ἀλλ', οἶμαι, τὸ πάντας ποιοῦν καὶ φιλοτιμεῖσθαι, καὶ ἀναλίσκειν ἐθέλειν, ἐκεῖνό ἐστιν, ὅτι τῶν ἴσων καὶ τῶν δικαίων ἕκαστος ἡγεῖται ἑαυτῷ μετεῖναι ἐν δημοκρατίᾳ. ἐγὼ τοίνυν, ὦ ἄνδρες Ἀθηναῖοι, τούτων οὐκ ἔτυχον διὰ τοῦτον. ἀλλὰ, χωρὶς ὧν ὑβρίσθην, καὶ τῆς νίκης προσαπεστερήθην. καίτοι πᾶσιν ὑμῖν τοῦτο δείξω σαφῶς ἔγωγε, ὅτι μηδὲν ἀσελγὲς ἐξῆν ποιοῦντι Μειδίᾳ, μηδ' ὑβρίζοντι, μηδὲ τύπτοντι, καὶ λυπεῖν ἐμὲ, καὶ κατὰ τοὺς νόμους

[1] μνημονεύει τῶν πρότερον ἐπὶ R. [2] ὄντα χορηγὸν T. [3] κρείττω καὶ βίαν T. [4] καὶ οὕτω T. R.

ιθ'. Μνημονεύει] Non vidi necessitatem invertendi cum Reiskio duo hæc vocabula πρότερον τῶν, contra omnes Codd. Mollior potest haberi oratio τῷ πρότερον post τῶν collocato, sed sensum non magis impedit, si adverbium πρότ. trahas ad παρεστηκότα, quam si ad γενομένων referas. Pro οὐδένα expectet tiro τινὰ, sed illud cum οὐδὲ usitatam Græcis facit negationis geminationem. IDEM.

Ἐξορκοῦντα] Ἐξωτακουστοῦντα marg. Benenati. Si stet vulgata lectio, explicari fortasse potest ab iis, quæ leguntur in Argumento posteriore, p. 16. v. 5. ὅτι ὀμνυόντων τῶν κριτῶν τῷ καλῶς ᾄσαντι δοῦναι τὴν νίκην, νύττων αὐτοὺς ὁ Μειδίας ἔλεγε, πλὴν Δημοσθένους. TAYLOR. Huc bene refert Taylorus, quæ memorat auctor argumenti uberioris. Poterat, per irrisionem, dici Midias ἐξορκοῦν h. e. præire verba jurisjurandi, dum prævaricandi admonebat disceptatores. SPALDING.

Οὕτω καὶ] Ex auctoritate Aug. pr. et Bav. Codd. anteverti οὕτω τῷ καί. IDEM.

Χωρὶς] Χορηγὸς Baroc. a manu secunda, et scribi potuit ἀλλὰ χορηγὸς ὢν ὑβρίσθην, καὶ τῆς νίκης προσαπεστερήθην. Verum vulgata sine dubio recte se habent. TAYLOR.

[1]αὐτῷ φιλοτιμεῖσθαι πρὸς ὑμᾶς, καὶ μηδὲ [2]διᾶραι τὸ στόμα περὶ αὐτοῦ νῦν ἔχειν ἐμέ.

κʹ. Ἐχρῆν γὰρ αὐτὸν, ὦ ἄνδρες Ἀθηναῖοι, ὅτ' ἐγὼ τῆς Πανδιονίδος χορηγὸς ὑπέστην ἐν τῷ δήμῳ, τότε τῆς Ἐρεχθηΐδος ἀναστάντα, τῆς ἑαυτοῦ φυλῆς, ἀνθυποστῆναι· [3]καὶ τὰ ὄντα ἀναλίσκοντα, ὥσπερ ἐγὼ, οὕτω με ἀφαιρεῖσθαι τὴν νίκην· ὑβρίζειν δὲ τοιαῦτα, καὶ τύπτειν, οὐδὲ τότε. νῦν δὲ τοῦτο μὲν οὐκ ἐποίησεν, ἐν ᾧ τὸν δῆμον ἐτίμησεν ἂν, οὐδ' ἐνεανιεύσατο τοιοῦτον οὐδέν· ἐμοὶ δ', ὃς — εἴτε τις, ὦ ἄνδρες Ἀθηναῖοι, βούλεται νομίσαι [4]μανίᾳ· μανία γὰρ ἴσως ἐστὶν, ὑπὲρ δύναμίν τι ποιεῖν· εἴτε καὶ [5]φιλοτιμίᾳ — χορηγὸς ὑπέστην, οὕτω φανερῶς καὶ μιαρῶς ἐπη- 537
ρεάζων παρηκολούθησεν, ὥστε [6]μηδὲ τοῦ χοροῦ, μηδὲ τοῦ σώματος τὼ χεῖρε τελευτῶν ἀποσχέσθαι μου. εἰ τοίνυν τις ὑμῶν, ὦ ἄνδρες Ἀθηναῖοι, ἄλλως πως ἔχει τὴν ὀργὴν ἐπὶ Μειδίαν, [7][ἢ] ὡς [8]οὐ δέον αὐτὸν τεθνάναι, οὐκ ὀρθῶς ἔχει. οὐ γάρ ἐστι δίκαιον, οὐδὲ προσῆκον, τὴν τοῦ παθόντος εὐλάβειαν τῷ μηδὲν ὑποστειλαμένῳ πρὸς ὕβριν, μερίδα εἰς σωτηρίαν ὑπάρχειν. ἀλλὰ τὸν μὲν, ὡς ἁπάντων τῶν ἀνηκέστων αἴτιον, κολάζειν προσήκει· τῷ δ' ἐπὶ τοῦ βοηθεῖν ἀποδιδόναι τὴν χάριν.

κάʹ. Οὐδὲ γὰρ αὖ τοῦτ' ἔστιν εἰπεῖν, ὡς, οὐ γεγενη-

[1] αὐτῷ T. [2] διᾶραι T. [3] καὶ καταστήσανθ' ἑαυτὸν ἐξίσου, καὶ ἀναλ. T. R. [4] μανίαν T. [5] φιλοτιμίαν T. [6] μηδὲ τῶν ἱερῶν ἱματίων, μηδὲ τοῦ χοροῦ T. R. [7] Absunt unci. T. R. [8] [οὐ] δ. αὐτ. τεθνᾶναι R.

κʹ. Ὡς οὐ] Codd. οὐ, quod Reiskius uncis notavit, retinent omnes. Si quid liceret proscribere, ejicerem equidem ἤ. Videtur id infertum esse ab eo, qui formam illam τοῦ ὡς cum accusativo participii, ignoraret, de qua v. p. 34. Not. Si servatur, *vel* verti debet. ἄλλως πως apud Dem. videtur idem esse atque ἄλλως solum; *temere, negligenter.* γιγώσκει, quod habet Aug. pr. et corrector Lessingianus, si est loco τοῦ ἔχει, tunc equidem non dixerim, quid sit γινώσκειν τὴν ὀργήν. Quid autem si inseritur post ἤ? Fateor etiam tum residere scrupulum in illo iterato ἔχει, quod, nullo intercedente alio verbo, aptius refertur ad superius ὀργὴν ἔχει; posset tamen esse noto sensu: *non recte se habet.* SPALDING.

Εὐλάβειαν] Ego pariter ac Reiskius hiare argumentationem hanc puto, nisi forte antecesserit mentio suæ moderationis, qua non ultus sit aggressorem. Monet Buttmannus, verba, quæ exciderunt, esse ea fortasse, quæ Ulpianus habet in commentario, et post τεθνάναι esse scribendum: διὰ τὸ μηδὲν ἀνήκεστον γενέσθαι. IDEM.

Τῷ μηδὲν ὑποστειλαμένῳ πρὸς ὕβριν] *Ei qui nihil remisit* conatus, *quo minus contumeliosus esset.* Est autem ὑποστέλλεσθαι *vires remittere,* hoc est, *non acriter, non omni conatu agere,* et *consulto vinci, parique cedere.* quod etiam ὑφίεσθαι dicitur, ut qui gratificandi gratia et obsequendi contentionem remittunt. *Ex edit.* HERVAG.

Ἐπὶ τοῦ βοηθεῖν] F. pro τῷ βοηθεῖν, *adjuvando.* WOLF.

Τῷ δ' ἐπὶ τοῦ βοηθεῖν ἀποδιδόναι τὴν χάριν] Wolfius: *accusatori vero promte opem ferendo, gratiam referri decet.* Melius abesset τὸ *promte.* JURIN.

μένου πώποτ' οὐδενὸς ἐκ τῶν τοιούτων δεινοῦ, τῷ λόγῳ τὸ πρᾶγμα ἐγὼ νῦν αἴρω, καὶ φοβερὸν ποιῶ. πολλοῦ γε καὶ δεῖ. ἀλλ' ἴσασιν ἅπαντες· εἰ δὲ μὴ, πολλοί γε· [1] Εὔθυνον, τὸν παλαίσαντά ποτ', ἐκεῖνον, τὸν νεανίσκον, [2] Σώφιλον, τὸν παγκρατιαστὴν, — ἰσχυρός τις ἦν, μέλας, εὖ οἶδ' ὅτι γιγνώσκουσί τινες ὑμῶν, ὃν λέγω —, τοῦτον ἐν Σάμῳ ἐν συνουσίᾳ τινὶ καὶ διατριβῇ [1] [οὕτως] ἰδίᾳ, ὅτι ὁ τύπτων αὐτὸν ὑβρίζειν ᾤετο, ἀμυνάμενον οὕτως, ὥστε καὶ ἀποκτεῖναι. ἴσασιν Εὐαίωνα πολλοὶ, τὸν Λεωδάμαντος ἀδελφὸν, ἀποκτείναντα Βοιωτὸν ἐν δείπνῳ, καὶ συνόδῳ κοινῇ, διὰ πληγὴν μίαν. οὐ γὰρ ἡ πληγὴ παρέστησε τὴν ὀργὴν, ἀλλ' ἡ ἀτιμία· οὐδὲ τὸ τύπτεσθαι τοῖς ἐλευθέροις ἐστὶ δεινὸν, καίπερ ὂν δεινὸν, ἀλλὰ τὸ ἐφ' ὕβρει· Πολλὰ γὰρ ἂν ποιή-

[1] Εὔθυμον R. [2] καὶ Σώφιλον T. [3] οὕτως T. R.

κά. Εὔθυνον τὸν παλαίσαντά ποτε] Meursius Attic. Lect. v. 29. queritur, hunc locum corruptum esse, idque haud leviter. Et primo pro Εὔθυνον rescribit Εὔθυμον. Euthymus enim, qui Olympia ter vicerit, memoratur a Plinio VII. 48. ab Æliano V. H. VIII. 18. a Suida etiam, Pausania, etc. Dehortantur multa et reclamant, ne ita rescribas. Euthymus ille *pugil* erat, Euthynus noster *luctator*. Hoc tamen leve visum viro doctissimo, rursus enim Demosthenem emendat, et, ut Euthymo, quem plane deperibat, locus non deesset, pro παλαίσαντα, minimo negotio, neque majore auctoritate, rescribit πυκτεύσαντα. Illud certe est Hypothesi δουλεύειν! Deinde autem, Euthymus ille Pugil natione erat Italus, Λοκρὸς τῶν Ἐπιζεφυρίων. Postremo certavit suo artificio Olympiade LXXIV. LXXV. LXXVI. et LXXVII. Inter hanc autem extremam Olympiadem et sæculum Orationis Midianæ anni intercessere CXXIV. Homo autem, de quo sermonem habet Demosthenes, erat iis, qui tunc ætatem agebant, notissimus, ἴσασιν ἅπαντες, εἰ δὲ μὴ, πολλοί γε. Non memini certe, me vidisse locum alterum, ita temere, ita futiliter, sollicitatum. Taylor. Mutare, cum Reiskio, nomen in Εὔθυμον, quod illud Græcum non esset (appellativum saltem est Græcum), contra omnes Codd., non sustinui. Ceterum non iniqua est querela Ulpiani, ἀμφίβολον εἶναι τὸ ῥηθέν. Decernit hic, occisum esse Euthynum, occidisse Sophilum. Reiskius unde contrarium tam certo resciverit, ignoro; qui tamen, pro sua festinatione, deinde Sophilum rursus occisorem agnoscit. Verum hoc nemo tetigit, cujus me admonuit Buttmannus meus, quid esset v. 7. ὅτι τύπτων αὐτὸν ὑβρίζειν "ᾤετο," quod mire vertit H. Wolfius "quod is *se* contumeliam ei facere *putabat*." Credebam *scire*, *non putare*, unumquemque, quid sibi mentis sit. Amplector itaque ejusdem Buttmanni rationem, qui intelligendum putat δεῖν ad ᾤετο, sive exciderit, sive possit subaudiri, geminum afferens locum, infra, ἐπειδὴ — ὑβριστὴς ᾤετο δεῖν εἶναι· p. 94. et p. 61. ᾤετο δεῖν tum vertas: *constituerat apud animum suum, non dubitaverat*. Residet alia etiam difficultas: participium, ὁ τύπτων, innuit τοῦ τύπτειν jam in antecedentibus mentionem fuisse, quæ nulla invenitur in nostro textu. Lenem ulceris medelam despero equidem, audacem non tento. Omisi καὶ ante Σώφιλον, cum Reiskio, magis ut lectori consulerem, quam quod tantum licere putarem. Fortasse ipsa hæc vox emendatori prosit. Spalding.

Τοῦτον] Nempe Σώφιλον. Auger.

Οὕτως] Τὸ οὕτως ex inferioribus huc quoque perperam videtur irrepsisse. Wolf. Recte. Irrepsit procul dubio e v. seq. Taylor. Delendum videtur οὕτως. Forte irrepsit ex linea sequente. Jurin. Uncis inclusi οὕτως, quod cum H. Wolfio, Jurino et Tayloro ex proximis huc irrepsisse puto. Reiskius præter rem defendere videtur. Significatio enim illa: *plane, simpliciter*, hujus loci non est magnopere. Spalding. Potest deleri οὕτως. Auger.

Πολλὰ γὰρ ἂν etc.] Hunc locum tractavit Quintilianus VI. 1. ubi rei atrocita-

σειεν ὁ τύπτων, ὦ ἄνδρες Ἀθηναῖοι, ὧν ὁ παθὼν ἔνια οὐδ' ἂν ἀπαγγεῖλαι δύναιθ' ἑτέρῳ, τῷ σχήματι, τῷ βλέμματι, τῇ φωνῇ. ὅταν ὡς ὑβρίζων· ὅταν ὡς ἐχθρὸς ὑπάρχων, ὅταν κονδύλοις, ὅταν ἐπὶ κόρρης. ταῦτα κινεῖ, ταῦτα ἐξίστησιν ἀνθρώπους αὐτῶν, ἀήθεις ὄντας τοῦ προπηλακίζεσθαι. οὐ- 538
δεὶς ἂν, ὦ ἄνδρες Ἀθηναῖοι, ταῦτ' ἀπαγγέλλων, δύναιτο τὸ δεινὸν παραστῆσαι τοῖς ἀκούουσιν οὕτως, ὡς ἐπὶ τῆς

tem ex circumstantiis considerat, his verbis: *Plurimum tamen affert atrocitatis modus, si graviter, si contumeliose: ut Demosthenes ex parte percussi* corporis, *ex vultu ferientis, ex habitu invidiam Midiæ quærit.* Eodem animo locum expendit Claudius Saturninus de pœnis Paganorum l. 16. §. 6. D. de pœnis. qui totam hanc periodum, verum ex Codd. inemendatis, descripsit, juxtaque interpretatur. De qua *flagitiosa* interpretatione, ut vocat, consulas velim eruditissimum Iensium in Stricturis Juris Romani, præf. p. 14. Græca ipsa laudantur, et sane quam emendate in σχ. Basilicωn L. 60. tit. 51. Rhetoricas virtutes in his verbis exponunt vimque τῶν ἀσυνδέτων Plutarchus Platon. Quæst. versus finem, et Dionysius Longinus per totam Sectionem XX. Tu iis per otium utaris. Meminit etiam Stobæus ex Musonio in sermone an philosophus actionem injuriarum contra aliquem suscepturus sit, Serm. XIX. hisce verbis: Δημοσθένης γοῦν τῷ βλέμματι ὑβρίζειν τινὰς, καὶ ἀφόρητα εἶναι τὰ τοιαῦτα, καὶ ἐξίστασθαι τοὺς ἀνθρώπους ὑπ' αὐτῶν. Saturnini interea interpretationem lectori ob oculos sistam: *Non enim plaga repræsentat contumeliam* (legit enim παρίστησι τὴν ὕβριν), *sed dedecoratio: neque verberari liberis est malum, quamvis est malum, si in contumeliam.* (lege, sed *in contumeliam.* Græca sunt ἀλλὰ τὸ ἐφ' ὕβρει) *multa enim utique facit, qui verberat, o viri Athenienses, quorum qui patitur quædam, neque annunciare poterit alii, schemate, adspectu, voce, cum verberat, ut contumelium inferens, cum ut inimicus existens, cum verberat fustibus,* (sic) *cum in pupilla* (ἐπὶ κόρης): *hæc movent, hæc extra se constituunt homines* eorum (αὐτῶν) *non assuetos existentes, ut conviciarentur.* κονδύλοις τύπτειν est pugnis cædere et manu contracta, ἐπὶ κόρρης alapam malæ infligere palma expansa. Notissima differentia. Cic. II. de Fin. 6. *Zeno Rhetoricam Palmæ, Dialecticam Pugno similem esse dicebat.* Veruntamen sane ex hisce locis omnibus constat, quam sedulo semper ab Antiquis lecta fuerit et quasi enarrata pulcherrima hæc Oratio: addo etiam studiose ab omnibus ornatam verbis quam magnificis. *Nam et scribo aliquid et lego: sed quum lego, ex comparatione sentio, quam male scribam, licet Tu mihi bonum animum facias, qui libellos meos de ultione Helvidii Orationi Demosthenis* κατὰ Μειδίου *confers; quam sane, quum componerem illos, habui in manibus, non ut æmularer,* (*improbum enim, ac pene furiosum*) *sed tamen imitarer et sequerer, quantum aut diversitas ingeniorum, maximi aut minimi,* (lege *maximi* et *minimi*) *aut causæ dissimilitudo pateretur.* Plin. VII. Epist. 30. Taylor. Splendidus hic locus, a πολλὰ — ad φαίνεται, certatim laudatur a veteribus, quorum satis erit memorasse Quintil. 6. 1. 17. et Longin. c. 20. Hujus afferre juvat ingeniosam loci nostri commendationem, etsi alius generis ea est eloquentia ac Demosthenis: Οὐδὲν ἄλλο διὰ τούτων (verbis illis τῷ σχήματι — ἐπὶ κόρρης) ὁ ῥήτωρ, ἢ ὅπερ ὁ τύπτων, ἐργάζεται· τὴν διάνοιαν τῶν δικαστῶν τῇ ἐπαλλήλῳ πλήττων φορᾷ. Spalding.

Ταῦτα κινεῖ, ταῦτα ἐξίστησιν ἀνθρώπους αὐτῶν, ἀήθεις ὄντας τοῦ προπηλακίζεσθαι] *Hæc permovent homines, hæc extra se crumpere faciunt,* hoc est, *mente alienari et furere.* Est enim ἐξίστημι τὸ ἐκπλήττω, καὶ εἰς θαῦμα ἐνάγω, *mente emoveo et alieno, in furorem* et *mentis alienationem ago.* quod Cicero pro Cecinna sic extulit, "Periculo mortis injecto, formidine animum perterritum loco sæpe et certo de statu dimovet." Ita hic Demosthenes ταῦτα ἐξίστησιν ἀνθρώπους αὐτῶν, hoc est, ἐξ ἑαυτῶν. quem locum in tractatu de Pœnis citatum a Jurecons. Budæus etiam in Annotationibus in Pandect. interpretatur. *Ex edit.* Hervag.

Δύναιτο τὸ δεινὸν παραστῆσαι τοῖς ἀκούουσιν οὕτως] Hoc loco παριστάναι activa voce significat *animo repræsentare alicujus rei imaginem,* et *quasi in rem præsentem perducere,* quemadmodum παρίστασθαι, *animo obversari, animum subire, in mentem venire.* alibi autem in eadem παριστάναι dixit pro *commovere* et *ciere,* οὐ γὰρ ἡ πληγὴ παρέστησε τὴν ὀργὴν, ἀλλ' ἡ ἀτιμία. [v. antepen. p. 55.] *Ex edit.* Hervag.

ἀληθείας, καὶ τοῦ πράγματος, τῷ πάσχοντι, καὶ τοῖς ὁρῶσιν, ἐναργὴς ἡ ὕβρις φαίνεται. σκέψασθε δὴ πρὸς Διὸς καὶ θεῶν, ὦ ἄνδρες Ἀθηναῖοι, καὶ λογίσασθε παρ' ὑμῖν αὐτοῖς, ὅσῳ πλείονα ὀργὴν ἐμοὶ προσῆκε παραστῆναι, πάσχοντι τοιαῦτα ὑπὸ Μειδίου, ἢ τότε ἐκείνῳ τῷ Εὐαίωνι τῷ τὸν Βοιωτὸν ἀποκτείναντι. ὁ μέν γε ὑπὸ γνωρίμου, καὶ τούτου μεθύοντος, ἐναντίον ἓξ ἢ ἑπτὰ ἀνθρώπων, ἐπλήγη, καὶ τούτων γνωρίμων· οἳ τὸν μὲν κακιεῖν ἐφ' οἷς ἔπραξε, τὸν δ' ἐπαινέσεσθαι μετὰ ταῦτα, ἀνασχόμενον καὶ κατασχόνθ' ἑαυτὸν, [1]ἤμελλον· καὶ ταῦτ' εἰς οἰκίαν ἐλθὼν ἐπὶ δεῖπνον, οἷ μηδὲ βαδίζειν ἐξῆν αὐτῷ. ἐγὼ δ' ὑπ' ἐχθροῦ, νήφοντος, ἕωθεν, ὕβρει, καὶ οὐκ οἴνῳ, τοῦτο ποιοῦντος, ἐναντίον πολλῶν, καὶ ξένων, καὶ πολιτῶν, ὑβριζόμην, καὶ ταῦτ' ἐν ἱερῷ, καὶ οἷ πολλή μοι ἦν ἀνάγκη βαδίζειν χορηγοῦντι.

κβ'. Καὶ ἐμαυτὸν μέν γε, ὦ ἄνδρες Ἀθηναῖοι, σωφρόνως, μᾶλλον δ' εὐτυχῶς, [2]οἴομαι βεβουλεῦσθαι, ἀνασχόμενον τότε, καὶ μηδὲν ἀνήκεστον ἐξαχθέντα πρᾶξαι. τῷ δ' Εὐαίωνι, καὶ πᾶσιν, εἴ τις αὐτῷ βεβοήθηκεν ἀτιμαζομένῳ, πολλὴν συγγνώμην ἔχω. δοκοῦσι δέ μοι καὶ τῶν δικασάντων τότε πολλοί. ἀκούω γὰρ αὐτὸν ἔγωγε μιᾷ μόνον ἁλῶναι ψήφῳ, καὶ ταῦτα οὔτε κλαύσαντα, οὔτε δεηθέντα τῶν δικαστῶν οὐδενὸς, οὔτε φιλάνθρωπον, οὔτε μικρὸν,

[1] ἔμελλον T. [2] οἶμαι T.

Ὁ μέν γε ὑπὸ γνωρίμου] Codd. nonnulli MSS. Harpocrationis, qui hunc locum citat v. Ἀντίθεσις, habent ὑπὸ φιλέως γνωρίμου. Id vero quid sit, aut cur Maussacus tam studiose laudaret, equidem non video. TAYLOR. Vix dubito quin pro hoc γὲ scribendum sit γάρ. V. tamen Hoogev. 153. SPALDING.

Ἐφ' οἷς] Revocavi priorem vocem adjutus optimis exemplaribus, Baroc. et Aug. ἐφ' ὃ Ital. TAYLOR.

Οἷ μηδὲ] Cave τὸ μηδὲ trahas ad ἐξῆν (quo sensu fortasse οὐδὲ scripturus erat Dem.) sed ad infinitivum refer: "quo prorsus *non* accedere, licebat ei." Optime hunc sensum, quem agnoscit et Ulp., expressit Augerus. Reiskium videtur fefellisse, qui aliena hic affert de Evæonis irruptione in ædes Bœoti facta, cujus apud Dem. nec vola nec vestigium. οἰκίαν memorat orator, oppositurus deinde: καὶ ταῦτ' ἐν ἱερῷ. SPALDING.

κβ'. Εὐτυχῶς] Hoc addidit, ne videretur nimium σωφρόνως, h. e. ignave, injuriam tulisse. Aliena hic habet Ulp. IDEM.

Οἶμαι καὶ βεβουλεῦσθαι] Delevi otiosum istud vocabulum, auctoritate Baroc. Vindob. et Reg. β. TAYLOR.

Αὐτῷ] Ita Edit. Lutet. Et recte. Baroc. enim et Aug. habent ἑαυτῷ. Wolfius, qui vulgatam lectionem αὐτῷ interpretatus est, loci sensum non vidit. Vidit Interpres Italus: *Et Eveone, e qual si sia che l' honor suo ha difeso, essendo stato offeso, io ho molto per iscusato.* IDEM.

Δοκοῦσι κ. τ. λ.] S. συγγνώμην ἐσχηκέναι τῷ Εὐαίωνι. WOLF. *Judicium plerique:* Wolfius. Potius: *multi ex judicibus.* Nam major pars eorum Evæonem damnavit. JURIN.

Φιλάνθρωπον] Non sensu illo graviori humanitatis, qui est supra §. ε. et ιδ. sed

οὔτε μέγα, [1] οὐδ᾽ ὁτιοῦν πρὸς τοὺς δικαστὰς ποιήσαντα.
θῶμεν τοίνυν οὑτωσί· τοὺς μὲν καταγνόντας αὐτοῦ, μὴ, 539
ὅτι ἠμύνατο, διὰ τοῦτο καταψηφίσασθαι, ἀλλ᾽, ὅτι τοῦτον τὸν τρόπον, ὥστε καὶ ἀποκτεῖναι· τοὺς δ᾽ ἀπογνόντας, καὶ ταύτην τὴν ὑπερβολὴν τῆς τιμωρίας τῷ γε τὸ σῶμα ὑβρισμένῳ δεδωκέναι. τί οὖν; ἐμοὶ τῷ τοσαύτῃ κεχρημένῳ προνοίᾳ τοῦ μηδὲν ἀνήκεστον γενέσθαι, ὥστε μηδὲ [2] ἀμύνασθαι, παρὰ τοῦ τὴν τιμωρίαν, ὧν πέπονθα, ἀποδοθῆναι προσήκει; ἐγὼ μὲν οἶμαι παρ᾽ ὑμῶν καὶ τῶν νόμων. καὶ παράδειγμά γε [3] τοῦτον πᾶσι γενέσθαι τοῖς ἄλλοις, ὅτι τοὺς ὑβρίζοντας ἅπαντας, καὶ τοὺς ἀσελγεῖς οὐκ αὐτὸν ἀμύνεσθαι μετὰ τῆς ὀργῆς, ἀλλ᾽ ἐφ᾽ ὑμᾶς ἄγειν, δεῖ, ὡς βεβαιούντων ὑμῶν καὶ φυλαττόντων τὰς ἐν τοῖς νόμοις κατὰ τῶν ἀδικούντων τοῖς παθοῦσι βοηθείας.

κγ΄. [4] Οἴομαι τοίνυν τινὰς ὑμῶν, ὦ ἄνδρες δικασταὶ, ποθεῖν ἀκοῦσαι τὴν ἔχθραν, ἥτις ἦν ἡμῖν πρὸς ἀλλήλους. νομίζειν γὰρ οὐδένα ἂν ἀνθρώπων οὕτως ἀσελγῶς καὶ [5] βιαιῶς οὐδενὶ τῶν πολιτῶν [6] ἂν χρήσασθαι, μὴ μεγάλου τινὸς ὄντος, ὃ αὐτῷ προωφείλετο. βούλομαι δὴ καὶ περὶ ταύτης ὑμῖν ἐξ ἀρχῆς εἰπεῖν, καὶ διηγήσασθαι, ἵν᾽ εἰδῆτε, ὅτι καὶ τούτων [7] τὴν μεγίστην ὀφείλων δοῦναι δίκην φανήσεται. ἔσται δὲ περὶ αὐτῶν βραχὺς ὁ λόγος, κἂν ἄνωθεν ἄρχεσθαι δοκῶ. ἡνίκα τὰς δίκας ἔλαχον τῶν πατρῴων

[1] οὐδοτιοῦν T. [2] ἀμύνεσθαι, παρά του T. [3] Deest τοῦτον. T. [4] οἶμαι T. [5] βιαίως T. R. [6] Deest ἄν. T. [7] Desunt τὴν μεγίστην. T.

comitatis et blandiendi, ut, περὶ παραπρεσβ. p. 384. ed. R., Philippus dicitur φιλανθρωπευόμενος πρὸς τοὺς πρέσβεις. Spalding.

Ταύτην τὴν ὑπερβολὴν] Vid. Var. Lect.

Γε τοῦτον] Rectissime deleri vult Buttmannus γὲ, ut natum ex glossa μὲ, respiciente ad τοῦτον. In Bav. τῷ γὲ superscriptum est μέ. Spalding.

Οὐκ αὐτὸν] Potius οὐχ αὑτὸν, Seipsum. Markland.

κγ΄. Προωφείλετο] Εἰ μὴ προηδίκητο μείζονα. Ulp. Opponitur τῷ προωφείλετο deinde activum ὀφείλων; unde recte abfuerit fortasse δοῦναι, ut abest a duobus Codd. Spalding.

Ἐξ ἀρχῆς] Περὶ ταύτης [sc. ἔχθρας] ab initio dicere. Restitui enim ἐξ. Defendunt Ald. Ven. Lindenb. Vindob. Bar. Ital. et Regg. Et hoc conjecit Wolfius, licet vulgatam interpretetur scripturam, περὶ ταύτης ὑμῖν ἀρχῆς εἰπεῖν. Recte Italica Versio: *Voglio di questa da principio parlarvi.* Taylor. Legendum puto ἐξ ἀρχῆς. Sed certe vitiosa est versio: *Volo igitur et de hoc simultatis initio referre*: cum vertendum esset: *Volo igitur vobis etiam hanc simultatem ab initio commemorare*, vel, *hujus simultatis initium referre.* Jurin.

Ἔσται κ. τ. λ.] Hæc fere αὐτολεξεὶ repetit §. μέ. ubi pro δοκῶ legitur δοκῇ. Markland.

Ἡνίκα τὰς δίκας ἔλαχον τῶν πατρῴων, &c.] *Cum primum tutelæ experiri cum tutoribus meis cœpissem adhuc adolescentulus existens.* De λαγχάνω δίκην alibi dictum est. In causis capitalibus *postulare* significat et *accusare*, ut in eadem infra, ἐγὼ δ᾽ αὖ τού-

τοῖς ἐπιτρόποις, μειρακύλλιον ὢν κομιδῇ, καὶ τοῦτον, οὐδ᾽
εἰ γέγονεν, εἰδὼς, οὐδὲ γιγνώσκων· ὡς μηδὲ νῦν ὤφελον·
τότε μοι μελλουσῶν εἰσιέναι τῶν δικῶν, εἰς ἡμέραν [1] ὡσπερ-
εὶ τετάρτην ἢ πέμπτην, εἰσεπήδησαν ἀδελφὸς ὁ τούτου
καὶ οὗτος εἰς τὴν οἰκίαν, ἀντιδιδόντες τριηραρχίαν. τοὔνομα
μὲν δὴ παρέσχεν ἐκεῖνος, καὶ ἦν ὁ ἀντιδιδοὺς, Θρασύλοχος·
540 τὰ δὲ ἔργα πάντα ἦν, καὶ τὰ πραττόμενα [2] [ὑπὸ] τούτου.

[1] ὡς περὶ T. [2] ὑπὸ T. R.

ναντίον οἶμαι, εἰ τοῦτον ἀφῆκα, λελοιπέναι μὲν, ὦ ἄνδρες Ἀθηναῖοι, τὴν τοῦ δικαίου τάξιν, φόνου δ᾽ ἂν εἰκότως ἐμαυτῷ λαχεῖν, &c. *Ego vero judices e diverso rem interpretandam existimo, ut si hunc reum missum faciam, viri boni officium deseruisse videar, mihique met ipse cædis judicium dictavisse. neque enim mihi, si hoc in me admitterem, causa superesset, cur vitam propagarem.* Idem. δίκην δὲ τούτῳ λαχὼν ὕστερον τῆς κακηγορίας, εἷλον ἐρήμην. *Cum autem injuriarum cum eo ob maledicta expertus essem, indicta causa damnavi,* hoc est, cum ille ad judicium non affuisset. Unde ἐρημοδίκιον, et ἐρήμη δίκη dicta, de quo alibi in Annotat. *Ex edit.* HERVAG.

Κομιδῇ] Εἰ τοῦ Δημοσθένους ἔτι κομιδῇ παιδὸς ὄντος, ἐτελεύτα (ὁ πατὴρ αὐτοῦ) τὴν ὀρφανίαν οὐ συμφορὰν ὑποληπτέον, ἀλλὰ δόξης ὑπόθεσιν, τὸ τῆς φύσεως γενναῖον ἀποκαλύπτουσαν. Luc. in Dem. Enc. (Δημοσθένης) εἰς ἄνδρας ἐγγραφεὶς εὐθὺς ἀγῶνα κατὰ τῶν ἐπιτρόπων ἐνεστήσατο, κακῶς διῳκηκότων τὴν οὐσίαν αὐτοῦ — ὀκτωκαίδεκα ἐτῶν ἦν ὅτε πρὸς τούτους ἠγωνίζετο. Libanius in vita Dem. Supersunt tres in Aphobum, tutorum principem, orationes. SPALDING.

Τότε μοι μελλουσῶν εἰσιέναι τῶν δικῶν] *Tum demum,* inquit, *iste suo cum fratre me oppressit in articulo, quum ego tutoribus meis tutelæ judicium dictavissem. Die enim vadimonii appetente, jam jamque judicibus mihi vacaturis, assilientes* isti, *introque irruentes in ædes meas, antidosim mihi trierarchiæ impingunt. Et nomen ei quidem rei ille accommodabat, eratque Thrasylochus, qui me antidosi provocabat, quum omnia re ipsa ab isto agerentur. Quin* et *ostia cubiculorum tanquam jam sua facta, ejusmodi conditione lata, concidere cœperunt.* Hoc etiam appellatur, εἰς ἑαυτοῦ τάξιν καθιστάναι τινὰ πλουσιώτερον, *loco sui substituere locupletiorem.* Atque hic verbum ἀντιδιδόναι accusativo junxit munus significante. Plura περὶ ἀντιδόσεως vide in Comment. Budæi, et in Oratione πρὸς Φαίνιππον, ubi auctorem ejus fuisse Solonem legislatorem ostendit. *Ex edit.* HERVAG.

Εἰσιέναι] Τὴν δίκην ὡς πρόσωπον ἐποίησεν εἰσιέναι εἰπών. Ulp. SPALDING.

Ἡμέραν κ. τ. λ.] Τῇ τετάρτῃ ἢ πέμπτῃ ἡμέρᾳ πρὸ τῆς εἰσόδου τῶν δικῶν. WOLF. Quarto aut quinto die post, quam facta est irruptio in ædes Demosthenis. SPALDING.

Ὡς περὶ] Ὡσπερεὶ Lind. Aug. et Ital. quod probat Wolfius. Invenimus tamen §. μγ΄. γεγονὼς ἔτη περὶ πεντήκοντα. Matthæus XXVII. 46. περὶ τὴν ἐννάτην ὥραν. TAYLOR.

Τριηραρχίαν] Antidosis est legibus Atticis sancita bonorum permutatio, cum qui sumtus publicos sibi imperatos erogare se pro facultatibus suis posse negat, alterum civem, tanto oneri parem, designat, qui deinde aut munus illud ab altero detrectatum recipere cogitur, aut suas facultates cum illo permutare. ἀντιδιδόναι τριηραρχίαν appellatur, cum munus detrectatum est τριηραρχία. cf. F. A. Wolfius in Proll. ad Leptineam p. 384. vol. II. Facit egregie huc locus secundæ Demosthenis in Aphobum orationis. p. 840 seq. ed. R. ὡς τὰς δίκας ταύτας ἔμελλον εἰσιέναι κατ᾽ αὐτῶν (τῶν ἐπιτρόπων) ἀντίδοσιν ἐπ᾽ ἐμὲ παρεσκεύασαν, ἵν᾽ εἰ μὲν ἀντιδοίην, μὴ ἐξείη μοι πρὸς αὐτοὺς ἀντιδικεῖν, ὡς καὶ τῶν δικῶν τούτων τοῦ ἀντιδόντος γιγνομένων, εἰ δὲ μηδὲν τούτων ποιοίην, ἵν᾽ ἐκ βραχείας οὐσίας λειτουργῶν, παντάπασιν ἀναιρεθείην. καὶ τοῦτ᾽ αὐτοῖς ὑπηρέτησε Θρασύλοχος ὁ Ἀναγυράσιος. SPALDING.

Ἐκεῖνος] Potest deleri, cum referatur ad Thrasylochum qui nominatur. AUGER.

Ὑπὸ] Videtur Wolfio hæc vox abundare. Mihi profecto videtur potius abundare vox ἐκεῖνος in præcedentibus. Nam si retineatur, Midiam designabit, sat scio, quod contra historiam est. Agi enim permutationem sub *nomine* Thrasylochi constabit utique ex secunda in Aphobum. Lege itaque: τοὔνομα μὲν δὴ παρέσχεν καὶ ἦν ὁ ἀντιδιδοὺς Θρασύλοχος, τὰ δὲ ἔργα—τούτου. *Nomen commodabat Thrasylochus* (sive ejus res agebatur), *egit autem omnia Midias.* TAYLOR. Cum H. Wolfio et Reiskio libenter expunxerim præpositionem καὶ πρῶτον μὲν κατέσχισαν τὰς θύρας τῶν οἰκημάτων, ὡς [1] αὐτῶν ἤδη γιγνομένας κατὰ τὴν ἀντίδοσιν. εἶτα τῆς ἀδελφῆς, ἔτ' ἔνδον οὔσης τότε, καὶ παιδὸς οὔσης κόρης, ἐναντίον ἐφθέγγοντο αἰσχρὰ, καὶ τοιαῦτα, οἷα ἂν ἄνθρωποι τοιοῦτοι φθέγξαιντο. οὐ γὰρ ἔγωγε προαχθείην ἂν εἰπεῖν πρὸς ὑμᾶς τῶν τότε ῥηθέντων οὐδέν· καὶ τὴν μητέρα, καὶ ἐμὲ, καὶ πάντας ἡμᾶς, ῥητὰ καὶ ἄῤῥητα κακὰ ἐξεῖπον. ὃ δ' οὖν δεινότατον, καὶ οὐ λόγος, ἀλλ' ἔργον ἤδη· τὰς δίκας, ὡς [1] αὐτῶν οὔσας, ἠφίεσαν τοῖς ἐπιτρόποις. καὶ ταῦτ' ἐστὶ μὲν παλαιὰ, ὅμως δέ τινας ὑμῶν μνημονεύειν [2] οἴομαι· ὅλη γὰρ ἡ πόλις τὴν ἀντίδοσιν, καὶ τὴν ἐπιβουλὴν τότε ταύτην, καὶ τὴν ἀσέλγειαν, ᾔσθετο. κἀγὼ τότε παντάπασιν ἔρημος ὢν, καὶ νέος κομιδῆ, ἵνα μὴ τῶν παρὰ τοῖς ἐπιτρόποις ἀποστερηθείην, οὐχ, ὅσα ἐδυνήθην ἀνακομίσασθαι, προσδοκῶν εἰσπράξειν, ἀλλ' ὅσων ἐμαυτῷ συνῄδειν ἀπεστερημένῳ, δίδωμι εἴκοσι μνᾶς τούτοις, ὅσου τὴν τριηραρχίαν ἦσαν μεμισθωκότες.

[1] αὑτῶν T. [2] οἶμαι T.

ὑπό. Scabram enim videtur efficere orationem. Uncis inclusi. SPALDING. Del. ὑπό. AUGER.

Ἂν] Deest ἂν ante ἄνθρωποι Barcc. et pro φθέγξαιντο Reg. α. et Obsop. φθέγξοιντο. Cl. Marklandus recte omitti istam voculam censet a MSS. (certe enasci potuit a dictione pone sequenti) et loci hujus sensum ita interpretatur : *verba obscœna*, et *hujusmodi, quæ* loquantur *isti, neque enim me adduci sinam, ut ea coram vobis recitem.* TAYLOR.

Καὶ τὴν μητέρα] F. καὶ εἰς τὴν μητέρα, nisi forte pro ἐξεῖπον, v. 7. legas εἶπον. κακῶς εἰπεῖν, ἢ λέγειν, ἢ ἐρεῖν τινὰ est usitatum : compositum ἐξειπεῖν τινὰ κακὰ, non item ; quod ego quidem meminerim. WOLF.

Ἐξεῖπον] Insolentiam formæ ἐξειπεῖν τινὰ κακὰ pro κακῶς εἰπεῖν τινὰ recte notat H. Wolfius, probante Reiskio. SPALDING.

Ὃ δ' οὖν δεινότατον] Juvat cupidos diligentioris Græcæ linguæ investigationis ablegare ad F. A. Wolfium, disputantem de hac forma, ubi post ὃ δὲ δεινότατον subjicitur ipsa res, quæ illis verbis indicebatur. Addunt enim plerumque scriptores in apodosi particulam γὰρ, quæ abest ab hoc loco. Neque tamen solus hic sui generis est, de qua re vide eum, quem citavi, virum doctissimum ad Lept. p. 510. vol. II. IDEM.

Ὡς αὐτῶν οὔσας] Expressior multo et sincerior, quam Wolfiana, Versio Italica ; *liberaro dalle lite i* tutori, *come* s'ella fosse stata la loro. TAYLOR.

Τῶν παρὰ τοῖς ἐπιτρόποις] Revocavi τῶν ex optimis omnibus exemplaribus, tam Editis, quam MSS. IDEM.

Οὐχ ὅσα ἐδυνήθην] Sensus hujus loci videtur esse subobscurior, optime tamen ab Ulpiano illustratur. *Redimo*, inquit Orator, *istud negotium viginti minis: quoniam causam, quæ cum Tutoribus instituta fuit, nullo modo deserere volui. In ea enim exspectavi, me* totam *hæreditatem paternam recuperaturum, omne id nimirum, quo me fraudatum esse intellexi : non præsensi fore, ut postea tantillum, quantum recepi, mihi ex ea causa recipere contingeret.* Hæc est mens Auctoris, si liberius vertas. TAYLOR.

Ἀνακομίσασθαι] Εἷλε μὲν (ἐπιτρόπους)· οὐ μὴν ἠδυνήθη πάντα ἀπολαβεῖν, ὅσα ἀπολώλεκε. Libanius l. c. De ἐδυνήθη resp. §. ή. fin. SPALDING.

Μεμισθωκότες] Talento solebat locari in annum trierarchia ; quare, cum terni hoc tempore navem instruendam haberent, Thrasylochus (una cum fratre Midia, ii enim sunt μεμισθωκότες) tertiam sumtuum erogandorum partem, 20 minas, a se pendendas a Demosthene exigebat. cf. F. A. Wolfius in Proll. ad. Lept. et potissimum p. 382. vol. II. IDEM.

κδ'. Τὰ μὲν δὴ τότε τούτων [1]ὑβρίσματα εἰς ἐμὲ ταῦτ' ἐστί. δίκην δὲ τούτῳ λαχὼν ὕστερον [2]τῆς κακηγορίας, εἷλον ἐρήμην. οὐ γὰρ ἀπήντα. λαβὼν δ' ὑπερήμερον, καὶ ἔχων, οὐδενὸς ἡψάμην [3]πώποτε τῶν τούτου, ἀλλὰ λαχὼν ἐξούλης πάλιν, οὐδέπω καὶ τήμερον εἰσελθεῖν δεδύνημαι· τοσαύτας τέχνας καὶ σκήψεις οὗτος εὑρίσκων ἐκκρούει. κἀγὼ μὲν οὕτως εὐλαβῶς τοῖς νόμοις [4]καὶ [5]τῇ δίκῃ ἅπαντα πράττειν ἀξιῶ. ὁ δ', ὡς ὑμεῖς ἀκούετε, ἀσελγῶς, οὐ μόνον εἰς ἐμὲ καὶ τοὺς ἐμοὺς ᾤετο δεῖν ὑβρίζειν, ἀλλὰ καὶ εἰς
541 τοὺς φυλέτας δι' ἐμέ. ὡς οὖν ταῦτ' ἀληθῆ λέγω, κάλει μοι τούτων τοὺς μάρτυρας, ἵν' εἰδῆθ', ὅτι πρὶν κατὰ τοὺς νόμους δίκην, ὧν πρότερον ἠδικήθην, λαβεῖν, πάλιν τοιαῦτα, οἷα ἀκηκόατε, ὕβρισμαι.

ΜΑΡΤΥΡΕΣ.

Καλλισθένης Σφήττιος, Διόγνητος [6]Θορίκιος, Μνησίθεος [7]Ἀλωπεκῆθεν, οἴδαμεν Δημοσθένην, ᾧ μαρτυροῦμεν, κρίσιν λελογχότα Μειδίᾳ ἐξούλης, τῷ καὶ νῦν ὑπ' αὐτοῦ κρινομένῳ δημοσίᾳ, καὶ ἤδη τῇ κρίσει ἐκείνῃ διαγεγονότα ἔτη ὀκτὼ, καὶ τοῦ χρόνου γεγενημένον παντὸς αἴτιον Μειδίαν, ἀεὶ προφασιζόμενον, καὶ ἀναβαλλόμενον.

Ὃ τοίνυν πεποίηκε κακὸν, ὦ ἄνδρες Ἀθηναῖοι, περὶ τῆς δίκης, ἀκούσατε, καὶ θεωρεῖτε ἐφ' ἑκάστου τὴν ὕβριν καὶ τὴν ὑπερηφανίαν αὐτοῦ. τῆς γὰρ δίκης, ταύτης λέγω, ἧς εἷλον αὐτὸν, γίγνεταί μοι διαιτητὴς Στράτων Φαληρεὺς,

[1] ὑβρίσματα τούτων T. [2] [τῆς] R. [3] πω R. [4] [καὶ] R. [5] τῇ δ. καὶ τοῖς νόμοις ἅ. T. [6] Θεωρίσκος T. [7] Ἀλωπεκῆθεν T.

κδ'. Τῆς] Non erat quod uncis notaret articulum Reiskius. Respicitur ad notam illam, quam supra tetigerat, κακηγορίαν; et poterat addi ἐκείνης. IDEM.

Λαβὼν δ' ὑπερήμερον καὶ ἔχων, οὐδενὸς ἡψάμην πώποτε τῶν τούτου, ἀλλὰ—πάλιν] Wolfius: *cumque judicatum non solvisset, nihil rerum ejus, quod mihi licebat, unquam attigi: rursus.* Potius: *quum judicati ad diem non soluti reum tenerem, nihil ex ejus facultatibus unquam attigi. Sed rursus* etc. JURIN.

Θεωρίσκος] Lege Θορίκιος. nomen fuit demi seu pagi Atticæ Θόρικος, Gentile secundum Stephanum, Θορίκιος. PALMER. Eadem in sententia video fuisse Wolfium, eadem Valesium ad Harpocr. pag. 94. verum absque ullius Cod. auctoritate. Θεωρίσκου Ital. quasi esset nomen Patris. TAYLOR. Lego Θορίκιος. AUGER.

Ἤδη] F. καὶ ἐπὶ τῇ κρίσει. WOLF.

Διαγεγονότα] Insolens est loquendi forma διαγίγνεσθαι tertio casui junctum; quare non spreverim H. Wolfii conjecturam, pro ἤδη scribentis ἐπὶ, sensu: *post.* Nisi forte fori est vocabulum proprium. SPALDING.

Διαιτητὴς] Arbitri 44 e singulis tribubus sortito dabantur, sexaginta minimum annos nati, iidemque bona fama. Hi de causis supra decem drachmas æstimatis, antequam ad judicem deferrentur, disceptabant. Oportebat arbitrum die statuta exeunte sententiam pronuntiare, cui deinde subscriberent archontes; si quis autem de arbitrorum decretis quereretur,

ἄνθρωπος πένης μέν τις καὶ ἀπράγμων, ἄλλως δ' οὐ πονηρός, ἀλλὰ καὶ πάνυ χρηστός. ὅπερ τὸν ταλαίπωρον οὐκ ὀρθῶς, οὐδὲ δικαίως, ἀλλὰ καὶ πάνυ αἰσχρῶς ἀπολώλεκεν. οὑτοσὶ διαιτῶν ἡμῖν ὁ Στράτων, ἐπειδή ποθ' ἧκεν ἡ κυρία, [1]—πάντα δ' ἤδη διεξεληλύθει τὰ ἐκ τῶν νόμων, ὑπωμοσίαι, καὶ παραγραφαὶ, καὶ οὐδὲν ἔτ' ἦν ὑπόλοιπον—, τὸ μὲν πρῶτον ἐπισχεῖν ἐδεῖ τόμου τὴν δίαιταν· ἔπειτα εἰς τὴν ὑστεραίαν ἀναβαλέσθαι. [2]τελευτῶν δ', ὡς οὔτ' ἐγὼ συνεχώρουν, οὔθ' οὗτος ἀπήντα, τῆς δ' ὥρας ἐγίγνετο ὀψὲ, κατεδιήτησεν. ἤδη δὲ ἑσπέρας οὔσης καὶ σκό- 542
τους, ἔρχεται Μειδίας οὑτοσὶ πρὸς τὸ τῶν ἀρχόντων οἴκημα, καὶ καταλαμβάνει τοὺς ἄρχοντας ἐξιόντας, καὶ τὸν Στράτωνα [3]ἀπιόντα ἤδη, τὴν ἔρημον δεδωκότα, ὡς ἐγὼ τῶν παραγενομένων τινὸς ἐπυνθανόμην. τὸ μὲν οὖν πρῶτον οἷός τ' ἦν πείθειν αὐτὸν, τὴν δίκην, ἣν καταδεδιῃτήκει, ταύτην ἀποδεδιῃτημένην [4]ἀποφαίνειν, καὶ τοὺς ἄρχοντας μεταγράφειν. καὶ πεντήκοντα δραχμὰς αὐτοῖς ἐδίδου. ὡς δ' ἐδυ-

[1] Absunt lineæ. T. [2] τὸ τελευταῖον T. [3] ἀπιόντα, ἤδη τὴν T. [4] ἀποφέρειν R.

hunc actionem in eos intendere undecimo anni mense, per quem integrum ad rationes reddendas quotidie in unum convenire cogebantur, quicunque eo anno arbitri fuissent. Est is mensis Thargelion, duodecimus autem Scirophorion. Pœna prævaricantis arbitri erat ἀντιμία, capitis deminutio. IDEM. Cf. Valckenaer. Animad. ad Ammon. Lib. I. cap. 15.

Ὅπερ τὸν ταλαίπωρον etc.] Hunc locum ita, ut legis, complanavi, fidejussoribus optimis MSS. Baroc. et Aug. Olim legebatur: ὅπερ τὸν ταλαίπωρον οὐκ ὀρθῶς, ἀλλὰ καὶ πάνυ αἰσχρῶς, οὐδὲ δικαίως ἀπολώλεκεν. TAYLOR.

Ὑπωμοσίαι] Nove hoc a Wolfio vertitur *dilationes*. Quid ὑπωμοσίαι, quid παραγραφαὶ, docebit Ulpianus. Neque enim par est exspectare, ut talia ab Interprete disceres, cum Romana Themis non semper in *legis actionibus* respondeat Græcæ. TAYLOR. Ὑπωμοσία est excusatio morbi aut itineris, jurejurando intercedente facta, ut differatur causæ cognitio; παραγραφὴ, exceptio in genere, sed *causæ judicatæ* potissimum, aut *fori recusati*, etc. SPALDING.

Ὥρας] Ὥρα hic indefinita pars diei, non duodecima. Exord. LV. διὰ τὴν ὥραν τῆς ἡμέρας, *ut diei tempus est*, Terent. Heaut. I. 1. 116. BERGLER.

Κατεδιῄτησεν] Μετὰ δυσχερείας ἀναγνωστέον. Scita Ulpiani admonitio. SPALDING.

Δεδωκότα] Fortasse δεδιῃτηκότα. Quid enim est ἔρημον [i. e. δίκην] διδόναι? Infra §. κϛ'. παρὰ τῶν ἔρημον καταδιαιτησάντων αὐτοῦ. Video autem, Valesium ad Harpocr. p. 148. mecum, verum dubitanti similem, hunc locum restituere. TAYLOR. Et Henr. Valesius et Taylorus hærent in hac voce, pro qua malint δεδιῃτηκότα. Recte defendit vulgatam Reiskius. Fortasse nullum alterum hujus locutionis exemplum attuleris, ubi διδόναι sit *secundum aliquem cognoscere*; at clara est per se. SPALDING.

Οἷός τ' ἦν] Ἀντὶ τοῦ, ἐπεχείρησε. WOLF. *Nihil non efficiebat*. AUGER.

Πείθειν] Vid. π. Στεφ. §. λ'. Not. p. 87.

Ταύτην ἀποδεδιῃτημένην ἀποφαίνειν, καὶ τοὺς ἄρχοντας μεταγράφειν] Id est, τὴν ἑαυτοῦ ὑπογραφὴν μεταβάλλειν εἰς ἀθέτησιν καὶ ἀποδοκιμασίαν. Est enim μεταγράφειν *arbitrium inducere*, et *circumducere*, hoc est, *sententiam arbitrorum antiquare*, quod ἀποδεδιῃτημένην ποιεῖν τὴν δίαιταν Demosthenes vocat. Ex edit. HERVAG.

Ἐδίδου] Ἀντὶ τοῦ, δώσειν ἐπηγγέλλετο. WOLF.

σχέραινον οὗτοι τὸ πρᾶγμα, καὶ οὐδετέρους ἔπειθεν, ἀπειλήσας καὶ διαλοιδορηθεὶς, ἀπελθὼν, τί ποιεῖ; καὶ θεάσασθε τὴν κακοήθειαν. τὴν μὲν δίαιταν ἀντιλαχὼν, οὐκ ὤμοσεν. ἀλλ' εἴασε καθ' ἑαυτοῦ κυρίαν γενέσθαι. καὶ ἀνώμοτος ἀπηνέχθη. βουλόμενος δὲ τὸ μέλλον λαθεῖν, φυλάξας τὴν τελευταίαν ἡμέραν τῶν διαιτητῶν, τὴν τοῦ Θαργηλιῶνος ἢ τοῦ [1] Σκιροφοριῶνος γιγνομένην, εἰς ἣν ὁ μὲν ἦλθε τῶν διαιτητῶν, ὁ δ' οὐκ ἦλθε, πείσας τὸν πρυτανεύοντα δοῦναι τὴν ψῆφον παρὰ πάντας τοὺς νόμους, κλητῆρα οὐδ' ὁντινοῦν ἐπιγραψάμενος, [2] κατηγορῶν ἔρημον, οὐδενὸς παρόντος, ἐκβάλλει, καὶ ἀτιμοῖ, τὸν διαιτητήν· καὶ νῦν εἷς Ἀθηναίων, ὅτι Μειδίας ἔρημον ὦφλε δί-

[1] Σκιῤῥοφοριῶνος T. [2] κατηγόρων T. R.

Ἀντιλαχὼν] Ἀντιλαχεῖν dicitur, qui causam contumaciæ contra se cognitam, tanquam prave judicatam, defert. Is deinde jurare cogitur, se bona fide deferre crimen. Illud fecerat Midias, hoc neglexerat, quasi tanti rem non faciens. SPALDING. Vid. Ulpian.

Ἀνώμοτος ἀπηνέχθη] Subaudi ἡ δίαιτα, *relata est*, nempe, ad novem præfectos, *arbitri sententia injurata*, i. e. antequam juramentum præstitum esset. AUGER.

Φυλάξας τὴν τελευταίαν ἡμέραν τῶν διαιτητῶν] Petitus hunc locum optime illustrat in tit. de Arbitris, pag. edit. nov. 437. Ad quem, cum Scholiaste ab eo emendato, lectorem nostrum remitto. TAYLOR.

Σκιροφοριῶνος] Ultima mensis dies, tricesima, appellabatur ἕνη καὶ νέα (v. Lexica), quod nomen ipsum (ἕνη enim est *vetus*, scil. lunæ) significat partim ad desinentem, partim ad incipientem mensem trahi posse diem, quare fieri poterat, ut plurimi arbitrorum, reddendarum a se rationum tempus exiisse rati, ultimo Thargelionis die, quem ad Scirophorionem jam referrent, non comparerent. Id Stratoni, forensium rerum rudi (ἀπράγμονι) etiam facilius accidere poterat. Omnis τῆς ἕνης καὶ νέας rationis immemor erat Reiskius, cum verba: ἢ τοῦ Σκιροφοριῶνος, ut glossam, ejicere suadebat. SPALDING.

Κλητῆρα] Κλητὴρ, qui et κλήτωρ dicitur, est apparitor, a quo in jus vocari reum oportebat, quique si vel ipse actor reum, in jus vocandi causa, conveniret, comitabatur actorem, suumque nomen accusationi adscribebat. Propterea etiam testis significationem habet vocabulum; derivatam tamen illam solum, ut mihi quidem videtur, et innuit Harpocration in h. v. ἔδει γὰρ παρεῖναί τινας "ὥσπερ" μάρτυρας τῆς προσκλήσεως. IDEM.

Κατηγόρων ἔρημον] Ita Editt. omnes, atque adeo Wolfiana. Hic tamen in notis videtur legere et exponere: κατηγορῶν ἔρημον] ἐρήμην, id est, ἀπόντος Στράτωνος. Quæ videtur esse sanior lectio multis de causis, κατηγορῶν ἔρημον, sc. δίκην. (Plene foret, κατηγορῶν αὐτοῦ ἔρημον δίκην.) Tum autem voces, quæ sequuntur, οὐδενὸς παρόντος, glossæ suspicionem habent. TAYLOR. Κατηγόρων ἔρημον] *Nullis accusantibus*, Wolfius. Miror, virum doctissimum id non vidisse, Stratonem Midia accusante damnatum fuisse, aut etiam κατηγόρων ἔρημον, tanquam φίλων ἔρημον, pro Demosthenica locutione habere potuisse. Tu mecum absque dubitatione lege: κατηγορῶν ἔρημον, *accusans absentem*, vel, *quod abesset*. JURIN. Accentum mutavi cum H. Wolfio, Jurino et Tayloro contra edd. et Codd. Vulgata enim est κατηγόρων, cui ne is quidem, qui defendit, Reiskius habet quem sensum tribuat. Antequam enim exponit, mutat κατηγόρων in συνηγόρων, audacter; ad lenem præsertim illam accentus correctionem. Habet etiam margo Berolinensis, aliquoties citatus, κατηγορῶν ἐρήμην. Posterior mutatio non videtur necessaria. At Græce κατηγορεῖν cum accusativo strui posse negat Reiskius. Cum accusativo *personæ*, fateor; *rei* non item, v. Stephanus. Et necesse erat commemorari diserte crimen, cujus reum Stratonem capite minuerat Midias; id erat, quod neque hujus ἀντιλήξει respondisset, neque tricesimo Thargelionis die comparuisset ad rationes reddendas. οὐδένος παρόντος non sollicitaverim cum Tayloro; auget injuriæ significationem. SPALDING.

Καὶ νῦν εἷς Ἀθηναίων ὅτι Μειδίας ἔρημον

κην, ἁπάντων ἀπεστέρηται τῶν ἐν τῇ πόλει, καὶ καθά-
παξ ἄτιμος γέγονε. καὶ οὔτε δίκην [1] λαχεῖν ἀδικηθέντα,
οὔτε διαιτητὴν γενέσθαι [2] Μειδίᾳ, οὔθ᾽ ὅλως τὴν αὐτὴν ὁδὸν
βαδίζειν, ὡς ἔοικεν, ἔστ᾽ ἀσφαλές.

κέ. Δεῖ δὴ τοῦτο τὸ πρᾶγμα ὑμᾶς οὑτωσὶ σκέψασθαι,
καὶ λογίσασθαι τί ποτ᾽ ἐστὶν, ὃ παθὼν Μειδίας, [3] [οὕτως
ὠμὸν] τηλικαύτην ἐπεβούλευσε λαβεῖν τῶν πεπραγμένων 543
παρ᾽ ἀνδρὸς πολίτου δίκην. κἂν μὲν ᾖ τι δεινὸν ὡς ἀληθῶς,
καὶ ὑπερφυὲς, συγγνώμην ἔχειν· ἐὰν δὲ μηδὲν, θεάσασθε
τὴν ἀσέλγειαν καὶ τὴν ὠμότητα, ᾗ καθ᾽ ἁπάντων [4] ἀεὶ
χρῆται τῶν ἐντυγχανόντων. τί οὖν ἔσθ᾽ ὃ πέπονθε; με-
γάλην νὴ Δί᾽ ὦφλε δίκην, καὶ τοσαύτην, ὥστ᾽ ἀποστερεῖ-
σθαι τῶν [5] ὄντων· ἀλλὰ χιλίων ἡ δίκη μόνον ἦν δραχμῶν.
πάνυ γε. ἀλλὰ δάκνει καὶ τοῦτο, φαίη τις ἂν, ὅταν
ἐκτίνειν ἀδίκως δέῃ. συνέβη δὲ ὑπερημέρῳ γενομένῳ λα-

[1] λαχεῖν δίκην T. [2] τῷ Μειδίᾳ T. [3] Absunt unci. T. R.
[4] Deest ἀεί. T. [5] ὄντων; T. R.

ὦφλε δίκην] *Et nunc unus ille Atheniensium, ob id quod Midias ab ipso deserti arbitrii judicatus est, omnibus civitatis juribus mulctatus est, et semel ignominia affectus.* Ubi notandum, quod ἡ ἀτίμωσις gravioris supplicii instar erat, duoque erant ejus genera. Idem in eadem, οὐκοῦν ὁ μὲν ἠτίμωται καὶ παραπόλωλεν, ὁ δ᾽ οὐδ᾽ ὁτιοῦν πέπονθεν. ἄτιμοι enim velut fortunis omnibus eversi, civilia jura non retinebant. Quin et si quispiam ἄτιμόν τινα violabat, lege ille agere ob verbera non poterat. licebat etiam ἀτίμους καὶ τοὺς αὐτῶν παῖδας impune interfici, ut præsidii legum exsortes. id quod ex Libanii declamatione pro Hylirrhodio liquet, ut fuerint ἄτιμοι dicti, ὧν πεφονευμένων ἢ κακῶς πεποιημένων, οὐδεμία οὐδ᾽ ὅλως ἦν τιμὴ, τουτέστι τιμωρία. His non dissimiles fuerunt quos Latini *intestabiles* vocabant. ut Horatius in Sermonibus: "Intestabilis et sacer esto." De quo supra etiam nonnihil in Philippicam 3. E regione vero ἀνὴρ ἐπίτιμος est, *nulla ignominia præditus*, hoc est, integri nominis, integræ conditionis et famæ. et ἐπιτιμία, status civis *justus atque integer*. et ἐπίτιμα, *quæ in juris legumque præsidio sunt*, sicut contra ἄτιμα, *in quæ cuivis volenti invadere licitum est atque diripere*, ut κατὰ Ἀριστοκρατ. etiam dicetur. Et in eadem hac κατὰ Μειδίου paulum infra, [p. 69. v. 13.] καὶ εἰ μὲν παραβὰς τοὺς νόμους ἔλαβε τὰς πεντήκοντα δραχμὰς παρ᾽ αὐτοῦ, καὶ τὴν δίκην ἣν κατεδιῄτησεν, ἀποδεδιῃτημένην ἀπέφηνεν, ἐπίτιμος ἂν ἦν, &c. de arbitro loquens, qui Midiæ fraude, indicta causa damnatus erat, ob idque infamia notatus. *Quod si ille*, inquit, *contra legum interdicta quinquaginta drachmas accipere in animum induxisset, mercedem circumducti arbitrii, ipse qui nunc ignominiosa sententia mulctatus est, æquo jure vobiscum, atque integra fama viveret. Ex edit.* HERVAG.

Καθάπαξ] Tres sunt τῆς ἀτιμίας gradus; καθάπαξ summum designat, quo omnia civis jura, et ipsi reo et ejus liberis, amittebantur. V. §. *l.* med. SPALDING.

κέ. Οὕτως ὠμὸν] Alteram Reiskii sententiam verissimam credo, qua οὕτως ὠμὸν glossam putat τοῦ τηλικαύτην. Uncis inclusi. IDEM.

Θεάσασθε] Lenissima quidem fuerit mutatio τοῦ θεάσασθε in θεάσασθαι, quo facto, simpliciori structura, infinitivus penderet a δεῖ præcedenti, sed veriorem credo vulgatam, subita structuræ conversione. θεάσασθε dictum est pro δεῖ ὑμᾶς θεάσασθαι. IDEM.

Ἀλλὰ χιλίων] Laudo Venetum Cod. qui addit negationem μεγάλην, νὴ Δί᾽, ὦφλε δίκην —; οὐκ. ἀλλὰ χιλίων etc. Quanquam non ignoro, et receptam lectionem posse etiam tolerari. TAYLOR.

Πάνυ γε. ἀλλὰ δάκνει] Ἀντίθεσις ἄλυτος suspecta: nisi λύσις sit, eum nec teruntium numerasse, nec a Stratone injuriam accepisse. WOLF.

Συνέβη δὲ etc.] F. συνέβη δ᾽ αὐτῷ διὰ τὸ λαθεῖν ὑπερημέρῳ γενομένῳ, ἀδικηθῆναι, S.

θεῖν αὐτῷ διὰ τὸ [1] ἀδικηθῆναι· ἀλλ' [2] αὐθημερὸν μὲν ᾔσθετο, ὃ καὶ μέγιστόν ἐστι τεκμήριον τοῦ μηδὲν ἠδικηκέναι τὸν ἄνθρωπον. δραχμὴν δ' οὐδέπω μίαν ἐκτέτικεν. ἀλλὰ μή πω τοῦτο. ἀλλὰ τὴν μὴ οὖσαν ἀντιλαχεῖν ἐξῆν αὐτῷ δή-

[1] ἀδικηθῆναι; T. R. [2] αὐθήμερον T.

ὑπὸ τοῦ Στράτανος τοῦ διαιτητοῦ. Hæc per objectionem dicuntur. Sequitur Refutatio: ἀλλ' αὐθήμερον μὲν etc. Sed quomodo potuisset ignorare τὴν κυρίαν Midias, nisi forte litium definita tempora non fuerint? Vide Ulpianum. IDEM. Hic locus pessime semper exceptus fuit, et de fortuna sua merito queri potest. Nam ab *antiquis* Criticis, si credas Ulpiano, ὠβελίζετο et tanquam ἀδιόρθωτος negligebatur: a *recentioribus*, qui corrigere et explicare voluerunt, perperam intellectus. Forte, inquit Wolfius noster, συνέβη δ' αὐτῷ διὰ τὸ λαθεῖν ὑπερημέρῳ γενομένῳ, ἀδικηθῆναι (dubium, an ita locum corrigi et legi, an *explanari* potius per hanc notam voluit.) Ego per omnia contraria eo, et intelligo, non cum Wolfio ἀδικηθῆναι διὰ τὸ λαθεῖν, verum cum Demosthenis textu plano et sincero, λαθεῖν etc. διὰ τὸ ἀδικηθῆναι. Hoc pacto: *Qua tanta affectus erat contumelia Midias, ut hominem arbitrum civitate ejiceret? num grandi dica damnatus, adeo ut de re familiari in periculum veniret?* Minime. *agebatur tantum causa* X *minarum. Esto, ait ille, sed judicatum vel* X *minarum solvi præter jus fasque id profecto piget, et bilem merito commovere potest. Quomodo ais præter jus? Damnatus erat, quod se judicio non stitit:* ὑπερήμερος *erat, ideo judicatus. Contra ille objicit: Immo ideo* ὑπερήμερος *erat, quod summa injuria affectus, et contra omne jus in judicium adductus statum diem conveniendi neque novit, neque scire potuit. Quid ais? Illene non novit, qui eo ipso die, sed vesperi quidem, advenerit? Ideo non dici potest, eum* ὑπερήμερον *factum per imprudentiam.* Delenda est igitur Interrogatio post ἀδικηθῆναι v. 1. et Versio Wolfiana ita reformanda: *Esto: sed mordet etiam hoc, inquiet aliquis, quum per injuriam judicatum solvendum est: accidit autem* [vel *enim*] *illi, ut* statum *diem ignoraret, eo quod injuste cum illo ageretur. Immo illo ipso die* cognovit, cætera. TAYLOR. Non quæstio hic proponitur, sed objectio adversarii. Itaque interpungendum, ἀδικηθῆναι· ut etiam paulo supra τῶν ὄντων. Nec vertendum cum Wolfio: *An usu ei venit, ut, cum statum diem præterisse ignoraret, afficeretur injuria?* Sed hunc in modum: *At diem statum præterisse ignorabat, quod fraude captus esset.* JURIN. Objectio sequitur, *contigit ipsi per ignorationem diem transiise et propter hoc injuste condemnari.* Responsio, ἀλλ' αὐθημερὸν (adverbialiter) ᾔσθετο —— *sed eo ipso die sensit,* scil. adesse diem statutam. Deinde τὸν ἄνθρωπον, nempe, Stratonem. AUGER. Interrogationis signum sustuli cum Tayloro, ceterum de loci sensu ei non assentiens. ὑπερήμερον male ille (itemque H. Wolfius et Augerus) miscebat cum οὐκ ἀπαντῶντι; exponit enim, "*damnatus erat, quod se judicio non stitit.*" Sed de solvenda mulcta agitur, cujus dilatione fit aliquis ὑπερήμερος. Affertur pro Midia: "Cum iniquo judicio damnatus esset, ignoravit etiam, sibi pendendæ mulctæ diem exiisse." Scrupulum tamen mihi eximeret, si quis διὰ τὸ ἀδικηθῆναι glossam doceret esse. Facile careas hoc additamento, neque bene coit cum antecedentibus. Sapit explicantem in margine τὸ συνέβη. SPALDING.

Ἀλλὰ μή πω τοῦτο] Id est, *sed pone non ita fuisse, et Midiam diem* statum *revera ignorasse, nihilominus licebat ei* etc. Non recte Wolfius: *Sed de hoc posterius.* Decepit eum particula πω, quæ non semper *tempus* denotat, etiamsi habeat præcedentem μή. MARKLAND. Recte H. Wolfius exponit. SPALDING.

Ἀλλὰ τὴν μὴ οὖσαν ἀντιλαχεῖν ἐξῆν αὐτῷ δήπου] *At licebat illi judicium resortiri, sententiamque arbitri nullam esse, et irritam defendere, mecumque litem negotiumque instituere, quo cum ab initio fuerat, quod ille facere non voluit.* Est enim ἀντιλαγχάνειν, *vicissim litem intendere, actori et victori quæstionem referre,* quod juris studiosi hodie *reconvenire* dicunt. Vide quæ huc attinent περὶ ἀντιλήξεως in Comment. Bud. Porro autem hoc loco etiam ἡ μὴ οὖσα dicitur *judicium nullum,* ut Latini Jurisconsulti loquuntur: quemadmodum et *testamentum nullum,* pro irrito et lege abrogato, apud Ciceronem in præt. urbana: "Minutius quidam mortuus est, ejus testamentum erat nullum, lege hæreditas ad gentem Minutiam veniebat." Cæterum τῇ μὴ οὔσῃ δίκῃ similem esse τὴν ἀνάδικον, et fortasse eandem, πρὸς Βοιωτὸν dictum est. *Ex edit.* HERVAG.

που, καὶ πρὸς ἐμὲ τὸ πρᾶγμα καταστήσασθαι, πρὸς ὅνπερ ἐξ ἀρχῆς ἦν ἡ δίκη. ἀλλ᾽ οὐκ [1]ἠβούλετο. ἀλλ᾽ ἵνα μὴ Μειδίας ἀτίμητον ἀγωνίσηται δέκα μνῶν δίκην, πρὸς ἣν οὐκ ἀπήντα, δέον· καὶ, εἰ μὲν ἠδίκηκε, δίκην δῷ· εἰ δὲ μὴ, ἀποφύγῃ· ἄτιμον Ἀθηναίων ἕνα [2]εἶναι δεῖ, καὶ [4]μήτε συγγνώμης, μήτε [3]λόγου, μήτε ἐπιεικείας μηδεμιᾶς τυχεῖν, ἃ καὶ τοῖς ὄντως ἀδικοῦσιν ἅπανθ᾽ ὑπάρχει! ἀλλ᾽ ἐπειδή γε ἠτίμωσεν, ὃν ἐβουλήθη, καὶ τοῦτ᾽ ἐχαρίσασθε αὐτῷ, καὶ τὴν ἀναιδῆ γνώμην, ᾗ ταῦτα προαιρεῖται ποιεῖν, ἐνέπλησεν [5]αὐτοῦ, [6]ἐκεῖνο ἐποίησε· τὴν καταδίκην ἐκτέτικε, δι᾽ ἣν τὸν ἄνθρωπον [7]ἀπώλεσεν· ἀλλ᾽ οὐδὲ χαλκοῦν οὐδέ πω καὶ [8]τήμερον· ἀλλὰ καὶ δίκην ἐξούλης ὑπομένει φεύγειν. οὐκοῦν ὁ μὲν ἠτίμωται, καὶ παραπόλωλεν, [9]ὁ δ᾽ οὐδ᾽ ὁτιοῦν πέπονθεν, ἀλλ᾽ ἄνω καὶ κάτω τοὺς νόμους, τοὺς διαιτητὰς, 544
πάνθ᾽ ὅσα ἂν βούληται, στρέφει. καὶ τὴν μὲν κατὰ τοῦ διαιτητοῦ γνῶσιν, ἣν ἀπρόσκλητον κατεσκεύασεν, αὐτὸς κυρίαν [10]ἑαυτῷ πεποίηται· ἣν δ᾽ αὐτὸς ὦφλεν ἐμοὶ, προσκληθεὶς, εἰδὼς, οὐκ ἀπαντῶν ἄκυρον ποιεῖ.

κϛ΄. Καίτοι εἰ παρὰ τῶν ἔρημον καταδιαιτησάντων αὐτοῦ, τηλικαύτην δίκην οὗτος ἀξιοῖ λαμβάνειν, τίνα ὑμῖν προσήκει παρὰ τούτου λαβεῖν, τοῦ φανερῶς οὕτω τοὺς ὑμετέρους νόμους ἐφ᾽ ὕβρει παραβαίνοντος; εἰ γὰρ ἀτιμία,

[1] ἐβούλετο T. [2] εἶναι ἕνα T. [3] τοῦ λόγου T. [4] τυχεῖν μηδεμιᾶς T. [5] αὑτοῦ T. [6] ἐκεῖνό γ᾽ * ἐποίησε R. [7] ἀπώλεσεν; T. R. [8] τήμερον, ἀλλὰ δίκην T. τήμερον; R. [9] ὁδ᾽ οὐδοτιοῦν T. [10] αὑτῷ πεποίηκεν T.

Ἀντιλαχεῖν τὴν μὴ οὖσαν] Scil. δίκην dicitur reus cum exceptione agit adversus sententiam, eamque pro nulla haberi vult. Spalding. *resortiri*, i. e. obtinere a judice actionem de irrita facienda judiciali sententia. Auger.

Ἀτίμητον] Ὁ ἀτίμητος ἀγὼν, ᾧ πρόσεστιν ἐκ τῶν νόμων ὡρισμένως τίμημα, ὡς μηδὲν δεῖν τοὺς δικαστὰς διατιμῆσαι. Harpocration. Sic et Ulpianus. Spalding.

Πρὸς ἣν οὐκ ἀπήντα· δέον] S. ἀπαντᾷν, καὶ εἰ μὲν ἠδίκηκε, δίκην δῷ. τὸ ἵνα repete, ἵν᾽ ἀγωνίσηται, et ἵνα δῷ δίκην. Wolf. Hæc nota Wolfii turbat sententiam. Mens loci optime constabit ex nostra interpunctione, et versione viri doctissimi. Taylor.

Μήτε λόγου] Non male secundum Codd. aliquot τοῦ expunxit Reiskius ante λόγου. In Hervagiana (1547.) est enclitica του. Spalding.

Ἐκεῖνο] Cum primum hæc legebam, γὲ post ἐκεῖνο excidisse putabam; quam particulam de suo addidisse Reiskium vidi deinde. Postmodo imitari eum religio tamen fuit, quod γὲ illud, post ἐπειδὴ, proprie non ad protasin pertinere visum est, sed huc, ad apodosin "ἐκεῖνο ἐποίησε" referendum esse. "Postquam — tum *saltem* hoc etc." Idem.

Χαλκοῦν] Νομισμάτιον ἦν λεπτόν. Jul. Pollux. ὁ ὀβολὸς ὀκτὼ χαλκοῦς εἶχε. Idem. Idem.

Φεύγειν] Non est profecto spernenda lectio Paris. *a*. et correctoris Lessingiani, φεύγων, quam veram etiam puto. ὑπομένειν cum participio strui potest, vid. Zeun. ad Cyrop. 4. 5. 22. et, quem citat, Viger. p. 330. seq. Sic supra §. ιή. post med. ἠνείχετο ὁρῶν. Idem.

καὶ νόμων καὶ δικῶν καὶ πάντων στέρησις, ἐκείνου τοῦ ἀδικήματος προσήκουσά ἐστι δίκη, τῆς γε ὕβρεως μικρὰ θάνατος ἔμοιγε φαίνεται. ἀλλὰ μὴν ὡς ἀληθῆ λέγω, κάλει μοι τούτων τοὺς μάρτυρας, καὶ τὸν τῶν διαιτητῶν ἀνάγνωθι νόμον.

ΜΑΡΤΥΡΕΣ.

Νικόστρατος Μυῤῥινούσιος, Φανίας Ἀφιδναῖος, οἴδαμεν, Δημοσθένην, ᾧ μαρτυροῦμεν, καὶ Μειδίαν τὸν κρινόμενον ὑπὸ Δημοσθένους, ὅτ' αὐτῷ Δημοσθένης ἔλαχε τὴν τοῦ κακηγορίου δίκην, ἑλομένους διαιτητὴν Στράτωνα, καὶ ἐπεὶ ἧκεν ἡ κυρία τοῦ νό-

κς'. Καὶ ἐπεὶ ἧκεν ἡ κυρία τοῦ νόμου, οἴδαμεν οὐκ ἀπαντήσαντα Μειδίαν ἐπὶ τὴν δίαιταν, &c.] Verba sunt testium. κυρίαν autem pro die stato a lege posuit. Unde ἀπαντᾷν πρὸς τὴν κυρίαν, et ἀπαντᾷν πρὸς τὴν δίκην, *obire diem vadimonii*, et *adesse ad judicium die vadimonii*. κυρία enim dicitur *dies vadimonii*, vel *dies legitimus et status*. Idem [p. 66. v. 15.] καὶ τὴν μὲν κατὰ τοῦ διαιτητοῦ γνῶσιν, ἣν ἀπρόσκλητον κατεσκεύασεν, αὐτὸς κυρίαν αὑτῷ πεποίηκεν. Quo loco κυρίαν γνῶσιν dixit, id est, *ratam judicis cognitionem*. ἄκυρον vero *irritum*. Et cognitionem quidem, inquit, τῶν ἀρχόντων κατὰ τοῦ Στράτωνος τοῦ διαιτητοῦ, tametsi ἀπρόσκλητον, id est, nulla Stratonis in jus vocatione institutam, ratam ipse sibi fecit sua fraude. Vadimonium vero, id est, diem judicio sistendi quo mihi erat obstrictus, irritum facit et antiquandum, cum ad judicium non affuerit, cum id vadimonium non obierit, cum judicio sistendi sponsionem non præstiterit, et, ut Ciceronis verbo loquar, cum ipse non stiterit, sciens et prudens se recte atque ordine in judicium vocatum esse. Dicuntur a Budæo in Commentariis, quæ ad hujus loci expositionem attinent, ubi verbum διαιτᾷν enarrat. Est enim locus ille orationis subobscurus. Porro κυρία ἡμέρα dicitur quasi rata et fixa, ad quam qui non affuerit, moram purgare nequit, ut quidem jus erat constitutum apud antiquos, et Græcos et Romanos. Erat enim deserti vadimonii pœna ignominia, ut ex hac ipsa Oratione κατὰ Μειδίου liquet his verbis, πείσας δὲ τὸν πρυτανεύοντα δοῦναι τὴν ψῆφον &c. οὐδενὸς παρόντος, ἐκβάλλει καὶ ἀτιμοῖ τὸν διαιτητήν. Bona enim possidebantur ejus, qui in eremodicium incidisset. Cicero pro Quintio, "Ergo hercule cujus bona ex edicto possidentur, hujus omnis fama et existimatio cum bonis simul possidetur:" et quæ eo loco sequuntur, pulcre huc facientia. Ut autem ἀπαντᾷν ἐπὶ τὴν κυρίαν, καὶ ἐπὶ τὴν δίκην, pro *occurrere ad vadimonii diem* dicunt, quo Tranquil. in Calig. usus est, et Demosthenes in hac Oratione identidem utitur: ita etiam φυγοδικεῖν καὶ καταλείπειν τὴν δίκην, pro *vadimonium deserere*, quod non nisi justissima causa et maxime sontica fiebat, et ἐρήμην δίκην, *vadimonium desertum*, unde uno verbo *eremodicium* dicitur, ut in Pandectis a Budæo annotatum est. Sed et huc pertinet, quod τὴν κυρίαν ἐγγράψαι, *diem vadimonii in acta referre* dicunt, et Demostheni familiare est. et κυρίας ἐνεστώσης, *appetente die vadimonii*. Idem paulo superius, διδόναι τὴν ἔρημον, quod significat *secundum præsentem de absente*, vel *contra absentem*, *pronunciare*. quod forensi nostro vocabulo *dare defectum* dicitur, ὁ δὲ καταλαμβάνει τοὺς ἄρχοντας ἐξιόντας, καὶ τὸν Στράτωνα ἀπιόντα, ἤδη τὴν ἔρημον δεδωκότα. Sequitur ergo post supradicta orationis hujus verba, [§. κδ'. med.] οὑτοσὶ διαιτῶν ἡμῖν ὁ Στράτων, ἐπειδή ποθ' ἧκεν ἡ κυρία, &c. 'Hic Strato qui nobis arbiter erat controversiæ, quum aliquando venisset dies vadimonii (omnia autem jam præterierant quæ leges litigatoribus indulgent, dilationum postulationes, exceptiones, nihilque jam erat reliquum) primum orare me instituit, ut arbitrium prorogarem et sustinerem, deinde ut in crastinum rejicerem, postremo, quum ego diutius rem prolatari non permitterem, nec iste ad judicium sisteret, et jam ad serum horæ statæ ventum esset, Strato arbitrium contra hunc pronunciavit.' ἀναβολαὶ sunt *dilationes*. ὑπωμοσίαι sunt *dilationes quæ jurejurando postulantur, et impetrantur*, hoc est, ἔνορκοι ἀναβολαὶ, *dilationes propter sonticum morbum*, aut *aliam legitimam causam impetratæ*. Et ὑπόμνυσθαι verbum, τὸ ὑπερτίθεσθαι καὶ ἀναβάλλεσθαι τὴν δίκην προφάσει ἀποδημίας ἢ νόσου. Plura in Comment. Bud. *Ex edit.* HERVAG.

μον, οὐκ ἀπαντήσαντα Μειδίαν ἐπὶ τὴν δίαιταν, ἀλλὰ καταλιπόντα. γενομένης δὲ ἐρήμου κατὰ Μειδίου, ἐπιστάμεθα Μειδίαν πείθοντα τόν τε Στράτωνα τὸν διαιτητὴν, καὶ ἡμᾶς, ὄντας ἐκείνοις τοῖς χρόνοις ἄρχοντας, ὅπως τὴν δίαιταν αὐτῷ ἀποδιαίτησωμεν, καὶ διδόντα δραχμὰς πεντήκοντα. καὶ ἐπειδὴ οὐχ ὑπεμείναμεν, προσαπειλήσαντα ἡμῖν, καὶ οὕτως ἀπαλλαγέντα. καὶ διὰ ταύτην τὴν αἰτίαν ἐπιστάμεθα Στράτωνα ὑπὸ Μειδίου καταβραβευθέντα, καὶ 545
παρὰ πάντα τὰ δίκαια ἀτιμωθέντα.

Λέγε δὴ καὶ τὸν τῶν διαιτητῶν νόμον.

ΝΟΜΟΣ.

Ἐὰν δέ τινες περὶ συμβολαίων ἰδίων πρὸς ἀλλήλους ἀμφισβητῶσι, καὶ βούλωνται διαιτητὴν ἑλέσθαι ὁντινοῦν, ἐξέστω αὐτοῖς αἱρεῖσθαι, ὃν ἂν βούλωνται διαιτητήν. [1] ἐπειδὰν δ' ἕλωνται κατὰ κοινὸν, μενέτωσαν ἐν τοῖς ὑπὸ τούτου διαγνωσθεῖσι, καὶ μηκέτι

[1] ἐπειδὰν βούλωνται κατακοινὸν T.

Ἡ κυρία τοῦ νόμου] F. ἡ κυρία ἐκ τοῦ νόμου, v. 2. h. p. ὄντας ἐν ἐκείνοις τοῖς χρόνοις. WOLF.

Ὅπως] Vid. supra §. ή. *fin.* SPALDING.

Αὐτῷ] F. αὐτοῦ. WOLF. Male Wolfius. Multo enim rectius αὑτῷ vel αὐτῷ, *in ejus* (vel *sui*) *gratiam.* Quæ casus tertii usitata est significatio. MARKLAND.

ΝΟΜΟΣ] Hanc, quæ sequitur, legem ab hoc loco alienam esse, spero me facile persuasurum lectori attento. Quid consilii erat Demostheni, quare legem de arbitris recenseret? Idne spectabat, ut doceret, male ad judicem ab arbitro provocasse Midiam? Minime. At hoc solum loquitur lex. Diversam plane commemorandæ legis causam affert Ulpianus: τὸν νόμον ἀναγινώσκει τῶν διαιτητῶν, ἵνα δείξῃ τοῖς δικάζουσιν, ὅτι τὸ ἐκ τῶν νόμων τίμημα κατεδίκασεν ὁ Στράτων, καὶ ὅτι κατὰ τοὺς νόμους ἐποίησεν, ἐρήμην αὐτοῦ καταψηφισάμενος. Qui hæc dicebat, is non agnoscebat eam, quam hic adscriptam videmus, legem. Allita igitur etiam hæc lex (v. supra §. ιδ'.) fuit post ævum Demosthenis, qui nullam ipse adscripserat, neque a cauto ea et erudito Grammatico. Utrius generis arbitrorum fuerit Strato, sorte datorum, an compromissorum (de quibus v. Petitus LL. ATT. L. 4. Tit. 5.) non apparet, nisi quod in testimonio est "ἑλομένους." Fortasse tamen et eligere arbitros cogebantur Athenienses de numero sorte datorum, ut possent deinde ad rationes reddendas arbitri illi adigi, qui si privati fuissent prorsus, ne noti quidem esse poterant magistratibus. SPALDING.

Ἐπειδὰν βούλωνται] Adde ex Ital. ἐπειδὰν δὲ βούλωνται. Sunt qui referant κατὰ κοινὸν non ad βούλωνται, sed ad μενέτωσαν. Quod inscitius. TAYLOR. Felicem Reiskii emendationem retinendam duxi, cum vulgata ἐπειδὰν βούλωνται idoneum sensum non præbeat. SPALDING.

Κατὰ κοινὸν] Κοινῇ καὶ μιᾷ γνώμῃ. WOLF.

Καὶ μηκέτι καταφερέτωσαν, ἀπὸ τούτου εἰς ἕτερον δικαστήριον ταὐτὰ ἐγκλήματα] Verba sunt legis compromissorum. ubi non καταφερέτωσαν, sed μεταφερέτωσαν legendum censet Budæus. Quod autem mox subjungitur, ἀλλὰ ἔστω τὰ κριθέντα ὑπὸ τοῦ διαιτητοῦ κύρια, notandum quod his verbis, ἔστω κύρια τὰ κριθέντα, significabant, se nolle ad aliud majus judicium provocare. καὶ τὰ διαιτηθέντα ἔστω κύρια, hoc est, Et quod arbitri statuerint, id semel jus ratumque esto, καὶ μηκέτι μεταφέρειν ἐξέστω εἰς ἕτερον δικαστήριον. Atque his verbis intelligimus etiam non licuisse a compromissario arbitro provocare. Erat etiam aut moris, aut instituti legitimique juris, ut arbitrorum sententiam οἱ ἄρχοντες subsignarent, quo magis in rem judicatam transiret, et executionem judicati pareret, ut ab Interprete etiam annotatum est, ἤδη δὲ ἑσπέρας οὔσης καὶ σκότους, ἔρχεται Μειδίας οὑτοσὶ πρὸς τὸ τῶν ἀρχόντων οἴκημα, καὶ καταλαμβάνει τοὺς ἄρχοντας ἐξιόντας, καὶ τὸν Στράτωνα ἀπιόντα, ἤδη τὴν ἔρημον δεδωκότα, &c. *offenditque eos conclavi suo exeuntes sub noctem scilicet, Stratonemque ipsum arbitrum* sortito *datum jam profectum, eum vadimonii deserti nomine secundum me pronunciasset:* τὸ μὲν οὖν πρῶτον οἷός τ' ἦν πείθειν αὐτὸν, τὴν δίκην ἣν κατα-

καταφερέτωσαν ἀπὸ τούτου ἐφ' ἕτερον δικαστήριον ταῦτα ἐγκλήματα· ἀλλ' ἔστω τὰ κριθέντα ὑπὸ τοῦ διαιτητοῦ κύρια.

κζ'. Κάλει δὴ καὶ τὸν Στράτωνα αὐτὸν, τὸν τὰ τοιαῦτα πεπονθότα. ἑστάναι γὰρ ἐξέσται δήπουθεν αὐτῷ· οὗτος, ὦ ἄνδρες Ἀθηναῖοι, πένης μὲν ἴσως ἐστὶν, οὐ πονηρὸς δέ γε. οὗτος μέντοι πολίτης ὢν, ἐστρατευμένος ἁπάσας τὰς ἐν ἡλικίᾳ στρατείας, καὶ δεινὸν οὐδὲν εἰργασμένος, ἕστηκε [1] νῦν σιωπῇ, οὐ μόνον τῶν ἄλλων ἀγαθῶν τῶν κοινῶν ἀπεστερημένος, ἀλλὰ καὶ τοῦ φθέγξασθαι, [2] καὶ ὀδύρασθαι· καὶ οὐδ' εἰ δίκαια, ἢ ἄδικα πέπονθεν, οὐδὲ ταῦτ' ἔξεστιν αὐτῷ πρὸς ὑμᾶς εἰπεῖν· καὶ ταῦτα πέπονθεν ὑπὸ Μειδίου, καὶ τοῦ Μειδίου πλούτου, καὶ τῆς ὑπερηφανίας, παρὰ τὴν πενίαν, καὶ [3] τὴν ἐρημίαν, καὶ τὸ τῶν πολλῶν εἷς εἶναι. καὶ εἰ μὲν, παραβὰς τοὺς νόμους, ἔλαβε τὰς πεντήκοντα δραχμὰς παρ' αὐτοῦ, καὶ τὴν δίκην, ἣν κατεδιῄτησεν, ἀποδεδιῃτημένην [4] ἀπέφηνεν, ἐπίτιμος ἂν ἦν, καὶ, οὐδὲν ἔχων κακὸν, τῶν ἴσων μετεῖχε τοῖς ἄλλοις ἡμῖν. ἐπειδὴ δὲ παρεῖδε πρὸς τὰ δίκαια Μειδίαν, καὶ τοὺς νόμους μᾶλλον ἔδεισε τῶν

[1] νυνὶ T. R. [2] ἢ T. [3] Deest articulus. T. [4] ἀπέφηνεν T. R.

δεδιῃτήκει, ταύτην ἀποδεδιῃτημένην ἀποφαίνειν, καὶ τοὺς ἄρχοντας μεταγράφειν, καὶ πεντήκοντα δραχμὰς αὐτοῖς ἐδίδου. *Et quidem nihil veritus est Midias primum suadere arbitro arbitrium illud damnatorium, ut in absolutorium verteret, magistratibusque ipsis ut arbitrium jam ab ipsis subscriptum circumducerent, et in diversum mutarent, ob idque quinquaginta illis drachmas promittere.* Cæterum ἄρχοντες qui fuerint, non ita plane constat. Suidas novem fuisse auctor est, et inter eos numerat Thesmothetas. recte, ut opinor, cum idem sentire videatur ennarrator Demosthenis. Quippe qui ἄρχοντας etiam θεσμοθέτας appellat. Sed unus erat princeps collegii et præfectus, qui ἡγεμὼν et πρύτανις vocabatur Athenis, ἐπώνυμος τῶν ἀρχόντων καὶ εἷς τῶν θεσμοθετῶν. Demosthenes in eadem hac, πείσας τὸν πρυτανεύοντα δοῦναι τὴν ψῆφον παρὰ πάντας τοὺς νόμους, id est, τὸν ἄρχοντα, ut alibi dixit. Quemadmodum autem Romæ Prætor judicibus præerat, atque ideo *quæstionis judex* dictus est, et *quæsitor*, ut in Pandect. annotatum est: ita hic ἄρχων Athenis τοῖς δικασταῖς λεγομένοις præsidebat, ut alibi diximus. Idem in eadem, [§. κθ'.] καὶ γὰρ οὔτ' ἀνεκρίνετο ταύτην ὁ συκοφάντης ἐκεῖνος· οὔθ' οὗτος οὐδενὸς ἕνεκα αὐτὸν ἐμισθώσατο, πλὴν ἵνα ἐκκέοιτο πρὸ τῶν ἐπωνύμων, καὶ πάντες ὁρῷεν, *neque ille calumniosus delator ad judicium affuit, cujus mihi diem dixerat.* Plura in Comment. Bud. *Ex edit.* HERVAG.

Μηκέτι καταφερέτωσαν] Τί οὖν τοσαυτάκις ἡ δίαιτα εἰς δικαστήριον καταφέρεται; Eo fortassis, quod non delecti, sed ex lege adhibiti fuerunt. WOLF. Recte rem vidit Wolfius, et optime distinxit inter Arbitros *compromissarios* et sorte vel *lege datos.* Eam distinctionem recepit Jus Romanum. In quo pariter non licet ad alium judicem provocare, si Arbitrium sit compromissarium. *Arbitrorum genera sunt duo, unum ejusmodi, ut sive æquum sit, sive iniquum, parere debeamus: quod observatur, cum ex compromisso ad arbitrum itum est.* l. 76. D. Pro socio. Plura Petitus Lib. IV. Tit. V. TAYLOR.

κζ'. Ἔλαβε τὰς πεντηκόντα] Vid. Not. §. κδ'. *fin.*

Ἀπέφηνεν] Quæ hic iterum apparet vox, ἀπέφηνεν, supra, §. κγ'. post med. debebat avertere Reiskium ab adsciscenda lectione ἀποφέρειν pro ἀποφαίνειν. SPALDING.

ἀπειλῶν τῶν τούτου, τηνικαῦτα τηλικαύτῃ καὶ τοιαύτῃ 546
συμφορᾷ περιπέπτωκεν [1]ἀδίκως ὑπὸ τούτου. εἶθ' ὑμεῖς τὸν
οὕτως ὠμὸν, τὸν οὕτως ἀγνώμονα, τὸν τηλικαύτας δίκας
λαμβάνοντα, ὧν αὐτὸς ἠδικῆσθαί φησι μόνον, — οὐ γὰρ
ἠδίκητό γε —, τοῦτον, ὑβρίζοντα λαβόντες εἴς τινα τῶν πο-
λιτῶν, ἀφήσετε, καὶ, μήθ' ἑορτῆς, μήτε ἱερῶν, μήτε νόμου,
μήτ' ἄλλου μηδενὸς πρόνοιαν ποιούμενον, οὐ καταψηφιεῖσθε;
οὐ παράδειγμα [2]τοῖς ἄλλοις ποιήσετε; καὶ τί φήσετε, ὦ
ἄνδρες δικασταί; τίνα, [3]ὦ πρὸς τῶν θεῶν, ἕξετε εἰπεῖν
πρόφασιν δικαίαν, ἢ καλήν; ὅτι νὴ Δία ἀσελγής ἐστι καὶ
βδελυρός; ταῦτα γάρ ἐστι τἀληθῆ· ἀλλὰ μισεῖν ὀφείλετε,
ὦ ἄνδρες δικασταὶ, τοὺς τοιούτους [4]δήπου μᾶλλον, ἢ σώ-
ζειν. ἀλλ' ὅτι πλούσιός ἐστιν; ἀλλὰ τοῦτό γε τῆς ὕβρεως
αὐτοῦ σχεδὸν αἴτιον εὑρήσετε ὄν. ὥστ' ἀφελεῖν τὴν ἀφορ-
μὴν, δι' ἣν ὑβρίζει, προσῆκε μᾶλλον, ἢ σῶσαι διὰ ταύτην.
τὸ γὰρ χρημάτων πολλῶν, θρασὺν καὶ βδελυρὸν, καὶ
τοιοῦτον ἄνθρωπον, ἐᾶν εἶναι κύριον, ἀφορμήν ἐστιν ἐφ'
ὑμᾶς αὐτοὺς δεδωκέναι.

κή. Τί οὖν ὑπόλοιπον; ἐλεῆσαι, νὴ [5]Δία. παιδία γὰρ
παραστήσεται, καὶ κλαιήσει, καὶ τούτοις αὐτὸν ἐξαιτή-
σεται· τοῦτο γὰρ [6]ὑπόλοιπον. ἀλλ' ἴστε δήπου τοῦθ', ὅτι
τοὺς ἀδίκως τι κακὸν πάσχοντας, ὃ μὴ δυνήσονται φέρειν,
ἐλεεῖν προσήκει, οὐ τοὺς, ὧν πεποιήκασι δεινῶν, δίκην δι-
δόντας. καὶ τίς ἂν ταῦτ' ἐλεήσειε δικαίως; ὁρῶν τὰ τοῦδε
οὐκ ἐλεηθέντα ὑπὸ τούτου, ἃ τῇ τοῦ πατρὸς συμφορᾷ, χω-

[1] Deest ἀδίκως. T. [2] Desunt τοῖς ἄλλοις. T. [3] ὦ R. [4] Deest δήπου. T. [5] Δία; T. R. [6] λοιπὸν T.

Τοιαύτῃ συμφορᾷ περιπέπτωκεν ὑπὸ τούτου] Id est, περιβέβληται ὑπὸ τούτου, *dejectus est*, et *decidit*. *Ex edit.* HERVAG.

Περιπέπτωκεν] Addunt Bar. et Aug. περιπέπτωκεν ἀδίκως. Bene, ut §. κή. TAYLOR.

Ἀγνώμονα] Vix mihi temperavi quo minus pro hoc vocabulo scriberem ἀσυγγνώμονα cf. infra p. 72. v. 2. τῶν ἀσυγγνωμόνων. Idem sensus τῷ ἀγνώμονι non nisi contorte mihi videtur tribui posse. Cf. Hesych. Suid. et Stephanus. Hic quæ loca affert Xenoph. et Sophoclis, aliam admittunt interpretationem. Rarius sane vocabulum ἀσυγγνώμων, sed eo ipso utor ad defendendum illud h. l. SPALDING.

Παράδειγμα] Παράδειγμα τοῖς ἄλλοις iidem Codd. Recte. TAYLOR.

Τίνα] Plenius Editi et MSti καὶ τίνα, exceptis solis Aldinis, unde Wolfius sua expressit. IDEM.

κή. Παιδία γὰρ παραστήσεται, καὶ κλαιήσει, καὶ τούτοις αὐτὸν ἐξαιτήσεται] *Liberos enim suos producet lacrymabundos, seu plorabit, eorumque misericordia seipsum supplicio eximi deprecabitur*, sive *a vobis servabit*: hoc est, eorumque lacrymis sese condonari postulabit. id enim est παραστήσασθαι, *in medium producere et excitare*, quod etiam ἀναβιβάσασθαι dicitur. ἐξαιτεῖσθαι autem τοὺς κρινομένους est *noxæ et periculo reos eximere*, *ex reis eximere*, *rei pœnam deprecari* gratia vel *auctoritate*, hinc dicta ἐξαίτησις. *Ex edit.* HERVAG.

ῥὶς τῶν ἄλλων κακῶν, οὐδ' ἐπικουρίαν ἐνοῦσαν ὁρᾷ. οὐ γάρ ἐστιν ὄφλημα, ὅ τι χρὴ καταθέντα, ἐπίτιμον γενέσθαι
547 [1] τοῦτον, ἀλλ' ἁπλῶς οὕτως ἠτίμωται τῇ ῥύμῃ τῆς ὀργῆς
καὶ τῆς ὕβρεως [2] τῆς Μειδίου. τίς οὖν ὑβρίζων παύσεται, καὶ, δι' ἃ ταῦτα ποιεῖ, χρήματα ἀφαιρεθήσεται, εἰ τοῦτον μὲν, ὥσπερ δεινὰ πάσχοντα, ἐλεήσετε· εἰ δέ τις, πένης ὢν, μηδὲν ἠδικηκὼς, ταῖς ἐσχάταις συμφοραῖς ἀδίκως ὑπὸ τούτου περιπέπτωκε, τούτῳ δὲ μὴ συνοργισθήσεσθε; μη-

[1] τουτονὶ R. [2] τοῦ T.

Ἁπλῶς] Idem est quod καθάπαξ. cf. not. §. κδ'. fin. Idem.

Τούτῳ δὲ] Forte cum Cl. Marklando τούτῳ δή. Taylor. Particula δὲ, quam apodosis alias admittere non videtur, cum sæpius tamen in antiquorum scriptorum codicibus ibi posita compareat, dubitationem hæc frequentia merito injecit Viris doctis, retinuitque eos sive ab inducenda illa, sive cum δὴ, aliave particula, permutanda. Vide de hac re F. A. Wolfium ad Demosth. Lept. §. ιζ'. fin. ubi spem facit prolixioris super hac re dissertationis, in qua haud dubie ex multiplici omnis generis lectione quam plurima veterum loca allaturus, inque iis aliquam sermonis faciem, pluribus communem, indagaturus est Vir doctissimus; quod ex mea longe tenuiori copia non nisi imperfecte admodum præstare potero. Cum tamen in paucis illis, quæ mihi se obtulerunt, locis, aliquid similitudinis mihi observasse videar, illud hic peritioribus proponam, ut videant an certæ normæ instar esse possit. Illud autem moneo, me in solis Atticis scriptoribus hic versari; Homeri aliorumque, sive anteriorum sive seriorum, rationem nullam habere. Duplex igitur genus constituo:

1) *Si duæ propositiones, extra protaseos et apodoseos formam spectatæ, oppositionis speciem per μὲν et δὲ exprimendam præbent; tum sermo, ubi formam illam induerit, μὲν abjicit, δὲ in apodosi servat.* Plat. Alcib. II. 10. (Biest. p. 164. extr.) ἐπειδὴ οὕτω σοι δοκεῖ σφόδρα δεινὸν εἶναι, ὥστ' οὐδὲ ῥητέον εἶναι οὕτως εἰκῆ· δοκῆς δ' ἂν τὸν Ὀρέστην — τολμῆσαι ἄν τι τούτων διαπράξασθαι; Tolle hic formam protaseos et apodoseos, tolle quoque interrogationem; remanebunt hæc: Σοὶ μὲν — οὐδὲ ῥητέον εἶναι δοκεῖ τὸ πρᾶγμα· τὸν δὲ Ὀρέστην δοκεῖς τολμῆσαι αὐτὸ διαπράξασθαι. Sentisne vim oppositionis? quam, mutata quoque orationis forma, retineri et per δὲ exprimi mirum non videtur. Verum non semper per εἰ, ἐπειδὴ, aliasve ejusmodi particulas, sed per participium quoque sæpissime exprimitur protasis; neque hæc forma structuræ illius exemplis caret. Xenoph. Mem. III. 7. 8. θαυμάζω σου, εἰ (h. e. ὅτι) ἐκείνους (τοὺς πολιτικοὺς) ῥᾳδίως χειρούμενος (facile vincens disputando), τούτοις δὲ (τοῖς πολλοῖς) μηδένα τρόπον οἴει δυνήσεσθαι προσενεχθῆναι. Aliis verbis hoc idem est, ac si dixisset: θαυμαστὸν δὴ τοῦτο· ἐκείνους μὲν ῥᾳδίως ἑκάστοτε χειροῖ· τούτοις δὲ προσενεχθῆναι ὀκνεῖς. Nollem igitur a Schneidero in novissima sua præstante editione pro δὲ ex uno codice invectum esse γέ. Aliud exemplum habes apud Platonem: Rep. III. Steph. p. 393. e. Narratur ibi Chryses Homericus optare ἐκείνοις μὲν (τοῖς Ἕλλησι) τοὺς θεοὺς δοῦναι, ἑλόντας τὴν Τροίαν αὐτοὺς δὲ σωθῆναι· τὴν δὲ θυγατέρα οἱ αὐτῷ λῦσαι κ. τ. λ. Quid hic Achivis dari vult a diis Chryses? Scilicet hoc: ὡς τὴν μὲν Τροίαν ἑλοῖεν, αὐτοὶ δὲ σωθεῖεν: gente Dardanus, Trojæ perniciem, Græcis salutem, precatur: non otiosa oppositio, quæ in participiali quoque constructione exprimi merebatur.

Ubicunque autem oppositio sive nulla prorsus sive otiosa tantum fingi potest, ibi δὲ illud, si in editiones nostras irrepsit, merito eliminandum censeo. Ejusmodi locum habes in Plat. Alcib. I. c. 34. (Biest. p. 129. lin. 1.) ubi ironice hæc profert Socrates: πρὸς τούτους (imperitos illos homines, qui tamen reip. gerendæ se immiscent) σὲ δεῖ βλέποντα, σαυτοῦ δὲ ἀμελεῖν. Non hic opponitur posterius priori; non dicit (ut primo fortasse intuitu videtur): *illos specta, te autem neglige:* sed posterius effectus est prioris. *Illos specta, illos imitare, et, prout illi faciunt, te ipse neglige, neque disce quidquam* &c. Merito igitur suspecta particula δὲ erat Stephano: non tamen expungenda solum, sed, ut magis elucescat illa, quam dixi, effectus notio, mutanda in δή: Illos spectans, te ipse *jam* debes negligere, neque discere &c.

2) Accedo ad alterum genus hujus

δαμῶς. Οὐδεὶς γάρ ἐστι δίκαιος τυγχάνειν ἐλέου τῶν μηδένα ἐλεούντων, οὐδὲ συγγνώμης τῶν ἀσυγγνωμόνων. Ἐγὼ γὰρ [1] οἴομαι πάντας ἀνθρώπους φέρειν [2] ἀξιοῦν παρ᾽

[1] οἶμαι T. [2] [ἀξιοῦν] R.

structuræ, quod eo se distinguit, quod duplex δὲ, alterum in protasi, alterum in apodosi apparet. Hoc fieri posse non credo, nisi *ubi tota propositio præcedentibus ita opponitur, ut utraque pars, protasis et apodosis, seorsim in præcedentibus habeat ad quod, per oppositionem, referatur.* Maxime hoc fit, ubi composita præcedit propositio alia, vel quæ saltem, quoad sensum, in protasin et apodosin facile distinguatur; ut adeo protasis protasi, apodosis apodosi opponatur. Cum vero hæc orationis forma passim occurrat, neque tamen nisi rarius duplex illud δὲ compareat, sed uno μὲν, unoque δὲ plerumque res absolvatur; apparet legem fuisse scriptoribus, quam secuti duplicem interdum oppositionem, repetitione particulæ adversativæ, manifestiorem redderent. Scilicet esse *debet in utraque propositione antithesis*, non grammatica illa, per μὲν et δὲ, oppositio, sed, quæ vulgo etiam illo nomine venit, rhetorica sive moralis *antithesis*, extra emphasin per ὅμως, *tamen*, exprimenda. Ut, si dicas: *Quæcunque sunt levia, libenter gestas; quæcunque autem ponderosa sunt, ea ne tentas quidem;* probe quidem opponuntur *levia* et *ponderosa*, *gestare* et *ne tentare quidem*, sed nulla intercedit antithesis, et uno adeo μὲν, unoque δὲ Græce res absolveretur. Sed permuta protases illas et sic pone: *Quæcunque sunt ponderosa, libenter gestas; quæcunque autem sunt levia, ne tentas quidem;* — antithesin habes; et, præcedentibus duobus μὲν, posterius ita exprimendum: ἃ δέ ἐστι κοῦφα, τούτων δὲ οὐδὲ πειρᾷ. Ut autem hujus rei exemplum habeas extra omnem corruptionis suspicionem positum, locum afferam Platonis in quo non solum duplex illud δὲ sed *duplex quoque* μὲν in priori propositione comparet. Est illud in Menonis c. 34. (Biest. p. 53.) οὗτος οὐκ ἄν ποτε, οὗ μὲν ἔδει δαπανώμενον διδάσκειν, ταῦτα μὲν ἐδίδαξε τοὺς παῖδας τοὺς αὑτοῦ· οὗ δὲ οὐδὲν ἔδει ἀναλώσαντα ἀγαθοὺς ἄνδρας ποιῆσαι, ταῦτα δὲ οὐκ ἐδίδαξεν. Oppositionem inter δαπανώμενον et οὐδὲν ἀναλώσαντα, interque ἐδίδαξεν et οὐκ ἐδίδαξεν vides; eam tamen unum μὲν in priori et unum δὲ in posteriori protasi rite absolveret, nisi simul intercederet *antithesis*, quæ geminatis particulis magis elucescit. Particulam μὲν necessario iterandam ubique esse, exemplis destitutus, neque negem, neque affirmem. Est tamen, ubi bis poni non possit, quia prior propositio in protasin et apodosin diserte non est destincta; et ex hoc quidem numero est Demosthenis locus, cujus occasione totam hanc disputationem institui. τίς ὑβρίζων παύσεται, εἰ τοῦτον μὲν (Midiam) ὥσπερ δεινὰ πάσχοντα ἐλεήσετε· εἰ δέ τις πένης ὤν, μηδὲν ἠδικηκὼς, ταῖς ἐσχάταις συμφοραῖς περιπέπτωκε, τούτῳ δὲ οὐ συνοργισθήσεσθε. Hic prius illud εἰ, ut a παύσεται pendens, removeas velim et locum ipsum a τοῦτον ordiaris. Vides verba: εἰ δέ τις πένης — περιπέπτωκεν opponi præcedenti τοῦτον, in qua voce hæc latet protasis prioris propositionis: εἰ μὲν Μειδίας ὁ πλούσιος καὶ βδελυρὸς πάσχει τι —. Verba autem οὐ συνοργισθήσεσθε opponuntur τῷ ἐλεήσετε. Antithesis est manifesta: contumeliosum et divitem miseramini, innocuum pauperemque non miseramini.

Et in hoc quoque genere locum proferam, ubi duplex non est oppositio, et tamen, spreta quam mihi invenisse videor norma, bis ponitur δέ. Est is in Demosth. Lept. (§. ιζ'. fin.) eo ipso loco, ad quem F.A.Wolfium verba quædam de hac re fecisse supra monui. Et, quod magnum meæ opinioni præsidium accedit, Vir ipse doctissimus, etsi diserte mentem suam non explicet, sed, δὲ in apodosi non ubique delendum, modo pronuntiet, hic tamen illud ope duorum Codd. in δὴ mutat; ut ignoscendum sit, si jucundissima hinc mihi oriatur suspicio, me in idem fere cum illo incidisse, saltem prope ab ejus mente abesse. Locum describam: Καὶ γὰρ ἂν ἄλογον εἴη, μίαν μὲν πόλιν εἰ ἀπώλεσεν, ἢ ναῦς δέκα μόνας —, τὸν ἅπαντα ἂν ἀπολώλει χρόνον· ἐπειδὴ δὲ τοὐναντίον ἑπτακαίδεκα μὲν πόλεις εἷλεν, ἑβδομήκοντα δὲ ναῦς ἔλαβε — τηνικαῦτα δὲ οὐκ ἔσται κύρια αὐτῷ τὰ δοθέντα ἐπὶ τούτοις. Hic probe quidem opponuntur *una urbs amissa* et *septendecim urbes captæ* &c.; apodoses autem non item: utraque enim de malis et pœnis loquitur. Quodsi alterum imperatorum multatum, alterum præmio ornatum, et quidem, per antithesin, illud in felice hoc in infelice contra jus fasque commissum esse demonstrasset orator; tum post τηνικαῦτα recte posuisset δέ. Buttmann.

Ἐγὼ γὰρ οἶμαι] Verba sic ordino: Ἐγὼ οἶμαι πάντας ἀνθρώπους ἀξιοῦν φέρειν (ὅπως αὐτῶν εἰς τὸν βίον αὐτοῖς ἔρανον παρὰ πάνθ', ὅσα πράττουσιν, [1] οὐ τοῦτον μόνον, ὃν συλλέγουσι, καὶ οὗ πληρωταὶ γίγνονταί τινες, ἀλλὰ καὶ ἄλλον, [2] οἷον· ἐγώ τις οὑτοσί.

[1] [οὐ τοῦτον ---- ἄλλον] R. [2] οἷον ἐγώ. τίς οὑτοσί; T. οἷον· ἐ. τ. οὑτοσί; R.

ἂν φέρωσιν οἱ δεόμενοι ἐν τοῖς δικαστηρίοις) αὐτοῖς (ἑαυτοῖς) παρ' ἑαυτῶν ἔρανον εἰς τὸν βίον παρὰ πάνθ', ὅσα πράττουσιν. Hoc est: Acta cujusque vitæ est ἔρανος, hoc est stips vel collecta, quam confert aliis, recepturus, cum opus fuerit: et hanc collectam omnes ab iis postulant, qui sui rationem haberi volunt. Puto, vocem ἑκάστους omissam a librario, et sic legendum: φέρειν ἑκάστους ἀξιοῦν. Sic fere Ovidius IV. de Ponto [III. 29.]

Quid facis, ah demens! Cur si Fortuna recedat,
Naufragio lacrymas eripis ipse tuo?

cum infido et obtrectatore amico expostulans. Wolf. De notione τοῦ ἐράνου, et quis sit πληρωτὴς ἐράνου, disputant bene multi, et locum idcirco præ manibus illustrant. Vid. Casaub. ad Athenæum VIII. 10. Ramirez de Prado, in Pentecontarch. c. 11. Spanhem. ad Callimach. Hymn. ad Cererem v. 73. Petit. ad LL. Attic. L. 5. tit. 7. Heraldum præcipue et Salmasium. Hunc de Usuris c. 3. iterumque pag. 679. in omissis, præcipue autem Observat. ad Jus Attic. et Rom. statim ab initio: Illum in Animadv. l. 6. c. 5. seqq. Taylor. Si vera hæc sit lectio, absurdam opinionem profert Orator. Nec enim omnes homines, sed boni solum, ἀξιοῦσι, æquum esse censent, ut præmium vita sua dignum a reliquis hominibus consequantur. Mali longe aliter sentiunt. Quod si legas ἄξιον pro ἀξιοῦν, planus erit sensus. *Ego enim opinor homines omnes ex seipsis dignam quasi stipem ad reliquam ferre vitam.* Malim vero, deleto τῷ παρ', rescribere ἄξιον αὐτῶν. Jurin. Sic lego et intelligo totum hunc locum qui intricatissimus est: ἐγὼ γὰρ οἶμαι πάντας ἀνθρώπους φέρειν ἄξιον παρ' αὐτῶν εἰς τὸν βίον αὐτοῖς ἔρανον, παρὰ πάνθ' ὅσα πράττουσιν· οὐ τ. μ. ο. σ. κ. ο. π. γ. τινες, ἀλλὰ καὶ ἄλλον· οἷον ἐγώ. τίς οὑτοσί; *Ego enim puto omnes homines referre sibi in vitam ab ipsis* (i. e. in vitam ipsorum) *secundum omnia quæcunque faciunt, dignum collectam, (non eam solum quam colligunt et cujus sunt collatores quidam, sed etiam aliam) verbi gratia, ego. Quis est hic?* i. e. Quis sum ego quem vos videtis, Athenienses? Auger. Vocabulum ἀξιοῦν sollicitat Reiskius, quia non appareat infra in loco gemino. De tota hac sententiæ iteratione vide Præfationem. Verbum ἀξιοῦν retinendum puto, et ἀξιοῦσι φέρειν sensu ita jungendum, ut fere habeatur pro φέρουσι, non autem subjecta diversa intelligantur ad ἀξιοῦν et φέρειν, quod jubent fieri H. Wolfius et Reiskius. ἀξιῶ φέρειν apud Atticos est: *sustineo, volo ferre.* V. loca Isocratis in Mori Indice. Spalding.

Οὗ] Codd. Regg. α. β. et Obsop. ὧν. Proinde quasi olim hic scriptum fuisset, uti in loco, qui huic plane germanus et consimilis est, §. νά. οὐχὶ τούσδε μόνους, οὓς συλλέγουσί τινες, καὶ ὧν πληρωταὶ γίγνονται etc. Taylor.

Πληρωταὶ] Πληρωτὴς quid sit, ex ipso nostro loco discas. Est is, qui confert stipem, non autem, qui colligit. Posteriorem interpretationem habet Hesychius, ex recentiorum fortasse temporum usu. Harpocration ἀποδιδόντας τὸν ἔρανον dictos esse πληρωτὰς ait. Nisi et hic et in loco infra legendo more ταυτολογεῖ orator, συλλέγειν aliud est, aliud πληροῦν ἔρανον. Spalding.

Ἄλλον] Locus ab οὐ τοῦτον ad ἀλλὰ καὶ ἄλλον abest ab August. pr. Potest ab eo allitus esse, qui conferret alterum illum infra positum. Ejicere tamen eum religio fuit, uncis tot verba notare nolui. Idem.

Οἷον ἐγὼ] Lege mecum: ἀλλὰ καὶ ἄλλον. οἷον, ἐγώ τις οὑτοσί; μέτριος πρὸς ἅπαντάς εἰμι etc. *Sed etiam aliam. Exempli gratia: Ego ille qualisnam? Æquus, comesque erga omnes.* Mox, v. 2. p. 74. pro ταῦτα, ταὐτὰ cum marg. Benen. et Ital. Taylor. Ex §. νά. patet, hunc locum ita distinguendum esse: καὶ ἄλλον. οἷον· Ἐγώ τις οὑτοσὶ, μέτριος πρὸς ἅπαντάς εἰμι, ἐλεήμων, εὖ ποιῶν τοὺς πολλούς; ἅπασι — ταὐτὰ — παραστῇ. Ἕτερος οὑτοσί τις, βίαιος — ἄνθρωπον; τούτῳ — ὑπάρχειν. Confer loca. Hanc distinctionem Wolfius non videns in Versione sua Demosthenem inducit de se ipso putide καυχώμενον. Rectiora eum docere potuisset vocabulum τις, per quod Demosthenes innuit *quemvis, quemlibet* transferre in se posse hanc gnomen, et se *ipsum* interrogare: *Ego hicce sumne æquus — erga omnes? Omnes igitur par est eadem tali rependere.* Et ita in sequenti sententia, de alio *quolibet. Alter hicce, quicumque sit, estne violentus* etc. Markland. Positus hic τοῦ τις obscuriorem mihi reddit vocem. Mallem, ut mox οὑτοσί τις, post οὑτοσὶ apparere. Sensus tamen certus: "Ego hujusmodi fere sum." Primam μέτριος πρὸς ἅπαντάς εἰμι, ἐλεήμων, εὖ ποιῶν πολλούς· ἅπασι προσήκει τῷ τοιούτῳ [1] ταῦτα εἰσφέρειν, ἐάν που καιρὸς, ἢ χρεία παραστῇ. ἕτερος οὑτοσί [2] τις· βίαιος, [3] ὠμὸς, οὐδένα οὔτ' ἐλεῶν, οὔθ' ὅλως ἄνθρωπον [4] ἡγούμενος. τούτῳ τὰς αὐτὰς φορὰς παρ' ἑκάστου δίκαιον ὑπάρχειν. σὺ [5] δὴ, πληρωτὴς τοιούτου γεγονὼς ἐράνου σεαυτῷ [6] τουτονὶ δίκαιος εἶ συλλέξασθαι.

κθ'. Ἡγοῦμαι τοίνυν, ὦ ἄνδρες Ἀθηναῖοι, καὶ εἰ μηδὲν ἔτ' ἄλλο κατηγορεῖν [7] εἶχον Μειδίου, μηδὲ δεινότερα ἦν, ἃ μέλλω λέγειν, ὧν εἴρηκα, δικαίως ἂν ὑμᾶς ἐκ τῶν εἰρημένων [8] καταψηφίσασθαι καὶ τιμᾶν αὐτῷ τῶν ἐσχάτων. οὐ μὴν ἐνταῦθ' ἕστηκε τὸ πρᾶγμα, οὐδ' ἀπορήσειν μοι δοκῶ τῶν μετὰ ταῦτα. τοσαύτην ἀφθονίαν οὗτος πεποίηκε κατηγοριῶν. ὅτι μὲν δὴ λειποταξίου γραφὴν κατεσκεύασε κατ' ἐμοῦ, καὶ τὸν τοῦτο ποιήσοντα ἐμισθώσατο, τὸν μιαρὸν καὶ λίαν εὐχερῆ, τὸν κονιορτὸν, Εὐκτήμονα, ἐάσω. καὶ γὰρ
οὔτ' ἀνεκρίνετο ταύτην ὁ συκοφάντης ἐκεῖνος, οὔθ' οὗτος οὐ- 548

[1] ταῦτα T. [2] τις; T. R. [3] Deest ὠμός. T. [4] ἡγούμενος ἄνθρωπον T.
[5] δὲ, πλ. τοῦ τοιούτου T. [6] τοῦτον T. [7] εἶχον κατηγορεῖν T. [8] καὶ καταψ. T.

personam cave ad Demosthenem trahas; est in genere dictum, quod loco gemino patet. SPALDING. Sed vide Not. §. να'.

Βίαιος] Βίαιος, ὠμὸς Ben. Var. Aug. Quod præstat. TAYLOR.

Δὲ] Lege δὴ cum Ital. Nam concludendi vim habet. Locus est συμπερασματικός. IDEM.

Τοῦτον δίκαιος] M. ταὐτὸν, *eundem*. AUGER.

κθ'. Καὶ καταψηφίσασθαι] Dele καὶ cum Baroc. Natum est enim ex voce, quæ sequitur. TAYLOR.

Οὐ μὴν ἐνταῦθ' ἕστηκε τὸ πρᾶγμα] *Nec vero hactenus negotium procedit, nec tamen hic res insistit*, sed porro progreditur. de οὐ μὴν, καὶ, οὐ μὴν, ἀλλὰ, vide Bud. in Comment. *Ex edit.* HERVAG.

Τὸν κονιορτὸν Εὐκτήμονα] Ad discrimen alterius fortassis Εὐκτήμονος, cujus fit mentio in Androtiana et Timocratea. Κονιορτὸν autem cognomentum esse puto τοῦ μιαροῦ καὶ λίαν εὐχεροῦς, ut si dicat hominem pluma leviorem. Κόνις est *Pulvis*, κονιορτὸς *pulvis a vento concitatus*, παρὰ τὸ ὄρσαι τὴν κόνιν. Quid si turbinem dicas? WOLF. Explicationem hanc mutuo sumsit a Scholiaste. Verum uterque falli videtur. Ἐπικλήσεις antiquorum plurimæ (*noms de guerre* vocant Galli) festive explicantur a duobus Comicis vetustioribus, Aristophonte sc. [apud Athenæum l. 6. p. m. 120.] et Anaxandride [ib. 122.] et bene mehercule factum, ut inter eas conservaretur quoque vox Κονιορτὸς, quam non a *levitate*, verum a *squallore* inditam discimus:

Πνίγος ὑπομεῖναι, καὶ μεσημβρίας λαλεῖν;
ΤΕΤΤΙΓΞ. ἐλαίῳ μήτε χρῆσθαι, μήθ' ὁρᾷν;
ΚΟΝΙΟΡΤΟΣ. ἀνυπόδητος ὄρθρου περιπατεῖν;
ΓΕΡΑΝΟΣ. καθεύδειν μηδὲ μικρόν; Νυκτερίς.

Et rursus:

χαίρει τίς αὐχμῶν ἢ ῥυπῶν;
Κονιορτὸς ἀναπέφηνεν. — TAYLOR.

Docet Taylorus ex reliquiis Comicorum apud Athenæum, κονιορτὸν appellatum fuisse, si quis gauderet sordibus et squallore. Absque hac auctoritate esset, a levitate potius hominem cognominatum, cum H. Wolfio crederem. SPALDING.

Καὶ γὰρ οὔτ' ἀνεκρίνετο ταύτην ὁ συκοφάντης ἐκεῖνος] *Neque enim ille calumniator ad diem affuit percunctationis solennis, ut rogaretur a magistratu*, quod perinde valet ac si diceret, accusationem pro derelicto δενὸς ἕνεκα αὐτὸν ἐμισθώσατο, πλὴν ἵν' ἐκκέοιτο πρὸ των ἐπωνύμων, καὶ πάντες ὁρῷεν. Εὐκτήμων Λουσιεὺς ἐγράψατο Δημοσθένην Παιανιέα λειποταξίου. καί μοι δοκεῖ κἂν προσγράψασθαι τοῦθ' ἡδέως, εἴ πως ἐνῆν, ὅτι Μειδίου μισθωσαμένου γέγραπται. ἀλλ' ἐῶ τοῦτο. ἐφ' ᾗ γὰρ ἐκεῖνος ἑαυτὸν [1] ἠτίμωκεν οὐκ ἐπεξελθὼν, οὐδεμιᾶς ἔγωγ' ἔτι προσδέομαι δίκης, ἀλλ' ἱκανὴν ἔχω.

λ'. Ἀλλ' ὃ καὶ δεινὸν, ὦ ἄνδρες Ἀθηναῖοι, καὶ σχέτλιον, καὶ κοινὸν ἔμοιγ' ἀσέβημα, οὐκ ἀδίκημα μόνον, τούτῳ πεπρᾶχθαι δοκεῖ, τοῦτ' ἐρῶ· τῷ γὰρ ἀθλίῳ καὶ ταλαιπώρῳ κακῆς καὶ χαλεπῆς συμβάσης αἰτίας Ἀριστάρχῳ τῷ Μόσχου, τὸ μὲν πρῶτον, ὦ ἄνδρες Ἀθηναῖοι, κατὰ τὴν ἀγορὰν περιιὼν, ἀσεβεῖς καὶ δεινοὺς λόγους ἐτόλμα περὶ ἐμοῦ λέγειν, ὡς ἐγὼ τὸ πρᾶγμά εἰμι τοῦτο [2] δεδρακώς. ὡς δ' οὐδὲν ἤνυε τούτοις, προσελθὼν τοῖς ἐπ' ἐκεῖνον ἄγουσι τὴν αἰτίαν

[1] ἠτίμωκεν αὐτὸν T.

[2] δεδρακὼς τοῦτο T.

habuit, cujus rei mulcta erat ignominiæ nota. erat enim simile aliquid jurisjurandi de calumnia. Erat autem in causis capitalibus ἀνάκρισις, cum delato nomine rei receptoque accusator interrogabatur a magistratu, an omnino constituisset accusationem prosequi, reumque peragere, an testes aut testimonia exhiberi postularet, et alia eodem pertinentia. idque ἀνακρίνειν a percunctando dicebatur. Ex Annotationibus posterioribus in Pandect. de quo verbo plura etiam in Comment. Bud. *Ex edit.* HERVAG.

Οὔτ' ἂν ἐκρίνετο] F. οὔτ' ἀνεκρίνετο ταύτην, sc. τὴν γραφὴν, *non disquisivit, criminis nullam inquisitionem suscepit.* WOLF. Editt. superiores præter Parisinam ἂν ἐκρίνετο. Male. Correxit Wolfius. Insederat etiam antiquitus in Demosthenis Codd. eadem prava lectio, a qua cavendum esse docet Scholiastes ad locum, qui etiam ibidem bene explicat, quid sit Ἀνάκρισις. Wolfius vim vocis in Interpretatione non expressit, neque enim potuit. TAYLOR. Ἔστιν ἡ ἀνάκρισις τὸ τοιοῦτον· ὅτε (f. ὅταν) τις ἀποθῆται γραφὴν, ἀνακρίνεται (ἐξετάζεται) πρὸ τοῦ δικαστηρίου παρὰ τοῖς ἄρχουσιν· εἰ ἐπέξεισιν; εἰ μάρτυρας ἔχει; εἰ χρήζει τοῦ παρεῖναί τινα; Ulpian. SPALDING.

Πλὴν ἵνα ἐκκέοιτο πρὸ τῶν ἐπωνύμων] Ex hoc loco satis patet, morem illum proponendi programmatis Athenis etiam fuisse. ἐκκέοιτο enim significat *expositum esse et proscriptum.* et in Orat. κατὰ Θεοκρίνου satis annotatum est, ἐκκειμένους esse τοὺς φαινομένους, hoc est, reos, qui *pendentes* Latinis dicuntur. Plura vide in Annot. in Pandect. *Ex edit.* HERVAG.

Ἐπωνύμων] Ἀνδριάντες ἦσαν τῶν ἡρώων, ἀφ' ὧν καὶ αἱ φυλαὶ ἐπώνυμοι ἦσαν. Ulpian. ad Leptineam. Collocatæ erant hæ statuæ in Ceramico urbico, prope curiam Quingentorum. Exponebantur ante statuas has leges rogandæ, et quicquid cum populo debebat communicari. Cf. F. A. Wolfius in Proll. ad Lept. p. 387. vol. II. SPALDING.

Ἠτίμωκεν] Σοφιστικῶς συνήγαγεν· ὁ μὴ ἐλέγξας ἐν δικαστηρίοις ἀτιμοῦται. οὗτος δὲ μὴ ἐπεξελθὼν, ἑαυτοῦ κατέγνω (videl. ἀτιμίαν). Ulpian. IDEM.

λ'. Μόσχου] Ἦν τὸ πρᾶγμα τοιοῦτον. Νικόδημός τις ἐκκοπεὶς τοὺς ὀφθαλμοὺς εὑρέθη νεκρὸς, Εὐβούλου τοῦ πολιτευομένου ὢν εἰς τὰ μάλιστα φίλος. ἐπεὶ οὖν ἐπολέμει (ὁ Εὔβουλος) τῷ ῥήτορι, καὶ οὗτος ἐκείνῳ ἐκ πολιτείας, ὑπωπτεύθη (ὁ ῥήτωρ), ὡς πείσας νέον ὄντα τὸν Ἀρίσταρχον ἐπιθέσθαι τῷ Νικοδήμῳ, καὶ διαφθεῖραι. — Σκοπεῖν ἄξιον τὴν ὑπερβολὴν τῆς φρονήσεως· οὔτε γὰρ φανερῶς ὡς κατήγορος (τοῦ Ἀριστάρχου) λέγει, φίλος γὰρ ἦν· οὔτε ὡς ἀπολογούμενος, ὕποπτον γὰρ (αὐτοῦ τοῦ Δημοσθένους, ὡς συμπράκτορος τοῦ φόνου τῷ Ἀρ. γεγονότος). ἀλλὰ μέσως ἀμφοῖν ἐχώρησεν· ἡ δὲ αἰτία, ἄδηλος, εἰ ἀληθής ἐστιν ἢ ψευδής. Ulpian. IDEM.

τοῦ φόνου, τοῖς τοῦ τετελευτηκότος οἰκείοις, χρήμαθ' ὑπι-
σχνεῖτο δώσειν; εἰ τοῦ πράγματος [1] αἰτιῷντο ἐμέ. καὶ οὔτε
θεοὺς, οὔθ' ὁσίαν, οὔτ' ἄλλο οὐδὲν ἐποιήσατ' ἐμποδὼν τῷ
τοιούτῳ λόγῳ· οὐδ' ὤκνησεν. ἀλλ' οὐδὲ, πρὸς οὓς ἔλεγεν,
αὐτοὺς ᾐσχύνθη, εἰ τοιοῦτο κακὸν καὶ τηλικοῦτον ἀδίκως
ἐπάγει τῳ. ἀλλ', ἕνα ὅρον θέμενος παντὶ τρόπῳ με ἀνελεῖν,
οὐδὲν ἐλλείπειν ᾤετο δεῖν, ὡς δέον, εἴ τις, ὑβρισθεὶς ὑπὸ
τούτου, δίκης ἀξιοῖ τυχεῖν, καὶ μὴ σιωπᾷ, τοῦτον ἐξόριστον
ἀνῃρῆσθαι, καὶ μηδαμῇ παρεθῆναι, ἀλλὰ καὶ λειποταξίου
γραφὴν ἡλωκέναι, καὶ ἐφ' αἵματι φεύγειν, καὶ μονονοὺ προσ- 549
ηλῶσθαι.

λά. Καίτοι ταῦθ' ὅταν ἐξελέγχηται ποιῶν, πρὸς οἷς
ὕβριζέ με χορηγοῦντα, τίνος συγγνώμης, ἢ τίνος ἐλέου δι-
καίως τεύξεται παρ' ὑμῶν; ἐγὼ μὲν γὰρ αὐτὸν, ὦ ἄνδρες
Ἀθηναῖοι, νομίζω αὐτόχειρά μου γεγενῆσθαι τούτοις τοῖς
ἔργοις· καὶ τότε μὲν, τοῖς Διονυσίοις, τὴν παρασκευὴν, καὶ
τὸ σῶμα, καὶ τὰ ἀναλώματα [2] πάνθ' ὑβρίζειν, νῦν δὲ
[3] [τούτοις] οἷς ἐποίει καὶ διεπράττετο, ἐκεῖνά τε, καὶ τὰ
λοιπὰ πάντα, τὴν πόλιν, τὸ γένος, τὴν ἐπιτιμίαν, τὰς

[1] αἰτιῷντο T. [2] Deest πάνθ'. T. [3] Absunt unci. T. R.

Ὁσίαν] Ita Editi et MSS. constantissime. Solus Wolfius ὅσιον. Noster §. λζ'. ὁ θεὸς — καὶ τὸ τῆς ὁσίας ὅ, τι δήποτ' ἐστὶ τὸ σεμνὸν, καὶ τὸ δαιμόνιον, συνηδίκηται. TAYLOR.

Ὤκνησεν] Interpunctionem Parisina antiquiorem reduxi, colo dirimentem οὐδ' ὤκνησεν ab antecedentibus. Epiphonema est, superadditum absolutæ sententiæ. "Ne dubitavit quidem" videl. omne fas abrumpere. SPALDING.

Δεῖν] Fateor meas aures non libenter admittere δεῖν, ὡς δέον, deinceps positum; fortasse quod Græco sermoni parum sunt assuetæ. Si abesset δεῖν (ut ex glossa natum), sensus τοῦ ᾤετο foret, quem vidimus supra §. κς'. *constituerat*, ἠξίου, hoc loco etiam facilior quam illo. cf. Morus ad Isocr. p. 64. N. *e*. IDEM.

Ἡλωκέναι] Usitatius quidem ἑαλωκέναι: sed Mœris utrumque, ἥλω et ἑάλω, admittit. IDEM.

Ἐφ' αἵματι φεύγειν] Φόνου δίκην ἔχειν. WOLF.

Προσηλῶσθαι] Προσηλοῦν, ἀνασταυροῦν. vid. Heysch. Alb. 2. p. 1045. SPALDING.

λά. Καίτοι ταῦθ' ὅταν ἐξελέγχηται ποιῶν, πρὸς οἷς ὕβριζέ με χορηγοῦντα] *Sed cum planum fecero hæc cum commisisse, qua tandem venia dignus erit?* Ubi καί τοι servit διαπορήσει. Id Cicero per *at* expressit in Ver. actione ult. "At quemadmodum ipse sese induit priore actione?" id est, quomodo sese indicavit ipse et prodidit? καί τοι ποῖον αὐτὸς τρόπον περιβέβληκεν ἑαυτὸν ἐν τῇ προτερολογίᾳ; Vide Com. Bud. *Ex edit.* HERVAG.

Ἐξελέγχηται] Melius cum Ven. Baroc. Lind. Reg. *a*. Obsop. Aug. Vindob. et Ital. ἐξελεγχθῇ. TAYLOR.

Τούτοις] Rarior forma (τούτοις οἷς ἐποίει) mutati accusativi, in relativo, cum antecedit ipsum demonstrativum: suppresso hoc, frequentissima. Attamen non ideo τούτοις, ut glossam, uncis inclusi; sed quia, eo sublato, νῦν cum ἐποίει conjungi poterit, quod sensus flagitat. Simplicius dixisset: τούτοις δὲ, ἃ νῦν ἐποίει: sed propter magnum, quod hic est, temporis momentum, νῦν antevertitur. Sic non erit, quare cum Reiskio de inversa vitiose structura queraris. SPALDING.

ἐλπίδας· εἰ γὰρ ἓν, ὧν ἐπεβούλευσε, κατώρθωσεν, ἁπάντων ἂν ἀπεστερήμην ἐγὼ, καὶ [1]μηδὲ ταφῆναι προσυπῆρχεν οἴκοι μοι. διὰ τί, ἄνδρες δικασταί; εἰ γὰρ, ἐάν τις, παρὰ πάντας τοὺς νόμους ὑβρισθεὶς ὑπὸ Μειδίου, βοηθεῖν αὐτῷ πειρᾶται, ταῦτα καὶ τοιαῦτα ἕτερ' αὐτῷ παθεῖν ὑπάρξει, προσκυνεῖν τοὺς ὑβρίζοντας, ὥσπερ ἐν τοῖς βαρβάροις, οὐκ ἀμύνασθαι, κράτιστον ἔσται.

λβ'. Ἀλλὰ μὴν, ὡς ἀληθῆ λέγω, καὶ προσεξείργασται ταῦτα τῷ βδελυρῷ τούτῳ καὶ ἀναιδεῖ, κάλει μοι τούτων τοὺς μάρτυρας.

ΜΑΡΤΥΡΕΣ.

Διονύσιος Ἀφιδναῖος, Ἀντίφιλος Παιανιεὺς, διαφθαρέντος Νικοδήμου, τοῦ οἰκείου ἡμῶν, βιαίῳ θανάτῳ ὑπὸ Ἀριστάρχου τοῦ Μόσχου, [2]ἐπεξῆμεν τοῦ φόνου τὸν Ἀρίσταρχον. αἰσθόμενος δὲ ταῦτα Μειδίας, ὁ νῦν κρινόμενος ὑπὸ Δημοσθένους, ᾧ μαρτυροῦμεν, ἔπειθεν ἡμᾶς, διδοὺς κέρματα, τὸν μὲν Ἀρίσταρχον ἀθῷον ἀφεῖναι, Δημοσθένει δὲ τὴν γραφὴν τοῦ φόνου παραγράψασθαι.

[1] οὐδὲ R. [2] ἐπεξῆμεν T.* ἐπεξῄειμεν R.

Διὰ τί, ἄ. δ.] Interrogat et non respondet recta, sed ἀποσιωπήσει utitur, cum Judices ipsi rem satis intelligant, Midiæ violentiam in causa esse. Wolf. Abrupta videtur quibusdam (ut Reiskio) oratio, nulla præsertim quæstioni subjecta responsione. Monet Buttmannus, abesse ὦ ante vocativum: idque ulceris vestigium esse putat. Tentat idem hæc: διὰ τί οὖν τις δικάσεται; pro διὰ — δικασταί. Elegans conjectura; quam mibi tamen non persuadet. Etiam magis hiare crederem argumentationem, nisi ad superiora respiceretur in illo διὰ τί; Neque additur ubique illud ὦ. Mente expleo sententias hunc in modum: διὰ τί — τοσαύτῃ συμφορᾷ περιπέσοιμι ἄν; Respondet aliquis: ὅτι ἠμύνω τὸν Μειδ. Regerit orator: Οὐδὲν λέγεις. εἰ γὰρ κ. τ. λ. Integras sententias subaudiri ante γὰρ, quod ad suppressa retro spectat quodammodo, notum est. Ergo cum Ulpiano, H. Wolfio, et Augero ἀποσιώπησιν et ego hic agnosco. Spalding.

λβ'. Διαφθαρέντος Νικοδήμου] Historiam hanc de cæde Nicodemi narrat Ulpianus ad locum, Scholiastes item ad Æschinem περὶ παραπρεσβ. §. 46. et Athenæus l. 13. Vide præterea eundem Æsch. ibid. §. 52. et Orat. c. Timarch. versus finem. Taylor.

Ἐπεξῆμεν] Ἐπεξῆμεν (sic Wolfius) pro ἐπεξῄειμεν, et fortasse τῷ Ἀριστάρχῳ. Τὸ γὰρ ἐπεξιέναι καὶ ἐπεξελθεῖν δοτικῇ συντάσσεται. Wolf. Rectissime ι subscripsit τῷ η H. Wolfius, quod perpetuo omitti, cum subscribendum est, in codd. maxime vetustioribus ad eandem formam, ᾖμεν, monet Brunckius ad Arist. Plut. 659. Pro singulari sua confidentia Reiskius de suo dedit ἐπεξῄειμεν. Idem, qui hic simplicissimam κράσεως formam non agnoscit, defendit insolentem mox structuram ἐπεξιέναι Ἀρίσταρχον acc. cas. pro Ἀριστάρχῳ, quod vult H. Wolfius. Vellem exemplis firmasset, quod ait etiam accusativo jungi ἐπεξιέναι. Mihi nullum ejusmodi structuræ succurrit. Spalding.

Ἔπειθεν] Πείθειν ἐπεχείρει. Wolf.

Κέρματα] Legendum videtur χρήματα. Nec enim verisimile est, Midiam nummis minutulis oblatis, sed notabili aliqua pecuniæ summa promissa, tantum facinus illis persuadere voluisse. Jurin. Non est nihili dubitatio Jurini de hoc vocabulo, qui malit χρήματα, cum absurdum videatur minutis numulis corrumpere hosce homines voluisse Midiam. Nisi forte indignatio est corruptionem rejicientium. Saltem difficilior vox non videtur faciliori mutanda esse. Spalding.

Δημοσθένει δὲ τὴν γραφὴν τοῦ φόνου παραγράψασθαι] Hoc in loco παραγράφομαι, non tam *præscribere* significat *et excipere*,

[1] Λαβὲ δή μοι καὶ τὸν περὶ τῶν δωρεῶν νόμον. ἐν ὅσῳ δὲ τὸν 550
νόμον, ὦ ἄνδρες Ἀθηναῖοι, λαμβάνει, βούλομαι μικρὰ
πρὸς ὑμᾶς εἰπεῖν, δεηθεὶς ὑμῶν [2] ἁπάντων· πρὸς Διὸς καὶ
θεῶν, ὦ ἄνδρες δικασταὶ, περὶ πάντων, ὧν ἂν ἀκούητέ
[3] μου, τοῦθ' ὑποθέντες ἀκούετε τῇ γνώμῃ, τί ἂν, εἴ τις
ἔπασχε τοιαῦθ' ὑμῶν, ἐποίει, καὶ τίνα ἂν εἶχεν ὀργὴν
ὑπὲρ αὐτοῦ πρὸς τὸν [4] ποιοῦντα. ἐγὼ γὰρ ἐνηνοχὼς χαλε-
πῶς ἐφ' οἷς περὶ τὴν λειτουργίαν ὑβρίσθην, ἔτι πολλῷ χα-
λεπώτερον, ὦ ἄνδρες Ἀθηναῖοι, τούτοις τοῖς μετὰ ταῦτα
ἐνήνοχα, καὶ μᾶλλον ἠγανάκτηκα. τί γὰρ ὡς ἀληθῶς πέ-
ρας ἂν φήσειέ τις εἶναι κακίας, [5] καὶ τίνα ὑπερβολὴν ἀναι-
δείας καὶ ὠμότητος καὶ ὕβρεως, ἄνθρωπος εἰ ποιήσας δεινὰ,
νὴ Δία, καὶ πολλὰ, ἀδίκως τινὰ, ἀντὶ τοῦ ταῦτ' ἀνα-
λαμβάνειν καὶ μεταγιγνώσκειν, ἔτι πολλῷ δεινότερα
[6] ὕστερον ἄλλα προσεξεργάζοιτο, καὶ χρῷτο τῷ πλουτεῖν,
μὴ ἐπὶ ταῦτα ἐν οἷς, μηδένα βλάπτων, [7] αὐτὸς ἄμεινόν τι
τῶν ἰδίων θήσεται, ἀλλ' ἐπὶ τἀναντία, ἐν οἷς ἀδίκως ἐκ-
βαλών τινα καὶ προπηλακίσας, [8] αὑτὸν εὐδαιμονιεῖ τῆς
περιουσίας; ταῦτα τοίνυν, ὦ ἄνδρες Ἀθηναῖοι, πάντα τού-
τῳ πέπρακται κατ' ἐμοῦ· καὶ γὰρ αἰτίαν ἐπήγαγέ μοι
φόνου ψευδῆ, καὶ οὐδὲν ἐμοὶ προσήκουσαν, ὡς τὸ πρᾶγμα
αὐτὸ ἐδήλωσε. Καὶ γραφὴν λειποταξίου με ἐγράψατο,
τρεῖς αὐτὸς τάξεις λελοιπώς. καὶ τῶν ἐν Εὐβοίᾳ πραγμά-

[1] λάβε T. R. [2] ἁπάντων, - - δικασταὶ, T. ἁπάντων πρὸς - - δικασταί· R. [3] Deest μου. T. [4] ποιοῦντα; T. [5] ἢ καὶ T. [6] Deest ὕστερον. T. [7] αὐτὸς R. [8] αὐτὸν R.

quam *acrusatiomem transcribere et transferre*, vel *Demosthenem præterea accusare, et in eum, præterito alio, accusationem crimenque intendere.* Plura in Commentariis Bud. ubi etiam περὶ παραγραφῆς ex Quintiliano. *Ex edit.* HERVAG.

Τὴν γραφὴν τοῦ φόνου π.] Ἀναθεῖναι τὴν αἰτίαν τοῦ φόνου. WOLF.

Παράγραψασθαι] Reiskium optime cepisse hujus vocabuli sensum credo. Est *præter jus et fas accusare.* SPALDING.

Λαβὲ] Oxytonum contra omnes edd. feci imperativum ex præcepto Mœridis. IDEM.

Λαμβάνει] De hujusmodi artificio oratorio in scriptis etiam orationibus extemporalitatem (τὸ αὐτοσχέδιον) simulandi, vide elegantem F. A. Wolfii disputationem ad Leptin. §. in. fin. Prætcr loca ibi tractata vid. Verr. lib. 3. c. 10. ubi nutus scribæ, et c. 25. ubi risus Apronii in judicio ipso, tangitur. Ulpianus quoque in nostro loco schema agnoscit. IDEM.

Ἁπάντων] Ita distinguendum: ὑμῶν ἁπάντων πρὸς Διὸς — ἀκούετε τῇ γνώμῃ. MARKLAND.

Ὑποθέντες] Ὑποθέντες τῇ γνώμῃ, τουτέστιν, οὕτω διανοηθέντες καὶ ὑπολαμβάνοντες. WOLF.

Τούτοις] Ἐπὶ τούτοις. MARKLAND. Vid. add. ἐπὶ ante τούτοις. AUGER. Malim cum Marklando et Reiskio, ἐπὶ præmitti τῷ τούτοις. SPALDING.

Ὑπερβολὴν] Rectius hæc et felicius vertit Hier. Ferro Italus: *Percioche che fine, per Dio, al far male* si *porrà, o che maggiore isfucciataggine, crudeltà, o ingiuria aspetteremo, che* etc. TAYLOR.

Ταῦτ' ἀναλαμβάνειν] Ἐπανορθοῦν καὶ μεταθέσθαι. WOLF.

των, — τουτὶ γὰρ αὖ μικροῦ παρῆλθέ [1] με εἰπεῖν —, ὁ
Πλούταρχος, ὁ τούτου ξένος καὶ φίλος, διεπράξατο, ὡς
ἐγὼ αἴτιός εἰμι, [2] κατεσκεύασε, πρὸ τοῦ τὸ πρᾶγμα γε-
νέσθαι πᾶσι φανερὸν διὰ Πλουτάρχου γεγονός· καὶ τελευ-
551 τῶν, βουλεύειν μου λαχόντος, δοκιμαζομένου κατηγόρει.
Καὶ τὸ πρᾶγμα εἰς ὑπέρδεινόν μοι περιέστη· ἀντὶ γὰρ τοῦ
δίκην, ὧν ἐπεπόνθειν, λαβεῖν, δοῦναι πραγμάτων, ὧν οὐδὲν
ἐμοὶ προσῆκεν, ἐκινδύνευον. καὶ ταῦτα πάσχων ἐγὼ, καὶ
τοῦτον τὸν τρόπον, ὃν διεξέρχομαι [3] νυνὶ πρὸς ὑμᾶς, ἐλαυ-
νόμενος, οὐκ ὢν οὔτε τῶν ἐρημοτάτων, οὔτε τῶν ἀπόρων
κομιδῇ, οὐκ ἔχω, ὦ ἄνδρες Ἀθηναῖοι, ὅ τι χρὴ ποιῆσαι. εἰ
γὰρ εἰπεῖν τι καὶ περὶ τούτων ἤδη δεῖ, οὐ μέτεστι τῶν
ἴσων, οὐδὲ τῶν ὁμοίων, ὦ ἄνδρες Ἀθηναῖοι, πρὸς τοὺς πλου-
σίους τοῖς πολλοῖς ἡμῶν· οὐ μέτεστιν· οὔ· ἀλλὰ καὶ χρό-
νοι τούτοις τοῦ δίκην ὑποσχεῖν, οὓς ἂν αὐτοὶ βούλωνται,
δίδονται· καὶ τἀδικήματα ἕωλα τὰ τούτων ὡς ὑμᾶς καὶ
ψυχρὰ ἀφικνεῖται. τῶν δ' ἄλλων ἡμῶν ἕκαστος, ἄν τι
συμβῇ, πρόσφατος κρίνεται. καὶ μάρτυρές εἰσιν ἕτοιμοι
τούτοις, καὶ συνήγοροι πάντες εὐτρεπεῖς καθ' ἡμῶν· ἐμοὶ
δὲ οὐδὲ τἀληθῆ μαρτυρεῖν ἐθέλοντας ὁρᾶτε ἐνίους.

λγ'. Ταῦτα μὲν οὖν εἴποι τις ἂν, οἶμαι, θρηνῶν. τὸν δὲ νόμον μοι λέγε ἐφεξῆς, ὥσπερ ἠρξάμην. Λέγε.

[1] μοι T. [2] κατεσκεύαζε T. [3] νῦν T.

Παρῆλθέ μοι] Με conjecit Cl. Wolfius, quo pacto legitur in optimo Aug. et Regg. α. β. Deinde legit etiam v. 5. λαχόντος καὶ δοκιμαζομένου, consentiente Barco. Taylor. cf. supra p. præc. not. λαμβάνει. Spalding.

Πλούταρχος] Plutarchus Eretriæ in Eubœa tyrannus contra Philippum Atheniensium opem imploraverat, cui suppetias ire ad suscipiendum bellum ἄδοξον καὶ δαπανηρὸν solus tum vetabat Demosthenes. Cum autem vinceretur ejus sententia, missæ sunt copiæ, Phocione et Hegesilao ducibus. Experti vero sunt deinde Athenienses, οἷα τῶν ὄντων ἀνθρώπων οὐδένες πώποτε πεπόνθασιν ὑπὸ τούτων, οἷς ἐβοήθησαν, deficientibus Eubœensibus, quippe qui libertati suæ timerent ab ipsis iis copiis Atheniensium. cf. Orat. Dem. de pace, §. β'. Idem.

Δοκιμαζομένου] Examen subire cogebantur, generis et ætatis et vitæ anteactæ, quicunque sorte senatores exiisent. Idem.

Ὁμοίων] Νόμων Obsop. Ital. et Vindob. Sed vulgata amplector. Modo, v. 14. pro τοῖς πολλοῖς, τοῖς λοιποῖς iidem Ital. et Vindob. Interea corrige ἡμῖν. Non enim dicitur *multi e nobis*, sed oppositio est inter τοὺς πλουσίους, et ἡμᾶς τοὺς πολλούς. Quod quantum intersit vel me silente animadvertis probe, mi bone Lector. Vide interea, quæ dixi ad §. μ'. fin. Taylor. Valde placet Taylori emendatio ἡμῶν mutantis in ἡμῖν. Non tamen dixerim, an frequenter apud scriptores pronomen postponatur, cum usitatissimum sit; ἡμῖν τοῖς πολλοῖς. Fortasse tamen ἡμῶν eundem habet sensum et est τ. π. ἡ. pro his, τοῖς πένησι τῶν Ἀθηναίων. Spalding.

Χρόνοι] *Moræ*, ut supra §. κδ'. in testimonio. Idem.

ΝΟΜΟΣ.

Ἐάν τις Ἀθηναίων λαμβάνῃ παρά τινος, ἢ αὐτὸς [1]διδῷ ἑτέρῳ· ἢ διαφθείρῃ τινὰς ἐπαγγελλόμενος, ἐπὶ βλάβῃ τοῦ δήμου, καὶ [2]ἰδίᾳ τινὸς τῶν πολιτῶν, τρόπῳ ἢ μηχανῇ ἡτινιοῦν, ἄτιμος ἔστω καὶ παῖδες καὶ τὰ ἐκείνου.

Οὕτω τοίνυν οὗτός ἐστιν ἀσεβὴς ἄνθρωπος καὶ μιαρὸς, καὶ
πᾶν ἂν ὑποστὰς εἰπεῖν καὶ πρᾶξαι, — εἰ δ' ἀληθὲς, ἢ
ψεῦδος, ἢ πρὸς ἐχθρὸν, ἢ [3]φίλον, [ἢ] τὰ τοιαῦτα, ἀλλ'
[4]οὐδ' ὁτιοῦν διορίζων —, ὥστ' ἐπαιτιασάμενός με φόνου, 552

[1] διδῷ T. [2] Deest ἰδίᾳ. T. [3] φίλον, ἢ T. φίλον ἢ, R. [4] οὐδοτιοῦν T. R.

λγ'. Ἐπὶ βλάβῃ] *Ad nocendum populo*, adde, *vel alicui civium*. Nam legendum puto: ἢ τινὸς τῶν πολιτῶν, non καὶ τινός. JURIN.

Καί τινος τῶν πολιτῶν] Ita lege, non καὶ διά τινος. Et [v. 7.] εἰπεῖν καὶ πρᾶξαι. hoc malo, quam διαπρᾶξαι, διαπράξασθαι facilius admitterem. Et εἴτ' ἀληθὲς, non- εἰ δ'. Et [p. 81. v. 3.] εἴασε δ' ἀρχιθεωροῦντα, ut et Ulpianus, et Obsopœus, et Felicianus habent, non ἀρχιερουντα. WOLF. Examinemus singula. Primo ab omnibus Codd. tam editis, quam MStis, alteram lectionem recipi video καὶ διά τινος. Codex Ital. cum habeat καὶ ἰδίᾳ τινὸς, idem velle videtur. Error enim vocis ἰδίᾳ oritur ex vicinia verbi præcedentis. Tu ipse, Wolfi, bene reddidisti lectionis antiquæ sensum in ista tua interpretatione: bene etiam Italus: *o per mezzo d' alcun cittadino*. Non nego itaque vim et genium tuæ correctionis, si per Codd. liceret. Deinde διαπρᾶξαι habent Editt. et MSti præstantiores, Felic. Man. Vindob. Obsop. et Aug. Forte καὶ δὴ πρᾶξαι, Simo Fabricius. Quod inutile et otiosum. Proxime εἰ δ' ἀληθὲς cum vulgatis, non εἴτ' ἀληθές. Si hæc verba usque ad διορίζων mecum parenthesi includas, illud rectissime se habere sentias. Ultimo, istud ἀρχιθεωροῦντα est probum, ἀρχιερουντα uno nititur Aldino. De ἀρχιθεωροῖς vide, quæ diximus ad Marmor Sandvicense. Hoc vero comma cum Italico Interprete, non cum Wolfio, vertas ita: *Hora costui è si impio, e scelerato huomo, et a fare et a dire ogni cosa cosi audace(ne se e vera o falsa, ne verso nimico o amico, e simil cose, fa niuna distintione) che quantunque m' habbia incolpato d' homicidio — nondimeno* etc. TAYL.

Ἢ τὰ τοιαῦτα] Forte καὶ τὰ τοιαῦτα. MARKLAND. Uncis inclusimus vocabulum ἢ, quod tenebras offundit loco alias clarissimo. Est enim, ut recte monet Reiskius, frequens apud Dem. forma subjiciendi, post longiorem variarum rerum enumeratarum seriem, τὰ τοιαῦτα, quo singula ea in unum comprehenduntur et quasi ἀνακεφαλαιοῦται. Ab hujusmodi locutione alienum esse ἢ me tacente unusquisque sentiat. Poterat autem facile a librario, aliud agente, iterari etiam hic. Reiskii ratio, qua hanc literam ita signat: ἢ, et putat pendere vocem ab εἰ, quod antecedit, auctoritate Græci sermonis carere mihi videtur, et debebat ille exempla conjunctivi huic particulæ (εἰ) juncti apponere; cf. Vig. Zeun. 490. et Hoogev. 227. Lectio est in margine Parisino, auctore carens illa, τοιαῦτα ἄλλα (pro τοιαῦτα, ἀλλ') quam neglexit Reiskius in varietate lect. Ea possit blandiri lectori, si quis immemor sit usus Demostheni peculiaris ἐν τοῖς: ἀλλ' οὐδ' ὁτιοῦν. ἀλλὰ ibi est pro mera intentione negationis, quasi dicas: non modo parum, *sed* ne minimum quidem. SPALDING.

Ὥστ' ἐπαιτιασάμενός με φόνου — περιεῖδε ταῖς σεμναῖς θεαῖς ἱεροποιὸν αἱρεθέντα] *Hic qui me cædis* crimine *reum facere instituit, cum ego a* curia *sacrificulus* tertius *designatus sum e numero omni* civium; *ut sacrum pro populo Deabus venerandis facerem* (sic enim Eumenidas appellabant) *nulla intercessione obstitit quo minus sacrificium auspicarer*. Purgare se vult Demosthenes suspicione conscientiæ cædis, quam ei inimicus objecerat. Summa autem fuit cura antiquis vindicandarum cædium. In curia enim Areopagitarum sacrum fiebat Eumenidibus, quas σεμνὰς θεὰς vocant, bene ominandi gratia. eas enim existimari volebant ejus esse curiæ præsides, in qua sicarii judicabantur, tanquam vindices, ultricesque hominum necatorum. Quibus sacrificuli ob id tres erant instituti, id est, ἱεροποιοί. Notandum præterea, quod in Areopago cædes consultæ judicabantur, id est, φόνοι ἐκ προνοίας, non autem, ἀκούσιοι. Plura vide in Annotationibus poster. in Pandect. *Ex edit.* HERVAG.

καὶ τοιοῦτο πρᾶγμα ἐπαγαγὼν εἴασε μέν με εἰσιτήρια ὑπὲρ τῆς βουλῆς ἱεροποιῆσαι, καὶ θῦσαι, καὶ κατάρξασθαι τῶν ἱερῶν ὑπὲρ ὑμῶν καὶ ὅλης τῆς πόλεως, εἴασε δ' ἀρχιθεωροῦντα ἀγαγεῖν τῷ Διῒ τῷ [1] Νεμείῳ τὴν κοινὴν ὑπὲρ τῆς πόλεως θεωρίαν· περιεῖδε δὲ ταῖς σεμναῖς θεαῖς ἱερο-

[1] Νεμίῳ T. R.

Εἰσιτήρια] Ἐγίγνετο θυσία μελλούσης εἰσιέναι τῆς βουλῆς εἰς τὸ βουλευτήριον, ὥστε κατὰ γνώμην ἀπαντῆσαι τῶν πραγμάτων τὴν σκέψιν· καὶ ταύτην ἐκάλουν εἰσιτήρια. Ulpian. SPALDING.

Νεμείῳ] Contra omnes edd. et Codd. ε inserui huic nomini. Nusquam enim invenio Δία Νέμιον, qui quam facile a male pronuntiante potuerit ex Νεμείῳ corrumpi, in promptu est. Ἀρχιθεωροῦντα recte sic exponit Ulpianus: ἄρχοντα θεωρόν. θεωροὶ δὲ ἦσαν οἱ τὰς θυσίας τοῖς ἔξω θεοῖς ἀποφέροντες. Nota *theoria* ex historia Socratis. IDEM.

Ταῖς σεμναῖς θεαῖς] Ταῖς Ἐριννύσιν ἢ Εὐμενίσι, Furiis, quæ κατ' εὐφημισμὸν Venerandæ Deæ vocantur. WOLF. Sollicitavit hunc locum Philippus Iacobus Maussacus doctus Vir in suis ad Harpocrationem notis, pag. 260. et adeo audacter pronunciat, eum esse corruptum, ut fere minetur plagas iis, qui contrarium sentiunt. Sed quibus viris? Ulpiano primum, antiquo Demosthenis scholiasti, deinde Budæo, Sigonio, et omni ferme Eruditorum catervæ. Operæ pretium est audire ejus verba. Sic igitur ille de hoc Demosthenis loco: *Quæ verba hactenus ita lacera et corrupta remanserunt, nec est ullus ex his, qui aliquid in Demosthenem contulerunt, qui non crediderit, veram esse hanc hujus loci lectionem, et qui non concluserit cum Ulpiano ex horum verborum auctoritate, tres tantum fuisse Dearum illarum* ἱεροποιούς. Ulpianus: τρεῖς δὲ ἴσως ὑπέστησεν, ἐπεὶ καὶ τρεῖς δοκοῦσιν εἶναι θεαί. *Eandem opinionem amplexati sunt viri doctissimi post illum, Budæus, Sigonius, et omnis ferme Eruditorum caterva. Nos primi monere volumus, textum Demosthenis esse corruptissimum, et non tres tantum Dearum illarum* ἱεροποιοὺς *fuisse, sed decem. Togam compone, lector, et te a regina veritate abduci patere. Verba Demosthenis sic corrigo:* περιεῖδε ταῖς σεμναῖς θεαῖς ἱεροποιὸν αἱρεθέντα ἐξ Ἀθηναίων ἁπάντων, καὶ περὶ τὸν αὐτὸν καιρὸν καταρξάμενον. *Ex* περὶ τὸν *fecerunt* τρίτον *Notarii, et vocem* καιρὸν *prætermisere. Quæ cum ita se habeant, corruit omne fundamentum, quo suffulta videbatur sententia prior; ex verbis enim Demosthenis conjiciebant omnes, tres tantum fuisse* ἱεροποιοὺς *Eumenidum. Sed non sufficit, corruisse fundamentum, nisi tota domus aut ædificium susque deque vertatur et pessundetur. Superest probandum, decem fuisse* ἱεροποιοὺς *Venerandarum Dearum, ut nostra melius adstruatur opinio: quod exsequimur breviter, ne vadimonium videamur deserere. Nam fidejussorem dabimus Dinarchum, qui est solvendo, et in Orat.* κατὰ Λυκούργου εὐθύνων, *quæ nobis periit, ita locutus est:* καὶ τὰς σεμνὰς θεὰς, αἷς ἐκεῖνος ἱεροποιὸς καταστὰς, δέκατος αὐτός. *Quisquis ille erit, qui in posterum ibit inficias, et hæc negare audebit, næ cerritus ille, et qui ad Prætorem et cognatos amandetur, dignus erit.* Hæc Maussacus maximo verborum apparatu, et satis quidem pro imperio minas agit cum omnibus literatis. Sed tandem modestius agat, et bacchari desinat, vel illi sua verba reddentur, et pro cerrito circumferri jubebitur, qui tam confidenter ex loco Dinarchi, et oratione, quæ non exstat, textum Demosthenis antiquissimis Ulpiani scholiis confirmatum, et optimum sensum habentem, mutare non erubescit, et ex τρίτον αὐτὸν facit καὶ περὶ τὸν αὐτὸν καιρὸν, sine necessitate, sine verisimilitudine, additis decem literis. Sed dicat, si potest, quare potius Demosthenes ex Dinarcho, quam Dinarchus ex Demosthene corrigendus: nam multo facilius ex δέκατος fiet τρίτος, quam ex τρίτον αὐτὸν fiat καὶ περὶ τὸν αὐτὸν καιρὸν, ut vult Maussacus. Sed demus, Dinarchi locum non esse ex Demosthene corrigendum, (quod facio lubens, utpote qui credam, utrumque locum esse sanum) quis nobis præs est, non variasse numerum τῶν ἱεροποιῶν, prout res exigebat, vel ex populi libitu, vel ex oraculorum monitis, vel ex vatum responsis? Quis denique negare potest, non potuisse ex illis decem, de quibus loquitur Dinarchus, (si numerus ille fuit ordinarius et status, quod non probatur) populum tres eligere ἐξαιρέτους ad sacrificium quoddam, vel ad θεωρίαν, i. e. *sacrum legationem*, vel aliud quod ministerium sacrum exsequendum? Certe quod ait Demosthenes τρίτον αὐτὸν, non παρέλκει, sed ad ejus dignitatem augendam ποιὸν αἱρεθέντα ἐξ Ἀθηναίων ἁπάντων τρίτον αὐτὸν, καὶ καταρξάμενον τῶν ἱερῶν. ἆρ' ἂν, εἴγ' εἶχε στιγμὴν, ἢ σκιὰν τούτων, ὧν κατεσκεύαζε κατ' ἐμοῦ, ταῦτ' ἂν εἴασεν; ἐγὼ μὲν οὐκ [1]οἴομαι· οὐκοῦν ἐξελέγχεται τούτοις ἐναργῶς, ὕβρει ζητῶν με ἐκβαλεῖν ἐκ τῆς [2]πόλεως. ἐπειδὴ τοίνυν τοῦτο τὸ πρᾶγμα οὐδὲ καθ' ἓν, πανταχῇ στρέφων, οἷός τ' ἦν ἀγαγεῖν ἐπ' ἐμὲ, φανερῶς ἤδη δι' ἐμὲ τὸν Ἀρίσταρχον ἐσυκοφάντει, καὶ τὰ μὲν ἄλλα σιωπῶ· τῆς δὲ βουλῆς περὶ τούτων καθημένης, καὶ σκοπουμένης, παρελθὼν οὗτος· ἀγνοεῖτ', ἔφη, τὸ πρᾶγμα, ὦ [3]βουλή; καὶ τὸν αὐτόχειρα ἔχοντες, λέγων τὸν Ἀρίσταρχον, μέλλετε καὶ ζητεῖτε, καὶ [4]τετύφωσθε; οὐκ ἀποκτενεῖτε; οὐκ ἐπὶ τὴν οἰκίαν βαδιεῖσθε; οὐχὶ συλλήψεσθε; καὶ ταῦτ' ἔλεγεν ἡ μιαρὰ καὶ ἀναιδὴς αὕτη κεφαλὴ, ἐξεληλυθὼς τῇ προτεραίᾳ, παρ' Ἀριστάρχου, καὶ χρώμενος ὥσπερ ἂν ἄλλος τις αὐτῷ τὰ πρὸ τούτου, καὶ, ὅτ' ηὐτύχει, πλεῖστα παρεσχηκότος πάντων ἐκείνου πράγματά μοι, περὶ τῶν πρὸς τοῦτον διαλλαγῶν.

λδ'. Εἰ μὲν οὖν εἰργάσθαι τι τούτων, ἐφ' οἷς ἀπόλωλεν, ἡγούμενος τὸν Ἀρίσταρχον, καὶ πεπιστευκὼς τοῖς τῶν αἰτιασαμένων λόγοις, ταῦτ' ἔλεγε· χρῆν μὲν οὐδ' οὕτω. με-

[1] οἶμαι T. [2] πατρίδος T. R. [3] βουλὴ, T. [4] τετύφωσθε. T.

pertinet: nam quo pauciores fuerant, eo digniores videbantur, et phrasis τρίτος αὐτὸς manat ex puriore Hellenismo. Ea usus est sæpe Thucydides. Sed et ipse Dinarchus in loco a Maussaco citato, δέκατος αὐτὸς, debebat monere eum, ut pruritum suum corrumpendi, non corrigendi, Demosthenis sedaret, et ab hoc loco manus suas contineret. Ego certe cum Ulpiano, Budæo, Sigonio, malo cerritus vocari, quam esse Maussaci nimiæ confidentiæ hoc loco συνθιασώτης. PALMER. Maussacus, notante eruditissimo Valesio, emendationem suam ex Etym. M. mutuo sumsit, qui ita laudat hunc locum Demosthenis. Ineptam tamen crisin vocat idem Valesius, hominemque ait modestius egisse, si contentus fuisset dicere, καὶ τρίτον αὐτὸν καταρξάμενον τῶν ἱερῶν, in qua emendatione tantum καὶ transponitur. TAYLOR. οὕτω καλοῦσιν Ἀθηναῖοι τὰς Ἐριννύας. Harpocration. Vocem ἱεροποιὸς vide expositam §. μζ'. fin. Not. SPALDING.

Ἐξελέγχεται] Restitui ex Edit. Benenati et MSS. Baroc. Lind. Vindob. et Ital. Vulgo ἐξελέγξεται. TAYLOR.

Πόλεως] Veriorem lectionem credo hanc Paris. ε. vulgata πατρίδος. SPALDING.

Δι' ἐμὲ] Cum Demosthenem ipsum non posset, amicum ejus vexavit. Non multo post, in eandem sententiam dicit, §. λδ'. λέγων δὲ καὶ καταιτιώμενος ταῦτα ἕνεκα τοῦ συκοφαντεῖν ἐμέ. In variis lectionibus annotatum est δι' ἐμοῦ [ita legunt MSS. Ald. Felic. et Manut. Regg. α. β. ε. Ital. Vind. Lindenb. Baroc. et Ulpianus] sed illud melius. Μετ' ἐμὲ, *post me*, vel, *me relicto*, rectius legi videretur. WOLF. Fallitur Vir doctissimus: δι' ἐμὲ bene explicatur in sequentibus, §. λδ'. ἕνεκα τοῦ συκοφαντεῖν ἐμέ. TAYLOR. Wolfius: *me relicto*. Immo: *mea causa*, vel, *propter me*, nempe ut facti invidiam ad me derivaret. JURIN.

λδ'. Χρῆν μὲν οὐδ' οὕτω] Legendum ἐχρῆν. IDEM.

553 τρία γὰρ δίκη παρὰ τῶν φίλων ἐστὶν, ἄν τι δοκῶσι πεποιηκέναι δεινὸν, μηκέτι τῆς λοιπῆς φιλίας κοινωνεῖν. τὸ δὲ τιμωρεῖσθαι καὶ ἐπεξιέναι, τοῖς πεπονθόσι καὶ τοῖς ἐχθροῖς καταλείπεται. ὅμως δ᾽ ἔστω τούτῳ γε συγγνώμη. εἰ δὲ [1] ἁλῶν μὲν κοινωνήσας, καὶ ὁμωρόφιος γενόμενος, ὡς οὐδὲν εἰργασμένῳ, φανήσεται, λέγων δὲ καὶ καταιτιώμενος ταῦθ᾽ ἕνεκα τοῦ συκοφαντεῖν ἐμέ· πῶς οὐ δεκάκις, μᾶλλον δὲ μυριάκις, ἔστ᾽ ἀπολωλέναι δίκαιος; ἀλλὰ μὴν ὡς ἀληθῆ λέγω, καὶ τῇ [2] μὲν προτεραίᾳ, ὅτε ταῦτ᾽ ἔλεγεν, εἰσεληλύθει, καὶ διείλεκτο ἐκείνῳ· τῇ δ᾽ ὑστεραίᾳ πάλιν [3] αὖ — τοῦτο γὰρ, τοῦτο οὐκ ἔχον ἐστὶν ὑπερβολὴν ἀκαθαρσίας, ἄνδρες Ἀθηναῖοι — εἰσελθὼν οἴκαδε ὡς ἐκεῖνον, καὶ ἐφεξῆς οὑτωσὶ καθεζόμενος, τὴν δεξιὰν ἐμβαλὼν, παρόντων πολλῶν, μετὰ τοὺς ἐν τῇ βουλῇ τούτους λόγους, ἐν οἷς αὐτόχειρα, καὶ τὰ δεινότατα εἰρήκει τὸν Ἀρίσταρχον, ὤμνυε μὲν κατ᾽ ἐξωλείας μηδὲν εἰρηκέναι περὶ αὐτοῦ φλαῦρον, καὶ οὐδὲν ἐφρόντιζεν ἐπιορκῶν, καὶ ταῦτα παρόντων τῶν συνειδότων· ἠξίου δὲ καὶ πρὸς ἐμὲ [4] αὐτῷ δι᾽ ἐκείνου γίγνεσθαι τὰς διαλύσεις· καὶ τούτων τοὺς παρόντας ὑμῖν καλῶ [5] μάρτυρας. Καίτοι πῶς οὐ δεινὸν, ὦ ἄνδρες Ἀθηναῖοι, μᾶλλον

[1] λαλῶν μὲν, καὶ ὁμωρ. γιγνόμενος T. *ἀλῶν μὲν κοινωνὸς, καὶ ὁμωρ. γιγνόμενος R.
[2] Deest μέν. T. [3] Deest αὖ. T. [4] αὑτῷ R.
[5] μάρτυρας. ΜΑΡΤΥΡΕΣ. T. μάρτυρας. [Μάρτυρες.] R.

Ὅμως δ᾽ ἔστω τούτῳ] S. τῷ γενομένῳ τούτῳ, τῷ Μειδίᾳ βδελυρῷ ὄντι ἀνθρώπῳ, καὶ ἀλογίστως πάντα τολμῶντι. Melius hoc quam τοῦτό γε. WOLF.

Τούτῳ] Τούτων. MARKLAND. Puto τούτου. JURIN.

Εἰ — γενόμενος] Expressi locum ut exhibetur ab Henr. Stephano in Thesauro ad voc. ἅλς. Dicit ille sic legi eum in optimis et vetustissimis Codd., qui sunt profecto Parisini ii, quibus si ad finem usque uti per vitam licuisset Morelio in emendando Demosthene, jam diu in ora editionis Parisinæ vidissemus præstantissimam hanc lectionem. Nunc Lambinus vicarius illius diligentiæ acoitus, levi, quod aiunt, brachio negotium tractans, neglexit unicum hujus loci constituendi præsidium. Reiskius, qui Stephanum non videtur evolvisse, in eandem fere lectionem conjectura incidit ingeniosissima, deductus scriptura Aug. pr. ubi legitur αλῶν sine spiritu. Vulgata sic habet: εἰ δὲ, λαλῶν μὲν καὶ ὁμωρόφιος γιγνόμενος. ἁλῶν κοινωνεῖν est mensæ consortem, convivam alicujus esse. SPALDING.

Τῇ προτεραίᾳ ὅτε] F. τῇ προτεραίᾳ ἢ ὅτε. Vid. Lect. Lysiac. cap. 1. deinde τῇ θ᾽ ὑστεραίᾳ πάλιν. TAYLOR. Ita quoque Augerus.

Τοῦτο γὰρ, τοῦτο οὐκ ἔχον ἐστὶν ὑπερβολὴν ἀκαθαρσίας] *Hoc scelus nullo scelere superari potest.* opponitur enim τῇ ἐλλείψει ἡ ὑπερβολή. De quo etiam κατὰ Ἀφόβου. *Ex* edit. HERVAG.

Μηδὲν εἰρηκέναι περὶ αὐτοῦ φλαῦρον] Φλαῦρον et φαῦλον in MSS. sæpius confunduntur, uti in hoc loco, et rursus §. λέ. Earum autem vocum significationes diremit Eranius Philo, quem nuper edidit bono rei literariæ natus Cl. Valckenaer: φλαῦρον καὶ φαῦλον διαφέρει. φλαῦρον μὲν γάρ ἐστι τὸ μικρὸν καὶ κοῦφον κακόν. φαῦλον δὲ τὸ μέγα. Quod quam recte dixit, non definio. TAYLOR.

Αὐτῷ] Αὑτῷ, *sibi ipsi*. MARKLAND.

Μάρτυρες] Vix credo, hic adesse Testes, qui infra de hac re adducuntur, sc. §. λέ.

δὲ ἀσεϐὲς, λέγειν ὡς φονεὺς, καὶ πάλιν, ὡς οὐκ εἴρηκε ταῦτ', ἀπομνύναι· καὶ φόνον μὲν ὀνειδίζειν, τούτῳ δ' ὁμωρόφιον γίγνεσθαι; κἂν μὲν ἀφῶ τοῦτον ἐγὼ, καὶ προδῶ τὴν ὑμετέραν καταχειροτονίαν, οὐδὲν, ὡς ἔοικεν, ἀδικῶ. ἂν δ' ἐπεξίω, λέλοιπα τὴν τάξιν, φόνου κοινωνῶ, δεῖ με ἀνηρπά- 554
σθαι. ἐγὼ δ' αὖ τοὐναντίον [1]οἴομαι· εἰ τοῦτον ἀφῆκα, λελοιπέναι μὲν, ὦ ἄνδρες Ἀθηναῖοι, τὴν τοῦ δικαίου τάξιν, φόνου δ' ἂν εἰκότως ἐμαυτῷ λαχεῖν. οὐ γὰρ ἦν μοι δήπου βιωτὸν τοῦτο ποιήσαντι.

λέ. Ὅτι τοίνυν καὶ ταῦτ' ἀληθῆ λέγω, κάλει μοι καὶ τούτων τοὺς μάρτυρας.

ΜΑΡΤΥΡΕΣ.

Λυσίμαχος [2]Ἀλωπεκῆθεν, Δημέας Σουνιεὺς, [3]Χάρης Θορίκιος, Φιλήμων Σφήττιος, Μόσχος Παιανιεὺς, καθ' οὓς καιροὺς ἡ εἰσαγγελία ἐδόθη, ἡ εἰς τὴν βουλὴν ὑπὲρ Ἀριστάρχου τοῦ Μόσχου, ὅτι εἴη Νικόδημον ἀπεκτονὼς, οἴδαμεν Μειδίαν, τὸν κρινόμενον ὑπὸ Δημοσθένους, ᾧ μαρτυροῦμεν, ἐλθόντα πρὸς [4] βουλὴν, καὶ λέγοντα, μηδένα ἕτερον εἶναι τὸν Νικοδήμου φονέα, ἀλλ' Ἀρίσταρχον, καὶ τοῦτον αὐτὸν γεγονέναι αὐτόχειρα· καὶ συμβουλεύοντα τῇ βουλῇ βαδίζειν ἐπὶ τὴν οἰκίαν τὴν Ἀριστάρχου, καὶ συλλαμβάνειν αὐτόν. ταῦτα δὲ ἔλεγε πρὸς τὴν βουλὴν, τῇ προτεραίᾳ μετ' Ἀριστάρχου καὶ μεθ' ἡμῶν συνδεδειπνηκώς. οἴδαμεν δὲ καὶ Μειδίαν, ὡς ἀπῆλθεν ἀπὸ τῆς βουλῆς, τούτους τοὺς λόγους εἰρηκὼς, εἰσεληλυθότα πάλιν ὡς Ἀρίσταρχον, καὶ τὴν δεξιὰν [5][ὡς] ἐμβεβληκότα· καὶ ὀμνύ-

[1] οἶμαι T. [2] Ἀλωπεκῆθεν T. [3] Χιάρης T. [4] τὴν βουλὴν T. R. [5] ὡς T. R.

Error est Scribæ post vocem consimilem repetentis. Inter hæc duo testimonia nihil nove allegatur, nihil, quod Testium fide comprobari postulavit. TAYLOR. Dele titulum ΜΑΡΤΥΡΕΣ, quia nondum prodeunt testes. AUGER.

Ἀνηρπάσθαι] "Subito et ita e medio tolli, ut vel in exilium, in loca ignota aveharis, vel etiam morti et supplicio tradaris. Quod Tacitus dicit Ann. II. 77. 'ut te inauditum et indefensum - - - primo rumore rapiant.' et Ammianus XV. 5. 65. 'alter ab oriente raptus odiis inimicorum addiceretur.'" D'Orville ad Charit. Aphrod. Lib. IV. cap. VI. p. 416.

Φόνου etc.] Πότερον ἐμαυτὸν ἐμαυτῷ? Quod est aut absurdum, aut ὑπερβολικώτερον. An λαχεῖν τινά? Quia λαγχάνεσθαι dicere noluit, etsi εἰληγμέναι δίκαι reperitur. WOLF. Nihil *absurdum*, aut ὑπερβολικώτερον in isto ἐμαυτὸν ἐμαυτῷ φόνου δίκην λαχεῖν. Sensus est: *si istum dimisissem, jure mihi ipsi dicam homicidii scripsisse viderer.* Proinde tu Wolfii et mentem et interpretationem mecum corrigas. TAYLOR.

λέ. Χάρης] Obsecutus sum Reiskio nomen, quod est in omnibus edd. Χιάρης, de conjectura mutanti. Quod legitur in libris, ignotum plane est, hoc notissimum inter Athenienses. SPALDING.

Ὑπὲρ] Hic iterum malim περὶ, ut supra §. θ'. IDEM.

Ἀλλ' Ἀρίσταρχον] Ἀντὶ τοῦ, ἤ. WOLF.

Αὐτὸν] Αὐτοῦ, ut §. λά. αὐτόχειρά μου. MARKLAND. Ita Manut. Obsop. Reg. *a.* et Cod. Vindob. TAYLOR.

Εἰρηκὼς] Ita pro εἰρηκότα, juxta auctoritatem omnium Editt. et MSS. præter Aldum. Verissime interpretatus est Wolfius, textum reformare aut neglexit, aut dubitavit. IDEM.

Ὡς ἐμβεβληκότα] Interpres *sic injecta dextra.* Proinde ut in superioribus, ἐφεξῆς οὑτωσὶ καθεζόμενος. i. e. *Negligenter*, temere, quod Wolfius ibi in versione non debuit omittere. D. Ioannes IV. 6. ἐκα-

οντα κατ' ἐξωλείας μηδὲν κατ' αὐτοῦ πρὸς τὴν βουλὴν εἰρηκέναι φαῦλον, καὶ ἀξιοῦντα 'Αρίσταρχον, ὅπως ἂν διαλλάξῃ αὐτῷ Δημοσθένην.

Τίς οὖν ὑπερβολή; τίς ὁμοία τῇ τούτου γέγονεν, ἢ γένοιτ' ἄν, πονηρία; ὃς ἄνδρα ἀτυχοῦντα, οὐδὲν αὐτὸν ἠδικηκότα, — ἐῶ γὰρ [1] εἰπεῖν φίλον —, ἅμα συκοφαντεῖν ᾤετο δεῖν,
555 καὶ πρὸς ἐμὲ αὐτὸν διαλύειν ἠξίου, καὶ ταῦτ' ἔπραττε, καὶ χρήματ' ἀνήλισκεν, ἐπὶ τῷ μετ' ἐκείνου κἀμὲ προσεκβαλεῖν ἀδίκως;

λς'. Τοῦτο μέντοι τὸ τοιοῦτον ἔθος καὶ τὸ κατασκεύασμα, ὦ ἄνδρες 'Αθηναῖοι, τὸ τοῖς ὑπὲρ αὐτῶν ἐπεξιοῦσι δικαίως ἔτι πλείω περιϊστάναι κακὰ, οὐκ ἐμοὶ μὲν ἄξιόν ἐστ' ἀγανακτεῖν καὶ βαρέως φέρειν, ὑμῖν δὲ τοῖς ἄλλοις παριδεῖν· πολλοῦ γε καὶ δεῖ· ἀλλὰ πᾶσιν ὁμοίως ὀργιστέον, ἐκλογιζομένοις καὶ θεωροῦσιν, ὅτι τοῦ μὲν, ὦ ἄνδρες 'Αθηναῖοι, ῥᾳδίως κακῶς παθεῖν ἐγγύτατα ἡμῶν εἰσὶν οἱ πενέστατοι, καὶ ἀσθενέστατοι. τοῦ δ' ὑβρίσαι, καὶ τοῦ ποιήσαντάς [2] τι μὴ δοῦναι δίκην, ἀλλὰ τοὺς ἀντιπαρέξοντας πράγματα μισθώσασθαι, οἱ βδελυροὶ καὶ χρήματ' ἔχοντές [3] [εἰσιν ἐγγυτάτω]. οὐ δὴ δεῖ παρορᾷν τὰ τοιαῦτα, οὐδὲ τὸν ἐξείρ-

[1] εἰ T. [2] Deest τι. T. [3] Absunt unci. T.

θέζετο οὕτως ἐπὶ τῇ πηγῇ. *Jacentes* sic *temere*, Horatius, L. II. Od. XI. Observabis tamen illud οὑτωσὶ dici, hoc ὡς, quod longe secus. Tu delebis, me fidejussore. Annotavit olim nescio quis, istud εἰρηκότα scribi in nonnullis εἰρηκὼς (ut scribi debuit) nimirum — ως pro — οτα: verum deceptus ὁμοιοτελευτῇ verborum, crisin suam apposuit juxta alteram vocem ἐμβεβληκότα, deinde in textum irrepsit et in hunc diem ibi inveteravit. Taylor. *Ut erat* Ovid. Metam. sæpe. H. Stephan. Conformité du langage François avec le Grec. pag. 86. ubi ostendit οὕτως hic valere ὡς ἔτυχεν. Ita Lucian. in Asino. διὰ τί οὕτω καθέζῃ. v. Chrysost. ad locum Ioannis. *In schedis* Idem.

'Ως] Turbat orationem vox, quam uncis inclusi. Satis apparet, quomodo potuerit ex proximis irrepere. Abest ab iisdem hisce verbis supra ab ipso Demosthene pronuntiatis. Mirare autem, quam geminum hoc testimonium sit iis, quæ dixerat orator. Dicas contextum esse ab aliquo Grammatico ex iis ipsis; modo constaret, unde nomina testium rescierit ille. Spalding. ὡς del. vid. Auger.

Αὐτὸν] Αὑτὸν, *se*. Markland.

λς'. 'Αλλὰ πᾶσιν ὁμοίως ὀργιστέον· ἐκλογιζομένοις κ. τ. λ.] Πάντας ὁμοίως ὀργίζεσθαι προσήκει τοῖς ὑβρισταῖς καὶ ἐκλογίζεσθαι. Constructio est τοῦ θετικοῦ ἐπιῤῥήματος, οὐχὶ δὲ ἡ τοῦ ῥήματος ἰδία. etsi id ipsum etiam dativum postulat, ut ἐγὼ ὀργίζομαι τοῖς ὑβρισταῖς, ὀργιστέον ἐμοὶ τοῖς ὑβρισταῖς. Observetur et participium dandi casu positum, ut cum verbi constructione consentiat. Alias plerumque accusativo, ταῦτ' ἐγνωκότας καὶ λογιζομένους, et ἐνθυμουμένους, cum sc. verba præcedentia accusativum postulant. Wolf.

Καὶ τοῦ ποιήσαντας μὴ δοῦναι δίκην] Legendum: καὶ τοῦ κακῶς ποιήσαντας μὴ δοῦναι δίκην. Opponitur nimirum τὸ κακῶς ποιήσαντας, τῷ supra posito κακῶς παθεῖν. Jurin.

Εἰσιν ἐγγυτάτω] Nefas duxi signata verba sine uncis, qui a Reiskio jam additi erant, dimittere. Vix enim potuerunt proficisci a Demosthene. Spalding.

γοντα δέει καὶ φόβῳ τὸ δίκην, ὧν ἂν ἡμῶν ἀδικηθῇ τις, λαμβάνειν παρ᾽ αὐτοῦ, ἄλλο τι χρὴ νομίζειν ποιεῖν, ἢ τὰς τῆς ἰσηγορίας, καὶ τὰς τῆς ἐλευθερίας ἡμῶν μετουσίας ἀφαιρεῖσθαι. ἐγὼ μὲν γὰρ ἴσως διεωσάμην, καὶ ἄλλος τις ἄν, ψευδῆ λόγον καὶ συκοφαντίαν, καὶ οὐκ ἀνήρπασμαι. οἱ δὲ πολλοὶ τί ποιήσετε, ἂν μὴ δημοσίᾳ πᾶσι φοβερὸν καταστήσητε τὸ εἰς ταῦτα ἀποχρῆσθαι τῷ πλουτεῖν; δόντα λόγον, καὶ ὑποσχόντα κρίσιν, περὶ ὧν ἄν τις ἐγκαλῇ, τότ᾽ ἀμύνεσθαι τοὺς ἀδίκως [1]ἐπ᾽ αὐτὸν ἐλθόντας χρή, καὶ τότ᾽, ἂν ἀδικοῦντας ὁρᾷ τις, οὐ προαναρπάζειν, οὐδ᾽ ἐπάγοντ᾽ αἰτίας ψευδεῖς, ἄκριτον ζητεῖν ἀποφεύγειν, οὐδ᾽, ἐπὶ τῷ διδόναι δίκην ἀσχάλλειν, ἀλλὰ μὴ ποιεῖν [2]ἐξαρχῆς ἀσελγὲς μηδέν.

λζ΄. Ὅσα μὲν τοίνυν εἴς τε τὴν λειτουργίαν καὶ τὸ σῶμα ὑβρίσθην, καί, πάντ᾽ ἐπιβουλευόμενος τρόπον, καὶ πάσχων κακῶς, ἐκπέφευγα, ἀκηκόατε, ὦ ἄνδρες Ἀθηναῖοι, 556 καὶ παραλείπω δὲ πολλά. οὐ γὰρ ἴσως ῥᾴδιον πάντ᾽ εἰπεῖν. ἔχει δ᾽ οὕτως· οὐκ ἔσθ᾽ ἐφ᾽ ὅτῳ τῶν πεπραγμένων ἐγὼ μόνος ἠδίκημαι, ἀλλ᾽ ἐπὶ μὲν τοῖς εἰς τὸν χορὸν γεγενημένοις ἀδικήμασιν, ἡ φυλή, τὸ δέκατον μέρος ὑμῶν, συνηδίκηται· ἐπὶ δ᾽ οἷς ἐμὲ ὕβρισε καὶ ἐπεβούλευσεν, οἱ νόμοι, δι᾽ οὓς

[1] ἐφ᾽ αὐτὸν T. [2] ἐξ ἀρχῆς T.

Τὸ δίκην] Quære, annon τοῦ δίκην — λαμβάνειν. MARKLAND.

Τὰς] Displicet accusativus articuli repetitus ante μετουσίας. Poterat facile ille se insinuare inter tot sui generis voculas. SPALDING.

Δόντα] Margo Berolinensis post hanc vocem inserit δέ. Mollior videtur cum eo transitus. IDEM.

Καὶ τότε ἂν ἀδικοῦντας ὁρᾷ τις] F. καὶ ὅταν, vel ὁπόταν ἀδικοῦντά σε ὁρᾷ τις. WOLF. Editt. omnes et MSti plurimi constanter, ut ego editum curavi. Scriptura, quam nulla auctoritate munitus adeo tuetur Wolfius, planissimam et expeditissimam periodum nobis intricatam præstitit. Hem! vide, quantum præstet Lectio nostra: *Si quis te criminetur, sine de te judicium capi; quod ubi diligenter celebratum fuerit, post tuam causam nimirum cognitam, tum demum, si te læsum fuisse queraris, aut si alios criminis alicujus postulas, ad judicem ito: neque tu tuam causam, novo interposito* crimine, *præreptum velis.* TAYLOR. Recte hæsit in hoc loco H. Wolfius, in corrigendo eo minus felix. Non autem erat, quod ei emendationem tentanti obloqueretur Taylorus et planissimam atque expeditissimam diceret hanc periodum. Reiskius sensit, quod res est, excidisse infinitivum inter τὶς et οὐ qui responderet et opponeretur τῷ προαναρπάζειν. Eorum, quæ proponit, simplicissimum sit, inserere τιμωρεῖσθαι, quod, post τὶς, ab oscitante librario poterat omitti. Sed præterea vitium loco inesse suspicor, in antecedentibus, ubi τότ᾽, ante ἀμύνεσθαι, obscurum et inconcinnum mihi facere videtur insequens καὶ τότ᾽, ante ἂν ἀδικ. Necessarium non est in priori loco, ferri tamen optime posset, nisi iterum subjiceretur deinde. Si expunxeris illio, hic aptissime legetur, et, addito inf. τιμ., tota oratio limpidissime fluet. SPALDING. καὶ ὁπόταν ἀδικοῦντα ἑαυτὸν ὁρᾷ. AUGER.

εἷς ἕκαστος ὑμῶν σῶς ἐστίν· ἐφ' ἅπασι δὲ τούτοις, ὁ θεὸς, ᾧ χορηγὸς ἐγὼ καθειστήκειν, καὶ τὸ τῆς ὁσίας, [1]ὁτιδήποτ' ἐστὶ, τὸ σεμνὸν, καὶ τὸ δαιμόνιον, συνηδίκηται. δεῖ δὴ τούς γε βουλομένους ὀρθῶς τὴν κατ' ἀξίαν τῶν πεπραγμένων παρὰ τούτου δίκην λαβεῖν, οὐχ, ὡς [2]ὑπὲρ ἐμοῦ μόνον ὄντος τοῦ λόγου, τὴν ὀργὴν ἔχειν, ἀλλ', ὡς ἐν ταὐτῷ, τῶν νόμων, τοῦ θεοῦ, τῆς πόλεως, [3]ὁμοῦ πάντων ἠδικημένων, οὕτω ποιεῖσθαι τὴν τιμωρίαν· καὶ τοὺς βοηθοῦντας [4]καὶ συνεξεταζομένους μετὰ τούτου, μὴ συνηγόρους μόνον, ἀλλὰ καὶ δοκιμαστὰς τῶν τούτῳ πεπραγμένων, ὑπολαμβάνειν εἶναι. εἰ μὲν τοίνυν, ὦ ἄνδρες Ἀθηναῖοι, σώφρονα καὶ μέτριον πρὸς τἄλλα παρεσχηκὼς αὑτὸν Μειδίας, καὶ μηδένα τῶν ἄλλων πολιτῶν μηδὲν ἠδικηκὼς, εἰς ἐμὲ μόνον ἀσελγὴς οὕτω καὶ βίαιος ἐγεγόνει, πρῶτον μὲν ἔγωγ' ἀτύχημ' ἂν ἐμαυτοῦ τοῦτο ἡγούμην· ἔπειτ' ἐφοβούμην ἂν, μὴ τὸν ἄλλον ἑαυτοῦ βίον οὗτος μέτριον δεικνύων καὶ φιλάνθρωπον, τούτῳ τὸ [5]δίκην δοῦναι, ὧν ἐμὲ ὕβρικε, διακρούσηται. νυνὶ δὲ τοσαῦτ' ἐστὶ δὴ τἄλλα, ἃ πολλοὺς ὑμῶν ἠδίκηκε, καὶ τοιαῦτα, ὥστε τούτου μὲν τοῦ δέους ἀπήλλαγμαι· φοβοῦμαι δὲ πάλιν τοὐναντίον, μὴ, ἐπειδὰν πολλὰ καὶ δεινὰ ἑτέρους ἀκού-
557 σητε ὑπ' αὐτοῦ πεπονθότας, τοιοῦτός τις ὑμῖν λογισμὸς

[1] ὅ, τι δήποτ' T. [2] ὑπὲρ ἡμῶν ὄντος μόνον τοῦ T. [3] ἐμοῦ, T. [4] καὶ τοὺς συνεξεταζομένους T. R. [5] δίκην ὧν ἐμὲ ὕβρικε δοῦναι T.

λζ'. Ἐφ' ἅπασι δὲ τούτοις, ὁ θεὸς, ᾧ χορηγὸς ἐγὼ καθειστήκειν] Postremo *deus ipse, cujus ludis peragendis ego choragus designatus fueram, simul fas ipsum ejusque majestas et numen quodcunque est illud tandem, mecum* utique *contumelia affecta sunt*. nam ὁσία singulariter etiam ut ὅσιον dicitur id quod *fas* appellamus, id est, numen metuendum et reverendum. Idem alibi, οὔτε θεοὺς οὔθ' ὁσίας, pro *nec deos nec fas*, dixit. *Ex edit.* HERVAG.

Ὁτιδήποτ' ἐστὶ] Id ipsum in quo offenditur Reiskius, qui ὁτιδήποτε non nisi elevandi causa subjici solere arbitrabatur, mihi augustum in primis et grande visum est. Sic et Romani *nescio quid* in augendis rebus dicunt non minus quam in extenuandis. Arcanum aliquod et ineffabile numen est *fas* et *justitia*. SPALDING.

Ἐμοῦ] Ὁμοῦ conjecit Wolfius. Eleganter et adeo vere, quam quod ita est maxime. Ita legit quoque Baroc. cum Augustano. Deinde, v. 8. addidi τοὺς ante συνεξεταζομένους juxta fidem omnium Editt. (Aldina excepta) et MSS. Bar. Obsop. Vindob. Ital. Porro, v. 10. ὑπολαμβάνειν pro ὑπολαμβάνετε, cum Bar. Ven. Aug. TAYLOR. Omisi articulum τοὺς, qui abest ab Ald. Cod. Bav. et Wolfiana. Restituit eum de industria Taylorus et servavit Reiskius. Minus recte uterque, nisi fallor. Sunt iidem qui βοηθοῦσι et συνεξετάζονται, quorum vocabulorum posterius est synonymum fere prioris, et recte exponitur ab Ulpiano ἅμα αὐτῷ φαίνεσθαι καὶ συνδιατρίβειν. Pro φαίνεσθαι est ἐξετάζεσθαι supra §. ιθ'. ἐχθρὸν ἐξεταζόμενον; συνεξετάζεσθαι pro *versari cum aliquo, adesse alicui*, infra: τοὺς ῥήτορας συνεξεταζομένους τούτῳ ὄψεσθε. Bis autem ponendo articulo duo genera hominum designari viderentur. SPALDING.

Δοκιμαστὰς] Δοκιμαστὴς hic est non ἐξεταστὴς, sed ὁ ἀποδεχόμενος καὶ συνευδοκῶν. WOLF.

ἐμπέσῃ· τί [1]οὖν, οὐ δεινότερα, ἢ τῶν ἄλλων εἷς ἕκαστος, πεπονθὼς, ἀγανακτεῖς; πάντα μὲν δὴ τὰ τούτῳ πεπραγμένα, οὔτ' ἂν ἔγωγε δυναίμην πρὸς ὑμᾶς εἰπεῖν, οὔτ' ἂν ὑμεῖς ὑπομείναιτ' ἂν ἀκούειν, οὐδ', εἰ τὸ παρ' ἀμφοτέρων ἡμῶν ὕδωρ ὑπάρξειε πρὸς τὸ λοιπὸν, πᾶν, τό τ' ἐμὸν, καὶ τὸ τούτου προστεθὲν, οὐκ ἂν ἐξαρκέσειεν. ἃ δ' ἐστὶ μέγιστα, καὶ φανερώτατα, ταῦτ' ἐρῶ. μᾶλλον δ' ἐκεῖνο ποιήσω. ἀναγνώσομαι μὲν ὑμῖν, ὡς ἐμαυτῷ γέγραμμαι, πάντα τὰ ὑπομνήματα. Λέξω δ', ὅ τι ἂν πρῶτον ἀκούειν βουλομένοις ὑμῖν ᾖ, [2]τοῦτο πρῶτον· εἶθ' ἕτερον, καὶ τἄλλα τὸν αὐτὸν τρόπον, ἕως ἂν ἀκούειν βούλησθε. ἔστι δὲ ταῦτα παντοδαπὰ, καὶ ὕβρεις πολλαὶ, καὶ περὶ τοὺς οἰκείους κακουργήματα, καὶ περὶ τοὺς θεοὺς ἀσεβήματα, καὶ τόπος οὐδείς ἐστιν, ἐν ᾧ τοῦτον οὐ θανάτου πεποιηκότα ἄξια πολλὰ εὑρήσετε.

ΥΠΟΜΝΗΜΑΤΑ ΤΩΝ ΜΕΙΔΙΟΥ ΑΔΙΚΗΜΑΤΩΝ.

λή. Ὅσα μὲν τοίνυν, ὦ ἄνδρες Ἀθηναῖοι, τὸν ἀεὶ προστυχόντ' αὐτῷ πεποίηκε, ταῦτ' ἐστί. καὶ πολλὰ ἕτερα παραλέλοιπα. οὐ γὰρ ἂν δύναιτο οὐδεὶς εἰσάπαξ εἰπεῖν, ἃ πολὺν χρόνον οὗτος, [3]ὑβρίζων συνεχῶς ἅπαντα τὸν βίον, εἴργασται. ἄξιον δ' ἰδεῖν ἐφ' ὅσον φρονήματος ἤδη προελήλυθε, τῷ τούτων δίκην μηδενὸς δεδωκέναι. οὐ γὰρ ἡγεῖθ',

[1] οὖν; σὺ μὴ δεινότερα T. οὖν; * οὐ δ. R. [2] Deest τοῦτο. T.
[3] ὑβρίζων, - - - - βίον εἴργασται R.

Τί οὖν; οὐ δεινότερα] Addenda negatio, σὺ μὴ δεινότερα. Nec enim mihi placet Ulpiani enarratio: cum subjiciantur atrocissima crimina, graviora etiam iis, quæ in Demosthenem commisit. IDEM. Secutus sum Reiskianam emendationem, lenissimam eam, quæ σὺ mutat in οὐ. Potest quidem explicari et defendi vulgata lectio, sed abruptior videtur, neque satis in antecedentibus præparata; quam vix potuisse carere τῷ ἆρα vel πότερον crediderim. Mutavi præterea interpunctionem, a Lamb. et Rsk. receptam, quæ interrogandi signum habet post οὖν, repetitque illud post ἀγανακτεῖς. τί οὖν melius coit cum sequentibus, et significat fere, quod εἶτα in expostulando. SPALDING.

Παρ' ἀμφοτέρων ὑμῶν] Lego ἡμῖν, vel ἐμοὶ ὕδωρ παρ' ἀμφοτέρων· ἐμοῦ τε τοῦ διώκοντος καὶ Μειδίου τοῦ φεύγοντος. WOLF. Promptior est medicina παρ' ἀμφοτέρων ἡμῶν. Atque ita tandem comperio scriptum in optimo Codice Vindobonensi. TAYLOR.

Πρῶτον] Τοῦτο πρῶτον Fel. Man. Bar. Ital. Obsop. Vindob. Recte. IDEM.

Τόπος] Recte monet Ulpianus non intelligi locum aliquem in urbe, ut Ceramicum aut forum, sed locos oratorios, aut argumentorum sedes. Sic venuste noster contra Aristogitonem: ἤδη τινὰς εἶδον τῶν ἀγωνιζομένων, οἳ, οὐκ ἔχοντες, ὡς οὐκ ἀδικοῦσι, δεῖξαι, οἱ μὲν εἰς τὴν τοῦ βίου μετριότητα καὶ σωφροσύνην κατέφυγον, οἱ δ' εἰς τὰ τῶν προγόνων ἔργα κ. τ. λ. τούτῳ δ' οὐδένα ὁρῶ τῶν τόπων τούτων βάσιμον ὄντα, ἀλλὰ πάντα ἀπόκρημνα, φάραγγας, βάραθρα. SPALDING.

ὡς ἐμοὶ δοκεῖ, λαμπρὸν, οὐδὲ νεανικὸν [1] οὐδὲν, οὐδὲ ἄξιον [2] εἶναι θανάτου, ὅ τι ἂν τις πρὸς ἕνα εἷς διαπράττηται. ἀλλ', εἰ μὴ [3] καὶ φυλὴν ὅλην καὶ βουλὴν καὶ ἔθνος προπηλακιεῖ, καὶ πολλοὺς ἀθρόους ὑμῶν ἅμα ἐλᾷ, ἀβίωτον ᾤετο
558 ἔσεσθαι τὸν βίον [4] ἑαυτῷ. καὶ τὰ μὲν ἄλλα σιωπῶ, μυρία ἂν ἔχων εἰπεῖν. περὶ δὲ τῶν συστρατευσαμένων ἱππέων εἰς Ἄργουραν, ἴστε δήπου πάντες οἷα ἐδημηγόρησε παρ' ὑμῖν, ὅθ' ἧκεν ἐκ Χαλκίδος, κατηγορῶν καὶ φάσκων, ὄνειδος ἐξελθεῖν τὴν στρατιὰν ταύτην τῇ πόλει· καὶ τὴν λοιδορίαν, ἣν ἐλοιδορήθη Κρατίνῳ, περὶ τούτων, [5] τῷ νῦν, ὡς ἐγὼ πυνθάνομαι, μέλλοντι βοηθεῖν [6] αὐτῷ, μέμνησθε. τὸν [7] δὲ τοσούτοις ἀθρόοις τῶν πολιτῶν ἔχθραν ἐπ' οὐδενὶ τηλικαύτην ἀράμενον, πόσῃ πονηρίᾳ καὶ θρασύτητι ταῦτα χρὴ νομίζειν πράττειν; καίτοι, [8] πότεροί εἰσιν, ὦ Μειδία, ὄνειδος τῇ [9] πόλει, οἱ διαβάντες ἐν τάξει, καὶ τὴν σκευὴν ἔχοντες, ἣν προσῆκε τοὺς ἐπὶ τοὺς πολεμίους ἐξιόντας, καὶ [10] συμβαλουμένους τοῖς συμμάχοις, ἢ σὺ, ὁ μηδὲ λαχεῖν εὐχόμενος τῶν ἐξιόντων, ὅτ' ἐκληροῦ· τὸν θώρακα δὲ οὐδεπώποτ' ἐνδὺς, ἐπ' ἀστράβης δὲ ὀχούμενος ἐξ Ἀργούρας τῆς Εὐβοίας, χλανίδας

[1] Deest οὐδέν. T. [2] [εἶναι] R. [3] Deest καί. T. [4] αὑτῷ T. [5] Desunt τῷ νῦν. R. [6] αὑτῷ R. [7] δὴ T. R. [8] πότερ' T. [9] πόλει; R. [10] συμβαλλομένους T.

Ἄργουραν] Eubœæ oppidum. Idem.

Καὶ τὴν λοιδορίαν, ἣν ἐλοιδορήθη Κρατίνῳ] Wolfius: *et quibus conviciis Cratinum fuerit insectatus.* Potius, ni fallor: *et quibus conviciis eum Cratinus fuerit insectatus.* Certe, si Græca utrumque sensum capiant, id magis e re Oratoris esset, judicibus subjicere, Cratinum antea Midiam maximis conviciis insectatum fuisse, nunc vero eidem patrocinari. Jurin.

Κρατίνῳ] Στρατηγὸς ἦν οὗτος τοῦ πεζοῦ. Ulp. Spalding.

Τῷ νῦν] Quæ verba absunt ab Ald. et Paris. restitui ex Wolfiana et Hervag. (1547) edd. et Marg. Berol. Mirum Reiskio adeo nihil suboluisse ut errorem propagaret. Sed scripsit idem in seqq. αὐτῷ; quo apparet eum junxisse βοηθεῖν αὐτῷ περὶ τούτων. Absentia tamen articuli, τῷ, vel sic eum vitii admonere debebat. Idem.

Ταῦτα] Nempe hæc de quibus hodie agitur. Auger.

Πότερ'] Πότεροι Baroc. Wolfius hic interpretatur, quasi legisset συμβαλλόμενοι. Redde cum Italo: *Ma dimmi, o Media, chi è colui, che fa vergogna alla città, coloro che fanno passagio in ordinanza con quelli arnesi, che a coloro, che vanno ad affrontare i nimici, et a congiongersi co' confederati si richieggono: o tu* etc. Taylor.

Ἢ σὺ, ὁ μηδὲ κ. τ. λ.] *Vel tu qui cum sortitionem faceres, vota faciebas ut non sorte contingeret esse inter militantes.* Auger.

Ἐπ' ἀστράβης δὲ ὀχούμενος ἐξ Ἀργούρας τῆς Εὐβοίας] Ulpianus hoc loco non caret culpa, qui legit ἐξ ἀργυρᾶς, et sic ait: τὸ γὰρ ἠργυρῶσθαι τὴν καθέδραν δεῖγμα ἦν τοῦ ἐπιτηδεύοντος καὶ ἐντρυφῶντος τούτῳ τῷ εἴδει. Sed debebat meminisse, supra v. 6. Demosthenem dixisse: περὶ δὲ τῶν συστρατευομένων ἱππέων εἰς Ἄργουραν, et infra hac eadem oratione, §. μέ. *fin.* ἐπειδὴ δὲ ὁ στρατηγὸς Φωκίων μετεπέμπετο τοὺς ἐξ Ἀργούρας ἱππέας. Itaque non fuit argentata cathedra, sed cathedra vehebatur in reditu ex Argura, Eubœæ loco vel

[1] δὲ καὶ κυμβία, καὶ κάδους ἔχων, ὧν ἐπελαμβάνοντο οἱ πεντηκοστολόγοι; ταῦτα γὰρ εἰς τοὺς ὁπλίτας ἡμᾶς ἀπηγγέλλετο. οὐ γὰρ εἰς ταὐτὸν ἡμεῖς τούτοις διέβημεν. εἶτα εἴ σε ἐπὶ τούτοις ἔσκωψεν Ἀρχετίων, [2] ἤ τις ἄλλος, πάντας ἤλαυνες; εἰ μὲν γὰρ ἐποίεις ταῦτα, ὦ Μειδία, ἅ σέ φασιν οἱ συνιππεῖς, καὶ [3] κατηγορεῖς ὡς λέγοιεν περὶ σοῦ, δικαίως κακῶς ἤκουες. καὶ γὰρ ἐκείνους, καὶ [4] τουτουσὶ, καὶ ὅλην τὴν πόλιν ἠδίκεις καὶ κατῄσχυνες. εἰ δὲ μὴ ποιοῦντός σου, κατεσκεύαζόν τινες καταψευδόμενοί σου, οἱ δὲ λοιποὶ τῶν στρατιωτῶν οὐκ ἐκείνοις ἐπετίμων, ἀλλὰ σοὶ

[1] [δὲ] R. [2] εἴ T. [3] κατηγόρεις T. R. [4] τούτους T.

oppido, de quo Stephanus. PALMER. Malo stare ab hoc doctissimo Tribuno, quam ab aliis, qui et numero et ætate vincunt. Inter eos esse videtur Helladius Besantinous in Chrestomath. apud Photium, p. 1590. Λέγεται μέντοι ἀστράβη καὶ τὸ κατασκεύασμα· ὡς Δημοσθένης ἐν τῷ κατὰ Μειδίου λόγῳ, ἐπ' ἀστράβης ὀχούμενος ἀργυρᾶς. Ulpiani auctoritate se vinci palam profitetur Maussacus ad Harpocr. En ipsius verba! "Sed quid faciemus Ulpiano, vetere Demosthenis interprete, qui ad hæc Midianæ ἐπ' ἀστράβης ὀχούμενος, non Ἀργούρας cum Harpocratione, et fæce interpretum, ut ille loquitur, legendum esse putavit, sed Ἀργυρᾶς? Ita ut secundum eum ex verbis Demosthenis hic sensus sit eliciendus: Midiam usum esse cathedra argentea, ad mollitiem et ejus lasciviam arguendam et aperiendam, non cathedra ex Argura Eubœæ civitate sibi comparata, quomodo vulgus existimabat. Verba illius digna relatu sunt: Εἶθ, inquit, ἵνα μὴ ἀντιπέσῃ, τί οὖν εἰ κακωθεὶς ἐχρήσατο ταύτῃ τῇ καθέδρᾳ, προσέθηκεν ἀργυρᾶς, τὸ μὲν ἠργυρῶσθαι τὴν καθέδραν, δεῖγμα ἦν τοῦ ἐπιτηδεύοντος καὶ ἐντρυφῶντος τούτῳ τῷ εἴδει· τὸ δὲ καὶ ἐξ Εὐβοίας, ὅτι μὴ εἰωθότων τῶν Ἀθήνησι τοιαύτας ἐργάζεσθαι, αὐτὸς ἐξ Εὐβοίας ὠνήσατο. ἡ δὲ δημώδης [scriptura scilicet aut lectio volgaris] ἐξ Ἀργούρας ἔχει, ἀπὸ τόπου τῆς Εὐβοίας, ἀλλὰ τὰ ἑξῆς δηλοῖ, ὅτι μαλακίαν αὐτῷ, καὶ τρυφὴν ὀνειδίζει; χλανίδας λέγων, καὶ ἱμάτια τρυφερὰ καὶ σκεύη ἐπιτήδεια πρὸς ἀνειμένον βίον. Quæ profecto verissima et acutissima sunt, et vulgarem aliam lectionem rejiciendam demonstrant apertissime." Hæc Maussacus. Ἀργυρᾶς marg. Par. cum scholiaste: ὀχούμενος Ἀργούρας τῆς ἐξ Εὐβοίας Codd. Vindob. Ital. et Lindenb. TAYLOR.

Ἀστράβης] Lucianus Lexiph. sub init. T. V. p. 178. ed. Bip. ἐπ' ἀστράβης ὀχηθεὶς, ubi σχτης. Ἀστράβη, τὸ σάγμα, ἤτοι ἡ σέλλα. Mox: ἄλλοι δὲ, ἀστράβην, ὡς Ἀθηναῖοι, τὴν ἄζυγον φασὶν ἡμίονον, ἐφ' ἧς ὀχούμεθα. Lysias περὶ τοῦ Ἀδυν. p. 747. Athen. XIII. p. 582. Cf. Hesych. v. ἀστράβη. Vid. Jul. Poll. VII. segm. 186. Voss. Etymol. v. Astraba. Schol. Æschyl. in Suppl. v. 293. ἀστράβη λέγεται ἡ νωτοφόρος ἡμίονος. Sic et Mœris. Alberti ad Hesych. Hæc et alia laudant Berglerus et alter ad Alciphronis Epist. Lib. II. ep. III. p. 322. V.

Ὧν ἐπελαμβάνοντο οἱ πεντηκοστολόγοι] Wolfius: *quæ publicani pignerabant.* Potius: *quæ publicani attinuerunt,* nempe donec portorium solveretur. JURIN.

Πεντηκοστολόγοι] Portitores, quinquagesimam mercium partem, secundum legem, ab advehentibus pariter atque asportantibus exigentes. Monet apte Ulpianus supellectilem bellicam immunem fuisse; quæ autem ad usus domesticos aut luxui inservitura inferrentur, ea portitores retinuisse, dum penderetur quinquagesima. SPALDING.

Ἡμᾶς] Ita ex Bar. Fel. Man. Par. Ital. pro ὑμᾶς. TAYLOR. Legendum ἡμᾶς, quod clare apparet ex sequentibus, ἡμεῖς διέβημεν. JURIN.

Εἴ τις ἄλλος] Ἤ τις ἄλλος. MARKLAND. Quæ conjectura confirmatur a Vindobonensi. TAYLOR.

Κατηγορεῖς] Accentum immutavi, ut præsens tempus fieret de imperfecto, quod est in omnibus edd. Hoc necesse esse credo, ob φασὶ, quod etiam debebat esse ἔφασαν, si κατηγόρεις recte scriberetur. H. Wolfius in versione utrobique expressit *imperfectum,* Augerus utrobique *præsens.* SPALDING.

Κατεσκεύαζον] Emendaveram olim κατεχλεύαζον. Ita legit et Lambinus. TAYLOR.

ἐπέχαιρον, δῆλον ὅτι ἐκ τῶν ἄλλων, ὧν ἔζης, ἄξιος αὐτοῖς
559 ἐδόκεις εἶναι τοῦ τοιαῦτα ἀκούειν. σαυτὸν οὖν μετριώτερον ἐχρῆν παρέχειν, οὐκ ἐκείνους διαβάλλειν. σὺ δ' ἀπειλεῖς πᾶσιν, ἐλαύνεις πάντας· τοὺς ἄλλους ἀξιοῖς, ὅ τι σὺ βούλει, σκοπεῖν, οὐκ αὐτὸς σκοπεῖς, ὅ τι μὴ [1] λυπήσεις τοὺς ἄλλους ποιῶν. καὶ τὸ δὴ [2] σχετλιώτατον καὶ μέγιστον ἔμοιγε δοκοῦν ὕβρεως εἶναι σημεῖον· τοσούτων ἀνθρώπων, ὦ μιαρὰ κεφαλὴ, σὺ παρελθὼν ἀθρόων κατηγόρεις! [3] ὃ τίς οὐκ ἂν ἔφριξε ποιῆσαι τῶν ἄλλων;

λθ'. Τοῖς μὲν τοίνυν ἄλλοις ἅπασιν ἀνθρώποις ὁρῶ τοῖς κρινομένοις, ὦ ἄνδρες δικασταὶ, ἓν μὲν ἢ δύο ὄντα τἀδικήματα, ἃ [4] κατηγορεῖται· λόγους δὲ ἀφθόνους τοιούτους ὑπάρχοντας· Τίς ὑμῶν ἐμοί τι σύνοιδε τοιοῦτον; Τίς ὑμῶν ἐμὲ ταῦθ' ἑώρακε ποιοῦντα; Οὐκ ἔστιν.—ἀλλ' οὗτοι δι' ἔχθραν καταψεύδονταί [5] μου· Καταψευδομαρτυροῦμαι. τὰ τοιαῦτα. τούτῳ δ' αὖ τἀναντία τούτων. Πάντας γὰρ ὑμᾶς εἰδέναι νομίζω τὸν τρόπον τὸν τούτου, καὶ τὴν ἀσέλγειαν, καὶ τὴν ὑπερηφανίαν [6] τοῦ βίου, καὶ πάλαι θαυμάζειν ἐνίους οἴομαι, ὧν αὐτοὶ μὲν ἴσασιν, οὐκ ἀκηκόασι δὲ νῦν ἐμοῦ. πολλοὺς δὲ τῶν πεπονθότων οὐδὲ πάνθ', ὅσα ἠδίκηνται, μαρτυρεῖν ἐθέλοντας ὁρῶ, τὴν βίαν καὶ τὴν φιλοπραγμοσύνην [7] ὀῤῥωδοῦν-

[1] λυπήσῃς T. R. [2] σχετλιότατον T. [3] ὅ τις T. R. [4] κατηγοροῦνται T. R. [5] μου, καταψευδομαρτυροῦμαι τὰ T. [6] τὴν τοῦ T. [7] ὁρῶντας T. R.

Λυπήσεις] Obsecutus sum plurimis, iisque præstantibus Codd. Futurum λυπήσεις scribendo, pro Conjunctivo Aor. qui est in omnibus edd. Non enim puto conjunctivum hic locum habere ex bona Græcitate. Optativos ferri posset (ut est in margine Benenati), sed addita particula ἄν. SPALDING.

Ἀθρόων] Ita ex auctoritate Edit. Benenati et mente Wolfii, pro communi ἀθρόον. TAYLOR.

λθ'. Ἀνθρώποις] Malim abesse ἀνθρώποις, ut abest ab Aug. pr. SPALDING.

Κατηγορεῖται] Prætuli lectionem Aug. pr. κατηγορεῖται vulgatæ κατηγοροῦνται, quia ad personas κατηγορεῖν cum accusativo non refertur. IDEM.

Τίς ὑμῶν] Τίς ὑμῶν ἐμοί τι σύνοιδε τοιοῦτον; ἢ τίς ὑμῶν ἐμὲ ταῦθ' ἑώρακε ποιοῦντα; Ita Bar. et Aug. Malim etiam τοιαῦθ', ita ut Wolfius interpretatur. TAYLOR.

Καταψευδομαρτυροῦμαι τὰ τοιαῦτα] Lege et distingue, ut Wolfius interpretatus est, καταψεύδονταί μου· καταψευδομαρτυροῦμαι· τὰ τοιαῦτα. IDEM. Frigide, ut mihi videtur, legitur καταψευδομαρτυροῦμαι τὰ τοιαῦτα. Quare enim τοιαῦτα, et non potius ταῦτα? Unde suspicor, vocabulum excidisse, et Demosthenem scripsisse καταψευδομαρτυροῦμαι. ἐκείνοις τὰ τοιαῦτα· τούτῳ δ' αὖ τἀναντία τούτων. Wolfius videtur legisse καταψευδομαρτυροῦμαι, καὶ τὰ τοιαῦτα. Sed præcessit λόγους δὲ ἀφθόνους τοιούτους, cui non bene subjungi potest καὶ τὰ τοιαῦτα, in eadem periodo, et de eadem re. MARKLAND.

Τὴν τοῦ βίου] Melius cum Vindob. Bar. Ven. Lind. et Ital. τὴν ὑπερηφανίαν τοῦ βίου sine articulo. TAYLOR.

Ὁρῶντας] Ven. Bar. Aug. δεδιότας. Scilicet erat vel varia lectio, vel glossa τοῦ ὀῤῥωδοῦντας, quod hic olim suspicor fuisse

τας τὴν τούτου, καὶ τὴν ἀφορμὴν, ἥπερ ἰσχυρὸν καὶ φοβε-
ρὸν ποιεῖ τὸν κατάπτυστον τουτονί. τὸ γὰρ ἐπ' ἐξουσίας
καὶ πλούτου πονηρὸν εἶναι καὶ ὑβριστὴν, τεῖχός ἐστι πρὸς τὸ
μηδὲν ἂν αὐτὸν ἐξ ἐπιδρομῆς παθεῖν. ἐπεὶ περιαιρεθεὶς οὗ-
τος τὰ ὄντα ἴσως μὲν οὐκ ἂν ὑβρίζοι. εἰ δ' ἄρα, ἐλάττονος
ἄξιος ἔσται τοῦ μικροτάτου παρ' ὑμῖν. μάτην γὰρ λοιδορήσε-
ται, καὶ βοήσεται. δίκην δ', ἂν ἀσελγαίνῃ τι, τοῖς ἄλλοις 560
ἡμῖν ἐξίσου δώσει. νῦν δ', οἶμαι, τούτου προβέβληνται Πολύ-
ευκτος, Τιμοκράτης, Εὐκτήμων ὁ κονιορτός. τοιοῦτοί τινές
εἰσι μισθοφόροι περὶ αὐτόν. καὶ πρὸς ἔτι τούτοις ἕτεροι,
μαρτύρων συνεστῶσα ἑταιρία, φανερῶς μὲν οὐκ ἐνοχλούν-
των [1]ὑμῖν, σιγῇ δὲ τὰ ψευδῆ ῥᾷστα ἐπινευόντων. οὓς μὰ
τοὺς θεοὺς οὐδὲν ὠφελεῖσθαι νομίζω παρὰ τούτου. ἀλλὰ
δεινοί τινές εἰσιν, ὦ ἄνδρες Ἀθηναῖοι, φθείρεσθαι πρὸς

[1] ἡμῖν T.

scriptum. Idem. Quantivis est pretii Taylori conjectura, in quam et Reiskius incidit, e δεδιότας, lectione in aliquot Codd. comparente, eruentis ὀῤῥωδοῦντας pro ὁρῶντας, quod est in edd. omnibus. δεδιότας, ut recte vidit Taylorus, est glossa minus notæ vocis ὀῤῥωδεῖν. Nefas sit putare, Demosthenem uno spiritu potuisse dicere: ὁρῶ ὁρῶντας. In textum itaque recepi meram conjecturam, ne injuria fieret Manibus summi oratoris ab iis, qui tractanda nostra hujus orationis editione primum in ejus consortium admitterentur. Spalding. L. ὀῤῥωδοῦντας. Auger.

Ἐπεὶ περιαιρεθεὶς οὗτος τὰ ὄντα, ἴσως μὲν οὐκ ἂν ὑβρίζοι] *Si ab eo auferrentur ejus divitiæ, et publicarentur, modestius deinde ageret.* vel, *quod si bonorum publicatione mulctaretur.* Siquidem Græcis ἐπεὶ interdum *perinde* valet, ut nobis, *quod si.* De quo amplius περὶ Στεφάνου, et in Comment. Bud. Porro περιαιρεῖσθαι passive sic dicitur, ut ἀφαιρεῖσθαι. *Ex edit.* Hervag.

Εἰ δ' ἄρα, ἐλάττονος ἄξιος ἔσται τοῦ μικροτάτου παρ' ὑμῖν] *Quod si purgat improbus, et injuriarum illator* esse, *vilior* et *contemptibilior* erit *homine apud vos abjectissimo.* Est enim εἰ δὲ ἄρα idem quod εἴ περ ἄρα, pro quo etiam ἐὰν δὲ dixit in eadem infra, θάῤῥει νὴ Δία φήσειέ τις ἂν, οὐ γὰρ ἔτ' οὐδὲν ὑβρισθήσῃ. ἐὰν δὲ, τότε ὀργιεῖσθε, νῦν ἀφέντες; *At enim, dicet aliquis, confide, jam securus* esto *similis injuriæ. Quid* igitur, *si idem iterum admittat, tunc ne iram vestram exercebitis in eum,* quem *vos nunc impune abire siveritis?* Ibid.

Εἰ δ' ἄρα, κ. τ. λ.] Non bene hæc a Wolfio reddita. Verte: *fiet in posterum modestior: sin forte* non ita se gesserit, *minor*is erit, *quam omnium apud vos.* Ut recte Versio Italica: *forte egli niuno ingiurierà, e* se *ingiurierà, fia pochissimo stimato.* Taylor. Potius: *sin minus, minoris putabitur.* Jurin.

Δίκην δ', ἂν κ. τ. λ.] Vel *eadem, qua nostrum aliquis, pœna afficietur,* vel, *æquo jure pœnas dabit nobis cæteris.* Ambigua est enim constructio, δώσει δίκην ἡμῖν, vel, δώσει δίκην ἐξίσου ἡμῖν, et utraque sententia bona. Wolf. Interpres Italus verum sensum arripuit: *E se fara qualche insolenza, sarà al pari di noi* castigato. Taylor.

Πολύευκτος] Orator illius temporis, præter hanc Midiæ defensionem, cum Demosthene conjunctissimus, si credimus Ruhnkenio, qui eundem putat ac Sphettium, Augerus non item. Spalding.

Τιμοκράτης] Contra hunc extat oratio Demosthenis. Idem.

Ἐπινευόντων] Ἐπειδὰν ὁ κατήγορος λέγῃ τὰ ἀδικήματα, λάθρα καὶ πόῤῥωθεν ἀνανεύουσι τοῖς δικασταῖς, ἐνδεικνύμενοι μηδὲν ἀληθὲς εἶναι τῶν λεγομένων, ῥᾷστον δὲ τὸ τοιοῦτον καὶ ἀκίνδυνον. Ulp. Idem.

Ἀλλὰ δεινοί τινές εἰσιν, ὦ ἄνδρες Ἀθηναῖοι, φθείρεσθαι πρὸς τοὺς πλουσίους] Id est, *quidam* eo *ingenio præditi sunt, ut cupide suam operam divitibus venditent,* sese *advocatos et fau*tores *illis adjungant, testimonioque suo illos adjuvent.* De verbo φθείρεσθαι vide Comment. Bud. *Ex edit.* Hervag.

Δεινοί τινες εἰσὶν — φθείρεσθαι πρὸς τοὺς

ὶς πλουσίους, καὶ παρεῖναι καὶ μαρτυρεῖν. πάντα δὲ ὔτ', οἶμαι, φοβερά ἐστι τῶν ἄλλων ὑμῶν ἑκάστῳ, καθ' ιτὸν, ὅπως δύναται, ζῶντι. οὗπερ ἕνεκα συλλέγεσθε ιεῖς· ἵνα, ὧν καθ' ἕνα ἐστὶν ἕκαστος ὑμῶν ἐλάττων, ἢ λοις, ἢ τοῖς οὖσιν, ἢ τῶν ἄλλων [2] τινὶ, τούτων συλλέ-ιτες ἑκάστου κρείττους τε γίγνησθε, καὶ παύητε τὴν ριν.

μ'. Τάχα τοίνυν [3] ἴσως καὶ τοιοῦτός τις ἥξει πρὸς ὑμᾶς γος· Τί δὴ τὰ, καὶ τὰ, πεπονθὼς ὁ δεῖνα, κ ἐλάμβανε δίκην παρ' ἐμοῦ; ἢ Τί [4] δή; πά-', ἄλλον ἴσως τινὰ τῶν ἠδικημένων ὀνομάζων. ἐγὼ δὲ δι' [5] μὲν προφάσεις ἕκαστος ἀφίσταται τοῦ βοηθεῖν ἑαυτῷ, ἔντας ὑμᾶς εἰδέναι νομίζω. καὶ γὰρ ἀσχολία, καὶ ραγμοσύνη, καὶ τὸ μὴ δύνασθαι λέγειν, καὶ ἀπορία, ὶ μυρί' ἐστὶν [6] ἕτερα αἴτια. προσήκειν μέντοι τούτῳ μὴ ταῦτα λέγειν ἡγοῦμαι [7] νυνὶ, ἀλλ' ὡς οὐ πεποίηκέ τι τούτων, ὧν αὐτοῦ κατηγόρηκα, διδάσκειν. ἐὰν δὲ μὴ δύνηται, διὰ ταῦτ' ἀπολωλέναι πολὺ μᾶλλόν ἐστι δίκαιος. εἰ γὰρ

[1] ὑμεῖς; R. [2] τινὶ τούτων, συλλεχθέντες T. συλλεχθέντες R. [3] Deest ἴσως. T. [4] δὴ πάλιν; T. [5] Deest μέν. T. [6] Deest ἕτερα. T. [7] νῦν T.

πλουσίους] Alii παρά. [MSS. Ald.] Videtur de industria posuisse verbum in hac significatione insolentius, ἀντὶ τοῦ ὁμιλεῖν τοῖς πλουσίοις, ἀλλὰ μετ' αἰσχύνης καὶ βλάβης. Et fortassis asseclas mensarum et parasitos intelligit, qui ventre metiuntur felicitatem, nec præterea ullum faciunt operæ pretium, nisi cum adulationibus aut calumniam, aut lenocinium, aut utrumque, aliaque nefaria ministeria, conjunxerint. Verti: *ut corrupti largitionibus divitum adsint.* Quod si minus placet, repone, *ut cum divitibus se conjungant.* WOLF. Res infeliciter cessit nostro Wolfio, neque felicius quidquam Hieronymo Ferro: *Ma sono di natura, Signori Atheniensi, che volontieri s' accostano a i ricchi per esser corotti.* Utrumque Interpretem cum Lexicographis, credo, omnibus latuit vis τοῦ φθείρεσθαι. Eam utique proditurus sum ad Lycurgum, p. 166. not. 79. TAYLOR. Wolfius: *ut cum divitibus se conjungant.* Num? *qui se divitibus corrumpendos præbeant.* An potius conjecturæ acutissimi Taylori favendum est? *qui ad divites reptant*, derivando τὸ φθείρεσθαι ἀπὸ τοῦ φθειρός. JURIN. "Φθείρεσθαι Atticis scriptoribus significat ire, venire, sed in malam partem semper accipitur de iis qui cum suo aut aliorum malo vel damno *eunt* aut *vaguntur.*" Brunckius ad Aristoph. Ecclesiaz. v. 248. SPALDING. Cf. D'Orville ad Charit. Aphrod. Lib. III. cap. V. p. 305.

Συλλεγέντες] Prætuli multorum et præstantium Codd. lectionem vulgatæ: συλλεχθέντες. SPALDING.

μ'. Τάχα etc.] Τάχα τοίνυν ἴσως etc. Bar. et Aug. Codd. optimi. ut infra §. νγ'. et alibi. TAYLOR.

Τί δὴ τὰ] Locum sic lego omnino emendatius, ejecta interrogatione: ἥξει πρὸς ὑμᾶς λόγος, τί δή; τὰ καὶ τὰ πεπονθὼς ὁ δεῖνα οὐκ ἐλάμβανε δίκην παρ' ἐμοῦ· ἢ τί δή; πάλιν ἄλλον ἴσως τινὰ τῶν ἠδικημένων ὀνομάζων. Sic autem interpretor: *Talis Oratio proferetur, scil. Quid? Alius profecto, qui hæc et similia a me perpessus est, ille neutiquam mecum lege egit. Quid? alium deinde nomine ciens eorum, qui lædebantur.* IDEM.

Δι' ἃς προφάσεις] Δι' ἃς μὲν προφάσεις Codd. optimi et plurimi, Bar. Par. Ital. Aug. Vind. IDEM. Recte, nam sequitur μέντοι v. 15. quod idem est atque δὲ, cum præcedit μέν. Sic §. νβ'. med. νγ'. med. μγ'. bis. MARKLAND. Quorum locorum in uno (sc. §. νγ'.) pro μέντοι Cod. Vindob. legit δέ. TAYLOR.

τηλικοῦτός τίς ἐστιν, ὥστε, τοιαῦτα ποιῶν, δύνασθαι καθ' ἕνα ἡμῶν ἕκαστον ἀποστερεῖν τοῦ δίκης παρ' αὐτοῦ τυχεῖν· 561
κοινῇ νῦν, ἐπειδήπερ εἴληπται, πᾶσιν ὑπὲρ ἁπάντων ἐστὶ τιμωρητέος, ὡς κοινὸς ἐχθρὸς τῇ πολιτείᾳ· λέγεται τοίνυν ποτὲ ἐν τῇ πόλει, κατὰ τὴν παλαιὰν ἐκείνην εὐδαιμονίαν, Ἀλκιβιάδης γενέσθαι, ᾧ σκέψασθε, τίνων εὐεργεσιῶν ὑπαρχουσῶν, καὶ ποίων τινῶν, πρὸς τὸν δῆμον, πῶς ἐχρήσανθ' ὑμῶν οἱ πρόγονοι, ἐπειδὴ βδελυρὸς καὶ ὑβριστὴς ᾤετο δεῖν εἶναι. καὶ οὐκ ἀπεικάσαι δήπου Μειδίαν Ἀλκιβιάδῃ βουλόμενος, τούτου μέμνημαι τοῦ λόγου. οὐχ οὕτως εἰμὶ ἄφρων, οὐδ' ἀπόπληκτος ἐγώ. ἀλλ', ἵν' εἰδῆθ' ὑμεῖς, ὦ ἄνδρες Ἀθηναῖοι, καὶ γνῶθ', ὅτι οὐδὲν οὔτ' ἐστὶν, οὔτ' ἔσται, οὐ γένος, οὐ πλοῦτος, οὐ δύναμις, ὃ τοῖς πολλοῖς ὑμῶν, ἂν [1] ὑβρίσῃ, προσήκει φέρειν.

μά. Ἐκεῖνος γὰρ, ὦ ἄνδρες Ἀθηναῖοι, λέγεται, πρὸς πατρὸς μὲν, Ἀλκμαιωνιδῶν εἶναι· τούτους δέ φασιν ὑπὸ τῶν τυράννων, ὑπὲρ τοῦ δήμου [2] στασιάζοντας, ἐκπεσεῖν καὶ, δανεισαμένους χρήματ' ἐκ Δελφῶν, ἐλευθερῶσαι τὴν πόλιν, καὶ τοὺς Πεισιστράτου παῖδας ἐκβαλεῖν· πρὸς δὲ

[1] ὕβρις ᾖ T. R. [2] στασιάσαντας T.

Πολλοῖς ὑμῶν] Suadeo autem πολλοῖς ὑμῖν, *Vobis, qui populus* estis. Sentit mecum Ven. Lind. Ital. et qui Italicum Cod. procuravit. Interea tamen et priori modo scribi aliquoties sentio. Infra §. μδ'. τοὺς πολλοὺς ὑμῶν ὠφελεῖ. et §. νθ'. ἂν ἴσα μὲν κτήσηται τοῖς πολλοῖς ὑμῶν, οὓς νῦν ὑβρίζει καὶ πτωχοὺς ἀποκαλεῖ. Ita etiam §. μδ'. fin. ὧν ἅπασι μέτεστι τοῖς πολλοῖς ὑμῶν. Ubi profecto vel ἅπασι, vel τοῖς πολλοῖς ὑμῶν glossæ naturam sapit. Perpetua est enim et notissima distinctio inter τοὺς πολλοὺς ὑμῶν (vel ὑμᾶς), quæ locutio designat *Populum Atheniensem*, sive *Civitatem universam*, τοὺς ἅπαντας sc. et τὸν ἐντυχόντα ὑμῶν, *Individuum* et *Privatum*. Ita §. ν'. οὐδὲν γὰρ ῥῆμα οὐδ' ὄνομα οὕτως ἐστὶ τοῖς πολλοῖς ὑμῶν χαλεπὸν, ὡς ὅσα ὑβρίζων τις τὸν ἐντυχόντα ὑμῶν διαπράττεται. Ita similiter §. μδ'. ἐπὶ πολλοὺς καὶ τοὺς τυχόντας ὑμῶν ἀφικνούμενα. *In populum universum et privatum quemque redundantia*: i. e. et publice et privatim nocitura. Male ibi Wolfius: *in multos et proximos quosque vestrum*. Rectius omnino Italus: *che al popolo et a qual si voglia di voi appertengono*. Idem.

Ὕβρις ᾖ] Ita Wolfiana Editio cum Aldina et Parisina. Restitue mecum lectionem Codd. præstantiorum, sc. Bar. Fel. Man. Obsop. Ital. Vindob. et marginis Lutetiani, προσῇ. Idem. Alii προσῇ, quod malim. Auger. Iterum, plus licere mihi ratus in editione tironibus destinata, recepi conjecturam Reiskianam, lenissimam illam, qua lectionem vulgatam: ὕβρις ᾖ conflat in unam vocem ὑβρίσῃ. Potest videri dure dictum: ὑβρίζει τὸ γένος, ὁ πλοῦτος κ. τ. λ. Durior tamen ea oratio erit, ubi dicetur τὸ γένος εἶναι ὕβρις. Lectionem sat multorum Codd. ὕβρις προσῇ quo minus reciperem, obstitit insuavissima soni iteratio: προσῇ προσήκει. Altera, quam Reiskius proponit, medela: ὕβρει συνῇ, etsi paullo audacior est priori, valde tamen placet. προσῇ Hervag. 1547. Spalding.

μά. Ἀλκμαιωνιδῶν] Vide Isocratem περὶ ζεύγους, et Plutarchi vitam Alcibiadis. Wolf.

Πρὸς δὲ μητρὸς, Ἱππονίκου] Cum loquatur hoc loco Demosthenes de Alcibiade illo celeberrimo duce, non consentit cum Plutarcho, nec cum Andocide, qui in hoc negotio fide dignior, utpote qui contemporaneus fuerit Alcibiadis, et contra eum orationem composuerit, in qua ejus genus curiose recenset. Sed credo, oratoria astutia Demosthenem de illo Alcibiade dixisse, quæ Alcibiadi juniori prioris illius filio conveniebant. Nam Alcibiades dux ille celebratus duxerat Hippareten, filiam Hipponici et sororem Calliæ, ex qua genuerat Alcibiadem juniorem, quem accusavit Lysias λειποταξίου. Ergo erat ille junior πρὸς μητρὸς, Ἱππονίκου, quod ait hoc loco Demosthenes de Alcibiade patre, cui mater erat Dinomache, filia Megaclis Alcmæonidæ. Transtulit ergo stemma filii ad patrem, non, credo, ignoratione veri, sed eo quod ad propositum suum faciebat. Fallebat igitur Demosthenes, vel falsus erat. En tibi, benigne lector, Alcibiadis stemma ex Herodoto, Lysia, Platone, Plutarcho et Pausania descriptum:

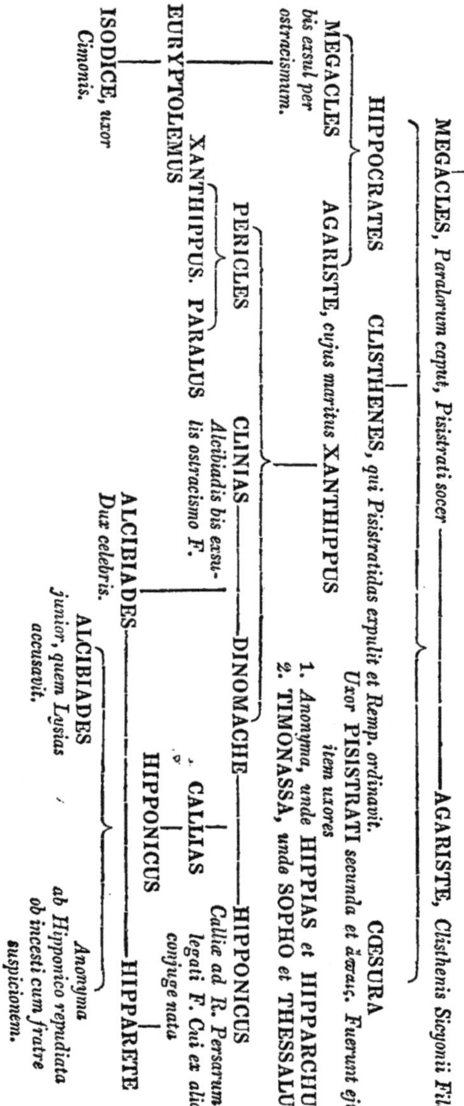

Palmer.

μητρὸς, Ἱππονίκου, καὶ ταύτης [1] δὴ τῆς οἰκίας, ἧς ὑπάρ-
χουσι πολλαὶ καὶ μεγάλαι πρὸς τὸν δῆμον εὐεργεσίαι. οὐ
μόνον δὲ ταῦθ᾽ ὑπῆρχεν αὐτῷ, ἀλλὰ καὶ αὐτὸς ὑπὲρ τοῦ δή-
μου θέμενος τὰ ὅπλα, δὶς μὲν ἐν Σάμῳ, τρίτον δ᾽ ἐν αὐτῇ
τῇ πόλει, τῷ σώματι τὴν εὔνοιαν, οὐ χρήμασιν, οὐδὲ λό-
γοις, ἐνεδείξατο τῇ πατρίδι. ἔτι δὲ [2] ἵππων Ὀλυμπιάσιν
ἀγῶνες ὑπῆρχον [3] αὐτῷ, καὶ στρατηγὸς ἄριστος, καὶ λέ-
γειν ἐδόκει πάντων, ὥς φασιν, εἶναι δεινότατος. ἀλλ᾽ ὅμως
οἱ κατ᾽ ἐκεῖνον [4] [τὸν χρόνον] [5] ὑμέτεροι πρόγονοι οὐδενὸς 562
τούτων αὐτῷ συνεχώρησαν ὑβρίζειν αὐτούς· ἀλλὰ ποιήσαν-
τες φυγάδα ἐξέβαλον, καὶ, Λακεδαιμονίων ἰσχυρῶν ὄντων
τότε, καὶ Δεκέλειαν αὐτοῖς ἐπιτειχισθῆναι, καὶ τὰς ναῦς
ἁλῶναι, καὶ πάντα ὑπέμειναν, [6] ὁτιοῦν ἄκοντες παθεῖν

[1] Deest δή. T. [2] ἱππέων Ὀλυμπιᾶσιν T.
[3] αὐτῷ, καὶ νίκαι, καὶ στέφανοι, καὶ στρατηγὸς T. R. [4] Absunt unci. T.
[5] ἡμέτεροι T. [6] ὅ, τιοῦν T.

Ibid.] Vide eundem Palmerium ad Plutarchi Periclem, Exercit. pag. 191. et ad Aristophanis Aves, pag. 754. Meurs. Attic. Lect. VI. 12. Valesium ad Maussaci Notas in Harpocr. v. Ἀλκιβιάδης, sc. pag. 214. rursus eundem Valesium Emendat. IV. 1. ubi hunc Demosthenis duplicem errorem fusius persequitur. Duplex enim fuit: neque enim Alcibiades ὁ πάνυ, de quo hoc loco agitur, paternum genus ab Alcmæonidis, neque maternum ab Hipponici domo duxit. Eodem errore, quo Demosthenes, tenetur etiam Libanius Declam. IX. TAYLOR. Magnopere æstuant VV. DD. in Alcibiadis stemmate, quod plane diversum exstat apud alios scriptores. Latuisse autem Demosthenem genus Alcibiadis nequaquam potest, cum, quicquid dicit de illa παλαιᾷ εὐδαιμονίᾳ, non tamen ultra 55 circiter annos distet hujus orationis scribendæ tempus ab exilio primo Alcibiadis, tum 30 fere annos nati. Errorem igitur, quem a variis causis repetunt Palmerius et Henr. Valesius (Emendd. l. IV. C. I.), nullum agnosco. Andocides quidem et Plutarchus *materno* genere Alcibiadem attigisse Alcmæonidas narrant, et Hipponici nomen solet in Alcibiadis historia, nonnisi ut soceri ejus, memorari. Quid tamen credere vetat etiam Cliniæ gentem, cujus patrem Alcibiadem primum memorat Herodotus, conjunctam fuisse cum Alcmæonidis? Hipponicus, autem, qui hic comparet, nullo modo potest intelligi socer Alcibiadis; sed plurimi sunt ejus nominis viri, in eadem gente, quorum celeberrimus fuit socius Solonis in constituenda republica Atheniensium, quorumque aliquem genere potuit attingere Dinomache. De Alcmæonidarum rebus gestis vid. Herodot. et quidem in primis V. 62. SPALD. Cf. Irmisch. ad Herodian. T. I. p. 245.

Ἱππέων] Potius cum Bar. et Ven. ἵππων. TAYLOR. M. ἵππων. AUGER.

Τὸν χρόνον] Non male uncis inclusit hæc verba Reiskius, quæ absunt ab Aug. pr. SPALDING.

Οὐδενὸς τούτων] F. οὐδενὸς ἕνεκα τούτων, vel, ἀντ᾽ οὐδενός. Tale certe aliquid ἐλλείπει, ut cum dicunt μισθοῦ φιλεῖν, τεττάρων δραχμῶν εἶναι πονηρὸν, et, οὐδενὸς πράγματος οὐδ᾽ ἔργου τὸ ὑβρίζειν συγχωρητέον. WOLF. Fortassis aliquid tale in Structura ἐλλείπειν potest, ut multa in Græcismo elliptice dici solent, verum id non protinus ab Emendatore in Textu substituendum erat. TAYLOR.

Ποιήσαντες] Potest quæri, quid intersit inter φυγάδα ποιεῖν et ἐκβάλλειν? Quare lectio in margine Bav. Cod. non esse nihili videtur, post ποιήσαντες inserens ἄτιμον, ad quod vocabulum incidendum tunc foret. Sed ne hoc quidem, ποιήσαντες ἄτιμον, pro ἀτιμώσαντες, satis Demosthenicum sit. Puto ποιήσαντες proscribendum esse. SPALDING.

Δεκέλειαν] V. Nepos in Alcib. c. 4. et Thuc. VII. 18. 19. 20. IDEM.

Αὐτοῖς] Ita restituendum curavi ex auctoritate Ital. et Reg. α. loco τοῦ αὐτοῖς. ἑαυτοῖς Vindob. TAYLOR.

κάλλιον εἶναι νομίζοντες, ἢ ἑκόντες ὑβρίζεσθαι συγχωρῆσαι. καίτοι τί τοσοῦτον ἐκεῖνος ὕβρισεν, ἡλίκον οὗτος νῦν ἐξελήλεγκται; Ταυρέαν ἐπάταξε χορηγοῦντα ἐπὶ [1] κόρρης. ἔστω ταῦτα. ἀλλὰ χορηγῶν γε χορηγοῦντα τοῦτ' ἐποίησεν, οὔπω τόνδε τὸν νόμον παραβαίνων. οὐ γὰρ ἔκειτό πω. εἷρξεν Ἀγάθαρχον, τὸν [2] γραφέα. καὶ γὰρ ταῦτα λέγουσι. λαβών γέ τι πλημμελοῦντα, ὥς [3] φασιν· ὅπερ οὐδ' ὀνειδίζειν ἄξιον. τοὺς ἑρμᾶς [4] περιέκοπτεν. ἅπαντα μέν, οἶμαι, τἀσεβήματα τῆς αὐτῆς ὀργῆς δίκαιον ἀξιοῦν· τὸ δ' ὅλως ἀφανίζειν ἱερὰν ἐσθῆτα, ἔσθ' ὅ τι τοῦ περικόπτειν τοὺς ἑρμᾶς [5] διαφέρει; οὐκοῦν οὗτος ἐξελήλεγκται τοῦτο [6] ποιῶν. ἀντιθῶμεν δὲ τίς ὢν καὶ τίσι ταῦτ' ἐνδεικνύμενος.

μβ'. Μὴ τοίνυν, πρὸς τῷ μὴ καλὸν [7] ὑμῖν, μηδὲ θεμι-

[1] κόρρης; T. R. [2] γραφέα; T. R. [3] φασιν, T. R. [4] περιέκοπτεν; T. R. [5] διαφέρει. T. [6] ποιῶν; R. [7] ὑμῖν πρὸς τῷ μὴ καλὸν T.

Ὑβρίζεσθαι] *Ut vexarentur*, Wolfius. Potius: *ut contumelia afficerentur*. Jurin.

Ἀγάθαρχον τὸν γραφέα] Ζωγράφον interpretatur Ulpianus, non γραμματέα. Plutarchus hujus facti non meminit. Wolf. Illud est annotare! Primo enim, anne novum hoc et insolitum, ut γραφεὺς *Pictor*, non *Scriba*, exponeretur? An Tu, Wolfi, cuiquam incidisti, qui aliter exponeret? Deinde, quod ais dissimulari a Plutarcho, nescio sane, quo ore dixisti, cum ab eo Scriptore diserte memoretur illa historicla, atque etiam ab Andocide sive Phæace c. Alcibiadem. Cujus sunt verba: πείσας Ἀγάθαρχον τὸν γραφέα συνεισελθεῖν οἴκαδε, τὴν οἰκίαν ἐπηνάγκασε γράφειν. δεομένου δὲ καὶ προφάσεις ἀληθεῖς λέγοντος, ὡς οὐκ ἂν δύναιτο ταῦτα πράττειν ἤδη, διὰ τὸ συγγραφὰς ἔχειν παρ' ἑτέρων, προεῖπεν αὐτῷ δήσειν, εἰ μὴ πάνυ ταχέως γράφοι· ὅπερ ἐποίησε, καὶ οὐ πρότερον ἀπηλλάγη, πρὶν ἀποδρὰς ᾤχετο τετάρτῳ μηνὶ τοὺς φύλακας λαθών, ὥσπερ βασιλέως. οὕτω δ' ἀναίσχυντός ἐστιν, ὥστε προσελθὼν ἐνεκάλει αὐτῷ ὡς ἀδικούμενος κ. τ. λ. Negligitur sane ab Athenæo, qui l. XII. p. m. 264. plurima de Alcibiadis luxuria et intemperantia conservavit, quæ alibi frustra quæras. Taylor.

Πλημμελοῦντα] Quale fuerit hoc peccatum, subjicit Ulp. ἐφωράθη συνὼν τῇ παλλακίδι τοῦ Ἀλκιβιάδου. In proximis, ὅπερ cave, cum Augero, referas ad πλημμέλημα Ἀγαθάρχου, sed intellige ipsius Alcibiadis nequitiam. Hanc leviorem esse ait Demosthenes quam quæ exprobretur ei. De singulis hisce delictis Alcibiadis consulendi sunt Andocides, Plutarchus et Nepos. Spalding.

Ὅπερ οὐδὲ ὀνειδίζειν ἄξιον] Wolfius: *quod ne criminis quidem objici loco debet*. Potius: *quod ne inter vituperandum quidem proferri debet*. Jurin.

Ἱερὰν ἐσθῆτα] Ita omnes omnino libri, qui hodie supersunt, tam scripti, quam impressi. Wolfius interea, quod in notis dissimulat, videtur ex versione legisse, τὸ δ' ὅλως ἀφανίζειν ἱερά, quasi istud ἐσθῆτα natum esset ex errore Scribæ repetentis voces proximas ἔσθ' ὅ, τι. Istud, sive errore, sive consilio, a Wolfio factum egregiam tamen recipit auctoritatem ab Ulpiano, cujus verba, id enim non creberrimo usu venerit, hoc loco subjungam: ἱερὰ μόνον ἡ ἀρχαία [ἔκδοσις sc.] ἔχει, ἐκφαντικὸς ουσα πολλῶν, οἷον, στεφάνων, ἐσθῆτος, αὐτῆς τῆς ἐν ἱερῷ πανηγύρεως, καὶ ταύτην ὕβρισε. ἐπεὶ τόγε τὴν ἐσθῆτα προσθεῖναι, πολλὴν ἔχει τὴν ἐλάττωσιν. Taylor. Veritatem tamen hujus κρίσεως non equidem præstiterim. Spalding. Bene sane monet Ulpianus, antiquitus legi solitum τὰ ἱερά, cum vestis mentio hoc loco plane frigida sit, præsertim cum conferatur cum atrocissimo crimine, cujus reus factus erat Alcibiades. Jurin.

Δὲ] Sic Aug. pr. pro vulgato δή. Spalding.

μβ'. Μὴ τοίνυν κ. τ. λ.] Has voces ordinant melius Ven. et Baroc. μὴ τοίνυν πρὸς τῷ μὴ καλὸν ὑμῖν, μηδὲ θεμιτὸν νομίζετε κ. τ. λ. *Præterquam quod inhonestum est* [μὴ καλὸν], *reputate, esse contra legem et contra religionem* [μηδὲ θεμιτόν, μηδ' ὅσιον.]

τὸν νομίζετε, ἄνδρες δικασταὶ, μηδ' ὅσιον εἶναι, τοιούτων
ἀνδρῶν οὖσιν ἀπογόνοις, πονηρὸν καὶ βίαιον καὶ ὑβριστὴν
λαβοῦσιν ἄνθρωπον, καὶ μηδένα μηδαμόθεν, συγγνώμης, ἢ
φιλανθρωπίας, ἢ χάριτός τινος ἀξιῶσαι. τίνος γὰρ ἕνεκα;
τῶν στρατηγιῶν; ἀλλ' οὐδὲ καθ' αὑτὸν στρατιώτης οὗτός
[1] γε οὐδενός ἐστιν ἄξιος, μή τί γε τῶν ἄλλων ἡγεμών· ἀλλὰ
τῶν λόγων; ἐν οἷς κοινῇ μὲν οὐδὲν πώποτ' εἶπεν ἀγαθὸν,
κακῶς δὲ ἰδίᾳ πάντας ἀνθρώπους λέγει. γένους ἕνεκα, νὴ
Δία; καὶ τίς οὐκ οἶδεν ὑμῶν τὰς ἀποῤῥήτους, ὥσπερ ἐν 563
τραγῳδίᾳ, [2][τὰς] τούτου γονάς; ᾧ δύο τὰ ἐναντιώτατα
συμβέβηκεν εἶναι. ἡ μὲν γὰρ ὡς ἀληθῶς μήτηρ, ἡ τεκοῦσα
αὐτὸν, πλεῖστον ἁπάντων ἀνθρώπων εἶχε νοῦν, ἡ δὲ δοκοῦ-
σα καὶ [3] ὑποβαλομένη πασῶν ἦν ἀνοητοτάτη γυναικῶν. ση-
μεῖον δέ. ἡ μὲν γὰρ ἀπέδοτο εὐθὺς γενόμενον,[4] ἡ δ', ἐξὸν
αὐτῇ βελτίω πρίασθαι τῆς ἴσης τιμῆς, τοῦτον ἠγόρασε.
καὶ γάρ τοι διὰ τοῦτο, οὐ προσηκόντων ἀγαθῶν κύριος γε-
γονὼς, καὶ πατρίδος τετυχηκὼς, ἣ νόμοις τῶν ἁπασῶν
πόλεων μάλιστα οἰκεῖσθαι δοκεῖ, οὐδένα, οἶμαι, τρόπον φέ-
ρειν, οὐδὲ χρῆσθαι τούτοις δύναται. ἀλλὰ τὸ τῆς φύσεως ὡς
ἀληθῶς βάρβαρον καὶ θεοῖς ἐχθρὸν ἕλκει καὶ βιάζεται,
καὶ φανερὸν ποιεῖ τοῖς παροῦσιν, ὥσπερ ἀλλοτρίοις, ὅπερ

[1] Deest γε. T. [2] Absunt unci. T. [3] ὑποβαλλομένη T. [4] ἡ δ', ἐξὸν αὐτῇ T.

Bonus Wolfius in sua ad hunc locum annotatiuncula [Subaudi εἶναι, vel lege μὴ καλῷ] primo nugatur, deinde delirat. Taylor. Wolfius: *Proinde prœterquam quod inhonestum est, neque licitum, judices, ne fas quidem esse vobis existimate.* Paulo incuriosius. Vertendum: *Proinde, prœterquam quod inhonestum sit; neque licitum existimate, judices, neque fas esse vobis.* Jurin.

Καὶ μηδένα μηδαμόθεν] *Ab omni parte nullum*, id est, vilissimum hominem, qui est *infra omnes infimos homines*, ut Comicus servulus loquitur. Wolf.

Ὥσπερ ἐν τραγῳδίᾳ] Ut in Ione Euripidis, qui cum esset Apollinis Filius, pro servo se gerebat. Si legeretur, ἐν τῇ τραγῳδίᾳ, ἐνάρθρως, certe aliqua Tragœdia intelligenda esset, in qua homo vilis in regiam familiam adoptatus est. Fortassis alludit ad Œdipum Tyrannum Sophoclis. Idem.

Τὰς] Cum Reiskio uncis inclusi alienum ab hoc loco articulum, quem fortasse infersit is, qui, ob interjecta ea verba ὥσπερ ἐν τραγῳδίᾳ, turbatum orationem crederet, si abesset articulus; male profecto. Spalding.

Ὧ δύο κ. τ. λ.] Ὧ εἶναι, ἀντὶ τοῦ, ὃν ἔχειν συμβέβηκεν. Ferri potest, sed malim τὸ εἶναι ἀπεῖναι, cum τὸ συμβέβηκεν sufficiat. Wolf.

Ὑποβαλλομένη] Ὑποβολιμαῖον παῖδα ἀντὶ γνησίου λαμβάνουσα. Idem.

Γυναικῶν] Attende opposita, ἀνθρώπων — γυναικῶν. Insignior videtur dementia, quæ etiam inter *mulieres* summa sit. Spalding.

Γὰρ] De γὰρ vid. supra §. ί. *fin.* Idem.

Παροῦσιν] Potest παροῦσι pro neutro haberi, ut subaudiatur πράγμασι, et tunc erunt τὰ παρόντα πράγματα civitas Atheniensis, quam nactus est Midias non sibi debitam; potest tamen etiam pro masculino, ut referatur ad νόμοις, et hoc videtur præstare. Legibus utitur præsentibus (h. e. nostris) tanquam sibi non scriptis, h. e. violat leges, ὅπερ ἐστὶ, significat esse eas leges revera alienas a Midia, ut barbaro. Idem.

ἐστὶν, αὐτὸν χρώμενον. τοσούτων τοίνυν καὶ τοιούτων ὄντων, ἃ τῷ βδελυρῷ τούτῳ καὶ [1] ἀναιδεῖ βεβίωται, ἔνιοί μοι προσιόντες, ὦ ἄνδρες δικασταὶ, τῶν χρωμένων αὐτῷ, παραινοῦντες ἀπαλλαγῆναι-καὶ καθυφεῖναι τὸν ἀγῶνα [2] τουτονὶ, ἐπειδή με μὴ πείθοιεν, ὡς μὲν οὐ πολλὰ καὶ δεινὰ πεποίηκεν οὑτοσὶ, καὶ δίκην ἥντινοῦν δικαίως [3] ἂν δοίη τῶν πεπραγμένων, οὐκ ἐτόλμων λέγειν, ἐπὶ ταῦτα δὲ ἀπήντων, ὡς ἥλωκεν ἤδη καὶ κατεψήφισται· τίνος τιμήσειν αὐτῷ προσδοκᾷς τὸ δικαστήριον; οὐχ ὁρᾷς, ὅτι πλουτεῖ, καὶ τριηραρχίας ἐρεῖ καὶ λειτουργίας; σκόπει [4] δὴ, μὴ τούτοις αὐτὸν ἐξαιτήσηται, καὶ ἐλάττω πολὺ τῇ πόλει καταθεὶς, ἢ ὅσα σοι δίδωσι, καταγελάσῃ.

μγ΄. Ἐγὼ δὲ, πρῶτον μὲν οὐδὲν ἀγεννὲς ὑμῶν καταγι-
564 γνώσκω, οὐδ᾽ ὑπολαμβάνω τιμήσειν οὐδενὸς ἐλάττονος τούτῳ,
ἢ, ὅσον καταθεὶς, οὑτωσὶ παύσεται τῆς ὕβρεως. τοῦτο δ᾽

[1] ἀναιδεῖ μάλα T. ἀναιδεῖ [μάλα] R. [2] τοῦτον T. [3] ἂν δικαίως T. [4] δὲ T.

Μάλα βεβίωται] Cum viderim, libros editos constanter præ se ferre hanc lectionem, quo me verterem, nescivi: cum in MSS. Lindenbr. sc. Obsop. Vindob. et Ital. variari pro μάλα, ὧν, tantundem. Quo errore ortum sit illud μάλα, quo casu enatum, judicent eruantque nasutiores. Fortasse pertinet ad sequentia τῶν μάλα χρωμένων αὐτῷ. Taylor. Ut inoffensa esset hujus loci lectio omisi vocem omnia turbantem μάλα quæ inter ἀναιδεῖ et βεβίωται legitur in omnibus Codd. præter Aug. pr. Sunt præterea quinque Codd. in quibus pro μάλα comparet ὧν, ne hoc quidem hujus loci. Latet aliquid in hisce μάλα et ὧν, quæ fortasse sunt fragmina vocabuli aut unius longioris aut plurium. Nihil equidem, quod arrideat, comminiscor. μάλα trahere ad præcedens adjectivum durius videtur, et exemplo caret, etsi dicitur σφόδρα μάλα. Etiam in mentem venit legere continuato vocabulo παραβεβίωται, quod dici potuisse, etsi exemplo afferendo destituor, quis neget? Sed facilis eademque inanis hæc est hariolatio. Nemo probabilem loco medicinam afferet, nisi qui utriusque lectionis, et μάλα et ὧν, rationem habuerit, et inde verbum aut verba, et Græca et huic sententiæ apta, conflaverit. Tam importunum h. l. est μάλα illud, ut Latinam vocem te legere possis suspicari, quam, margini adscriptam, ἀπροσδιονύσως aliquis Græcis literis expresserit. Spald. Anne βδελυρῷ τούτῳ καὶ ἀναιδεῖ καὶ μαλακῷ βεβίωται? Amat enim Noster apposita tria, (vide supra p. 98. v. 2. de Chers. §. ιϛ΄. et de Cor. §. ϟά. fin.), et in oratione hacce ignaviam ejus et mollitiem sæpius invehitur in Midiam, (vide p. 89. seqq. p. 98. v. 5. et p. 105.).

Σκόπει δὲ] Melius cum Ital. et MSS. Ald. σκόπει δή. Taylor. Δὴ, post Taylorum, Reiskius e pluribus Codd., quibus adde editionem Hervag. 1547., adscivit, pro δέ. Dubito tamen utrum verius sit. δὲ bene videtur referri posse ad οὐχ ὁρᾷς; Est interrogatio pro affirmatione contrarii. Ratio lectionis foret hæc: ὁρᾷς (μὲν) ὅτι κ. τ. λ. σκόπει δέ. Spalding.

Δίδωσι] Verte: *Offert*. Idem.

μγ΄. Ὑπολαμβάνω] Sub. ὑμᾶς. Auger.

Οὑτωσὶ] Ægre tuli, Wolfium post hanc vocem punctum commaticum addidisse, quia intempestive et inficete hoc factum. Deinde istud οὗτος Cod. Bar. et οὑτοσὶ Editt. Fel. et Lutet. eodem animo accepi. Recte, signanter et felicissime scriptum — τιμήσειν οὐδενὸς ἐλάττονος τούτῳ, ἢ ὅσον καταθεὶς οὑτωσὶ παύσεται τῆς ὕβρεως. Nimirum hic frigent omnes Versiones, neque vim aut ictum capiant Græcæ orationis. Producam locum Æschinis, quia est observatu dignissimus. Jubet Lex Ædilem, qui fuerit Athenis, quadraginta ad minimum annos natum ad id munus ἐστὶ μάλιστα μὲν θάνατος· εἰ δὲ μὴ, πάντα τὰ ὄντα ἀφελέσθαι. ἔπειθ᾽ ὑπὲρ τῶν τούτου λειτουργιῶν, καὶ τριηραρχιῶν, καὶ τῶν τοιούτων λόγων, ὡδὶ γιγνώσκω. εἰ μέν ἐστιν, ὦ ἄνδρες Ἀθηναῖοι, τὸ λειτουργεῖν τοῦτο, τὸ ἐν ὑμῖν λέγειν ἐν ἁπάσαις ταῖς ἐκκλησίαις, καὶ πανταχοῦ· ἡμεῖς οἱ λειτουργοῦντες, ἡμεῖς οἱ προεισφέροντες ὑμῖν, ἡμεῖς οἱ πλούσιοί ἐσμεν· εἰ τὸ τὰ τοιαῦτα λέγειν, τοῦτ᾽ ἔστι τὸ λειτουργεῖν, ὁμολογῶ Μειδίαν ἁπάντων τῶν ἐν τῇ πόλει λαμπρότατον γεγενῆσθαι. ἀποκναίει γὰρ ἀηδίᾳ δήπου καὶ ἀναισθησίᾳ καθ᾽ ἑκάστην ἐκκλησίαν ταῦτα λέγων. εἰ μέντοι, τί ποτ᾽ ἐστὶν, ἃ λειτουργεῖ τῇ ἀληθείᾳ [1] Μειδίας, δεῖ σκοπεῖν, ἐγὼ πρὸς ὑμᾶς ἐρῶ. καὶ θεάσασθε, ὡς δικαίως αὐτὸν ἐξετάσω, πρὸς ἐμαυτὸν κρίνων. οὗτος, ὦ ἄνδρες Ἀθηναῖοι, γεγονὼς ἔτη περὶ πεντήκοντα ἴσως, ἢ μικρὸν ἐλάττω, οὐδὲν ἐμοῦ πλείους λειτουργίας ὑμῖν λελειτούργηκεν, ὃς δύο καὶ τριάκοντα ἔτη γέγονα. κἀγὼ μὲν κατ᾽ ἐκείνους τοὺς χρόνους ἐτριηράρχουν, εὐθὺς

[1] Deest Μειδίας. T.

accedere. Rationem addit gravissimus Scriptor, ἵν᾽ ἤδη ἐν τῇ σωφρονεστάτῃ αὐτοῦ ἡλικίᾳ ὢν οὕτος ἐντυγχάνῃ τοῖς ὑμετέροις παισί. Locus est in initio orationis c. Timarchum, p. 2. v. 25. ed. Steph. Tu tamen cum Codd. melioris notæ (inter quos numerabis unum præstantissimi Viri I. Locker. qui me plurimum et amicitia et beneficiis sibi devinxit) emphatice magis leges: *uti in sobria et severa ætate constitutus* οὕτως ἐντυγχάνῃ τοῖς ὑμετέροις παισί. *Ita. Ita demum.* Xenopho initio l. 2. Cyropæd. προσευξάμενοι θεοῖς καὶ ἥρωσιν ἵλεως καὶ εὐμενεῖς πέμπειν σφᾶς, οὕτω διέβαινον τὰ ὅρια. Isocr. de Permutat. Οὐ γὰρ ἀγνοοῦντες, ὅσον διαφέρουσιν αἱ μείζους τῶν συμμαχιῶν πρὸς τὴν ἀσφάλειαν, οὕτως ἐβουλευόμεθα περὶ αὐτῶν, ἀλλὰ κ. τ. λ. Herodot. Cl. 196. Ἐκδοῦναι δὲ τὴν ἑωϋτοῦ θυγατέρα, ὅτεῳ βούλοιτο ἕκαστος, οὐκ ἐξῆν, οὐδὲ ἄνευ ἐγγυητέων ἀπαγαγέσθαι τὴν παρθένον πριάμενον, ἀλλ᾽ ἐγγυητὰς χρῆν καταστήσαντα, ἦ μὴν συνοικήσειν αὐτῇ, οὕτω ἀπάγεσθαι. Simile est istud Demosthenis: καὶ παρασχὼν ἑαυτὸν ἴσον καὶ κοινὸν ἀμφοτέροις ἀκροατὴν, οὕτω τὴν διάγνωσιν ποιήσεται περὶ πάντων. De Corona, §. γ΄. fin. Neque absimile est valde illud, quod de Lycurgo Oratore circumfertur: Λυκοῦργον οὐ μέλανι, ἀλλὰ θανάτῳ, χρίοντα τὸν κάλαμον κατὰ τῶν πονηρῶν, οὕτω συγγράφειν. Vid. Plutarchum in vita Lycurgi. Adde, quæ dixi inferius ad pag. 118. v. 1. TAYLOR.

Μέντοι] Hic est pro δὲ, referendum ad præcedens μὲν in hisce: εἰ μέν ἐστιν. Vid. Hoogev. Sch. 447. et 477. SPALDING.

Ὃς δύο καὶ τριάκοντα ἔτη γέγονα] Ergo Euthydemo, vel, ut Diodorus, Eudemo Archonte, anno 4. Olymp. 106. egit hanc causam Demosthenes. Nam secundum Plutarchum in decem Oratorum vitis natus fuit Dexitheo Archonte, anno 4. Olymp. 98. PALMER. Cave credas. Nec major erit adhibenda fides S. Petito in Comment. ad LL. Atticas, pag. 266. Dixi alibi. Porro Interpres hic nobis clam biennium subripuit: *annum ago alterum et trigesimum.* Si enim Demosthenes δύο καὶ τριάκοντα ἔτη γέγονε, annum egit *trigesimum tertium.* TAYLOR.

Κἀγὼ μὲν κατ᾽ ἐκείνους τοὺς χρόνους ἐτριηράρχουν εὐθὺς ἐκ παίδων ἐξελθὼν] *Atque ego quidem illo tempore trierarchus esse cæpi, statim atque e pueris excessi, tumque bini eramus trierarchi, omnem sumptum ex privatis familiis suppeditabamus, ita ut navium apparatum supplementumque ipsi præberemus.* Et paulo inferius, τηνικαῦτα δὲ τοῦ πράγματος ἧπται, ὅτε πρῶτον μὲν διακοσίους πεποιήκατε συντελεῖς· ὑμεῖς, &c. *Tum demum autem Midias trierarchiam attigit, cum primum mille ac ducentos col-*

ἐκ παίδων ἐξελθὼν, ὅτε σύνδυο ἦμεν οἱ τριήραρχοι, καὶ τὰ ἀναλώματα πάντα ἐκ τῶν [1] ἰδίων ἐδαπανῶμεν, καὶ τὰς ναῦς ἐπληροῦμεν αὐτοί. οὗτος δὲ, ὅτε μὲν κατὰ ταύτην τὴν ἡλικίαν ἦν, καθ᾽ ἣν ἐγὼ νῦν, οὐδέπω λειτουργεῖν ἤρχετο. τηνικαῦτα δὲ τοῦ πράγματος ἧπται, ὅτε πρῶτον μὲν διακοσίους καὶ χιλίους πεποιήκατε συντελεῖς ὑμεῖς, παρ᾽ ὧν εἰσπραττόμενοι τάλαντον ταλάντου μισθοῦσι τὰς τριηραρ-
565 χίας οὗτοι. εἶτα τὰ πληρώματα ἡ πόλις παρέχει, καὶ σκεύη δίδωσιν, ὥστ᾽ αὐτῶν ἐνίοις τῇ ἀληθείᾳ τὸ μηδὲν ἀναλῶσαι, καὶ δοκεῖν λελειτουργηκέναι, καὶ τῶν ἄλλων λειτουργιῶν ἀτελέσι γεγενῆσθαι περίεστιν.

μδ΄. Ἀλλὰ μὴν, τί ἄλλο; τραγῳδοῖς κεχορήγηκέ ποτε [2] οὗτος· ἐγὼ δὲ αὐληταῖς ἀνδράσι. καὶ ὅτι τοῦτο τὸ ἀνάλωμα ἐκείνης τῆς δαπάνης πολλῷ πλεῖόν ἐστιν, οὐδεὶς ἀγνοεῖ

[1] ἰδίων οἴκων, καὶ τὰς T. ἰδίων [οἴκων] ἐδαπανῶμεν, καὶ τὰς R. [2] οὗτος; T.

latores constituistis, a quibus isti talentum exigentes, talento trierarchias obeundas locant. εἶτα τὰ πληρώματα ἡ πόλις παρέχει, καὶ σκεύη δίδωσιν. *Tum supplementa et armamenta respublica præbet.* Verba sunt Oratoris, elevare contendentis munus trierarchiæ, quod Midias et divites nonnulli grave esse sibi jactabant, tanquam universi muneris redemptoribus præbitoribusque eo se nomine populo Atheniensi imputantes. Ex quibus verbis intelligimus, illos mille ac ducentos talenta singula pensitare solitos, id quod etiam alibi dictum est. Vide plura lib. 5. de Asse. *Ex edit.* HERVAG.

Ἦμεν] Ἦσαν Cod. Reg. ε. Quod perinde est. Variatur magis in sequentibus: nam pro οἴκων, ἐδαπανῶμεν habent Ven. Baroc. Aug. Ital. Cæterum hunc Demosthenis locum de συντελείᾳ illustrare possunt ea, quæ habet Petitus libri laudati p. 356. Wolfius nihil egit, cum vocem συντελεῖς [v. 6.] reddidit *attributos.* Neque multo plus agit, cum suam interpretationem ita defendit: "Attributos verti. Sunt autem ii, qui una tributum conferunt ad munus aliquod obeundum: quod singuli suis sumtibus exsequi non possint." TAYLOR.

Ἰδίων] Omisi vocem in vulgata lectione hic comparentem οἴκων, pro qua non pauci iique præstantissimi Codd. habent ἐδαπανῶμεν, quod abest a vulgata. Nescio quare Reiskius pepercerit τῷ οἴκων et uncis illud signare maluerit quam expungere. SPALDING.

Ἐπληροῦμεν] Πότερα σκευῶν, ἢ ἐρετῶν, ἢ στρατιωτῶν, ἢ τούτων ἁπάντων; Sic Ulpianus interpretatur πληρώματα, ναύτας, καὶ ἐπιβάτας, καὶ σκεύη κατ᾽ αὐτάς. WOLF.

Χιλίους] Ἔστι σόφισμα τὸ ῥηθέν. φησὶ γὰρ ὅτι, παρὰ τῶν χιλίων καὶ διακοσίων εἰσπραττόμενοι τάλαντον, ταλάντου μισθοῦσι τὴν τριηραρχίαν, ὡς μιᾶς τριήρους παρὰ τῶν τοσούτων γιγνομένης· οὐκ ἔστι δὲ ἀληθές. χίλιοι γὰρ καὶ διακόσιοι ἦσαν οἱ ταῖς τριηραρχίαις ἀφωρισμένοι. τούτων δὲ λοιπὸν, ἢ συνεκκαίδεκα τὴν τριήρη ἐπλήρουν, ἢ σύντρεις, ἢ ὅσοι δήποτε. καταλιπὼν οὖν τὸ λέγειν, ὅτι ναῦν ἑκκαιδέκατος παρέσχε, πάντας τοὺς ἐπὶ τὰς τριηραρχίας ἀφωρισμένους ὠνόμασεν, ὡς πάντων μίαν παρεχόντων. Ulpian. De toto hoc trierarchiæ munere consule F. A. Wolfii Prolegg. ad Lept. p. 375 seqq. vol. II. SPALDING.

Ταλάντου μισθοῦσι τὰς τριηραρχίας οὗτοι] Id est, tantidem locant præbendas naves et instruendas, quantum ab ipsis exigunt, ita fit, ut nihil de suo impendant. Est itaque μισθῶ τὸ ἔργον, ἀντὶ τοῦ, ἐκδίδωμι, *faciendum loco.* Idem ἐμίσθωσε Πασίων τὴν τράπεζαν τούτῳ, *locavit conductori Pasioni certa mercede utendam.* μισθοῦμαι vero *conduco* significat ut Πασίων τὴν τράπεζαν παρὰ Φορμίωνος ἐμισθώσατο. *Ex edit.* HERVAG.

Μισθοῦσι] Vid. supra §. κγ΄. *fin.* SPALDING.

μδ΄. Πλεῖόν ἐστιν] De majori sumtu in hoc munus faciendo vid. itidem F. A. Wolfii Proll. ad Lept. p. 373. vol. II. IDEM.

δήπου. κἀγὼ μὲν ἐθελοντὴς νῦν, οὗτος δὲ καταστὰς ἐξ ἀντιδόσεως τότε. οὗ χάριν οὐδεμίαν δήπου [1] αὐτῷ δικαίως ἄν τις [2] ἔχοι. τί ἔτι; εἱστίακα τὴν φυλὴν ἐγὼ, καὶ Παναθηναίοις κεχορήγηκα. οὗτος δὲ οὐδέτερα. ἡγεμὼν συμμορίας ὑμῖν ἐγενόμην ἐγὼ ἔτη δέκα, ἴσον Φορμίωνι, καὶ Λυσιθείδῃ, καὶ Καλλαίσχρῳ, καὶ τοῖς πλουσιωτάτοις, εἰσφέρων οὐκ ἀπὸ [3] ὑπαρχούσης οὐσίας· ὑπὸ γὰρ τῶν ἐπιτρόπων ἀπεστερήμην· ἀλλ᾽ ἀπὸ τῆς δόξης, ὧν ὁ πατήρ μοι κατέλιπε, καὶ ὧν δίκαιον ἦν με δοκιμασθέντα κομίσασθαι. ἐγὼ μὲν οὖν οὕτως ὑμῖν προσενήνεγμαι. Μειδίας δὲ πῶς; οὐδέπω καὶ τήμερον συμμορίας ἡγεμὼν γέγονεν, οὐδὲν τῶν πατρῴων ἀποστερηθεὶς ὑπ᾽ οὐδενὸς, ἀλλὰ παρὰ τοῦ πατρὸς πολλὴν οὐσίαν παραλαβών. τίς οὖν ἐστὶν ἡ λαμπρότης, ἢ τίνες αἱ λειτουργίαι καὶ τὰ σεμνὰ ἀναλώματα [4] τὰ τούτου; ἐγὼ μὲν [5] γὰρ οὐχ ὁρῶ, πλὴν εἰ ταῦτά τις θεωρεῖ· οἰκίαν ᾠκοδόμηκεν ἐν Ἐλευσῖνι τοσαύτην, ὥστε πᾶσιν ἐπισκοτεῖν τοῖς ἐν τῷ τόπῳ. καὶ εἰς μυστήρια τὴν γυναῖκα ἄγει, κἂν ἄλλοσέ ποι βούληται, ἐπὶ τοῦ λευκοῦ ζεύγους τοῦ ἐκ Σικυῶνος. καὶ

[1] αὐτῷ δήπου T. [2] ἔχῃ T. R. [3] τῆς ὑπαρχούσης T. [4] Deest τά. T. [5] Deest γάρ· T.

Ἀντιδόσεως] Cogebatur edere hoc munus, aut quia permutatione acceperat bona ejus, quem tragœdiæ muneri parem ipse designaverat, aut quia designatus ipse ab aliquo cive bona sua vindicare a permutatione non poterat nisi munere edendo. Vid. de antidosi supra §. κγ′. Idem.

Ἔχοι] Prætuli optativum ex optimis Codd. Par. α. et Aug. pr. vulgato ἔχῃ. Idem.

Εἱστίακα] Ἀναγκαίως τοῦ χορηγοῦ τὴν φυλὴν ἑστιῶντος, ὁ Δημοσθένης διελὼν εἶπε, ἐπιὼν τοῖς κατὰ μέρος, ἵνα λίαν πολλαὶ δόξωσιν αἱ λειτουργίαι. Ulpian. De ἑστιάσει vid. F. A. Wolfii Proll. ad Lept. 372. seqq. vol. II. Idem.

Ἡγεμὼν συμμορίας] Vid. Ulpianum in III. (II.) Olynth. et de Classibus. Ἡγεμὼν autem id videtur habuisse munus, ut ante alios omnes tributum conferret, et tenuiorum cessationem de suo resarciret. Wolf. Viginti classes (συμμορίαι) sexagenorum capitum singulæ, munera bellica conferebant vel potius repræsentabant pro ceteris civibus. Harum binæ ad singulas decem tribus pertinebant. Ejusmodi classis habebat ἡγεμόνα suum, ceteris re familiari præstantem, qui videtur classis suæ socios ad sumtus pendendos adegisse et tenuiorum inter eos sustinuisse partes ipse. Vid. F. A. Wolfius l. c. p. 373 seqq. vol. II. Spalding.

Φορμίωνι] Phormio, Lysithides, Callæschrus, insignes divitiis cives; non tamen ætate Demosthenis viventes, sed priori, ut monet Ulpianus. Idem.

Τῆς ὑπαρχούσης] Τῆς restitui ex Cod. Reg. ε. et proxime, sc. 10. οὖν ex Ven. Bar. Obsop. atque Editt. Fel. Man. et Parisina. Taylor.

Δοκιμασθέντα] H. e. εἰς τοὺς ἄνδρας ἐγγραφέντα. Examen enim subibant adolescentes, quo genere nati essent, utrum legitime adoptati, antequam in Lexiarchicon inscriberentur eorum nomina, qui erat index virorum, qui jura civium Atheniensium integra haberent et magistratus obire possent. Spalding.

Πλὴν εἰ ταῦτα] F. πλὴν εἰ μὴ ταῦτα. Markland.

Βούληται] Ἵνα μὴ δι᾽ εὐσέβειαν, ἀλλὰ διὰ τρυφὴν μᾶλλον, γίγνοιτο (dicas potius: δοκοῖ γίγνεσθαι) ἡ κτῆσις. Ulpian. Spalding.

Λευκοῦ ζεύγους τοῦ ἐκ Σικυῶνος] Vid. Hadr. Junii I. Animadv. 12. et Ulpianum

τρεῖς ἀκολούθους, ἢ τέτταρας, αὐτὸς ἔχων, διὰ τῆς ἀγορᾶς
566 σοβεῖ, κυμβία, καὶ ῥυτὰ, καὶ φιάλας ὀνομάζων οὕτως,
ὥστε τοὺς παριόντας ἀκούειν. ἐγὼ δ᾽ ὅσα μὲν τῆς ἰδίας
τρυφῆς ἕνεκα Μειδίας καὶ περιουσίας κτᾶται, οὐκ οἶδ᾽ [1]ὅ
τι τοὺς πολλοὺς ὑμῶν ὠφελεῖ. ἃ δ᾽ ἐπαιρόμενος τούτοις
ὑβρίζει, ἐπὶ πολλοὺς, καὶ τοὺς τυχόντας, ὑμῶν ἀφικνού-
μενα ὁρῶ. οὐ δὴ δεῖ τὰ τοιαῦτα ἑκάστοτε τιμᾷν, οὐδὲ θαυ-
μάζειν ὑμᾶς, οὐδὲ τὴν φιλοτιμίαν ἐκ τούτων κρίνειν, εἴ τις
οἰκοδομεῖ λαμπρῶς, ἢ θεραπαίνας κέκτηται πολλὰς, ἢ
σκεύη [2]καλὰ, ἀλλ᾽, ὃς ἂν ἐν τούτοις λαμπρὸς καὶ φιλό-
τιμος ᾖ, ὧν ἅπασι μέτεστι τοῖς πολλοῖς ὑμῶν· ὧν οὐδὲν
εὑρήσετε τούτῳ προσόν.

με΄. Ἀλλὰ νὴ Δία [3]τριήρη ἐπέδωκε· ταύτην γὰρ εὖ οἶδ᾽

[1] ὅτι T. [2] πολλὰ T. R. [3] τριήρη ἣν ἐπέδωκε; T. τριήρη ἐπέδωκε; R.

in commentariis. Taylor. Καὶ τοῦτο τρυφῆς ὁμοῦ καὶ τυραννικῆς ἐννοίας τεκμήριον. τρυφῆς μὲν, ὅτι καὶ ζεῦγος καὶ λευκὸν, τυραννικὸν δὲ τὸ ἐκ Σικυῶνος. ἐτυραννεῖτο γὰρ ἡ πόλις ἐκείνη. οἱ δὲ πρῶτοι γενόμενοι τύραννοι ἐν Σικυῶνι, λευκοῖς ἡμιόνοις ἐχρήσαντο. οὐκοῦν συνήθειαν οὗτος κτᾶται πρὸς τοὺς τυράννους, ζεύγη παρ᾽ αὐτῶν ὠνούμενος. Ulpian. Spaldino.

Διὰ τῆς ἀγορᾶς σοβεῖ] Id est, improbe et insolenter in medio foro populum summovet, ac turba comitum sibi viam aperit. hoc est, ἐντρυφᾷ τοῖς πολλοῖς, καὶ ἐνυβρίζει τοῖς παρατυχοῦσι, καὶ παραγκωνίζεται τοὺς ἐντυγχάνοντας καθ᾽ ὁδὸν αὐτῷ, hoc est, *cubito propulsat obvios*, et *subnixis alis incedit*, ut Plautus: "Subnixis alis me inferam, atque amicibor gloriose." Est itaque σοβῶ inter alia, *improbe ingredior, et obvios summoveo. Ex* edit. Hervag.

Σοβεῖ] Hoc Cicero appellat *per forum volitare*. Fortius tamen Græcum, ubi inest summotus occurrentium. Spalding.

Φιάλας] Φιάλας καὶ τὰ τοιαῦτα ὀνομάζων. Ita plenius et melius Ven. Bar. Aug. Hunc locum laudat Athenæus l. XI. p. m. 237. et 244. ibique explicat, quid sit κυμβίον, quid ῥυτόν. Sunt autem utrumque poculi genus. Memorantur a multis, præcipue ab Epigene Poeta antiquo, ut liquet ex his locis Athenæi. Ἡδυποτίδες — μνημονεύει δὲ αὐτῶν καὶ Ἐπιγένης ἐν Ἡρωΐνῃ διὰ τούτων, ψυκτήρια, κύαθον, κυμβία, ῥυτὰ τέτταρα, ἡδυποτίδας τρεῖς, ἠθμὸν ἀργυροῦν. l. XI. p. m. 230. Rursus: Ἐπιγένης δ᾽ ἐν Ἡρωΐνῃ καταλέγων πολλὰ ποτήρια, καὶ τοῦ ψυγέως οὕτως μνημονεύει· τὴν Θηρίκλειον δεῦρο καὶ τὰ Ῥοδιακὰ κόμισον λαβὼν τοὺς παῖδας εἰσοίσεις μόνος ψυκτῆρα, κύαθον, κυμβία. Ex quibus locis collatis ita Senarios instruo:

Τὴν Θηρίκλειον δεῦρο καὶ τὰ Ῥοδιακὰ
Κόμισον, λαβὼν τοὺς παῖδας· εἰσοίσεις μόνος
Ψυκτῆρα, κύαθον, κυμβία, ῥυτὰ τέτταρα,
Ἡδυποτίδας τρεῖς, ἠθμὸν ἀργυροῦν —

Martial. VIII. 6.

Archetypis vetuli nihil est odiosius Eucti:
Ficta Saguntino cymbia *malo luto.*

Idem II. 35.

Cum sint crura tibi, simulent quæ cornua Lunæ,
In rhytio *poteras, Phœbe, lavare pedes.*
Taylor.

Παριόντας] Hoc malo, quam παρόντας. Wolf. Posteriore modo legunt Ald. Par. Ital. et Vindob. Taylor.

Καλὰ] E Parisino ε. prætuli vulgato πολλὰ, quod nullam hic vim habet. λαμπρὰ habet Aug. pr. quod ob sequens λαμπρὸς minus placebat, etsi alii eo ipso fortasse se commendaverit. Vera lectio esse potuit πολλὰ καὶ καλά. Spalding.

με΄. Ἣν ἐπέδωκε] Τὸ ἣν abundat, et ἐπέδωκε nota interrogationis legendum. Wolf. Delent istam otiosam, ut videtur, vocem cum Wolfio Ven. Bar. et Aug. Verum fortasse laborat potius prava interpunctione. Lege: Ἀλλὰ, νὴ Δία, τριήρη, ἣν ἐπέδωκε· ταύτην γὰρ εὖ οἶδ᾽ ὅτι θρυλλήσει, καὶ φήσει· Ἐγὼ ὑμῖν τριήρη ἐπέδωκα· αὐτωσὶ δὴ ποιήσατε. *Quod vero attinet ad triremem, quam donavit, (eo enim munere, sat scio, gloriabitur, et prædicabit: Ego vobis triremem donavi) de ea re ita statuite.*

ὅτι θρυλλήσει, καὶ φήσει· ἐγὼ ὑμῖν τριήρη ἐπέδωκα.
οὑτωσὶ [1] δὲ ποιήσατε. εἰ μὲν, ὦ ἄνδρες Ἀθηναῖοι, φιλοτι-
μίας εἵνεκα ταύτην ἐπέδωκεν, ἣν προσήκει τῶν τοιούτων
ἔχειν χάριν, ταύτην ἔχετε αὐτῷ, καὶ ἀπόδοτε· ὑβρίζειν δὲ
μὴ δότε. οὐδενὸς γὰρ πράγματος, οὐδ᾽ ἔργου, τοῦτο συγ-
χωρητέον. εἰ δὲ δὴ καὶ δειλίας καὶ ἀνανδρίας ἕνεκα δειχθή-
σεται τοῦτο πεποιηκὼς, μὴ παρακρουσθῆτε. πῶς οὖν εἴ-
σεσθε; ἐγὼ καὶ τοῦτο διδάξω, ἄνωθεν δέ. βραχὺς γὰρ
ἔσθ᾽ ὁ λόγος, ὃν λέξω, κἂν ἄνωθεν ἄρχεσθαι δοκῇ. ἐγέ-
νοντο εἰς Εὔβοιαν ἐπιδόσεις παρ᾽ ὑμῖν πρῶται. τούτων δ᾽
οὐκ ἦν Μειδίας, ἀλλ᾽ ἐγώ. καὶ συντριήραρχος ἦν μοι Φι-
λῖνος ὁ Νικοστράτου. ἕτεραι δεύτεραι μετὰ ταῦτα εἰς Ὄλυν-
θον. οὐδὲ τούτων ἦν Μειδίας. καίτοι τόν γε δὴ φιλότιμον
πανταχοῦ προσῆκεν ἐξετάζεσθαι. τρίται νῦν αὗται γε-
γόνασιν ἐπιδόσεις. ἐνταῦθα ἐπέδωκε. πῶς; ἐν τῇ βουλῇ
γιγνομένων ἐπιδόσεων, παρὼν οὐκ ἐπεδίδου τότε. ἐπειδὴ δὲ 567
πολιορκεῖσθαι τοὺς ἐν Ταμύναις στρατιώτας ἐξηγγέλ-
λετο, καὶ πάντας ἐξιέναι τοὺς ὑπολοίπους ἱππέας, ὧν εἷς
οὗτος ἦν, προεβούλευσεν ἡ βουλή· τηνικαῦτα, φοβηθεὶς τὴν
στρατείαν ταύτην, εἰς τὴν ἐπιοῦσαν ἐκκλησίαν, πρὶν καὶ
προέδρους καθέζεσθαι, παρελθὼν ἐπέδωκε. [2] τῷ δῆλον,
ὥστε μηδ᾽ ἀντειπεῖν αὐτὸν ἔχειν, ὅτι τὴν στρατείαν φεύ-
γων, οὐ φιλοτιμίᾳ, τοῦτ᾽ ἐποίησε; τοῖς μετὰ ταῦτα πρα-

[1] δὴ T. R. [2] τῳ T.

TAYLOR. Deleo ἦν. AUGER. Parisinam interpunctionem secutus sum, pro qua signum interrogationis invexit H. Wolfius, Reiskio male probatus. SPALDING.

Δὲ] Cum Cod. Bav. scripsi pro vulgato δή. Negligentius in varietate lectionis loquitur Reiskius, " δὲ *etiam*" dicens, " *Bav.*" cum nullum alium Cod. commemoraverit. Suspicor excidisse aliquid ex ejus nota, et legi δὲ fortasse etiam in Aug. pr. Ceterum δὲ, referendum ad suppressum superius μὲν, post θρυλλήσει, convenientius huic loco puto, quam δὴ, ad quod explicandum longo supplemento uti cogitur Reiskius. Μειδίας μὲν θρυλλήσει — ὑμεῖς δὲ οὑτωσὶ κ. τ. λ. IDEM.

Εἵνεκα] Καὶ " ἕνεκα" καὶ " εἵνεκα" Πλάτων, Δημοσθένης καὶ οἱ ἄλλοι. Thomas Magister, citante F. A. Wolfio, ad Leptin. §. κδ'. fin. IDEM.

Ἐγένοντο — ἐπιδόσεις — πρῶται] Wolfius: *Largitiones primæ factæ sunt.* Potius: *Collationes pecuniarum primæ factæ sunt.* JURIN.

Ἐπιδόσεις] Ἐπίδοσις, spontanea est largitio. De hoc ipso orationis nostræ loco, et genere isto voluntariæ collationis, quæ ἐπίδοσις appellatur, vellem diligentius exponere vacasset F. A. Wolfio, qui tangit locum Proll. ad Lept. p. 383. vol. II. SPALDING.

Ταμύναις] Idem est bellum quod supra §. λβ'. memoratur. vid. et Plut. in Phocione p. 747. A. IDEM.

Προέδρους] Πρόεδροι h. l. sunt ii, qui, e novem tribubus non πρυτανευούσαις, moderandæ concioni præficiuntur, quique primi adsunt, ut per præconem rogent populum: Placeatne ei, de hac vel illa re agere? IDEM.

χθεῖσιν ὑπ᾽ αὐτοῦ. τὸ μὲν γὰρ πρῶτον, ὡς οὐκ ἐδόκει, προϊούσης τῆς ἐκκλησίας, καὶ λόγων γιγνομένων, τῆς τῶν ἱππέων βοηθείας ἤδη δεῖν, ἀλλ᾽ ἀναπεπτώκει τὰ τῆς ἐξόδου, οὐκ ἀνέβαινεν ἐπὶ τὴν ναῦν, ἣν ἐπέδωκεν, ἀλλὰ τὸν μέτοικον ἐξέπεμψε τὸν Αἰγύπτιον, Πάμφιλον, αὐτὸς δὲ μένων ἐνθάδε, ἐν τοῖς Διονυσίοις διεπράττετο ταῦτα, ἐφ᾽ οἷς νυνὶ κρίνεται. ἐπειδὴ δὲ ὁ στρατηγὸς Φωκίων μετεπέμπετο τοὺς ἐξ Ἀργούρας ἱππέας ἐπὶ τὴν διαδοχὴν, καὶ κατείληπτο σοφιζόμενος, τότε ὁ δειλὸς καὶ κατάρατος [1] οὑτοσὶ, λιπὼν τὴν τάξιν ταύτην, ἐπὶ τὴν ναῦν ᾤχετο. καὶ ὧν ἱππαρχεῖν ἠξίωσε παρ᾽ ὑμῖν ἱππέων, τούτοις οὐ συνεξῆλθεν. εἰ δ᾽ ἐν τῇ θαλάττῃ κίνδυνός τις ἦν, εἰς τὴν γῆν δηλονότι ᾤχετ᾽ ἄν.

μϛ´. Οὐ μὴν Νικήρατός γε, [2] οὐχ οὕτως, ὁ τοῦ Νικίου, ὁ ἀγαπητὸς, ὁ ἄπαις, ὁ παντάπασιν ἀσθενὴς τῷ σώματι· οὐδ᾽ Εὐκτήμων ὁ τοῦ Αἰσίωνος, οὐχ οὕτως· οὐδ᾽ Εὐθύδη-

[1] οὗτος T.

[2] Deest οὐχ. T.

Προϊούσης] Προϊούσης ἤδη τῆς ἐκκλησίας Ven. Bar. Aug. Proxime autem v. 4. restitui ἐπὶ τὴν ναῦν ex Editt. omnibus superioribus et MSS. Taylor.

Ἀναπεπτώκει] Elegans est translatio in hoc verbo, petita a corpore resupinato; significat autem: *refrigescere; lentius, quam cœperat, agitari.* Vid. Zeun. ad Xen. Œc. p. 60. et Suid. h. v. Spalding.

Καὶ κατείληπτο σοφιζόμενος τότε ὁ δειλὸς καὶ κατάρατος οὗτος] Wolfius: et *timidum atque exsecrandum istum fraude agere constabat.* Magis ad sensum Demosthenis: *et jam deprensus est callidus* tergiversator; *tum timidus* iste *et exsecrabilis.* Jurin.

Λιπὼν τὴν τάξιν ταύτην] Corrigas distinctionem in Græcis, et Wolfii versionem cum optimo Marklando: κατείληπτο σοφιζόμενος — λιπὼν τὴν τάξιν ταύτην· ἐπὶ τὴν ναῦν κ. τ. λ. *et istum fraude agere constabat, eum ordinem relinquendo: in nuvem se conjecit,* etc. Taylor.

μϛ´. Οὐ μὴν κ. τ. λ.] Οὐ μὴν Νικήρατός γε οὐχ οὕτως ὁ τοῦ Νικίου Bar. et Aug. Quod præfero, quoniam ita immediate legitur: οὐδ᾽ Εὐκτήμων ὁ τοῦ Αἰσίωνος, οὐχ οὕτως. Deinde autem ὁ ἀγαπητὸς παῖς habent Ital. et Bar. Idem.

Νικίου]. Celebris Siculi belli ducis filius hic Niceratus erat, cognominis, ut fere fiebat, avo suo. ἀγαπητὸς dicitur hic ex agnomine profecto, quod ei hæserat, non e solius Demosthenis sententia. Scholium ad hanc vocem diverse scribitur. ὅμοιος τῷ πατρὶ et μόνος τῷ π. De hoc τοῦ ἀγαπητὸς sensu vid. Hesych. Suid. et Pollux III. 19. Hæc significatio bene coiret cum sequenti ἄπαις, ut appareret duplicem causam fuisse, quare domi maneret Niceratus, ut sui generis solus superstes, cujus desiderium ne liberi quidem possent minuere reipublicæ. Sed de lectione ἄπαις non confecta res est, cum in aliquot Codd. ejus loco sit παῖς. Bonum sensum habet etiam hoc vocabulum h. l. Eum certe tribuit Scholium voci, quæ est in textu; sic enim habet: ὁ νέος ἔτι καὶ παῖς, unde suspicabatur H. Wolfius legendum esse in nostro loco ἀντίπαις. Equidem lectionem illam, παῖς, a scholiaste inventam in textu suspicor, ex ipso scholio. Spalding.

Ὁ ἀγαπητὸς, ὁ ἄπαις] Ulpianus exponit, [vocem ἀγαπητὸς] ὁ ὅμοιος τῷ πατρὶ, καὶ [vocem ἄπαις] νέος ἔτι καὶ παῖς. Ubi fortassis legendum ὁ μονογενὴς τῷ πατρὶ, *unicus filius,* [γρ. μόνος, quod facilius et verius] καὶ ἀντίπαις, τουτέστι ὁ πρόσηβος καὶ ἀνδρόπαις, ut augeatur ejus studium a causis deterrentibus ab expeditione, quæ sunt solitudo patris, ætas et valetudo adolescentis. Sin ὁ ἄπαις recte legitur, significat familiam una cum eo exstinctum iri. Sed hæc, cum privatæ sint historiæ, nihil ad nos. Wolf.

μος, ὁ τοῦ Στρατοκλέους· ἀλλ' αὐτῶν ἕκαστος ἑκὼν ἐπι-
δοὺς τριήρη, οὐκ ἀπέδρα ταύτην τὴν στρατείαν, ἀλλὰ τὴν
μὲν ἐπίδοσιν, ἐν χάριτος μέρει καὶ δωρεᾶς, παρεῖχον πλέ- 568
ουσαν τῇ πόλει. οὗ δ' ὁ νόμος προσέταττεν, ἐνταῦθα τοῖς
σώμασιν αὐτοὶ λειτουργεῖν ἠξίουν. ἀλλ' οὐχ ὁ ἵππαρχος
Μειδίας· ἀλλὰ, τὴν ἐκ τῶν νόμων τάξιν λιπὼν, οὗ δίκην
ὀφείλει τῇ πόλει δοῦναι, τοῦτ' ἐν εὐεργεσίας ἀριθμήσει μέ-
ρει. καίτοι, τὴν τοιαύτην τριηραρχίαν, [1]ὦ πρὸς θεῶν, πότε-
ρον [2]τελωνίαν, καὶ πεντηκοστὴν, καὶ λειποταξίαν, καὶ
στρατείας ἀπόδρασιν, καὶ πάντα τὰ τοιαῦτα ἁρμόττει
καλεῖν, ἢ φιλοτιμίαν; οὐδένα γὰρ τρόπον ἄλλον ἐν τοῖς
ἱππεῦσιν [3]αὐτὸν ἀτελῆ ποιῆσαι δυνάμενος [4]στρατείας,
ταύτην εὕρηκε Μειδίας καινὴν ἱππικῆς τινὰ πεντηκοστήν.
καὶ γὰρ αὖ τότε τῶν ἄλλων ἁπάντων, τῶν ἐπιδόντων
[5]τριηράρχων, παραπεμπόντων ὑμᾶς, ὅτε δεῦρ' ἀπεπλεῖτε
ἐκ Στύρων, μόνος οὗτος οὐ παρέπεμπεν. ἀλλ' ἀμελήσας
ὑμῶν, χάρακας, καὶ βοσκήματα, καὶ θυρώματα ὡς αὑτὸν,
καὶ ξύλα εἰς τὰ ἔργα τὰ ἀργύρεια, ἐκόμιζε. καὶ χρημα-
τισμὸς, [6]οὐχὶ λειτουργία, γέγονεν ἡ τριηραρχία τῷ κα-
ταπτύστῳ τούτῳ. ἀλλὰ μὴν ὡς ἀληθῆ λέγω, σύνιστε μὲν
τὰ πολλὰ τούτων [7]ὑμεῖς· ὅμως δὲ καὶ μάρτυρας ὑμῖν
καλῶ.

ΜΑΡΤΥΡΕΣ.

Κλέων Σουνιεὺς, Ἀριστοκλῆς Παιανιεὺς, Πάμφιλος, Νικήρατος
Ἀχερδούσιος, Εὐκτήμων Σφήττιος, καθ' ὃν καιρὸν ἐκ Στύρων ἀπε-
πλέομεν δεῦρο τῷ στόλῳ παντὶ, ἐτύχομεν τριηραρχοῦντες καὶ αὐτοὶ,
καὶ Μειδίας ὁ νῦν κρινόμενος ὑπὸ Δημοσθένους, ᾧ μαρτυροῦμεν.
παντὸς δὲ τοῦ στόλου πλεόντων ἐν τάξει, καὶ τῶν τριηράρχων ἐχόν- 569

[1] ὢ R. [2] τελωνείαν T. [3] αὑτὸν T. R. [4] στρατείας δυνάμενος T. [5] τριηραρχῶν R. [6] οὐ T. [7] Deest ὑμεῖς. T.

Ἵππαρχος] Duo equitum præfecti erant apud Athenienses (ἵππαρχοι) quorum alter tunc erat Midias; decem autem duces peditum (στρατηγοί). Spalding.

Πεντηκοστὴν] Legendum arbitror ἀτέλειαν, nisi πεντηκοστὴν hic idem significet. Auger.

Ἀπεπλεῖτε] Rectius cum MSS. Ald. Vindob. et Reg. α. ἐπεπλεῖτε. Licet in Testimonio, quod modo subjicitur, ista Vox non sollicitetur. Taylor.

Στύρων] Χωρίον τῆς Εὐβοίας. Ulpian. Spalding.

Σύνιστε μὲν] Σύνιστέ μοι MSS. Ald. et Obsop. fere. Deinde τὰ πολλὰ τούτων ὑμεῖς Ven. Bar. et Ital. credo, qui tamen istam vocem ex errore substernit post τούτῳ, non, ut debuit, post τούτων. Taylor.

Πάμφιλος] Deest municipii cognomen. Wolf. Abest demi nomen. Spalding. Sed Pamphilus inquilinus erat et Ægyptius. v. supra §. μέ.

Παντὸς τὲ τοῦ κ. τ. λ.] Κατὰ σύλληψιν,

των παράγγελμα μὴ χωρίζεσθαι, ἕως ἂν δεῦρο καταπλεύσωμεν, Μειδίας ὑπολειφθεὶς τοῦ στόλου, καὶ γεμίσας τὴν ναῦν ξύλων, καὶ χαράκων, καὶ βοσκημάτων, καὶ ἄλλων τινῶν, κατέπλευσεν εἰς Πειραιᾶ μόνος μεθ' ἡμέρας δύο, καὶ οὐ συγκατέστησε τὸν στόλον μετὰ τῶν ἄλλων τριηράρχων.

μζ'. Εἰ τοίνυν ὡς ἀληθῶς, ὦ ἄνδρες Ἀθηναῖοι, [1] ἅπερ φήσει καὶ καταλαζονεύσεται πρὸς ὑμᾶς αὐτίκα δὴ μάλα, τοιαῦτ' ἦν αὐτῷ καὶ τὰ λελειτουργημένα καὶ πεπραγμένα, καὶ μὴ τοιαῦτα, οἷα ἐγὼ δεικνύω, οὐδ' οὕτω δήπου τό γε δοῦναι δίκην, ὧν [2] ἐμὲ ὕβρικεν, ἐκφεύγειν ταῖς λειτουργίαις δίκαιος ἂν ἦν. ἐγὼ γὰρ οἶδ' ὅτι πολλοὶ πολλὰ κἀγαθὰ ὑμᾶς εἰσὶν εἰργασμένοι, οὐ κατὰ τὰς Μειδίου λειτουργίας, οἱ μὲν ναυμαχίας νενικηκότες, οἱ δὲ πόλεις εἰληφότες, οἱ δὲ πολλὰ καὶ καλὰ ὑπὲρ τῆς πόλεως στήσαντες τρόπαια· ἀλλ' ὅμως [3] ὑμεῖς οὐδενὶ τούτων πώποτε ἐδώκατε τὴν δωρεὰν ταύτην, οὐδ' ἂν δοίητε, ἐξεῖναι τοὺς ἰδίους ἐχθροὺς ὑβρίζειν αὐτῶν ἑκάστῳ, ὁπότ' ἂν βούληται, καὶ ὃν ἂν δύνηται τρόπον· οὐδὲ γὰρ Ἁρμοδίῳ καὶ Ἀριστογείτονι. τούτοις γὰρ δὴ μέγισται δέδονται δωρεαὶ παρ' ὑμῶν, καὶ ὑπὲρ μεγίστων. οὐδ' ἂν ἠνέσχεσθε, εἰ προσέγραψέ τις [4] ἐν τῇ στήλῃ· ἐξεῖναι δὲ καὶ ὑβρίζειν αὐτοῖς ὃν ἂν βούλωνται. ὑπὲρ γὰρ αὐτοῦ τούτου τὰς ἄλλας ἔλαβον δωρεὰς,

[1] * οἷάπερ R. [2] [ἐμὲ] R. [3] Deest ὑμεῖς. T. [4] Deest ἐν. T.

ἀντὶ τοῦ, τοῦ στόλου πλέοντος, quod est nomen collectivum. Wolf. Mirum, ni legendum sit πλέοντος. Jurin. Cf. D'Orville ad Charit. Aphrod. Lib. IV. cap. I. p. 353.

Ξύλων καὶ χαράκων καὶ βοσκημάτων] Hunc locum allegat Plutarchus in libello, *An seni gerenda* sit Resp. Ὅπου γὰρ ὁ Δημοσθένης φησὶν ἀνάξια πάσχειν τὴν Πάραλον ἱερὰν οὖσαν τριήρη, ξύλα, καὶ χάρακας, καὶ βοσκήματα τῷ Μειδίᾳ παρακομίζουσαν· ἦ που πολιτικὸς ἀνὴρ κ. τ. λ. Sed fallitur eruditissimus Scriptor: non enim hæc gesta sunt in Paralo, sed in trireme, quæ Midiæ erat privata. Fuit quidem Midias Parali Quæstor, ut liquebit §. μζ'. Sed duas historias commiscuit, memoria nimium fretus. Quod tamen minime debuit: nam ni hæc in Paralo essent gesta, corruit argumentatio Plutarchi, et labefacta est omnis vis et gratia istius orationis. Locum vide. Taylor.

μζ. Εἰ τοίνυν] Hæc melius ordinarentur juxta Italicum interpretem, hoc modo: sc. εἰ τοίνυν ... ἀληθῶς, ὦ ἄνδρες Ἀθηναῖοι, τοιαῦτ' ἦν αὐτῷ καὶ τὰ λελειτουργημένα καὶ πεπραγμένα, ἅπερ φήσει καὶ καταλαζονεύσεται πρὸς ὑμᾶς αὐτίκα δὴ μάλα, καὶ μὴ τοιαῦτα, οἷα ἐγὼ δεικνύω. *Se ben tutte le cose, Signori Atheniesi, fossero state così fatte et administrate da lui, come egli le dirà, e presto presto se n' avanterà con voi, e non com' io le mostro.* Vide, quantum præstet interpretationi Wolfianæ. Idem. Sensus, manente hoc vocabulo, ἅπερ, non impeditur; neque operæ pretium igitur erat textum corrigere, quod Reiskius fecit, scribendo οἷάπερ; etsi prætuleris hoc, si in Cod. inveneris. Nunc ἅπερ aut pronomen est relativum respiciens ad τοιαῦτα, aut adverbium, pro καθάπερ; de quo vocis usu vide Stephanum in Thesauro. Propter antecedens οι in Ἀθηναῖοι valde probabilis est conjectura Reiskii. Spalding.

Δέδονται] Ita antiquissimi Codd. et Editiones, non δίδονται cum Wolfio. Taylor.

ὅτι τοὺς ὑβρίζοντας [1]ἔπαυσαν· ὅτι τοίνυν καὶ κεκόμισται
χάριν, ὦ ἄνδρες Ἀθηναῖοι, παρ' ὑμῶν, οὐ μόνον, ὧν αὐτὸς
λελειτούργηκε, λειτουργιῶν ἀξίαν, — μικρὰ γὰρ αὕτη γέ
τις ἦν —, ἀλλὰ καὶ τῶν μεγίστων, καὶ τοῦτο βούλομαι 570
δεῖξαι, ἵνα μηδ' ὀφείλειν οἴησθέ τι τῷ καταπτύστῳ τού-
τῳ. ὑμεῖς γὰρ, ὦ ἄνδρες Ἀθηναῖοι, τοῦτον [2]ἐχειροτονήσατε
τῆς Παράλου ταμίαν, ὄντα τοιοῦτον, οἷός ἐστι, καὶ πά-
λιν ἵππαρχον, ὀχεῖσθαι διὰ τῆς ἀγορᾶς ταῖς πομπαῖς οὐ
δυνάμενον, καὶ μυστηρίων ἐπιμελητὴν, καὶ ἱεροποιόν ποτε
καὶ βοώνην, καὶ τὰ τοιαῦτα δή. εἶτα πρὸς τῶν θεῶν, τὸ
τὴν τῆς φύσεως κακίαν, καὶ ἀνανδρίαν, καὶ πονηρίαν, ταῖς
παρ' ὑμῶν ἀρχαῖς καὶ τιμαῖς καὶ χειροτονίαις ἐπανορθοῦ-
σθαι, μικρὰν ὑπολαμβάνετε εἶναι δωρεὰν καὶ χάριν; καὶ
μὴν εἴ τις αὐτοῦ ταῦτ' ἀφέλοιτο· ἱππάρχηκα, τῆς
Παράλου ταμίας γέγονα· τίνος ἔστ' ἄλλου ἄξιος
οὗτος;

μή. Ἀλλὰ μὴν κἀκεῖνό γε ἐπίστασθε, ὅτι τῆς μὲν Πα-
ράλου ταμιεύσας, Κυζικηνῶν ἥρπασε πλεῖον, ἢ πέντε τά-

[1] ἔπαυσαν. T. R.

[2] ἐχειροτονήσατε τοῦτον T.

Κεκόμισται] Nempe Midias. AUGER.

Μικρὰ] Ad λειτουργίαν referri nequit μικρὰ, tum quod antecedit pluralis λειτουργιῶν, tum quia pro ἦν deberet esse ἐγένετο. Ad χάριν igitur referendum est; sed tum locus vix potest carere particula ἄν; (*habita esset* gratia, non vere *habita est*). Eam inter τις et ἦν inseri vult Reiskius: equidem posuerim ante αὕτη, ubi facilius excidebat propter literas similes sequentes. SPALDING.

Ἐχειροτονήσατε —— ἵππαρχον] *Hunc equitum præfectum creavistis, qui ne in transvectione quidem, quæ per forum fieri solet, equo vehi potest.* Transvectionem enim apud T. Livium, Suetonium, et Valerium, pro equitum probatione dici, quod a Græcis, ut hoc loco ὀχεῖσθαι διὰ τῆς ἀγορᾶς appellatur, a Bud. in L. secundam, de in jus vocando, annotatum est. Similem autem legem fuisse apud Athenienses, testis est idem Demosthenes eadem Oratione: qui etiam legis verba ponit, cujus Evagoram latorem fuisse dicit, 'Ne scilicet in pompa Liberi patris prehendi aliquem, aut pignora capi ejus liceret. Transvectionem hodie monstram vocamus, quum equites solenniter recensentur.' Hæc, et plura Budæus in Pandectis. *Ex edit.* HERVAG.

Παράλου] Δύο εἰσὶ νῆες ὑπερητίδες παρ' Ἀθηναίοις, ἡ Πάραλος καὶ ἡ Σαλαμινία. — ἡ Πάραλος τὰς θεωρίας ἀπῆγε, τουτέστι τὰ ἐς θυσίας πεμπόμενα. Scholiastes Aristophanis. Τούτων τῶν ἱερῶν τριηρῶν αὕτη (l. αὐτὴ) ἡ πόλις ἐπεμελεῖτο, καὶ χρήματα ἐδίδου τοῖς ταμίαις, ὥστε αὐτῶν ἐπιμελεῖσθαι, καὶ παρέχειν ταχυναυτούσας, καὶ τιμὴ ἦν τὸ τούτων τινὸς ἐπιμεληθῆναι. Ulpian. SPALDING.

Ὀρχεῖσθαι] Melius legitur in aliis Editionibus ὀχεῖσθαι. PALMER. Lectionem antiquam Editt. Aldinæ et Parisinæ recte reformavit cum Wolfio Palmerius, quibus succenturiantur MSS. fere omnes libri. TAYLOR.

Ἱεροποιὸν] Τὸν ἐπισκοποῦντα τὰ θύματα, μὴ ἀδόκιμα καὶ πηρά. βοώνην δὲ, τὸν ὠνούμενον βοῦς εἰς τὰς ἑορτάς. Ulp. SPALDING.

Βοώνην] Τὸν ὠνοῦντα τὰς βοῦς εἰς τὰς θυσίας. WOLF.

Φύσεως] Dicat aliquis corpore debili fuisse Midiam, unde ne equo hærere quidem potuerit. Nihil tamen de ea re constat. SPALDING.

Ἐπανορθοῦσθαι] *Emendare*, Wolfius. Potius: *compensare*, vel *extollere*. JURIN.

μή. Κυζικηνῶν] Ἐν τῷ συμμαχικῷ πολέμῳ

λαντα. ὑπὲρ ὧν ἵνα μὴ δῷ δίκην, πάντα τρόπον περιωθῶν
καὶ ἐλαύνων τοὺς ἀνθρώπους, καὶ τὰ σύμβολα συγχέων,
τὴν μὲν πόλιν ἐχθρὰν τῇ πόλει πεποίηκε, τὰ χρήματα δ'
αὐτὸς ἔχει. ἵππαρχος δὲ χειροτονηθεὶς, λελύμανται τὸ ἱπ-
πικὸν ὑμῶν, τοιούτους θεὶς νόμους, οὓς πάλιν αὐτὸς ἔξαρνος
ἦν μὴ τεθεικέναι. καὶ τῆς μὲν Παράλου ταμιεύων τότε, ὅτε
τὴν ἐπὶ Θηβαίους ἔξοδον εἰς Εὔβοιαν ἐποιεῖσθε ὑμεῖς, δώ-
δεκα τῆς πόλεως τάλαντα ἀναλίσκειν ταχθεὶς, ἀξιούντων
ὑμῶν πλεῖν, καὶ παραπέμπειν τοὺς στρατιώτας, οὐκ ἐβοή-
θησεν. ἀλλ' ἤδη τῶν σπονδῶν γεγονυιῶν, ἃς Διοκλῆς ἐσπεί-
σατο Θηβαίοις, ἧκε. Καὶ τότε ἡττᾶτο πλέων τῶν ἰδιωτι-
κῶν τριηρῶν μιᾶς· οὕτως εὖ τὴν ἱερὰν τριήρη [1] παρεσκευά-
571 κει. ἱππαρχῶν τοίνυν· τί οἴεσθε τἄλλα; ἀλλ' ἵππον,
[2] ἵππον οὐκ ἐτόλμησεν ὁ λαμπρὸς καὶ πλούσιος οὗτος πρία-
σθαι· ἀλλ' ἐπ' ἀλλοτρίου τὰς πομπὰς ἡγεῖτο τοῦ Φιλο-
μήλου τοῦ Παιανιέως ἵππου. καὶ ταῦτα [3] πάντες ἴσασιν οἱ.

[1] παρεσκευάκει R. [2] Deest ἵππον. T. [3] πάντα T.

ἐψηφίσαντο Ἀθηναῖοι, λῃίζεσθαι τοὺς θάλατταν πλέοντας, κἂν ἔμποροι ὦσι, τῶν πολεμίων. παρατυχὼν οὖν ἐμπόροις Κυζικηνοῖς, ἀφείλετο αὐτῶν, ὡς πολεμίων, τὰ χρήματα, οἱ δὲ ἐλθόντες εἰς Ἀθήνας, ἀπεδείκνυσαν αὐτοῖς φιλίαν ὑπάρχουσαν πρὸς τὴν πόλιν. ὁ δὲ Μειδίας μέχρι τοσούτου ἀντεῖπεν, ἕως ἔπεισε μὴ ἀποδοῦναι αὐτοῖς τὰ χρήματα. οἱ δὲ ἀπελθόντες ἀπέστησαν τὴν ἑαυτῶν πατρίδα. Ulp. SPALDING.

Τὰ σύμβολα συγχέων] Τὰς συνθήκας λύων. De symbolis vide Orationem περὶ τῆς Ἀλονήσου. Nisi forte σύμβολα appellet *signa impressa sarcinis*, quæ deleverit Midias, ne agnoscerentur: ut intellexisse videtur Ulpianus. WOLF. Intelligo *fœdera conturbans*. AUGER. Σύμβολα, πληθυντικῶς, μόνον αἱ περὶ τὰ συμβόλαια τῶν ἐμπόρων δίκαι. Thomas Magister. Fortasse tamen hic τὰ συμβόλαια τ. ε. intelliguntur potius ipsa. SPALDING.

Ἔξοδον] Ἐγένετο γὰρ καὶ διὰ τὸν Πλούταρχον ἑτέρα. Ulpian. Quod scholium ita constituerim: ἐγένετο γὰρ διὰ τὸν Πλούταρχον καὶ ἑτέρα, videl. præter eam expeditionem, quæ memorata est §. λβ'. IDEM.

Δώδεκα τῆς πόλεως] Forte δώδεκα ὑπὲρ τῆς πόλεως. WOLF. Non video necessitatem inserendi aliquid ante τῆς πόλεως. Quæ H. Wolfius et Reiskius proponunt, ea partim ipsius Midiæ impensam facerent hæc duodecim talenta, quod est alienum a consilio Demosthenis; partim eodem redeunt, quo vulgata. Quid enim est δώδεκα τῆς πόλεως τάλαντα, nisi δώδεκα ἐκ τῶν τῆς πόλεως ταλ.? Ulpianus etiam ex ærario accepisse eum pecuniam impendendam monet. Colligas tamen fere ex ejus verbis, excidisse εἰληφὼς, nisi ἀναλίσκειν ταχθεὶς idem est atque illud. SPALDING.

Ἀξιούντων ὑμῶν πλεῖν] Wolfius: *petentibus vobis, ut navigaret.* Sed absurdum videtur istud *petentibus* in statu democratico. Malim itaque: *jubentibus vobis*, vel, *cum vestræ voluntatis* esset. JURIN.

Μιᾶς] Ingeniosa est Reiskii conjectura excidisse πλὴν ante μιᾶς. Non satis acerbum videtur, pro Demosthenis in Midiam ira, quod est in textu. Poterat faciliori errore omitti πλὴν, propter vicinum πλέων. SPALDING.

Τὰς πομπὰς ἡγεῖτο] Forte τῆς πομπῆς. Nam τὸ ἡγοῦμαι genitivo et dativo jungi solet. WOLF. Recte in hoc accusativo hærent H. Wolfius et Reiskius, pro quo aut τῆς πομπῆς aut ταῖς πομπαῖς legi malint. Portasse ne pendere quidem ab ἡγεῖτο dici potest τὸ τὰς πομπὰς ut τ. π. ἡ. sit pro: ἡγεμόνα εἶναι κατὰ τὰς πομπάς. SPALDING.

Καὶ ταῦτα πάντα ἴσασιν οἱ ἱππεῖς] Alii καὶ ταῦτα ἐξιόντων. Quod ferri potest, addito articulo: καὶ ταῦτα τῶν ἐξιόντων ἱππεῖς. ἀλλὰ μὴν ὅτι ταῦτ' ἀληθῆ λέγω, κάλει μοι καὶ τούτων τοὺς μάρτυρας.

ΜΑΡΤΥΡΕΣ.

Βούλομαι τοίνυν ὑμῖν, ὦ ἄνδρες Ἀθηναῖοι, καὶ, ὅσων ἤδη,
καταχειροτονήσαντος τοῦ δήμου περὶ τὴν ἑορτὴν ἀδικεῖν,
ὑμεῖς κατεγνώκατε, εἰπεῖν καὶ δεῖξαι, τί πεποιηκότες αὐ-
τῶν ἔνιοι τίνος ὀργῆς τετυχήκασι παρ' ὑμῶν, ἵν' αὐτὰ πρὸς
τὰ τούτῳ πεπραγμένα ἀντιθῆτε. πρῶτον μὲν τοίνυν —
ἵνα πρώτης [1] τῆς τελευταίας γεγονυίας μνησθῶ καταγνώ-
σεως — περὶ τὰ μυστήρια ἀδικεῖν Εὐάνδρου κατεχειροτόνησεν
ὁ δῆμος, τοῦ Θεσπιέως, προβαλλομένου αὐτὸν Μενίππου,
Καρός τινος ἀνθρώπου. ἔστι δὲ ὁ αὐτὸς νόμος τῷδε τῷ
περὶ τῶν Διονυσίων, ὁ περὶ τῶν μυστηρίων· κἀκεῖνος ὕστε-
ρος τούτου ἐτέθη. τί οὖν ποιήσαντος, ὦ ἄνδρες Ἀθηναῖοι,
κατεχειροτονήσατε τοῦ [2] Εὐάνδρου; τοῦτ' ἀκούσατε. ὅτι
δίκην ἐμπορικὴν καταδικασάμενος τοῦ Μενίππου, οὐκ ἔχων
πρότερον λαβεῖν αὐτὸν, ὡς ἔφη, τοῖς μυστηρίοις ἐπιδημοῦν-
τος ἐπελάβετο, κατεχειροτονήσατε μὲν διὰ ταῦτα, καὶ οὐ-
δοτιοῦν ἄλλο προσῆν. εἰσελθόντα δὲ εἰς τὸ δικαστήριον
[3] ἐβουλεύσασθε μὲν θανάτῳ ζημιῶσαι. τοῦ δὲ [4] προβαλο-
μένου πεισθέντος, τὴν δίκην τε πᾶσαν ἀφεῖναι ἠναγκάσατε
αὐτὸν, ἣν ᾑρήκει πρότερον· ἦν δὲ δυοῖν αὕτη ταλάντοιν· καὶ
προσετιμήσατε τὰς βλάβας, ἃς, ἐπὶ τῇ καταχειροτονίᾳ 572
μένων, ἐλογίζετο [5] αὐτῷ γεγενῆσθαι πρὸς [6] ὑμᾶς ἄνθρω-

[1] Deest articulus. T. [2] Εὐάνδρου, T. [3] ἐβούλεσθε T. [4] προβαλλομένου T. [5] αὐτῷ T. [6] ὑμᾶς. ἄνθρωπος εἶς T.

πάντες ἴσασιν οἱ ἱππεῖς. Etsi hoc modo potius dicendum esset: καὶ ταῦτα τῶν ἱππέων πάντες ἴσασιν οἱ ἐξιόντες. WOLF. Omnino autem cum pluribus Codd. et doctissimo Marklando verum erit istud πάντες. TAYLOR.

Καταχειροτονήσαντος — ἀδικεῖν] Ὅτι ἀδικοῦσιν ἢ ἠδίκησαν τῇ χειροτονίᾳ δηλώσαντος. WOLF.

Πρώτης] Πρῶτον Bar. et Aug. quod videtur satius esse et commodius. TAYLOR. M. πρώτων. AUGER.

Ἐκεῖνος] Lex de mysteriis — τούτου legis de Bacchanalibus. AUGER.

Καταδικασάμενος] Ἄλλο "καταδικάσας," καὶ ἄλλο "καταδικασάμενος." τὸ μὲν γὰρ κυρίως ἐπὶ τῶν δικαζόντων δικαστῶν. τὸ δὲ ἐπὶ τῶν νικώντων τὰς δίκας, καὶ αἰτίων γιγνομένων τοῦ καταδικασθῆναί τινα. Ulp. SPALDING.

Ἐβουλεύσασθε] Pro vulgato ἐβούλεσθε ex Aug. pr. et Barocciano Codd. recepit Reiskius; quam recte, non equidem dixerim. De judicibus possitne dici βουλεύεσθαι, exemplis velim doceri. Neque quicquam est in illo ἐβούλεσθε, quod sensum impediat. Servavi tamen Reiskianam lectionem, quod Aoristus mibi visus est magis esse hujus loci, quam Imperfectum. IDEM.

Μένων] Αἰτιασαμένου τοῦ Μενίππου, ὅτι ἄλλας ὑπέστη βλάβας περὶ τὰ φορτία καὶ πος. εἷς μὲν οὗτος ἐξ ἰδίου πράγματος, οὐδεμιᾶς ὕβρεως προσούσης, ὑπὲρ αὐτοῦ τοῦ παραβῆναι τὸν νόμον, τοσαύτην ἔδωκε δίκην. εἰκότως. τοῦτο γάρ ἐσθ᾽, ὃ φυλάττειν ὑμᾶς δεῖ, τοὺς νόμους, τὸν ὅρκον. ταῦτ᾽ ἔχεθ᾽ ὑμεῖς οἱ δικάζοντες ἀεὶ, παρὰ τῶν ἄλλων ὡσπερεὶ παρακαταθήκην, ἣν ἅπασιν, ὅσοι μετὰ τοῦ δικαίου πρὸς ὑμᾶς ἔρχονται, [1] σῶν ὑπάρχειν δεῖ.

μθ΄. Ἕτερος ἀδικεῖν ποτ᾽ ἔδοξεν ὑμῖν περὶ τὰ Διονύσια. καὶ κατεχειροτονήσατ᾽ αὐτοῦ, παρεδρεύοντος ἄρχοντι τῷ υἱεῖ, ὅτι θέαν τινὸς [2] καταλαβόντος ἥψατο, ἐξείργων ἐκ τοῦ θεάτρου. ἦν δ᾽ οὗτος, ὁ τοῦ βελτίστου πατὴρ Χαρικλείδου, τοῦ ἄρξαντος, καὶ μέγα γ᾽ ὑμῖν τοῦτ᾽ ἐδόκει [3] δίκαιον ἔχειν ὁ προβαλόμενος λέγειν· εἰ κατελάμβανον, ἄνθρωπε, θέαν, [4] καὶ εἰ μὴ τοῖς κηρύγμασιν, ὡς σύ με [5] φῂς, ἐπειθόμην, τίνος ἐκ τῶν νόμων εἶ κύριος, καὶ ὁ ἄρχων αὐτός; τοῖς ὑπηρέταις ἐξείργειν εἰπεῖν, οὐκ αὐτὸς τύπτειν. οὐδ᾽ οὕτω πείθομαι; ἐπιβολὴν ἐπιβάλλειν, πάντα

[1] σῴαν T. σῴαν R. [2] καταλαμβάνοντος T. [3] καὶ δίκαιον ἔ. ὁ προβαλλόμενος T. [4] Deest καί. T. [5] φῆς T. R.

τὴν ἐμπορίαν, διὰ τὴν κρίσιν Ἀθήνῃσι κατεχόμενος, προσετάξατε αὐτὸν (τὸν Εὔανδρ.) καὶ ταύτας ἐκτῖσαι Ulp. SPALDING.

Πρὸς ὑμᾶς] Πρὸς ὑμᾶς ἄνθρωπος. εἷς etc. Sic Benenatus, Lind. et Ital. quo pacto etiam Ulpianus Interpres Demosthenis legisse videtur. Et recte, meo quidem judicio, dissentiente licet Lambino. Rescribe igitur: ἐλογίζετο αὐτῷ γεγενῆσθαι πρὸς ὑμᾶς ὁ ἄνθρωπος. εἷς μὲν οὗτος, et quæ sequuntur. TAYLOR. Sic nude h. l. legi ἄνθρωπος sine articulo, displicet. Inscrit illum Taylorus de conjectura; reprehensus a Reiskio, qui non necessarium esse ait articulum; ipse tamen post ἄνθρωπος excidisse putat Κὰρ, cum contemtu; ingeniose. Cf. F. A. WOLF. ad Lept. §. ιά. SPALDING.

Σῶν] Ut magis Atticum, recepi ex Aug. pr. pro vulgato σώαν. σῶς, notione fœminini, (ne quis forte dubitet) habet Eurip. in Cycl. 293. IDEM.

μθ΄. Παρεδρεύοντα] Συμπονοῦντος καὶ συμπαρόντος τῷ παιδὶ, μήπου τι ὡς νέος ἁμάρτῃ κατὰ τὴν ἀρχήν. Ulp. Ἀριστοτέλης ἐν τῇ Ἀθηναίων πολιτείᾳ φησί. Λαμβάνουσι δὲ παρέδρους, ὅ τε Ἄρχων καὶ ὁ Πολέμαρχος, δύο ἑκάτερος οὓς ἂν βούληται· καὶ οὗτοι δοκιμάζονται ἐν τῷ δικαστηρίῳ πρὶν παρεδρεύειν, καὶ εὐθύνας διδόασιν, ἐπὰν παρεδρεύωσι. Harpocration. IDEM.

Θέαν — καταλαμβάνοντος] Ita loquitur Lucianus ad fin. lib. de Saltatione, nisi fallor, et alibi. MARKLAND. Vide omnino P. Leopard. I. Emendat. 13. TAYLOR. Καταλαμβάνειν θέαν· καθέδραν (ἐν θεάτρῳ) ἀλλοτρίαν κατέχειν. Ulp. SPALDING. Θέα, οὐ μόνον ἡ θεωρία τινὸς πράγματος, ἀλλὰ καὶ ὁ τόπος ἐν ᾧ καθήμενοι ἐθεώρουν τὰ ἐν τῷ θεάτρῳ τελούμενα. Thom. Magist.

Εἰ κατελάμβανον κ. τ. λ.] Εἰ κατελάμβανον, ἄνθρωπε, θέαν, καὶ εἰ μὴ etc. Editio Lambini. TAYLOR.

Τίνος — εἶ κύριος; καὶ ὁ ἄρχων αὐτὸς τοῖς ὑπηρέταις κ. τ. λ.] Ita male in Wolfiana pungitur. Ego distinxi certissima fide, et miror, eos, qui hoc saxum ante me evolverint, non admoneri potuisse ex Wolfiana interpretatione, quæ rectissime se habet. IDEM.

Οὐδ᾽ οὕτω πείθομαι] Legendum videtur: εἰ δ᾽ οὐδ᾽ οὕτω πείθομαι, vel, εἰ δ᾽ οὔπω πείθομαι. JURIN.

Ἐπιβολὴν ἐπιβάλλειν] Ζημίαν ἐπιθεῖναι. WOLF.

μᾶλλον, πλὴν αὐτὸς ἅψασθαι τῇ χειρί. πολλὰ
γὰρ πρὸς τὸ μὴ τὸ σῶμα ἕκαστον ὑβρίζεσθαι,
πεποιήκασιν οἱ νόμοι. ταῦτ' ἔλεγε μὲν ἐκεῖνος, κα-
τεχειροτονήσατε δὲ ὑμεῖς. οὐ μὴν εἰσῆλθεν εἰς τὸ δικα-
στήριον οὗτος· ἀλλ' ἐτελεύτησε πρότερον. ἑτέρου τοίνυν ὅ
τε δῆμος ἅπας κατεχειροτόνησεν ἀδικεῖν περὶ τὴν ἑορτὴν,
καὶ ὑμεῖς εἰσελθόντα ἀπεκτείνατε· Κτησικλέα λέγω. διὰ
τί δὴ τοῦτον ἀπεκτείνατε; ὅτι σκύτος ἔχων ἐπόμπευε,
καὶ τούτῳ μεθύων ἐπάταξέ τινα ἐχθρὸν [1] ὑπάρχονθ' αὐτῷ.
ἐδόκει γὰρ ὕβρει, καὶ οὐκ οἴνῳ, τύπτειν, ἀλλὰ τὴν ἐπὶ 573
τῆς πομπῆς καὶ τοῦ μεθύειν πρόφασιν λαβὼν, ἀδικεῖν, ὡς
δούλοις χρώμενος τοῖς ἐλευθέροις. ἁπάντων τοίνυν, ὦ ἄνδρες
Ἀθηναῖοι, τούτων, ὧν ὁ μὲν, ὧν εἷλεν, ἀποστὰς, ὁ δὲ καὶ
θανάτῳ ζημιωθεὶς, φαίνεται, πολλῷ δεινότερα εὖ οἶδ' ὅτι
πάντες ἂν εἶναι φήσειαν τὰ Μειδίᾳ πεπραγμένα· οὔτε
γὰρ πομπεύων, οὔτε δίκην ᾑρηκὼς, οὔτε παρεδρεύων, οὔτ'
ἄλλην σκῆψιν ἔχων οὐδεμίαν, πλὴν ὕβριν, τοιαῦτα πε-
ποίηκεν, οἷα οὐδεὶς ἐκείνων. καὶ τούτους μὲν δὴ ἐῶμεν.

ν'. Ἀλλὰ Πύῤῥον, ὦ ἄνδρες Ἀθηναῖοι, τὸν Ἐτεοβουτά-

[1] ὑπάρχοντ' αὐτῷ T.

Πρὸς τὸ μὴ τὸ σῶμα] Duriuscula hæc sane, et aliena a Demosthene. Lege: πολλὰ γὰρ πρὸ τοῦ μὴ τὸ σῶμα ἕκαστον ὑβρίζεσθαι πεποιήκασιν οἱ νόμοι. Atque ita legunt Vindob. Ital. Lindenb. et Baroc. Nugatur Wolfius, μὴ εἰς, vel κατὰ, τὸ σῶμα ἕκαστον, vel, μὴ τὸ σῶμα ἑκάστου. TAYLOR. ἑκάστου. AUGER.

Καὶ ὑμεῖς κ. τ. λ.] Forte: καὶ ὑμεῖς εἰσελθόντα ἀπεκτείνατε τοῦτον· Κτησικλέα λέγω. διὰ τί δή; ὅτι σκύτος etc. Nam ita in quibusdam Codd. clare legitur, in plurimis desunt posteriora ista τοῦτον ἀπεκτείνατε. TAYLOR. Nisi religio fuisset uncis fœdare textum, præter necessitatem, duo postrema vocabula libenter notassem. Absunt a Paris. ạ. SPALDING.

Ὧν εἷλεν ἀποστὰς] De Evandro loquitur, qui pecuniam judicio evictam reo condonare coactus est. WOLF. Cl. Marklando magis placet ὃν εἷλεν ἀποστὰς, subintellecto ἐκείνου, *remittens* vel *condonans* illi, *quem judicio vicerat*. Eadem est locutio §. νδ'. ὥστε καὶ [ἐκείνους,] πρὸς οὓς μηδέν ἐστι σοὶ πρᾶγμα, λυπεῖσθαι. Ὃν εἷλεν, ut supra §. κδ'. εἷλον αὐτόν. Lambinus legit ὧν ὁ μὲν τῆς, ἧς εἷλεν, δίκης ἀποστάς. TAYLOR.

Εὖ οἶδ'] Revocavi istud εὖ, adjuvantibus Editt. Fel. Man. et Lutet. MSS. autem Bar. Ital. Obsop. Vindob. aliisque fere omnibus. Sæpissime excludi solet vox ea in isto situ. Vide Lection. Lysiac. c. XII. initio. IDEM.

Οὔτε πομπεύων, οὔτε δίκην ᾑρηκὼς, &c.] Id est, οὐδεμίαν δίκην νενικηκώς. Est enim αἱρῶ τὴν δίκην, *vinco judicio, reum perago*: quod de actore tantum dicitur. *Ex edit.* HERVAG.

ν'. Ἐτεοβουτάδην] Converti gallice, *descendant de Butès*. Aliqui volunt Ἐτεοβουτάδην esse gentile nomen pagi Atheniensis dicti Βουτεία, cujus dicunt nomen gentile βουτάδης vel ἐτεοβουτάδης. AUGER.

Ἐτεοβουτάδην] Mira est hujus nominis explicatio apud Ulpianum: τὸν ἀληθῶς εὐγενῆ. τὸ γὰρ ὄνομα ἀπὸ Βούτου τινὸς ἀρχαίου γέγονεν Ἀθηναίου οὕτω καλουμένου, καὶ τὸ "ἐτεὸν" τὸ ἀληθές. Quicquid est de etymo, appositum ἐτεο hujus esse significationis videtur, quia Βουτεία, demus, invenitur quidem; non autem Ἐτεοβουτεία. Eadem nominis ἐτεοβουτάδης derivatio est

δην, ἐνδειχθέντα δικάζειν, ὀφείλοντα τῷ δημοσίῳ, θανάτῳ ζημιῶσαί τινες ὑμῶν ᾤοντο χρῆναι. καὶ τέθνηκεν ἁλοὺς παρ' ὑμῖν. καίτοι τοῦτο τὸ λῆμμα δι' ἔνδειαν, οὐ δι' ὕβριν, λαμβάνειν ἐπεχείρησεν ἐκεῖνος. καὶ πολλοὺς ἂν ἑτέρους ἔχοιμι λέγειν, ὧν οἱ μὲν τεθνᾶσιν, οἱ δ' ἠτιμωμένοι διὰ πολλῷ τούτων εἰσὶν ἐλάττω πράγματα. ὑμεῖς δὲ, ὦ ἄνδρες Ἀθηναῖοι, Σμίκρωνι δέκα ταλάντων ἐτιμήσατε· καὶ Σκίτωνι τοσούτων ἑτέρων, δόξαντι παράνομα γράφειν. καὶ οὔτε παιδία, οὔτε φίλους, οὔτε συγγενεῖς, οὐθ' [1]ὁντινοῦν ἠλεήσατε τῶν παρόντων ἐκείνοις. μὴ τοίνυν, ἂν μὲν εἴπῃ τις παράνομα, οὕτως ὀργιζόμενοι φαίνεσθε. ἂν δὲ ποιῇ, μὴ λέγῃ, πρᾴως διάκεισθε. οὐδὲν γὰρ ῥῆμα, οὐδ' ὄνομα οὕτως ἐστὶ τοῖς πολλοῖς ὑμῶν χαλεπὸν, ὡς ὅσα ὑβρίζων τις τὸν ἐντυχόντα ὑμῶν διαπράττεται. μὴ τοίνυν αὐτοὶ καθ' ὑμῶν αὐτῶν δεῖγμα τοιοῦτον ἐξενέγκητε, ὦ ἄνδρες Ἀθηναῖοι, ὡς ἄρα ὑμεῖς, ἂν μὲν τῶν μετρίων τινὰ καὶ δημοτικῶν λάβητε
574 [2]ὁτιοῦν ἀδικοῦντα, οὔτ' ἐλεήσετε, οὔτ' ἀφήσετε, ἀλλ' ἀποκτενεῖτε, ἢ ἀτιμώσετε· ἂν δὲ πλούσιος ὤν τις ὑβρίζῃ, συγγνώμην ἕξετε· μὴ δῆτα· οὐ γὰρ δίκαιον. ἀλλ' ἐπὶ πάντων ὁμοίως ὀργιζόμενοι φαίνεσθε.

[1] ὁντινοῦν ἄλλον ἠλεήσατε R. [2] ὁ, τιοῦν T.

apud Harpocrationem et, qui eum exscripsit, Suidam in v. Βούτης. SPALDING.

Ἐνδειχθέντα δικάζειν ὀφείλοντα] Ὅτι δικάζει ὀφείλων τῷ δημοσίῳ. WOLF. Κατηγόρηται ὡς ἐν τοῖς δικασταῖς κληρωθεὶς, οὐκ ἐξόν. ὡς ὀφείλων γὰρ χρήματα κοινὰ, ἦν ἄτιμος. Ulpian. SPALDING.

Ὑμεῖς ὦ ἄνδρες Ἀθην. Σμίκρωνι δέκα ταλάντων ἐτιμήσατε] *Vos autem judices Smicroni mulctam talentorum decem irrogastis*, et *totidem aliorum Scitoni, ob id quod rogationem quandam iniquam*, et *legibus adversum promulgasset, quam pœnam nec ejus liberi, nec amici, nec cognationis advocationisque ejus intercessio supplex*, *et misericordiam implorans deprecari potuerant.* Hinc satis apparet magnas fuisse apud Athenienses maleficiorum mulctas, unde suam etiam severitatem Romana jura mutuarunt. Vide plura lib. 5. de Asse. *Ex edit.* HERVAG.

Ὑμεῖς δὲ] Ἀλλ' ὑμεῖς δὲ Ven. Bar. Aug. quo pacto etiam exorsa est periodus anterior: ἀλλὰ Πύῤῥον, ὦ ἄνδρες Ἀθηναῖοι, vel, ut Lind. et Ital. legunt, ἀλλὰ Πύῤῥον μὲν, ὦ ἄνδρες Ἀθηναῖοι. Quam lectionem recipiendam esse statuo: et plerumque, quæ in MSS. Auctoris nostri *adduntur*, ejusmodi sunt, ut elegantiam et emphasin secum trahant. TAYLOR.

Καὶ Σκίτωνι τοσούτων ἑτέρων] Καὶ τούτου δέκα ταλάντων ἐτιμήσατε, sc. τὴν δίκην. WOLF.

Ὁντινοῦν] Sequitur hanc vocem apud Reiskium ἄλλον, quod recepit ille, e Codd. quidem, sed iis non integram hanc dantibus lectionem, quare nonnisi conjecturæ fidem habere potest. In Codd. aut ὁντινοῦν solum legitur, aut, pro eo: ἄλλον οὐδένα, quod illius scholium putat Sim. Fabricius; egoque itidem. SPALDING.

Ἂν — λέγῃ] Hæc optimorum Codd. et edd. lectio est. Non spernenda tamen vulgata, in ed. Paris., ἂν δὲ, ἃ ποιεῖ, μὴ λέγῃ. Fateor *hanc* potuisse fingi, ab eo qui *illam* non intelligeret; ingeniosa saltem est. IDEM.

Μὴ δῆτα, οὐ γὰρ δίκαιον] *Vide obsecro, ne faciatis.* Siquidem μὴ δῆτα, ἀπαγορευτικόν ἐστι. De quo περὶ Στεφάνου. Ponitur tamen etiam μὴ δῆτα, pro *dii avertant, dii meliora*, ut in hac eadem mox infra, [§.

να΄. Ἃ τοίνυν οὐδενὸς τῶν εἰρημένων ἧττον ἀναγκαῖον εἶναι νομίζω πρὸς ὑμᾶς εἰπεῖν, ταῦτ᾽[1] εἰπὼν ἔτι, καὶ βραχέα περὶ τούτων διαλεχθεὶς, καταβήσομαι. ἔστιν, ὦ ἄνδρες Ἀθηναῖοι, μεγάλη τοῖς ἀδικοῦσιν ἅπασι μερὶς, καὶ πλεονεξία, ἡ τῶν ὑμετέρων τρόπων πρᾳότης. ὅτι δὴ ταύτης οὐδοτιοῦν ὑμῖν μεταδοῦναι προσήκει Μειδίᾳ, τοῦτ᾽ ἀκούσατέ μου. ἐγὼ νομίζω πάντας ἀνθρώπους ἐράνους φέρειν παρὰ [2] πάντα τὸν βίον [3] αὐτοῖς, οὐχὶ τούσδε μόνους, οὓς συλλέγουσί τινες, καὶ ὧν πληρωταὶ γίγνονται, ἀλλὰ καὶ ἄλλους. οἷον· ἔστι τις μέτριος καὶ φιλάνθρωπος ἡμῶν, καὶ ἐλεῶν [4] πολλούς· τούτῳ ταὐτὸ δίκαιον ὑπάρχειν [5] εἰκὸς παρὰ πάντων, ἄν ποτ᾽ εἰς χρείαν καὶ ἀγῶνα ἀφίκηται. ἄλλος οὑτοσί τις ἀναιδὴς, καὶ πολλοὺς ὑβρίζων, καὶ τοὺς

[1] εἰπὼν, ἔτι καὶ T. [2] Deest πάντα. T. [3] αὑτοῖς T. [4] πολλούς; T. R. [5] Deest εἰκός. T.

νβ΄.] ἐμοὶ παιδία οὐκ ἔστιν, διὰ τοῦτ᾽ ἄρα τοῦ πεποιηκότος ὁ πεπονθὼς ἔλαττον ἕξω παρ᾽ ὑμῖν; μὴ δῆτα. Pro quo etiam μὴ γὰρ δὴ dicitur. Plura in Comment. Bud. *Ex edit.* HERVAG.

να΄. Εἰπὼν ἔτι] Virgula post ἔτι non post εἰπὼν, *his rursus dictis*. AUGER.

Δὴ] Hoc δὴ hujus loci est plane. Consentiunt etiam in illud MSS. Bav. superscriptum τῷ δὴ habet αὖ, unde suspicatur Reiskius correctorem voluisse δ᾽ αὖ. SPALD.

Παρὰ τὸν βίον] Non significat *per vitam*, sed *secundum vitam*. Cæterum videatur superius explicatio mea loci prope similis in eadem oratione. AUGER.

Ἐλεῶν πολλούς;] Ulpianus et hic legisse videtur οἷος ἐγώ. Quæ appendix videtur non Demosthenis, sed Scholiastæ esse Demosthenis studiosi. WOLF.

Ἄλλος οὑτοσί τις ἀναιδὴς] Wolfius: *Alius quispiam, ut iste, impudens.* Male: nec enim loquitur hic Demosthenes de Midia, sed de homine quovis moribus Midiæ similibus: *Alius quispiam impudens.* JURIN. Secutus sum, in continuandis hisce verbis: ἄλλος οὑτοσί τις ἀναιδὴς κ. τ. λ., edd. ad unam omnes, quo in genere ego pariter atque illarum aliquot auctores inconstantiæ reus sum. Supra enim (§. κη΄.) ubi prorsus eadem leguntur verba, nisi quod pro ἄλλος ibi est ἕτερος, post οὑτοσί τις interpunxerunt aut interrogationis signo, aut virgula; ego autem, qui interrogationem nullam agnoscerem, colo. Malo tamen inconstans esse, quam in errore perseverare. Ut ego capiebam locum, οὑτοσί τις mihi dictum videbatur pro: "hujusmodi fere homo," ad quem sensum efficiendum nunc video opus fuisse τῷ: τοιοῦτός τις, non οὑτοσί τις. Marklandus, ad superiorem locum, optime structuram constituisse mihi nunc videtur, etsi de interrogatione, et de virgula, ibi post οὑτοσὶ et post οὑτοσί τις posita, ei non assentior. Ut enim hic: ἔστι τις μέτριος, priore loco dicitur, continuata oratione, neque in quæstionem et responsionem discerpta, sic ibi quoque ἐγώ τις οὑτοσὶ μ. π. ἄ. εἰμὶ continuandum erat, quod ab omnibus editt. neglectum est. Quod cum fit, eximitur ille scrupulus, quem ego inveniebam in positu τοῦ τις Not. ibi. Jam rationem prioris exempli posterius sequi debet et itidem continuari, illic (§. κη΄.): ἕτερος οὑτοσί τις βίαιος (videl. ἐστὶ) κ. τ. λ. hic, nostro loco: ἄλλος οὑτοσί τις ἀναιδὴς κ. τ. λ. In tota hac oratione alienum fortasse dixerit aliquis τὸ οὑτοσὶ, quod mihi quoque supra fraudi fuit. Abest sane illud hinc, priori loco: ἔστι τις, non ἔστι τις οὑτοσί. Videor tamen mihi sermonem quotidianum et simpliciorem in eo agnoscere; sensu eo, quem Marklandus fere expressit ad superiorem locum. Versio, premens vestigia singulorum verborum, hæc fuerit: *Ego, quisquis sum, qui adsum—; alter, qui adest, quisquis est.* Quare orator variaverit situm τοῦ τις, ut nunc ante οὑτοσὶ collocaret, nunc post illam vocem, equidem non dixerim. H. Wolfius fallitur sane dum scribit "*ut iste;*" deest enim ὡς. SPALDING.

μὲν καθάρματα, τοὺς δὲ πτωχοὺς, τοὺς δ' οὐδὲν ὑπολαμβάνων⌋ [1] εἶναι· τούτῳ τὰς αὐτὰς δίκαιον ὑπάρχειν φορὰς, ὥσπερ αὐτὸς εἰσενήνοχε τοῖς ἄλλοις. ἂν τοίνυν ὑμῖν ὀρθῶς ἐπίῃ σκοπεῖν, τούτου πληρωτὴν εὑρήσετε Μειδίαν ὄντα τοῦ ἐράνου, οὐκ ἐκείνου. οἶδα τοίνυν, ὅτι καὶ τὰ παιδία ἔχων ὀδυρεῖται, καὶ πολλοὺς λόγους καὶ ταπεινοὺς ἐρεῖ, δακρύων, καὶ ὡς ἐλεεινότατον ποιῶν ἑαυτόν. ἔστι δ', ὅσῳ περ ἂν αὐτὸν νῦν ταπεινότερον ποιῇ, τοσούτῳ μᾶλλον ἄξιον μισεῖν αὐτὸν, ὦ ἄνδρες Ἀθηναῖοι. διὰ τί; ὅτι, εἰ μὲν, μηδαμῶς δυνηθεὶς γενέσθαι ταπεινὸς, οὕτως ἀσελγὴς καὶ βίαιος ἦν
575 ἐπὶ τοῦ παρεληλυθότος βίου, τῇ φύσει καὶ τῇ τύχῃ, δι' ἣν τοιοῦτος ἐγένετο, ἄξιον ἦν ἄν τι τῆς ὀργῆς ἀνεῖναι. εἰ δ' ἐπιστάμενος μέτριον παρέχειν ἑαυτὸν, ὅταν βούληται, τὸν ἐναντίον, ἢ τοῦτον τὸν τρόπον, εἵλετο ζῆν, εὔδηλον δήπου τοῦθ', ὅτι, καὶ νῦν ἂν διακρούσηται, πάλιν [2] ὁ αὐτὸς ἐκεῖνος, ὃν ὑμεῖς ἴστε, γενήσεται. οὐ δὴ δεῖ προσέχειν, οὐδὲ τὸν παρόντα καιρὸν, ὃν οὗτος ἐξεπίτηδες [3] διαπλάττεται, κυριώτερον, οὐδὲ πιστότερον, τοῦ παντὸς, ὃν αὐτοὶ σύνιστε, χρόνου ποιήσασθαι.

νβ'. Ἐμοὶ παιδία οὐκ ἔστιν, οὐδ' ἂν ἔχοιμι ταῦτα παραστησάμενος κλαίειν καὶ δακρύειν, ἐφ' οἷς ὑβρίσθην. διὰ τοῦτ' ἄρα τοῦ πεποιηκότος ὁ πεπονθὼς ἔλαττον ἕξω παρ' ὑμῖν; μὴ δῆτα· ἀλλ' ὅταν οὗτος ἔχων τὰ παιδία, τούτοις ἀξιοῖ δοῦναι τὴν ψῆφον ὑμᾶς, τόθ' ὑμεῖς τοὺς νόμους ἔχοντά με πλησίον ἡγεῖσθε παρεστάναι, καὶ τὸν ὅρκον, ὃν ὀμωμόκατε, τούτοις ἀξιοῦντα καὶ ἀντιβολοῦντα ἕκαστον

[1] εἶναι; T. R. [2] Deest articulus. T. [3] πλάττεται T.

Οὐδὲν ὑπολαμβάνων εἶναι;] Lege οὐδὲ ἄνους ὑπολαμβάνων εἶναι; i. e. ἀνθρώπους. Supra §. κή. *fin.* loco parallelo: Ἕτερος οὑτοσί τις; βίαιος, οὐδένα οὔτ' ἐλεῶν, οὔθ' ὅλως ἡγούμενος ἄνθρωπον. Infra §. νέ. πάντες εἰσὶ τούτῳ καθάρματα, καὶ πτωχοὶ, καὶ οὐδὲ ἄνθρωποι, quæ sunt ipsissima hujus loci verba. MARKLAND.

Οὐκ ἐκείνου] Καὶ οὐκ ἐκείνου Lindenb. Obsop. Ital. et Vindob. Quæ vox in postremo Cod. deest etiam ante τὰ παιδία in sequentibus. Quod felicissime totum hunc locum complanat. Nam ex hac parte abesse certe, in illa suppleri omnino debet. TAYLOR.

Ὡς] Τὸ "ὡς" μόριον δηλοῖ καὶ τὸ "πάνυ" κατ' ἐπίτασιν. ἴσως δὲ νῦν, τὸ "ἐν σχήματι καὶ ὑποκρίσει" δηλοῖ. Ulpian. SPALDING.

Ὅτι εἰ μὲν μηδαμῶς δυνηθεὶς γενέσθαι ταπεινὸς] Wolfius: *quia si nulla ratione ferociam suam domare potuisset.* Potius: *quia si nulla ratione humilitatem et modestiam præstare potuisset.* JURIN.

Τὸν ἐναντίον] Τὸν ἐναντίον μᾶλλον, ἢ τοῦτον. WOLF.

Ἀξιοῖ] Conjunctivus est. SPALDING.

Τούτοις ἀξιοῦντα] Διὰ τούτων τῶν νόμων δήπου καὶ τῶν ὅρκων. WOLF.

ὑμῶν ψηφίσασθαι. οἷς ὑμεῖς κατὰ πολλὰ δικαιότερον [1]πρόσθοισθ' ἂν ἢ τούτῳ· καὶ γὰρ ὀμωμόκατε, ὦ ἄνδρες Ἀθηναῖοι, τοῖς νόμοις πείθεσθαι· καὶ τῶν ἴσων μέτεστιν ὑμῖν διὰ τοὺς νόμους, καὶ πάνθ', ὅσα ἐστὶν ἀγαθὰ ὑμῖν, διὰ τοὺς νόμους ἐστὶν, οὐ διὰ Μειδίαν, οὐδὲ διὰ τοὺς Μειδίου παῖδας. Καὶ ῥήτωρ ἐστὶν οὗτος, ἴσως ἐμὲ φήσει λέγων· ἐγὼ δ', εἰ μὲν ὁ συμβουλεύων ὅ τι ἂν συμφέρειν ὑμῖν ἡγῆται, καὶ τοῦτ' ἄχρι τοῦ μηδὲν ὑμῖν ἐνοχλεῖν, μηδὲ βιάζεσθαι, ῥήτωρ ἐστὶν, οὔτε φύγοιμ' ἂν οὔτε ἀπαρνοῦμαι [2]τοῦτο τοὔνομα. εἰ μέντοι ῥήτωρ ἐστὶν, οἵους ἐνίους τῶν λεγόντων ἐγὼ, καὶ ὑμεῖς δὲ ὁρᾶτε, ἀναιδεῖς, καὶ ἐξ ὑμῶν πεπλουτηκότας, οὐκ ἂν εἴην 576
οὗτος ἐγώ. εἴληφα μὲν γὰρ οὐδ' ὁτιοῦν ἐξ ὑμῶν. τὰ δὲ ὄντα, εἰς ὑμᾶς, πλὴν πάνυ μικρῶν, ἅπαντ' ἀνήλωκα. καίτοι, εἰ [3]καὶ τούτων ἦν πονηρότατος, κατὰ τοὺς νόμους ἔδει παρ' ἐμοῦ δίκην λαμβάνειν, οὐκ ἐφ' οἷς ἐλειτούργουν ὑβρίζειν. ἔτι τοίνυν οὐδείς ἐστιν, ὅστις ἐμοὶ τῶν λεγόντων συναγωνίζεται. καὶ οὐδενὶ μέμφομαι· οὐδὲ γὰρ αὐτὸς οὐδενὸς ἕνεκα τούτων οὐδὲν ἐν ὑμῖν πώποτ' εἶπον. ἀλλ' ἁπλῶς κατ' ἐμαυτὸν ἔγνων καὶ λέγειν καὶ πράττειν, ὅ τι ἂν συμφέρον ὑμῖν [4]ἡγῶμαι· ἀλλὰ τούτῳ πάντας αὐτίκα δὴ μάλα συνεξεταζομένους τοὺς ῥήτορας ὄψεσθε ἐφεξῆς. καίτοι πῶς ἐστὶ δίκαιον τοὔνομα μὲν τοῦτο ὡς ὄνειδος προφέρειν ἐμοὶ, διὰ τούτων δ' αὐτὸν τῶν ἀνδρῶν ἀξιοῦν σωθῆναι;

νγ'. Τάχα τοίνυν ἴσως καὶ τὰ τοιαῦτ' ἐρεῖ, ὡς ἐσκεμμένα καὶ παρεσκευασμένα πάντα λέγω [5]νῦν ἐγώ. ἐγὼ δέ

[1] πρόσθεισθ' T. [2] Deest τοῦτο. T. [3] καὶ εἰ T. [4] ἡγοῦμαι T. [5] νῦν· ἐγὼ δ' ἐσκέφθαι T.

Πρόσθοισθ'] Recte ex uno Codice Aug. pr. Atticam formam optativi adscivit Reiskius, pro vulgato: πρόσθεισθε. SPALDING.

Καὶ ὑμεῖς δὲ ὁρᾶτε] Legendum puto δὴ pro δὲ. JURIN. Frustra tentat Jurinus δὴ pro hoc δέ. vid. supra §. θ'. ubi ille nihil monuit. De μέντοι illo, in proxime antecedentibus vid. supra §. μγ'. SPALDING.

Τούτων] Sc. ῥητόρων. AUGER.

Ἕνεκα τούτων] Structuram impeditiorem sic resolve: ἕνεκα οὐδενὸς τούτων. (i. e. τῶν ῥητόρων). vid. de trajectione verbb. F. A. Wolfius ad Lept. §. ιη. fin. SPALDING.

Ἡγοῦμαι] Scribe ὅ, τι ἂν — ἡγῶμαι, ut supra v. 8. MARKLAND. Ita scribitur in marg. Edit. Morel. Codd. Aug. et Vindob. TAYLOR.

Συνεξεταζομένους] Παρισταμένους καὶ συνηγοροῦντας. WOLF. De voce συνεξετάζεσθαι vid. supra §. λζ'. et confer Morum ad Isocr. Paneg. sec. ed. p. 86. Not. e. SPALDING.

γ᾿ ἐσκέφθαι μὲν, ὦ ἄνδρες Ἀθηναῖοι, φημὶ, καὶ οὐκ ἂν ἀρ-
νηθείην, καὶ μεμελετηκέναι γ᾿ ὡς ἐνῆν μάλιστα ἐμοί· καὶ
γὰρ ἂν ἄθλιος ἦν, εἰ τοιαῦτα παθὼν καὶ πάσχων, ἠμέ-
λουν ὧν περὶ τούτων ἐρεῖν [1] ἤμελλον πρὸς ὑμᾶς· γεγραφέ-
ναι μέντοι μοι τὸν λόγον Μειδίαν· ὁ γὰρ τὰ ἔργα παρε-
σχηκὼς, περὶ ὧν εἰσὶν οἱ λόγοι, δικαιότατ᾿ ἂν ταύτην ἔχοι
τὴν αἰτίαν, οὐχ ὁ ἐσκεμμένος, οὐδ᾿ ὁ μεριμνήσας τὰ δίκαια
λέγειν νῦν. ἐγὼ μὲν οὖν τοῦτο [2] ποιῶν, ὦ ἄνδρες Ἀθηναῖοι,
καὶ αὐτὸς ὁμολογῶ. Μειδίαν μέντοι μηδὲν ἐσκέφθαι πώ-
ποτ᾿ ἐν ἅπαντι τῷ βίῳ δίκαιον, εἰκός ἐστιν· εἰ γὰρ καὶ
κατὰ μικρὸν ἐπῄει τὰ τοιαῦτα αὐτῷ σκοπεῖν, οὐκ ἂν το-
σοῦτον διημάρτανε τοῦ πράγματος. [3] οἴομαι τοίνυν αὐτὸν,
577 οὐδὲ τοῦ δήμου κατηγορεῖν ὀκνήσειν, οὐδὲ τῆς ἐκκλησίας.
ἀλλ᾿ ἅπερ τότ᾿ ἐτόλμα λέγειν, ὅτ᾿ ἦν ἡ προβολὴ, ταῦτα
καὶ νῦν ἐρεῖν, ὡς ὅσοι, δέον ἐξιέναι, κατέμενον, καὶ ὅσοι τὰ
φρούρια ἦσαν ἔρημα λελοιπότες, [4] ἐξεκλησίασαν· καὶ χο-
ρευταὶ, καὶ ξένοι, καὶ τοιοῦτοί τινες ἦσαν, οἱ κατεχειροτό-
νησαν αὐτοῦ· εἰς γὰρ τοῦτο θράσους καὶ ἀναιδείας τότ᾿
ἀφίκετο, ὦ ἄνδρες δικασταὶ, ὡς ἴσασιν ὅσοι παρῆσαν ὑμῶν·

[1] ἔμελλον T. [2] ποιῶ R. [3] οἶμαι T. [4] ἐξεκκλησίασαν T.

νγ᾿. Οὐκ ἂν ἀρνηθείην] Οὐκ ἀπαρνηθείην Obsop. Ital. Vindob. Reg. ϛ. et propemodum Lindenb. Locum hunc ita laudat Plutarchus de Educat. Puerorum: Ἐν δὲ τῷ κατὰ Μειδίου τὴν τῆς σκέψεως ὠφέλειαν ἐναργῶς παρίστησι. φησὶ γοῦν· Ἐγὼ δ᾿ ἐσκέφθαι μὲν, ὦ Ἀθηναῖοι, φημὶ, κοὐκ ἂν ἀρνηθείην καταμεμελετηκέναι γε ὡς ἐνῆν μάλιστα ἐμοί· καὶ γὰρ ἂν ἄθλιος ἦν, εἰ τοιαῦτα παθὼν καὶ πάσχων ἠμέλουν, ὧν περὶ τούτων ἐρεῖν ἔμελλον. Taylor.

Ὁ γὰρ τὰ ἔργα παρεσχηκὼς] Legendum videtur: ὁ γὰρ τότε τὰ ἔργα παρεσχηκώς: ut opponatur τότε, τῷ νῦν in fine sententiæ, cum alioqui redundet τὸ νῦν. Jurin. Ipse inter legendum incidebam in eandem Jurino suspicionem, excidisse in antecedentibus τότε, (quod commode ille collocat inter γὰρ et τὰ ἔργα), quo referretur νῦν hic comparens. Non tamen dixerim cum eo, *alioqui redundare* τὸ νῦν. Potest illud referri ad ἐσκεμμένος et μεριμνήσας, meditatus et commentatus *antea*, quæ essem dicturus *nunc*." Spalding.

Ποιῶν] Revocavi vulgatam lectionem ποιῶν, pro qua, cum Aug. pr., Reiskius scripsit ποιῶ, insuavem ante ὦ sonum. Causa sic corrigendi, quam affert *ille*, quod καὶ supervacaneum sit in lectione ποιῶν, nulla est. καὶ valet h. l. *etiam*. Idem.

Ἐρεῖν] Ita edidi pro ἐρεῖ ex auctoritate Ven. et Bar. Mox v. 16. vocem ἔρημα delent iidem MSS. cum Augustano. Taylor.

Ὡς ὅσοι δέον ἐξιέναι] Sic Cicero a Clodianis operis, non a civibus, se pulsum esse a civitate jactat. Wolf.

Ἐξεκκλησίασαν] Ἐξεκλησίασαν Edit. Lutet. corrupte. Lege ἐκκλησίασαν cum margine Benenati, et Vindob. vel ἐκκλησίαζον cum MSS. Ven. Baroc. Aug. Ital. et confer Lysiam pagg. 493. ult. et 787. Taylor.

Ἀφίκετο] Subit quærere, annon magis fuisset hujus loci ἀφῖκτο, plusq. perf., cum τότε cum aoristo minus coire videatur. Facillimum fuisse errorem, nemo negaverit. Eundem irrepsisse suspicor in locum Xenophontis Cyrop. 1. 4. 5. ubi post ἀφίκετο sunt mera plusq. perfecta: παρῄει, ἀνηλώκει. Legitur autem nostrum ἀφῖκτο e. g. apud Thucyd. VII. 75. Spalding.

ὥστε κακῶς λέγων, καὶ ἀπειλῶν, καὶ βλέπων οὗτος εἰς τὸν ἀεὶ θορυβοῦντα τόπον τῆς ἐκκλησίας, καταπλήξειν ᾤετο τὸν δῆμον ἅπαντα. ἢ καὶ γελοῖα εἶναι τὰ νῦν, οἶμαι, δάκρυα εἰκότως ἂν αὐτοῦ δοκοίη.

νδʹ. Τί λέγεις, ὦ μιαρὰ κεφαλή; σὺ τὰ σαυτοῦ παιδία ἀξιώσεις ἐλεεῖν, ἢ σὲ, τούςδε, ἢ σπουδάζειν εἰς τὰ σὰ, τοὺς ὑπὸ σοῦ δημοσίᾳ προπεπηλακισμένους; σὺ μόνος τῶν ὄντων ἀνθρώπων, ἐπὶ μὲν τοῦ βίου τοσαύτης ὑπερηφανίας καὶ ὑπεροψίας πάντων ἀνθρώπων μεστὸς ὢν ἔσῃ φανερώτατος, ὥστε καὶ πρὸς οὓς μηδέν ἐστί σοι πρᾶγμα, λυπεῖσθαι, τὴν σὴν θρασύτητα καὶ φωνὴν, καὶ τὸ σὸν σχῆμα, καὶ [1] τοὺς ἀκολούθους, καὶ πλοῦτον, καὶ ὕβριν θεωροῦντας, ἐν δὲ τῷ κρίνεσθαι παραχρῆμα ἐλεηθήσῃ; μεγάλην μέντ' ἂν ἀρχὴν, μᾶλλον δὲ τέχνην, εἴης ἂν εὑρηκὼς, εἰ δύο [2] τἀναντιώτατα ἑαυτοῖς ἐν οὕτω βραχεῖ χρόνῳ περὶ σαυτὸν δύναιο ποιήσασθαι· φθόνον ἐξ ὧν ζῇς, καὶ ἐφ' οἷς ἐξαπατᾷς ἔλεον. οὐκ ἔστιν οὐδαμόθεν σοι προσήκων ἔλεος, οὐδὲ καθ' ἓν, ἀλλὰ, τοὐναντίον, [3] μῖσος, καὶ φθόνος, καὶ ὀργή. τούτων γὰρ ἄξια ποιεῖς. ἀλλ' ἐπ' ἐκεῖνο ἐπάνειμι, ὅτι τοῦ δήμου κατηγορήσει, καὶ τῆς ἐκκλησίας. ὅταν οὖν τοῦτο ποιῇ, 578
ἐνθυμεῖσθε παρ' ὑμῖν αὐτοῖς, ἄνδρες δικασταὶ, ὅτι οὗτος τῶν μεθ' ἑαυτοῦ στρατευσαμένων ἱππέων, ὅτε εἰς Ὄλυνθον

[1] τοὺς σοὺς ἀκολούθους T. R. [2] τὰ ἐναντιώτατα T. [3] μίσος T.

Οὗτος] Οὕτως Wolfius, ut sit δεικτικόν. Verum, ita si fuisset, sede mutata legi oportuisset: ὥστε κακῶς λέγων, καὶ ἀπειλῶν, καὶ βλέπων εἰς τὸν ἀεὶ θορυβοῦντα τόπον τῆς ἐκκλησίας, οὕτω καταπλήξειν ᾤετο τὸν δῆμον ἅπαντα. Vid. supra §. μγʹ. TAYLOR. Fateor etiam mihi, pariter atque H. Wolfio, displicere quodammodo οὗτος, cum ipsum hoc antecesserit subjectum, ut iteratione pronominis plane non indigeret locus. In eo tamen assentior Tayloro, si mutetur illud in οὕτως, collocari debere inter ἐκκλησίας et καταπλήξειν. Hæc commodissima sit lectio. SPALDING.

νδʹ. Ὥστε καὶ πρὸς οὓς μηδέν ἐστι πρᾶγμα] *Ita ut etiam eos, quibuscum nihil tibi rei est, dolere contigerit.* Dicitur enim ita Græce etiam ἔστι μοι πρᾶγμα πρὸς τοῦτον, ut Latine, *est mihi cum eo negotium.* Ex edit. HERVAG.

Ἐν δὲ τῷ κρίνεσθαι] Ἐν δὲ τῷ κρίνεσθαί σε Aug. Proxime autem, vocabulis transpositis, rectius nonnihil, meo quidem judicio, leges: μεγάλην μέν τ' ἂν τέχνην, μᾶλλον δὲ ἀρχὴν εἴης ἂν εὑρηκὼς, εἰ —. Prius istud ἂν dissimulant Lind. et Ital. Quibus tamen parum moveor. Istius enim idiomatis satis amplam messem congessit Barnesius in Indice ad Euripidem, homo in istiusmodi crisi satis exercitatus, eique muneri non admodum impar. TAYLOR.

Ἐν οὕτω βραχεῖ χρόνῳ] Wolfius: *tam paulo momento.* Potius: *tantulo temporis momento.* JURIN.

Ἐξαπατᾷς] Egregium ἀπροσδόκητον (*inopinatum*, cf. Quint. 9. 2. 23. et 6. 3. 84.) cum expectes ἐφ' οἷς ὀδύρῃ. Pro iis, quia mera fraus est hæc lamentatio, statim subjecit ἐφ' οἷς ἐξαπατᾷς. SPALDING.

Ὄλυνθον] Nisi hoc interjectum esset de Olyntho (ὅτε — διέβησαν) unusquisque referret hæc ad equites de quibus agebatur supra §. λήʹ. Nunc fateor hærere me inδιέβησαν, ἐλθὼν πρὸς ὑμᾶς εἰς τὴν ἐκκλησίαν, κατηγόρει. νῦν πάλιν, μείνας, πρὸς τοὺς ἐξεληλυθότας, τοῦ δήμου κατηγορήσει. πότερον οὖν ὑμεῖς, ἄν τε μένητε, ἄν τε ἐξίητε, ὁμολογήσετε εἶναι τοιοῦτοι, οἵους Μειδίας ὑμᾶς ἀποφαίνει, ἢ τοὐναντίον, τοῦτον ἀεὶ καὶ πανταχοῦ θεοῖς ἐχθρὸν καὶ βδελυρόν; ἐγὼ μὲν οἶμαι τοῦτον τοιοῦτον· ὃν γὰρ οὐχ ἱππεῖς, οὐ συνάρχοντες, οὐ φίλοι δύνανται φέρειν, τί τοῦτον ἂν εἴποι τις;

νέ. Ἐμοὶ μὲν, νὴ τὸν Δία, καὶ τὸν Ἀπόλλω, καὶ τὴν Ἀθηνᾶν,—εἰρήσεται γὰρ, εἴτ' ἄμεινον, εἴτε μὴ —, ὅθ' οὗτος, ὡς ἀπήλλαγμαι, περιϊὼν ἐλογοποίει, ἔνδηλοί τινες ἦσαν ἀχθόμενοι τῶν πάνυ τούτῳ λαλούντων ἡδέως. καὶ

loco nostro. Ulpiani sententia, qui hæc pertinere ait ad tempora excisæ a Philippo Olynthi, magnopere discrepat a Reiskii ratione, putantis, expeditionem Timothei contra Olynthios memorari. Scholium, falsum ipsum, quod in textum se insinuaverit, suspicari totum hoc, temerarium sit fortasse, præsertim cum apud Ulp. verba illa appareant. Multo tamen expeditiorem fieri locum ejectis hisce verbis, et structuram adeo molliorem existere, nemo negaverit. In primis necessarium erat, tangi hic tale Midiæ facinus, quod jam antea esset memoratum in hac oratione. Atqui Olynthi nonnisi obiter in antecedentibus fit mentio (§. μέ.) Ex hac tamen, quam tantum non suadeo, verborum jactura, velim eximi et servari ὅτε, aut potius τότε, quod fortasse extritum est ab eo ipso ὅτε adventitio. τότε enim ad concinnitatem magnopere faceret, oppositum sequenti νῦν. Idem.

Πρὸς] Prope abfui ab adsciscenda in textum lectione Cod. Bav. ὡς, pro πρός; tantopere ea blanditur mihi. Sed est præterea in hac sententia, quod male me habeat; abrupta et confragosa oratio: νῦν — κατηγορήσει, sine δὲ, nisi forte dicas, ipsius indignationis hanc esse duritiem structuræ, et πάλιν quodammodo vicarium esse τοῦ δέ. Idem.

Νῦν πάλιν μείνας κ. τ. λ.] Si remanserit in urbe, quomodo populum apud eos, qui egressi sunt, accusabit? Ego me, etiamsi τὸ μείνας sustuleris, hunc locum non intelligere fateor: et ut interpreteris μείνας, S. τὸν καιρὸν, *exspectata* occasione, parum probo. Legere autem, id quod sententia postulare videtur, νῦν πάλιν τῶν μεινάντων πρὸς τοὺς ἐξεληλυθότας τοῦ δήμου κατηγορήσει, *nunc vicissim eos, qui remanserunt, apud eos* e *populo qui egressi sunt accusabit,* aut μείνας πρὸς τοὺς μένοντας τῶν ἐξεληλυθότων, sine fide et subsidio probati Codiois, nimis calidum videtur. Etsi huic conjecturæ suffragantur sequentia: πότερον οὖν ὑμεῖς, ἄν τε μένητε, ἄν τε ἐξίητε. Wolf. Quidni ita legeretur, cum huic emendationi favere videatur Cod. Italicus? Νῦν πάλιν μεινάντων πρὸς τοὺς ἐξεληλυθότας τοῦ δήμου κατηγορήσει. Supra enim §. νγ'. ἐτόλμα λέγειν, ὡς ὅσοι, δέον ἐξιέναι, κατέμενον, καὶ ὅσοι τὰ φρούρια ἦσαν ἐρημα λελοιπότες ἐκκλησίασαν, καὶ χορευταὶ καὶ ξένοι — ἦσαν, οἳ κατεχειροτόνησαν αὐτοῦ. Taylor. Wolfius: *nunc rursus* — occasione *exspectata*. Immo: *nunc rursus domi sedens*. Nec enim exiverat Midias cum equitibus, nec cum sua trireme, sed ad urbem remanserat. Vide §. μέ. Jurin.

νέ. Εἴτε μὴ] Μέλλων ἀποῤῥήτους λόγους ἐξηγεῖσθαι, διστάζειν προσποιεῖται. Ulp. Spalding.

Ἀπήλλαγμαι] Ἐψεύδετο θρυλλῶν καὶ λογοποιούμενος· "ἐσπείσατό μοι Δημοσθένης, ἀπηλλάγην τῆς ἔχθρας, λέλυταί μοι τῶν ἐγκλημάτων ὁ κίνδυνος." Ulp. Trahebat itaque Ulpianus ἀπήλλαγμαι ad Midiam, non ad Demosthenem ut Reiskius. Neque videtur de eo, qui in gratiam redierit, dici posse ἀπαλλαγῆναι; διαλλαγῆναι optime. Fraudi fuit Reiskio particula ὡς, quæ hic inducit sermonem alterius ut ὅτι. Hoc monuit de nostro loco Budæus in Comment. Gr. Lingu. vid. Hoogev. Sch. p. 775. cf. etiam Viger. Zeun. p. 547. Idem.

Ἔνδηλοι] Forte εὔδηλοι. Wolf. Sufficit Hesychii auctoritas ad vindicandam vocem ἔνδηλος, etsi apud eum VV. DD. malint ἔκδηλος. Spalding.

Ἡδέως] Vel *libenter* vel *blande*. Wolf.

νὴ Δία αὐτοῖς πολλὴ συγγνώμη. οὐ γάρ ἐστι φορητὸς ἄνθρωπος· ἀλλὰ καὶ πλουτεῖ μόνος, καὶ λέγειν δύναται μόνος, καὶ πάντες εἰσὶ τούτῳ καθάρματα, καὶ πτωχοὶ, καὶ οὐδὲ ἄνθρωποι. τὸν οὖν ἐπὶ ταύτης τῆς ὑπερηφανίας [1]ὄντα, νῦν ἂν ἀποφύγῃ, τί ποιήσειν οἴεσθε; ἐξ ὅτου δὲ τοῦτ᾽ ἂν εἰδείητε, ἐγὼ φράσω· εἰ τοῖς μετὰ τὴν καταχειροτονίαν τεκμηρίοις θεωρήσετε. τίς γάρ ἐστιν, ὅστις, [2]καταχειροτονηθὲν αὐτοῦ, καὶ ταῦτα ἀσεβεῖν περὶ τὴν ἑορτὴν, εἰ καὶ μηδεὶς ἄλλος ἐπῆν κίνδυνος, μηδὲ ἀγὼν, οὐκ ἂν ἐπ᾽ αὐτῷ [3]τούτῳ κατέδυ, καὶ μέτριον παρέσχεν ἑαυτὸν, τόν γε δὴ μέχρι τῆς κρίσεως χρόνον, εἰ καὶ μὴ πάντα; οὐδεὶς ὅστις οὐκ ἄν. ἀλλ᾽ οὐ Μειδίας· ἀλλ᾽ ἀπὸ ταύτης τῆς ἡμέρας λέγει, λοιδορεῖται, βοᾷ. [4]χειροτονεῖταί τις; 579
Μειδίας Ἀναγυράσιος προβέβληται. Πλουτάρχου προ-

[1] ὄντα νῦν, ἂν T. [2] καταχειροτονηθέντος T. [3] Deest τούτῳ. T.
[4] χειροτονεῖται, τίς; Μειδίας ἀναγυράσιος. προβέβληται Πλουτάρχου. προξενεῖ. R.

Ipsos ῥήτορας, Midiæ auxilium pollicitos, designari puto. Spalding.

Τίς γάρ ἐστιν ὅστις καταχειροτονηθέντος αὐτοῦ, &c.] *Ecquis est enim hominum, qui præjudicio populi damnatus violatæ quoque religionis, non eam ob rem publico caruisset, domique delitescens, modestum se civem exhibuisset, si non omne postea tempus certe quidem quoad in reatu fuisset, et usque ad judicium.* quod dixit γε δὴ, idem est quod alibi, ἀλλά γε, καὶ ἀλλὰ, Cicero *quidem* certe extulit de Natura deorum, "Debebant quidem illi omnes bonos efficere. siquidem hominum generi consulebant: sin id minus, bonis quidem certe consulere debebant." *Ex edit.* Hervag.

Τίς γάρ ἐστιν κ. τ. λ.] Olim, nempe in Edit. Lutet. legebatur, τίς γάρ ἐστιν ἔτι τούτῳ, ὅστις κ. τ. λ. Id Wolfium male habuit, cujus sunt verba, sc. "ἔτι τούτῳ alii Codd. non habent, et turbat sententiam et constructionem: neque etiam placet ἔθει τούτῳ, *hisce moribus*, quod commodius diceretur τοιοῦτος τὸν τρόπον, οὕτως ἀναιδὴς, ἢ θρασὺς, ἢ τολμηρὸς, aut aliquid simile." Hucusque Vir doctissimus. Locum melioribus auspiciis sanavit optimus Lambinus, cum voces istas erraticas inferius ý. 9. ad suam sedem revocaverit, εἰ καὶ μηδεὶς ἄλλος ἐπῆν κίνδυνος ἔτι τούτῳ, μηδὲ ἀγὼν — Ibidem, ἀγὼν ἔτι μηδὲ κίνδυνος Lindenbrog. Ital. Vindob. Taylor. Non pauci Codd. post ἐστὶν habent ἔτι τούτῳ, sine sensu. Ablegat ea vocabula Lambinus inter κίνδυνος et μηδέ; parum ingeniose, etsi facientem laudat Taylorus. Reiskius ex adscripta margini varietate lectionis repetit; melius ille. In mentem venit, an sit ἐπὶ τούτῳ legendum, sensu hoc: *præter hunc* (Midiam)? Sed exemplo locutionis destituor. Bene nobiscum agitur, quod absunt importuna verba a bonæ notæ aliquot Codd. Spalding.

Καταχειροτονηθέντος] Τοῦ δήμου καταχειροτονήσαντος αὐτοῦ, ut ἐγὼ καταχειροτονοῦμαι sit formula. Sed quid si καταχειροτονηθὲν κατ᾽ Ἀττικισμόν? Wolf. Lege καταχειροτονηθέντος αὐτοῦ. Markland.

Ἐπ᾽ αὐτῷ] Ἐπ᾽ αὐτῷ τούτῳ Editi cum MSS. paucis, sed infeliciter. Commonstravi, quo pertineret istud τούτῳ. Id mendum fraudi fuisse Wolfio video, *ob id ipsum.* ἐπ᾽ αὐτῷ (vel ἐφ᾽ αὐτῷ) καταδῦναι est *in* se *ipsum descendere.* Taylor.

Ἀλλ᾽ ἀπὸ ταύτης etc.] Hoc comma laudat Plutarchus Platon. Quæst. extrem. ubi expendit vim orationis ἐξαιρεθέντων τῶν συνδέσμων. Locum console. Taylor.

Μειδίας Ἀναγυράσιος κ. τ. λ.] Distingue: Μειδίας Ἀναγυράσιος προβέβληται Πλουτάρχου· προξενεῖ· τὰ etc. Sic §. λθ΄. τούτου προβέβληνται Πολύευκτος, Τιμοκράτης. ubi recte se habet Wolfiana interpretatio, quæ pessima est hoc loco. Alluditur nimirum hic ad factum aliquod tunc temporis bene notum, quod evenit inter καταχειροτονίαν Midiæ et scriptionem hujus orationis. Markland.

ξενεῖ. τὰ ἀπόῤῥητα οἶδεν. ἡ πόλις αὐτὸν οὐ χωρεῖ. καὶ ταῦτα πάντα ποιεῖ, δηλονότι οὐδὲν ἄλλο ἐνδεικνύμενος, ἢ ὅτι ἐγὼ οὐδὲν πέπονθα ὑπὸ τῆς καταχειροτονίας· [1]οὐ δέδοικα, οὐδὲ φοβοῦμαι τὸν μέλλοντα ἀγῶνα. ὃς οὖν, ὦ ἄνδρες Ἀθηναῖοι, τὸ μὲν ὑμᾶς δεδιέναι δοκεῖν, αἰσχρὸν ἡγεῖται· τὸ δὲ μηδὲν φροντίζειν ὑμῶν, νεανικόν· τοῦτον οὐκ ἀπολωλέναι δεκάκις προσήκει; [2]ἐγὼ μὲν ἡγοῦμαι. οὐδὲ γὰρ ἕξειν ὑμᾶς, ὅ τι χρήσεσθε αὐτῷ, νομίζει. πλούσιος, θρασὺς, μέγα φρονῶν, μέγα φθεγγόμενος, βίαιος, ἀναιδής. ποῦ ληφθήσεται, νῦν ἂν διακρούσηται;

νϛʹ. Ἀλλ᾽ ἔγωγε, εἰ μηδενὸς ἕνεκα τῶν ἄλλων, τῶν γε δημηγοριῶν, ὧν ἑκάστοτε [3]δημηγορεῖ, καὶ ἐν τοῖς καιροῖς, τὴν μεγίστην ἂν αὐτὸν δικαίως [4]οἴομαι δίκην δοῦναι· ἴστε γὰρ δήπου τοῦθ᾽, ὅτι, ἂν μέν τι τῶν δεόντων ἀπαγγελθῇ τῇ πόλει, καὶ τοιοῦτον, οἷον [5]εὐφρᾶναι πάντας, οὐδαμοῦ πώποτε Μειδίας τῶν συνηδομένων, οὐδὲ τῶν συγχαιρόντων ἐξητάσθη τῷ δήμῳ. ἂν δέ τι φλαῦρον, ὃ μηδεὶς ἂν [6]βούλοιτο τῶν ἄλλων, πρῶτος ἀνέστηκεν εὐθέως, καὶ δημηγορεῖ, ἐπεμβαίνων τῷ καιρῷ, καὶ τῆς σιωπῆς ἀπολαύων, ἣν, ἐπὶ τῷ περὶ τῶν συμβεβηκότων ἄχθεσθαι, ποιεῖσθε ὑμεῖς· τοιοῦτοι γάρ ἐστε, ὦ ἄνδρες Ἀθηναῖοι· [7]οὐ γὰρ

[1] οὐδὲ T. [2] Desunt ἐγὼ μὲν ἡγοῦμαι. T. [3] ἐδημηγόρει, καὶ ἐν οἷς καιροῖς T. [4] οἶμαι T. [5] εὐφρᾶναι R. [6] βούλοιτο, τῶν ἄλλων πρῶτος T. [7] οὐδὲ T.

Ἀπόῤῥητα] Τοῦ Πλουτάρχου δηλονότι. Ulp. Arcana Plutarchi, tyranni Eretriensis, consilia, perniciosa illa Athenis, novit. Cæterum dirimendi et interpungendi illa ἀσύνδετα (celebrata rhetoribus) multæ sunt rationes; suis causis commendatæ singulæ. Mihi ex Aristidis loco (p. Norm. 190.) Reiskius eam, quam expressi, persuasit. Absunt verba illa: Πλουτ. προξ. ab Aristide, unde hoc saltem colligi posse videtur, a veteribus sic disponi solita esse hæc verba, ut jungeretur Μειδ. προβεβλ. et Πλουτ. προξ. Et, referri aliquid ad quæstionem: χειροτον. τις, necesse esse dixerim. Ea etiam Ulpiani ratio est. SPALDING.

Ἢ ὅτι ἐγὼ] Distinctius ἢ ὅτι, Ἐγὼ etc. ut appareat, hæc esse verba Midiæ insolenter se efferentis. MARKLAND.

Προσήκει;] Huic interrogationi respondent Bar. Aug. et Reg. ε. ἐγὼ μὲν ἡγοῦμαι. Recte. TAYLOR.

νϛʹ. Τῶν γε δημηγοριῶν] *Vel ob crebras et importunas conciones*, adde, *et tempora, quibus eas habuerit*. JURIN.

Ἑκάστοτ᾽ ἐδημηγόρει] Et insolentes et minime tempestivas eum habuisse conciones significat. WOLF. Potius cum Ital. et Reg. α. ἑκάστοτε δημηγορεῖ. TAYLOR.

Τοῖς] Cum varietur in Codd. quorum alii omittunt articulum, alii exhibent οἷς pro τοῖς, non alienum videtur, quod monet Reiskius, vitium esse in loco, et fortasse excidisse μεγίστοις. In ipsa ea iteratione, μεγίστην δίκην, figuram esse opinor. SPALDING.

Ὅτι ἂν μέν τι τῶν δεόντων ἀπαγγελθῇ] Hæc eadem et Æschini objicit. WOLF.

ἐξέρχεσθε, [1]οὐ γὰρ οἴεσθε δεῖν χρήματα εἰσφέ-
ρειν. εἶτα θαυμάζετ', εἰ κακῶς ὑμῖν τὰ πρά-
γματ' ἔχει; ἐμὲ [2]δὲ οἴεσθ' ὑμῖν εἰσοίσειν, ὑμεῖς
δὲ [3]νεμεῖσθαι; ἐμὲ οἴεσθε τριηραρχήσειν, ὑμεῖς
δ' οὐκ [4]ἐμβήσεσθαι; τοιαῦθ' ὑβρίζων, καὶ τὴν ἀπὸ 58
τῆς ψυχῆς πικρίαν καὶ κακόνοιαν, ἣν κατὰ τῶν πολλῶν
ὑμῶν ἔχων ἀφανῆ παρ' ἑαυτῷ περιέρχεται, φανερὰν ἐπὶ
τοῦ καιροῦ καθιστάς. δεῖ τοίνυν, ὦ ἄνδρες Ἀθηναῖοι, καὶ
ὑμᾶς οὕτω νῦν, ὅταν οὗτος ἐξαπατῶν καὶ φενακίζων ὀδύ-
ρηται, καὶ κλαίῃ, καὶ δέηται, [5]τοιαῦθ' ὑποβάλλειν αὐ-
τῷ. τοιοῦτος γὰρ εἶ, Μειδία· ὑβριστὴς γὰρ εἶ,
καὶ οὐκ ἐθέλεις ἔχειν παρὰ σαυτῷ τὼ χεῖρε.
εἶτα θαυμάζεις, εἰ κακὸς κακῶς ἀπολῇ; ἀλλὰ
νομίζεις ἡμᾶς μὲν ἀνέξεσθαί σου, αὐτὸς δὲ
τυπτήσειν; καὶ ἡμᾶς μὲν ἀποψηφιεῖσθαί σου,
[6]σὺ δὲ οὐδὲ παύσεσθαι;

νζ'. Καὶ βοηθήσουσιν οἱ λέγοντες ὑπὲρ αὐτοῦ, οὐχ

[1] οὐδ' οἴεσθε T. [2] Deest δέ. T. [3] νεμεῖσθε T. [4] ἐμβήσεσθε T. [5] ταῦθ' T.
[6] σὲ δὲ οὐ παύσεσθαι T. σὺ δὲ οὐδὲ * οὕτω παύσ. R.

Νεμεῖσθε] F. νεμεῖσθαι, et v. seq. ἐμβήσεσθαι, (subintellecta sc. ἀπὸ τοῦ κοινοῦ, voce οἴεσθε). Vide enim, quomodo his ἀντίστοιχα efferantur v. 14. Νομίζεις ἡμᾶς μὲν ἀνέξεσθαί σου, αὐτὸς δὲ τυπτήσειν; καὶ ἡμᾶς μὲν ἀποψηφιεῖσθαί σου, σὲ δὲ οὐ παύσεσθαι, ubi pro σὲ congruentius legas σύ. MARKLAND. Infinitivi isti, quos amplectitur Vir felicissimæ divinationis, reperiuntur in optimis exemplaribus, Manutiano et Feliciano. σὺ etiam pro σὲ in MSS. νεμεῖσθαι correxit quoque Lambinus, neglectis reliquis. TAYLOR.

Ἔχων] Ἔχει Ald. et Ven. Rectius. Lege itaque et distingue: καὶ τὴν ἀπὸ τῆς ψυχῆς πικρίαν καὶ κακόνοιαν, ἣν κατὰ τῶν πολλῶν ὑμῶν ἔχει ἀφανῆ παρ' ἑαυτῷ, περιέρχεται, φανερὰν ἐπὶ τοῦ καιροῦ καθιστάς. IDEM.

Τοιαῦθ'] E vulgata ταῦθ', pro qua Aug. primi lectionem recepit Reiskius, equidem libentius fecerim; ταὐτά. Ad hoc τοιαῦτα requiri mihi videtur τινά. SPALDING.

Ἀπολῇ] Arridet Bav. Cod. lectio: ἀπολεῖ. IDEM.

Καὶ ἡμᾶς] Ita recte Wolfius pro ὑμᾶς, quod obtinet in Ald. Fel. Paris. Ven. et Aug. ἡμᾶς habet Manutius, Vindob. et Baroc. Porro, emendabis, αὐτὸς δὲ τυπτήσειν — σὺ δὲ οὐ παύσεσθαι; Ita enim Bar. Aug. et Ital. Vide supra ad v. 4. Istud vero μὲν ante ἀποψηφιεῖσθαι jam restituimus ex MSS. fere omnibus. TAYLOR.

Οὐδὲ] Quod addidit de suo Reiskius, οὕτω, in Codd. silentio, recipere non sustinui, etsi magnopere sapit Atticam formam. Possumus tamen eo carere, cum etiam hic sensus sit idoneus: "Tantum abest, ut pœniteat te actorum, ut ne desinere quidem destines malas artes." SPALDING.

νζ'. Καὶ βοηθήσουσιν] Hæc ex abrupto quodammodo inseruntur, non sine suspicione mendi. Sed utrum οἱ λέγοντες ὑπὲρ αὐτοῦ βοηθήσουσιν, S. αὐτῷ: an οἱ λέγοντες (τουτέστιν οἱ ῥήτορες) βοηθήσουσιν ὑπὲρ αὐτοῦ, ἀντὶ τοῦ αὐτῷ? Neutrum sane bellum videtur. WOLF. Abrupta quidem hæc esse videntur, neque, ut ait Wolfius, mendi suspicione carere. Verum si novam periodum institueris: Καὶ βοηθήσουσιν οἱ λέγοντες etc. tum Comma hoc [sc. p. 122. v. ult. p. 124. v. antepen.] ad Midiæ advocatos pertinebit, neque junctura abruptior esse apparebit, quam hæ res soοὕτω τούτῳ χαρίζεσθαι, μὰ τοὺς θεοὺς, βουλόμενοι, ὡς ἐπηρεάζειν ἐμοὶ διὰ τὴν ἰδίαν ἔχθραν, ἣν οὗτος αὑτῷ πρὸς ἐμὲ, ἄν τ' ἐγὼ φῶ, ἄν τε μὴ φῶ, φησὶν εἶναι, καὶ βιάζεται [1][τοῦτο] οὐκ ὀρθῶς. ἀλλὰ κινδυνεύει τὸ λίαν εὐτυχεῖν, ἐνίοτε ἐπαχθεῖς ποιεῖν. ὅπου γὰρ ἐγὼ μὲν οὐδὲ πεπονθὼς κακῶς ἐχθρὸν εἶναί μοι τοῦτον ὁμολογῶ· οὗτος δὲ οὐδ' ἀφιέντα ἀφίησιν, ἀλλὰ καὶ ἐπὶ τοῖς ἀλλοτρίοις ἀγῶσιν ἀπαντᾷ, καὶ νῦν ἀναβήσεται, μηδὲ τῆς κοινῆς τῶν νόμων ἐπικουρίας ἀξιῶν ἐμοὶ μετεῖναι, πῶς οὐχ οὗτος ἐπαχθής ἐστιν ἤδη, καὶ μείζων ἢ καθ' ὅσον ἡμῶν ἑκάστῳ συμφέρει; ἔτι τοίνυν παρῆν, ὦ ἄνδρες Ἀθηναῖοι, καὶ ἐκάθητο Εὔβουλος ἐν τῷ θεάτρῳ, ὅτε ὁ δῆμος κατεχειροτόνησε Μει-

[1] Absunt unci. T.

lent fieri. Quod tamen mihi et stomachum et suspicionem movet valde, est hujusmodi, sc. quod ἐκ τῶν λεγόντων, *ex Advocatis,* Eubulum quendam perstringit solum, (licet complures fuerint) atque omnino ita, ut Oratio ad eum jam dudum conversa fuisse videretur. Hunc enim primum nomine compellat v. pen. p. 123. de eo tamen perpetuo ab exorsa usque hac periodo ad exeuntem agit. Aut igitur desunt nonnulla, aut delabitur furtim Orator ad Eubulum, quem et hac voce οὗτος v. 2. et digito simul commonstrat. Neque enim nobis legentibus tam clara et perspicua omnia esse possunt, quam oculatis et auritis solent esse. Emortuum tantum sermonem percurrimus, neque nos capere possit vis et proprietas eorum, quæ *agendo* fiebant. Quæ fortasse contemplatio quorundam locorum molestiam levabit, quæ nunc duriter et inconcinne dici videntur. Verbi gratia, in Leptinea, p. 480. 7. ed. Reisk. cum de Chabria sermo habetur, et rebus gestis, εἷλε, inquit Rhetor, τῶν νήσων τούτων τὰς πολλὰς, (Cycladas intelligit,) quare tamen τούτων diceret, nostrum erat, qui intelligeret, nemo. Quid tamen significantius, quid expressius, quam ut hac voce digitum intenderet ad πράξεις Χαβρίου, ad *librum memorialem* in medio jacentem, et mox recitandum, qui Chabriæ res gestas, harumque insularum nomina et memoriam complecteretur? Elegantissimam hanc Crisin debeo eruditissimo cuidam, sed ignoto, juveni, qui literis suam mentem aperuit post editam a me orationem, quam dixi. TAYLOR.

Χαρίσεσθαι] Nescio, unde hoc arripuerit Wolfius: Editi enim et MSS. constanter habent χαρίζεσθαι, uti ego dedi. Reg. solummodo α. χαρίσασθαι. Quod omnino alienum. IDEM.

Οὗτος] Sane δεικτικῶς intelligi hoc debet. Respicit autem orator ad Eubulum τὸν ἀντιπολιτευόμενον Δημοσθένει, de quo vid. supra §. λ'. et Ruhnkenius Hist. Orr. Grr. p. 65. seqq. SPALDING.

Αὐτῷ] Aberat a Manutio et Wolfianis. Restitui ex Ald. et Paris. Editt. Ven. Bar. Lindenb. Aug. Vindob. et Ital. MSS. TAYLOR.

Τοῦτο] Uncos, a Reiskio adscriptos τῷ τοῦτο, reliqui, etsi eximendi vocabuli nullus est auctor in margine Benenati, sed fortasse hoc est neglectum tantum a Lambino. Aliena sane vox est h. l. Punctis notatur in Aldina Berolinensi. SPALDING.

Ὅπου γὰρ ἐγὼ] Lege distinctius, cum Parisina: ὅπου γὰρ ἐγὼ μὲν οὐδὲ, πεπονθὼς κακῶς, ἐχθρὸν εἶναί μοι τοῦτον ὁμολογῶ. *Cum ego defugiam ejus inimicus haberi, licet justas inimicitiæ causas mihi objecerit.* Pro οὐδὲ Cod. Vindob. legit ὁ, ὁ πεπονθὼς κακῶς. TAYLOR.

Κακῶς] Τὴν φήμην λέγει τὴν περὶ τοῦ φόνου· Εὔβουλος γὰρ ἦν ὁ κατηγορῶν τοῦ Ἀριστάρχου, καὶ συναιτιώμενος τὸν Δημοσθένην. Ulp. cf. supra §. λ'. itemque Æschines in Timarch. p. (Reisk.) 167. seqq. V. I. SPALDING.

Ἀφίησιν] Ἀνίησιν in antiquo suo Cod. reperit Obsopœus, licet priori lectioni magis accedat; nec tamen rationem istius consilii exponit. ἀνίησιν etiam habent Lind. Ital. Reg. α. Vindob. et Ulpianus. TAYLOR.

δίου, καὶ καλούμενος ὀνομαστὶ, ἀντιβολοῦντος τούτου καὶ
λιπαροῦντος, ὡς ὑμεῖς ἴστε, οὐκ ἀνέστη. καὶ μὴν, εἰ μὲν
μηδὲν ἠδικηκότος ἡγεῖτο τὴν προβολὴν γεγενῆσθαι, τότ'
ἔδει, τόν γε φίλον δήπου, συνειπεῖν καὶ βοηθῆσαι. εἰ δὲ, 581
καταγνοὺς ἀδικεῖν τότε, διὰ ταῦτ' οὐχ ὑπήκουσε, νῦν δ',
ὅτι προσκέκρουκεν ἐμοὶ, διὰ ταῦτα τοῦτον ἐξαιτήσεται,
ὑμῖν οὐχὶ καλῶς ἔχει χαρίσασθαι· μὴ γὰρ ἔστω μηδεὶς ἐν
δημοκρατίᾳ τηλικοῦτος, ὥστε, συνειπὼν, τὸν μὲν ὑβρίσθαι,
τὸν δὲ μὴ δοῦναι δίκην, ποιῆσαι. ἀλλ', εἰ κακῶς ἐμὲ βού-
λει ποιεῖν, Εὔβουλε, — ὡς ἔγωγε, μὰ τοὺς θεοὺς, οὐκ οἶδα
ἀνθ' ὅτου —, δύνασαι μὲν, καὶ πολιτεύῃ· κατὰ τοὺς νό-
μους δὲ, ἥντινα βούλει, παρ' ἐμοῦ δίκην λάμβανε. ὧν δ'
ἐγὼ παρὰ τοὺς νόμους ὑβρίσθην, μή μ' ἀφαιροῦ τὴν τιμω-
ρίαν. εἰ δ' ἀπορεῖς ἐκείνως με κακῶς ποιῆσαι, εἴη ἂν καὶ
τοῦτο σημεῖον τῆς ἐμῆς ἐπιεικείας, εἰ, τοὺς ἄλλους ῥᾳδίως
κρίνων, ἐμὲ μηδὲν ἔχεις ἐφ' ὅτῳ τοῦτο ποιήσεις.

νή. Πέπυσμαι τοίνυν, καὶ Φιλιππίδην, καὶ Μνησαρχίδην, καὶ Διότιμον, τὸν Εὐωνυμέα, καὶ τοιούτους τινὰς πλουσί-

'Αντιβολοῦντος] Καὶ ἀντιβολοῦντος Edit. Benenati et Codd. Lindenb. Vindob. et Ital. Recte. IDEM.

Τὴν προβολὴν γεγενῆσθαι] Distingui potest: τὴν προβολὴν γεγενῆσθαι τότ', ἔδει τόν γε φίλον etc. et melius, propter istud, quod opponitur, εἰ δὲ καταγνοὺς ἀδικεῖν τότε, διὰ ταῦτ' etc. MARKLAND.

Προσκέκρουκεν ἐμοὶ] Wolfius: *inimicus* est. Potius: *inimicus factus* est, nempe post celebrationem festi. Nam illo tempore non opitulatus est Eubulus Midiæ, nunc, postquam inimicus factus est Demostheni, opitulatur. JURIN.

Μὴ γὰρ ἔστω μηδεὶς] Sic Cicero pro Muræna contra Catonem: "Semper in hac civitate nimis magnis accusatorum opibus, et populus universus, et sapientes, ac multum in posterum prospicientes judices restiterunt. Nolo, accusator in judicium potentiam afferat, non vim majorem aliquam, non auctoritatem excellentem, non nimiam gratiam. Valeant hæc omnia ad salutem innocentium, ad opem impotentium, ad auxilium calamitosorum. in periculo vero, et in pernicie civium repudientur. Nam si quis hoc forte dicet: Catonem descensurum ad accusandum non fuisse, nisi prius de causa judicasset: iniquam legem, judices, et miseram conditionem instituet periculis hominum, si existimabit, judicium accusatoris in reum, pro aliquo præjudicio valere oportere." WOLF.

νή. Φιλιππίδην] Philippides, Mnesarchides, Diotimus; nomina sunt parum nota, nisi quod Diotimus (in oratione pro corona §. λδ'.) memoratur aliquis, qui suis sumtibus scutis armaverit milites, propterea que corona aurea donatus sit. Is fortasse hic est, additurque demi nomen, ut ab Icariensi dirimatur, qui tangitur ut homo profligatus et infamis oratione in Cononem p. 1267. ed. R. Si fides habenda esset conjecturæ, qua Diotimum nostrum Evonymensem corona aurea ornatum esse putavimus, hinc causa appareret, quare diceret orator: οὐδὲν ἂν φλαῦρον περὶ αὐτῶν εἴποιμι. καὶ γὰρ ἂν "μαινοίμην." Nihil equidem, neque apud Ulpianum, qui deficit in his locis, neque apud recentiores interpretes invenio, quod dirimat quæstionem, serione an ironice dictum sit μαίνεσθαι h. l.? SPALDING.

Τὸν Εὐωνυμέα] Nempe civem ex pago *Evonymo*. Εὐωνυμία vel Εὐώνυμος erat pagus Atticus. Εὐωνυμεὺς est gentile nomen hujus pagi. AUGER.

ους, καὶ τριηράρχους, [1] ἐξαιτήσεσθαι τοῦτον καὶ λιπαρήσειν, παρ' ὑμῶν, αὑτοῖς ἀξιοῦντας δοθῆναι τὴν χάριν ταύτην. περὶ ὧν οὐδὲν ἂν εἴποιμι πρὸς ὑμᾶς φλαῦρον ἐγώ. καὶ γὰρ ἂν μαινοίμην. ἀλλ', ἃ θεωρεῖν ὑμᾶς, ὅταν οὗτοι δέωνται, δεῖ καὶ λογίζεσθαι, ταῦτ' ἐρῶ. ἐνθυμεῖσθε, ὦ ἄνδρες δικασταὶ, εἰ γένοιντο — ὃ μὴ γένοιτο, οὐδ' ἔσται — νῦν οὗτοι κύριοι τῆς πολιτείας, μετὰ Μειδίου καὶ τῶν ὁμοίων τούτῳ, καί τις ὑμῶν, τῶν πολλῶν καὶ δημοτικῶν ἀνθρώπων, ἁμαρτὼν εἴς τινα τούτων, μὴ τοιαῦθ' οἷα Μειδίας εἰς ἐμὲ, ἀλλ' [2] ὁτιοῦν ἄλλο, εἰς δικαστήριον εἰσίοι πεπληρωμένον ἐκ τούτων, τίνος συγγνώμης, ἢ τίνος ἐλέου τυχεῖν ἂν οἴεσθε; ταχύ γ' ἂν χαρίσαιντο; [3] οὐ γάρ· ἢ δεηθέντι τῳ τῶν
582 πολλῶν προσέχοιεν; ἀλλ' οὐκ ἂν εὐθέως εἴποιεν· [4] τὸν δὲ βάσκανον! [4] τὸν δὲ ὄλεθρον! τοῦτον δὲ ὑβρίζειν; ἀναπνεῖν [5] δέ; ὃν εἴ τις ἐᾷ ζῆν, ἀγαπᾶν ἔδει. μὴ τοίνυν, ὦ ἄνδρες Ἀθηναῖοι, τούτοις τοῖς οὕτω χρησαμένοις ἂν ὑμῖν, ἄλλως πως ἔχετε ὑμεῖς, μηδὲ τὸν πλοῦ-

[1] ἐξαιτ. καὶ λ. παρ' ὑ. αὐτὸν, αὑτοῖς T. [2] ὅ, τιοῦν T. [3] οὐδὲ γὰρ δεηθέντι --- πρόσχοιεν. T. οὐ γάρ; ἢ --- προσέχοιεν; R. [4] τόνδε T. [5] δὲ, --- ἔδει; T. δέ; --- ἔδει; R.

Ἐξαιτήσεσθαι] Forte λιπαρήσειν, καὶ ἐξαιτήσεσθαι παρ' ὑμῶν αὐτόν. WOLF. Lambinus legit λιπαρήσειν παρ' ὑμῶν, αὐτὸν αὑτοῖς ἀξιοῦντας etc. Quod sane non intelligo. Codd. quidem nonnulli præstantiores, ἐξαιτήσεσθαι τοῦτον καὶ λιπαρήσειν παρ' ὑμῶν, sine αὐτόν. Quod sane pulcherrime confirmat optimi Wolfii conjecturam. TAYLOR.

Ταχύ γ' ἂν χαρίσαιντο;] Wolfius videtur legisse τάχα, *fortasse*. Post interrogationem autem restitue Oratoris responsum, οὔ· οὐδὲ γὰρ δεηθέντι etc. *nequaquam: neque enim plebeio cuiquam* etc. Sic infra §. ξβ'. ἡ δὲ τῶν νόμων ἰσχὺς, τίς ἐστιν; ἆρ', ἐάν τις ὑμῶν — βοηθοῦντες; οὔ· γράμματα γὰρ κ. τ. λ. Et ita alibi. Amittebatur οὐ in sequenti vocabulo οὐδέ. Verbum ἀναπνεῖν Wolfius vertit *efferri animis*, quam recte, nescio. MARKLAND. Plane legendum: τυχεῖν ἂν οἴεσθε; τάχα γ' ἂν χαρίσαιντο. JURIN.

Ἀλλ' οὐκ ἂν εὐθέως εἴποιεν] Aut τὸ οὐκ abundat, aut hæc interrogative legenda. Velim et repeti articulum τόνδε τὸν βάσκανον, τόνδε τὸν ὄλεθρον. WOLF. Cum ab optimis Codd. neque paucis iis absint hæc: ἂν — εἴποιεν, vix dubito quin ab interpretante duriorem ellipsin in textum irrepserint. SPALDING.

Τοῦτον δὲ] Fortasse τοῦτον δὴ ὑβρίζειν. *Hunc demum esse petulantem!* TAYLOR.

Ἀναπνεῖν etc.] Καὶ πῶς ἂν οἷόν τε ζῆν, ἄνευ τοῦ ἀναπνεῖν; Quare legendum videtur: *μέγα πνεῖν, ταὐτὸ τῷ μέγα φρονεῖν ὄν*. WOLF. Legendum videtur, τοῦτον δὴ ὑβρίζειν, ἀναπνεῖν δέ; Reddendum vero Latine, non ut Wolfio, *hunc demum ita esse petulantem? ac efferri animis*, sed, *hunc ergo injuriam facere*, et *adhuc respirare?* JURIN. M. *μέγα πνεῖν*. AUGER. Recte, discrimen hic agnosci debere inter ἀναπνεῖν et ζῆν, docet Reiskius, quo apparet non esse necessariam mutationem ab H. Wolfio propositam *μέγα πνεῖν* pro ἀναπνεῖν. Geminus fere huic est locus apud Livium 4. 3. in egregia Canuleii, tribuni plebis, oratione: "Lucis vobis hujus partem, si liceat, adimant: quod spiratis, quod vocem mittitis, quod formas hominum habetis, indignantur." Est quidem ibi *spiratis* pro: *vivitis*, sed hic ἀναπνεῖν significat: *spiritus sumere*. Infinitivi autem illi ὑβρίζειν, ἀναπνεῖν sunt ejusdem generis ac notum illud apud Virgilium: *Mene incepto desistere victam!* SPALDING.

Μηδὲ τὸν πλοῦτον] Hæc addidi ex Editt.

του, μηδὲ τὴν δόξαν τὴν τούτων θαυμάζετε, ἀλλ' ὑμᾶς αὐτούς. πολλὰ τούτοις ἀγαθά ἐστιν, ἃ τούτους οὐδεὶς κωλύει κεκτῆσθαι. μὴ τοίνυν μηδ' οὗτοι τὴν ἄδειαν, [1]ἣν κοινὴν ἡμῖν οὐσίαν οἱ νόμοι παρέχουσι, κωλυόντων κεκτῆσθαι.

νθ'. Οὐδὲν δεινὸν οὐδ' ἐλεεινὸν Μειδίας πείσεται, ἂν ἴσα μὲν κτήσηται τοῖς πολλοῖς ὑμῶν, οὓς νῦν ὑβρίζει, καὶ πτωχοὺς ἀποκαλεῖ· ἃ δὲ νῦν περιϊόντ' αὐτὸν ὑβρίζειν ἐπαίρει, περιαιρεθῇ. οὐδ' οὗτοι δήπου ταῦθ' ὑμῶν εἰσὶ δίκαιοι δεῖσθαι· μὴ κατὰ τοὺς νόμους δικάσητε, ὦ ἄνδρες δικασταί· μὴ βοηθήσητε τῷ πεπονθότι δεινά· [2]μὴ εὐορκεῖτε· ἡμῖν δότε τὴν χάριν ταύτην. ταῦτα γάρ, ἄν τι δέωνται περὶ τούτου, δεήσονται, κἂν μὴ [3]ταῦτα λέγωσι τὰ ῥήματα. ἀλλ', [4]εἴπερ εἰσὶ φίλοι, καὶ δεινόν, εἰ μὴ [5]πλουτήσει Μειδίας, ἡγοῦνται· εἰσὶ μὲν εἰς τὰ μάλιστα αὐτοὶ πλούσιοι, καὶ καλῶς ποιοῦσι. χρήματα δ' αὐτῷ παρ' ἑαυτῶν δόντων, ἵν' ὑμεῖς μέν, ἐφ' οἷς εἰσεληλύθατε ὀμωμοκότες, δικαίως ψηφίσησθε,

[1] ἣν ὑμῖν κοινὴν οὐσίαν T. [2] μηδ' T. [3] ταὐτὰ T. [4] εἴπερ εἰσι T. [5] πλουτήσῃ T. R.

antiquis et MSS. Wolfius, credo, incuria sua omisit, consilio certe rejicere non potuit. Taylor.

νθ'. Περιϊόντ'] Possit aliquis conjicere περιόντ', simplici iota, ut referatur ad rem familiarem, *quæ autem nimiæ divitiæ.* Nequaquam tamen necessaria est mutatio; bene enim jungitur περιϊόντα ὑβρίζειν, *vagantem per urbem passim homines injuria afficere.* Spalding.

Εὐορκεῖτε] Fateor me offendi in his imperativis, εὐορκεῖτε, δότε, qui continuo sequuntur conjunctivos: δικάσητε, βοηθήσητε. Legitur quidem in Bav. Codd. εὐορκῆτε pro nostro εὐορκεῖτε, sed in eo non multum est præsidii, propter sequens δότε, quod ne in illo quidem Cod. mutatur. Equidem malim et antecedentia illa legi: δικάσατε, βοηθήσατε.—Bav. Codicis leotionem nunc verissimam judico: ut conjunctivus sit in εὐορκῆτε pendens a μή. Hæc particula cum conjunctivo est pro imperativo in vetando; in jubendo deinde recte sequitur imperativus δότε. Erant præterea verba: μὴ κατὰ—χάριν ταύτην, signis (" ") citandi instruenda. Spalding.

Ἄν τι] Ingeniose Reiskius suspicatur legendum esse pro hoc τι pronomen οὗτοι rt supra §. νή. ὅταν οὗτοι δέωνται. Sensum, quocunque te verteris, alienum dat h. l. τι. Idem.

Ταῦτα] Probo et secutus sum Reiskium προπερισπῶντα pronomen ταῦτα, cum in edd. omnibus sit ταὐτά. Nec tamen usquam meminit, unde assumserit hoc. Veriorem autem puto hunc accentum: antitheton est apertius in ταῦτα et μὴ ταῦτα quam in ταῦτα et μὴ ταὐτά. Idem.

Πλουτήσῃ] Πλουτήσει Lambinus. Confirmatur ab Ital. et nostris Ven. Bar. Vindob. Taylor.

Πλουτήσει] E plurimis Codd. etiam hic indicativum adscivi pro vulgato πλουτήσῃ. cf. supra §. λή. In Aldina Berol. τῷ ῃ vetusta manus superscripsit ει. Spald.

Εἰς] Consensus duo præstantissimorum Codd. Aug. pr. et Parisin. α. (quo præterea accedit Baroccianus) exhibentium εἰσὶ pro hoc εἰς, magnopere me movet et dubitationem mihi injicit, utra verior sit lectio. Portasse tamen hoc argumento vulgatam defendas, quod non videtur adesse causa idonea iterationis adeo vehementis: εἰσὶ, εἰσί. Idem.

Ποιοῦσι] Non satis H. Wolfius et, qui eum sequitur, Augerus expresserunt hæc verba καὶ καλῶς ποιοῦσι, vertendo: 'Idque nemo iis invidit." Bene Reiskius in Indice: "Id vero laudo, congratulorque." Idem.

Δόντων] Δότωσαν, ut paulo ante κωλυόντων, ἀντὶ τοῦ, κωλυέτωσαν, Ἀττικιστί. Wolf.

οὗτοι δὲ παρ' αὐτῶν τὰς χάριτας, μὴ μετὰ τῆς ὑμετέρας
αἰσχύνης, ποιῶνται. εἰ δ' οὗτοι χρήματα ἔχοντες μὴ πρό-
οιντ' ἂν, πῶς ὑμῖν καλὸν τὸν ὅρκον προέσθαι; πλούσιοι
πολλοὶ συνεστηκότες, ὦ ἄνδρες Ἀθηναῖοι, τὸ δοκεῖν τινὲς
εἶναι δι' εὐπορίαν προσειληφότες, ὑμῶν παρίασι δεησόμενοι.
τούτων μηδενί με, ὦ ἄνδρες Ἀθηναῖοι, πρόησθε, ἀλλ', ὥσ-
583 περ ἕκαστος τούτων ὑπὲρ τῶν ἰδίων συμφερόντων, καὶ ὑπὲρ
τούτου, [1] σπουδάσει· οὕτως ὑμεῖς ὑπὲρ ὑμῶν αὐτῶν, καὶ
τῶν νόμων, καὶ ἐμοῦ, τοῦ ἐφ' ὑμᾶς καταπεφευγότος, σπου-
δάσατε, καὶ τηρήσατε τὴν γνώμην ταύτην, ἐφ' ἧς νῦν ἐστέ.

ξʹ. Καὶ γάρ, εἰ μέν, ὦ ἄνδρες Ἀθηναῖοι, τόθ', ὅτ' ἦν ἡ προβολή, τὰ πεπραγμένα ὁ δῆμος ἀκούσας ἀπεχειροτόνησε Μειδίου, οὐκ ἂν ὁμοίως ἦν δεινόν. καὶ γὰρ μὴ γεγενῆσθαι, καὶ μὴ περὶ τὴν ἑορτὴν ἀδικήματα ταῦτ' εἶναι, καὶ πολλὰ ἂν εἶχέ τις αὐτὸν παραμυθήσασθαι. νῦν δὲ τοῦτο καὶ

[1] σπουδάσεται T. R.

Πλούσιοι πολλοὶ συνεστηκότες, ὦ ἄνδρες Ἀθηναῖοι, τὸ δοκεῖν τινὲς εἶναι] *Nonnulli copiosi patrimonii prærogativa* sese *aliquos* esse *existimantes, in medium prodibunt pro* isto *deprecatores*, et, ut Interpres inquit, τῷ πλούτῳ τὴν δόκησιν καρπούμενοι, *ut divitiarum fructum existimationem* sibi *deberi censentes et postulantes.* τὶς autem Græcis ἀντὶ τοῦ μέγας accipitur, hoc est, οὐ τῶν τυχόντων εἷς, *non unus quivis:* id quod etiam πρὸς Λεπτίνην annotavimus. Sic Luc. in Act. Apost. cap. 5. πρὸ γὰρ τούτων τῶν ἡμέρων ἀνέστη Θευδᾶς λέγων εἶναί τινα ἑαυτόν. *Ex edit.* HERVAG.

Ἰδίων] Scribitur ἰδίᾳ, idque multo rectius, in optimis Exemplaribus Obsop. et Vindob. TAYLOR. Arridet aliquot, Codd. lectio, ἰδίᾳ pro ἰδίων, sed non est necessaria mutatio. Est ἰδίᾳ etiam in ed. Herv. 1547. SPALDING.

Σπουδάσει] Scripsi σπουδάσει pro omnium edd. et Codd. lectione σπουδάσεται, secutus marginem Benenati, ubi tamen auctor memoratur nullus; ex negligentia procul dubio. Reiskius, se ita dedisse et pro οὕτως scripsisse de suo οὕτω καὶ, dicit quidem, sed operæ non paruerunt. Posteriorem mutationem auctori reliqui. Medium, σπουδάζεσθαι, non facile inveneris. IDEM.

ξʹ. Καὶ γὰρ μὴ γεγενῆσθαι] Sub. δεινὸν οὐδέν. *Nihil tam grave* esse *admissum, non factas* esse *illas injurias.* Parum placent hæc, nec quicquam occurrit melius. WOLF. Atqui mens loci est in propatulo, quam qui non videt, eum ex industria fugisse arbitror. Si in priori actione, (quæ sc. apud populum fiebat, antequam ad judices esset relata) si, inquam, in ista contentione Midiam absolvisset Populus, istud non ægre tulissem. Multa sunt, quæ animum recreassent. *Dici enim ibi potuit, aut non* esse *latam hanc contumeliam, aut si lata esset, nihil quicquam ad Festi religionem spectare*, et *multa alia præterea hujusmodi calamitatem levassent: Jam autem*, et quæ sequuntur. TAYLOR. Frustra est Taylorus, loci integritatem defendens; neque enim animadvertit, quod ipse inserit inter vertendum: *aut, aut*, nusquam comparere in nostra lectione, quod tamen necesse erat, si ad γεγενῆσθαι deberet ex sequentibus subaudiri ἀδικήματα. Nunc equidem cum Reiskio, post γεγενῆσθαι intercidisse ὕβριν existimo. SPALDING.

Νῦν δὲ τοῦτο κ. τ. λ.] Hæc periodus ita procedit: Νῦν δὲ τοῦτο καὶ πάντων ἂν μοι δεινότατον συμβαίη, εἰ παρ' αὐτὰ μὲν τἀδικήματα οὕτως ὀργίλως — ἔχοντες ἐφαίνεσθε, ὥστε — ἐπεὶ δὲ κεχειροτόνηται μὲν ὕβρις τὸ πρᾶγμα εἶναι, — τηνικαῦτ' ἀποψηφιεῖσθε ὑμεῖς. Male in Wolfianis extrema hæc interrogative notantur. Male etiam idem edidit ἐπεὶ δὴ, quod mendum mecum sustulit Ital. TAYLOR.

Νῦν δὲ τοῦτο——τί ποιήσεις Ἀθηναῖοι, τοιαῦτα λέγοντες· ἐπεὶ δὲ —— ἀποψηφιεῖπάντων ἂν μοι δεινότατον [1]συμβαίη, εἰ, παρ' αὐτὰ μὲν τἀδικήματα, οὕτως ὀργίλως καὶ πικρῶς καὶ χαλεπῶς ἅπαντες ἔχοντες ἐφαίνεσθε, ὥστε, Νεοπτολέμου, καὶ Μνησαρχίδου, καὶ Φιλιππίδου, [2]καί τινων τῶν σφόδρα τούτων πλουσίων, δεομένων καὶ ἐμοῦ καὶ ὑμῶν, ἐβοᾶτε μὴ ἀφεῖναι· καὶ, προσελθόντος μοι Βλεπαίου, τοῦ τραπεζίτου, τηλικοῦτ' ἀνεκράγετε, [3]ὡς, τοῦτ' ἐκεῖνο, χρήματά μου ληψομένου, ὥστε με, ὦ ἄνδρες Ἀθηναῖοι, φοβηθέντα τὸν ὑμέτερον θόρυβον, θοἰμάτιον προέσθαι, καὶ μικροῦ γυμνὸν ἐν τῷ χιτωνίσκῳ γενέσθαι, φεύγοντα ἐκεῖνον, ἕλκοντά με· καὶ μετὰ ταῦτα ἀπαντῶντες· ὅπως [4]ἐπέξει τῷ μιαρῷ. καὶ, μὴ διαλύσῃ· θεάσονταί σε, τί ποιήσεις, Ἀθηναῖοι. τοιαῦτα, λέγοντες· [5]ἐπειδὴ δὲ κεχειροτόνηται μὲν ὕβρις τὸ πρᾶγμα εἶναι, ἐν ἱερῷ δ' οἱ ταῦτα κρίνοντες καθεζόμενοι διέγνωσαν, διέμεινα δὲ κἀγὼ, καὶ οὐ προὔδωκα

1 συμβαίη T. 2 καὶ τινῶν T. 3 ὡς παρ' ἐκείνου χρήματα T. 4 ἐπέξῃ T. 5 ἐπεὶ T.

σθε ὑμεῖς] Legendum sine nota interrogationis, nam hoc totum una est sententia. JURIN.

Βλεπαίου τοῦ τραπεζίτου] Hic est fortasse, quem nominat Alexis in Comœdia apud Athenæum l. 6. p. m. 121.

Ὁ Κόρυδος οὗτος ὁ τὰ γέλοι' εἰθισμένος
Λέγειν, Βλεπαῖος εἶναι βούλεται, νοῦν γ' ἔχων·
Πλουτεῖ γὰρ ὁ Βλεπαῖος. TAYLOR.

Ὡς παρ' ἐκείνου] Ὡς τοῦτ' ἐκεῖνο Editt. et MSS. quamplurimi, dissentiente Wolfio. Sed defendi potest lectio Codd. eamque bene explicat scholiastes. Marg. Paris. habet ὡς τότ' ἐκεῖνα χρήματα. IDEM. Aptissime Reiskius τοῦτ' ἐκεῖνο hunc in modum exponit: ὡς τοῦτ' ἐκεῖνο ποιήσοντος ἐμοῦ ὅπερ ὑμεῖς ἐφοβεῖσθε καὶ οὐκ ἐβούλεσθε, τουτέστι ληψομένου ἀργύριον. SPALDING.

Ἐπέξει] Ἐπεξιέναι καὶ Ἐπεξελθεῖν est *jus suum persequi*. Lego ὅπως ἐπεξίῃς vel ἐπεξίῃ, ab ἐὰν ἐπεξίωμαι. Quod non placet, nihilo magis, quam ἐπέξῃ, cujus vocis formationem me ignorare fateor. WOLF. ἐπεξῇ Reg. β. ἐπεξίῃ ε. ἐπέξει vel ἐπεξῇ Ital. ἐπέξει Vindob. Ita etiam legit H. Steph. Thes. L. Gr. Tom. 1. col. 1. 139. Vid Budæi Comment. p. 87. Deinde v. pen. pro κρίνοντες rectius cum Reg. α. κρίναντες. TAYLOR. "Ἀπελεύσομαι" παντάπασι φυλάττου· ἀντὶ δὲ αὐτοῦ τῷ "ἄπειμι" χρῶ, καὶ τοῖς ὁμοειδέσιν ὡσαύτως. Phrynichus de vocibus Atticis. Sic itaque pro ἐπεξελεύσῃ, quod penderet ab ὅπως, hic dicitur ἐπέξει. vid. Fischerus ad Wellerum p. 235. seq. SPALDING.

Τοιαῦτα λέγοντες] F. καὶ τοιαῦτα λέγοντες. WOLF. Participia hæc καὶ — ἀπαντῶντες — τοιαῦτα λέγοντες, refer ad ἐφαίνεσθε (v. 3.), cui protinus adhæret primum participium ἔχοντες, quocum junguntur hæc τῷ καὶ συνδέσμῳ. Fateor, si abesset καὶ, multo libentius me ἀπαντῶντες juncturum τῷ ἀνεκράγετε (pro quo malim ἀνεκεκράγειτε, cujus vestigium est in Italici Cod. lectione, ἀνακεκράγατε, ob antecedens ἐβοᾶτε, non ἐβοήσατε) quam τῷ ἐφαίνεσθε. Nunc, cum habeant καὶ omnes Codd., an hoc liceat, dubito. ἀπαντᾷν est: *occupare dicendo*. Opposita sententia incipit ab ἐπειδὴ, ut structura sit hujusmodi: νῦν — συμβαίη, εἰ — μὲν — λέγοντες· ἐπειδὴ δὲ — ὑμεῖς. Apparet, signo interrogationis, in fine hujus periodi, nullum esse locum: Fraudi fuit editoribus μηδαμῶς, quæ hic non est responsio, sed antecedentium confirmatio, ut commode intelligas: μηδαμῶς δὲ ταῦτα ποιεῖτε, imperativo modo. Mecum faciunt Parisina interpunctio, Jurinus et Taylorus, quem quare non sit secutus Reiskius, non equidem video, præsertim cum non refellat. Ceterum ἐπειδὴ δὲ est ex mera Reiskii conjectura. Codd. aut ἐπειδὴ dant aut ἐπεὶ δέ. Sed lenissima est et plane necessaria emendatio. SPALUING.

οὔθ᾽ ὑμᾶς, οὔτ᾽ ἐμαυτὸν, τηνικαῦτ᾽ ἀποψηφιεῖσθε [1] ὑμεῖς:
584 μηδαμῶς. πάντα γὰρ τὰ αἴσχιστα ἔνεστιν ἐν τῷ πράγματι. εἰμὶ δ᾽ οὐ τούτων ὑμῖν ἄξιος. πῶς γὰρ, ὦ ἄνδρες Ἀθηναῖοι, κρίνων ἄνθρωπον, καὶ δοκοῦντα καὶ ὄντα βίαιον καὶ ὑβριστὴν, ἡμαρτηκότα ἀσελγῶς ἐν πανηγύρει, μάρτυρας τῆς ὕβρεως τῆς αὑτοῦ πεποιημένον οὐ μόνον ὑμᾶς, ἀλλὰ καὶ τοὺς [2] ἐπιδημοῦντας ἅπαντας τῶν Ἑλλήνων; ἤκουσεν ὁ δῆμος τὰ πεπραγμένα τούτῳ. τί οὖν; ὑμῖν καταχειροτονήσας παρέδωκεν. οὐ τοίνυν οἷόν τε ἀφανῆ τὴν γνῶσιν ὑμῶν γενέσθαι, οὐδὲ λαθεῖν, οὐδ᾽ ἀνεξέταστον εἶναι, τί ποθ᾽, ὡς ὑμᾶς τοῦ πράγματος ἐλθόντος, ἔγνωτε. ἀλλ᾽, ἐὰν μὲν κολάσητε, δόξετε σώφρονες εἶναι, καὶ καλοὶ, καὶ ἀγαθοὶ, καὶ μισοπόνηροι· ἂν δ᾽ ἀφῆτε, ἄλλου τινὸς ἡττᾶσθαι.

ξά. Οὐ γὰρ ἐκ πολιτικῆς αἰτίας, οὐδ᾽ ὥσπερ Ἀριστοφῶν ἀποδοὺς τοὺς στεφάνους ἔλυσε τὴν προβολὴν, ἀλλ᾽ ἐξ ὕβρεως, καὶ ἐκ τοῦ [3] μηδὲν, ὧν πεποίηκεν, ἀναλῦσαι δύνασθαι, κρίνεται. πότερον οὖν, τούτου γενομένου, [4] κρεῖττον, αὖθις, ἢ νυνὶ κολάσαι; ἐγὼ μὲν [5] οἴομαι νῦν. κοινὴ γὰρ ἡ κρίσις, καὶ τἀδικήματα πάντ᾽, ἐφ᾽ οἷς κρίνεται, κοινά. ἔτι δὲ οὐκ ἐμὲ ἔτυπτεν, ὦ ἄνδρες Ἀθηναῖοι, μόνον οὗτος, οὐδὲ ὕβριζε τῇ διανοίᾳ τότε, ποιῶν, [6] ἃ ἐποίει, ἀλλ᾽ ἅπαντας, ὅσουσπερ ἂν οἴηταί τις ἧττον ἐμοῦ δύνασθαι δίκην ὑπὲρ αὑτῶν

[1] ὑμεῖς; R. [2] ἐπιδημήσαντας T. [3] μηδὲν ἂν ὧν πεπ. ἀναλύσαι T.
[4] κρεῖττον ἦν εὐθὺς, ἢ T. κρ. [ἦν] αὖθις, ἢ R. [5] οἶμαι T. [6] οἷα T.

Καὶ δοκοῦντα] Istud καὶ habes ex Bar. Obsop. Aug. et Vind. TAYLOR.

ξά. Προβολὴν] Sic interpungendo, ut post προβολὴν incideretur solum, non poneretur colon, putavi vitari necessitatem inserendi post Ἀριστοφῶν pronomen relativum ὃς, quod fieri volebat Reiskius. Est enim subaudiendum ad ἐκ πολιτικῆς αἰτίας id, quod in fine demum totius sententiæ comparet: κρίνεται. "Non enim reus est — sicut Aristophon actionem sustulit et irritam fecit" eodem redit ac si dicas: "Non ejusmodi criminis reus est, quod, sicut Aristophontis illud, possit restitutione facienda dilui." Vides, non utique necesse esse dici: "Non reus est ut Aristophon, *qui* — sustulit." Rem de Aristophonte ita exponit Scholiastes: Οὗτος φορολόγος ὢν, κατέσχε παρ᾽ αὑτῷ τὰς δεκάτας τῆς θεοῦ, ἀφ᾽ ὧν ἔδει στεφάνους ποιῆσαι καὶ ἀναθεῖναι τῇ θεᾷ. κατηγορηθεὶς δὲ ὑπὸ Εὐβούλου, φθάσας τὴν εἴσοδον (scil. τῆς δίκης) ἀνέθετο τοὺς στεφάνους καὶ πέπαυται ἡ προβολή. Cum nobile sit inter oratores Græcos Aristophontis nomen, quæri potest, sitne hic, qui memoratur, Aristophon ille Azeniensis, cujus est mentio satis crebra tam apud nostrum oratorem quam apud Æschinem, an Colyttensis (quem in plurimis Demosthenis locis agnoscit Ruhnkenius (Hist. Crit. Orr. Grr. p. 46.), cum Reiskio in iisdem videatur intelligendus esse Azeniensis), an plane alius utroque. Cf., præter Ruhnkenium l. c., F. A. Wolfius ad Lept. §. λβ′. SPALDING.

Πότερον οὖν τούτου γενομένου] Ἐπειδὴ τοῦτο γέγονε. τὸ τί δέ; ἡ ὕβρις, ἢ ἡ καταχειροτονία, ἢ ἄμφω ταῦτα; WOLF.

Αὖθις] Omisi vocem ἦν ante αὖθις, in Aug. pr. non comparentem; in reliquis est omnibus. Reiskius uncis notavit modo. SPALDING. *In posterum.* AUGER.

λαβεῖν. εἰ δὲ μὴ πάντες ἐπαίεσθε, μηδὲ πάντες ἐπηρεά-
ζεσθε χορηγοῦντες, ἴστε δήπου τοῦθ', ὅτι οὐδὲ ἐχορηγεῖθ'
ἅμα πάντες, οὐδὲ δύναιτ' ἂν οὐδέποθ' ὑμᾶς ἅμα πάντας
μιᾷ χειρὶ οὐδεὶς προπηλακίσαι. ἀλλ', ὅταν εἷς ὁ παθὼν μὴ
λάβῃ δίκην, τόθ' ἕκαστον αὑτὸν χρὴ προσδοκᾶν τὸν πρῶ-
τον μετὰ ταῦτ' [1]ἀδικησόμενον γενήσεσθαι, καὶ μὴ παρο- 585
ρᾶν τὰ τοιαῦτα, μηδ' ἐφ' ἑαυτὸν ἐλθεῖν περιμένειν, ἀλλ' ὡς
ἐκ πλείστου φυλάττεσθαι. μισεῖ Μειδίας ἴσως ἐμέ. ὑμῶν
δέ [2]γε ἕκαστον ἄλλος τις. ἆρ' οὖν [3]συγχωρήσαιτ' ἂν τοῦ-
τον, ὅστις ἐστὶν [4]ἕκαστον ὁ μισῶν, κύριον γενέσθαι τοῦ
ταῦθ', ἅπερ οὗτος ἐμέ, ὑμῶν ἕκαστον ποιῆσαι; ἐγὼ μὲν οὐκ
[5]οἴομαι. μὴ τοίνυν μηδ' ἐμέ, ὦ ἄνδρες Ἀθηναῖοι, πρόεσθε
τούτῳ. ὁρᾶτε [6]δέ· αὐτίκα δὴ μάλα, ἐπειδὰν ἀναστῇ τὸ δι-
καστήριον, εἷς ἕκαστος ὑμῶν, ὁ μὲν θᾶττον ἴσως, ὁ δὲ σχο-
λαίτερον, οἴκαδ' ἄπεισιν, οὐδέν γε φροντίζων, οὐδὲ μετα-
στρεφόμενος, οὐδὲ φοβούμενος, οὔτ' εἰ φίλος οὔτ' εἰ μὴ φίλος
[7]αὐτῷ συντεύξεταί τις· οὐδέ γε εἰ μέγας, ἢ μικρός, [8]οὐδ' εἰ
ἰσχυρός, ἢ ἀσθενής, οὐδὲ τῶν τοιούτων οὐδέν. τί δήποτε; ὅτι
τῇ ψυχῇ τοῦτ' οἶδε, καὶ θαῤῥεῖ, καὶ πεπίστευκε τῇ πολι-
τείᾳ, μηδένα αὐτὸν ἕλξειν, μηδ' ὑβριεῖν, μηδὲ τυπτήσειν.

ξβ'. Εἶτ' ἐφ' [9]ᾗ ἀδείᾳ αὐτοὶ πορεύεσθε, ταύτην οὐ βε-
βαιώσαντες ἐμοὶ βαδιεῖσθε; καὶ τίνι χρή με λογισμῷ

1 ἀδικηθησόμενον R. 2 Deest γε. T. 3 συγχωρήσετ' T. 4 ἕκαστος T. 5 οἶμαι T. 6 δὲ αὐτίκα T. 7 αὐτῷ T. 8 οὐδ' εἰ] ἢ T. 9 ἣν ἄδειαν T.

Οὐδ' ἐχορηγεῖθ' ἅμα πάντες] Recte hæc secundum optimos Codd. Vindob. Aug. et Bar. et editionem Benenati. Vulgariter οὐδὲ χορηγεῖθ' ἅμα πάντες. Taylor.

Ἀδικησόμενον] Ne hic quidem a vulgata lectione recedendum esse duxi, etsi boni Codd. dant ἀδικηθησόμενον. vid. supra §. ί. Spalding.

Φυλάττεσθαι] Ita Editt. et MSS. Wolfius φυλάττεσθε. Taylor.

Συγχωρήσετ' ἂν] In MSS. συγχωρήσαιτ' ἂν, ut Ven. Bar. aliique. συγχωρήσετε τοῦτον Ital. et Lindenb. Vid. Cl. Markland. ad Leptineam, pag. 494. 21. ed. R. Taylor.

Συγχωρήσαιτ'] Lectio vulgata συγχωρήσετε e prava pronunciatione orta est profecto. Nostra est in Cod. Bav. et aliquot præterea. Ceterum de ἂν, indicativo futuri juncto, vid. F. A. Wolfius ad Leptin. §. κς'. Spalding.

Ἕκαστον] Non dubitavi imitari Reiskium de suo dantem ἕκαστον pro ἕκαστος. Neque enim puto a Græcis ἕκαστος sic subjici τῷ ὅστις, ut fit in vulgata, et sensus præterea plenior fit, addito accusativo, quam intellecto solum. Idem.

Ὁρᾶτε] Distinguendum: ὁρᾶτε δέ· αὐτίκα δὴ μάλα κ. τ. λ. Markland.

Ἄπεισιν] Etiam hic agnosce futurum in τῷ ἄπεισι, cf. supra §. ξ'. Spalding.

Ἧ ἀδείᾳ] Servavi Reiskianam emendationem: ἐφ' ᾗ ἀδείᾳ, pro vulgata ἐφ' ἣν ἄδειαν, quod sensu idoneo videtur accipi h. l. non posse. Imperitiori scribæ pene necessarius erat error (præsertim cum tam vicinum videret πορεύεσθε) HI ΑΔΕΙΑΙ corrumpendi in ἣν ἄδειαν. Idem.

Καὶ τίνι κ. τ. λ.] Rotundius hæc et castigatius in quibusdam exemplaribus leguntur ita: καὶ τίνι χρή με λογισμῷ ταῦτα παθόντα ζῆν, εἰ περιόψεσθε etc. Codices

περιεῖναι, ταῦτα παθόντα, καὶ ζῆν, εἰ περιόψεσθέ με νῦν ὑμεῖς; θάῤῥει, νὴ Δία, φήσειέ τις ἄν. οὐ γὰρ ἔτ' οὐδὲν ὑβρισθήσῃ. ἐὰν δὲ, τότ' ὀργιεῖσθε, νῦν ἀφέντες; μηδαμῶς, ὦ ἄνδρες Ἀθηναῖοι, μὴ προδῶτε μήτ' ἐμὲ, μήθ' ὑμᾶς αὐτοὺς, μήτε τοὺς νόμους. καὶ γὰρ [1] αὐτὸ εἰ θέλοιτε σκοπεῖν καὶ ζητεῖν, ὅτῳ ποτ' εἰσὶν ὑμῶν οἱ ἀεὶ δικάζοντες ἰσχυροὶ, καὶ κύριοι τῶν ἐν τῇ πόλει πάντων, ἄν τε διακοσίους, ἄν τε χιλίους, ἄν θ' [2] ὁποσουσοῦν ἡ πόλις καθίσῃ· οὔτε τῷ μεθ' ὅπλων εἶναι συντεταγμένοι μόνοι τῶν ἄλλων πολιτῶν, εὕροιτ' ἂν, οὔτε τῷ τὰ σώματ' ἄριστα ἔχειν, καὶ μάλιστα
586 ἰσχύειν τοὺς δικάζοντας, οὔτε τῷ τὴν ἡλικίαν εἶναι νεώτατοι, οὔτε τῶν τοιούτων οὐδενὶ, ἀλλὰ τῷ τοὺς νόμους ἰσχύειν. ἡ δὲ τῶν νόμων ἰσχὺς τίς ἐστίν; ἆρ' ἐάν τις ὑμῶν ἀδικούμενος ἀνακράγῃ, προσδραμοῦνται, καὶ παρέσονται βοηθοῦντες; οὔ. γράμματα γὰρ γεγραμμένα ἐστὶ, καὶ οὐχὶ δύναιντ' ἂν

[1] αὐτὸ τοῦτο εἰ T. R.

[2] ὁπόσους ἂν ἡ T. R.

enim quasi tautologice scriptam, περιεῖναι alii, alii vocem ζῆν negligunt. Quos laudo. TAYLOR.

Περιεῖναι κ. τ. λ.] Cum Reiskio suspicor huic loco, ut nunc est, aliquid deesse. περιεῖναι et καὶ ante ζῆν absunt ab Aug. pr. et Parisin. α. Taylorus ab aliis Codd. περιεῖναι, ab aliis ζῆν (tanquam glossema alterutrum) abesse ait, nullos tamen memorans qui careant τῷ ζῆν. Tunc equidem locum sic constituerim: κ. τ. χ. μ. λ. περιεῖναι ταῦτα παθόντα, εἰ περιόψεσθέ με νῦν ὑμεῖς. Expunctis enim hisce: καὶ ζῆν, facilius ad περιόψεσθέ με intelligetur ex antecedentibus ταῦτα παθόντα, cujusmodi aliquid fieri plane est necesse. Temerarium enim sit ὑμεῖς mutare in ὑβρισθέντα. SPALDING.

Ἐὰν δὲ] Sub. ὑβρισθήσωμαι. WOLF.

Ὀργιεῖσθε] Subita personæ conversio. Expectabas: "ἐὰν δὲ, τότ' ὀργιοῦνται οἱ δικασταί." Arripit autem sermonem ipse orator et sic cogitur uti secunda persona. SPALDING.

Ἰσχυροὶ] Wolfius, *sacrosancti*. Potius *potentes*. Modo l. 12. versionis, col. 1. pro *valeat*, lege *valeant*. JURIN.

Ἄν τε διακοσίους] Observa incertum Judicum numerum. WOLF.

Ὁποσουσοῦν] Scripsi cum Codd. Aug. pr. et Paris. α. et Correctore Lessing. pro vulgato ὁπόσους ἄν. Quod autem ad sententiam loci attinet, solebant plura tribunalia in unum cogi ab Archontibus in quibusdam causis. Singulorum celeberrimum erat Heliæa, constans 500 judicibus. SPALDING.

Οὔτε τῷ μεθ' ὅπλων εἶναι συντεταγμένοι μόνον, &c. οὔτε τῷ τὴν ἡλικίαν εἶναι νεώτατοι] De infinitivi natura, quod non modo accusativum, sed etiam ante se nominativum poscat apud Græcos, vel in contextu orationis existentem, vel subauditum, vide Comment. Bud. cujus rei exemplum hic etiam est: utroque enim casu in eadem sententia usus est, ubi vel αὐτοὶ subaudiendum, ut sit αὐτοὶ εἶναι συντεταγμένοι, et αὐτοὶ εἶναι νεώτατοι, vel, ab accusativo præcedente infinitivum ad rectum transiit, ex natura verbi substantivi. quale est illud Ciceronis ad Qu. fratrem libro 3. "Multa sunt quæ ego nescire malo, quam cum aliquo periculo fieri certior." Similius tamen Græco illud Lucani, "Tumque putavit, Jam bonus esse socer." Plura vide in Comment. *Ex edit.* HERVAG.

Ἀλλὰ τῷ τοὺς νόμους ἰσχύειν] Vulgo ἀλλὰ τὸ τοῖς νόμοις ἰσχύειν. Quæ est lectio parum accurata. τῷ habent Editt. Man. et Lutet. et Cod. Vindob. τοὺς νόμους etiam marg. Paris. expresse denique ἀλλὰ τῷ τὸν νόμον ἰσχύειν Ital. Est et alia varietas lectionis in nonnullis, uti in Lindenb. et Obsop. ἀλλὰ τῇ τῶν νόμων ἰσχύϊ. Quam scripturam, vel fortasse meam, confirmabunt ea, quæ proxime sequuntur. TAYLOR.

Δύναιντ'] Ita secundum Bar. et Ital. loco τοῦ δύναιτ' aliorum. δυνήσαιντ' Vindob. IDEM.

τοῦτο ποιῆσαι. τίς οὖν αὐτῶν ἡ δύναμίς ἐστιν; ὑμεῖς ἐὰν βεβαιῶτε αὐτοὺς, καὶ παρέχητε κυρίους ἀεὶ τῷ δεομένῳ. οὐκοῦν οἱ νόμοι τε ὑμῖν εἰσὶν ἰσχυροὶ, καὶ ὑμεῖς τοῖς [1] νόμοις. δεῖ τοίνυν τούτοις βοηθεῖν ὁμοίως, ὥσπερ ἂν αὑτῷ τις ἀδικουμένῳ, καὶ τὰ τῶν νόμων ἀδικήματα κοινὰ νομίζειν, ἐφ' ὅτου περ ἂν λαμβάνηται, καὶ μήτε λειτουργίας, μήτε ἔλεον, μήτε ἄνδρα μηδένα, μήτε τέχνην μηδεμίαν εὑρῆσθαι, μήτ' ἄλλο μηδὲν, δι' ὅτου παραβάς τις τοὺς νόμους οὐ δώσει δίκην.

ξγ'. Ὑμῶν οἱ θεώμενοι τοῖς Διονυσίοις εἰσιόντα εἰς τὸ θέατρον τοῦτον ἐσυρίττετε καὶ [2] ἐκλώζετε, ὥστε, ἃ μίσους ἐστὶ σημεῖα, ταῦτ' ἐποιεῖτε οὐδὲν ἀκηκοότες πω περὶ αὐτοῦ παρ' ἐμοῦ. εἶτα, πρὶν μὲν ἐλεγχθῆναι τὸ πρᾶγμα, ὠργίζεσθε, προὐκαλεῖσθε ἐπὶ τιμωρίαν τὸν παθόντα, ἐκροτεῖθ', ὅτε προὐβαλόμην αὐτὸν ἐν τῷ δήμῳ· ἐπειδὴ δ' ἐξελήλεγκται, καὶ προκατέγνωκεν ὁ δῆμος τούτου, εἰς ἱερὸν καθεζόμενος, καὶ τἄλλα [3] προσεξήτασται τὰ πεπραγμένα τῷ μιαρῷ τούτῳ, καὶ δικάσοντες εἰλήχατε, καὶ πάντ' ἐστὶν ἐν ὑμῖν μιᾷ ψήφῳ διαπράξασθαι, νῦν ὀκνήσετε ἐμοὶ βοηθῆσαι; τῷ δήμῳ χαρίσασθαι; τοὺς ἄλλους σωφρονίσαι; μετὰ πολλῆς αὐτοὶ [4] τὸ λοιπὸν ἀσφαλείας διάγειν, παράδειγμα ποιήσαντες τοῦτον τοῖς ἄλλοις; πάντων οὖν ἕνεκα τῶν εἰρημένων, καὶ μάλιστα τοῦ θεοῦ χάριν, περὶ 587
οὗ τὴν ἑορτὴν ἀσεβῶν οὗτος ἥλωκε, τὴν ὁσίαν [5] καὶ δικαίαν θέμενοι ψῆφον, τιμωρήσασθε τοῦτον.

[1] νομοῖς; R. [2] ἐκράγετε, καὶ πάντα ἃ μίσους ἐστὶ σημεῖα ἐποιεῖτε T.
[3] προεξήτασται R. [4] τολοιπὸν T. [5] καὶ τὴν δικαίαν T.

Μήτ' ἔλεον] Addidi has voces ex MSS. Ven. Bar. Lindenb. Obsop. Aug. Ital. Vind. et Edit. Parisina. Idem.

ξγ'. Ἐσυρίττετε κ. τ. λ.] Vulgo ἐσυρίττετε, ὥστε ἃ μίσους ἐστὶ, ταῦτ' ἐποιεῖτε. Vocem σημεῖα addunt fere omnes libri scripti, Vindob. Baroc. marg. Paris. Obsop. Ital. cum Editt. Man. et Fel. Quæ postrema editio ἐκράγατε. ἐκεκράγατε Manut. ἐκεκράγειτε Obsop. Lambinus ait, se cum Harpocratione malle legere ἐσυρίττετε, καὶ ἐκλώζετε, καὶ πάντα, ἃ μίσους ἐστὶ σημεῖα. Vide Harpocrationem v. Ἐκλώζετε. Idem.

Ὅτε προὐβαλόμην] Ita ex Editt. et MSS. Male Wolfius, sive ejus operæ, ὅτι. Idem. An προὐβαλλόμην? Spalding.

Εἰς ἱερὸν καθεζόμενος] Supra dixit in æde Bacchi condemnatum esse Midiam. Wolf.

Προσεξήτασται] Servavi vulgatam προσεξήτασται pro προεξήτ. quod, ex mera conjectura sua, recepit Reiskius. Accesserant ad illud unum plura crimina. Spalding.

BUTTMANNI

DISPUTATIO

DE ORACULO DODONÆO PRIORE.

p. 45.

Impeditius, ut vulgo legitur, est hoc Oraculum, quam primo statim intuitu videtur, conantique obvias difficultates tollere, latentia quædam, eaque graviora, alia sese offerunt ulcera, quæ diuturniorem operam requirunt a medente. Eam in uno hoc loco mei magis pensi, qui per otium hanc Demosthenis orationem perlustrarem, quam amici, putavi, qui universam æquali, at propter instantes nundinas festinantiori, stadio recensere et ubi opus esset illustrare sibi imposuerat. Quam bene hoc munere defunctus sim, periti nunc videant. Sed cum audaciori penna in eo vagatus sim, opus erit integrum locum, prout antea legebatur, hic describere:

Τῷ δήμῳ τῶν Ἀθηναίων ὁ τοῦ Διὸς σημαίνει. ὅτι τὰς ὥρας παρηνέγκατε τῆς θυσίας καὶ τῆς θεωρίας, αἱρετοὺς πέμπειν κελεύει θεωροὺς ἐννέα, καὶ τούτους διὰ ταχέων τῷ Διῒ τῷ Δωδωναίῳ ἀροτρεῖς βοῦς, καὶ πρὸς ἑκάστῳ δύο βοήσεις. τῇ δὲ Διώνῃ βοῦν καὶ ἄλλα ἱερεῖα, καὶ τράπεζαν χαλκῆν. καὶ πρὸς, τὸ ἀνάθημα, ὃ ἀνέθηκεν ὁ δῆμος ὁ Ἀθηναίων.

Prius tangam quæ magis offendunt. Et sic sane eminent monstra *βοήσεις*, quæ cum bobus immolari debent. Ex omnibus quæ ad sanandam vocem afferuntur nihil magis se commendat, quam quod teste Italico annotatore (quem laudat Taylor) "opinantur quidam legendum" *οἶς* sive, ut recte corrigit Taylor, *ὄϊς*. Aut ego fallor, aut hoc non est ab hariolatore, sed excerptum e MS. Duo erant quæ mihi hanc lectionem probarent. Primum quod sic statim videbam unde nata corruptio. Scilicet pro *δύο ὄϊς* scriptum erat in aliquo codice *β' ὄϊς*, quod, cum coaluisset in *βόϊς*, nec intelligeretur veræ lectioni in alio codice superscriptum, mox a rudiori librario inter ipsas illas duas voces insertum, cum altera earum iterum coaluit in pessimam scripturam *βοΐσοις, βοησεις*. Alterum præsidium ex ipsa re huic lectioni accedit; ritum enim antiquum, designatum ea, firmat vox antiquissima Latina: *ambegnus*, quæ, testibus Varrone, Festo, et aliis, de bobus maxime usurpata est, qui *religato utrinque agno* ad aram ducebantur.

Sed ipsos hosce boves merito mireris numerum nullum sibi adjectum habere, cum tamen, quod nemo exspectaverat, supra *θεωροὶ* eo sint definiti. Ipsum enim illud *ἐννέα* ad boves, sive ratiocinatione sive ipsa constructione, trahere, non nisi invitis Musis coneris. Quid porro sibi vult mira illa boum definitio *ἀροτρεῖς*? Quid? contra sanctissimas omnium populorum leges, bovem aratro destinatum mactare ipsi Dii præcipiunt? Et unde tandem vox hæc *ἀροτρεῖς*, quæ usus non quidem nullius (legitur enim ap. Theocrit. 25. 1. neque tamen in omnibus Edd.) sed rarissimi est, nec nisi poetici, in loco, ubi pedibus omnia humiliter incedunt? Teterrimi mendi euhile hic esse, ipsi libri indicant. Vox δωδωναίῳ abest ab aliquot eorum et ejus loco in Aldina vacuum spatium relictum, quod in exemplo Lessingiano a Correctorum altero expletur per ναρω, ab altero per τομαρω. Cod. Bav. dat τῷ Διΐ τῶν ἀροτρίς. Inter alia mea ad hunc locum commenta hoc quoque erat, ut vulgatum δωδωναίῳ verum putarem, ex cujus postremis syllabis natas mihi fingerem non solum Lessingianas illas scripturas, sed ipsum quoque vocis ἀροτρεῖς initium ita ut sola syllaba τρεῖς, quæ boum numerum definiret, retinenda esset. Et hoc ultimum solum verum erat: eorum, quæ præcedunt, restitutionem ipsi libelli editori debent lectores. Is enim, in scriptura Lessingiana altera τομαρω, agnovit *Tomarum* sive *Tmarum*, montem prope Dodonam, et pro Dodonæo Jove, ex glossa nato, *Tmarium Jovem* (Hesychius: Τμάριος· ὁ Ζεὺς ὁ Δωδωναῖος) hic a propheta nominatum esse, facile mihi persuasit. Ad partes vocandus erat Cod. Bav., ejusque scriptura τῶν divellenda in τῷ ἐν, unde optima exstitit lectio: τῷ Διΐ τῷ ἐν Τομάρῳ.

Sed quid faciemus hisce bubus? Mactabimus? mittemus? donabimus —Jovi? Oraculum enim ipsum, ut vulgo sunt verba, nihil definit, et infinitivum desiderari ante τῷ Διΐ quilibet videt. Sunt qui subjectum faciant θεωροὺς, πέμπειν ad boves pertinere, et verba καὶ τούτους διὰ ταχέων per parenthesin dicta credant. Perperam: θεωροὶ enim non mittunt, sed secum ducunt victimas. Alii inserunt θύειν. Mihi, ut verum fatear, tota illa admonitio: καὶ τούτους διὰ ταχέων, ne dicam inepta, certe quam maxime importuna visa est. Famelicus fuerit Jupiter, qui adventum pinguium horum boum, quorum nidore saturaretur, operiri vix posset! Sed antequam infinitivum aliquem ex διὰ ταχέων extundamus, inspiciamus variam præcedentium quoque scripturam. Videmus hic, solos Paulum Manutium et Reiskium dedisse τούτους contra omnes MSS. et Edd. qui aut τούτου τοὺς aut τούτους τοὺς exhibent. Præcedit numerus ἐννέα, cujus rationem velim ex antiquitate reddat aliquis. "Abest is" (verba sunt Taylori) "a nonnullis MSS. et vir ille sollers, qui Italicum codicem contulit, legit pro ἐννέα, ἕνεκα, puta θεωρίας ἕνεκα." His verbis quid faciam non habeo. Adeo nihil proficitur hac sola mutatione, ut nisi in codice reperta sit, annotari a "viro sollerti" vix potuerit. Quicquid est; ejus tamen ope in veram hujus loci restituendi rationem devenisse mihi videor. Scilicet revocanda antiqua lectio τούτου τοὺς, quarum vocum altera ad sequentia trahenda, altera conjungenda est cum ἕνεκα; sic enim lego, non pro ἐννέα, sed pro ἐννέα καὶ, quod ex male divulsa illa voce natum credo: ἕνεκα τούτου *propter hoc* sc. peccatum, quod tempus sacrorum prætermisistis. Sed huc mox recurram: nunc sequentia contemplemur. Remanent post hanc meam præcedentium constitutionem verba: τοὺς διὰ ταχέων; hæc ex conjectura, uti mihi quidem videtur, satis probabili, muto in τοὺς δὲ ἀπάγειν—τρεῖς βοῦς &c. Quodsi quis de proprietate vocis ἀπάγειν dubitet, præsertim cum ex ea cetera quoque donaria, mensaque ænea, pendere debeant; is meminerit primum, hanc ipsam vocem in usu esse de *tributo* (vid. Xenoph. Cyrop. II. 4. 12. III. 1. 10.) quidni igitur de *sacrificio et donario* offerendo? præsertim cum alia vocis ἄγειν composita de hujusmodi donis proprie usurpentur ut Hom. Il. Θ. 203. οἱ δέ τοι (Neptuno) εἰς Ἑλίκην τε καὶ Αἰγὰς δῶρ' ἀνάγουσι.

Verum nunc tandem, per ὕστερον πρότερον, ad ipsum oraculi initium convertamur. Hic non deerunt, qui illud ὅτι in fronte non causalem sed narrativam esse particulam credant; hique vereor, ne emendationi meæ, ἕνεκα τούτου, præ aliis faveant. Claudent enim voce θεωρίας primam thesin et ad hanc recte per ἕνεκα τούτου respici credent. Ea tamen via incedere nolim. Displicet statim asyndeton, quod sic inter primam et secundam thesin intercedit: tum voeis σημαίνει significatio his responsis propria, ut statim in sequenti oraculo apparet, est *jubere*, non *indicare*. Nihil tamen mirum, librarios junxisse σημαίνει ὅτι, et, quoniam hoc modo deesse videretur verbum imperandi notione, inseruisse illud κελεύει, quod uncis tamen notare, quam prorsus ejicere, recte maluit amicissimus editor. Conjungendum igitur σημαίνει—πέμπειν &c., cujus jussi ratio redditur verbis ὅτι—παρηνέγκατε. Sed quid? annon invenustam sic admitto ταυτολογίαν, emendando infra ἕνεκα τούτου. Invenustum hoc fore in ipsa quadam Demosthenis oratione fortasse concedam; ταυτολογίαν non agnosco. Particula ὅτι, plane ut Latinum *quod*, sua unius vi non est causalis, neque significat *quia*, nisi referatur ad vocem significantem *propterea*. Eam brevitatis quidem studiosi omittere solemus: attamen in Latino sermone nihil frequentius est quam *propterea quod;* hoc autem Græce, verbo verbum reddenti, est ἕνεκα τούτου ὅτι. Quæ sermonis plenitudo, si oratorem forte minus deceat, in antiquo oraculo locum suum probe occupat. Duram alii credent verbi σημαίνει ab ipso jusso divulsionem. Iis observo, verbum hoc, solenni formula, in fronte responsi ponendum, et tamen ipsi præcepto causam iræ divinæ necessario præmittendam fuisse.

Hæc sunt, quæ in emendando hoc oraculo præstitimus, quibus tamen rem absolutam esse neutiquam credo: cum enim horum maxima pars conjectura nitatur, quin alia meis veriora reperiri possint, non dubito. Intacta fortasse relicta sunt alia, quæ medela non minus indigeant. Statim ultima verba non satisfaciunt: *Et præterea* (sc. offerre debetis) *donarium illud, quod donavit populus Atheniensis.* Fortasse tamen explicatione magis, quam emendatione, subveniendum loco. Credibile est, Athenienses, publica quadam calamitate afflictos, legatos misisse Dodonam sciscitaturos, quid agendum esset ad placandam deorum iram. His procul dubio mandaverant, *vovere* Jovi Dodonæo, nomine civitatis, dona quædam, quæ, accepto responso, exsoluturos se spondebant. Hanc *vovendi* notionem, credo, hic habet ἀνατιθέναι. Sane, sicut in nostra oratione (p. 62. v. ult.) διδόναι ponitur pro simplici oblatione conditione quadam facta, eodem modo ἀνατιθέναι quoque (quod non solum *suspendere Deo*, sed latiori significatu *consecrare* valebat) usurpari posse nullus dubito.

BUTTMANN.

DE DIONE.

p. 45. v. ult.

NON ab re quoque fuerit, si de *Dione* hic verba quædam faciam. Hoc nomen interpretes quidam reddiderunt *Junonem*. Servius contra, ad Virg. Æn. III. 466. *Venerem* Jovis Dodonæi σύνναον θεὰν fuisse docet. Hinc Iac. Gronovius (ad Stephani Dodonen, altera Editione Thesauro Antiq. Gr. inserta) Venerem Libitinam non bene, credo, comparans *Proserpinam* vult esse Dionen. Tandem, si Mythologos ipsumque Homerum consulas, invenies Dionæ diversæ ab illis omnibus deæ nomen fuisse, quæ inter *Titanides* recensebatur, Veneremque ex Jove peperisse perhibebatur. Ego hæc omnia (præter Gronovii opinionem) vera quadamtenus esse ostendam, et inter se conciliare studebo. Ἔσται δὲ περὶ αὐτῶν βραχὺς ὁ λόγος, κᾂν ἄνωθεν ἄρχεσθαι δοκῶ, ut cum nostro loquar.

Etsi peculiares unicuique genti fuerint mythi, in eo tamen omnes fere consensisse videntur, ut, si plures deos agnoscerent, summum quendam deum ceterorum regem statuerent eique uxorem assignarent. Huic Deæ nisi aliunde nomen adhæsisset, ex ipso mariti nomine illud deflectere solebant. Sic ex *Jove* formabant *Junonem*, sic Ζὴν deflexum est in Ζάνω, et sic non dubito quin Pelasgi antiqui (a quibus oriundi Epirotæ et Dodonæi) uxorem τοῦ Διὸς dixerint Διώνην, quæ nomina omnia nihil differunt a Θεὸς et Θέαινα. Uxor igitur Jovis, et eadem, quæ ceteris gentibus *Juno*, Epirotis fuit Dione; et sic melius declarantur numi Epirotarum, qui omnes, non Dodonæorum solum, Jovis et Diones effigiem junctim exhibent (v. Gronov. l. c.), quam si minorem aliquam deam, quæ casu in Dodonæi templi consortium venerit, Dionen credas.

Dudum observatum est a viris doctis, mythologiam Græcorum congeriem esse diversissimarum, de iisdem sæpe rebus, fictionum et mythorum. Scilicet is erat mos antiquarum gentium et præcipue Græcorum, ut nullam neque majorum suorum, neque singularum suæ gentis tribuum, neque adeo exterarum nationum, religionem, nullam superstitionem, nullum poetæ cujusvis antiquioris commentum pro fictitio prorsus haberent, sed unumdquoque potius suis mythis immiscerent: ea tamen lege, ut, quos quidem deos suis quodammodo similes viderent, pro iisdem, etsi diverso nomine, haberent; si vero suis commentis ea, quæ ab aliis tradita essent, plane repugnare intelligerent, diversos sæpe deos, qui revera iidem erant, crederent. Posterius igitur hoc tum quoque iis accidit, cum sive reges deorum traditos invenirent, qui cum Jove, sive uxores Jovis, quæ cum Junone misceri non posse viderentur. Sed nova tum existebat difficultas; plures enim reges reginasve admittere nolebant. Hanc ita removisse mihi videntur antiquissimi poetæ, ut deos illos regnasse quidem, sed a Jove suo victos, cœloque pulsos,—deas cum Jove consuesse quidem, at legitimas uxores non fuisse, docerent. Et hæc ni fallor vera est origo fabulæ de *Titanibus* cœlo turbatis, et de *Jovis concubinis* iis, quæ inter *Titanides*, Cœli filias, et inter Titanum filias referebantur, ut Metis, ut Themis, ut Latona, ut *Dione*, quas omnes diversi mythi Jovi uxores dabant.

Etenim in eo a se invicem recedebant gentes et mythorum inventores primi, ut summi deorum uxori munia alii alia tribuerent. Sic Ἥρη erat symbolum aeris, Latona noctis, prudentiæ Metis, justitiæ Themis. Quæ omnia uxorem Jovis valde decent, prout hunc ipsum, sive symbolum Cœli, sive parentem lucis, sive summum hominum deumque moderatorem tibi fingis. Neque igitur *patrem generatoremque* omnium quæ sunt dedecebat uxor, symbolum *amoris et connubii*, quamque ideo cum Venere sua miscerent gentes aliæ. Hujus sane Pelasgicæ Diones sive Junonis vestigia agnosco in ipsa Italorum (cum Pelasgis stirpe conjunctorum) et Romanorum Junone, nuptiarum præside; etsi hi seriorum ceteroqui Græcorum notiones adoptarint, Junonemque aerem inferiorem prædicarint. Neque mirum videri potest, si Diones filia ipsa quoque dea amoris est habita. Sic Metidos filia erat Minerva; sic ipsa Græcorum, Hellenum puta, 'Ἀφροδίτη Ἔρωτα peperit. Et videntur antiqui Pelasgi, *amorem*, sicut nostrates, feminino vocabulo usurpasse, adeoque deam, non deum, habuisse. BUTTMANN.

Antequam omittamus oraculi hujus tractationem, liceat mihi unam etiam ejus voculam excutere, in qua adhuc hærco. Est ea in initio: ὅτι τὰς ὥρας "παρηνέγκατε" τῆς θυσίας κ. τ. λ. Hoc loco et Reiskius, in Indice, et interpretes παρηνέγκατε vertunt *prætermisistis* (eo enim redit H. Wolfii: "sacra non in tempore esse facta" et Augeri "les sacrifices—n'ont pas été faits à tems.") nihil morati insolentiam sensus huic vocabulo tributi. Quando enim unquam παραφέρειν significavit *prætermittere?* Stephanus in Thesauro ad hanc vocem loci nostri non meminit, cum frequens ceterum sit apud eum Midianæ mentio. Attamen ille cum Budæo sensum agnoscit vocabuli, huic, quem locus poscit noster, affinem. "Ponitur" inquit "pro *prætereo* ex Xenoph. de lepore currente" (est autem de Venatione p. 982. A.) "καὶ ἡ ποδωκία πρὸς τὸ ἀμβλυωπεῖν αὐτῷ πολὺ συμβάλλεται. ταχὺ γὰρ ἑκάστου" παραφέρει "τὴν ὄψιν πρὶν νοῆσαι τί ἐστι. Id est, inquit" (Budæus) "Prætergreditur, Præterlabitur." Quo autem jure in hoc loco, quem solum hujus sensus testem citant, sibi agnoscere videantur Budæus et Stephanus hanc vocabuli vim, equidem me ignorare fateor. Leonclavius quidem cum iis non facit, ita reddens locum ταχὺ—ἐστί: "Nam celeriter ab objecto quovis oculos prius *avertit*, quam quid sit, animadvertat." Tantum certe intelligere mihi videor: Budæus, cumque eo Stephanus, fortasse ὄψιν passive accipiebat, indeque pendere putabat genitivum ἑκάστου. Ipsum accusativum ὄψιν ita τῷ παραφέρει jungebat, ut intelligeret formam loquendi hoc modo: prætergreditur adspectum uniuscujusque rei. Id quam recte fecerit, nescio. Leonclavium potius sequar, qui ὄψιν ipsos leporis oculos intellexit et genitivum regi putavit, nisi fallor (neque enim quicquam pro certo defenderim), a particula παρὰ in παραφέρει, nisi forte intellexit suppressam præpositionem ἀπό. Ejus itaque rationem si teneas, nihil aliud præter usitatissimam τοῦ παραφέρειν vim agnoscere cogeris; id quod, cum solus et plane sui generis alias foret hic locus, utique præstare opinor. Zeunium, qui diligentius hasce Xenophontei ingenii tenuiores reliquias, pretiosas illas, tractaverit, nihil observare in hoc loco, miror. Est tamen nostri παραφέρειν sensus aliquis apud Thucydidem, qui magnopere recedere videtur ab etymo, et huc referri posse quodammodo. Legitur participium verbi hujus aor. 2. παρενεγκούσας lib. 5. c. 26. (Vol. Bip. 3. p. 245.) junctum voci ἡμέρας eo sensu, ut verti debeat: *dies elapsos*. Vides significationem intransitivam tribui verbo; *elapsi dies* tamen, etiam *prælerlapsi* commode vertantur, atque ita accusativum fortasse sibi jungat vocabulum ut dicatur homo παρενεγκεῖν tempus alicujus rei faciendæ. Hoc modo locus nostri oraculi bene haberet, et est fortasse apertior res, quam quæ tam operosa tractatione indiguerit. Equidem, fateor, a diuturno usu monumentorum Græcorum et lectione illa pene improba nimis adhuc destitutus, nodum hic inveniebam et de mutatione cogitabam. παρήκατε si legeretur, notissima foret loquendi forma. Obstat tamen nostræ conjecturæ et vocis in textu expressæ difficultas ejusmodi, quæ non omnem respuat explicationem, et consensus Codd. Dicat quoque aliquis, ab ipso scholio firmari lectionem vulgatam; repetito enim vocabulo παρηνέγκατε additur παρήλθετε, interpretandi causa. Quid tamen si illa est ipsius, quod propono, παρήκατε, explicatio; quod scholiastes perperam repetierit a παρήκω? cujusmodi errorem notat Stephanus ad vocem παρήκω. Vol. I. p. 1691. D.

DE ORACULO DODONÆO POSTERIORE.

p. 46.

Hujus oraculi initium tantum excutiam, quod sic vulgo editur:

Ὁ τοῦ Διὸς σήμαιν' ἐν Δωδώνῃ· Διονύσῳ δημοτελεῖ ἱερεῖον τέλειον, καὶ κρατῆρα κεράσαι &c.

Hic duo sunt quibus offendaris: forma imperfecti poetica σήμαιν' pro ἐσήμαινεν, vel potius pro præsenti σημαίνει; deinde absentia verbi, unde pendeat ἱερεῖον. Equidem in illo non laboro, et, dum meliora aliquis edoceat, σημαίνει ἐν Δ. cum nonnullis codd. scribendum judico. Ad sequentia nihil dant Codd. præter varietatem δημοτελεῖν (pro δημοτελεῖ) quo rem absolvi et sic utique scribendum esse judicat Reiskius in indice, neque aliter locum excitat Stephanus in Thes. v. δημοτελεῖν. Ego quo minus illis assentiam, obstat primum ipsa vox δημοτελεῖν, quam nusquam præterea occurrere pro certo fere tradere ausim; ex uno enim hoc nostro loco in Stephani Thesaurum et hinc in cetera omnia migravit lexica. Neque simile veri ejusmodi vocem, quam rarissimam saltem esse quilibet concedet, ab antiquis illis Lexicographis, Hesychio, Suida, Etymologo, qui tamen notiorem vocem δημοτελής omnes exhibent, plane prætermissam esse. Deinde quid quæso esset δημοτελεῖν ἱερεῖον? an publico sumtu sacrificium facere? at ἱερεῖον est *victima*, non *sacrificium*. Scribere igitur oportuit δημοτελεῖν ἱερὰ τέλεια; nam ἱερὰ τέλεια notissima sunt, ἱερεῖον τέλειον, apud antiquos certe, non item. An sic igitur vertendum: *publico sumtu victimam parare?* at putidum hoc.—Ne diutius morer lectorem, quid sentiam, promam. Scilicet τέλειον corruptum credo ex τελεῖν, et δημοτελεῖ solenni lapsu ex δημοτελῆ; quibus aptanda vox ἱερεῖον, legendo ἱερά· δημοτελῆ ἱερὰ τελεῖν est: *publico sumtu, nomine universæ civitatis, sacra facere.* Facile vides, simulac perperam scriptum esset τέλειον, ἱερὰ mutatum esse in ἱερὸν et, quoniam ἱερὸν (fanum) τέλειον sensum commodum non dabat, in ἱερεῖον. Δημοτελῆ ἱερὰ eo, quem modo proposui, sensu dicta esse nemo credo dubitabit, etsi ex antiquioribus auctoribus loca nulla afferre possum. Nam quæ profert Stephanus in Thes. ex Demosthene et Lysia, ea locis ipsis inspectis ad *fana publica* pertinere reperi. Xenophontis locum, quem ibidem indigitat, invenire non potui. Lexicographi tamen antiqui, qui ex probis scriptoribus sua haurire consuerant, pro me faciunt. δημοτελεῖς ἑορτὰς habet Pollux IX. 10. it. I. 34.—Hesych. δημοτελῆ ἱερά, εἰς ἃ θύματα δίδωσιν ἡ πόλις. δημοτικὰ δὲ εἰς ἃ οἱ δῆμοι (demi). Hoc de fanis non nisi coacte admodum intelligas: v. Ruhnk. in Append. Hesych. ad h. v. Eadem fere habet Harpocration h. v. qui, sicuti constat, ex antiquis oratoribus omnia sumsit. BUTTMANN.

ΔΗΜΟΣΘΕΝΟΥΣ

Ο ΚΑΤΑ

ΑΝΔΡΟΤΙΩΝΟΣ

ΛΟΓΟΣ.

I. TAYLORI

PRÆFATIO

AD

ORATIONEM DEMOSTHENIS

CONTRA ANDROTIONEM.

SEQUITUR Oratio imprimis diserta et elegans, et, si antiquis magistris credere fas sit, non sine æmulatione et ingenii quadam contentione elaborata. Androtio enim, ὁ φεύγων, ex Isocratis schola et disciplina profectus, summa erat inter Isocrateos celebritate, et maximam ætatis partem in foro et dicendi usu transegerat, ut narrat Ulpianus ad hujus orationis §. β'. Cui conjungere libet hæc verba Scholiastæ Hermogenis, pag. 401. Ἰσοκράτους μαθητὴν εἶναι λέγουσιν Ἀνδροτίωνα, καὶ ἦν, ὥς φησιν ὁ ῥήτωρ, τεχνίτης τοῦ λέγειν. ἐπετήδευσεν οὖν ὁ Δημοσθένης κεκαλλωπισμένον ἐργάσασθαι τὸν κατ' Ἀνδροτίωνος, ἀντιφιλοτιμούμενος πρὸς Ἰσοκράτην ῥήτορα παρίσοις ἐπιχρώμενον κατὰ ζῆλον τοῦ διδασκάλου. Neque a suo expositore dissentit Hermogenes ipse cap. περὶ Ἐπιμελείας, qui etiam θεωρίαν suam, sive commentariolum ad hanc orationem, jam autem deperditum, in isto loco commemorat. Locum vide: Πλεονάζουσι [παρισώσεις] παρὰ τῷ Ἰσοκράτει, εἰσὶ δὲ καὶ παρὰ τῷ ῥήτορι — οἷόν ἐστι καὶ τὸ, τῇ τε πόλει βοηθεῖν οἴεται δεῖν, καὶ δίκην ὑπὲρ αὐτοῦ λαβεῖν, τοῦτο κἀγὼ πειράσομαι ποιεῖν. τοιαύτην γὰρ παρίσωσιν, καὶ οὕτως ἐπιτετηδευμένην οὐδεμίαν εὑρεῖν ἑτέραν ἔχομεν παρά γε τῷ ῥήτορι. ἀλλὰ τὴν μὲν αἰτίαν, δι' ἣν ἐνταῦθα ἐπετήδευσεν οὕτω κεκοσμημένον προσκόρως τὸν λόγον εὐθὺς ἐν προκαταρκτικοῖς παρασχέσθαι, θεωροῦντες τὸν λόγον αὐτὸν τὸν κατ' Ἀνδροτίωνος εἰρήκαμεν.

Illud singulare habet Androtiana, quod in toto corpore Demosthenico nulla sit alia præterea oratio, in qua Rhetor noster tantum sibi indulsit in opera mutuaticia, nulla, in qua seipsum adeo sedule exscripserit. Quod legitur in Androtiana §. ιέ. hujus editionis, usque ad §. ιϛ'. med. et deinde quæ §. ιθ'. ad orationem exeuntem, versibus omnino 136. ea omnia paucissimis immutatis leguntur etiam in Timocratea. Neque id fortasse mirum, cum in illa et idem Androtio pene φεύγειν videtur, eundemque idem, ut in hac, persequitur Diodorus. Quod vero de ea similitudine admonet Ulpianus, puerile est, sive potius piaculare, ubi ait, *nunc* [id est in Timocratea] *id dicere Oratorem de Androtione, quod in Androtiana dixerat de Timocrate.* Quod nullo modo verum est πολλοῦ γε καὶ δεῖ. Iterum, laudatissimum istud enthymena §. γ'. Σὺ δὴ μὴ λέγε, ὡς γέγονε τοῦτο πολλάκις, ἀλλ' ὡς οὕτω προσήκει γίγνεσθαι. οὐ γὰρ εἴ τι πώποτε μὴ κατὰ τοὺς νόμους ἐπράχθη, σὺ δὲ τοῦτ' ἐμιμήσω, διὰ τοῦτ' ἀποφύγοις ἂν δικαίως, ἀλλὰ πολλῷ μᾶλλον ἁλίσκοιο. ὥσπερ γὰρ εἴ τις ἐκείνων προήλω, σὺ τάδ' οὐκ ἂν ἔγραψες, οὕτως ἂν σὺ νῦν δίκην δῷς, ἄλλος οὐ γράψει, hæc, inquam, fere omnia minima cum discrepantia repetuntur proxime in Aristocratea. Quæ verba, ut id etiam moneam, laudat Gellius, X. 19. interpretatur autem Quintilianus, V. 14. *Optimum autem videtur Enthymematis genus, cum proposito dissimili vel contrario ratio subjungitur: quale est* Demosthenis: NON ENIM SI QUID UNQUAM CONTRA LEGES FACTUM EST, IDQUE TU ES IMITATUS, IDCIRCO TE CONVENIT PŒNA LIBERARI: QUIN E CONTRARIO DAMNARI MULTO MAGIS. NAM UT, SI QUIS EORUM DAMNATUS ESSET, TU HÆC NON SCRIPSISSES: ITA DAMNATUS TU SI FUERIS, NON SCRIBET ALIUS. Postremo, oratione hac exeunte, quædam sunt, quæ minima aut sententiæ, aut verborum differentia olim in Leptinea dicebantur.

Ejusdem fere ætatis et esse videntur et ab antiquis perhibentur, (sc. Olymp. CVI. anno autem Demosthenis circa XXVII. aut XXVIII.) Androtiana, Leptinea, Aristocratea et Timocratea, omnium autem prima Androtiana, quam legis. Scriptum enim reperimus a Gellio XV. 28. *Illud adeo ab utriusque oratoris studiosis animadversum et scriptum est, quod Demosthenes et Cicero pari ætate illustrissimas orationes in causis dixerint, alter* ΚΑΤΑ ΑΝΔΡΟΤΙΩΝΟΣ ΚΑΙ ΚΑΤΑ ΤΙΜΟΚΡΑΤΟΥΣ, septem et viginti annos natus, *alter anno minor pro P. Quintio, septimoque et vicesimo pro Sex. Roscio.* Cum eo consentit Plutarchus: τῶν δὲ δημοσίων ὁ μὲν κατ' Ἀνδροτίωνος, καὶ Τιμοκράτους, καὶ Ἀριστοκράτους ἑτέροις ἐγράφησαν, οὔπω τῇ πολιτείᾳ προσεληλυθότος. δοκεῖ γὰρ δυοῖν ἢ τριῶν δέοντα ἔτη τριάκοντα γεγονὼς ἐξενεγκεῖν τοὺς λόγους ἐκείνους. Et similiter Halicarnassensis: δημοσίους λόγους ἤρξατο γράφειν ἐπὶ Καλλιστράτου ἄρχοντος, εἰκοστὸν καὶ πέμπτον ἔχων ἔτος (turbantur numeralia, scribere enim debuisset ἕβδομον) καὶ ἔστιν αὐτοῦ πρῶτος τῶν ἐν δικαστηρίῳ κατασκευασθέντων ἀγώνων ὁ κατὰ Ἀνδροτίωνος, ὃν γέγραφε Διοδώρῳ τῷ κρίνοντι τὸ ψήφισμα παρανόμων. Ad Ammæum. Quæ omnia ubi perlegeris, atque inter se contuleris, (scripta sunt enim non minori veritate, quam consonantia et ἀκριβείᾳ) miraberis profecto, quid sibi velint ista portenta Ulpiani in initio scholiorum, οὗτος ὁ λόγος, de Androtiana loquitur, μετὰ τοὺς Φιλιππικοὺς πρῶτός ἐστι τῶν δημοσίων, (aut si mavis cum Codd. Regiis, δεύτερος) cum hæc causa Philippicas omnes orationes easque res gestas nonnullis annis antecedat. Id quod nemini dubium esse potest, qui acta istorum temporum attentius explorabit.

Porro quicunque orationem istam cum aliquo acumine versaverit, deprehendet sane multis in locis turbatam esse sententiam, raptim quædam et contorte inferri, adeo ut mihi inoleverit quidem suspicio multa hic deesse, nullá deinceps fortuna restituenda. Hæc in animo mecum volvebam, et mihi sese obtulerant Ammonius et Harpocratio, quorum uterque, ille in v. *Πότος*, hic autem in v. *Ἀπὸ τοῦ πράγματος* et *Μελανωπὸς*, quædam hinc citant, quæ hodie in Androtiana minime possint reperiri.

ΛΙΒΑΝΙΟΥ ΥΠΟΘΕΣΙΣ ΤΟΥ ΚΑΤΑ ΑΝΔΡΟΤΙΩΝΟΣ ΠΑΡΑΝΟΜΩΝ ΛΟΓΟΥ.

Pag. ed. Reisk.

ΔΥΟ ἦσαν ἐν Ἀθήναις βουλαί· ἡ μὲν διηνεκὴς, ἡ ἐν Ἀρείῳ πάγῳ, περί τε φόνων ἑκουσίων, καὶ τραυμάτων, καὶ τοιούτων τινῶν δικάζουσα, ἑτέρα δὲ ἡ τὰ πολιτικὰ πράττουσα· αὕτη δὲ κατ' ἐνιαυτὸν ἠμείβετο, ἐκ πεντακοσίων ἀνδρῶν τῶν τὴν βουλευτικὴν ἡλικίαν ἀγόντων συνισταμένη. νόμος δὲ ἦν ἐπιτάττων τῇ βουλῇ ταύτῃ ποιεῖσθαι τριήρεις καινάς· ἐὰν δὲ μὴ ποιήσηται, κωλύων αὐτὴν αἰτεῖν παρὰ τοῦ δήμου δωρεάν. νῦν τοίνυν ἡ μὲν βουλὴ τὰς τριήρεις οὐκ ἐποιήσατο, Ἀνδροτίων δὲ γέγραφεν ἐν τῷ δήμῳ ψήφισμα, στεφανῶσαι τὴν βουλήν. ἐπὶ τούτῳ παρανόμων κρίνεται. κατηγορούντων γὰρ [1] αὐτῷ δύο ἐχθρῶν, Εὐκτήμονος καὶ Διοδώρου, προείρηκε μὲν ὁ Εὐκτήμων, δεύτερος δὲ ὁ Διόδωρος ἐπαγωνίζεται τούτῳ τῷ λόγῳ. φασὶ δὲ οἱ κατήγοροι, πρῶτον μὲν ἀπροβούλευτον εἶναι τὸ ψήφισμα. νόμου γὰρ κελεύοντος μὴ πρότερον εἰς τὸν δῆμον ψήφισμα ἐκφέρειν, πρὶν ἐν τῇ βουλῇ δοκιμασθείη, τὸν Ἀνδροτίωνα παρὰ τοῦτον τὸν νόμον ἀπροβούλευτον εἰσενεγκεῖν τὴν γνώμην. δεύτερον δὲ ὑπεναντίον ἐκείνῳ τῷ νόμῳ, τῷ κελεύοντι, μὴ ποιησαμένην τὴν βουλὴν τὰς τριήρεις, μὴ αἰτεῖν δωρεάν. εἰ γὰρ αἰτεῖν οὐκ ἔξεστι, δῆλον ὡς οὐδὲ τὸ δοῦναι συγκεχώρηται. τούτους μὲν [2] οὖν εἰς τὸ πρᾶγμα τοὺς νόμους [3] παρέχονται· παρέχονται δὲ καὶ κατὰ [4] τοῦ προσώπου δύο, τὸν τῆς ἑταιρήσεως, καὶ τὸν τῶν ὀφειλόντων τῷ [5] δήμῳ. καί φασι, τὸν Ἀνδροτίωνα κατὰ ἀμφοτέρους ἄτιμον εἶναι. καὶ γὰρ πεπορνεῦσθαι, καὶ χρέος πατρῷον ὀφείλειν τῇ πόλει.

587 (beside line 1) — 588 (beside "τούτους μὲν")

[1] αὐτοῦ [2] Deest οὖν. [3] Deest παρέχονται. [4] Deest articulus. [5] δημοσίῳ.

Τραυμάτων] Editiones omnes πραγμάτων, sed, ut Wolfius ait, haud dubie τραυμάτων legendum, etiam contra fidem et consensum Codicum. Δικάζειν τὴν βουλὴν τὴν ἐν Ἀρείῳ πάγῳ φόνου, καὶ τραύματος ἐκ προνοίας, etc. Demosth. c. Aristocr. p. 627. 21. ed. Reisk. Similiter etiam adv. Bœotum β. p. 1018. 9. Καὶ ἐξ ἀντιλογίας καὶ λοιδορίας πληγὰς συναψάμενος, ἐπιτεμὼν τὴν κεφαλὴν αὐτοῦ, τραύματος ὡς Ἄρειον πάγον με προὐκαλέσατο. Idem mendum etiam invaserat exemplaria Jul. Pollucis, donec a viris doctis eliminaretur l. 8. c. 10. init. Δικαστήρια Ἀθήνησιν Ἄρειος πάγος. Ἐδίκαζε δὲ φόνου, καὶ πράγματος ἐκ προνοίας. Interpres noster Italicus: *il quale gli homicidii volontarii, e ferite, et simil cose giudicava.* Taylor.

Τὴν βουλευτικὴν ἡλικίαν] Sed quoto anno ætas ea definiebatur? Demosthenes superiore oratione se scribit ante XXXII. ætatis annum βουλεύειν λαχεῖν. In Heliastico jurejurando, quod in Timocratea citatur, etiam hoc continetur: καὶ εἰμὶ οὐκ ἔλαττον λ. ἐτῶν γεγονώς. p. 747. 9. ed. Reisk. Qui trigesimus annus etiam sacerdotalis apud Levitas fuit. Wolf.

Κωλύων] Item bona fide Wolfius contra omnium Codd. auctoritatem, loco τοῦ κωλύειν. Præcedit, inquit ille, ἐπιτάττων ποιεῖν. Ergo etiam κωλύων αἰτεῖν, sc. νόμος ἦν. Taylor.

Παρανόμων] *Violatarum legum reus.* Quanto melius Italus homo? *Per la qual cosa d' havere egli contro le leggi scritto e accusato.* Admonui pariter ad orationem superiorem, τὸ παράνομον male a nostris interpretibus ubique fere accipi, et mihi modum admonendi ibidem statueram. Illi autem in peccando modum sibi statuere non posse videntur. Idem.

Αὐτῷ] Aldina auctoritate abreptus Editor noster ita dedit. Tu cum cæteris Editt. restitue αὐτοῦ. Idem.

Τοὺς νόμους παρέχονται] Aberat ab editis παρέχονται. Quod verbum proximam periodum cum inchoet, fortassis etiam hanc clausit. Verbis utor Wolfianis. Cum Wolfio restituit Bodl. Idem.

Δήμῳ] Vel potius, cum Editt. Felic. et Manut. MStis item Regg. α. et β. δημοσίῳ. Ἀλλ' ἔτι καὶ νῦν ὁ Πάμφιλος ὀφείλων τῷ δημοσίῳ ἐγγέγραπται. Demosth. adv. Bœotum β. p. 1015. ed. Reisk. Ἐὰν δ' ἁλῷ, ἔνοχος ἔστω τῷ νόμῳ, ὃς κεῖται, ἐάν τις ὀφείλων ἄρχῃ τῷ δημοσίῳ. Id. adv. Leptin. p. 504. 25. ed. R. Πύῤῥον ἐνδειχθέντα δικάζειν, ὀφείλοντα τῷ δημοσίῳ, θανάτῳ ζημιῶσαι. c. Midiam §. ν'. Ὧν οἱ μὴ τυχόντες ἀτιμότεροι γίνονται πρὸς τῷ μὴ δοκεῖν ἄξιοί τινος εἶναι, τῶν ὀφειλόντων τῷ δημοσίῳ. Isocrat. Panathen. non longe ab initio. Atque ita semper Noster in Timocratea, contra Aristogitonem, Theocrinem, et in locis pene infinitis. Idem.

ΕΤΕΡΑ ΥΠΟΘΕΣΙΣ.

ΔΙΑΦΟΡΟΙ παρ' Ἀθηναίοις ὑπῆρχον ἀρχαί· ὧν αἱ μὲν, κληρωταὶ, αἱ δὲ, χειροτονηταὶ, αἱ δὲ αἱρεταί. καὶ κληρωταὶ μὲν, αἱ κατὰ κλῆρον γινόμεναι, ὡς αἱ τῶν δικαστῶν· χειροτονηταὶ δὲ, αἱ κατὰ χειροτονίαν τοῦ δήμου γινόμεναι, ὡς αἱ τῶν στρατηγῶν· αἱρεταὶ δὲ, αἱ κατὰ αἵρεσιν, ὡς αἱ τῶν χορηγῶν. τούτων μία ἦν τῶν κληρωτῶν ἡ βουλὴ τῶν πεντακοσίων. τῶν πεντακοσίων δὲ εἴπομεν, πρὸς ἀντιδιαστολὴν τῆς ἐν Ἀρείῳ πάγῳ. εἰσὶ δὲ τούτων διαφοραὶ τρεῖς· καὶ πρώτη ἐστὶ, τὸ τὴν τῶν πεντακοσίων τὰ δημόσια πράγματα διοικεῖν, τὴν δὲ ἐν Ἀρείῳ πάγῳ τὰ φονικὰ μόνον. εἰ δέ τις εἴποι, ὅτι καὶ αὕτη δημόσια διῴκει, λέγομεν, ὅτι ἡνίκα μεγίστη ἀνάγκη ἐγίγνετο, τότε περὶ δημοσίων συνήγετο. δευτέρα διαφορὰ, ὅτι ἡ μὲν τῶν πεντακοσίων ἀριθμῷ ὑποπίπτει ὡρισμένῳ· ἡ δὲ, ἀορίστῳ. ὡς γάρ τινες τῶν ῥητόρων λέγουσι, κατ' ἔτος οἱ ἐννέα ἄρχοντες αὐτῇ προσετίθεντο· ὡς δέ τινες, ὅτι καὶ ἓξ μόνον θεσμοθέται· ἦσαν γὰρ ἓξ θεσμοθέται, οἱ περὶ ἑταιρήσεως δικάζοντες, ἦσαν δὲ καὶ ἄλλοι τρεῖς· εἷς, ἐπώνυμος, ἐξ οὗ καὶ ὁ ἐνιαυτὸς ἐπώνυμος ὠνομάζετο· δεύτερος, ὁ βασιλεὺς, ὁ
589 τὰ τῶν ὀρφανῶν καὶ ἀσεβειῶν διοικῶν· τρίτος, ὁ πολέμαρχος, ὁ τῶν πολεμικῶν ἐπιμελούμενος. [1] οἱ θεσμοθέται ἐνιαυτὸν μόνον ἦρχον, πρὸ τῆς ἀρχῆς κρινόμενοι περὶ τοῦ προλαβόντος παντὸς βίου, καὶ εἰ μὲν εὑρέθησαν ἐν πᾶσι δίκαιοι, ἦρχον τὸν ἐνιαυτόν· εἶτα πάλιν μετὰ τὸν ἐνιαυτὸν ἐκρίνοντο, εἰ καλῶς ἐν αὐτῷ ἦρξαν, καὶ εἰ δικαίως ὤφθησαν ἄρξαντες, προσετίθεντο τῇ βουλῇ τῶν [2] Ἀρειοπαγειτῶν· καὶ διὰ τοῦτο οὐχ ὑπέπιπτον ἀριθμῷ· εἰ δὲ μὴ, ἐξεβάλλοντο. τρίτη διαφορὰ, ὅτι ἡ μὲν τῶν πεντακοσίων, κατ' ἐνιαυτὸν διεδέχετο, ἡ δὲ τῶν [2] Ἀρειοπαγειτῶν, ἦν ἀδιάδοχος. εἰ μὴ γάρ τις ἥμαρτε μεγάλως, οὐκ ἐξεβάλλετο. ἐπειδὴ δὲ οὐ πρόκειται ἡμῖν περὶ τῆς ἐν Ἀρείῳ πάγῳ βουλῆς, ἀλλὰ περὶ τῶν πεντακοσίων [3] εἰπεῖν, ἀναγκαῖον μαθεῖν ἡμᾶς πῶς ἦρχεν. ἰστέον ὅτι οὐκ ἐψήφιζον οἱ Ἀθηναῖοι τοὺς μῆνας κατὰ τὸν ἡλιακὸν δρόμον, ὡς ἡμεῖς, ἀλλὰ κατὰ τὸν σεληνιακόν. κατὰ γὰρ τὸν ἡλιακὸν, ἔχει ὁ ἐνιαυτὸς ἡμέρας τριακοσίας ἑξήκοντα πέντε. ὥστε συμβαίνει ἔχειν τὸν μῆνα ἡμέρας τριάκοντα καὶ τρίτον. δεκάκις γὰρ τριάκοντα,

[1] οἱ δὲ θεσμοθέται [2] ἀρειοπαγιτῶν [3] Deest εἰπεῖν.

ΕΤΕΡΑ ΥΠΟΘΕΣΙΣ] Argumentum hoc perillustre de Senato Dvirali dum laudant, exponunt aliquando et elucidant, viri summi. Sunt autem Petitus in Comment. ad LL. Attic. Lib. III. Tit. I. Scaliger de Emendat. Tempor. II. init. Lalamantius de Anni Attici ratione, Sigonius de Rep. Athen. II. 3. Huic etiam causæ impendit Maussac. cap. 10. libri tertii Lectionum Criticarum, nunquam, quod sciam, in lucem productarum. Vide eum ad pag. 258. Harpocrationis. Porro autem, Vir doctissimus, Petrus Nannius Alcmarianus, in Miscellan. V. 7. hoc argumentum adducit emendatius, ut profitetur, juxta exemplar Demosthenis ad Budæi censuram castigatum. TAYLOR.

Ἡ βουλὴ τῶν πεντακοσίων]] Ἡ βουλὴ ἡ τῶν πεντακοσίων, repetito articulo. WOLF.

Καὶ ἓξ μόνον] Legendum arbitror οἱ ἓξ μόνον. JURIN.

Ἐξ οὗ καὶ ὁ ἐνιαυτὸς ἐπώνυμος ὠνομάζετο] Forte ὁ ἐνιαυτὸς ἐπωνομάζετο. Nam ὁ ἄρχων, ἐπώνυμος dicebatur, et annus ejus nomine inscribebatur, ut ἄρχοντος Ἀθήνησιν Χαιρωνίδου, vel ἐπ' ἄρχοντος Ἡροπύθου, ἄρχων Δημόφιλος Φλυεύς. Etsi fortasse nihil vetat dicere, ὁ ἐνιαυτὸς ἐπώνυμός ἐστι Χαιρωνίδου. Quod ego tamen me legisse non recordor. WOLF.

Ὁ τῶν πολεμικῶν ἐπιμελούμενος] Et quidem inde nomen Πολεμάρχου factum est; et in oratione περὶ Στεφάνου additur πολεμάρχου γνώμη, et βουλῆς καὶ στρατηγῶν γνώμη, cum bellum decernitur. Sed et τῶν μετοίκων ἐπεμελεῖτο καὶ ξένων, ut apud Oratores passim videre est. Consule Suidam in v. Πολέμαρχος, qui cum et Græce jam olim, et nunc etiam Latine mea opera exstet, non video, cur eum in his annotationibus transcribere debeam. Illud tamen admoneo, ibi legendum ἀποστασίου καὶ ἀπροστασίου. IDEM.

Οἱ θεσμοθέται] Paulo melius Edit. Paris. οἱ δὲ θεσμοθέται. TAYLOR.

Καὶ διὰ τοῦτο οὐχ ὑπέπιπτον ἀριθμῷ] Nequit, puto, hoc esse verum. Nam certe numerari poterat Senatus Areopagiticus, etsi numero constanti et definito non continebatur. Itaque addendum videtur ὡρισμένῳ, ut supra v. 10. factum est. Malim etiam ἡ διὰ τοῦτο οὐχ ὑπέπιπτεν, nempe βουλή. JURIN.

Ἀλλὰ περὶ τῶν πεντακοσίων] Forte περὶ τῶν πεντακοσίων εἰπεῖν [deerat enim ea vox in Editis] et [v. 13.] ἰστέον τοίνυν. WOLF.

Τριακοσίας ἑξήκοντα πέντε] Astrologi addunt senas horas, quæ quartum quemque annum bissextilem efficiunt. IDEM.

Ἡμέρας τριάκοντα καὶ τρίτον] Subaudi μέρος ἡμέρας, τουτέστιν, ὥρας ὀκτώ. Sed cum quinque dies contineant 120. earumque duodecima pars decem horas conficiat, dicit unum diem restare. WOLF. Si ista ad reliquam hujusce scriptoris

τριακόσια. δὶς τριάκοντα, ἑξήκοντα. λοιπὰ πέντε. τὸ τρίτον τῶν δώδεκα, τέσσαρα. λοιπὴ μία. [1] δώδεκα δὲ τῆς μιᾶς, δώδεκά ἐστι. κατὰ δὲ τὸν σεληνιακὸν δρόμον, ὁ ἐνιαυτὸς ἔχει τριακοσίας πεντήκοντα τέσσαρας· ὥστε συμβαίνει τὸν μῆνα ἔχειν ἡμέρας εἰκοσιεννέα ἥμισυ. δεκάκις γὰρ εἴκοσι, διακόσια. δὶς εἴκοσι, τεσσαράκοντα. δεκάκις ἐννέα, ἐννενήκοντα. δὶς ἐννέα, δεκαοκτώ. καὶ τὸ ἥμισυ τῶν δώδεκα, ἕξ. ὥστε ὁμοῦ εἶναι ἡμέρας τριακοσίας πεντήκοντα τέσσαρας· ὑπολείπεσθαι δὲ κατὰ τὸν ἡλιακὸν δρόμον, ἡμέρας ἕνδεκα. ἃς Ἀθηναῖοι κατὰ τριετείαν συνάγοντες, ἐποίουν τὸν ἐμβόλιμον μῆνα, τριάκοντα τριῶν ἡμερῶν. ἔχει γοῦν 590
ὁ ἐνιαυτὸς κατὰ τὸν σεληνιακὸν δρόμον, τριακοσίας πεντήκοντα τέσσαρας ἡμέρας. καὶ τὰς μὲν δύο ἡμέρας ἐκάλουν οἱ Ἀθηναῖοι ἀρχαιρεσίας, ἐν αἷς ἄναρχος ἡ Ἀττικὴ ἦν. ἐν ταύταις προεβάλλοντο τοὺς ἄρχοντας. ἦρχον οὖν οἱ πεντακόσιοι τὰς τριακοσίας πεντήκοντα ἡμέρας. ἀλλ' ἐπειδὴ πολλοὶ ἦσαν, καὶ δυσχερῶς ἤνυον τὰ πράγματα, διεῖλον ἑαυτοὺς εἰς δέκα μερίδας, κατὰ τὰς φυλὰς, ἀνὰ πεντήκοντα· τούτους γὰρ ἑκάστη φυλὴ προεβάλλετο· ὥστε συνέβαινε τοὺς πεντήκοντα ἄρχειν τῶν ἄλλων, ἀνὰ τριάκοντα [2] πέντε ἡμέρας. αὗται γὰρ αἱ τριάκοντα πέντε ἡμέραι εἰσὶ τὸ [3] δέκατον μέρος τοῦ ἐνιαυτοῦ. δεκάκις γὰρ τριάκοντα, τριακόσια. πεντάκις δέκα, πεντήκοντα. ἀλλ' ἐπειδὴ πάλιν οἱ πεντήκοντα πολλοὶ ἦσαν εἰς τὸ ἄρχειν ἅμα, οἱ δέκα κατὰ κλῆρον μιᾶς ἡμέρας τῶν [4] ἑπτά. ὁμοίως δὲ ἕκαστος τῶν ἄλλων ἀπὸ κλήρου ἦρχε τὴν ἑαυτοῦ ἡμέραν, ἄχρις οὗ πληρωθῶσιν αἱ ἑπτὰ ἡμέραι. καὶ συνέβαινε τοῖς ἄρχουσι τρεῖς μὴ ἄρχειν. ἕκαστος δὲ ἄρχων ἐν μιᾷ ἡμέρᾳ ἐκαλεῖτο ἐπιστάτης. διὰ τί δὲ μίαν μόνην ἦρχεν; ἐπειδὴ αὐτὸς τὰς κλεῖς τῆς ἀκροπόλεως ἐπιστεύετο, καὶ πάντα τὰ χρήματα τῆς πόλεως. ἵν' οὖν μὴ ἐρασθῇ τυραννίδος, διὰ

[1] δωδέκατον [2] Deest πέντε. [3] δωδέκατον [4] ἑπτὰ ὁμοίως

ἀκρίβειαν velis exigere, legendum τριάκοντα καὶ τρίτον, καὶ δωδέκατον. Jurin. Addit Nannius καὶ δωδέκατον τῶν δώδεκα. Taylor.

Δώδεκα δὲ τῆς μιᾶς, δώδεκά ἐστι] Lego: δωδέκατον δὲ τῆς μιᾶς, δύω ἐστί. Nam horas certe dies naturalis, hoc est, nox et dies vulgaris, habet viginti quatuor, cujus duodecima pars sunt horæ duæ: quæ singulis mensibus attributæ conficiunt dies triginta, horas decem. Ego causam non video, cur quintum diem a quatuor separarit. Wolf. Editiones Felic. Man. et Paris. habent δωδέκατον, ut Wolfius conjecit, et Lambinus similiter cum eo legit δύο ἐστί. Taylor. Ad præcedentium similitudinem legendum puto δωδέκατον δὲ τῶν δώδεκα μία ἐστί. Jurin. Ita Nannius ex Budæo. Taylor.

Εἰκοσιεννέα ἥμισυ] Dies viginti novem, et duodecim horas. Nostri temporis Astrologi lunam peragrare dicunt zodiacum diebus viginti octo, et horis aliquot. Id quod ex inspectione Ephemeridum patet: quæ quidem inter se non consentiunt, ob diversam Alphonsi et Copernici rationem. Wolf.

Καὶ τὰς μὲν δύο ἡμέρας] Cum mox dicat, 500. viros imperasse dies 350. lege τὰς μὲν τέσσαρας ἡμέρας [sicuti etiam interpretatus est]. Error e notis numerorum videtur ortus, cum librarius β' pro δ' legit, ut supra [v. 2.] ιβ' pro β'. Wolf. Plane rescribendum καὶ τὰς μὲν τέσσαρας ἡμέρας. Tot enim reliquuntur, demtis ex anno lunari diebus 350. quibus erant Athenæ sub Magistratibus. Jurin. τέσσαρας etiam reponit Bodl. invitis Editionibus. Eadem quoque mente est magnus Scalig. in libro de Emendat. Tempor. Porro autem non iste est error, aut erroris ansa, quam autumavit Wolfius, sed cum scriberetur τὰς μὲν δ' ἡμέρας, alii δύο integra voce legebant, alii δ' sive simplex elementum, notam numeri quaternarii. Taylor.

Τὸ δωδέκατον] Recte Felicianus τὸ δέκατον, ut docet Arithmetica. Wolf.

Πεντάκις δέκα] Etsi in re nihil interest, malim tamen δεκάκις πέντε, sicut δεκάκις τριάκοντα, non τριακοντάκις δέκα. Sed fortassis de industria mutavit ordinem. Idem.

Ἀλλ' ἐπειδὴ κ. τ. λ.] Videtur mutilus hic locus: nam quinquageni Senatores videntur distribuendi in quinque decurias: et quinquageni dies in septem hebdomadas. Novies enim septem sunt quadraginta novem. Sed quærendum, si cui vacat, an et veteres mensem in hebdomadas diviserunt: et, an terni illi reliqui altera hebdomade præfuerint. Sed hæc otiosis indaganda relinquamus. Wolf.

Οἱ δέκα κατὰ κλῆρον μιᾶς ἡμέρας τῶν ἑπτὰ] Quid velit scriptor, ex sequentibus intelligo. Cæterum ex ipsis hisce verbis sensum nullum exsculpo. Quidni igitur suppleamus: διεῖλον πάλιν ἑαυτοὺς εἰς ἄλλας πέντε μερίδας, ἀνὰ δέκα. καὶ οἱ δέκα ἦρχον ἑπτὰ ἡμέρας, καὶ εἷς αὐτῶν κατὰ κλῆρον ἦρχε μιᾶς ἡμέρας. Jurin. Wolfius alibi: ἦρχον οἱ δέκα etc. Pro μιᾶς ἡμέρας Bodl. μίαν ἡμέραν. Taylor.

Ἐκαλεῖτο ἐπιστάτης] Livius lib. 3. decad. 1. de Decemviris loquens: "Decimo die jus populo singoli reddebant: eo die penes præfectum juris, fasces 12. erant: collegis novem singuli accensi apparebant." Wolf τοῦτο μίαν ἡμέραν ἐποίουν αὐτὸν ἄρξαι. ἰστέον δ', ὅτι οἱ μὲν πεντήκοντα ἐκαλοῦντο πρυτάνεις, οἱ δὲ δέκα πρόεδροι, ὁ δὲ εἷς ἐπιστάτης.

Μετιτέον δὲ ἐπὶ τὴν ὑπόθεσιν τοῦ προκειμένου λόγου. ἔθος ἦν τὴν βουλὴν τῶν πεντακο-
591 σίων λαμβάνουσαν χρήματα [1] παρὰ τοῦ δήμου καινὰς τριήρεις ποιεῖν. νόμος δὲ ἦν, τὴν
βουλὴν τὴν δόξασαν τῷ δήμῳ καλῶς βεβουλευκέναι στεφανοῦσθαι.
αὕτη οὖν ἡ βουλὴ, περὶ ἧς ὁ λόγος, λαβοῦσα τὰ χρήματα ἐκ τοῦ [2] δημοσίου, τὰς τριήρεις οὐκ ἐποίησεν, ἐδόκει δ' εἰς τὰ ἄλλα πάντα καλῶς βεβουλευκέναι. ὁ γοῦν Ἀνδροτίων ὁ ῥήτωρ, προστάτης ὢν ταύτης τῆς βουλῆς, ἔγραψε ψήφισμα, στεφανωθῆναι τὴν βουλήν. τούτου [3] ἐπελάβοντο τοῦ ψηφίσματος, ὡς παρανόμως γραφέντος, Εὐκτήμων καὶ Διόδωρος, ἐχθροὶ ὄντες τοῦ Ἀνδροτίωνος. ἔστιν οὖν ἡ στάσις πραγματικὴ ἔγγραφος, ἐπίσκεψις μέλλοντος χρόνου, εἰ δεῖ τόδε ποιῆσαι, ἢ εἰ δεῖ τόδε δοῦναι, ἢ μή. καὶ ἐπειδὴ πρὸς τὴν στάσιν τοῦ λόγου συμβάλλεται [4] ἡμῖν τὸ μαθεῖν τὰς δικαιολογίας, φέρε πρῶτον τὰς τῶν κατηγόρων ἐξετάσωμεν. Εὐκτήμων οὖν καὶ Διόδωρος ἐπιλαμβάνονται κατὰ τέσσαρας νόμους τοῦ ψηφίσματος· ὧν πρῶτός ἐστιν, ἀπροβούλευτον ψήφισμα μὴ εἰσιέναι ἐν τῷ δήμῳ. ἐπειδὴ γὰρ πολὺς ἦν ὁ δῆμος, καὶ πολλάκις παρεκρούετο, μὴ νοῶν εἰ ἔχει ἐμφωλεύουσαν κακουργίαν, πρῶτον παρεπέμπετο εἰς τὴν βουλὴν τῶν πεντακοσίων· καὶ αὕτη ἠρεύνα εἰ ἔχει βλάβην τινὰ, ἢ κακουργίαν. καὶ οὕτως εἰσήγετο εἰς τὸν δῆμον. ἔδει οὖν αὐτὸν πρῶτον εἰσενέγκαι τὸ ψήφισμα εἰς τὴν βουλήν. οὐκ εἰσήνεγκε δὲ, ἐπειδὴ νεωστὶ ἄρξασα ἦν ἡ βουλὴ, καὶ ἐφοβεῖτο μὴ διαφωνηθῇ. ἕκαστος γὰρ τὸν πρὸ αὐτοῦ θέλει δεῖξαι κακῶς [5] ἄρξαντα. δεύτερος νόμος, τὴν βουλὴν τὴν ποιήσασαν τὰς τριήρεις αἰτεῖν τὴν δωρεάν. τρίτος νόμος, τὸν ἡταιρηκότα μὴ πολιτεύεσθαι. Ἀνδροτίων ἄρα [6] ἐπειδὴ ἡταίρηκεν, οὐκ ὤφειλε πολιτεύεσθαι. τέταρτος νόμος, [7] τὸν ἔτι
ὀφείλοντα τῷ δημοσίῳ μὴ πολιτεύεσθαι. σὺ δὲ, ὦ Ἀνδροτίων, ὀφείλεις, οὐκ
592 ἄρα δεῖ σε πολιτεύεσθαι. εἴπωμεν δὲ καὶ τὰς τοῦ φεύγοντος δικαιολογίας. ὁ τοίνυν Ἀνδρο-
τίων πρὸς τὸν πρῶτον νόμον ἔθει ἀγωνίζεται, λέγει γὰρ, ὅτι ἔθος ἐκράτησεν, ἀπροβούλευτον

[1] ἀπὸ [2] δήμου [3] ἐλάβοντο [4] ὑμῖν [5] πράξαντα [6] ἐπειδὴ] ὃς [7] τὸν ἐποφείλοντα

Δέκα πρόεδροι] Cf. D'Orville Charit. Aphrod. Lib. V. cap. VI. pag. 466.

Ἀπὸ τοῦ δήμου] [Ita enim Editt.] Forte παρὰ τοῦ δήμου, id est, ut opinor, ἐκ τοῦ δημοσίου, ex ærario. Mox [v. 6.] λαβοῦσα τὰ χρήματα ἐκ τοῦ δήμου. [ut Editi omnes] Forte ἐκ τοῦ δημοσίου. WOLF.

Προστάτης — τῆς βουλῆς] Fuerunt enim alii δημοτικοὶ, alii βουλευτικοὶ ῥήτορες. In Oratorum locum apud nos successerunt Jurisconsulti, qui magistratibus et judicibus adsunt in consilio. IDEM. Reddit Wolfius: *Patronus*: Malim: e *Principibus*. JURIN.

Ἐλάβοντο] Forte ἐπελάβοντο, τουτέστιν ἐγράψαντο παρανόμων τὸ ψήφισμα. WOLF. Ita marg. Benenati. TAYLOR.

Ἐπίσκεψις μέλλοντος χρόνου] Ergo ex judiciali genere et deliberativo mista est hæc oratio. Deliberationis est, utrum sit danda senatui corona? hujus ratio sumitur e judiciali, non esse dandam, quia non omni functus sit officio. WOLF.

Ἐπειδὴ νεωστὶ ἄρξασα ἦν ἡ βουλὴ] Si de priore senatu, *quia recens magistratum deposuerat*: Sin de posteriore, *quia recens magistratum inierat*. Et de *hoc* intelligendum esse arguunt ea, quæ sequuntur. Quasi diceret, ἐπειδὴ νεωστὶ παρέλαβε τὴν ἀρχήν. IDEM. Falli videtur auctor hujus argumenti: nec enim latum est ad populum de corona senatui tribuenda, novo senatu jam suffecto, sed priore auctoritatem adhuc obtinente. Quod patet ex ipsa Oratione, pag. 152. v. 4. οἱ προεδρεύοντες τῆς βουλῆς, καὶ ὁ ταῦτ' ἐπιψηφίζων ἐπιστάτης, ἠρώτων etc. JURIN. Pace viri doctissimi arbitror potius ad *novum* senatum protinus referri de rebus gestis *superioris*. Et credo, id ex vett. monumentis abunde confirmari posse. TAYLOR. Post annum elapsum omnino. v. σχ. ad Timocrat. n. 30. ed. Paris. *In schedis* IDEM.

Κακῶς πράξαντα] Sententia postulat, κακῶς ἄρξαντα. [Ita quoque marg. Benenati.] Vide Isocratis Nicoclem: Ἔτι δὲ οἱ μὲν δυσμενῶς πρὸς ἀλλήλους ἔχουσι, καὶ τὰ λοιπά. WOLF.

Τὴν ποιήσασαν] Legendum videtur τὴν μὴ ποιήσασαν, et μὴ αἰτεῖν, ut in pagina sequente, v. 9. et in ipsa oratione, §. δ'. JURIN.

Ἀνδροτίων ἄρα ἡταίρηκεν] Lego: Ἀνδροτίων ἄρα, ἐπειδὴ ἡταίρηκεν. WOLF. Wolfius, eo modo, quem vides, lectionem Editt. Felic. et Manut. sanavit. Neque infeliciter. Editio Lutetiana: Ἀνδροτίων ἄρα, ὃς ἡταίρηκεν etc. TAYLOR.

Τὸν ἐποφείλοντα] Lego τὸν ἔτι ὀφείλοντα. WOLF. *Qui mulctam nondum solvit.* Immo: *qui pecuniam ærario debitam non solvit.* Tenebatur enim Androtio debito paterno nondum soluto. JURIN.

Ἀπροβούλευτον ψήφισμα] *Decreta sine auctoritate senatus.* Vitiose. Nec enim consuetudo erat, ut decreta qualiacunque sine auctoritate Senatus ad populum ferrentur, sed ut unicum illud decretum de ψήφισμα εἰσάγεσθαι ἐν τῷ δήμῳ. [1] πρὸς τὸν δεύτερον ἀντινομικῶς, παραφέρει γὰρ καὶ αὐτὸς, ἕτερον νόμον λέγοντα, τὴν βουλὴν ἐὰν δόξῃ καλῶς βεβουλευκέναι ἐν τῷ δήμῳ στεφανοῦσθαι. πρὸς δὲ τοὺς ἄλλους δύο παραγραφικῶς ἀγωνίζεται, λέγων, ὅτι ἄρτι οὐκ ὤφειλε κρίνεσθαι περὶ τούτων. τινὲς δ' ἐπεχείρησαν τοῦτον τὸν [2] λόγον πραγματικὴν πρὸς ἀντινομίαν· λέγοντες, ὅτι ἰδοὺ καὶ ἐνταῦθα δύο νόμοι μάχονται ἀλλήλοις ἐκ περιστάσεως. ὧν ὁ εἷς παραβέβασται, διὰ τὸ κυρωθῆναι τὸν ἕτερον. ἀλλὰ λέγομεν, ὅτι ἐν τῇ πραγματικῇ τῇ πρὸς ἀντινομίαν οὐδέτερος παραβαίνεται· ἀλλὰ σκοποῦμεν, ποῖον δεῖ παραβαθῆναι. ἐν δὲ τῷ παρόντι λόγῳ, οὐχ [3] οὕτως. ὁ εἷς γὰρ τῶν νόμων παραβέβασται, ὁ λέγων, τὴν βουλὴν τὴν μὴ ποιήσασαν τὰς τριήρεις μὴ αἰτεῖν δωρεάν. τοῦτο δὲ οὐκ ἴδιον πραγματικῆς [4] πρὸς ἀντινομίαν, ἀλλὰ μόνης ἀντινομίας. Ἰστέον δὲ ὅτι, ἡνίκα δύο ὦσι κατήγοροι, ὧν ὁ μὲν [5] εἷς πρεσβύτερος, οὗτος λαμβάνει τὴν πρωτολογίαν, κατὰ τιμήν· ὥσπερ καὶ ἐνταῦθα ὁ Εὐκτήμων ἔλαβε τὴν πρωτολογίαν, ὡς πρεσβύτερος, καὶ εἶπε τὰ προοίμια, καὶ τὴν κατάστασιν, καὶ μέρος τι τῶν ἀγώνων· ὁ δὲ Διόδωρος, ἰδιώτης ὤν, ἔλαβεν ἀπὸ τοῦ Δημοσθένους τὸν παρόντα λόγον. καὶ ἔστι δευτερολογία, ἔχει δὲ ἃ παρέλιπεν ὁ Εὐκτήμων.

[1] πρὸς δὲ τὸν [2] λόγον εἰς στάσιν ἀνενεγκεῖν πραγματικὴν τὴν πρὸς [3] οὗτος [4] τῆς πρὸς [5] εἷς νεώτερος, ὁ δὲ ἕτερος πρεσβύτερος

corona senatui tribuenda quotannis ad populum ferretur, senatu prius non consulto. Hujus autem consuetudinis, pace Demosthenis, ea vera fuisse causa videtur, quod nihil opus erat senatum consulere, num vellet præmium sibi ipsi tribui. IDEM.

Τινὲς δ' ἐπεχείρησαν κ. τ. λ.] Forte: τινὲς δ' ἐπεχείρησαν λέγειν, τοῦτον τὸν λόγον πραγματικὴν στάσιν ἔχειν πρὸς ἀντινομίαν. WOLF. Lectioni manifeste vitiosæ succurrit Editio Benenati, τοῦτον τὸν λόγον ἀνενεγκεῖν εἰν πραγματικὴν, ubi legendum εἰς. JURIN.

Ἐκ περιστάσεως] Ea circumstantia est, τὸ μὴ ποιῆσαι τὰς τριήρεις. Ego vero negarem, senatum bene præfuisse, qui triremes non fecisset. sic nulla esset ἀντινομία. et quæ prava consuetudine fiunt, non recte fiunt. Etsi et Demosthenes decretum Ctesiphontis hac ratione defendit. Sed difficile Græcorum Rhetorum disceptare controversias: qui, ut Dialectici, suis se compungunt acuminibus. WOLF.

Διὰ τὸ κυρωθῆναι τὸν ἕτερον] Vertit Wolfius: *propter alterius confirmationem*. Immo: *per lationem alterius*, vel, *quod altera lata fuerit*. JURIN.

Πραγματικῆς πρὸς ἀντινομίαν] Πραγματικῆς τῆς πρὸς ἀντινομίαν, Editio Parisina. Plenius eadem in sequentibus, v. 10. ὧν ὁ μὲν εἷς νεώτερος, ὁ δὲ ἕτερος πρεσβύτερος, οὗτος λαμβάνει κ. τ. λ. TAYLOR.

Ἀπὸ τοῦ Δημοσθένους] Malim παρά. Sed Rhetores isti suum quoddam habent dicendi genus, οὐ μάλα Δημοσθένειον, οὐδὲ κατ' Ἰσοκράτην, καὶ Πλάτωνα. WOLF.

ΔΗΜΟΣΘΕΝΟΥΣ

Ο ΚΑΤΑ

ΑΝΔΡΟΤΙΩΝΟΣ

ΛΟΓΟΣ.

---

593 α΄. ὍΠΕΡ Εὐκτήμων, ὦ ἄνδρες δικασταὶ, παθὼν ὑπ' Ἀνδροτίωνος κακῶς, ἅμα τῇ τε πόλει βοηθεῖν [1] οἴεται δεῖν, καὶ δίκην ὑπὲρ αὐτοῦ λαβεῖν, τοῦτο κἀγὼ πειράσομαι ποιεῖν, ἐὰν ἄρα οἷός τε ὦ. συμβέβηκε δὲ πολλὰ, καὶ δεινὰ, καὶ παρὰ πάντας τοὺς νόμους Εὐκτήμονος ὑβρισμένου, ἐλάττω ταῦτ' εἶναι τῶν ἐμοὶ γεγενημένων δι' Ἀνδροτίωνος πραγμάτων. οὗτος μέν γε εἰς χρήματα, καὶ τὸ παρ' ὑμῶν ἀδίκως ἐκπεσεῖν, ἐπεβουλεύθη· ἐμὲ δὲ οὐδ' ἂν ἐδέξατο τῶν ὄντων ἀνθρώπων οὐδὲ εἷς, εἰ τὰ κατασκευασθέντα ὑπὸ τούτου παρ' ὑμῖν ἐπιστεύθη. αἰτιασάμενος γάρ με, ἃ καὶ λέγειν ἂν ὀκνήσειέ τις, εἰ μὴ τύχοι προσόμοιος ὢν τούτῳ, τὸν πατέρα ὡς ἀπέκτονα ἐγὼ τὸν ἐμαυτοῦ, καὶ κατασκευάσας ἀσεβείας γραφὴν, οὐκ ἐπ' ἐμὲ, ἀλλ' ἐπὶ τὸν θεῖόν μου, γράψας ἀσεβεῖν ἐμοὶ συνιόντα εἰς [2] ταὐτὸ ὡς πεποιηκότι ταῦτα,

[1] ᾤετο [2] ταὐτὸν

α΄. Ὅπερ Εὐκτήμων] Ὅπερ, τοῦτο, belle cohærent. ὅπερ οἴεται δεῖν. τὸ τί; βοηθεῖν ἅμα τῇ τε πόλει. Wolf. ὅπερ est relativum in accusativo, subaudiendo ἐποίησε. Auger.

Οἴεται] Melius ᾤετο. Quo pacto legit optimus Codex Aug. et Reg. ε. itemque Ulpianus, atque etiam uno in loco Hermogenes, sc. de Invent. l. 1. statim ab initio. Alibi autem, nempe περὶ ἐπιμελείας, habet οἴεται. Taylor.

Δίκην ὑπὲρ ἑαυτοῦ λαβεῖν δεῖν] *Ab eo sibi allatas injurias persequi.* Landus.

Δι' Ἀνδροτίωνος] Ἀντὶ τοῦ, ὑπό. Wolf.

Οὗτος μέν γε] Potius οὗτος μὲν γὰρ cum Lindenb. Ven. Ital. Reg. α. et scholiaste. atque ita conjecerat Wolfius. Taylor. Nempe, Euctemon. ἐπεβουλεύθη, *insidiis petitus est.* Auger.

Παρ' ὑμῶν ἀδίκως ἐκπεσεῖν] Ἀποδοκιμασθῆναι ὑφ' ὑμῶν. Hoc loco non significat *in exilium ejici.* Wolf. *Honore vestro per injuriam dejicere.* Potius: *ex civitate per injuriam expellere.* Jurin.

Συνιόντα] Τὸ συνιέναι hic non significat *conspirare*, sed hoc vult auctor: cæde polluti hominis consuetudine etiam alios pollui; qua de re et in Midiana agitur. Wolf. Recte: atque ita Italus (nam alterum interpretem, medicum illum Placentinum, parum moror) *che egli commetteva impietà, conversando meco, che havea fatte queste cose.* Taylor.

εἰς ἀγῶνα κατέστησεν. ὃν εἰ συνέβη τότε ἁλῶναι, τίς ἂν ἀθλιώτερα ἐμοῦ πεπονθὼς ἦν ὑπὸ τούτου; τίς γὰρ ἂν ἢ φίλος, ἢ ξένος εἰς ταὐτό ποτ' ἐλθεῖν ἠθέλησεν ἐμοί; τίς δ' ἂν εἴασε πόλις που παρ' ἑαυτῇ γενέσθαι, τὸν τοιοῦτον ἀσέβημα δοκοῦντα εἰργάσθαι; οὐκ ἔστιν οὐδεμία. ἐγὼ τοίνυν ταῦτα μὲν οὐ παρὰ μικρὸν ἀγωνιζόμενος παρ' ὑμῖν ἀπελυσάμην, ἀλλ' ὥστε τὸ πέμπτον μέρος μὴ [1] λαβεῖν τούτους 594
τῶν ψήφων· [2] τοῦτον δὲ μεθ' ὑμῶν πειράσομαι καὶ νῦν, καὶ τὸν ἄλλον ἅπαντα χρόνον ἀμύνεσθαι.

β'. Καὶ περὶ μὲν τῶν ἰδίων ἔχων ἔτι πολλὰ λέγειν, ἐάσω· περὶ δ' ὧν οἴσετε τὴν ψῆφον νυνὶ, καὶ περὶ ὧν οὗτος δημοσίᾳ πεπολιτευμένος, οὐκ ὀλίγα ὑμᾶς ἔβλαψεν, ἅ μοι παραλιπεῖν Εὐκτήμων ἐδόκει, βέλτιον δ' ὑμᾶς ἀκοῦσαι, ταῦτα διεξελθεῖν ἐν βραχέσι πειράσομαι. ἐγὼ γὰρ, εἰ μὲν ἑώρων τινὰ ἁπλῆν τούτῳ περὶ ὧν φεύγει πρὸς ὑμᾶς οὖσαν ἀπολογίαν, οὐκ ἂν ἐποιούμην περὶ [3] αὐτῆς μνειαν οὐδεμίαν· νῦν δ' οἶδα σαφῶς, ὅτι οὗτος ἁπλοῦν μὲν οὐδὲ δίκαιον οὐδὲν ἂν εἰπεῖν ἔχοι, ἐξαπατᾷν δ' ὑμᾶς πειράσεται, πλάττων· καὶ παράγων πρὸς ἕκαστα τούτων κακούργους λόγους. ἔστι γὰρ, ὦ ἄνδρες Ἀθηναῖοι, τεχνίτης τοῦ λέγειν, καὶ πάντα τὸν βίον [4] ἐσχόλακε ἐν τούτῳ. ὑπὲρ οὖν τοῦ μὴ παρακρουσθέντας ὑμᾶς ἐναντία μὲν τοῖς ὀμωμοσμένοις πεισθῆναι ψηφίσασθαι, ἀφεῖναι δὲ τοῦτον, ὃν ὑμῖν πολλῶν εἵνεκα ἄξιον κολάσαι, προσέχετε τὸν νοῦν οἷς ἐρῶ· ἵνα ἀκούσαντες ἐμοῦ, πρὸς ἕκαστον τῶν ὑπὸ τούτου ῥηθησομένων ἔχητε ὑπολαμβάνειν ἃ δεῖ.

γ'. Ἔστι γὰρ εἷς μὲν [5] ὃν οἴεται τεχνικῶς ἔχειν αὐτῷ λόγος, περὶ τοῦ ἀπροβουλεύτου. νόμος ἔστι, φησὶν, ἐὰν

[1] μεταλαβεῖν [2] τουτονὶ [3] * αὐτῶν [4] ἐσχόλακεν * ἐνὶ τούτῳ [5] * ὧν

Οὐ παρὰ μικρὸν ἀγωνιζόμενος] Οὐκ ἐγγὺς τοῦ κινδύνου γενόμενος, οἷον, ἴσων γενομένων τῶν ψήφων, ἢ παρὰ τριάκοντα, ὥσπερ Αἰσχίνης, ἀποφυγὼν, ἀλλὰ λαμπρῶς ἀπολυόμενος. Non significat magnopere judicio contendere, sed non paucis suffragiis absolutum esse, causa judicibus ad cognoscendum proposita. Wolf.

Τούτους] Lege τοῦτον, quemadmodum vertit bonus Wolfius. Ita legunt Felic. Man. Paris. Obsop. Bodl. et Ital. Modo etiam τοῦτον δὴ, cum marg. Benenat. Taylor.

β'. Παράγων — κακούργους λόγους] *Fictis, atque adductis adversus singula hæc callidis rationibus.* Landus. Italus: *bugie e parole astute.* Lambinus conjecit πανούργους. Non inscite. Taylor. *Adducens sermones callidos.* πρὸς ἕκαστα τούτων, *ad singula horum quæ a nobis dicuntur.* Auger.

γ'. Ἐὰν ἀξίως κ. τ. λ.] Voces τὸν δῆμον in hac lege omittuntur in duobus MStis, Linden. sc. et Ital. qui præterea cum Bodl. et Obsop. exhibent αὐτὴν pro

ἀξίως ἡ βουλὴ δοκῇ βουλεῦσαι δωρεᾶς, διδόναι τὸν δῆμον τὴν δωρεὰν αὐτῇ. ταῦτ' ἐπήρετό, φησιν, ὁ ἐπιστάτης, διεχειροτόνησεν ὁ δῆμος, ἔδοξεν. οὐδὲν δεῖ, φησὶ, προβουλεύματος ἐνταῦθα· κατὰ γὰρ [1] νόμον ἦν τὰ γινόμενα. ἐγὼ [2] δ' αὐτὸ τοὐναντίον οἶμαι — νομίζω δὲ
595 καὶ ὑμῖν συνδόξειν — περὶ τούτων τὰ προβουλεύματα ἐκφέρειν μόνων, περὶ ὧν κελεύουσιν οἱ νόμοι· ἐπεὶ περὶ ὧν γε μὴ κεῖνται νόμοι, οὐδὲ γράφειν τὴν ἀρχὴν προσήκει, οὐδὲ ἓν δήπου. φήσει τοίνυν ἁπάσας τοῦτον τὸν τρόπον εἰληφέναι τὰς βουλὰς, ὅσαι πώποτ' ἔχουσι παρ' ὑμῶν δωρεὰν, καὶ οὐδεμιᾷ γεγενῆσθαι προβούλευμα πώποτε. ἐγὼ δὲ, [3] οἶμαι μὲν οὐχὶ λέγειν αὐτὸν [4] ἀλήθειαν, μᾶλλον δὲ οἶδα σαφῶς· οὐ μὴν ἀλλ' εἰ τοῦτο [5] τοιοῦτο ἔστι ταμάλιστα, ὁ νόμος δὲ λέγει τἀναντία, οὐχ ὅτι πολλάκις ἡμάρτηται δήπου πρότερον, διὰ τοῦτ' ἐπεξαμαρτητέον ἐστὶ καὶ νῦν, ἀλλὰ τοὐναντίον, ἀρκτέον, ὡς ὁ νόμος κελεύει, τὰ τοιαῦτα ποιεῖν ἀναγκάζειν, ἀπὸ σοῦ πρώτου. σὺ δὴ μὴ λέγε ὡς γέγονε τοῦτο πολλάκις, ἀλλ' ὡς οὕτω προσήκει γίγνεσθαι. οὐ γὰρ, εἴ τι πώποτε μὴ κατὰ τοὺς νόμους ἐπράχθη, σὺ δὲ τοῦτ' ἐμιμήσω, διὰ τοῦτ' ἀποφύγοις ἂν δικαίως, ἀλλὰ πολλῷ μᾶλλον ἁλίσκοιο. ὥσπερ γὰρ, εἴ τις ἐκείνων προήλω, σὺ τάδ' οὐκ ἂν ἔγραψας· οὕτως, ἂν σὺ νῦν δίκην δῷς, ἄλλος οὐ γράψει.

δ'. Περὶ τοίνυν τοῦ νόμου, τοῦ διαῤῥήδην οὐκ ἐῶντος ἐξεῖναι, μὴ ποιησαμένῃ τῇ βουλῇ τὰς τριήρεις, αἰτῆσαι τὴν δωρεὰν, ἄξιόν ἐστιν ἀκοῦσαι τὴν ἀπολογίαν ἣν ποιήσεται, καὶ θεωρῆσαι τὴν ἀναίδειαν τοῦ τρόπου, δι' ὧν ἐγχειρεῖ λέγειν. ὁ νόμος, φησὶν, οὐκ ἐᾷ τὴν βουλὴν αἰτῆσαι τὴν δωρεὰν, ἐὰν μὴ ποιήσηται τὰς τριήρεις. ὁμολογῶ. δοῦναι [6] δὲ οὐδαμοῦ, φησὶ, κωλύει τὸν δῆμον. ἐγὼ δὲ, εἰ μὲν ἔδωκα αἰτούσῃ, παρὰ τὸν νόμον εἴρηκα· εἰ δὲ μὴ πεποίημαι μνείαν περὶ τῶν νεῶν ἐν

[1] τὸν νόμον [2] δ' αὖ τοὐναντίον οἴομαι [3] οἴομαι [4] ἀληθῆ
[5] τοιοῦτόν ἐστι τὰ μάλιστα [6] δέ γε οὐδαμοῦ

αὐτῇ in fine. Verum id præter rem et morem Civitatis, quæ non ita constituebat. Idem.

Ἐγὼ δ' αὐτὸ τοὐναντίον] Rescribe cum Aug. et Bodl. ἐγὼ δ' αὖ τοὐναντίον. Idem.

Ἐκφέρειν] Δεῖν ἐκφέρειν, sicut postea v. 8. sequitur προσήκει. Wolf.

δ'. Θεωρῆσαι δι' ὧν ἐγχειρεῖ] Διὰ τούτων ἃ ἐγχειρεῖ. Idem.

ὅλῳ τῷ ψηφίσματι, ἀλλ' ἕτερ' ἄττα λέγω, δι' ἃ τὴν βου-
λὴν στεφανῶ, πῶς παρὰ τὸν νόμον εἴρηκα; ἔστι δὲ πρὸς 596
ταῦτα οὐ χαλεπὸν τὰ δίκαια ὑμῖν ἀντειπεῖν. ὅτι πρῶτον
μὲν οἱ προεδρεύοντες τῆς βουλῆς καὶ ὁ ταῦτ' ἐπιψηφίζων
ἐπιστάτης ἠρώτων καὶ διαχειροτονίαν ἐδίδοσαν, ὅτῳ δοκεῖ
δωρεᾶς ἀξίως ἡ βουλὴ βεβουλευκέναι, καὶ ὅτῳ μή. καίτοι,
τούς γε μὴ αἰτοῦντας, μηδὲ ἀξιοῦντας [1] λαβεῖν τὴν ἀρχὴν,
οὐδ' ἐπερωτᾷν προσῆκε. πρὸς τοίνυν τούτοις, ἔστιν ἃ Μει-
δίου κατηγοροῦντος τῆς βουλῆς, καὶ ἄλλων τινῶν, ἀναπη-
δῶντες οἱ βουλευταὶ ἐδέοντο, μὴ [2] σφὰς ἀφελέσθαι τὴν δω-
ρεάν. καὶ ταῦτα οὐ παρ' ἐμοῦ δεῖ πυθέσθαι τοὺς δικάζοντας
ὑμᾶς, ἀλλ' αὐτοὶ παρόντες ἴστε τὰ ἐν τῷ δήμῳ γενόμενα.
ὥσθ' ὅταν μὲν μὴ φῇ τὴν βουλὴν αἰτεῖν, ταῦθ' ὑπολαμβά-
νετε· ὅτι δὲ οὐδὲ τὸν δῆμον ἐᾷ διδόναι μὴ [3] ποιησαμένοις τὰς

[1] λαβεῖν, τὴν ἀρχὴν οὐδ' [2] σφᾶς [3] ποιησαμένη

Εἴρηκα] Ψήφισμα sc. et est quasi verbum solenne et legitimum. Quod non animadvertere videtur Interpres. Infra §. ζ'. fin. εἰρηκότα αὐτὸν παράνομα. TAYLOR.

Τὰ δίκαια ὑμῖν ἀντειπεῖν] Ἐστὶν ὑμῖν τοῖς δικασταῖς οὐ χαλεπὸν ἀντειπεῖν τὰ δίκαια πρὸς ταῦτα. WOLF.

Πρῶτον μὲν οἱ προεδρεύοντες τῆς βουλῆς] Verba sunt accusantis rogationem Androtionis, qui quum esset ἐπιστάτης τῆς βουλῆς, tulerat ut curia corona donaretur, ob id quod ipse eam commode consuluisse populo Atheniensi diceret, populusque eam rogationem jussit. Primum, inquit, hujus auctor suasorque ψηφίσματος princeps Senatus præsidesque populum in suffragium miserunt, atque unumquemque suffragio suo censere permiserunt, recte necne curia, eque republica consuluisse videretur, eoque nomine coronam meruisse. Qui si nec petendum id a populo existimabant, nec dignam curiam quæ eo præmio donaretur, de eo utique populum rogare non oportebat ab initio. διαχειροτονίαν ergo διδόναι dicebant, pro eo quod est *populum in suffragia mittere*, hoc est, *rogationem*, vel *rem* de *qua consulitur*, *populi suffragiis permittere*. Hoc ψῆφον ἀναδιδόναι Plutarchus in Graccho dixit. Atque huc pertinent, quæ de duplici curia Atheniensium, una Areopagitarum, altera Quingenaria, τῶν πεντακοσίων a Budæo referuntur in Comment. ubi ea requiret diligens Lector, siquidem ad innumera Demosthenis loca apprime faciunt. *Ex* edit. HERVAG.

Ἐπιψηφίζων] *Qui sententias comprobat.* Potius: *Qui plebiscito faciendo præest.* JURIN.

Καίτοι, τούς γε μὴ αἰτοῦντας] *Atqui de iis.* Potius: *Atqui ab iis.* IDEM. Omnino recte. TAYLOR.

Τὴν ἀρχὴν] Legendum τὴν δωρεάν. JURIN. Portasse hæc sana punctuatione melius ordinabuntur: καίτοι, τούς γε μὴ αἰτούντας, μηδὲ ἀξιοῦντας λαβεῖν, τὴν ἀρχὴν οὐδ' ἐπερωτᾷν προσῆκε. *Qui sibi hunc honorem non vindicant, ii* omnino *ad populum* de *ea re referre non debent.* Ita supra §. γ'. περὶ ὧν γε μὴ κεῖνται νόμοι, οὐδὲ γράφειν τὴν ἀρχὴν προσήκει. Locus plane germanus. Eam locutionem memini me pluribus illustrasse ad Lysiam p. 320. ult. Quibus multa habeo quæ adjungere possum. Tu interea vide, annon huc referri possint ista Evangelistæ Ioan. VIII. 25. Ἔλεγον οὖν αὐτῷ· Σὺ τίς εἶ; καὶ εἶπεν αὐτοῖς ὁ Ἰησοῦς· τὴν ἀρχὴν ὅ, τι καὶ λαλῶ ὑμῖν. *Omnino id, quod vobis prædico.* Non, id, quod in initio *dixi vobis.* Vide Cl. Iensii Strictur. ad Jus Rom. p. XII. Præfat. IDEM.

Καὶ ἄλλων τινῶν] Utrum Midia *etiam alios quosdam accusante*, an *aliis etiam una cum* Midia *senatum accusantibus?* WOLF. Midia *senatum* et *alios accusante.* LANDUS. Immo: Midia et *aliis quibusdam senatum accusantibus.* JURIN. Recte. Italus Interpres: *quando* Media et *alcuni altri accusarno* di certe cose *il senato.* TAYLOR.

ναῦς ὁ νόμος, καὶ τοῦτ' ἐπιδείξω. διὰ ταῦτα γὰρ, ὦ ἄνδρες Ἀθηναῖοι, τοῦτον ἔχει τὸν τρόπον ὁ νόμος, μὴ ἐξεῖναι τῇ βουλῇ μὴ ποιησαμένῃ τὰς τριήρεις αἰτῆσαι τὴν δωρεὰν, ἵνα μηδὲ πεισθῆναι, μηδ' ἐξαπατηθῆναι γένοιτ' ἐπὶ τῷ δήμῳ. οὐ γὰρ ᾤετο δεῖν ὁ τιθεὶς τὸν νόμον, ἐπὶ τῇ τῶν λεγόντων δυνάμει τὸ πρᾶγμα καταστῆσαι, ἀλλ' ὃ δίκαιον ἦν εὑρεῖν ἅμα καὶ συμφέρον τῷ δήμῳ, νόμῳ τετάχθαι. τὰς τριήρεις οὐ πεποίησαι; μὴ τοίνυν αἴτει τὴν δωρεάν. ὅπου δ' αἰτεῖν οὐκ ἐᾷ, πῶς οὐ σφόδρα δοῦναί γε κωλύει;

έ. Ἄξιον τοίνυν, ὦ ἄνδρες Ἀθηναῖοι, κἀκεῖνο ἐξετάσαι· τί δήποτε, ἂν τἄλλα πάντα ἡ βουλὴ καλῶς βουλεύσῃ, καὶ μηδεὶς ἔχῃ μηδὲν ἐγκαλέσαι, τὰς δὲ τριήρεις μὴ ποιήσηται, 597 τὴν δωρεὰν οὐκ ἔξεστιν αἰτῆσαι; εὑρήσετε γὰρ τοῦτο τὸ ἰσχυρὸν ὑπὲρ τοῦ δήμου κείμενον. [1] γὰρ ἂν μηδένα ἀντειπεῖν, ὡς οὐχ ὅσα πώποτε τῇ πόλει γέγονεν, ἢ νῦν ἐστὶν ἀγαθὰ, ἢ θάτερα, — ἵνα μηδὲν εἴπω φλαῦρον —, ἐκ τῆς τῶν τριηρῶν, τὰ μὲν, κτήσεως, τὰ δ' ἀπουσίας γέγονεν. [2] οἷον πολλὰ μὲν ἂν τις ἔχοι λέγειν καὶ παλαιὰ καὶ καινά. ἃ δ' οὖν πᾶσι μάλιστ' ἀκοῦσαι γνώριμα· τοῦτο μὲν εἰ βούλεσθε, οἱ τὰ προπύλαια καὶ τὸν παρθενῶνα οἰκοδομήσαντες ἐκεῖνοι, καὶ τἄλλα πάντα ἀπὸ τῶν βαρβάρων ἱερὰ κοσμήσαντες, ἐφ' οἷς φιλοτιμούμεθα πάντες εἰκότως· ἴστε [3] γὰρ δήπου τοῦτο ἀκοῇ, ὅτι τὴν πόλιν ἐκλιπόντες καὶ κα-

[1] οἶμαι [2] οἷον· (πολλὰ μὲν * γὰρ ἂν - - - γνώριμα, * ταῦτα μόνα ἐρῶ, εἰ βούλεσθε·)
[3] [γὰρ]

Μηδ' ἐξαπατηθῆναι] Ἵνα οὐδὲ δύναιτο ἐξαπατηθῆναι ὁ δῆμος. Wolf. Legendum videtur μηδ' ἐξαπατηθῆναι γένοιτ' ἐπὶ τούτῳ τῷ δήμῳ. *Ne hac in re populo fucus fiat.* Jurin.

Μὴ γένοιτ' ἐπὶ τῷ δήμῳ] *In populi potestate non fieret.* Auger.

Ἀλλ' ὃ δίκαιον ἦν εὑρεῖν κ. τ. λ.] Εὑρεῖν, S. τὴν βουλὴν, ἀντὶ τοῦ, οὗ τυχεῖν. Etsi verbum hoc inculcatum videtur, cum vel sine eo sententia bene constet. Landus: *Sed id, quod æquum est inveniri, et quod populo utile fuerit, lege constitui.* Wolf. Reddit Wolfius: *Sed quod* tribui *et justum*, et *populo utile esset*: Potius: *sed quod excogitari posset* et *justum*, et *populo* utile. Jurin.

έ. Εὑρήσετε γὰρ τοῦτο τὸ ἰσχυρὸν] Lege, addito articulo [nam in Editorum aliquibus deerat]. Landus: *Reperietis enim, hoc ipsum esse validum, et in quo omne Reip. robur consistit, quod pro populo constitutum est.* Wolf. Articulum restituerunt Obsop. et alii. τοῦτο ἰσχυρὸν, τοῦτο ἰσχυρῶς, aut τοῦτο τὸ ἰσχυρὸν, Bodl. Taylor.

Οἷον] Lego οἷα. Wolf.

Τοῦτο μὲν εἰ βούλεσθε] Sequitur v. 5. p. seq. ἀλλ' ἐκεῖνα μὲν παλαιά. Tale est et Isocratis illud in Evagora, τοῦτο μὲν γὰρ Αἰακός. Postea sequitur non aliud τοῦτο δὲ, sed τούτου δὲ παῖδες ἦσαν. Est hiulca oratio, et ἀναντapόδοτον, habens longam parenthesin — ἴστε γὰρ δήπου τοῦτ' ἀκοῇ, ὅτι — intertextum. Idem. Lego: ταῦτα μὲν, εἰ βούλεσθε, ἐρῶ. Jurin.

τακλεισθέντες εἰς Σαλαμῖνα, ἐκ τοῦ τριήρεις ἔχειν, πάντα μὲν τὰ σφέτερα αὐτῶν καὶ τὴν πόλιν, τῇ ναυμαχίᾳ νικήσαντες, ἔσωσαν, πολλῶν δὲ καὶ μεγάλων ἀγαθῶν τοῖς ἄλλοις Ἕλλησι κατέστησαν αἴτιοι· ὧν οὐδ᾽ ὁ χρόνος τὴν μνήμην ἀφελέσθαι δύναται. εἶεν. ἀλλ᾽ ἐκεῖνα μὲν ἀρχαῖα καὶ παλαιά· ἀλλ᾽ ἃ πάντες ἑωράκατε, ἴσθ᾽ ὅτι πρώην Εὐβοεῦσιν ἡμερῶν τριῶν ἐβοηθήσατε, καὶ Θηβαίους ὑποσπόνδους ἀπεπέμψατε. ἆρ᾽ οὖν ταῦτ᾽ ἐπράξατ᾽ ἂν οὕτως ὀξέως, εἰ μὴ ναῦς εἴχετε καινὰς ἐν αἷς ἐβοηθήσατε; ἀλλ᾽ οὐκ ἂν ἠδύνασθε. [1] ἀλλὰ πολλὰ ἔχοι τις ἂν εἰπεῖν, ἃ τῇ πόλει γέγονεν, ἐκ τοῦ ταύτας κατεσκευάσθαι καλῶς, ἀγαθά. εἶεν. ἐκ δὲ τοῦ κακῶς, πόσα δεινά; τὰ μὲν πολλὰ ἐάσω· ἀλλ᾽ ἐπὶ τοῦ Δεκελεικοῦ πολέμου — τῶν γὰρ ἀρχαίων ἕν, ὃ πάντες ἐμοῦ μᾶλλον ἐπίστασθε, ὑπομνήσω — πολλῶν τε καὶ δεινῶν ἀτυχημάτων συμβάντων τῇ πόλει, οὐ πρότερον
τῷ πολέμῳ παρέστησαν, πρὶν ἢ τὸ ναυτικὸν αὐτῶν ἀπώλε- 598
το. καὶ τί δεῖ τὰ παλαιὰ λέγειν; τὸν τελευταῖον γὰρ ἴστε

[1] ἄλλα

Ὑποσπόνδους ἀπεπέμψατε] *Thebanos fœdere conjunctos liberastis.* Landus. Sententia auctoris est, Athenienses datis induciis, et certis conditionibus propositis, abeundi potestatem dedisse. Sic dicunt: τοὺς νεκροὺς ὑποσπόνδους ἀνελέσθαι, *tollere ad sepulturam cadavera, induciis ab hoste* et *ea facultate impetrata.* Wolf.

Οὐ πρότερον τῷ πολέμῳ παρέστησαν] *Non prius bello affuerunt, quam classis vestra interiit.* Landus. τὸ παρέστησαν est ἀόρ. β. αὐτοπαθητικὸς, ἀντὶ τοῦ, παρεστάθησαν, ἢ ἐκδοῦναι ἑαυτοὺς ἠναγκάσθησαν. Wolf. Num legendum τοῦ πολέμου ἀφέστασαν? Jurin. Fortasse valebit lectio hujus loci recepta. Thucyd. I. 98. Ναξίοις ἀποστᾶσι ἐπολέμησαν, καὶ πολιορκίᾳ παρεστήσαντο. σχ. παρεστήσαντο] ἐδούλωσαν. Id. I. 124. καὶ τὴν καθεστηκυῖαν ἐν τῇ Ἑλλάδι πόλιν τύραννον — παραστησώμεθα ἐπελθόντες. σχ. δουλωσώμεθα. Ad quam normam etiam restituerem cum MStis libris locum istum ejusdem scriptoris, I. 114. Ἀθηναῖοι πάλιν εἰς Εὔβοιαν διαβάντες, Περικλέους στρατηγοῦντος, κατεστρέψαντο πᾶσαν, καὶ τὴν μὲν ἄλλην ὁμολογίᾳ παρεστήσαντο, (non ut vulgo κατεστήσαντο) Ἑστιαίας δ᾽ ἐξοικίσαντες, αὐτοὶ τὴν γῆν ἔσχον. Eodem plane modo, quo scripsit Auctor incertus apud Suidam, v. Παρίστημι. Ὧν τὰ μὲν βίᾳ ᾕρει, τὰ δὲ ὁμολογίᾳ παρίστατο: itemque Arrianus ab eodem Suida adductus in Παρίστασθαι. Ὁ δὲ Ἀλέξανδρος προσέταξε τὰ κατὰ τὴν ὁδὸν χωρία ἢ βίᾳ ἐξαιρεῖν, ἢ ὁμολογίᾳ παρίστασθαι. Addam, et restituam, hanc occasionem nactus, Moschopuli Lexicon Atticum: Παρέστη, ἀντὶ τοῦ, ἐβόησε (Cod. Baroc. 159. ἐβοήθησε, quod verum) καὶ ἀντὶ τοῦ, πλησίον ἔστη. παρεστήσατο δὲ φρούριον, ἀντὶ τοῦ, ἐνίκησεν, ἐτροπώσατο. Vetus Scholiastes Luciani Icaromenip. hunc sensum agnoscit, tametsi ab eo loco, cujus gratia hæc scripsit, alienum. Παρίστασαι, καταδουλοῖς· ὅθεν παραστησάμενος, παραλαβὼν, ἑλὼν, καταστρεψάμενος. Verum ad Demosthenem revertor. ut ille τῷ πολέμῳ παρέστησαν, ita Herodotus omnino gemina locutione III. 13. Αἰγύπτιοι μὲν κατὰ τοῦτο πολιορκεύμενοι, χρόνῳ παρέστησαν. Cum hæc a nobis satis complanata sit, et vindicata locutio, quid faciemus cum Etym. M. qui omni dubio procul ad hunc ipsissimum Demosthenis locum alludit? Παρέστησαν. Δημοσθένης. ἐνίκησαν. ἐπειδὴ οἱ ἡττώμενοι παρίστανται τοῖς νενικηκόσιν, ὡς δοῦλοι δεσπόταις. Credo scripsisse ἐνικήθησαν. Modo v. pen. pro αὐτῶν Ven. habet αὐτῆς. τὸ ναυτικὸν αὐτῆς ἀπώλετο. Taylor. Quid hic significet παρέστησαν non liquet. Ego intelligo, *domiti sunt; subacti sunt.* Auger.

τὸν πρὸς Λακεδαιμονίους πόλεμον, ὅτε μὲν ναῦς οὐκ ἐδοκεῖτε ἀποστεῖλαι δυνήσεσθαι, πῶς διέκειτο ἡ πόλις; ἴστε ὀρόβους ὄντας ὠνίους. ἐπειδὴ δ' ἀπεστείλατε, εἰρήνης ἐτύχετε ὁποίας τινὸς [1]ἐβούλεσθε. ὥστε δικαίως, ὦ ἄνδρες Ἀθηναῖοι, τηλικαύτην ἐχουσῶν ῥοπὴν ἐφ' ἑκάτερα τῶν τριηρῶν, ὅρον τοῦτον τεθείκατε τῇ βουλῇ, πότερ' αὐτὴν δεῖ λαβεῖν τὴν δωρεὰν, ἢ οὔ. εἰ γὰρ πάντα τἄλλα [2]διῴκησε καλῶς, δι' ὧν δὲ [3]τότ' ἐξαρχῆς ταῦτ' ἐκτησάμεθα, καὶ νῦν σώζομεν, [4]ταῦτα μὴ ποιήσαιτο, — τὰς τριήρεις λέγω —, οὐδὲν ἐκείνων ὄφελος. τὴν γὰρ τῶν ὅλων σωτηρίαν πρῶτον ὑπάρχειν δεῖ παρεσκευασμένην τῷ δήμῳ. οὗτος τοίνυν εἰς τοῦτο ἐλήλυθε τοῦ νομίζειν αὑτῷ καὶ λέγειν καὶ γράφειν ἐξεῖναι πᾶν ὅ, τι ἂν βούληται, ὥστε βεβουλευκυίας μὲν τἄλλα ὃν τρόπον ὑμεῖς ἀκούετε τῆς βουλῆς, οὐ πεποιημένης δὲ τὰς τριήρεις, γέγραφε δοῦναι τὴν δωρεάν. καὶ ταῦτα μὲν ὡς οὐ παρὰ τὸν νόμον ἐστὶν, οὔτ' ἂν αὐτὸς ἔχοι λέγειν, οὔθ' ὑμεῖς πεισθείητε ἄν.

ϛʹ. Ἀκούω δ' αὐτὸν τοιοῦτον ἐρεῖν τινὰ ἐν ὑμῖν λόγον, ὡς οὐχ ἡ βουλὴ γέγονεν αἰτία τοῦ μὴ πεποιῆσθαι τὰς ναῦς, ἀλλ' ὁ τῶν τριηροποιῶν ταμίας, [5]ὃς ἀποδρὰς ᾤχετο, ἔχων πέντε ἡμιτάλαντα, καὶ τὸ πρᾶγμα ἀτύχημα συμβέβηκεν. ἐγὼ δὲ πρῶτον μὲν αὐτὸ τοῦτο θαυμάζω, εἰ στεφανοῦν ἐπὶ τοῖς ἠτυχημένοις ἠξίου τὴν βουλήν· τῶν κατορθουμένων γὰρ

[1] ἠβούλεσθε [2] διοικήσεις [3] * τότε τ' ἐξαρχῆς [4] ταύτας [5] [ὃς]

Ἴστε ὀρόβους ὄντας ὠνίους] Subaudi ἀντὶ τοῦ σίτου. Ὄροβον interpretantur *ervum*. Virgilius:

> *Eheu! quam pingui macer est mihi taurus in ervo.* Wolf.

Ὅρον τοῦτον] Τοῦτον ὅρον Codd. nonnulli: at Venetus τοῦτον νόμον. Taylor.

Διῴκησε] Variant MSti et Editi. διοίκησε, διοικήσει, et διοκῆσαι. Unde suspicor, lectum olim fuisse, ut fortasse debet, διοικήσειε. Idem.

Εἰς τοῦτο ἐλήλυθε τοῦ νομίζειν] Εἰς τοῦτο τοῦ νομίζειν. Quasi dicas εἰς τοῦτ' οἰήσεως ἦλθεν. Rarus hic loquendi modus observetur. Nam τὸ ἐλθεῖν εἰς τοῦτο genitivis fere jungitur, ut εἰς τοῦτο μανίας, τόλμης, ἀναισχυντίας. Wolf.

ϛʹ. Ἔχων πέντε ἡμιτάλαντα] Τέσσαρα τάλαντα καὶ ἥμισυ. Sic κατὰ Θεοκρίνου, pag. 1333. 11. ed. Reisk. τρί' ἡμιμναῖα, τουτέστι δύο μνᾶς καὶ ἡμίσειαν. Landus: *abstulit quinque talenta et dimidium, ex quo res habuit infortunium.* Idem. Ferrus item, Interpres Italicus, una cum Wolfio sentiens: *con quattro talenti e mezzi.* Atque hos decepit forte Ulpianus, qui πέντε ἡμιτάλαντα interpretatur, quo pacto interpretari debuit πέμπτον ἡμιτάλαντον. Quod longe aliud est. Facessat ergo Wolfius cum *quatuor talentis et dimidio*, Landus item, cum *quinque talentis et dimidio*. Intelligi enim debent solummodo *duo talenta cum dimidio*, si vera sint ea, quæ dixi ad Marm. Sandv. p. 32. sunt autem verissima. Adde his, quæ dixit Casaubonus ὁ μέγας ad Theophrast. Charact. cap. 6. ubi Wolfium increpat. Taylor. Cf. quoque V. C. Io. Schweighaeuser. Annotat. ad Herod. Lib. I. cap. 50.

Καὶ τὸ πρᾶγμα ἀτύχημα συμβέβηκεν] Ἀτυχήματι, κατ' ἀτύχημα. Wolf.

ἔγωγε ἡγουμένη ἔργων τὰς τοιαύτας ὡρίσθαι τιμάς· ἔπειτα κἀκεῖνο ἔτι βούλομαι φράσαι πρὸς ὑμᾶς. οὔ φημι δίκαιον-
εἶναι περὶ ἀμφοῖν λέγειν, ὡς οὐ παρὰ τὸν νόμον ἡ δωρεὰ 599
δέδοται, καὶ ὡς οὐ διὰ τὴν βουλὴν οὐκ εἰσὶν αἱ τριήρεις. εἰ μὲν γὰρ διδόναι καὶ μὴ ποιησαμένῃ προσήκει, τί τοῦτο δεῖ λέγειν, δι᾽ ὄντινα δήποτε οὐ πεποίηνται; εἰ δ᾽ οὐκ ἔξεστι, τί μᾶλλον, ἂν διὰ τὸν δεῖνα, ἢ τὸν δεῖνα ἐπιδείξῃ μὴ πεποιημένας, ἐκείνῃ προσῆκε λαβεῖν; χωρὶς δὲ τούτων, ἔμοιγε δοκοῦσιν αἵρεσιν ὑμῖν οἱ τοιοῦτοι λόγοι διδόναι, πότερα οἴεσθε προφάσεις καὶ λόγους δεῖν ἀκούειν τῶν ἀδικούντων ὑμᾶς, ἢ ναῦς κεκτῆσθαι. εἰ μὲν γὰρ τούτου ταῦτ᾽ ἀποδέξεσθε, ἔσται δῆλον ἁπάσαις ταῖς βουλαῖς, ὅτι δεῖ πρόφασιν πιθανὴν ἐξευρεῖν πρὸς ὑμᾶς, οὐχὶ [1] τριήρεις ποιήσασθαι· ἐκ δὲ τούτου τὰ μὲν χρήματα ἀναλωθήσεται, ναῦς δὲ οὐχ ἕξετε ὑμεῖς· ἐὰν δὲ, ὡς ὁ νόμος λέγει, καὶ δεῖ τοὺς ὀμωμοκότας, πικρῶς καὶ ἁπλῶς τὰς μὲν προφάσεις ἀνέλητε, φανῆτε δὲ ἀφῃρημένοι τὴν δωρεὰν, ὅτι τὰς ναῦς οὐ πεποίηνται, πάντες, ὦ ἄνδρες Ἀθηναῖοι, πεποιημένας ὑμῖν παραδώσουσι τὰς τριήρεις, πάντα τἄλλα παρ᾽ ὑμῖν ἑωρακότες ἀσθενέστερα τοῦ νόμου γεγενημένα. ὅτι τοίνυν οὐδ᾽ αἴτιος ἄλλος ἐστὶν οὐδεὶς ἀνθρώπων τοῦ μὴ πεποιῆσθαι τὰς ναῦς, καὶ τοῦτο σαφῶς ὑμῖν ἐπιδείξω. ἀνελοῦσα γὰρ ἡ βουλὴ τὸν [2] νόμον, τοῦτον ἐχειροτόνησεν αὐτῇ.

[1] τριήρεις καινὰς ποιήσασθαι

[2] νόμον τοῦτον, ἐχειροτόνησεν αὐτὴν

Ἔπειτα κἀκεῖνο] Melius Aug. ἔπειτα δὲ κἀκεῖνο. TAYLOR.

Ὡς οὐ παρὰ τὸν νόμον] Sententia est, non constare has propositiones: *Senatui etiam non factis triremibus dandæ sunt coronæ*: et: *Quo minus Senatus triremes fecerit, alius in causa fuit*. Nam translatione culpæ nihil est opus, si nihil est peccatum. Varia lectio annotata inepta prorsus est, et ænigmatis instar. WOLF. Varietas lectionis est in MSS. Ald. Felic. et Mannt. ὡς παρὰ τὸν νόμον, quemadmodum etiam et superius, §. έ. fin. ὡς μὲν παρὰ τὸν νόμον ἐστὶν, exclusa negatione. Ubi optimus Augustanus ὡς μὲν οὐ. TAYLOR.

Καὶ ὡς οὐ διὰ τὴν βουλὴν] *Et quod per senatum non sint triremes*. LANDUS. Sententia auctoris est, per Senatum non stetisse, quo minus fierent triremes: quod paulo ante dixit, p. 155. v. 17. ὡς οὐχ ἡ βουλὴ γέγονεν αἰτία τοῦ μὴ πεποιῆσθαι τὰς ναῦς. WOLF.

Εἰ δ᾽ οὐκ ἔξεστι] Codd. Ven. et Reg. ε. εἰ δ᾽ οὐκ ἔξεστιν αἰτεῖν. Modo v. 8. fortasse προσήκει λαβεῖν, non προσῆκε. TAYLOR.

Ἀνελοῦσα κ. τ. λ.] Τὸν νόμον, τὸν περὶ τῶν τριηρῶν. τοῦτον, τὸν Ἀνδροτίωνα. WOLF.

Τοῦτον ἐχειροτόνησεν αὐτῇ] Malim αὐτή. Vertit autem Wolfius: *istum sibi patronum creavit*. Rectius: *istum ipse elegit*, non patronum, sed quæstorem fabrorum navalium. Sensus argumenti est: ex lege quæstorem fabrorum navalium a populo eligi oportebat: hic autem senatus lege spreta istum ipse quæstorem creaverat, ideoque quicquid ille deliquisset, id senatum luere oportebat. JURIN. Variant Codd. αὐτὴν Ven. Aug. αὐτὴ Ital. quemadmodum Vir

ζʹ. Ἔτι τοίνυν ἐπιχειρεῖ λέγειν περὶ τοῦ τῆς ἑταιρήσεως νόμου, ὡς ὑβρίζομεν ἡμεῖς, καὶ βλασφημίας οὐχὶ προσηκούσας κατ' αὐτοῦ ποιούμεθα· καὶ φησὶ δεῖν ἡμᾶς, εἴπερ ἐπιστεύομεν εἶναι ταῦτα ἀληθῆ, πρὸς τοὺς θεσμοθέτας ἀπαντᾶν, ἵν' ἐκεῖ περὶ χιλίων ἐκινδυνεύομεν, εἰ καταψευδόμενοι ταῦτ' ἐφαινόμεθα· νῦν δὲ φενακίζειν [1]φησὶν, αἰτίας
600 καὶ λοιδορίας κενὰς ποιουμένους, καὶ ἐνοχλεῖν οὐ [2]δικασταῖς οὖσιν ὑμῖν. ἐγὼ δ' [3]οἶμαι δεῖν ὑμᾶς πρῶτον μὲν ἐκεῖνο λογίζεσθαι παρ' ὑμῖν αὐτοῖς, ὅτι πάμπολυ λοιδορία τε καὶ αἰτία κεχωρισμένον ἐστὶν ἐλέγχου. αἰτία μὲν γάρ ἐστιν, ὅταν τις ψιλῷ χρησάμενος λόγῳ μὴ παράσχηται πίστιν ὧν λέγει· ἔλεγχος δὲ, ὅταν οἷς ἂν εἴπῃ τις, καὶ τἀληθὲς ὁμοῦ δείξῃ. ἔστι τοίνυν ἀνάγκη τοὺς ἐλέγχοντας ἢ τεκμήρια δεικνύναι, δι' ὧν ἐμφανιοῦσι τὸ πιστὸν ὑμῖν, ἢ τὰ εἰκότα φράζειν, ἢ μάρτυρας παρέχεσθαι. οὐ γὰρ οἷόν τ' ἐνίων αὐτόπτας ὑμᾶς [4]ἐστὶ καταστῆσαι, ἀλλ' ὅταν τις ἐπιδει-

[1] [φησὶν,] [2] δικασταῖς τούτων οὖσιν, [3] οἴομαι [4] ἐστὶ

doctissimus conjecit. Ut autem meam de hac re sententiam exponam, videtur in hoc loco deficere Oratio, defecisse enim olim vidi, et causas istius suspicionis interposui. Certissimum est, ad voces istas, ὅτι τοίνυν οὐδ' αἴτιος, et quæ sequuntur, novam periodum esse instituendam. Suscepit enim novum argumentum elaborandum, καὶ τοῦτο σαφῶς ὑμῖν ἐπιδείξω. Et tamen *tota* illa σαφὴς ἐπίδειξις verbis his obscurissimis continetur: ἀνελοῦσα γὰρ ἡ βουλὴ τὸν νόμον, τοῦτον ἐχειροτόνησεν αὐτῇ. Nam immediate sequitur res nova et alienissima: Ἔτι τοίνυν ἐπιχειρεῖ λέγειν περὶ τοῦ τῆς ἑταιρήσεως νόμου. Locum igitur ita ordina:

§. Ὅτι τοίνυν οὐδ' αἴτιος ἄλλος ἐστὶν οὐδεὶς ἀνθρώπων τοῦ μὴ πεποιῆσθαι τὰς ναῦς, καὶ τοῦτο σαφῶς ὑμῖν ἐπιδείξω. ἀνελοῦσα γὰρ ἡ βουλὴ τὸν νόμον, τοῦτον ἐχειροτόνησεν αὐτῇ
* * * * *

§. Ἔτι τοίνυν ἐπιχειρεῖ λέγειν κ. τ. λ.

Et in hac causa, quanquam lexica compilare sit infimi subsellii, omnino necesse esse video, ut lector parata habeat, quæ de hoc deploratissimo loco olim annotaverat Harpocratio. Ita enim ille: Ἀνελοῦσα γὰρ τὸν νόμον τοῦτον ἐχειροτόνησεν αὐτῇ· Δημοσθένης ἐν τῷ κατ' Ἀνδροτίωνός φησιν. ἀσαφῶς δ' αὐτοῦ ἔχοντος καὶ ἐλλειπῶς, ἄλλοι ἄλλως ἐξηγοῦνται. Ἐν δὲ τοῖς Ἀττικοῖς διττὴ ἦν ἡ γραφή· ἡ μὲν οὕτως· ἀνελοῦσα γὰρ τὸν νόμον τοῦτον, ἐχειροτόνησεν αὐτήν· ἀντὶ τοῦ παραβᾶσα γὰρ τοῦτον τὸν νόμον, διαχειροτονίαν περὶ αὐτῆς ἔδωκεν, εἰ χρὴ στεφανοῦν αὐτήν. ἡ δ' ἄλλη· ἀνελοῦσα γὰρ τὸν νόμον τοῦτον, ἐχειροτόνησε λαβοῦσα ἐκεῖνον αὐτῇ. Ad eandem mentem, disparibus licet verbis, de duplici hac apud Demosthenem scriptura, αὐτῇ sc. [vel αὐτῇ] in dandi casu, et αὐτὴν in accusativo, disputat Suidas, v. Ἀνελεῖν. De alia varietate lectionis in hoc loco consule Scholiasten Ulpianum. TAYLOR. Pro τοῦτον f. leg. τὸν ταμίαν, et αὐτὴ pro αὐτῇ, ut sensus inde aliquis eruatur. Vel addendo aliquid, τὸν νόμον, διὰ τοῦτον ἐχειρότονησεν αὐτῇ τὸν στέφανον vel τὴν δωρεάν. Vide interpretationem meam Gallicam. AUGER.

ζʹ. Ἐκινδυνεύομεν] Legendum κινδυνεύωμεν. JURIN.

Οὐ δικασταῖς τοῖς οὖσιν ὑμῖν] Rectius id, quod annotatum est, οὐ δικασταῖς τούτων οὖσιν ὑμῖν. WOLF. Istud τούτων, quod recte comprobat Wolfius, est ex MSS. Ald. Ven. Lindenbr. Aug. Ital. τοῖς οὖσιν præferebant nonnullæ Editiones. TAYLOR.

Ἢ τὰ εἰκότα φράζειν] *Aut conjecturas afferre.* Rectius: *aut verisimilia afferre.* Conjecturæ enim non sunt semper verisimiles. JURIN.

κνύῃ τι τούτων, ἱκανὸν [1]νομίζητε ἔλεγχον ἔχειν ὑμεῖς εἰκότως τῆς ἀληθείας ἑκάστοτε. ἡμεῖς τοίνυν οὐκ ἐκ λόγων εἰκότων, [2]οὐδὲ τεκμηρίων, ἀλλὰ παρ' οὗ μάλιστα δίκην ἐστὶ [3]λαβεῖν, τούτῳ ταῦτ' ἐπιδείκνυμεν, ἄνδρα παρεσχηκότα γραμματεῖον, ἐν ᾧ τὰ τούτῳ βεβιωμένα ἔνεστιν· ὃς αὑτὸν ὑπεύθυνον ποιήσας μαρτυρεῖ ταῦτα. ὥσθ' ὅταν μὲν λοιδορίαν ταῦτα καὶ αἰτίαν εἶναι φῇ, ὑπολαμβάνετε, ὡς ταῦτα μέν ἐστιν ἔλεγχος, ἃ δ' οὗτος ποιεῖ, ταῦτα [4]λοιδορία καὶ αἰτία· ὅταν δ', ὅτι πρὸς τοὺς θεσμοθέτας προσῆκεν ἐπαγγέλλειν [5]ἡμῖν, ἐκεῖνο ὑπολαμβάνετε, ὅτι καὶ τοῦτο ποιήσομεν, καὶ νῦν προσηκόντως περὶ τοῦ νόμου λέγομεν. εἰ μὲν γὰρ ἄλλον τινὰ ἀγῶνα ἀγωνιζομένου σου ταῦτα κατηγοροῦμεν, δικαίως ἂν ἠγανάκτεις· εἰ δ' ὁ μὲν νῦν ἐνεστηκὼς ἀγών ἐστι παρανόμων, οἱ νόμοι δ' οὐκ ἐῶσι λέγειν οὐδὲ τὰ ἔννομα τοὺς οὕτω βεβιωκότας, ἡμεῖς δ' ἐπιδείκνυμεν οὐ μόνον εἰρηκότα 601
αὐτὸν παράνομα, ἀλλὰ καὶ βεβιωκότα παρανόμως, πῶς οὐχὶ προσήκει λέγειν περὶ τούτου τοῦ νόμου, δι' οὗ ταῦτα ἐλέγχεται;

ή. Καὶ μὴν κἀκεῖνό γε δεῖ μαθεῖν ὑμᾶς, ὅτι τοὺς νόμους ὁ τιθεὶς [6]τούτους Σόλων, καὶ τῶν ἄλλων τοὺς πολλούς, οὐδὲν ὅμοιος ὢν τούτῳ νομοθέτης, οὐχ ἑνὶ δέδωκε τρόπῳ περὶ τῶν ἀδικημάτων [7]ἑκάστου λαβεῖν δίκην τοῖς βουλομένοις παρὰ τῶν ἀδικούντων, ἀλλὰ πολλαχῶς. ᾔδει γάρ, οἶμαι, τοῦθ', ὅτι τοὺς ἐν τῇ πόλει γενέσθαι πάντας [8]ὁμοίως ἢ δεινούς, ἢ θρασεῖς, ἢ μετρίους, οὐκ ἂν εἴη. εἰ μὲν οὖν ὡς τοῖς μετρίοις δίκην [9]ἐξαρκέσειε λαβεῖν, οὕτω τοὺς νόμους θήσει, μετὰ ἀδείας ἔσεσθαι πολλοὺς πονηροὺς ἡγεῖτο· εἰ δ' ὡς τοῖς θρασέσι καὶ δυνατοῖς λέγειν, τοὺς ἰδιώτας οὐ δυνή-

[1] νομίζετε [2] οὐδ' ἐκ τεκμηρίων * ταῦτ' ἐπιδείκνυμεν, ἀλλὰ [3] λαβεῖν τούτῳ, ἄνδρα [4] λοιδορία τε καὶ [5] ἡμῖν ἐπαγγέλλειν [6] τούτους ὁ τιθεὶς [7] ἑκάστων [8] ὁμοίους [9] ἐξαρκέσει

Νομίζητε] Wolfius interpretatur lectionem, quæ videtur esse omnium Codd. νομίζετε. Est ergo vulgata fortasse Typothetarum error. TAYLOR. Plane legendum νομίζετε. JURIN.

Τούτῳ κ. τ. λ.] Fortius videtur et clarius, si legas τούτῳ ταῦτ' ἐπιδείκνυμεν. ἐπιδείκνυμεν ἄνδρα etc. IDEM.

Ἄνδρα παρεσχηκότα] Ἄνδρας παρεσχηκότες Bodl. Quod parum intelligo. ἄνδρα παρέχοντες ἔχοντα γραμματεῖον. Lambinus. Certe illa superiora sic legenda sunt: παρ' οὗ μάλιστα πίστιν ἐστὶ λαβεῖν. TAYLOR.

Ταῦτα] Nempe, *ea quæ proferimus*. AUGER.

Ἐπαγγέλλειν] Mavult Lambinus ἀπαγγέλλειν. Qui vel a Scholiaste refutari potuit. Vid. §. ή. fin. et Harpocrationem in voce. TAYLOR.

Παρανόμων] Vide ad Midianam §. γ'. IDEM.

σεσθαι τὸν αὐτὸν τούτοις τρόπον λαμβάνειν δίκην. δεῖν δ' ᾤετο μηδένα ἀποστερεῖσθαι τοῦ δίκης τυχεῖν, ὡς ἕκαστος δύναται. πῶς οὖν ἔσται τοῦτο; ἐὰν πολλὰς ὁδοὺς δῷ διὰ τῶν νόμων ἐπὶ τοὺς [1]ἠδικηκότας. οἷον τῆς κλοπῆς, ἔῤῥωσαι καὶ σαυτῷ πιστεύεις; ἄπαγε. ἐν χιλίαις δὲ ὁ κίνδυνος. ἀσθενέστερος εἶ; τοῖς ἄρχουσιν ἐφηγοῦ. τοῦτο ποιήσουσιν ἐκεῖνοι. φοβῇ καὶ τοῦτο; γράφου. καταμέμφῃ σεαυτὸν, καὶ πένης ὢν οὐκ ἂν ἔχοις χιλίας ἐκτίσαι; δικάζου κλοπῆς πρὸς διαιτητὴν, καὶ οὐ κινδυνεύσεις. οὐδέτερον βούλει τούτων; γράφου. κατοκνεῖς καὶ τοῦτο; ἐφηγοῦ. τούτων οὐδέν ἐστι τὸ αὐτό. τῆς ἀσεβείας κατὰ [2]ταῦτα ἐστὶν, ἀπάγειν, γράφεσθαι, δικάζεσθαι πρὸς Εὐμολπίδας, φράζειν πρὸς τὸν βασιλέα. περὶ τῶν ἄλλων ἁπάντων τὸν αὐτὸν τρόπον σχεδόν. εἰ δή τις ὡς
602 μὲν οὐχὶ κακοῦργός ἐστι μὴ λέγοι, ἢ ὡς οὐκ ἀσεβὴς, ἢ ὅ,τι
δήποτ' εἴη δι' ὃ κρίνοιτο, διὰ ταῦτα δ' ἐκφεύγειν ἀξιοίη, εἰ μὲν ἀπηγμένος εἴη, διότι πρὸς διαιτητὴν ἐξῆν αὐτῷ λαχεῖν,

[1] ἠδικηκότας, οἷον τῆς κλοπῆς. [2] ταὐτὰ

Γράφου — ἐφηγοῦ] Atqui et τὸ γράφεσθαι et τὸ ἐφηγεῖσθαι jam dictum est: nisi forte superiora pertineant ad judices, hæc ad arbitrum. Ego verba auctoris rejicere nolui, quia fortassis, ut in superiore anantapodoto, ita hic etiam de industria plebeiam confusionem et ταὐτολογίαν, ne qua suspicio esset artificii, affectavit. Ulpianus aliter hanc repetitionem excusat. Vide Suidam in voce ἐφήγησις. Wolf. Neque mihi commentum Wolfii placet, neque Ulpiani, quem in scholiis otiosus consulas. Addam jam tertium, Heraldum sc. Animadv. in Salmas. L. 4. c. 7. §. 10. qui ita legit et interpretatur: "Ἔῤῥωσαι καὶ σαυτῷ πιστεύεις; Ἄπαγε· ἐν χιλίαις δὲ ὁ κίνδυνος. ἀσθενέστερος εἶ; τοῖς ἄρχουσιν ἐφηγοῦ· τοῦτο ποιήσουσιν ἐκεῖνοι. οὐδέτερον βούλει τούτων; γράφου. κατοκνεῖς καὶ τοῦτο, καὶ πένης ὢν οὐκ ἂν ἔχοις χιλίας ἀποτίσαι; δικάζου κλοπῆς πρὸς διαιτητὴν, καὶ οὐ κινδυνεύσεις. τούτων οὐδέν ἐστι τὸ αὐτό. *Viribus polles, atque iis es fretus? abduc ad XIviros: verum mille drachmis periclitaris. minus vales viribus? magistratibus indica, et eos deducito:* ipsi *id facient et furem prehendi jubebunt. neutrum istorum vis? accusa. hoc etiam non audes, et pauperior es, quam qui mille drachmas possis solvere? furti age apud minores judices, et extra periculum eris. hæc omnia diversa* sunt. Delevi φοβῇ καὶ τοῦτο, item καταμέμφῃ σαυτὸν, quæ omnia esse existimo horum verborum (κατοκνεῖς καὶ τοῦτο) interpretamenta. Delevi etiam γράφου et ἐφηγοῦ repetita." Hæc vir doctissimus. Qui quantum in hac re profecerit, alii videant. Hoc certissimum, in his verbis Demosthenis explicari Ἀπαγωγὴν, Ἐφήγησιν, Γραφὴν, Δίκην, hæc quatuor; quicquid autem ultra hæc dicitur, aut inutiliter repetitur, resecandum esse. Hoc mihi cum Heraldo commune. Nemo tamen mihi intercesserit, quin ista potius inducam, quæ in fine sententiæ leguntur: οὐδέτερον βούλει τούτων; γράφου. κατοκνεῖς καὶ τοῦτο; ἐφηγοῦ. Remoto enim hoc quasi scholiolo, cætera omnia aperta manent et facilia. Interea consulere potes, quæ disputat bene multa ad hunc locum ὁ μέγας Salmasius de modo Usurarum pag. 776. seq. Neque obliviscaris, hæc verba superioribus olim Criticis negotii plurimum attulisse, siquidem ad ea credo digitum intendisse Ulpianum, cum ait: ἐν τῷ μέρει τούτῳ τῆς λύσεως ἔστι τι τῶν ἀσαφῶν κατὰ τὴν ἐξαγγελίαν, μᾶλλον δὲ κατὰ τὴν ἱστορίαν τῆς πολιτείας, ἃ παρείληπται μὲν ὡς παράδειγμα, δεῖται δὲ τῆς διορθώσεως. Taylor.

Κατὰ ταὐτὰ] Ὡσαύτως, τὸν αὐτὸν τρόπον. Cave legas κατὰ ταῦτα, priore circumflexa. Wolf.

Κατὰ ταῦτα] Melius cum marg. Benenati ταὐτά. Taylor.

Αὐτῷ] Vel αὐτῷ delendum ut inutile, vel scribendum cum spiritu aspero [αὑτῷ], καὶ γράφεσθαι χρῆν, εἰ δὲ πρὸς [1]διαιτητὴν φεύγοι, ὅτι χρῆν σε ἀπάγειν ἵν' ἐκινδύνευες περὶ χιλίων, γέλως ἂν εἴη δήπουθεν. οὐ γάρ τόν γε μηδὲν πεποιηκότα δεῖ [2]περὶ τοῦ τρόπου ὅντινα χρὴ διδόναι δίκην ἀντιλέγειν, ἀλλ' ὡς οὐ πεποίηκεν ἀποδεικνύναι. τὸν αὐτὸν δὴ τρόπον, Ἀνδροτίων, καὶ σὺ, μὴ διὰ ταῦτα οἴου σοι προσήκειν μὴ δοῦναι δίκην, εἰ γράφεις ἡταιρηκὼς, ὅτι καὶ πρὸς τοὺς θεσμοθέτας ἔσθ' ἡμῖν ἐπαγγελία· ἀλλ' ἢ δεῖξον οὐ πεποιηκότα ταῦτα [3]σεαυτὸν, ἢ δίκην ὕπεχε, εἰ γέγραφάς τι, τοιοῦτος ὤν. οὐ γάρ ἔξεστί σοι. εἰ δέ σε μὴ πάντας ὅσους οἱ νόμοι διδόασι τρόπους τιμωρούμεθα, χάριν ἡμῖν ὧν παραλείπομεν ἐκείνων ἔχε, μὴ διὰ ταῦτα ἀξίου μηδὲ καθ' ἕνα τρόπον δοῦναι δίκην.

θ'. Ἄξιον τοίνυν, ὦ ἄνδρες Ἀθηναῖοι, καὶ τὸν θέντα τὸν νόμον ἐξετάσαι Σόλωνα, καὶ θεάσασθαι, ὅσην πρόνοιαν ἐποιεῖτο ἐν ἅπασιν οἷς ἐτίθει νόμοις τῆς πολιτείας, καὶ ὅσῳ περὶ τούτου μᾶλλον ἐσπούδαζεν, ἢ περὶ τοῦ πράγματος αὐτοῦ οὗ τιθείη τὸν νόμον. πολλαχόθεν μὲν οὖν ἄν τις ἴδοι τοῦτο, οὐχ ἥκιστα δ' ἐκ τούτου τοῦ νόμου, μήτε λέγειν μήτε γράφειν ἐξεῖναι τοῖς ἡταιρηκόσιν. ἑώρα γὰρ ἐκεῖνο, ὅτι τοῖς πολλοῖς ὑμῶν ἐξὸν λέγειν, οὐ λέγετε. ὥστε τοῦτό γε οὐδὲν ἡγεῖτο βαρύ. καί τοι πολλὰ ἂν εἶχεν, εἴ γε κολάζειν [4]ἐβούλετο τούτους, χαλεπώτερα θεῖναι. ἀλλ' οὐ τοῦτ' ἐσπούδασεν, ἀλλὰ ταῦτα ἀπεῖπεν ὑπὲρ ὑμῶν, καὶ τῆς πολιτείας. ᾔδει γὰρ, ᾔδει τοῖς αἰσχρῶς βεβιωκόσιν ἁπασῶν οὖσαν ἐναντιωτάτην πολιτείαν, 603
ἐν ᾗ πᾶσιν ἔξεστι λέγειν τἀκείνων ὀνείδη. ἔστι δὲ αὕτη τίς;

[1] διαιτητῇ [2] * περὶ τοῦ, τρόπον [3] σαυτὸν [4] ἐβούλετο, τούτου χαλεπώτερα

contra seipsum. AUGER.

Εἰ δὲ πρὸς διαιτητὴν φεύγοι] Εἰ δικάζοιτό τις αὐτῷ κλοπῆς πρὸς διαιτητήν. ut supra dixit. WOLF. Timebat Vir doctissimus, ne phrasi illa πρὸς διαιτητὴν φεύγειν aliquis abreptus hæc secus acciperet, ac debuit. *Cave* ergo prædixit. Et recte sane. Sed non opus erat vel isto monito, si cum Ital. legisset, πρὸς διαιτητῇ φεύγοι. *Apud judicem pedaneum, in curia judicis pedanei, reum* sisti. Quam verum lectionem esse arbitror. TAYLOR.

Τοῦ τρόπου] Τὸν τρόπον Editt. omnes ante Wolfium. Conjecit Lambinus περὶ τοῦ ὅντινα τρόπον χρὴ κ. τ. λ. TAYLOR.

Μὴ διὰ ταῦτα] Μὴ διὰ ταῦτα δ' ἀξίου. WOLF.

θ.' Οὗ τιθείη] Γρ. περὶ οὗ τιθείη. Marg. Benenat. TAYLOR. Sub. ἕνεκα. AUGER.

Ὅτι τοῖς πολλοῖς] *Quod cum vobis plebeiis* dicere *liceat, non dicatis.* Sic ad verbum. Ego de industria nonnihil a verbis recessi. WOLF.

Τούτους, χαλεπώτερα θεῖναι] Ἰδοὺ λῆμμα Ὁμηρικὸν, ἀντὶ Δημοσθενείου. IDEM.

Ἤιδει γὰρ, ᾔδει] De διπλασιασμοῖς hujusmodi, vid. D'Orville ad Charit. Aphrod. Lib. III. cap. V. p. 311.

δημοκρατία. οὔκουν ἐνόμιζεν ἀσφαλὲς, εἴποτε συμβήσεται γενέσθαι συχνοὺς ἀνθρώπους κατὰ τοὺς αὐτοὺς χρόνους, εἰπεῖν μὲν δεινοὺς καὶ θρασεῖς, τοιούτων δ' ὀνειδῶν καὶ κακῶν μεστούς. πολλὰ γὰρ ἂν τὸν δῆμον ὑπ' αὐτῶν ὑπαχθέντα ἐξαμαρτεῖν, κἀκείνους ἤτοι καταλῦσαί γ' ἂν πειρᾶσθαι τὸ παράπαν τὸν δῆμον, — ἐν γὰρ ταῖς ὀλιγαρχίαις, οὐδ' ἂν ὦσιν ἔτ' Ἀνδροτίωνός τινες αἴσχιον βεβιωκότες, οὐκ ἔστι λέγειν κακῶς τοὺς ἄρχοντας —, ἢ προάγειν ἂν ὡς πονηροτάτους [1]εἶναι, ἵν' ὡς ὁμοιότατοι σφίσιν ὦσι. τὴν οὖν ἀρχὴν τοῖς τοιούτοις ἀπεῖπε μὴ μετέχειν τοῦ συμβουλεύειν, [2]ἵνα μὴ φενακισθεὶς ὁ δῆμος ἐξαμάρτῃ μηδέν. ὧν ὀλιγωρήσας ὁ καλὸς κἀγαθὸς οὗτος οὐ μόνον ᾤετο δεῖν λέγειν, καὶ γράφειν, οὐκ ἐξὸν, ἀλλὰ καὶ παρὰ τοὺς νόμους ταῦτα ποιεῖν.

ί. Περὶ μὲν τοίνυν τοῦ νόμου, καθ' ὃν ὠφληκότος αὐτοῦ τοῦ πατρὸς τῷ δημοσίῳ χρήματα, καὶ οὐκ ἐκτετικότος, οὐκ ἔξεστι λέγειν οὐδὲ γράφειν τούτῳ, ταῦτα δίκαια λέγειν ἂν ἔχοιτ' εἰκότως, ἐὰν φῇ δεῖν ἡμᾶς αὐτὸν ἐνδεικνύναι. τότε γὰρ [3]τοῦτο ποιήσομεν, οὐ μὰ Δί' οὐχὶ νῦν, ἡνίκα δεῖ σε ἑτέρων ὧν ἀδικεῖς δοῦναι λόγον, ἀλλ' ὅταν ᾖ προσῆκον ἐκ τοῦ νόμου· καὶ [4]νῦν σε δείκνυμεν οὐκ ἐῶντα γράφειν, οὐδ' ἃ τοῖς ἄλλοις ἔξεστι, τὸν νόμον. ὡς οὖν οὐκ ὦφλεν ὁ πατήρ σου, τοῦτ' ἐπίδειξον, ἢ ὡς οὐκ ἀποδρὰς ἐξῆλθεν ἐκ τοῦ δεσμωτηρίου, ἀλλὰ τὰ χρήματα ἐκτίσας. εἰ δὲ μὴ ταῦθ' ἕξεις δεικνύειν, οὐκ ἐξὸν γέγραφας. κληρονόμον γάρ σε καθίστησιν
604 ὁ νόμος τῆς ἀτιμίας τῆς τοῦ πατρός· ὄντι δ' ἀτίμῳ σοὶ, λέγειν οὐ προσῆκεν, οὐδὲ γράφειν.

ιά. Καὶ περὶ μὲν τῶν νόμων οὓς παρεγραψάμεθα [5]οἶμαι δεῖν ὑμᾶς, ἄν τι φενακίζειν ἐγχειρῇ καὶ παράγειν οὗτος, ταῦθ' ὑπολαμβάνειν, ἃ διεξελήλυθα ἐγώ· εἰσὶ δὲ καὶ περὶ

[1] εἶναι τοὺς πολίτας, ἵν' [2] ἵνα δὴ μὴ [3] [τοῦτο] [4] νῦν * δέ γε δείκν. ο. ἐ. γρ. σε, οὐδ' [5] οἴομαι

Τοὺς ἄρχοντας] Non *magistratibus*, verum *iis*, *qui summa rerum potiuntur*. Aliter non procedet argumentatio. TAYLOR.

Πονηροτάτους εἶναι] Post εἶναι adde vel sub. τοὺς πολίτας. AUGER.

ί. Ἔχοιτ' εἰκότως] Vertit hæc Wolfius, quasi ἔχοιτ' accipiendum sit pro ἔχοιτε. Sensus autem postulat, ut accipiatur pro ἔχοιτο, activa significatione, voce media. Nisi potius legendum sit ἔχοι cum Editione Benenati. JURIN. ἔχοιτε Cod. Reg. α. Alibi Wolfius: F. ἄν τις ἔχοι. TAYLOR.

Καὶ νῦν] Refinge hunc locum cum Editt. et MStorum nonnullis: καὶ νῦν δὲ δείκνυμεν οὐκ ἐῶντα γράφειν σε, οὐδ' ἃ τοῖς ἄλλοις ἔξεστι, τὸν νόμον. IDEM.

τῶν ἄλλων αὐτῷ λόγοι, πρὸς τὸ φενακίζειν ὑμᾶς εὖ μεμηχανημένοι, περὶ ὧν βέλτιον ὑμᾶς προακοῦσαι. ἔστι γὰρ εἷς αὐτῷ τοιοῦτος, μὴ πεντακοσίους ὑμῶν αὐτῶν ἀφελέσθαι τὴν δωρεὰν, μηδὲ ὀνείδει περιβαλεῖν· ἐκείνων ὁ ἀγὼν, οὐκ ἐμός. ἐγὼ δ', εἰ μὲν ἐμέλλετε ἀφαιρήσεσθαι τούτους μόνον, ἄλλο δὲ μηδὲν ὠφελήσειν τὴν πόλιν, οὐδὲν ἂν ὑμᾶς σφόδρα σπουδάζειν ἠξίουν· εἰ δὲ τῷ τοῦτο ποιῆσαι, πλείους ἢ μυρίους τοὺς ἄλλους πολίτας βελτίους εἶναι προτρέψετε, πόσῳ κάλλιον τοσούτους παρασκευάσαι χρηστοὺς, ἢ πεντακοσίοις ἀδίκως [1] χαρίσασθαι; ὡς δ' [2] οὐκ ἔστιν ἁπάσης τὸ πρᾶγμα τῆς βουλῆς, ἀλλὰ τινῶν, οἵπερ εἰσὶν αἴτιοι τῶν κακῶν, καὶ Ἀνδροτίωνος, ἔχω λέγειν. [3] τῳ γάρ ἐστιν ὄνειδος, εἰ σιωπῶντος αὐτοῦ, καὶ μηδὲν γράφοντος, ἴσως δὲ οὐδὲ τὰ πολλὰ εἰς τὸ βουλευτήριον εἰσιόντος, μὴ λάβῃ ἡ βουλὴ τὸν στέφανον; οὐδενὶ δήπουθεν· ἀλλὰ τοῦ γράφοντος, καὶ πολιτευομένου, καὶ πείθοντος ἃ βούλοιτο τὴν βουλήν. διὰ γὰρ τούτους ἀνάξια τοῦ στεφανωθῆναι βεβούλευκεν. οὐ μὴν ἀλλ' εἰ καὶ [4] ταμάλιστα πάσης ἔσθ' ὁ ἀγὼν τῆς βουλῆς, ὅσῳ συμφέρει μᾶλλον ὑμῖν καταγνοῦσιν, ἢ μὴ, θεάσασθε. εἰ μὲν ἀπογνώσεσθε, ἐπὶ τοῖς λέγουσι τὸ βουλευτήριον ἔσται· ἐὰν δὲ καταγνῶτε, ἐπὶ τοῖς ἰδιώταις. ἑωρακότες γὰρ οἱ πολλοὶ διὰ τὴν τῶν λεγόντων πονηρίαν, τήνδ' ἀφῃρημένην τὴν 605
βουλὴν τὸν στέφανον, οὐχὶ προήσονται τούτοις τὰς πράξεις, ἀλλὰ τὰ βέλτιστ' ἐροῦσιν αὐτοί· εἰ δὲ γενήσεται τοῦτο, καὶ τῶν ἐθάδων καὶ συνεστηκότων ῥητόρων ἀπαλλαγήσεσθε, ὄψεσθε, ὦ ἄνδρες Ἀθηναῖοι, πάνθ' ἃ προσήκει γιγνόμενα. ὥστ' εἰ μηδενὸς ἄλλου ἕνεκα, διά γε ταῦτα καταψηφιστέον.

[1] χαρίσασθαι! [2] οὐδ' [3] τῷ [4] τὰ μάλιστα

Αὐτῷ] Αὐτὸς habent Editiones. Restituit Reg. *a*. Aug. Wolfius. IDEM.

Περιβαλεῖν] "Semper cum *dativo rei*. Demosth. π. Ἀνδροτ. ὀνείδει περιβαλεῖν. ubi ab ignaris in ora ὀνείδη." D'Orville ad Charit. Aphrod. Lib. VIII. cap. I. p. 651. cf.

Οὐδὲν ἂν ὑμᾶς] Forte οὐδ' ἂν αὐτὸς ὑμᾶς. WOLF.

Ἀλλὰ τοῦ γράφοντος] Ἀλλὰ τῷ γράφοντι — πολιτευομένῳ — πείθοντι. marg. Benen. Laudo, si ita scribatur; Aliter simplicior esset medela in superioribus v. 12. του γάρ ἐστιν ὄνειδος —; TAYLOR.

Καταγνοῦσιν] Καταγνῶναι ἢ μή. WOLF.

Ἰδιώταις] Wolfius: *in populi potestate*. Male. Nam opponuntur senatores dicendi rudes senatoribus dicendi peritis, τοῖς λέγουσι. Vertendum itaque: *in potestate senatorum eorum, qui rei oratoriæ operam non dant*. JURIN.

Ἐθάδων] Ἠθάδων Bodl. Ital. Deinde καρεστηκότων plurimi. Sed rem vidit acutissimus longe Jurinus: τῶν αὐθάδων καὶ συνεστηκότων ῥητόρων. TAYLOR. M. αὐθάδων. AUGER.

Καταψηφιστέον] *Sunt condemnandi*. Poιβ'. Ὃ τοίνυν ἕτερον δεῖ μὴ λαθεῖν ὑμᾶς, ἀκούσατε. ἴσως ἀναβήσεται καὶ συνερεῖ τῇ βουλῇ Φίλιππος, καὶ Ἀντιγένης, καὶ ὁ ἀντιγραφεὺς, καί τινες ἄλλοι, οἵπερ ἐκεῖ δι' ἑαυτῶν εἶχον μετὰ τούτου τὸ βουλευτήριον, καὶ τούτων τῶν κακῶν εἰσὶν αἴτιοι. δεῖ δὴ πάντας ὑμᾶς γιγνώσκειν, ὅτι τούτοις ἐστὶ μὲν ἡ πρόφασις τῆς συνηγορίας, τῇ βουλῇ βοηθεῖν· τῇ δ' ἀληθείᾳ, ὑπὲρ αὑτῶν ἀγωνιοῦνται, καὶ τῶν εὐθυνῶν, ἃς αὐτοὺς προσήκει δοῦναι τῶν πεπραγμένων. ἔχει γὰρ οὕτως. ἐὰν μὲν ἀπογνῶτε τὴν γραφὴν ταύτην, ἅπαντές εἰσιν ἀπηλλαγμένοι, καὶ δίκην οὐδεὶς οὐδεμίαν μὴ δῷ. τίς γὰρ ἔτ' ἂν καταψηφίσαιτο ἐκείνων, τὴν βουλὴν ὑμῶν ἐστεφανωκότων, ἧς οὗτοι προέστασαν; ἐὰν δὲ καταγνῶτε, πρῶτον μὲν τὰ εὔορκα ἔσεσθ' ἐψηφισμένοι· εἶτ' ἐπὶ ταῖς εὐθύναις ἕκαστον τούτων λαμβάνοντες, ὃς μὲν ἂν ὑμῖν ἀδικεῖν δοκῇ, κολάσετε, ὃς δ' ἂν μὴ, τότε ἀφήσετε. μὴ οὖν ὡς ὑπὲρ τῆς βουλῆς λεγόντων, καὶ τῶν πολλῶν, ἀκούετε, ἀλλ' ὡς ὑπὲρ αὑτῶν παρακρουομένοις ὀργίζεσθε.

ιγ'. Ἔτι τοίνυν Ἀρχίαν [1] οἶμαι τὸν Χολαργέα — καὶ γὰρ οὗτος ἐβούλευε πέρυσιν — ὡς ἐπιεικῆ δεήσεσθαι καὶ συνερεῖν αὐτοῖς. ἐγὼ δ' οἶμαι [2] δεῖν ὡδί πως ἀκούειν Ἀρχίου· ἐρωτᾶν αὐτὸν, ταῦτα ἃ [3] κατηγόρηται τῆς βουλῆς
606 πότερα αὐτῷ δοκεῖ καλῶς ἔχειν, ἢ [4] κακῶς. κἂν μὲν φῇ καλῶς, μηκέτι τὸν νοῦν ὡς ἐπιεικεῖ προσέχειν· ἐὰν δὲ κακῶς, τί δὴ ταῦτ' εἴα, φάσκων ἐπιεικὴς [5] εἶναι, πάλιν αὐτὸν ἐρωτᾶτε. κἂν μὲν ἀντιλέγειν φῇ, μηδένα δ' αὐτῷ πείθε-

[1] οἴομαι [2] δεῖν ὑμᾶς ὡδί [3] κατηγορεῖται [4] κακῶς; [5] εἶναι;

tius: *condemnandus* est. JURIN.

ιβ'. Ἀναβήσεται κ. τ. λ.] De verbo singularis numeri præmissum substantivis pluribus, quorum modo primum numero conveniat, vide D'Orville ad Charit. Aphrod. Lib. V. cap. IX. p. 487.

Ἧς οὗτοι προέστασαν] Wolfius: *cujus illi patroni fuerunt.* Immo: *cujus illi principes fuerunt.* JURIN.

Τότε ἀφήσετε] F. τοῦτον ἀφήσετε. WOLF. Quo nihil inscitius. Τότε, sc. *Tunc demum,* ἐπὶ ταῖς εὐθύναις. De quibus *præjudicium* fieri minime oportet. Certe, mi Wolfi, non opus erat hæc sollicitare. TAYLOR.

Καὶ τῶν πολλῶν] Wolfius: *et populi.* Male. nam hic agitur non de populo, sed de senatu. vult autem Orator, patronos istos non senatus universi, nec maximæ partis senatus, sed suam ipsorum causam agere, qui pauci numero in senatu dominabantur. JURIN.

ιγ'. Σχολαργέα] Alii Χολαργέα, utrumque malum cognomen, sive παρὰ τὴν σχολὴν, sive παρὰ τὴν χολὴν, καὶ τὴν ἀργίαν deducatur. WOLF. Satis imperite. Attici Χολαργεῖς satis noti. Meminit Demosthenes et Πολυκράτου τοῦ Χολαργέως 2 Orat. c. Bœot. p. 1009. 25. ed. Reisk. qui etiam Εὔνικον τὸν Χολαργέα semel iterumque nominat in Orat. c. Eubul. p. 1312—20. Aristophanes in Acharn. v. 855. Λυσίστρατος Χολαργέων ὄνειδος. BERGLER. Cf. Meurs. de pop. Attic. p. 147.

σθαι, ἄτοπον δή που νῦν λέγειν ὑπὲρ τῆς τὰ βέλτιστα οὐχὶ πειθομένης αὐτῷ βουλῆς· ἐὰν δὲ σιωπᾷν, πῶς οὐκ ἀδικεῖ, εἰ παρὸν ἐξαμαρτάνειν μέλλοντας ἀποτρέπειν, τοῦτο μὲν οὐκ ἐποίει, νῦν δὲ λέγειν τολμᾷ, ὡς [1] οὐ δεῖ τοὺς τοσαῦτα κακὰ εἰργασμένους στεφανῶσαι;

ιδ'. [2] Οἶμαι τοίνυν αὐτὸν οὐδ' ἐκείνων ἀφέξεσθαι τῶν λόγων, ὅτι ταῦτα πάντα αὐτῷ διὰ τὰς εἰσπράξεις γέγονεν, ἃς ὑπὲρ ὑμῶν ὀλίγους εἰσπρᾶξαι φήσει, πολλὰ χρήματα ἀναιδῶς οὐ τιθέντας· καὶ κατηγορήσει τούτων [3] πρᾶγμα ῥᾴδιον, οἶμαι, διαπραξάμενος, τῶν μὴ τιθέντων τὰς εἰσφορὰς, καὶ φήσει πᾶσαν ἄδειαν ἔσεσθαι τοῦ μὴ τιθέναι τὰς εἰσφορὰς, εἰ καταψηφιεῖσθε αὐτοῦ. ὑμεῖς δ', ὦ ἄνδρες Ἀθηναῖοι, πρῶτον μὲν ἐκεῖνο ἐνθυμεῖσθε, ὅτι οὐ περὶ τούτων δικάσειν ὀμωμόκατε, ἀλλ' εἰ κατὰ τοὺς νόμους τὸ ψήφισμα εἶπεν. εἶθ' ὅτι πάνδεινόν ἐστι, κατηγορίαν ποιούμενον, ὡς ἀδικοῦσί τινες τὴν πόλιν, αὐτὸν ἀξιοῦν, ὧν ἀδικεῖ, μειζόνων ὄντων, μὴ δοῦναι δίκην. πολὺ γὰρ δή που μεῖζόν ἐστ' ἀδίκημα γράφειν παρὰ τοὺς νόμους, ἢ τὴν εἰσφορὰν μὴ θεῖναι. ὅτι τοίνυν, οὐδ' εἰ φανερῶς ἔμελλεν, ἁλόντος τούτου, μηδεὶς εἰσοίσειν, μηδ' ἐθελήσειν εἰσπράττειν, οὐδ' οὕτως ἀποψηφιστέον, ἐκ τῶνδε γνώσεσθε. ὑμῖν παρὰ τὰς εἰσφορὰς τὰς ἀπὸ Ναυσινίκου παρίσως τάλαντα τριακόσια, ἢ μικρῷ πλείω, [4] ἐλλείμματα τέτταρα καὶ δέκα ἐστὶ τάλαντα. ὧν 607
ἑπτὰ οὗτος εἰσέπραξεν. ἐγὼ δὲ τίθημι ἅπαντα. ἐπὶ μὲν δὴ τοὺς ἑκόντας τιθέντας, οὐ δεῖσθε Ἀνδροτίωνος· ἐπὶ δὲ τοὺς ἐλλείποντας. ἔστι τοίνυν ὑμῖν νυνὶ σκεπτέον, εἰ τοσούτου τιμᾶσθε τὴν πολιτείαν, καὶ τοὺς κειμένους νόμους, καὶ τὸ εὐορκεῖν. εἰ γὰρ ἀποψηφιεῖσθε τούτου, φανερῶς οὕτω παρὰ τοὺς νόμους εἰρηκότος, δόξετε πᾶσι τὰ χρήματα ταῦτα ἀντὶ

[1] Deest οὐ. [2] οἴομαι [3] (πρᾶγμα ῥᾴδιον, οἶμαι), [διαπραξάμενος], [4] ἔλλειμμα

Ὡς οὐ δεῖ] Negationem tollendam esse quis non videt? F. ὡς ἄρα δεῖ. WOLF. Delet Bodl. TAYLOR. Plane delendum istud οὐ. JURIN.

ιδ'. Αὐτὸν] Nempe, Androtionem. AUGER.

Ποιούμενον] Τὸ ποιούμενος Editt. Ald. et Wolfii emendavi ex Editt. cæteris et MStis. TAYLOR.

Εἰσφορὰς τὰς ἀπὸ Ναυσινίκου] S. ἄρχοντος γεγενημένας. WOLF. *Tributis Nausinico prætore imperatis.* Potius e tributis, *quæ ab istius Prætura* usque ad res gestas Androtionis debebantur. Quod si infra censum istius Populi esse videbitur, ne nos in tributis XXV. circiter annorum nimium parci videamur, legendum est ἐπὶ Ναυσινίκου, *Nausinico* Prætore. Laudus tamen: *Exactiones, quæ erant* post Nausinicum. TAYLOR.

Παρίσως] Παρ' ἴσως malit Wolfius. IDEM.

τῶν νόμων καὶ τῆς εὐορκίας ἡρῆσθαι· ἃ, οὐδ᾽ ἂν εἰ παρ᾽ ἑαυτοῦ δοίη τις ὑμῖν, λαβεῖν ἄξιον· μήτι γε [1]ἐφ᾽ ἑτέρους εἰσπράττειν. ὥςθ᾽ ὅταν ταῦτα λέγῃ, μέμνησθε τῶν ὅρκων, καὶ τὴν γραφὴν ἐνθυμεῖσθε, ὅτι νῦν οὐ περὶ πράξεως εἰσφορῶν ἐστὶν, ἀλλ᾽ εἰ δεῖ κυρίους εἶναι τοὺς νόμους.

ιέ. Καὶ περὶ μὲν τούτων, ὃν τρόπον ὑμᾶς ἀπαγαγὼν ἀπὸ τοῦ νόμου, παρακρούεσθαι ζητήσει, καὶ ἃ πρὸς ταῦτα ὑμᾶς μνημονεύοντας μὴ ἐπιτρέπειν προσήκει, πολλὰ λέγειν ἔχων ἔτι, καὶ ταῦθ᾽ ἱκανὰ εἶναι νομίζων, ἐάσω· βούλομαι δὲ καὶ τὰ πολιτεύματα ἐξετάσαι τοῦ καλοῦ κἀγαθοῦ τούτου, δι᾽ ὧν οὐδέν ἐσθ᾽ ὅ, τι τῶν δεινοτάτων [2]ἐλλείπων φανήσεται. καὶ γὰρ ἀναιδῆ, καὶ θρασὺν, καὶ κλέπτην, καὶ ὑπερήφανον, καὶ πάντα μᾶλλον, ἢ ἐν δημοκρατίᾳ πολιτεύεσθαι ἐπιτήδειον ὄντ᾽ αὐτὸν ἐπιδείξω. καὶ πρῶτον μὲν ἐφ᾽ ᾧ μέγιστον φρονεῖ, τὴν τῶν χρημάτων εἴσπραξιν ἐξετάσομεν αὐτοῦ· μὴ τῇ τούτου προσέχοντες ἀλαζονείᾳ τὸν νοῦν, ἀλλὰ τὸ πρᾶγμα οἷον γέγονε τῇ ἀληθείᾳ σκοποῦντες. οὗτος Εὐκτήμονα φήσας τὰς ὑμετέρας ἔχειν εἰσφορὰς, καὶ τοῦτο ἐξελέγξειν, ἢ παρ᾽ ἑαυτοῦ καταθή-
608 σειν ὑποσχόμενος, καταλύσας ψηφίσματι κληρωτὴν ἀρχὴν, ἐπὶ τῇ προφάσει ταύτῃ ἐπὶ τὴν εἴσπραξιν παρέδυ. [3]δημηγορίαν δ᾽ ἐπὶ τούτοις ποιούμενος, ὡς ἔστι τριῶν αἵρεσις ὑμῖν, ἢ τὰ πομπεῖα κατακόπτειν, ἢ πάλιν εἰσφέρειν, ἢ τοὺς ὀφείλοντας εἰσπράττειν, αἱρουμένων εἰκότως ὑμῶν, τοὺς ὀφείλοντας εἰσπράττειν, ταῖς ὑποσχέσεσι κατέχων, καὶ διὰ τὸν καιρὸν ὃς ἦν τότε ἔχων ἐξουσίαν, τοῖς μὲν κειμένοις νόμοις περὶ τούτων οὐκ ᾤετο δεῖν χρῆσθαι, οὐδ᾽, εἰ

[1] γε ἐφ᾽ ᾧ ἑτέρους [2] ἐλλιπὼν [3] δημηγορίας

Παρ᾽ ἑαυτοῦ] Thom. Magister ait dativum esse proprium huic præpositioni cum ἐμψύχοις, accusativum cum ἀψύχοις. Sed vid. D'Orville ad Charit. Aphrod. Lib. VI. cap. I. p. 501.

Ἐφ᾽] Puto legendum ἐφ᾽ ᾧ, vel ἐπὶ τῷ. JURIN.

Πράξεως] Ἀντὶ τοῦ, εἰσπράξεως. Ut in Nicocle Isocratis: ταῖς δὲ πράξεσιν ἀκριβῶς. WOLF. Legendum videtur, ut ubique alias, περὶ τῆς εἰσπράξεως· JURIN.

ιέ. Ἀλαζονείᾳ] *Arrogantia*, Wolfius. Potius: *Jactantia*. IDEM.

Καταλύσας ψηφίσματι κληρωτὴν ἀρχὴν] In exordio dixit: οὗτος μέν γε εἰς χρήματα, καὶ τὸ παρ᾽ ὑμῶν ἀδίκως ἐκπεσεῖν, ἐπεβουλεύθη. WOLF.

Δημηγορίαν δ᾽ ἐπὶ τούτοις ποιούμενος] *Et concione post habita.* Potius: *Et concione super hac re habita.* JURIN.

Ὅσην] Legendum ὃς ἦν, ut est in Timocratea, ubi hæc eadem ad verbum repetuntur. WOLF. Ὅσην Editi. ὃς ἦν Cod. Aug. θαυμασίαν marg. Benenati. Unde Wolfius in alio loco arripuit, legitque θαυμασίην ὅσην. Et rursus in alio: διὰ τὸν καιρὸν, ὃς ἦν τότε, θαυμασίαν ἔχων ἐξουσίαν. TAYLOR.

μὴ τούτους ἐνόμιζεν ἱκανοὺς, ἑτέρους τιθέναι, ψηφίσματα
δ' εἶπεν ἐν ὑμῖν δεινὰ καὶ παράνομα, δι' ὧν ἠργολάβει, καὶ
πολλὰ τῶν ὑμετέρων κέκλοφε, τοὺς ἕνδεκα γράψας ἀκολου-
θεῖν μεθ' ἑαυτοῦ. εἶτ' ἔχων τούτους, ἦγεν ἐπὶ τὰς τῶν πο-
λιτῶν οἰκίας, καὶ τὸν μὲν Εὐκτήμονα, ὃν εἰσπράξειν, ἢ κα-
ταθήσειν αὐτὸς ἔφη τὰς εἰσφορὰς, οὐδὲν εἶχεν ἐλέγχειν περὶ
τούτων, ὑμᾶς δ' εἰσέπραττεν, ὥσπερ οὐ διὰ τὴν Εὐκτή-
μονος ἔχθραν ἐπὶ ταῦτα ἐλθὼν, ἀλλὰ διὰ τὴν ὑμετέραν.
καὶ μηδεὶς ὑπολαμβανέτω με λέγειν, ὡς οὐκ ἐχρῆν εἰσπράτ-
τειν τοὺς ὀφείλοντας· χρῆν γάρ· ἀλλὰ πῶς; ὡς ὁ νόμος κε-
λεύει, τῶν ἄλλων ἕνεκα. τοῦτο γάρ ἐστι δημοτικόν. οὐ γὰρ
τοσοῦτον, ὦ ἄνδρες Ἀθηναῖοι, τοσούτων χρημάτων τοῦτον
τὸν τρόπον εἰσπραχθέντων ὠφέλησθε, ὅσον ἐζημίωσθε,
τοιούτων ἐθῶν εἰς τὴν πολιτείαν εἰσαγομένων. εἰ γὰρ
[1] ἐθέλητε ἐξετάσαι, τίνος ἕνεκα μᾶλλον ἄν τις ἕλοιτο ἐν
δημοκρατίᾳ ζῆν, ἢ ἐν ὀλιγαρχίᾳ, τοῦτ' ἂν εὕροιτε προχει-
ρότατον, ὅτι πάντα πρᾳότερά ἐστιν ἐν δημοκρατίᾳ. ὅτι μὲν
τοίνυν τῆς ὅπου βούλεσθε ὀλιγαρχίας οὗτος ἀσελγέστερος 609
γέγονε, παραλείψω· ἀλλὰ παρ' ὑμῖν, πότε, πώποτε δει-
νότατα ἐν τῇ πόλει γέγονεν; ἐπὶ τῶν τριάκοντα πάντες
ἂν εἴποιτε. τότε τοίνυν, ὡς ἔστιν ἀκούειν, οὐδείς ἐστιν ὅστις
ἀπεστερεῖτο τοῦ σωθῆναι, ὃς ἑαυτὸν οἴκοι κρύψειεν· ἀλλὰ
τοῦτο κατηγοροῦμεν τῶν τριάκοντα, ὅτι τοὺς ἐκ τῆς ἀγορᾶς
ἀδίκως ἀπῆγον. οὑτοσὶ τοίνυν τοσαύτην ὑπερβολὴν ἐποιή-
σατο ἐκείνων τῆς [2] αὑτοῦ βδελυρίας, ὥστε ἐν δημοκρατίᾳ
πολιτευόμενος τὴν ἰδίαν οἰκίαν ἑκάστῳ δεσμωτήριον καθί-
στη, τοὺς ἕνδεκα ἄγων ἐπὶ τὰς οἰκίας.

[1] ἐθέλοιτε [2] αὐτοῦ

Ἔχων τούτους, ἦγεν] S. αὐτούς. Wolf.

Τῶν ἄλλων ἕνεκα] Ulpianus exponit: ἤτοι τῶν ἀδυνάτων καὶ πενήτων. Ut legisse videatur τῶν ἀπόρων ἕνεκα, *propter inopes*. Sed nec ista lectio mihi satisfacit. Exigebantur enim Reip. causa tributa etiam a pauperibus. Landus: *nempe ut lex jubet, aliorum causa, non propter alicujus inimicitias.* Videtur habuisse additamentum, οὐ κατ' ἔχθραν τινός. Quod nostri Codd. non habent. Wolf. Hæc ego, si liceat, hunc in modum transposuerim: χρῆν γὰρ τῶν ἄλλων ἕνεκα. ἀλλὰ πῶς; ὡς ὁ νόμος κελεύει. τοῦτο γάρ ἐστι δημοτικόν. Jurin. Versio Italica: *Ma come? Come la legge comanda*, havendo *cura de gli altri, percioche questo e cosa popolare.* Taylor.

Ἀσελγέστερος] Vid. D'Orville ad Charit. Aphrod. Lib. V. cap. VI. p. 464.

Πότε] Deest in Reg. *a*. Taylor. Ego malim, τὸ πώποτε, quam τὸ πότε, prætermitti. Wolf. Recte. Taylor.

Τοσαύτην ὑπερβολὴν ἐποιήσατο κ. τ. λ.] Τοσοῦτον ὑπερεβάλετο τῇ αὑτοῦ βδελυρίᾳ τὴν ἐκείνων. Wolf.

ιϛʹ. Καί τοι, ὦ ἄνδρες Ἀθηναῖοι, τί οἴεσθε, ὁπόταν ἄνθρωπος, πένης ἢ καὶ πλούσιος, [1] πολλ' ἀνηλωκὼς, καί τινα ἴσως τρόπον εἰκότως οὐκ εὐπορῶν ἀργυρίου, ἢ τέγος ὡς τοὺς γείτονας ὑπερβαίνοι, ἢ ὑποδύοιτο ὑπὸ κλίνην, ὑπὲρ τοῦ μὴ, τὸ σῶμα ἁλοὺς, εἰς τὸ δεσμωτήριον ἕλκεσθαι, ἢ ἄλλα ἀσχημονοίη, ἃ δούλων οὐκ ἐλευθέρων ἐστὶν ἔργα, καὶ ταῦθ' ὑπὸ τῆς ἑαυτοῦ γυναικὸς ὁρῷτο ποιῶν, ἣν ὡς ἐλεύθερος ἐγγυήσατο, καὶ τῆς πόλεως πολίτης· ὁ δὲ τούτων αἴτιος Ἀνδροτίων εἴη, ὃν οὐδ' ὑπὲρ ἑαυτοῦ δίκην λαμβάνειν ἐᾷ τὰ πεπραγμένα καὶ βεβιωμένα, μή τι γε ὑπὲρ τῆς πόλεως; [2] καί τοι εἴ τις ἔροιτο αὐτὸν, τὰς εἰσφορὰς, πότερον τὰ κτήματα, ἢ τὰ σώματα ὀφείλει; τὰ κτήματα φήσειεν ἂν, εἴπερ ἀληθῆ λέγειν βούλοιτο. ἀπὸ γὰρ τούτων εἰσφέρομεν. τίνος οὖν ἕνεκα ἀφεὶς τὸ τὰ χωρία δημεύειν, καὶ τὰς οἰκίας, καὶ ταῦτ' ἀπογράφειν, ἔδεις, καὶ ὕβριζες πολίτας [3] ἀνθρώπους, καὶ τοὺς ταλαιπώρους [4] μετοίκους; οἷς ὑβρι-
610 στικώτερον, ἢ τοῖς οἰκέταις τοῖς [5] αὐτοῦ κέχρηται. καὶ μὴν εἰ [6] θέλητε σκέψασθαι τί δοῦλον, ἢ ἐλεύθερον εἶναι διαφέρει, τοῦτο μέγιστον ἂν εὕροιτε· ὅτι τοῖς μὲν δούλοις, τὸ σῶμα τῶν ἀδικημάτων ἁπάντων ὑπεύθυνόν ἐστι, τοῖς δὲ ἐλευθέροις, κἂν τὰ μέγιστα τύχωσιν ἀδικοῦντες, τοῦτό γ' ἔνεστι σῶσαι. εἰς χρήματα γὰρ [7] τὴν δίκην περὶ τῶν πλείστων παρὰ τούτων προσήκει λαμβάνειν. ὁ δὲ, τοὐναντίον εἰς τὰ σώματα, ὥσπερ ἀνδραπόδοις ἐποιήσατο τὰς τιμωρίας, οὕτω δ' αἰσχρῶς καὶ πλεονεκτικῶς ἔσχε πρὸς ὑμᾶς, ὥστε τὸν μὲν ἑαυτοῦ πατέρα ᾤετο δημοσίᾳ δεθέντα ἐπὶ χρήμασιν ἐν τῷ δεσμωτηρίῳ, μήτε ἀποδόντα ταῦτα, μήτε

[1] πολλὰ δ' ἀνηλωκὼς [2] καίτοι γε, εἴ [3] ἀνθρώπους πολίτας [4] μετοίκους. [5] σαυτοῦ κέχρησαι [6] θέλοιτε [7] Deest articulus.

ιϛʹ. Ὁπόταν ἄνθρωπος] Distingue ita: ὁπόταν ἄνθρωπος πένης, ἢ καὶ πλούσιος, ἀνηλωκὼς etc. Taylor.

Πολλ' ἀνηλωκὼς] Πολλὰ δ' ἀνηλωκὼς Aug. Recte. Quam particulam si etiam inseras versioni Florentinæ, ita erit accommodatissima: *quando un pover' huomo, o anco un ricco,* ma *il quale ha speso afrai* etc. In sequentibus non recte capio istud *consentaneum* Wolfii. Ita elegantissima Versio Italica: *e forse per qualche ragionevel cagione non ha danari.* Idem.

Ἀπογράφειν] De *proscriptione* ædium intelligit Wolfius. Non *proscribere,* sed *describere,* Valesius, quem vide ad Harpocr. v. Ἀπογραφή. Idem.

Τί δοῦλον κ. τ. λ.] Huc, credo, respexit Phrynichus, pag. 174. Edit. postrem. Τίνι διαφέρει τόδε καὶ τόδε, οὐ χρὴ οὕτω λέγειν κατὰ δοτικὴν πτῶσιν, ἀλλὰ τί διαφέρει· καθὰ καὶ Δημοσθένης φησί· Τί δοῦλον ἢ ἐλεύθερον εἶναι διαφέρει. Idem.

Ὤετο δημοσίᾳ] Ὤετο δεῖν δημοσίᾳ Editio Morelii, Codd. Ven. Lind. Aug. Ital. Atque ita Interpretes. Idem.

κριθέντα, ἀποδράναι· τῶν δ᾽ ἄλλων πολιτῶν, τὸν μὴ δυνάμενον τὰ ἑαυτοῦ θεῖναι [1] οἴκοθεν, εἰς δεσμωτήριον ἕλκεσθαι. εἶτ᾽ ἐπὶ τούτοις ὡς ὁτιοῦν ἐξὸν ἑαυτῷ ποιεῖν, Σινώπην [2] προσενεχύραζε, καὶ Φανοστράτην, ἀνθρώπους πόρνας, οὐ μέν τοι γε ὀφειλούσας εἰσφοράς. [3] καί τοι εἴ τισιν ἄρα δοκοῦσιν ἐπιτήδειαι ἐκεῖναι παθεῖν, ἀλλὰ τὸ πρᾶγμα γε οὐκ ἐπιτήδειον γίγνεσθαι, τηλικοῦτόν τινας φρονεῖν διὰ καιρὸν, ὥστε βαδίζειν ἐπ᾽ οἰκίας, καὶ σκεύη φέρειν, μηδὲν ὀφειλόντων ἀνθρώπων. πολλὰ γὰρ ἄν τις ἴδοι πολλοὺς ἐπιτηδείους ὄντας πάσχειν, καὶ πεπονθέναι, ἀλλ᾽ οὐ ταῦτα λέγουσιν οἱ νόμοι, οὐδὲ τὰ τῆς πολιτείας ἔθη, ἃ φυλακτέον ὑμῖν· ἀλλ᾽ ἔνεστιν ἔλεος, συγγνώμη, πάνθ᾽ ὅσα προσήκει τοῖς ἐλευθέροις, ὧν οὗτος ἁπάντων εἰκότως οὐ μετέχει τῇ φύσει, οὐδὲ τῇ παιδείᾳ. πολλὰ γὰρ ὕβρισται καὶ προπεπηλάκισται, συνὼν οὐκ ἀγαπῶσιν αὐτὸν ἀνθρώποις, ἀλλὰ 611
δοῦναι μισθὸν δυναμένοις. ὧν προσῆκέ σοι τὴν ὀργὴν, οὐκ εἰς τῶν πολιτῶν τὸν τυχόντα ἀφιέναι, οὐδ᾽ εἰς τὰς ὁμοτέχνους σοι πόρνας, ἀλλ᾽ εἰς τὸν τοῦτον τὸν τρόπον θρέψαντά σε πατέρα.

ιζ΄. Ταῦτα τοίνυν ὡς μὲν οὐ δεινὰ καὶ παρὰ πάντας τοὺς νόμους, οὐχ ἕξει λέγειν οὗτος, οὕτω δ᾽ ἐστὶν ἀναιδὴς,

[1] , οἴκοθεν εἰς τὸ δεσμ. [2] προσηνεχύραζε [3] καίτοι γε εἰ

Θεῖναι οἴκοθεν] Laborat a malo puncto. Lege θεῖναι, οἴκοθεν εἰς δεσμωτήριον ἕλκεσθαι. IDEM.

Εἶτ᾽ ἐπὶ τούτοις, ὡς ὁτιοῦν ἐξὸν ἑαυτῷ ποιεῖν] *Deinde tanquam quidvis ei liceret facere, Sinopen et Phanostraten mulierculas quidem prostantes pignoratur, sed quæ nullam collationem deberent.* ἐνεχυράσαι et ἐνεχυράσασθαι non modo ἐνέχυρα λαβεῖν significat, hoc est, *pignora capere*, quod prætor jubere solet, sed etiam ὑποθεῖναί τι, id est, *pignori* opponere. Quod autem dixit, ὡς ὁτιοῦν ἐξὸν ἑαυτῷ ποιεῖν, *tanquam sibi ipsi quicquid libet, liceat:* ἑαυτῷ pro αὐτῷ positum est, id quod apud alios etiam scriptores reperitur: quemadmodum e diverso relativum pro reciproco. Utriusque exempla vide in Comment. Bud. *Ex edit.* HERVAG.

Προσενεχύραζε] *Manus injecit*, Wolfius. Immo *pignora* cepit. Ego pene videre videor, quid bonum Wolfium in fraudem induxerit. In Bodl. in marg. Lutet. et MSto Obsop. προσηνεχύραζε cum augmento. Budæus vertit: *pignora cepit pro collatione.* Quod verum esse arbitror. De his meretricibus nonnulla habet Athen. l. 13. TAYLOR.

Τὸ πρᾶγμά γε οὐκ ἐπιτήδειον γίγνεσθαι, τηλικοῦτόν τινας φρονεῖν] Τὸ πρᾶγμα. τὸ τί; τινὰς φρονεῖν τηλικοῦτον, ὥστε, καὶ τὰ λοιπὰ, οὐκ ἔστιν ἐπιτήδειον γίγνεσθαι. WOLF.

Ὧν οὗτος ἁπάντων] Landus: *Quorum ipse omnium, quæ fiunt in Rep. natura et disciplina merito expers est.* Fortasse legit τῶν ἐν τῇ πόλει γιγνομένων. Quod nostri Codices non habent. IDEM.

ιζ. Οὕτω δ᾽ ἐστὶν ἀναιδὴς, ὥστ᾽ ἐν τῷ δήμῳ προαγῶνας ἀεὶ κατασκευάζων ἑαυτῷ τῆσδε τῆς γραφῆς] Id est, *hujus certaminis prolusiones sibi præstruens ad populum.* Apud Græcos προαγῶνες *præludia pugnæ* dicebantur, ut excursiones ad prælium lacessendum. προαγῶνες etiam vocabantur orationes vel altercationes quæ habebantur apud Thesmothetas, quæ erant præjudicia ad causas. Thesmothetarum enim erat, judicia constituere et actionem dare, id

ὥστ᾽ ἐν τῷ δήμῳ [1] προαγῶνας ἀεὶ κατασκευάζων ἑαυτῷ τῆσδε τῆς γραφῆς, ἐτόλμα λέγειν, ὡς ὑπὲρ ὑμῶν, καὶ δι᾽ ὑμᾶς ἐχθροὺς ἐφ᾽ ἑαυτὸν εἵλκυκε, καὶ νῦν ἐν τοῖς ἐσχάτοις ἐστὶ κινδύνοις. ἐγὼ δ᾽ ὑμῖν, ὦ ἄνδρες Ἀθηναῖοι, βούλομαι δεῖξαι τοῦτον οὔτε πεπονθότα οὐδ᾽ ὁτιοῦν κακὸν, οὔτε μέλλοντα πάσχειν οὐδὲν, δι᾽ ὧν ὑπὲρ ὑμῶν ἔπραξε· διὰ μέν τοι τὴν αὐτοῦ βδελυρίαν καὶ θεοῖς ἐχθρὰν αἰσχροκέρδειαν, πεπονθότα μὲν μέχρι τῆσδε τῆς ἡμέρας οὐδὲν, πεισόμενον δὲ, ἂν τὰ δίκαια ποιῆτε ὑμεῖς. σκέψασθε γὰρ ὡδί· τί ποθ᾽ ὑμῖν οὗτος ὑπέσχετο, καὶ τί ποιεῖν αὐτὸν ἐχειροτονήσατε ὑμεῖς; χρήματα εἰσπράττειν. ἄλλο δὲ πρὸς τούτῳ τί ποιεῖν; οὐδέν. φέρε δὴ καθ᾽ ἕκαστον ὑπομνήσω τὴν εἴσπραξιν ὑμᾶς. οὗτος εἰσέπραξε Λεπτίνην τὸν ἐκ Κοίλης, τέτταρας καὶ τριάκοντα δραχμὰς, καὶ Θεόξενον τὸν Ἀλωπεκῆθεν δραχμὰς ἑβδομήκοντα, καὶ μικρόν τι πρὸς, καὶ τὸν Εὐφήμου [2] Καλλιστράτην, καὶ τὸν Τελεστοῦ νεανίσκον· οὐκ ἔχω γὰρ τοὔνομα εἰπεῖν· σχεδὸν δὲ πάντας οὓς εἰσέπραξεν, ἵνα μὴ καθ᾽ ἕκαστον λέγω, οὐκ οἶδα εἴ τινα ὑπὲρ μνᾶν ὀφείλοντα. πότερ᾽ οὖν οἴεσθε τούτων ἕκαστον μισεῖν
612 καὶ πολεμεῖν αὐτῷ διὰ τὴν εἰσφορὰν ταύτην, ἢ τὸν μὲν αὐτῶν, ὅτι πάντων ἀκουόντων ὑμῶν ἐν τῷ δήμῳ, δοῦλον ἔφη καὶ ἐκ δούλων εἶναι, καὶ προσήκειν αὐτῷ τὸ ἕκτον μέρος εἰσφέρειν μετὰ τῶν μετοίκων· [3] τῷ δ᾽, ὅτι παῖδας ἐκ πόρνης εἶναι· τοῦ δὲ, τὸν πατέρα ἡταιρηκέναι· τοῦ δὲ, τὴν μητέρα πεπορνεῦσθαι· τὸν δὲ, [4] ἀπογράφειν ὅσα ὑφείλετο ἐξαρχῆς·

[1] π;οάγωνας [2] Καλλικράτην [3] *τῷ δὲ παῖδας
[4] *ἀπογράψειν ὅ. ὑ. ἐξ ἀρχῆς· τὸν δὲ τὸ δεῖνα, τὸν δὲ, ὁμοῦ

est, τὸ εἰσάγειν τὰς δίκας, ut tradit Interpres Demosth. ἐν τῷ πρὸς Λεπτίνην. Plutarch. in Pomp. ἐγένοντο δὲ αὐτῷ τῆς δίκης προαγῶνες οὐκ ὀλίγοι πρὸς τὸν κατήγορον. Ex Annotat. posterioribus in Pandect. ubi plura. *Ex edit.* HERVAG.

Καλλιστράτην] Potius, cum Reg. ε. et Ital. Καλλικράτην. Nam id alterum est mulierculæ nomen. Deinde, Τελεστοῦ videtur a Τελεστὴς fluere, et *Telestæ*, non *Telesti* reddi debet: Sed hæc leviora, non tamen negligenda. TAYLOR.

Ὑπὲρ μνᾶν ὀφείλοντα] *An ultra minam ab ullo exegerit*, Wolfius. Minus accurate. Non dicitur, quantum ille *exegerit*, sed quid illorum *unusquisque debuerit*. quæ tametsi eodem recidant, non tamen erat Interpreti necesse a scriptura aberrare. *non sò* se *ci è alcuno, che piu* d' *una mina dovesse*. Italus. IDEM.

Τῷ δ᾽, ὅτι παῖδας] Legendum videtur, τῷ δ᾽ αὐτοῦ παῖδας. JURIN. τῷ δ᾽, sub. ἔφη, hic, ut patet, mutatur orationis forma, neque hæc cohærent cum præcedentibus, quod apud oratores vulgo fit. AUGER.

Τὸν δὲ ἀπογράφειν, ὅσα ὑφείλετο ἐξαρχῆς] Forte ἐκ τῆς ἀρχῆς, ut objiciat crimen peculatus, κλοπὴν δημοσίων χρημάτων. Quod si displicet, repone : *quæ ab* initio *surripuerit*. Sed unde? Id enim non additur. WOLF. Italus: et *a quell' altro che dia una nota di cio che ha in magi-*

τὸν δὲ, τόδ᾽ εἶναι, τὸν δὲ, ὁμοῦ ῥητὰ καὶ ἄῤῥητα κακὰ ἐξῆς [1]ἅπαντας; ἐγὼ μὲν γὰρ οἶδ᾽ ὅτι πάντες εἰς οὓς ἐπαρῴνησεν οὗτος, τὴν μὲν εἰσφορὰν ἕκαστος, ἀναγκαῖον ἀνάλωμα ὑπελάμβανεν εἶναι· τοιαῦτα δ᾽ ἀτιμασθεὶς καὶ προπηλακισθεὶς, χαλεπῶς ἐνήνοχε. [2]κἀκεῖνο οἶδα, ὅτι χρήματα εἰσπράττειν τοῦτον ἐχειροτονήσατε ὑμεῖς, οὐχὶ τὰς ἰδίας συμφορὰς ὀνειδίζειν, καὶ προφέρειν ἑκάστῳ. εἴτε γὰρ ἦσαν ἀληθεῖς, οὐ σοὶ ῥητέαι, — πολλὰ γὰρ ἡμῶν ἕκαστος οὐχ ὡς βούλεται πράττει —, εἴτε μὴ προσηκούσας κατεσκεύαζες, πῶς οὐχ ὁτιοῦν ἂν πάθοις δικαίως;

ιή. Ἔτι τοίνυν ἐκ [3]τοῦδε ἀκριβέστερον γνώσεσθε, ὅτι μισεῖ τοῦτον ἕκαστος οὐ διὰ τὴν εἴσπραξιν, ἀλλ᾽ ὑπὲρ ὧν ὑβρίσθη καὶ ἐπαρῳνήθη. Σάτυρος γὰρ ὁ τῶν νεωρίων ἐπιμελητὴς, οὐχ ἑπτὰ [4]τάλαντα εἰσέπραξεν ὑμῖν, ἀλλὰ τέτταρα καὶ τριάκοντα, τοὺς αὐτοὺς τούτους ἀνθρώπους, ἐξ ὧν παρέθηκε τὰ σκεύη ταῖς [5]ἐκπλευσάσαις ναυσί. καὶ οὔτ᾽ ἐκεῖνος διὰ ταῦτα οὐδένα ἐχθρὸν ἑαυτῷ φησὶν εἶναι, οὔτε τῶν εἰσπραχθέντων οὐδεὶς ἐκείνῳ [6]πολεμεῖ. ὁ μὲν γὰρ τὸ προστεταγμένον, οἶμαι, διεπράττετο· σὺ δὲ τῇ σαυτοῦ προπετείᾳ καὶ θρασύτητι λαβὼν ἐξουσίαν, πολλὰ [7]ἀναλωκότας εἰς τὴν πόλιν ἀνθρώπους, καὶ σοῦ βελτίους καὶ 613
ἐκ βελτιόνων, ψευδέσι καὶ χαλεποῖς ὀνείδεσιν ᾤου δεῖν περιβάλλειν. εἶτα ταῦθ᾽ οὗτοι πεισθῶσιν ὑπὲρ αὐτῶν σε ποιεῖν, καὶ [8]τὰ τῆς σῆς ἀναισχυντίας καὶ πονηρίας ἔργα ἐφ᾽ ἑαυτοὺς [9]ἀναδέξονται; ἀλλὰ μισεῖν δικαιότερον διὰ

[1] ἅπαντας· [2] κἀκεῖνο δὲ οἶδα [3] τῶνδε [4] τάλαντα μόνον εἰσέπρ. [5] ἐκπλεούσαις [6] πολεμεῖ. εἰκότως. ὁ [7] ἀνηλωκότας [8] Deest articulus. [9] ἀναδέξωνται

strato rubbato. Taylor.

Ἀπογράφειν] Recensere Wolfius. Potius: *rescribere, ærario acceptum ferre.* Jurin. L. ἀπογράψειν, *alium vero dicebat, in tabulas se relaturum* quanta surripuerit ab initio. Auger.

Τὸν δὲ, τόδ᾽ εἶναι] Τὸν δὲ τὸ δεῖνα Aug. Wolfio non comprobante. Taylor. *In alium vero quid vis dicebat.* Deinde τὸν δὲ . . . plura puncta, quia est suspensio et reticentia. Auger.

Τὸν δὲ] Pro τοῦτον δέ. Est ἀποσιώπησις, cui subjicit generalem clausulam. Mox [v. 5.] κἀκεῖνο δ᾽ οἶδα. Wolf. Hoc postremum certe præter rem; quanquam ita Cod. Aug. Taylor.

Κατεσκεύαζες] Lege εἰ δε μὴ προσηκούσας κατεχλεύαζες, *falsa opprobria objecisti.* Locum similem emendavi in Midiana §. λή. Idem.

ιή. Ἐξ ὧν] S. ταλάντων. Wolf. Aug. ἀφ᾽ ὧν, et mox v. 16. pro ἐκπλευσάσαις, ἐκπλεούσαις. Utrumque melius. Vel forsan ἐκπλευσούσαις. Italica Versio: *de' quali le navi; ch'* uscirono fuori, *forni de masseritie.* Taylor.

Ὀνείδεσιν — περιβάλλειν] Vid. §. ιά.

Οὗτοι] Nempe, Judices. Auger.

Πεισθῶσιν] Lege etiam [v. ult.] ἀναδέξωνται subjunctivo per ω. Wolf. Aliter marg. Benenati, ubi priore loco πεισθήσονται. Taylor.

ταῦτά σε ὀφείλουσιν, ἢ σώζειν. τὸν γὰρ ὑπὲρ [1]πόλεως πράττοντά τι δεῖ τὸ τῆς πόλεως ἦθος μιμεῖσθαι, καὶ σώζειν ὑμῖν τοὺς τοιούτους, ὦ ἄνδρες Ἀθηναῖοι, προσήκει, καὶ μισεῖν τοὺς οἷός περ οὗτος. ὡς ἐκεῖνό γε εἰδόσι μὲν ἴσως, ὅμως δὲ ἐρῶ· ὁποίους τινὰς ἂν φαίνησθε ἀγαπῶντες, καὶ σώζοντες, τούτοις ὅμοιοι δόξετε εἶναι.

ιθ′. Ὅτι τοίνυν ὅλως, οὐδὲ τὴν εἴσπραξιν αὐτὴν ὑπὲρ ὑμῶν πεποίηται, καὶ τοῦτο αὐτίκα δὴ μάλα δῆλον ὑμῖν ποιήσω. εἰ γάρ τις ἔροιτο αὐτὸν, πότεροι αὐτῷ δοκοῦσιν ἀδικεῖν μᾶλλον τὴν πόλιν, οἱ γεωργοῦντες, καὶ φειδόμενοι, διὰ παιδοτροφίας δὲ καὶ οἰκεῖα ἀναλώματα, καὶ λειτουργίας ἑτέρας, ἐλλελοιπότες τὰς εἰσφοράς· ἢ οἱ τὰ τῶν ἐθελησάντων εἰσενεγκεῖν χρήματα, καὶ τὰ παρὰ τῶν συμμάχων κλέπτοντες καὶ [2]ἀπολλύντες· οὐκ ἂν εἰς τοῦτο τόλμης [3]δήπου, καίπερ ὢν ἀναιδὴς, ἔλθοι, ὥστε φῆσαι τοὺς τὰ ἑαυτῶν μὴ εἰσφέροντας μᾶλλον ἀδικεῖν, ἢ τοὺς τὰ κοινὰ ὑφαιρουμένους. τίνος οὖν ἕνεκα, ὦ βδελυρὲ, ἐτῶν ὄντων πλειόνων ἢ τριάκοντα, ἀφ᾽ οὗ σὺ πολιτεύῃ, καὶ ἐν τούτῳ τῷ χρόνῳ πολλῶν μὲν στρατηγῶν ἠδικηκότων τὴν πόλιν, πολλῶν δὲ ῥητόρων, οἳ παρὰ τουτοισὶ κέκρινται· ὧν οἱ μὲν τεθνᾶσιν ἐφ᾽ οἷς ἠδίκουν, οἱ δ᾽ [4]ἀποχωρήσαντες φεύ-
614 γουσιν· οὐδενὸς πώποτε ἐξητάσθης κατήγορος, οὐδ᾽ ἀγανακτῶν ὤφθης ὑπὲρ ὧν ἡ πόλις πάσχει, οὕτως ὢν θρασὺς καὶ λέγειν δεινὸς, ἀλλ᾽ ἐνταῦθα ἐφάνης κηδεμὼν [5]ὢν, οὗ σε πολλοὺς ἔδει κακῶς ποιῆσαι; βούλεσθε, ὦ ἄνδρες Ἀθηναῖοι, τὸ τούτων αἴτιον ἐγὼ ὑμῖν εἴπω; ὅτι τούτων μὲν μετέχουσιν ὧν ἀδικοῦσιν ὑμᾶς τινὲς, ἀπὸ δὲ τῶν εἰσπραττομένων ὑφαιροῦνται, δι᾽ ἀπληστίαν δὲ τρόπων, διχόθεν καρ-

[1] τῆς πόλεως [2] ἀπολλύντες; [3] δήπου τόλμης
[4] ὑποχωρήσαντες φ., ο. πώποτε τούτων ἐξητάσθης [5] ὢν] ἡμῶν

Ὡς ἐκεῖνο] Totum hunc locum laudat Stobæus Serm. XLI. ubi melius distinguitur — οἷός περ οὗτος· ὡς (ἐκεῖνό γε εἰδόσι μὲν ἴσως, ὅμως δὲ ἐρῶ) ὁποίους τινὰς ἂν, et quæ sequuntur. *Odio habendi, qui isti homini similes fuerint:* siquidem (*quod forte scientibus vobis, dicam tamen*) *qualescunque amare et servare videbimini, talibus esse similes existimabimini.* IDEM.

ιθ′. Τῶν ἐθελησάντων] Τῶν μὴ ἐθελησάντων Lambinus ex conjectura. IDEM.

Οὐδενὸς πώποτε] Plenius Aug. et melius, οὐδενὸς πώποτε τούτων, *neminem unquam horum accusasti.* IDEM.

Ὅτι τούτων μὲν μετέχουσιν κ. τ. λ.] Deest hic nominativus vel verbo μετέχουσιν, vel verbo ἀδικοῦσιν, et vox τούτων plane superflua est. At si ejus vice reponas οὗτοι, omnia expedita sunt. JURIN.

ποῦνται τὴν πόλιν. οὔτε γὰρ ῥᾷον πολλοῖς καὶ τὰ μικρὰ ἀδικοῦσιν ἀπεχθάνεσθαι, ἢ ὀλίγοις [1] καὶ μεγάλα, οὔτε δημοτικώτερον δήπου τὰ τῶν πολλῶν ἀδικήματα ὁρᾷν, ἢ τὰ τῶν ὀλίγων· ἀλλὰ τοῦτ᾽ αἴτιον, [2] ὃ ἐγὼ λέγω. τῶν μὲν οἶδεν ἕνα αὑτὸν ὄντα τῶν ἀδικούντων, ὑμᾶς δ᾽ οὐδενὸς ἀξίους ἡγήσατο· διὸ τοῦτον ἐχρήσατο τὸν τρόπον ὑμῖν. εἰ γὰρ ἀνδραπόδων πόλις, ἀλλὰ μὴ τῶν ἄρχειν ἑτέρων ἀξιούντων [3] ὡμολογεῖτο εἶναι, οὐκ ἂν, ὦ ἄνδρες Ἀθηναῖοι, τὰς ὕβρεις ἠνέσχεσθε τὰς τούτου, ἃς κατὰ τὴν ἀγορὰν ὕβριζεν, ὁμοῦ μετοίκους, Ἀθηναίους δέων, ἀπάγων, βοῶν ἐν ταῖς ἐκκλησίαις, ἐπὶ τοῦ βήματος, δούλους καὶ ἐκ δούλων καλῶν, ἑαυτοῦ βελτίους καὶ ἐκ βελτιόνων, ἐρωτῶν, εἰ μάτην τὸ δεσμωτήριον [4] ᾠκοδομήθη. καταφαίην ἂν ἔγωγε, εἴγε ὁ πατὴρ ὁ σὸς ᾤχετο αὐτόθεν αὐταῖς πέδαις ἐξορχησάμενος, Διονυσίων τῇ πομπῇ. ἄλλα δὲ ὅσα ὕβρικεν, οὐδ᾽ ἂν ἔχοι τις εἰπεῖν, τοσαῦτα τὸ πλῆθός ἐστιν. ὧν ἀθρόων ἄξιον λαβόντας δίκην τήμερον, παράδειγμα ποιῆσαι τοῖς ἄλλοις, ἵν᾽ ὦσι μετριώτεροι.

κ'. Ἀλλά, νὴ Δία, ταῦτα μὲν τοιοῦτός ἐστιν ἐν οἷς πε-
πολίτευται, ἄλλα δ᾽ ἔσθ᾽ ἃ καλῶς διῴκηκεν; ἀλλὰ καὶ
τἄλλα οὕτω προσελήλυθεν ἅπαντα πρὸς ὑμᾶς, ὥστε ἥκι- 615
στα ἐν οἷς ἀκηκόατε, ἄξιός ἐστι μισεῖσθαι. τί γὰρ βού-

[1] *καὶ τὰ μεγάλα [2] οὐ 'γὼ [3] ὡμολογεῖτε [4] ᾠκοδομήθη;

Ἀλλὰ τοῦτ᾽ αἴτιον, ὃ ἐγὼ λέγω] Sub. τὸ καρποῦσθαι διχόθεν τὴν πόλιν. Est in Editione Feliciani annotatum: ἀλλὰ τοὐναντίον, quod et Obsopœus habet. Sub. ῥᾷόν ἐστιν ἀπεχθάνεσθαι ὀλίγοις etc. Sed recepta lectio videtur melior, si ὅτι addas, hoc modo: ἀλλὰ τοῦτ᾽ αἴτιον, ὃ ἐγὼ λέγω, ὅτι τῶν μὲν οἶδεν ἕνα αὐτὸν ὄντα τῶν ἀδικούντων· ὑμᾶς δὲ etc. Verba τῶν ἀδικούντων videntur e scholio irrepsisse in contextum. τῶν μὲν, Sub. τῶν ὀλίγων καὶ τὰ μεγάλα ἀδικούντων. Wolf. τοὐναντίον, præter Codd. Felician. et Obsop. est etiam lectio Bodl. Lindenb. et Ital. τοὐναντίον οὗ ἐγὼ λέγω Cod. Reg. β. Sed merito eam varietatem damnat Wolfius. Atque ea crisi excepta, quot verba hic protulit, tot fere monstra protulit et portenta. Neque vel in uno commate vidit hujus loci seriem aut argumentationem. Miror sane, cum ejus interpretatio satis recte se habeat. Taylor.

Τῶν ἄρχειν ἑτέρων ἀξιούντων] Reddit Wolfius: *eorum, qui aliorum imperio digni habentur.* Potius: *eorum, qui sese dignos habent aliorum imperio.* Jurin.

Ὡμολογεῖτο εἶναι] Ἡ τῶν Ἀθηναίων πόλις. Wolf.

Καὶ ἐκ δούλων] Istud καὶ addidi ex optimo Augustano. Taylor.

Ἐξορχησάμενος] Προσπαίζων ἅμα, ait Harpocratio, διὰ τὴν τῶν Διονυσίων πομπήν. Annotat Scholiastes, morem fuisse Athenis, dum agerentur Dionysia, incarceratos libere vagari, qua occasione arrepta effugit Androtionis pater. Et credibile est, in omnibus pene feriis nexorum vincula soluta fuisse, et plenissimum dari justitium. Idem. *Aufugiens saltando.* Ita dictum quia aufugit per Bacchanalia. Auger.

Ἀθρόων] Ἀθρόον Editi, iis exceptis, qui sunt melioris notæ, Felician. et Manut. Emendaverat etiam Lambinus ad Pariλεσθε εἴπω, τὰ πομπεῖα ὡς ἐπεσκεύασε, καὶ τὴν τῶν στεφάνων καθαίρεσιν, ἢ τὴν τῶν φιαλῶν ποίησιν τὴν καλήν; ἀλλ᾽ ἐπὶ τούτοις γε, εἰ καὶ μηδὲν ἄλλο ἀδικῶν ἔτυχε τὴν πόλιν, τρὶς οὐχ ἅπαξ τεθνάναι δίκαιος ὢν φανεῖται. καὶ γὰρ ἱεροσυλίᾳ, καὶ ἀσεβείᾳ, καὶ κλοπῇ, καὶ πᾶσι τοῖς δεινοτάτοις ἔστ᾽ ἔνοχος. τὰ μὲν οὖν πολλὰ, ὧν λέγων ὑμᾶς ἐφενάκιζε, παραλείψω· φήσας δ᾽ ἀποῤῥεῖν τὰ φύλλα τῶν στεφάνων, καὶ σαπροὺς εἶναι διὰ τὸν χρόνον, ὥσπερ ἴων, ἢ ῥόδων ὄντας, ἀλλ᾽ οὐ χρυσίου, συγχωνεύειν ἔπεισε. κᾆτ᾽ ἐπὶ μὲν ταῖς εἰσφοραῖς, τὸν δημόσιον παρεῖναι προσέγραψεν, ὡς δὴ δίκαιος ὢν, ὧν ἕκαστος ἀντιγραφεὺς ἔμελλεν ἔσεσθαι τῶν εἰσενεγκόντων· ἐπὶ τοῖς στεφάνοις δὲ οὓς κατέκοπτεν, οὐχὶ προσήγαγε ταὐτὸ δίκαιον τοῦτο, ἀλλ᾽ αὐτὸς ῥήτωρ, χρυσοχόος, ταμίας, ἀντιγραφεὺς γέγονε. καὶ μὴν, εἰ μὲν ἅπαντα ἠξίους ὅσα πράττεις [1] τῇ πόλει σαυτῷ πιστεύειν, οὐκ ἂν ὁμοίως κλέπτης ὢν ἐφωρῶ· νῦν δ᾽ ἐπὶ ταῖς εἰσφοραῖς ὃ δίκαιόν ἐσθ᾽ ὁρίσας, μὴ σοὶ πιστεύειν, ἀλλὰ τοῖς [2] ἑαυτοῦ δούλοις τὴν πόλιν, ὁπότε ἄλλο τι πράττων, καὶ χρήματα κινῶν ἱερὰ, ὧν ἔνια οὐδ᾽ ἐπὶ τῆς ἡμετέρας γενεᾶς ἀνετέθη, μὴ προσγραψάμενος τὴν αὐτὴν φυλακὴν, ἥν-

[1] τὴν πόλιν [2] αὐτῆς

siensem. TAYLOR. Lege ὧν ἀθρόων. Erratum puto. JURIN.

κ'. Ἀδικῶν ἔτυχε] Ἠδίκει. WOLF.

Καὶ ἀσεβείᾳ] Addidi has duas voces ex optimis exemplaribus. Comparent etiam in oratione Timocratea, p. 755. 11. ed. Reisk. ubi hæc eadem causa tractatur. TAYLOR.

Ἴων καὶ ῥόδων] "Sæpissime Rosæ et Violæ junguntur: puto, quia non modo odores, verum etiam colores suavissime temperabantur." D'Orville. Cf. Animadv. in Charit. Aphrod. Lib. III. cap. II. p. 249.

Κᾆτ'] *Postea.* Potius: *Et sane.* JURIN.

Τὸν δημόσιον] S. οἰκέτην ἢ δοῦλον. WOLF.

Ὡς δὴ δίκαιος ὢν] Ὡς δὴ δίκαιον ὂν Bodl. ὡς ἂν δίκαιος ὢν Ital. Conturbata sane est oratio, nec quidquam fere Codices juvant. Ex his tamen adeo insinceris verbis hujusmodi videor expiscari sententiam: *Ministrum sibi adjungi postulavit, fas esse existimans, adesse personam publicam, quæ recenseret et in acta referret, quantum unusquisque penderit.* TAYLOR.

Ἕκαστος ἀντιγραφεὺς ἔμελλεν ἔσεσθαι τῶν εἰσενεγκότων] *Unusquisque futurus erat antigraphus eorum quæ in publicum conferebantur.* Observatores enim tribunorum ærariorum, quos nunc *Contrarotulatores* dicunt, ἀντιγραφεοὶ dicebantur a Græcis, actaque eorum ἀντίγραφα, quasi *conscripta.* nos *antigrapharios* appellare possumus. Cicero *custodes* appellat in Oratione pro L. agraria contra Rullum, et de reditu suo, et Ulpianus lib. 3. administ. tutorum. Plura in Annotat. in Pandect. prioribus. *Ex edit.* HERVAG.

Τῇ πόλει] Melius cum Bodl. τὴν πόλιν. Quod si placuerit, versionem ad eam normam corriges. TAYLOR.

Ἐφορῶ] [Ita enim quædam Editiones superiores] Scribe per duo ω ἐφωρῶ. Fit enim non ab ἐφοράω, sed a φωράω. ἐφωραόμην, ἐφωρώμην. ἐφωράου, ἐφωρῶ. ἐφωράετο, ἐφωρᾶτο. WOLF.

Ἑαυτοῦ] Omnino cum Bodl. Obsop. Ital. et Lambino, ἑαυτῆς. TAYLOR.

περ [1] περὶ τῶν εἰσφορῶν φαίνῃ· οὐκ εὔδηλον δι' ὃ τοῦτ' ἐποίησας; ἐγὼ μὲν οἶμαι.

κά. Καὶ μὴν, ὦ ἄνδρες Ἀθηναῖοι, καὶ κατὰ παντὸς τοῦ χρόνου σκέψασθε, ὡς καλὰ καὶ ζηλωτὰ ἐπιγράμματα τῆς πόλεως ἀνελὼν, ὡς ἀσεβῆ καὶ δεινὰ ἀντεπιγέγραφεν. [2] οἶμαι γὰρ ὑμᾶς ἅπαντας ὁρᾷν ὑπὸ τῶν στεφάνων ταῖς χοινικίσι 616
κάτωθεν γεγραμμένα, οἱ σύμμαχοι τὸν δῆμον ἀνδραγαθίας ἕνεκα καὶ δικαιοσύνης· ἢ οἱ σύμμαχοι ἀριστεῖον τῇ Ἀθηνᾷ· ἢ κατὰ πόλεις, οἱ δεῖνες τὸν δῆμον, σωθέντες ὑπὸ τοῦ δήμου· οἷον, Εὐβοεῖς ἐλευθερωθέντες ἐστεφάνωσαν τὸν δῆμον. ἐπεγέγραπτό που πάλιν, Κόνων ἀπὸ τῆς ναυμαχίας τῆς πρὸς Λακεδαιμονίους. τοιαῦτα γὰρ ἦν τὰ τῶν στεφάνων ἐπιγράμματα. ταῦτα μὲν τοίνυν ἃ ζῆλον πολὺν εἶχε καὶ φιλοτιμίαν ὑμῖν, ἠφάνισται, καθαιρεθέντων τῶν στεφάνων· ἐπὶ ταῖς φιάλαις δὲ, ἃς ἀντ' ἐκείνων ἐποιήσατο ὑμῖν ὁ πόρνος οὗτος, Ἀνδροτίωνος ἐπιμελουμένου ἐποιήθησαν ἐπιγέγραπται. καὶ οὗ τὸ σῶμα ἡταιρηκότος οὐκ ἐῶσιν οἱ νόμοι εἰς τὰ ἱερὰ εἰσιέναι, τούτου τοὔνομα ἐν τοῖς ἱεροῖς ἐπὶ τῶν φιαλῶν γεγραμμένον ἐστίν· ὅμοιόν γε — οὐ γάρ; — τοῦτο τοῖς προτέροις ἐπιγράμμασιν, ἢ φιλοτιμίαν ἴσην ἔχον ὑμῖν. τρία τοίνυν ἐκ τούτου τὰ δεινότατα ἄν τις ἴδοι πεπραγμένα αὐτοῖς. τὴν μὲν γὰρ θεὸν τοὺς στεφάνους σεσυλήκασι· τῆς πόλεως δὲ τὸν ζῆλον ἠφανίκασι τὸν ἐκ τῶν ἔργων ὧν ὑπομνήματ' ἦσαν, ὄντες οἱ στέφανοι· τοὺς δ' ἀναθέντας δόξαν οὐ μικρὰν ἀφῄρηνται, τὸ δοκεῖν ὧν ἂν εὖ πάθωσιν ἐθέλειν μεμνῆσθαι. καὶ τοιαῦτα καὶ τοσαῦτα κακὰ [3] τὸ πλῆθος εἰρ-

[1] ἐπὶ [2] οἴομαι [3] τὸ πλῆθος κακὰ

Δι' ὃ] Ita emendavi ex Editt. Felic. et Lutet. Vulgo erat διό. IDEM.

κά. Καὶ κατὰ παντὸς etc.] Ὡς καλὰ καὶ ζηλωτὰ ἐπιγράμματα κατὰ παντὸς τοῦ χρόνου, ἀντὶ τοῦ εἰς ἅπαντα τὸν χρόνον καλὰ καὶ ζηλωτά. WOLF.

Ὁρᾷν] Pro ἑωρακέναι. AUGER.

Ἢ κατὰ πόλεις] *Vel nominando civitates.* IDEM.

Οὐ γάρ;] Τὸ οὐ γάρ, vel, οὐκ ἄρα, nisi parenthesi includatur, potest abesse. Sed subjectio est, qua ipse sibi respondet. WOLF. Hic, οὐ γάρ, ut sæpius alias, est responsio abrupta oratoris ad interrogatum. AUGER.

Πεπραγμένα αὐτοῖς] Τῷ Ἀνδροτίωνι καὶ τοῖς περὶ αὐτὸν, ut etiam aurifices complectatur, aut collegam ejus, cujus nomen dissimulat, quem Timocratem fuisse conjicio. WOLF. Nempe Androtioni et Timocrati. AUGER.

Ὄντες οἱ στέφανοι] Ἕως ἦσαν. WOLF. *Dum existerent.* AUGER.

Δόξαν — τὸ δοκεῖν ἐθέλειν μεμνῆσθαι] Ἐξηγητικῶς. WOLF. Melius hoc sane, quam quod alibi ab eodem notatum vidi, τοῦ δοκεῖν. TAYLOR.

Εἰργασμένοι] Etsi *designarunt*: Potius:

γασμένοι, εἰς τοῦτο [1] ἅμα ἀναισθησίας, καὶ τόλμης προεληλύθασιν, ὥστε μέμνηνται τούτων, ὡς καλῶς αὐτοῖς διῳκημένων· ὥσθ' ὁ μὲν οἴεται δι' ἐκεῖνον ὑφ' ὑμῶν σωθήσεσθαι, ὁ δὲ παρακάθηται, καὶ οὐ καταδύεται τοῖς πεπραγμένοις. οὕτω δ' οὐ μόνον εἰς χρήματα ἀναιδὴς, ἀλλὰ καὶ σκαιός ἐστιν, ὥστε οὐκ οἶδεν ἐκεῖνο, ὅτι στέφανοι μέν εἰσιν ἀρετῆς
617 σημεῖον, φιάλαι δὲ καὶ τὰ τοιαῦτα, πλούτου· καὶ στέφανος μὲν ἅπας, κἂν μικρὸς ᾖ, τὴν ἴσην φιλοτιμίαν ἔχει τῷ μεγάλῳ, ἐκπώματα δὲ ἢ θυμιατήρια, ἂν μὲν ὑπερβάλλῃ τῷ πλήθει, πλούτου τινὰ δόξαν προσετρίψατο τοῖς κεκτημένοις, ἐὰν δ' ἐπὶ μικροῖς τις σεμνύνηται, τοσοῦτ' ἀπέχει τοῦ τιμῆς τινὸς διὰ ταῦτα τυχεῖν, ὥστε ἀπειρόκαλος προσέδοξεν εἶναι.

κβ'. Οὗτος τοίνυν ἀνελὼν τὰ τῆς δόξης κτήματα, τὰ τοῦ πλούτου πεποίηται μικρὰ, καὶ οὐχ ὑμῶν ἄξια. καὶ οὐδ' ἐκεῖνο οἶδεν ὅτι πρὸς μὲν χρημάτων κτῆσιν, οὐδὲ πώποτε ὁ δῆμος ἐσπούδασε· πρὸς δὲ δόξης, ὡς οὐδὲ πρὸς ἓν τῶν ἄλλων. τεκμήριον δέ· χρήματα μὲν γὰρ πλεῖστα τῶν Ἑλλήνων [2] ποτὲ σχὼν, τὰ πάνθ' ὑπὲρ φιλοτιμίας ἀνήλωσεν· εἰσφέρων δ' ἐκ τῶν ἰδίων, [3] οὐδένα κίνδυνον ὑπὲρ δόξης ἐξέστη. ἀφ' ὧν κτήματα ἀθάνατα αὐτῷ περίεστι, τὰ μὲν, τῶν ἔργων ἡ μνήμη, τὰ δὲ, τῶν ἀναθημάτων τῶν ἐπ' ἐκείνοις ἀνατεθέντων τὸ κάλλος· προπύλαια ταῦτα, ὁ παρθενὼν, στοαὶ, νεώσοικοι· οὐκ ἀμφορίσκοι δύο, οὐδὲ χρυσίδες τέτταρες ἢ τρεῖς, ἄγουσα ἑκάστη μνᾶν, ἃς, ὅταν σοι δοκῇ, σὺ πάλιν γράψεις καταχωνεύειν. οὐ γὰρ αὐτοὺς δεκατεύ-

[1] [ἅμα] [2] ποτ' ἔχων [3] οὐδένα πώποτε κίνδυνον

etsi perpetrarunt. Jurin.

Δι' ἐκεῖνον] *Propter istos* Wolfius. Quare ita verteret, *nescio*. Neque enim meminit, unquam sibi scriptum reperiri δι' ἐκείνους. Nonnunquam suspicatus fui, legendum esse δι' ἐκείνων, *earum rerum, quas gessit, gratia*. Quo ritu etiam *interpretatur* Ferrus: *La onde costui d'essere salvato da voi* per *queste opere estima*. Taylor. Immo: *propter istum*. Timocratem intelligit, Androtionis collegam. Vid. Orat. adv. Timocrat. p. 757. 7. ed. Reisk. Jurin.

Οὕτω δ' οὐ μόνον] L. οὕτω δ' οὗτος οὐ μόνον. οὗτος, nempe, Androtion. Auger.

Τῷ πλήθει] Legendum videtur τῷ μεγέθει, vel τῷ πλήθει, ἢ μεγέθει. Aliter enim perit omnis vis argumenti. Jurin.

κβ'. Τὰ τοῦ πλούτου] Sub. κτήματα. πεποίηται, *fecit*, i. e. substituit. Auger.

Καθέντων] Varia lectio habet ἀνατεθέντων, quod magis probo, quam σταθέντων, aut καθέντων. Wolf. V. Var. Lect.

Οὐ γὰρ αὐτοὺς δεκατεύοντες] Τὰς δεκάτας τῶν ὑπαρχόντων εἰσφέροντες. Alia est δεκάτευσις τῶν στρατιωτῶν. Idem. Non vidit vim hujus locutionis Wolfius. Commode autem illustravit Harpocratio in v. quem consuli velim. Taylor.

οντες, οὐδὲ ἃ καταράσαιντο ἂν οἱ ἐχθροὶ, ποιοῦντες, διπλᾶς [1]πλάττοντες τὰς εἰσφορὰς, ταῦτα ἀνέθεσαν· οὐδ', [2]οἵοις περ σὺ, χρώμενοι συμβούλοις ἐπολιτεύοντο· ἀλλὰ τοὺς ἐχθροὺς κρατοῦντες, καὶ ἃ πᾶς τις ἂν εὖ φρονῶν εὔξαιτο, τὴν πόλιν εἰς ὁμόνοιαν ἄγοντες, ἀθάνατον κλέος αὑτῶν λελοίπασι, τοὺς δ' ἐπιτηδεύοντας οἷα σοὶ βεβίωται, τῆς ἀγορᾶς εἴργοντες. ὑμεῖς δ' εἰς τοῦτο, ὦ ἄνδρες Ἀθηναῖοι, 618
προήχθητε εὐηθείας καὶ ῥαθυμίας, ὥστ' οὐδὲ τοιαῦτα ἔχοντες παραδείγματα, ταῦτα μιμεῖσθε· ἀλλ' Ἀνδροτίων ὑμῖν πομπείων ἐπισκευαστής. [3]Ἀνδροτίων, ὦ γῆ καὶ θεοί! καὶ τοῦτο τὸ ἀσέβημα, [4]ἔλαττόν τινος ἡγεῖσθε; ἐγὼ μὲν γὰρ οἶμαι δεῖν τὸν εἰς ἱερὰ εἰσιόντα, καὶ χερνίβων καὶ κανῶν ἁψόμενον, καὶ τῆς πρὸς τοὺς θεοὺς ἐπιμελείας προστάτην ἐσόμενον, οὐχὶ [5]προειρημένων ἡμερῶν ἀριθμὸν ἁγνεύειν μόνον, ἀλλὰ τὸν βίον ὅλον ἡγνευκέναι τοιούτων ἐπιτηδευμάτων, οἷα τούτῳ βεβίωται.

[1] πράττοντες   [2] οἷόσπερ   [3] Ἀνδροτίων;   [4] ἔλαττον τίνος   [5] *προειρημένον

Πλάττοντες] Πράττοντες Reg. ε. Quod melius et sanius. πραττόμενος marg. Paris. πραττόμενοι Lambin. Idem.

Οἵοις περ] Imo οἷόσπερ, *qualis tu es*. F. leg. τοῖς οἷόσπερ σύ. Auger.

ΔΗΜΟΣΘΕΝΟΥΣ

Ο ΚΑΤΑ

ΑΡΙΣΤΟΚΡΑΤΟΥΣ

ΛΟΓΟΣ.

I. TAYLORI

PRÆFATIO

AD

ORATIONEM DEMOSTHENIS

CONTRA ARISTOCRATEM.

BENE mehercule ab Aristocrate illo factum, quod, cum hac rogatione Charidemum ornare voluit, locum dedit illustrissimæ Quæstioni et graviter et perutiliter a Demosthene tractandæ. Perutiliter sane, cum ea causa tot leges sapientissimæ Reip. earumque luculentam tractationem nobis nostrisque usibus conservaverit, quot in pari ambitu Orationis vix alibi produci, nedum exponi aut elucidari videas. Ægre feret Lector noster eruditus, se a me admoneri, quantum ad hanc Orationem recte intelligendam conferant doctissimi Viri, et de Jure hoc nostro præclare meriti, S. Petitus LL. Attic. L. VII. Tit. 1. cum annotationibus eruditissimi, amicissimique Wesselingii, Claud. Salmasius de Modo Usurarum C. XVII. Heraldus denique Animadv. in Salmas. L. IV. C. V.

Ab hoc Criticorum pari, Salmasium intelligo et Heraldum, cum multa acriter et erudite utrinque disputantur, quæ ad causam Aristocrateam pertingunt, tum illud imprimis, quod istius causæ pene summam non mediocriter afficit: Nimirum, cum in sua rogatione scripserit Aristocrates: QUICUNQUE CHARIDEMUM INTERFECERIT, EUM EX OMNIBUS GENTIBUS, QUÆ FŒDERE ET AMICITIA CUM P. A. CONJUNCTÆ FORENT, ΑΓΩΓΙΜΟΝ ΕΙΝΑΙ, quid per illud ἀγώγιμον necessario sit intelligendum, scil. quid cuivis in eum hominem liceret, qui Charidemum leto dederit. Fuisse Ἀπαγωγὴν in Jurisprudentia Attica, istius Juris periti probe norunt: norunt etiam, quid sibi velit, et qualiter exercenda. Nimirum, *injecta manu reum in jus ducere, ut ibi* legitimum *supplicium de eo sumatur:* præterea nihil. Atque in hoc, credo, consentiunt, qui in omnibus fere aliis dissentire inter se videntur. Attamen, si Demostheni credas, ex hac Aristocratis rogatione sequeretur, inclementius omnino, et indignius tractari potuisse eum, qui Charidemum interfecerit, quam communi isto ἀπαγωγῆς ritu in quemvis alium ordinario erat statutum. Ita enim ille: ἔν γε τῷ ποιεῖν ἀγώγιμον, πάνθ', ὅσα ἀπείρηκεν ὁ νόμος, δέδωκας, χρήματα πράξασθαι, ζῶντα λυμαίνεσθαι, κακοῦν, ἔχοντα αὐτὸν ἀποκτιννύναι. §. ζ'. ante fin. Hæc quam aliena sint, vides. Quam absonum hoc, ut aliud sc. in suasione Aristocratea exprimeret vox ἀπάγειν, aliud in communi istius Pop. νομοθεσίᾳ? Comminiscitur ergo Salmasius commentum, in quo sibi maxime placere videbatur, differre nimirum ἄγειν et ἀγώγιμον ab eo, quod dicitur ἀπάγειν et ἀπαγώγιμον: illud esse *vi domum cruciandum,* (si ita videretur) hoc *jure ad magistratum puniendum* ducere; et tulisse porro Aristocratem extrema illa et durissima. Id tamen omnino falsum est. Græci ἄγειν et ἀπάγειν promiscue et indifferenter, sicut Latini *ducere* et *abducere*, dicunt, ut pluribus ostendit Heraldus. Neque porro Aristocrates tantum cuique licere sua rogatione voluit. Non ea erat istius inclementia, quam in hac Oratione insectatur Demosthenes, verum alia omninò. Insimulabatur enim potissimum, *primum,* quod, cum Leges nihil permittant, nisi in eum, qui in jure legitime convictus fuerit, Aristocrates scripsit licere etiam in indemnatum: *secundo,* cum istud ἀπάγειν neque in damnatum competebat, modo ab Atheniensium ditione abstineret, id Aristocrates voluit fieri extra Atticum territorium etiam in indemnato. Quod autem addidit de contumeliis iis et injuriosa usque ad necem tractatione, id suo more exaggerat, oratorie potius, quam juridice, ῥητορικῶς, non πολιτικῶς, et est luculentissimum argumentum istius violentiæ, in qua tantum dominatur Demosthenes. Et in ea sententia video esse Ulpianum in σχ. ad hanc Orationem. Ἀγώγιμον] οἱ μὲν εἰρήκασιν ἐπὶ κρίσει· ὁ δὲ ῥήτωρ ἐκ τῆς ἀσαφείας εἰς ὃ ἐβούλετο μετήγαγεν, ἐπὶ θανάτου λέγων. Alibi: ἔν γε τῷ ποιεῖν ἀγώγιμον] τῷ ἀγωγίμῳ πανταχοῦ σοφίζεται. Rursus: αὐτὸς [Demosthenes] ὡς ἐφ' ὁμολογουμένοις ἔλαβεν αὐτὸν ἀγώγιμον ἐπὶ θάνατον. ὁ δὲ Ἀριστοκράτης ἔφασκεν, ἀλλ' ἐπὶ κρίσει. Similiter Scholiastes Hermogenis pag. 110. καὶ ἐν τῷ κατὰ Ἀριστοκράτους, ἐν οἷς φησὶν, ἐάν τις ἀποκτείνῃ Χαρίδημον, ἀγώγιμος ἔστω. ὁ μὲν γὰρ τὸ ἀγώγιμον ἐπὶ θανάτῳ λέγει εἶναι, ὁ δὲ ἐπὶ κρίσει.

Hæc habui præfanda, seu complananda potius in aditu Orationis *luculentæ,* ut scribit vir doctissimus, *et multis antiquitatis reliquiis instructæ.* Quæ cum tanta sit commendata utilitate, non minorem habet elegantiæ et decoris laudem. Dionys. Halic. §. 45. de vi Demosth. Ἐκ δὲ τῶν ἐναγωνίων αὐτοῦ λόγων, ὁπόσοι πρὸς δικαστήρια γεγόνασιν, ἢ πρὸς ἐκκλησίας, τεκμαίρομαι, ὅτι ταύτην τὴν γνώμην ὁ ἀνὴρ εἶχεν. ὁρῶ γὰρ αὐτὸν, εἴ ποτε λάβοι πράγματα χαριεστέρας δεόμενα κατασκευῆς, πανηγυρικὴν αὐτοῖς ἀποδιδόντα τῆς λέξεως ἁρμονίαν, ὡς ἐν τῷ κατὰ Ἀριστοκράτους πεποίηκε λόγῳ, πολλαχῇ μὲν καὶ ἄλλῃ, μάλιστα δ' ἐν οἷς τὸν περὶ τῶν νόμων ἀποδίδωσι λόγον, καὶ τὸν περὶ τῶν φονικῶν δικαστηρίων, ἐφ' ἧς χρείας ἕκαστον τέτακται. Item Theo Progymn. pag. 5. Οἱ γοῦν κάλλιστοι τῶν δημοσίων λόγων εἰσὶν, ἐν οἷς περὶ νόμου τι, ἢ ψηφίσματος, ἀμφισβητεῖται. λέγω δὲ τόν τε περὶ

Στεφάνου, καὶ τὸν κατὰ Ἀνδροτίωνος, καὶ Τιμοκράτους, καὶ Ἀριστοκράτους. ὀλίγον γὰρ διήνεγκεν, εἰ μὴ νόμον, ἀλλὰ ψήφισμα Ἀριστοκράτης ἔγραψε. Atque etiam inter τῶν δικανικῶν καλλίστους locat Hermogenes τὸν κατὰ Ἀριστοκράτους, καὶ τὸν ὑπὲρ Στεφάνου, p. 376. Edit. Crispin. Exemplar τοῦ δικανικοῦ χαρακτῆρος nominat ejus scholiastes pag. 74. Cujus item alibi sententia est, quam et sua quoque confirmavit Aristides Rhetor, in ea elucescere utramque ideam, tam quæ *deliberativo*, quam quæ competit *judiciali* sermoni. Neque eo solum ornatu orationis exaratur, verum etiam summo studio Reip. Quod olim observavit Panætius philosophus de Orationibus Ctesiphontea, Aristocratea, Leptinea et Philippicis, apud Plutarchum in vita Auctoris nostri.

Habita erat, eodem Plutarcho teste, juxta id temporis, quo illas etiam habuit, c. Androtionem unam, et alteram c. Timocratem. Τῶν δὲ δημοσίων ὁ μὲν κατ' Ἀνδροτίωνος, καὶ Τιμοκράτους, καὶ Ἀριστοκράτους ἑτέροις ἐγράφησαν, οὔπω τῇ πολιτείᾳ προσεληλυθότος. δοκεῖ γὰρ δυοῖν ἢ τριῶν δέοντα ἔτη τριάκοντα γεγονὼς ἐξενεγκεῖν τοὺς λόγους ἐκείνους. Verum hoc quidem, aut vero saltem proximum, quod ait de Leptinea et Timocratea: serius tamen aliquanto hæc contra Aristocratem, Olymp. sc. CVII. 1. cum Demosthenes ætatis ageret annum trigesimum, si Dionys. Halic. fides. Ἐν τούτῳ τῷ χρόνῳ (nempe Aristodemo Prætore, qui fuit eo anno, quem designavimus) καὶ τὸν κατὰ Ἀριστοκράτους ἔγραψε λόγον Εὐθυκλεῖ τῷ διώκοντι παρανόμων τὸ ψήφισμα. Epist. ad Ammæum, §. 4.

Quis autem fuerit iste Euthycles, cujus in gratiam hæc scripserit Demosthenes, penitus ignoratur, et juxta quis fuerit ille Aristocrates, qui hic insimulatur. Certum interea est, errasse Scholiastem Aristoph. ad Aves 126. cum ait, fuisse Aristocratem Scellii F. qui in bello Peloponnesiaco multa egregia facinora edidit. Epichares enim, qui per hæc tempora orationem habuit adv. Theocrinem, Demosthene scribente, Aristocratem istum Scellii F. vocat avunculum Avi sui, ut mirum sit, si hæc concordare possint. Neque porro profecto verisimile est, eundem fuisse impetitum ab Aristophane in Fabula, quam dedit Olymp. XCI. 2. et a Demosthene in Oratione, quam habuit Olymp. CVII. 1.

Cum nonnulla sint in hac Oratione, quæ alibi apud Demosthenem leguntur, ut olim annotavimus, præcipuum est, quod multa hinc transtulit ad Orationem, quæ inscribitur περὶ Συντάξεως: de qua re non leve aliquod in notis ad istum locum infra observavimus. TAYLOR.

ΛΙΒΑΝΙΟΥ ΥΠΟΘΕΣΙΣ ΤΟΥ ΚΑΤΑ ΑΡΙΣΤΟΚΡΑΤΟΥΣ ΛΟΓΟΥ.

Pag. ed. Reisk.

ΧΑΡΙΔΗΜΟΝ τὸν Ὠρείτην, ἡγούμενον ξενικοῦ, καὶ στρατηγοῦντα παρὰ Κερσοβλέπτῃ τῷ 618
Θρᾳκης βασιλεῖ, πολίτην σφῶν αὐτῶν Ἀθηναῖοι ἐποιήσαντο, τὰ μὲν, γεγονότα χρήσιμον αὐτοῖς,
τὰ δὲ, προσδοκῶντες ἔτι μᾶλλον γενήσεσθαι. περὶ τούτου ψήφισμα ἔγραψεν Ἀριστοκράτης
ἐν τῇ βουλῇ τοιοῦτον· ἐάν τις ἀποκτείνῃ Χαρίδημον, ἀγώγιμος ἔστω ἐξ ἁπάσης
[1] τῶν Ἀθηναίων συμμαχίδος· ἐὰν δέ τις τὸν ἀγόμενον ἀφέληται ἢ [2] πολίτης ἢ ἰδιώτης, ἔκσπονδος ἔστω. τούτου κατηγορεῖ τοῦ ψηφίσματος Εὐθυκλῆς,
τῷ Δημοσθένους λόγῳ χρησάμενος. καί φησι πρῶτον μὲν εἶναι τὸ ψήφισμα παράνομον, ὅτι
κρίσιν ἀναιρεῖ, καὶ δικαστήρια, καὶ τὴν τιμωρίαν ἀπὸ τῆς αἰτίας γεγραμμένην ἔχει· δεύτερον, 619
δὲ, μὴ συμφέρειν τοῖς Ἀθηναίοις τοιαύτην Χαριδήμῳ δοῦναι δωρεάν· ἀπολοῦμεν γὰρ διὰ ταύτης Χεῤῥόνησον, τὸ δὲ ὅπως, ὁ λόγος δείξει· ἐξετάζει δὲ καὶ τὴν τοῦ προσώπου ποιότητα, λέγων οὐκ εἶναι δωρεῶν ἄξιον τὸν Χαρίδημον, καὶ ταῦτα τοιούτων.

[3] ΑΛΛΩΣ.

Ἡ ΕΥΒΟΙΑ μία νῆσος καταντικρὺ τῆς Ἀττικῆς, διήκουσα διὰ τῆς Βοιωτίας καὶ τῆς Φωκίδος

[1] τῆς [2] πόλις [3] Ἑτέρα ὑπόθεσις.

Πολίτης ἢ ἰδιώτης] Quasi vero οἱ ἰδιῶται, πολῖται non essent! F. ἢ πολίτης, ἢ ξένος, vel σύμμαχος potius. In altero argumento mentio fit Athenodori civis, et Simonis ac Bianoris, sociorum. Sed quid, si pro πολίτης, legas πόλις? Et hoc ego in vertendo secutus sum, nec repudio conjecturam. Wolf. Bene sane, et in posteriori hac crisi officio suo probe functus est. Ita in lege hac ipsissima, quæ recitatur in Oratione §. κδ'. iterum peccatum est in libris inferioris notæ, editis scriptisque, ἐὰν δέ τις ἀφέληται, ἢ πολίτης, ἢ ἰδιώτης, ubi ex nostrorum optimis iterum rescribendum est πόλις. Nam, si hæc auctoritate indigere viderentur, quanquam probe sciam non indigere, ecce noster de hac eadem causa §. κ'. Ἐὰν δέ τις ἀνθρώπων, ἢ καὶ ὅλη ἡ πόλις τοσούτοις νομίμοις — βοηθήσῃ, καὶ τὸν ὑβριζόμενον — ἀφέληται, ἔκσπονδον ἔγραψεν εἶναι. Mendum hoc vidit et sustulit H. Stephanus T. I. Thes. Gr. Ling. col. 1642. Taylor. Manifeste legendum ἢ πόλις, ut p. 183. v. 19. Vid. §. κ'. ἐὰν δέ τις ἀνθρώπων, ἢ καὶ ὅλη ἡ πόλις — βοηθήσῃ. Jurin.

Καὶ τὴν τιμωρίαν ἀπὸ τῆς αἰτίας] Forte πρὸ τῆς αἰτίας, vel ἄνευ τῆς αἰτίας. Quam lectionem confirmare videntur verba [§. δ'. fin.] καὶ παραβὰς τὸ τί πράττοντα εἰπεῖν etc. Wolf. Male. Accusatur Aristocrates, non quod pœnam statuerit *ante* criminationem, (neque enim statuerat) verum quod pœnam *immediate* sequi voluit criminationem, quod judicium præterierit, et quæstionem: μέσον γάρ ἐστιν αἰτίας καὶ ἐλέγχου κρίσις, ut dicitur §. ζ'. fin. Et in ea causa loquitur Demosthenes (ad cujus normam sapere contendit Libanius) τὴν τιμωρίαν εὐθὺς ἀπὸ τῆς αἰτίας γεγραμμένην, *immediate, nullo judicio interposito*. Ita §. ιδ'. ἀλλ' ἀπ' αἰτίας εὐθὺς ἡ τιμωρία γέγραπται. Et §. ιζ'. fin. ἀλλ' ἀόριστον αὐτὴν εἰπὼν τὴν αἰτίαν, καὶ μετὰ ταῦτ' εὐθὺς προσγράψας ἀγώγιμον εἶναι. Et §. κ'. fin. καὶ τοῦτον εὐθὺς ἄνευ κρίσεως κολάζει. Et §. κά. πρὸ τοῦ δίκην ἀξιῶσαι λαβεῖν εὐθὺς ἔγραψεν ἀγώγιμον εἶναι. Similiter, §. νς'. ὁ πρῶτος νόμος ἄντικρυς εἴρηκεν, ἄν τις ἀποκτείνῃ τινὰ, τὴν βουλὴν δικάζειν· ὁ δὲ, ἄν τις ἀποκτείνῃ, εὐθὺς γέγραφεν ἀγώγιμον εἶναι. Taylor. Vertit Wolfius: *et vindictam ante crimen contineat* scriptam. Potius: *et pœnam sub ipsam criminationem subjungat*. Nimirum, si quis Charidemum occidisset, eum comprehendendi, abducendi, mulctandi pecunia, vel etiam interficiendi, hac lege lata cuilibet jus fiebat, nullá judicum cognitione præmissa, jurene, an injuria, casu, an consulto, occidisset. Vide §. ς'. §. ή. Malim vero ἀπ' αὐτῆς αἰτίας. Jurin. πρὸ Interpres. Vide tamen §. ιδ'. et nil muta præter versionem. Markland.

Δὲ καὶ] Istud καὶ ex Edit. Felic. quod agnoscit etiam Baroc. Et recte sane. Nam hæc est *et* tertia quæstio, (Charidemi sc. *merita*) quæ in hac oratione tractatur. Initium autem sumit a §. λς'. Taylor.

ΑΛΛΩΣ] Morelius e Codd. Parisien-

μέχρι τῶν Ἀφετῶν· Ἀφεταὶ δὲ τῆς Θετταλίας τόπος. ἴσμεν δὲ ὅτι χωρία πολλὰ εἶχεν ἡ Εὔβοια, ἔστι δὲ ἐν τῇ Εὐβοίᾳ χωρίον Ὠρεός· τοῦ Ὠρεοῦ δὲ ὁ πολίτης Ὠρείτης. Ὠρείτης οὖν τις Χαρίδημος ξεναγὸς ἦν τῶν Ἀθηναίων· ξεναγὸς δέ ἐστιν, ὅτε τις στράτευμα [1] ξένον ὑπέρ τινος ἄλλου τρέφει· διὰ τοῦτο οὖν καὶ οὗτος ἐλέγετο ξεναγὸς, ἐπειδὴ στράτευμα ξένων ἔτρεφεν ὑπὲρ συμμαχίας τῶν Ἀθηναίων. ἦν οὖν τῶν μὲν Ἀθηναίων ξεναγὸς, γαμβρὸς δὲ Κότυος τοῦ τῶν Θρακῶν βασιλέως, καὶ στρατηγός. ὁ δὲ Κότυς παρέλαβέ ποτε τὴν Χερρόνησον τὴν Ἀθηναίων οὖσαν, καὶ τελευτήσας κατέλιπε τῆς βασιλείας διάδοχον Κερσοβλέπτην, εἰ μετὰ τινῶν δύο Βηρισάδου καὶ Ἀμαδόκου τὴν βασιλείαν μερίσαιτο. εἶχε δὲ στρατηγὸν ὁ μὲν Κερσοβλέπτης ὡς συγγενῆ τὸν Χαρίδημον· ὁ δὲ Βηρισάδης, τινὰ Ἀθηνόδωρον, Ἀθηναῖον φύσει, Ἀλωπεκῆθεν· ὁ δὲ Ἀμάδοκος δύω στρατηγοὺς εἶχε Σίμωνα καὶ Βιάνορα. ἰδίᾳ τοίνυν ἕκαστος τῶν βασιλέων ἤθελε χάριν τοῖς
620 Ἀθηναίοις ποιήσασθαι, διὰ τὸ ἔχειν αὐτοὺς εἰς συμμαχίαν εὐμενεῖς· καὶ συμβουλεύσαντος τοῦ Χαριδήμου δοῦναι κοινῇ τοῖς Ἀθηναίοις τὴν Χερρόνησον, ἐπείσθησαν οἱ βασιλεῖς, καὶ δεδώκασι. τοῦτο γνόντες οἱ Ἀθηναῖοι, τὸν Χαρίδημον ἐστεφάνωσαν, ὡς εὐεργέτην [2] αὐτῶν χρυσῷ στεφάνῳ, καὶ θετὸν πολίτην αὐτὸν ἐποιήσαντο· τοῖς δὲ ὁ Χαρίδημος, ὅτι φιλοῦσιν αὐτὸν, ἐδήλωσεν αὐτοῖς διά τινος Ἀριστοδήμου, ὡς ἂν ποιήσωσιν ἀσφάλειαν αὐτῷ περὶ τῆς τοῦ σώματος φυλακῆς· καὶ ὅτι οὐκ ἐπιβουλεύεται, δίδωσιν αὐτοῖς τὴν Ἀμφίπολιν, ἀφαιρούμενος αὐτὴν ἀπὸ Φιλίππου. Ἀριστοκράτης οὖν τις Ἀθηναῖος ὑπειλημμένος ἔγραψε τοιοῦτο ψήφισμα· ὁ φονεύων Χαρίδημον ἀγώγιμος ἔστω, τοῦτ᾽ ἔστιν ἀκτέος ἐπὶ τὸ κολασθῆναι· ἐὰν δέ τις φησὶν ἀφέληται τὸν ἀγώγιμον ἢ πόλις ἢ ἰδιώτης, καὶ, ὡς εἰπεῖν, ἀντιλάβηται αὐτοῦ, ἔκσπονδος ἔστω τῶν Ἀθηναίων. Εὐθυκλῆς δέ τις Θάσιος τὸν δῆμον ἐπελάβετο τοῦ ψηφίσματος ὡς κακῶς ἔχοντος, ὡς παρανόμου, καὶ ἀσυμφόρου, καὶ γεγραμμένου ἀνδρὶ ἀναξίῳ. οὗτος λαβὼν παρὰ τοῦ Δημοσθένους τὸν λόγον, χρυσίον παρασχὼν, κατηγόρει τοῦ Ἀριστοκράτους. ὁρῶν οὖν ὁ ῥήτωρ τὴν ἁπλῆν ὑπόθεσιν, ἰσχύουσαν μὲν τῷ νομίμῳ, κινδυνεύουσαν δὲ διὰ τὸ προτιμᾶσθαι τὸ συμφέρον τῆς ἀξίας ὑφ᾽ ἑκάστου τῶν λαμβανόντων πολλάκις, καὶ μάλιστα ὅταν στρατηγοὶ τυγχάνωσιν ἐπίδοξοι, καὶ τὴν πόλιν εὐεργετῶσιν, οἷος ὁ Χαρίδημος, καὶ Κερσοβλέπτου στρατηγὸς, ὁ ἀδελφὴν αὐτοῦ ἔχων καὶ διὰ τὸ δόξαι ἐν τῷ κατὰ τὴν Χερρόνησον εὖ ποιεῖν Ἀθηναίους αἱρεθεὶς στρατηγὸς [3] αὐτῆς τῆς πόλεως, ἑτέραν ἐξεῦρεν ὑπόθεσιν *** ἐπιπλέκων ταράττει τὸν
621 ἀκροατὴν, φάσκων γεγράφθαι τὸ ψήφισμα ἐπὶ Χερρονήσῳ τῆς πόλεως σχήματι. ὡς οὖν ἀμφοτέ-

[1] ξένων [2] αὐτῶν [3] αὐτῆς

sibus hoc argumentum edidit primus, cujus etiam apographum teneo ex optimo Vindobonensi, unde non vulgaria derivavi ad emendanda Moreliana. TAYLOR.

Στράτευμα ξένων] Modo, sc. v. 3. dixit στράτευμα ξένον, qualiter et hic quoque scribitur in Cod. Vindob. IDEM.

Καὶ τελευτήσας κ. τ. λ.] Idem præstantissimus Codex ita: καὶ τελευτήσας κατέλιπε υἱὸν Κερσοβλέπτην, ὃς μετὰ τινῶν δύο Βηρισάδου καὶ Ἀμαδόκου τὴν βασιλείαν ἐμερίσατο. IDEM.

Τοῖς δὲ] Absurde, quia sequitur αὐτοῖς. MS. noster γνοὺς δέ. Atque ita deinde scribas. IDEM.

Ἀριστοδήμου] Recte Interpres vertit: *Aristomachum*. Vide §. δ᾽. med. IDEM.

Καὶ ὅτι οὐκ ἐπιβουλεύεται] Delenda videntur καὶ et οὐκ. Redditur nempe ratio, quare indigeat Charidemus præsidio Atheniensium, sc. quod insidiis appetatur. JURIN.

Ὑπειλημμένος] Cum aliquid desiderari hic vidit Wolfius, subjecit vocem ῥήτωρ. Ἀριστοκράτης τις Ἀθηναῖος, ῥήτωρ ὑπειλημμένος. Duriuscule! Codex noster εὖ ὑπειλημμένος. Ita in Oratione, §. γ᾽. κακονούστατον ἀνθρώπων, καὶ πολὺ τἀναντία, ἢ προσῆκεν, ὑπειλημμένον. TAYLOR.

Θάσιος] Wolfius conjecit Θριάσιος, non inscite. IDEM. Θριάσιος. MARKLAND.

Τῆς ἀξίας] Cod. Vindob. τῆς ἀξίας ἑκάστου πολλάκις τῶν λαμβανόντων, sine ὑφ᾽. Quod melius. TAYLOR. Plane supervacaneum τὸ ὑφ᾽. JURIN.

Ἐπίδοξοι] Ἔνδοξοι præfert Wolfius. MS. ὅταν στρατηγοὶ τυγχάνωσι καὶ ἐπίδοξοι. TAYLOR.

Καὶ Κερσοβλέπτου] Forte Χαρίδημος, ὁ Κερσοβλέπτου στρατηγὸς, καὶ ἀδελφὴν αὐτοῦ ἔχων. MARKLAND.

Ὁ ἀδελφὴν] Ὡς ἀδελφὴν MS. Malim: οἷος ὁ Χαρίδημος, ὁ Κερσοβλέπτου στρατηγὸς, καὶ ἀδελφὴν αὐτοῦ ἔχων. TAYLOR.

Ἐν τῷ] Ita conjecit Wolfius, et Moreliana lectio sine dubio est mendosa, ἐν τὸ κατὰ τὴν Χ. Aut igitur Wolfium sequere, aut cum MSto Vindob. lege ἐν τοῖς κατὰ τὴν Χερρόνησον. IDEM.

Ὑπόθεσιν] In Cod. quo usus est Morelius, post hanc vocem parvula erat lacunula, quam Wolfius ex ingenio suo ita supplere voluit: ὑπόθεσιν. ταύτην δὲ ἐπιπλέκων κ. τ. λ. Vel hoc demum pacto: ὑπόθεσιν τὴν περὶ Χερρονήσου. ἣν ἐπιπλέκων κ. τ. λ. MS. vero Vindobonensis sic: ἑτέραν ἐξεῦρεν ὑπόθεσιν ἐκ τῆς οἰκείας δεινότητος, ἵνα ἐπιπλέκων ταράττῃ τὸν ἀκροατὴν κ. τ. λ. IDEM.

Σχήματι] Κτήματι Wolfius, ad quem ritum interpretatur. IDEM. Vertit Wolfius: *fundi reipublicæ*. Potius: *prætextu reipublicæ*. Nisi malis τῆς πόλεως κτήρων, τοῦ τε Κερσοβλέπτου καὶ τοῦ δήμου τῶν Ἀθηναίων, καὶ βουλομένου Χαριδήμου ταύτης ἐπιτυχεῖν τῆς δωρεᾶς, Δημοσθένης τὴν κατὰ τὴν Χεῤῥόνησον ὑπόθεσιν ἐπέθηκεν, εἰς ὑποψίαν ἄγων τοὺς ἀκούοντας, καὶ φάσκων ἐξ ἐπιβουλῆς Ἀριστοκράτην γεγραφέναι τὸ ψήφισμα, ἵνα μηδενὸς τῶν βασιλέων ἀναιροῦντος αὐτὸν φόβῳ τῆς πόλεως, περιποιήσῃ Κερσοβλέπτης πάλιν Χεῤῥόνησον. τοσαῦτα περὶ τῆς ὑποθέσεως.

ΑΛΛΩΣ.

ΔΙΠΛΟΥΣ ὁ λόγος, καθάπερ καὶ ὁ κατὰ Τιμοκράτους. ἔχει γὰρ διπλῆν ὑπόθεσιν, τὴν τῶν παρανόμων, τὴν κρινομένην, ἔχει δὲ καὶ ἑτέραν ἐπεισενηνεγμένην, τὴν κατὰ τὴν Χεῤῥόνησον. ἔστι δὲ, ὡς ἂν εἴποι τις κατὰ τὴν ὁμοιότητα, ἀνταγώνισμα ὁ παρὼν λόγος τῷ περὶ τοῦ στεφάνου λόγῳ. ἀλλ' ἐκεῖ μὲν ὅτι ἄξιός ἐστι δωρεᾶς, ἀγωνίζεται Κτησιφῶν· ἐνταῦθα δὲ Εὐθυκλῆς Ἀριστοκράτην ἐγράψατο, φάσκων παράνομον εἶναι τὸ ψήφισμα, καὶ ὅτι οὐκ ἄξιός ἐστι τῆς δωρεᾶς ὁ Χαρίδημος. δηλοῦται δὲ ἡ στάσις ὅτι πραγματική ἐστιν ἔγγραφος, εἰ δεῖ κυρωθῆναι τὸ ψήφισμα, ἢ μή. εἰσὶ δὲ τοῦ λόγου κεφάλαια τρία, τὸ δίκαιον, τὸ νόμιμον, καὶ τὸ συμφέρον. καὶ τὸ μὲν δίκαιον, καὶ νόμιμον ἐνέπεσε κυρίως ἐκ τῆς ὕλης τῶν πραγμάτων· τὸ δὲ συμφέρον, ἐκ περινοίας τοῦ ῥήτορος. καὶ κατηγορεῖ τῷ μὲν νομίμῳ κατὰ τοῦτον τὸν τρόπον, ὅτι δέκα νόμους παρέβη, ὧν οἱ μὲν ἑπτὰ, φονικοὶ, οἱ δὲ τρεῖς, πολιτικοί· τῷ δὲ δικαίῳ, ὅτι πολλάκις ὁ Χαρίδημος ἠδίκησε τὴν πόλιν, καὶ οὐ δίκαιον δοῦναι αὐτῷ τὴν τοιαύτην δωρεάν· τίθησι δὲ καὶ τὸ συμφέρον ἐκ περινοίας τοῦ ῥήτορος, οὕτως· ὅτι σκοπήσατε ποίῳ τρόπῳ παρελήφθη, καὶ ποίῳ ἐδόθη ἡ Χεῤῥόνησος. δῆλον ὅτι ἐλήφθη τοῦ Κότυος μὲν βασιλεύοντος, ἐδόθη δὲ μερισθείσης τῆς βασιλείας εἰς τρεῖς. νῦν οὖν ὑμῶν παρεχόντων τῷ Χαριδήμῳ τὴν τοιαύτην δωρεὰν, ἐὰν βουληθῇ ὁ Κερσοβλέπτης τοῖς ἄλλοις πολεμῆσαι βασιλεῦσιν, οὐχ ἕξει τὸν ἐναντιούμενον. ὁ γὰρ Ἀθηνόδωρος, Ἀθηναῖος ὢν, οὐκ ἐθελήσει φονεῦσαι τὸν Χαρίδημον διὰ τοὺς Ἀθηναίους. πάλιν ὁ Σίμων καὶ ὁ Βιάνωρ, σύμμαχοι ὄντες ἤτοι πολῖται, οὐδ' αὐτοὶ ἐθελήσουσι Χαρίδημον διαχρήσασθαι. εἰ δ' οὗτοι μὴ ἐναντιωθῶσι, τοῦ Χαριδήμου στρατηγοῦντος τῷ Κερσοβλέπτῃ, ἐρημωθέντων τῶν ἄλλων βασιλέων, καὶ φονευομένων, γενήσεται μονοκράτωρ ὁ Κερσοβλέπτης, καὶ οὐδὲν αὐτὸν κωλύσει λαβεῖν τὴν Χεῤῥόνησον. οὐκ ἔστιν οὖν τοῦτο τὸ κεφάλαιον ἐκ τῆς ὕλης τῶν πραγμάτων κυρίως, ἀλλὰ τοῦ φεύγοντός

ματι, sicuti vocatur Halonesus in argumento Orationis de Haloneso. JURIN.

Ὡς οὖν] MS. ὡς οὖν ὄντα ἀμφοτέρων, τοῦ τε Κερσοβλέπτου, καὶ τοῦ δήμου τῶν Ἀθηναίων. Βουλόμενος τοῦτον ἀποτυχεῖν τῆς δωρεᾶς Δημοσθένης κ. τ. λ. TAYLOR.

Καὶ τοῦ δήμου] F. κατὰ τοῦ δήμου. Etsi malim inversum ordinem hoc modo: τοῦ τε Κερσοβλέπτου καὶ τοῦ Χαριδήμου βουλομένου κατὰ τοῦ δήμου τῶν Ἀθηναίων ταύτης ἐπιτυχεῖν. WOLF.

Καὶ βουλομένου Χαριδήμου ταύτης ἐπιτυχεῖν] Vix ullum sensum hinc extundas, nisi, deleto καὶ, rescribas βουλομένων Χαρίδημον ταύτης ἐπιτυχεῖν, ut referatur τὸ βουλομένων ad præcedens ἀμφοτέρων. JURIN.

ΑΛΛΩΣ] Hypothesis ista, quemadmodum earum plurimæ, quæ post Libanium leguntur, Ulpianum habet Auctorem, ut pluribus ostendere possum. In Editionibus Aldina, Feliciana, et Manutiana Argumenti vicem sustinet. In Moreliana non divellitur a scholiis, quorum portio jure censeri debet. TAYLOR. Desideratur hoc tertium Argumentum in Editione Reiskiana.

Ἔχει γὰρ τὴν τῶν παρανόμων διπλῆν ὑπόθεσιν τὴν κρινομένην] [Ita ordinantur in Editis] Verba et hic et in Enarratione Ulpiani transposita, sic collocanda sunt: ἔχει γὰρ διπλῆν ὑπόθεσιν, τὴν τῶν παρανόμων, τὴν κρινομένην· ἔχει δὲ καὶ ἑτέραν. Hæc lectio haud dubie vera est, neque necesse est τὸ διπλῆν mutari in ἰδίαν, *peculiarem*. WOLF. Vertitur: *habet enim, eamque duplicem, legum violatarum* hypo*thesin, de qua disceptatur*. Verti oportebat: *habet enim duas hypotheses, alteram legum violatarum, de qua disceptatur.* Nec enim insunt in Oratione tres hypotheses, quarum duæ ad leges violatas, tertia ad Chersonesum pertinet; sed omnino duæ, altera violatarum legum, altera Chersonesi. JURIN.

Ἀνταγώνισμα] Siquidem personam Demosthenis species, utriusque Orationis auctorem: sin Æschinis et Euthyclis, συναγώνισμα erit. Uterque enim contendit, hic Charidemum, ille Demosthenem corona indignum esse. WOLF.

Δωρεᾶς] Addit Wolfius omnibus superioribus, ὅτι ἄξιός ἐστι δωρεᾶς ὁ Δημοσθένης. TAYLOR.

Ὅτι] Restitui ex Editis. IDEM.

Ἐκ περινοίας] F. ἐξ ἐπινοίας. Facile enim ΕΠΙ in ΠΕΡΙ mutatur, et e contrario. Sed et illud (τὴν περίνοιαν) τέχνασμα, μηχανὴν, τέχνην, περισσὴν νόησιν, exponunt Græca Lexica. Post, ἐκ περιεργίας τοῦ ῥήτορος eodem sensu dicit. WOLF.

Ποίῳ] Ita Editi: Wolfius οἵῳ. Porro, ex iisdem accuratius et exactius, v. 18. δῆλον δὲ, ὅτι ἐλήφθη τοῦ Κότυος μὲν βασιλεύοντος, ἐδόθη δὲ μερισθείσης etc. In Wolfio istud μὲν desideratur. TAYLOR.

Τοῦ φεύγοντός ἐστι] Quomodo? Charidemi opera in potestatem Atheniensem esse redigendam Amphipolim, nunciasse εστι, λέγοντος, ὅτι συμφέρει ὑμῖν τὸ λαβεῖν τὴν Ἀμφίπολιν, καὶ πολλὰ τοιαῦτα. ὅτι δὲ ἐκ περιεργίας τοῦ ῥήτορος ἐνέπεσε τὸ κεφάλαιον, δῆλον ἐκ τοῦ κατὰ Κτησιφῶντος Αἰσχίνου. τοιαύτης γὰρ οὔσης κἀκεῖ τῆς ὑποθέσεως, ὁ μὲν Αἰσχίνης διὰ πενίαν συνέσεως καὶ δεινότητος ἔνδειαν, οὐκ εὐπόρησε θεῖναι τὸ συμφέρον. Προοίμια δὲ τοῦ λόγου ἐστὶ τρία. τὸ μὲν πρῶτον ἐκ τοῦ πράγματος· ὅτι μεγάλα τὴν πόλιν ἀδικουμένην ὁρῶν, τὸν ἀγῶνα τοῦτον ἐνεστησάμην. ἐν ᾧ καὶ τὴν ἔχθραν τὴν πρὸς Χαρίδημον μὲν κρύπτει, ἔχειν δὲ ἀηδῶς πρὸς τὸν Ἀριστοκράτην διορίζεται, ἐξ οὗ βλαβήσεσθαι ἔμελλεν οὐδέν. ἐπειδὴ γὰρ ὁ μὲν προφανὴς ἀγὼν πρὸς Ἀριστοκράτην, ὁ δὲ κρυπτόμενος πρὸς Χαρίδημον, διὰ τοῦτο τὸ μὲν κρύπτει, ὡς ἀνύποπτον, περὶ δὲ τοῦ ἐμφανοῦς διαλέγεται. τὸ δὲ δεύτερον ἐκ προσώπου τοῦ λέγοντος εἴληπται· ἐπειδήπερ ἰδιώτης τυγχάνων, πρᾶγμα τηλικοῦτον δείξειν ἐπαγγέλλομαι, προσήκει πάντας ὑμᾶς συναγωνίσασθαί μοι. τοῦτο δέ φησι διὰ τὸ φοβεῖσθαι ὅτι ἰδιώτης τυγχάνων πρὸς δημαγωγοὺς καὶ στρατηγὸν ἀγωνίζεται. πόῤῥωθεν γὰρ αὐτῷ τὸ ἀνύποπτον κατασκευάζει διὰ τῆς δοκούσης ἁπλότητος. τὸ δὲ τρίτον ἀπὸ προσώπου τοῦ Χαριδήμου δι᾽ ὅνπερ ὁ λόγος. δέδοται γὰρ ἡμῖν θεώρημα λύειν τὰ ἀντιπίπτοντα πάντα ἀπὸ τῆς ἀξίας, ἐπειδὴ κατὰ ἐνδόξου προσώπου τοὺς λόγους ποιούμεθα. τοῦτο καὶ Ἀριστείδης ἐν τῷ Περικλεῖ πεποίηκεν. ἔστι δ᾽ ἐν μέσῳ τοῦ προοιμίου τοῦ τρίτου συστροφή τις ἐνθυμηματική. εἰ μὲν δὴ τοῦτο μέγιστον Ἀριστοκράτης, καὶ τὰ ἑξῆς. ἐπειδὴ γὰρ κατ᾽ ἀρχὰς τοῦ προοιμίου διέβαλε τὴν ὑπόληψιν τοῦ Χαριδήμου, ἐφοβήθη μὴ τὴν ἐξ ἀκολουθίας ἀπόδειξιν τῆς δυσνοίας ὁ ἀκροατὴς ζητήσῃ, ἣν ἔλυσε, νῦν μὲν σπεύδειν ἐπὶ τὰ κατὰ Χεῤῥόνησον προσποιησάμενος, ὕστερον δ᾽ ἐρεῖν τὴν δύσνοιαν ἐπαγγειλάμενος. ἐπειδὴ δὲ ἔμελλεν ὁ ἀκροατὴς θαυμάζειν, τί δήποτε ψηφίσματος κατηγορίαν ποιούμενος παρανόμων, Χεῤῥονήσου κατὰ τοὺς ἀγῶνας μέμνηται, ἐν καταστάσει προδιατίθησι τὸν ἀκροατὴν, οἰκείαν ὑπολαμβάνειν τῷ ἀγῶνι τὴν μνήμην τῆς Χεῤῥονήσου, ὅλον τὸν ἀγῶνα δι᾽ αὐτῆς διαβάλλων, καὶ ὕποπτον καθιστάς. καὶ ἔστιν ὥσπερ προκατασκευὴ τοῦ συμφέροντος. ἡ κατάστασις δὲ λαμβάνεται, ποτὲ μὲν ἐκ γνώμης, ποτὲ δὲ ἐκ διηγήσεως. ἐπειδὴ δ᾽ ἔμελλεν ἀκούσας ὁ ἀκροατὴς περὶ τῆς Χεῤῥονήσου, ἐπιζητεῖν εὐθὺς τὰς ἐντελεστέρας ἀποδείξεις, διὰ τοῦτο φεύγων, εἶτα μὴ προσποιούμενος φεύγειν, δίδωσιν αἵρεσιν, πότερόν ποτε τὸ νόμιμον ἀκοῦσαι βούλονται πρῶτον, ἢ τὸ δίκαιον, ἢ τὸ συμφέρον. εἶτ᾽ ἐπειδὴ ἦν αὐτῷ ἰσχυρὸν τὸ νόμιμον καὶ οἰκειότερον μᾶλλον τῇ γραφῇ, διὰ τοῦτο καὶ ἀναγκαῖον ἡγήσατο τούτῳ πρώτῳ χρήσασθαι. ἀμέλει γοῦν ὡς οὐκ ἀντειπόντος τοῦ ἀκροατοῦ, ἢ ἐπιζητήσαντος κατὰ τὴν ἐπαγγελίαν τῆς γραφῆς, εἶπε, περὶ τοῦ νομίμου βούλεσθε πρῶτον; τοῦτο ἐροῦμεν. καὶ ἐπειδὴ ἔμελλεν ἀντιπίπτειν ἐκ τοῦ νόμου, ὅτι ξένος

Aristomachum, infra dicit. Ergo, τὸ συμφέρον affert Aristocrates occupationem Amphipoleos: alterum συμφέρον Euthycles, Chersonesi retentionem. WOLF.

Ἐκ περιεργίας] F. ἐκ περινοίας. IDEM. *Ex lascivia Oratoris.* Potius: *ex diligentia Oratoris* omnia circumspectantis et comminiscentis. JURIN.

Διὰ πενίαν συνέσεως] Atqui Æschines negat, esse e Rep. improbum oratorem et malum civem coronari, quod et dedecus susceptura sit civitas, et alii cives futuri deteriores. Jacturam alicujus provinciæ afferre qui potuit, cum fortasse nullam tum haberent Athenienses, aut, ut haberent, coronatio illa nihil ei incommodaret? Dicere autem, Macedonas ægre laturos, id ejusmodi erat, ut et Athenienses decori sibi putarent timere illos: et Demosthenes Æschinis proditione factos illos formidabiles objecturus fuerit. Quare videat iste Rhetorculus, ne homines acuti in ipso εὐπορίαν συνέσεως καὶ δεινότητος περιουσίαν requirant. WOLF.

Τὸ συμφέρον] Post has voces pergit Ulpianus iste in Enarrationibus apud Morel. et Wolfium tali oratione: οὐκ εὐπόρησε θεῖναι τὸ συμφέρον· ἀλλὰ τὴν ἁπλῆν ἠγωνίσατο, ὡς ἁπλούστερος. ὁ δὲ Δημοσθένης καὶ ἔξωθεν προσεπενόησεν ἐκ τῆς τέχνης καὶ τῆς δεινότητος συμμαχίαν λαβεῖν. διὰ τοῦτο καὶ τρίτον κεφάλαιον ἐκίνησεν ἐν τῷ λόγῳ, τὸ συμφέρον. Προοίμια δὲ κ. τ. λ. TAYLOR.

Τὸ μὲν κρύπτων] [Ita Editi] Lego κρύπτει, quia sequitur δέ. WOLF.

Κατὰ τοὺς ἀγῶνας] Quidam Græci Rhetores (ut e fragmentis ab Aldo collectis apparet) fecerunt quatuor oratoriæ orationis partes, προοίμιον, διήγησιν, ἀγῶνας, ἐπίλογον. Quos in Partitionibus secutus Cicero: *Orationis*, inquit, *quatuor sunt partes, quarum duæ valent ad rem docendam, Narratio et Confirmatio, ad impellendos animos duæ, Principium et Peroratio.* Ἀγῶνες igitur τήν τε κατασκευὴν καὶ τὴν ἀνασκευὴν continent, ut in Confirmationem etiam Confutatio Ciceroni comprehenditur. IDEM.

Προκατατίθησι] [Uti omnes, Ald. Felic. Manut. et Paris.] Lego: ἐν τῇ καταστάσει προδιατίθησι τὸν ἀκροατήν. IDEM.

Εἶτ᾽] Pro εἶτ᾽ ἐπειδὴ ἦν αὐτῷ, antiquiores editiones universæ, Ἐπειδὴ γὰρ ἦν αὐτῷ. Male autem, si quid ego judicem, aut judicare possim: quanquam contrarium statuisse Wolfium in alio loco videam. TAYLOR.

Ἀγγέλλει] [ut Ald. Felician. et Manut.] Hoc argumentum fere totidem verbis in Enarratione Ulpiani exstat, ubi hic locus sic legitur: ἀμέλει γοῦν cætera. WOLF.

Χαρίδημος, καὶ διὰ τοῦτο ἐγράφη τιμή τις αὐτῷ ἰδία ἐν τῷ ψηφίσματι· ὁ γὰρ κατὰ τῶν φονικῶν θεσμὸς κατὰ τῶν πολιτῶν ἐδόκει κεῖσθαι· διὰ τοῦτο ἐδεήθη πρὸς τὴν λύσιν τοῦ ἀντικειμένου προκατασκευῆς, συνεθίζων τὸν ἀκροατὴν ὅτι πολίτης, καὶ ὑπὲρ πολίτου ὁ λόγος.

- 'Ο λόγος] Continuatur in Scholiis hoc pacto: τῷ μὲν δοκεῖν, χαριζόμενος αὐτῷ τὴν ἐκ τῆς μετουσίας τιμὴν, τῇ δὲ ἀληθείᾳ τὸ κεφάλαιον ποιῶν ἰσχυρότερον. ὅσῳ γὰρ ὡς ὑπὲρ πολίτου, τοσούτῳ μᾶλλον ἀγανακτήσουσιν οἱ ἀκούοντες, εἰ πολίτῃ, μετέχοντι τῆς ἐκ τῶν νόμων ἐπικουρίας, ξένην τις ἔγραψε δωρεάν. TAYLOR.

ΔΗΜΟΣΘΕΝΟΥΣ

Ο ΚΑΤΑ

ΑΡΙΣΤΟΚΡΑΤΟΥΣ

ΛΟΓΟΣ.

ά. ΜΗΔΕΙΣ ὑμῶν, ὦ ἄνδρες Ἀθηναῖοι, νομίσῃ, μήτε 621
ἰδίας ἔχθρας ἐμὲ μηδεμιᾶς ἕνεχ᾽ ἥκειν Ἀριστοκράτους κα-

Κατὰ Ἀριστοκράτους] Ex Orationis hujus argumento a Libanio scripto intelligimus, Charidemum quendam socialis exercitus ducem, de populo Atheniensi egregie meritum esse, ob idque civitate donatum. de quo etiam hujuscemodi rogatio lata est, factumque plebiscitum auctore Aristocrate, ἐάν τις ἀποκτείνῃ Χαρίδημον, ἀγώγιμος ἔστω ἐξ ἁπάσης τῶν Ἀθηναίων συμμαχίδος. ἐὰν δέ τις τὸν ἀγόμενον ἀφέληται ἢ πολίτης ἢ ἰδιώτης, ἔκσπονδος ἔστω: *Qui Charidemum occiderit, eum in nexum abducere jus esto, ex omni loco, urbe, agro, populo Atheniensi fœderato et socio. Qui autem hujuscemodi necis perpetratorem in nexum abducentem prohibuerit, ipsumque abductum vi exemerit, seu civis, seu privatus, fœderis jure careto.* Hoc privilegium ut iniquum et adversus leges latum Euthycles Demosthenis verbis accusavit, ob id quod Charidemum eo honore indignum esse diceret. Erat enim id psephisma velut quoddam satellitium publice Charidemo decretum. Et hoc quidem loco ἀγώγιμος (de quo etiam πρὸς Νικοστράτους) dictus est is, in quem manus injectionis et prehensionis jus est iis, ad quos injuria pertinet, etiam indicta causa, id quod ut perperam factum Demosthenes accusavit, vel Euthycles potius cui oratio scripta est ab Oratore, ἀλλ᾽ ἀνελὼν, inquit, δίκην ὑπέχειν, ἀγώγιμον εὐθὺς ἐποίησε. καὶ παραβὰς τὸ διωρισμένον ἐκ τοῦ νόμου δικαστήριον, ἄκριτον τοῖς ἐπαιτιασμένοις παρέδωκε. Ex eo more lex addictorum, nexorumque manavit ad Romanos, cujus multa mentio apud Livium. Ex Bud. Comment. *Ex edit.* HERVAG.

ά. Ἐμὲ] Τὸ ἐμὲ notatum est signis, [in Edit. videlicet Parisina] quæ indicant, vocem ἐμὲ in quodam Codice, ut supervacaneam, esse prætermissam. Etsi autem ἐμὲ μηδεμιᾶς, κακόφωνον videtur, tamen quia constructio eam vocem requirit, et sententiæ magis serviendum est, quam auribus, retinendam esse censeo. Et quia mediocri etiam homini facilius est animadvertere, quid abundet, quam vel ingeniosissimo divinare, quid desideretur, non temere ullum verbum loco

τηγορήσοντα τουτουί, μήτε μικρὸν ὁρῶντά τι καὶ φαῦλον ἁμάρτημα, ἑτοίμως οὕτως[1] ἐπὶ τούτῳ προάγειν ἐμαυτὸν εἰς ἀπέχθειαν· ἀλλ', εἴπερ ἄρα ὀρθῶς ἐγὼ λογίζομαι καὶ σκοπῶ, ὑπὲρ τοῦ Χεῤῥόνησον ἔχειν ὑμᾶς ἀσφαλῶς, καὶ μὴ παρακρουσθέντας ἀποστερηθῆναι πάλιν αὐτῆς, περὶ τούτου μοι ἐστὶν ἅπασα ἡ σπουδή. δεῖ δὴ πάντας ὑμᾶς, εἰ βούλεσθε ὀρθῶς περὶ τούτων μαθεῖν, καὶ κατὰ τοὺς νόμους δικαίως κρῖναι τὴν γραφὴν, μὴ μόνον τοῖς γεγραμμένοις ἐν τῷ ψηφίσματι ῥήμασι προσέχειν τὸν νοῦν, ἀλλὰ καὶ τὰ συμβησόμενα ἐξ αὐτῶν σκοπεῖν. εἰ μὲν γὰρ ἦν ἀκούσασιν
622 εὐθὺς εἰδέναι τὰ κεκακουργημένα, τὴν ἀρχὴν ἴσως ἂν οὐκ ἐξηπάτησθε· ἐπειδὴ δὲ τοῦθ' ἕν ἐστι τῶν ἀδικημάτων, τὸ τοῦτον τὸν τρόπον καὶ λέγειν καὶ γράφειν ἐνίους, ὃν ἂν ἥκιστα ὑμεῖς[2] ὑπίδοισθέ τι καὶ φυλάξοισθε, προσήκει μὴ πάνυ θαυμάζειν, εἰ καὶ τοῦτο τὸ ψήφισμα ἡμεῖς οὕτω γεγραμμένον ἐπιδείξομεν, ὥστε δοκεῖν μὲν Χαριδήμῳ φυλακήν τινα του σώματος διδόναι, τὴν ὡς ἀληθῶς δὲ δικαίαν καὶ βεβαίαν[3] φυλακὴν, Χεῤῥόνησον, τῆς πόλεως ἀποστερεῖν.

ϛ'. Εἰκότως δ' ἂν, ὦ ἄνδρες Ἀθηναῖοι, καὶ προσέχοιτέ

[1] [ἐπὶ] [2] ὑπίδοισθ' ἔτι καὶ φυλάξαισθε [3] φυλακὴν Χεῤῥονήσου τῆς

movi, notis illis Threiciis compunctum, nisi vel constructionem, vel sententiam, perturbare videretur. Quamvis haud me falleret, multas voculas, ad explendas elegantes ellipses, inculcatas a Grammaticis, inscitiæ rudis lectoris consulturis, e scholiis in contextum irrepsisse. Sed nec illud ignoro, facilius et sæpius a librariis omitti necessaria, quam inculcari aliena. WOLF. Codex ille, in quo prætermittitur pronomen, Lutetianus est Reg. α. Deficit etiam in Baroc. et Vindob. et defecisse sentio sono sequentis vocis suffocatum. Nam non posse abesse recte judicavit Wolfius. Dionys. Halicarnassensis legerat: Μηδεὶς ὑμῶν, ὦ ἄνδρες Ἀθηναῖοι, νομίσῃ με μήτε κ. τ. λ. Quem vide, si tantum tibi sit ab re tua otii, pag. 230. Edit. Upton. totum hoc exordium in pedes et metra sollicite digerentem. Adde Bircovium ad locum, et Victor. Var. Lect. XV. 5. TAYLOR.

Οὕτως] Addidi ex Editis et MSS. Fel. Manut. Lutet. Baroc. Bodl. Ital. Obsop. et Vindob. Vidit necessarium esse Wolfius, sive alius erat, qui Wolfii interpretationem A. 1604. ad incudem revocavit. IDEM.

Κεκακουργημένα] Ita recte εἰδέναι τὰ κεκακουργημένα, non εἰδέναι τὰ κεκακουργημένα τὴν ἀρχὴν, ut male edidit Wolfius, Aldum secutus, licet in Interpretatione sua hæc recte distinxit juxta saniores Editiones, et id, quod expedit. Eodem pungendi errore, ac Wolfius, tenetur et Benenatus quoque. Nam errorem esse judico. κακουργήματα MSS. Ald. Felician. et Manut. margo denique Benenati, ubi reperitur etiam et πεπανουργημένα. IDEM.

Δικαίαν] Quare δικαίαν? *Firmum* quidem præsidium Chersonesus esse potuit, quo animo *justum* dici potuit, profecto non video. Delet Baroc. et Tu quidem delebis. Infra in Timocratea p. 711. 26. ed. Reisk. ait: τίς οὖν μόνη φυλακὴ καὶ δικαία καὶ βέβαιος τῶν νόμων; ὑμεῖς οἱ πολλοί. Quod ferri potest. At hic in Aristocratea κζ'. post med. ἐκείνων πρὸς ἀλλήλους ταραχὴ καὶ ὑποψία φρουρὰ Χεῤῥονήσου μεγίστη τῶν πασῶν ἐστὶ καὶ βεβαιοτάτη. IDEM.

μοι τὸν νοῦν, καὶ μετ᾽ εὐνοίας ἀκούσαιτε ἃ λέγω. ἐπειδὴ γὰρ οὐχὶ τῶν ἐνοχλούντων ὑμᾶς, οὐδὲ τῶν πολιτευομένων καὶ πιστευομένων παρ᾽ ὑμῖν ὢν, πρᾶγμα τηλικοῦτόν φημι δείξειν πεπραγμένον, ἐὰν, ὅσον ἐστὶν ἐν ὑμῖν, συναγωνίσησθέ μοι, καὶ προθύμως ἀκούσητε, τοῦτό τε σώσετε, καὶ ποιήσετε μὴ κατοκνεῖν, ἄν τις καὶ ἡμῶν οἴηται δύνασθαί τι ποιῆσαι τὴν πόλιν ἀγαθόν· οἰήσεται δὲ, ἐὰν μὴ χαλεπὸν εἶναι [1]νομίση τὸ παρ᾽ ὑμῖν λόγου τυχεῖν. νῦν δὲ πολλοῖς τοῦτο φοβουμένοις, λέγειν μὲν ἴσως οὐ δεινοῖς, βελτίοσι δὲ ἀνθρώποις τῶν δεινῶν, οὐδὲ σκοπεῖν ἐπέρχεται τῶν κοινῶν οὐδέν. ἔγωγ᾽ οὖν — ὀμνύω τοὺς θεοὺς ἅπαντας — ἀπώκνησ᾽ ἂν, εὖ ἴστε, καὶ αὐτὸς τὴν [2]γραφὴν ταύτην ἐπενεγκεῖν, εἰ μὴ πάνυ τῶν αἰσχρῶν ἐνόμιζον εἶναι, νῦν μὲν ἡσυχίαν ἄγειν, καὶ σιωπῆσαι, πρᾶγμ᾽ ἀλυσιτελὲς τῇ πόλει κατασκευάζοντας ὁρῶν τινὰς ἀνθρώπους· πρότερον δ᾽, ὅτ᾽ ἔπλευσα τριηραρχῶν εἰς Ἑλλήσποντον, εἰπεῖν καὶ κατηγορῆσαί τινων οὓς ἀδικεῖν ὑμᾶς ἡγούμην.

γ΄. Οὐκ ἀγνοῶ μὲν οὖν, ὅτι τὸν Χαρίδημον εὐεργέτην
εἶναί τινες τῆς πόλεως οἴονται· ἐγὼ δὲ, ἄν περ ἃ βούλομαί 623
τε καὶ οἶδα πεπραγμένα ἐκείνῳ, δυνηθῶ πρὸς ὑμᾶς εἰπεῖν, [3]οἶμαι δείξειν, οὐ μόνον οὐκ εὐεργέτην, ἀλλὰ καὶ κακονούστατον ἀνθρώπων ἁπάντων, καὶ πολὺ τἀναντία, ἢ προσῆκεν, ὑπειλημμένον. εἰ μὲν οὖν, ὦ ἄνδρες Ἀθηναῖοι, τοῦτο μέγιστον Ἀριστοκράτης ἠδίκει, τὸ τοιούτου, οἷον ἐγώ φημι δείξειν τὸν Χαρίδημον ὄντα, τοσαύτην πεποιῆσθαι πρόνοιαν ἐν τῷ ψηφίσματι, ὥστε ἰδίαν παρὰ τοὺς νόμους, ἐάν τι πάθῃ, τιμωρίαν αὐτῷ δεδωκέναι, ταῦτ᾽ ἂν ἤδη λέγειν πρὸς ὑμᾶς ἐπεχείρουν· ἵν᾽ εἰδῆτε πολλοῦ δεῖν

[1] νομίζῃ [2] γραφὴν ἀπενεγκεῖν [3] οἴομαι

ϐ΄. Τοῦτό τε σώσετε] Nempe, Chersonesum quam vobis ereptam volunt. AUGER.

Ταύτην] Restitui, et quidem ex optimis exemplaribus, Bar. Bodl. Aug. Obsop. et Vindob. cum Editt. Felic. et Manutiana. Repudio autem, quod in nonnullis ex isto numero reperitur ἀπενεγκεῖν. TAYLOR.

γ΄. Ὑπειλημμένον] Παθητικῶς, ut in Busiride Isocratis: ὅσοι σφᾶς αὐτοὺς οὕτω κατεσχημάτισαν, ὥστ᾽ ἢ κατὰ φιλοσοφίαν, ἢ κατ᾽ ἄλλην τιν᾽ ἀρετὴν ὑπολαμβάνεσθαι μειζόνως, ἢ κατὰ τὴν ἀξίαν, οὗτοι βλάπτουσι τοὺς ἐξαπατηθέντας. WOLF.

Τοιοῦτον] Quia sequitur [v. 25.] τοσαύτην πεποιῆσθαι πρόνοιαν, legendum genitivo, τοιούτων vel τοιούτου, vel, quod malim, ὑπὲρ τοιούτου· IDEM. Editi præter Morel. τοιοῦτον. Male quidem. τοιούτου defendunt Bodl. Cant. Lindenb. Obsop. Ital. et Vindob. Atque ita ut excuderetur feci. TAYLOR.

Ταῦτ᾽] Mallem τοῦτ᾽ propter præcedentia τοῦτο — τό. MARKLAND.

ἄξιον ὄντα τυχεῖν τοῦ ψηφίσματος αὐτὸν τουτουΐ· νυνὶ δὲ ἕτερον τούτου μεῖζον διὰ τοῦ ψηφίσματος ἔστ' ἀδίκημα, ὃ δεῖ πρότερον καὶ μαθεῖν ὑμᾶς καὶ φυλάξασθαι. ἀνάγκη δ' ἐστὶ πρῶτον ἁπάντων εἰπεῖν καὶ δεῖξαι, τί ποτ' ἐστὶ τὸ Χεῤῥόνησον ὑμᾶς ἀσφαλῶς ἔχειν πεποιηκός· διὰ γὰρ τοῦ μαθεῖν τοῦτο, καὶ τὸ ἀδίκημα ὅ φημι, ὄψεσθε σαφῶς.

δ'. Ἔστι τοίνυν, ὦ ἄνδρες Ἀθηναῖοι, τοῦτο, τὸ τελευτήσαντος Κότυος, Βηρισάδην καὶ Ἀμάδοκον καὶ Κερσοβλέπτην, τρεῖς ἀνθ' ἑνὸς γενέσθαι Θρᾴκης βασιλέας. συμβέβηκε γὰρ ἐκ τούτου αὐτοῖς μὲν ἀντιπάλους εἶναι τούτους, ὑμᾶς δὲ ὑπέρχεσθαι καὶ θεραπεύειν. τοῦτο τοίνυν, ὦ ἄνδρες Ἀθηναῖοι, βουλόμενοί τινες παῦσαι, καὶ καταλῦσαι μὲν τοὺς ἑτέρους βασιλέας, παραδοῦναι δ' ἑνὶ τῷ Κερσοβλέπτῃ τὴν ἀρχὴν ἅπασαν, διαπράττονται σφίσι τοῦτο γενέσθαι τὸ προβούλευμα, τῷ μὲν ἀκοῦσαι, [1] κεχωρισμένον τοῦ τί τοιοῦτο δοκεῖν διαπράξασθαι, τῷ δ' ἔργῳ, πάντων μάλιστα τοῦτο περαίνοντες, ὡς ἐγὼ διδά-
624 ξω. ἐπειδὴ γὰρ ἑνὸς τελευτήσαντος τῶν βασιλέων Βηρισά-
δου, παραβὰς τοὺς ὅρκους καὶ τὰς συνθήκας ἃς μεθ' ὑμῶν ἐποιήσατο, Κερσοβλέπτης ἐξέφερε πόλεμον πρός τε τοὺς Βηρισάδου παῖδας, καὶ πρὸς Ἀμάδοκον, εὔδηλον ἦν ὅτι τοῖς μὲν Βηρισάδου παισὶν Ἀθηνόδωρος [2] βοηθήσει, τῷ δ' Ἀμαδόκῳ Σίμων καὶ Βιάνωρ· ὁ μὲν γὰρ, Βηρισάδου κηδεστὴς, οἱ δὲ, Ἀμαδόκου γεγόνασιν. ἐσκόπουν οὖν τίν' ἂν τρόπον ἡσυχίαν μὲν ἔχειν ἀναγκασθεῖεν οὗτοι, ἐρήμων δὲ ὄντων ἐκείνων, ὁ τῷ Κερσοβλέπτῃ πράττων τὴν ἀρχὴν Χαρίδημος ἀσφαλῶς πάντα καταστρέψαιτο. εἰ πρῶτον

[1] κεχωρισμένοι τοῦ τι τοιοῦτον

[2] βοηθήσοι

δ'. Συμβέβηκε γὰρ ἐκ τούτου αὐτοῖς μὲν ἀντιπάλους εἶναι τούτους, ὑμᾶς δὲ ὑπέρχεσθαι καὶ θεραπεύειν] *Inde contigit, ut tres illi reges inter se hostes essent, vos autem ut ipsi colerent et observarent.* Id enim significat θεραπεύειν. *Ex edit.* HERVAG.

Δὲ] Ita lege, fidejussoribus Felic. Manut. et Vindob. Vulgo ὑμὰς καὶ ὑπέρχεσθαι. TAYLOR.

Παῦσαι — παραδοῦναι — διαπράττονται] Wolfius, quem vix loci sententiam fugisse arbitror, inconsiderate tamen verborum delectum habuit, ad eam declarandam: sc. *repellere — devolvere — extorserunt.* Verte: *hoc igitur quidam dum* tollere *volunt, et reliquis regibus abrogatis, summam totius imperii ad Cersoblepten* conferre, *callide hoc SCtum* excogitarunt, etc. IDEM.

Κεχωρισμένον] Marg. Edit. Lutet. necnon Editiones Feliciana et Manutiana κεχωρισμένοι. Portasse melius, propter id, quod sequitur, περαίνοντες. Et Wolfium nostrum quoque in quodam loco video ita rem reputasse. IDEM. Lege κεχωρισμένοι, ut περαίνοντες. MARKLAND.

Εἰ πρῶτον] Auctius hæc aliquanto le-

μὲν, ἄν τις αὐτὸν ἀποκτείνῃ, ψήφισμα ὑμέτερον γένοιτο,
ἀγώγιμον εἶναι· δεύτερον δὲ, εἰ χειροτονηθείη στρατηγὸς
ὑφ' ὑμῶν Χαρίδημος. οὔτε [1] γὰρ ὑμετέρῳ στρατηγῷ προ-
χείρως ἐναντία θήσεσθαι τὰ ὅπλα ἔμελλεν ὁ Σίμων οὐδ'
ὁ Βιάνωρ, πολῖται γεγενημένοι, καὶ ἄλλως ἐσπουδακότες
πρὸς ὑμᾶς· ὁ δὲ δὴ γένει πολίτης Ἀθηνόδωρος οὐδὲ [2] βου-
λήσεσθαι, οὐδὲ τὴν διὰ τοῦ ψηφίσματος αἰτίαν ὑποδύσε-
σθαι, ἣ πρόδηλος ἦν ἐπ' ἐκείνους ἥξουσα, εἴ τι πάθοι Χα-
ρίδημος. ἐκ δὲ τούτου τοῦ τρόπου, τῶν μὲν, ἐρήμων ὄντων
βοηθῶν, αὐτοῖς δὲ, ἀδείας δοθείσης, ῥᾳδίως ἐκβαλεῖν ἐκεί-
νους καὶ κατασχήσειν τὴν ἀρχήν. καὶ ὅτι ταῦτα οὕτως
ᾤοντο, καὶ τοῦτ' ἦν τὸ κατασκεύασμα αὐτοῖς, τὰ πρα-
χθέντα αὐτὰ κατηγορεῖ. ἅμα γὰρ τῷ πολέμῳ τ' ἐνεχεί-
ρουν αὐτοὶ, καὶ πρὸς ὑμᾶς ἧκεν Ἀριστόμαχος πρεσβευτὴς
παρ' αὐτῶν, ὁ Ἀλωπεκῆθεν οὑτοσί· ὃς ἄλλα τε ἐδημηγό-
ρει παρ' ὑμῖν, ἐπαινῶν καὶ διεξιὼν τόν τε Κερσοβλέπτην
καὶ τὸν Χαρίδημον, ὡς φιλανθρώπως ἔχουσι πρὸς ὑμᾶς, 625
καὶ μόνον ἀνθρώπων ἂν ἔφη Χαρίδημον Ἀμφίπολιν [3] χαρί-

[1] γὰρ [τῷ] ὑμετέρῳ [2] βουλεύσεσθαι [3] κομίσασθαι

guntur in Codd. Parisiensibus, uti liquet ex margine Morelii: τρόπος δὲ ἦν, εἰ πρῶτον μὲν κ. τ. λ. *Ejus porro rei ea erat ratio: primum* si *quis* etc. ut vertit Wolfius. In sequentibus v. 3. τῷ ὑμετέρῳ στρατηγῷ cum Bar. Vindob. et Edit. Lutet. TAYLOR.

Αὐτὸν] Nempe, Charidemum. AUGER.

Ἐσπουδακότες πρὸς ὑμᾶς] Alias dicit σπουδάζειν περί τινα, et supra περὶ τούτου ἐστί μοι πᾶσα ἡ σπουδή. WOLF. Illud ultimum est inficetum, et prorsus ἀπροσδιόνυσον, cum alia omnino sint περί τινος σπουδάζειν, *de re aliqua sollicitam curam gerere*, et περί, vel πρός τινα σπουδάζειν, *officiose erga aliquem agere; studium et obsequium profiteri.* ἐσπουδακότε περὶ ὑμᾶς habet marg. Paris. TAYLOR.

Βουλήσεσθαι] Hoc nihili est, et tamen vix quicquam auxilii in MStis. βουλεύσεσθαι nonnulli, alii βουλεύεσθαι et βουλεύσασθαι. Fortasse delendum posterius οὐδέ. Ἀθηνόδωρος οὐδὲ βουλήσεσθαι τὴν διὰ τοῦ ψηφίσματος αἰτίαν ὑποδύσεσθαι. In linea proxima, pro ἐκείνους, melius ἐκεῖνον, Athenodorum scilicet. IDEM.

Ἐκείνους] F. ἐκεῖνον. sc. Athenodorum, de quo jam loquitur. MARKLAND.

Ἐκ δὲ τούτου τοῦ τρόπου] Τῶν μὲν S. παίδων τοῦ Βηρισάδου ὄντων ἐρήμων βοηθῶν, οὐκ ἐχόντων βοηθούς: αὐτοῖς δὲ S. τοῖς περὶ Κερσοβλέπτην ἀδείας δοθείσης, ῥᾳδίως ἐκβαλεῖν (S. ἑαυτοὺς) ἐκείνους, τοὺς παῖδας τοὺς τοῦ Βηρισάδου. WOLF.

Βοηθῶν] Deest ea vox in Vindob. cujus auctoritate ducor, ut eam pro glossa ejiciam. v. antepen. p. 189. dixit ἐρήμων ὄντων ἐκείνων, quod satis per se intelligitur. TAYLOR. Hic genitivus regitur ab ἐρήμων. AUGER.

Αὐτοῖς δὲ] Hic et alibi in tota hac narratione nonnihil est difficultatis ad quos referri debeant pronomina οὗτοι, ἐκεῖνοι, αὐτοί. — αὐτοῖς refertur ad Cersobleptem et Charidenum; ἐκβαλεῖν sub. ᾤοντο, nempe decreti auctores; nec non αὐτοὺς, nempe Cersobleptem et Charidemum. AUGER.

Καὶ τοῦτ' ἦν τὸ κατασκεύασμα αὐτοῖς, τὰ πραχθέντα αὐτὰ κατηγορεῖ] *Res ipsa indicat ex composito factum esse et structum quod dico.* Est enim κατασκεύασμα *fraus, commentum, molimentum subdolum, actus commentitius et falsus.* Dicitur et κατασκευασμὸς ab eodem in Oratione κατὰ Τιμοκράτους. quanquam et in bonam partem accipitur. *Ex edit.* HERVAG.

Ἐπαινῶν] F. leg. ἐπαινῶν τόν τε - - - Χαρίδημον, καὶ διεξιὼν, ὡς. AUGER.

Χαρίσασθαι] Lege cum Bar. Lindenbr. Aug. Ital. Vindob. Ven. et Codd. Lutetiσασθαι τῇ πόλει δύνασθαι, καὶ παρῄνει στρατηγὸν χειροτονῆσαι. ἡτοίμαστο δ' αὐτοῖς τοῦτο τὸ προβούλευμα, καὶ προδιῴκητο· ἵνα, εἰ πεισθείητε ἐκ τῶν ὑποσχέσεων, καὶ τῶν ἐλπίδων, ἃς ὑπέτεινεν ὁ Ἀριστόμαχος, εὐθὺς ἐπικυρώσειεν ὁ δῆμος, καὶ μηδὲν ἐμποδὼν εἴη. καί τοι, πῶς ἂν τεχνικώτερον, ἢ κακουργότερον [1] συμπαρεσκεύασεν ἄνθρωπος, ὅπως οἱ μὲν ἐκπεσοῦνται τῶν βασιλέων, εἷς δ', ὃν αὐτοὶ βούλονται, πᾶσαν ὑφ' ἑαυτῷ ποιήσαιτο τὴν ἀρχήν, ἢ τοὺς μὲν τοῖν δυοῖν βοηθήσαντας ἂν εἰς φόβον, καὶ συκοφαντίας εὐλάβειαν καθιστάντες· ἣν εἰκὸς προσδοκᾶν ἐκείνους ἐφ' αὐτοὺς ἐλθεῖν ἂν διὰ τοῦ ψηφίσματος τουτουΐ, εἴ τι πάθοι Χαρίδημος· τῷ δ' ἑνὶ πράττοντι τὴν ἀρχήν, καὶ πάντα τἀναντία τοῖς ὑμῖν συμφέρουσι κατασκευάζοντι, τοσαύτην ἐξουσίαν διδόντες τοῦ ταῦτα ἀδεῶς πράττειν; οὐ τοίνυν μόνον ἐκ τούτων δῆλον ἔσθ' ὅτι τούτων ἕνεκα ἐρρήθη τὸ προβούλευμα ὧν λέγω, [2] ἀλλὰ ἐκ τοῦ ψηφίσματος αὐτοῦ μαρτυρία τις ἐστὶν εὐμεγέθης. ἂν γὰρ ἀποκτείνῃ τις Χαρίδημον γράψας, καὶ παραβὰς

[1] συμπαρεσκεύασαν ἄνθρωποι

[2] ἀλλὰ καὶ ἐκ τοῦ ψ. αὐτοῦ

anis, *κομίσασθαι*, quod multum præstat. Noster π. παραπρεσβ. p. 306. v. 7. Ἀφεστηκυίας Σαλαμῖνος Ἀθηναίων, καὶ θάνατον τὴν ζημίαν ψηφισαμένων, ἄν τις εἴπῃ *κομίζεσθαι*, *recuperare* scilicet. Vide Indicem Lysiæ. TAYLOR.

Καίτοι κ. τ. λ.] Conjunge: πῶς ἂν τεχνικώτερον ἢ κακουργότερον, ἢ καθιστάντες (τῷ καθιστάναι) τῷ δ' ἑνὶ διδόντες (τῷ διδόναι δὲ) τῷ πράττοντι (τῷ Χαριδήμῳ) ἑνὶ (τῷ Κερσοβλέπτῃ) τὴν ἀρχήν, τοσαύτην ἐξουσίαν. WOLF. Hunc locum intellexi olim, jam intelligo multo minus. TAYLOR.

Κακουργότερον] Πανουργότερον marg. Par. Quod toties loco prioris scribitur, ut posthac non sim annotaturus. WOLF.

Συμπαρεσκεύασεν] O. fere l. s. *συμπαρεσκεύασαν ἄνθρωποι*, Ven. Bar. Bodl. Lindenbr. Obsop. Aug. Ital. et Paris. Omnino. *συνεσκεύασαν* Vindobonensis. TAYLOR. Nisi fallor, legendum est *συμπαρεσκεύασαν ἄνθρωποι*. Constructio enim ita ordinatur: πῶς ἂν τεχνικώτερον — συμπαρεσκεύασαν *ἄνθρωποι* — ἢ τοὺς μὲν — εἰς φόβον — *καθιστάντες*, τῷ δὲ — τοσαύτην ἐξουσίαν *διδόντες* — πράττειν; *At quamnam callidiorem rationem inire possent homines — quam hos quidem — in metum injiciendo; illi vero — tantam potestatem dando — agendi?* Jam si legas συμπαρεσκεύασεν ἄνθρωπος, debes quoque legere καθιστὰς et διδούς, non καθιστάντες et διδόντες. MARKLAND.

Ὅπως οἱ μὲν ἐκπεσοῦνται τῶν βασιλέων] Legendum *βασιλειῶν*. JURIN.

Βούλονται] Restitue *βούλοιντο* aut *βούλωνται*. Deinde v. eod. *ὑφ' ἑαυτὸν ποιήσεται* Codd. plures et præstantiores. Et eam lectionem commendo. TAYLOR.

Ἢ — καθιστάντες] Wolfius, ut apparet ex ejus interpretatione, locum non intellexit. Verte: *Quamnam callidiorem rationem inire potuissent, ut reges cæteri pellerentur, et unus, qui eis placuisset, omne occuparet imperium*, quam eos, qui duobus regibus opitulaturi essent, in metum calumniæ injiciendo? cætera. IDEM.

Τὴν ἀρχὴν, ἢ τοὺς μὲν] *Imperium, quam ut ii.* Perperam Wolfius: *imperium? aut ut ii.* JURIN.

Πράττοντι] Marg. Paris. *ταράττοντι*, quod Wolfio ineptum videtur, et recte quidem. Γρ. etiam πραγματευομένῳ, quod eidem ferri posse, mihi quidem glossa sive scholion esse, videtur. TAYLOR.

Ἀλλὰ] Ἀλλὰ *καὶ* ἐκ τοῦ ψ. Ita lege

τὸ, τί πράττοντα, εἰπεῖν, πότερ᾽ ἡμῖν συμφέροντα, ἢ οὒ,
γέγραφεν εὐθὺς ἀγώγιμον ἐκ τῶν συμμάχων [1] εἶ-
ναι. οὐκοῦν τῶν μὲν ἐχθρῶν ὁμοίως ἡμῖν τε κἀκείνῳ, οὐ-
δέποτ᾽ εἰς τοὺς ἡμετέρους ἥξει συμμάχους οὐδεὶς, οὔτ᾽ ἀπο-
κτείνας ἐκεῖνον, οὔτε μή. ὥστ᾽ οὐ κατὰ τούτων γέγραφε
ταύτην τὴν τιμωρίαν. τῶν δὲ ἡμετέρων μὲν φίλων, ἐκείνου 626
δ᾽, ὅταν ἐγχειρῇ τι πράττειν ἐναντίον [2] ὑμῖν, ἐχθρῶν, τούτων
ἄν τις εἴη, ὁ τοῦτο τὸ ψήφισμα φοβηθεὶς, καὶ [3] φυλαξάμε-
νος μὴ δι᾽ ἀνάγκην [2] ὑμῖν εἰς ἔχθραν ἐλθεῖν. ἔστι τοίνυν
οὗτος, Ἀθηνόδωρος, Σίμων, Βιάνωρ, οἱ Θρᾴκης βασιλεῖς,
ἄλλος, ὅς τις [4] ἂν εὐεργεσίας μέρος καταθέσθαι βούλοιτο,
τὸ πράττειν ὑπεναντία ἐκεῖνον ἐγχειροῦνθ᾽ ὑμῖν ἐπισχεῖν.

έ. Ὧν μὲν τοίνυν ἕνεκ᾽ ἐῤῥήθη τὸ προβούλευμα, ἵνα κυρώσειεν ὁ δῆμος ἐξαπατηθεὶς, καὶ δι᾽ ἃ τὴν γραφὴν ἐποιησάμεθα ἡμεῖς [5] ταύτην, βουλόμενοι κωλῦσαι, ταῦτ᾽ ἐστὶν, ὦ ἄνδρες Ἀθηναῖοι. δίκαιον δ᾽ ἐστὶν ἴσως, ἐμὲ [6] ὑπεσχημένον τρία ἐπιδείξειν, ἓν μὲν, ὡς παρὰ τοὺς νόμους τὸ ψήφισμα εἴρηται· δεύτερον δὲ, ὡς ἀσύμφορόν ἐστι τῇ πόλει· τρίτον δὲ, ὡς ἀνάξιός [7] ἐστι τυχεῖν τούτων [8] ὧν γέγραπται· ἁπάντων τούτων αἵρεσιν ὑμῖν δοῦναι τοῖς ἀκουσο-

[1] εἶναι; [2] ἡμῖν [3] * φυλαξάμενος [4] ἂν εἰς εὐεργεσίας [5] ταυτηνὶ
[6] ὑπεσχημένον ὑμῖν τρία [7] [ἐστι] [8] ᾧ

cum Bar. Vindob. et Edit. Felic. Idem.

Οἱ Θρᾴκης βασιλεῖς] Ὁ Ἀμάδοκος καὶ οἱ τοῦ Βηρισάδου παῖδες. Wolf.

Εὐεργεσίας μέρος] Ferri utcunque possunt hæc: ὅστις ἂν βούλοιτο καταθέσθαι μέρος εὐεργεσίας, τὸ τί; ἐπισχεῖν ἐκεῖνον ἐγχειροῦντα πράττειν ὑπεναντία ὑμῖν. Sed quid si, ὅστις ἐν εὐεργεσίας μέρει? Καταθέσθαι μέρος εὐεργεσίας videtur insolentius, ἀντὶ τοῦ, εὐεργεσίαν καταθέσθαι. Wolf. Ἐν μέρει εὐεργεσίας τίθεσθαι, quod malit homo noster, aliud est omnino. Ἀλλὰ τόδε ἐθαύμασα, εἰ ἐν ἀρετῆς τιθῇς μέρει τὴν ἀδικίαν, dixit Plato de Rep. l. 1. *Id miratus sum, si injuriam in loco virtutis* (inter virtutes) *poneres.* Noster hac ipsa in Orat. §. λζ'. ὅσα μὲν δὴ στρατιώτης ὢν — ἐναντία ἐστράτευται τῇ πόλει, οὐ τίθημι ἐν ἀδικήματος μέρει, *non inter injurias numero*, ut recte Wolfius. Iterum c. Midiam §. μς'. οὗ δίκην ὀφείλει τῇ πόλει δοῦναι, τοῦτ᾽ ἐν εὐεργεσίας ἀριθμήσει μέρει, *in beneficii loco numerabit.* Porro noster §. ιά. *med.* τοὺς ἔχθρα ποιοῦντας ἐν ἐχθροῦ μέρει κολάζειν ἀπέδωκεν. Et §. ιβ'. *fin.* τὸν ἄγοντα ἢ φέροντα βίᾳ τἀμὰ ἐν πολεμίου μοίρᾳ. Simillima est illa locutio infra §. κγ'. ἐν δωρεᾶς ἐποιήσαντο τάξει, τὸ τούτων μεταδοῦναί τινι. Verum hæc omnia quam aliena a sensu hujus loci, ubi significatur: *quicunque de vobis bene mereri studet.* Et cum εὐεργεσίαν κατατίθεσθαι, *beneficium collocare*, eleganter et summa cum proprietate dicitur, cur non etiam μέρος εὐεργεσίας, *one instance?* Ald. Ven. Bar. Vind. ἄλλος ὅστις ἂν εἰς εὐεργεσίας μέρος καταθέσθαι βούλοιτο. Proxime v. 12. istud τὸ πράττειν, etc. quod necessarium est, reduxi ex Editt. Fel. Manut. et Morel. MSS. item Bar. Ital. et Vind. Taylor.

έ. Ὧν γέγραπται] Forte cum optimis exemplaribus Aug. et Vindob. ᾧ γέγραπται. Nam *persona* Charidemi hoc in loco videtur desiderari. Totum hoc comma laudat Hermog. π. εὐκρινείας, ubi ita legit, meamque conjecturam confirmat: τρίτον δὲ, ὡς ἀνάξιός ἐστι Χαρίδημος τούτου τυχεῖν, ὅ,τι βούλεσθε τοῦτο πρῶτον διδάσκειν ὑμᾶς. Alibi autem, sc. de Invent.

μένοις, τί πρῶτον, ἢ τί δεύτερον, ἢ τί τελευταῖον βουλομένοις ὑμῖν ἐστὶν ἀκούειν. ὅ,τι δὴ βούλεσθε, ὁρᾶτε, ἵνα τοῦτο λέγω πρῶτον ὑμῖν. περὶ τοῦ παρανόμου βούλεσθε πρῶτον; τοῦτο τοίνυν ἐροῦμεν. ἃ δὴ δέομαί τε καὶ ἀξιῶ παρὰ πάντων [1] ἐμὲ τυχεῖν, δίκαι', ὡς ἐμαυτὸν πείθω, μηδεὶς ὑμῶν, ὦ ἄνδρες Ἀθηναῖοι, τῷ διεψεῦσθαι τοῦ Χαριδήμου, καὶ νομίζειν εὐεργέτην εἶναι, φιλονεικῶν, δυσχερέστερον τοὺς περὶ τῶν νόμων λόγους ἡμῶν ἀκούσῃ· μηδ' ἀποστερήσῃ διὰ τοῦτο, μήθ' [2] αὑτὸν τοῦ θέσθαι τὴν ψῆφον εὔορκον, μήτε ἐμὲ τοῦ διδάξαι περὶ πάντων ὑμᾶς ὡς βούλομαι· ἀλλὰ ποιησάσθω τὴν ἀκρόασιν ὡδὶ, [3] καὶ
627 σκοπείσθω, ὡς δίκαια ἃ ἐρῶ. ὅταν μὲν λέγω περὶ τῶν νόμων, [4] ἀφελὼν τὸ, ὅτῳ τὸ ψήφισμα, καὶ ποίῳ τινὶ, σκοπεῖν, περὶ τοῦ, πότερον παρὰ τοὺς νόμους, ἢ κατὰ τοὺς νόμους εἴρηται, σκοπείσθω, καὶ μηδὲν ἄλλο. ὅταν δ' ἐλέγχω τὰ πεπραγμένα, καὶ διεξίω τὸν τρόπον, ὃν πεφενάκισθε ὑπ' αὐτοῦ, τὰς πράξεις σκοπείσθω, πότερον γεγονυίας, ἢ ψευδεῖς ἐρῶ. ὅταν δ' ἐξετάζω περὶ τοῦ συμφέρειν, ἢ μὴ, τῇ πόλει ταῦτα ψηφίσασθαι, πάντα τἄλλα ἀφεὶς, τοὺς λογισμοὺς ὁράτω τοὺς περὶ τούτων, πότερα ὀρθῶς ἔχοντας ποιοῦμαι, ἢ οὔ. ἐὰν γὰρ τοῦτον ἔχοντες τὸν τρόπον ἀκροᾶσθέ μου, αὐτοί τε ἄριστα ἃ προσήκει συνήσετε, χωρὶς ἕκαστον σκοποῦντες, καὶ οὐχ ἅμα πάντα ἀθρόα ἐξετάζοντες, κἀγὼ ῥᾷστα ἃ βούλομαι δυνήσομαι διδάξαι. ἔσονται δὲ βραχεῖς περὶ πάντων οἱ λόγοι.

[1] ὑμῶν [2] ἑαυτὸν [3] (καὶ * σκοπεῖσθε --- ἐρῶ.) ὅταν μὲν γὰρ λέγω [4] ἀφελὼν ὅτῳ τὸ ψ. εἴρηται, καὶ

Tom. III. §. 2. legit cum vulgatis. IDEM. τούτων ᾧ sub. οὗτος. AUGER.

Βουλομένοις ὑμῖν ἐστὶν ἀκούειν] "Satis tritus Græcismus. Schol. ad Thucyd. IV. 85. dicit esse σύνταξιν Θουκυδίδειαν. -- Præter alios de hac forma inspici merentur Cl. Marklandus ad Max. Tyr. XIII. 5. Forsterus ad Platonem in Participium." D'Orville ad Charit. Aphrod. Lib. V. cap. II. p. 439.

Ἐμὲ] Lege ὑμῶν. παρὰ πάντων ὑμῶν τυχεῖν. Hoc necessarium est. Debes MSS. Bar. Bodl. Obsop. Vind. et Editt. Felic. et Manut. TAYLOR.

Τῷ διεψεῦσθαι] Διὰ τὸ διεψεῦσθαι. WOLF.

Ἀφελὼν κ. τ. λ.] Ἀφελὼν τὸ σκοπεῖν ὅτῳ (τινὶ) τὸ ψήφισμα (Sub. ἐγράφη) σκοπείσθω περὶ τοῦ πότερον etc. Obsop. καὶ ποίῳ τινὶ, σκοπείσθω, πότερον παρὰ τοὺς νόμους, et, ἕκαστα σκοποῦντες [v. antepen.] IDEM.

Ὅτῳ τὸ ψήφισμα] Libri plerique una voce auctiores, ὅτῳ τὸ ψήφισμα εἴρηται, Ald. Ven. Bar. Felic. Manut. Ital. Vind. et marg. Benenat. In nonnullis totus hic locus ita legitur: ἀφελὼν τὸ, ὅτῳ τὸ ψήφισμα εἴρηται, καὶ ποίῳ τινὶ, σκοπείσθω περὶ τοῦ πότερον παρὰ τοὺς νόμους ἢ κατ' αὐτοὺς εἴρηται, καὶ μηδὲν ἄλλο. TAYLOR.

Ἃ προσήκει] *Quæ deceant*, Wolfius. Potius: *quæ convenit.* JURIN.

ϛʹ. Λάβε δὴ τοὺς νόμους αὐτοὺς, καὶ λέγε, ἵν᾽ ἐξ αὐτῶν ἐπιδεικνύω τούτων τὸ παράνομον.

ΕΚ ΤΩΝ ΦΟΝΙΚΩΝ ΝΟΜΩΝ ΤΩΝ ΕΞ ΑΡΕΙΟΥ ΠΑΓΟΥ ΝΟΜΟΣ.

Δικάζειν δὲ τὴν βουλὴν, τὴν ἐν Ἀρείῳ πάγῳ, φόνου καὶ τραύματος ἐκ προνοίας καὶ πυρκαϊᾶς καὶ φαρμάκων, ἐάν τις ἀποκτείνῃ δούς.

ἐπίσχες. ἠκούσατε μὲν τοῦ τε νόμου, καὶ τοῦ ψηφίσματος, ὦ ἄνδρες Ἀθηναῖοι. ὡς δ᾽ [1]ἄν μοὶ δοκῆτε τοὺς περὶ τοῦ παρανόμου λόγους αὐτοὺς ῥᾶστα μαθεῖν, τοῦθ᾽ ὑμῖν φράσω· εἰ σκέψαισθ᾽ ἐν τίνι τάξει [2]πότ᾽ ἐστὶν, ὑπὲρ οὗ τὸ ψήφισμα εἴρηται, πότερα ξένος, ἢ μέτοικος, ἢ πολίτης ἐστίν. εἰ μὲν δὴ μέτοικον φήσομεν, οὐκ ἐροῦμεν ἀληθῆ· εἰ δ᾽ αὖ 628
ξένον, οὐχὶ δίκαια ποιήσομεν· τὴν γὰρ τοῦ δήμου δωρεὰν, ἐν ᾗ πολίτης γέγονε, κυρίαν αὐτῷ δίκαιόν ἐστιν εἶναι. ὡς ὑπὲρ πολίτου τοίνυν, ὡς ἔοικε, ποιητέον τοὺς λόγους. θεάσασθε δὴ, πρὸς Διὸς, ὡς ἁπλῶς καὶ δικαίως χρήσομαι τῷ λόγῳ· ὃς εἰς μὲν ταύτην τίθεμαι τὴν τάξιν αὐτὸν, ἐν ᾗ πλείστης ἂν τυγχάνοι τιμῆς. ἃ δ᾽ οὐδ᾽ ἡμῖν τοῖς γένει πολίταις ἐστὶν, οὐδ᾽ ἐκείνῳ δεῖν [3]οἶμαι γενέσθαι παρὰ τοὺς νόμους. τίν᾽ οὖν ἐστὶ ταῦτα; ἃ νυνὶ γέγραφεν οὑτοσί. γέγραπται γὰρ ἐν μὲν τῷ νόμῳ, τὴν βουλὴν δικάζειν φόνου καὶ τραύματος ἐκ προνοίας καὶ πυρκαϊᾶς καὶ φαρμάκων, ἐάν τις ἀποκτείνῃ δούς. καὶ [4]προσειπὼν ὁ θεὶς τὸν νόμον, ἐὰν ἀποκτείνῃ, κρίσιν [5]πεποίηκεν, ὅμως οὐ πρότερον τί χρὴ πάσχειν τὸν δεδρακότα εἴρηκε· καλῶς, ὦ ἄνδρες Ἀθηναῖοι, τοῦθ᾽ ὑπὲρ

[1] ἄν μοι δοκεῖτε [2] ποτ᾽ [3] οἴομαι [4] προειπὼν [5] * πεποιηκὼς, οὐ

ϛʹ. ΕΚ ΤΩΝ] Hic duo sunt tituli; nempe, titulus generalis ΕΚ --- ΠΑΓΟΥ, et titulus specialis, nempe ΝΟΜΟΣ. Auger.

Ἐπίσχες] Videtur deesse: παράναγνωθι δὲ καὶ τὸ ψήφισμα. ΨΗΦΙΣΜΑ. ἠκούσατε μὲν κ. τ. λ. Wolf. Inconsulto hoc omne. Antequam enim Orator verba facere incepit, Scriba totam γραφὴν, actionem, causæ summam publice recitaverat. In ea autem continebatur plebiscitum, quod jam παρανόμων γράφεται. Æschin. c. Timarch. initio: εἰδὼς δὲ αὐτὸν ἔνοχον ὄντα, οἷς ὀλίγῳ πρότερον ἠκούσατε ἀναγινώσκοντος τοῦ γραμματέως. Vide Ulpian. ad hanc Aristocrateam, v. ὑπεσχημένον. Nihil ergo deest. Taylor.

Ὡς] F. ῷ, cui respondet τοῦτο. Markland.

Μὲν] F. ἐν τῷ νόμῳ sine μέν. Idem.

Προσειπὼν] MSti Bar. Aug. Vindob. præstantiores nempe, προειπών. Ambigo tamen. Infra, §. ζʹ. *ante med.* τὸν ἀνδροφόνον προσειπὼν, nullo cum discrimine legendi. Vid. §. ζʹ. *fin.* Taylor. L. δούς· καὶ προειπὼν ------ πεποίηκεν, οὐδὲ πρότ. Auger.

εὐσεβείας ὅλης τῆς πόλεως προϊδών. πῶς; οὐκ ἔνεστιν
ἅπαντας ἡμᾶς εἰδέναι, τίς ποτ' ἐστὶν ὁ ἀνδροφόνος.
τὸ μὲν δὴ τὰ τοιαῦτα ἄνευ κρίσεως πιστεύειν, ἄν τις
ἐπαιτιάσηται, δεινὸν ἡγεῖτο· δεῖν δ' ὑπελάμβανεν, ἐπει-
δή περ ἡμεῖς τιμωρήσομεν τῷ πεπονθότι, πεισθῆναι, καὶ
μαθεῖν [1]ὑμᾶς διδασκομένους ὡς δέδρακε. τηνικαῦτα γὰρ
εὐσεβὲς ἤδη κολάζειν εἰδόσιν εἶναι· πρότερον δ' οὔ. καὶ
ἔτι πρὸς τούτῳ διελογίζετο, ὅτι πάντα τὰ τοιαῦτα ὀνό-
ματα, [2]οἷον, ἐάν τις ἱεροσυλήσῃ, ἐάν τις προδῷ, καὶ τὰ
τοιαῦτα πάντα, πρὸ τοῦ μὲν τὴν κρίσιν γενέσθαι, αἰτιῶν
ὀνόματά ἐστιν· [3]ἐπειδὴ δὲ κριθείς τις ἐξελεγχθῇ, τηνικαῦ-
629 τα ἀδικήματα γίγνεται. οὐ δὴ δεῖν ᾤετο τῷ τῆς αἰτίας
ὀνόματι τιμωρίαν προσγράφειν, ἀλλὰ κρίσιν. καὶ διὰ ταῦ-
τα, ἄν τις ἀποκτείνῃ τινά, τὴν βουλὴν δικάζειν
ἔγραψε, καὶ οὐχ ἅπερ, ἂν ἁλῷ, [4]παθεῖν εἶπεν. ὁ μὲν δὴ
τὸν νόμον τιθείς, οὕτως· ὁ δὲ τὸ ψήφισμα γράφων πῶς;
ἐάν τις ἀποκτείνῃ, φησί, Χαρίδημον, τὴν μὲν δὴ
προσηγορίαν τοῦ πάθους, τὴν αὐτὴν ἐποιήσατο, ἄν τις
ἀποκτείνῃ γράψας, ἥνπερ ὁ τὸν νόμον τιθείς· μετὰ ταῦτα
δέ, οὐκ ἔτι ταὐτά, ἀλλ' ἀνελὼν τὸ δίκην ὑπέχειν, ἀγώ-
γιμον εὐθὺς ἐποίησε, καὶ παραβὰς τὸ διωρισμένον ἐκ
τοῦ νόμου δικαστήριον, ἄκριτον τοῖς ἐπαιτιασαμένοις
παρέδωκεν, ὅ,τι ἂν βούλωνται, χρῆσθαι, τὸν οὐδ' εἰ πε-
ποίηκέ πω φανερόν. καὶ λαβοῦσιν ἐκείνοις, ἐξέσται στρε-
βλοῦν, αἰκίσασθαι, χρήματα πράξασθαι· καί τοι ταῦτα
πάντα ἀπείρηκεν ἄντικρυς καὶ σαφῶς ὁ κάτωθεν νόμος,

[1] ἡμᾶς [2] οἷον· ἐάν τις ἀποκτείνῃ, ἐάν τις ἱερ. [3] ἐπειδὰν [4] παθεῖν χρὴ, εἶπεν

Ὑμᾶς] F. ἡμᾶς. Markland.

Οἷον κ. τ. λ.] Οἷον, ἐάν τις ἀποκτείνῃ. ἐάν τις ἱεροσυλήσῃ κ. τ. λ. o. fere l. s. Ven. Bar. Ital. Bodl. Obsop. Vindob. Editi etiam, Fel. Manut. et Benenat. additis verbis, ut ait Obsop. haud dubie non male, aut otiosis. Taylor.

Παθεῖν] Καὶ οὐκ εἶπε ἅπερ παθεῖν (Sub. δεῖ) ἂν ἁλῷ. Wolf. καὶ οὐχ ἅπερ, ἂν ἁλῷ, παθεῖν χρὴ, εἶπεν. Bar. ut infra, §. ζ'. *ante med.* ἐν δὲ τούτῳ τὸν ἀνδροφόνον προσειπὼν, ἃ χρὴ πάσχειν εἴρηκεν. Taylor.

Ὁ κάτωθεν νόμος] De hac locutione multa, tum Veteres; tum Recentiores. Didymus in σχ. de perditis ad Demosthenem, (ut liquet ex Harpocrat. in voce Ὁ κάτωθεν νόμος, Suid. et Photio MS.) Pollux, L. VIII. C. X. §. 128. Meurs. Attic. Lect. I. 22. Petit. LL. Attic. pag. 104. Salmas. de M. U. p. 758. seq. Herald. Animadv. p. 298. *Una* est Sententia Didymo et Polluci communis, quam primam refellam. Cum Tabulæ, in quibus Leges erant descriptæ, ab Acropoli, quæ urbis erat locus editissimus, in Forum erant translatæ, (id intelligo de Legum exemplari facto) eam rem agente potissimum Ephialte quodam, ut populo publice prostarent, ibi dici incipiebat ὁ κάτωθεν νόμος, relatione scil. habita ad exemplar, quod erat in Foro asservatum. Sit ita, quando isthoc velis: factum fuisse non μηδὲ τοὺς ἑαλωκότας καὶ δεδογμένους ἀνδροφόνους ἐξεῖναι ποιεῖν.

nego. Hoc tamen non unam legem ab alia distinguit, cum omnes similiter in Forum sint translatæ, aut omnes potius similiter in tabulis ibi descriptæ. Unde enim, aut qua constantia hæc Lex *inferior* nominari possit, potius, quam illa, quæ modo præcesserat, aut ea, quæ mox subsecutura est? Dicitur *secundo*, per has voces intelligendam esse Heliæam, Curiam, ut videtur, in loco depresso sitam, διὰ τὸ τῶν δικαστηρίων τὰ μὲν ἄνω, τὰ δὲ κάτω ὀνομάζεσθαι. Profecto id non novi, neque arbitror esse verum. Solus Areopagus quidem, utpote in altissimo colle situs, ἡ ἄνω βουλὴ dicebatur, ut ex Plutarcho et Heliodoro ostendit Meurs. in Areopag. C. 1. extrem. [εἰς Ἄρειον πάγον ἀναβεβηκέναι. Lys. ed. Lond. p. 175. ἡ ἄνω et ἡ κάτω βουλή. Plutarch. in Solone. Taylor in schedis.] Veruntamen si Curiæ Atticæ omnes in τὰς ἄνω hæ, illæ in τὰς κάτω distribuerentur, infeliciter sane elegisti Heliæam, quam inter inferiores numeres. Si Etymologiæ Magistrorum quidquam habeant momenti, in convalli aut loco depressiore esse non potuit. Immo erat in loco sublimiori, idque expresse ait Antipho: Φιλοκράτης οὑτοσὶ ἀναβὰς εἰς τὴν ἡλιακὴν (corrige ἡλιαίαν) et deinde, ἀναβὰς ἐγὼ εἰς τὸ δικαστήριον τοῖς αὐτοῖς δικασταῖς ἔλεξα. Edit. Steph. 143. 39. Verum his omissis, responderi potuit simpliciter, hic non de Curia agi, sed de Lege. Dicitur *tertio*, quod ex forma Legum exarandarum, quæ βουστροφηδὸν erat, τὸν ἀπὸ τῶν εὐωνύμων ἀρχόμενον νόμον Demosthenes vocaret τὸν κάτωθεν νόμον. Quæ quidem non verba sunt, sed portenta. Nam in eo scribendi ritu, qui versationem boum imitari dicitur, omnino a sinistra parte dextrorsum scribere cœperunt, uti nos hodie scribimus: qua linea exarata, sive sulco finito, necesse erat, ut, more boum in arando servato, sequentem versum, τὸν κάτωθεν, a *dextra* parte inchoantes *versus sinistram* ducerent, ut in hoc exemplo:

ΔΗΜΟΣΘΕΝΗΣ ΔΗΜΟΣΘΕΝΟΥΣ
·ΕΠΙΕ ΔΑΤ ΣΥΕΙΝΑΙΑΠ

Sed videamus tamen, quantum prosit hoc commentum. In ea scriptura lineam lineæ subjiciebant, et perpetuo isto tenore leges ita exarari potuisse non nego. Una ergo eademque Lex partim ἄνωθεν, partim κάτωθεν erat descripta: a sinistra sc. dextrorsum, quantum nempe pateret Tabula, deinde sinistrorsum a dextra. Nam isto ritu non Legem Legi, sed Lineam Lineæ supponebant: et proinde nulla Lex κάτωθεν nominari poterat, aut omnes similiter ita nominari debuerunt. *Quarta* est eorum sententia, qui contendunt, cum Leges in Axibus ordine et seriatim essent descriptæ, dici τὸν κάτωθεν νόμον eam, quæ in inferiori parte Tabulæ contineretur. Quæ sane præstaret, ni paulo meliorem adduceremus. Provocat Demosthenes non ad Tabulas, Axonasve, verum ad exemplar earum legum, quas exinde describi fecerat, ut, quotiescunque usus venisset, a Scriba ex eo periculo recitari potuissent. Atque hoc solenniter dicebatur παραγράφειν. Noster c. Androt. §. ιά. περὶ μὲν τῶν νόμων, οὓς παρεγραψάμεθα. Et c. Aristocr. §. ί. Ὁ μὲν νόμος ἐστὶν οὗτος Δράκοντος, καὶ οἱ ἄλλοι, ὅσους ἐκ τῶν φονικῶν νόμων παρεγραψάμην. Et §. ιδ'. Οὐ τοίνυν μόνον τούτους τοὺς νόμους παραβέβηκεν, ἀλλὰ καὶ ἄλλους πολλοὺς, οὓς οὐ παραγεγράμμεθα διὰ τὸ πλῆθος. Adde §. νς'. Neque hæc dico, quasi credam, παραγράφειν simpliciter esse *describere*, cum novi aliud esse, et proprie dici pro eo, quod ICti Romani nominant, *exceptione uti*. Descripsit ergo Rhetor noster ex Tabulis publicis Leges hasce *exceptorias*, quas Aristocrateæ rogationi opponeret. Descripsisse saltem constat: et multa sunt in hac oratione, quæ meam sententiam adjuvant. Ita ad Scribam se accommodans sæpius ait: λέγε τὸν μετὰ ταῦτα νόμον — τὸν ἐφεξῆς νόμον — λέγε τοὺς ἐφεξῆς νόμους. Vid. §. ζ'. fin. κϐ'. et κγ'. Præsertim §. κά. dubius, utrum in periculo suo adhuc restaret Lex, quam Scriba non recitarat, ait: ἆρά τις ἡμῖν ἔτι λοιπός ἐστι νόμος; Potissimum vero omnium §. κγ'. qui locus primum hodie a me est complanatus: λέγε τὸν μετὰ ταῦτα νόμον, ἢ οὗτοι πάντες εἰσίν; *Recita et sequentem legem, vel anne omnes jam sint recitatæ?* Id est, *recita sequentem legem, si qua superfuerit recitanda earum, quas descripsimus.* Taylor.

Ὁ κάτωθεν νόμος] *Lex inferior*, i. e. lex quæ proxime subsequitur eam quæ modo lecta fuit. Auger.

Δεδογμένους] Nonnulli Codd. habent δεδειγμένους, Bodl. Obsop. Ital. Lindenb. cum Editt. Felician. et Manut. eamque lectionem suffragio suo tuetur Lambinus. Cui auscultabo parum. Δοκεῖν est verbum forense, et significat *reum peragi, judicio cadere*, et similia. Conjunguntur sæpissime ἁλῶναι et δοκεῖν, tanquam paria. Ita Auctor noster §. ις'. ἂν δ' ἁλῷ καὶ δοκῇ τοὔργον εἰργάσθαι. Et §. ιέ. *post med.* Ἐὰν δόξῃ (ὁ διώκων) τὰ δίκαια ἐγκαλεῖν, ζ'. Λέγε δ' αὐτοῖς αὐτὸν τὸν νόμον τὸν μετὰ ταῦτα.

ΝΟΜΟΣ.

Τοὺς δ' ἀνδροφόνους ἐξεῖναι ἀποκτείνειν ἐν τῇ ἡμεδαπῇ καὶ ἀπάγειν, ὡς ἐν τῷ Ἄξονι ἀγορεύει· λυμαίνεσθαι δὲ μὴ, μηδὲ ἀποινᾶν, ἢ διπλοῦν ὀφείλειν ὅσον ἂν καταβλάψῃ· εἰσφέρειν δὲ τοὺς ἄρχοντας ὧν ἕκαστοι δικασταί εἰσι τῷ βουλομένῳ, τὴν δ' Ἡλιαίαν διαγινώσκειν.

καὶ ἕλῃ τὸν δεδρακότα. Hanc rem, uti spero, expedivi ad Lysiam pag. 136. not. 6. TAYLOR.

ζ'. ΝΟΜΟΣ] In hac Lege multa Salmasium torquent, quorum quæ potiora sunt et graviora hic delibabo. Primo: Quod nihil alienum magis a mente Demosthenis proferri potuit ea Lege, quæ juberet aliquem privata auctoritate interfici, cum eam ipsam crudelitatem in Aristocratea suasione toties exagitet iste Rhetor. Secundo: Quod Lex τοῦ ἀποκτείνειν licentiam concedat, ea, quæ minora sunt, *vexare, excruciare, pecuniam extorquere*, improbet. Tertio: Quod ea locutione ἀποκτείνειν καὶ ἀπάγειν jubeat abduci, qui jam morte mulctatus sit. Quarto: Quod in Lege a Dracone lata (tulit enim, ut liquet ex 636. II.) Axonum mentio facta sit, quos a Solone primo adhiberi notum est. Quinto: Quod de legitimo supplicio, neque in monumentis, neque in auctoribus, τὸ ἀποκτείνειν dictum reperiatur, sed θανάτῳ ζημιῶσαι. Alia multa, quæ prolixe de his rebus disserit in tractatu toties a me laudato. Quorum plurima, quæ præ festinatione et nimio capitis fervore ab homine exciderunt, ab iis redarguuntur, qui operam isti rei impenderunt. Legis interea mentem pulcre exponit Heraldus, cujus verbis jam utor: "Lex Attica exsulem cædis causa, intra fines deprehensum, occidere permittebat, aut ad Magistratum deducere: non quod occidi eum vellet, si posset prehendi et in jus duci, sed ut eum a suis finibus omnino absterreret: item si forte resisteret, et vim opponeret, sciret licere contumaciam suam præsenti morte multare." Non jus certum ea Lege sanciri credidit, aut voluisse Legislatorem, ut ad tantam severitatem unquam procederetur, verum, ut in jure antiquo multa hujusmodi inveniantur, comminanti similem multa permittere, quorum atrocitatem nunquam expromi speraret. Et ut in ea mente essem, suadent verba Platonis ab eodem adducta: Ἐὰν δέ τις ἐπιβῇ τούτων τῆς τοῦ φονευθέντος χώρας, ὁ προστυχὼν πρῶτος τῶν οἰκείων τοῦ ἀποθανόντος, ἢ καὶ τῶν πολιτῶν, ἀνατεὶ κτεινέτω, ἢ δήσας τοῖς ἄρχουσι τῶν τὴν δίκην κρινάντων, κτεῖναι παραδότω. Verba itaque ἀποκτείνειν καὶ, quæ Salmasius tollit, non videntur expungi debere. Ita in Lege de Furibus nocturnis, quæ producitur a Demosthene c. Timocratem, p. 736. 1. ed. Reisk. εἰ δέ τις νύκτωρ ὁ,τιοῦν κλέπτοι, τοῦτον ἐξεῖναι καὶ ἀποκτεῖναι, καὶ τρῶσαι διώκοντα, καὶ ἀπαγαγεῖν τοῖς ἕνδεκα. TAYLOR.

Ὡς ἐν τῷ Ἄξονι ἀγορεύει] Sub. ὁ νόμος. WOLF. Nempe lex vel legislator. AUGER.

Ἀγορεύει] Ἀπαγορεύει Cod. Reg. α. διαγορεύει mavult Wolfius. Salmasius interea in libro laudato pag. 768. ὡς ἐν τῷ ἄξονι ἠγόρευται, refingit, idque ex Demosthenis interpretatione liquere ait, qua id exposuit, ὡς εἴρηται, p. 630. 12. Iterum vide Heraldum recepta tuentem, L. IV. C. V. §. 7. — 9. TAYLOR. Lege ἀγορεύεται, ut in proxima pagina εἴρηται. JURIN.

Ἢ διπλοῦν] Διπλοῦν τῶν εἰσπεπραγμένων χρημάτων. WOLF.

Εἰσφέρειν δὲ τοὺς ἄρχοντας] Ἀντὶ τοῦ, εἰσάγειν τὸν βουλόμενον. WOLF. Εἰσφέρειν perinde valere judico, ac si dixisset εἰσάγειν, neque causam subesse arbitror, quare Wolfio auscultemus, qui in quodam loco hanc vocem pro illa substituit. Ad elucidandum ritum, de quo hic tractatur, video verba illa Ulpiani ad Midianam non longe ab initio esse perutilia: Μετὰ τὸ ἀποκληρωθῆναι τὸ δικαστήριον, ἐδίδοντο τοῖς θεσμοθέταις αἱ γραφαί. κἀκεῖνοι ἠρώτων λοιπὸν, βούλει κατηγορεῖν, ἢ μάρτυρας ἔχεις εἰς τὰς ἀποδείξεις ἑτοίμους; καὶ εἰ συνέφησεν, οὕτως ἤδη λοιπὸν εἰσήγετο — ἄρχοντες δὲ ἦσαν οἱ ἐν ἑκάστῳ δικαστηρίῳ τὰς κρίσεις εἰσάγοντες. Ita Rex, sive Archontum secundus, cædis actiones εἰσάγει, *committit*, Poll. L. VIII. C. IX. §. 90. Polemarchus, actiones hæreditatum, Idem ib. §. 91. Nautodicæ, τῆς ξενίας, Idem §. 126. Vide Suid. v. Ἡγεμονία δικαστηρίου, et quæ diximus ad Lysiam, pag. 559. Not. 9. TAYLOR. Sub. τὴν δίκην, *dare actionem*. AUGER.

Ὧν ἕκαστοι δικασταί εἰσι] Πρὸς τοὺς δικαστὰς ἑκάστων ἐγκλημάτων. Sic ego conjicio. Si erro, minus mihi succensebit is,

ἠκούσατε μὲν τοῦ νόμου· σκέψασθε δὲ, ὦ ἄνδρες Ἀθηναῖοι,
καὶ θεωρήσατε, ὡς καλῶς καὶ σφόδρα εὐσεβῶς ἔθηκεν ὁ
τιθεὶς τὸν νόμον. τοὺς ἀνδροφόνους φησί. πρῶτον μὲν
δὴ τοῦτον ἀνδροφόνον λέγει, τὸν ἑαλωκότα ἤδη τῇ ψήφῳ. οὐ
γὰρ ἔστ' οὐδεὶς ὑπὸ ταύτῃ τῇ προσηγορίᾳ, πρὶν ἂν ἐξε- 630
λεγχθεὶς ἁλῷ. ποῦ τοῦτο δηλοῖ; ἔν τε τῷ προτέρῳ νόμῳ
καὶ ἐν τούτῳ. ἐν μὲν γὰρ ἐκείνῳ γράψας, ἐάν τις ἀπο-
κτείνῃ, τὴν βουλὴν δικάζειν εἶπεν· ἐν δὲ τούτῳ τὸν
ἀνδροφόνον προσειπὼν, ἃ χρὴ πάσχειν εἴρηκεν. οὗ μὲν γὰρ
ἦν [1] ἡ αἰτία τὸ πρᾶγμα, τὴν κρίσιν εἴρηκεν· οὗ δ' ὁ ἁλοὺς
ἔνοχος τῷ προσρήματι τούτῳ καθέστηκε, τὴν τιμωρίαν
ἔγραψε. περὶ μὲν δὴ τῶν ἑαλωκότων ἂν λέγοι. λέγει δὲ τί;
ἐξεῖναι ἀποκτείνειν καὶ ἀπάγειν. ἆρ' ὡς αὑτὸν,
ἢ ὡς ἂν βούληταί τις; πολλοῦ γε καὶ δεῖ. ἀλλὰ πῶς;
ὡς ἐν τῷ Ἄξονι εἴρηταί φησι. τοῦτο δ' ἔστι τί; ὃ
πάντες ἐπίστασθ' ὑμεῖς. οἱ θεσμοθέται τοὺς ἐπὶ φόνῳ
φεύγοντας κύριοι θανάτῳ ζημιῶσαί εἰσι, καὶ τὸν ἐκ τῆς
ἐκκλησίας πέρυσι πάντες ἑωρᾶτε ὑπ' ἐκείνων ἀπαχθέντα.
ὡς τούτους οὖν ἀπάγειν λέγει. διαφέρει δὲ τί τοῦτο τοῦ ὡς
[2] αὑτὸν ἄγειν; ὅτι ὁ μὲν ἀπάγων, ὦ ἄνδρες Ἀθηναῖοι, ὡς
τοὺς θεσμοθέτας, τοὺς νόμους κυρίους ποιεῖ τοῦ δεδρακότος·
ὁ δὲ ὡς αὑτὸν ἄγων, ἑαυτόν. ἔστι δ' ἐκείνως μὲν, ὡς ὁ νό-
μος τάττει, δοῦναι δίκην· οὕτω δὲ, ὡς ὁ λαβὼν βούλεται.
πλεῖστον δὲ δήπου διαφέρει, τὸν νόμον κύριον τῆς τιμωρίας,

[1] Deest articulus.

[2] αὐτὸν

qui cogitabit, quantum obscuritatis et difficultatis sit in Legg. XII. Tabularum, quæ etiam Ciceroni facesserunt negotium, cum Solonis et Draconis Ἄξονες antiquiores etiam sint. Wolf.

Οὗ δ'] Male Morel. οὐδ'. Taylor.

Αὑτὸν] Αὑτὸν omnino, uti edidi. Et v. 20. Idem.

Ἢ ὡς ἂν βούληταί τις] Forte ἢ οἷ, vel ὅποι. Nam adverbium locale postulari videtur. Wolf.

Ὑπ' ἐκείνων ἀπαχθέντα] Nihil est, cur mutes in πρὸς ἐκείνους, ad eos, etsi mox sequitur, v. 19. ὡς τούτους οὖν ἀπάγειν λέγει. Idem. Male. Thesmothetarum non erat munus, damnatos ad mortem ducere, sed XIvirorum. Docebit Julius Pollux, L. VIII. c. IX. §. 102. alii. Verum, ut esset maxime eorum munus, hic locus non tractat de iis, quos illi *abducebant*, sed *qui ad illos ducebantur*. Agitur de notione τοῦ ἀπάγεσθαι. Ἐξεῖναι, inquit ille, ex lege ἀπάγειν. ἆρ' ὡς αὑτόν; domumne? minime, sed ut lex jubet, ad Thesmothetas, ὡς τούτους ἀπάγειν λέγει. Revoca igitur lectionem Feliciani et Manutii, eorumque MSS. ὑπ' ἐκείνους. Sexviri illi, Thesmothetæ nempe, jus habebant sententiam ferendi (id enim per θανάτῳ ζημιῶσαι intelligo) de iis, qui, ubi ob cædem solum verterint, iterum domum redeant. Id quod anno quidem superiore factum vidistis, nempe a concione quendam extractum *coram iis sisti, ad eos deductum*. Ad hos igitur jubet Lex adducere; non domum ad se ducere. Taylor.

Τὸν νόμον] Accuratius cum Edit. Lambini, τὸ τὸν νόμον κύριον — γίνεσθαι. Idem.

ἢ τὸν ἐχθρὸν γίνεσθαι. λυμαίνεσθαι δέ, φησι, μὴ,
μηδὲ ἀποινᾷν. ταῦτα δέ ἐστι τί; τὸ μὲν δὴ μὴ λυμαί-
νεσθαι, γνώριμον [1]οἶδ' ὅτι πᾶσι· μὴ μαστιγοῦν, μὴ δεῖν,
μὴ τὰ τοιαῦτα ποιεῖν λέγει. τὸ δὲ μηδ' ἀποινᾷν, μὴ χρή-
ματα πράττεσθαι. τὰ γὰρ ἄποινα, [2]χρήματα ὠνόμαζον
631 οἱ παλαιοί. ὁ μὲν δὴ νόμος, οὕτω τὸν ἀνδροφόνον καὶ [3]τὸν
ἑαλωκότα ἤδη διώρισεν ὡς κολαστέον, καὶ [4]οὗ, τὴν τοῦ
πεπονθότος εἰπὼν πατρίδα, καὶ περὶ τοῦ μηδένα ἄλλον
τρόπον, ἢ τοῦτον, μηδ' ἄλλοθι πλὴν ἐνταῦθα, ἄντικρυς
εἴρηκεν· ὁ δὲ τὸ ψήφισμα γράφων, πολλοῦ γε καὶ δεῖ,
διώρισεν, ὅς γε πάντα τούτοις τἀναντία εἴρηκε. γρά-
ψας γὰρ ἐάν τις ἀποκτείνῃ Χαρίδημον, ἀγώ-
γιμος ἔστω, φησί, πανταχόθεν· τί λέγεις; τῶν
νόμων οὐδὲ τοὺς ἑαλωκότας διδόντων ἀπάγειν, πλὴν ἐν
τῇ ἡμεδαπῇ, σὺ γράφεις ἄνευ κρίσεως τινὰ ἀγώγιμον ἐκ
τῆς συμμαχίδος πάσης; καὶ οὐδὲ ἐν τῇ ἡμεδαπῇ ἄγειν κε-
λευόντων τῶν νόμων, σὺ δίδως πανταχόθεν ἄγειν; καὶ μὴν
ἔν γε τῷ ποιεῖν ἀγώγιμον, πάνθ' ὅσα ἀπείρηκεν ὁ νόμος
δέδωκας, χρήματα πράξασθαι, ζῶντα λυμαίνεσθαι, κα-
κοῦν, ἔχοντα αὐτὸν ἀποκτιννύναι. πῶς οὖν ἄν τις μᾶλλον
ἐλεγχθείη παράνομα εἰρηκώς; ἢ πῶς δεινότερ' ἂν γράφων
[5]ἢ τοῦτον τὸν τρόπον; ὅς δυοῖν ὑποκειμένοιν ὀνομάτοιν,
κατὰ μὲν τῶν ἐν [6]αἰτίᾳ, ἐάν τις ἀποκτείνῃ, κατὰ
δὲ τῶν ἑαλωκότων, ἐάν τις ἀνδροφόνος ᾖ, ἐν μὲν τῇ
προσηγορίᾳ, τὸ τοῦ τὴν αἰτίαν ἔχοντος ὄνομα [7]ἔλαβες,

[1] * οἶδα πᾶσιν ὅτι, [2] χρήματα ἄποινα [3] [τὸν] [4] οὗ. τὴν * γὰρ τοῦ
[5] ἢ * σὺ τοῦτον [6] αἰτίᾳ ὄντων, ἐάν [7] ἔλαβες ὄνομα

Ἢ] Potius *καί*. Nam ea videtur esse constructio. IDEM.

Ἀποινᾷν] Quia mihi nullum hujus generis obsoletorum verborum suppetebat, verti: *habet etiam alterum legis verbum nihil obscuritatis.* Quorsum enim lucernam accendas in meridie? WOLF. ἀρχαῖα δὲ τὰ πάλαι μὲν συνήθη, νῦν δὲ ἐκλελοιπότα, ὡς λέγει Δημοσθένης ἐν τῷ κατὰ Ἀριστοκράτους, περὶ τοῦ Δράκοντος νόμῳ τόδε, μηδ' ἀποινᾷν, μηδὲ (l. μὴ) χρήματα πράττεσθαι· τὰ γὰρ χρήματα, ἄποινα ὠνόμαζον οἱ παλαιοί. Theo, Progymn. p. 46. TAYLOR.

Καὶ τὸν ἑαλωκότα] Lege τὸν ἀνδροφόνον τὸν ἑαλωκότα ἤδη sine ista copula, quæ sententiam misere funestat. *Ita statuit Lex de homicida, qui jam damnatus est.* Reg. *a.* habet, altera vocula deleta, τὸν ἀνδροφόνον καὶ ἑαλωκότα. IDEM. Delendum puto καὶ, et distinguendum τὸν ἀνδροφόνον, τὸν ἑαλωκότα ἤδη, διώρισεν etc. ut pag. 198. v. 4. τοῦτον ἀνδροφόνον λέγει, τὸν ἑαλωκότα ἤδη τῇ ψήφῳ, et §. ιθ'. περὶ τῶν ἀνδροφόνων, τῶν ἤδη κεκριμένων. MARKLAND.

Ὁ δὲ τὸ ψήφισμα γράφων κ. τ. λ.] Potest legi interrogative. Sed tum erit mutandus ordo: ὁ δὲ τὸ ψήφισμα γράφων διώρισε; πολλοῦ γε καὶ δεῖ. Sed quid si legas: ὁ δὲ τὸ ψήφισμα γράφων πολλοῦ γε καὶ δεῖ διορίσαι, *multum abest, ut decreti auctor ista distinxerit?* WOLF. F. leg. καὶ δεῖ, οὐ ταῦτα διώρισεν. AUGER.

τὴν δὲ τιμωρίαν, ἣν οὐδὲ κατὰ τῶν ἐξεληλεγμένων διδόασιν οἱ νόμοι, ταύτην κατὰ τῶν ἀκρίτων ἔγραψας, καὶ τὸ μέσον τούτων ἐξεῖλες. μέσον γάρ ἐστιν αἰτίας καὶ ἐλέγχου κρίσις· ἣν οὐδαμοῦ γέγραφεν οὗτος ἐν τῷ ψηφίσματι.

ή. Λέγε τοὺς ἐφεξῆς νόμους.

ΝΟΜΟΣ.

Ἐὰν δέ τις τὸν ἀνδροφόνον κτείνῃ ἢ αἴτιος ᾖ φόνου, ἀπεχόμενον [1] ἀγορᾶς ἐφορίας καὶ ἄθλων καὶ ἱερῶν Ἀμφικτυονικῶν, 632
[2] ὥσπερ τὸν Ἀθηναῖον κτείναντα, ἐν τοῖς αὐτοῖς ἐνέχεσθαι· διαγινώσκειν δὲ τοὺς [3] ἐφέτας.

τουτονὶ δεῖ μαθεῖν ὑμᾶς, ὦ ἄνδρες Ἀθηναῖοι, τὸν νόμον, τί ποτ' ἐβούλετο ὁ θείς· ὄψεσθε γὰρ ὡς ἅπαντ' εὐλαβῶς διώρισε καὶ νομίμως. ἐάν τις ἀποκτείνῃ τὸν ἀνδροφόνον, φησὶν, ἢ αἴτιος ᾖ φόνου, ἀπεχόμενον ἀγορᾶς [4] ἐφορίας, καὶ

[1] ἀγορᾶς, ἐφορίας, [2] ὅσπερ. [3] ἐφετὰς [4], καὶ ἐφορίας

Ἣν οὐ κατὰ τῶν ἐξεληλεγμένων] Malim οὐδέ. Wolf. Recte. atque ita dedi, motus auctoritate Ven. Bar. Lind. Aug. Ital. Vind. et Edit. Morelianæ. Taylor.

ή. Ἐὰν δέ τις κ. τ. λ.] Wolfius vertit: *Si quis autem homicidam ceciderit*, — is abstineat *foro* etc. plane contra mentem Legislatoris, qui voluit, prout ex sequentibus clare patet: *Si quis autem ceciderit homicidam* — abstinentem *foro* etc. Nam istud ἀπεχόμενον pertinet ad ipsum *homicidam*, non, ut Wolfius, ad *occisorem homicidæ*. Markland.

Ἀπεχόμενον] Non facile memini locum inscitius verti. *Si quis homicidam ceciderit, is abstineat foro collimitio.* Iterumque v. ult. et p. 201. v. 13. Miror sane, et dubito, an isto errore irretitus quidquam intelligere possit eorum, quæ hic dicantur. Lex enim his verbis declarat, quibus locis abstinere debet, qui salvus esse velit: *Si quis homicidam ceciderit abstinentem foro collimitio, ludis et sacris Amphictyonicis, eodem crimine teneatur, perinde ac si Atheniensem (insontem) occidisset, ejusque rei cognitio Ephetis reservetur.* Infra, p. 202. v. 4. Ἄν τις ἀποκτείνῃ τὸν ἀνδροφόνον, εἶτ' εἰπὼν, ὧν εἰργόμενον. Tayl. Mirum in modum in sensu hujus legis cœcutit Wolfius, cum putaret, hanc vocem ad interfectorem homicidæ, non homicidam ipsum respicere, quod tamen evidentissimum est ex sequenti Oratoris argumentatione. Itaque de novo traducenda est tota Lex: *Si quis autem homicidam ceciderit, aut cædis ei causa fuerit, abstinenti foro collimitio, et ludis et sacris Amphictyonicis, eodem crimine teneatur, ac si Atheniensem occidisset, sed judicium relinquatur causarum capitalium judicibus.* Jurin.

Ἀγορᾶς ἐφορίας] *Forum collimitium* verti a conjunctis limitibus, ut ipsa vox antiquitatis aliquam speciem præ se ferens interpretationem admitteret, quod in verbo ἀποινᾷν haud item licuit. Nam mulctare frequens est apud Ciceronem. Wolf. Editio Lutetiana, ἀγορᾶς, ἐφορίας (marg. ἐφορείας, et similiter ubique Baroc.) aliquando ἀγορᾶς καὶ ἐφορίας, ut v. ult. ὅθεν ὠνόμακεν ἀγορὰν καὶ ἐφορίαν. p. 201. v. 17. Utrumque male. Annotatur in Bodl. ἴσως ἀγορᾶς ἐφορίας, ἄνευ ὑποστιγμῆς, ὅτι ἐν τοῖς ὁρίοις ἀγοραὶ συνηθροίζοντο. Noster p. 201. v. 21. τὴν ἐφορίαν ἀγορὰν, ὅρον προσγράψας, ἧς εἴργεσθαί φησιν. Ubi absurdissime Edit. Ald. τὴν ἀγορὰν καὶ ἐφορίαν, ὅρον προσγράψας. Taylor.

Ὥσπερ] F. οἷσπερ. Sic p. 201. v. ult. τὴν αὐτὴν — δίκην δέδωκεν, ἥνπερ, ἂν τὸν Ἀθηναῖον κτείνῃ. Vide et p. 202. v. 7. ibid. §. θ'. et νζ'. ad fin. Orationis: τιμωρίας — τὰς αὐτὰς, ἅσπερ ἂν τὸν Ἀθηναῖον ἀποκτείνῃ. Vide Notas ad Lysiæ Orat. I. p. 36. not. 85. Markland.

Ἀπεχόμενον] Eundem hic errorem erravit Wolfius, quem in v. 7. cum pro *abstinenti*, vel *abstinentem*, reponat, *is abstineat*. Sed adhuc manifestius ad v. 13. p. 201. ἐάν τις τὸν ἀνδροφόνον κτείνῃ ἀπεχόμενον ἀγορᾶς ἐφορίας, *si quis homicidam interfecerit abstinentem* (non, *is abstineat*) *foro collimitio.* Jurin.

ἄθλων, καὶ ἱερῶν Ἀμφικτυονικῶν, ὥσπερ τὸν Ἀθηναῖον κτείναντα, ἐν τοῖς αὐτοῖς ἐνέχεσθαι· διαγινώσκειν δὲ τοὺς ἐφέτας. τί δὴ ταῦτά ἐστιν; ἐκεῖνος ᾤετο τὸν πεφευγότα ἐπ᾽ αἰτίᾳ φόνου καὶ ἑαλωκότα, ἐάν περ ἅπαξ ἐκφύγῃ καὶ σωθῇ, εἴργειν μὲν τῆς τοῦ παθόντος πατρίδος δίκαιον εἶναι, κτείνειν δὲ οὐχ ὅσιον ἁπανταχοῦ. τί σκοπῶν; ὅτι καὶ τοὺς δεῦρο πεφευγότας, ἐὰν ἡμεῖς τοὺς ἑτέρωσε ἀποκτιννύωμεν, ἀποκτενοῦσιν ἕτεροι. εἰ δὲ τοῦτ᾽ ἔσται, ἡ [1] μόνη λοιπὴ τοῖς ἀτυχοῦσιν ἅπασι σωτηρία διαφθαρήσεται. ἔστι δ᾽ αὕτη τίς; ἐκ τῆς τῶν πεπονθότων [2] μεταστάντα, εἰς τὴν τῶν μηδὲν ἠδικημένων ἀδεῶς μετοικεῖν. ἵνα δὴ μὴ τοῦτο ᾖ, μηδ᾽ ἀπέραντοι τῶν [3] ἀτυχημάτων αἱ τιμωρίαι γίγνωνται, ἔγραψεν, ἐάν τις τὸν ἀνδροφόνον κτείνῃ ἀπεχόμενόν, φησιν, [4] ἀγορᾶς ἐφορίας. τί τοῦτο λέγων; τῶν ὁρίων τῆς χώρας. ἐνταῦθα γάρ, ὥς γέ μοι δοκεῖ, τἀρχαῖα συνῄεσαν οἱ πρόσχωροι παρά τε ἡμῶν καὶ τῶν ἀστυγειτόνων· ὅθεν ὠνόμακεν [5] ἀγορὰν ἐφορίαν. καὶ πάλιν ἱερῶν Ἀμφικτυονικῶν. τί δήποτε καὶ τούτων ἀπέκλεισε τὸν ἀνδροφόνον; ὅσων τῷ παθόντι ζῶντι μετῆν, τού-
633 των εἴργει τὸν δεδρακότα. πρῶτον μὲν τῆς πατρίδος, καὶ τῶν ἐν ταύτῃ πάντων καὶ ὁσίων καὶ ἱερῶν, τὴν ἐφορίαν ἀγορὰν, ὅρον [6] προσγράψας ἧς εἴργεσθαί φησιν. εἶτα τῶν ἱερῶν τῶν ἐν Ἀμφικτύοσι. καὶ γὰρ τούτων, εἴ περ ἦν Ἕλλην ὁ παθὼν, μετῆν αὐτῷ. καὶ ἄθλων. διὰ τί; ὅτι κοινοὶ πᾶσίν εἰσιν οἱ κατὰ τὴν Ἑλλάδα ἀγῶνες. κατὰ δὲ τὴν πάντων μετουσίαν, μετῆν καὶ τούτων τῷ παθόντι. καὶ τούτων οὖν ἀπεχέσθω. τούτων μὲν δὴ τὸν εἰργασμένον εἴργει· ἐὰν δ᾽ ἔξω τούτων κτείνῃ τις αὐτὸν, [7] ἢ ἄλλοθί που, τὴν αὐτὴν ὑπὲρ αὐτοῦ δίκην δέδωκεν, ἥνπερ, ἂν τὸν

[1] μόνη [καὶ] λοιπὴ [2] μεταστάντας [3] ἀδικημάτων [4] ἀγορᾶς, ἐφορίας [5] ἀγορὰν καὶ ἐφορίαν [6] * προγράψας, [ἧς] [7] [ἢ ἄλλοθί]

Λοιπὴ] Ἡ μόνη καὶ λοιπὴ Codd. Bar. Parisienses et Vindob. Proxime, v. 10. cum Bodl. melius μεταστάντας. TAYLOR.

Ἀτυχημάτων] Baroc. ἀδικημάτων. Quid si ἀτυχησάντων? IDEM. ἀτυχημάτων pro φόνων. AUGER.

Τί τοῦτο λέγων;] Salmas. de M. U. pag. 770. ita legit et distinguit: ἀπεχόμενον, φησὶν, ἀγορᾶς ἐφορίας. τί τοῦτο; λέγει, τῶν ὁρίων τῆς χώρας. TAYLOR.

Εἴπερ ἦν Ἕλλην, ὁ παθὼν] *Modo Græcus esset occisus.* Wolfius. Non accurate versa, si vera sint ea quæ habet Ulpianus ad illa Demosthenis π. παραπρεσβ. εἴπερ ἐστὶν ἀληθὴς ἡ φήμη, ξθ΄. fin. sc. Οὐ διστάζων εἶπεν, ἀλλ᾽ ἔστιν ἀντὶ τοῦ ἐπείπερ, ὡς καὶ ἐν τῷ κατὰ Ἀριστοκράτους, εἴπερ ἦν Ἕλλην ὁ παθών. IDEM.

Ἐὰν δ᾽ ἔξω τούτων] S. τῶν εἰρημένων τόπων. WOLF.

Ἀθηναῖον κτείνῃ. τὸν γὰρ [1] φυγάδα, τὸ τῆς πόλεως
οὐ προσεῖπεν ὄνομα, ἧς οὐκ ἔστι μετουσία αὐτῷ, ἀλλὰ
τὸ τοῦ πράγματος ᾧ κατέστησεν αὐτὸν ἐκεῖνος ἔνοχον.
καὶ διὰ τοῦτο, ἄν τις ἀποκτείνῃ, φησὶ, τὸν ἀν-
δροφόνον. εἶτ' εἰπὼν ὧν εἰργόμενον, ἐπὶ τῷ τὴν τιμωρίαν
νομίμως ἐπιθεῖναι, τὸ τῆς πόλεως ὄνομα ὠνόμασε, τοῖς
αὐτοῖς ἐνεχέσθω καθάπερ ἂν τὸν Ἀθηναῖον
ἀποκτείνῃ [2] γράψας. ἀνόμοιος ὢν, ὦ ἄνδρες Ἀθηναῖοι,
τῷ τουτὶ τὸ ψήφισμα εἰρηκότι. καί τοι πῶς οὐχὶ δεινὸν, εἰ,
οἷς ὁ νόμος δέδωκεν, ἐὰν ὧν εἶπεν εἴργωνται, μετ' ἀσφα-
λείας ζῆν φυγοῦσι, τούτους ἐκδότους τις εἶναι γράφει, καὶ
ἀφαιρεῖται τὸ τῆς συγγνώμης ὠφέλιμον, ὃ τοῖς ἀτυχοῦσιν
ὑπάρχειν εἰκὸς παρὰ τῶν ἔξω τῶν ἐγκλημάτων ὄντων· ὅτῳ
ποτὲ τῶν ἁπάντων ἀπόκειται, ἄδηλον ὂν, μὴ προδήλου τῆς
ἐπιούσης τύχης οὔσης ἑκάστῳ; καὶ νυνὶ τὸν ἀποκτείναντα
Χαρίδημον, ὄντως ἂν ἄρα τοῦτο γένηται, ἐὰν ἀνταπο-
κτείνωσί τινες, λαβόντες ἔκδοτον, πεφευγότα, καὶ τῶν νο- 634
μίμων εἰργόμενον, ἔνοχοι μὲν αὐτοὶ ταῖς φονικαῖς δίκαις
ἔσονται· ἔνοχος [3] δὲ σύ. καὶ γὰρ, ἄν τις αἴτιος ᾖ, γέγρα-
πται· ἔσῃ δ' αἴτιος, τὴν διὰ τοῦ ψηφίσματος [4] αἰτίαν δε-
δωκώς. οὐκοῦν εἰ μὲν [5] ἐάσωμεν ὑμᾶς, τούτων συμβάντων,
οὐ καθαροῖς οὖσιν ὁμοῦ [6] διατρίψομεν· εἰ δ' ἐπέξιμεν, οἷς
ἐγνώκαμεν, αὐτοὶ τἀναντία πράττειν ἀναγκασθησόμεθα.
ἆρά γε μικρὸν, [7] ἢ τυχόν ἐστιν, ὑπὲρ οὗ δεῖ λῦσαι τὸ ψή-
φισμα ὑμᾶς;

θ'. Λέγε δὴ τὸν μετὰ ταῦτα νόμον.

ΝΟΜΟΣ.

Ἐάν τις τινὰ τῶν ἀνδροφόνων τῶν ἐξεληλυθότων, ὧν τὰ χρή-

[1] φυγάδα οὐ τὸ τῆς πόλεως προσεῖπεν [2] γράψας ἀνομοίως, ὦ ἄνδρες [3] * δὲ καὶ σύ. [4] ἐξουσίαν [5] ἐάσομεν [6] συνδιατρίψομεν [7] ἢ τὸ τυχόν

Τὸν γὰρ φυγάδα] i. e. κατὰ τὸν φυγάδα. *nam quod ad exsulem attinet.* MARKLAND. Hic γὰρ, ut sexcenties alibi, indieat tantum transitionem ad aliquid novi. *Nam exulem non appellavit nomine civitatis.* ὄνομα in accusativo, sub. κατά. AUGER.

Ἐπιούσης] Ita Editi et MSti. Wolfius, errore, credo, typographico, ἐμποιούσης. Scil. in Edit. Basil. 1572. ἐποιούσης, primo errore, quem Bibliopolæ Francofurtenses A. 1604. cum tollere velle viderentur, duplici menda ἐμποιούσης fecerunt. TAYLOR.

Αἰτίαν] Mallem cum Lind. Ital. Reg. α. et Vind. ἐξουσίαν. IDEM.

Τἀναντία πράττειν] *Rescindere* Wolfius. Incaute. Nam qui legem violat aut negligit, non utique rescindit. IDEM.

θ'. Ἐάν τις τινὰ τῶν ἀνδροφόνων τῶν ἐξεληλυθότων, ὧν τὰ χρήματα ἐπίτιμα, etc.] *Si quis quempiam eorum qui propter cædem in exilium abierunt, duntaxat quorum bona lege non notata sunt, ultra fines Atticos persequatur, aut fert, aut agit, æqua mul-*

ματα ἐπίτιμα, πέρα [1] ὅρων ἐλαύνῃ ἢ φέρῃ ἢ ἄγῃ, τὰ ἴσα ὀφείλειν, ὅσα περ ἂν καὶ ἐν τῇ ἡμεδαπῇ δράσῃ.

ἄλλος οὗτος, ὦ ἄνδρες Ἀθηναῖοι, νόμος, ἀνθρωπίνως καὶ καλῶς κείμενος, ὃν παραβὰς οὗτος ὁμοίως φανήσεται. ἐάν τις τινὰ τῶν ἀνδροφόνων, φησὶ, τῶν ἐξεληλυθότων ὧν τὰ χρήματα ἐπίτιμα. τῶν ἐπ' ἀκουσίῳ φόνῳ λέγει μεθεστηκότων. [2] τῷ τοῦτο δῆλον; τῷ τε ἐξεληλυθότων εἰπεῖν, ἀλλὰ μὴ πεφευγότων, καὶ τῷ διορίζειν, ὧν τὰ χρήματα ἐπίτιμα. τῶν γὰρ ἐκ προνοίας, δεδήμευται τὰ ὄντα. περὶ μὲν δὴ τῶν ἀκουσίων ἂν λέγοι. λέγει δὲ τί; ἐὰν πέρα ὅρου, φησὶν, ἐλαύνῃ ἢ φέρῃ ἢ ἄγῃ. τοῦτο δέ ἐστι τί τὸ πέρα ὅρου; ἔστι πᾶσιν ὅρος τοῖς ἀνδροφόνοις, τῆς τοῦ παθόντος εἴργεσθαι πατρίδος. ἐκ μὲν δὴ ταύτης
635 δίδωσιν ἐλαύνειν καὶ ἄγειν, πέρα δὲ οὐκ ἐᾷ τούτων οὐδέτερον ποιεῖν· ἐὰν δέ τις παρὰ ταῦτα ποιῇ, τὴν αὐτὴν ἔδωκεν ὑπὲρ αὐτοῦ δίκην, ἥν περ ἂν εἰ μένοντα ἠδίκει οἴκοι, γράψας ταὐτὰ ὀφείλειν, ἅπερ ἂν οἴκοι δράσῃ. εἰ δή τις ἔροιτο Ἀριστοκράτην τουτονὶ — καὶ μὴ νομίσητε εὔηθες τὸ ἐρώτημα — πρῶτον [3] μὲν, πότερον εὖ οἶδεν εἴ τις ἀποκτενεῖ Χαρίδημον [4] ἢ καὶ ἄλλως πῶς τελευτήσει, οὐκ ἂν, οἶμαι, [5] φαίη. θήσομεν τοίνυν ἀποκτενεῖν. πάλιν οἶσθ' ἑκὼν ἢ ἄκων, καὶ ξένος ἢ πολίτης ὁ τοῦτο ποιήσων ἔσται; οὐκ ἔνεστ' εἰπεῖν ὡς οἶσθα. οὐκοῦν ταῦτά γε δήπου προσῆκε

[1] ὅρου [2] τῷ [3] μὲν εἰ οἶδεν [4] ἢ εἰ καὶ [5] φαίη

cta plectitur, atque si infra fines nostros id patraverit. ἐπίτιμα χρήματα vocat *lege non notata*, hoc est, quæ in juris legumque præsidio sunt, sicut contra ἄτιμα dicuntur, in quæ cuivis volenti invadere licitum est, eaque diripere, ut etiam alibi dictum est. Sicut ἐπίτιμος ἀνὴρ, *vir integræ conditionis ac famæ.* Porro ἄγειν καὶ φέρειν idem est quod *populari et expilare*, quod Livius de bello Maced. Latine sic transtulit: "Tum demum fracta pertinacia est, ut ferri agique res suas viderunt." Idem Demosthenes explanans illa legis verba supra citata, ἐάν τις τινὰ τῶν ἀνδροφόνων, &c. lex, inquit, ad eos pertinet, qui ob cædem non voluntariam solum verterunt. τῷ τοῦτο δῆλον; τῷ τε ἐξεληλυθότων εἰπεῖν ἀλλὰ μὴ πεφευγότων, καὶ τῷ διορίζειν ὧν τὰ χρήματα ἐπίτιμα, τῶν γὰρ ἐκ προνοίας δεδήμευται τὰ ὄντα. *Qui tandem id planum fit? nempe tum ex eo quod eorum quempiam dixit, qui finibus egressi sunt, tum quia definiunt quorum quidem bona integra conditione manserunt, ac sine legis nota. Nam qui ob consultum homicidium urbe excesserunt, eorum utique bona publicata sunt*, id est, lege publicari jussa sunt. *Ex edit.* HERVAG.

Ὀφείλειν] Cum hæc transtulit Wolfius, *eandem mulctam debet*, Exemplarium suorum fidem secutus est, ubi scribitur ὀφείλει, a MSS. non edoctus ὀφείλειν legere. TAYLOR.

Ἀκουσίων] *Fortuitis cædibus*, Wolfius, cum tamen in Græcis dedit ἑκουσίων, et similiter Editiones Aldina et Lutetiana. Quid? parumne referre arbitraris, Wolfi, utro modo dederis? MSti nostri cum Feliciano et Manutio recte, ut solent, et debent, et uti nos repræsentari fecimus. IDEM.

Προσῆκε γράψαι — γράψαντα] Constru-

[1] γράψαι, ἐὰν τις ἀποκτείνῃ γράφοντα, ἄκων ἢ ἑκὼν, ἀδί-
κως ἢ δικαίως, ξένος ἢ πολίτης· ἵν᾽ ὅτῳ ποτὲ τοὖργον
ἐπράχθη, τούτῳ τὰ ἐκ τῶν νόμων ὑπῆρχε δίκαια· μὴ, μὰ
Δί᾽, αὐτὸ τὸ τῆς αἰτίας ὄνομα εἰπόντα, ἀγώγιμος ἔστω
προσγράψαι. τίνα γὰρ σὺ λέλοιπας ὅρον τῷ [2] γράμματι
τούτῳ, τοῦ νόμου σαφῶς οὑτωσὶ λέγοντος, μὴ πέρα ὅρων
ἐλαύνειν, ὃς πανταχόθεν δίδως ἄγειν; ὁ νόμος δὲ, οὐ μόνον
οὐκ ἐλαύνειν τῶν ὅρων πέρα, ἀλλ᾽ οὐδ᾽ ἄγειν ἐᾷ. ἐκ δὲ τοῦ
σοῦ ψηφίσματος, ὁ βουλόμενος ἄξει τὸν ἄκοντα ἀπεκτο-
νότα, ἔκδοτον λαβὼν, εἰς τὴν τοῦ παθόντος βίᾳ πατρίδα.
ἆρ᾽ οὐ πάντα συγχεῖς τὰ ἀνθρώπινα, καὶ ἀφαιρῇ τὴν πρό-
φασιν, μεθ᾽ ἧς ἢ καλόν ἐστι τῶν ἔργων ἕκαστον, ἢ αἰσχρόν;
ὁρᾶτε γὰρ ὡς ἐπὶ πάντων, οὐκ ἐπὶ τῶν φονικῶν μόνον,
οὕτω τοῦτ᾽ ἔχει. ἄν τις τύπτῃ τινά, φησιν, ἄρχων χειρῶν
ἀδίκων· ὡς, εἴ γε ἠμύνατο, οὐκ ἀδικεῖ. ἄν τις κακῶς ἀγο-
ρεύῃ, τὰ ψευδῆ προσέθηκεν· ὡς, εἴ γε τἀληθῆ, [3] προσῆκεν.
ἄν τις ἀποκτείνῃ, ἐκ προνοίας· ὡς, εἴ γε ἄκων, οὐ ταυτόν. 636
ἄν τις καταβλάψῃ τινὰ, ἑκὼν, ἀδίκως· πανταχοῦ τὴν
πρόφασιν βεβαιοῦσαν τὸ πρᾶγμα εὑρήσομεν. ἀλλ᾽ οὐ παρὰ
σοὶ, ἀλλ᾽ ἁπλῶς, ἄν τις ἀποκτείνῃ Χαρίδημον, ἀγέσθω,
κἂν ἄκων, κἂν δικαίως, κἂν ἀμυνόμενος, κἂν ἐφ᾽ οἷς διδό-
ασιν οἱ νόμοι, κἂν ὁπωσοῦν.

ι. Λέγε τὸν μετὰ ταῦτα νόμον.

ΝΟΜΟΣ.

Φόνου δὲ δίκας μὴ εἶναι [4] οὐδαμοῦ κατὰ τῶν τοὺς φεύγοντας ἐνδεικνύντων, ἐάν τις κατίῃ ὅποι μὴ ἔξεστιν.

[1] προσγράψαι [2] πράγματι [3] προσῆκον [4] μηδαμοῦ

ctio est hæc: οὐκοῦν προσῆκέ (σε) γράφοντα ἐάν τις ἀποκτείνῃ, γράψαι, ἄκων, ἢ ἑκὼν, ἀδίκως, ἢ δικαίως etc. Quod noto, ut appareat, pro γράψαι legendum esse προσγράψαι, *adscripsisse, adjecisse*: ex sensu et loco simili, §. κά. πρῶτον μὲν γὰρ, ἐάν τις ἀποκτείνῃ γράφων, οὐ προσέγραψεν, ἀδίκως, οὐδὲ βιαίως, οὐδ᾽ ὅλως οὐδέν. Verti autem debuit: *itaque oportuit te, cum scribebas,* SI QUIS OCCIDERIT, *adscripsisse, utrum invitus, an volens, jure, an injuria* etc. Vide et §. ιζʹ. fin. MARKLAND.

Γράφοντα] *Proinde sic scribere conveniebat, si quidem omnino scribere decreveras.* Wolfius hæc non intellexit, ut liquet ex versione. Sensus est: *Proinde qui scripsit* ἐάν τις ἀποκτείνῃ, *illud etiam scribere et adjicere debuit, utrum occiderit volens, an invitus, jure, aut injuria,* et quæ sequuntur. Bodl. non inscite προσῆκε προσγράψαι. TAYLOR.

Ὑπῆρχε] Silent Codices. Rescribo tamen ὑπάρχῃ. ἵνα — τούτῳ — ὑπάρχῃ δίκαια. IDEM. Notandum ἵνα cum Imperfecto, ut apud Lysiam, Orat. I. p. 43. ult. ἵνα ἐτιμωρεῖτο. ubi plura attuli. MARKLAND.

Διδόασιν] *Jubentur,* Wolfius. Male. Potius: *conceduntur.* Ut recte idem §. ιά. init. et med. et alibi. TAYLOR.

ι. ΝΟΜΟΣ] Salmas. de M. U. p. 783. emendat: Τοὺς φεύγοντας ἐνδεικνύντων, ἐάν τις κατίῃ, ὅποι μὴ ἔξεστι· φόνου δὲ δίκας μὴ ὁ μὲν νόμος ἐστὶν οὗτος Δράκοντος, ὦ ἄνδρες Ἀθηναῖοι, καὶ οἱ [1] ἄλλοι, ὅσους ἐκ τῶν φονικῶν νόμων παρεγραψάμην. δεῖ

[1] ἄλλοι δὲ, ὅσους

εἶναι. Cujus hæc est Sententia: *Si quis cædis causa exsul domum redierit, aut ea loca, quibus interdicitur, hominem deferunto*, ἐνδεικνύντων· *non opus est cædis actionem rursus intendere*. Nam Ἔνδειξις erat ea species Actionis, quæ in criminibus judicatis locum habet, et in iis, quæ pœnam, non disceptationem, exspectant. Ingeniosius hoc multo, quam verius: et, si audaciam et temeritatem hominis spectes in verbis transponendis, ne ingeniosum quidem. Alia multa opponenda habeo, quæ nunc premam. Interea, si ab Editis stemus, quid respondendum erit viris multis et doctissimis, qui de hujus Legis obscuritate diu sunt conquesti? Mihi semper fuit animus, hanc fuisse Legis alicujus prolixioris partem: immo connectiva ista particula ab initio declarat, rem ita se habere. Subjungatur itaque hæc Lex, verbi gratia, legi illi, quæ occurrit pag. 631. pen. ed. R. Earum ergo ita annexarum Tenor et Sententia hoc modo procedet:

Homicidam exsulantem, dum ab iis locis abstineat, ubi accedere non licet, si quis vel occiderit, vel quocunque modo causa exstiterit, ut occidatur, contra interficientem, vel eum, qui internecionis causa fuerit, Actiones cædis sunto, perinde uti si quis interfecerit civem Atheniensem.

Verum si non abstinuerit, sed redierit, ubi non oportet, ad Judicem deferunto: contra eum vero, qui detulerit, et internecionis causa fuerit, actiones cædis ne sunto.

Reclamabit nemo, ubi τῆς Ἐνδείξεως naturam et rationem paucis exposuero. Actio erat periculosa admodum, neque temere instituenda: Nam ὁ ἐνδεικνύμενος ad rationes reddendas tenebatur, et omnino contraria actione postulari poterat, si quando constaret, eum detulisse hominem non deferendum. Hæc et plura de ista causa docebit Pollux, quem exscribo, L. VIII. C. VI. §. 49. Ἔνδειξις δὲ ἦν πρὸς τὸν Ἄρχοντα, ὁμολογουμένου ἀδικήματος, οὐ κρίσεως, ἀλλὰ τιμωρίας δεομένου· ὁ δὲ ἐνδεικνύμενος ἐν γραμματείῳ πρὸς τὸν Ἄρχοντα τὴν ἔνδειξιν ἀποφέρει, ἵνα ὑπεύθυνος ᾖ τῆς ψεύδους ἐνδείξεως — μάλιστα δὲ τοὺς ὀφείλοντας τῷ δημοσίῳ ἐνεδείκνυσαν, ἢ τοὺς κατιόντας, ὅποι μὴ ἔξεστιν, ἢ τοὺς ἀνδροφόνους. Ita Agoratus apud Lysiam, qui insontes quosdam detulerat per τὴν ἔνδειξιν, et eapropter cædis causa exstiterat, cædis et ipse postulatur, ut ex tota ista oratione liquet. Nam in causa Ἐνδείξεως, quia supplicium statim sequitur sine judicio et quæstione, merito haberi poterat Delator istius internecionis auctor. δεῖ αὐτὸν ἀποδεῖξαι, ὡς οὐ κατεμήνυσε τῶν ἀνδρῶν τούτων, οὐδ' αἴτιός αὐτοῖς ἐστὶ τοῦ θανάτου, ut ait Lysias in Oratione laudata, p. 473. 6. Verum enimvero statutum est hac Lege, eam *recriminationem* hic *saltem* cessare, neque cædis postulari posse, ut generaliter potuit fieri, qui exsulem redeuntem ad loca interdicta delatione sua oppresserit. Cavebat maxime sibi ea Resp. ab iis, qui propter cædem aut crimina istiusmodi solum verterunt: Jurabat enim, quicunque in collegium Heliastarum cooptaretur, οὐδὲ τοὺς φεύγοντας κατάξω, οὐδὲ ὧν θάνατος κατέγνωσται. Immo ita cavebat, ut, quotiescunque Lex illa, quam OBLIVIONIS vocant, apud illos sanciretur, nominatim eos exciperent, et adhuc delationis periculo subjicerent, qui hujusmodi reatu tenerentur: Jurabat Senator quilibet, adjecta hac clausula tum primum post liberatam Remp. a Thrasybulo, et excussam XXXvirorum tyrannidem, οὐ δέξομαι ἔνδειξιν, οὐδὲ ἀπαγωγὴν, ἕνεκα τῶν πρότερον γεγενημένων, πλὴν τῶν φευγόντων. Ejusdem pariter severitatis est ea Lex Draconis, quam exponimus, perinde ac si dixisset: Κατὰ τῶν ἐνδεικνύντων, φόνου δίκας εἶναι, πλὴν τῶν ἐνδεικνύντων τοὺς φεύγοντας. In Themide Attica, ubi Legislator, quid cuivis licere et patere voluit, id potissimum sancivit hac ratione, primum permittendo, deinde, omni excluso aditu ad litem ineundam ei, qui contra venire vellet. Ita in causa Adulterii, sancitum est, ἐάν τις μοιχὸν λάβῃ, ὅ,τι ἂν βούληται, χρῆσθαι. Interea tamen, licet sapientissimus Legislator ea potestate armaverat doliturum maritum, quasi in ea parum esset præsidii, tulit etiam *alteram* Legem, prout in Lect. Lysiac. olim exposui, τοῦτον μὴ καταγινώσκειν φόνου, ὃς ἂν ἐπὶ δάμαρτι τῇ ἑαυτοῦ μοιχὸν λαβὼν, ταύτην τὴν τιμωρίαν ποιήσηται. Id est, contra eum, qui adulterum in uxore interfecerit, φόνου δίκην μὴ εἶναι εἰσαγώγιμον, cædis reus ne postulator. Hæc autem vel ideo quoque adduxi, ut intelligeres, qua fide istam legem proxime, nam proxime occurret, sc. pag. sequente, v. 16. interpretatur Wolfius, ἐάν τις ἀποκτείνῃ — ἐπὶ δάμαρτι — μὴ φεύγειν κτείνοντα. *Qui cæ-*

δὲ ἃ λέγει σκέψασθαι· κατὰ τῶν ἐνδεικνύντων, φησὶ, τοὺς κατιόντας ἀνδροφόνους [1]ὅπου μὴ ἔξεστι, δίκας φόνου μὴ εἶναι. [2]ἐνταυθοῖ δύο δηλοῖ δίκαια, ἃ παρ' ἀμφότερα οὗτος εἴρηκε τὸ ψήφισμα· ὅτι τε ἐνδεικνύναι δίδωσι τὸν ἀνδροφόνον, καὶ οὐκ αὐτὸν ἀγώγιμον οἴχεσθαι λαβόντα, καὶ, ὅτι, ἐὰν κατίῃ τις ὅποι μὴ ἔξεστι, καὶ αὐτὸ τοῦτο δίδωσιν, οὐχ ὅπῃ βούλεταί τις. οὐκ ἔξεστι δὲ ποῖ; ἐξ ἧς ἂν φεύγῃ τις [3]πόλεώς που. καὶ σφόδρα σαφῶς τοῦτο [4]δηλοῖ, ἐάν τις κατίῃ, φησί. τοῦτο δ' οὐκ ἔσται ἐπενεγκεῖν ἄλλῃ πόλει, πλὴν ἣν ἂν φεύγοι τις. ὅθεν γὰρ μηδὲ ἐξέπεσέ τις τὴν ἀρχὴν, οὐκ ἔνι δήπου κατελθεῖν εἰς ταύτην. ὁ μὲν τοίνυν νόμος ἔνδειξιν δέδωκε, καὶ ταύτην ἂν κατίῃ ὅποι μὴ ἔξεστιν· ὁ δὲ, ἀγώγιμος ἔστω γέγραφε, κἀντεῦθεν, ὅποι φεύγειν οὐδεὶς [5]ἄλλος κωλύει νόμος.

ιά. Λέγε [6]τὸν νόμον.

ΝΟΜΟΣ. 637

Ἐάν τις ἀποκτείνῃ ἐν ἄθλοις ἄκων, ἢ ἐν ὁδῷ καθελὼν, ἢ ἐν πολέμῳ ἀγνοήσας, ἢ ἐπὶ δάμαρτι, ἢ ἐπὶ μητρὶ, ἢ ἐπ' ἀδελφῇ, ἢ ἐπὶ θυγατρὶ, ἢ ἐπὶ παλλακῇ, [7]ἢ ἣν ἂν ἐπ' ἐλευθέροις παισὶν ἔχῃ, τούτων ἕνεκα μὴ φεύγειν [8]κτείνοντα.

1 ὅποι 2 ἐνταυθὶ 3 πόλεως. ποῦ, 4 δηλοῖ; 5 Deest ἄλλος. 6 ἄλλον 7 Deest ἤ. 8 κτείναντα

dem fecerit, ne EXSULATO: Immo: *ne cædis reus sistatur.* TAYLOR.

Οὐδαμοῦ] Potius μηδαμοῦ, ut Ven. Bar. Lind. Ital. et Vind. μηδαμῶς Reg. a. IDEM.

Οὐχ ὅπῃ] Rescribo: καὶ, ὅτι, ἐὰν κατίῃ τις, ὅποι μὴ ἔξεστι, αὐτὸ τοῦτο δίδωσι, καὶ οὐχ ὅπῃ βούλεταί τις. IDEM.

Ἄλλος] Vides hanc vocem in loco plane alieno. Lege ὅποι φεύγειν οὐδεὶς κωλύει νόμος. Ut Linden. Ital. Vindob. aliique. Deinde, λέγε ἄλλον νόμον, cum Bodl. Aug. Vindob. Bar. Obsop. Ital. IDEM.

ιά. Λέγε τὸν νόμον] Omnino legendum puto, vel, τὸν ἐφεξῆς νόμον, vel, τὸν μετὰ ταῦτα νόμον, ut in superioribus sæpe, et infra. Tale aliquid postulat sensus, et mos scribendi. MARKLAND.

Ἢ ἐν ὁδῷ καθελὼν] Laudant hæc ex Aristocratea Demosthenis et Harpocratio v. Ἢ ἐν ὁδῷ, et Καθελὼν, et Ὁδὸς, et Eustathius ad Iliad. A. 151.

Ἠ ὁδὸν ἐλθέμεναι, ἢ ἀνδράσιν ἶφι μάχεσθαι.

Sc. Ἔστι δὲ ὁδὸν μὲν ἐλθεῖν, τὸ τοὺς ἀριστεῖς εἰς λόχον ἀπελθεῖν, ὡς δοκεῖ τοῖς παλαιοῖς, οἳ καὶ ἀπὸ Δημοσθένους φέρουσι χρῆσιν, εἰπόντος ἐν τῷ κατὰ Ἀριστοκράτους, ἢ ἐν ὁδῷ καθελὼν, ἀντὶ τοῦ ἐν λόχῳ. Ex quibus locis constabit, quam insulse Wolfius hic interpretatur *in itinere.* Miror, hæc a Demosthene in lege inferius explicanda esse prætermissa, cum satis constet ex auctoritate, quam dedi, ea verba in lege non defuisse. TAYLOR. *Aut in itinere prostraverit:* Wolfius. Ergo secundum hanc legem (vel saltem, hanc versionem) Sicarii et Grassatores, qui aliquem in via *prostraverint* et *occiderint*, non *exsulabunt*, sed tuti in patria *manebunt.* Fieri non potest, ut ita sanxerit Draco. Pro καθελὼν rectius scribi videretur, οὐκ ἐθέλων, *nolens, invitus,* ut ἄκων, et ἀγνοήσας. Et ita Homerus Iliad. Ψ. 87.

παῖδα κατέκτανον Ἀμφιδάμαντος
Νήπιος, οὐκ ἐθέλων.

Si nihil mutandum sit, verba ita ordinanda sunt: ἐάν τις ἀποκτείνῃ (τινὰ) ἄκων καθελὼν (αὐτὸν) ἐν ἄθλοις, ἢ ἐν ὁδῷ, etc. Cæterum Demosthenes, qui in sequentibus commentatur in singulos hujus Legis articulos, de hac pericope, ἢ ἐν ὁδῷ καθελὼν, quod mirum est, prorsus silet. Utrum Memoriæ, an Exemplarium vitio? MARKLAND.

Ἢ ἣν ἂν ἐπ' ἐλευθέροις] Deest ἢ ante ἣν in

πολλῶν, ὦ ἄνδρες Ἀθηναῖοι, νόμων ὄντων παρ' οὓς εἴρηται τὸ ψήφισμα, παρ' οὐδένα μᾶλλον, ἢ παρὰ τουτονὶ τὸν ἀνεγνωσμένον νῦν εἴρηται. διδόντος γὰρ τοῦ νόμου σαφῶς οὑτωσὶ, καὶ λέγοντος ἐφ' οἷς ἐξεῖναι κτεῖναι, οὗτος ἅπαντα παρεῖδε ταῦτα, καὶ γέγραφεν, οὐδὲν ὑπειπὼν ὅπως ἄν τις ἀποκτείνῃ, τὴν τιμωρίαν. καί τοι σκέψασθε ὡς ὁσίως καὶ καλῶς ἕκαστα διεῖλεν ὁ ταῦτα ἐξαρχῆς [1] διελθών. ἄν τις ἐν ἄθλοις ἀποκτείνῃ τινὰ, τοῦτον ὥρισεν οὐκ ἀδικεῖν. διὰ τί; οὐ τὸ συμβὰν ἐσκέψατο, ἀλλὰ τὴν τοῦ δεδρακότος διάνοιαν. ἔστι δὲ αὕτη τίς; ζῶντα νικῆσαι, [2] οὐκ ἀποκτεῖναι. εἰ δὲ ἐκεῖνος ἀσθενέστερος ἦν τὸν ὑπὲρ τῆς νίκης ἐνεγκεῖν πόνον, αὐτὸν ἑαυτῷ τοῦ πάθους αἴτιον ἡγήσατο· διὸ τιμωρίαν οὐκ ἔδωκεν ὑπὲρ αὐτοῦ. πάλιν, ἂν ἐν πολέμῳ, φησὶν, ἀγνοήσας, καὶ τοῦτον εἶναι καθαρόν. καλῶς. εἰ γὰρ ἐγώ τινα τῶν ἐναντίων οἰηθεὶς εἶναι διέφθειρα, οὐ δίκην ὑπέχειν, ἀλλὰ συγγνώμης τυχεῖν δίκαιός εἰμι. ἢ ἐπὶ δάμαρτι, [3] φησὶν, ἢ ἐπὶ ἀδελφῇ, ἢ ἐπὶ θυγατρὶ, ἢ ἐπὶ παλλακῇ, [4] ἢ ἣν ἂν ἐπ' ἐλευθέροις παισὶν ἔχῃ, καὶ τὸν ἐπὶ τούτων [5] τινὰ κτείναντα ἀθῷον ποιεῖ. πάντων γε ὀρθότατα, ὦ ἄνδρες Ἀθηναῖοι, τοῦτον ἀφιείς. τί δήποτε; ὅτι ὑπὲρ ὧν τοῖς πολεμίοις μαχόμεθα, ἵνα μὴ πάσχωσιν ὑβριστικὸν μηδὲ
638 ἀσελγὲς μηδὲν, ὑπὲρ τούτων καὶ τοὺς φίλους, ἐὰν παρὰ

[1] διελών. [2] [καὶ] οὐκ [3] φησὶν, ἢ ἐπὶ μητρὶ, ἢ [4] Deest ἤ. [5] τινὶ

MStis Bar. Lind. Ital. et Vindob. Iterumque v. 18. p. 207. ubi verba Legis repetuntur. Non diversæ igitur, ut videtur, pellex, et *ea, quam liberis ingenuis suscipiendis habet*. Innuit enim non Ἑταίραν, sed Concubinam, quam suboli suscipiendæ, et quasi uxorem, domi habere solebant. TAYLOR.

Φεύγειν] *Exsulato*. Incaute hoc a Wolfio redditum. Μὴ φεύγειν κτείνοντα, *ne reus cædis sistatur*. Post hæc verba Bar. subjicit ἐπίσχες, ut nonnunquam alibi post legis particulam recitatam reperiri solet. IDEM.

Ἐξεῖναι] Ἔξεστι marg. Benen. forte ἐξείη Wolfius. Vide infra §. ιζ'. In proximis v. 5. πῶς (non ὅπως) cum MStis Bar. et Vind. IDEM.

Διελθὼν] Corrige διελών. Ita Ven. Bar. Ital. Linden. et Reg. *α*. quod Wolfio rectius esse videtur. Vide §. ιθ'. IDEM. Cf. D'Orville ad Charit. Aphrod. Lib. VII. cap. VI. p. 645.

Ἀσθενέστερος ἦν — ἐνεγκεῖν] Ἀσθενέστερος, ἢ ὥστε ἐνεγκεῖν. WOLF. Exponendi, credo, animo, non emendandi. Alibi legit, et quidem, ut ait, ex Codd. Lutetianis, cujus tamen lectionis vestigium non deprehendo: εἰ δ' ἐκεῖνος ἀσθενέστερος ἦν τοῦ τὸν ὑπὲρ τῆς νίκης ἐνεγκεῖν πόνον. TAYLOR. Num εἰ δὲ ἐκεῖνος ἀσθενέστερος ἦν, ἢ — ἐνεγκεῖν πόνον? JURIN.

Φησὶν] Addunt Bar. Lind. Ital. Vind. cum Benenato, ἢ ἐπὶ μητρὶ pariter uti in Lege scribitur. In Veneto deficiebat ἢ ἐπὶ δάμαρτι. TAYLOR.

Τινὰ] Omnino τινί. κτείναντι ἐπί τινι τούτων, ut in lege: ἐάν τις ἀποκτείνῃ ἐπὶ δάμαρτι, ἢ ἐπὶ μητρὶ etc. τινὶ ἴσως Bodl. atque ita marg. Benenati. τῷ Lind. et Ital. IDEM.

τὸν νόμον εἰς αὐτοὺς ὑβρίζωσι, καὶ διαφθείρωσιν, ἔδωκεν
ἀποκτεῖναι. ἐπειδὴ γὰρ οὐ γένος ἐστὶ [1] φίλων καὶ πολε-
μίων, ἀλλὰ τὰ πραττόμενα ἐξεργάζεται τοῦθ' ἑκάτερον,
τοὺς ἐχθρὰ ποιοῦντας ἐν ἐχθροῦ μέρει κολάζειν ἀπέδωκεν
ὁ νόμος. οὐκοῦν δεινὸν, εἰ τοσούτων ὄντων, ἐφ' οἷς τοὺς ἄλ-
λους ἔξεστιν ἀποκτιννύναι, μόνον ἀνθρώπων ἐκεῖνον μηδ'
ἐπὶ τούτοις ἐξέσται ἀποκτεῖναι. φέρε, ἂν δέ τι συμβῇ
τοιοῦτον, οἷον ἴσως ἤδη [2] τῳ καὶ ἄλλῳ, ἀπαλλαγῇ μὲν ἐκ
Θρᾴκης, ἐλθὼν δὲ εἰς τὴν πόλιν οἰκῇ που, τῆς μὲν ἐξου-
σίας μηκέτι κύριος ὢν, δι' ἧς πολλὰ ποιεῖ τῶν ἀπειρημένων
ὑπὸ τῶν νόμων, τοῖς δ' ἔθεσι καὶ ταῖς ἐπιθυμίαις ταὔτ'
[3] ἐπιχειρῇ πράττειν· ἄλλο [4] τί, ἢ σιγῶντα δεήσει Χαρίδη-
μον [5] ἐᾶν ὑβρίζειν; οὐ γὰρ αὐτὸν ἀποκτεῖναί γε ἀσφαλὲς,
οὐδὲ τιμωρίαν λαβεῖν, ἣν δίδωσιν ὁ νόμος, διὰ τὸ ψήφισμα
[6] τουτουί· καὶ μὴν, εἴ τις ἐκεῖνο ὑπολαμβάνει, ποῦ δὲ γέ-
νοιτο ἂν ταῦτα; τί κωλύει κἀμὲ λέγειν, τίς δ' ἂν ἀπο-
κτείναι Χαρίδημον; ἀλλὰ μὴ τοῦτο σκοπῶμεν· ἀλλ' ἐπειδή-
περ ἐστὶ τὸ φεῦγον ψήφισμα οὐκ ἐπὶ ἤδη γεγενημένῳ τινὶ
πράγματι, ἀλλ' ἐπὶ τοιούτῳ, ὃ μηδ' εἰ γενήσεται μηδεὶς
οἶδε, τὸ μὲν τοῦ μέλλοντος ἔσεσθαι, κοινὸν ἀμφοῖν ὑπαρ-
χέτω· πρὸς δὲ [7] τούτῳ ὑποθέντες ἀνθρωπίνως τὰς ἐλπίδας,
οὑτωσὶ σκοπῶμεν, ὡς τάχ' ἄν, εἰ τύχοι, καὶ τούτων κἀ-
κείνων συμβάντων. λύσασι μὲν τοίνυν τὸ ψήφισμα, ἂν ἄρα
συμβῇ τι παθεῖν ἐκείνῳ, εἰσὶν αἱ κατὰ τοὺς νόμους ὑπὲρ
αὐτοῦ τιμωρίαι· ἐῶσι δὲ, ἂν ἄρα ἐκεῖνος ζῶν ἀδικῇ τινά,
ἀνῄρηται τοῖς ὑβριζομένοις ἡ μετὰ τῶν νόμων δίκη. ὥστε 639
πανταχῇ καὶ ἐναντίον ἐστὶ τοῖς νόμοις τὸ ψήφισμα, καὶ
λῦσαι συμφέρει.

[1] φιλίων [2] Deest articulus. [3] ἐπιχειρῶν [4] τι
[5] ἐᾶν αὐτὸν ὑβρίζειν; οὐ γὰρ ἀποκτεῖναί [6] τουτί. [7] τοῦτο

Ἐχθροῦ] Lege ἐχθρῶν, propter τοὺς ποιοῦντας. MARKLAND.

Οὐκοῦν δεινὸν κ. τ. λ.] Melius cum Interrogatione: οὐκ οὖν δεινὸν — ἀποκτεῖναι; ut solet Noster. TAYLOR.

Ἐκεῖνον] Nempe, Charidemum. AUGER.

Ἀπαλλαγῇ] F. ὡς ἀπαλλαγῇ. MARKL.

Τοῖς δ' ἔθεσι κ. τ. λ.] Vim hujus loci non vidit Wolfius, quantum ex istius interpretatione judico. Verto liberius: *Finge Charidemum huc ad nos commigraturum*, et *uxoribus nostris aut liberis stuprum inferre, non armis et militari imperio munitum, (cui ægre resisti potuit) verum moribus* et *consuetudine ductum. quid? sinemus libidini indulgere, necne?* TAYLOR.

Ἐᾶν] Lege ἐᾶν αὐτὸν ὑβρίζειν. Habent impressi omnes et MSS. fere. Et recte quidem. In proximis cum Codd. Paris. et Vind. æque recte abesse potest. ἄλλο τι; ἢ σιγῶντα δεήσει Χαρίδημον ἐᾶν αὐτὸν ὑβρίζειν; οὐ γὰρ ἀποκτεῖναί γε ἀσφαλές. IDEM.

Ποῦ δὲ γένοιτο ἂν ταῦτα;] Scribendum puto, πῶς δὲ γένοιτο ἂν ταῦτα; JURIN.

ιϛ´. Λέγε τὸν μετὰ ταῦτα νόμον.

ΝΟΜΟΣ.

Καὶ ἐὰν φέροντα ἢ ἄγοντα βίᾳ ἀδίκως εὐθὺς ἀμυνόμενος κτείνῃ, νηποινεὶ τεθνᾶναι [1] κελεύει.

ἄλλα ταῦτα, ἐφ' οἷς ἔξεστι κτεῖναι· ἐὰν ἄγοντα ἢ φέροντα βίᾳ ἀδίκως εὐθὺς ἀμυνόμενος κτείνῃ, νηποινεὶ τεθνᾶναι κελεύει. θεάσασθε, πρὸς Διὸς, ὡς εὖ. τῷ [2] μὲν ὑπειπὼν ἐφ' οἷς ἐξεῖναι κτείνειν, προσγράψαι τὸ εὐθὺς, [3] ἀφεῖλε τὸν τοῦ βουλεύσασθαί τι κακὸν χρόνον· τῷ δὲ ἀμυνόμενος γράψαι, δηλοῖ, τῷ πάσχοντι διδοὺς τὴν ἐξουσίαν, οὐκ ἄλλῳ τινί. ὁ μὲν δὴ νόμος, διὰ ταῦτα εὐθὺς ἀμυνομένῳ δέδωκεν [4] εὐθὺς ἀποκτιννύναι· ὁ δ' οὐδὲν εἴρηκεν, ἀλλ' ἁπλῶς, ἄν τις ἀποκτείνῃ, κἂν δικαίως, κἂν ὡς οἱ νόμοι διδόασιν. ἀλλὰ, νὴ Δία, συκοφαντοῦμεν τὸ πρᾶγμα. τίνα γὰρ οἴσει, ἢ ἄξει βίᾳ ἀδίκως Χαρίδημος; πάντας ἀνθρώπους. ἴστε [5] γὰρ τοῦθ' ὅτι πάντες οἱ [6] στράτευμα ἔχοντες, οὗτοι ὧν ἂν [7] οἴωνται κρείττους ἔσεσθαι, ἄγουσι καὶ φέρουσι, χρήματ' αἰτοῦντες. εἶτ' οὐ δεινὸν, ὦ γῆ καὶ θεοὶ, καὶ φανερῶς παράνομον οὐ μόνον παρὰ τὸν γεγραμμένον νόμον, ἀλλὰ καὶ παρὰ τὸν κοινὸν ἁπάντων ἀνθρώπων νόμον, τὸν ἄγοντα, ἢ φέροντα βίᾳ τἀμὰ ἐν πολεμίου μοίρᾳ, μὴ ἐξεῖναί μοι ἀμύνασθαι; εἴ γε μηδὲ τοῦτον τὸν τρόπον ἐξέσται Χαρίδημον ἀποκτεῖναι,

[1] Deest κελεύει. [2] μὲν * γὰρ ὑπειπὼν [3] ἀφείλετο [4] Deest εὐθύς. [5] γὰρ δήπου τοῦθ' [6] στρατεύματ' [7] οἴονται

ιϛ´. ΝΟΜΟΣ] Legem habes omnium absurdissimam, si cum Wolfio legas et interpreteris: Καὶ ἐὰν φέροντα etc. ἀλλὰ ταῦτα — *sed hoc ob ea, propter quæ occidere licet.* Quo nihil excogitari potest futilius. Desinit Lex in κελεύει v. 4. Quam ad explicandam deinde pergit Orator. Ecce, inquit ille, ἄλλα ταῦτα, ἐφ' οἷς ἔξεστι κτεῖναι, *si quis sc. per vim et injuriam abduxerit.* TAYLOR.

Ἐὰν ἄγοντα — κελεύει] Oratoris hæc sunt verba partem legis recitantis, ideoque minore charactere imprimenda. JURIN.

Κελεύει] Nempe, lex vel legislator. AUGER.

Εὐθὺς ἀποκτιννύναι] Dele εὐθὺς, namque hic locum nullum habere potest, et repetitur solummodo ex superioribus. Deest in Reg. α. et Vindob. TAYLOR.

Ὁ δ' οὐδὲν εἴρηκεν] Nonne ὁ δ' οὐδὲν τοιοῦτον εἴρηκεν? JURIN.

Κἂν δικαίως] Iterumque ita §. ιζ´. (ubi vide, quæ annotabuntur) ἐάν τις ἀποκτείνῃ, φησὶ, Χαρίδημον, κἂν δικαίως, κἂν ὡς οἱ νόμοι διδόασιν, *sive id jure, sive ut leges permittunt,* ut Wolfius noster vertit. Præclare quidem! Putassem hæc fere esse eadem; et quæcunque jure fiunt, eadem juxta leges fieri. Ubi igitur est distinctio? Tu legas utrobique κἂν ἀδίκως, κἂν ὡς οἱ νόμοι διδόασιν. Absolute, ait Orator, ἁπλῶς, scripsit, si quis Charidemum interfecerit, quocunque demum modo id fiat, sive jure, sive injuria, nam de ea re nihil distinxit. TAYLOR.

ἀλλ᾽ ἐὰν [1] ἀδικῶν ἄγῃ καὶ φέρῃ βίᾳ, τὰ τινὸς ληϊζόμενος, ἀγώγιμος ὁ κτείνας ἔσται· τοῦ νόμου διδόντος, ἐὰν ἐπὶ τούτοις, ἀθῷον εἶναι.

ιγ΄. Λέγε τὸν μετὰ ταῦτα νόμον.

ΝΟΜΟΣ. 640

Ὃς ἂν ἄρχων ἢ ἰδιώτης αἴτιος ᾖ [2] τοῦ τὸν θεσμὸν συγχυθῆναι τόνδε, ἢ [3] μεταποιήσοι αὐτὸν, ἄτιμον εἶναι, καὶ παῖδας ἀτίμους, καὶ τὰ ἐκείνου.

ἠκούσατε μὲν τοῦ νόμου ἄντικρυς, ὦ ἄνδρες Ἀθηναῖοι, λέγοντος, [4] ὃς ἄρχων, ἢ ἰδιώτης αἴτιος ᾖ [5] τοῦ τὸν θεσμὸν συγχυθῆναι τόνδε, ἢ μεταποιήσῃ αὐτὸν, ἄτιμος ἔστω, καὶ οἱ παῖδες, καὶ τὰ ἐκείνου. ἆρ᾽ οὖν μικρὰν, ἢ φαύλην πρόνοιαν [6] ἡμῖν ἔχειν ὁ θεὶς τὸν νόμον δοκεῖ, ὅπως κύριος ἔσται, καὶ μήτε συγχυθήσεται, μήτ᾽ αὖ μεταποιηθήσεται; ἀλλ᾽ Ἀριστοκράτης οὑτοσὶ, μικρὸν φροντίσας αὐτοῦ, μεταποιεῖ καὶ συγχεῖ. τί γὰρ ἄλλο ἔσται τὸ μεταποιεῖν, ἢ ὅταν ἔξω τῶν τεταγμένων δικαστηρίων καὶ ὅρων, ὧν εἴργεσθαι δεῖ, διδῷ τις τὰς τιμωρίας, καὶ τὸ [7] τοῦ λόγου τυχεῖν ἀναιρῶν, ἐκδότους ποιῇ; τί δ᾽ ἄλλο τὸ συγχεῖν, ἢ ὅταν ἑξῆς οὑτωσὶ πάντα τἀναντία τῶν ἐν τοῖς νόμοις τις γεγραμμένων γράφῃ;

ιδ΄. Οὐ τοίνυν μόνον [8] τούτους τοὺς νόμους, ὦ ἄνδρες Ἀθηναῖοι, παραβέβηκεν, ἀλλὰ καὶ ἄλλους πολλοὺς, οὓς οὐ παραγεγράμμεθα διὰ τὸ πλῆθος· ἀλλ᾽ ἐν κεφαλαίῳ λέγω, ὁπόσοι νόμοι περὶ τῶν φονικῶν δικαστηρίων εἰσὶ, καλεῖσθαι λέγοντες, ἢ μαρτυρεῖν, ἢ διόμνυσθαι τοὺς ἀγωνιζομένους, ἢ ἄλλ᾽ ὁτιοῦν προστάσσοντες, [9] πάντας ὑπερβέβηκε τούτους, καὶ πᾶσιν ἐναντίον εἴρηκε τὸ ψήφισμα

[1] ἀδίκως [2] [τοῦ] [3] μεταποιήσῃ [4] ὃς ἂν ἄρχων [5] [τοῦ] [6] ὑμῖν [7] Deest articulus. [8] τούτους μόνον [9] ἅπαντας

Ἀδικῶν] Ἀδίκως marg. Benenati. Recte. Uti in lege ἐὰν φέροντα ἢ ἄγοντα βίᾳ ἀδίκως, et supra v. 15. p. 209. τίνα γὰρ οἴσει ἢ ἄξει βίᾳ ἀδίκως. Χαρίδημος. IDEM.

Ἐπὶ τούτοις] Sub. κτείνῃ. AUGER.

ιγ΄. Τοῦ] Addidi ex Edit. Lutetiana, et postea v. 10. Proxime v. 7. melius μεταποιήσῃ cum Bar. Bodl. Lind. Aug. et Editis præter Aldum, et deinde ibid. expunge istud ἀτίμους, ut recte Codd. Lind. et Ital. TAYLOR.

Ὃς ἄρχων] Scribe ὃς ἂν ἄρχων, ut prius, lingua Græca ita postulante. MARKLAND. Vid. Var. Lect.

Ἔσται] Lege ἐστί. Ita legitur in Ven. Bar. Vind. TAYLOR.

Ἐκδότους] Sub. τοὺς ἀνθρώπους, vel aliud quid. AUGER.

τουτί. οὐ γὰρ οὐ κλῆσις, [1] οὐ κρίσις, οὐ μαρτυρία συνειδότος, οὐ διωμοσία, ἀλλ' ἀπ' αἰτίας εὐθὺς ἡ τιμωρία γέγραπται, καὶ [2] αὐτὴ ἣν ἀπαγορεύουσιν οἱ νόμοι, τί ἂν ἄλλο τις εἴποι; καί τοι ταῦτα πάντα ἐπὶ πέντε δικαστη-
641 ρίοις γίγνεται, προστεταγμένα τοῖς νόμοις. νὴ Δί', ἴσως εἴποι τις ἄν, ἀλλὰ ταῦτα μὲν οὐδενὸς ἔστ' ἄξια, οὐδὲ δικαίως εὑρημένα· ἃ δ' ἔγραψεν οὗτος δίκαια καὶ [3] καλά. ἀλλὰ τοὐναντίον. τούτου μὲν τοῦ ψηφίσματος, οὐκ οἶδ' εἴ τι δεινότερον γέγονε πώποτε ἐν ὑμῖν· τούτων δὲ τῶν πάντων, ὁπόσα ἐστὶ δικαστήρια ἐν ἀνθρώποις, οὐδὲν οὔτε σεμνότερον, οὔτε δικαιότερον φανήσεται. βούλομαι δ' εἰπεῖν διὰ βραχέων, ἃ καὶ ζῆλόν τινα, καὶ τιμὴν φέρει τῇ πόλει ῥηθέντα, καὶ ἡδίους ἔσεσθε ἀκούσαντες· ἄρξομαι δὲ ἐντεῦθεν, ὅθεν μάλιστα μαθήσεσθε, ἐπὶ τὴν δωρεὰν ἐπανελθὼν [4] ἣ τῷ Χαριδήμῳ δέδοται.

ιέ. Ἡμεῖς, ὦ ἄνδρες Ἀθηναῖοι, Χαρίδημον ἐποιησάμεθα πολίτην, καὶ διὰ τῆς δωρεᾶς ταύτης, μετεδώκαμεν αὐτῷ καὶ ἱερῶν καὶ ὁσίων καὶ νομίμων, καὶ πάντων ὅσων περ αὐτοῖς μέτεστιν ἡμῖν. πολλὰ μὲν δὴ παρ' ἡμῖν ἐστὶ τοιαῦτα, οἷα οὐχ ἑτέρωθι· ἓν δ' οὖν ἰδιαίτατον πάντων καὶ σεμνότατον, τὸ ἐν Ἀρείῳ πάγῳ δικαστήριον, ὑπὲρ οὗ τοσαῦτά ἐστιν εἰπεῖν καλὰ παραδεδομένα καὶ μυθώδη, καὶ ὧν αὐτοὶ μάρτυρές ἐσμεν, ὅσα περὶ οὐδενὸς ἄλλου δικαστηρίου· ὧν ὡσπερεὶ δείγματος ἕνεκεν, ἄξιόν ἐστιν ἓν ἢ δύο ἀκοῦσαι. τοῦτο μὲν τοίνυν τὰ παλαιά, ὡς ἡμῖν ἀκοῦσαι παραδέδο-

[1] [οὐ κρίσις,] [2] αὗτη [3] καλά; [4] ἡ

ιδ'. Αὐτὴ] Corrigendum cum Aug. Cod. αὕτη. *Ea*, non *ipsa*. TAYLOR.

"Α δ' ἔγραψεν οὗτος δίκαια καὶ καλὰ] Inscite Wolfius hæc in versione sua interrogative enunciavit. IDEM.

Τούτων] Non cohæret cum τῶν πάντων: hoc est hujus phraseos constructio: οὐδὲν (δικαστήριον) τῶν πάντων ο. ε. δ. ε. ἀνθρώποις, οὔτε σεμνότερον - - - φανήσεται τούτων — *augustius videbitur his*, nempe, his quæ sunt Athenarum. AUGER.

"Οθεν] Ita pro ὅταν vulgatorum, ex Ven. Bar. Bodl. Cant. et Vindob. TAYLOR.

Δωρεὰν] Δωρεὰ intelligatur donatio civitatis, quam ante digressionem exponit. WOLF.

ιέ. Ἰδιαίτατον] Ἰδιώτατον habent MSS. Ven. Bar. Bodl. Lind. Obsop. Vind. Ita etiam legit Dionys. Halic. περὶ τῆς Δ. δεινότητος. §. 14. atque etiam modo, v. 21. rectius editis, περὶ οὗ τοσαῦτα. TAYLOR.

Καλὰ] Lege παλαιά: quod patet ex sensu, et sequentibus, et ex oppositione καὶ ὧν αὐτοὶ μάρτυρές ἐσμέν. v. 22. Vide v. 5. p. 212. καὶ τὰ μὲν δὴ παλαιά, τοιαῦτα etc. MARKLAND.

Καὶ μυθώδη] Τὰ μυθώδη καὶ τὰ μεμαρτυρημένα inter se opponuntur. Τὰ καλὰ παραδεδομένα pertinent ad hæc utraque. WOLF.

Ὡς ἡμῖν κ. τ. λ.] *Ut traditum est nobis audire*, i. e. audienda: ut nostræ audi-

ται, ἐν μόνῳ τούτῳ τῷ δικαστηρίῳ θεοὶ δίκας φόνου, καὶ δοῦναι καὶ λαβεῖν ἠξίωσαν, καὶ δικασταὶ γενέσθαι διενεχθεῖσιν ἀλλήλοις, ὡς λόγος· λαβεῖν μὲν Ποσειδῶν ὑπὲρ Ἁλιῤῥοθίου τοῦ υἱοῦ παρὰ [1]Ἄρεος, δικάσασθαι δὲ Εὐμενίσι καὶ Ὀρέστῃ οἱ δώδεκα θεοί. καὶ τὰ μὲν δὴ παλαιὰ, τοιαῦτα· τὰ δ' ὕστερον, τοῦτο μόνον τὸ δικαστήριον, οὐχὶ τύραννος, οὐκ ὀλιγαρχία, οὐ δημοκρατία τὰς φονικὰς δίκας 642
ἀφελέσθαι τετόλμηκεν, ἀλλὰ πάντες ἀσθενέστερον ἂν τὸ δίκαιον εὑρεῖν [2]ἡγοῦντο περὶ τούτων αὐτοὶ, τοῦ παρὰ τούτοις εὑρημένου δικαίου. πρὸς δὲ τούτοις, τοιούτοις οὖσιν, ἐνταυθοῖ μόνον οὐδεὶς πώποτε οὔτε φεύγων ἁλοὺς, οὔτε διώκων ἡττηθεὶς ἐξήλεγξεν ὡς ἀδίκως ἐδικάσθη τὰ κριθέντα. ταύτην τοίνυν τὴν φυλακὴν, καὶ τὰς ἐν ταύτῃ νομίμους τιμωρίας παραβὰς ὁ γράφων τὸ ψήφισμα τουτὶ, ζῶντι μὲν ἐξουσίαν γέγραφε τῷ Χαριδήμῳ ποιεῖν, ὅ,τι ἂν βούληται· παθόντος δέ τι, τοῖς οἰκείοις συκοφαντίαν δέδωκε. σκέψασθε γὰρ οὑτωσί. ἴστε δήπου τοῦθ' ἅπαντες, ὅτι ἐν Ἀρείῳ πάγῳ, οὗ δίδωσιν ὁ νόμος καὶ κελεύει φόνου δικάζεσθαι, πρῶτον μὲν [3]διεξομεῖται κατ' ἐξωλείας αὐτοῦ, καὶ γένους, καὶ οἰκίας, ὁ τινὰ αἰτιώμενος εἰργάσθαι τι τοιοῦτον. εἶτ' οὐδὲ [4]κατὰ τυχόντα τιν' ὅρκον [5]τοῦτο ποιήσει, ἀλλ' ὃν οὐδεὶς ὄμνυσιν ὑπὲρ οὐδενὸς ἄλλου, στὰς ἐπὶ τῶν τομίων κάπρου, καὶ κριοῦ, καὶ ταύρου, καὶ τούτων ἐσφαγμένων ὑφ' ὧν δεῖ, καὶ ἐν αἷς ἡμέραις προσήκει. ὥστε καὶ ἐκ τοῦ χρόνου, καὶ ἐκ τῶν μεταχειριζομένων ἅπαν ὅσον ἔσθ' ὅσιον,

[1] Ἄρεως, δικάσαι [2] ἡγοῦνται [3] διομεῖται [4] τὸν [5] τοῦτον

tioni traditum est. AUGER.

Ὡς λόγος] [Vel cum Bar. ὡς ὁ λόγος] Isocrates audacius: ὡς οἱ μῦθοι λέγουσι, καὶ πάντες πιστεύουσι. WOLF. Sub. ἐστί. AUGER.

Λαβεῖν] Sub. δίκας φόνου ἠξίωσε. versu seq. pro δικάσασθαι f. leg. δοῦναι subaudiendo δίκας φόνου ἠξίωσαν. IDEM.

Διεξομεῖται κ. τ. λ.] De hac inhumanitate pœnas extendendi in insontes reorum uxores liberosque et familiam, cf. D'Orville ad Charit. Aphrod. Lib. III. cap. IX. p. 339.

Ὁ τινὰ αἰτιώμενος] Ita dedi, pro vulgato εἴ τινα, ex auctoritate Fel. Man. Paris. Bodl. Cant. Ital. et MSS. Ald. ὄντινα Bar. et Vind. corrupte. Paulo ante v. 19. restitue διομεῖται, quomodo eam vocem exhibent MSS. fere omnes. Verbum enim legitimum est διωμοσία, non διεξωμοσία. TAYLOR.

Εἶτ' οὐδὲ τὸν τυχόντα τιν' ὅρκον τοῦτο ποιήσει] Satis esset εἶτ' οὐδὲ τὸν τυχόνθ' ὅρκον ποιήσει. WOLF. Editi et MSti εἶτ' οὐδὲ τὸν τυχόντα τιν' ὅρκον τοῦτο ποιήσει. Nescio, unde irrepserit istud κατὰ, quod in Wolfii vulgatis habemus. οὐδὲ τὸν τυχόντα τρόπον solus Bodl. TAYLOR.

Κάπρου, καὶ κριοῦ, καὶ ταύρου] A Græcis igitur Romani acceperunt sua Suovetaurilia, ut et plerosque Deos suos. PALMER.

Προσήκει] Καθήκει MSti omnes, præter eos, quos versarunt Manutius et Felicianus. TAYLOR.

Μεταχειριζομένων] Hic par pari respondet: ἐν αἷς ἡμέραις — ἐκ τοῦ χρόνου. Et

[1]πεπρᾶχθαι. καὶ μετὰ ταῦτα ὁ τὸν τοιοῦτον ὅρκον ὀμωμοκὼς, οὔπω πεπίστευται, ἀλλ' ἐὰν ἐξελεγχθῇ μὴ λέγων ἀληθῆ, τὴν ἐπιορκίαν ἐπενεγκάμενος τοῖς ἑαυτοῦ παισὶ καὶ τῷ γένει, πλέον οὐδ' ὁτιοῦν ἕξει· ἐὰν δὲ δόξῃ τὰ δίκαια ἐγκαλεῖν, καὶ ἕλῃ τὸν δεδρακότα τοῦ φόνου, οὐδ' οὕτω κύριος γίγνεται τοῦ ἁλόντος. ἀλλ' ἐκείνου μὲν οἱ νόμοι κύριοι [2]κολάζειν, καὶ οἷς προστέτακται ταῦτα· τῷ δὲ, ἐπιδεῖν διδόντα
643 δίκην ἔξεστιν, ἣν ἔταξεν ὁ νόμος, τὸν ἁλόντα· πέρα δ' οὐδὲν τούτων. καὶ τῷ μὲν διώκοντι, ὑπάρχει ταῦτα· τῷ δὲ φεύγοντι, τὰ μὲν τῆς διωμοσίας, [3]τοιαῦτα, τὸν πρότερον δὲ ἔξεστιν εἰπόντα λόγον, μεταστῆναι. καὶ οὔθ' ὁ διώκων, οὔθ' οἱ δικάζοντες, οὔτ' ἄλλων ἀνθρώπων οὐδεὶς κύριος κωλῦσαι. τί δήποτ', ὦ ἄνδρες Ἀθηναῖοι, τοῦθ' οὕτως ἔχει; ὅτι οἱ ταῦτ' ἐξ ἀρχῆς τὰ νόμιμα διαθέντες, οἵ τινές ποτ' ἦσαν, εἴθ' ἥρωες, εἴτε θεοὶ, οὐκ ἐπέθεντο τοῖς ἀτυχήμασιν· ἀλλ' ἀνθρωπίνως ἐπεκούφισαν εἰς ὅσον εἶχε καλῶς τὰς συμφοράς. ταῦτα μέν τοι πάντα, οὕτω καλῶς καὶ νομίμως ἔχοντα, ὁ γράφων τὸ ψήφισμα τουτὶ παραβεβηκὼς φαίνεται· ἓν γὰρ οὐδ' ὁτιοῦν ἔνι τούτων ἐν τῷ ψηφίσματι [4]τούτου.

ιϛʹ. Καὶ πρῶτον μὲν παρ' ἓν τοῦτο τὸ δικαστήριον, καὶ παρὰ τοὺς [5]γεγραμμένους νόμους, καὶ ἄγραφα νόμιμα, τὸ

[1] πεπρᾶχθαι [2] κολάσειν [3] ταὐτὰ [4] τῷ τούτου
[5] γεγραμμένους * τούτου νόμους, καὶ τἄγραφα

rursus, ὑφ' ὧν δεῖ — τῶν μεταχειριζομένων. Hæc dixi, ut caveres tibi a mala Wolfii interpretatione, nempe, *rerum, quæ adhibentur, solennitate.* Idem. *Ex iis qui rem tractant*, i. e. ex Ministris. Auger.

Ἐπενεγκάμενος] Lege ἀπενεγκαμένος ex fide Bar. Reg. *a.* Vindob. et Ital. Taylor.

Πλέον οὐδ' ὁτιοῦν ἕξει] Intellige eleganti euphemismo, *funditus interibit.* Abstinebat sedulo Lingua Attica a verbis male ominatis. Ita Noster π. παραπρεσβ. §. ιέ. εἰ μὲν γὰρ ἐνταῦθ' ἦν ἤδη τὰ πράγματα, ὥστε μηδ' αἰσθομένοις τοῖς Θηβαίοις πλέον εἶναι μηδὲν, τί οὐ γέγονεν; Ubi σχ. τί οὖν μὴ διεφθάρησαν; et recte. Nugatur hic Interpres, neque vim aut solennitatem vocis vidit. Idem.

Τὰ μὲν τῆς διωμοσίας, τοιαῦτα] Nisi intelligas οἷα τῷ διώκοντι, videtur cerimonia deesse. Sed Felicianus rectius habet ταὐτά. Eadem ratio est jurisjurandi. Ac dubitari potest, an pro διωμοσία sit legendum ἀντωμοσία, quam ego vocem interpretando sum secutus. Wolf. Forte ταὐτὰ, ut animadvertit Wolfius. Ita etiam Edit. Paris. et Cod. Ital. Taylor. Pone τοιαῦτα post ὑπάρχει et ταὐτὰ post διωμοσίας. Auger.

Τῷ δὲ φεύγοντι, τὸν πρότερον ἔξεστιν εἰπόντα λόγον μεταστῆναι] *Reo autem licet cum primam orationem habuerit, solum vertere, id quod vetare nec accusatoris, nec judicum potestas est.* Licebat enim reis post primam actionem exilium sibi consciscere ante judicium peractum, idque appellabant exilii causa *solum vertere*, μετανάστεύειν, μετοικίζεσθαι. Livius de Decemviris loquens, "Bona Claudii Oppiique, qui ante diem judicii vitam in vinculis finierant, tribuni publicavere. Collegæ eorum exilii causa solum verterunt, bona publicata sunt." Unde liquet hoc etiam Romanis, ut cætera, ex Græcorum legibus translatum esse. Ex Annotationibus in Pandect. *Ex edit.* Hervag.

ψήφισμα εἴρηται. δεύτερον δ' ἕτερον δικαστήριον, τὸ τῶν ἀκουσίων φόνων, φανήσεται συγχέων, τὸ ἐπὶ Παλλαδίῳ, καὶ τοὺς παρὰ τούτῳ νόμους παραβαίνων. καὶ γὰρ ἐνταῦθ' ὑπόκειται πρῶτον μὲν, διωμοσία, δεύτερον δὲ, λόγος, τρίτον δὲ, γνῶσις τοῦ δικαστηρίου· ὧν οὐδέν ἐστιν ἐν τῷ τούτου ψηφίσματι. ἂν δ' ἁλῷ καὶ δοκῇ τοὖργον εἰργάσθαι, οὔθ' ὁ διώκων τοῦ δεδρακότος κύριος, οὔτ' ἄλλος οὐδεὶς πλὴν ὁ νόμος. τί οὖν ὁ νόμος κελεύει; τὸν ἁλόντα ἐπ' ἀκουσίῳ φόνῳ, ἔν τισιν ὡρισμένοις χρόνοις ἀπελθεῖν τακτὴν ὁδὸν, καὶ φεύγειν, ἕως ἂν αἰδέσηταί [1] τις τῶν ἐν γένει τοῦ 644
πεπονθότος· τηνικαῦτα δ' ἥκειν δέδωκεν, ἔστιν ὃν τρόπον οὐχ ὃν ἂν τύχῃ. ἀλλὰ καὶ θῦσαι, καὶ καθαρθῆναι, καὶ ἄλλ' ἄττα [2] δὴ εἴρηκεν ἃ χρὴ ποιῆσαι, ὀρθῶς, ὦ ἄνδρες Ἀθηναῖοι, ταῦτα πάντα λέγων ὁ νόμος. καὶ γὰρ τὸ τῶν ἀκουσίων ἐλάττω τὴν τιμωρίαν, ἢ τῶν ἑκουσίων τάξαι, δίκαιον· καὶ τὸ παρασχόντ' ἀσφάλειαν ἀπελθεῖν, [3] καὶ τὸ προστάττειν φεύγειν, ὀρθῶς ἔχον ἐστί· καὶ τὸ τὸν κατιόνθ' [4] ὁσιοῦν καὶ καθαίρεσθαι νομίμοις τισί· καὶ τὸ τοὺς νόμους κυρίους ἁπάντων εἶναι, καὶ ταῦτα πάντα ἔχει καλῶς. ταῦτα τοίνυν ἅπαντα δικαίως οὕτω διορισθέντα ὑπὸ τῶν ἐξαρχῆς νομοθετησάντων, παρέβη γράφων τὸ ψήφισμα οὑτοσί.

ιζ'. Ταῦτα μὲν δὴ δύο τηλικαῦτα καὶ τοιαῦτα δικαστήρια, καὶ νόμιμα, ἐκ πάντος τοῦ χρόνου παραδεδομένα, οὕτως ἀναιδῶς ὑπερπεπήδηκε. τρίτον δὲ ἕτερον πρὸς τούτοις δικαστήριον, ὃ πάντων ἁγιώτατα τούτων ἔχει καὶ φρικωδέστατα, ἄν τις ὁμολογῇ μὲν κτεῖναι, ἐννόμως δὲ φῇ δεδρακέναι. τοῦτο δέ ἐστι τὸ ἐπὶ Δελφινίῳ. δοκοῦσι γὰρ

[1] τινα [2] διείρηκεν [3] καὶ τὸ] οὕτω [4] ὁσιοῦσθαι

ις'. Ἂν δ' ἁλῷ] Sub. ὁ φεύγων. AUGER.

Τί οὖν ὁ νόμος κελεύει;] Desunt in Bar. Reg. a. et Vindob. ὁ νόμος. Recte. οὔτ' ἄλλος οὐδεὶς, πλὴν ὁ νόμος. τί οὖν κελεύει; et Wolfio quoque videtur esse scholion. TAYLOR.

Καὶ φεύγειν ἕως ἂν αἰδέσηταί τινα τῶν ἐν γένει τοῦ πεπονθότος] *Extorrem esse quoad usque aliquem exorarit gentilium mortui.* dictum est alibi, tam exorantem quam exoratum αἰδεῖσθαι Græcis dici. *Ex edit.* HERVAG.

Αἰδέσηταί τινα] Alii αἰδέσηταί τις, τουτέστι, συγγνώμην σχήσῃ τις αὐτῷ. WOLF. τινα habent Editt. Ald. et Morel. cum MSS. Aug. et Vind. Αἰδέσασθαι — Δημοσθένης — ἐν τῷ κατ' Ἀριστοκράτους, ἀντὶ τοῦ, ἐξιλάσασθαι καὶ πεῖσαι. Harpocr. TAYLOR.

Ἀλλὰ καὶ θῦσαι] De ritu expiandi homicidas agit Ovidius 2. Fastorum; eumque concludit hoc epiphonemate:

Ab nimium faciles, qui tristia crimina cædis
Fluminea tolli posse putetis aqua.

WOLF.

μοι, ὦ ἄνδρες Ἀθηναῖοι, ζητῆσαι τοῦτο πρῶτον ἁπάντων οἱ περὶ τούτων ἐν ἀρχῇ τὰ δίκαια ὁρίσαντες, πότερ' οὐδένα χρὴ φόνον ὅσιον εἶναι νομίζειν, ἢ τινά γ' ἔσθ' ὅσιον νομιστέον. λογιζόμενοι δ', ὅτι μητέρα Ὀρέστης ἀπεκτονὼς, ὁμολογῶν, θεῶν δικαστῶν τυχὼν, ἀποφυγγάνει, νομίσαι δίκαιόν τινα εἶναι φόνον· οὐ γὰρ ἂν τά γε μὴ δίκαια θεοὺς ψηφίσασθαι. ὡς δὲ τοῦτο ἐνόμισαν, γράφουσιν ἤδη καὶ διορίζουσι σαφῶς, ἐφ' οἷς ἐξεῖναι ἀποκτιννύναι. ἀλλ' οὐχ [1] οὗ-
645 τος οὐδὲν ἀφεῖλεν· ἀλλ' ἁπλῶς, ἐάν τις ἀποκτείνῃ, [2] φησὶ, Χαρίδημον, κἂν δικαίως, κἂν ὡς οἱ νόμοι διδόασιν, ἔκδοτον ποιεῖ. καί τοι πᾶσίν εἰσι πράγμασι καὶ λόγοις δύο προσθῆκαι, ἥ τε τοῦ δικαίου καὶ ἀδίκου, ἃς ἅμα μὲν τὸ αὐτὸ πρᾶγμα οὐδὲν ἂν δύναιτο σχεῖν, οὐδὲ λόγος οὐδείς. πῶς γὰρ ἂν δίκαια ἅμα ταὐτὰ καὶ μὴ γένοιτο; τὴν ἑτέραν δ' ἕκαστον αἰτίαν ἔχον δοκιμάζεται. κἂν μὲν τὴν ἄδικον φανῇ, πονηρὸν κρίνεται· ἐὰν δὲ τὴν δικαίαν, χρηστὸν καὶ καλόν. σὺ τοίνυν [3] οὐδετέραν προσέθηκας, τοῦτον ἄν τις ἀποκτείνῃ, γράφων, ἀλλ' ἀόριστον αὐτὴν εἰπὼν τὴν αἰτίαν, καὶ μετὰ ταῦτ' εὐθὺς προσγράψας, ἀγώγιμον εἶναι. τρίτον τουτὶ δικαστήριον, καὶ τὰ τούτου νόμιμα παραβεβηκὼς φαίνῃ.

ιή. Τέταρτον τοίνυν ἄλλο πρὸς τούτοις, τὸ ἐπὶ Πρυτανείῳ. τοῦτο δέ ἐστι τί; ἐὰν λίθος, ἢ ξύλον, ἢ σίδηρος, ἤ τι τοιοῦτον ἐμπεσὸν πατάξῃ, καὶ τὸν μὲν βαλόντα ἀγνοῇ τις, αὐτὸ δὲ εἰδῇ καὶ ἔχῃ τὸ τὸν φόνον εἰργασμένον· τούτοις ἐνταῦθα λαγχάνεται. εἰ τοίνυν τῶν ἀψύχων καὶ μὴ μετε-

[1] οὗτος. οὐδὲν ἀφεῖλεν, [2] [φησὶ,] [3] οὐδ' ἑτέραν προσέθηκας τούτων, ἂν

ιζ'. Νομίσαι] Refertur ad δοκοῦσι, quod est paulo superius. AUGER.

Ἐξεῖναι] Γρ. ἐξείη et ἔξεστι marg. Benenati. Proxime autem, cum eodem Benenato distinguas, ἀλλ' οὐχ οὗτος, οὐδὲν ἀφεῖλεν. TAYLOR.

Φησὶ] Dele, cum sit otiosum. Non reperitur in melioribus exemplaribus, Ven. Bar. Vindob. et Reg. a. ἀλλ' ἁπλῶς, ἐάν τις ἀποκτείνῃ Χαρίδημον — ἔκδοτον ποιεῖ. IDEM.

Κἂν ὡς οἱ νόμοι διδόασι] Κἂν ὡς οὐχ οἱ νόμοι διδόασι Ven. et Ital. Vid. §. ιβ'. IDEM.

Οὐδὲν ἂν] Ἃς ἅμα μὲν τὸ αὐτὸ πρᾶγμα οὐ δύναιτο σχεῖν Vindob. Mallem οὐκ ἂν δύναιτο. IDEM.

Αἰτίαν] Deest in Bar. et Vindob. Recte fortasse. Et referas ἑτέραν ad προσθήκην vel πρόφασιν, *the circumstance*. Nam aliud est αἰτία. IDEM. Hic αἰτία idem est ac προσθήκη. AUGER.

Τοῦτον] Lege σὺ τοίνυν οὐδετέραν προσέθηκας τούτων, (sc. τῶν προσθηκῶν) Ita plurimi Editi et MSti. TAYLOR.

Ἀγώγιμον εἶναι] Distingue melius: σὺ τοίνυν οὐδετέραν προσέθηκας τούτων· — ἀλλ' ἀόριστον αὐτὴν εἰπὼν τὴν αἰτίαν, καὶ μετὰ ταῦτα εὐθὺς προσγράψας, ἀγώγιμον εἶναι, τρίτον τουτὶ δικαστήριον — παραβεβηκὼς φαίνῃ. Et corrige pariter versionem. IDEM.

ιή. Εἰ τοίνυν τῶν ἀψύχων καὶ μὴ μετεχόντων τοῦ φρονεῖν, etc.] *Quod si vel lapidem, vel* χόντων τοῦ φρονεῖν οὐδὲν ἔσθ' ὅσιον, τοιαύτην ἔχον αἰτίαν, ἐᾷν ἄκριτον, [1]ἤπου τόν γε ἀδικοῦντα μὲν οὐδὲν, ἐὰν τύχῃ, θήσω δὲ ἀδικοῦντα, ἀλλ' ἄνθρωπόν γε ὄντα, καὶ μετειληφότα τῇ τύχῃ τῆς αὐτῆς ἡμῖν φύσεως, ἀνόσιον καὶ δεινὸν ἄνευ λόγου καὶ ψήφου ποιεῖν ἔκδοτον ἐπ' αἰτίᾳ τοιαύτῃ.

ιθ'. Ἔτι τοίνυν, πέμπτον δικαστήριον [2]ἄλλο θεάσασθε, οἷον ὑπερβέβηκε, τὸ ἐν Φρεαττοῖ. ἐνταῦθα γὰρ, ὦ ἄνδρες Ἀθηναῖοι, κελεύει δίκας ὑπέχειν ὁ νόμος, ἐάν τις ἐπ' ἀκουσίῳ φόνῳ πεφευγὼς, μή πω τῶν ἐκβαλόντων αὐτὸν ἠδεσμένων, αἰτίαν [3]ἔχει ἑτέρου φόνου ἑκουσίου. καὶ οὐχ ὅτι 64
δεῦρο οὐχ οἷόν τε ἐλθεῖν αὐτῷ, παρεῖδεν αὐτὸν ὁ ταῦτα ἕκαστα [4]δήπου τάξας, οὐδ' ὅτι καὶ πρότερόν τι τοιοῦτον ἐποίησε, καὶ δὴ τὴν ὁμοίαν ἐποιήσατο πιστὴν αἰτίαν κατ' αὐτοῦ· ἀλλὰ τό τε εὐσεβὲς εὗρεν ὅπως ἔσται, κἀκεῖνον οὐκ ἀπεστέρησε λόγου καὶ κρίσεως. τί οὖν ἐποίησεν; ἤγαγε τοὺς [5]δικάζοντας ἐκεῖσε, οἷ προσελθεῖν οἷόν τε ἦν ἐκείνῳ, τῆς χώρας ἀποδείξας τόπον τινὰ, ἐν Φρεαττοῖ καλούμενον, [6]ἐπιθαλάττιον. εἶθ' ὁ μὲν ἐν πλοίῳ προσπλεύσας, λέγει, τῆς γῆς οὐχ ἀπτόμενος· [7]οἱδ' ἀκροῶνται καὶ δικάζουσιν ἐν τῇ γῇ. κἂν μὲν ἁλῷ, τὴν ἐπὶ τοῖς ἑκουσίοις φόνοις δίκην ἔδωκε. δικαίως. ἐὰν δὲ ἀποφύγῃ, ταύτης μὲν ἀθῷος ἀφίεται, τὴν δ' ἐπὶ τῷ προτέρῳ φόνῳ φυγὴν ὑπέχει.

[1] ἤπου [2] ἄλλο, θεάσασθε οἷον, [3] ἔχῃ [4] [δήπου] [5] δικάσοντας [ἐκεῖσε] [6] ἐπὶ θαλάττῃ [7] οἱ δ'

fustem, vel quidvis aliud inanimatum, quod cædis causam præbuisse dicatur, scelestum est causa a domino indicta damnare atque auferre: profecto longe scelestius est, hominem insontem quidem illum, si casus ita tulerit, sed tamen (ut sontem nunc esse faciamus) hominem, eundem forte nobiscum humànitatis conditionem sortitum, sine judicio atque indefensum temere ob hujuscemodi causam dedititium facere. ἤπου γε pro *multo magis* dixit, quemadmodum et alibi ἤπου sine γε. Lys. καί τοι εἰ ἀγόρατος ἀπέθανεν, ἤπου ἀγόρατός γε δικαίως ἀποθανεῖται. Idem Demosthenes in eadem inferius, εἰ περὶ τῶν ἀνδροφόνων τῶν ἤδη κεκριμένων τοσαύτη σπουδὴ γίνεται, ὅπως λόγου καὶ κρίσεως τεύξονται περὶ τῶν ὕστερον αἰτίων, ἤπου περί γε τοῦ ἑαλωκότος, μήτε ἐγνωσμένου πότερον δέδρακεν ἢ οὔ, πάνδεινον γράφειν ὡς ἐκδοτέον τοῖς ἐγκαλοῦσιν πρὸ δίκης. (Hic nimirum, *utique*, et *profecto* significat, hoc est, ὄντως που) *et longe utique gravissimum est de* homine *nec damnato, nec convicto, hujuscemodi legem ferre.* Quæ significatio proxime ad superiorem accedit, hoc sensu: *Si enim tantopere cautum est de manifestis cædis, atque etiam damnatis, ut pro futuris criminibus judicio legitime constituto causæ dictione non careant: profecto causa est hæc, quamobrem per quam iniquum esse censeatur, id de hominibus integræ famæ sancire, ut indicta causa accusatoribus tanquam dedititii tradantur ad supplicium. Ex edit.* HERVAG.

Τῇ τύχῃ] Dele has inconcinnas voculas, quas nihil aliud esse judico, præter marginalem glossam istius locutionis, quæ paulo ante occurrit, v. 2. τόν γε ἀδικοῦντα μὲν οὐδὲν, ἐὰν τύχῃ. TAYLOR.

ιθ'. Ἐπ' ἀκουσίῳ φόνῳ πεφευγὼς] Sequitur v. 10. αἰτίαν ἔχων ἑτέρου φόνου ἑκουσίου. Nihil vetat ἀκούσιον καὶ ἑκούσιον conjungi: vel ἀκούσιον καὶ ἀκούσιον: vel ἑκούσιον καὶ ἑκούσιον. WOLF.

Ἔχει] Lege ἔχῃ, propter ἐάν. MARKLAND. Ita Bar. et Paris. TAYLOR.

τίνος οὖν ποτὲ ἕνεκα ταῦθ' οὕτω διεσπούδασται; ἴσον ἡγεῖτο ἀσέβημα ὁ ταῦτα διαιρῶν, τόν τε ἀδικοῦντα ἐᾶν, καὶ τὸν ἀναίτιον ἐκδιδόναι πρὸ δίκης. καί τοι εἰ περὶ τῶν ἀνδροφόνων, [1] τῶν ἤδη κεκριμένων, τοσαύτη σπουδὴ γίνεται, ὅπως λόγου, καὶ κρίσεως, καὶ πάντων, ὁπόσα ἐστὶ δίκαια, τεύξωνται περὶ τῶν ὕστερον αἰτιῶν· [2] ἦπου περί γε τοῦ μήθ' ἑαλωκότος, μήτ' ἐγνωσμένου, πότερον δέδρακεν, ἢ οὔ, καὶ πότερ' ἄκων, ἢ ἑκὼν, πάνδεινον γράφειν, ὡς ἐκδοτέον τοῖς ἐγκαλοῦσιν [3] αὐτοῖς πρὸ δίκης.

κ'. Ἔτι [4] τοίνυν ἕκτη τιμωρία πρὸς ἁπάσαις ταύταις, ἣν ὁμοίως παραβὰς, γέγραφε τὸ ψήφισμα οὑτοσί. εἰ πάντα ταῦτά τις ἠγνόηκεν, ἢ παρεληλύθασιν οἱ χρόνοι, ἐν οἷς ἔδει τούτων ἕκαστα ποιεῖν, ἢ δι' ἄλλο τι οὐχὶ βού-
647 λεται τούτους τοὺς τρόπους ἐπεξιέναι, τὸν ἀνδροφόνον δ' ὁρᾷ περιϊόντα ἐν τοῖς ἱεροῖς, καὶ κατὰ τὴν ἀγορὰν, ἀπάγειν ἔξεστιν εἰς τὸ δεσμωτήριον, οὐκ οἴκαδε, οὐδ' ὅποι βούλεταί [5] τις, ὥσπερ σὺ δέδωκας. κἀνταῦθα ἀπαχθεὶς, οὐδ' ὁτιοῦν, πρὶν ἂν κριθῇ, πείσεται· ἀλλ' ἐὰν μὲν ἁλῷ, θανάτῳ ζημιωθήσεται, ἐὰν δὲ μὴ μεταλάβῃ τὸ πέμπτον μέρος τῶν ψήφων ὁ ἀπαγαγὼν, χιλίας προσοφλήσει. ἀλλ' οὐχ οὗτος ἔγραψε ταῦτα· ἀλλὰ τὸν μὲν ἀθῷον αἰτιάσασθαι, τὸν δὲ ἄκριτον, παραχρῆμα ἐκδίδοσθαι. ἐὰν δέ τις ἀνθρώπων, ἢ καὶ ὅλη [6] ἡ πόλις τοσούτοις νομίμοις ἀναιρουμένοις ὅσοις ἐγὼ διεξελήλυθα, καὶ τοσούτοις δικαστηρίοις καταλυομένοις ὅσοις εἴρηκα, ἃ θεοὶ κατέδειξαν, καὶ μετὰ ταῦτα ἄνθρωποι χρῶνται πάντα τὸν χρόνον, βοηθήσῃ, καὶ τὸν ὑβριζόμενον καὶ παρανομούμενον ἀφέληται, ἔκσπονδον ἔγραψεν εἶναι, καὶ οὐδὲ τούτῳ λόγον, οὐδὲ κρίσιν πεποίηκεν, ἀλλὰ καὶ τοῦτον εὐθὺς ἄνευ κρίσεως κολάζει.

[1] Deest articulus. [2] ἧπου [3] * εὐθὺς [4] τοίνυν ἐστὶν ἕκτη [5] [τις] [6] Deest articulus.

Ἀναίτιον] *Insontem* Wolfius. Perperam. Significat, si sincera sit lectio, τὸν ἐν αἰτίᾳ ὄντα, *insimulatum*. Sæpe explicat in hac oratione Demosthenes. Cod. Venetus legit αἴτιον. Forte ἐναίτιον. Verte igitur: *paris impietatis — esse censuit, vel ad facinora connivere, vel insimulatum ante judicium proscribere.* IDEM.

Τῶν ἤδη κεκριμένων] *Ut hi, qui jam homicidæ judicati sunt*, vel, *ut homicidæ ii, de quibus jam factum est judicium.* WOLF.

κ'. Ἔτι τοίνυν] Vel lege cum MSS. Ven. Bar. Lind. Aug. Ital. et Vindob. Ἔτι τοίνυν ἐστὶν ἕκτη τιμωρία, vel, ἐστὶ τοίνυν ἕκτη τιμωρία cum marg. Benenati. TAYLOR.

Ἔτι] Forte ἔστι — ut §. μή. ἔστι τοίνυν τις etc. MARKLAND.

Ἣ] Restitui ex Editis et MStis. Aberat Wolfii incuria. TAYLOR.

πῶς ἂν, ἢ δεινότερον γένοιτο, ἢ παρανομώτερον τούτου ψήφισμα;

κά. Ἆρα τις ἡμῖν ἔτι λοιπός ἐστι νόμος; [1] δεῖξον οὑτοσί. λέγε τουτονί.

ΝΟΜΟΣ.

Ἐάν τις βιαίῳ θανάτῳ ἀποθάνῃ, ὑπὲρ τούτου τοῖς προσήκουσιν εἶναι τὰς ἀνδροληψίας, ἕως ἂν ἢ δίκας τοῦ φόνου ὑπόσχωσιν ἢ τοὺς ἀποκτείναντας ἐκδῶσι· τὴν δὲ ἀνδροληψίαν εἶναι μέχρι τριῶν, πλέον δὲ μή.

πολλῶν, ὦ ἄνδρες Ἀθηναῖοι, καλῶς ἐχόντων νόμων, οὐκ οἶδ' εἴ τινος ἧττον καλῶς [2] οὗτος ἔχει καὶ δικαίως ὁ νόμος. σκέψασθε γὰρ ὡς νομίμως καὶ σφόδρα ἀνθρωπίνως κεῖται. 648
ἐάν τις βιαίῳ θανάτῳ ἀποθάνῃ, φησί. πρῶτον μὲν δὴ [3] τούτῳ προσγράψας τὸ βιαίῳ, σύμβολον πεποίηκεν, ᾧ γινώσκομεν ὅτι, ἂν ἀδίκως, λέγῃ. ὑπὲρ τούτου φησὶ, τοῖς προσήκουσιν εἶναι τὰς ἀνδροληψίας, ἕως ἂν ἢ δίκας τοῦ φόνου ὑπόσχωσιν ἢ τοὺς ἀποκτείναντας ἐκδῶσι. σκοπεῖσθε ὡς καλῶς. πρότερον μὲν ὑποσχεῖν δίκας ἀξιοῖ, μετὰ ταῦτα δὲ, ἂν τοῦτο μὴ βούλωνται, προσέταξεν ἐκδοῦναι, ἐὰν δὲ μηδέτερον τούτων ἐθέλωσι, τὸ ἀνδρολήψιόν φησιν εἶναι μέχρι τριῶν, πλέον δὲ μή. παρὰ τοίνυν ὅλον τοῦτον τὸν νόμον εἴρηται τὸ ψήφισμα. πρῶτον μὲν γὰρ, ἐάν τις ἀποκτείνῃ, γράφων, οὐ προσέγραψεν, ἀδίκως, οὐδὲ βιαίως, οὐδ' ὅλως οὐδέν· εἶτα πρὸ τοῦ δίκην ἀξιῶσαι λαβεῖν, εὐθὺς ἔγραψεν ἀγώγιμον εἶναι· πρὸς δὲ τούτοις, ὁ μὲν νόμος, ἂν μήτε δίκας ὑπόσχωσι, παρ' οἷς ἂν τὸ πάθος γένηται, μήτε τοὺς δεδρακότας [4] ἐκδίδωσι, κελεύει κατὰ τούτων εἶναι [5] ἀνδρολήψιον μέχρι τριῶν· ὁ δὲ, τούτους μὲν ἀθῴους παρῆκε, καὶ οὐδὲ λόγον πεποίηται περὶ αὐτῶν οὐδένα. [6] οὗτος δὲ τὸν ἤδη πεφευγότα· [7] φύσει γὰρ οὕτω κατὰ τὸν κοινὸν ἁπάντων ἀνθρώπων

[1] δεῖξον. * οὗτοι. λέγε [2] οὗτος ἔχει καλῶς [3] τοῦτο [4] ἐκδιδῶσι [5] τὸ ἀνδρολήψιον [6] * αὐτοὺς [7] (θήσω γὰρ οὕτω.)

κά. Δεῖξον οὑτοσί] Lege et distingue: δεῖξον. οὗτοι. Est responsio scribæ monstrantis quæ supersint leges: deinde monstrat orator, quæ sit primum recitanda. Auger.

Τούτῳ] Melius τοῦτο. Ita Editt. Manut. et Felic. cum optimis exemplaribus, Linden. Aug. et Vind. τοῦτο τὸ βιαίῳ, signanter, *istam vocem* βιαίῳ. Taylor. Lego τοῦτο — *hoc* vocabulum, nempe violenta. Markland.

Φήσω γὰρ] Lego φύσει γάρ. Wolf. Temeraria nimis Annotatio. φήσω Ald. Fel. Man. Par. Lind. θήσω Ven. Bar. Reg. a. Aug. λέξω Vind. Solus utique ex

[1] νόμον κεῖται, τὸν φεύγοντα δέχεσθαι· τοὺς ὑποδεξαμέ-
νους ἐκσπόνδους εἶναι γράφει, ἐὰν μὴ τὸν ἱκέτην ἔκδοτον
διδῶσιν. οὐκοῦν καὶ τῷ μὴ προσθεῖναι, πῶς ἂν ἀποκτείνῃ,
καὶ τῷ μηδεμίαν κρίσιν εἰπεῖν, καὶ τῷ μὴ δίκας αἰτεῖν,
καὶ τῷ πανταχόθεν διδόναι λαβεῖν, καὶ τῷ τοὺς ὑποδεξα-
μένους, ἀλλὰ μὴ παρ' οἷς ἂν τὸ πάθος γένηται, κολάζειν,
649 καὶ πᾶσιν οὑτωσὶ φανερῶς καὶ παρὰ τοῦτον εἴρηκε τὸν
νόμον.

κβ'. Λέγε δὴ τὸν ἐφεξῆς.

ΝΟΜΟΣ.

Μηδὲ νόμον ἐπ' ἀνδρὶ ἐξεῖναι θεῖναι, ἐὰν μὴ τὸν αὐτὸν ἐφ' ἅπασιν Ἀθηναίοις.

ἔστι μὲν οὐκέτι τῶν φονικῶν ὅδε ὁ νῦν ἀνεγνωσμένος νόμος, ὦ ἄνδρες δικασταὶ, οὐδ' ὁτιοῦν δ' ἧττον ἔχει καλῶς, ἥπερ καὶ ἄλλος τις. ὥσπερ γὰρ τῆς ἄλλης πολιτείας ἴσον μέτεστιν ἑκάστῳ, οὕτως ᾤετο δεῖν καὶ τῶν νόμων ἴσον μετέχειν πάντας ὁ θεὶς αὐτόν· καὶ διὰ ταῦτ' ἔγραψεν, [2] οὐδὲ

[1] νόμον, ὃς κεῖται τὸν φ. δέχεσθαι, [2] μηδὲ

suo ingenio Wolfius φύσει. Sed toto cœlo errat. Locus hic valde lacer ita restituendus est ex aliis atque aliis Codd. ὁ δὲ τούτους μὲν ἀθῴους παρῆκε, καὶ οὐδὲ λόγον πεποίηται περὶ αὐτῶν οὐδένα, τοὺς δὲ τὸν ἤδη πεφευγότα· φήσω γὰρ οὕτω· κατὰ τὸν κοινὸν ἁπάντων ἀνθρώπων νόμον, ὃς κεῖται τὸν φεύγοντα δέχεσθαι, ὑποδεξαμένους, ἐκσπόνδους εἶναι γράφει. Verte: Iste vero *hos omni crimine liberavit, nulla prorsus eorum facta mentione, verum eos, qui jam exsulantem (ita enim supponam) juxta communia omnium jura de exsulibus recipiendis, receperint, eos, inquam, omni fœderum societate excludit.* Quidnam singoli Codd. ad hanc optimam sententiam contulerint, vide in Variis Lectionibus. Hunc locum similiter legit Ill. H. Grotius de Jure B. et P. Lib. III. C. II. §. 3. atque ita vertit: *At eos, qui jam fuga elapsum (ita enim rem ponam) susceperunt secundum jus omnium hominum, quod fugientes vult posse suscipi, hos vult esse hostium loco, ut* [ni] *supplicem dedant.* Taylor. Nullo prorsus modo hic consistere potest τὸ οὗτος [v. pen.], cum jam opposita fuerint ὁ μὲν νόμος, et ὁ δὲ, sc. Aristocrates. Rescribendum itaque puto: οὐδένα· αὐτὸν δὲ ἤδη πεφευγότα. Quo modo perspicua fit sententia. Magis quidem arrideret Benenati lectio, τοὺς δὲ τὸν ἤδη πεφευγότα, nisi paulo post v. 1. p. 219. haberent Codices τοὺς ὑποδεξαμένους. Jurin.

Ὃς κεῖται] Alii ὃν κεῖται. Τὸ ὃς καὶ τὸ ὃν delendum. Wolf.

Ἱκέτην ἔκδοτον διδῶσιν] Mira locutio videri possit ἔκδοτον διδόναι, quasi Latine diceres *supplicem deditum dare*, pro *supplicem dedere*. Passim in hac Oratione vocat hoc simpliciter ἐκδιδόναι et ἔκδοτον ποιεῖν. Cum tamen infra §. ϛ'. hæc eadem phrasis occurrat, δίδωσιν ἔκδοτον τὸν ἀθῷον, nihil in hac parte mutandum. Markland.

Καὶ τὸ μηδεμίαν] Pro tribus τὸ lego τῷ, quod idem valet quod διὰ τοῦ, vel διὰ τὸ, quia sequitur v. 7. καὶ πᾶσιν οὕτω, id est, διὰ πάντων. Wolf. Editiones omnes et MSti plerique non *tribus* solummodo in locis, sed, si quid ego dinumerare possim, *quinque*, τὸ μὴ προσθεῖναι v. 3. καὶ τὸ μηδεμίαν v. 4. καὶ τὸ μὴ δίκας ibid. καὶ τὸ πανταχόθεν v. 5. καὶ τὸ τοὺς v. 6. malam eam lectionem tuentur. Bene hic Wolfius, neque certior emendatio esse potest. τῷ Bodl. Cant. Aug. Vind. Taylor.

Καὶ τῷ μὴ δίκας αἰτεῖν] Wolfius: *tum quia pœnas erigi non jubet.* Immo: *tum quia causam dici non postularit.* Jurin.

νόμον ἐπ' ἀνδρὶ ἐξεῖναι θεῖναι, ἐὰν μὴ τὸν αὐτὸν ἐφ' ἅπασιν Ἀθηναίοις. ὁπότε τοίνυν τὰ ψηφίσματα δεῖν κατὰ τοὺς νόμους ὁμολογεῖται γράφειν, ὁ γράφων ἰδίᾳ τι Χαριδήμῳ τοιοῦτον, ὃ μὴ πᾶσι καὶ ὑμῖν ἔσται, [1]σαφῶς παρὰ τοῦτον ἂν εἰρηκὼς εἴη τὸν νόμον. οὐ γὰρ δήπου ἃ μηδὲ νομοθετεῖν ἔξεστι, ταῦτα ἐν ψηφίσματι γράψας τις, ἔννομα ἂν εἰρηκὼς εἴη.

κγ'. Λέγε τὸν μετὰ ταῦτα νόμον, [2]ἢ οὗτοι πάντες εἰσίν.

ΝΟΜΟΣ.

Ψήφισμα δὲ μηδὲν μήτε βουλῆς μήτε δήμου νόμου κυριώτερον εἶναι.

κατάθου. πάνυ μικρὸν ὑπείληφά μοι τὸν λόγον, ὦ ἄνδρες δικασταὶ, καὶ ῥάδιον εἶναι, περὶ τοῦ καὶ παρὰ τοῦτον εἰρῆσθαι τὸν νόμον τὸ ψήφισμα. ὃς γὰρ, ὑπαρχόντων τοσούτων νόμων, πάντας ὑπερβὰς τούτους, γέγραφέ τι καὶ κατέκλεισεν ἴδιον πρᾶγμα ψηφίσματι, τοῦτον τί τίς ἄλλο ποιεῖν [3]φήσειε, πλὴν ψήφισμα νόμου κυριώτερον ἀξιοῦν εἶναι; Βούλομαι τοίνυν ὑμῖν καὶ ἓν, ἢ δύο ψηφίσματα δεῖξαι, 650 τῶν γεγραμμένων τοῖς ὡς ἀληθῶς εὐεργέταις τῆς πόλεως, ἵν' εἰδῆτε ὅτι ῥᾴδιόν ἐστι γράφειν τὰ δίκαια, ὅταν αὐτοῦ

[1] σαφῶς καὶ παρὰ   [2] ἢ --- εἰσίν;   [3] φήσει

Σαφῶς παρὰ τοῦτον] Adde ex Bar. Vind. et Parisiensibus, σαφῶς καὶ παρὰ τοῦτον. Uti supra v. 7. 219. οὑτωσὶ φανερῶς καὶ παρὰ τοῦτον εἴρηκε τὸν νόμον, et infra v. 14. hujusce paginæ: Περὶ τοῦ καὶ παρὰ τοῦτον εἰρῆσθαι τὸν νόμον τὸ ψήφισμα. Taylor.

κγ'. Ἢ οὗτοι πάντες εἰσὶν] Locus haud dubie depravatus. Ego verti: *Recita sequentem legem, qua istæ omnes continentur*; non quod probarem, sed ne nihil dicerem. Wolf. Inscitissime omnium, quæcunque me aut vidisse aut legisse memini. Quali constructione non dubitasti istud ἢ ad τὸν νόμον applicare? quo ore, qua constantia dici potest, hanc postremam legem istas omnes continere? Corrigas, oro, hoc pacto: λέγε τὸν μετὰ ταῦτα νόμον· ἢ οὗτοι πάντες εἰσί; *Recita sequentem legem*, vel *anne hæ jam recitatæ omnes sint*? Id est, recita sequentem, si qua superfuerit recitanda. Hæc ait Orator, ad Scribam se accommodans. *Read the next. Or are these all?* Nihil simplicius. Nihil etiam verius. Taylor.

Μήτε δήμου κυριώτερον εἶναι] E tractatione hujus legis apparet legendum: μήτε δήμου, νόμου κυριώτερον εἶναι. Wolf. Codices hoc in loco vario errore tenentur. In quibusdam deficit vox νόμου, ut in Aldinis, in iis, quibus usus est Felic. et Manut. in Aug. et Ital. Vicissim Parisienses non supplent νόμου solummodo, sed μήτε νόμου, et in ea sententia aliquando fuisse Wolfium video, et Petitum quoque, qui LL. Attic. pag. 124. ita vertit et pariter explicat: *Nullius Psephismatis major, quam Senatus, aut Populi, aut Legum auctoritas esto.* Sed utrinque erratum est. Lectio est ea, quam prætulimus, ψήφισμα μηδὲν, μήτε βουλῆς, μήτε δήμου, νόμου κυριώτερον εἶναι. Verte autem (nam Wolfius veram lectionem odoratus est, antiquam vertit): *Decretum nullum, neque Senatus, neque Populi, leges latas auctoritate superato.* Taylor.

τις ἕνεκα τούτου γράφῃ τοῦ τιμῆσαί τινα, καὶ μεταδοῦναι τῶν ὑμῖν ὑπαρχόντων, καὶ μὴ διὰ τοῦ ταῦτα δοκεῖν ποιεῖν, βούληται κακουργεῖν καὶ παρακρούεσθαι. λέγε τὰ ψηφίσματα ταυτί. ἀλλ' ἵνα μὴ μακρὸν ἀκούειν ὑμῖν ᾖ, ἐξ ἑκάστου τῶν ψηφισμάτων αὐτὸ τοῦτο ἐξείλεκται, περὶ οὗ τούτου κατηγορῶ. λέγε.

ΕΚ ΤΩΝ ΨΗΦΙΣΜΑΤΩΝ.

ὁρᾶτε ὅτι πάντες, ὦ ἄνδρες Ἀθηναῖοι, τὸν αὐτὸν τρόπον γεγράφασιν. ἔστω, φησὶν, ὑπὲρ αὐτοῦ ἡ αὐτὴ τιμωρία, καθάπερ ἂν τὸν Ἀθηναῖον ἀποκτείνῃ, κυρίους μὲν ἐῶντες τοὺς περὶ τούτων ὑπάρχοντας ὑμῖν νόμους, σεμνοὺς δὲ ἀποφαίνοντες, οἵ γε ἐν δωρεᾶς ἐποιήσαντο τάξει τὸ τούτων μεταδοῦναι τινί. ἀλλ' οὐκ Ἀριστοκράτης· ἀλλὰ προπηλακίζει μὲν καθ' [1] ὃν δύναιτο τρόπον τούτους. ὡς γοῦν οὐδενὸς ὄντων ἀξίων, ἴδιόν τι γράφειν ἐπεχείρησε· μικρὰν δ' ἀποφαίνει κἀκείνην τὴν δωρεὰν, ἐν ᾗ τὴν πολιτείαν δεδώκατε τῷ Χαριδήμῳ. ὃς γὰρ, ὡς ἀγαπώντων τοῦθ' ὑμῶν, καὶ προσοφειλόντων χάριν αὐτῷ, γέγραφε καὶ προσέτι φυλάττειν ὑμᾶς [2] ἐκεῖνο ὅπως ἀδεῶς ὅ,τι ἂν βούληται ποιῇ, πῶς οὐ τοῦθ' ὃ λέγω διαπράττεται;

κδ΄. Οὐκ ἀγνοῶ τοίνυν, ὦ ἄνδρες Ἀθηναῖοι, ὅτι, ὡς μὲν οὐ παρὰ τοὺς νόμους φανερῶς γέγραφε τὸ ψήφισμα Ἀρι-

[1] ὃν * ἂν δύναιτο

[2] ἐκεῖνον

Ἔστω, φησὶν] Lege: ἔστω, φασὶν, nempe οἱ τὰ ψηφίσματα γεγραφότες. JURIN. φησὶν pro φασίν. Eodem modo *inquit* apud Latinos usitatissimum est. AUGER.

Οἵ γε ἐν δωρεᾶς ἐποιήσαντο τάξει τὸ τούτων μεταδοῦναί τινι] Id est, *muneris vice et loco*: id enim τάξις significat Græcis. Sic τάξιν ἐπέχειν τινὸς, *loco ejus haberi*, in Pandect. Et pro eodem, ἐν μέρει, dixit in hac eadem, οὐ τίθημι ἐν ἀδικήματος μέρει, i. e. *non sceleris loco duco*. *Ex edit.* HERVAG.

Καθ' ὃν] Melius fortasse cum Bar. Aug. Vind. et marg. Morél. καθ' ὅσον δύναται τρόπον τούτους. TAYLOR. Deesse videtur ἂν post ὅν. MARKLAND.

Ὡς ἀγαπώντων] Lego: ὡς οὐκ ἀγαπώντων τοῦθ' ὑμῶν, vel, κατ' Ἀττικισμὸν, ὡς οὐκ ἀγαπῶντας τοῦθ' ὑμᾶς καὶ προσοφείλοντας etc. WOLF. Illud extremum addidit, credo, Wolfius, quia in nonnullis Codd. exaratur ὑμᾶς, non ὑμῶν, veluti in Ald. Venet. et Morel. quod Lambinus, ut debuit, in ὑμῶν divinando emendavit. μὴ ἀγαπώντων habet Cant. aliis omnibus silentibus, sed præter id, quod rectum est, silentibus. Nam Wolfii divinatio probe se habet. TAYLOR. Plane legendum: ὃς γὰρ, ὡς οὐκ ἀγαπώντων τοῦθ' ὑμῶν. et in istum sensum transtulit Wolfius. JURIN. Opinor, ὡς οὐκ ἀγαπώντων. MARKLAND.

Τοῦθ'] Nempe, τὴν πολιτείαν. Deindo φυλάττειν regitur a γέγραφε. AUGER.

Καὶ προσέτι] Laudo id, quod in aliquibus exemplaribus scribi deprehendi, καὶ προσφυλάττειν ὑμᾶς ἐκεῖνο, ὅπως κ. τ. λ. Minus placet ἐκεῖνον Codicum, Veneti, Ital. Bar. Vindob. quanquam et tolerari possit. TAYLOR.

στοκράτης, οὐχ ἕξει δεῖξαι· ὃ δὲ δεινότατον πάντων ἐστὶ, 651
τὸ μηδεμίαν κρίσιν ἐν παντὶ ποιῆσαι τῷ ψηφίσματι τοι-
αύτης αἰτίας, τοῦθ' ὑφαιρεῖσθαι πειράσεται. ἐγὼ δὲ περὶ
αὐτοῦ τούτου πολλὰ μὲν λέγειν οὐκ οἴομαι δεῖν· ἐκ δὲ τοῦ
ψηφίσματος αὐτοῦ δείξω σαφῶς [1]οὐδὲ τοῦτον ἡγούμενον
εἶναι κρίσιν οὐδεμίαν τῷ τὴν αἰτίαν ἔχοντι. γέγραφε γὰρ,
ἐάν τις ἀποκτείνῃ Χαρίδημον, ἀγώγιμος ἔ-
στω· ἐὰν δέ τις ἀφέληται, ἢ [2]πολίτης ἢ ἰδιώ-
της, ἔκσπονδος ἔστω· οὐκ ἐὰν μὴ παράσχῃ εἰς κρί-
σιν τὸν ἀφαιρεθέντα, ἀλλ' ὅλως εὐθύς. καί τοι, εἴ γε
ἐδίδου κρίσιν, [3]ἢ καὶ μὴ ἀφῃρεῖτο, τότ' ἂν προσέγραψε
κατὰ τῶν ἀφελομένων τὴν τιμωρίαν, ὁπότε εἰς τὴν κρίσιν
μὴ παρέσχον ὃν ἀφείλοντο.

κέ. [4]Οἶμαι τοίνυν αὐτὸν κἀκεῖνον ἐρεῖν τὸν λόγον, καὶ σφόδρα ταυτὶ ζητήσειν ἐξαπατᾷν ὑμᾶς, ὡς ἄκυρόν ἐστι τὸ ψήφισμα. προβούλευμα γάρ ἐστιν· ὁ νόμος δ' ἐπέτεια κελεύει τὰ τῆς βουλῆς εἶναι ψηφίσματα. ὥστε κἂν αὐτοῦ νῦν ἀποψηφίσησθε, ἥ γε πόλις φλαῦρον οὐδὲν πείσεται κατὰ τὸ ψήφισμα τοῦτο. ἐγὼ δὲ πρὸς ταῦτα [4]οἶμαι δεῖν ὑμᾶς ἐκεῖνο ὑπολαμβάνειν, ὅτι τὸ ψήφισμα τοῦθ' οὗτος ἔγραψεν, οὐχ ἵνα ὄντος ἀκύρου μηδὲν ἀηδὲς ὑμῖν συμβῇ· ἐξῆν γὰρ αὐτῷ τὴν ἀρχὴν μὴ γράφειν, εἴ γε τὸ βέλτιστον τῇ πόλει σκοπεῖν ἐβούλετο· ἀλλ' ἵν', ἐξαπατηθέντων ὑμῶν, διαπράξαιντό τινες τἀναντία τοῖς ὑμῖν συμφέρουσιν. οἱ δὲ γραψάμενοι, καὶ χρόνους ἐμποιήσαντες, καὶ δι' οὓς ἄκυρόν ἐστι τὸ ψήφισμα, ἡμεῖς ἐσμέν. ἄτοπον δὴ γένοιτ' ἂν, εἰ ὧν ἡμῖν χάριν εἰκὸς ὑπάρχειν, ταῦτα τούτοις εἰς
σωτηρίαν [6]ὑπάρξειεν· ἔτι τοίνυν, οὐδὲ ἁπλοῦν τοῦθ' οὕτως 652
ἐστὶν ὡς τις οἴεται. εἰ μὲν γὰρ μηδεὶς ἄλλος ἦν, ὅστις

[1] οὐδὲ αὐτὸν τοῦτον [2] πόλις [3] Deest ἤ. [4] οἴομαι [5] ταύτῃ [6] ὑπάρξει

κδ'. Οὐδὲ τοῦτον] Lege οὐδὲ αὐτὸν τοῦτον, ut Manut. cum MSS. Ald. οὐδὲ αὐτὸν ἡγούμενον τοῦτον Vindob. IDEM.

Ἢ πολίτης] Supra in Argom. pr. notavi legendum videri ἢ πόλις. WOLF. πόλις Bar. Vind. et marg. Lotet. TAYLOR. Lege ἢ πόλις, ἢ ἰδιώτης. JURIN.

Ἢ καὶ μὴ ἀφῃρεῖτο] Sub. κρίσιν. Τὸ διδόναι ad verba perspicue posita: τὸ μὴ ἀφαιρεῖσθαι, cum aperte causæ dictio non tollitur. WOLF. Deest ἢ B r. et Vindob. TAYLOR.

κέ. Ταυτὶ] Lege ταύτῃ. Ita Ven. Bodl. Lindenb. Bar. Ital. Vindob. et marg. Morel. §. κζ'. ὡς δὲ συμφέρονθ' ἡμῖν γέγραφε, λέγειν ἐπιχειροῦντα, καὶ ταύτῃ βιαζόμενον. IDEM. F. ταύτῃ, *hac via, hoc pacto*, ut §. κζ'. MARKLAND.

Καὶ δι' οὓς] F. del. καί. AUGER.

Ἡμῖν] Restitui ex Editorum et MStorum melioribus. Vulgo ὑμῖν. TAYLOR.

[1]ἔμελλεν ὁμοίως τούτῳ τῶν συμφερόντων ὑμῖν ὀλιγωρήσας γράφειν, ἴσως ἂν ἧττον ἦν δεινόν· νῦν δὲ ὄντων οὐκ ὀλίγων, [2]οὐ καλῶς ἔχει μὴ λῦσαι τὸ ψήφισμα ὑμῖν. τίς γὰρ οὐ γράψει γε θαῤῥῶν πάλιν, ἡνίκα ἂν ἢ τοῦτο ἀποπεφευγός; τίς δὲ οὐκ ἐπιψηφιεῖ; τίς δὲ γράψεται; οὐ τοίνυν τοῦτο σκεπτέον, εἰ τοῦτ᾽ ἔστιν ἄκυρον τοῖς χρόνοις, ἀλλ᾽ ἐκεῖνο [3]ὁρᾷν, ὅτι τῇ περὶ τούτου ψήφῳ, νῦν ἐὰν ἀποψηφίσησθε, τοῖς ἀδικεῖν [4]βουλομένοις αὖθις ὑμᾶς ἄδειαν δώσετε.

κϛ΄. Οὐ τοίνυν οὐδὲ ἐκεῖνό με λέληθεν, ὦ ἄνδρες Ἀθηναῖοι, ὅτι ἁπλῆν μὲν οὐδὲ δικαίαν, οὐδ᾽ ἡντινοῦν ἀπολογίαν Ἀριστοκράτης ἕξει λέγειν, παραγωγὰς δέ τινας τοιαύτας ἐρεῖ, ὡς ἄρα πολλὰ τοιαῦτα ἤδη γέγονε ψηφίσματα πολλοῖς. ἔστι δὲ, ὦ ἄνδρες Ἀθηναῖοι, οὐδὲν τοῦτο σημεῖον, τοῦ τοῦτον ἔννομα εἰρηκέναι· πολλαὶ γὰρ προφάσεις εἰσὶ, δι᾽ ἃς πολλάκις ὑμεῖς ἐξηπάτησθε. οἷον εἴ τι τῶν ἑαλωκότων ψηφισμάτων παρ᾽ ὑμῖν μὴ ἐγράφη, κύριον ἂν ἦν δήπουθεν· καὶ μὴν παρὰ τοὺς νόμους γ᾽ ἂν εἴρητο. καὶ εἴ τι [5]γέγραφεν, ἢ καθυφέντων τῶν κατηγόρων, ἢ μὴ δυνηθέντων οὐδὲν διδάξαι, ἀπέφυγε· καὶ τοῦτο οὐδὲν κωλύει παράνομον εἶναι. οὐκ ἄρα εὐορκοῦσιν οἱ δικάσαντες [6]αὐτῷ; ναί. πῶς; ἐγὼ διδάξω. γνώμῃ τῇ δικαιοτάτῃ δικάσειν ὀμωμόκασιν· ἡ δὲ τῆς γνώμης δόξα ἀφ᾽ ὧν ἂν ἀκούσωσι παρίσταται. ὅτε τοίνυν κατὰ ταύτην ἔθεντο τὴν ψῆφον, εὐσεβοῦσι. πᾶς γὰρ ὁ μήτε δι᾽ ἔχθραν, μήτε δι᾽ εὔνοιαν, μήτε δι᾽ ἄλλην
653 ἄδικον πρόφασιν μηδεμίαν παρ᾽ ἃ γιγνώσκει θέμενος τὴν ψῆφον, εὐσεβεῖ. εἰ γὰρ ἠγνόησέ τι διδασκόμενος, τοῦ μὴ συνεῖναι δίκην οὐκ ὀφείλει δοῦναι· ἀλλ᾽ εἴ τις εἰδὼς ἐκεῖνο

[1] ἤμελλεν [2] οὐχὶ [3] [ὁρᾷν,] [4] βουλησομένοις [5] γε γραφὲν [6] αὐτό;

Ἴσως ἂν ἧττον] Vel ἴσως ἂν ἧττον ἦν δεινὸν τοῦτο, cum Editione Manutiana, vel ἴσως ἂν ἧττον ἦν τοῦτο δεινὸν cum MStis Obsop. et Ital. IDEM.

Ἀποπεφευγός;] Editt. Aldina et Lutetiana male ἀποπεφευγώς. Recte Wolfius interpretatur, et secundum ea, quæ annotavi ad Æschinem pag. 22. l. 10. IDEM.

Ὁρᾷν] Hæret Constructio. Aut igitur dele h. v. quæ est auctoritas Codd. præstantiorum, Bar. Reg. a. et Vind. vel cum Bodl. δεῖ ὁρᾷν. IDEM.

κϛ΄. Καὶ εἴ τι γέγραφεν] Rescribe καὶ εἴ τι γε γραφέν. Ita Bodl. Cant. Felic. Lindenb. Ital. et Lambinus. IDEM. Plane legendum, καὶ εἴ τι γε γραφέν. JURIN. Lego γραφέν. MARKLAND.

Αὐτῷ] F. αὐτὸ, τὸ ψήφισμα, τουτέστι, περὶ τοῦ ψηφίσματος. WOLF. Acute. Ita plane Ven. Bar. Aug. Ital. Vind. TAYLOR.

Ἠγνόησέ τι] Annon desideratur Negatio? εἰ γὰρ ἠγνόησέ τι μὴ διδασκόμενος. Credo sane. TAYLOR. F. μὴ διδασκόμενος. MARKLAND. Addo οὐ ante διδασκόμενος, et pro τι leg. vid. τὸ δίκαιον vel τὸ ἀληθές. AUGER.

Ἐκεῖνο] Variant Codices, ἐκείνοις Ven.

προὔδωκεν, ἢ ἐξαπατᾷ, ἔνοχός οὗτός ἐστι τῇ ἀρᾷ. διόπερ καταρᾶται καθ' ἑκάστην ἐκκλησίαν ὁ κήρυξ, οὐκ εἴ τινες ἐξηπατήθησαν, ἀλλ' εἴ τις ἐξαπατᾷ λέγων, ἢ βουλὴν, ἢ δῆμον, ἢ τὴν Ἡλιαίαν. μὴ δὴ τοῦθ' [1]ἡμῖν ἐᾶτε λέγειν ὡς γέγονεν, ἀλλ' ὡς ἔστι δίκαιον γενέσθαι· μηδ' ὡς ἕτεροι δικάσαντες ἐκύρωσαν ἐκεῖνα, ἀλλ' ὑμᾶς αὐτοὺς ἀξιοῦτε διδάσκειν, ὡς δικαιότερ' ἡμῶν περὶ τοῦδε λέγουσιν. εἰ δὲ τοῦτο μὴ δυνήσονται, οὐχὶ καλῶς ἔχειν ἡγοῦμαι, τὴν ἑτέρων ἀπάτην κυριωτέραν ποιήσασθαι τῆς ὑμετέρας αὐτῶν γνώμης. ἔτι τοίνυν ἔμοιγε δοκεῖ καὶ σφόδρα ἀναιδὴς εἶναι [2]ὁ τοιοῦτος λόγος, ὡς γέγονε καὶ πρότερον τισὶν ἄλλοις τοιαῦτα ψηφίσματα. οὐ γὰρ, εἴ τι πώποτε μὴ κατὰ [3]νόμους ἐπράχθη, σὺ δὲ τοῦτ' ἐμιμήσω, διὰ τοῦτ' ἀποφεύγειν σοι προσήκει, ἀλλὰ τοὐναντίον πολὺ μᾶλλον ἁλίσκεσθαι διὰ ταῦτα. ὥσπερ γὰρ, εἴ τις ἐκείνων ἑάλω, σὺ τάδ' οὐκ ἂν ἔγραψας, οὕτως ἂν σὺ νῦν ἁλῷς, ἄλλος οὐ γράψει.

κζ'. Ὡς μὲν τοίνυν οὐ παρὰ πάντας τοὺς νόμους φανερῶς γέγραφε τὸ ψήφισμα Ἀριστοκράτης, οὐκ [4]οἶμαι λέγειν αὐτὸν ἕξειν· ἤδη δέ τινα εἶδον, ὦ ἄνδρες Ἀθηναῖοι, γραφὴν ἀγωνιζόμενον παρανόμων, τοῖς νόμοις μὲν ἁλισκόμενον, ὡς δὲ συμφέρονθ' [5]ἡμῖν γέγραφε, λέγειν ἐπιχειροῦντα, καὶ ταύτῃ βιαζόμενον, εὐήθη μὲν [6]τοῖς ἅπασιν, οἶμαι, μᾶλλον
δὲ ἀναιδῆ λόγον. εἰ γὰρ καὶ κατὰ τἄλλα πάντα συμφέρει 654

[1] ὑμῖν [2] ὁ τοιοῦτος εἶναι [3] τοὺς νόμους [4] οἴομαι [5] ὑμῖν [6] [τοῖς ἅπασιν,]

ἐκείνους Bodl. Obsop. .et Ital. Infeliciter omnia. Corrige ἐκεῖνος omnino, εἴ τις εἰδὼς, ἐκεῖνος προὔδωκεν, cum vehementia et δεινότητι. Faria fere habes in notis ad Æschinem p. 12. v. 7. et Midianam §. μγ'. TAYLOR. ἐκεῖνο, nempe, τὸ δίκαιον vel τὸ ἀληθές. AUGER.

Ἡμῖν] Lege ὑμῖν. Ita Bar. Lindenbr. Vindob. cum Editt. Felic. et Man. μὴ δὴ τοῦθ' ὑμῖν ἐᾶτε λέγειν — ἀλλ' ὑμᾶς αὐτοὺς ἀξιοῦτε διδάσκειν. TAYLOR. Puto ὑμῖν. Certe modestius. JURIN.

Οὐ γὰρ εἴ τι πώποτε μὴ κατὰ νόμους ἐπράχθη, σὺ δὲ τοῦτ' ἐμιμήσω] *Non enim si quid unquam contra leges factum est, idque tu es imitatus, iccirco te convenit pœna liberari. Nam ut si quis eorum damnatus esset, tu hæc non scripsisses: ita damnatus si tu fueris, non scribet alius.* Citat hunc locum Quintilianus lib. 5. cap. 14. ubi optimum esse enthymematis genus dicit, cum proposito dissimili, vel contrario, ratio subjungitur, quale etiam hoc Demosthenis est. Citatur etiam sæpe hic locus adversus eos, qui se vitiosa consuetudine defendi putant. Philippus Melanchthon Dialect. lib. 3. *Ex edit.* HERVAG.

κζ'. Τοῖς ἅπασιν] Τουτέστι, παντάπασιν, ἢ παντελῶς λόγον. WOLF. Mecum ambigo, utrum plus sit obscuritatis in loco Auctoris, an in explicatione Interpretis. Expungunt has voces optimi Codd. Ven. Bar. Lind. Reg. α. Ital. et Vind. Tu ergo delebis. Erat fortasse scholion eorum, quæ mox sequuntur, κατὰ τἄλλα πάντα. TAYLOR.

τὰ εἰρημένα, εἴ γε ὀμωμοκότας κατὰ τοὺς νόμους [1] δικάζειν ὑμᾶς ἀξιοῖ κυροῦν, ἃ μηδ᾽ αὐτὸς [2] ἔχῃ δεῖξαι δικαίως γεγραμμένα, ἀσύμφορα ἂν εἴη, εἴπερ τὸ εὐορκεῖν περὶ πλείστου πᾶσίν ἐστι ποιητέον. οὐ μὴν ἀλλ᾽ ἔχει τινὰ ὅμως ἡ ἀναίδεια αὕτη λόγον. τούτῳ τοίνυν οὐδ᾽ οὗτος ἐνέσται πρὸς ὑμᾶς ὁ λόγος. οὕτω γὰρ σφόδρα ἐναντίον ὂν τοῖς νόμοις τὸ ψήφισμα, μᾶλλον ἀσύμφορόν ἐστιν ἢ παράνομον. βούλομαι δ᾽ ὑμῖν καὶ τοῦτ᾽ ἐπιδεικνύναι. ἵνα δὲ ὡς διὰ βραχυτάτου λόγου δῆλον ὃ βούλομαι ποιήσω, παράδειγμά τι γνώριμον [3] πᾶσιν ὑμῖν ἐρῶ. ἴστε ὅτι συμφέρει τῇ πόλει, μήτε Θηβαίους, μήτε Λακεδαιμονίους ἰσχύειν· ἀλλὰ τοῖς μὲν, Φωκέας ἀντιπάλους, [4] τοῖς δέ, τινας ἄλλους εἶναι. ἐκ γὰρ τοῦ ταῦθ᾽ οὕτως ἔχειν, ὑμῖν ὑπάρξει μεγίστοις οὖσιν ἀσφαλῶς οἰκεῖν. ταὐτὸ τοίνυν νομίζετε τοῦτο, καὶ τοῖς Χεῤῥόνησον οἰκοῦσι τῶν πολιτῶν συμφέρειν, μηδένα εἶναι τῶν Θρακῶν ἰσχυρόν. ἡ γὰρ ἐκείνων πρὸς ἀλλήλους ταραχὴ καὶ ὑποψία, φρουρὰ Χεῤῥονήσου μεγίστη τῶν πασῶν ἐστὶ καὶ βεβαιοτάτη. τὸ τοίνυν ψήφισμα τουτὶ, τῷ μὲν ἡγουμένῳ τῶν Κερσοβλέπτου πραγμάτων ἀσφάλειαν [5] διδοῦν, τοῖς δὲ τῶν ἑτέρων βασιλέων στρατηγοῖς, φόβον καὶ δέος, μή τινα αἰτίαν ἔχωσι, παριστὰν, τοὺς μὲν ἀσθενεῖς, τὸν δ᾽ ἕνα ὄντα ἰσχυρὸν καθίστησιν. ἵνα δὲ μὴ πάνυ θαυμάζητε, εἰ τὰ παρ᾽ ὑμῖν ψηφίσματα τηλικαύτην ἔχει δύναμιν, γεγονὸς ὃ καὶ πάντες ἐπίστασθε πρᾶγμα, ὑμᾶς
655 ὑπομνήσω. ὅτε Μιλτοκύθης ἀπέστη Κότυος, συχνὸν ἤδη χρόνον ὄντος τοῦ πολέμου, καὶ ἀπηλλαγμένου μὲν Ἐργοφίλου, μέλλοντος δὲ Αὐτοκλέους ἐκπλεῖν στρατηγοῦ, ἐγράφη τι παρ᾽ ὑμῖν ψήφισμα τοιοῦτον, δι᾽ [6] ὃ Μιλτοκύθης μὲν, ἀπῆλθε φοβηθεὶς, καὶ νομίσας ὑμᾶς οὐ προσέχειν αὐτῷ, Κότυς δὲ, ἐγκρατὴς τοῦ τε ὄρους τοῦ ἱεροῦ, καὶ τῶν θησαυρῶν ἐγένετο. καὶ γάρ τοι μετὰ ταῦτα, ὦ ἄνδρες Ἀθηναῖοι, Αὐτοκλῆς μὲν ἐκρίνετο ὡς ἀπολωλεκὼς Μιλτοκύθην· οἱ δὲ χρόνοι κατὰ τοῦ τὸ ψήφισμα εἰπόντος τῆς γραφῆς

[1] δικάσειν [2] ἔχει [3] πᾶσι γνώριμον [4] τοῖς δ᾽ ἄλλους τινὰς [5] διδὸν [6] οὗ

Δικάζειν] Δικάσειν potius cum marg. Paris. et Bodl. Ea enim est Formula jurisjurandi: ψηφιοῦμαι κατὰ τοὺς νόμους. Idem.

Δι᾽ ὃ] Nescio, an casu, an consilio, ita dederit Wolfius. Editi certe ac MSti δι᾽

ἐξεληλύθεσαν· τὰ δὲ πράγματα ἀπολώλει τῇ πόλει. εὖ τοίνυν ἴστε, ὅτι καὶ νῦν, εἰ μὴ λύσετε τὸ ψήφισμα τοδὶ, καὶ τοῖς βασιλεῦσι θαυμαστὴ γενήσεται δι' αὐτὸ ἀθυμία, καὶ τοῖς στρατηγοῖς αὐτῶν. ὅλως γὰρ ἡγήσονται παρεωρᾶσθαι μὲν αὐτοὶ, πρὸς Κερσοβλέπτην δὲ ἀποκλίνειν ὑμᾶς. εἰ δ' ἐκ τοῦ ταῦτα γνῶναι παραχωρήσονται τῆς ἀρχῆς, ἐπὶ καιροῦ τινὸς αὐτοῖς ἐπιθεμένου τοῦ Κερσοβλέπτου, πάλιν ὁρᾶτε τί συμβήσεται.

κή. Φέρε γὰρ, πρὸς θεῶν, ἂν [1] ὑμᾶς ἀδικῇ Κερσοβλέπτης, — [2] ὃ μᾶλλον εἰκὸς ἐλπίσαντα, ἢ δυνηθέντα μὴ ποιῆσαι —, οὐκ ἐπ' ἐκείνους ἴμεν, καὶ δι' ἐκείνων πάλιν ἀσθενῆ ποιεῖν αὐτὸν ἐπιχειρήσομεν; ἂν οὖν εἴπωσιν [3] ἡμῖν πρὸς ταῦτα ἐκεῖνοι· [4] ὑμεῖς, ὦ ἄνδρες Ἀθηναῖοι, οὐ μόνον ἡμῖν ἀδικουμένοις οὐκ ἐβοηθήσατε, ἀλλὰ καὶ φόβον, ἂν ὑπὲρ [5] ἡμῶν αὐτῶν ἀμυνώμεθα, θαυμαστὸν παρεστήσατε, ψήφισμα ποιησάμενοι, τὸν ἐναντία τοῖς ὑμῖν συμφέρουσι, καὶ πράττοντα [6] ἡμῖν, ἄν τις ἀποκτείνῃ, ἀγώγιμον εἶναι. οὔκουν ἐστὲ δίκαιοι βοηθοὺς καλεῖν ἡμᾶς, ἐφ' οἷς καὶ περὶ 656 ὑμᾶς αὐτοὺς καὶ περὶ ἡμᾶς κακῶς ἐβουλεύσασθε. εἰπέ μοι ταῦτ' ἐὰν λέγωσιν, οὐ δικαιότερα ἡμῶν ἐροῦσιν; ἔγωγ' οἶμαι. καὶ μὴν οὐδ' ἐκεῖνό γ' ἔνεστιν εἰπεῖν, ὅτι, νὴ Δία, εἰκότως ἐφενακίσθητε, καὶ παρεκρούσθητε. εἰ γὰρ μηδὲν

[1] ἡμᾶς [2] ὁ μ. εἰκ. αὐτὸν *ἐλπίσαι, ἢ μὴ, δυνηθέντα, ποιῆσαι [3] ὑμῖν [4] ὑμεῖς δὲ, ὦ [5] ὑμῶν [6] ἡμῖν, πράττοντα ἂν

οὐ. Idem.

κή. Ὃ μᾶλλον εἰκὸς κ. τ. λ.] Sententia satis perspicua est, nec varia lectio scrupulum tollit. Legi fortasse possit: ὃ μᾶλλον εἰκὸς ἐλπίσαντα ποιῆσαι, ἢ δυνηθέντα, μή. sc. ποιῆσαι. Wolf. ποιῆσαι, i. e. ποιήσειν, *facturum*: si recte habet. Nam suspicio est, Demosthenem scripsisse ἐλπίσαντ' ἂν — ποιῆσαι, pro ποιήσειν, more suo. licet sciam, vulgatam defendi posse. Markland. Wolfius: *id quod si sperarit duntaxat, facturum potius, quam, si potuerit, esse omissurum, est probabilius.* Quasi vero e re esset Cersobleptæ, Athenienses injuria provocare, dum eorum ope et amicitia indigeret ad opprimendos æmulos, eamque sibi affuturam speraret. Melius vertas: *id quod eum non facturum magis probabile est, dum adhuc non nisi sperat posse, quam ubi reipsa potuerit.* Jurin. F. ὃ μᾶλλον εἰκὸς αὐτὸν ἐλπίζειν, ἢ δυνηθέντα ἂν μὴ ποιῆσαι. Auger. V. Var. Lect.

*Ἂν ὑπὲρ ἡμῶν αὐτῶν ἀμυνώμεθα] Desunt hæc verba in quibusdam Codd. sed non recte desunt. Meliores et saniores hic addunt, non detrahunt: ἀλλὰ καὶ φόβον ἀνυπέρβλητον καὶ θαυμαστὸν παρεστήσατε ἂν ὑπὲρ ὑμῶν αὐτῶν ἀμυνώμεθα. Bar. Vind. marg. Par. Aug. ὑμῶν etiam repræsentatur a pluribus. Taylor.

Καὶ πράττοντα ἡμῖν] Vel cum Lindenbr. Ital. et Bar. aliisque, καὶ ἡμῖν πράττοντα: vel cum Lambino, τὸν ἐναντία τοῖς ὑμῖν συμφέρουσι πράττοντα καὶ ἡμῖν. Nam perinde sunt, et pariter id, quod alicubi annotavit Wolfius, τὸν ἐναντία πράττοντα τοῖς ὑμῖν συμφέρουσι καὶ ἡμῖν. Idem. Lege καὶ ἡμῖν πράττοντα. Jurin. Auger. Potior videtur (saltem usitatior) hic ordo verborum — τοῖς ὑμῖν συμφέρουσι πράττοντα καὶ ἡμῖν, ἄν τις etc. Alibi tamen in hac Oratione observare licet similem fere verborum et compositionis synchysin. Markland.

εἴχετε τῶν ἄλλων λογίσασθαι, μηδ᾿ ἐφ᾿ ὑμῶν αὐτῶν οἷοί τε ἦτε ταῦτα συνεῖναι, ἦν ἰδεῖν παράδειγμα Ὀλυνθίους τουτουσὶ, οἳ, τί πεποιηκότος αὐτοῖς Φιλίππου, πῶς αὐτῷ κέχρηνται; ἐκεῖνος ἐκείνοις Ποτίδαιαν οὐχὶ τηνικαῦτα ἀπέδωκεν, ἡνίκα ἀποστερεῖν οὐκ ἔθ᾿ οἷός τ᾿ ἦν, ὥσπερ ὑμῖν ὁ Κερσοβλέπτης Χεῤῥόνησον· ἀλλὰ πρὸς ὑμᾶς πολεμῶν, χρήματα πολλὰ ἀναλώσας, ἑλὼν, καὶ δυνηθεὶς ἂν αὐτὸς ἔχειν, εἴπερ ἐβουλήθη, παρέδωκε, καὶ οὐδ᾿ ἐπεχείρησεν ἄλλο ποιεῖν οὐδέν. ἀλλ᾿ ὅμως ἐκεῖνοι, ἕως μὲν ἑώρων τηλικοῦτον αὐτὸν, ἡλίκος [1] ὢν πιστὸς ὑπῆρχε, σύμμαχοί τε ἦσαν, καὶ δι᾿ ἐκεῖνον ἡμῖν ἐπολέμουν· ἐπειδὴ δὲ εἶδον μείζω τῆς πρὸς αὐτοὺς πίστεως γινόμενον, τοσοῦτ᾿ ἀπέχουσι τοῦ ψηφίσασθαι, ἄν τις ἀποκτείνῃ τινὰ τῶν ἐκείνῳ συγκατεσκευακότων τὴν ἀρχὴν, ἐκ τῶν ἑαυτῶν συμμάχων ἀγώγιμον εἶναι, ὥσθ᾿ [2] ἡμᾶς, οὓς ἴσασιν ἁπάντων ἀνθρώπων ἥδιστ᾿ ἂν καὶ τοὺς ἐκείνου φίλους, καὶ αὐτὸν [3] Φίλιππον ἀποκτείναντας, φίλους πεποίηνται, φασὶ δὲ καὶ συμμάχους ποιήσεσθαι. εἶτ᾿ Ὀλύνθιοι μὲν ἴσασι τὸ μέλλον προορᾶν· ὑμεῖς δὲ ὄντες Ἀθηναῖοι ταὐτὸ τοῦτ᾿ [4] οὐ ποιήσετε; ἀλλ᾿ [5] οὐκ αἰσχρὸν τοὺς τῷ περὶ πραγμάτων ἐπίστασθαι βου-
657 λεύσασθαι δοκοῦντας προέχειν, ἧττον Ὀλυνθίων τὸ συμφέρον εἰδότας ὀφθῆναι;

κθ΄. Ἀκούω τοίνυν αὐτὸν καὶ τοιοῦτόν τινα ἐρεῖν λόγον, οἷον καὶ πρότερόν ποτε Ἀριστόμαχος παρ᾿ ὑμῖν ἐδημηγόρει, ὡς οὐκ ἔστιν ὅπως ποτὲ Κερσοβλέπτης αἱρήσεται, Χεῤῥόνησον ἀποστερεῖν ἐπιχειρῶν, ἐχθρὸς ὑμῖν εἶναι· οὐδὲ γὰρ εἰ λάβοι καὶ κατάσχοι, λυσιτελήσειν αὐτῷ. ἐκ μέν γε ἐκείνης οὐκ ἔστιν ὑπὲρ τριάκοντα τάλαντα ἡ πρόσοδος, μὴ πολεμουμένης· εἰ [6] πολεμήσετε δὲ, οὐδέν. ἐκ δὲ τῶν ἐμπορίων, ἃ τότ᾿ ἂν κλεισθείη, πλέον ἢ [7] διακόσια τάλαντα ἔσθ᾿

[1] ὢν, καὶ πιστὸς [2] ὑμᾶς [3] τὸν Φίλιππον [4] οὐχὶ [5] [οὐκ] [6] πολεμήσεται [7] τριακόσια

Συνεῖναι] De hoc vocabulo vid. D'Orville ad Charit. Aphrod. Lib. V. cap. VI. p. 467.

Καὶ οὐδ᾿ ἐπεχείρησαν] [Aldus ita cum Veneto et Paris.] Sub. οἱ Ὀλύνθιοι. Alii, ἐπεχείρησεν. Sub. ὁ Φίλιππος. Utroque modo obscura sententia. WOLF.

Ἀλλ᾿ οὐκ αἰσχρὸν τοὺς περὶ etc.] Lego: τοὺς τῷ περὶ πραγμάτων etc. WOLF. Vulgo enim abest. TAYLOR.

κθ΄. Κατάσχοι] Ita Editi et MSS. Wolfius inscienter, ut opinor, κατάγοι. In sequentibus potius, ἐκ μὲν γάρ. TAYLOR. Mallem γάρ: ut hæc sit ratio præcedentis sententiæ. MARKLAND.

Πολεμήσετε] Melior est lectio, quam præferunt Bar. et Bodl. πολεμήσεται. TAYLOR.

ἡ πρόσοδος. ὥστ' [1] εἰ βουλόμενος μικρὰ [3] [2] λαμβάνειν, καὶ
πολεμεῖν ἂν ἕλοιτο, ἐξὸν τὰ πλείω καὶ φίλος εἶναι,
θαυμάζειν φήσουσιν. ἐγὼ δὲ οὐκ ἀπορῶ μὲν εἰπεῖν πολ-
λὰ, ἅ μοι δοκεῖ μᾶλλον ἄν τις ἰδὼν, ἀπιστεῖν εἰκότως,
ἢ τούτοις πιστεύων, ἐκεῖνον ἐᾶν μέγαν γίγνεσθαι. οὐ
μὴν ἀλλ' ὃ μάλιστα πρόχειρον ἔχω, τοῦτο ἐρῶ. ἴστε
δήπου Φίλιππον, ὦ ἄνδρες Ἀθηναῖοι, τουτονὶ τὸν Μακεδό-
να, ᾧ πολὺ δήπου μᾶλλον ἐλυσιτέλει, τὰς ἐξ ἁπάσης
Μακεδονίας προσόδους ἀδεῶς λαμβάνειν, ἢ μετὰ κινδύνων
τὰς ἐξ Ἀμφιπόλεως· καὶ χρῆσθαι φίλοις αἱρετώτερον ἦν
αὐτῷ τοῖς πατρικοῖς ὑμῖν, ἢ Θετταλοῖς, οἳ τὸν πατέρα
[4] αὐτοῦ ἐξέβαλον. ἄνευ γὰρ τούτου, κἀκεῖνό ἐστιν ἰδεῖν·
ὑμεῖς μὲν, ὦ ἄνδρες Ἀθηναῖοι, οὐδένα προὐδώκατε πώποτε
τῶν φίλων, Θετταλοὶ δὲ, οὐδένα πώποθ' ὅν τινα οὔ. ἀλλ'
ὅμως τούτων οὕτως ἐχόντων, μικρὰ λαμβάνειν, καὶ τοὺς
ἀπίστους φίλους, καὶ [5] τὸ κινδυνεύειν, ἀντὶ τοῦ μετὰ ἀ-
σφαλείας ζῆν ὁρᾶτε προῃρημένον αὐτόν. τί δήποτε τὸ αἴ-
τιον; οὐ γὰρ δὴ λόγον γε τὸ πρᾶγμα οὑτωσὶ πρόχειρον 658
ἔχει. ὅτι, ὦ ἄνδρες Ἀθηναῖοι, δυοῖν ἀγαθοῖν ὄντοιν πᾶσιν
ἀνθρώποις, τοῦ μὲν ἡγουμένου καὶ μεγίστου πάντων τοῦ
εὐτυχεῖν, τοῦ δὲ ἐλάττονος μὲν τούτου, τῶν δὲ ἄλλων με-
γίστου, τοῦ καλῶς βουλεύεσθαι, οὐχ ἅμα ἡ κτῆσις [6] ἀμ-
φοῖν παραγίνεται τοῖς ἀνθρώποις· οὐδ' ἔχει τῶν εὖ πρατ-

[1] τὶ [2] λαμβάνων πολεμεῖν [3] Deest καί. [4] αὐτοῦ ποτ' ἐξέβαλον [5] [τὸ] [6] Deest ἀμφοῖν.

Ὥστ' εἰ βουλόμενος] Recta hæc et satis sana. Neque video necesse anteferre cum Wolfio scripturam Bar. Aug. Vind. et marg. Morel. ὥστε τι βουλόμενος. Quorum quidem Codicum hic est sensus: ὥστε θαυμάζειν φήσουσιν, τί βουλόμενος ἕλοιτο ἂν μικρὰ λαμβάνειν καὶ πολεμεῖν, ἐξὸν κ. τ. λ. *Quare admirari se dicent, quo consilio parvum lucrum simul cum bello præferre velit, cum plura possit obtinere et vestram etiam amicitiam.* In quo sensu, quem non reprehendo, non recte abest καὶ ante πολεμεῖν, uti abest a Ven. Reg. *a.* et Vind. IDEM.

Τούτοις] *His quæ dicuntur pro Cersoblepte.* AUGER.

Ἐξέβαλον] MSti una voce auctiores οἳ τὸν πατέρα αὐτοῦ ποτ' ἐξέβαλον. Bar. Ven. Ital. Lind. Aug. Vindob. cum Parisiensibus. TAYLOR.

Οὐδένα—] *Nullum unquam habuerunt amicum quem non prodiderint.* AUGER.

Οὐ γὰρ δὴ λόγον — ἔχει] *Neque enim hujus facti ratio ita est in promtu.* Immo satis obvia est et bene nota observatio, *Res secundas et Bonam Mentem* raro eidem Personæ competere. Et ita, opinor, voluit Demosthenes. Itaque pono notam Interrogationis: οὐ γὰρ δὴ λόγον — ἔχει; *Nonne utique hujus rei ratio ita est in promtu?* MARKLAND.

Δυοῖν ἀγαθοῖν ὄντοιν] Si hic sit locus Demosthenis, quem allegat Longinus §. 2. vide, quam alieno sensu alleget. Ὅπερ γὰρ ὁ Δημοσθένης ἐπὶ τοῦ κοινοῦ τῶν ἀνθρώπων ἀποφαίνεται βίου, "μέγιστον μὲν εἶναι τῶν ἀγαθῶν τὸ εὐτυχεῖν· δεύτερον δὲ, καὶ οὐκ ἔλαττον, τὸ εὖ βουλεύεσθαι, ὅπερ οἷς ἂν μὴ παρῇ, συναναιρεῖ πάντως καὶ θάτερον," τοῦτ' ἂν κ. τ. λ. TAYLOR.

τόντων οὐδεὶς ὅρον, οὐδὲ τελευτὴν τῆς τοῦ πλεονεκτεῖν ἐπιθυμίας. δι' ὅπερ πολλοὶ πολλάκις μειζόνων ἐπιθυμοῦντες, τὰ παρόντα ἀπώλεσαν. καὶ τί δεῖ Φίλιππον λέγειν, ἤ τιν' ἄλλον; ἀλλ' ὁ πατὴρ αὐτὸς ὁ Κερσοβλέπτου Κότυς, ἡνίκα μὲν στασιάζοι πρός τινας, πρέσβεις πέμπων πρὸς ἡμᾶς, ἅπαντα ποιεῖν ἕτοιμος ἦν· καὶ τότε ᾐσθάνετο, ὡς ἀλυσιτελὲς [1] τῇ πόλει πολεμεῖν. ἐπειδὴ δ' ὑφ' ἑαυτῷ τὴν Θρᾴκην [2] εἶχε, κατελάμβανε τὰς πόλεις, [3] ἠδίκει μεθύων, ἐπαρῴνει, μάλιστα μὲν εἰς ἑαυτὸν, ἔπειτα δὲ καὶ εἰς ἡμᾶς, τὴν χώραν ἐποιεῖθ' ὑφ' ἑαυτῷ, τὸ πρᾶγμα ἀμήχανον ἦν· τῶν γὰρ ὑπὲρ τοῦ πλεονεκτεῖν ἐπιχειρούντων οἷς οὐ χρὴ, οὐκ εἴωθε τὰ δυσχερέστατα ἕκαστος λογίζεσθαι, ἀλλ' ἃ κατορθώσας διαπράξεται. ἐγὼ δὲ δεῖν ὑμᾶς [4] οἶμαι τοῦτον τὸν τρόπον βεβουλεῦσθαι, ὅπως ἂν μὲν ἃ χρὴ περὶ ὑμῶν γινώσκῃ Κερσοβλέπτης, μηδὲν ὑφ' ὑμῶν ἀδικηθήσεται· ἐὰν δὲ ἀλόγως ἀδικεῖν ἐπιχειρῇ, μὴ μείζων ἔσται τοῦ δοῦναι δίκην. ἀναγνώσομαι δ' ὑμῖν τὴν ἐπιστολὴν, ἣν, ὅτε ἀφειστήκει Μιλτοκύθης, Κότυς ἔπεμψε, καὶ [5] ἣν, ὅτε πᾶσαν τὴν ἀρχὴν ἔχων, πέμψας Τιμομάχῳ, τὰ χωρία ὑμῶν ἐξεῖλεν.

59 ΕΠΙΣΤΟΛΗ.

τοῦτο, ὦ ἄνδρες Ἀθηναῖοι, τὸ παράδειγμα ἑωρακότες, ἂν ἐμοὶ πεισθῆτε, κἀκεῖνο εἰδότες, ὅτι Φίλιππος, ὅτε μὲν ἐπολιόρκει Ἀμφίπολιν, ἵν' ὑμῖν παραδῷ πολιορκεῖν ἔφη, ἐπειδὴ δὲ ἔλαβε, καὶ Ποτίδαιαν προσαφείλετο, ἐκείνην τὴν πίστιν βουλήσεσθε ἔχειν, ἥν περ φασὶ πρὸς Λακεδαιμονίους ποτὲ εἰπεῖν Ἰφικράτην [6] Ἐφιάλτου. καὶ γὰρ ἐκεῖνόν φασιν, ἐξαπατώντων [7] τί τῶν Λακεδαιμονίων, καὶ προτεινόντων

[1] τὸ τῇ [2] ἔχοι [3] ἠδίκει, μεθύων ἐπαρῴνει, [4] οἴομαι [5] ἦν, * πᾶσαν ἔχων τὴν ἀρχὴν [6] τὸν Ἐφιάλτου [7] τι

Τῇ πόλει πολεμεῖν] MSti fere omnes, præter Aldinos, τὸ τῇ πόλει πολεμεῖν, non otioso articulo addito, ut recte Obsopœus. IDEM.

Ἰφικράτην Ἐφιάλτου] Dubito de fide hujus loci. Iphicrates, dux ille celebratus, coriarii filius audiebat. Ideo raro invenitur nomen ejus patris. Pausanias tamen in Bœoticis Timothei filium facit. In margine autem mei Codicis scriptum inveni Φιλοκράτην Ἐφιάλτου, manu alicujus non ineruditi viri, cujus olim fuit. Unde habuerit nescio. PALMER. Φιλοκράτην Ven. Bodl. Obsop. Ital. et Lind. Sed parum interest, utro modo scribatur, neque necesse est, ut de Iphicrate, celeberrimo Imperatore, hæc intelligerentur. TAYLOR.

πίστιν ἥν τινα [1] βούλεται λαμβάνειν, εἰπεῖν, ὅτι πίστιν
ἂν οἴεται γενέσθαι μόνην, εἰ [2] δείξαιεν, ὅπως, ἂν ἀδικεῖν
βούλωνται, μὴ δυνήσονται, ἐπεὶ, ὅτι [3] γε βουλήσονται, εὖ
εἰδέναι, ἕως ἂν οὖν δύνωνται, πίστιν οὐκ εἶναι. ταύτην,
ἂν ἐμοὶ χρῆσθε συμβούλῳ, φυλάξετε τὴν πίστιν πρὸς
τουτονὶ τὸν Θρᾷκα, καὶ μὴ βουλήσεσθε εἰδέναι, τίνα ἂν,
εἰ πάσης ἄρξειε τῆς Θρᾴκης, πρὸς ὑμᾶς σχοίη γνώμην.

λʹ. Ὅτι τοίνυν ὅλως οὐδὲ ὑγιαινόντων ἀνθρώπων [4] ἐστὶ
τοιαῦτα γράφειν ψηφίσματα, καὶ διδόναι τισὶ τοιαύτας
δωρεὰς, καὶ τοῦτ᾽ ἐκ πολλῶν ῥᾴδιον γνῶναι. ἴστε γὰρ δή-
που τοῦτο πάντες, ὦ ἄνδρες Ἀθηναῖοι, ὁμοίως ἐμοὶ, ὅτι τὸν
Κότυν πότ᾽ ἐκεῖνον ἐποιήσασθε πολίτην· δῆλον ὡς κατ᾽
ἐκεῖνον τὸν χρόνον εὔνουν ἡγούμενοι καὶ φίλον. καὶ μὴν καὶ
χρυσοῖς στεφάνοις ἐστεφανοῦτε· οὐκ ἂν, εἴ γε ἐχθρὸν
ἡγεῖσθε. ἀλλ᾽ ὅμως ἐπειδὴ πονηρὸς καὶ θεοῖς ἐχθρὸς ἦν,
καὶ μεγάλα ὑμᾶς ἠδίκει, τοὺς ἀποκτείναντας ἐκεῖνον,
Πύθωνα καὶ Ἡρακλείδην, τοὺς [5] Αἰνείους, πολίτας [6] ἐποιή-
σατε, ὡς εὐεργέτας, καὶ χρυσοῖς στεφάνοις ἐστεφανώσατε.
εἰ δὴ τότε, ὅθ᾽ ὑμῖν οἰκείως ἔχειν ὁ Κότυς ἐδόκει, ἔγραψέ
τις, ἐάν τις ἀποκτείνῃ Κότυν, [7] ἔκδοτον εἶναι, πότερον ἐξέ- 660
δοτε ἂν τὸν Πύθωνα, καὶ τὸν ἀδελφὸν, ἢ παρὰ τὸ ψήφι-
σμα τοῦτο πολίτας ἐποιεῖσθε, καὶ ὡς εὐεργέτας ἐτιμᾶτε;
[8] τί δ᾽ Ἀλέξανδρον ἐκεῖνον τὸν Θετταλὸν, ἡνίκ᾽ εἶχε μὲν
αἰχμάλωτον δήσας Πελοπίδαν, ἐχθρὸς δ᾽ ὡς οὐδεὶς Θη-
βαίοις ἦν, ὑμῖν δ᾽ οἰκείως διέκειτο οὕτως, ὥστε παρ᾽ ὑμῶν
στρατηγὸν αἰτεῖν, ἐβοηθεῖτε δὲ αὐτῷ, καὶ πάντα ἦν Ἀλέ-

[1] βούληται [2] δείξειαν [3] γ᾽ ἀεὶ βουλήσονται [4] ἐστὶν ἀνθρώπων [5] αἰνίους
[6] ἐποιήσασθ᾽ [7] ἔκδοτον αὐτὸν εἶναι [8] τί δ᾽;

Ὅτι γε βουλήσονται] Melius multo cum Bar. Ven. Bodl. Lind. Obsop. Ang. Ital. Vindob. ὅτι γ᾽ ἀεὶ βουλήσονται. TAYLOR.

λʹ. Οὐκ ἂν] S. στεφανώσαντες. WOLF.

Πύθωνα καὶ Ἡρακλείδην] De his Diogenes Laertius in Platone, quos discipulis Platonis accenset, sed Πίθωνα vocat, non Πύθωνα. Aristoles vero V. Polit. 10. sic habet: Πάρων δὲ καὶ Ἡρακλείδης οἱ Αἴνιοι Κότυν διέφθειραν, τῷ πατρὶ τιμωροῦντες. In tanta diversitate præfero hujus loci lectionem. Nam et repetitur v. 21. Πύθωνα, et rursus §. λβʹ. Πύθων nominatur. De his jam diximus ad Diogenem Laertium. PALMER.

Αἰνείους] Αἰνίους marg. Benenati et Ital. Recte. Τὸ ἐθνικὸν Αἴνιος, ὡς Τήνιος· οὕτω γὰρ ἀναγράφεται ἐν τοῖς πίναξι. Steph. Byzant. in Αἶνος. Porro autem, quod hic de Pythone facinus narratur, id a Diogene Laertio IX. 65. Pyrrhoni Eleo attribuitur. Utrum vero nominum similitudine deceptus fuerit eruditus ille et utilissimus Scriptor, quæ est sententia P. Leopardi XI. Emendatt. 21. an errorem illum debeamus importuno alicui annotatori, de qua re multa probabiliter admodum cultissimus ille Menagius ad locum Laertii, judicent, quibus est otium. TAYLOR.

Πάντα ἦν] De hac locutione vid. Bergler. ad Alciphr. Ep. Lib. 11. ep. 3.

ξανδρος· πρὸς Διὸς, εἴ τις ἔγραψεν, [1] ἐάν τις ἀποκτείνῃ Ἀλέξανδρον, ἀγώγιμον εἶναι, [2] ἆρ' ὧν μετὰ ταῦθ' ὕβρισε καὶ προὐπηλάκισεν, [3] ἀσφαλὲς ἂν ἦν τὸ παρ' αὐτοῦ δίκην πειρᾶσθαι λαβεῖν; τί δὲ τἄλλα λέγοι τις ἄν; ἀλλ' ὁ μάλιστα δοκῶν νῦν ὑμῖν ἐχθρὸς εἶναι Φίλιππος οὑτοσὶ, εἰ τόθ', ὅτ' Ἀργαῖον κατάγοντας λαβὼν τῶν ἡμετέρων τινὰς πολιτῶν, ἀφῆκε μὲν αὐτοὺς, ἀπέδωκε δὲ πάντα ὅσα ἀπώλεσαν αὐτοῖς, πέμψας δὲ γράμματα, ἐπηγγείλατο ἕτοιμος εἶναι συμμαχίαν ποιεῖσθαι, καὶ τὴν πατρικὴν φιλίαν ἀνανεοῦσθαι· εἰ τότε ἠξίωσε τυχεῖν τούτων, καί τις ἔγραψε τῶν ἀφεθέντων ὑπ' αὐτοῦ, ἐάν τις ἀποκτείνῃ Φίλιππον, ἀγώγιμον εἶναι, καλήν γε ὕβριν ἦμεν ἂν ὑβρισμένοι. ἆρά γε ὁρᾶτε καὶ καταμανθάνετε, ὦ ἄνδρες Ἀθηναῖοι, ἐφ' ἑκάστου τούτων, ἡλίκην ἂν ὠφληκότες παράνοιαν ἦτε, εἴ τι [4] τοιοῦτο ἐτυγχάνετε ἐψηφισμένοι; ἔστι γὰρ οὐχ ὑγιαινόντων ἀνδρῶν, οἶμαι, οὔθ', ὅταν τινὰ ὑπειλήφωσι φίλον, οὕτω πιστεύειν, ὥστε, ἂν ἀδικεῖν ἐπιχειρῇ, τὸ ἀμύνεσθαι σφῶν αὐτῶν ἀφελέσθαι, οὔθ', ὅταν ἐχθρόν τινα ἡγῶνται, οὕτως αὖ μισεῖν, ὥστε, ἂν παυσάμενος βούληται φίλος εἶναι, τὸ ποιεῖν ἐξεῖναι ταῦτα κωλῦσαι· ἀλλ' ἄχρι [5] τούτου, καὶ φιλεῖν, οἶμαι, χρὴ καὶ μισεῖν, [6] μηδ' ἑτέρου τῶν
61 καιρῶν ὑπερβαλόντας.

λά. Οὐ τοίνυν ἔγωγε οὐδὲ ἐκεῖνο ἰδεῖν δύναμαι, ὡς οὐχὶ πάντες ἄνθρωποι τούτων ἀξιώσουσι τυχεῖν, ὁπόσοις πέρ ἐστι καὶ ἡτισοῦν εὐεργεσίας πρόφασις πρὸς ὑμᾶς, εἰ Χαριδήμῳ δώσετε· οἷον, εἰ βούλεσθε, Σίμων, Βιάνωρ, Ἀθηνόδωρος, ἄλλοι μυρίοι. εἰ μὲν τοίνυν πᾶσι ψηφιούμεθα ταῦτα, λήσομεν, ὡς ἔοικε, μισθοφόρων ἔργον ἀνθρώπων ποιοῦντες, τὴν ἑκάστου σωτηρίαν τούτων δορυφοροῦντες· εἰ δὲ τοῖς μὲν, τοῖς δ' οὔ, δικαίως ἐγκαλέσουσιν οἱ μὴ [7] μετέχοντες. φέρ',

[1] ἄν [2] ἆρ' ἂν ὧν [3] ἀσφαλὲς ἦν τῷ παρ' [4] τοιοῦτον [5] * τοῦ
[6] μηδετέρου τὸν καιρὸν ὑπερβάλλοντας [7] τυχόντες. φέρ', ἐὰν δὲ δὴ

Τυχεῖν τούτων] *Hæc consequi*, i. e. ea quæ postulat Aristocrates pro Charidemo. AUGER.

Ταῦτα] F. τοῦτο, scil. φίλος εἶναι. MARKLAND.

λά. Εἰ δὲ τοῖς μὲν] Plerique Codices, εἰ δὲ τῷ μὲν (Charidemo sc.) τοῖς δ' οὔ. Sed recepta lectio bene se tueri potest. TAYLOR.

Οἱ μὴ μετέχοντες] MSti fere omnes, sc. Ven. Bar. Lind. marg. Benen. Aug. Ital. et MSS. Ald. οἱ μὴ τυχόντες. Quod melius est, et fere video, quo errore orta sit exinde lectio vulgata. IDEM.

ἐὰν δὴ καὶ Μενέστρατος ἡμᾶς ὁ Ἐρετριεὺς ἀξιοῖ ταῦτα
καὶ αὐτῷ ψηφίσασθαι, ἢ [1]Φάϋλος ὁ Φωκεὺς, ἤ τις ἄλλος
δυνάστης, — πολλοῖς δὲ δήπου διὰ καιρούς τινας πολλάκις
φίλοι γινόμεθα —, [2]πότερον ψηφιούμεθα πᾶσιν, ἢ οὔ;
ψηφιούμεθα νὴ Δία. καὶ τί δήπου φήσομεν, ὦ ἄνδρες Ἀθη-
ναῖοι, καλὸν, εἰ τῶν Ἑλλήνων ἐπ' ἐλευθερίᾳ προεστάναι
φάσκοντες, τοὺς ἰδίᾳ δυνάμεις ἐπὶ τοῖς πλήθεσι κεκτημέ-
νους δορυφοροῦντες φανούμεθα; ἐγὼ μὲν οὐχ ὁρῶ. εἰ γάρ
ἐστί τῳ δοτέον [3]τί τοιοῦτον, ὡς ἔγωγε οὔ φημι, πρῶτον
μὲν τῷ μηδὲν ἠδικηκότι πώποτε· δεύτερον δὲ τῷ, μηδ', ἂν
ἀδικεῖν βούληται, δυνησομένῳ· ἔπειθ' ὡς ἀληθῶς, [4]ὅστις
ἅπασιν ἀνθρώποις ἔσται φανερὸς ὑπὲρ τοῦ [5]μὴ παθεῖν
ταῦτα εὑρισκόμενος, καὶ οὐκ ἐπὶ τῷ ποιεῖν μετ' ἀδείας
ἑτέρους κακῶς, τούτῳ δοτέον.

λβ'. Ὅτι μὲν τοίνυν ὁ Χαρίδημος, οὔτε τῶν ἀναμαρτή-
των ἐστὶ πρὸς ὑμᾶς, οὔτε τῶν, ἵνα μή τι [6]πάθῃ, ταῦτα
εὑρισκομένων, ἐάσω· ἀλλ' ὡς οὐδὲ πιστὸς εἰς τὸν ἔπειτα
χρόνον, ἀκούσατέ μου, καὶ σκοπεῖτε, ἂν ὀρθῶς ὑμῖν ἐξε-
τάζειν δοκῶ. ἐγὼ νομίζω, ὦ ἄνδρες Ἀθηναῖοι, ὅσοι μὲν
τῶν ἡμετέρων ἐθῶν καὶ νόμων ἐπιθυμηταὶ γενόμενοι, πο- 6
λῖται γενέσθαι ἐσπούδασαν, ἅμα τ' αὐτοὺς ἂν τυγχάνειν
τούτων, καὶ παρ' ἡμῖν οἰκεῖν, καὶ μετέχειν ὧν ἐπεθύμησαν·
ὅσοις δὲ τούτων μὲν μηδενὸς μήτ' ἐπιθυμία μήτε ζῆλος
εἰσέρχεται, τὴν πλεονεξίαν δ' ἀγαπῶσιν, ἣν διὰ τοῦ δο-
κεῖν ὑφ' ἡμῶν τιμᾶσθαι καρποῦνται, τούτους [7]οἶμαι,
μᾶλλον δὲ οἶδα σαφῶς, ὅταν ποτὲ μείζονος πλεονεξίας
ἐλπίδα ἑτέρωθεν ἴδωσιν, οὐδ' ὁτιοῦν ὑμῶν φροντίσαντας,
ἐκείνην [8]θεραπεύειν. οἷον — ἵν' εἰδῆτε καὶ ὑμεῖς πρὸς ἃ
βλέπων ἐγὼ ταῦτα λέγω — Πύθων οὑτοσὶ, ὅτε μὲν Κότυν

[1] Φάϋλλος [2] πότερα [3] τι [4] ὅστις * ὡς ἀληθῶς [5] μή τι παθεῖν
[6] * πάθωσι [7] οἴομαι [8] θεραπεύσειν

Δορυφοροῦντες] "Notum, qui dicti proprie principum δορυφόροι: — cum dativo et cum accusativo propria et minus propria notione; sed hic casus longe usitatior." D'Orville ad Charit. Aphrod. Lib. I. cap. VI. p. 71. cf.

Ὑπὲρ τοῦ μὴ παθεῖν] Inserendum puto τι. μή τι παθεῖν, ut mox v. 16. ἵνα μή τι πάθῃ, et passim. MARKLAND.

λβ'. Τούτους οἶμαι, μᾶλλον δὲ οἶδα σαφῶς] Οἴομαι Lind. et Ital. Hic fortasse locum habere potest, quod reliquit T. Magister: φασὶν οἱ ἀκριβεῖς τεχνικοὶ, τὸ μὲν οἶμαι ἐπὶ ὁμολογούμενον (rescribe ὁμολογουμένου, aut saltem ὁμολογουμένων) τίθεται· τὸ δὲ οἴομαι ἐπὶ ἀμφιβόλου. TAYLOR.

Θεραπεύειν] Melius θεραπεύσειν. Ita MSS. Ven. Bar. Aug. Ital. Vind. IDEM.

Οὑτοσὶ] Ita reponendum curavi ex Edi-

εὐθὺς ἀπεκτονὼς, οὐκ ἀσφαλὲς ἡγεῖτο ἀπελθεῖν ὅποι τύχοι, ἦλθεν ὡς ὑμᾶς, καὶ πολιτείαν ᾔτησε, καὶ πάντων ἐποιήσατο πρώτους ὑμᾶς· ἐπειδὴ δὲ οἴεται τὰ Φιλίππου πράγματα συμφέρειν [1]ἑαυτῷ μᾶλλον, [2]οὐδοτιοῦν ὑμῶν φροντίσας [3]τὰ ἐκείνου φρονεῖ. οὐ γάρ ἐστιν, οὐκ ἔστιν, ὦ ἄνδρες Ἀθηναῖοι, παρὰ τούτοις, τοῖς ἐπὶ τῇ τοῦ πλεονεκτεῖν προαιρέσει ζῶσιν, οὐδὲν οὔτε βέβαιον, οὔθ᾽ ὅσιον· ἀλλὰ δεῖ τούτων, ὅστις εὖ φρονεῖ, φυλαττόμενον περιεῖναι, μὴ προπιστεύσαντα κατηγορεῖν. εἰ τοίνυν, ὦ ἄνδρες Ἀθηναῖοι, τοὐναντίον ἢ [4]τὸ ἀληθὲς ἔχει, θείημεν τὸν Χαρίδημον αὐτὸν καὶ γεγενῆσθαι περὶ [5]ὑμᾶς σπουδαῖον, καὶ εἶναι, καὶ ἔσεσθαι, καὶ μηδέποτε ἄλλην γνώμην ἢ ταύτην σχήσειν, οὐδὲν μᾶλλον ἔχει καλῶς ταῦτ᾽ αὐτῷ ψηφίσασθαι. εἰ μὲν γὰρ ἐπ᾽ ἄλλο τι ταύτην τὴν ἄδειαν ἐλάμβανε τὴν ἐκ τοῦ ψηφίσματος, ἢ τὰ Κερσοβλέπτου πράγματα, ἧττον ἂν ἦν δεινόν· νῦν δ᾽ ὑπὲρ οὗ καταχρήσεται τῇ διὰ τοῦ ψηφί-
663 σματος πλεονεξίᾳ, οὐκ ἀξιόπιστον οὔθ᾽ ὑμῖν οὔτ᾽ ἐκείνῳ λογιζόμενος αὐτὸν εὑρίσκω. σκέψασθε δὲ ὡς δικαίως ἕκαστα ἐξετάζω, καὶ σφόδρα γε εἰκότως δεδιώς.

λγ΄. Ἐγὼ σκοπῶ Κότυν, ὅτι κηδεστὴς ἦν Ἰφικράτει, τὸν αὐτὸν τρόπον, ὅν περ Χαρίδημος Κερσοβλέπτῃ· καὶ τὰ πεπραγμένα ὁρῶ πολλῷ μείζονα, καὶ χάριτος πλείονος ἄξια, ὑπὲρ Κότυος Ἰφικράτει, ἢ ὑπὲρ Κερσοβλέπτου Χαριδήμῳ. σκεψώμεθα δ᾽ οὑτωσί. ἴστε δήπου τοῦτ᾽, ἄνδρες Ἀθηναῖοι, ὅτι χαλκῆς εἰκόνος οὔσης παρ᾽ [6]ἡμῖν Ἰφικράτει, καὶ σιτήσεως ἐν Πρυτανείῳ, καὶ δωρεῶν, καὶ τιμῶν ἄλλων, δι᾽ ἃς εὐδαίμων ἐκεῖνος ἦν, ὅμως ἐτόλμησεν ὑπὲρ τῶν Κότυος πραγμάτων ἐναντία τοῖς ὑμετέροις στρατηγοῖς ναυμαχεῖν, καὶ περὶ πλείονος ἐποιήσατο τὴν ἐκείνου σωτηρίαν,

[1] αὐτῷ [2] οὐδ᾽ ὁτιοῦν [3] τἀκείνου [4] τἀληθὲς [5] ἡμᾶς [6] ὑμῖν

tis melioribus et MStis. Vulgo οὑτωσί. IDEM.

Ἑαυτῷ] Corrige αὑτῷ cum Ven. Lind. Ital. Modo v. 5. τὰ ἐκείνου μᾶλλον φρονεῖ. Vindob. IDEM.

Λογιζόμενος κ. τ. λ.] Λογιζόμενος εὑρίσκω αὐτὸν (τὸν Χαρίδημον) ἀξιόπιστον (Sub. ὄντα) οὔθ᾽ ὑμῖν, οὔτ᾽ ἐκείνῳ (τῷ Κερσοβλέπτῃ.) WOLF. Immo, si quid ego judicare possim, contraria prorsus omnia, non Charidemum Cersobleptæ, sed vice versa Cersoblepten Charidemo. Postulat hujus loci syntaxis, argumentandi ratio. In Vind. deest αὐτὸν ante εὑρίσκω, quod impune abesse potest. TAYLOR. ἐκείνῳ refertur ad Charidemum, αὐτὸν ad Gersobleptem. AUGER.

λγ΄. Κηδεστὴς] Duxerat enim Iphicrates *Tarsen*, filiam Cotyis, Thracum dynastæ vel *regis*, ut narrat Æmilius Probus, vel Cornelius *Nepos*, in Iphicrate. PALMER.

ἢ τὰς ὑπαρχούσας ἑαυτῷ παρ' ὑμῖν τιμάς. καὶ εἰ μὴ
μετριωτέραν ἔσχετε τὴν ὀργὴν ὑμεῖς τῆς ἐκείνου προπετεί-
ας, οὐδὲν ἂν αὐτὸν ἐκώλυσεν ἀθλιώτατον [1]ἀνθρώπων ἁπάν-
των εἶναι. ἀλλ' ὅμως ὁ Κότυς ὑπ' ἐκείνου τότε σωθεὶς, καὶ
λαβὼν ἔργῳ τῆς ἐκείνου φιλίας πεῖραν, ἐπειδὴ βεβαίως
ἡγήσατο σῶς εἶναι, οὐχ ὅπως ἀποδώσει χάριν ἐσπούδασεν
αὐτῷ, καὶ πρὸς ὑμᾶς δι' [2]ἐκείνου τί φιλάνθρωπον ἔπρα-
ξεν, ἵνα συγγνώμης ἐπὶ τοῖς πεπραγμένοις τύχῃ· ἀλλὰ
πᾶν τοὐναντίον, ἠξίου μὲν αὐτὸν συμπολιορκεῖν τὰ λοιπὰ
τῶν ὑμετέρων χωρίων. οὐκ ἐθέλοντος δ' ἐκείνου, [3]λαβὼν
τήν τε βαρβαρικὴν δύναμιν, καὶ τὴν ὑπ' ἐκείνου συνει-
λεγμένην, καὶ τὸν Χαρίδημον τοῦτον προσμισθωσάμενος,
προσέβαλε τοῖς ὑμετέροις χωρίοις, καὶ εἰς τοῦτο κατέστησε 664
τὸν Ἰφικράτην ἀπορίας, ὥστε [4]ἐπελθόντα εἰς Ἄντισσαν
οἰκεῖν, καὶ πάλιν εἰς Δρῦν· ἡγούμενον ὡς μὲν ὑμᾶς οὐχὶ κα-
λῶς ἔχειν ἐλθεῖν, οὓς ὑστέρους ἐπεποίητο τοῦ Θρᾳκὸς καὶ
τοῦ βαρβάρου, παρ' ἐκείνῳ δ' οὐκ ἀσφαλὲς εἶναι μένειν, ὃν
οὕτως ὀλιγωροῦντα ἑώρα τῆς ἑαυτοῦ σωτηρίας. [5]ἐὰν οὖν, ὦ
ἄνδρες Ἀθηναῖοι, καὶ [6]ὁ Κερσοβλέπτης ἐκ τῆς τῷ Χαρι-
δήμῳ νῦν ἀδείας κατασκευαζομένης αὐξηθεὶς, ὀλιγωρῇ μὲν
ἐκείνου, νεωτερίζῃ δέ τι καὶ κινῇ πρὸς [7]ἡμᾶς, ἐξαρκεῖ τοῦθ'
ὑμῖν, ἐὰν Χαρίδημος ἐξαπατηθῇ, τὸν Θρᾷκα ἰσχυρὸν ἐφ'
ὑμᾶς αὐτοὺς κατεσκευακέναι; ἐγὼ μὲν οὐκ ἀξιῶ. καὶ γὰρ
ἐκεῖνο νομίζω δίκαιον, εἰ μὲν αἰσθάνεται ταῦτα καὶ προορᾷ
Χαρίδημος, εἶθ' ὅπως τοιούτων ψηφισμάτων τεύξεται δια-
πράττεται, ὡς ἐπιβουλεύοντι μὴ ἐπιτρέπειν αὐτῷ· εἰ δὲ
λέληθεν αὐτὸν, ὅσῳ μᾶλλον εὔνουν τις αὐτὸν ὑπείληφεν
εἶναι, τοσούτῳ μᾶλλον προϊδέσθαι καὶ ὑπὲρ [8]αὐτοῦ καὶ
ὑπὲρ ἐκείνου. ἔστι γὰρ φίλων ἀγαθῶν, οὐ τὰ τοιαῦτα χα-

[1] ἀνθρώπων ἁπάντων ἀθλιώτατον [2] ἐκεῖνον τι [3] λαβὼν αὐτὸς τήν [4] ἀπελθόντα [5] ἂν [6] Deest articulus. [7] ὑμᾶς [8] αὐτοῦ

Δι' ἐκείνου] F. δι' ἐκεῖνον, *propter illum*, illius gratia, ut §. λέ. MARKLAND.

Λαβὼν] Habeo fere pro necessario, quod addunt Bar. Felic. Linden. Manut. Aug. Obsop. Ital. et Vindob. οὐκ ἐθέλοντος δ' ἐκείνου, λαβὼν αὐτὸς τήν τε βαρβαρικὴν δύναμιν cætera. TAYLOR.

Ἑαυτοῦ] Αὐτοῦ Vind. Lege autem αὑτοῦ. Et intellige salutem Iphicratis, non Cotyos. IDEM.

Ἐξαρκεῖ κ. τ. λ.] Ἐξαρκεῖ τοῦθ' ὑμῖν, (κατεσκευακέναι) ὅτι Χαρίδημος ἐξαπατηθεὶς κατεσκεύακε τὸν Θρᾷκα ἰσχυρὸν ἐφ' ὑμᾶς αὐτούς; WOLF. Non intelligo. TAYLOR.

Αὐτοῦ] Corrige αὑτοῦ. IDEM. Legendum videtur, καὶ ὑπὲρ αὑτοῦ, vel ἑαυτοῦ· JURIN. αὑτοῦ etiam Cl. Marklandus.

ρίζεσθαι τοῖς εὔνοις, ἐξ ὧν κἀκείνοις καὶ σφίσιν αὐτοῖς
ἔσται τις βλάβη, ἀλλ᾽ ὃ μὲν ἂν μέλλῃ συνοίσειν ἀμφοῖν,
συμπράττειν, ὃ δ᾽ ἂν αὐτὸς ἄμεινον ἐκείνου προορᾷ, πρὸς τὸ
καλῶς ἔχον τίθεσθαι, καὶ μὴ τὴν ἤδη χάριν τοῦ μετὰ
ταῦτα χρόνου παντὸς περὶ πλείονος ἡγεῖσθαι. οὐ τοίνυν
οὐδὲ ἐκεῖνο λογιζόμενος δύναμαι κατιδεῖν, ὡς εἰ καὶ βάρ-
βαρος καὶ ἄπιστος ὁ Κερσοβλέπτης, ὅμως προνοηθείη γ᾽
ἂν μὴ τὰ τηλικαῦτα ἀδικῆσαι Χαρίδημον. ὅταν γὰρ πά-
λιν ἐξετάσω ἡλίκων Κότυς Ἰφικράτην ἀποστερήσειν μέλ-
665 λων οὐδὲν ἐφρόντισε, παντελῶς τούτῳ γε οὐδὲν ἡγοῦμαι [1] ἂν
μελῆσαι τῶν ἀπολουμένων Χαριδήμῳ. ὁ μὲν γὰρ ἐκεῖνον
τιμὰς, σίτησιν, εἰκόνας, πατρίδα, ἢ ζηλωτὸν αὐτὸν ἐποίη-
σεν, ὀλίγου δέω λέγειν πάνθ᾽ ὧν ἄνευ ζῆν οὐκ ἄξιον ἦν
Ἰφικράτει, νομίζων ἀποστερήσειν, οὐκ ἐπεστράφη· οὗτος δ᾽
ὡς ἀληθῶς τίνος ἂν καὶ λόγον σχοίη μή [2] τινος Χαρίδημον
ἀποστερήσῃ; οὐδ᾽ [3] ὁτιοῦν· ἔστι γὰρ παρ᾽ ὑμῖν αὐτῷ οὐ
παῖδες, οὐκ εἰκὼν, οὐ συγγενεῖς, οὐκ ἄλλο οὐδέν. καὶ μὴν,
εἰ μήτε φύσει πιστὸς ὁ Κερσοβλέπτης, ἔκ τε τῶν γεγενη-
μένων πρότερον δικαίως ἄπιστος, μηδέν τε τοιοῦτον ὑπάρ-
χει τοῖς πράγμασι, δι᾽ ὃ κἂν παρὰ γνώμην καὶ φύσιν προ-
νοηθείη [4] τί τοῦ Χαριδήμου, τίνος ἕνεκα ἁπλῶς καὶ κομιδῇ
τετυφωμένως οὕτως ἃ βούλεται διαπράξασθαι συλλάβωμεν
αὐτῷ· καὶ ταῦτα ἐφ᾽ ἡμῖν ὄντα; ἐγὼ [5] μὲν οὐχ ὁρῶ.

λδ΄. Ὅτι τοίνυν ἄνευ τοῦ τοῖς πράγμασι μὴ συμφέρειν τὸ ψήφισμα, οὐδὲ πρὸς δόξαν συμφέρει τῇ πόλει τοιοῦτον οὐδὲν ἐψηφισμένῃ φαίνεσθαι, καὶ τοῦτο δεῖ μαθεῖν ὑμᾶς. εἰ

[1] ἂν ἡγοῦμαι [2] [τινος] [3] ὁτιοῦν γάρ ἐστι [4] τι [5] μὲν γὰρ οὐχ

Ἐξετάσω] Ἐξετάζω. MARKLAND.

Τίνος ἂν] Certe alterum τινὸς est inutile: posterius credo. Lege itaque: τίνος ἂν καὶ λόγον σχοίη μὴ Χαρίδημον ἀποστερήσῃ; TAYLOR. Pro posteriori τινος f. leg. τούτου. AUGER.

Δικαίως ἄπιστος] Sub νομίζεται, ut supra v. 18. εἰ μήτε φύσει πιστὸς, Sub. ἐστί. et, [v. 22.] διὰ τί συλλάβωμεν αὐτῷ οὕτως ἁπλῶς. καὶ κομιδῇ τετυφωμένως διαπράξασθαι (ὅπως ἂν διαπράξηται), ἃ βούλεται; WOLF.

Καὶ ταῦτα ἐφ᾽ ἡμῖν ὄντα] Ἐν τῇ ἐξουσίᾳ ἡμῶν, *cum ea penes nos sint.* Sed legendum ἐφ᾽ ἡμᾶς, τὸ καθ᾽ ἡμῶν, sicut supra: ἰσχυρὸν ἐφ᾽ ἡμᾶς. IDEM. Vertendum: *cum tota res in nostra potestate sit.* Sic §. ν΄. ἐφ᾽ ὑμῖν ἔσται τὸ πράττειν, *vestro arbitratu agere poteritis.* Nota sunt Stoicorum τὰ ἐφ᾽ ἡμῖν, res *nostri arbitrii.* MARKLAND. Cant. cæteris omnibus silentibus cum Wolfio legit. Quidni autem Wolfianam interpretationem amplecteremur et lectionem vulgatam? Ita Noster c. Timocrat. 723. 2. ed. Reisk. Ἔστι γὰρ οὐ τὸ μὲν αὐτοῦ καλῶς κείμενον, τὸ δὲ ἡμαρτημένον, ἀλλ᾽ ὅλος ἐξ ἀρχῆς ἀπὸ τῆς πρώτης συλλαβῆς μέχρι τῆς τελευταίας ἐφ᾽ ὑμῖν κεῖται. Mox v. 23. ἐγὼ μὲν γὰρ οὐχ ὁρῶ Aug. et Vindob. TAYLOR.

μὲν γὰρ, ὦ ἄνδρες Ἀθηναῖοι, πόλιν [1] οἰκοῦντι καὶ νόμοις πο-
λιτευομένῳ τὸ ψήφισμα ἐγέγραπτο, δεινὸν ὂν, ἧττον ἂν
ἦν αἰσχρόν· νῦν δὲ γέγραπται Χαριδήμῳ, τῷ πόλιν μὲν
οὐδ' ἡντινοῦν οἰκοῦντι, Θρᾳκὶ δὲ ἀνθρώπῳ βασιλεῖ στρατη-
γοῦντι, καὶ διὰ τῆς ἐκείνου βασιλείας πολλοὺς ἀδικοῦντι.
ἴστε γὰρ δήπου τοῦθ', ὅτι πάντες οἱ ξεναγοῦντες οὗτοι,
πόλεις καταλαμβάνοντες Ἑλληνίδας, ἄρχειν ζητοῦσι, καὶ
πάντων, ὅσοι περ νόμοις οἰκεῖν βούλονται τὴν αὐτῶν ὄντες
ἐλεύθεροι, κοινοὶ περιέρχονται κατὰ πᾶσαν χώραν, εἰ δεῖ
τἀληθὲς εἰπεῖν, ἐχθροί. ἆρ' οὖν, ὦ ἄνδρες Ἀθηναῖοι, καλὸν 666
ἢ πρέπον ὑμῖν, τοῦ μὲν ἕνεκα τῆς ἑαυτοῦ πλεονεξίας [2] ἐπι-
βουλεύσοντος οἷς ἂν τύχοι, τοιαύτην φυλακὴν ἐψηφισμένους
φαίνεσθαι, τοῖς δ' ὑπὲρ τῆς ἑαυτῶν ἐλευθερίας ἀμυνομένοις
εἴργεσθαι τῆς ὑμετέρας συμμαχίας προειρηκέναι; ἐγὼ μὲν
οὐχ ὑπολαμβάνω τοῦτο οὔτε καλῶς ἔχειν, οὔθ' ὑμῶν ἀξίως.
πῶς γὰρ οὐκ αἰσχρὸν Λακεδαιμονίοις μὲν ἐγκαλεῖν, ὅτι
τοὺς [3] μὲν τὴν Ἀσίαν οἰκοῦντας Ἕλληνας ἔγραψαν ἐξεῖναι
δρᾶσαι πᾶν ὅ,τι ἂν ἐθέλῃ βασιλεύς· αὐτοὺς δ' ἐκδοῦναι
καὶ τοὺς τὴν Εὐρώπην οἰκοῦντας Κερσοβλέπτῃ, καὶ πάν-
τας ὅσων περ ἂν οἴηται κρείττων Χαρίδημος [4] ἔσεσθαι; οὐ
γὰρ ἄλλο τι ποιεῖ τὸ ψήφισμα, ἢ τουτὶ, ὅτι τῷ μὲν ἐκεί-
νου στρατηγῷ οὐ διείρηται τί πρακτέον, ἢ μὴ, πᾶσι δ', ἄν
τις ἀμύνηται, τοσοῦτος ἐπήρτηται φόβος.

λέ. Καὶ μὴν, ὦ ἄνδρες Ἀθηναῖοι, καὶ γεγονός τι πρᾶγμα φράσαι πρὸς ὑμᾶς βούλομαι, δι' οὗ μᾶλλον ἔθ' ὑμῖν γενήσεται δῆλον, ὡς σφόδρα δεῖ λῦσαι τὸ ψήφισμα τουτί. ὑμεῖς ἐποιήσασθε ἔν τισι καιροῖς [5] καὶ χρόνοις Ἀριοβαρζάνην πολίτην, καὶ δι' ἐκεῖνον, Φιλίσκον, ὥσπερ νῦν διὰ

[1] οἰκοῦντί τῳ, καὶ [2] ἐπιβουλεύσαντος [3] Deest μέν. [4] ἔσεσθαι Χαρίδημος [5] Desunt καὶ χρόνοις.

λδ'. Διὰ τῆς ἐκείνου βασιλείας] Cujus regno *fretus*, vel, *per cujus regnum*. WOLF.

Αὐτῶν] Scribe αὑτῶν, ut §. λέ. fin. ubi plene τῆς αὑτῶν πατρίδος. MARKLAND.

Ἐψηφισμένους] Corrige ὑμῖν — ἐψηφισμένοις. Ita supra p. 235. v. pen. οὐδὲ πρὸς δόξαν συμφέρει τῇ πόλει τοιοῦτον οὐδὲν ἐψηφισμένῃ φαίνεσθαι. TAYLOR.

λέ. Ἔν τισι καιροῖς καὶ χρόνοις] Ἔν τισι καιροῖς, propter tempora, quia res ita vestræ postulabant: ἔν τισι χρόνοις ad præteritum tempus refertur, quod certum non exprimitur. WOLF.

Ἀριοβαρζάνην] De hoc nihil me legere memini. Apparet, Thraciæ aut Ponti regem fuisse. Ulpianus satrapam Persicum facit. Alius est aliquot sæculis posterior ille Cappadox Ἀριοβαρζάνης, εὐσεβὴς καὶ φιλορωμαῖος βασιλεύς. WOLF. Itane? Annon ergo legisti Scriptoris nostri Orationem, quæ inscribitur de Rhodiorum liber-

Κερσοβλέπτην, Χαρίδημον. ὧν δ' ὅμοιος ἐκεῖνος τούτῳ τῇ προαιρέσει τοῦ βίου, διὰ τῆς Ἀριοβαρζάνου δυνάμεως, πόλεις κατελάμβανεν Ἑλληνίδας· εἰς ἃς εἰσιὼν, πολλὰ καὶ δεινὰ ἔργα ἐποίει, παῖδας ἐλευθέρους [1] ἀδικῶν, καὶ γυναῖκας ὑβρίζων, καὶ πάντα ποιῶν, ὅσα ἂν ἄνθρωπος ποιήσειεν, ἄνευ νόμων, καὶ τῶν ἐν πολιτείᾳ καλῶν τεθραμμένος, εἰς ἐξουσίαν ἐλθών. ἐν δὴ Λαμψάκῳ τινὲς ἄνθρωποι γίγνονται δύο—Θερσαγόρας ὄνομα αὐτῶν θατέρῳ, τῷ δ' Ἐξήκεστος—, οἳ παραπλήσια τοῖς παρ' ὑμῖν γνόντες περὶ
667 [2] τὸν τύραννον, ἀποκτιννύουσι τὸν Φιλίσκον. δικαίως, τὴν αὑτῶν πατρίδα οἰόμενοι δεῖν ἐλευθεροῦν. εἰ δὴ τῶν τότε ὑπὲρ Φιλίσκου λεγόντων, ὅτε ἐμισθοδότει μὲν τοῖς ἐν Περίνθῳ ξένοις, εἶχε δ' ὅλον τὸν Ἑλλήσποντον, μέγιστος δ' ἦν τῶν ὑπάρχων, ἔγραψέ τις, ὥσπερ οὗτος νυνὶ, ἐάν τις ἀποκτείνῃ Φιλίσκον, ἀγώγιμον αὐτὸν ἐκ τῶν συμμάχων εἶναι· πρὸς Διὸς, θεάσασθε, εἰς ὅσην ἂν αἰσχύνην ἡ πόλις ἡμῶν ἐληλύθει. ἧκε μὲν γὰρ ὁ Θερσαγόρας καὶ ὁ Ἐξήκεστος εἰς Λέσβον, καὶ ᾤκουν ἐκεῖ. εἰ δὲ ἐφήπτετό τις τῶν [3] τοῦ Φιλίσκου παίδων ἢ φίλων, ἐξεδίδοτ' ἂν ὑπὸ τοῦ [4] ὑμετέρου ψηφίσματος. πῶς οὖν οὐκ αἰσχρὸν καὶ δεινὸν ἂν ἦτε πεποιηκότες, ὦ ἄνδρες Ἀθηναῖοι, εἰ τοὺς μὲν παρ' ὑμῖν τοιοῦτό τι πράξαντας, χαλκοῦς ἱστάντες, καὶ ταῖς μεγίσταις δωρεαῖς τιμῶντες ἐφαίνεσθε· τοὺς δὲ ἑτέρωθί που τὴν αὐτὴν τούτοις διάνοιαν ὑπὲρ τῆς αὑτῶν πατρίδος ἔχοντας, ἐκδότους εἶναι κατεψηφίζεσθε; τοῦτο τοίνυν ἐπ'

[1] [ἀδικῶν] [2] τῶν τυράννων, ἀποκτιννύουσι Φιλίσκον δικαίως, [3] Deest articulus. [4] * ὑμετέρου

tate? Ὑμεῖς ἐξεπέμψατε Τιμόθεόν ποτε βοηθήσοντα Ἀριοβαρζάνῃ — ἰδὼν δ' ἐκεῖνος τὸν μὲν Ἀριοβαρζάνην φανερῶς ἀφεστῶτα τοῦ βασιλέως; et quæ sequuntur. §. έ. Annon tempora quadrant? Annon eundem memorat quoque Nepos in Timotheo? Annon is erat, quem idem Auctor in Datame *præfectum Lydiæ et Ioniæ totiusque Phrygiæ* fuisse prædicat? Consentit Harpocratio. Ἀριοβαρζάνης, σατράπης Φρυγίας ἀποδειχθεὶς οὗτος παρὰ Ξέρξου ἀπέστη· ὃς καὶ ἀποστείλας λαὸν τοὺς πολεμήσαντας αὐτῷ καὶ χειρωσάμενος ἐσταύρωσεν. Adde Diod. Sic. L. XV. §. 90. TAYLOR.

Τῇ προαιρέσει τοῦ βίου] *Vitæ instituto.* Bergler. ad Alciphr. Ep. lib. I. ep. 38. cf.

Τοῖς παρ' ὑμῖν] Harmodius et Aristogito, qui Hipparchum occiderunt, quos etiam mox innuit, v. 21. τοὺς μὲν παρ' ὑμῖν etc. MARKLAND.

Περὶ τὸν τύραννον] Malim περὶ τῶν τυράννων. Bar. et Ital. ita legunt. Et res ipsa satis per se loquitur. TAYLOR. Imo περὶ τῶν τυράννων. AUGER.

Ἧκε] M. ἧκον. IDEM. Sed de hac constructione cf. D'Orville ad Charit. Aphrod. Lib. V. cap. IX. p. 487.

Ὑπὸ] M. διά. AUGER.

Κατεψηφίζεσθε] Laudo potius, quod scribitur in Ven. Lindenb. Ital. et MSS. Ald. Felician. et Manut. κατεψηφισμένοι. Ut supra, v. antepen. τιμῶντες

ἐκείνου μὲν εὖ ποιοῦν οὐ συνέβη φενακισθεῖσιν ὑμῖν αἰσχύ-
νην ὄφλειν, ἐπὶ τούτου δὲ, ἐὰν ἐμοὶ πεισθῆτε, [1] φυλάξασθε.
μὴ γὰρ ὡρισμένου μηδενὸς, ἀλλ' ἁπλῶς, ἄν τις ἀποκτείνῃ
Χαρίδημον, γεγραμμένου, τάχ' ἂν εἰ τύχοι καὶ τοιοῦτό
τι συμβαίη.

λς'. Βούλομαι τοίνυν ἤδη καὶ τὰ πεπραγμένα ἐξετάσαι
τῷ Χαριδήμῳ διὰ βραχέων, καὶ δεῖξαι τὴν ὑπερβολὴν τῆς
ἀναιδείας τῶν ἐπαινούντων αὐτόν. ἓν δ' ὑμῖν ἐκεῖνο ὑπι-
σχνοῦμαι, καί μου μηδεὶς ἀχθεσθῇ τῇ ὑποσχέσει. οὐ
μόνον γὰρ ὑμῖν ἐπιδείξω τῆς φυλακῆς οὐκ ἄξιον αὐτὸν ἣν
γέγραφεν οὗτος, ἀλλὰ καὶ δίκην [2] δόντ' ἂν δικαίως τὴν
μεγίστην, εἴπερ οἱ κακόνοι, καὶ φενακίζοντες ὑμᾶς, καὶ
διὰ παντὸς ἐναντία πράττοντες, κολάζοιντ' ἂν δικαίως. 668
ἴσως δέ τισι λογιζομένοις ὑμῶν, ὅτι πρῶτον μὲν πολίτης
γέγονεν ἄνθρωπος, εἶτα πάλιν χρυσοῖς στεφάνοις ὡς εὐερ-
γέτης ἐστεφάνωται, θαυμάζειν ἐπελήλυθεν· [3] εἶτα τηλι-
καῦτα οὕτως ἐξηπάτησθε [4] ῥαδίως. εὖ τοίνυν ἴστε, ὦ ἄν-
δρες Ἀθηναῖοι, ὅτι ἐξηπάτησθε. καὶ δι' ἅ γε εἰκότως τοῦτο
πεπόνθατε, ἐγὼ φράσω πρὸς ὑμᾶς. ὅτι, ὦ ἄνδρες Ἀθηναῖοι,
πολλὰ γιγνώσκοντες ὀρθῶς ὑμεῖς, οὐ διὰ τέλους χρῆσθε
αὐτοῖς. οἷον τί λέγω; εἴ τις ὑμᾶς ἔροιτο, τί πονηρότατον
νομίζετε τῶν ἐν τῇ πόλει πάντων [5] ἐθνῶν, οὔτε τοὺς γεωρ-
γοὺς, οὔτε τοὺς ἐμπόρους, οὔτε τοὺς ἐκ τῶν ἀργυρείων, οὔτε
τῶν τοιούτων οὐδὲν ἂν εἴποιτε· ἀλλ' εἰ τοὺς ἐπὶ μισθῷ λέ-
γειν καὶ γράφειν εἰωθότας εἴποι τις, εὖ οἶδ' ὅτι συμφήσαιτ'

[1] φυλάξεσθε [2] διδόντ' [3] εἰ τὰ [4] ῥαδίως; [5] ἐθνῶν; ο. τ. γεωργοῦντας

ἐφαίνεσθε, ita hic, κατεψηφισμένοι, sc. ἐφαίνεσθε. Sed hoc potius ad decorem et ornatum orationis, quam ad necessitatem. TAYLOR.

Τοῦτο τοίνυν κ. τ. λ.] Τοῦτο εὖ ποιοῦν (εὐτυχῶς καὶ ἀποδοχῆς ἀξίως) τὸ τί; ὅτι τὸ μὴ ὄφλειν αἰσχύνην οὐ συνέβη ὑμῖν φενακισθεῖσιν, ὥστε φενακισθῆναι. WOLF.

Ἐπ' ἐκείνου μὲν εὖ ποιοῦν] Lego ἐπ' ἐκείνων, *in illis*, scil. Harmodio et Aristogitone, de quibus in sententia præcedente locutus fuerat. Opponuntur ἐπ' ἐκείνων, *in illis*, et ἐπὶ τούτου, *in hoc*, scil. Charidemo. MARKLAND.

Εὖ ποιοῦν] *Bene faciens*, sub. γέγονε, *fuit*, i. e. hoc feliciter contigit. AUGER.

Φυλάξασθε] Lege φυλάξεσθε cum Bodl. Cant. et marg. Morel. φυλάξησθε Vindob. TAYLOR.

Μὴ γὰρ ὡρισμένου μηδενὸς] Wolfius: *nemine enim excepto*. Immo: *nulla enim re excepta*. JURIN.

λς'. Εἶτα τηλικαῦτα] F. εἰ τηλικαῦτα. Bodl. εἰ τά. Pro τηλικαῦτα Vindob. ταaῦτα. Credo, pro τοιαῦτα. TAYLOR. Forte, ἐπελήλυθεν, εἰ τὰ τηλικαῦτα etc. nisi hæc sint verba ipsa τῶν θαυμαζόντων. Quo casu ponenda est Interrogationis nota post ῥαδίως. Sed prius puto verius. Θαυμάζειν, εἰ, ut §. ά. et ubique. MARKLAND.

Οὐδὲν] Rectius omnino οὐδένα, cum marg. Benenati. TAYLOR. M. οὐδένα. AUGER.

ἂν ἅπαντες. μέχρι μὲν δὴ τούτου, καλῶς ἐγνώκατε· ἔπειτα δὲ, οὐκ ἔτ' ὀρθῶς τὸ λοιπόν. οὓς γὰρ αὐτοὶ πονηροτάτους νομίζετε πάντων, τούτοις περὶ τοῦ ὁποῖόν τιν' ἕκαστον χρὴ νομίζειν πεπιστεύκατε· [1]οἱ δ', ὃν ἂν αὐτοῖς λυσιτελῇ, καὶ χρηστὸν καὶ πονηρὸν εἶναί φασιν, οὐχ ὃν ἂν ᾖ δίκαιον καὶ ἀληθές. [2]ὅπερ πεποιήκασι τὸν Χαρίδημον τοῦτον οἱ ῥήτορες πάντα τὸν χρόνον. ὡς καὶ ὑμεῖς ὁμολογήσετε, ἐπειδὰν ἀκούσητέ μου τὰ πεπραγμένα αὐτῷ.

λζ΄. Ὅσα μὲν δὴ στρατιώτης ὢν ἐν σφενδονήτου καὶ ψιλοῦ μέρει τὸ [3]ἀπαρχῆς ἐναντία ἐστράτευται τῇ πόλει, οὐ τίθημι ἐν ἀδικήματος μέρει· οὐδ' ὅτι ληστρικὸν ποτε πλοῖον ἔχων, ἐλῄζετο τοὺς ὑμετέρους συμμάχους. ἀλλ' ἐῶ ταῦτα. διὰ τί; ὅτι, ὦ ἄνδρες Ἀθηναῖοι, αἱ ἀναγκαῖαι
669 χρεῖαι, τοὺς τοῦ [4]τι πρακτέον ἢ μὴ λογισμοὺς ἀναιροῦσιν ἅπαντας. ὥστ' οὐ πάνυ ταῦτα ἀκριβολογεῖσθαι δεῖ τὸν δικαίως ἐξετάζοντα. ἀλλ' ὅθεν ἀρξάμενος, ξεναγῶν ἤδη, καί τινων ἄρχων στρατιωτῶν, κακῶς ὑμᾶς ἐποίει, ταῦτα ἀκούσατέ μου. οὗτος ἓν μὲν ἁπάντων πρῶτον, μισθωθεὶς ὑπὸ Ἰφικράτους, καὶ πλεῖον ἢ τρία ἔτη μισθοφορήσας παρ' ἐκείνῳ, ἐπειδὴ τὸν μὲν Ἰφικράτην ἀποστράτηγον ἐποιήσατε, Τιμόθεον δ' ἐπ' Ἀμφίπολιν καὶ Χεῤῥόνησον ἐξεπέμψατε στρατηγὸν, πρῶτον μὲν τοὺς Ἀμφιπολιτῶν ὁμήρους, οὓς παρ' Ἁρπάλου λαβὼν Ἰφικράτης ἔδωκε φυλάττειν αὐτῷ, ψηφισαμένων ὑμῶν ὡς ὑμᾶς κομίσαι, παρέδωκεν Ἀμφιπολίταις· καὶ τοῦ μὴ λαβεῖν Ἀμφίπολιν, τοῦτ' ἐμπόδιον κατέστη. δεύτερον δὲ, μισθουμένου Τιμοθέου πάλιν αὐτὸν καὶ τὸ στράτευμα, τούτῳ μὲν οὐ μισθοῖ, πρὸς δὲ Κότυν πλέων ᾤχετο, ἔχων τὰς ὑμετέρας τριακοντόρους, ὃν ἀκριβῶς ᾔδει τῶν ὄντων ἁπάντων ἀνθρώπων, ἐχθρότατα ὑμῖν διακείμενον, καὶ μετὰ ταῦτά γ', ἐπειδὴ τὸν πρὸς Ἀμφίπολιν πόλεμον πρότερον πολεμεῖν [5]εἵλετο Τιμόθεος τοῦ πρὸς Χεῤῥόνησον, καὶ οὐδὲν εἶχε ποιεῖν ὑμᾶς ἐκεῖ κακὸν,

[1] οἱ δ', ὃν ἂν αὐτοῖς [2] ὅπερ καὶ πεποιήκασι [3] ἀπ' ἀρχῆς [4] τί [5] προείλετο

λζ΄. Ἀλλ' ὅθεν ἀρξάμενος] Mirum in modum hæc a Wolfio vertuntur, qui tamen alicubi scripsit, quæ sequuntur, sc. Conjunge: ἀλλ' ὅθεν ἀρξάμενος κακῶς ἐποίει ὑμᾶς ξεναγῶν ἤδη etc. Recte. TAYLOR.

Ἐμπόδιον] Sane sicce hanc vocem substantive sumtam instruxit H. Stephanus: quum ubique obvia hoc sit habitu. Lu-

μισθοῖ πάλιν αὑτὸν Ὀλυνθίοις, τοῖς ὑμετέροις ἐχθροῖς, καὶ
τοῖς ἔχουσιν Ἀμφίπολιν κατ' ἐκεῖνον τὸν χρόνον· καὶ πλέων
ἐκεῖσε, ἐκ Καρδίας ἀναχθεὶς, ἵνα τἀναντία τῇ πόλει πο-
λεμῇ, ὑπὸ τῶν [1]ὑμετέρων τριήρων ἑάλω. διὰ τὸν παρόντα
δὲ καιρὸν, καὶ τὸ δεῖσθαι ξένων ἐπὶ τὸν πόλεμον, τὸν ἐπ'
Ἀμφίπολιν, ἀντὶ τοῦ δίκην δοῦναι, [2]ὅτι οὐκ ἀποδεδώκει
τοὺς ὁμήρους, καὶ διότι πρὸς Κότυν ἐχθρὸν ὄνθ' ὑμῖν ηὐτο-
μόλησεν, ἔχων τὰς τριακοντόρους, πίστεις δοὺς καὶ λαβὼν,
ἐστράτευσε μεθ' ὑμῶν. ὧν δ' ἐκεῖνον δίκαιον ἦν χάριν ὑμῖν 670
ἔχειν, οὐκ ἀπολωλότα, τοῦτο παθόντ' ἂν δικαίως, ἀντὶ
τούτων, ὡς ὀφείλουσα ἡ πόλις αὐτῷ, στεφάνους, καὶ πο-
λιτείαν, καὶ ἃ πάντες ἐπίστασθε, δέδωκε. καὶ ὅτι ταῦτ'
ἀληθῆ λέγω, τό τε ψήφισμα ἀνάγνωθί μοι τὸ περὶ τῶν
ὁμήρων, καὶ τὴν Ἰφικράτους ἐπιστολὴν, καὶ τὴν Τιμοθέου,
καὶ μετὰ ταῦτα τὴν μαρτυρίαν ταυτηνί. ὄψεσθε γὰρ οὐ
λόγους, οὐδὲ αἰτίας, ἀλλὰ ἀλήθειαν οὖσαν ὧν λέγω. λέγε
[3]τὴν ἐπιστολήν.

ΕΠΙΣΤΟΛΗ. [4]ΨΗΦΙΣΜΑ. ΜΑΡΤΥΡΙΑ.

λή. Ὅτι μὲν τοίνυν καὶ τὸ πρῶτον, οὗ [5]πολεμεῖν ὑμῖν ᾤετο, ἐκεῖσε ἐμίσθωσεν αὑτὸν, πολλαχόσε ἄλλοσε μισθῶσαι παρὸν, καὶ μετὰ ταῦτα, ὡς οὐδὲν ἐκεῖ κακὸν εἶχε ποιεῖν ὑμᾶς, ἔπλει δεῦρο πάλιν, οὗ τἀναντία ἔμελλε πράξειν τῇ πόλει, καὶ τοῦ μὴ λαβεῖν Ἀμφίπολιν πάντων οὗτος αἰτιώτατός ἐστιν, ἀκηκόατε ἐκ τῆς ἐπιστολῆς, καὶ τοῦ ψηφίσματος, καὶ τῆς μαρτυρίας. καὶ τὰ μὲν πρῶτα, τοιαῦτ' ἐστὶ τῶν ἔργων τῶν Χαριδήμου. μετὰ ταῦτα [6]δὲ

[1] ἡμετέρων [2] διότι [3] [τὴν ἐπιστολήν] [4] Ψήφισμα. * Ἐπιστολαί. Μαρ. [5] πολεμήσειν [6] δὲ ταῦτα

cian. de Non Tem. cred. 111. 141. conjungit τί κώλυμα καὶ ἐμπόδιον. Demosth. Aristocr. Revera natura sua esto adjectivum, at quodvis substantivorum, non solum κώλυμα reticetor. D'ORVILLE.

Τοῖς ἔχουσιν Ἀμφίπολιν] Τοῖς δυναστεύουσιν ἐν Ἀμφιπόλει αὐτονομουμένῃ. Utrum Olynthii tum Amphipolim habuerint, ignoro. Brasidas quidem Lacedæmonius eam aliquando occupavit. WOLF.

Ὅτι οὐκ ἀποδεδώκει] In nonnullis Codd. videtur deesse negativum. Unde istud Wolfii: ὅτι οὐκ ἀποδεδώκει, sc. ὑμῖν. Sin ὅτι ἀποδεδώκει, sc. τοῖς Ἀμφιπολίταις. Bar. et Vind. legunt, διότι οὐκ ἀπέδωκε τοὺς ὁμήρους. TAYLOR.

Ἀντὶ τούτων] Desunt hæc verba in Bar. et Vind. Modo v. 12. lege καὶ ἅπανθ' ὅσα ἐπίστασθε ex tribus optimis exemplaribus Bar. Aug. Vind. IDEM.

Ταυτηνί] *Hanc*, i. e. eam quam scribæ monstrat orator. AUGER.

λή. Πολεμεῖν] Rectius πολεμήσειν, uti Bar. Reg. α. Aug. Vind. TAYLOR.

ἄλλα θεάσασθε. χρόνου γὰρ διεληλυθότος βραχέος, καὶ τοῦ πολέμου πρὸς Κότυν ὄντος ἤδη, πέμπει πρὸς ὑμᾶς ἐπιστολὴν, [1] μᾶλλον δ' οὐχὶ πρὸς ὑμᾶς, ἀλλὰ πρὸς Κηφισόδοτον· οὕτω σφόδρα ὑπ' αὐτοῦ γε οὐδ' ἂν ἐξαπατηθῆναι τὴν πόλιν ἡγεῖτο, συνειδὼς ἃ πεποίηκεν· ἐν ᾗ Χεῤῥόνησον ὑπέσχετο τῇ πόλει κομιεῖσθαι, πάντα τούτοις τἀναντία διεγνωκὼς ποιεῖν. δεῖ δ' ὑμᾶς τὸ πρᾶγμα οἷον ἦν, τὸ περὶ τὴν ἐπιστολὴν, ἀκοῦσαι, — καὶ γάρ ἐστι βραχὺ —, καὶ
671 θεωρῆσαι τὸν τρόπον τἀνθρώπου, ὡς ὑμῖν ἀπ' ἀρχῆς κέχρηται. ἐκεῖνος ὡς ἀπόμισθος γίγνεται παρὰ τοῦ Τιμοθέου, τότε ἀπ' Ἀμφιπόλεως ἀναχωρῶν, διαβὰς εἰς τὴν Ἀσίαν, διὰ τὴν σύλληψιν τὴν Ἀρταβάζῳ συμβᾶσαν τότε ὑπ' Αὐτοφραδάτου, μισθοῖ [2] τὸ στράτευμα καὶ ἑαυτὸν τοῖς Ἀρταβάζου κηδεσταῖς. λαβὼν δὲ πίστεις καὶ δοὺς, ὀλιγωρήσας τῶν ὅρκων, καὶ παραβὰς αὐτοὺς, ἀφυλάκτων ὄντων, ὡς ἂν πρὸς φίλον τῶν ἐν τῇ χώρᾳ, καταλαμβάνει Σκῆψιν, καὶ Κέβρηνα, καὶ Ἴλιον αὐτῶν. ἐγκρατὴς δὲ γενόμενος τούτων τῶν χωρίων, πρᾶγμα ἔπαθε τοιοῦτον, οἷον οὐχ ὅτι στρατηγὸς ἂν ἠγνόησέ τις εἶναι φάσκων, ἀλλ' οὐδ' ὁ τυχὼν ἄνθρωπος. οὐδ' ὁτιοῦν γὰρ χωρίον ἔχων ἐπὶ θαλάττῃ, οὐδ' ὅθεν ἂν σιτοπομπίας εὐπορήσῃ τοῖς στρατιώταις, οὐδ' αὖ σῖτον ἔχων ἐν τοῖς χωρίοις, ὑπέμεινεν ἐν τοῖς τείχεσι, καὶ οὐ διαρπάσας ᾤχετο, ἐπειδή γε ἀδικεῖν ἔγνω. ὡς δὲ συλλέξας δύναμιν παρῆν ὁ Ἀρτάβαζος, ἀφειμένος παρὰ τοῦ Αὐτοφραδάτου, τῷ μὲν ὑπῆρχεν ἐπισιτισμὸς ἐκ τῆς [3] ἄνωθεν Φρυγίας, καὶ Λυδίας, καὶ Παφλαγονίας, οἰκείας οὔσης· τῷ δ' οὐδ' ὁτιοῦν ἄλλο, πλὴν πολιορκία περιειστήκει. αἰσθόμενος δ' οὗ ἦν κακοῦ, καὶ λογισμὸν λαβὼν ὅτι ληφθήσεται, κἂν μηδενὶ τῶν ἄλλων, τῷ γε λιμῷ, οἶδεν, [4] εἴτε

[1] (μᾶλλον - - - - - πεποίηκεν·) [2] τό τε στράτευμα [3] ἄνω [4] εἴτε δή τινος

Διαβὰς] Καὶ διαβὰς Cod. Vindob. Deinde v. 13. pro μισθοῖ, μισθοῦται Ven. Bodl. Lind. Ital. μισθῆται Obsop. Fortasse melius cum Bar. et Aug. μισθοῖ τό τε στράτευμα. Idem.

Σκῆψιν etc.] Vide de his Valesium ad Harpocrat. v. Κέβρηνα. Idem.

Ἄνωθεν] Non ita loqui solent Auctores castigati, sed ἄνω, ut Vind. τῆς ἄνω Φρυγίας. Ita Herodot. Cl. 95. Ἀσσυρίων ἀρχόντων τῆς ἄνω Ἀσίης ἐπ' ἔτεα εἴκοσι καὶ πεντακόσια. Id. 177. Τὰ μὲν νῦν κάτω τῆς Ἀσίης Ἅρπαγος ἀνάστατα ἐποίεε· τὰ δὲ ἄνω αὐτῆς Κῦρος. Idem.

Τῷ δ' ὁτιοῦν ἄλλο] [Ita Editi, et τοῦθ' ὁτιοῦν ἄλλο] Lego τῷ δ' οὐδοτιοῦν ἄλλο. Wolf. Ita MSS. Modo v. ult. εἴτε δὴ τινὸς εἰπόντος, cum Aug. Vind. et Benenato. δὲ Baroc. Taylor.

Αἰσθόμενος οὗ ἦν κακοῦ] De hac formula cf. D'Orville ad Charit. Aphrod. Lib. III. cap. IX. p. 340.

τινὸς εἰπόντος, εἶτ᾽ αὐτὸς συνεὶς, ὅτι σωτηρία μόνη γένοιτ᾽
ἂν αὐτῷ, ἥπερ ἅπαντας ἀνθρώπους σώζει. ἔστι δ᾽ αὕτη
τίς; ἡ [1]ἡμετέρα, ὦ ἄνδρες Ἀθηναῖοι, εἴτε χρὴ φιλανθρω-
πίαν λέγειν, εἴθ᾽ ὅ,τι δήποτε. γνοὺς δὲ τοῦτο, πέμπει
τὴν ἐπιστολὴν ὑμῖν, ἧς ἄξιόν ἐστιν ἀκοῦσαι, βουλόμενος
διὰ τῆς ὑποσχέσεως τοῦ κομιεῖσθαι Χεῤῥόνησον ὑμῖν, καὶ
διὰ τοῦ, τὸν Κηφισόδοτον δοκεῖν ἐχθρὸν ὄντα τοῦ Κότυος 672
καὶ τοῦ Ἰφικράτους, ταῦτα [2]βουλεύεσθαι, τριήρων εὐπο-
ρήσας παρ᾽ [3]ἡμῶν, ἀσφαλῶς ἐκ τῆς Ἀσίας ἀποδρᾶναι.

λθ΄. Τί δὴ συμβαίνει παρὰ ταῦτα, ὅθεν ἐξηλέγχθη
τὸ πρᾶγμα ἐπαυτοφώρῳ; ὁ Μέμνων καὶ ὁ Μέντωρ, οἱ κη-
δεσταὶ τοῦ Ἀρταβάζου, ἄνθρωποι νέοι, καὶ κεχρημένοι
ἀπροσδοκήτῳ εὐτυχίᾳ, τῇ τοῦ Ἀρταβάζου κηδείᾳ, βουλό-
μενοι τῆς χώρας ἄρχειν εὐθὺς ἐν εἰρήνῃ, καὶ τιμᾶσθαι, καὶ
μὴ πολεμεῖν, μηδὲ κινδυνεύειν, πείθουσιν Ἀρτάβαζον, τοῦ
μὲν τιμωρεῖσθαι Χαρίδημον ἀφεῖσθαι, [4]καὶ μὴ πολεμεῖν,
ἀποστεῖλαι δ᾽ ὑπόσπονδον· διδάσκοντες, ὡς ὑμεῖς, κἂν
ἐκεῖνος μὴ θέλῃ, διαβιβᾶτε, καὶ οὐ δυνήσεται κωλύειν. ὡς
δὲ τυγχάνει ταύτης τῆς ἀλόγου καὶ ἀπροσδοκήτου σωτη-
ρίας ὁ Χαρίδημος, διαβὰς εἰς τὴν Χεῤῥόνησον ἐφ᾽ αὑτοῦ, διὰ
τὰς σπονδὰς, τοσούτου ἐδέησεν ἐπελθεῖν τῷ Κότυϊ, γε-
γραφὼς ὅτι οὐχ ὑπομενεῖ Κότυς αὐτὸν ἐπιόντα, ἢ τὴν Χεῤ-
ῥόνησον ὅπως κομιεῖσθε ὑμεῖς, συμπρᾶξαι, ὥς τε πάλιν
μισθώσας αὐτὸν τῷ Κότυϊ, τὰ ὑπόλοιπα τῶν ὑμετέρων
χωρίων, Κριθωτὴν, καὶ Ἐλεοῦντα ἐπολιόρκει. καὶ ὅτι
ταῦτα, καὶ ἡνίκα ἔτ᾽ ἦν ἐν τῇ Ἀσίᾳ, καὶ τὴν ἐπιστολὴν
ἔπεμπε πρὸς ὑμᾶς, τἀναντία ἐγνωκὼς ποιεῖν, ἐφενάκιζεν

[1] ὑμετέρα [2] βούλεσθαι [3] ὑμῶν [4] Desunt καὶ μὴ πολεμεῖν.

Βουλεύεσθαι] Λογίζεσθαι Vindob. Quod pro scholio habeo. Legendum autem, ut præstantes nonnulli Codd. exhibent, βούλεσθαι, Ven. Bar. Bodl. Lind. Obsop. Aug. et Edit. Felician. βούλεσθε Ital. Sensus est: *quia hæc velle videbatur Cephisodotus*: et satis bene vertit Wolfius. TAYLOR. Imo ταὐτὰ βούλεσθαι. AUGER.

Τριήρων εὐπορήσας] Ὑποθετικῶς, ἐὰν εὐπορήσειε. Narrat consilium, non rem gestam. WOLF. Recte Wolfius. Distingue autem: τριήρων εὐπορήσας παρ᾽ ἡμῶν, vel ὑμῶν, ut scribitur in quibusdam. Quod leve est. Nescio interea, quo sensu nonnulli ex optimis habent ἡμῖν, vel ὑμῖν, in tertio casu: Ald. Bar. Reg. α. Aug. Vind. TAYLOR. Lege et distingue: τριήρων εὐπορήσας παρ᾽ ὑμῶν, ἀσφαλῶς etc. MARKLAND.

Παρ᾽ ἡμῶν] Παρ᾽ ὑμῶν. JURIN.

λθ΄. Ἀφεῖσθαι] F. ἀφίεσθαι. WOLF.

Καὶ μὴ πολεμεῖν] Recte hæc desunt in optimis Bar. et Vind. Repetuntur enim post vocem similiter exeuntem ab incauto librario ex v. 14. TAYLOR.

Διαβιβᾶτε] Ἀντὶ τοῦ διαβιβάσετε. WOLF.

Τἀναντία] Deest hæc vox in Ven. in

ὑμᾶς, ἀπὸ τῆς διαβάσεως γνώσεσθε, ἣν ἐποιήσατο. ἐκ γὰρ
Ἀβύδου, τῆς τὸν ἅπαντα χρόνον ὑμῖν ἐχθρᾶς, καὶ ὅθεν
ἦσαν οἱ Σηστὸν καταλαβόντες, εἰς Σηστὸν διέβαινεν, ἣν
εἶχε Κότυς. καί τοι μὴ νομίζετε μήτ' ἂν τοὺς Ἀβυδηνοὺς
αὐτὸν ὑποδέχεσθαι, μήτ' αὖ τοὺς ἐν τῇ Σηστῷ, τῆς ἐπι-
673 στολῆς ὑμῖν ἐκείνης πεμφθείσης, εἰ μὴ συνῄδεσαν φενακί-
ζοντι αὐτῷ τότε, καὶ συνεξηπάτων αὐτοί, βουλόμενοι τοῦ
μὲν διαβῆναι τὸ στράτευμα ὑμᾶς παρέχειν τὴν ἀσφάλειαν,
διαβάντος δ', — ὅπερ συνέβη, δόντος Ἀρταβάζου τὴν
ἄδειαν —, αὐτοῖς ὑπάρξαι τὴν χρείαν. ὅτι τοίνυν ταῦθ'
οὕτως ἔχει, λέγε τὰς ἐπιστολάς, ἥν τ' ἔπεμψεν ἐκεῖνος,
καὶ τὰς παρὰ τῶν ἀρχόντων τῶν ἐκ Χεῤῥονήσου. γνώσεσθε
γὰρ ἐκ τούτων, ὅτι ταῦθ' οὕτως ἔχει. λέγε.

ΕΠΙΣΤΟΛΑΙ.

ἐνθυμεῖσθε [1]ὅθεν διέβη ἐξ Ἀβύδου εἰς Σηστόν. ἆρ' οὖν οἴεσθ' ἂν ὑποδέξασθαι τοὺς Ἀβυδηνοὺς αὐτόν, ἢ τοὺς Σηστίους, εἰ μὴ συνεξηπάτων, ὅτε τὴν πρὸς ὑμᾶς ἔπεμπεν ἐπιστολήν; λέγε δ' αὐτοῖς τὴν ἐπιστολὴν αὐτήν. καὶ θεωρεῖτε, ὦ ἄνδρες Ἀθηναῖοι, τὰς ὑπερβολάς, ὧν αὐτὸς περὶ [2]αὐτοῦ πρὸς ὑμᾶς ἔγραψεν [3]ἐπαινῶν, καὶ τὰ μὲν ὡς πεποίηκε λέγων, τὰ δ' ὑπισχνούμενος ποιήσειν. λέγε.

ΕΠΙΣΤΟΛΗ.

καλά γε, — οὐ γάρ; — ὦ ἄνδρες Ἀθηναῖοι, τὰ γεγραμμένα, καὶ χάριτος πολλῆς ἄξια, εἴγ' ἦν ἀληθῆ. νῦν δ' ὅτε

[1] ὅθεν οἱ διέβη [2] αὑτοῦ [3] ἐπαίνων, [καὶ]

Lindenb. et Ital. Quæ cur non abesset, vix video. Nam hujus loci hæc est constructio: Ὅτι ἐφενάκιζεν ὑμᾶς, ταῦτα ἐγνωκὼς ποιεῖν, ἡνίκα ἔτ' ἦν ἐν τῇ Ἀσίᾳ καὶ τὴν ἐπιστολὴν ἔπεμπε, γνώσεσθε κ. τ. λ. TAYLOR.

Ὅθεν διέβη] Non sat habent Codd. qui sequuntur: MSS. Ald. Ven. Bar. Reg. *a.* Aug. et Vind. quorum quidem optima semper fuit fides. In illis servatur, quem Scholæ vocant *Terminum ad quem*, ὅθεν οἷ διέβη. Nempe Abydo Sestum. Nam utrumque necessarium est. IDEM. Plane legendum: ἐνθυμεῖσθε, ὅθεν οἷ διέβη· ἐξ Ἀβύδου εἰς Σηστὸν, ut ad marginem Benenati. JURIN. Adde, post ὅθεν, οἷ — *unde quo*, ex quo loco in quem locum transiit. AUGER.

Καλά γε etc.] Καλά γε (οὐ γὰρ, ὦ ἄνδρες Ἀθηναῖοι;) τὰ γεγραμμένα. WOLF. Ad quam normam edidimus. Ita p. 244. v.19. εὔνους γε· οὐ γάρ; ἁπλῶς ὑμῖν, κ. τ. λ. Ita π. παραπρεσβ. §. οβ'. ἄξιόν γε· οὐ γὰρ ἦν; Σόλωνος αὐτῷ μεμνῆσθαι. et alibi sæpissime. Ubi voces istæ οὐ γάρ; οὐ γὰρ ἦν; in parenthesi includi concipiuntur. Idem Wolfius neglexit suam interpretationem reformare, in qua pristina lectio continetur. In MSS. Ald. Felician. et Manut. deest οὐ γάρ. TAYLOR.

μὲν τῶν σπονδῶν οὐκ ᾤετο τεύξεσθαι, ταῦτα ἔγραφεν, ἐξαπατῶν ὑμᾶς· ἐπειδὴ δὲ ἔτυχε, λέγε οἷα ἐποίησε.

ΜΑΡΤΥΡΙΑ ΕΡΓΩΝ.

οὐκοῦν τοῦ κομιεῖσθαι τὰ ἀπολωλότα χωρία ὑποσχομένου Χαριδήμου, διαβάντος φησὶν ὁ ἄρχων Κριθωτῆς, περὶ τῶν ὑπαρχόντων γεγενῆσθαι μείζους τῶν πρότερον τοὺς κινδύνους. λέγε δ' ἐξ ἑτέρας ἐπιδείξας [1] ἐπιστολῆς.

ΕΠΙΣΤΟΛΗ. 674

ὁρᾶτε ὅτι πανταχόθεν τὸ πρᾶγμα μαρτυρεῖται, ὅτι διαβὰς οὐκ ἐπὶ τὸν Κότυν, ἀλλ' ἐφ' ὑμᾶς μετ' ἐκείνου ἐπορεύετο. ἔτι τοίνυν ταύτην μόνην ἀνάγνωθί μοι τὴν ἐπιστολὴν, τὰς δ' ἄλλας ἔα. δῆλον [2] γάρ που ὑμῖν γέγονεν ὡς πεφενάκικεν ὑμᾶς. λέγε.

ΕΠΙΣΤΟΛΗ.

ἐπίσχες. ἐνθυμεῖσθε, ὅτι γράψας μὲν, ὡς ἀποδώσει Χερρόνησον, τὰ λοιπὰ ἀφελέσθαι, μισθώσας αὑτὸν τοῖς ὑμετέροις ἐχθροῖς, ἐπεχείρει· γράψας δὲ, ὡς Ἀλεξάνδρου πρεσβευσαμένου πρὸς αὐτὸν, οὐχ ὑπεδέξατο, τοῖς λῃσταῖς φαίνεται τοῖς παρ' ἐκείνου ταῦτα πράττων. εὔνους γε — οὐ γάρ; — ἁπλῶς ὑμῖν, καὶ οὐδὲν ἂν ἐπιστείλας ψεῦδος, οὐδ' ἐξαπατήσας.

μ΄. Οὐ τοίνυν ἐκ τούτων πω δῆλον ἔσθ', οὕτω σαφῶς

[1] ἐπιστολῆς ἐπιδείξας. [2] γὰρ δήπου

ΜΑΡΤΥΡΙΑ ΕΡΓΩΝ] Pro μαρτυρία ἔργων est in multis codicibus ἐπιστολὴ, quod malim. Nempe Epistola Præfecti Crithotæ. Hæc Epistola, ut aliæ, aliorum scilicet urbium Præfectorum, testantur id quod arguit orator fecisse Charidemum. AUGER.

Τοῦ κομιεῖσθαι] Scribendum opinor τό. MARKLAND.

Κριθωτῆς] Nomen urbis in Chersoneso. AUGER.

Ἐπιδείξας] Demonstrata judicibus epistola, ne adulterinam putent. F. ἐπιλέξας, *delecto quodam loco*. WOLF. Idem alibi: "Fortasse jussit scribam fidei faciendæ ergo literas ostendere. Sed dubito de lectione. F. ἐκλέξας." Hæc quam sint otiosa vides. TAYLOR.

Δῆλον γὰρ κ. τ. λ.] Melius certe δῆλον γὰρ δήπου, ut habent nonnulli, et sine ὑμῖν. IDEM.

Ἀλεξάνδρου] Τοῦ Φεραίου forte. WOLF.

Ὑπεδέξατο] Sub. τοὺς πρέσβεις, μᾶλλον δ' ἴσως τοὺς λῃστὰς τοὺς παρ' ἐκείνου. IDEM. Proba est prior Wolfii sententia: eamque in Interpretatione secutus est. Verum ne prætereatur, meliores Codd. Ven. Bar. Aug. Ital. Vind. hic legere προσεδέξατο. Quod sane præstat. TAYLOR.

Εὔνους γε· οὐ γάρ;] Ironica Interrogatio. WOLF.

μ΄. Οὐ τοίνυν] Solenne est his Scriptori-

δῆλον ὄν, ὡς οὐδὲν πιστὸν ἔσθ' ὧν ἐκεῖνός φησι καὶ προσποι-
εῖται τῇ πόλει [1] προσέχειν, ἀλλὰ καὶ ἐκ τῶν μετὰ ταῦ-
τα συμβάντων ἔσται φανερώτερον. τὸν μὲν γὰρ Κότυν, εὖ
ποιῶν, ὄντα γ' ἐχθρὸν ὑμῖν καὶ πονηρὸν, ἀποκτίννυσιν ὁ
Πύθων, ὁ δὲ Κερσοβλέπτης, ὁ νυνὶ βασιλεύων, μειρακύλλιον
ἦν, καὶ πάντες οἱ τοῦ Κότυος παῖδες, τῶν δὲ πραγμάτων
κύριος, διὰ τὴν παρουσίαν, καὶ τὸ δύναμιν ἔχειν, ὁ Χαρί-
δημος ἐγεγόνει, ἧκε δὲ Κηφισόδοτος στρατηγῶν, πρὸς ὃν
αὐτὸς ἔπεμψε τὴν ἐπιστολὴν ἐκείνην, καὶ αἱ τριήρεις, αἳ,
ὅτε ἦν ἄδηλα τὰ τῆς σωτηρίας αὐτῷ, καὶ μὴ συγχωροῦν-
τος Ἀρταβάζου, σώζειν ἔμελλον αὐτόν. τί δὴ προσῆκον ἦν,
675 ὦ ἄνδρες Ἀθηναῖοι, τὸν ὡς ἀληθῶς ἀπλοῦν καὶ φίλον
ποιῆσαι, παρόντος μὲν στρατηγοῦ, οὐχ [2] ὃν ἐκεῖνος ἔφησεν
αὐτῷ φθονεῖν οὐδενὸς, ἀλλ' ὃν αὐτὸς ἑαυτοῦ φίλον προεί-
λετο τῶν παρ' ὑμῖν, καὶ πρὸς ὃν τὴν ἐπιστολὴν ἐπεπόμφει,
τετελευτηκότος [3] δὲ Κότυος, κύριον δ' ὄντα τῶν πραγμάτων;
οὐκ ἀποδοῦναι μὲν τὴν χώραν εὐθέως ὑμῖν, κοινῇ δὲ μεθ'
ὑμῶν καθιστάναι τὸν βασιλέα τῆς Θρᾴκης, δηλῶσαι δ' ὡς
εἶχεν εὐνοϊκῶς ὑμῖν, καιροῦ τοιούτου λαβόμενον; ἔγωγ' ἂν
φαίην. ἆρ' οὖν ἐποίησέ τι τούτων; πολλοῦ γε καὶ δεῖ.
ἀλλὰ τὸν μὲν ἄλλον ἅπαντα χρόνον μῆνας ἑπτὰ διήγαγεν
ἡμᾶς πολεμῶν, ἐκ προφανοῦς ἐχθρὸς ὢν, καὶ οὐδὲ λόγον
φιλάνθρωπον διδούς. καὶ καταρχὰς μὲν ἡμῶν δέκα ναυσὶ
μόναις εἰς Πέρινθον [4] ὁρμησαμένων, ἀκηκοότων ὅτι πλησίον
ἐστὶν ἐκεῖνος, ὅπως συμμίξαιμεν αὐτῷ, καὶ περὶ τούτων
εἰς λόγους ἔλθοιμεν, ἀριστοποιουμένους φυλάξας τοὺς στρα-
τιώτας, ἐπεχείρησε μὲν ἡμῶν τὰ σκάφη λαβεῖν· πολλοὺς

[1] προσέχειν; [2] ὧν ἐ. ἔφησεν ἂν αὐτῷ [3] δὲ τοῦ Κότυος [4] ὁρμισαμένων

bus hanc sententiam ita efferre: Οὐ τοίνυν ἐκ τούτων μόνων δῆλον ἔσθ' κ. τ. λ. Modo, v. 1. p. 245. addidi ὡς ante οὐδὲν ex fide optimorum exemplarium. TAYLOR.

Δῆλον ὂν] F. δήλων. Modo, v. 2. προσέχειν; interrogative, nisi desit vel subintelligatur μόνον vel μόνων, propter istud ἀλλὰ καί. MARKLAND.

Καὶ προσποιεῖται] Ita Editt. Felic. Manut. et Paris. ἢ προσποιεῖται Bar. marg. Benenat. et Vindob. Vulgo deerat. TAYLOR.

Καὶ μὴ συγχωροῦντος Ἀρταβάζου] Ἕως οὐ συνεχώρει Ἀρτάβαζος διαβαίνειν αὐτόν. Queat et ὑποθετικῶς exponi, κἂν μὴ συγχωροίη, *tametsi non permitteret, etiam invito Artabazo.* WOLF.

Οὐδενὸς] Sub. ἕνεκα, *nullius rei causa.* AUGER.

Ὁρμησαμένων] Usitatius est et rectius ὁρμισαμένων, quod habent Felic. Manut. Lind. Aug. marg. Paris. TAYLOR. "Ap. Demosth. in Aristocr. male εἰς Πέρινθον ὁρμησαμένων pro ὁρμισαμένων." D'Orville ad Charit. Aphrod. Lib. I. cap. XI. p. 119. cf.

δ' ἀπέκτεινε τῶν [1] αὐτῶν, κατέῤῥαξε δ' εἰς τὴν θάλατταν ἅπαντας, ἱππέας ἔχων καὶ ψιλούς τινας.

μά. Μετὰ ταῦτα δὲ πλευσάντων ἡμῶν οὐκ ἐπὶ τῆς Θρᾴκης τόπον οὐδένα, οὐδὲ χωρίον, — [2] οὐδὲ γὰρ [3] τοῦτ' ἂν εἴποι τις, νὴ Δία, ἀμυνόμενος γὰρ ὑπὲρ τοῦ μὴ παθεῖν ἐποίει τι κακὸν —, οὐκ ἔστι τοῦτο, οὐ γὰρ ἤλθομεν οὐδαμῇ τῆς Θρᾴκης, ἀλλ' ἐπ' Ἀλωπεκόννησον, [4] ἣ Χεῤῥονήσου μέν ἐστι, καὶ ἦν [5] ἡμετέρα, ἀκρωτήριον [6] δ' ἀνέχον πρὸς τὴν Ἴμβρον ἀπωτάτω τῆς Θρᾴκης· λῃστῶν δ' ἦν μεστὴ καὶ καταποντιστῶν. ἐνταῦθα ἐλθόντων ἡμῶν καὶ πολιορκούν- 67
των [7] τούτους, πορευθεὶς διὰ Χεῤῥονήσου πάσης τῆς ὑμετέρας, ἡμῖν μὲν προσέβαλλεν, ἐβοήθει δὲ τοῖς λῃσταῖς, καὶ καταποντισταῖς. καὶ πρότερον προσκαθήμενος τὸν ὑμέτερον στρατηγὸν ἔπεισε, καὶ ἠνάγκασε, μὴ τὰ βέλτισθ' ὑπὲρ ὑμῶν πράττειν, ἢ αὐτὸς ὑπὸ τούτου ἐπείσθη, ὧν ὡμολογήκει καὶ ὑπέσχετό τι [8] πράξειν· καὶ γράφει δὴ τὰς συνθήκας πρὸς Κηφισόδοτον, ἐφ' αἷς ὑμεῖς οὕτως ἠγανακτήσατε, καὶ χαλεπῶς ἠνέγκατε, ὥστε ἀπεχειροτονήσατε μὲν τὸν στρατηγὸν, πέντε ταλάντοις [9] δ' ἐζημιώσατε, τρεῖς δὲ μόνοι ψῆφοι διηνέγκαντο, μὴ θανάτου τιμῆσαι. καί τοι πηλίκην τινὰ χρὴ νομίζειν, ὦ ἄνδρες Ἀθηναῖοι, ταύτην τὴν ἀλογίαν, ὅταν τις ἴδῃ διὰ τὰς αὐτὰς πράξεις, τὸν μὲν, ὡς ἀδικοῦντα, κολασθέντα πικρῶς οὕτω, τὸν δ', ὡς εὐεργέτην, ἔτι καὶ νῦν τιμώμενον; ὅτι τοίνυν ταῦτα ἀληθῆ λέγω, τῶν μὲν τῷ στρατηγῷ συμβάντων δήπου μάρτυρες ὑμεῖς ἐστέ

[1] ναυτῶν [2] (οὐδὲ ---- Θρᾴκης·) [3] τοῦτό γ' ἂν [4] (ἣ ---- καταποντιστῶν) [5] ὑμετέρα [6] δ' * ἐστὶν ἀνέχον [7] τούτους, λαθὼν πορευθεὶς [8] πρᾶξαι, καὶ γράφει δ. τ. σ. ταύτας πρὸς [9] * ζημιώσαντες, τ. δὲ μόναι ψ. διήνεγκαν τὸ μὴ

Τῶν αὐτῶν] Lege τῶν ναυτῶν, *nautarum*. Markland.

Κατέῤῥαξε δ' εἰς τὴν θάλασσαν, ἅπαντας ἱππέας ἔχων καὶ ψιλούς τινας] Hoc loco et active et passive accipi potest verbum κατέῤῥαξε, prout distinxeris, vel ante ἅπαντας accusativum, vel post eum. Sic *erumpo agmen*. Livius: " Occursantes per obliqua montani, erupto medio agmine viam insedere." Hinc καταῤῥάκτης, *locus abruptus*, et *præceps in flumine*, unde aqua ruit potius quam fluit, ut cataractes Nili apud Strabonem lib. ult. *Ex edit.* Hervag.

Κατέῤῥαξε] Lege κατήῤῥαξε, uti invenitur in Reg. *a*. et propemodum in Bar. κατήραξε. Taylor.

Ἢ αὐτὸς] Ἢ cohæret cum πρότερον quod est in capite phraseos, *prius quam*. Auger.

Συνθήκας] Addunt ταύτας τὰς Bodl. Felician. Manut. Lind. Aug. Ital. Vind. Obsop. haud dubie perfectius et emendatius, ut scribit idem Obsopœus. Taylor.

Μόνοι ψῆφοι] De hac masculina terminatione in voce μόνοι, vide D'Orville ad Charit. Aphrod. Lib. III. cap. X. p. 352.

Διηνέγκαντο] Fortasse melius, cum Ven. Bar. Lind. Aug. Ital. διήνεγκαν τὸ μὴ θανάτου τιμῆσαι. Taylor.

μοι· καὶ γὰρ ἐκρίνεθ᾽ ὑμεῖς, καὶ ἀπεχειροτονεῖτε, καὶ ὠργίζεσθε, καὶ ταῦτα πάντα συνίσθ᾽ ὑμεῖς· τῶν δ᾽ ἐν Περίνθῳ, καὶ τῶν ἐν Ἀλωπεκοννήσῳ κάλει μοι τοὺς τριηράρχους μάρτυρας.

ΤΡΙΗΡΑΡΧΟΙ ΜΑΡΤΥΡΕΣ.

μβ′. Μετὰ ταῦτα τοίνυν ἐπειδὴ Κηφισόδοτος μὲν ἀπηλλάγη τοῦ στρατηγεῖν, ὑμῖν δ᾽ οὐκ ἐδόκουν καλῶς ἔχειν οὐδὲ δικαίως αἱ πρὸς ἐκεῖνον γραφεῖσαι συνθῆκαι, τὸν μὲν Μιλτοκύθην, τὸν διὰ παντὸς εὔνουν ὑμῖν τοῦ χρόνου, προδοθέντα λαβὼν ὑπὸ τοῦ Σμικυθίωνος ὁ χρηστὸς οὗτος Χα-
677 ρίδημος, οὐκ ὄντος νομίμου τοῖς Θραξὶν ἀλλήλους ἀποκτιννύναι, γνοὺς ὅτι σωθήσεται, πρὸς Κερσοβλέπτην ἂν [1] ἀχθῇ, παραδίδωσι Καρδιανοῖς, τοῖς ὑμετέροις ἐχθροῖς· κἀκεῖνοι λαβόντες αὐτὸν καὶ τὸν υἱὸν, καὶ ἀναγαγόντες εἰς τὸ πέλαγος ἐν πλοίῳ, τὸν μὲν υἱὸν ἀπέσφαξαν, ἐκεῖνον δ᾽ ἐπιδόντα τὸν υἱὸν ἀποσφαττόμενον κατεπόντισαν. τῶν δὲ Θρᾳκῶν ἁπάντων χαλεπῶς ἐνεγκόντων ἐπὶ τούτοις, καὶ συστραφέντων τοῦ τε Βηρισάδου, καὶ τοῦ Ἀμαδόκου, ἰδὼν τὸν καιρὸν τοῦτον Ἀθηνόδωρος, συμμαχίαν ποιησάμενος πρὸς τούτους, οἷός τ᾽ ἦν πολεμεῖν. ἐν φόβῳ δὲ καταστάντος τοῦ Κερσοβλέπτου, γράφει ὁ Ἀθηνόδωρος συνθήκας, καθ᾽ ἃς ἀναγκάζει τὸν Κερσοβλέπτην ὀμόσαι, πρός τε ὑμᾶς [2] καὶ τοὺς βασιλέας, εἶναι μὲν τὴν ἀρχὴν κοινὴν τῆς Θρᾴκης, εἰς τρεῖς διῃρημένην, πάντας δ᾽ ὑμῖν ἀποδοῦναι τὴν χώραν. ὡς δ᾽ ἐν ἀρχαιρεσίαις ὑμεῖς Χαβρίαν ἐπὶ τὸν πόλεμον τοῦτον κατεστήσατε, καὶ τῷ μὲν Ἀθηνοδώρῳ συνέβη διαφεῖναι τὴν δύναμιν, χρήματα οὐκ ἔχοντι παρ᾽ ὑμῶν, οὐδ᾽ ἀφορμὴν. οὐδεμίαν τῷ πολέμῳ, τῷ Χαβρίᾳ δὲ μίαν ναῦν ἔχοντι μόνην ἐκπλεῖν, τί ποιεῖ πάλιν οὗτος ὁ Χαρίδημος; ἃς μὲν ὤμοσε πρὸς τὸν Ἀθηνόδωρον συνθήκας, ἔξαρνος γίγνεται, καὶ τὸν Κερσοβλέπτην ἀρνεῖσθαι πείθει· γράφει δ᾽ ἑτέρας πρὸς [3] τὸν Χαβρίαν, ἔτι τῶν πρὸς

[1] ἀναχθῇ [2] καὶ πρὸς τοὺς [3] Deest articulus.

μβ′. Κατεπόντισαν] Plenius Plutarch. de Nobilit. §. 11. καταποντίζειν εἰς θάλατταν. V. D'Orville ad Charit. Aphrod. Lib. I. cap. V. p. 64.

Κηφισόδοτον δεινοτέρας. οὐκ ἔχων δ' ἐκεῖνος, οἶμαι, δύναμιν,
στέργειν ἠναγκάζετο τούτοις.

μγ΄. Ἀκούσαντες δ' ὑμεῖς [1]ταῦτ' ἐν τῷ δήμῳ, λόγων
ῥηθέντων πολλῶν, καὶ τῶν συνθηκῶν παραναγνωσθεισῶν,
οὔτε τὴν Χαβρίου δόξαν αἰσχυνθέντες, οὔτε τῶν συναγο-
ρευόντων οὐδένα, ἀπεχειροτονήσατε καὶ ταύτας πάλιν τὰς 678
συνθήκας, καὶ [2]ἐψηφίσασθε ψήφισμα, Γλαύκωνος εἰπόν-
τος, ἑλέσθαι πρέσβεις δέκα ἄνδρας ἐξ ὑμῶν αὐτῶν· τούτους
δ', [3]ἂν ἐμμένῃ ταῖς πρὸς Ἀθηνόδωρον συνθήκαις ὁ Κερσο-
βλέπτης, ὁρκίσαι πάλιν αὐτὸν, εἰ δὲ μὴ, παρὰ μὲν τοῖν
δυοῖν βασιλέοιν ἀπολαβεῖν τοὺς ὅρκους, πρὸς δὲ ἐκεῖνον ὅπως
πολεμήσετε βουλεύσασθαι. ἐκπεπλευκότων δὲ τῶν πρέ-
σβεων, συμβαίνει τοῖς χρόνοις εἰς τοὔθ' ὑπηγμένα τὰ
[4]πράγματα, ἤδη τρυφώντων τούτων, καὶ οὐδὲν ἁπλοῦν,
οὐδὲ δίκαιον ὑμῖν ἐθελόντων πρᾶξαι, [5]ὥς τε βοηθοῦμεν εἰς
Εὔβοιαν, καὶ Χάρης ἧκεν ἔχων τοὺς ξένους, καὶ στρατηγὸς
ὑφ' ὑμῶν αὐτοκράτωρ εἰς Χεῤῥόνησον ἐξέπλει. οὕτω γράφει
[6]πάλιν συνθήκας πρὸς τὸν Χάρητα, παραγενομένου Ἀθη-
νοδώρου καὶ τῶν βασιλέων, ταύτας, αἵπερ εἰσὶν ἄρισται
καὶ δικαιόταται, καὶ ἔργῳ ἑαυτὸν ἐξήλεγξεν, ὅτι καιροφυ-
λακεῖ τὴν πόλιν ἡμῶν, καὶ οὐδὲν ἁπλοῦν ἔγνωκε ποιεῖν,
οὐδ' ἴσον. εἶθ' ὃν ὁρᾶτε ἐκ [7]προσαγωγῆς ὄνθ' ὑμῖν φίλον,
καὶ ὅπως ἂν ὑμᾶς δύνασθαι νομίσῃ, οὕτω πρὸς ὑμᾶς εὐνοίας
ἔχοντα, τοῦτον οἴεσθε δεῖν ἰσχυρόν ποτ' ἐάσαι γενέσθαι,
καὶ ταῦτα δι' ὑμῶν; οὐκ ἄρ' ὀρθῶς ἐγνώκατε. ἵνα τοίνυν
εἰδῆτε, ὅτι ταῦτ' ἀληθῆ λέγω, λάβε μοι τὴν ἐπιστολὴν,

[1] ταῦτ', ἐν τῷ δήμῳ λόγων [2] ἐψηφίσασθε, ψήφισμα Γλαύκωνος εἰπόντος, [3] ἂν μὲν ἐμμένῃ [4] πράγματα ἤδη, τριβόντων [5] ὥστ' ἐβοηθοῦμεν [6] πάλιν γράφει [7] προαγωγῆς

μγ΄. Τριβόντων] Sub. τοὺς χρόνους, καὶ ἀναβαλλομένων τὰ πράγματα. Sed quid si τρυφώντων, παρὰ τὸ τρυφάω, *cum fastidirent, delicias facerent, et fastum præ se ferrent*. Wolf. Cave auscultes. Tametsi enim exemplar Wolfianum sequar, laudo tamen lectionem priorem Editorum omnium et MStorum, quam ille immerito inculpat. τριβόντων, *moras nectentibus*. Quo quid planius. Taylor.

Ὥστε βοηθοῦμεν] F. ὅτε ἐβοηθοῦμεν Bodl. Dubito. At ἐβοηθοῦμεν interea retinerem fide Manutiana. Idem. Scribendum forte ὥστ' ἐβοηθοῦμεν — ut ἧκεν, et ἐξέπλει. Markland.

Ἔχων] Ita Editi omnes sine litura. In Wolfianis exemplaribus, operarum, credo, incuria, omittitur. MSS. interea quamplurimi, Bar. Vindob. Aug. et marg. Benenati ἄγων. Quorum auctoritate me duci facile patior. Taylor.

Εἶθ' ὃν ὁρᾶτε ἐκ προσαγωγῆς ὑμῖν φίλον, καὶ ὅπως ἂν, etc.] *Itane vero quem videtis vobis amicum sensim fieri, et prout increscere opes vestras arbitratur, ita vos benevolentia complectentem*, et reliqua. ἐκ προσαγωγῆς ergo aliquid fieri dicitur, cum accessione fit sensim crescente. *Ex edit.*

ἢ μετὰ τὰς πρώτας συνθήκας ἦλθεν, εἶτα τὴν παρὰ Βηρισάδου. μάλιστα γὰρ οὕτω γνώσεσθε διδασκόμενοι.

ΕΠΙΣΤΟΛΗ.

λέγε καὶ τὴν ἐπιστολὴν, τὴν παρὰ τοῦ Βηρισάδου.

79 ΕΠΙΣΤΟΛΗ.

μδ'. Ἡ μὲν τοίνυν συμμαχία τοῖν δυοῖν βασιλέοιν, τοῦτον τὸν τρόπον μετὰ τὴν παράκρουσιν τὴν διὰ τῶν πρὸς Κηφισόδοτον συνθηκῶν, συνεστάθη, ἤδη Μιλτοκύθου μὲν ἀνῃρημένου, Χαριδήμου δ' ἔργῳ φανεροῦ γεγενημένου, ὅτι τῆς πόλεως ἐχθρός ἐστιν. ὃς γὰρ, ὃν ᾔδει διὰ παντὸς τοῦ χρόνου πάντων τῶν Θρᾳκῶν εὐνούστατον ὄνθ' ὑμῖν, τοῦτον ὑποχείριον [1]ἠξίωσε λαβὼν τοῖς ὑμετέροις ἐχθροῖς Καρδιανοῖς ἐγχειρίσαι, πῶς οὐ μεγάλης ἔχθρας δεῖγμα πρὸς ὑμᾶς ἐξέφερεν; ἃς [2]δὴ δεδιὼς τὸν πρὸς τοὺς Θρᾷκας [3]πόλεμον, καὶ πρὸς Ἀθηνόδωρον, ἐποιήσατο [4]συνθήκας, καὶ μετὰ ταῦτα ὁ Κερσοβλέπτης, λέγε.

ΣΥΝΘΗΚΑΙ.

ὁ ταῦτα τοίνυν γράψας καὶ συνθέμενος, καὶ τὸν ὅρκον, ὃν ὑμεῖς ἠκούσατε, ὀμόσας, ἐπειδὴ τὴν μὲν Ἀθηνοδώρου δύναμιν διαφειμένην εἶδε, μιᾷ δὲ μόνῃ τριήρει Χαβρίαν ἥκοντα, οὔτε τὸν Ἰφιάδου παρέδωκεν υἱὸν ὑμῖν, οὔτε ἄλλο οὐδὲν ὧν ὤμοσεν ἐποίησεν, ἀλλὰ καὶ περὶ τῶν ἄλλων τῶν γεγραμμένων ἐν ταῖς συνθήκαις ἔξαρνος γίγνεται, καὶ γράφει [5]ταύτας τὰς συνθήκας. λάβε μοι καὶ λέγε ταυτασί.

ΣΥΝΘΗΚΑΙ.

ἐνθυμεῖσθε ὅτι καὶ τέλη καὶ δεκάτας ἠξίου λαμβάνειν, καὶ

[1] ἠξίωσεν ὑποχείριον [2] δὲ, τὸν πόλεμον δεδιὼς [3] Deest πόλεμον. [4] συνθήκας μετὰ [5] ταυτασὶ

HERVAG.

μδ'. Ἐγχειρίσαι] Ex Editis plurimi ἐγχειρῆσαι. Nos sequimur Ven. Bar. Bodl. Aug. Vindob. et Lambinum. ἐγχειρίσθαι malunt alii. TAYLOR. "Male Benenati Editio in Demosth. Aristocr. ἐγχειρῆσαι." D'Orville ad Charit. Aphrod. Lib. VI. cap. II. p. 520. cf.

πάλιν ὡς [1] αὑτοῦ τῆς χώρας οὔσης τοὺς λόγους ἐποιεῖτο,
τοὺς δεκατηλόγους ἀξιῶν τοὺς αὑτοῦ τῶν τελῶν κυρίους
εἶναι, καὶ τὸν ὅμηρον τὸν υἱὸν [2] τοῦ Ἰφιάδου, ὃν ὑπὲρ Ση-
στοῦ ἔχων ὤμοσε πρὸς τὸν Ἀθηνόδωρον παραδώσειν, οὐδ'
ὑπισχνεῖται παραδώσειν ἔτι. λάβε μοι τὸ ψήφισμα, ὃ 680
πρὸς ταῦθ' ὑμεῖς ἐψηφίσασθε. λέγε.

ΨΗΦΙΣΜΑ.

ἐλθόντων τοίνυν μετὰ ταῦτα τῶν πρέσβεων εἰς Θρᾴκην, ὁ μὲν Κερσοβλέπτης [3] ἡμῖν ἐπιστέλλει ταυτὶ, καὶ οὐδ' ὁτιοῦν ὡμολόγει δίκαιον· οἱ δ' ἕτεροι ταυτί. λέγε αὐτοῖς.

ΕΠΙΣΤΟΛΗ.

λέγε δὴ τὴν παρὰ τῶν βασιλέων [4] ἐπιστολὴν, καὶ σκοπεῖτε εἰ ἄρα ὑμῖν δοκοῦσι μηδὲν ἐγκαλεῖν.

ΕΠΙΣΤΟΛΗ.

με΄. [5] Ἆρά γε ὁρᾶτε καὶ συνίετε, ὦ ἄνδρες Ἀθηναῖοι, τὴν πονηρίαν καὶ τὴν ἀπιστίαν, ὡς ἄνω καὶ κάτω τὸ πρῶτον ἠδίκει Κηφισόδοτον, καὶ πάλιν φοβηθεὶς Ἀθηνόδωρον ἐπαύσατο, καὶ αὖθις ἠδίκει Χαβρίαν, πάλιν ὡμολόγει Χάρητι· πάντ' ἄνω καὶ κάτω πεποίηκε, καὶ οὐδὲν ἁπλῶς οὐδὲ δικαίως ἔπραξε. μετὰ ταῦτα τοίνυν, ὅσον μὲν χρόνον ἡ ὑμετέρα δύναμις παρῆν ἐν Ἑλλησπόντῳ, κολακεύων καὶ φενακίζων ὑμᾶς διαγέγονεν· [6] ἐπεὶ δὲ εἶδε τάχιστα τὸν Ἑλλήσποντον ἔρημον δυνάμεως, εὐθὺς ἐνεχείρει [7] καταλύειν καὶ ἀπαλλάξαι τοὺς δύο τῆς ἀρχῆς, [8] καὶ πᾶσαν ὑφ' ἑαυ-

[1] αὐτοῦ [2] τὸν [3] ὑμῖν [4] [ἐπιστολήν.]
[5] κάτω· τ. π. ἠ. Κηφισόδοτον. πάλιν, φ. Ἀ. ἐπαύσατο. αὖθις ἠ. Χαβρίαν. πάλιν ὡ. Χάρητι.
[6] ἐπειδὴ δὲ τάχιστα εἶδε [7] καταλύσας καὶ ἀπαλλάξας [8] Deest καί.

Ὑπὲρ Σηστοῦ] *Nomine civitatis Sesti.* Auger.

Σκοπεῖτε, εἰ ἄρα ὑμῖν δοκοῦσι μηδὲν ἐγκαλεῖν] Wolfius: *considerate, un nihil de vobis conqueri videantur.* Perperam. Recitantur enim hæ literæ in eum finem, ut Charidemi perfidia comprobetur. De Charidemo itaque conqueruntur Reges, non de Atheniensibus. Vertendum ergo: *considerate, an vobis videantur nihil de eo conqueri.* Jurin.

Ἄνω καὶ κάτω] Hæ tres voces mihi videntur eliminandæ. Auger.

Ἔπραξε] Lege: Ἆρά γε ὁρᾶτε — ὡς — ἔπραξε; cum interrogatione, ut §. η΄. fin. ἆρά γε μικρὸν etc. et §. λ΄. post med. ἆρά γε ὁρᾶτε etc. Markland.

με΄. Ἐπεὶ δὲ εἶδε] Lege cum præstantissimis Bar. et Vindob. ἐπειδὴ δὲ τάχιστα ἔρημον τὸν Ἑλλήσποντον εἶδε δυνάμεως. Deinde v. pen. εὐθὺς ἐνεχείρει καταλύσας καὶ ἀπαλλάξας τοὺς δύο τῆς ἀρχῆς, πᾶσαν ὑ. ἑ. ποιήσασθαι τὴν ἀρχήν. Ita Bar. Cant. Aug. Vindob. et marg. Benenati. Taylor.

τῷ ποιήσασθαι τὴν ἀρχὴν, ἔργῳ πεῖραν ἔχων, ὅτι τῶν
πρὸς ὑμᾶς οὐδὲν μὴ δυνηθῇ πρότερον λῦσαι, πρὶν ἂν ἐκβά-
λῃ τούτους. ἵνα δ' ὡς ῥᾷστα τοῦτο περάνειε, ψήφισμα
τοιοῦτόν τι παρ' ὑμῶν εὕρετο, ἐξ οὗ κυρωθέντος ἂν, εἰ μὴ
δι' ἡμᾶς καὶ ταύτην τὴν γραφὴν, ἠδίκηντο μὲν φανερῶς οἱ
δύο τῶν βασιλέων, ἡσυχίαν δ' ἂν ἦγον οἱ στρατηγοῦντες
681 αὐτοῖς, ὁ Βιάνωρ, ὁ Σίμων, ὁ Ἀθηνόδωρος, φοβούμενοι τὴν
διὰ τοῦ ψηφίσματος συκοφαντίαν, ὁ δὲ, ταύτης τῆς ἐξου-
σίας ἀπολαύσας, καὶ πᾶσαν ὑφ' ἑαυτῷ λαβὼν τὴν ἀρχὴν,
ἰσχυρὸς ἂν ἐχθρὸς ὑπῆρχεν ὑμῖν. [1]ἔχει δ' ὁρμητήριον παρὰ
πάντα τὸν χρόνον αὐτῷ τετηρημένον, τὴν Καρδιανῶν πό-
λιν, ἣν ἐν ἁπάσαις μὲν ταῖς συνθήκαις ἐξαίρετον αὐτῷ
γέγραφε, τὸ τελευταῖον δὲ καὶ φανερῶς [2]αὐτὴν ἀφείλετο
παρ' ὑμῶν. καί τοι τοῖς ἀπηλλαγμένοις μὲν τοῦ περὶ ἡ-
μῶν τι φρονεῖν ἄδικον, μετὰ πάσης δ' ἀληθείας ἁπλῶς
εὐνοεῖν [3]ὑμῖν προῃρημένοις, τί [4]προσῆκον αὐτοῖς ὁρμητήριον
καταλιπεῖν χρήσιμον τοῦ πρὸς ἡμᾶς πολέμου; ἴστε γὰρ
δήπου τοῦτο, οἱ μὲν ἀφιγμένοι, σαφῶς, οἱ δ' ἄλλοι, τούτων
ἀκούοντες, ὅτι τῆς Καρδιανῶν πόλεως ἐχούσης ὡς ἔχει, εἰ
γενήσεται τὰ πρὸς τοὺς Θρᾷκας εὐτρεπῆ τῷ Κερσοβλέπτῃ,
παρ' ἡμέραν ἔξεστιν αὐτῷ βαδίζειν ἐπὶ Χεῤῥόνησον ἀσφα-
λῶς. ὥσπερ γὰρ Χαλκὶς τῷ τόπῳ τῆς Εὐβοίας πρὸ τῆς
Βοιωτίας κεῖται, οὕτω Χεῤῥονήσου κεῖται πρὸ τῆς Θρᾴκης
ἡ Καρδιανῶν πόλις. ἣν ὃν ἔχει τόπον, ὅς τις οἶδεν ὑμῶν,
οὐδ' ἐκεῖν' ἀγνοεῖ, τίνος εἵνεκα καιροῦ περιποιεῖται, καὶ
διεσπούδασται, μὴ λαβεῖν ὑμᾶς. ὃν ὑμεῖς οὐ συμπαρα-
σκευάσαι καθ' ὑμῶν αὐτῶν ὀφείλετε, ἀλλὰ [5]κωλῦσαι καθ'
ὅσον δυνατὸν, καὶ σκοπεῖν ὅπως μὴ γενήσεται· ἐπεὶ ὅτι

[1] εἶχε [2] [αὐτὴν] [3] ἡμῖν [4] προσῆκεν αὐτοῖς [5] κωλύσαι

Τῆς Καρδιανῶν πόλεως ἐχούσης ὡς ἔχει] Wolfius: *cum ita sit in nos animata Cardianorum civitas, ut est.* Fallitur: nec enim agitur de animo aut studio Cardianorum, sed de urbis ipsius situ, *noto,* inquit, *vobis, qui illic fuistis, cæteris a vobis edoctis.* Et paulo post, qui enim Chalcidis in Eubœa situs est versus Bœotiam, idem in Chersoneso Cardianæ urbis situs est versus Thraciam. Vertendum itaque: *cum eum situm obtineat Cardianorum urbs, quem reipsa obtinet.* JURIN.

Ἣν etc.] Ἣν τίνος ἕνεκα καιροῦ περιποιεῖται. WOLF. De syntaxi nimirum sollicitus, et veritus, ne dubitaremus, quo referre oporteret accusativum istum. Et credo, eum perperam retulisse: nam verba hæc, ἣν, ὃν ἔχει τόπον, ὅστις οἶδεν ὑμῶν, eadem constructione scribi video, qua illud Lysiæ, p. 811. 5. ὑμᾶς εἰσόμενοι, ἥντινα γνώμην περὶ τῶν ἀδικούντων ἕξετε. Vid. Lysiæ Ind. Attic. v. ACCUSATIVUS. TAYLOR.

Ὃν ὑμεῖς] Ὃν καιρόν. WOLF.

γε οὐδ' ἂν ὀντινοῦν καιρὸν [1]παρίῃ, δεδήλωκε. Φιλίππου
γὰρ εἰς Μαρώνειαν ἐλθόντος, ἔπεμψε πρὸς αὐτὸν Ἀπολ-
λωνίδην, πίστεις δοὺς ἐκείνῳ, καὶ Παμμένει. καὶ εἰ μὴ
κρατῶν τῆς χώρας Ἀμάδοκος ἀπεῖπε Φιλίππῳ μὴ ἐπι-
βαίνειν, οὐδὲν ἂν ἦν ἐν μέσῳ πολεμεῖν ὑμᾶς πρὸς Καρ- 682
διανοὺς ἤδη, καὶ πρὸς Κερσοβλέπτην. καὶ ὅτι ταῦτ' ἀληθῆ
λέγω, λάβε μοι τὴν Χάρητος ἐπιστολήν.

ΕΠΙΣΤΟΛΗ.

μϛ'. Ταῦτα μέν τοι δεῖ σκοπουμένους, ἀπιστεῖν καὶ μὴ τετυφῶσθαι, μηδ' ὡς εὐεργέτῃ προσέχειν τὸν νοῦν. οὐ γὰρ ὧν ἀναγκαζόμενος φίλος εἶναί φησι, φενακίζων ὑμᾶς, χάριν ἐστὶ δίκαιον ὀφείλειν Κερσοβλέπτῃ, οὐδ' ὧν μικρὰ ἀναλίσκων ἰδίᾳ καὶ τοῖς στρατηγοῖς καὶ τοῖς ῥήτορσι Χαρίδημος διαπράττεται πρὸς ὑμᾶς, ἐπαίνους αὐτοῦ γράφεσθαι· ἀλλ' ὧν ὁσαχοῦ κύριος γέγονε τοῦ πράττειν ὅ,τι βούλεται, πανταχοῦ κακῶς ἐπιχειρῶν ὑμᾶς ποιεῖν φαίνεται, τούτων πολὺ μᾶλλον ὀργίζεσθαι προσήκει. οἱ μὲν τοίνυν ἄλλοι πάντες, ὅσοι τι παρ' ὑμῶν εὕρηνται πώποτε, ἐφ' οἷς εὖ πεποιήκασιν ὑμᾶς, τετίμηνται· οὗτος δ' εἷς ἁπάντων τῶν ἄλλων μόνος, ἐφ' οἷς ἐγχειρῶν οὐ δεδύνηται κακῶς [2]ποιῆσαι· καί τοι τῷ τοιούτῳ τὸ δίκης ἣν ἔδωκε δικαίως ἂν ἀφεῖσθαι μεγάλη δωρεὰ παρ' [3]ὑμῶν ἦν. ἀλλ' οὐ ταῦτα δοκεῖ τοῖς ῥήτορσιν· ἀλλὰ πολίτης, εὐεργέτης, στέφανοι, δωρεαὶ, δι' ἃ τούτοις ἰδίᾳ δίδωσιν, οἱ δ' ἄλλοι πεφενακισμένοι κάθησθε, τὰ πράγματα θαυμάζοντες. τὸ τελευταῖον δὲ νυνὶ, καὶ φύλακας ἂν κατέστησαν ὑμᾶς ἐκείνου διὰ τοῦ προβουλεύματος τούτου, εἰ μὴ τὴν γραφὴν ἐποιησάμεθ' ἡμεῖς ταυτηνί· καὶ τὸ τοῦ μισθοφόρου καὶ θεραπεύοντος ἐκεῖνον ἔργον ἡ πόλις ἂν διεπράττετο, ἐφρούρει

[1] * παριείη [2] ποιῆσαι κακῶς [3] ὑμῶν ἂν ἦν

Παρίῃ] Lego παρείη, παρὰ τὸ παρίημι, οὐχὶ δὲ τὸ πάρειμι, τὸ προέρχομαι. WOLF. Inficete. Παρείη quidem Vindob. TAYLOR. L. παρείη in optativo aoristi secundi. AUGER.

Οὐδὲν ἦν ἐν μέσῳ] "Aliquid dicitur ἐν μέσῳ εἶναι, quod *impedit* vel *separat*. ut in Lucian. Quom. Hist. Scrib. p. 9. Dem. in Aristocr. Xenoph. K. Π. v. 123. D. de R. P. Athen. 695. D." D'Orville ad Charit. Aphrod. Lib. VII. cap. III. p. 601.

μϛ'. Ὧν ὁσαχοῦ] Sub. ἕνεκα, sicut superius ὧν μικρά. AUGER.

Πολίτης κ. τ. λ.] Hic verba aliquot subaudi nominibus adjungenda. IDEM.

683 Χαρίδημον. καλόν γε, — οὐ γάρ, ὦ Ζεῦ καὶ θεοί; — ὅς γε αὐτός ποτε τοὺς [1] ὑμετέρους ἐχθροὺς, μισθὸν λαμβάνων, ἐδορυφόρει, τοῦτον ὑφ' [2] ὑμετέρου ψηφίσματος φανῆναι φυλαττόμενον.

μζ'. Ἴσως τοίνυν [3] ἐκεῖνο ἄν τις μ' ἔροιτο, τί δήποτε ταῦτ' εἰδὼς οὕτως ἀκριβῶς ἐγὼ, καὶ παρηκολουθηκὼς ἐνίοις τῶν ἀδικημάτων, εἴασα, καὶ [4] οὐδ', ὅτ' αὐτὸν ἐποιεῖσθε πολίτην, οὐδὲν ἀντεῖπον, οὔθ' ὅτ' [5] ἐπηνεῖτο, οὔθ' ὅλως πρότερον, πρὶν τὸ ψήφισμα τουτὶ γενέσθαι, λόγον ἐποιησάμην οὐδένα. ἐγὼ δ', ὦ ἄνδρες Ἀθηναῖοι, πρὸς ὑμᾶς ἅπασαν ἐρῶ τὴν ἀλήθειαν. καὶ γὰρ ὡς ἀνάξιος ἦν ᾔδειν, καὶ παρῆν, ὅτε τούτων ἠξιοῦτο, καὶ οὐκ ἀντεῖπον. ὁμολογῶ. διὰ τί; ὅτι, ὦ ἄνδρες Ἀθηναῖοι, πρῶτον μὲν ἀσθενέστερον ἡγούμην ἔσεσθαι πολλῶν ψευδομένων ἑτοίμως περὶ αὐτοῦ πρὸς ὑμᾶς ἕνα τἀληθῆ λέγοντα ἐμαυτόν· ἔπειθ', ὧν μὲν ἐκεῖνος [6] ἐφαίνετο ἐξαπατῶν ὑμᾶς, μὰ τὸν Δία καὶ [7] τοὺς θεοὺς ἅπαντας, οὐδενὸς εἰσῄει μοι φθονεῖν, κακὸν δὲ οὐδὲν ἑώρων ὑπερφυὲς ὑμᾶς [8] πεισομένους, εἴ τινα ἠδικηκότα πολλὰ [9] ἀφίετε, καὶ προκαλεῖσθ' ἔτι τοῦ λοιποῦ ποιεῖν ὑμᾶς ἀγαθόν· ἐν γὰρ τῷ πολίτην ποιεῖσθαι καὶ στεφανοῦν, ταῦτ' ἐνῆν ἀμφότερα· ἐπειδὴ δ' ὁρῶ προσκατασκευαζόμενόν τι τοιοῦτον, δι' οὗ, ἐὰν μόνον εὐτρεπίσηται τοὺς ἐνθάδε [10] ἐξαπατήσαντας ὑμᾶς ὑπὲρ αὐτοῦ, τῶν γε ἔξω φίλων καὶ βουλομένων ἄν τι ποιεῖν ὑμᾶς ἀγαθὸν, κἀκεῖνον κωλύειν ἐναντία πράττειν ὑμῖν· οἷον Ἀθηνό-

[1] ἡμετέρους [2] ἡμετέρου [3] ἐκεῖνό τις ἂν [4] οὐθ' [5] ἐπηνεῖτε [6] εὑρίσκετο
[7] Deest articulus. [8] πεισομένους ὑμᾶς [9] ἠφίετε, καὶ προὐκαλεῖσθ' ἔτι * τι τοῦ
[10] ἐξαπατήσοντας

μζ'. Ἐφαίνετο] Ita Editi nonnulli, et MSti etiam Felician. et Manut. MSti interea Ald. Bar. Cant. Linden. Aug. Reg. α. Ital. et Vindob. cum Editionibus Felic. et Manut. εὑρίσκετο, quæ ille *consequebatur*, ut recte Wolfius vertit, et Tu proinde leges. Unde ergo enatum istud ἐφαίνετο? Dicam. Certe εὑρίσκετο in passiva voce non longe sensu distat ab ἐφαίνετο, *inventus est*, *apparebat*. Eam itaque significationem arripuit imprudens aliquis et imperitus Lector, et deinde, scholii gratia, sive interpretationis, istud ἐφαίνετο ad oram libri sui appinxit, cum omnino aliud intelligeretur. Taylor. Legendum videtur ηὐφραίνετο, *delectabatur*. Jurin.

Εἰσῄει] Ita Ald. et Morel. In cæteris est mera illuvies. Recte igitur, ut dedi, ni malles τὸ ἐπῄει Codd. Bar. Reg. α. et Vindob. Taylor.

Προκαλεῖσθ'] Προὐκαλεῖσθ' ἔτι vel προὐκαλεῖσθέ τι (sine τοῦ λοιποῦ) ποιεῖν ὑμᾶς ἀγαθὸν Codd. nonnulli, MSS. Manut. marg. Benen. Aug. Idem. Plane legendum: καὶ προκαλεῖσθέ τι — ποιεῖν ὑμᾶς ἀγαθόν. Jurin. L. ἠφίετε καὶ προὐκαλεῖσθέ τι τοῦ λοιποῦ. Auger.

δωρον λέγω, Σίμωνα, Βιάνορα, Ἀρχέβιον τὸν Βυζάντιον, τοὺς Θρᾷκας τοὺς δύο τοὺς βασιλέας· τούτων μηδενὶ μήτ' 684 ἐναντιωθῆναι, μήτε κωλύειν ἐκεῖνον ἐξέσται, τηνικαῦτα ἥκω καὶ κατηγορῶ. καὶ νομίζω, τὸ μὲν, οἷς ἔμελλεν ἐκεῖνος λαβὼν μηδὲν ὑπερμέγεθες τὴν πόλιν βλάψειν, ἀντιλέγειν, ἢ κακῶς ἰδίᾳ πεπονθότος, ἢ συκοφαντοῦντος εἶναι· τὸ δ', ἐφ' οἷς μέγα πρᾶγμα ἀλυσιτελὲς τῇ πόλει κατεσκευάζετο, ἐναντιοῦσθαι, χρηστοῦ καὶ φιλοπόλιδος ἀνδρὸς ἔργον εἶναι. διὰ ταῦτ' ἐπ' ἐκείνοις οὐδὲν εἰπὼν, νῦν λέγω.

μή. Ἔστι τοίνυν τις αὐτοῖς τοιοῦτος λόγος, δι' οὗ προσδοκῶσι ταράξειν ὑμᾶς. ὡς ὁ Κερσοβλέπτης καὶ Χαρίδημος ἴσως ἐναντία ἔπραττον τῇ πόλει τόθ', ὅτ' ἦσαν ἐχθροί· νῦν δέ γ' εἰσὶ φίλοι, καὶ χρησίμους παρέχουσιν αὑτούς. οὐ δὴ δεῖ μνησικακεῖν. οὐδὲ γὰρ Λακεδαιμονίους ὅτ' ἐσώζομεν, οὐκ ἀνεμιμνησκόμεθα εἴ τι κακὸν ἐποίησαν ἡμᾶς ὄντες ἐχθροὶ, οὐδὲ Θηβαίους, οὐδ' Εὐβοέας τὰ τελευταῖα νυνί. ἐγὼ δ' ἡγοῦμαι τοῦτον τὸν λόγον, εἰ μὲν ἔν τινι καιρῷ βοηθείας γεγραμμένης τῷ Κερσοβλέπτῃ, καὶ τῷ Χαριδήμῳ, κωλυόντων ἡμῶν ταύτην, ἔλεγον, ὀρθῶς ἂν λέγεσθαι· εἰ δὲ τοιούτου μὲν μηδενὸς ὄντος, μηδὲ γεγραμμένου, βουλόμενοι δὲ μεῖζω τοῦ δέοντος ποιῆσαι διὰ τοῦ παρ' ὑμῶν ἄδειαν λαβεῖν τοὺς ἐκείνου [1] στρατηγοὺς, δεινὰ ποιεῖν αὐτοὺς ἡγοῦμαι. οὐ γάρ ἐστι δίκαιον, ὦ ἄνδρες Ἀθηναῖοι, τοὺς τῶν σωθῆναι ζητούντων λόγους πρὸς ὑμᾶς λέγειν, ὑπὲρ τῶν ὅπως ἀδικεῖν αὐτοῖς ἐξέσται πραττόντων. χωρὶς δὲ τούτων, εἰ μὲν ἐχθρὸς ὢν Χαρίδημος κακῶς ἐποίει, φίλος δὲ φήσας εἶναι μετεβέβλητο, τάχ' ἂν τις 685 [2] ταῦτα ἤκουεν· ἐπειδὴ δ' οὐ τοιοῦτόν ἐστιν, ἀλλ' ἐξ οὗ φίλος εἶναι προσποιεῖται, ἐκ τούτου πλεῖστα ὑμᾶς ἐξηπάτηκεν, εἰ μὴ καὶ δι' ἐκεῖνα δεῖ μισεῖν, διὰ ταῦτά γε ἀπιστεῖν δήπου προσήκει. καὶ μὴν περὶ [3] μὲν τοῦ μὴ μνησικα-

[1] στρατηγοὺς ἐροῦσι, δεινὰ [2] [ταῦτα] [3] Deest μέν.

Ἐκεῖνον] Restitui ex Editt. Ald. et Parisina, ex MStis vero Aug. et Vindob. TAYL.

Ἐκείνοις] Sub. χρόνοις. AUGER.

μή. Ταύτην] Βοήθειαν sc. At MSS. Ald. Felio. et Manut. cum Aug. et marg. Paris. ita: εἰ μὲν ἔν τινι καιρῷ βοηθείας — κωλυόντων ἡμῶν, ταῦτ' ἂν ἔλεγον cætera. ταύτην ἂν ἔλεγον Vindob. TAYLOR.

Καὶ δι' ἐκεῖνα δεῖ] Castigatius MSS. Bar. et Vindob. εἰ μὴ δι' ἐκεῖνα μισεῖν, διὰ ταῦτά γε ἀπιστεῖν δήπου προσήκει. Omittitur etiam δεῖ in Lind. et Ital. IDEM.

κεῖν, ἔγωγε ὡδίπως λέγω. ὁ μὲν, εἵνεκα τοῦ τι κακὸν ποιεῖν, τὰ τοιαῦτα ἐξετάζων, μνησικακεῖ· [1]ὁ δ' ὑπὲρ τοῦ μὴ παθεῖν, ἀλλὰ φυλάξασθαι σκοπῶν, σωφρονεῖ.

μθ'. Ἴσως τοίνυν καὶ τοιαύτην τινὰ ἐροῦσιν ὑπόνοιαν· ὡς ὡρμηκότα νῦν τὸν ἄνθρωπον φίλον εἶναι, καὶ βουλόμενόν τι ποιεῖν ἀγαθὸν τὴν πόλιν, εἰς ἀθυμίαν τρέψομεν, εἰ καταψηφιούμεθα, καὶ ποιήσομεν ὑπόπτως πρὸς [2]ὑμᾶς ἔχειν. ἐγὼ δ', ὦ ἄνδρες Ἀθηναῖοι, θεάσασθε ὡς ἔχω. εἰ μετ' ἀληθείας ἁπλῶς ἦν φίλος ἡμῖν, καὶ, νὴ Δία, πάντα τἀγαθὰ [3]ἔμελλεν ἡμᾶς ποιήσειν, οὐδ' ἂν οὕτω τοῦτον ᾤμην δεῖν ἀκούειν τὸν λόγον· οὐδένα γὰρ νομίζω τοσαῦτ' ἀγάθ' ἂν ποιῆσαι, δι' ὃν ὑμῖν [4]προσήκειν ἐπιορκῆσαι, καὶ παρ' ἃ φαίνεται δίκαια εἶναι, τὴν ψῆφον θέσθαι· ἐπειδὴ δὲ καὶ φενακίζων, καὶ οὐδ' ὁτιοῦν ὑγιὲς πράττων ἐξελέγχεται, δυοῖν ἀγαθοῖν θάτερον ὑμῖν, ἐὰν καταψηφίσησθε, συμβήσεται. ἢ γὰρ ἐξαπατῶν παύσεται, νομίσας οὐκ ἔτι λανθάνειν· ἢ, εἴπερ αὐτῷ βουλομένῳ πρὸς ὑμᾶς ἐστὶν οἰκείως ἔχειν, ὡς ἀληθῶς ἀγαθόν τι ποιεῖν πειράσεται, γνοὺς ὅτι τῷ φενακίζειν οὐκ ἔθ' ἃ βούλεται πράξει. ὥστε καὶ εἰ μηδὲ δι' ἓν τῶν ἄλλων, διὰ τοῦτό γε καταψηφίσασθαι συμφέρει.

ν'. Ἄξιον τοίνυν, ὦ ἄνδρες Ἀθηναῖοι, κἀκεῖνο ἐξετάσαι,
686 πῶς ποτε οἱ πάλαι τὰς τιμὰς ἔνεμον, καὶ τὰς δωρεὰς τοῖς ὡς ἀληθῶς εὐεργέταις, καὶ ὅσοι πολῖται τύχοιεν ὄντες, καὶ ὅσοι ξένοι. κἂν μὲν ἴδητ' ἐκείνους ἄμεινον ὑμῶν χρωμένους, καλὸν τὸ μιμήσασθαι· ἂν δ' ὑμᾶς αὐτοὺς, ἐφ' ὑμῖν ἔσται τὸ πράττειν. πρῶτον μὲν τοίνυν ἐκεῖνοι Θεμιστοκλέα, τὸν τὴν ἐν Σαλαμῖνι ναυμαχίαν νικήσαντα, καὶ Μιλτιάδην τὸν ἡγούμενον Μαραθῶνι, καὶ πολλοὺς ἄλλους,

[1] ὃ [2] ἡμᾶς [3] ἤμελλεν [4] προσήκει

Ὁ δ' ὑπὲρ] Ὁ δ' οὐχ ὑπὲρ τοῦ κακόν τι ποιεῖν, ἀλλ' ὑπὲρ τοῦ μὴ παθεῖν καὶ φυλάξασθαι σκοπῶν, σωφρονεῖ. marg. Benenati. Idem. Posterior hæc lectio magis mihi probatur, etsi nec usitata quicquam absurdi habet, nisi quod τὸ ἀντίθετον languet. Wolf.

μθ'. Προσήκειν] Προσῆκεν Bar. προσήκει Vindob. et Lambinus. Idqne rectius est. Proxime autem v. 13. cum eod. Vindob. Bar. et Aug. tu delebis istud εἶναι post δίκαια. Taylor. Imo προσήκει. Auger.

Μηδὲ δι' ἓν] i. e. διὰ μηδέν. Markland.

ν'. Ἐφ' ὑμῖν ἔσται τὸ πράττειν] Sub. κατὰ τὸ ἑαυτοῖς δοκοῦν. Videtur aliquid tale desse, nisi affectata βραχυλογία sit. Wolf. Hic putat Reiskius, et ego quoque puto aliquid desiderari, et legendum, ἐφ' ὑμῖν ἔσται κατὰ τὸ δοκοῦν πράττειν. Auger.

Μαραθῶνι] Ἐν Μαραθῶνι. Jurin.

οὐκ ἴσα τοῖς νῦν ἀγαθὰ [1] στρατηγοῖς εἰργασμένους, οὐ χαλκοῦς ἵστασαν, οὐδ᾽ ὑπερηγάπων. οὐκ ἄρα τοῖς ἀγαθόν τι ποιοῦσιν ἑαυτοὺς χάριν εἶχον; σφόδρα γε, ὦ ἄνδρες Ἀθηναῖοι, καὶ ἀπεδίδοσάν γε, καὶ [2] αὐτῶν κἀκείνων ἀξίαν. ὄντες γὰρ πολλοῦ πάντες ἄξιοι, προὔκρινον ἐκείνους [2] αὐτῶν ἡγεῖσθαι. ἔστι δὲ σώφροσιν ἀνθρώποις, καὶ πρὸς ἀλήθειαν βουλομένοις σκοπεῖν, πολὺ μείζων τιμὴ τῆς χαλκῆς εἰκόνος, τὸ καλῶν κἀγαθῶν ἀνδρῶν κεκρίσθαι [3] πρώτους. καὶ γάρ τοι τῶν ἔργων οὐδενὸς, ὦ ἄνδρες Ἀθηναῖοι, τῶν τότε ἀπεστέρησαν ἑαυτούς· οὐδ᾽ ἔστιν οὐδεὶς ὅστις ἂν εἴποι τὴν ἐν Σαλαμῖνι ναυμαχίαν Θεμιστοκλέους, ἀλλ᾽ Ἀθηναίων, οὐδὲ τὴν [4] ἐν Μαραθῶνι μάχην Μιλτιάδου, ἀλλὰ τῆς πόλεως. νῦν δ᾽, ὦ ἄνδρες Ἀθηναῖοι, πολλοὶ τοῦτο λέγουσιν, ὡς Κέρκυραν εἷλε Τιμόθεος, καὶ τὴν μόραν κατέκοψεν Ἰφικράτης, καὶ τὴν περὶ Νάξον ναυμαχίαν ἐνίκα Χαβρίας. δοκεῖτε γὰρ αὐτοὶ τῶν ἔργων τούτων παραχωρεῖν τῶν τιμῶν ταῖς ὑπερβολαῖς, [5] αἷς δεδώκατε ἐπ᾽ αὐτοῖς ἑκάστῳ τούτων.

να΄. Τὰς μὲν δὴ πολιτικὰς δωρεὰς οὕτως ἐκεῖνοί τε καλῶς καὶ λυσιτελούντως ἐδίδοσαν [6] αὐτοῖς, καὶ ὑμεῖς οὐκ ὀρθῶς· τὰς δὲ τῶν ξένων πῶς; ἐκεῖνοι Μένωνι τῷ Φαρσαλίῳ, δώδεκα μὲν τάλαντα ἀργυρίου δόντι πρὸς τὸν ἐπ᾽ 687
Ἠϊόνι τῇ πρὸς Ἀμφιπόλει πόλεμον, τριακοσίοις δ᾽ ἱππεῦσι Πενέσταις ἰδίοις βοηθήσαντι, οὐκ ἐψηφίσαντο, αὐτὸν ἄν τις ἀποκτείνῃ, ἀγώγιμον εἶναι· ἀλλὰ πολιτείαν ἔδοσαν, καὶ ταύτην ἱκανὴν ὑπελάμβανον εἶναι τὴν τιμήν. καὶ πάλιν Περδίκκᾳ τῷ κατὰ τὴν [7] Βαρβάρου πότ᾽ ἐπιστρατείαν βασιλεύοντι Μακεδονίας, τοὺς ἀναχωροῦντας ἐκ Πλαταιῶν τῶν Βαρβάρων διαφθείραντι, καὶ τέλειον ποιήσαντι [8] τἀτύχημα τῷ βασιλεῖ, οὐκ ἐψηφίσαντο ἀγώγιμον εἶναι, ἐάν τις ἀποκτείνῃ Περδίκκαν, ᾧ βασιλεὺς [9] ὁ Περσῶν

[1] στρατηγοῖς ἀγαθὰ [2] αὐτῶν [3] πρῶτον [4] [ἐν] [5] * ἃς [6] αὐτοῖς, καὶ ἡμεῖς
[7] τοῦ βαρβάρου ποτ᾽ [8] τἀτύχημα ποιήσαντι [9] [ὁ περσῶν]

Τὴν μόραν] Laconicam legionem sic dictam fuisse alibi annotavi. Vide Xenoph. δ. Ἑλληνικ. WOLF.

Αἷς δεδώκατε αὐτοῖς ἑκάστῳ τούτων] [Nam Aldus non agnoscit ἐπ᾽] Malim αἷς δεδώκατ᾽ αὐτοῖς ἐφ᾽ ἑκάστῳ τούτων. IDEM. Attamen in suis exemplaribus retinuit ἐπ᾽ αὐτοῖς, ut et cæteri legunt, et pariter habet Noster in Orat. περὶ Συντάξεως, §. η΄. fin. ubi hæc eadem leguntur. TAYLOR.

να΄. Εἶναι] Suffecimus ex Bar. Aug. Vind. et Regg. Parisiensibus. IDEM.

ἐχθρὸς δι' [1]ἡμᾶς ἀποδέδεικτο· ἀλλὰ πολιτείαν ἔδωκαν
μόνον. καὶ γάρ τοι τότε μὲν οὕτω τίμιον ἦν πᾶσιν ἀνθρώ-
ποις τὸ γενέσθαι πολίτας παρ' ὑμῖν, ὥσθ' ὑπὲρ τοῦ τυ-
χεῖν τούτου, τηλικαῦτα [2]ἡμᾶς ἀγαθὰ ἤθελον ποιεῖν· νῦν
δ' οὕτως ἄτιμον, ὥστε τῶν τετυχηκότων πολλοὶ πλείω
κακὰ τῶν φανερῶν ἐχθρῶν εἰσὶν [3]ὑμᾶς εἰργασμένοι.

νβ'. Οὐ μόνον δ' αὕτη τῆς πόλεως ἡ δωρεὰ προπεπη-
λάκισται, καὶ φαύλη γέγονεν, ἀλλὰ καὶ πᾶσαι, διὰ τὴν
τῶν καταράτων καὶ θεοῖς ἐχθρῶν ῥητόρων, τῶν τὰ τοι-
αῦτα γραφόντων ἑτοίμως, πονηρίαν· οἳ τοσαύτην ὑπερβο-
λὴν πεποίηνται τῆς [4]αὐτῶν αἰσχροκερδείας, ὥστε τὰς
τιμὰς καὶ τὰς παρ' ὑμῶν δωρεὰς, ὥσπερ οἱ τὰ μικρὰ καὶ
κομιδῇ φαῦλα ἀποκηρύττοντες, οὕτω πωλοῦσιν ἐπευωνί-
ζοντες, καὶ πολλοῖς ἀπὸ τῶν αὐτῶν λημμάτων γράφοντες
πᾶν ὅ,τι ἂν βούλωνται. πρῶτον μὲν τοίνυν, ἵνα τῶν
τελευταίων πρῶτον μνησθῶμεν, Ἀριοβαρζάνην ἐκεῖνον, οὐ
μόνον αὐτὸν καὶ τοὺς υἱοὺς, τρεῖς ὄντας, πάντων ἠξίωσαν
ὅσων [5]ἐβουλήθησαν, ἀλλὰ καὶ δύο Ἀβυδηνοὺς, μισαθη-
688 ναιοτάτους καὶ πονηροτάτους ἀνθρώπους προσέθηκαν αὐτῷ,
Φιλίσκον καὶ Ἀγαυόν. πάλιν Τιμοθέου δόξαντός τι ποιῆ-
σαι τῶν δεόντων ὑμῖν, πρὸς τῷ πάνθ' ἃ μέγιστ' ἦν αὐτῷ
δοῦναι, προσέθηκαν αὐτῷ δύο, Φρασικρίδην καὶ Πολυσθέ-
νην, ἀνθρώπους οὐδὲ ἐλευθέρους γε, ἀλλ' ὀλέθρους, καὶ
τοιαῦτα πεποιηκότας, οἷα λέγειν ὀκνήσειεν ἄν τις εὖ φρο-
νῶν. τὸ τελευταῖον δὲ νῦν, ἐπειδὴ Κερσοβλέπτην ἠξίουν
ὧν αὐτοῖς ἐδόκει, καὶ περὶ [6]τούτων ἦν ἡ σπουδὴ, προστι-
θέασι δύο αὐτῷ, τὸν μὲν, ὅσα αὐτοὶ ἀκηκόατε εἰργασμέ-
νον κακὰ, τὸν δ' ὅλως ὃν οὐδεὶς οἶδεν ἀνθρώπων τίς ἐστιν,
Εὐδέρκην ὄνομα. [7]τοι γάρ τοι διὰ ταῦτα, ὦ ἄνδρες Ἀθη-

[1] ὑμᾶς ἀπεδέδεικτο [2] ὑμᾶς [3] ὑμᾶς εἰσὶν [4] αὐτῶν [5] ἠβουλήθησαν [6] τοῦτον [7] τοιγάρτοι

Ἀλλὰ πολιτείαν] Vide hominis inconstantiam. Nam in Orat. π. Συντάξ. §. θ'. Περδίκκᾳ, τῷ κατὰ τὴν τοῦ Βαρβάρου -- οὐκ ἐψηφίσαντο πολιτείαν, ἀλλ' ἀτέλειαν ἔδωκαν μόνον. IDEM.

Πολίτας] Elegantius multo atque Auctore dignius πολίταις, uti habet marg. Morel. IDEM.

νβ'. Ἐπευωνίζοντες] Multis exemplis et erudita disquisitione hanc vocem illustrat Celeb. Hemsterhus. ad Lucian. Nigrin. §. 23. ubi etiam locum hunc Demosthenis ita legi vult: καὶ πολλοῖς ἀντὶ τῶν ἀπ' αὐτῶν λημμάτων. IDEM.

Τῷ πάνθ'] Editi omnes τό. Restituerunt cum Bodl. marg. Morel. aliisque Wolfius et Lambinus. IDEM.

Αὐτοῖς] Vind. αὐτός. Minus recte. Potius id quod sequitur, v. 26. ex Bodl. περὶ τοῦτον. IDEM.

ναῖοι, μικρὰ ἃ πρὸ τοῦ μεγάλ' ἦν, φαίνεται, καὶ τὸ πρᾶ-
γμα ἤδη καὶ περαιτέρω βαδίζει, καὶ οὐκ ἔτι ταῦτα ἀπό-
χρη. ἀλλ' εἰ καὶ μὴ φυλάξετε ἕκαστον τούτων, ἐκείνων γε
οὐδεμία χάρις ὡς ἔοικε.

νγ'. Τοῦ μέν τοι ταῦθ' οὕτως αἰσχρῶς προεληλυθέναι,
εἰ δεῖ μετὰ παῤῥησίας εἰπεῖν τἀληθῆ, οὐδένες ὑμῶν, ὦ
ἄνδρες Ἀθηναῖοι, μᾶλλόν εἰσιν αἴτιοι· οὐδὲ γὰρ δίκην ἔτι
λαμβάνειν ἐθέλετε παρὰ τῶν ἀδικούντων, ἀλλὰ καὶ τοῦτ'
ἐξελήλυθεν ἐκ τῆς πόλεως. καί τοι σκέψασθε, ὡς ἐκόλαζον
οἱ πρόγονοι τοὺς ἀδικοῦντας ἑαυτοὺς, εἰ παραπλησίως ὑμῖν.
ἐκεῖνοι Θεμιστοκλέα λαβόντες μεῖζον αὑτῶν ἀξιοῦντα φρο-
νεῖν, ἐξήλασαν ἐκ τῆς πόλεως, καὶ Μηδισμὸν κατέγνωσαν.
καὶ Κίμωνα, ὅτι τὴν πάτριον μετεκίνησε πολιτείαν ἐφ'
[1] ἑαυτὸν, παρὰ τρεῖς μὲν [2] ἀφῆκαν ψήφους, τὸ μὴ θανάτῳ
ζημιῶσαι, πεντήκοντα δὲ τάλαντα εἰσέπραξαν. καὶ τοῦτον
τὸν τρόπον προσεφέροντο, τηλικαῦτα αὐτοὺς ἀγαθὰ εἰρ-
γασμένοις ἀνθρώποις. δικαίως. οὐ γὰρ αὐτοῖς ἀπεδίδοντο 689
τὴν [3] αὑτῶν ἐλευθερίαν καὶ μεγαλοψυχίαν τῶν ἔργων, ἀλλὰ
χρηστοὺς μὲν ὄντας ἐτίμων, ἐπιχειροῦσι δ' [4] ἀδικεῖν οὐκ
ἐπέτρεπον· ὑμεῖς δ', ὦ ἄνδρες Ἀθηναῖοι, τοὺς τὰ μέγιστα
ἀδικοῦντας καὶ φανερῶς ἐξελεγχομένους, ἂν ἓν ἢ δύο ἀστεῖα
εἴπωσι, καὶ παρὰ τῶν φυλετῶν τινὲς ᾑρημένοι σύνδικοι δεη-
θῶσιν, ἀφίετε, ἐὰν δὲ καὶ καταψηφίσησθέ του, πέντε καὶ

[1] ἑαυτοῦ [2] ἀφῆσαν [3] αὐτῶν [4] ἀδικεῖν δ' ἐπιχειροῦσιν

Περαιτέρω] Lege π ο ῤ ῥ ω τ έ ρ ω cum MSS. Ald. Felician. et Manut. Codd. item Ital. Reg. *a*. et Vindob. Idem.

Ἀπόχρη] Cf. Pierson. ad Mœrin p. 286. Koppiers Observ. Philol. p. 44.

Ἀλλ' εἰ καὶ μὴ φυλάξετε ἕκαστον τούτων] Wolfius: *quod nisi hæc singulu cavebitis.* Immo: *quod nisi singulis horum satellitum vicem præstetis.* Ita supra, ad invidiam faciendam, §. λά. τὴν ἑκάστου τούτων σωτηρίαν δορυφοροῦντες. §. λδ'. τοιαύτην φυλακὴν ἐψηφισμένους φαίνεσθαι. §. μς'. *fin.* ὅς γε αὐτός ποτε τοὺς ὑμετέρους ἐχθροὺς, μισθὸν λαμβάνων, ἐδορυφόρει, τοῦτον ὑφ' ὑμετέρου ψηφίσματος φανῆναι φυλαττόμενον. §. νδ'. *fin.* νῦν ἡ πόλις εἰς ὑπηρέτου σχῆμα καὶ τάξιν προελήλυθε, καὶ Χαρίδημον εἰ χρὴ φρουρεῖν βουλεύεται. Jurin.

νγ'. Ἑαυτοὺς] Absurde. Corrige α ὐ τ ο ὺ ς, cum optimis Bar. et Vind. Taylor.

Καὶ Μηδισμὸν κατέγνωσαν] Καταγινώσκω σὲ Μηδισμὸν, et σοῦ Μηδισμὸν, et σὲ Μηδισμοῦ posse dici exempla auctorum ostendunt. Wolf.

Ἐφ' ἑαυτὸν] Non intelligo, quid sibi velit baec locutio. Neque planius intelligo lectionem, quæ in Editis et MStis pluribus dominatur, ἐφ' ἑ α υ τ ο ῦ. Taylor.

Ἀφῆκαν] Ita Wolfius. Editi et MSti, credo omnes, ἀ φ ῆ σ α ν. Idem.

Πεντήκοντα] Æmilius Probus et Plutarchus non hujus mulctæ, sed ostracismi faciunt meutionem. Miltiadem quidem 50. talentis mulctatum scribunt, quæ Callias quidam, Elpinice, Cimonis sorore, ducta, dissolverit. Wolf.

Προσεφέροντο] Lege προσεφέροντο τ ο ῖ ς τηλικαῦτα κ. τ. λ. ex marg. Benenati. Taylor.

εἴκοσι δραχμῶν ἐτιμήσατε. καὶ γάρ τοι τότε, τὰ μὲν τῆς
πόλεως ἦν εὔπορα καὶ λαμπρὰ δημοσίᾳ· ἰδίᾳ δὲ οὐδεὶς ὑπερ-
εῖχε τῶν πολλῶν. τεκμήριον δέ. τὴν Θεμιστοκλέους μὲν
γὰρ οἰκίαν, καὶ τὴν Μιλτιάδου, καὶ τῶν τότε λαμπρῶν,
εἴ τις ἄρα οἶδεν ὑμῶν ὁποία ποτ' ἐστὶν, ὁρᾷ τῶν πολλῶν
οὐδὲν σεμνοτέραν οὖσαν· τὰ δὲ τῆς πόλεως οἰκοδομήματα
καὶ [1] τὰ κατασκευάσματα, τηλικαῦτα καὶ τοιαῦτα, ὥστε
μηδενὶ τῶν ἐπιγιγνομένων ὑπερβολὴν λελεῖφθαι, προπύ-
λαια ταῦτα, νεώσοικοι, στοαὶ, Πειραιεὺς, τἄλλα, οἷς κατ-
εσκευασμένην ὁρᾶτε τὴν πόλιν. νῦν δ' ἰδίᾳ μὲν ἑκάστῳ τῶν
τὰ κοινὰ πραττόντων τοσαύτη περιουσία ἐστὶν, ὥς τε τινὲς
μὲν αὐτῶν πολλῶν δημοσίων οἰκοδομημάτων σεμνοτέρας
τὰς ἰδίας κατεσκευάκασιν οἰκίας, γῆν δ' ἔνιοι πλείω πάν-
των ὑμῶν τῶν ἐν τῷ δικαστηρίῳ συνεώνηνται· δημοσίᾳ δ'
ὑμεῖς, ἃ μὲν οἰκοδομεῖτε καὶ κονιᾶτε, ὡς μικρὰ καὶ γλί-
σχρα, αἰσχύνη λέγειν.

νδ'. Ἀλλ' ἔχετ' εἰπεῖν ὅτι κοινῇ κτησάμενοι καταλεί-
ψετε, ὥσπερ ἐκεῖνοι, Χεῤῥόνησον, Ἀμφίπολιν, δόξαν ἔργων
καλῶν, ἣν οἱ τοιοῦτοι πολῖται πάντα ἀναλίσκοντες τρό-
πον, οὐχ οἷοί τε εἰσὶν ἀφανίσαι, ὦ ἄνδρες [2] Ἀθηναῖοι. εἰκό-
690 τως. τότε μὲν γὰρ τῷ κυρίῳ τῶν φόρων γενομένῳ τά-
ξαι Ἀριστείδῃ, οὐδεμιᾷ δραχμῇ πλείω τὰ ὑπάρχοντα
[3] ἐγένοντο, ἀλλὰ καὶ τελευτήσαντα αὐτὸν ἔθαψεν ἡ
πόλις· ὑμῖν δ', εἴ τι δέοισθε, χρήματα ὑπῆρχε κοινῇ
πλεῖστα τῶν πάντων Ἑλλήνων, ὥστε ὁπόσου χρόνου ψη-

[1] Deest articulus. [2] ἀθηναῖοι; [3] ἐγένετο

Καὶ γάρ τοι] Forte τοιγάρτοι, *itaque*, ut §. νβ'. fin. Nam καὶ γάρ τοι est *etenim*: quod huic loco non quadrat. MARKLAND. M. τοιγάρτοι. AUGER.

Οἶδεν] Forte εἶδεν. MARKLAND.

νδ'. Ἀλλ' ἔχετ'] Vim hujus sententiæ sive interrogative, sive categorice efferatur, minime perspicio. Repræsento, quid in scriptis libris reperi, unde apparebit, eam olim luxatam esse, omnique fide destitutam. ἀλλ' ἔχετ' εἰπεῖν] ταῦτα δ' οὐδ' ἔχετε εἰπεῖν marg. Paris. deinde ἐκεῖνοι] ἐκείνῳ Ven. Proxime v. 20. negationem οὐχ ante οἷοι delet idem margo Benenati. cumque demum locum ita legit Cod. Vindob. οὐχ οἷοί τε εἰσὶν, ὦ Ἀθηναῖοι, εἰ μὴ πλείω τὰ ὑπάρχοντα ἐγένετο. TAYLOR. Longe melius, ad marginem Editionis Benenati, ταῦτα δ' οὐδ' ἔχετε εἰπεῖν. JURIN.

Ὥστε ὁπόσου χρόνου] Οἷον εἰ εἰς τρεῖς ἢ τέτταρας μῆνας. Sed quomodo illi scire potuerunt, quamdiu bellum, οὗ πολλὰ τὰ καινὰ καὶ παράδοξα, esset duraturum? Fortassis huc pertinet ἡ εὐήθεια τοῦ πρὸς Λακεδαιμονίους πολέμου, de qua in Philippicis: et, si quis animo sibi proponat ex probabili conjectura longissimum belli tempus, et ad id gerendum pecuniam necessariam conduplicatam reponat, is haud facile sumptibus destituetur. At unde tantæ opes? Imo unde tanta bellandi insania? Quasi vero non multo majores injurias accipere necesse sit a defensoribus, quam ab hostibus. DIU APPARANDUM BELLUM, UT FINIAS CELERIUS: imo ut id nunquam gerere sit necesse. WOLF.

φίσαισθε ἐξιέναι, τοσούτου μισθὸν ἔχοντες [1]ἐξῄειτε. νῦν δ' οἱ μὲν τὰ κοινὰ διοικοῦντες, ἐκ πτωχῶν [2]εἰσὶν εὔποροι, καὶ πολλοῦ χρόνου τροφὴν ἄφθονόν εἰσιν ἡτοιμασμένοι· ὑμῖν δὲ, [3]οὐδεμιᾶς ἡμέρας ἐφόδιά ἐστιν ἐν τῷ κοινῷ, ἀλλ' ἅμα δεῖ τι ποιεῖν, καὶ πόθεν οὐκ ἔχετε. τότε μὲν γὰρ ἦν δεσπότης [4]ὁ δῆμος τῶν πολιτευομένων, νῦν δ' ὑπηρέτης. αἴτιοι δ' οἱ τὰ τοιαῦτα γράφοντες, καὶ συνεθίζοντες ὑμᾶς ὑμῶν μὲν αὐτῶν καταφρονεῖν, ἕνα δ' ἢ δύο ἀνθρώπους [5]θαυμάζειν, εἶθ' οὗτοι κληρονομοῦσι τῆς ὑμετέρας δόξης καὶ τῶν ὑμετέρων ἀγαθῶν· ὑμεῖς δ' οὐδ' ὁτιοῦν ἀπολαύετε, ἀλλὰ μάρτυρες ἐστὲ τῶν ἑτέρων ἀγαθῶν, οὐδενὸς ἄλλου μετέχοντες, ἢ τοῦ ἐξαπατᾶσθαι. καί τοι πηλίκον ποτ' ἂν στενάξειαν οἱ ἄνδρες ἐκεῖνοι, οἱ ὑπὲρ δόξης καὶ ἐλευθερίας τελευτήσαντες, καὶ πολλῶν καὶ καλῶν ἔργων ὑπομνήματα καταλιπόντες, εἰ ἄρα αἴσθοιντο, ὅτι νῦν ἡ πόλις εἰς ὑπηρέτου σχῆμα καὶ τάξιν προελήλυθε, καὶ Χαρίδημον εἰ χρὴ φρουρεῖν βουλεύεται; [6]Χαρίδημον, οἴμοι· ἀλλ' οὐ τοῦτό ἐστι τὸ δεινὸν, οὐ τοῦτο, εἰ τῶν προγόνων, οἳ τῶν ἁπάντων διενηνόχασιν ἀρετῇ, χεῖρον βουλευόμεθα, ἀλλ' ὅτι καὶ πάντων ἀνθρώπων.

νέ. Πῶς γὰρ οὐκ αἰσχρὸν, Αἰγινήτας μὲν τουτουσὶ, νῆσον οἰκοῦντας οὕτω μικρὰν, καὶ οὐδὲν ἔχοντας ἐφ' ᾧ μέγα δὴ φρονεῖν εἰκὸς ἦν αὐτοὺς, Λάμπιν, ὃς μέγιστα ναυκλήρια κέκτηται τῶν Ἑλλήνων, καὶ κατεσκεύακε τὴν πόλιν αὐ- 691
τοῖς καὶ τὸ ἐμπόριον, μηδέπω καὶ τήμερον πολίτην πεποιῆσθαι, ἀλλὰ μόλις αὐτὸν τῆς ἀτελείας ἠξιωκέναι τῆς τοῦ [7]μετοικίου; καὶ Μεγαρέας τουτουσὶ, τοὺς καταράτους, οὕτως εὖ τὰ παρ' αὐτοῖς σεμνύνειν, ὥς τε Ἕρμωνα τὸν κυβερνήτην, τὸν μετὰ Λυσάνδρου λαβόντα τριήρεις διακοσίας, ὅτ' ἐν Αἰγὸς ποταμοῖς ἠτυχήσαμεν ἡμεῖς,

[1] ἐξῄειτε [2] [εἰσὶν] [3] οὐδὲ μιᾶς [4] ὁ δῆμος δεσπότης [5] θαυμάζειν ἀνθρώπους. [6] Χαρίδημον; [7] μετοικίου·

Ὁπόσου χρόνου] M. ὅποσον χρόνον. AUGER. Ita Bodl.

Ὑμεῖς δ' ὁτιοῦν] [Uti in quibusdam Impressis reperitur] Vellem et hic esse scriptum, ὑμεῖς δ' οὐδοτιοῦν. Sed si est Ellipsis, ἐμοῦ γε ἕνεκα ἔστω. WOLF. Cum Wolfio emendant corruptam Manutii Felicianique lectionem Lind. Aug. Vindob. Ita etiam Ald. Ven. Bar. et Ital. ὑμεῖς δ' οὐχ ὅτι οὐδενὸς ἀπολαύετε marg. Benenati. TAYLOR.

Στενάξειαν] Στενάξαιεν Codd. Ital. et Vind. itemque Lucian. in Encom. Demost. non longe ab initio, ubi hunc locum citat, cui similem fere ex Livio produxit Solanus in notis ibidem. IDEM.

πεμψάντων Λακεδαιμονίων καὶ κελευόντων ποιήσασθαι πολίτην, ἀποκρίνασθαι αὐτοῖς, ὅτι ὅταν αὐτοὺς ἴδωσι Σπαρτιάτην αὐτὸν πεποιημένους, τότε καὶ αὐτοὶ Μεγαρέα [1]ποιήσονται; καὶ Ὠρείτας ἐκείνους μέρος τέταρτον Εὐβοίας [2]οἰκούντων, τὸν Χαρίδημον τοῦτον αὐτὸν, ᾧ μήτηρ μὲν ὑπάρχει πολῖτις ἐκεῖ, πατὴρ δὲ οὐκ ἐρῶ τίς, ἢ πόθεν, — οὐδὲν γὰρ δεῖ πλείω τῶν ἀναγκαίων αὐτὸν ἐξετάζεσθαι —, ἀλλ' ὅμως τὸ ἥμισυ τοῦ γένους αὐτῷ [3]συμβαλλομένου, τοῦ ἡμίσεως μέχρι τῆς τήμερον ἡμέρας οὐκ ἠξιώκασιν, ἀλλ' εἰς τοὺς νόθους ἐκεῖ συντελεῖ, καθάπερ ποτὲ ἐνθάδε εἰς Κυνόσαργες οἱ [4]νόθοι; ὑμεῖς δ', ὦ ἄνδρες Ἀθηναῖοι, πάσης τῆς πόλεως μεταδόντες αὐτῷ, καὶ τετιμηκότες ἄλλοις, ἔτι καὶ τοῦτο αὐτῷ προσθήσετε; ὅτι τί; ποίας ἔλαβε ναῦς ὑμῖν, δι' ἃς ὑπὸ τῶν ἀπολωλεκότων ἐπιβουλεύεται; ἢ ποίαν πόλιν [5]παρέδωκεν αἰχμάλωτον λαβών; ἢ τίνας κινδύνους ὑπὲρ ὑμῶν κεκινδύνευκεν; ἢ τίνας ἐχθροὺς τοὺς αὐτοὺς ὑμῖν ᾕρηται; οὐδ' ἂν εἷς εἰπεῖν ἔχοι.

νς'. Περὶ μὲν δὴ τῶν νόμων, ὧν παραγεγράμμεθα, ὦ ἄνδρες δικασταὶ, βούλομαι μικρὰ πρὸς ὑμᾶς εἰπὼν καταβαίνειν, ἃ νομίζω [6]μνημονεύοντας ὑμᾶς ἄμεινον φυλάττειν,
692 ἂν παράγειν καὶ φενακίζειν οὗτοι ζητῶσιν ὑμᾶς. ὁ πρῶτος νόμος ἄντικρυς εἴρηκεν, ἄν τις ἀποκτείνῃ τινὰ, τὴν βουλὴν δικάζειν· ὁ δὲ, ἄν τις ἀποκτείνῃ, εὐθὺς γέγραφεν ἀγώγιμον εἶναι. τοῦτο φυλάττετε, καὶ μέμνησθε, ὅτι πάντων ἐστὶν ἐναντιώτατον τῷ κρίνειν τὸ μὴ δόντα κρίσιν ἔκδοτον ποιεῖν. οὐκ ἐᾷ μετὰ ταῦτα ὁ δεύτερος νόμος οὐδὲ

[1] ποιήσονται· [2] οἰκοῦντας [3] *συμβαλόμενοι [4] νόθοι· [5] παραδέδωκεν
[6] μνημονεύοντας ἂν ὑμᾶς

νέ. Ποιήσασθαι πολίτην] Cf. Hemsterh. ad Aristoph. Plut. 368.

Καὶ Ὠρείτας etc.] Nulla est in his constructio. Nisi aliter habeant Codices, ita legerem, καὶ Ὠρείτας — οἰκοῦντας, τὸν Χαρίδημον τοῦτον — τοῦ ἡμισέως — οὐκ ἠξιωκέναι, ἀλλ' etc. ut supra p. 260. v. 21. Αἰγινήτας — μόλις αὐτὸν τῆς ἀτελείας ἠξιωκέναι. MARKLAND.

Οἰκούντων] Rectius Editt. Felician. et Manut. cum nonnullis libris scriptis οἰκοῦντας. Idque repone. TAYLOR. Imo οἰκοῦντας. AUGER.

Τὸ ἥμισυ κ. τ. λ.] *Cum genus ipsi conferret medietatem*, nempe, civitatis. IDEM.

Ἠξιώκασιν] Ἠξιωκέναι Cant. Recte fortasse. Et mox v. 10. συντελεῖν. Id tamen minus. TAYLOR. Leg. ἠξιωκέναι, ut secum cohæreat oratio, vel dicendum oratorem ex industria minus cohærentem orationem dedisse, quod aliquando fit apud oratores. AUGER.

Ὅτι τί;] Τὸ ὅτι sub adversarii persona, ὅτι τὰ καὶ τὰ ἔπραξεν. Hanc narrationem interrumpit Auctor, et subjicit τί; WOLF.

τὸν ἑαλωκότα ἀνδροφόνον λυμαίνεσθαι, οὐδὲ χρήματα πράττεσθαι· ὁ δ' ἐν τῷ ποιεῖν ἀγώγιμον, πάντα ταῦτα δέδωκεν· ἐπὶ γὰρ τοῖς λαβοῦσιν ἔσται ποιεῖν ὅ,τι ἂν βούλωνται. ἀπάγειν ὁ νόμος ὡς τοὺς θεσμοθέτας κελεύει, καὶ τοῦτ', ἂν ἐν τῇ τοῦ πεπονθότος λάβῃ τις πατρίδι· ὁ δ' ἀγώγιμον αὐτῷ τῷ τὴν αἰτίαν [1]ἐνεγκόντι δίδωσιν ὡς [2]αὐτὸν, κἂν τῆς ἀλλοτρίας που λάβῃ. ἔστιν ἐφ' οἷς ἀδικήμασι δέδωκεν ἀποκτείνειν ὁ νόμος· ὁ δ' οὐδὲν ὑπειπὼν, κἂν ἐπὶ τούτοις κτείνῃ τις, δίδωσιν ἔκδοτον τὸν ἀθῷον ἀφειμένον ἐν τοῖς νόμοις. ἐάν τις πάθῃ τι τοιοῦτον, δίκας ὁ νόμος κελεύει [3]ἀπαιτεῖν πρῶτον· ὁ δὲ, τοὐναντίον, οὐδεμίαν κρίσιν, οὔτε αὐτὸς εἰπὼν, οὔτε παρ' [4]ὧν αὐτὸς ἀξιοῖ αἰτήσας λαβεῖν, ἀγώγιμον εὐθὺς ἔγραψε, κἄν τις [5]ἀφαιρῆται, παραχρῆμα ἔκσπονδον ποιεῖ. τὸ ἀνδρολήψιον, παρ' οἷς ἂν ὁ δράσας ᾖ, ἐὰν μὴ [6]διδόασι δίκας, κελεύουσιν οἱ νόμοι μέχρι τριῶν εἶναι· ὁ δὲ, ἄν ἀφέληταί τις τὸν ἄγοντα, μὴ βουλόμενος πρὸ δίκης ἐκδοῦναι, εὐθὺς ἔκσπονδον ποιεῖ. οὐκ ἐᾷ ὁ νόμος νόμον, ἐὰν μὴ τὸν αὐτὸν ἐπὶ πᾶσι τιθῇ τις, εἰσφέρειν· ὁ δ' ἐπ' ἀνδρὶ γράφει ψήφισμα ἴδιον. οὐκ ἐᾷ ψήφισμα ὁ νόμος κυριώτερον εἶναι νόμου· ὁ δὲ, ὑπαρχόντων τοσούτων νόμων, ψήφισμα ποιεῖ κύριον, τοὺς νόμους [7]ἀναιρῶν.

νζ΄. Ταῦτα φυλάττετε, καὶ μεμνημένοι κάθησθε, καὶ 693
τὰς μὲν παραγωγὰς, ἃς οὗτοι ποιήσονται, χαίρειν ἐᾶτε, καὶ μὴ ἐπιτρέπετε λέγειν αὐτοῖς, κελεύετε δὲ δεῖξαι ποῦ

[1] ἐπενεγκόντι [2] αὐτὸν, κἂν [ἐπὶ] τῆς [3] αἰτεῖν [4] ὧν ἀξιοῖ λαβεῖν, αἰτήσας, [5] ἀφαιρῆται [6] διδῶσι [7]* ἀναιροῦν

Ideo quod quid? sub. *fecit*. AUGER.

νς΄. Κἂν τῆς ἀλλοτρίας] Κἂν λάβῃ που τῆς ἀλλοτρίας. Ferri potest adverbialis hæc constructio, et baud scio, an vera sit. Felicianus habet: κἂν ἐπὶ τῆς ἀλλοτρίας που λάβῃ. WOLF. Et Manutius porro et Morelius. TAYLOR.

Ὁ δ' οὐδὲν ὑπειπὼν κ. τ. λ.] Wolfius: *iste non adjecit, etiamsi propter illas aliquis occiderit, sed eum proscribit*. Potius: *iste nulla re adjecta etiamsi propter illas aliquis occiderit, eum proscribit*. JURIN.

Ἐάν τις πάθῃ τι τοιοῦτον] *Si quis quid tale passus fuerit*, i. e. si cui contigerit ut hominem occiderit. AUGER.

Ὁ δὲ τοὐναντίον — ἀγώγιμον εὐθὺς ἔγραψε] Sana hæc esse vix mihi persuaserim, et video, non mediocriter angi Wolfium, ut sensum aliquem, nec illum satis commodum, ex hac lectione exsculpat. Quidni rescribamus: ὁ δὲ, τοὐναντίον, οὐδεμίαν κρίσιν, οὔτε αὐτὸς εἰπὼν, οὔτε παρ' ὧν ἔκδοτον ἀξιοῖ λαβεῖν, αἰτήσας, ἀγώγιμον εὐθὺς ἔγραψε. JURIN.

Οὔτε παρ' ὧν αὐτὸς] Τὸ αἰτήσας, si non abundat, exponatur, ἐπειδὰν αἰτήσῃ, ἢ μετὰ τὸ αἰτῆσαι. WOLF.

Ἄγοντα] Ita Codd. constanter. Annon tamen expedit rescribere ἀχθέντα? In proximis, loco τοῦ πρὸ δίκης Bodl. habet πρὸς δίκην. TAYLOR. Pro ἄγοντα leg. φεύγοντα, nempe, φονέα. AUGER.

Ὁ νόμος] Restitui ex Editis. Desiderabatur enim. TAYLOR.

γέγραφε κρίσιν, ἢ ποῦ γέγραφεν, ἄν τις ἁλῷ φόνου, κατὰ τούτου τὰς τιμωρίας [1] εἶναι. εἰ γὰρ, ἢ τὸν ἄλλοθί που κριθέντα καὶ ἑαλωκότα ὅτι δεῖ κολάζειν ἔγραψεν, ἢ αὐτὸς ἔγραψε κρίσιν εἰ πεποίηκεν ἢ οὒ, καὶ εἰ δικαίως, ἢ ἀδίκως, οὐκ ἂν ἠδίκει· εἰ δὲ τὸ τῆς αἰτίας ὄνομα [2] αὐτῷ γράψας, ἄν τις ἀποκτείνῃ, καὶ ὑπερβὰς τὸ, καὶ ἐὰν ἁλῷ φόνου, καὶ [3] τὸ, δόξῃ ἀπεκτονέναι, καὶ τὸ, δίκας ὑπεχέτω τοῦ φόνου, καὶ τὸ, τὰς τιμωρίας εἶναι κατ᾽ αὐτοῦ τὰς αὐτὰς, ὥσπερ ἂν τὸν Ἀθηναῖον ἀποκτείνῃ, καὶ πάνθ᾽ ὅσα ἐστὶ δίκαια ὑπερβὰς, ἀγώγιμον εἶναι γέγραφε, μὴ φενακίζεσθε, ἀλλ᾽ εὖ ἴστε, ὅτι πάντων ἀνθρώπων παρανομώτατα [4] εἴρηκεν·

[1] [εἶναι]· [2] αὐτὸ ὑπογράψας [3] τό· ἂν δόξῃ [4] εἴρηκε.

νζ'. Αὐτῷ] Portasse cum Bodl. et Paris. τὸ τῆς αἰτίας ὄνομα αὐτὸ γράψας. ὑπογράψας Codd. præstantiores, Bar. Aug. Viud. Idem. Lege: τὸ τῆς αἰτίας ὄνομα αὐτὸ γράψας. Jurin. Leg. αὐτό. Auger.

Δίκας] Hic non *pœnas* significat, sed *judicium*. Idem.

ΔΗΜΟΣΘΕΝΟΥΣ

Ο ΚΑΤΑ

ΤΙΜΟΚΡΑΤΟΥΣ

ΛΟΓΟΣ.

I. TAYLORI

PRÆFATIO

AD

ORATIONEM DEMOSTHENIS

CONTRA TIMOCRATEM.

NON est, bone Lector, ut Te diu morarer in aditu hujus Orationis contra Timocratem. Multa olim de ejus historia dixi, cum præfabar ad Androtianam et Aristocrateam. Vide Gellium XV. 28. Plutarchum in vita Demosth. ibidem adductos. Anno Olymp. CVI. 4. qui fuit Demostheni natalis 29. haberi contendit Dionys. Halic. ad Ammæum: Ἐπὶ δὲ Θεοδήμου τοῦ μετὰ Διότιμον ἄρξαντος τὸν κατὰ Τιμοκράτους λόγον ἔγραψε Διοδώρῳ τῷ κρίνοντι παρανόμων τὸν Τιμοκράτην. [Anonymi descriptio Olympiadum ad Olymp. CVI. 4. Θεόδημος, οἱ δὲ Εὐθύδημος. ὁ κατὰ Τιμοκράτους λόγος Δημοσθένους. Decepit Olympiadum descriptorem prava Epistolæ ad Ammæum scriptura. Archon ejus anni vero nomine Eudemus fuit, sicut ex Diodor. Sic. XVI. p. 527. et Dinarcho ostendit diligentissimus Sylburg. Wesseling. ad Petit. LL. AA. p. 92. Timocratis decretum Olymp. CV. 4. Corsin. F. A. diss. 3. §. 13. TAYLOR *In schedis.*]

Cum illa altera, quæ habita est contra Androtionem, plurima habet communia, ut memini me similiter ad istam Androtianam annotasse: idque nec mirum, cum Androtio et Timocrates in Rep. administranda, dicam? an pessundanda, arctissimo inter se fœdere conjungerentur; et idem utriusque accusator prodiret, quisquis demum fuerit, Diodorus. Unde evenit, ut Androtionis facinora quædam iisdem utrobique fere verbis recenseret. Confer

Androt.	165. 14. — 168. 3.
	171. 7. — fin.
Timocrat.	325. ult. — 328. 12.
	329. 1. — 333. 18.

Vide Ulpianum hic ad 325. ult.

Immo adeo consociari video has Orationes, ut magistri antiquiores sibi pene permitti arbitrarentur, utramvis indifferenter allegare. V. G. Ubi Harpocratio laudat Demosthenem ex Androtiana in vocibus Ἀπὸ τοῦ πράγματος. Ἐπιψηφίζων. Θεσμοθέται.

Μελάνωπος. Πρόεδροι, verisimile est, eum digitum intendere ad loca in hac nostra Timocratea, sc. Ἀπὸ τοῦ πρ. p. 701. 23. ed. Reisk. quanquam miror interea hominis interpretationem. Pariter: Ἐπιψηφ. hic 749. 2. Θεσμοθ. 707. 2. Μελάνωπος 703. 21. Πρόεδροι 706. 20. vel 749. 2. Melius fortasse hoc, quam ut credamus, defecisse actionem c. Androtionem, si quando citarentur vocabula, quæ in ea hodie non comparerent, ut olim judicavi. Interea tamen, ubi Harpocratio laudat Timocrateam in Αἰνείους, rursus, Idem, Suidas et Etym. M. 440. 31. in Ἠϊὼν sive Ἠὼν, certum est, hoc non eodem esse animo factum, verum eos similitudine vocis deceptos Aristocrateam pro Timocratea voluisse. Nam in hac neutra, in illa utraque vox occurrit, Αἰνείους, p. 230. v. 17. Ἠϊόνι p. 256. v. 23. Vicissim Harpocrat. v. Ἐξεγγύησις.

Gravissima sane Oratio, et in primis admirabilis. Eam utique si cum Leptinea conferas, invenies, ut genere laudis pariter excellere, ita argumenti ratione, si fas sit cum Scholis loqui, directe ἀντιστοιχεῖν. In illa enim, popularem legem summa cum humanitate commendat, in hac, similem non minori cum severitate improbat. Et sane quicunque ad hujus lectionem accedit, Attica jurisprudentia leviter imbutus, summa cum voluptate leget Orationem: et gravitate argumenti, et literarum elegantia, et acumine ingenii, cum Demosthenicarum vel optimis conferendam. Ut jure scripserit Theo: κάλλιστοι τῶν δημοσίων λόγων, ἐν οἷς περὶ νόμου τι ἢ ψηφίσματος ἀμφισβητεῖται. λέγω δὲ τόν τε περὶ Στεφάνου, καὶ τὸν κατὰ Ἀνδροτίωνος, καὶ Τιμοκράτους etc. pag. 5. Rursus pag. 21. (Editione autem utor Batava 1626.) εὐπορήσομεν δὲ καὶ νόμων ἀνασκευῆς, πολλαχοῦ μὲν παρὰ πλείστοις τῶν ῥητόρων, ἐντελέστατα δὲ παρὰ Δημοσθένει, ἐν τῷ κατὰ Τιμοκράτους, καὶ Ἀριστοκράτους, καὶ πρὸς Λεπτίνην.

Labitur certe Hermogenes de Invent. pag. 180. Edit. Crispin. cum hæc verba ex Timocratea adducat, sc. διαπορητικῶς ἐστὶ περιοδεῦσαι, ἂν ἄρξηταί τις, ὡς ὁ Δημοσθένης ἐν τῷ κατὰ Τιμοκράτους: Διὰ τί ἄρα, νὴ Δία, διὰ τί τοῦτο οὐχὶ καλῶς ἔχειν τὸ ψήφισμα ἔδοξέ τισι; πότερον ὅτι παρὰ τοὺς νόμους; καὶ μὴν μόνον ἐστὶ κατὰ τοὺς νόμους. ἀλλ' ὅτι τάξεως λύσις; καὶ μὴν καὶ τοῦτο, ὡς οὐκ ἄλλο, θεμέλιος εὐταξίας. TAYLOR.

ΛΙΒΑΝΙΟΥ ΥΠΟΘΕΣΙΣ ΤΟΥ ΚΑΤΑ ΤΙΜΟΚΡΑΤΟΥΣ ΛΟΓΟΥ.

Pag. ed. Reisk.

694 ΔΙΟΔΩΡΟΣ μὲν κἀνταῦθα ὁ κατήγορος κατηγορεῖ νόμου μάλα φιλανθρώπου· διόπερ ἀπὸ τῆς αἰτίας καὶ τῆς τοῦ γεγραφότος γνώμης διαβάλλειν αὐτὸν πειρᾶται. ἔστι [1] δὲ νόμος ὁ τοῦ Τιμοκράτους τοιοῦτος· εἴ [2] τῳ Ἀθηναίων ἐπ' ὀφλήματι δημοσίῳ προστετίμηται δεσμοῦ, ἢ καὶ [3] τολοιπὸν προστιμηθείη, ἐξεῖναι αὐτῷ, ἢ ἄλλῳ ὑπὲρ αὐτοῦ, ἐγγυητὰς καταστήσαντι τοῦ ὀφλήματος, οὓς ἂν ὁ δῆμος χειροτονήσῃ, ἦ μὴν ἐντὸς ῥητῆς προθεσμίας ἐκτίσειν, ἀφεῖσθαι τοῦ δεσμοῦ· ἐὰν δὲ ἐπιστάντος τοῦ χρόνου μὴ ἐκτισθῇ τὸ ὄφλημα, τὸν μὲν ἐξεγγυηθέντα δεδέσθαι, τῶν δὲ ἐγγυητῶν δημοσίαν εἶναι τὴν οὐσίαν. τοῦτον αἰτιᾶται τὸν νόμον ὁ κατήγορος οὐχ ὑπὲρ τοῦ κοινοῦ γεγράφθαι, ἀλλ' ὑπὲρ Ἀνδροτίωνος, καὶ Γλαυκίου, καὶ Μελανώπου. οὗτοι γὰρ πεμφθέντες εἰς Καρίαν πρεσβευταὶ, καὶ πλέοντές, φησιν, ἐν τῇ τριήρει, περιπεσόντες Ναυκρατίταις ἀνθρώποις ἐμπόροις, ἀφείλοντο αὐτῶν τὰ χρήματα. εἶθ' οἱ Ναυκρατῖται μὲν ἐλθόντες Ἀθήναζε, τὸν δῆμον ἱκέτευον· ὁ δὲ δῆμος ἔγνω πολέμια εἶναι τὰ χρήματα, καὶ μὴ δεῖν ἀποδοθῆναι τοῖς ἐμπόροις. τούτων δὲ οὕτω γενομένων, Ἀρχέβιος καὶ Λυσιθείδης, οἱ τριήραρχοι τῆς νεὼς ἐφ' ἧς ἔπλεον οἱ περὶ τὸν Ἀνδροτίωνα, εἰσεπράττοντο τὰ χρήματα. ὡς δὲ ἐκεῖνοι μὲν οὐκ ἐφάνησαν ἔχοντες
695 αὐτὰ, οἱ πρεσβευταὶ δὲ ὡμολόγουν ἔχειν αὐτὰ, καὶ ἔδει [4] πᾶν τὸ χρέος καταβαλεῖν, ἢ τοῖς νόμοις ὑποπίπτειν τοῖς τῶν ὀφειλόντων [5] τῷ δημοσίῳ, διὰ τοῦτό, φησι, τοῦτον τὸν νόμον Τιμοκράτης βοηθοῦντα ἐκείνοις ἔθηκεν. ὁ μέντοι Τιμοκράτης ἐκτετικέναι φησὶ τὰ χρήματα τοὺς περὶ Ἀνδροτίωνα, καὶ δῆλον ἐντεῦθεν εἶναι, ὡς οὐκ ἐκείνων εἵνεκα τὸν νόμον εἰσέφερεν αὐτοῖς. κατηγορεῖ δὲ ὁ Διόδωρος [6] καὶ ἄλλο τοῦ νόμου. τήν τε γὰρ θέσιν αὐτοῦ μέμφεται, ὡς γεγονυῖαν παρὰ τοὺς νόμους, καὶ ὑπεναντίον εἶναί φησι τοῖς ἀρχαίοις, καὶ ἀσύμφορον τοῖς κοινοῖς ἐπιδείκνυσιν.

[7] ΑΛΛΩΣ.

ΠΟΛΕΜΟΥ τυγχάνοντος Ἀθηναίοις πρὸς βασιλέα, κατὰ τοῦτον τὸν χρόνον ἐγράφη ψήφισμα,

[1] δ' ὁ νόμος ὁ [2] τινι [3] τὸ λοιπὸν προστιμηθείη [4] πᾶν χρῆμα καταβαλεῖν [5] τὰ δημόσια [6] καὶ κατ' ἄλλο [7] Ἑτέρα ὑπόθεσις.

Ὁ κατήγορος] Nude et inconcinne. *Diodorus accusator accusat.* Lege: Διόδωρος μὲν κἀνταῦθα ὁ κατήγορος Ἀνδροτίωνος, cætera. *Idem Diodorus, qui olim accusavit Androtionem, jam accusat Timocratem.* Debetur illud Codd. Bar. et Ven. TAYLOR.

Εἴ τις Ἀθηναίων] Forte εἴ τῳ, vel εἴ τινι, ut est in altero argumento p. 270. v. 22. WOLF. Omnino sane. Et ea est solennis et perpetua Constructio. Ita §. ί. Τιμοκράτης εἶπε· καὶ εἴ τινι τῶν ὀφειλόντων τῷ δημοσίῳ προστετίμηται κατὰ νόμον. Et infra, §. ιβ'. οὗτος ἔγραψεν ἄντικρυς, καὶ εἴ τινι τῶν ὀφειλόντων δεσμοῦ προστετίμηται. Similiter §. ις'. ὅσοις δεσμοῦ προστιμᾶται. Et §. κζ'. Ἐάν τις ἁλῷ κλοπῆς, καὶ μὴ τιμηθῇ θανάτου, προστιμᾷν αὐτῷ δεσμοῦ. Ita §. μζ'. γράψας ἀναιδῶς, εἴ τινι προστετίμηται δεσμοῦ. Ubi male Editio Moreliana, et præter solitum, προτετίμηται. Denique, paucissimis interjectis, §. μζ'. fin. τίς γὰρ ἢ τούτων ἢ ἐκείνων χρεία, ὅταν οἷς τετίμηται δεσμοῦ, λύωνται; Adde §. ί. fin. §. ιθ'. post med. §. κά. §. κέ. Male hic Editt. superiores εἴ τις Ἀθηναίων. Male etiam Codd. Bar. Linden. Ital. τινα. TAYLOR.

Γλαυκίου] Γλαυκέτου habent ubique Codd. præstantiores. IDEM.

Ἐν τῇ τριήρει] Puto ἐν τριήρει. Nisi forte Paralon intelligat, quæ per excellentiam vocatur ἡ τριήρης. JURIN. Deest iste Articulus in Codd. Bar. Lind. Ital. TAYLOR.

Οἱ τριήραρχοι] Vertitur *domini*. Potius; *trierarchi*, vel *præfecti*. JURIN.

Πᾶν χρῆμα] F. πάντα τὰ χρήματα, vel, πᾶν τὸ χρέος. WOLF. χρῆμα Editt. et MSti. TAYLOR.

Τὰ δημόσια] F. τῷ δημοσίῳ, et v. 19. εἰσέφερεν αὐτός. WOLF. Minus illud necessarium, cum utroque modo loquuntur, et τὰ δημόσια constanter reperiatur in exemplaribus. Vide doctissimum Salvinum ad Petiti LL. Attic. pag. 468. Edit. Nov. TAYLOR.

Καὶ ἄλλο] Καὶ κατ' ἄλλο Moreliana Editio. IDEM.

πλοῖα [1] σῦλα πολεμίων εἶναι, καὶ γίνεσθαι τὰ τιμήματα τῶν κλοπῶν δημόσια. Μαύσωλος
τῆς Καρίας [2] σατράπης ἦν, τὰς πέραν νήσους κακῶς ποιῶν. κατεβόων οἱ βλαπτόμενοι, καὶ τοὺς
Ἀθηναίους ἐπεκαλοῦντο· ἔδοξε διὰ πρέσβεων τέως αἰτιάσασθαι τὸν Κᾶρα. πέμπουσιν οὖν
Ἀνδροτίωνα, καὶ Μελάνωπον, καὶ Γλαυκίαν πρὸς τὸν ἄρχοντα Μαύσωλον, τὸν τῆς Ἀρτεμισίας
ἄνδρα καὶ ἀδελφὸν, ὡς ἀδικοῦντα τὰς νήσους, αἰτιασομένους, καὶ βασιλεῖ χαριζόμενον, δι᾽ ὃν
κακῶς ἐποίει τοὺς Ἕλληνας. οὗτοι νηὶ περιτυχόντες [3] Ναυκρατιτικῇ, Αἰγύπτια ἐχούσῃ φορ-
τία,— διεκόμιζον δὲ [4] τούτους Ἀρχέβιος καὶ Λυσιθείδης τριήραρχοι —, κατάγουσιν εἰς τὸν
Πειραιᾶ τὴν ὁλκάδα. καὶ λόγων γενομένων τοῖς Αἰγυπτίοις πρὸς τὸν δῆμον, καὶ ἱκετειῶν, οὐδὲν
ἧττον ἐκρίθη τὰ χρήματα εἶναι δημόσια, ὡς πολεμίων ὄντων τῶν Αἰγυπτίων. νόμου δὲ προσ- 696
τάττοντος, τὸν χρησάμενον δημοσίοις χρήμασιν ἐπ᾽ ἐνιαυτὸν ὅλον, διπλάσια ταῦτα διδόναι,
κατασχόντες οἱ πρέσβεις οὗτοι τάλαντα ἐννέα, καὶ τριάκοντα μνᾶς τῶν ἀπεμποληθέντων
φορτίων ἐκ τῆς νεὼς, ὑπεύθυνοι [5] ἐγίγνοντο τῷ δημοσίῳ καὶ τῷ διπλασίῳ. σπανιότητος δὲ
χρημάτων κατασχούσης τὸν δῆμον, Ἀριστοφῶν τις δημαγωγὸς ἔγραψε ψήφισμα, ἑλέσθαι
ζητητὰς τῶν ὀφειλόντων τῇ πόλει, καὶ ἀποπειρωμένων διαλαθεῖν, καὶ τούτους μηνύειν. ἐμή-
νυσεν Εὐκτήμων, ὁ πρὸς Ἀνδροτίωνα μικρῷ πρόσθεν ἀγωνισάμενος, νυνὶ δὲ πρὸς Τιμοκράτην,
ἔχειν Ἀρχέβιον καὶ Λυσιθείδην ἐκ τῆς Αἰγυπτίας ὁλκάδος τάλαντα ἐννέα, καὶ τριάκοντα μνᾶς.
ἔγραψε δηλονότι, φεύγων μὲν τὴν ἐκ τοῦ προφανοῦς πρὸς Ἀνδροτίωνα μάχην, διὰ δὲ τῆς τῶν
τριηράρχων μηνύσεως, οὐδὲν ἧττον ἐπιβουλεύων τῷ Ἀνδροτίωνι. διαδικασίας δὲ γενομένης τοῖς
πρέσβεσι πρὸς τοὺς τριηράρχους, ἡττήθησαν οἱ πρέσβεις, καὶ ὤφειλον τὰ χρήματα. προστάτ-
τοντος δὲ νόμου, τὸν ὀφείλοντα ἐπὶ τοῦ δευτέρου ἐνιαυτοῦ, δεδέσθαι, ἕως ἂν ἐκτίσῃ, ἔμελλον τῷ
δεσμῷ καὶ οἱ πρέσβεις καθυποβάλλεσθαι. ἐν δὲ τῷ καιρῷ τούτῳ, ἀρχομένου τοῦ δευτέρου
ἐνιαυτοῦ, ἐν ᾧ καὶ δεθῆναι τοὺς πρέσβεις ἐχρῆν, ἔγραψε Τιμοκράτης νόμον τοιοῦτον· εἴ τινι
τῶν ὀφειλόντων τῷ δημοσίῳ δεσμοῦ προστετίμηται κατὰ νόμον,
ἢ κατὰ ψήφισμα, ἢ καὶ τολοιπὸν προστιμηθῇ, ἐξεῖναι αὐτῷ κατα-
στήσαντι τρεῖς ἐγγυητὰς, ἦ μὴν ἐκτίσειν, οὓς ἂν ὁ δῆμος χειροτο- 697
νήσῃ, ἀφίεσθαι τοῦ δεσμοῦ· ἐὰν δὲ μὴ ἐκτίσῃ αὐτὸς, ἢ οἱ ἐγγυηταὶ,
τὸν μὲν ἐξεγγυηθέντα δεδέσθαι, τῶν δὲ ἐγγυητῶν [6] δημοσίαν εἶναι
τὴν οὐσίαν. τούτου τοῦ νόμου γραφὴν ἀπηνέγκαντο Διόδωρος καὶ Εὐκτήμων, ὡς παρα-
νόμου, καὶ ἀδίκου, καὶ ἀσυμφόρου. Ἀνδροτίων δὲ, καὶ Γλαυκίας, καὶ Μελάνωπος, συνιέντες δι᾽
αὐτοὺς γεγενῆσθαι τὴν γραφὴν, καταβάλλουσιν ἐννέα τάλαντα καὶ τριάκοντα μνᾶς· ἴσως μὲν
γὰρ οὐκ ἂν καταβαλόντες, εἰ μὴ τὴν γραφὴν ἀπέδοσαν οἱ κατήγοροι, ὅμως δ᾽ οὖν κατέβαλον.
κατηγορεῖ τοίνυν Εὐκτήμων καὶ Διόδωρος, φάσκοντες μὲν διὰ τοὺς πρέσβεις γεγράφθαι τὸν
νόμον· εἰ δὲ καὶ ἐξέτισαν ἐν τῷ μεταξὺ χρόνῳ, διδομένης τῆς γραφῆς τοῦτο ἐποίησαν. ὥς τε
τὴν προαίρεσιν τοῦ νομοθέτου ὑπαιτίαν εἶναι. οὐδὲν δὲ ἧττον ἐξετάζει τὸν νόμον ὁ ῥήτωρ, ὡς καὶ
κατ᾽ ἄλλον τρόπον ἔχοντα κακῶς. καὶ γὰρ παρανόμως τεθεῖσθαί φησι, καὶ ὑπεναντίως ἔχειν
τοῖς νόμοις, καὶ ἄλλως ἀδικεῖν καὶ βλάπτειν, δι᾽ ὧν προστάττει, τὴν πόλιν. διὰ ταῦτα γοῦν
καὶ αἱ ὑποθέσεις τοῦ λόγου δύο. μία μὲν, ὅτι διὰ τοὺς πρέσβεις γέγραπται, ἑτέρα δὲ, ὅτι

[1] σύλα [2] σατράπης, ἣν τὰς [3] ναυκρατικῇ [4] τούτους τοὺς πρέσβεις Ἀρχ. [5] ἐγίνοντο [6] τὸ λοιπὸν

Πλοῖα σῦλα πολεμίων εἶναι] Τὰ πλοῖα τῶν πολεμίων εἶναι σῦλα, τουτέστιν ἐξεῖναι συλᾶν τὰ πλοῖα. Wolf. Scribitur in Ven. et Ital. τὰ πλοῖα τῶν πολεμίων σκῦλα εἶναι. In Vindob. σῦλα πλοίων πολεμίων εἶναι. Salmasius de M. U. p. 213. hariolatur πλοῖα κατάσυλα πολεμίων εἶναι. Taylor.

Τῶν κλοπῶν] Sub. τῶν ἐκ τῶν σεσυλημένων πλοίων. Wolf. Doctissimus Valesius ad Harpocrat. legit καὶ γίνεσθαι τὰ τιμήματα τῶν ἁλόντων δημόσια. Taylor.

Γίνεσθαι—δημόσια] *Et æstimationes furtorum publicæ fierent.* Alii δημοσίᾳ *publice*, ἐπιρρηματικῶς. Wolf.

Μαύσωλος] Forte Μαύσωλος γὰρ, et v. 2. κατεβόων δέ. Idem. Locum ita legit optimus Cod. Vindob. Μαύσωλος τῆς Καρίας σατράπης τὰς πέραν νήσους ἠδίκει. Taylor.

Τὰς πέραν νήσους] Sub. τῆς Καρίας, οἷον, Ῥόδον καὶ Χίον καὶ Κῶν. ἡ γὰρ Κύπρος ἀποστᾶσα τοῦ βασιλέως ἐπολεμεῖτο. Wolf. Similiter fere Argumentum imperfectum in Cod. Veneto: ἐπεχείρησε καταδουλώσασθαι αὐτῷ τὰς τρεῖς ταύτας νήσους, Χίον καὶ Ῥόδον καὶ Κῶν. Miror autem, quare verteret Wolfius *ulteriores* (ita restitue apud me, cum operarum menda sit) et non potius, insulas *exadversum jacentes: e regione oppositas.* Quod sane debuit. Taylor.

Ἔδοξε διὰ] F. ἔδοξε τοίνυν διὰ, nisi hic Auctor contra morem consuetudinemque Græcorum delectetur ἀσυνδέτοις. Wolf.

Σπανιότητος] F. σπάνιος. Idem.

Τις δημαγωγὸς] Vertitur: *unus e Magistratibus.* Potius: *unus e demagogis, vel oratoribus.* Jurin.

Ἔγραψε] Restitue cum Vindob. ἔγραψε δὲ δηλονότι, ut recte procedere possit Oratio. Taylor.

Ἴσως μὲν γὰρ] Recte abest γὰρ ab eodem præstantissimo Codice. Idem.

Διδομένης] Margo Lutet. ἀποδιδομέ-

ὑπεναντίος τοῖς νόμοις, καὶ ἐπιζήμιος, καὶ ἄδικος. ὥστε εἰ [1] καὶ ἠδύνατο ἐκφυγεῖν ὁ Τιμοκρά-
της τὴν αἰτίαν τοῦ μὴ διὰ τοὺς πρέσβεις γεγραφέναι, ἀλλ' οὖν γε [2] τὸ μὴ πονηρὸν εἶναι οὐ
διαφεύξεται. ἠδύνατο μὲν γὰρ τοῦ νομοθέτου κατηγορεῖν ὁ Διόδωρος, ὅτι πονηρὸν ἔγραψε νόμον,
καὶ ὑπεναντίον τοῖς νόμοις· καὶ ἤρκεσεν ἂν αὐτῷ πρὸς ὑπόθεσιν ταῦτα. νῦν [3] δὲ καὶ τὴν κατὰ
698 τῶν πρέσβεων προσείληφε διαβολὴν, ἕνεκα τοῦ νομοθέτου. ἡ μὲν οὖν ὑπόθεσις τῆς αἰτίας δι' ἣν
ἔθηκε τὸν νόμον, στοχαστική. ζητεῖται γὰρ, εἰ διὰ τοὺς πρέσβεις ἔθηκεν, ἢ οὔ. ἡ δὲ κατὰ τὸν
νόμον, πραγματική. καθόλου γὰρ πᾶσα κατηγορία ῥητοῦ, πραγματικὴν ἀπεργάζεται στάσιν.
ῥητοῦ δὲ λέγω, οὐκ ἐξ οὗπερ ἕτερόν τι ζητεῖται, ὥσπερ ἐν στοχασμῷ, οὐδὲ τοῦ ἀναφερομένου
εἰς [4] τύχην καὶ ἐξουσίαν, ὥσπερ ἐν [5] μεταλήψει. ἐκεῖ μὲν [6] γὰρ ἐπὶ τοῖς ἐκβεβηκόσιν ἡ κρίσις·
ἐν δὲ τῇ πραγματικῇ, ἐπὶ μέλλουσι. καὶ δεῖ γεγράφθαι τὸ ῥητὸν ἐν νόμῳ, καὶ ἐν ψηφίσμα-
σιν. ἔστι τοίνυν τούτου τοῦ λόγου κεφάλαια τέσσαρα. ἓν μὲν τὸ νόμιμον, ὃ διαιρεῖται [7] διχῆ,
εἴς τε τὸ πρόσωπον, καὶ εἰς τὸ πρᾶγμα, τουτέστιν, εἰς αὐτὸν τὸν νόμον, ὅπως ἐναντίος ἐστὶ
τοῖς νόμοις. δεύτερον, τὸ δίκαιον. τρίτον, τὸ συμφέρον, ὅτι ἐπιζήμιος. τέταρτον, τὸ δυνατὸν,
ὅτι καὶ ἀδυνάτους ἐπιτάττει πράξεις. ἡ κρινομένη οὖν ὑπόθεσίς, ἐστιν αὕτη ἡ ἐν τοῖς κεφαλαί-
οις. τὴν γὰρ κατὰ τῶν πρέσβεων ὑπόθεσιν ἐν τῇ καταστάσει καὶ παρεκβάσει τέθεικε, διαβο-
λῆς ἕνεκα δηλονότι. ἐπειδὴ γὰρ ὁ νόμος δοκεῖ φιλανθρωπότατος εἶναι, τῶν δεσμῶν ἀφιεὶς, τού-
του ἕνεκα ἀντέθηκε πλεῖστα μὲν καὶ ἄλλα, μάλιστα δὲ τὰ δύο ταῦτα, τήν τε ὑπόθεσιν τὴν
κατὰ τοὺς πρέσβεις, ἵνα τῇ ὑπονοίᾳ ταύτῃ, τὸν [8] ἀκροατὴν, τὴν ὑποψίαν δοὺς κατὰ τοῦ ἀντι-
δίκου, [9] πείσῃ, ὡς τὸν νόμον δι' αἰσχροκέρδειαν τεθεικότος ὑπὲρ ῥητόρων καὶ πολιτευομένων,
699 ἁρπάσαι τὰ κοινὰ προαιρουμένων· καὶ τὸ ἀσύμφορον, ἐν ᾧ [10] ὅτι ἀποστερῆσαι τὴν πόλιν ἁπάντων
τῶν ὀφλημάτων δίδωσι. πρὸς δὲ τὸ δυνατὸν, ὅτι εἰ καὶ ἐβουλόμεθα, οὐκ ἦν δυνατόν· ἀναιροῦνται
γὰρ τῆς πολιτείας οἱ κανόνες. μὴ ἀγνοῶμεν δὲ ὅτι τὸ μὲν νόμιμον κεφάλαιον ἐντελέστατα
εἴργασται· τὸ δὲ δίκαιον, καὶ τὸ συμφέρον, καὶ τὸ δυνατὸν, ἀλλήλοις συμπλέκεται. καὶ τὸ
μὲν συμφέρον ἐν τούτοις ἐστὶ τὸ προηγούμενον. κατασκευάζεται δὲ διά τε τοῦ δικαίου, καὶ
τοῦ ἀδίκου, καὶ τοῦ ἀδυνάτου. πᾶν γὰρ ἄδικον, καὶ ἀσύμφορον. τῷ δ' αὐτῷ καὶ περὶ τοῦ ἀδυ-
νάτου βιάζεται χρῆσθαι λόγῳ. ὃ γὰρ ἀδύνατόν φησι, τοῦτο δὴ καὶ ἀσύμφορον. καὶ ἐπειδὴ Τι-
μοκράτης πολύς ἐστι τῇ φιλανθρωπίᾳ τοῦ νόμου χρώμενος, αὕτη δὲ ἐπὶ τὸ δίκαιον ἀναφέροιτο
ἂν, διὰ τοῦτο Δημοσθένης πανταχοῦ τῷ ἀσυμφόρῳ κέχρηται, δεικνὺς ἐπιβλαβῆ καὶ ἐπιζήμιον
τυγχάνοντα τῇ πόλει τὸν νόμον.

[1] Deest καί. [2] τοῦ [3] δὲ κατὰ τὴν τῶν [4] τέχνην [5] ἀντιλήψει
[6] Deest γάρ. [7] διχῇ [8] ἀκροατὴν πείσῃ, τὴν [9] Deest πείσῃ. [10] Deest ὅτι.

νης, et rectius. Idem.

Ὥστε εἰ ἠδύνατο] Ὥστε εἰ καὶ ἠδύνατο. Wolf. Deerat enim. Taylor.

Νῦν δὲ κατὰ τὴν] Lego: νῦν δὲ καὶ τὴν κατὰ τῶν πρέσβεων προσείληφε διαβολήν. Wolf. Variatur in MStis. Sed proba sunt ista Wolfii. Taylor.

Τέχνην — ἀντιλήψει] Forte εἰς τύχην καὶ ἐξουσίαν, ὥσπερ ἐν μεταλήψει. ἐκεῖ μὲν γὰρ etc. Wolf. Omne hoc emanavit ex Wolfii divinatione. Silent enim Codices ubique. Taylor.

Ῥητὸν ἐν νόμῳ] Rectius cum Vindob. νόμοις. Idem.

ΔΗΜΟΣΘΕΝΟΥΣ

Ο ΚΑΤΑ

ΤΙΜΟΚΡΑΤΟΥΣ

ΛΟΓΟΣ.

ά. ΤΟΥ μὲν ἀγῶνος, ὦ ἄνδρες δικασταὶ, τοῦ παρόν- 70
τος, οὐδ᾽ ἂν αὐτὸν [1]οἶμαι Τιμοκράτην εἰπεῖν, ὡς αἴτιός ἐστιν ἄλλος τις αὐτῷ, πλὴν αὐτὸς αὑτῷ. χρημάτων γὰρ οὐκ ὀλίγων ἀποστερῆσαι βουλόμενος τὴν πόλιν, παρὰ πάντας τοὺς νόμους νόμον εἰσήνεγκεν, οὔτ᾽ ἐπιτήδειον, οὔτε δίκαιον, ὦ ἄνδρες δικασταί. ὃς τὰ μὲν ἄλλα ὅσα λυμανεῖται, καὶ χεῖρον ἔχειν τὰ κοινὰ ποιήσει, κύριος εἰ γενήσεται, τάχα δὴ καθ᾽ ἕκαστον ἀκούοντες ἐμοῦ μαθήσεσθε· ἓν δὲ, ὃ μέγιστον ἔχω καὶ προχειρότατον πρὸς ὑμᾶς εἰπεῖν, οὐκ ἀποτρέψομαι. τὴν γὰρ ὑμετέραν ψῆφον, ἣν ὀμωμοκότες περὶ πάντων φέρετε, λύει, καὶ ποιεῖ τοῦ μηδενὸς ἀξίαν ὁ τουτουῒ νόμος, οὐχ ἵνα κοινῇ τι τὴν πόλιν ὠφελήσῃ,—πῶς γάρ; ὅς γε, ἃ δοκεῖ συνέχειν τὴν πολιτείαν, τὰ δικαστήρια, ταῦτα ἄκυρα ποιεῖ τῶν προστιμημάτων, τῶν

[1] οἴομαι

ΚΑΤΑ ΤΙΜΟΚΡΑΤΟΥΣ ΛΟΓΟΣ] ΠΑΡΑΝΟΜΩΝ addunt Aug. et Vindob. TAYLOR.

ά. Τάχα] *Fortassis*, Wolfius. Immo *mox*. JURIN.

Ἀποτρέψομαι] Wolfius ita conjungit: πρὸς ὑμᾶς εἰπεῖν οὐκ ἀποτρέψομαι: ut ex ejus Interpretatione liquet. Melius certe, ut scribi admonemur in margine Benenati, ὃ μέγιστον ἔχω καὶ προχειρότατον πρὸς ὑμᾶς εἰπεῖν, [τοῦτο sc.] οὐκ ἀποκρύψομαι. Ita infra §. κζ΄. καὶ γὰρ εἰ φορτικώτερον εἶναι τὸ ῥηθησόμενον δόξει, λέξω, καὶ οὐκ ἀποκρύψομαι. Et pariter, juxta orationem exeuntem, §. μς΄. Ὃ τοίνυν ἔμοιγε δοκεῖ μάλιστ᾽ ὀργῆς ἄξιον εἶναι, φράσω, καὶ οὐκ ἀποκρύψομαι. Rursus peccatur in hoc vocabulo, idque in hac ipsissima Oratione, §. ιθ΄. post med. τοῦτο τοίνυν οὑτοσὶ Τιμοκράτης ἀναιδῶς καὶ οὐδ᾽ ἀποκρυψάμενος πεποίηκε, γράψας διαῤῥήδην κ. τ. λ. Vulgo ἀποκρουσάμενος. TAYLOR.

Οὐκ ἀποτρέψομαι] Sub. τοῦ λέγειν, *non deterrebor a dicendo*. AUGER.

Ποιεῖ τοῦ μηδενὸς ἀξίαν] Puto: ποιεῖται μηδενὸς ἀξίαν. JURIN.

Ποιεῖ] Ταῦτα ἄκυρα ποιεῖ τῶν προστιμημάτων. Sic distinguatur hic locus. ἃ — ταῦτα inter se cohærent, quorum posterius κατὰ πλεονασμὸν accedit. WOLF. Di-

ἐπὶ τοῖς ἀδικήμασιν ἐκ τῶν νόμων ὡρισμένων —, ἀλλ' ἵνα
τῶν πολὺν χρόνον ὑμᾶς τινὲς ἐκκεκαρπωμένων, καὶ πολλὰ
τῶν ὑμετέρων διηρπακότων, μηδ' ἃ κλέπτοντες φανερῶς
ἐλήφθησαν, καταθῶσι. καὶ τοσούτῳ ῥᾷόν ἐστιν ἰδίᾳ τινὰς
θεραπεύειν, ἢ τῶν ὑμετέρων δικαίων προΐστασθαι, ὥστε
οὗτος μὲν ἔχει παρ' ἐκείνων ἀργύριον, καὶ οὐ πρότερον
701 τοῦτον εἰσήνεγκεν ὑπὲρ αὐτῶν τὸν νόμον· ἐμοὶ δ' ἐν χιλίαις
ὑπὲρ ὑμῶν ἔσθ' ὁ κίνδυνος. [1] τοσοῦτ' ἀπέχω τοῦ λαβεῖν τι
παρ' ὑμῶν.

β'. Εἰώθασι μὲν οὖν οἱ πολλοὶ τῶν πράττειν τι προαιρουμένων τῶν κοινῶν, λέγειν, ὡς ταῦθ' ὑμῖν σπουδαιότατ' ἐστὶ, καὶ μάλιστ' ἄξιον προσέχειν τούτοις [2] τὸν νοῦν, ὑπὲρ ὧν ἂν αὐτοὶ τυγχάνωσι ποιούμενοι τοὺς λόγους· ἐγὼ δ', εἴπερ τινὶ τοῦτο καὶ ἄλλῳ προσηκόντως εἴρηται, νομίζω κἀμοὶ νῦν ἁρμόττειν εἰπεῖν. τῶν γὰρ ὄντων ἀγαθῶν τῇ πόλει, καὶ τοῦ δημοκρατουμένην καὶ ἐλευθέραν εἶναι, ὡς ἄλλο τι τῶν νόμων αἰτιώτερόν ἐστιν, οὐδ' ἂν ἕνα εἰπεῖν [3] οἶμαι. περὶ τοίνυν αὐτοῦ τούτου νῦν ὑμῖν ἐστὶ σκεπτέον, πότερον δεῖ τοὺς μὲν ἄλλους νόμους, οὓς ἐπὶ τοῖς ἀδικοῦσι τὴν πόλιν ὑμεῖς ἀνεγράψατε, ἀκύρους εἶναι, τόνδε δὲ κύριον, ἢ τοὐναντίον, τοῦτον μὲν λῦσαι, κατὰ χώραν δὲ μένειν τοὺς ἄλλους ἐᾶν.

γ'. Τὸ μὲν οὖν πρᾶγμα, περὶ οὗ δεῖ νῦν ὑμᾶς γνῶναι, ὡς ἐν κεφαλαίῳ [4] τίς ἂν εἴποι, τοῦτ' ἐστίν. ἵνα δ' ὑμῶν

[1] τοσοῦτον [2] [τὸν νοῦν] [3] οἴομαι [4] τις

stinctio Wolfiana proba est, eamque in Textum nostrum recepimus. Confirmat Ulpianus in scholiis non longe ab initio: διὰ τοῦτο ἐπήγαγεν εἰπὼν, ὅτι ἄκυρα ποιεῖ τῶν προστιμημάτων τὰ δικαστήρια. τουτέστιν, οὐκ ἐᾷ κυρίαν γενέσθαι τὴν ψῆφον τὴν τοῦ δεσμοῦ. Ita passim in hac ipsa Oratione. §. κά. Οὐ τοίνυν ἀπέχρησεν αὐτῷ τὰ δικαστήρια ἄκυρα ποιῆσαι τῶν προστιμημάτων, ἀλλὰ — Et §. κζ'. Οὐ τοίνυν τὰ δικαστήρια ἄκυρα μόνον ποιεῖ τῶν προστιμημάτων, ἀλλὰ — Et §. μδ'. οὐ γὰρ τοῦτ' ἔθηκεν, ἀλλ' ὅπως ὑμεῖς ἄκυροι τῶν προστιμημάτων γενήσεσθε. Hæc autem ideo a me dicuntur, quoniam nonnulli ita inconsiderate distinxerant: ὅς γε, ἃ δοκεῖ συνέχειν τὴν πολιτείαν, τὰ δικαστήρια, ταῦτα ἄκυρα ποιεῖ, τῶν προστιμημάτων τῶν ἐπὶ τοῖς ἀδικήμασιν ἐκ τῶν νόμων ὡρισμένων, non plane nullo sensu, sed a mente Scriptoris alieno. Cæterum Wolfius locum negligenter vertit. Potius: *nam id qui fieri queat? cum tribunalibus, quæ remp. continere judicantur, potestatem eripiat earum mulctarum irrogandarum, quæ criminibus juxta leges debentur.* Tayl.

Κἂν τοσούτῳ ῥᾷον] *Cum interim proclivius sit quosdam privatim colere, quam jura vestra tueri et defensitare.* Est enim προΐσταμαι, τὸ, ἔμπροσθεν ἵσταμαι καὶ βοηθῶ τοῖς ὄπισθεν. ut ὑ. στεφ. etiam dictum est. *Ex edit.* Hervag.

β'. Εἰώθασι κ. τ. λ.] Lege quæ habet Hermogenes ad istud caput Πῶς κοινὰ διανοήματα ἰδιώσομεν. Taylor.

Τοῦτον μὲν λῦσαι] Ita, ex plurium Exemplarium auctoritate, Aldus, quem expresserunt Wolfianæ Editiones, τοῦτα. Infeliciter. Idem. Auger.

μηδεὶς θαυμάζῃ, τί δή ποτ' ἐγὼ μετρίως, ὥς γ' ἐμαυτὸν πείθω, τὸν ἄλλον χρόνον βεβιωκὼς, νῦν ἐν ἀγῶσι καὶ γραφαῖς δημοσίαις ἐξετάζομαι, βούλομαι μικρὰ πρὸς ὑμᾶς εἰπεῖν. ἔσται δὲ ταῦτα οὐκ ἀπὸ τοῦ πράγματος. ἐγὼ γὰρ, ὦ ἄνδρες Ἀθηναῖοι, προσέκρουσα ἀνθρώπῳ πονηρῷ, καὶ φιλαπεχθήμονι, καὶ θεοῖς ἐχθρῷ, ᾧ τελευτῶσα προσέκρουσεν ἡ πόλις [1]ὅλη, Ἀνδροτίωνα λέγω. καὶ τοσούτῳ δεινότερα Εὐκτήμονος ἠδικήθην ὑπ' αὐτοῦ, ὥσθ' ὁ μὲν Εὐκτήμων εἰς χρήματά ἐσθ' ἃ κακῶς ἔπαθεν· ἐγὼ δ', εἰ κατώρθωσεν ἐκεῖνος ἣν ἐπ' ἐμ' ἦλθεν ὁδὸν, οὐχ ὅτι τῶν ὄντων ἀπεστερήμην ἄν, ἀλλ' οὐδ' ἂν ἔζην, οὐδ' ὃ κοινὸν ἅπασίν ἐστιν, ἀπαλλαγῆναι τοῦ βίου, ῥάδιον ἦν [2]ἄν μοι. αἰτιασάμενος γάρ με, ἃ καὶ λέγειν ἄν τις ὀκνήσειεν εὖ φρονῶν, τὸν ἐμαυτοῦ πατέρα ὡς ἀπέκτονα, καὶ ἀσεβείας γραφὴν κατασκευάσας, εἰς ἀγῶνα κατέστησεν. ἐν δὲ τούτῳ τὸ πέμπτον μέρος τῶν ψήφων οὐ μεταλαβὼν, ὦφλε χιλίας· ἐγὼ δ', ὥσπερ ἦν δίκαιον, μάλιστα μὲν διὰ τοὺς θεοὺς, ἔπειτα δὲ καὶ διὰ τοὺς δικάζοντας ὑμῶν, ἐσώθην. τὸν δὴ εἰς τοιαῦτα καταστήσαντά με ἀδίκως, ἀδιάλλακτον ἐχθρὸν ἡγούμην. ἰδὼν δὲ ἠδικηκότα κοινῇ πᾶσαν τὴν πόλιν, καὶ περὶ τὴν εἴσπραξιν τῶν εἰσφορῶν, καὶ περὶ τὴν ποίησιν τῶν πομπείων, καὶ χρήματα πολλὰ τῆς θεοῦ, καὶ τῶν ἐπωνύμων, [3]καὶ τῆς πόλεως ἔχοντα, καὶ οὐκ ἀποδιδόντα, ἦλθον ἐπ' αὐτὸν μετὰ Εὐκτήμονος, ἡγούμενος ἁρμόττοντα εἰληφέναι καιρὸν τοῦ βοηθῆσαί θ' ἅμα τῇ πόλει, καὶ τιμωρίαν ὑπὲρ ὧν ἐπεπόνθειν λαβεῖν. βουλοίμην δ' ἂν ἐμέ τε τυχεῖν ὧν βούλομαι, τοῦτόν τε παθεῖν ὧν ἄξιός ἐστι. 702

δ'. Τοῦ δὲ πράγματος οὐκ ἔτι ὄντος ἀμφισβητησίμου, ἀλλὰ πρῶτον μὲν τῆς βουλῆς κατεγνωκυίας, εἶτα τοῦ δήμου μίαν ἡμέραν ὅλην ἐπὶ τούτοις αὐτοῖς ἀναλώσαντος, πρὸς δὲ τούτοις, δικαστηρίοιν δυοῖν εἰς ἕνα καὶ χιλίους ἐψη-

[1] ὅλη προσέκρουσεν ἡ πόλις [2] ἂν ἐμοί. [3] [καὶ]

γ'. Προσέκρουσα ἀνθρώπῳ πονηρῷ] "Προσκρούειν τινὶ, *in odio alicujus esse, alicui inimicum.*" D'Orville ad Charit. Aphrod. Lib. IV. cap. VI. p. 414. V.

Κατέστησεν] De hac voce vide D'Orville ad Charit. Aphrod. Lib. V. cap. VI. p. 466.

δ'. Τοῦ δὲ πράγματος] Videntur quædam deesse. Hæc enim ex abrupto adduntur. WOLF. Imo τοῦ γάρ: γὰρ, ut sæpissime est signum sermonis vel narrationis alicujus quæ incipit. AUGER.

Ἐψηφισμένων] Ἐψηφισμένοιν malit Lambinus. TAYLOR.

φισμένων, ἐνούσης δὲ οὐδεμιᾶς ἔτι ἀποστροφῆς τοῦ μὴ τὰ
χρήματ' ἔχειν ὑμᾶς, Τιμοκράτης οὑτοσὶ τοσοῦτον ὑπερεῖδεν
ἅπαντα τὰ πράγματα, ὥστε τίθησι τουτονὶ τὸν νόμον, δι'
703 οὗ τῶν ἱερῶν μὲν χρημάτων τοὺς θεούς, τῶν ὁσίων δὲ τὴν
πόλιν ἀποστερεῖ, ἄκυρα δὲ τὰ γνωσθέντα ὑπὸ τῆς βουλῆς
καὶ τοῦ δήμου καὶ τοῦ δικαστηρίου καθίστησιν, ἄδειαν δὲ
τὰ κοινὰ διαρπάζειν τῷ βουλομένῳ πεποίηκεν. ὑπὲρ δὴ τού-
των ἁπάντων λύσιν ταύτην εὑρίσκομεν οὖσαν μόνην, εἰ γρα-
ψάμενοι τὸν νόμον, καὶ εἰσαγαγόντες εἰς ὑμᾶς, λῦσαι δυ-
νηθείημεν.

έ. Ἐξ ἀρχῆς οὖν ἐν βραχέσι τὰ πραχθέντα δίειμι πρὸς
ὑμᾶς, ἵνα μᾶλλον μάθητε καὶ παρακολουθήσητε τοῖς περὶ
τὸν νόμον αὐτὸν ἀδικήμασι. ψήφισμα εἶπεν ἐν ὑμῖν Ἀρι-
στοφῶν, ἑλέσθαι ζητητάς. εἰ δέ τις οἶδέ τινα, ἢ τῶν ἱερῶν, ἢ
τῶν ὁσίων χρημάτων ἔχοντά τι τῆς πόλεως, μηνύειν πρὸς
τούτους. μετὰ ταῦτα ἐμήνυσεν Εὐκτήμων ἔχειν Ἀρχέβιον
καὶ Λυσιθείδην τριηραρχήσαντας χρήματα Ναυκρατητι-
κά, τίμημα τάλαντα ἐννέα, καὶ τριάκοντα μνᾶς. προσῆλθε
τῇ βουλῇ· προβούλευμα ἐγράφη. μετὰ ταῦτα γενομένης ἐκ-

[1] ναυκρατιτικὰ

Ἐνούσης δὲ οὐδεμιᾶς — ἔχειν ὑμᾶς] Ἀντὶ τοῦ, ἀπολαβεῖν παρὰ τῶν ὀφειλόντων. WOLF.

Ὁσίων] Vid. Ammonium, ibique eruditissimum Valckenaerum, et ea, quæ annotavimus ad Æschinem pag. 18. κ. Τιμάρχ. TAYLOR.

Τοῦ δικαστηρίου] Conjeci olim τοῖν δικαστηρίοιν. Ecce autem Vindob. eodem animo τῶν δικαστηρίων. Modo mallem ἄδειαν δὲ τοῦ τὰ κοινὰ διαρπάζειν. IDEM.

Λῦσαι] *Refutare* Wolfius. Ingeniose satis! Quasi *refutanda*, et non potius *abroganda* esset Lex Timocratis hac contentione. IDEM.

έ. Ψήφισμα εἶπεν ἐν ὑμῖν Ἀριστοφῶν, ἑλέσθαι ζητητὰς] *Aristophon* tulit *ad populum, populusque scivit, quæsitores residuarum pecuniarum creari, apud quos, ut* quisque *quempiam noverit quippiam* residuæ *habere pecuniæ, aut sacræ, aut publicæ, ita deferre primo quoque tempore debeat.* ὅσια ergo quidam intelligunt *publica*, non tamen *sacra*, et recte, ut ex hoc loco apparet. Et alibi, τὴν ἱερὰν διοίκησιν καὶ τὴν ὁσίαν intellexit *administrationem sacrarum publicarumque rerum. Ex* edit. HERVAG.

Ναυκρατητικὰ] An ita, an potius ναυκρατικὰ scribendum, (nam utroque modo in MStis reperitur, non Demosthenis modo, verum etiam Ulpiani et Harpocrationis) hodie non definio. Insedit olim et alia lectio, sed quæ in nostros Codices non se extendit, neque se extendere debuit, ναυκραρικὰ sc. ut discimus ex Harpocratione. Ναυκραρικά. Δημοσθένης ἐν τῷ κατὰ Τιμοκράτους, μή ποτε βέλτιον φέρεται ἐπὶ τοῖς Ἀττικιανοῖς Ναυκρατικὰ (Cod. MS. Bibl. Reg. Cant. Cod. item Iacob. Ναυκρατητικὰ) ἵν' ᾖ ἀπὸ Ναυκρατικοῦ (Ναυκρατητικοῦ MSS.) πλοίου, ἢ Ναυκρατιτῶν ἐμπλεόντων. ἡ γὰρ Ναύκρατις τὸ παλαιὸν ἐμπόριον ἦν τῆς Αἰγύπτου. Ἐὰν δὲ ᾖ Ναυκραρικὰ, εἴη ἂν τὰ τῶν ἀρχόντων· Ναυκράρους γὰρ τὸ παλαιὸν τοὺς ἄρχοντας ἔλεγον. Vide Maussac. ad loc. et H. Steph. Thes. L. Gr. T. II. col. 1002. P. Leopard. Emend. VII. 19. Poll. l. VIII. c. IX. TAYLOR. Controversia est inter doctos quomodo hic legi debeat. Ego admitto ναυκρατητικὰ, nempe, *pecunias in nave Ægyptiaca captas.* Ναύκρατις erat mercatus Ægyptiacus. AUGER.

κλησίας, προὐχειροτόνησεν ὁ δῆμος. ἀναστὰς Εὐκτήμων ἔλε-
γεν ἄλλα τε πολλὰ καὶ διεξῆλθε πρὸς ὑμᾶς, ὡς ἔλαβεν
ἡ τριήρης τὸ πλοῖον, ἡ Μελάνωπον ἄγουσα, καὶ Γλαυκέ-
την, καὶ Ἀνδροτίωνα, πρεσβευτὰς ὡς Μαύσωλον· ὡς ἔθε-
σαν τὴν ἱκετηρίαν, ὧν ἦν τὰ χρήματα, ἄνθρωποι· ὡς[1] ἐπε-
χειροτονήσαθ' ὑμεῖς μὴ φίλια εἶναι. τότε ἀνέμνησεν [2] ὑμᾶς
τοὺς νόμους, οὓς ἀνεγνώκατε, καθ' οὓς, τοῦτον τὸν τρόπον
πραχθέντων, τῆς πόλεως γίγνεται τὰ χρήματα. ἐδόκει
δίκαια λέγειν ὑμῖν ἅπασιν. ἀναπηδήσας [3] Ἀνδροτίων, καὶ
Γλαυκέτης, καὶ Μελάνωπος, — καὶ ταῦτα σκοπεῖτε ἂν 704
ἀληθῆ λέγω —, ἐβόων, ἠγανάκτουν, ἐλοιδοροῦντο, ἀπέλυον
τοὺς τριηράρχους, ἔχειν [4] ὡμολόγουν, παρ' ἑαυτοῖς ζητεῖν ἠξί-
ουν τὰ χρήματα. ταῦτ' ἀκουσάντων ὑμῶν, ἐπειδή ποτ' ἐπαύ-
σανθ' οὗτοι θορυβοῦντες, ἔδωκε γνώμην Εὐκτήμων ὡς δυνα-
τὸν δικαιοτάτην, ὑμᾶς μὲν εἰσπράττειν τοὺς τριηράρχους,
ἐκείνοις δ' εἶναι περὶ [5] αὐτῶν εἰς τοὺς ἔχοντας ἀναφορὰν,

[1] ἀπεχειροτονήσαθ' [2] ὑμᾶς, τοὺς νόμους ἀνέγνω, [3] * δ' Ἀνδροτίων
[4] ὡμολόγουν παρ' ἑαυτοῖς, ζητεῖν [6] αὐτῶν

Προὐχειροτόνησεν ὁ δῆμος] S. τὸν Εὐκτήμονα. Wolf. Decipitur bonus Wolfius et annotando et interpretando. Cod. Ital. habet προὐχειροτόνησε καὶ διεσκέψατο. Id quid sibi velit, docebit Harpocratio, unaque ritum, de quo agitur, explicabit. Προχειροτονία. ἔοικεν Ἀθήνησι τοιοῦτό τι γίγνεσθαι. Ὁπόταν τῆς βουλῆς προβουλευσάσης εἰσφέρηται εἰς τὸν δῆμον ἡ γνώμη, πρότερον γίνεται χειροτονία ἐν τῇ ἐκκλησίᾳ, πότερον δοκεῖ περὶ τῶν προβουλευσάντων (lege cum Cod. Biblioth. Iacob. προβουλευθέντων) σκέψασθαι τὸν δῆμον, ἢ ἀρκεῖ τὸ προβούλευμα. Taylor. Cum Senatus aliquod decretum fecerat, populus consultabat, utrum decretum statim esset admittendum, vel perpendendum in concione, et hoc dicebatur προχειροτονία. Auger.

Οὓς ἀνεγνώκατε] Utraque vox mendosa. Deest prior in Bar. et Vindob. In aliis pro ἀνεγνώκατε legitur ἀνέγνω. Corrige igitur totum locum ad hanc normam: τότε ἀνέμνησεν ὑμᾶς· τοὺς νόμους ἀνέγνω, καθ' οὓς — τῆς πόλεως γίγνεται τὰ χρήματα. *tum vos admonuit: leges recitavit, quibus* etc. Ita Cod. Ital. et similiter fere Vindob. Taylor. L. ταῦτα ἀνέμνησεν ὑμᾶς καὶ τοὺς νόμους ἀνέγνω καθ' οὓς etc. Auger.

Τοῦτον τὸν τρόπον πραχθέντων] Sub. τῶν πραγμάτων, vel εἰσπραχθέντων τῶν χρημάτων, vel πραθέντων τῶν ἐκ τοῦ πλοίου. Wolf.

Ἔχειν ὡμολόγουν] Nonne ἑαυτοὺς ἔχειν ὡμολόγουν? Jurin. In Editorum nonnullis: ἀπέλυον τοὺς τριηράρχους· ἔχειν ὡμολόγουν παρ' ἑαυτοῖς· ζητεῖν ἠξίουν τὰ χρήματα. Et Wolfius ad istum ritum olim interpretabatur; *absolvunt trierarchos, ipsi apud se habere fatentur, quæri pecuniam postulant.* Taylor.

Ἔδωκε γνώμην — ὑμᾶς μὲν εἰσπράττειν τοὺς τριηράρχους] *Censuit ille, vos quidem de illa pecunia Trierarchos appellare debere, et cum ipsis experiri. Ipsis autem Trierarchis eo nomine subsidiariam esse in eos petitionem, ad quos pecunia pervenit. Quod si ea de re controversia suboriatur, judicium inter eos ita constituere, ut qui in eo judicio victus fuerit, in eum mulcta dicatur reipub.* Est autem ἀναφορὰ, jus referendæ quæstionis adversus alium quempiam, quam quo cum judicium prius agitatum est. *Recursum salvum* forensis turba vocat, id est, jus referendi controversiam non victori, sed alii. Interpres Demosthenis eo in loco διαδικασίας nomen certæ actionis esse dicit, quod mihi non satis probabile visum est. Demosthenes διαδικασίαν et ἐπιδικασίαν pro eodem accepit πρὸς Μακάρτ. hoc est, pro *petitione hæreditatis, et bonorum possessione petita.* Bud. *Ex edit.* Hervag.

Περὶ αὐτῶν] Ita, pro vulgato περὶ αὐ-

ἐὰν δὲ ἀμφισβητῆταί τι, ποιεῖν διαδικασίαν, τὸν δὲ ἡττηθέντα, τοῦτον ὀφείλειν τῇ πόλει. γράφονται τὸ ψήφισμα, εἰς ὑμᾶς εἰσῆλθεν, ἵνα συντέμω, κατὰ τοὺς νόμους ἔδοξεν εἰρῆσθαι, καὶ ἀπέφυγεν. ἐνταῦθα τί προσῆκε; τὰ μὲν χρήματα ἔχειν τὴν πόλιν, τὸν δ᾽ ἀποστεροῦντα κολάζειν· νόμου δ᾽ οὐδενὸς οὐδ᾽ ὁτιοῦν προσέδει δήπου. μέχρι μὲν δὴ τούτων, οὐδὲν ἠδίκησθ᾽ ὑπὸ Τιμοκράτους τουτουΐ· μετὰ ταῦτα δὲ, πάντα γ᾽ ἀνεδέξατο ἐφ᾽ ἑαυτὸν τὰ προειρημένα, καὶ πάντα ἠδικημένοι φανήσεσθε ὑπὸ τούτου. ταῖς γὰρ ἐκείνων τέχναις καὶ πανουργίαις μισθώσας αὐτὸν καὶ παρασχὼν ὑπηρέτην, ἐφ᾽ αὐτὸν ἤγαγε τἀδικήματα, ὡς ἐγὼ σαφῶς ὑμῖν ἐπιδείξω. ἀνάγκη δὲ πρῶτον ὑπομνῆσαι τοὺς χρόνους ὑμᾶς, καὶ τὸν καιρὸν, ἐν ᾧ τίθησι τὸν νόμον· καὶ γὰρ ὑβριστικῶς προσεκκεχλευακὼς ὑμᾶς φανήσεται. ἦν μὲν γὰρ Σκιροφοριὼν μὴν, ἐν ᾧ τὰς γραφὰς ἥττηντο ἐκεῖνοι, τὰς κατὰ τοῦ Εὐκτήμονος. μισθωσάμενοι δὲ τοῦτον, καὶ οὐδὲ παρεσκευασμένοι τὰ δίκαια ποιεῖν ὑμῖν, κατὰ τὴν ἀγορὰν λογοποιοῦς καθίεσαν, ὡς ἁπλᾶ μέν [1] εἰσιν
05 ἕτοιμοι τὰ χρήματα ἐκτίνειν, διπλᾶ δὲ, οὐ δυνήσονται. ἦν δὲ ταῦτα ἐνέδρα μετὰ χλευασίας, καὶ κατασκευασμὸς, ὑπὲρ τοῦ λαθεῖν τόνδε τὸν νόμον τεθέντα. μαρτυρεῖ δ᾽ ὅτι ταῦθ᾽ οὕτως ἔχει τοὖργον αὐτό. [2] τῶν γὰρ χρημάτων ἐν ἐκείνοις τοῖς χρόνοις δραχμὴν οὐ κατέθηκαν ὑμῖν, νόμῳ δ᾽ ἑνὶ πλείους τοὺς ὑπάρχοντας ἀκύρους ἐποίησαν, καὶ τούτῳ τῶν πώποτε τεθέντων ἐν ὑμῖν αἰσχίστῳ καὶ δεινοτάτῳ.

ϛʹ. Βούλομαι δὴ μικρὰ διεξελθὼν περὶ τῶν κειμένων νόμων, καθ᾽ οὕς εἰσιν αἱ τοιαίδε γραφαὶ, περὶ αὐτοῦ τοῦ νόμου λέγειν, ὃν γέγραμμαι. γενήσεσθε γὰρ εὐμαθέστεροι πρὸς τὰ λοιπὰ, ταῦτα προακούσαντες. ἔστιν, ὦ ἄνδρες Ἀθηναῖοι, ἐν τοῖς οὖσι νόμοις ὑμῖν κυρίοις διωρισμένα ἀκριβῶς καὶ σαφῶς πάνθ᾽ ὅσα δεῖ ποιεῖν περὶ τῶν μελλόντων τεθήσεσθαι νόμων. καὶ πρῶτον [3] μὲν ἁπάντων, χρόνος ἐστὶν ἐγγεγραμμένος, ἐν ᾧ προσήκει νομοθετεῖν· εἶτ᾽ οὐδὲ

[1] [εἰσιν] [2] τῶν μὲν γὰρ χρ. ἐκείνοις [3] μὲν, ἁπάντων χρόνος ἐστὶ γεγραμμένος

τὸν, fide Ald. Ven. Bar. Felic. Lindenbr. Par. etc. TAYLOR. Imo περὶ αὐτῶν, nempe, χρημάτων. AUGER.

Γράφονται τὸ ψήφισμα] Sub. τὸ Εὐκτήμονος οἱ πρεσβεύσαντες, Ἀνδροτίων καὶ οἱ λοιποί. WOLF.

Ἐν ἐκείνοις τοῖς χρόνοις] Ita lego. IDEM. Nam ab Impressis aberat τὸ ἐν. TAYLOR.

τόθ᾽, ὡς ἂν ἑκάστῳ δοκῇ, δέδωκε πράττειν [1] τοῦτο. ἀλλὰ
προστάττει πρῶτον μὲν ἐκθεῖναι πρόσθεν τῶν ἐπωνύμων
γράψαντα, σκοπεῖν τῷ βουλομένῳ· μετὰ ταῦτα ἐπὶ πᾶσι
τὸν αὐτὸν νόμον κελεύει [2] τιθέναι· πρὸς τούτοις, λύειν τοὺς
ἐναντίους· ἄλλα, περὶ ὧν ἴσως [3] οὐδὲν κατεπείγει ὑμᾶς νῦν
ἀκοῦσαι· ἐὰν δέ τις τούτων ἓν παραβῇ, τῷ βουλομένῳ δί-
δωσι γράφεσθαι. εἰ μὲν οὖν μὴ πᾶσιν ἦν ἔνοχος τούτοις
Τιμοκράτης, καὶ παρὰ πάντα ταῦτα εἰσενηνόχει τὸν νό-
μον, ἓν ἂν αὐτοῦ τις ἐποιεῖτο κατηγόρημα, ὅ,τι δήποτε
τοῦτ᾽ ἦν· νῦν δ᾽ ἀνάγκη καθ᾽ ἕκαστον χωρὶς περὶ ἑκάστου
διελόμενον λέγειν. πρῶτον [4] μὲν, ὅπερ ἠδίκησε πρῶτον,
τοῦτ᾽ ἐρῶ, ὡς παρὰ πάντας τοὺς νόμους ἐνομοθέτει, εἶτα 706
τῶν ἄλλων ἑξῆς, ὅ,τι ἂν βουλομένοις ὑμῖν ἀκούειν ᾖ. καί
μοι λάβε τουτουσὶ τοὺς νόμους, καὶ ἀνάγνωθι· φανήσεται
γὰρ τούτων οὐδὲν πεποιηκώς. προσέχετε, ὦ ἄνδρες δικα-
σταὶ, τὸν νοῦν ἀναγιγνωσκομένοις τοῖς νόμοις.

ΕΠΙΧΕΙΡΟΤΟΝΙΑ ΝΟΜΩΝ.

Ἐπὶ δὲ τῆς πρώτης πρυτανείας τῇ ἑνδεκάτῃ, ἐν τῷ δήμῳ, ἐπειδὰν εὔ-

[1] τοῦτο πράττειν [2] τιθέναι κελεύει [3] οὐδὲν ἴσως ὑμᾶς κατεπείγει [4] μὲν οὖν, ὅπερ

ϛ΄. Ἦν ἔνοχος] Ita Codd. fere omnes. εἴη Bodl. In Editorum quibusdam suffocatur ἦν ante ἔνοχος. Mox v. 11. πρῶτον μὲν οὖν ex MSS. optimis et plurimis. Idem.

Νῦν δ᾽ ἀνάγκη κ. τ. λ.] "Non intellectum sæpe quid sit διαιρεῖσθαι. Unde vix sensu *explicandi, disserendi* occurrit in auctoribus, quorum copia exaratorum librorum exstat, quin corruptum sit. Ap. Dem. Timocr. νῦν δ᾽ ἀνάγκη κ. τ. λ. male acceptum pro dist*inguere*: immo *disserere* vertendum erat. Ordo est λέγειν καθ᾽ ἕκαστον χωρὶς, διελόμενον περὶ ἑκάστου: sic mihi videtur saltem. διελόντα est, distin*guentem*. vid. in Aristocrat. §. ιά. et ιθ΄. tamen sæpe activum apud posteriores potes reddere *disserere*, vel *explicare*." D'Orville ad Charit. Aphrod. Lib. VII. cap. VI. p. 645. V.

ΕΠΙΧΕΙΡΟΤΟΝΙΑ ΝΟΜΩΝ] Legem, quæ sequitur, expedite satis et enucleate interpretantur, cum Ulpianus in scholiis ad hunc locum, tum Sam. Petitus LL. Attic. Lib. II. Tit. I. Quod si nonnulla restent in hac Constitutione, quæ rudem et infirmum animum offendere possint, veluti quod vel prave repeti, vel minus apte cohærere, vel quovis demum modo parum expedita esse videantur, intelligendum est, hanc minime esse, ut olim judicabant, et hodie fortasse judicant, Legem continuo tenore allegatam; verum Auctorem nostrum, quæcunque in Tabulis publicis ad Legum ferendarum abrogandarumque ritum spectarent, huc fere contulisse omnia. Quæ cum uno quasi spiritu olim recitarentur, evenit, ut a Librariis uno deinceps et perpetuo ductu pariter describerentur. Simile aliquod arbitror me annotasse ad Æschinem contra Timarchum [pag. 12. Not. ult.] Hæc autem ita se habere, fidem facient, quæ sequuntur. Scribam enim excitaturus ad recitandum, ait: λάβε τουτουσὶ τοὺς νόμους, καὶ ἀνάγνωθι, v. 14. deinde judices ad animum advertendum: προσέχετε τὸν νοῦν ἀναγιγνωσκομένοις τοῖς νόμοις. v. 15. Facta demum recitatione, immediate subjungit, pag. 280. v. 24. οὗτοι πάντες οἱ νόμοι, et procedente paulo Oratione, pag. 283. v. pen. εἰδότα τοὺς νόμους, ὧν ὀλίγῳ πρότερον πάντες ἠκούσατε. Religionem hujus populi in Legg. suadendis abrogandisque attingit quoque ξηται ὁ κῆρυξ ἐπιχειροτονίαν ποιεῖν τῶν νόμων, πρῶτον μὲν περὶ τῶν βουλευτικῶν, δεύτερον δὲ περὶ τῶν κοινῶν, εἶτα οἳ κεῖνται τοῖς ἐννέα ἄρχουσιν, εἶτα τῶν ἄλλων ἀρχῶν· ἡ δ' ἐπιχειροτονία ἔστω ἡ προτέρα, ὅτῳ δοκοῦσιν [1] ἄρχειν οἱ νόμοι οἱ βουλευτικοὶ, ἡ δ' ὑστέρα, ὅτῳ μὴ δοκοῦσιν· εἶτα τῶν κοινῶν κατὰ ταὐτά. Τὴν δ' ἐπιχειροτονίαν εἶναι τῶν νόμων

[1] ἀρκεῖν

Demosthenes in Leptinea, ad hunc locum conferendus. Quanta autem ea fuerit religio, ut intelligere possimus, leges, quæ jam adducuntur, non gravabor liberiore quadam oratione, ea forma, qua mihi videntur esse digerendæ, hic describere: sc.

LEGUM RECENSIO,
sive
CAPITULA DE RITU LEGUM FERENDARUM.

Anno vertente, in prima populi concione, die sc. 11mo. *primi mensis, Hecatombæonis,* [Prytanea enim erat spatium 35. dierum, decima nempe pars anni, pro numero Tribuum, quæ seriatim ἐπρυτάνευον: in singula autem Prytanea tres legitimas, sive solennes Conciones haberi mos erat, diebus sc. istius periodi 11mo. 20mo. et 30mo.] *quamprimum Præco solennia vota peregerit* [Vid. Æsch. c. Timarch. p. 18. v. 1.] *ad populum referunto de Legibus: Primum de iis, quæ spectant ad Senatum, deinde quæ ad communem Reip. statum, novissime vero, quæ ad Magistratus. Roganto autem priore loco, an sufficiant Leges, quæ de Senatu sunt, deinde an non sufficiant; atque eodem ritu deinceps de cæteris.*

Rogatio de legibus ferendis abrogandisve eodem more rituque celebrator, qui hodie in cæteris rogationibus lege obtinet.

Si, populi voluntate explorata, visum erit aliquas leges abrogatum iri, novarum ferendarum hic ritus esto: Prytanes, quorum sub præfectura ea abrogatio placebit, necessario providento, ut de tribus concionibus in eorum Prytanea habendis, postrema celebretur de iis legibus examinandis perspiciendisque, quas populo videbatur abrogare: Proedri autem, qui in ista tertia concione fuerint, [Quinquaginta enim Prytanes in quinque decurias distinguebantur: Decem viri autem illi uniuscujusque manipuli Proedri vocabantur. Cum vero in singula Prytanea tot essent hebdomades, quot erant istiusmodi Decuriæ, unusquisque Xviratus sua hebdomade imperitabat, unusquisque vir suo die, is erat Epistates. Unde eveniret, ut tres ex unaquaque Proedria ad summam rerum non admoverentur] *sacris peractis statim necessario ad populum referunto de Nomothetis sortito deligendis, de Legibus ad eorum curam et arbitrium deferendis, denique de stipendio iis persolvendo.*

Nemo ad Nomothetæ munus admittatur, qui non fuerit ex ordine numeroque eorum, qui in Heliæa judiciis præsint, et jusjurandum præstiterit ab iis judicibus exigi solitum.

Si Prytanes secus fecerint, neque concionem celebrarint juxta formam in legibus præscriptam, aut si Proedri juxta formam non retulerint, mulctator Prytanum unusquisque mille drachmis, Minervæ consecrandis: Proedrorum vero unusquisque quadraginta similiter. Eorumque deinde nomina ad Thesmothetas deferre fas esto, eodem modo, uti quis quem detulerit, qui magistratum gesserit, quando fisco publico ærarius fiet. Thesmothetæ vero litem legitimam contra eos instituunto, juxta leges de delationibus. Si secus fecerint, a Senatu Areopagitico excluduntor, quemadmodum excluduntur ii, qui legum emendationem labefactaverint.

Ante diem Concionis habendæ, quicunque Atheniensium legem novam ferre voluerit, legem istam legesve, quas rogaturus est, describito: descriptas ad Statuas Eponymorum [Erant hi Heroes, quorum *nomine* singula Tribus designabatur] *publice proponito. Ita ut perspecto numero legum ibi prostantium, Populus pro rata decernat, quantum temporis Nomothetis ad munus suum exsequendum concedi fas sit.*

Alia Constitutio aliunde sumta de eodem ritu:

Quicunque novam legem rogare voluerit, eam is in Album describito, et publicato ad Statuas Eponymorum, de die in diem, usquedum habita fuerit Concio de ista lege deliberatura.

Prima Concione, qui erit dies Hecatombæonis 11[mus] *Vviri eliguntor ex omni Atheniensium populo; iique patroni sunto earum legum, de quibus retinendis abrogandisve ad Nomothetas relatio facta fuerit.*

Atque hæc quidem hactenus: cætera currente rota annotabimus. TAYLOR. Vid. Vol. II. p. 392.

Εἶτα οἳ κεῖνται] Sub. εἶτα περὶ τούτων οἳ κεῖνται. Deinde εἶτα περὶ τῶν ἄλλων, et v. ult. εἶτα περὶ τῶν κοινῶν. AUGER.

Εἶτα τῶν ἄλλων ἀρχῶν] Forte εἶτα περὶ τῶν, et [v. ult.] εἶτα περὶ τῶν κοινῶν. WOLF.

Κατὰ ταὐτὰ] Perperam Wolfius κατὰ ταῦτα. Corrige ταὐτὰ cum MSS. TAYLOR.

κατὰ τοὺς νόμους τοὺς κειμένους. Ἐὰν δέ τινες τῶν νόμων τῶν κειμένων ἀποχειροτονηθῶσι, τοὺς πρυτάνεις, ἐφ' ὧν ἂν ἡ ἐπιχειροτονία γένηται, ποιεῖν περὶ τῶν ἀποχειροτονηθέντων τὴν τελευταίαν τῶν τριῶν ἐκκλησιῶν· τοὺς δὲ προέδρους, οἳ ἂν [1] τύχωσι προεδρεύοντες ἐν ταύτῃ τῇ ἐκκλησίᾳ, χρηματίζειν ἐπάναγκες, πρῶτον μετὰ τὰ ἱερὰ περὶ τῶν νομοθετῶν, καθ' [2] ὅτι καθεδοῦνται, καὶ περὶ ἀργυρίου, ὁπόθεν τοῖς νομοθέταις ἔσται. Τοὺς δὲ νομοθέτας εἶναι ἐκ τῶν ὀμωμοκότων τὸν Ἡλιαστικὸν ὅρκον. Ἐὰν δ' οἱ πρυτάνεις μὴ ποιῶσι κατὰ τὰ [3] γεγραμμένα τὴν ἐκκλησίαν, ἢ οἱ πρόεδροι μὴ χρηματίσωσι [4] κατὰ τὰ γεγραμμένα, ὀφείλειν τῶν μὲν πρυτανέων ἕκαστον χιλίας δραχμὰς ἱερὰς τῇ Ἀθηνᾷ, τῶν δὲ προέδρων ἕκαστος ὀφειλέτω 707
τετταράκοντα δραχμὰς ἱερὰς τῇ Ἀθηνᾷ· καὶ ἔνδειξις αὐτῶν ἔστω πρὸς τοὺς θεσμοθέτας, καθάπερ ἐάν τις ἄρχῃ ὀφείλων τῷ δημοσίῳ. οἱ δὲ θεσμοθέται τοὺς ἐνδειχθέντας εἰσαγόντων εἰς τὸ [5] δεσμωτήριον κατὰ τὸν νόμον, ἢ μὴ ἀνιόντων εἰς Ἄρειον πάγον, ὡς καταλύοντες τὴν ἐπανόρθωσιν τῶν νόμων. Πρὸ δὲ τῆς ἐκκλησίας ὁ βουλόμενος Ἀθηναίων [6] νομοθετεῖν, ἐκτιθέτω πρόσθεν τῶν ἐπωνύμων γράψας τοὺς νόμους, οὓς ἂν τίθῃ· ὅπως ἄν, πρὸς τὸ πλῆθος τῶν [7] ἐκτεθέντων νόμων, ψηφίσηται ὁ δῆμος περὶ τοῦ χρόνου τοῖς νομοθέταις.

Ὁ δὲ τιθεὶς τὸν καινὸν νόμον, ἀναγράψας εἰς λεύκωμα, ἐκτιθέτω πρόσθεν τῶν ἐπωνύμων ὁσημέραι, ἕως ἂν ἐκκλησία γένηται. Αἱρεῖσθαι δὲ καὶ τοὺς συναπολογησομένους [8] τῶν δήμων τοῖς νόμοις, οἳ ἂν ἐν τοῖς νομοθέταις λύωνται, πέντε ἄνδρας ἐξ Ἀθηναίων ἁπάντων, τῇ ἑνδεκάτῃ τοῦ Ἑκατομβαιῶνος μηνός.

ζ'. Οὗτοι πάντες οἱ νόμοι κεῖνται πολὺν ἤδη χρόνον, ὦ ἄνδρες δικασταί, καὶ πεῖραν αὐτῶν πολλάκις δεδώκασιν, ὅτι συμφέροντες ὑμῖν εἰσί, καὶ οὐδεὶς πώποτε μὴ οὐ καλῶς ἔχειν [9] ἀντεῖπεν αὐτούς. εἰκότως. οὐδὲν γὰρ ὠμόν, οὐδὲ

[1] τυγχάνωσι - [2] ὅ,τι κ., κ. π. τοῦ ἀργ. [3] προγεγραμμένα [4] [κατὰ τὰ γεγραμμένα] [5] δικαστήριον [6] [νομοθετεῖν] [7] τεθέντων [8] τὸν δῆμον [9] ἀντεῖπε μὴ οὐ καλῶς ἔχειν

Lege κατὰ ταὐτὰ, *eodem* ritu. AUGER.

Ἐπιχειροτονία] Loci ratio omnino postulat ἀποχειροτονία. Ecce: Ἐάν τινες τῶν νόμων ἀποχειροτονηθῶσι, τοὺς πρυτάνεις, ἐφ' ὧν ἡ ἀποχειροτονία γένηται, ποιεῖν περὶ τῶν ἀποχειροτονηθέντων. κ. τ. λ. *Si contingat, ut aliquæ leges* improbentur, *Prytanes* [male et indistincte Wolfius *Senatores*], *quorum in magistratu* improbabuntur, *concionem indicant de legibus ita* improbatis. Hanc lectionem tuentur Codd. Ven. Lind. Bodl. Aug. Ital. et Vindob. TAYLOR.

Χρηματίζειν] *Respondeant* Wolfius, et hic et infra sæpius. Potius: *referant*, vel, *dicendi potestatem faciant*. JURIN.

Τοὺς δὲ νομοθέτας εἶναι ἐκ τῶν ὀμωμοκότων τὸν Ἡλιαστικὸν ὅρκον] Id est, δικαστικόν. nam ut ἡλιάζεσθαι non solum *apricari* significat, sed etiam ἐν τῇ Ἡλιαίᾳ δικάζειν (Ἡλιαία γὰρ τὸ μέγιστον δικαστήριον Ἀθήνησι, quod sic dictum est, quia sub dio apricantes judices sedebant) ita Ἡλιαστὴς ἀντὶ τοῦ δικαστής, et Ἡλιαστικὸς ὁ δικαστικός. Erat autem maximum judicium Athenis, ut *subsellia* Romæ. In eo enim judicia publica exercebantur. Idem infra in eadem, καθάπερ ἐάν τις ὀφείλων τῷ δημοσίῳ, ἡλιάζεται, id est, *inter judices magni judicii sedeat*, etc. *Ex edit.* HERVAG.

Εἰσαγόντων εἰς τὸ δεσμωτήριον] Τὸ ἀπάγειν εἰς τὸ δεσμωτήριον usitate dicitur, idque τῶν ἕνδεκα munus fuit: εἰσάγειν εἰς τὸ δικαστήριον, quod τῶν Θεσμοθετῶν. WOLF. Recte distinguit Vir eruditus inter munus Lictoris et Thesmothetæ. Tu ergo in posterum lege, εἰσαγόντων εἰς τὸ δικαστήριον, ad *judicium* nempe, non ad *supplicium*, ut legendum præcipiunt MSti, Aldini, Bar. Reg. *a.* Linden. Ital. Vind. Aug. cum impressis a Manutio et Feliciano. TAYLOR. Imo δικαστήριον. AUGER. Vid. D'Orville ad Charit. Aphrod. Lib. V. cap. IV. p. 456.

Ἢ μὴ ἀνιόντων εἰς Ἄρειον πάγον] Sub. οἱ θεσμοθέται: de quibus vide argumentum Androtianæ, p. 145. WOLF.

Τῶν δήμων] Rectius aliquanto τὸν δῆμον. Sc. αἱρεῖσθαι τὸν δῆμον τοὺς συναπολογησαμένους, prout habetur in Ven. Aug. Ital. atque uti divinavit Lambinus. TAYLOR. AUGER.

βίαιον, οὐδ' ὀλιγαρχικὸν προστάττουσιν, ἀλλὰ τοὐναντίον, πάντα φιλανθρώπως καὶ δημοτικῶς φράζουσι πράττειν. καὶ πρῶτον μὲν ἐφ' ὑμῖν ἐποίησαν διαχειροτονίαν, πότερον εἰσοιστέος ἐστὶ νόμος καινὸς, ἢ δοκοῦσιν ἀρκεῖν οἱ κείμενοι· μετὰ ταῦτα δὲ, ἂν χειροτονήσητε εἰσφέρειν, οὐκ εὐθὺς τιθέναι προσέταξαν, ἀλλὰ τὴν τρίτην ἀπέδειξαν ἐκκλησίαν· καὶ οὐδ' ἐν ταύτῃ τιθέναι δεδώκασιν, ἀλλὰ σκέψασθαι
708 καθ' ὅ,τι τοὺς νομοθέτας καθεδεῖτε· ἐν δὲ τῷ μεταξὺ τούτῳ χρόνῳ, προσέταξαν τοῖς βουλομένοις εἰσφέρειν, ἐκτιθέναι τοὺς νόμους πρόσθεν τῶν ἐπωνύμων, ἵν' ὁ βουλόμενος σκέψηται, κἂν ἀσύμφορον ὑμῖν τι κατίδῃ, φράσῃ, καὶ κατὰ σχολὴν [1]ἀντείποι· τούτων μέντοι τοσούτων ὄντων οὐδὲν πεποίηκε Τιμοκράτης οὑτοσί. οὔτε γὰρ ἐξέθηκε τὸν νόμον, οὔτ' ἔδωκεν, εἴ τις [2]ἐβούλετο ἀναγνοὺς, ἀντειπεῖν, οὔτ' ἀνέμεινεν οὐδένα τῶν τεταγμένων χρόνων ἐν τοῖς νόμοις· ἀλλὰ τῆς ἐκκλησίας, ἐν ᾗ τοὺς νόμους ἐπεχειροτονήσατε, οὔσης ἑνδεκάτης τοῦ Ἑκατομβαιῶνος μηνὸς, δωδεκάτῃ τὸν νόμον εἰσήνεγκεν εὐθὺς τῇ ὑστεραίᾳ, καὶ ταῦτα ὄντων Κρονίων, καὶ διὰ ταῦτα ἀφειμένης τῆς βουλῆς, διαπραξάμενος μετὰ τῶν ὑμῖν ἐπιβουλευόντων, καθίζεσθαι νομοθέτας διὰ τοῦ ψηφίσματος, ἐπὶ τῇ τῶν Παναθηναίων προφάσει.

η΄. Βούλομαι δ' ὑμῖν τὸ ψήφισμα αὐτὸ ἀναγνῶναι, τὰ νικῆσαν, ἵν' εἰδῆθ', ὅτι πάντα συνταξάμενοι, καὶ οὐδὲν

[1] ἀντείπῃ [2] ἐβούλετο, ἀναγνοὺς ἀντειπεῖν,.

Καὶ πρῶτον μὲν ἐφ' ἡμῖν ἐποίησαν διαχειροτονίαν] *Leges hanc disceptationem arbitratus nostri fecerunt, utrum lex nova ferenda sit, an jam latæ sufficiant.* Hoc loco διαχειροτονία est *dijudicatio*, et διάκρισις τῆς ἐν πλήθει γενομένης χειροτονίας. Et in eadem, χειροτονῆσαι τοὺς νομοθέτας dixit, pro ψηφίσασθαι, verba legis recitans, ὁπότερον δ' ἂν τῶν νόμων χειροτονήσωσιν οἱ νομοθέται, τοῦτον κύριον εἶναι, *utram legem probarint. Ex edit.* HERVAG.

Καθεδεῖτε] Καθέζειν [καθίζειν certe] νομοθέτας ἐνεργητικῶς accipiendum. Obsop. καθιεῖτε, παρὰ τὸ καθιέω, τὸ καθίημι. WOLF. Præter Obsop. ita quoque legunt marg. Benenati, Linden. Ital. Bodl. MSS. Man. et Fel. Cod. item Venetus, qui etiam exhibet τοὺς νόμους καθιεῖτε. Atque καθιεῖτε certissima est lectio, a verbo καθίζω regulariter deducta, non παρὰ τὸ καθιέω, ut somniavit Wolfius. Καθεδεῖτε certe nescio unde deduceretur. TAYLOR. Imo καθιεῖτε, in futuro, a καθίζω, *sedere facio.* AUGER.

Ἀντείποι] Melius forte ἀντείπῃ, ut Editt. Man. et Fel. cum MStis Lind. et Vind. atque uti mavelit Lambinus. TAYL.

Οὔτ' ἀνέμεινεν] Ita ego, [Alii enim ἐνέμεινεν] et v. 16. ἐπεχειροτονήσατε, pro ἀπεχειροτονήσατε, et v. 17. οὔσης ἑνδεκάτῃ, ut in Lege τῇ ἑνδεκάτῃ, et ibid. δωδεκάτῃ. Deinde v. 19. διαπραξάμενος διὰ τοῦ ψηφίσματος, τὸ τί; καθίζεσθαι νομοθέτας. WOLF.

η΄. Ἵνα εἰδῆτε ὅτι πάντα συνταξάμενοι] *Id est, omnia ex composito fecerunt, atque de industria.* Sic Æschin. περὶ παραπρεσβ. συνετάξαμεν ἡμᾶς αὐτοὺς, *ita inter nos comparavimus et constituimus. Ex edit.* HERVAG.

ἀπὸ ταυτομάτου τούτων ἔπραττον οὗτοι. λάβε τὸ ψήφισμα αὐτοῖς καὶ [1] ἀναγίγνωσκε σύ.

ΨΗΦΙΣΜΑ.

Ἐπὶ τῆς Πανδιονίδος πρώτης, ἑνδεκάτῃ τῆς πρυτανείας. [2] Τιμοκράτης εἶπεν, Ὅπως ἂν τὰ ἱερὰ θύηταί [3] τις, καὶ ἡ διοίκησις ἱκανὴ γένηται, καί, εἰ

[1] ἀναγίνωσκέ [2] Ἐπικράτης [3] Deest τις.

Ἐπὶ τῆς Πανδιονίδος πρώτης κ. τ. λ.] Ex hoc loco videtur colligi posse, unamquamque tribum vel φυλὴν divisam fuisse in decem partes, seu προεδρίας, et unamquamque obtinuisse, id est, præfuisse concilio unum diem usque ad ultimum vel decimum, et sic indigitari, Πανδιονὶς πρώτη, Πανδιονὶς δευτέρα, Πανδιονὶς τρίτη, usque ad decimam, postquam prima recurrebat ad undecimum diem τῆς Πρυτανείας, et sic deinceps. Ideo hoc loco præsidet prima Pandionis undecimo Prytaniæ die. PALMER. Adde eundem Palmerium ad Petit. Legg. Attic. L. III. Tit. I. pag. 269. Edit. Wesseling. (ubi fallitur Vir doctissimus, automatque, dici τῆς Πανδιονίδος πρώτην, δευτέραν etc. subintellecta voce προεδρίαν) Scalig. de Emendatione Tempor. I, II. init. Dodwel. de Cyclis Diss. III. §. 37. et Ulpianum denique in scholiis ad hunc locum. Quo pacto hæc verba sunt intelligenda, paucis expediam. Quod dixit olim, 706. 8. ed. R. ἐπὶ τῆς πρώτης Πρυτανείας, τῇ ἑνδεκάτῃ, effert modo, ἐπὶ τῆς Πανδιονίδος πρώτης, τῇ ἑνδεκάτῃ τῆς πρυτανείας. Et nihil variatur. Tribus enim Pandionis (sive sorte hoc anno id obtigerit, ut primam Prytaneam gereret, uti omnes nos olim sensimus, sive istam prærogativam jure obtinuerit, et cæteræ quoque Tribus ordine et serie ad Prytaneam quæque suam succederent, ut Dodwellus solus in l. c. sibi in animum induxit) in hoc loco nomen suum primæ Prytaneæ annectit, quod in priore isto Auctor dissimulavit. Ait igitur: *Prima Prytanea, id munus gerente Tribu Pandionide, die vero undecimo istius Prytaneas*, cætera. Confer §. ί. et §. ιθ'. med. Sane ubi rem mecum expendam, videtur mihi Legislator in loco priore, sc. 706. 8. ed. R. cum generaliter, et de rebus *futuris* præcipiat, nomen Tribus non adjecisse, propter sortis incertitudinem, nescius scilicet, quænam præsideret: At cum Orator rem gestam et *præteritam* narret, aut ubi ad Acta Civitatis monumentaque publica refertur, quid, quo magistrato consignatum sit, ibi liquido potuisse vel disertissime scribi Tribus, quæ præerat. Accedit etiam, quod eadem sit mens Ulpiani, cujus auctoritatem aut ignoravit, aut dissimulavit Dodwellus. Ἐνταῦθα καλῶς προσέθηκε τὴν φυλὴν, τὴν Πανδιονίδα, ἐπειδὴ ἔτυχε τότε αὐτὴν κληρωθῆναι πρώτην πρυτανεῦσαι. ἀνωτέρω, ἐπειδὴ τὴν ἐπιχειροτονίαν τῶν νόμων ἀνέγνωκεν, εἰκότως οὐχ ὥρισε, ποίας πρυτανευούσης πρώτης· ἐπειδὴ ἄδηλον ἦν, ὡς εἴπομεν, ποία κληροῦται ἀεὶ κατὰ τὸν πρῶτον μῆνα πρώτη πρυτανεῦσαι. Verum utcunque ea res sit, omnino admittenda est mea de hoc loco sententia, ni potior esse videretur doctissimi Jurini divinatio, quæ sequitur. TAYLOR. Πρώτη Πανδιονὶς, quod illo nimirum anno Pandionis tribus Hecatombæone mense, qui primus erat anni mensis, prima prytaniæ munere fungeretur. v. Celeb. Corsini F. A. T. I. p. 101. *In schedis* TAYLOR. Puto rescribendum vice πρώτης, πρυτανευούσης. Ita etiam §. ί. JURIN. AUGER.

Τιμοκράτης] Immo Ἐπικράτης potius. Hoc enim Psephisma non rogatur a Timocrate, sed a quodam ejus amico, Timocrateæ rogationi succenturiante, atque aditum struente. Atque in eadem sententia Ulpianum esse video, qui per totam hanc Orationem optimam operam præstitit: ψήφισμα (hoc nempe præparatorium) ἔγραψεν Ἐπικράτης, φίλος τοῦ Τιμοκράτους, — εἰ γὰρ καὶ τὰ δύο ἐποίησεν ὁ Τιμοκράτης, ὕποπτος ἂν ἐγίνετο. Vide hominem ad v. 3. et p. 283. v. 15. Porro in omnibus fere, præstantissimis certe, exemplaribus Ἐπικράτης scribitur, non Τιμοκράτης, Ven. sc. Bodl. Lind. Aug. Ital. Vindob. Expedire autem mihi aliquem velim, unde aliter tot Librarii arriperent ignotum istum Epicratem. Proclive erat vicissim, id quod nonnulli faciunt, ab ignoto Epicrate ad notiorem Timocratem deflectere. Vidit hujus correctionis necessitatem Petitus ad LL. Att. pag. 87. Edit. ornatissimi Wesselingii. TAYLOR. Ἐπικράτης. AUGER.

Τις] Dele, fidejussoribus Ven. Bar. Bodl. Lindenb. Ital. Vindob. TAYLOR. τις del. vid. AUGER.

Διοίκησις] Ἡ δαπάνη, ἡ χορηγία. Sic, οἱ ἐπὶ τῆς διοικήσεως, οἱ τῶν προσόδων τῆς πόλεως ἐπιμελούμενοι. WOLF. Aliquatenus Wolfius. Non autem vidit, quam solenni τινος ἐνδεῖ πρὸς τὰ Παναθήναια, διοικηθῇ, τοὺς πρυτάνεις τοὺς τῆς Πανδιονίδος καθίσαι νομοθέτας αὔριον· τοὺς δὲ νομοθέτας εἶναι ἕνα καὶ χιλίους, ἐκ τῶν ὀμωμοκότων· συννομοθετεῖν δὲ καὶ τὴν βουλήν.

[1] ἐνθυμήθητε ἀναγιγνωσκομένου τοῦ ψηφίσματος, ὡς τε-
709 χνικῶς ὁ γράφων αὐτὸ, τὴν διοίκησιν, καὶ τὸ τῆς ἑορτῆς προ-
στησάμενος κατεπεῖγον, ἀνελὼν τὸν ἐκ τῶν νόμων χρόνον αὐτὸς ἔγραψεν αὔριον νομοθετεῖν, οὐ, μὰ Δί', οὐχ ἵνα ὡς κάλλιστα γένοιτό τι τῶν περὶ τὴν ἑορτὴν, — οὐδὲ γὰρ ἦν ὑπόλοιπον, οὐδ' ἀδιοίκητον οὐδὲν, — ἀλλ' ἵνα μὴ προαισθομένου μηδενὸς ἀνθρώπων, μηδ' ἀντειπόντος, τεθείη καὶ γένοιτο κύριος αὐτοῖς ὅδε ὁ νῦν ἀγωνιζόμενος νόμος. τεκμήριον δέ. καθιζομένων γὰρ τῶν νομοθετῶν, περὶ μὲν τῶν γεγραμμένων τούτων, τῆς διοικήσεως, [2] καὶ τῶν Παναθηναίων, οὔτε χείρονα, οὔτε βελτίω νόμον οὐδένα εἰσήνεγκεν οὐδείς· περὶ δὲ ὧν οὔτε τὸ ψήφισμα ἐκέλευεν, οἵ τε νόμοι κωλύουσι, Τιμοκράτης οὑτοσὶ κατὰ πολλὴν ἡσυχίαν ἐνομοθέτει, κυριώτερον μὲν νομίσας τὸν ἐκ τοῦ ψηφίσματος, ἢ τὸν ἐν τοῖς νόμοις εἰρημένον χρόνον, οὐδ' ὁτιοῦν δὲ φοβηθεὶς, εἰ ἁπάντων ὑμῶν ἀγόντων ἱερομηνίαν, καὶ νόμου κειμένου, μήτ' ἰδίᾳ μήτε κοινῇ μηδὲν ἀλλήλους ἀδικεῖν ἐν τούτῳ τῷ χρόνῳ, μηδὲ χρηματίζειν ὅ,τι ἂν μὴ περὶ τῆς ἑορτῆς ᾖ, αὐτὸς οὐχ ἕνα τὸν τυχόντα, ἀλλὰ ὅλην ἀδικῶν φανήσεται τὴν πόλιν. καίτοι πῶς οὐ δεινὸν, εἰδότα μὲν τοὺς νόμους, ὧν ὀλίγῳ πρότερον πάντες ἠκούσατε, κυρίους ὄντας, εἰδότα δ' οὐκ ἐῶνθ'

[1] * ἐνεθυμήθητ'   [2] [,καὶ]

usu et proprietate sermonis aliquando hoc vocabulum denotet *reditum civitatis, bona sive fortunas Reip.* quarum nempe auxilio διοικοῦνται τὰ πάντα. Adducam nonnulla, unde ea, quæ dixi, cum indicta sint alio ore, elucidari et confirmari possunt. Noster infra, in hac ipsa Oratione, §. κϛ'. Ἔτι τοίνυν τὴν διοίκησιν ἀναιρεῖ, τήν θ' ἱερὰν καὶ τὴν ὁσίαν: sc. Reditus, tam *sacros*, quam *publicos*; tam Res *Religionis*, quam quæ sunt *Universitatis*. Proxime, Ibid. διὰ τοίνυν τοῦ νόμου τούτου διοικεῖται τὰ κοινά. Hoc est, ut locus ille indicat, *ex hac lege factum est, ut Reip. facultates suppetant.* Pergam porro. ibid. οὐ γὰρ ὄντων ἱκανῶν τῶν ἐκ τῶν τελῶν χρημάτων τῇ διοικήσει, τὰ προσκαταβλήματα ὀνομαζόμενα διὰ τὸν τοῦ νόμου τούτου φόβον καταβάλλεται. deinde ibid. ὅταν αἱ τῶν τελῶν καταβολαὶ μὴ ἱκαναὶ ὦσι τῇ διοικήσει. Proxime §. κζ'. τὰς ὑπὲρ τῆς πόλεως στρατείας λυμαίνεται, τὴν διοίκησιν καταλύει. Similiter in ista Oratione c. Neæram, non longe a principio, p. 1346. 17. ed. Reisk. διαχειροτονῆσαι τὸν δῆμον, εἴτε δοκεῖ τὰ περιόντα χρήματα τῆς διοικήσεως στρατιωτικὰ εἶναι, εἴτε θεωρικά. Nempe, *the Surplus of the Revenue*: et deinceps, v. 20. ejusd. pag. κελευόντων τῶν νόμων — τὰ περιόντα χρήματα τῆς διοικήσεως στρατιωτικὰ εἶναι. TAYLOR.

Ἐνθυμήθητε] Malim et hic ἐνεθυμήθητε. WOLF. AUGER.

Αὐτοῖς] Timocrati, et ipsius satellitibus. AUGER.

Ἐνομοθέτει] Wolfius: *leges tulit.* Immo: *legem tulit.* JURIN.

Εἰδότα δ' οὐκ ἐῶνθ' κ. τ. λ.] Wolfius: *qui sciret item, easdem non sinere ullum*

[1] ἕτερον ψήφισμα οὐδὲν οὐδ᾽ ἂν ἔννομον ᾖ, κυριώτερον εἶναι, γράψαι καὶ θεῖναι νόμον ὑμῖν κατὰ [2] τὸ ψήφισμα, ὃ καὶ αὐτὸ παρὰ τοὺς νόμους εἰρημένον ᾔδει; ἢ πῶς οὐ σχέτλιον τὴν μὲν πόλιν αὐτὴν ἑκάστῳ ἡμῶν δεδωκέναι ἄδειαν τοῦ μή τι παθεῖν ἀηδὲς, ἢ δεινὸν, ἐν τούτῳ τῷ χρόνῳ ποιήσασαν ἱερομηνίαν· αὐτὴν δὲ μὴ τετυχηκέναι ταύτης τῆς ἀσφα- 710
λείας παρὰ Τιμοκράτους, ἀλλ᾽ ἐν αὐτῇ τῇ ἱερομηνίᾳ τὰ μέγιστ᾽ ἠδικῆσθαι; τί γὰρ ἄν τις μεῖζον ἠδίκησεν ἰδιώτης ἀνὴρ, ἢ καταλύων τοὺς νόμους αὐτῆς δι᾽ ὧν οἰκεῖται;

θ'. Ὅτι μὲν τοίνυν οὐδὲν ὧν προσῆκέ τε καὶ κελεύουσιν οἱ νόμοι πεποίηκεν, εἰς τὰ προειρημένα τις σκοπῶν ἂν γνοίη. ὅτι δ᾽ οὐ μόνον κατὰ τοῦτ᾽ ἀδικεῖ, εἰ παραβὰς τὸν χρόνον, τὸν ἐκ τῶν νόμων, καὶ τὸ βουλεύσασθαι καὶ σκέψασθαι περὶ τούτων ὑμᾶς παντελῶς ἀνελὼν, οὔσης ἱερομηνίας, ἐνομοθέτει, ἀλλὰ καὶ κατ᾽ ἐκεῖνο, ὅτι πᾶσιν ἐναντίον εἰσενήνοχε τοῖς οὖσι νόμοις, αὐτίκα δὴ μάλ᾽ ἀκριβῶς μαθήσεσθε. ἀνάγνωθι δέ μοι λαβὼν τουτονὶ [3] πρῶτον τὸν νόμον, ὃς διαῤῥήδην οὐκ ἐᾷ [4] νόμον οὐδένα ἐναντίον εἰσφέρειν· ἐὰν δέ τις εἰσφέρῃ, γράφεσθαι κελεύει. ἀναγίγνωσκε.

[1] ἕτερον νόμον, ψήφισμα
[2] Deest articulus.
[3] πρῶτον τουτονὶ
[4] [νόμον οὐδένα]

decretum aliud. Perperam. Refertur enim vox ἕτερον non ad ψήφισμα, sed ad νόμον subintellectum. Verti ergo oportebat: *qui sciret item aliam non sinere decretum ullum.* Idem. Bene mehercule factum a viro præstantissimo, cum vox, quam ille subintelligit ad orationem sustentandam, in nonnullis exemplaribus reperiatur disertissime scripta. Lambinus, ut locum complanaret, pro ἐῶνθ᾽ legit ἐῶντας, ad quem morem interpretatur Wolfius. Atque profecto ita exhibent Editiones a Manutio et Feliciano profectæ. Sed Jurinum optimum sequor, atque ita totum locum refingo ex MSS. optimis: εἰδότα μὲν τοὺς νόμους, ὧν ὀλίγῳ πρότερον πάντες ἠκούσατε, κυρίους ὄντας, εἰδότα δ᾽ οὐκ ἐῶνθ᾽ ἕτερον νόμον ψήφισμα οὐδὲν, οὐδ᾽ ἂν ἔννομον ᾖ, νόμου κυριώτερον εἶναι, γράψαι καὶ θεῖναι νόμον ὑμῖν κατὰ τὸ ψήφισμα, ὃ καὶ αὐτὸ παρὰ τοὺς νόμους εἰρημένον ᾔδει. *Cum sciret, aliam quoque exstare legem, qua constitutum est, ut nullum populiscitum, etiam legitimum, plus auctoritatis haberet, quam legibus attribuitur, ipse interea legem ferret virtute populisciti, quod ipsum probe sciret contra leges esse factum.* Nimirum hæc est ea Lex, de qua disputavi, quamque olim emendavi, ad Aristocrateam §. κγ. Occurrit etiam, sed mendosa, apud Andocid. de Mysteriis pag. 11. ult. et 12. 12. Edit. Steph. ψήφισμα δὲ μηδὲν μήτε βουλῆς, μήτε δήμου, κυριώτερον εἶναι. Utrobique post δήμου adde νόμου, quæ vox ab ilia strangulatur: *Nullum neque SCtum, neque Populiscitum Leges auctoritate vincat.* Illud habe. Taylor. Tayloro assentitur Augerus.

Ποιήσασαν] F. ποιήσασιν. Vide, quantum præstet! Proxime revocavi αὐτὴν ex Editis omnibus, et MSS. Ven. Bar. Lind. Aug. Vindob. pro vulgato αὐτῆς. Taylor.

Ἱερομηνίαν] Vid. D'Orville ad Charit. Aphrod. Lib. VI. cap. II. p. 515.

Καταλύων] *Violando*, Wolfius. Immo *tollendo*, vel *abrogando*. Jurin.

θ'. Τοῖς οὖσι νόμοις] Post νόμοις add. vel sub. νόμον. et v. pen. post ἐναντίον sub. τοῖς οὖσι νόμοις. Auger.

Νόμον οὐδένα ἐναντίον] Legendum videtur νόμον οὐδένα νόμῳ ἐναντίον. Jurin.

ΝΟΜΟΣ.

Τῶν δὲ νόμων τῶν κειμένων μὴ ἐξεῖναι λῦσαι μηδένα, ἐὰν μὴ ἐν νομοθέταις. τότε δ' ἐξεῖναι τῷ βουλομένῳ τῶν Ἀθηναίων λύειν, ἕτερόν [1] τι τιθέντι ἀνθ' ὅτου ἂν λύῃ. διαχειροτονίαν δὲ ποιεῖν τοὺς προέδρους περὶ τούτων τῶν νόμων, πρῶτον μὲν περὶ τοῦ κειμένου, εἰ δοκεῖ ἐπιτήδειος εἶναι τῷ δήμῳ [2] τῶν Ἀθηναίων ἢ οὔ, ἔπειτα περὶ τοῦ τιθεμένου· ὁπότερον δ' ἂν χειροτονήσωσιν οἱ νομοθέται, τοῦτον κύριον εἶναι. ἐναντίον δὲ νόμον μὴ ἐξεῖναι τιθέναι τῶν νόμων τῶν κειμένων μηδενί. ἐὰν δέ τις, λύσας τινὰ τῶν νόμων τῶν κειμένων, ἕτερον ἀντιτιθῇ μὴ ἐπιτήδειον τῷ Ἀθηναίων δήμῳ, ἢ ἐναντίον τῶν κειμένων τῳ, τὰς γραφὰς εἶναι κατ' αὐτοῦ κατὰ τὸν νόμον
711 ὃς κεῖται, ἐάν τις μὴ ἐπιτήδειον θῇ νόμον.

ἠκούσατε μὲν τοῦ νόμου· πολλῶν δὲ [3] καλῶν κειμένων νόμων τῇ πόλει, οὐδενὸς ἧττον ἡγοῦμαι καὶ τοῦτον ἀξίως ἐπαίνου γεγράφθαι. σκέψασθε γὰρ ὡς δικαίως, καὶ σφόδρα ὑπὲρ τοῦ δήμου κεῖται. οὐκ ἐᾷ τοῖς ὑπάρχουσι νόμοις ἐναντίον εἰσφέρειν, ἐὰν μὴ λύσῃ τὸν πρότερον κείμενον. τίνος ἕνεκα; πρῶτον μὲν, ἵν' ὑμῖν ἐξῇ τὰ δίκαια ψηφίζεσθαι μετ' εὐσεβείας. εἰ γὰρ εἴησαν δύο τινὲς ἐναντίοι νόμοι, καί τινες ἀντίδικοι παρ' ὑμῖν ἀγωνίζοιντο, ἢ περὶ δημοσίων, ἢ περὶ ἰδίων πραγμάτων, [4] ἀξιοῖ δ' ἑκάτερος νικᾶν, μὴ τὸν αὐτὸν δεικνύων νόμον, οὔτ' ἀμφοτέροις ἔνι δήπου ψηφίσασθαι — πῶς γάρ; — οὔτε θατέρῳ ψηφιζομένους εὐορκεῖν· παρὰ γὰρ τὸν ἐναντίον [5] νόμον, ὄντα δὲ ὁμοίως κύριον, ἡ γνῶσις συμβαίνει. τοῦτό τε οὖν ὑπὲρ ὑμῶν φυλαττόμενος, ταῦτα προεῖπε, καὶ ἔτι πρὸς [6] τούτοις, βουλόμενος φύλακας ὑμᾶς [7] τῶν νόμων καταστῆσαι. ᾔδει γὰρ ἐκεῖνο, ὅτι τὰς ἄλλας, ἃς γέγραφεν [8] αὐτῶν, φυλακάς ἐστι πολλαχοῦ διακρούσασθαι. τοὺς συνηγόρους οὓς χειροτονεῖτε, δύναιτ' [9] ἂν πεῖσαί τις σιωπᾶν· ἐκτιθέναι κελεύει τοῦ προειδέναι πάντας, ὡς τάχ' ἂν εἰ τύχοι, τοὺς μὲν ἀντειπόντας ἂν, εἰ μὴ προαίσθοιντο, λάθοι, οἱ δ' οὐδὲν προσ-

[1] Deest τι. [2] τῷ [3] καλῶς [4] ἀξιοίη [5] [νόμον] [6] τούτῳ [7] τῶν νόμων ὑμᾶς [8] αὐτῶν φυλακὰς, ἔστι πολλαχῇ [9] ἄν τις πεῖσαι σιωπᾶν

Τῶν δὲ νόμων τῶν κειμένων κ. τ. λ.] Vid. Vol. II. h. edit. p. 386. not. x.

Ἕτερόν τι τιθέντι] Dele otiosum istud τι, quod ortum traxit ex initio vocis sequentis. Delent Bar. Vindob. et Fetitus LL. Attic. p. 185. TAYLOR.

Διαχειροτονίαν δὲ ποιεῖν] Wolfius: *suffragia ferunto.* Potius: *suffragia ferendi potestatem faciant.* JURIN.

Δύο τινὲς] Cod. Vindob. ignorat insicetum istud τινὲς, et mox v. 20. pro ἀξιοῖ, habet ἀξιοίη. Tu illum sequere. TAYLOR. τινὲς del. vid. AUGER.

Σιωπᾶν] Post σιωπᾶν, punctum infra. Deinde post πάντας, punctum supra, et ἀλλὰ pro ὡς. ἀλλὰ τάχ' ἂν, εἰ τύχοι, τοὺς etc. IDEM.

Οἱ δ' οὐδὲν προσέχοντες ἀγνοοῖεν ἂν] Sub. τὴν διάνοιαν τοῦ νόμου. Alii ἀναγνοῖεν οὐδὲν προσέχοντες, quod fere idem est. Legere enim et non intelligere est negligere, ut inquit Ille. WOLF. ἀγνοοῖεν MSS. Ald. Editt. Man. et Felician. Aug. et Lambinus: ἀγνοῖεν cæteri fere omnes.

ἔχοντες ἀναγνοῖεν ἄν. ἀλλὰ γράψασθαι, νὴ Δί', ἕκαστόν
[1]ἐστιν, ὃ κἀγὼ νυνὶ πεποίηκα. [2]κἂν ἐνταῦθ' ἀπαλλάξῃ
τις τὸν ἐπιστάντα, ἡ πόλις παρακέκρουσται. τίς [3]οὖν μόνη
φυλακὴ καὶ δικαία καὶ βέβαιος τῶν νόμων; ὑμεῖς οἱ πολ-
λοί. οὔτε γὰρ τὸ [4]γνῶναι καὶ δοκιμάσαι τὸ βέλτιον ἐξελέ-
σθαι δύναιτ' ἂν ὑμῶν οὐδὲ εἷς, οὔτε ἀπαλλάξας καὶ δια- 712
φθείρας πεῖσαι τὸν χείρονα θέσθαι νόμον ἀντὶ τοῦ κρείττο-
νος. διὰ ταῦτα πάντα ἐφ' ἑκάστην ἀπαντᾷ τὴν ὁδὸν τῶν
ἀδικημάτων, κωλύων, καὶ οὐκ ἐῶν βαδίζειν τοὺς ἐπιβου-
λεύοντας ὑμῖν. ταῦτα πάντα Τιμοκράτης, οὕτω καλῶς καὶ
δικαίως κείμενα ἠφάνισεν, ἐξήλειψεν, ὅσον ἦν ἐπὶ τούτῳ,
καὶ νόμον [5]εἰσήνεγκεν ἅπασιν ἐναντίον, ὡς ἔπος εἰπεῖν, τοῖς
οὖσιν, οὐ παραναγνούς, οὐ λύσας, οὐ δοὺς αἵρεσιν, οὐκ ἄλλο
ποιήσας οὐδὲν τῶν προσηκόντων.

ι. Ὡς μὲν οὖν ἔνοχος τῇ γραφῇ καθέστηκεν, ἐναντίον εἰσενηνοχὼς τοῖς οὖσι νόμοις, οἶμαι πάντας ὑμᾶς ᾐσθῆσθαι· ἵνα δὲ εἰδῆτε παρ' οἵους [6]νόμους οἷον οὗτος εἰσήνεγκεν, ἀναγνώσεται πρῶτον ὑμῖν τὸν τούτου νόμον, εἶτα καὶ τοὺς ἄλλους, οἷς οὗτος ἐναντίος ἐστίν. ἀναγίγνωσκε.

ΝΟΜΟΣ.

Ἐπὶ τῆς Πανδιονίδος πρώτης, δωδεκάτῃ τῆς πρυτανείας, Τιμοκράτης

[1] ἐστιν; [2] * ἀλλὰ κἂν ἐνταῦθ', ἂν ἀπαλλάξῃ [3] οὖν ἡ μόνη
[4] γνῶναι τὸ δίκαιον, καὶ δοκιμάσαι [5] εἰσήνεγκεν ἀπαίσιον, ἅπασιν [6] [νόμους]

ἀναγνοῖεν edidit Wolfius juxta id, quod MSS. Man. et Felic. exhibent cum nostro Vindob. Sed neque MStorum lectio, neque Wolfii explicatio, neque Lambini hariolatio inibi locum satis extricare videntur. TAYLOR.

Ἀλλὰ γράψασθαι] Anthypophora est: Cui respondet v. 2. κἂν ἐνταῦθ' ἀπαλλάξῃ τις τὸν ἐπιστάντα, τὸν γραψάμενον καὶ ἀκυρώσοντα. WOLF. Nescio Anthypophoram. Interea scio, quid velit hic sibi locus, idque strenue nescire Wolfium. *Leges non solum prostare publice jubet, ut ab omnibus legi et examinari possint, verum etiam unumquemque nostrum eas in judicium vocare hortatur:* id quod ego nunc *feci.* Ἀλλὰ, *Sed præterea, verum etiam.* TAYLOR. Ἀλλὰ γράψασθαι - - - est Objectio. ἐστιν, *licet.* AUGER.

Κἂν ἐνταῦθ' ἀπαλλάξῃ τις τὸν ἐπιστάντα] Id est, κἂν διαφθείρῃ τὸν ἐγκείμενον καὶ κατήγορον. Est enim ἀπαλλάττω, *placo, et munere corrumpo. Ex edit.* HERVAG.

Τίς] Ita omnino. Atque ita Bar. Fel. Lind. Aug. Paris. Ital. Obsop. et Vindob. Vulgo τισί. TAYLOR. L. ἀλλὰ κἂν ἐνταῦθ' ἀπ. τις τ. ἐπιστάντα, vel ἐνστάντα (*accusatorem, exagitatorem novæ legis*) ἡ π. AUGER.

Γνῶναι] Οὔτε γὰρ τὸ γνῶναι τὸ δίκαιον καὶ δοκιμάσαι τὸ βέλτιον etc. Man. Fel. Lind. Aug. Obsop. Cum hoc autem homine germanam lectionem esse statuo. TAYLOR.

Ἠφάνισεν, ἐξήλειψεν] Puto Morelium ita hanc rem reputasse, aut in suis exemplaribus invenisse, ut veritas voluit; nempe illa priore voce in textum recepta, hac autem ad marginem apposita. Neque porro eam ibi variæ lectionis, verum scholii officio fungi arbitror. IDEM.

ι. Ἐπὶ τῆς Πανδιονίδος] L. ἐ. τ. Π., πρώτης

εἶπε, Καὶ εἴ τινι τῶν ὀφειλόντων τῷ δημοσίῳ προστετίμηται, κατὰ νόμον ἢ
κατὰ ψήφισμα, δεσμοῦ, ἢ [1] τολοιπὸν προστιμηθῇ, εἶναι αὐτῷ, ἢ ἄλλῳ ὑπὲρ
ἐκείνου, ἐγγυητὰς καταστῆσαι τοῦ ὀφλήματος, οὓς ἂν ὁ δῆμος χειροτονήσῃ,
ἦ μὴν ἐκτίσειν τὸ ἀργύριον ὃ ὦφλε· τοὺς δὲ προέδρους ἐπιχειροτονεῖν ἐπά-
ναγκες, ὅταν τις καθιστάναι βούληται. τῷ δὲ καταστήσαντι τοὺς ἐγγυητὰς,
ἐὰν ἀποδῷ τῇ πόλει τὸ ἀργύριον ἐφ' [2] οἷς κατέστησε τοὺς ἐγγυητὰς, ἀφεῖσθαι
713 τῶν δεσμῶν· ἐὰν δὲ μὴ καταβάλῃ τὸ ἀργύριον ἢ αὐτὸς, ἢ οἱ ἐγγυηταὶ, ἐπὶ
τῆς ἐννάτης πρυτανείας, τὸν μὲν ἐξεγγυηθέντα δεδέσθαι, τῶν δὲ ἐγγυητῶν
δημοσίαν εἶναι τὴν οὐσίαν. περὶ δὲ τῶν ὠνουμένων τὰ τέλη, καὶ τῶν ἐγ-
γυωμένων καὶ ἐκλεγόντων, καὶ τῶν τὰ [3] μισθώματα μισθουμένων, καὶ τῶν

[1] τὸ λοιπὸν [2] ᾧ [3] μισθώσιμα

πρυτανείας δωδεκάτῃ, Τιμοκρ. et v. 1. p. 287. Ignoro cur lex incipiat per καὶ, nisi forte lata fuerit quasi addenda aliis legibus. AUGER.

Καὶ εἴ τινι τῶν ὀφειλόντων τῷ δημοσίῳ] Verba sunt legis, ex quibus verbi προστιμῶ usus et constructio facile est percipere. *Quod si quis*, inquit legislator, *eorum qui reliqua, aut æ*r *alienum quovis modo contraxerunt, aut pecuniæ damnati sunt, aut legis sanctione, aut pleviscito nexu mulctatus est, aut posthac ea de causa nexum inibit, licere ipsi aut civis ejus nomine prædes dare atque expromissores reipublicæ ejus summæ quam debet.* Est igitur προστιμᾶν *mulctare*, cum dativo et accusativo, cujus exempla Budæus adducit in Comment. et hinc ἐπάγειν τίμημα, *agere ad pœnam*, apud eundem alibi. καὶ τίμημα ἐπάγειν ὅτι χρὴ ἀποτίσαι, hoc est, *et actionem pœnarum intendere ad id quod pendere eum oportet. Ex edit.* HERVAG.

Ἢ τολοιπὸν προστιμηθῇ] *Aut in posterum damnabitur.* Quod neglexit Wolfius. Legunt nonnulli et hic, et infra p. 288. v. 6. προστιμηθείη. TAYLOR.

Ἐπιχειροτονεῖν] *Ratos habere*, Wolfius. Quasi vero necesse esset præsidibus, cum quis vades dare voluisset, eos, qualescunque demum essent, illico ratos habere, quod manifeste contra legem est: Lex enim jubebat ratos haberi vades, non quoscunque, sed quos populus comprobasset. Clarum est itaque, vocem ἐπιχειροτονεῖν hoc loco alium sensum habere, quam qui vulgo ei adscribitur. Significat nempe non habere ratos, nec suffragiis ferendis decernere, sed *potestatem facere suffragia ferendi*, concione scilicet convocata, utrum rati habendi sint vades, necne. JURIN.

Τῷ δὲ καταστήσαντι] Melius, ut marg. Benenati habet, τὸν δὲ καταστήσαντα. Sequitur v. 6. ἐφ' οἷς κατέστησε τοὺς ἐγγυητὰς, *a vinculis immunis esto*, eo nomine quod vades dedit. Inficete. Corrige sodes, præeuntibus Ven. Reg. *a.* Bodl. Aug. Ital. et Vindob. ἐφ' ᾧ κατέστησε, et sic verte: *quod si reddiderit civitati argentum, cujus causa vades dederit, a vinculis immunis esto.* TAYLOR. Cui assentitur Augerus.

Περὶ τῶν τὰ μισθώματα μισθουμένων, καὶ τῶν ἐγγυωμένων τὰς πράξεις] Id est, *redempturas facientium*, vel, *qui spondent opera perfectum iri, quæ redemptores conduxerunt facienda.* De verbo μισθοῦμαι, *conduco faciendum, ut redemptor*, et *conduco vectigalia*, item de ἐγγυᾶσθαι, vide Comment. Bud. Idem Demosthenes alibi, ἢ ὀπώραν πρίαιντο, ἢ θέρος μισθοῖντο ἐκθερίσαι. Et aliquantulum infra in eadem, καὶ εἴ τινες ὠφληκότες χρήματα, καὶ δεσμοῦ προστετιμημένου αὐτοῖς, ἐγγυητὰς κατέστησαν, κατὰ τὸν τούτου νόμον μὴ εἶναι τὴν διεγγύησιν αὐτοῖς, *hujus lege negabitur illis*, vel *cum sponsorum fide extra vincula esse*, hoc est, διὰ τῶν ἐγγυητῶν ἄφεσις καὶ ἀπαλλαγή. *Ex edit.* HERVAG.

Τῶν τὰ μισθώματα μισθουμένων καὶ ἐγγυωμένων] Sub. ὑπὲρ τούτων. Felicianus μισθώσιμα habet, ut et Obsop. rectius, ut opinor, quam μισθώματα. WOLF. μισθώσιμα etiam legitur in Aug. Ital. et Vindob. et, quod pace mea liceat, rectius. Cæterum quæri a nonnullis video, quinam sint τὰ τέλη ὠνούμενοι — ἐκλέγοντες — μισθούμενοι: neque a magno Budæo, qui hoc in se recepit, id argumenti satis præstari video. Agitur de Publicanis. *Omnes* enim, (ut ait Ulpianus l. 1. D. de Public.) *qui quid a Fisco conducunt, recte appellantur Publicani.* Primo loco veniunt τελῶναι, οἱ τὰ τέλη ὠνούμενοι, cum suis prædibus sive fidejussoribus. Hi sunt Publicani strictius dicti, nimirum, qui *vectigalia* publica, τὰ τέλη, *the Customs*, redimunt, et pensitationes annuas, sive mercedes pro eorum locatione solvunt. Secundo, οἱ ἐκλέγοντες, sine vadibus. Hos intelligo ministros esse publicos, fisci servos, qui vectigalia a nemine redemta ad portum exigunt: *Vectigaliarii, Portitores.* Atque hactenus mihi fidejussor erit Ulpianus ad locum: ὠνουμένων ἐνταῦθα λέγει, οὐκ ἀγοραζόντων, ἀλλὰ μισθουμένων — ἐκλεγόντων δὲ, ἐπιτετραμμένων τινῶν ἀπαιτεῖν τὰ τέλη· οὐ γὰρ λέγει αὐτοὺς τοὺς τελώνας. Tertio denique οἱ μισθώματα μισθούμενοι, ἐγγυωμένων, τὰς πράξεις εἶναι τῇ πόλει κατὰ τοὺς νόμους τοὺς κειμένους. ἐὰν δ' ἐπὶ τῆς ἐννάτης πρυτανείας ὀφλῃ, τοῦ ὑστέρου ἐνιαυτοῦ ἐπὶ τῆς ἐννάτης ἢ δεκάτης πρυτανείας ἐκτίνειν.

ἀκηκόατε μὲν τοῦ νόμου· μνημονεύετε δ' ἐξ αὐτοῦ μοι πρῶτον μὲν, τὸ, καὶ εἴ τινι τῶν ὀφειλόντων δεσμοῦ προστετίμηται, ἢ [1] τολοιπὸν προστιμηθῇ, ἔπειθ', ὅτι πλὴν περὶ τῶν τελωνῶν, καὶ [2] περὶ τῶν μισθουμένων, καὶ ὅσοι ταῦτα ἐγγυῶνται χρῆσθαι κελεύει τῷ νόμῳ. [3] ὅλως μὲν γάρ ἐστιν [4] ὅδε γε ἅπασιν ἐναντίος τοῖς οὖσι. μάλιστα δὲ [5] ταῦτα γνώσεσθε, ἀκούοντες τοὺς νόμους αὐτούς.

ιά. Λέγε.

[6] ΝΟΜΟΙ.

Διοκλῆς εἶπε, Τοὺς νόμους τοὺς πρὸ Εὐκλείδου τεθέντας ἐν δημοκρατίᾳ, καὶ ὅσοι [7] ἀπ' Εὐκλείδου ἐτέθησαν, καὶ εἰσὶν ἀναγεγραμμένοι, κυρίους εἶναι· τοὺς δὲ μετ' Εὐκλείδην τεθέντας, καὶ [1] τολοιπὸν τιθεμένους, κυρίους εἶναι, ἀπὸ τῆς ἡμέρας ἧς ἕκαστος ἐτέθη, πλὴν εἴ τῳ προσγέγραπται χρόνος ὅν τινα δεῖ ἄρχειν. ἐπιγράψαι δὲ, τοῖς μὲν νῦν κειμένοις, τὸν γραμματέα τῆς βουλῆς,

[1] τὸ λοιπὸν [2] [περὶ] [3] ὅλος [4] [ὅδε γε] [5] ταῦτα. γνώσεσθε δ' ἀκούοντες. λέγε τοὺς νόμους * αὐτοῖς. [6] Νόμος. [7] ἐπ'

quicunque demum fuerint. Nimirum complecti voluit eos, qui quidvis a populo redemtum habuerunt. Nam, ut ait Caius l. 12. D. eod. *Sed et ii, qui salinas et arenas et cretæ fodinas et metalla conducta habent, publicanorum loco sunt. Præterea et si quis vectigal conductum a Rep. cujusdam municipii habet, hoc edictum locum habet.* Vides, quot sunt μισθώσιμα. Et præter hæc quamplurima. Immo quicquid fere in commercium venit, et a Fisco redimi possit. De Agris publicis et latifundiis P. A. conductis dixi olim ad Marm. Sandvic. p. 64. Noster c. Eubulid. vers. finem p. 1318. 20. ed. R. εἰ δὲ δεῖ τὴν δημαρχίαν λέγειν, δι' ἣν ὠργίζοντό μοι τινὲς, ἐν ῇ διάφορος ἐγενόμην, εἰσπράττων ὀφείλοντας πολλοὺς αὐτῶν μισθώσεις τεμενῶν, καὶ ἕτερα, ἃ τῶν κοινῶν διηρπάκεισαν. TAYLOR. τέλη intelligo *vectigalia publica*, μισθώματα, *prædia publica*. Verte quasi legeretur περὶ δὲ τῶν -- τέλη ἢ τῶν ἐκλεγόντων καὶ τῶν ἐγγυωμένων, καὶ τῶν τὰ --- AUGER.

Τὰς πράξεις] Τὰς εἰσπράξεις. WOLF. Docentis, credo, et interpretantis ritu, non emendantis. TAYLOR.

Ἐὰν δ' ἐπὶ τῆς ἐννάτης — ἐκτίνειν] Totum hoc postremum comma mihi videtur juxta Bodl. inducendum esse. Video, hanc legem a Petito esse neglectam, neque cæteris adscriptam, quia putavit non obtinuisse. IDEM.

Ὅλως] *Omnino*. Melius ὅλος, *Tota lex*. Ita Bar. marg. Lutet. MSS. Man. et Felic. Lind. Aug. Ital. IDEM.

ιά. ΝΟΜΟΙ] ΝΟΜΟΣ rectius Bar. et Vind. Verum, ut ea Lex satius intelligatur, supponendum est, Dioclem eam tulisse anno post præturam Euclidis, ut recte contendit S. Petitus LL. Attic. L. II. Tit. 1. fin. IDEM.

Ἀπ' Εὐκλείδου] Immo ἐπ' Εὐκλείδου, ut dictitant Ald. Ven. Bar. Ang. Vind. Benenatus quoque. Hoc in vertendo vidit Wolfius. IDEM. ἐπ'. AUGER.

Χρόνος ὅντινα δεῖ ἄρχειν] Transtulit Wolfius: *tempus, quo debeat geri magistratus.* Respexisse nempe videtur ad ea, quæ paulo post sequuntur, p. 289. v. 9. ἀπὸ τοῦ μετὰ τὸν νῦν ἄρχοντα. Sed fallitur, puto. Sensus enim est: χρόνος, ὅντινα χρόνον δεῖ τὸν νόμον ἄρχειν, *tempus, quo oportet legem capere initium auctoritatis.* JURIN. Eodem sensu marg. Benenati ἀφ' οὗ δει ἄρχειν. Verum pace Viri doctissimi tucamur animum Wolfii: *Nisi si cui adscriptum sit tempus, nempe quota Prætura agenda sit, antequam rata esse cœperit.* Verbi gratia: *Hæc Lex rata nec esto ante secundum, tertium, vel quartum ab hoc anno Prætorem.* Idem est tenor earum, quæ scribuntur hodie: *From and after — next ensuing.* TAYLOR.

τριάκοντα ἡμερῶν· τὸ δὲ λοιπὸν ὃς ἂν τυγχάνῃ γραμματεύων, προσγραφέτω παραχρῆμα [1] τὸν νόμον κύριον εἶναι ἀπὸ τῆς ἡμέρας ἧς ἐτέθη.

714 καλῶς ἐχόντων, ὦ ἄνδρες δικασταὶ, τῶν ὑπαρχόντων νόμων, ὅδε ὁ νῦν ἀναγνωσθεὶς νόμος ὡσπερεὶ διώρισε καὶ βεβαιοτέρους ἐποίησεν αὐτούς. κελεύει γὰρ ἕκαστον ἀφ' ἧς ἡμέρας ἐτέθη, κύριον εἶναι, πλὴν εἴ τῳ χρόνος προσγέγραπται· τούτῳ δὲ, τὸν γεγραμμένον ἄρχειν. διὰ τί; ὅτι πολλοῖς τῶν νόμων προσεγέγραπτο, τὸν δὲ νόμον εἶναι κύριον τόνδε ἀπὸ τοῦ μετὰ τὸν νῦν ἄρχοντα. ὕστερον δὲ γράφων ὁ τιθεὶς [2] ἐπὶ τούτοις τόνδε τὸν νόμον τὸν ἀνεγνωσμένον, οὐκ ἐνόμιζε δίκαιον εἶναι, τοὺς αὐτοὺς τῶν νόμων ἀναγεγραμμένους ὕστερον ἢ ἐτέθησαν κυρίους εἶναι, ἀνενεγκεῖν ἐπὶ τὴν ἡμέραν, ἀφ' ἧς ἐτέθησαν, καὶ [3] μὴ πρότερον ποιῆσαι κυρίους, ἢ ὁ θεὶς ἕκαστον ἠξίωσε. τούτῳ [4] μὲν τῷ νόμῳ σκέψασθε ὡς ἐναντίος ἐστὶν ὃν οὗτος τέθεικεν. ὁ μέν γε κελεύει, τὸν γεγραμμένον χρόνον, ἢ τὴν ἡμέραν, ἀφ' ἧς ἂν τεθῇ, κυρίαν εἶναι· ὁ δ' ἔγραψε, καὶ εἴ τινι προστετίμηται, περὶ τῶν παρεληλυθότων λέγων. καὶ οὐδὲ τοῦτο ὥρισεν, ἄρχοντα προσγράψας ἀφ' οὗ, ἀλλὰ πεποίηκεν οὐ μόνον [5] ἀπὸ τῆς ἡμέρας ἐν ᾗ τέθεικε, κύριον τὸν νόμον, ἀλλὰ

[1] τῷ νόμῳ· [2] ἐπὶ τούτοις ὁ τιθεὶς [3] Deest μή. [4] μέντοι [5] πρὸ

Τριάκοντα ἡμερῶν] Ἐντὸς τριάκοντα ἡμερῶν. WOLF. Iterum, credo, enarrat, non emendat. Quanquam idem supplesse videam Bodl. TAYLOR. Sub. ἔσονται κύριοι. AUGER.

Τούτῳ δὲ, τὸν γεγραμμένον ἄρχειν] Legendum videtur τοῦτον δὲ τὸν γεγραμμένον ἄρχειν, *hanc legem initium capere a tempore eidem adscripto*, non, quomodo Wolfius, *quo prætore rata esse debeat*. JURIN. Revoca antiquam Wolfii versionem, et omnia recte procedent: *jubet, unamquamque ab eo die, quo lata fuerit, esse ratam, nisi si cui adscriptum fuerit tempus: huic vero, scriptum imperare*. Id est: ubi alicui legi tempus certæ Præturæ præstitutum fuerit, ibi præfinitus ille Archon magistratum capessat, antequam Lex rata sit. TAYLOR.

Τὸν γεγραμμένον] Sub. κατὰ χρόνον. AUGER.

Προσεγέγραπτο] Lege προσγέγραπται. Ita Codd. Bar. Reg. α. Aug. Vind. TAYLOR.

Τὸν δὲ νόμον εἶναι κύριον τόνδε] Puto: τόνδε νόμον εὐθὺς εἶναι κύριον, τὸν δὲ — JURIN. Accedit Cod. Ital. — εἶναι κύριον· τὸν δὲ ἀπὸ τοῦ μετὰ τὸν νῦν ἄρχοντα. TAYLOR.

Τοὺς αὐτοὺς τῶν νόμων] Pro τοὺς αὐτοὺς νόμους. AUGER.

Μὴ] Dele, me fidejussore, Codd. item Aug. Lind. Bar. et Vind. cum Edit. Moreliana. Totum autem locum ita vertas: *Qui vero postea legem hanc tulit modo recitatam, non æquum censuit, legibus iis, quæ diserte jubentur auctoritatis initium capere, interjecto aliquo tempore, postquam latæ fuerint, auctoritatem* dare *ab eo ipso* die, *in quo latæ essent, atque eo pacto* ratas *habere, priusquam ipse lator postulasset*. TAYLOR.

Μὲν] Rescribe μέντοι, ut Bar. Aug. Vind. Quod perinde erit ac δέ. Atque id postulat locus. IDEM.

Κυρίαν] Puto κύριον. Referri enim videtur non ad ἡμέραν, sed ad νόμον. JURIN. Atque ita vertit Wolfius: et eodem pariter modo scribitur in marg. Benenati. TAYLOR. Imo κύριον, nempe, νόμον. AUGER.

Τοῦτο] M. ταῦτα, referendo ad τῶν παρεληλυθότων. IDEM.

Ἀπὸ] Quid hoc monstri? Quid enim

καὶ πρὸ τοῦ γενέσθαι τινὰ ἡμῶν. ἀόριστον γὰρ ἅπαντα τὸν παρεληλυθότα προσπεριείληφε χρόνον. καί τοι χρῆν σε, ὦ Τιμόκρατες, ἢ τοῦτον μὴ γράφειν, ἢ ἐκεῖνον [1] λύειν, καὶ οὐχ, ἵνα ὃ βούλει σὺ γένηται, πάντα τὰ πράγματα συνταράξαι.

ιβ΄. Λέγε ἄλλον νόμον.

ΝΟΜΟΣ.

Μηδὲ περὶ τῶν ἀτίμων, ὅπως χρὴ ἐπιτίμους αὐτοὺς εἶναι, μηδὲ περὶ τῶν ὀφειλόντων τοῖς θεοῖς, ἢ τῷ δημοσίῳ [2] τῶν Ἀθηναίων, περὶ ἀφέσεως τοῦ 715 ὀφλήματος, ἢ τάξεως, ἐὰν μὴ ψηφισαμένων Ἀθηναίων τὴν ἄδειαν πρῶτον, μὴ ἔλαττον ἑξακισχιλίων, οἷς ἂν δόξῃ, κρύβδην ψηφιζομένοις. τότε δ' ἐξεῖναι χρηματίζειν, καθ' ὅ,τι ἂν τῇ βουλῇ καὶ τῷ δήμῳ δοκῇ.

ἄλλος [3] οὗτος νόμος, οὐκ ἐῶν περὶ τῶν ἀτίμων οὐδὲ τῶν ὀφειλόντων λέγειν, οὐδὲ χρηματίζειν περὶ ἀφέσεως τῶν ὀφλημάτων, ἢ τάξεως, ἐὰν μὴ τῆς ἀδείας δοθείσης, καὶ

1 λύειν. [καὶ]   2 τῷ   3 οὑτοσὶ

esset, ut succenseres, si Timocrates voluisset legem suam incipere auctoritatem habere *ab eo die*, in quo lata esset? *Fecerunt* hoc et plurimi. Neque id culpæ vertebatur. Fecit et Diocles, qui nondum ex manibus nostris excidit, ubi ait, leges omnes, in posterum ferendas, κυρίους εἶναι ἀπὸ τῆς ἡμέρας, ἧς ἕκαστος ἐτέθη, p. 713. 23. ed. R. *nisi* latori aliter visum fuerit. Tu proinde, ut sensus efflagitat, et præstantiores Codd. præ se ferunt, Aug. Ital. Vind. quibuscum Baroc. pene consentit, emendes πρὸ τῆς ἡμέρας. *Cum Timocrates in lege scripsit*, καὶ εἴ τινι προστετίμηται, *indefinite loquens, et de omni anteacta ætate, quid aliud fecit, nisi ut legem suam ratam esse vellet non solum* ante diem, *quo tulit, verum etiam antequam nostrum quisquam nasceretur?* Taylor. πρὸ et non ἀπό. Auger.

ιβ΄. Τάξεως] Περὶ ἀφέσεως τάξεως, τουτέστι στρατείας. Wolf. Vides, hominem, quasi parum esset male vertere, id quod male vertit, annotando ingeminare. Verum hujus incogitantiæ Petito olim pœnas dedit, recte neganti, Comment. ad LL. Attic. pag. 470. Edit. Nov. hæc de *militia* intelligi aut posse, aut debere. Quid tamen interea Petitus ipse? In quantum ejus verba intelligam, nam *sibi* displicuit, cum hæc *scripsit*, adeoque orationem obumbravit, τάξιν autumavit esse *statum ingenuitatis*. Idem enim, inquit ille, est τάξεως atque ἐπιτίμους εἶναι. *Quod* ante hunc diem non inaudivi, et credo, post hunc diem me rursus non inauditurum. Ulpianus denique orationem incœptat: Ἄλλο καλεῖ ἄφεσιν, ἄλλο καλεῖ τάξιν. deinde ἄφεσιν pluribus, τάξιν nullis verbis explicat. Q*uod* ille prætermisit, *nostrum* erit perficere: nam recta insistere mihi visus est via. Per ἄφεσιν τοῦ ὀφλήματος intelligo Tabulas novas, ubi nomen debitoris in spongiam incubuit, et æs alienum vel plene, vel aliqua tenus parte ei condonatur. Τάξις (neque Tu frontem caperabis, si nova videar dicere) est Conventio inter partes, qua debitoris inopiæ ita succurritur, *ut quod* ille *universum*, salvis rebus familiaribus, reddere nequeat, id *unciatim*, et ad modum constitutum persolvat. Nos *compositionem* vocamus. Ita Hesychius: Τάξις ἡ ἐπὶ ὀφειλομένοις χρήμασι καταβολή. Ita Libanius in argumento Aristogitonianæ, 768. 17. ed. R. ὠνεῖται ὁ ἀδελφὸς αὐτοῦ, τάξιν αἰτησάμενος τοῦ ὀφλήματος, ὥστε ἐν δέκα ἔτεσιν ἐκτίσαι τὸ σύμπαν καθ' ἕκαστον ἔτος τιθεὶς τὸ ἐπιβάλλον μέρος. Thucyd. III. §. 70. ὀφλόντων δὲ αὐτῶν, καὶ πρὸς τὰ ἱερὰ ἱκετῶν καθεζομένων, διὰ τὸ πλῆθος τῆς ζημίας, ὅπως ταξάμενοι ἀποδῶσιν. Interpreteris cum Budæo, τεταγμέναις καταβολαῖς, *pensionibus menstruis, vel etiam annuis.* Ita pariter idem Thucyd. I. 117. τὰ ἀναλωθέντα κατὰ χρόνους ταξάμενοι ἀποδοῦναι. Ubi σχ. ad locum. Κατὰ χρόνους] οὐδὲ γὰρ εὐπόρουν ἀθρόον ἐκτίσαι τὸ πᾶν. Taylor. Contentio est inter doctos quid significet τάξεως; nullorum mihi arrisit explicatio. Ego interpretatus sum ut potui. Auger.

ταύτης μὴ ἔλαττον, ἢ ἑξακισχιλίων ψηφισαμένων· οὗτος
δ᾽ ἔγραψεν ἄντικρυς, καὶ εἴ τινι τῶν ὀφειλόντων δεσμοῦ
προστετίμηται, εἶναι τὴν ἄφεσιν, πορισαμένῳ τοὺς ἐγγυη-
σομένους, οὐ [1] προστεθέντος οὐδενὸς περὶ τούτων, οὐδὲ δο-
θείσης ἀδείας λέγειν. καὶ ὁ μὲν νόμος, οὐδ᾽ ἐπειδὰν τὴν
ἄδειαν εὕρηταί τις, ἔδωκεν ὡς ἂν βούληται πράττειν, ἀλλ᾽
ὡς ἂν τῇ βουλῇ καὶ τῷ δήμῳ δοκῇ· τῷ δ᾽ οὐκ ἀπέχρησε
τοῦτ᾽ ἀδικεῖν μόνον, εἰ μὴ δοθείσης ἀδείας λέγει, καὶ νόμον
εἰσφέρει περὶ τούτων, ἀλλὰ καὶ προσέτι οὐκ εἰς τὴν βου-
λὴν, οὐκ εἰς τὸν δῆμον εἰπὼν περὶ τούτων οὐδὲν, ἐν παραβύ-
στῳ, τῆς βουλῆς μὲν ἀφειμένης, τῶν δὲ ἄλλων διὰ τὴν ἑορ-
τὴν ἱερομηνίαν ἀγόντων, λάθρᾳ τὸν νόμον εἰσήνεγκε. καί-
τοι χρῆν σε, ὦ Τιμόκρατες, εἰδότα τὸν νόμον τόνδε, ὃν
ἀνέγνων, εἴ τι δίκαιον ἐβούλου πράττειν, πρῶτον μὲν πρόσ-
οδον γράψασθαι πρὸς τὴν βουλὴν, εἶτα τῷ δήμῳ διαλε-
χθῆναι, καὶ οὕτως, εἰ πᾶσιν Ἀθηναίοις ἐδόκει, γράφειν καὶ
νομοθετεῖν περὶ τούτων, καὶ τότε τοὺς χρόνους ἀναμείναντα
716 τοὺς ἐκ τῶν νόμων, ἵνα τοῦτον τὸν τρόπον πράττων, εἰ καί

[1] προτεθέντος

Οὐ προστεθέντος οὐδενὸς] Alii *προτεθέντος*. Forte *προθέντος οὐδενὸς*, *cum nemo hoc proposuerit*. WOLF. *προτεθέντος* Ven. Bar. Lind. Aug. Obsop. Ital. Viud. cum Editis Parisina, Manut. Felic. et σχ. Recte sane. *nullo aditu facto, nihilo super ea re prius proposito*, ut debuit. Varii sunt in his vocibus errores. Dixi alibi. TAYLOR. M. προτεθέντος. AUGER.

Ἐν παραβύστῳ] Ad hæc Scholiastes aliquis hæc mira commentatur: ἐν παραβύστῳ, ἀντὶ τοῦ λάθρα, ἐκ μεταφορᾶς τῶν παραπληρωμάτων τῶν ἐκβαλλομένων ἐν ταῖς οἰκοδομίαις ἔνδον. Ex his doceri debemus, non admittenda esse omnia, quæcunque in antiquorum Auctorum scholiis inveniuntur; et scholia conflata esse ex variis Auctoribus, quorum alii eruditi erant, alii vero scioli nullius pretii. Quid enim dicere poterat hic Scholiastes, quo plus suam Græcæ antiquitatis ignorantiam manifestam faceret? Primum enim, dum ἐν παραβύστῳ interpretatur λάθρα, eloquentissimo Demostheni ταυτολογίαν satis indecentem tribuit: nam dicit Demosthenes in eadem periodo, v. 12. λάθρα τὸν νόμον εἰσήνεγκε. Sed ignorabat mirus ille Scholiastes cum sua metaphora, παράβυστον fuisse quandam curiam Athenis, ita dictam, quod ἐν ἀφανεῖ πόλεως ἦν, καὶ ἐπ᾽ ἐλαχίστοις συνήεσαν εἰς αὐτὸ, ut ait Pausanias in Atticis. Ideo arguit Timocratem, quod legem contra morem et constitutiones tulerit in curia, ubi *parum* frequentes erant Athenienses, non vero ἐν Πνυκὶ, εἰς τὸν δῆμον, vel ἐν βουλευτηρίῳ, εἰς τὴν βουλήν. Nam et Παράβυστον significative est *Infartum, Inculcatum* potius, quam *Secretum*. Ideo jure hoc Scholium dici potest παράβυστον, nam infartum et insertum est melioribus, nec credo esse Ulpiani. Sed et peccat locus Demosthenis male interpunctus: legendum enim est: περὶ τούτων οὐδέν· ἐν Παραβύστῳ τῆς βουλῆς etc. PALMER. Vide viros eruditos, qui de hoc Tribunali collegerunt, quæ apud veteres sparsim sunt dicta: Meurs. Attic. Lect. II. 9. et Areopag. c. extrem. Petit. LL. Attic. pag. 395. Adde Sigon. de Rep. Athen. III. 4. et Cel. Hemsterhus. ad Lucian. Necyomant. §. 17. Maussac. ad Harpocrat. pag. 231. Vales. ad pag. 105. TAYLOR.

Πρόσοδον γράψασθαι πρὸς τὴν βουλὴν] Sic Isocrates Areopagitico: τὴν πρόσοδον ἀπογράψασθαι καὶ ποιήσασθαι. WOLF. Hanc locutionem erudite pro suo more explicat Cel. Hemsterh. ad Luciani Prometh. es in verb. §. 6. TAYLOR. *per libel-*

τις ἐπεχείρει δεικνύειν οὐκ ἐπιτήδειον ὄντα τῇ πόλει τὸν νόμον, μὴ οὖν ἐπιβουλεύειν γ᾽ ἐδόκεις, ἀλλὰ γνώμῃ διαμαρτὼν ἀποτυχεῖν. νῦν δὲ τῷ λάθρα, καὶ ταχὺ, καὶ παρὰ τοὺς νόμους ἐμβαλεῖν τὸν νόμον εἰς τοὺς νόμους, καὶ μὴ θεῖναι, πᾶσαν ἀφήρησαι σαυτοῦ [1] τὴν συγγνώμην. τοῖς γὰρ ἄκουσιν ἁμαρτοῦσι μέτεστι συγγνώμης, οὐ τοῖς ἐπιβουλεύσασιν· ὃ σὺ νῦν εἴληψαι ποιῶν.

ιγ΄. Ἀλλὰ γὰρ αὐτίκα ἐρῶ περὶ τούτων, νῦν δ᾽ ἀναγίγνωσκε τὸν ἑξῆς νόμον.

ΝΟΜΟΣ.

Ἐὰν δέ τις ἱκετεύῃ ἐν τῇ βουλῇ, ἢ ἐν τῷ δήμῳ, περὶ ὧν δικαστήριον, [2] ἢ βουλὴ, ἢ ὁ δῆμος κατέγνω, ἐὰν μὲν [3] αὐτὸς ὄφλων ἱκετεύῃ πρὶν ἐκτίσαι, ἔνδειξιν εἶναι κατ᾽ αὐτοῦ, καθάπερ ἐάν τις ὀφείλων τῷ δημοσίῳ ἡλιάζηται. ἐὰν δ᾽ ἄλλος ὑπὲρ τοῦ ὠφληκότος ἱκετεύῃ πρὶν ἐκτίσαι, δημοσία ἔστω αὐτοῦ ἡ οὐσία πᾶσα. ἐὰν δέ τις τῶν προέδρων δῷ τινὶ τὴν ἐπιχειροτονίαν, ἢ αὐτῷ τῷ ὠφληκότι, ἢ ἄλλῳ ὑπὲρ ἐκείνου, πρὶν ἐκτίσαι, ἄτιμος ἔστω.

ἔστι μὲν ἔργον, ὦ ἄνδρες δικασταὶ, εἰ περὶ πάντων τῶν νόμων, οἷς οὗτος ἐναντίον εἰσενήνοχεν, ἐροῦμεν· ἄξιον δὲ εἴπερ περί του καὶ ἄλλου, καὶ περὶ τοῦδε, ὃν νῦν ἀνέγνω, διελθεῖν. ὁ γὰρ τὸν νόμον τοῦτον, ὦ ἄνδρες Ἀθηναῖοι, θεὶς, ᾔδει τὴν φιλανθρωπίαν καὶ τὴν πρᾳότητα τὴν ὑμετέραν, καὶ διὰ ταύτην ἑώρα περὶ πολλῶν ὑμᾶς ἑκόντας ἤδη ποτὲ μεγάλα ζημιωθέντας. βουλόμενος δὴ μηδεμίαν πρόφασιν τοῦ τὰ κοινὰ κακῶς ἔχειν ὑπολιπεῖν, τοὺς μετὰ τῶν νόμων κρίσει καὶ δικαστηρίῳ μὴ δίκαια ποιεῖν ἐγνωσμένους, 717
οὐκ ᾤετο δεῖν τῆς εὐηθείας τῆς ὑμετέρας ἀπολαύειν, τὸ δεῖσθαι καὶ μετὰ συμφορᾶς ἱκετεύειν, ἔχοντας ἀφορμήν· ἀλλ᾽ ὅλως ἀπεῖπε, μήτ᾽ αὐτῷ, μήτ᾽ ἄλλῳ μηδενὶ, μήθ᾽ ἱκετεύειν, μήτε λέγειν [4] ὑπὲρ τοιούτων, ἀλλὰ ποιεῖν τὰ δίκαια σιγῇ. εἰ τοίνυν τις ἔροιθ᾽ ὑμᾶς, ποτέροις μᾶλλον ἂν

[1] [τὴν] [2] ἢ ἡ βουλὴ [3] αὐτὸς ὁ * ὀφείλων [4] ὑπὲρ τῶν τοιούτων

lum obtinere aditum ad Senatum. AUGER.

Ἀλλὰ γνώμῃ διαμαρτὼν ἀποτυχεῖν] Apud Isocratem: τῆς γνώμης ἢ διανοίας διαμαρτεῖν, ἢ διεψεῦσθαι. WOLF.

Καὶ μὴ θεῖναι] Legendum: καὶ μὴ ἐκθεῖναι, nempe πρόσθε τῶν ἐπωνύμων. Vid. §. ϛ΄. fin. JURIN.

ιγ΄. Ἡ βουλὴ] Meliores Codd. Bar. Vindob. Aug. Lind. etc. necessarios articulos hic adjiciunt, quos errore et literarum similitudine excidisse arbitror, ἢ ἡ βουλὴ, et, αὐτὸς ὁ ὄφλων. TAYLOR. et AUGER.

Ἐὰν δέ τις τῶν προέδρων etc.] *Si dederit alieni suffragiorum jus.* Δοῦναί τινι τὴν ἐπιχειροτονίαν, *dare alieni suffragationem.* Utrum est, comprobare postulationem alicujus, an, dare aliis decernendi potestatem? WOLF.

Ἀνέγνω] *Recitavit*, nempe, Scriba. AUGER.

εἰκότως ποιήσαιθ᾽ ὁτιοῦν, τοῖς δεομένοις ἢ τοῖς ἐπιτάττουσιν, οἶδ᾽ ὅτι φήσαιτ᾽ ἂν τοῖς δεομένοις. τὸ μὲν γὰρ, χρηστῶν, τὸ δ᾽ ἀνάνδρων ἀνθρώπων ἔργον ἐστίν. οὐκοῦν οἱ νόμοι μὲν ἅπαντες προστάττουσιν ἃ χρὴ ποιεῖν· οἱ τιθέντες δὲ τὰς ἱκετηρίας, δέονται. εἰ τοίνυν ἱκετεύειν οὐκ ἔξεστιν, ἦ που νόμον γ᾽ ἐπίταγμα ἔχοντα εἰσφέρειν; ἐγὼ μὲν οὐκ [1]οἶμαι· καὶ γὰρ αἰσχρὸν, περὶ ὧν μηδὲ χαρίζεσθαι δεῖν ὑπειλήφατε, περὶ τούτων, ἀκόντων ὑμῶν, ἐᾶν, ἅ τινες βούλονται, πραχθῆναι.

ιδ΄. Λέγε τὸν μετὰ τοῦτον ἐφεξῆς νόμον.

ΝΟΜΟΣ.

Ὅσων δίκη πρότερον ἐγένετο, ἢ εὐθύνα, ἢ διαδικασία περί του ἐν δικαστηρίῳ, ἢ [2]ἰδίᾳ ἢ δημοσίᾳ, ἢ τὸ δημόσιον ἀπέδοτο, μὴ εἰσάγειν περὶ τούτων εἰς τὸ δικαστήριον, μηδ᾽ ἐπιψηφίζειν τῶν ἀρχόντων μηδένα, μηδὲ κατηγορεῖν ἐώντων, ἃ οὐκ ἐῶσιν οἱ νόμοι.

Τιμοκράτης τοίνυν, ὥσπερ μαρτυρίαν ὧν ἀδικεῖ γράφων, εὐθὺς ἀρχόμενος τοῦ νόμου, τἀναντία ἔθηκε τούτοις. ὁ μέν γε οὐκ ἐᾷ, περὶ ὧν ἂν ἅπαξ γνῷ τὸ δικαστήριον, πάλιν χρηματίζειν· ὁ δ᾽ ἔγραψε, καὶ εἴ τινι προστετίμηται κατὰ νόμον, ἢ κατὰ ψήφισμα, τὸν δῆμον τούτῳ χρηματίζειν,
718 ὅπως ἃ μὲν ἔγνω τὸ δικαστήριον, λυθήσεται, καταστήσῃ δ᾽ ἐγγυητὰς ὁ [3]ὄφλων. καὶ ὁ μὲν νόμος μηδ᾽ ἐπιψηφίζειν φησὶ τῶν ἀρχόντων παρὰ ταῦτα μηδένα· ὁ δ᾽ ἔγραψε τοῖς προέδροις ἐπάναγκες, ἐάν τις καθιστῇ, προσάγειν, καὶ προσέγραψεν, ὁπότ᾽ ἂν τις βούληται.

ιε΄. Λέγε [4]δ᾽ ἕτερον νόμον.

[1] οἴομαι [2] ἰδίᾳ, ἢ δημοσίᾳ, [3] ὀφείλων [4] [δ᾽]

Ἀνάνδρων] Alii ἀναιδῶν. *Illud impudentiæ*, sub. eorum, qui imperant. Wolf. Retine tamen ἀνάνδρων cum libris pluribus et melioribus. Taylor.

ιδ΄. Δίκη—εὐθύνη—διαδικασία] Quantum inter hæc intersit, pene docuit Petitus LL. Attic. Lib. IV. Tit. VIII. ex Ulpiano nostro. Propemodum me fugit adjicere, vocem εὐθύνη in quibusdam Codd. ita reperiri scriptam et accentu notatam, sc. εὔθυνα, id quod idem Scholiastes admonuit: περὶ δὲ τοῦ λόγου (forte τόνου) τῆς εὐθύνης, ἤδη εἴπομεν, ὅτι προπαροξύνεται. Idem.

Ἢ τὸ δημόσιον ἀπέδοτο] Περὶ ὧν ὁ δῆμος ἐχρημάτισε. Wolf. V. D'Orville ad Charit. Aphrod. Lib. III. cap. IV. p. 292.

Ἐπιψηφίζειν] Wolfius: *decernito*. Puto potius: *agendi potestatem faciat*. Ita etiam infra, v. 22. Jurin.

Χρηματίζειν] *Vacare, in concionem convenire*, non, *respondere*, quod vult Wolfius. Idem.

Ὤφλων] Forte ὁ ὄφλων, et v. antepen. ἐάν τις καθιστῇ. [Alii καθίστη.] Wolf.

ΝΟΜΟΣ.

Τὰς δίκας καὶ τὰς διαίτας, ὅσαι ἐγένοντο ἐπὶ τοῖς νόμοις ἐν δημοκρατουμένῃ [1] πόλει, κυρίας εἶναι.

οὔ, φησι Τιμοκράτης· οὔκουν ὁπόσοις γ' ἂν δεσμοῦ προστιμηθῇ· Λέγε.

ΝΟΜΟΣ.

Ὁπόσα δ' ἐπὶ τῶν τριάκοντα ἐπράχθη, ἢ δίκη ἐδικάσθη, ἢ [2] ἰδίᾳ ἢ δημοσίᾳ, ἄκυρα εἶναι.

ἐπίσχες. εἰπέ μοι τί δεινότατον πάντες ἂν ἀκούσαντες
φήσαιτε, καὶ τί ἂν μάλιστα ἀπεύξαισθε; οὐχὶ ταῦτα τὰ
πράγματα, ἅπερ ἦν ἐπὶ τῶν τριάκοντα, μὴ γενέσθαι;
ἔγωγ' οἶμαι. ὁ γοῦν νόμος οὑτοσὶ εὐλαβούμενος, ὡς ἐμοὶ
δοκεῖ, τὸ τοιοῦτον, ἀπεῖπε τὰ πραχθέντα ἐπ' ἐκείνων μὴ
κύρια εἶναι. οὑτοσὶ τοίνυν τὴν αὐτὴν κατέγνω παρανομίαν
τῶν ἐπὶ τῆς δημοκρατίας πεπραγμένων, [3] ἥνπερ ἐπ' ἐκείνων
ὑμεῖς· ὁμοίως γοῦν ἄκυρα ποιεῖ. καί τοι τί φήσομεν, ὦ
ἄνδρες Ἀθηναῖοι, τοῦτον κύριον τὸν νόμον ἐάσαντες γενέ-
σθαι; πότερον τὰ δικαστήρια, ἃ δημοκρατουμένης τῆς πό-
λεως ἐκ τῶν ὀμωμοκότων πληροῦται, ταὐτὰ ἀδικήματα
τοῖς ἐπὶ τῶν τριάκοντα ἀδικεῖν; καὶ πῶς οὐ δεινόν; ἀλλὰ
δικαίως ἐψηφίσθαι; τίνος οὖν ἕνεκα τὸν λύσοντα ταῦτα
νόμον θέσθαι φήσομεν; πλὴν εἰ μὴ τοῦτό τις εἴποι, μα- 719
νέντες. ἄλλο γὰρ οὐκ ἔστιν εἰπεῖν.

ιϛ'. Λέγ' ἕτερον νόμον.

ΝΟΜΟΣ.

Μηδὲ νόμον ἐξεῖναι ἐπ' ἀνδρὶ θεῖναι, ἐὰν μὴ τὸν αὐτὸν ἐπὶ πᾶσιν Ἀθηναίοις τιθῇ, ψηφισαμένων μὴ ἔλαττον ἑξακισχιλίων, οἷς ἂν δόξῃ, κρύβδην ψηφιζομένοις.

[1] τῇ πόλει [2] ἰδία, ἡ δημοσία [3] ἥνπερ τῶν ἐπ'

Ἐν δημοκρατουμένῃ πόλει] Alii, et melius, ἐν δημοκρατουμένῃ τῇ πόλει. Sunt autem MSti Ven. Aug. Obsop. Ital. Vind. Ita erit, *libera* hac nostra repub. Aliter, non ita fuisset. Vid. infra, v. 18. TAYLOR.

Ἀπεύξαισθε] Ita restitui cum Editt. et MStis plerisque. Wolfius ex Aldo solo arripuit suum ἐπεύξαισθε, licet nobiscum interpretetur. IDEM. Imo ἀπεύξαισθε. AUGER.

Ἥνπερ] Ἥνπερ τῶν ἐπ' ἐκείνων ὑμεῖς. Bodl. Vide, annon rectius. TAYLOR.

Τιθῇ] Nempe ὁ γράφων νόμον. AUGER.

Ψηφισαμένων] Pe[?] us ad LL. Attic. L. II. Tit. I. pag. 188. refingit ἐὰν μὴ ψηφισαμένων etc. Quasi relinqueretur et privilegiis gratia. Ita in lege superiore utitur simili exceptione, §. ιβ'. Μηδὲ περὶ τῶν ἀτίμων — ἐὰν μὴ ψηφισαμένων Ἀθηναίων τὴν ἄδειαν πρῶτον μὴ ἔλαττον ἑξακισχιλίων. Verum puto id non jam obtinere: neque Athenis

οὐκ ἐᾷ νόμον, ἀλλ᾽ ἢ τὸν αὐτὸν τιθέναι κατὰ τῶν πολιτῶν
[1] πάντων, καλῶς καὶ δημοτικῶς λέγων. ὥσπερ γὰρ τῆς
ἄλλης πολιτείας ἴσον μέτεστιν ἑκάστῳ, οὕτω καὶ τούτων
ἴσον μετέχειν ἕκαστον ἀξιοῖ. δι᾽ οὓς μὲν τοίνυν οὗτος εἰσ-
έφερε τὸν νόμον, ὑμεῖς οὐδὲν ἐμοῦ χεῖρον γιγνώσκετε·
ἄνευ δὲ τούτων, αὐτὸς ὡμολόγησε μὴ ἐπὶ πᾶσι τὸν αὐτὸν
τεθεικέναι, πλὴν περὶ τῶν τελωνῶν, καὶ τῶν μισθουμένων,
καὶ τῶν τούτων ἐγγυητῶν, χρῆσθαι προσγράψας τῷ νό-
μῳ. οὐκοῦν ὁπότε εἰσί τινες οὓς ἀφορίζεις, οὐκ ἂν ἔτι εἴης
ἐπὶ πᾶσι τὸν αὐτὸν τεθεικώς. καὶ μὴν οὐδ᾽ ἐκεῖνό γ᾽ ἂν
εἴποις, ὡς ὅσοις δεσμοῦ προστιμᾶται, τούτων τὰ [2] μάλιστα,
ἢ τὰ μέγιστα ἀδικοῦσιν οἱ τελῶναι, ὥς τε μόνοις αὐτοῖς
μὴ μεταδοῦναι τοῦ νόμου. πολὺ γὰρ δήπου μᾶλλον οἱ προ-
διδόντες τι τῶν κοινῶν, ἢ οἱ τοὺς γονέας κακοῦντες, ἢ οἱ μὴ
καθαρὰς τὰς χεῖρας ἔχοντες, εἰσιόντες [3] δ᾽ εἰς τὴν ἀγο-
ρὰν, ἀδικοῦσιν· οἷς ἅπασιν οἱ μὲν ὑπάρχοντες νόμοι, δεσμὸν
προλέγουσιν, ὁ δὲ σὸς, λελῦσθαι δίδωσιν. ἀλλ᾽ ἐνταῦθα
πάλιν καταμηνύεις, ὑπὲρ ὧν ἐτίθεις. διὰ γὰρ τὸ μὴ τελω-
νήσαντας ὀφείλειν αὐτοὺς, ἀλλὰ κλέψαντας, μᾶλλον δὲ
720 ἁρπάσαντας τὰ χρήματα, διὰ τοῦτ᾽ οὐκ ἐφρόντισας, οἶμαι,
τῶν τελωνῶν.

ιζ΄. Πολλοὺς δ᾽ ἄν τις ἔχοι νόμους ἔτι καὶ καλῶς ἔχοντας δεικνύναι, οἷς πᾶσιν ἐναντίος ἐστὶν ὃν οὗτος τέθεικεν. ἀλλ᾽ ἴσως ἐγὼ μὲν, εἰ περὶ πάντων ἐρῶ, ἐξωσθήσομαι περὶ τοῦ μηδ᾽ ἐπιτήδειον ὅλως ὑμῖν εἶναι τὸν νόμον εἰπεῖν· ὑμῖν δ᾽ ὁμοίως ἔνοχος φανεῖται τῇ γραφῇ, καὶ εἰ ἑνὶ τῶν ὄντων νόμων ἐναντίος ἐστί. [4] τοιγαροῦν μοι δοκεῖ τοὺς μὲν

[1] πάντων τῶν πολιτῶν [2] [μάλιστα, ἢ τὰ] [3] [δ᾽] [4] πῶς οὖν; δοκεῖ μοι τοὺς

Atticis, ubi toties prædicarent *libertatem æquam fuisse omnibus*, privas leges ullo obtentu aut conditionibus rogari potuisse. Credo præterea, ab optimis exemplaribus hanc ultimam clausulam abesse. TAYLOR.

Οἷς ἂν δόξῃ] Alias οἷς ἂν ἐξῇ, vel οἷς ἔξεστι, ut οἱ ἄτιμοι excludantur. WOLF.

Οὕτω καὶ τούτων ἴσου μετέχειν] Ἴσον, aut ἐξ ἴσου. IDEM. ἴσου habent Editi. TAYLOR. ἴσον, adv. *æqualiter*. AUGER.

Τὰ μάλιστα ἢ] Hæc tria verba videntur supervacanea. IDEM.

Μὴ καθαρὰς τὰς χεῖρας ἔχοντες] De hac locutione, quam Ulpianus exponit οἱ ἀνδροφόνοι, et μὴ καθαροὶ τὰς χεῖρας, vide Bergler. ad Alciphr. Epist. Lib. I. ep. 8. p. 48.

Ἔχοι] Ita reposui juxta Par. et Bodl. Vulg. ἔχει. TAYLOR.

Περὶ] Abest ab optimo Reg. *a*. et Bodl. Idque satius. ἐξωσθήσομαι τοῦ εἰπεῖν. IDEM.

ιζ΄. Πῶς ἄν μοι δοκεῖ] Alii πῶς οὖν. Neutrum placet. Malim τοιγαροῦν μοι δοκεῖ. WOLF. Ab Editis et MSS. omnibus perperam discedit hic homo, sua nimium senἄλλους ἐᾷν, περὶ δ' οὗ πρότερόν ποτε αὐτὸς οὗτος ἔθηκε [1]νόμον διελθόντα, ἐπ' ἐκεῖνο ἰέναι τὸ μέρος τῆς κατηγορίας ἤδη, ὡς καὶ μεγάλα ἂν βλάπτοι, γενόμενος κύριος, τὴν πόλιν. τὸ μὲν οὖν τοῖς τῶν ἄλλων ἐναντίον εἰσενηνοχέναι νόμον, δεινὸν μὲν, ἀλλ' ἄλλου δεῖται κατηγόρου· τὸ δὲ τῷ ὑφ' ἑαυτοῦ πρότερον κειμένῳ νόμῳ τἀναντία θεῖναι, τοῦτ' ἤδη ποιεῖ κατήγορον αὐτὸν αὑτοῦ γεγενῆσθαι. ἵν' οὖν τοῦτ' εἰδῆτε γιγνόμενον, ἀναγνώσεται τὸν νόμον ὑμῖν αὐτὸν, ὃν οὗτος ἔθηκεν· ἐγὼ δὲ σιωπήσομαι. λέγε.

ΝΟΜΟΣ.

Τιμοκράτης εἶπεν, Ὁπόσοι Ἀθηναίων κατ' εἰσαγγελίαν ἐκ τῆς βουλῆς, ἢ νῦν εἰσὶν ἐν τῷ δεσμωτηρίῳ, ἢ τὸ λοιπὸν κατατεθῶσι, καὶ μὴ παραδοθῇ ἡ κατάγνωσις αὐτῶν τοῖς θεσμοθέταις ὑπὸ τοῦ γραμματέως τοῦ κατὰ πρυτανείαν, κατὰ τὸν εἰσαγγελτικὸν νόμον, δεδόχθαι τοῖς θεσμοθέταις, εἰσάγειν τοὺς ἕνδεκα εἰς τὸ δικαστήριον [2]ἐντὸς τριάκονθ' ἡμερῶν, ἀφ' ἧς ἂν παραλάβωσιν, ἐὰν μή τι δημοσίᾳ [3]κωλύσῃ· ἐὰν δὲ μὴ, ὅταν πρῶτον οἷόν τ' ᾖ.

[1] νόμου, [2] [ἐντὸς] [3] κωλύῃ

tentia fretus. Restitne igitur πῶς οὖν; cum interrogatione. δοκεῖ μοι et cætera. TAYLOR.

Νόμον] Νόμου forte, uti habent Bar. Aug. Linden. cum Editt. Fel. et Manut. IDEM. Pro νόμον, νόμου. AUGER.

Εἰσαγγελίαν] Isti rei explicandæ destinavit Vir summus, et de jure hoc nostro præclare meritus, Desid. Heraldus, libri tertii Animadv. in Salmas. Observat. ad jus Attic. et Rom. Capp. 7. 8. 10. et 14. Observat. item et Emendat. Cap. 49. quæ proinde sunt consulenda. Legem vero ita vértit: *Timocrates retulit. Quicunque Atheniensium ob denunciationem, curiæ jussu, vel nunc in carcere sunt, vel postea conjicientur, quorum condemnatio a scriba Prytaneæ non fuerit Thesmothetis secundum legem de* denunciationibus *tradita, PLACERE, ab* XIviris *eos in judicium* deduci, *intra trigesimum* diem, *ex quo iis traditi sint, nisi quid publicitus obstet; sin minus, cum primum id fieri potuerit. Eos autem accusari a quolibet Atheniensium, qui volet, cuique per leges licet. Sin autem* criminis teneri *sit judicatus, quid eum pati aut solvere oporteat, Heliæa judicato. Si pœna pecuniaria ei indicta fuerit, in vinculis custodiatur,* donec *solverit, quanti damnatus erit.* Lata est Lex de gravioribus maleficiis, a Senatu ad Curiam remissis. Erant enim delicta quædam leviora, et εἰσαγγελίᾳ obnoxia, quæ sola τῶν D. auctoritate coerceri poterant, ut docet Pollux L. VIII. C. VI.—*κἂν μὲν μέτρια ἀδικεῖν δοκῇ, ἡ Βουλὴ ποιεῖται ζημίας ἐπιβολήν· ἂν δὲ μείζω, παραδίδωσι δικαστηρίῳ.* De his itaque statuit Lex Timocratea, quicquid demum id sit, quod statuerit. Hoc autem cavere mihi maxime videtur. *Remissa causa a Senatu ad* Curiam, *utpote quæ gravior visa est, et* Reis *interea in carcere vinctis, Scriba Prytaneæ istius* Concilii *acta ad Thesmothetas transmittat, quorum erat officium incarceratos in judicium* sistere. *Quod si Scriba insuper habuerit, neque id fecerit, liceat hac lege Lictoribus ipsis, τοῖς* XI*viris, id sua auctoritate facere, quod aliter Thesmothetarum munus erat descriptum.* Unde Heraldo assentior rescribenti v. antepen. τοὺς θεσμοθέτας, et deinde judico, eas voces ita reformatas e textu, tanquam glossam nullius pretii, esse amovendas. Nam homuncio nescio quis, qui legem perperam intellexit, autumans, nemini licere præter Thesmothetas Reum pro tribunali sistere, exadversum τῷ τοὺς ἕνδεκα, allevit istam bellam annotatiunculam. TAYLOR.

Δεδόχθαι τοῖς θεσμοθέταις] Hæc duo verba [sc. τοῖς θεσμ.] delenda mihi videntur. Post εἰσάγειν et παραλάβωσιν subaudi τοὺς κατεγνωσμένους ὑπὸ τῆς βουλῆς καὶ δεδεμένους. AUGER.

Ἐὰν μή τι δημοσίᾳ κωλύσῃ] [Vulgo μή τι τῇ δημοσίᾳ] et p. 297. v. 3. δεδέσθω ἕως ἄν. Alii τέως: alii τε ἕως. Forte utrumque retinendum, τέως ἕως, etsi priore non est

κατηγορεῖν δὲ Ἀθηναίων τὸν βουλόμενον, οἷς ἔξεστιν. ἐὰν δ' ἁλῷ, τιμάτω ἡ Ἡλιαία περὶ αὐτοῦ, ὅ,τι ἂν δοκῇ ἄξιος εἶναι παθεῖν, ἢ ἀποτίσαι. ἐὰν δ'
721 ἀργυρίου τιμηθῇ, δεδέσθω τέως, ἕως ἂν ἐκτίσῃ ὅ,τι ἂν αὐτοῦ καταγνωσθῇ.

ἀκούετε, ὦ ἄνδρες δικασταί; λέγε αὐτοῖς αὐτὸ τοῦτο πάλιν.

ΝΟΜΟΣ.

Ἐὰν δὲ ἀργυρίου τιμηθῇ, δεδέσθω τέως, ἕως ἂν ἐκτίσῃ.

πέπαυσο. ἔστιν οὖν ὅπως ἂν ἐναντιώτερά τις δύο θείη, τοῦ δεδέσθαι τε ἕως ἂν ἐκτίσωσι τοὺς ἁλόντας, καὶ τοῦ καθιστάναι τοὺς αὐτοὺς τούτους ἐγγυητὰς, ἀλλὰ μὴ δεῖν; ταῦτα τοίνυν κατηγορεῖ Τιμοκράτης Τιμοκράτους, οὐ Διόδωρος, οὐδ' ἄλλος ἡμῶν οὐδεὶς τοσούτων ὄντων τὸ πλῆθος. καί τοι τίνος ἂν ὑμῖν ἀποσχέσθαι [1]δοκῇ λήμματος, ἢ τί [2]ποιεῖν ὀκνῆσαι κέρδους ἕνεκα, ὅς τις ἐναντία αὐτὸς ἑαυτῷ νομοθετεῖν ἠξίωσεν, οὐδὲ τοῖς ἄλλοις [3]τῶν νόμων ἐώντων; ἐμοὶ μὲν γὰρ ἕνεκα ἀναιδείας ὁ τοιοῦτος δοκεῖ πᾶν ἂν ἑτοίμως ἔργον ποιῆσαι. ὥσπερ τοίνυν, ὦ ἄνδρες Ἀθηναῖοι, τῶν περὶ τἄλλα [4]κακούργων τοὺς ὁμολογοῦντας ἄνευ κρίσεως κολάζειν οἱ νόμοι [5]κελεύουσιν, οὕτω δίκαιον καὶ [6]τοῦτον, ἐπειδὴ τοὺς νόμους κακουργῶν εἴληπται, μὴ δόντας λόγον, μηδ' ἐθελήσαντας ἀκοῦσαι, καταψηφίσασθαι. ὡμολόγηκε γὰρ, [7]θατέρῳ τῷ προτέρῳ νόμῳ ἐναντίον τόνδε τιθεὶς, ἀδικεῖν.

ιή. Ὅτι μὲν τοίνυν καὶ παρὰ τούτους τοὺς νόμους, καὶ παρὰ τοὺς προειρημένους, καὶ μικροῦ δέω παρὰ πάντας εἰπεῖν τοὺς ὄντας ἐν τῇ πόλει τέθεικε τὸν νόμον, [8]οἶμαι δῆλον ἅπασιν ὑμῖν εἶναι. θαυμάζω δ' αὐτοῦ τί ποτε καὶ

[1] δοκεῖ [2] ποιεῖν ἂν ὀκνῆσαι [3] τῶν νόμων οὐδὲ τοῖς ἄλλοις [4] κακουργούντων [5] κελεύουσιν οἱ νόμοι [6] τούτου [7] θάτερον [8] οἴομαι

opus. WOLF.

Ἐὰν δ' ἁλῷ] *Si convictus fuerit quicumque ille sit de condemnatis a Senatu.* Numerus singularis pro plurali. AUGER.

Καὶ τοῦ καθιστάναι — δεῖν] Forte δεῖσθαι. WOLF.

Οὐδὲ τοῖς ἄλλοις τῶν νόμων ἐώντων] Sub. ἐναντία νομοθετεῖν, ἀπὸ κοινοῦ. IDEM.

Ἕνεκα ἀναιδείας] Οὕτως ἀναιδὴς ὤν. IDEM.

Τοῦτον — καταψηφίσασθαι] H. Steph. Thes. Gr. L. T. IV. col. 732. dubitat de ista constructione, amplexus potius, quod adscriptum reperit ex Vet. Cod. auctoritate margini exemplaris, τούτου sc. Ita etiam Editt. Man. et Felic. cum MStis quibusdam. TAYLOR. Vid. D'Orville ad Charit. Aphrod. Lib. VI. cap. V. p. 562.

Θατέρῳ] Semper ausculto libris his melioribus, Ven. Bar. Aug. Vind. Hi autem pro θατέρῳ, θάτερον. Vide ergo, annon hæc nostra præstent! ὡμολόγηκε γὰρ θάτερον, τῷ προτέρῳ νόμῳ ἐναντίον τόνδε τιθεὶς, ἀδικεῖν. *Cum duas adversus leges suaserit, in altera certe peccavit.* TAYLOR. Sic distinguo: ὡμολόγηκε γὰρ θατέρῳ, τῷ προτ. AUGER.

ιή. Τούτους τοὺς νόμους] M. τοῦτον τὸν νόμον, nempe, legem ipsam Timocratis. AUGER.

τολμήσει λέγειν περὶ τούτων. οὔτε γὰρ, ὡς οὐκ ἐναντίος
ἔσθ' ὁ νόμος τοῖς ἄλλοις, δεικνύειν ἕξει, οὔθ' ὡς δι' ἀπει-
ρίαν, ἰδιώτην [1] αὐτὸν ὄντα τοῦτ' ἔλαθε, δύναιτ' ἂν πεῖσαι· 722
πάλαι γὰρ μισθοῦ καὶ γράφων, καὶ νόμους εἰσφέρων
ὦπται. καὶ μὴν οὐδ' ἐκεῖνό γ' ἔνεστιν αὐτῷ, ἀδίκημα μὲν
εἶναι τὸ πρᾶγμα ὁμολογῆσαι, συγγνώμης δὲ τυχεῖν ἀξιοῦν.
οὐδὲ γὰρ ἄκων, οὐδ' ὑπὲρ ἠτυχηκότων, οὐδ' ὑπὲρ συγγε-
νῶν καὶ ἀναγκαίων αὐτῷ, τεθεικὼς φαίνεται τὸν νόμον,
ἀλλ' ἑκὼν, ὑπὲρ μεγάλα ἠδικηκότων ὑμᾶς, οὐδὲν προση-
κόντων αὐτῷ, πλὴν εἰ μὴ συγγενεῖς ὑπολαμβάνειν φήσει
τοὺς μισθουμένους αὐτόν.

ιθ'. Ὡς τοίνυν οὐδ' ἐπιτήδειον νόμον [2] ὑμῖν, οὐδὲ συμ-
φέροντ' εἰσενήνοχε, τοῦτ' ἤδη πειράσομαι νυνὶ δεικνύναι.
[3] οἶμαι δὴ πάντας [4] ἂν ὁμολογῆσαι, δεῖν τὸν ὀρθῶς ἔχοντα
νόμον, καὶ συνοίσειν μέλλοντα τῷ πλήθει, πρῶτον μὲν
ἁπλῶς καὶ πᾶσιν ὁμοίως γνωρίμως γεγράφθαι, καὶ μὴ τῷ
μὲν, εἶναι ταυτὶ περὶ αὐτοῦ νομίζειν, τῷ δὲ, ταυτί· ἔπειτα
εἶναι δυνατὰς τὰς πράξεις, ἃς δεῖ γίγνεσθαι διὰ τοῦ νόμου.
εἰ γὰρ αὖ καλῶς μὲν ἔχοι, μὴ δυνατὸν δέ τι φράζοι, εὐχῆς
οὐ νόμου διαπράττοιτ' ἂν ἔργον. πρὸς [5] δὴ τούτοις, οὐδενὶ
τῶν ἀδικούντων φαίνεσθαι μηδεμίαν διδόντα ῥαστώνην. εἰ
γὰρ δημοτικόν τις ὑπείληφε τὸ πρᾴους εἶναι τοὺς νόμους,
τίσι τούτοις προσεξεταζέτω· κἂν περ ὀρθῶς βούληται
σκοπεῖν, εὑρήσει τοῖς κρίνεσθαι μέλλουσιν, οὐ τοῖς ἐξελη-
λεγμένοις. ἐν μὲν γὰρ τοῖς, ἄδηλον, εἴ τις [6] ἔνεστ' ἀδίκως
διαβεβλημένος· τοῖς δὲ, οὐδὲ λόγος λείπεται τὸ μὴ οὐ
πονηροῖς εἶναι. τούτων τοίνυν ὧν διεξελήλυθα ἐγὼ νῦν,
οὐδ' ὁτιοῦν οὗτος ἔχων ὁ νόμος φανήσεται, τἀναντία δ'

[1] [αὐτὸν] ὄντα [τοῦτ'] [2] ὑμῖν νόμον [3] οἴομαι [4] ἂν ὑμᾶς ὁμολογῆσαι [5] δὲ [6] ἔστ' [7] νυνὶ

Καὶ γράφων] Lege καὶ γράφων νόμους καὶ etc. IDEM.

Οὐδὲν] Videntur deesse Conjunctiones: μεγάλα μὲν ἠδικηκότων ὑμᾶς, οὐδὲν δὲ προσηκόντων αὐτῷ. WOLF. Vel potius cum Ven. ὑπὲρ μεγάλα ἠδικηκότων ὑμᾶς, καὶ οὐδὲν προσηκόντων αὐτῷ. TAYLOR.

ιθ'. Πάντας ἂν] Rescribe, ut scribunt Codd. πάντας ἂν ὑμᾶς ὁμολογῆσαι. IDEM.

Εἰ γὰρ δημοτικόν—προσεξεταζέτω] "Prior periodus tota in posteriore membro supplenda et accommodanda." D'Orville ad Char. Aphrod. Lib. III. cap. III. p. 257. V.

Τούτοις προσεξεταζέτω] M. τούτους referendo ad νόμους. sub. δεῖ πρᾴους εἶναι. AUGER.

Τοῖς δὲ --- πονηροῖς εἶναι] De hac constructione vide D'Orville ad Charit. Aphrod. Lib. V. cap. IV. p. 452.

ἑξῆς πάντα. πολλαχόθεν μὲν οὖν ἄν τις ἔχῃ τοῦτο διδά-
723 σκειν, μάλιστα δὲ τὸν νόμον αὐτὸν, ὃν τέθεικε, διεξιών. ἔστι γὰρ οὐ τὸ μὲν αὐτοῦ καλῶς κείμενον, τὸ δὲ, ἡμαρτημένον, ἀλλ' ὅλος ἐξ ἀρχῆς[1] ἀπὸ τῆς πρώτης συλλαβῆς μέχρι τῆς τελευταίας, ἐφ' ὑμᾶς κεῖται. λάβε δ' αὐτοῖς τὴν γραφὴν ταύτην, καὶ μέχρι τοῦ πρώτου μέρους ἀνάγνωθι τὸν νόμον. ῥᾶστα γὰρ οὕτως ἐγώ τε διδάξω, καὶ ὑμεῖς μαθήσεσθε ἃ λέγω.

ΝΟΜΟΣ.

Ἐπὶ [2] δὲ Πανδιονίδος [3] πρώτης πρυτανείας δωδεκάτῃ τῶν προέδρων, ἐπεψήφισεν Ἀριστοκλῆς Μυῤῥινούσιος, Τιμοκράτης εἶπε· Καὶ εἴ τινι τῶν ὀφειλόντων τῷ δημοσίῳ προστετίμηται κατὰ νόμον, ἢ κατὰ ψήφισμα, δεσμοῦ, ἢ [4] τολοιπὸν προστιμηθῇ, εἶναι αὐτῷ, ἢ ἄλλῳ ὑπὲρ ἐκείνου, ἐγγυητὰς καταστῆσαι.

ἐπίσχες. αὐτίκα γὰρ καθ' ἕκαστον ἀναγνώσῃ. τουτὶ πάντων, ὦ ἄνδρες δικασταὶ, τῶν γεγραμμένων ἐν τῷ νόμῳ σχεδόν ἐστι δεινότατον. [5] οἶμαι γὰρ οὐδένα ἀνθρώπων ἄλλον τολμῆσαι, νόμον εἰσφέροντα, ἐπὶ τῷ χρῆσθαι τοὺς πολίτας αὐτῷ, τὰς κατὰ τοὺς πρότερον κυρίους νόμους

[1] ὑμῖν [2] τῆς [3] πρώτης τῆς πρυτανείας [4] τὸ λοιπὸν [5] οἴομαι

Ἔχῃ] Ἔχοι Bar. et Vind. Melius. Vide modo §. ιζ'. init. TAYLOR.

Ἐφ' ὑμῖν κεῖται] Lego et hic contra Codicum consensum: ἐφ' ὑμᾶς, τουτέστι καθ' ὑμῶν, et, ἐπὶ βλάβῃ τῇ ὑμετέρᾳ. [Et alibi] Malim ἐφ' ὑμᾶς, τουτέστι καθ' ὑμῶν, ἀλλὰ μὴ ἐν τῇ ἐξουσίᾳ ὑμῶν. WOLF. O. certe l. et s. et impressi ὑμῖν, nisi quod Vindob. solus ἐφ' ὑμῶν legat. Ex quo consensu judico, istam constructionem cum Wolfiana sententia plane consentire posse. Vide ad Aristocrateam §. λγ'. fin. TAYLOR. ἐφ' ὑμᾶς, *contra vos.* AUGER.

Ταύτην] Αὐτὴν Ven. Bar. Aug. Ital. et Vindob. Idque, ut ego statuo, rectius. *Scripturam hanc*, Wolfius. Quod pro nihilo habeo. *Age, cape libellum ipsum accusatorium, the Indictment.* Nam in eo continebatur αὐτολεξεὶ Lex Timocratea, quæ jam in judicium deducitur, et quam hic postulatur Scriba recitare. Ut olim plenissime confirmavi ad Aristocrateam §. ϛ'. TAYLOR. Tayloro assentitur Augerus.

Δωδεκάτῃ τῶν προέδρων] Supra §. ι'. τῇ δωδεκάτῃ τῆς Πρυτανείας. WOLF. Et hic quoque id est rescribendum. Nam cum ex Codd. nostris alii post δωδεκάτῃ eas voces insinuent, alii loco τοῦ τῶν προέδρων, ita legant, hoc postremum arbitror potissimum ab Auctoris manu esse profectum. Nam δωδεκάτῃ τῶν προέδρων in monumentis antiquorum reperiri vix posse credo, tum autem porro, istud δωδεκάτῃ τῆς πρυτανείας τῶν προέδρων monstri esset simillimum. Sit hoc ergo primum. Deinde: vocem πρυτανείας, quæ et in contextu hodie invenitur, eam esse ipsissimam vocem contendo, quam hodie quærimus. Qua ad propriam sedem revocata, concordabunt omnia cum exemplo, quod præcessit. §. ι'. Nempe ita conformabitur: Ἐπὶ τῆς (Ita enim Codd. non δὲ) Πανδιονίδος πρώτης, δωδεκάτῃ τῆς πρυτανείας, ἐπεψήφισεν Ἀριστοκλῆς, cætera. Porro autem male hic Wolfius: *primo senatus conventu.* Prima enim uniuscujusque manipuli sive Prytaneas Concio die Prytaneas, non 12mo. sed 11mo. uti olim vidimus, solita erat haberi. TAYLOR. L. ἐπὶ τῆς Πανδιονίδος, πρώτης πρυτανείας δωδεκάτῃ ἐπεψήφισεν Ἀρ. cætera delendo. Hæc tria verba, sc. ἐπεψ. Ἀριστοκλ. Μυῤῥ., non reperiuntur in prima legis recitatione. AUGER.

Ἐπεψήφισεν] *Censuit* Wolfius, errore crasso, et, quod putidius est, crebro. Vide doctissimum Jurinum ad §. ιδ'. TAYLOR.

κρίσεις γεγενημένας ἐπιχειρῆσαι λύειν. τοῦτο τοίνυν οὑ-
τοσὶ Τιμοκράτης ἀναιδῶς καὶ οὐδ' ἀποκρυψάμενος πε-
ποίηκε, γράψας διαῤῥήδην, καὶ εἴ τινι τῶν ὀφειλόν-
των τῷ δημοσίῳ προστετίμηται κατὰ νόμον,
ἢ κατὰ ψήφισμα, δεσμοῦ, ἢ [1] τολοιπὸν προσ-
τιμηθῇ. περὶ μὲν δὴ τῶν μελλόντων εἴ τι δίκαιον
ἔπεισεν ὑμᾶς, οὐκ ἂν ἠδίκει· περὶ δ' ὧν δικαστήριον ἔγνωκε,
καὶ τέλος ἔσχηκε, πῶς οὐχὶ δεινὰ ποιεῖ, νόμον εἰσφέρων, 724
δι' οὗ ταῦτα λυθήσεται; ὥσπερ ἂν εἴ τις ἐάσας κύριον
γενεσθαι τὸν τούτου νόμον, γράψειεν ἕτερον τοιόνδε· Καὶ εἴ
τινες ὠφληκότες χρήματα, καὶ δεσμοῦ προστετιμημένου
αὐτοῖς, ἐγγυητὰς κατέστησαν, κατὰ τὸν τούτου νόμον,
μὴ εἶναι τὴν διεγγύησιν αὐτοῖς, μηδὲ [1] τολοιπὸν ἐξεγγυᾷν
μηδένα. ἀλλ' οὔτε ταῦτα ποιήσειεν ἂν οὐδεὶς ὑγιαίνων,
οἶμαι, σύ τ' ἐκεῖνα λύων ἠδίκεις. χρῆν γὰρ αὐτὸν, εἰ τὸ
πρᾶγμ' ἐνόμιζε δίκαιον, ἐπὶ τοῖς ὕστερον γενησομένοις θεῖ-
ναι τὸν νόμον, καὶ μὴ συνενεγκόντα εἰς ταὐτὸ τὰ μέλλον-
τα τοῖς παρεληλυθόσι, καὶ τὰ μὴ δῆλα τοῖς φανεροῖς ἀδι-
κήμασιν, εἶτα ἐπὶ πᾶσι γράψαι τὴν αὐτὴν γνώμην. πῶς
γὰρ οὐ δεινὸν, τῶν αὐτῶν ἠξιωκέναι δικαίων τοὺς ἐξεληλε-
γμένους ἀδικοῦντας τὴν πόλιν πρότερον, καὶ τοὺς μηδ' εἰ
κρίσεως ἄξιον [2] ἐργάσωνταί τι δήλους;

κ'. Καὶ μὴν κἀκεῖθεν ἴδοι τις ἂν, ὡς δεινὸν πεποίηκε
[3] τὸ θεῖναι περὶ τῶν παρεληλυθότων τὸν νόμον, εἰ λογίσαι-
το παρ' αὐτῷ, τί ποτ' ἐστὶν ᾧ νόμος ὀλιγαρχίας διαφέρει,
καὶ τί δή ποθ' οἱ μὲν ὑπὸ νόμων ἐθέλοντες ἄρχεσθαι, σώ-

[1] τὸ λοιπὸν [2] ἐργάσονταί [3] τῷ

'Αποκρυψάμενος] Ita Bar. Reg. *a.* Bodl. Obsop. Vindob. Aug. Lindenb. et Editt. Manut. et Felician. In nonnullis ἀποκρουσάμενος. Idem.

Προστετιμημένον] Hoc absolute, ut aiunt, positum existimo, et recte scribi. προστετιμημένου Edit. Morel. προστετιμημένων Ven. Ital. Vind. Neutrum probo. Idem. Neutrum absolutum, ut δέον, ἐξόν. Auger.

Τοὺς ἐξεληλεγμένους ἀδικοῦντας] 'Αντὶ τοῦ, ὅτι ἀδικοῦσιν. ἐξελέγχομαι ἀδικῶν. ἐξελεγχόμενος ἀδικῶν. Wolf.

κ'. Ὧ νόμος ὀλιγαρχίας διαφέρει] Lego: ᾧ δῆμος — διαφέρει, τουτέστι δημοκρατία. Idem. Laudo id vehementer, et puto esse verum. Tametsi vulgata scriptura diu inveteraverit, si ad hunc locum spectent (et spectare arbitror) verba ista Scholiastæ ad Aristid. Panathen. init. μαρτυρεῖ δὲ καὶ Δημοσθένης ἐν τῷ κατὰ Τιμοκράτους, νόμον καλέσας τὴν πόλιν. Taylor. νόμος pro δημοκρατία. Auger.

Νόμων] Restitui ex Bar. Lind. Aug. et impressis, Manut. Felic. et Paris. Vulgo νόμον. In sequentibus v. ult. plenius, σώφρονες, καὶ ἐλεύθεροι, καὶ χρηστοὶ juxta Bar. Aug. Vindob. et Edit. Benenati. Taylor. Imo νόμων. Auger.

φρονες, [1] καὶ χρηστοὶ πολῖται νομίζονται, οἱ δ᾽ ὑπὸ τῶν ὀλιγαρχιῶν, ἄνανδροι, καὶ δοῦλοι. εὕροι γὰρ ἂν ὡς ἀληθῶς τοῦτο προχειρότατον, ὅτι τῶν μὲν ἐν ταῖς ὀλιγαρχίαις ἕκαστος, καὶ τὰ πεπραγμένα λῦσαι, καὶ περὶ τῶν μελλόντων, ἃ ἂν αὐτῷ δοκῇ, προστάξαι κύριός ἐστιν· οἱ δὲ νόμοι περὶ τῶν μελλόντων ἃ χρὴ γίγνεσθαι φράζουσι, μετὰ τοῦ πεῖσαι τεθέντες, ὡς συνοίσουσι τοῖς χρωμένοις. Τιμοκράτης τοίνυν ἐν δημοκρατουμένῃ τῇ πόλει νομοθετῶν, τὴν ἐκ τῆς ὀλιγαρχίας ἀδικίαν εἰς τὸν αὐτοῦ νόμον μετήνεγκε, καὶ περὶ τῶν παρεληλυθότων [2] αὐτὸν κυριώτερον τῶν καταγνόντων δικαστῶν ἠξίωσε ποιῆσαι· καὶ οὐ τοῦτο μόνον πεποίηκεν ὑβριστικὸν, ἀλλὰ καὶ γέγραφε [3] καὶ τολοιπὸν ἐάν τινι προστιμηθῇ δεσμοῦ, εἶναι, καταστήσαντι τοὺς ἐγγυητὰς ἦ μὴν ἐκτίσειν, ἀφεῖσθαι. καί τοι ἐχρῆν αὐτὸν, εἰ τὸ δεδέσθαι δεινὸν ἡγεῖτο, μηδενὶ προστιμᾷν, ὃς ἂν ὑμῖν ἐγγυητὰς καθιστῇ, δεσμοῦ νομοθετῆσαι, μὴ προλαβόντα κατεγνωκότας ὑμᾶς τὸν δεσμὸν, μηδ᾽ ἐχθρῶς διατεθέντα πρὸς ὑμᾶς τὸν [4] ἡλωκότα, τηνικαῦτα ποιεῖν τὴν ἐξεγγύησιν. νυνὶ δ᾽ ὥσπερ ἐνδεικνύμενος, ὅτι, κἂν ὑμῖν δοκῇ δεδέσθαι τινὰ, αὐτὸς ἀφήσει, τοῦτον τὸν τρόπον τὸν νόμον εἰσήνεγκεν. ἆρ᾽ οὖν τῳ δοκεῖ συμφέρειν τῇ πόλει τοιοῦτος νόμος, ὃς δικαστηρίου γνώσεως αὐτὸς κυριώτερος ἔσται, καὶ τὰς [5] ὑπὸ τῶν ὀμωμοκότων γνώσεις τοῖς ἀνωμότοις προστάξει λύειν; ἐγὼ μὲν οὐκ οἶμαι. φαίνεται τοίνυν ὁ τούτου νόμος ταῦτ᾽ ἔχων ἀμφότερα. ὥστ᾽ εἴπερ ὑμῶν ἑκάστῳ μέλει τι τῆς πολιτείας, καὶ δεῖν οἴεται κυρίαν εἶναι τὴν αὐτοῦ γνώμην, περὶ ὧν ἂν ὀμωμοκὼς ψηφίσηται, λυτέος καὶ οὐκ ἐατέος ὁ τοιοῦτος νόμος κύριος γενέσθαι νυνί.

κά. Οὐ τοίνυν ἀπέχρησεν αὐτῷ τὰ δικαστήρια ἄκυρα ποιῆσαι τῶν προστιμημάτων, ἀλλ᾽ οὐδὲ ἃ δίκαια ὡρίσατο

[1] καὶ ἐλεύθεροι καὶ χρηστοὶ [πολῖται] [2] αὑτὸν [3] ἦ τὸ λοιπὸν [4] ἑαλωκότα [5] [ὑπὸ]

Καίτοι ἐχρῆν αὐτὸν] Ἐχρῆν αὐτὸν νομοθετῆσαι, προστιμᾷν μηδενὶ δεσμοῦ, ὃς ἂν καθιστῇ ὑμῖν ἐγγυητάς· μὴ ποιεῖν (Malim ἀλλὰ μὴ ποιεῖν) τηνικαῦτα τὴν ἐξεγγύησιν, προλαβόντα (ἐπειδὴ προὔλαβεν ὁ Τιμοκράτης) ὑμᾶς κ. τ. λ. WOLF.

Ἁλωκότα] Ἡλωκότα, ἢ ἑαλωκότα. IDEM. ἑαλωκότα legitur in Edit. Lutet. ἡλωκότα Reg. a. Vind. Lind. Obsop. et Felic. TAYLOR.

Τὰς ὑπὸ τῶν] Melius τὰς τῶν ὀμωμοκότων γνώσεις, abjecta præpositione, quemadmodum habent Scholiastes, et Cod. Vindob. IDEM. ὑπὸ del. vid. AUGER.

αὐτὸς ἐν τῷ νόμῳ, καὶ προσέταξε τοῖς ὠφληκόσιν, οὐδὲ ταῦτα ἁπλῶς, οὐδὲ ἀδόλως φανήσεται γεγραφώς· ἀλλ' ὡς ἂν μάλιστά τις ὑμᾶς ἐξαπατῆσαι καὶ παρακρούσασθαι βουλόμενος. σκέψασθε γὰρ ὡς γέγραφε. Τιμοκράτης εἶπε, φησὶ, καὶ εἴ τινι τῶν ὀφειλόντων τῷ δημοσίῳ προστετίμηται κατὰ νόμον, ἢ κατὰ 726
ψήφισμα, δεσμοῦ, ἢ [1] τολοιπὸν προστιμηθῇ, εἶναι αὐτῷ, ἢ ἄλλῳ ὑπὲρ ἐκείνου, ἐγγυητὰς καταστῆσαι, οὓς ἂν ὁ δῆμος χειροτονήσῃ, ἦ μὴν ἐκτίσειν. ἐνθυμεῖσθε ἀπὸ τοῦ δικαστηρίου καὶ τῆς καταγνώσεως, οἷ [2] διεπήδησεν ἐπὶ τὸν δῆμον, ἐκκλέπτων τὸν ἠδικηκότα, καὶ τὴν παράδοσιν αὐτοῦ τὴν τοῖς ἕνδεκα. τίς γὰρ ἀρχὴ παραδώσει τὸν [3] ὄφλοντα; τίς τῶν ἕνδεκα παραλήψεται; κελεύοντος μὲν τοῦ νόμου τούτου ἐν τῷ δήμῳ καθιστάναι τοὺς ἐγγυητὰς, ἀδυνάτου δ' ὄντος αὐθημερὸν ἐκκλησίαν ἅμα καὶ δικαστήριον γενέσθαι, οὐδαμοῦ δ' ἐπιτάττοντος [4] φυλάττειν, ἕως ἂν καταστήσῃ τοὺς [5] ἐγγυητάς; καίτοι τί ποτ' ἦν δι' ὃ προσγράψαι σαφῶς ὤκνησε, τὴν δὲ ἀρχὴν τὸν [6] ὄφλοντα [4] φυλάττειν, ἕως ἂν καταστήσῃ τοὺς ἐγγυητάς; πότερον οὐχὶ δίκαιον; εὖ οἶδ' ὅτι πάντες ἂν φήσαιτε. ἀλλ' ἐναντίον ἦν τινὶ τοῦτο νόμῳ; οὐκ, ἀλλὰ μᾶλλον κατὰ τοὺς νόμους. τί ποτ' οὖν ἦν; οὐδὲν ἂν [7] εὕροιτε ἄλλο, πλὴν ὅτι οὐχ ὅπως δώσουσι δίκην, ὧν ἂν ὑμεῖς καταγνῶτε, ἐσκόπει, ἀλλ' ὅπως μή.

κβ'. Εἶτα πῶς γέγραπται μετὰ ταῦτα; καθιστάναι τοὺς ἐγγυητὰς, ἦ μὴν ἐκτίσειν τὸ ἀργύριον ὃ ὦφλεν. ἐνταυθοῖ πάλιν τῶν μὲν ἱερῶν χρημάτων τὴν δεκαπλασίαν [8] ἀφήρηται, τῶν δὲ ὁσίων, ὁπόσων ἐν τῷ

[1] τὸ λοιπὸν [2] διεπήδησεν! ἐ. τ. δῆμον· [3] * ὀφείλοντα [4] φυλάττειν τέως, ἕως
[5] ἐγγυητάς. [6] ὀφείλοντα [7] εὕροι τις ἄλλο [8] ὑφῄρηται

κά. Εἶναι αὐτῷ ἢ ἄλλῳ] *Licere illi aut alii ejus nomine*, hoc est, ἐξεῖναι. Quod Cicero ut alia plurima Græcorum, imitatus est pro P. Sextio: "Quem enim deprecari esset, quum omnes essent sordidati?" *Ex edit.* HERVAG.

Οὐδὲν ἂν εὕροι τι ἄλλο] Aut εὕροι τις, aut εὕροιτε legendum. WOLF. Similiter annotatum reperitur in marg. Parisiensi. TAYLOR.

Εἶτα] Verte: *Deinde quomodo scripsit postea?* CONSTITUENDOS ESSE etc. IDEM.

'Αφῄρηται] Potius ὑφῄρηται. Quasi subdole et callide id fieret. Jubent id Bar. Ven. Reg. α. Lind. Aug. Vind. Obsop. Ital. cum MStis Man. et Felic. Idque Wolfio placere video. IDEM.

Τῶν δὲ ὁσίων, ὁπόσων] Lego per ο μικρὸν, ὁπόσον. Ordo enim hic est: ἀφῄρηται τὸ ἥμισυ τῶν ὁσίων, ὁπόσον διπλασιάζεται. WOLF. L. ὁπόσα vel ὁπόσον. AUGER.

'Οπόσων] *Quæ* Wolfius. Potius: *quæ-*

νόμῳ διπλασιάζεται, τὸ ἥμισυ. πῶς δὴ τοῦτο ποιεῖ; γράψας ἀντὶ μὲν τοῦ τιμήματος τὸ ἀργύριον, ἀντὶ δὲ τοῦ, τὸ γιγνόμενον, ὃ ὦφλε. διαφέρει δὲ τί; εἰ μὲν ἔγραψε καθιστάναι τοὺς ἐγγυητὰς ἦ μὴν ἐκτίσειν τὸ τίμημα τὸ γιγνόμενον, προσπεριειλήφει τοὺς νόμους ἂν, καθ' οὓς τὰ [1]μὲν
27 δεκαπλᾶ, τὰ δὲ καὶ διπλᾶ γίγνεται τῶν ὀφλημάτων· ὥστε ἐκ τούτων ἦν ἀνάγκη τοῖς [2]ὄφλουσι τὸ γεγραμμένον τ' ἐκτίνειν, καὶ τὰς ἐκ τῶν νόμων προσούσας ζημίας καταβάλλειν. νῦν δ' [3]ἐν τῷ γράψαι τὴν κατάστασιν εἶναι τῶν ἐγγυητῶν ἦ μὴν ἐκτίσειν τὸ ἀργύριον ὃ ὦφλεν, ἐκ τῆς λήξεως καὶ τῶν γραμμάτων, ἐφ' οἷς ἕκαστος εἰσήχθη, ποιεῖ τὴν ἔκτισιν, ἐν οἷς πᾶσιν ἁπλοῦν ὅ τις ὤφληκεν ἀργύριον γέγραπται.

κγ'. Μετὰ ταῦτα τοίνυν τηλικοῦτον πρᾶγμα ἀνελὼν ἐν τῇ τῶν ῥημάτων μεταθέσει, προσέγραψε τοὺς δὲ προέδρους ἐπιχειροτονεῖν ἐπάναγκες, ὅταν τις καθιστάναι βούληται, παρὰ πάντα τὸν νόμον οἰόμε-

[1] μὲν * διπλᾶ, τὰ δὲ καὶ δεκαπλᾶ [2] ὀφείλουσι [3] Deest ἐν.

cunque. Nec enim omnis pecunia publica jubebatur dupla solvi, sed ea solum, quam privati per annum integrum retinuissent. JURIN.

Διαφέρει δὲ τί, etc.] Crimini dat adversario, quod τὸ ὀφειλόμενον, ἀντὶ τοῦ, τὸ γιγνόμενον scripserat. ac si diceret, *Quid tandem autem hoc atque illud interest? nempe quod* si iste *legislator scripsisset, sponsorem dare debitorem publicum, qui solutum iri expromitteret litis æstimationem justum, quantumque jus æquumque foret, his verbis eas quoque leges comprehendisset, quibus legibus nomina publica, decupla interdum, interdum dupla fiunt.* accusat enim Orator legem ut perperam ac captiose latam, in fraudemque reipub. Ubi notandum τὸ γιγνόμενον ἀργύριον ἀποτίνειν esse, quod Latini recte *restituere* dicunt. Livius: "Quosque quoque oportebit, recte restituito." Et recte *præstare* Ulpian. recte *dare* Cicero ad Atticum. Cæterum τίμημα etiam hoc loco significare potest αὐτὸ τὸ προστιμηθὲν διὰ τὴν ὑπερημερίαν, hoc est, *quod mulctæ nomine propter moram solvendi irrogatum est.* Dicebant enim, ἕως ἂν ἀποδῷ δόκιμον ἀργύριον, κρατεῖν τῶν χρημάτων ἁπάντων τὸν δανείσαντα, *quoadusque probam pecuniam reddidiret debitor, fœneratorem in possessione esse bonorum omnium,* vel *pignora omnia obtinere debitoris creditorem.* χρημάτων enim appellatione tam mobilia seseque moventia, quam immobilia continentur. quemadmodum apud Ciceronem et Jurecoss. *pecuniæ* vocabulo hæc omnia comprehenduntur. *Fortunæ* enim hominum χρήματα sic Græce dicuntur ab utilitate, ut Latine *bona* et *facultates.* Ex Comment. Budæi. *Ex edit.* HERVAG.

Προσειλήφει τοὺς νόμους, καθ' οὓς τὰ μὲν δεκαπλᾶ] Id est, *eas utique leges* comprehendisset, secundum *quas leges damnatio interdum in decuplum, interdum in duplum fit.* Cæterum τὸ γιγνόμενον τίμημα cum dicebant, hoc significabant judicatum quod jus poposcerit, æquitasque suaserit. In hæc autem verba concipiebant eam satisdationem, qua judicatum solvi dicitur. *Ex edit.* HERVAG.

Καὶ διπλᾶ] Dele καὶ, et v. 9. ἐν. AUGER.

Νῦν δ' ἐν τῷ γράψαι] Lege potius: νῦν δὲ τῷ γράψαι, ut Bar. Lind. Aug. Ital. et Vind. TAYLOR.

Ἁπλοῦν ὅστις ὤφληκεν] Malim ὅ τις. WOLF. Atque ita margo Benenati. MSS. Ald. Ven. Lind. Vindob. IDEM.

κγ'. Παρὰ πάντα τὸν νόμον] F. παρὰ πάντας τοὺς νόμους. Sin illud placet, expone ἐν παντὶ τῷ νόμῳ, *tota lege nihil aliud agens, nisi ut sontes conserventur et da-*

νος δεῖν σώζειν τὸν ἠδικηκότα, καὶ τὸν ἐν ὑμῖν ἡλωκότα. δοὺς γὰρ ὅταν βούληται τὴν κατάστασιν αὐτῷ τῶν ἐγγυητῶν, ἐπ' ἐκείνῳ πεποίηκε, μηδέ ποτ' ἐκτίσαι μηδὲ δεθῆναι. τίς γὰρ οὐ ποριεῖται φαύλους ἀνθρώπους; οὓς ὅταν ὑμεῖς ἀποχειροτονήσητε, [1]ἀπαλλάξωνται. ἐὰν γάρ τις, ὡς οὐ καθιστάντα τοὺς ἐγγυητὰς, ἀξιοῖ δεδέσθαι, φήσει, καὶ καθιστάναι, καὶ καταστήσειν, καὶ δείξει τὸν τούτου νόμον, ὃς καθιστάναι μὲν ὅταν βούληται κελεύει, φυλάττειν δὲ τέως οὐ λέγει, οὐδ' ἂν ἀποχειροτονήσηθ' ὑμεῖς τοὺς ἐγγυητὰς, δεδέσθαι προστάττει· ἀλλ' ὡς ἀληθῶς ὥσπερ ἀλεξιφάρμακόν ἐστι τοῖς ἀδικεῖν βουλομένοις. τῷ δὲ καταστήσαντι, φησὶ, τοὺς ἐγγυητὰς, ἐὰν ἀποδιδῷ τῇ πόλει τὸ ἀργύριον ἐφ' ᾧ κατέστησε τοὺς ἐγγυητὰς, ἀφεῖναι τοῦ δεσμοῦ. πάλιν ἐνταῦθ' ἐπέμεινεν ἐπὶ τοῦ κακουργήματος, ὃ μικρῷ πρότερον εἶπον, καὶ οὐκ ἐπελάθετο, οὐδ' ἔγραψε τὸ τίμημα τὸ γιγνόμενον, ἀλλὰ τὸ ἀργύριον ὃ ὦφλεν ἐὰν ἀποδιδῷ, ἀφεῖσθαι τοῦ δεσμοῦ. ἐὰν δὲ μὴ καταβάλῃ ταργύριον 728
ἢ αὐτὸς, ἢ οἱ ἐγγυηταὶ, ἐπὶ τῆς ἐννάτης πρυτανείας, τὸν μὲν ἐξεγγυηθέντα δεδέσθαι, τῶν δὲ ἐγγυητῶν δημοσίαν εἶναι τὴν οὐσίαν. ἐν δὴ τῷ τελευταίῳ τούτῳ, παντελῶς αὐτὸς αὐτοῦ κατήγορος, ὡς ἀδικεῖ, γεγονὼς φανήσεται. οὐ γὰρ ὅλως τὸ δεδέσθαι τινὰ τῶν πολιτῶν αἰσχρὸν ἢ δεινὸν νομίσας, ἀπεῖπε μὴ δεῖν· ἀλλὰ τὸν καιρὸν, ἐν ᾧ τὸν ἠδικηκότα ἐνῆν παρόντα λαβεῖν, ἐκκλέψας, τοὔνομα μὲν τῆς τιμωρίας ἔλιπε τοῖς ἀδικουμένοις ὑμῖν [2]λαβεῖν, τὸ δ' ἔργον ἀφείλετο, καὶ παρ'

[1] ἀπαλλάξεται [2] [λαβεῖν]

mnati a vobis. WOLF. Cum Wolfio consentit optimus Vindob. TAYLOR. *Contra omnes leges*, Wolfius. Immo: *per totam legem*, a prima syllaba ad ultimam. Vid. §. κή. JURIN.

Ἀπαλλάξωνται] Forte ἀπηλλάξονται, τῷ μετ' ὀλίγον μέλλοντι, aut certe ἀπαλλάξονται per ο, priore futuro medio. Sub. οἱ ἐγγυηταὶ ἐσόμενοι, *qui, ubi vos eos improbaveritis, discedant?* Aut ἀπαλλάξωνται. Sub. οἱ καταστήσαντες τοὺς ἐγγυητὰς, ut sit mutatio numeri: *quos ubi vos improbaveritis, liberetur?* Sub. *damnatus*. Sed hic calumniatorem agere videtur Orator. Neque enim liberabitur, nisi approbatis a populo vadibus ex lege Timocratis. WOLF. Hæc certe intelligo parum: neque uno piaculo procurari possunt. ἀπαλλάξονται Ald. marg. Benenati. ἀπαλλάξεται Ven. Lind. Ital. ἀπαλλάξετε Bar. Bodl. Aug. et Vind. Ego præfero Aldina. TAYLOR. L. ἀπαλλάξεται, nempe, debitor qui vades dederit. AUGER.

Ὅταν βούληται] Non quidem hæc verba Legis sunt, sed quia nullum certum tempus adscriptum est, abusus obscuritate verborum argutatur. WOLF.

Ἀφεῖναι] Refer ad φησί. AUGER.

Λαβεῖν] Τιμωρίαν λαβεῖν recte quis diἀκόντων ἔδωκεν ἄφεσιν τοῖς τὰ ὑμέτερα ἀξιοῦσιν ἔχειν βίᾳ, καὶ [1]μόνον οὐ προσέγραψε, δίκην ἐξεῖναι λαχεῖν αὐτῷ κατὰ τῶν δικαστῶν, τῶν προστιμησάντων τοῦ δεσμοῦ.

κδʹ. Ὁ δὲ πολλῶν ὄντων καὶ δεινῶν, ὧν ἐν τῷ νόμῳ τέθεικε, μάλιστ᾽ ἄξιόν ἐστ᾽ ἀγανακτῆσαι, βούλομαι πρὸς ὑμᾶς εἰπεῖν. δι᾽ ὅλου γὰρ τοῦ νόμου τῷ καταστήσαντι τοὺς ἐγγυητὰς, [2]ἅπαντα λέγει· τῷ δὲ μὴ καθιστάντι, μήτε βελτίους, μήτε χείρους, μήθ᾽ ὅλως προσέχοντι τὸν νοῦν ὑμῖν, οὐδεμίαν οὔτε δίκην, οὔτε τιμωρίαν προσγέγραφεν, ἀλλ᾽ ἄδειαν πεποίηκε τοσαύτην, ὅσην οἷόν τε γενέσθαι πλείστην. καὶ γὰρ τὸν χρόνον ὃν διώρισε, τὴν ἐννάτην πρυτανείαν, τῷ καταστήσαντι λέγει τοὺς ἐγγυητάς. γνοίη δ᾽ ἄν τις ἐκεῖθεν. προσέγραψε δημοσίαν εἶναι τὴν οὐσίαν, [3]τὴν των ἐγγυητων, ἂν μή τις ἐκτίσῃ. τοῦ δὲ μὴ καταστήσαντος, οὐκ ἔνι δήπουθεν ἐγγυητὰς ὑπάρχειν. καὶ τοῖς μὲν προέδροις, οἳ κεκληρωμένοι καθίζουσιν ἐξ ὑμῶν, ἐπάναγκες ἐποίησεν, ὅταν καθιστῇ τις, δέχεσθαι· τοῖς δ᾽ ἀδικοῦσι τὴν πόλιν, οὐδεμίαν προσέγραψεν ἀνάγκην, ἀλλ᾽
29 ὥσπερ εὐεργέταις αἵρεσιν αὐτοῖς ἔδωκεν, εἰ χρὴ δοῦναι δίκην ἢ μή. καί τοι πῶς ἂν ἀσυμφορώτερος ὑμῖν τούτου γένοιτο νόμος, ἢ κάκιον ἔχων; ὃς πρῶτον μὲν περὶ τῶν ἐκ τοῦ παρεληλυθότος χρόνου κριθέντων ἐναντία τοῖς [4]ἐφ᾽ ὑμῶν ἐγνωσμένοις προστάττει· δεύτερον δὲ περὶ τῶν μελλόντων κριθήσεσθαι, προστιμᾷν κελεύων τοὺς δικαστὰς τοὺς ὀμωμοκότας, ἄκυρα τὰ προστιμήματα ποιεῖ· πρὸς δὲ τούτοις, ἐπιτίμους τοὺς ὀφείλοντας, οὐ τὰ προσήκοντα ἐκτίνοντας καθίστησιν· ὅλως δ᾽ ἐπιδείκνυσι μάτην ὀμνύντας, τιμῶντας, δικάζοντας, ὀργιζομένους, ἅπαντα ποιοῦντας [5]ὑμᾶς; ἐγὼ μὲν γὰρ εἰ Κριτίας, ὁ γενόμενος τῶν τριάκοντα, εἰσέφερε τὸν νόμον, οὐκ ἂν ἄλλον [6]οἶμαι τρόπον γράψαντ᾽ εἰσενεγκεῖν, ἢ τοῦτον.

κεʹ. Ὅτι τοίνυν ὅλην συγχεῖ τὴν πολιτείαν, καὶ καταλύει πάντα τὰ πράγματα ὁ νόμος, καὶ πολλὰς φιλοτιμίας

[1] μονονοὺ [2] ἅπαντας [3] [,τὴν] [4] ὑφ᾽ ὑμῶν ἐγ. προστάττει; [5] ὑμᾶς. [6] οἴομαι

xerit: at τοὔνομα τιμωρίας, non ita. Abest ergo λαβεῖν ab optimis exemplaribus, Bar. Bodl. Reg. α. Lind. Aug. Ital. Vind. Tayl.

Τιμῶντας] Haud scio, an aliud verbum desideretur. Neque τιμωμένους, neque εἰσιόντας placet. Wolf.

περιαιρεῖται τῆς πόλεως, καὶ τοῦτο ῥᾳδίως ὑμᾶς νομίζω μαθήσεσθαι. ἴστε γὰρ δήπου τοῦθ'· ὅτι σώζεται πολλάκις ὑμῶν ἡ πόλις διὰ τὰς στρατείας, καὶ τὰς ναυτικὰς, καὶ τὰς πεζάς· καὶ πολλὰ καὶ καλὰ πολλάκις ἤδη διεπράξασθε, καὶ σώσαντές τινας, καὶ τιμωρησάμενοι, καὶ διαλλάξαντες. πῶς οὖν; ἀνάγκη τὰ τοιαῦτα διοικεῖν ἐστὶ διὰ ψηφισμάτων καὶ νόμων, τοῖς μὲν εἰσφέρειν ἐπιτάττοντας, τοὺς δὲ τριηραρχεῖν κελεύοντας, τοὺς δὲ πλεῖν, τοὺς δ' ἕκαστα ποιεῖν ὧν δεῖ. οὐκοῦν ταῦθ' ὅπως γίγνηται, δικαστήρια πληροῦτε, καὶ καταγιγνώσκετε δεσμὸν τῶν ἀκοσμούντων. σκέψασθε δὴ τὸν τοῦ καλοῦ κἀγαθοῦ τούτου νόμον, ὡς λυμαίνεται ταῦτα καὶ διαφθείρει. γέγραπται γὰρ δήπου ἐν τῷ νόμῳ αὐτοῦ· καὶ εἴ τινι τῶν ὀφειλόντων προστετίμηται δεσμοῦ, ἢ καὶ [1] τολοιπὸν 730
προστιμηθῇ, εἶναι καταστήσαντι ἐγγυητὰς, ἢ μὴν ἐπὶ τῆς ἐννάτης πρυτανείας ἐκτίσειν τὸ ἀργύριον, ἀφεῖσθαι τοῦ δεσμοῦ. τίς οὖν πόρος ἔσται; τίνα ἀποσταλήσεται τρόπον ἡ στρατιά; πῶς τὰ χρήματα εἰσπράξομεν, ἐὰν εἷς ἕκαστος ὀφλισκάνων, ἐγγυητὰς καθιστῇ κατὰ τὸν τούτου νόμον, ἀλλ' [2] οὐ τὸ προσῆκον ποιῇ; ἐροῦμεν, νὴ Δία, τοῖς Ἕλλησι, Τιμοκράτους νόμος ἐστὶ παρ' ἡμῖν, ἀναμείνατ' οὖν τὴν ἐννάτην πρυτανείαν, εἶτα τότ' [3] ἔξιμεν; τοῦτο γὰρ λοιπόν. ἂν δ' ὑπὲρ ὑμῶν αὐτῶν ἀμύνεσθαι δέῃ, ἆρά γ' οἴεσθε τοὺς ἐχθροὺς τὰς τῶν παρ' ἡμῖν πονηρῶν διαδύσεις καὶ κακουργίας ἀναμενεῖν; ἢ τὴν πόλιν αὐτὴν ἐμποδίζοντας νόμους εἰ [4] θήσεσθε, καὶ τἀναντία τῶν συμφερόντων λέγοντας, δυνήσε-

[1] τὸ λοιπὸν [2] μὴ [3] ἔξιμεν. [4] θήσετε

κέ. Πεζὰς] Πεζικὰς Bar. Reg. a. Aug. Vind. Testes certe fide digni. Audi tamen T. Magistrum. πεζὴ στρατιὰ λέγε,. ὡς Δημοσθένης, καὶ πάντες, καὶ μὴ πεζικὴ, ὡς Θουκυδίδης — ποιητικώτερον γὰρ τοῦτο. Taylor. Vid. D'Orville ad Charit. Aphrod. Lib. VII. cap. II. p. 598.

Καὶ καταγινώσκετε δεσμὸν τῶν ἀκοσμούντων] Id est, *eos qui imminente expeditione munus suum detrectant*. Est enim ἀκοσμῶ, *munere meo perperam fungor, vices meas non obeo. Ex edit.* Hervag.

Καταγιγνώσκετε δεσμὸν τῶν ἀκοσμούντων] Ferri potest καταγινώσκω σὲ δεσμοῦ, et σοῦ δεσμόν. Wolf.

Θήσεσθε] Θήσετε Codd. credo, omnes. Et nescio sane, quo casu dicam? an consilio, ita ediderit Wolfius, uti edidit. Nam si Grammaticis fides, lectio ista non contemnenda. τίθησι καὶ τίθενται διαφέρει. Τίθησι γὰρ τὸν νόμον ὁ νομοθέτης· τίθενται δὲ τὸν νόμον οἱ δικάζοντες καὶ αἱρούμενοι. Ammonius. Atque iterum: Τίθεται νόμον καὶ Τίθησι διαφέρει. Τίθησι μὲν γὰρ ὁ εἰσφέρων· Τίθεται δὲ ὁ κυρῶν. Taylor.

σθαί τι ποιῆσαι τῶν δεόντων; ἀλλ' ἀγαπητὸν, ὦ ἄνδρες Ἀθηναῖοι, εἰ πάντων καλῶς ἐχόντων ἡμῖν, καὶ μηδενὸς ὄντος τοιούτου νόμου, κρατοῖμεν τῶν ἐχθρῶν, καὶ ταῖς ὀξύτησι [1]δυναίμεθα, καὶ τοῖς τοῦ πολέμου καιροῖς ἀκολουθεῖν, καὶ μηδενὸς ὑστερίζειν. ἀλλὰ μὴν, εἰ φαίνῃ τοιοῦτον τεθεικὼς νόμον, ὃς τὰ τοιαῦτα λυμαίνεται, δι' ὧν ἡ πόλις καὶ σεμνὴ καὶ λαμπρὰ παρὰ πᾶσι καθέστηκε, πῶς οὐχὶ δικαίως ὁτιοῦν ἂν πάθοις;

κς'. Ἔτι τοίνυν, ὦ ἄνδρες Ἀθηναῖοι, τὴν διοίκησιν ἀναιρεῖ, τήν θ' ἱερὰν καὶ τὴν ὁσίαν. ὡς δὲ, ἐγὼ φράσω. ἔστιν ὑμῖν κύριος νόμος, καλῶς, εἴπερ τις καὶ ἄλλος, κείμενος, τοὺς ἔχοντας τά τε ἱερὰ καὶ τὰ ὅσια χρήματα καταβάλλειν εἰς τὸ βουλευτήριον· εἰ δὲ μὴ, τὴν βουλὴν αὐτοὺς εἰσπράττειν, τοῖς νόμοις χρωμένην τοῖς τελωνικοῖς. διὰ
731 τοίνυν τοῦ νόμου τούτου διοικεῖται τὰ κοινά. τὰ γὰρ εἰς τὰς ἐκκλησίας, καὶ τὰς θυσίας, καὶ τὴν βουλὴν, καὶ τοὺς ἱππέας, καὶ τἄλλα, χρήματα ἀναλισκόμενα, οὗτος ἔσθ' ὁ νόμος ὁ ποιῶν [2]προσευπορεῖσθαι. οὐ γὰρ ὄντων ἱκανῶν τῶν ἐκ τῶν τελῶν χρημάτων τῇ διοικήσει, τὰ προσκαταβλήματα ὀνομαζόμενα, διὰ τὸν τοῦ νόμου τούτου φόβον, καταβάλλεται. πῶς οὖν οὐχ ἅπαντ' ἀνάγκη καταλυθῆναι τὰ τῆς πόλεως, ὅταν αἱ μὲν τῶν τελῶν καταβολαὶ μὴ ἱκαναὶ ὦσι τῇ διοικήσει, ἀλλ' ἐνδεεῖς [3]πολλῶν, καὶ μηδὲ ταῦτα, ἀλλ' ἢ περὶ λήγοντα τὸν ἐνιαυτὸν ᾖ λαβεῖν· τὰ δὲ προσκαταβλήματα τοὺς μὴ τιθέντας, [4]κυρία ᾖ ἡ βουλὴ, μηδὲ τὰ δικαστήρια [5]δῆσαι, ἀλλὰ καθιστῶσιν ἐγγυητὰς μέχρι τῆς ἐννάτης πρυτανείας; τὰς δὲ ὀκτὼ, τί ποιήσομεν; εἰπὲ [6]Τιμόκρατες· οὐ σύνιμεν, καὶ βουλευσόμεθα· ἐάν τι δέῃ; εἶτα ἔτι δημοκρατησόμεθα; οὐ δικάσει τὰ

[1] δυναίμεθ' ἂν, καὶ [2] προευπορεῖσθαι [3] * πολλῷ [4] μὴ ᾖ κυρία δεῖν ἡ βουλὴ
[5] Deest δῆσαι. [6] Τιμόκρατες;

κς'. Τά τε ἱερὰ κ. τ. λ.] Vid. Valckenaer. Animad. ad Ammonium Lib. III. cap. VI. p. 185.

Ὁ ποιῶν] In Obsop. et Felic. ita, et forte integrius: οὗτός ἐσθ' ὁ νόμος ὁ διοικῶν καὶ ὁ ποιῶν προσευπορεῖσθαι. Cod. Lind. retinet ὁ διοικῶν, et illud alterum dissimulat. TAYLOR.

Καταβολαὶ] Vid. Valckenaer. Animad. ad Ammonium Lib. II. cap. VIII. p. 115.

Πολλῶν] F. πολλῷ. TAYLOR. Lego cum Reiskio πολλῷ pro πολλῶν. AUGER.

Κυρία] Non necesse est, hic recensere omnes Codd. varietates. Sufficit, ut ostendam, saniores hanc lectionem, id quod res exigit, tueri. τὰ δὲ προσκαταβλήματα τοὺς μὴ τιθέντας, κυρία ᾖ μηδὲ ἡ βουλὴ, μηδὲ τὰ δικαστήρια δῆσαι. TAYLOR. Adde μὴ ante κυρία. AUGER.

δικαστήρια τά τε ἴδια καὶ τὰ δημόσια; καὶ τίς ὑπάρξει τοῖς ἀδικουμένοις ἀσφάλεια; οὐκ εἴσεισιν ἡ βουλὴ καὶ διοικήσει τὰ ἐκ τῶν νόμων; καὶ τί λοιπόν ἐσθ' [1]ἡμῖν, ἀλλ' ἢ [2]καταλελῦσθαι; ἀλλὰ, νὴ Δί', ἀμισθὶ ταῦτα ποιήσομεν; καὶ πῶς οὐ δεινὸν, εἰ διὰ τὸν νόμον, ὃν σὺ τέθεικας μισθὸν λαβὼν, ἄμισθος ὁ δῆμος καὶ ἡ βουλὴ καὶ τὰ δικαστήρια ἔσται; χρῆν γάρ τοῦτό γέ σε, ὦ Τιμόκρατες, προσγράψαι τῷ νόμῳ, [3]ὅπερ ἐποίεις κατὰ τῶν τελωνῶν καὶ τῶν ἐγγυητῶν, τὰς πράξεις [4]εἶναι κατὰ τοὺς ὑπάρχοντας νόμους, καὶ [5]εἰ κατά τινων ἐν ἄλλῳ τινὶ νόμῳ, ἢ ψηφίσματι τὰς αὐτὰς εἴρηται πράξεις, ὧν ὀφείλουσιν, εἶναι, ἃς περὶ [6]τελωνῶν, καὶ κατὰ τούτων εἶναι τὰς πράξεις κατὰ τοὺς ὑπάρχοντας νόμους· νῦν δὲ κύκλῳ φεύγων τοὺς νόμους τοὺς τελωνικοὺς, ὅτι τὸ ψήφισμα τὸ 732
Εὐκτήμονος εἴρηκε πράττειν τοὺς ὠφληκότας κατὰ τούτους τοὺς νόμους, διὰ ταῦτ' οὐ προσέγραψε τοῦτο. ἐκ δὲ τούτου τοῦ τρόπου, τὴν μὲν ὑπάρχουσαν τιμωρίαν λύσας κατὰ τῶν τὰ τῆς πόλεως ἐχόντων, ἑτέραν δ' οὐ προσγράψας, πάντα τὰ πράγματα ἀναιρεῖ, δῆμον, ἱππέας, βουλὴν, ἱερὰ, ὅσια. ἀνθ' ὧν, ἄν περ ὑμεῖς, ὦ ἄνδρες Ἀθηναῖοι, σωφρονῆτε, κολασθεὶς, καὶ δοὺς ἀξίαν δίκην, τοῖς ἄλλοις παράδειγμα γενήσεται, μὴ τιθέναι τοιούτους νόμους.

κζ'. Οὐ τοίνυν τὰ δικαστήρια ἄκυρα [7]μόνον ποιεῖ τῶν προστιμημάτων, ἀλλὰ καὶ τοῖς ἀδικοῦσι τὰ κοινὰ δίδωσιν ἄδειαν· τὰς ὑπὲρ τῆς πόλεως στρατείας λυμαίνεται· τὴν διοίκησιν καταλύει· τοῖς κακούργοις, καὶ τοῖς πατραλοίαις, καὶ τοῖς ἀστρατεύτοις, βοηθοῦντα τέθεικε τὸν νόμον. τὰς γὰρ ὑπαρχούσας ἐκ τῶν [8]νῦν κυρίων νόμων τιμωρίας καταλύει. λεγόντων γὰρ τῶν νόμων, οὓς ἔθηκε Σόλων, οὐδὲν ὅμοιος ὢν τούτῳ νομοθέτης, ἐάν τις ἁλῷ κλοπῆς, καὶ μὴ τιμηθῇ θανάτου, προστιμᾶν αὐτῷ δεσμόν·

[1] ὑμῖν [2] καταλελῦσθαι. [3] (ὅπερ [4] Deest εἶναι. [5] * εἴγε [6] τῶν τελωνῶν), [7] μόνον τὰ δικ. ἄκυρα [8] νυνὶ

Τὰς πράξεις κατὰ τοὺς ὑπάρχοντας] F. τὰς πράξεις εἶναι: nisi malis κατ' ἐπεξήγησιν accipere; προσγράψαι τοῦτο, τὸ τί; τὰς πράξεις. Wolf.

Καὶ εἰ κατά τινων] Καὶ εἰ εἴρηται ἐν ἄλλῳ τινὶ νόμῳ ἢ ψηφίσματι. τὸ τί; τὰς αὐτὰς πράξεις εἶναι κατά τινων (ὅτι ἔξεστιν εἰσπράττειν τινὰς) ὧν ὀφείλουσιν (τούτων ἃ) ἃς περὶ τελωνῶν (αἵπερ εἰσὶ περὶ τελωνῶν) καὶ τὰς πράξεις εἶναι κατὰ τούτων κατὰ τοὺς ὑπάρχοντας νόμους. Videant rudiores, ne ordinis immutatione et earundem vocum inculcatione perturbentur. Idem.

κζ'. Δεσμὸν] L. δεσμοῦ. Ita Man. Fel.

καὶ ἐάν τις, ἁλοὺς τῆς κακώσεως τῶν γονέων,
εἰς τὴν ἀγορὰν ἐμβάλῃ, δεδέσθαι· κἂν ἀστρα-
τείας τις ὄφλῃ, καί τι τῶν αὐτῶν τοῖς ἐπιτί-
μοις ποιῇ, καὶ τοῦτον δεδέσθαι, Τιμοκράτης ἅ-
πασι τούτοις ἄδειαν ποιεῖ, τῇ καταστάσει τῶν ἐγγυητῶν
τὸν δεσμὸν ἀφαιρῶν. ὥστ' ἔμοι γε δοκεῖ — καὶ γὰρ εἰ
φορτικώτερον εἶναι τὸ ῥηθησόμενον δόξει, λέξω καὶ οὐκ
ἀποκρύψομαι — κατὰ τοῦτό γ' αὐτὸ ἄξιον αὐτὸν εἶναι
θανάτῳ ζημιῶσαι, ἵνα ἐν ᾅδου τοῖς ἀσεβέσι θῇ τοῦτον τὸν
νόμον, [1] ἡμᾶς δὲ τοὺς ζῶντας τοῖσδε τοῖς ὁσίοις καὶ δικαίοις
733 ἐᾷ [2] τολοιπὸν χρῆσθαι. ἀνάγνωθι δὲ καὶ τούτους τοὺς
νόμους.

ΝΟΜΟΙ
ΚΛΟΠΗΣ, ΚΑΚΩΣΕΩΣ ΓΟΝΕΩΝ, ΑΣΤΡΑΤΕΙΑΣ.

Ὅ,τι ἐάν τις ἀπολέσῃ, ἐὰν μὲν αὐτὸ λάβῃ, τὴν διπλασίαν καταδικάζειν· ἐὰν δὲ μή, τὴν δεκαπλασίαν πρὸς τοῖς ἐπαιτίοις. δεδέσθαι δ' ἐν τῇ ποδοκάκῃ τὸν πόδα πένθ' ἡμέρας καὶ νύκτας ἴσας, ἐὰν προστιμήσῃ ἡ Ἡλιαία· προστιμᾶσθαι δὲ τὸν βουλόμενον, ὅταν περὶ τοῦ τιμήματος ᾖ.

[1] ὑμᾶς [2] τὸ λοιπὸν

Lind. Obsop. Ital. Ita Noster constanter: §. ί. Εἴ τινι — προστετίμηται κατὰ νόμον, ἢ κατὰ ψήφισμα δεσμοῦ. Et §. ί. fin. εἴ τινι τῶν ὀφειλόντων δεσμοῦ προστετίμηται. Et §. ιβ'. εἴ τινι τῶν ὀφειλόντων δεσμοῦ προστετίμηται. Et §. ις'. ὅσοις δεσμοῦ προστιμᾶται. Et §. λς'. οὐκ ἂν οὖν ἐξῆν δεσμοῦ τιμῆσαι. Et §. μζ'. εἴ τινι προστετίμηται δεσμοῦ. Et §. μζ'. fin. ὅταν οἷς τετίμηται δεσμοῦ. — Similiter p. 310. v. 5. ἐὰν δὲ ἀργυρίου τιμηθῇ. Taylor.

Ὄφλῃ] Quidam Codd. ἅλλῳ. Puto varietatem lectionis esse ἁλῷ. Atque ita rescribit Aug. quod et Tu fortasse rescribes. Idem.

Ἀποκρύψομαι] Ἀποτρέψομαι Codd. Ven. Lind. Obsop. Aug. Ital. Vind. Vide supra §. ά. Porro locum hunc memoria fretus videtur Hermogenes citare, cap. περὶ αὐθάδων καὶ τολμηρῶν διανοημάτων, hoc modo: ὁμολογία δὲ τοῦ τολμήματος, ὡς ἐν τῷ κατὰ Τιμοκράτους· καὶ γὰρ εἰ φορτικὸς ὁ λόγος εἶναι δοκεῖ, ὅμως ἐρῶ· ἀποκτείνατε αὐτὸν, ἵνα τοῖς ἀσεβέσιν ἐν ᾅδου θῇ τοῦτον τὸν νόμον. Idem.

Ὅ,τι ἐάν τις] L. ὅ,τι ἂν τις. Deinde λάβῃ pro ἀπολάβῃ. Auger.

Αὐτὸ λάβῃ] Rectius fortasse ἀπολάβῃ. Ita Bodl. Taylor.

Πρὸς τοῖς ἐπαιτίοις] Utrum καταδικάζειν πρὸς τοῖς ἐπαιτίοις, ἀντὶ τοῦ, τοὺς ἐπαιτίους, ἢ τῶν ἐπαιτίων? Wolf. Quid hoc Wolfianum sit, nescio. Scio autem, eum errare in vertendo: *una cum adjutoribus:* et Petitum similiter, *quorum ope consilioque fecit*. Præter mulctas, quæ legibus definiuntur, (uti sunt hic actio in *duplum*, si quis rem furtivam recceperit, in *decuplum*, si non) eæ, quæ arbitrio Judicum reservantur, vocantur προστιμήματα et ἐπαίτια. Et nescio, annon ad hanc ipsissimam legem respexerit Pollux, et verba Solonis in hac laudata, ubi ait L. VIII. C. V. §. 22. Τὰ μέντοι προστιμήματα Σόλων ἐπαίτια καλεῖ. Conjunge Harpocrationem in Προστιμήματα. Ἔστι μέν τινα ἐν τοῖς νόμοις ὡρισμένα κατὰ τῶν ἀδικούντων — ἔστι δὲ καὶ ἄλλα, ἃ προστιμᾶται τὸ δικαστήριον. Vid. infra §. κθ'. med. et Herald. Animadv. III. 3. Taylor.

Ποδοκάκῃ] Legendum ποδοκάκκῃ. Vide, quæ annotavimus ad Lysiam c. Theomnestum, p. 356. Not. 43. Idem.

Προστιμᾶσθαι δὲ τὸν βουλόμενον] Utrum πλείω τίμησιν ἐπιφέρειν? Wolf. Recte rem reputaverit. Male ergo et hic et alibi *censere* vertit: cum sit pœnæ quasi cumulus, pœna addititia. Vide, quæ Nos modo ad v. antepen. Taylor.

Ἐὰν δέ τις ἀπαχθῇ, τῶν γονέων κακώσεως ἡλωκὼς, ἢ ἀστρατείας, [1] ἢ προειρημένον αὐτῷ ὑπὸ τῶν νόμων, εἴργεσθαι, εἰσιὼν ὅπῃ μὴ χρὴ, δησάντων αὐτὸν οἱ ἕνδεκα, καὶ εἰσαγόντων αὐτὸν εἰς τὴν Ἡλιαίαν· κατηγορείτω δὲ ὁ βουλόμενος οἷς ἔξεστιν. ἐὰν δὲ ἁλῷ, τιμάτω ἡ Ἡλιαία, ὅ,τι χρὴ παθεῖν αὐτὸν, ἢ ἀποτίσαι· ἐὰν δὲ ἀργυρίου τιμηθῇ, δεδέσθω τέως ἕως ἂν ἐκτίσῃ.

ὅμοιός γε, ὦ ἄνδρες Ἀθηναῖοι, Σόλων νομοθέτης, καὶ [2] Τιμοκράτης; ὁ μέν γε καὶ τοὺς ὄντας βελτίους ποιεῖ, καὶ τοὺς μέλλοντας ἔσεσθαι· ὁ δὲ, καὶ τοῖς γεγενημένοις πονηροῖς, ὅπως μὴ δώσουσι δίκην ὁδὸν δείκνυσι, καὶ τοῖς οὖσιν, ὅπως ἄδεια γενήσεται κακουργεῖν εὑρίσκει, καὶ τοῖς μέλλουσιν ἔσεσθαι, τοὺς ἐξ ἁπάντων τῶν χρόνων πονηροὺς, ὅπως ἔσονται σῷοι καὶ μηδὲν πείσονται, παρασκευάζων. καί τοι τίνα ἂν ἀξίαν δοίης δίκην, ἢ τί σὺ παθὼν ἂν τὰ προσήκοντα εἴης πεπονθὼς, ὃς, τὰ μὲν ἄλλα ἐῶ, ἀλλὰ τοὺς τῷ γήρᾳ βοηθοὺς λυμαίνῃ, οἳ καὶ ζῶντας ἀναγκάζουσι τοὺς παῖδας τοὺς γονέας τρέφειν, καὶ ἐπειδὰν ἀποθάνωσιν, ὅπως τῶν νομιζομένων τύχωσι [3] παρασκευάζουσιν.
ἢ πῶς [4] οὐ κάκιστος ἁπάντων ἀνθρώπων δικαίως ἂν νομί- 734
ζοιο, ὅστις, ὦ κατάρατε, περὶ πλείονος φαίνῃ τοὺς κλέπτας, καὶ τοὺς κακούργους, καὶ τοὺς ἀστρατεύτους τῆς πατρίδος ποιούμενος, καὶ διὰ τούτους καθ' [5] ὑμῶν νόμον τιθείς;

[1] Deest ἢ. [2] Τιμοκράτης. [3] παρασκευάζουσιν; [4] οὐχὶ [5] ἡμῶν

Ἐὰν δέ τις] Incipit Lex nova, a priori, id nescius ne esses, resecanda. IDEM.

Προειρημένων αὐτῷ τῶν νόμων] Forte: προειρημένον (Ἀττικῶς, ἀντὶ τοῦ, προειρημένου, τὸ ἐπειδὴ προείρηται αὐτῷ) ὑπὸ τῶν νόμων. τὸ τί; εἴργεσθαι. Sub. τόπων τινῶν, οἷον ἀγορᾶς, ἱερῶν. Hoc malo, quam exponere passive [sic] ἀντὶ τοῦ, προειρηκότων αὐτῷ τῶν νόμων, εἴργεσθαι. WOLF. προειρημένων αὐτῷ τῶν νόμων lectio est omnium Editionum, et MStorum fere. quam bono consilio sustulit Wolfius. Consentit propemodum marg. Benenati προειρημένου αὐτῷ ὑπὸ τῶν νόμων. Neque enim multum interest, an ita, an cum Wolfio et Lambino προειρημένον legas. Verum cum ὑπὸ in omnibus, puto, Codd. desit, melius est, ut cum Salmasio de M. U. pag. 774. ita emendemus: προειρημένον αὐτῷ τῶν νομίμων εἴργεσθαι. Hominem vide. Et sane præstat. Ita scripsit Noster in Aristocratea, τῶν νομίμων εἰργόμενον §. ἡ. fin. v. Petit. nov. edit. p. 243. TAYLOR. ἢ προειρημένον - - *vel cum ei esset indictum a legibus se exclusum iri* etc. AUGER.

Δησάντων αὐτὸν οἱ ἕνδεκα καὶ εἰσαγόντων εἰς τὴν Ἡλιαίαν] *Eum Undecimviri in vincula conjiciunto, atque ad judicium sistunto, ibi quæ volet accusato, quibus quidem lege liceat.* Erant autem οἱ ἕνδεκα *Undecimviri* capitales Athenis, ut Romæ *Triumviri*, de quibus in Annotat. dictum est. Quod si superioribus verbis adjiciantur hæc, ὁ δὲ δεδεμένος ἀπολογείσθω: significabitur, *ipse autem reus e vinculis causam dicito.* De Ἡλιαίᾳ vero et ἡλιάζεσθαι dictum est paulo superius. *Ex edit.* HERVAG.

Ὁ μέν γε καὶ τοὺς ὄντας etc.] Vertit Wolfius: *ille probiores facit, tum eos, qui sunt improbi, tum eos, qui futuri sunt.* Recte, si tollas τὸ *improbi*, quod faciendum puto, quamvis Ulpianus ipse aliter censeat. JURIN.

Τοὺς τῷ γήρᾳ] Manifeste legendum ἀλλὰ τοὺς νόμους τοὺς τῷ γήρᾳ βοηθοὺς λυμαίνῃ. IDEM. ἀλλὰ τοὺς τῷ γήρᾳ βοηθοὺς νόμους λυμαίνῃ Bodl. TAYLOR. βοηθοὺς adde vel sub. νόμους. AUGER.

Καθ' ὑμῶν] Καθ' ἡμῶν puto. Nam

κή. Βούλομαι τοίνυν ὑμῖν, ἃ ὑπεσχόμην ἐν ἀρχῇ τοῦ λόγου, ἀπολογήσασθαι πεποιηκότα ἐμαυτόν. ἔφην γὰρ αὐτὸν ἐξελέγξειν κατὰ πάντα ἔνοχον ὄντα τῇ γραφῇ, πρῶτον μὲν παρὰ τοὺς νόμους νομοθετοῦντα· δεύτερον δὲ ὑπεναντία τοῖς οὖσι νόμοις γεγραφότα· τρίτον δὲ τοιαῦτα δι' ὧν βλάπτει τὴν πόλιν. οὐκοῦν ἠκούσατε τῶν νόμων ἃ κελεύουσι ποιεῖν τὸν τιθέντα νόμον καινόν· καὶ πάλιν ὑμᾶς ἐδίδαξα, ὅτι τούτων οὐδ' ὁτιοῦν ἐποίησεν οὗτος. καὶ μὴν, κἀκείνων ἠκούσατε τῶν νόμων, οἷς ἐναντίος ὢν [1]ἐφαίνετο τούτου· καὶ τούτους ὅτι πρὶν λῦσαι, τόνδε τέθεικεν, ἐπίστασθε. ἀλλὰ μὴν ὅτι γ' οὐκ ἐπιτήδειος, ἀκηκόατε· ἄρτι γὰρ λέγων ἐπαυσάμην. οὐκοῦν κατὰ πάντ' ἀδικεῖ φανερῶς, καὶ οὐδέν ἐσθ' ὅ,τι φροντίσας [2]ὑμῶν οὐδ' εὐλαβηθεὶς φαίνεται. ἀλλ' ἔμοιγε δοκεῖ, κἂν εἰ πρὸς τούτοις ἄλλο τι μὴ ποιεῖν ἐγέγραπτο ἐν τοῖς οὖσι νόμοις, κἂν τοῦτο ποιῆσαι. πανταχόθεν μὲν τοίνυν δῆλός ἐσθ' ὅτι ταῦτ' ἔγραψεν ἐπιβουλεύσας, καὶ μετὰ τοῦ βουλεύσασθαι ταῦτ' [3]ἀδικῶν, καὶ οὐ γνώμῃ διαμαρτών· μάλιστα δ' ἐκ τοῦ πάντα τὸν νόμον μέχρι τῆς ὑστάτης συλλαβῆς τοιοῦτον εἶναι. οὐδὲ γὰρ οὐδ' ἄκων οὐδὲν ἔθηκεν ὀρθῶς ἔχον, οὐδ' ὡς ὑμῖν ἔμελλε λυσιτελήσειν. πῶς οὖν οὐκ εἰκὸς μισεῖν καὶ τιμωρεῖσθαι τοῦτον, ὅστις τοῦ μὲν δήμου ἠδικημένου ἠμέλησεν, ὑπὲρ δὲ τῶν ἠδικηκότων, [4]καὶ ὕστερον ἀδικησόντων, τοὺς νόμους τέθεικε;

κθ'. Θαυμάζω δ', ὦ ἄνδρες δικασταὶ, τῆς ἀναιδείας
αὐτοῦ, τὸ, ἡνίκα μὲν ἦρχεν αὐτὸς μετ' Ἀνδροτίωνος, τὸν
735 ἔλεον τοῦτον ἐπὶ τῷ πλήθει τῷ ὑμετέρῳ μὴ ποιήσασθαι,
τῷ ἀπειρηκότι τὰ ἑαυτοῦ χρήματα εἰσφέροντι· ἐπειδὴ δὲ

[1] φαίνεθ' ὁ τούτου [2] [ὑμῶν] [3] ἀδικεῖ [4] καὶ τῶν ὕστερον

durum videtur, in eadem sententia et Reum et Judices alloqui. JURIN. ἡμῶν Ald. Ven. Bar. Lind. Ital. et Vindob. TAYLOR. ἡμῶν pro ὑμῶν. AUGER.

κή. Ἀπολογήσασθαι] Lego per ι, παρὰ τὸ ἀπολογίζομαι, τὸ ἀπαριθμῶ, non παρὰ τὸ ἀπολογοῦμαι. βούλομαι ἀπολογίσασθαι ὑμῖν ἐμαυτὸν πεποιηκότα (ὅτι πεποίηκα) ἃ ὑπεσχόμην ἐν. ἀρχῇ τοῦ λόγου. WOLF. Ita Lambinus quoque, et recte. TAYLOR. Cui assentitur D'Orville ad Charit. Aphrod. Lib. VIII. cap. I. p. 649.

Ἐφαίνετο τούτου] Malim ἐφαίνεθ' ὁ τούτου, sc. νόμος. JURIN. Recte. Ita sino litura Vindob. Alii etiam Codd. articulum agnoscunt, hoc pacto : ἐφαίνετ' ὁ. TAYLOR.

Ἀδικῶν] Ita dedit Wolfius. Impressi tamen et MSti ἀδικεῖν, vel (quod pro eo mendose exaratur) ἀδικεῖ. IDEM.

κθ'. Τὸ] Forte τῷ — μὴ ποιήσασθαι. ὅτι οὐκ ἐποιήσατο. WOLF.

Τῷ ἀπειρηκότι — εἰσφέροντι] Τῷ εἰσφέρειν. ἐγὼ ἀπείρηκα εἰσφέρων. ἐμοῦ ἀπειρηκότος εἰσφέροντος. καὶ τὰ λοιπὰ καθ' ὁμοιόπτωτον.

Ἀνδροτίωνα ἔδει, ἃ πάλαι ὑφῄρητο τῆς πόλεως χρήματα, καταθεῖναι, τὰ μὲν ἱερὰ, [1] τάδ᾽ ὅσια, τότε θεῖναι τὸν νόμον ἐπ᾽ ἀποστερήσει, τῶν μὲν ὁσίων, τῆς διπλασίας, τῶν ἱερῶν δὲ, τῆς δεκαπλασίας. καὶ οὕτω πρὸς τὸ πλῆθος τὸ ὑμέτερον προσενήνεκται, ὃ αὐτίκα δὴ μάλα ὑπὲρ τοῦ δήμου φήσων τὸν νόμον τοῦτον θεῖναι. δικαίως δ᾽ ἂν ἐμοὶ δοκεῖ παθεῖν ὁτιοῦν, ὅστις οἴεται δεῖν, εἰ μέν τις ἀγορανόμος, ἢ ἀστυνόμος, ἢ δικαστὴς κατὰ [2] νόμους γενόμενος, κλοπῆς ἐν ταῖς εὐθύναις ἑάλωκεν, ἄνθρωπος πένης καὶ ἰδιώτης, καὶ πολλῶν ἄπειρος, καὶ κληρωτὴν ἀρχὴν ἄρξας, τούτῳ μὲν τὴν δεκαπλασίαν εἶναι, καὶ νόμον οὐδένα τοῖς τοιούτοις ἐπικουροῦντα τίθησιν· εἰ δέ τινες πρέσβεις αἱρεθέντες ὑπὸ τοῦ δήμου, πλούσιοι ὄντες, ὑφείλοντο χρήματα πολλὰ, τὰ μὲν ἱερὰ, [1] τάδ᾽ ὅσια, καὶ εἶχον χρόνον πολὺν, τούτοις ὅπως μηδὲν πείσονται, μήθ᾽ ὧν οἱ νόμοι, μήθ᾽ ὧν τὰ ψηφίσματα προστάττει, μάλ᾽ ἀκριβῶς εὗρε. καί τοί γ᾽ ὁ Σόλων, ὦ ἄνδρες δικασταὶ, ᾧ οὐδ᾽ ἂν αὐτὸς Τιμοκράτης φήσαι ὅμοιος νομοθέτης εἶναι, οὐχ ὅπως ἀσφαλῶς κακουργήσουσι, φαίνεται παρασκευάζων τοῖς τοιούτοις, ἀλλ᾽ ὅπως ἢ μὴ ἀδικήσουσιν, ἢ δώσουσι δίκην ἀξίαν, καὶ νόμον εἰσήνεγκε. λέγε [3] τοῦτον τὸν νόμον.

ΝΟΜΟΣ.

Εἰ μέν τις μεθ᾽ ἡμέραν ὑπὲρ πεντήκοντα δραχμὰς κλέπτοι, ἀπαγωγὴν πρὸς τοὺς ἕνδεκα εἶναι· εἰ δέ τις νύκτωρ ὁτιοῦν κλέπτοι, τοῦτον ἐξεῖναι 736

[1] τὰ δ᾽ [2] δήμους [3] τουτονὶ

IDEM. Satius hoc multo, quam quod arridere Lambino video, τῷ ἀπειρηκότι, τῷ τὰ ἑαυτοῦ χρήματα εἰσφέροντι. TAYLOR.

Κατὰ νόμους γενόμενος] Κατὰ τοὺς νόμους. WOLF. Immo κατὰ δήμους. Ita exhibent hunc locum Bar. Ven. Bodl. marg. Benenat. Lind. Obsop. Aug. Ital. cum Ulpiano. Ita quoque legit Harpocratio: Κατὰ δήμους δικαστάς. Δημοσθένης ἐν τῷ κατὰ Τιμοκράτους. Περὶ τῶν κατὰ δήμους δικαστῶν, ὡς πρότερον μὲν ἦσαν τριάκοντα, καὶ κατὰ δήμους περιϊόντες ἐδίκαζον, εἶτα ἐγένοντο τεσσαράκοντα, εἴρηκεν Ἀριστοτέλης ἐν τῇ πολιτείᾳ. Judices erant pedanei, qui in pagis de peregrinitate judicabant. Vide Poll. VIII. 5. et quæ diximus ad Æschin. c. Timarch. p. 51. v. 14. ed. Tayl. Errant, qui hæc de XLviris intelligunt post sublatum XXXviratum constitutis. TAYLOR. Lego cum multis κατὰ δήμους. AUGER.

Δεκαπλασίαν εἶναι] Εἶναι refertur ad οἴεται δεῖν. IDEM.

Εἰ μέν τις] Complures leges, sive complura legis Capita in hoc ambitu orationis video contineri:

Εἰ μέν τις μεθ᾽ ἡμέραν κ. τ. λ. v. pen.

Et:

τῷ ἁλόντι p. 313. v. 2.
καὶ Εἴ τις γ᾽ ἐκ Λυκείου v. 3.

Et:

Εἴ τις τὴν ἰδίαν δίκην v. 7.

Ita enim demùm concludit: καὶ τούτων ὀλίγῳ πρότερον ἠκούσατε τῶν νόμων. TAYLOR.

καὶ ἀποκτεῖναι, καὶ τρῶσαι διώκοντα, καὶ ἀπαγαγεῖν τοῖς ἕνδεκα, εἰ βούλοιτο. Τῷ δ' ἁλόντι ὧν αἱ ἀπαγωγαί εἰσιν, οὐκ, ἐγγυητὰς καταστήσαντι, ἔκτισιν εἶναι τῶν κλεμμάτων· ἀλλὰ [1] θάνατον τὴν ζημίαν. Καὶ εἴ τις γ' ἐκ Λυκείου, ἢ ἐξ Ἀκαδημίας, ἢ ἐκ Κυνοσάργους, ἱμάτιον, ἢ ληκύθιον, ἢ ἄλλο τι φαυλότατον, ἢ τῶν σκευῶν τι, τῶν ἐκ τῶν γυμνασίων ὑφέλοιτο, ἢ ἐκ τῶν λιμένων, ὑπὲρ δέκα δραχμὰς, καὶ τούτοις θάνατον ἐνομοθέτησεν εἶναι τὴν ζημίαν. Εἰ δέ τις ἰδίαν δίκην κλοπῆς [2] ἁλοίη, ὑπάρχειν μὲν αὐτῷ διπλάσιον ἀποτίσαι τὸ τιμηθέν· προστιμῆσαι δ' ἐξεῖναι τῷ δικαστηρίῳ πρὸς τῷ ἀργυρίῳ δεσμὸν τῷ κλέπτῃ, πένθ' ἡμέρας καὶ νύκτας ἴσας, ὅπως ὁρῷεν ἅπαντες αὐτὸν δεδεμένον.

καὶ τούτων ὀλίγῳ πρότερον ἠκούσατε τῶν νόμων. ᾤετο γὰρ δεῖν τόν γε τὰ αἰσχρὰ ἐργαζόμενον, μὴ ἃ ὑφείλετο μόνον [3] ἀποδιδόντα ἀπηλλάχθαι, — πολλοὶ γὰρ ἂν αὐτῷ ἐδόκουν οὕτω γ' οἱ κλέπται ἔσεσθαι, εἰ μέλλοιεν λαθόντες μὲν ἕξειν, μὴ λαθόντες δὲ, αὐτὰ μόνα καταθήσειν ἃ ὑφείλοντο —, ἀλλὰ ταῦτα μὲν, διπλάσια καταθεῖναι, δεθέντα δὲ, πρὸς τούτῳ τῷ τιμήματι, ἐν αἰσχύνῃ ἤδη ζῆν τὸν ἄλλον βίον. ἀλλ' οὐ Τιμοκράτης, ἀλλ' ὅπως ἁπλᾶ μὲν, ἃ δεῖ διπλάσια, καταθήσουσι, παρεσκεύασε, μηδ' ὁτιοῦν δ' ἐπιτίμιον ἔσται πρὸς τούτοις. καὶ οὐκ ἀπέχρησεν ὑπὲρ τῶν μελλόντων αὐτῷ ταῦτ' ἀδικεῖν, ἀλλὰ καὶ εἴ τις ἄρ' ἠδικηκὼς κεκολασμένος ἦν, καὶ τοῦτον ἀφῆκε. καί τοι
37 ἔγωγ' ᾤμην, δεῖν τὸν νομοθετοῦντα περὶ τῶν μελλόντων ἔσεσθαι, οἷα δεῖ γίγνεσθαι, καὶ ὡς ἕκαστα ἔχειν, καὶ τὰς τιμωρίας ὁποίας τινὰς ἐφ' ἑκάστοις δεῖ τοῖς ἀδικήμασιν εἶναι, περὶ τούτων νομοθετεῖν,—τοῦτο γάρ ἐστι τὸ ἐφ' ἅπασι τοῖς πολίταις κοινοὺς τοὺς νόμους τιθέναι —· τὸ

[1] θάνατον εἶναι τὴν [2] ἁλῴη [3] ἀποδόντα

Τῷ δ' ἁλόντι, ὧν αἱ ἀπαγωγαί εἰσιν] Ἁλόντι τούτων (διὰ ταῦτα), δι' ἃ ἔξεστιν ἀπάγειν εἰς τὸ δεσμωτήριον, ἢ παραδοῦναι τοῖς ἕνδεκα, τουτέστι, τῷ κλέπτῃ. Wolf. Vide Salmasium de M. U. pag. 775. Ulpianum ad hunc locum, et Petit. LL. Attic. L. VII. Tit. V. Taylor.

Ἐν τῶν γυμνασίων] Nam ob loci celebritatem, populique frequentiam, et quia nemo, dum lavat, ungitur, luctatur, aut quoquo demum modo se exercet, fures (λωποδύτας vocant) a vestimentis, quæ deposait, facile arcere possit: ob hæc, inquam, ibi furta et facillime committi et ægerrime deprehendi poterant: De Furibus Balneariis vide Victor. Var. Lect. VII. 17. Casaubon. ad Theophrast. Charact. p. 81. Edit. Needham. Alciat. Parerg. II. 38. Cujac. Observat. et Emend. V. 8. Marq. Freher. Parerg. seu Verisimil. l. II. c. 12. Muret. ad istud Catulli Carm. 30.

O Furum optime Bulneariorum.

Inde serior ætas iis rebus custodes apposuit, quos *capsarios* vocant. *Adversus capsarios quoque, qui mercede servanda in balineis vestimenta suscipiunt, judex* est *constitutus: ut si quid in servandis vestimentis fraudulenter admiserint,* ipse *cognoscat.* l. 3. §. ult. de Offic. Præf. Vig. *Sive balneator fuerit, velut in quibusdam provinciis fit, in balneis ad custodienda vestimenta* conducta *habent mancipia.* l. 4. §. 2. D. de his, qui not. infam. Taylor.

Δεσμὸν] Immo potius δεσμοῦ: si vera sint ea, quæ dixi supra. Idem.

Μηδ' ὁτιοῦν ἐπιτίμιον] Μηδ' ὁτιοῦν δ' ἐπιτίμιον. Wolf. Deerat enim in aliquibus. Taylor.

δὲ περὶ τῶν γεγονότων πραγμάτων νόμους γράφειν, οὐ νομοθετεῖν ἐστὶν, ἀλλὰ τοὺς ἀδικοῦντας σώζειν. σκοπεῖτε δ' ὡς ἀληθῆ λέγω ἐκ τωνδί. εἰ μὲν γὰρ Εὐκτήμων ἑάλω τὴν τῶν παρανόμων γραφὴν, οὐκ ἂν ἔθηκε τοῦτον τὸν νόμον ὁ Τιμοκράτης, οὐδ' ἂν ἐδεῖτο ἡ [1] πόλις του νόμου, ἀλλ' ἐξήρκει ἂν αὐτοῖς ἀπεστερηκόσι τὴν πόλιν τὰ χρήματα, τῶν ἄλλων μὴ φροντίζειν· νῦν δ' ἐπειδὴ ἀπέφυγε, τὸ μὲν ὑμέτερον δόγμα, καὶ τὴν τοῦ δικαστηρίου ψῆφον, καὶ τοὺς ἄλλους νόμους, ἀκύρους οἴεται δεῖν εἶναι, [2] αὐτὸν δὲ καὶ τὸν αὐτοῦ νόμον, κύριον. καί τοι, ὦ Τιμόκρατες, οἱ μὲν ὄντες ἡμῖν κύριοι νόμοι, τουτουσὶ ποιοῦσι κυρίους ἁπάντων, καὶ διδόασιν αὐτοῖς ἀκούσασιν ὁποῖον ἄν τι νομίζωσι τὸ ἀδίκημα, τοιαύτῃ περὶ τοῦ ἠδικηκότος κεχρῆσθαι τῇ ὀργῇ· [3] μέγα, μεγάλῃ· [4] μικρὸν, μικρᾷ. ὅταν γὰρ [5] ᾖ ὅ,τι χρὴ παθεῖν, ἢ ἀποτίσαι, τὸ τιμᾶν ἐπὶ τούτοις γίγνεται.

λ'. Σὺ τοίνυν τὸ παθεῖν ἀφαιρεῖς, τὸν δεσμὸν ἀφιείς. καὶ ταῦτα, τίσι; τοῖς κλέπταις, τοῖς ἱεροσύλοις, τοῖς πατραλοίαις, τοῖς ἀνδροφόνοις, τοῖς ἀστρατεύτοις, τοῖς λείπουσι τὰς τάξεις· τούτους γὰρ πάντας σώζεις τῷ νόμῳ. καί τοι ὅς τις ἐν δημοκρατίᾳ νομοθετῶν, μήθ' ὑπὲρ τῶν ἱερῶν, μήθ' ὑπὲρ τοῦ δήμου νομοθετεῖ, ἀλλ' ὑπὲρ ὧν εἶπον ἀρτίως, πῶς οὐ δίκαιός ἐστι τῆς ἐσχάτης τιμωρίας τυχεῖν; οὐ γὰρ δὴ ἐρεῖ γε ὡς τοὺς τοιούτους οὐ καὶ προσήκει, καὶ οἱ 738
νόμοι κελεύουσι ταῖς μεγίσταις τιμωρίαις ἐνόχους εἶναι· οὐδ', ὡς οὗτοι ὑπὲρ ὧν εἴρηκε τὸν νόμον, οὐ καὶ κλέπται καὶ ἱερόσυλοί εἰσι, τὰ μὲν ἱερὰ, τὰς δεκάτας τῆς θεοῦ, καὶ τὰς πεντηκοστὰς τῶν ἄλλων θεῶν σεσυληκότες, καὶ ἀντὶ τοῦ ἀποδοῦναι, αὐτοὶ ἔχοντες, τὰ δ' ὅσια, ἃ ἐγίγνετο

[1] πόλις τούτου τοῦ   [2] αὐτὸν   [3] μέγα;   [4] μικρόν;   [5] ᾖ τὸ, τί χρὴ

Τοῦ νόμου] Nonpulli habent, idque melius, τούτου τοῦ νόμου, Bar. Bodl. Lind. Obsop. Aug. cum impressis a Manutio et Feliciano. IDEM.

Ὅταν γὰρ ᾖ κ. τ. λ.] Ὅταν ᾖ. Sub. τὸ πρᾶγμα, ὥστε δεῖν ἀποφαίνεσθαι, hoc est, ὅταν ᾖ ἀτίμητος ἡ δίκη, μὴ ὡρισμένης ἐκ τῶν νόμων τῆς ζημίας. WOLF. ὅταν γὰρ ᾖ τὸ τί χρὴ παθεῖν Bar. Lind. Ital. Aug. ὅτῳ τί χρὴ etc. Vindob. TAYLOR. L. ὅταν γὰρ ᾖ (sub. γεγραμμένον) τὸ τί χρὴ κ. τ. λ. cum *enim in lege scribitur hæc formula, quid oporteat etc.* AUGER.

λ'. Τὰ δ' ὅσια, ἃ ἐγίγνετο ὑμέτερα] Hic vides τὰ μὲν ἱερὰ, τὰ τῶν θεῶν, τὰ δ' ὅσια, τὰ τοῦ δήμου καὶ τὰ δημόσια dici. Quid ἡ ὁσία καὶ τὰ ὅσια significent alias, non est ignotum. Hesychius: Ὁσίη, θέμις. Ὅσιος, γνήσιος, καθαρὸς, δίκαιος, εὐσεβὴς, εἰρηνικὸς, ἁγνός. Item Ὅσιον· τὸ μὴ θεῖον, ἀλλ' ἀνθρώπειον, ἀπὸ τῆς ἔσεως, τὸ ἐφειμένον, καὶ μὴ ἀπηγορευμένον. Ubi Timocrateam citat.

ὑμέτερα, κεκλοφότες. διαφέρει δὲ τοσοῦτον αὐτῶν ἡ ἱεροσυλία τῶν ἄλλων, ὅτι τὴν ἀρχὴν [1] οὐδὲ ἀνήνεγκαν εἰς τὴν ἀκρόπολιν, δέον αὐτούς. [2] οἶμαι δὲ, νὴ τὸν Δία τὸν Ὀλύμπιον, ὦ ἄνδρες δικασταὶ, οὐκ ἀπὸ ταυτομάτου τὴν ὕβριν καὶ τὴν ὑπερηφανίαν ἐπελθεῖν Ἀνδροτίωνι, ἀλλ᾽ ὑπὸ τῆς θεοῦ ἐπιπεμφθεῖσαν, ἵν᾽, ὥσπερ οἱ τὰ ἀκρωτήρια τῆς νίκης περικόψαντες ἀπώλοντο αὐτοὶ ὑφ᾽ αὑτῶν, οὕτω καὶ οὗτοι αὐτοὶ αὑτοῖς διαδικαζόμενοι ἀπόλοιντο, καὶ τὰ χρήματα καταθεῖεν [3] διπλάσια κατὰ τοὺς νόμους, ἢ δεθεῖεν.

λά. Βούλομαι δ᾽ ὑμῖν, ὃ μεταξὺ λέγων περὶ τούτων ἐνεθυμήθην, εἰπεῖν, περὶ οὗ τέθεικε νόμου, παράδοξόν τι [4] καὶ θαυμαστὸν ἡλίκον. οὗτος γὰρ, ὦ ἄνδρες δικασταὶ, τοῖς μὲν τὰ τέλη ὠνουμένοις ἔγραψε τὰς τιμωρίας εἶναι, εἰ μὴ καταβάλοιεν τὰ χρήματα, κατὰ τοὺς νόμους τοὺς προτέρους, ἐν οἷς καὶ ὁ δεσμὸς, καὶ ἡ διπλασία γέγραπται ἀνθρώποις, οἳ διὰ τὸ ζημιοῦσθαι ἐπὶ τῇ ὠνῇ, ἄκοντες ἔμελλον τὴν πόλιν ἀδικήσειν· τοῖς δ᾽ ὑφαιρουμένοις τὰ τῆς πόλεως, καὶ ἱεροσυλοῦσι τὰ τῆς θεοῦ, τὸν δεσμὸν ἀφεῖλε. καί τοι εἰ μὲν ἐλάττω τούτους ἀδικεῖν ἐκείνων νομίσαι
39 φήσεις, ἀνάγκη μαίνεσθαί σε ὁμολογεῖν· εἰ δὲ μείζω νομίζων, ὥσπερ ἐστὶν, ἐκεῖνα τἀδικήματα, τοὺς μὲν ἀφίης, τοὺς δὲ μὴ, οὐκ ἤδη δῆλος εἶ πεπρακὼς τὸ πρᾶγμα τούτοις;

λβ΄. Ἄξιον τοίνυν καὶ τοῦτ᾽ εἰπεῖν, ὅσον ὑμεῖς διαφέρετε, ὦ ἄνδρες δικασταὶ, μεγαλοφροσύνῃ τῶν ῥητόρων. ὑμεῖς μέν γε τὰ ἐπὶ τῷ πλήθει νενομοθετημένα δεινὰ, ἐάν τις ἢ διχόθεν μισθοφορῇ, ἢ ὀφείλων τῷ δημοσίῳ ἐκκλησιάζῃ, ἢ δικάζῃ, ἢ ἄλλο τι ποιῇ ὧν οἱ νόμοι ἀπαγορεύουσιν, οὐ [5] κωλύετε — καὶ ταῦτα εἰδότες ὅτι διὰ πενί-

[1] οὐδὲ τὴν ἀρχὴν [2] οἴομαι [3] δεκαπλάσια [4] [καὶ] [5] λύετε

WOLF. Vide ad §. δ΄. TAYLOR.

Τοσοῦτον] *Tantummodo, duntaxat.* AUGER.

Τῆς νίκης] Vide Valesium ad Harpocrat. pag. notarum 183. TAYLOR.

Αὐτοῖς] Ἐν αὐτοῖς vel ἑαυτοῖς libri optimi, Bar. Aug. Vind. Proxime, v. 8. ἀπόλοιντο restituimus ex Bar. Ven. Bodl. Lind. Aug. ex Editis Par. Man. Fel. pro vulgato ἀπώλοντο. Cod. Vindob. ἀπόλωνται. Ital. ἀπώλοιντο. IDEM.

λά. Τοῖς δ᾽ ὑφαιρουμένοις] Malim τῶν δ᾽ ὑφαιρουμένων — καὶ ἱεροσυλούντων, ob verbum ἀφεῖλεν. ἀφαιρῶ σου τοῦτο, ἢ ἀφαιρῶ σε τοῦτο, ἢ ἀφαιρῶ σε τούτου. Omnia usitatiora, quam ἀφαιρῶ σοι τοῦτο, Latina constructione. WOLF.

λβ΄. Ἐπὶ τῷ πλήθει] Κατὰ marg. Lutet. Unde Wolfius, vel τὰ κατὰ τοῦ πλήθους, vel τὰ ἐπὶ τὸ πλῆθος. TAYLOR.

Κωλύετε] Legendum λύετε. τὰ νενομοθετημένα οὐ λύετε. Ex auctoritate Codd. complurium, Bar. Lind. Obsop. Ven. Reg.

αν [1]ποιήσει ὁ τούτων [2]τί ποιῶν —, οὐδὲ νόμους τοιούτους
τίθεσθε, ὅπως ἐξουσία ἔσται [3]αὐτοῖς ἐξαμαρτεῖν, ἀλλὰ
τοὐναντίον, ὅπως μή· οὗτοι δ', ὅπως οἱ τὰ αἴσχιστα καὶ
τὰ δεινότατα ποιοῦντες δίκην μὴ δώσουσιν, εἶτα προπηλα-
κίζουσιν ὑμᾶς ἰδίᾳ τοῖς λόγοις, ὡς αὐτοὶ καλοὶ κἀγαθοὶ,
πονηρῶν καὶ ἀχαρίστων οἰκετῶν τρόπους ἔχοντες. καὶ γὰρ
ἐκείνων, ὦ ἄνδρες δικασταὶ, ὅσοι ἂν ἐλεύθεροι γένωνται,
οὐ τῆς ἐλευθερίας χάριν ἔχουσι τοῖς δεσπόταις, ἀλλὰ μι-
σοῦσι μάλιστα ἀνθρώπων ἁπάντων, ὅτι συνίσασιν [4]αὐτοῖς
δουλεύσασιν· οὕτω [5]δὲ καὶ οὗτοι οἱ ῥήτορες οὐκ ἀγαπῶσιν,
ἐκ πενήτων πλούσιοι ἀπὸ τῆς πόλεως γιγνόμενοι, ἀλλὰ
καὶ προπηλακίζουσι τὸ πλῆθος, ὅτι σύνοιδεν [6]αὐτοῖς ἕκα-
στος τὰ ἐν τῇ πενίᾳ καὶ [7]νεότητι ἐπιτηδεύματα.

λγ'. Ἀλλὰ, νὴ Δία, αἰσχρὸν [8]ἴσως ἦν Ἀνδροτίωνα
δεδέσθαι, ἢ Γλαυκέτην, ἢ Μελάνωπον; οὐ, μὰ τὸν Δία,
ὦ ἄνδρες δικασταί· ἀλλὰ πολὺ αἴσχιον, τὴν πόλιν ἀδικου-
μένην καὶ ὑβριζομένην μὴ λαβεῖν δίκην καὶ ὑπὲρ τῆς θεοῦ,
καὶ ὑπὲρ αὑτῆς. ἐπεὶ Ἀνδροτίωνί γε, πότερα οὐ πατρῷον
τὸ δεδέσθαι; ἀλλ' αὐτοὶ ἴστε πολλὰς πενταετηρίδας ἐν 740
τῷ δεσμωτηρίῳ διατρίψαντα τὸν πατέρα αὐτοῦ, καὶ ἀπο-
δράντα, καὶ οὐκ ἀφεθέντα. ἀλλὰ διὰ τὰ ἐπιτηδεύματα
τὰ ἐν τῇ ἡλικίᾳ; ἀλλὰ καὶ διὰ ταῦτα δεδέσθαι αὐτῷ
οὐχ ἧττον προσήκει, ἢ δι' ἅπερ ὑφείλετο. ἢ ὅτι εἰσῄει εἰς
τὴν ἀγορὰν, οὐκ ἐξὸν αὐτῷ, καὶ ἐκ ταύτης τοὺς σωφρόνως
βεβιωκότας αὐτὸς ἦγεν εἰς τὸ [9]δεσμωτήριον; ἀλλὰ καὶ
Μελάνωπος δεινὸν, νὴ Δί', ἐστὶν, εἰ δεθήσεσθαι νῦν ἔμελ-
λεν; ἀλλὰ περὶ μὲν τοῦ πατρὸς αὐτοῦ οὐδὲν ἂν φλαῦρον

[1] ποιήσειεν [2] τι [3] [αὐτοῖς] [4] αὑτοῖς [5] δὴ [6] αὐτῶν ἑκάστοις
[7] *ἐλεεινότητι [8] ἴσως ἂν ἦν [9] δεσμωτήριον. ἀλλὰ Μελ. δ. νὴ τὸν Δί'

α. Ital. Atque ita, si per mendum scriptoris liceret, Vindob. οὐ λύεται. Modo, v. 1. p. 316. ποιήσειεν cum præstantissimis, Bar. Aug. Vind. IDEM. F. λύετε. AUGER.

Αὐτοῖς ἕκαστος] Melius cum MSS. αὐτῶν ἑκάστοις. Et ea est sententia doctissimi Obsopœi, auctoritatem sui Codicis tutantis: "Ita," inquit ille, "legendum esse præcedentia verba confirmant. *Quin etiam multitudinem vituperant, quod ipsis singulis sit conscia.*" TAYLOR. F. ἑκάστοις. AUGER.

Ἐν τῇ πενίᾳ καὶ νεότητι] Scripsit, puto, Orator καὶ σπανιότητι. Quod melius quadrat cum superiore v. 11. ἐκ πενήτων πλούσιοι. JURIN. δεινότητι in exemplaribus quibusdam, puta, in Ald. et Paris. in MSS. Man. et Felic. TAYLOR.

λγ'. Πότερα οὐ πατρῷον] Malim πάτριον. WOLF.

Καὶ οὐκ ἀφεθέντα] Annon potius, uti Bar. Ven. Reg. α. Ital. et Vind. ἀποδράντα, ἀλλ' οὐκ ἀφεθέντα? TAYLOR.

Νὴ Δί' ἐστὶν] Malim ἦν, quia sequitur ἔμελλεν. WOLF.

εἴποιμι· οὐδ' εἰ πάνυ πολλὰ ἔχω περὶ κλοπῆς λέγειν. ἀλλ' ἔστω ἐκεῖνός γ' ἐμοὶ τοιοῦτος, οἷον ἂν Τιμοκράτης αὐτὸν ἐγκωμιάσειεν. ἀλλ' εἰ χρηστοῦ πατρὸς ὢν πονηρὸς καὶ κλέπτης ἦν, [1]καὶ προδοσίας γε ἁλοὺς τρία τάλαντα ἀπέτισε, καὶ συνέδρου γενομένου, κλοπὴν αὐτοῦ τὸ δικαστήριον κατέγνω, καὶ [2]δεκαπλάσιον ἀπέτισε, καὶ παρεπρεσβεύσατο εἰς Αἴγυπτον, καὶ τοὺς ἀδελφοὺς τοὺς ἑαυτοῦ [3]ἠδίκει, οὐ τοσούτῳ μᾶλλον αὐτὸν ἔδει δεδέσθαι, εἰ χρηστοῦ πατρὸς ὢν τοιοῦτος ἦν; οἶμαι γὰρ ἔγωγε, εἴπερ τῷ ὄντι χρηστὸς ἦν Λάχης καὶ φιλόπολις, ὑπ' αὐτοῦ ἂν ἐκείνου δεθῆναι αὐτὸν τοιοῦτόν γε ὄντα, καὶ οὕτως αἰσχροῖς ὀνείδεσι περιβάλλοντα ἐκεῖνον. καὶ τοῦτον μὲν δὴ ἐῶμεν· Γλαυκέτην δὲ σκεψώμεθα. οὐχ οὗτός ἐστιν, ὁ πρῶτον μὲν εἰς Δεκέλειαν αὐτομολήσας, κἀκεῖθεν ὁρμώμενος, καταθέων, καὶ φέρων, καὶ ἄγων ὑμᾶς; ἀλλὰ πάντες ἴστε ταῦθ' ἃ λέγω. [4]καὶ ἀπὸ μὲν τῶν ὑμετέρων παίδων καὶ γυναικῶν καὶ τῶν ἄλλων χρημάτων ὅσα λάβοι, δεκάτας ἐκεῖ τῷ ἁρμοστῇ κα-
741 τατιθεὶς τούτων ἀκριβῶς· τὴν δέ γ' ἐνθάδε θεόν, πρεσβευτὴς ἀξιωθεὶς εἶναι ὑφ' ὑμῶν, ἀποστερῶν τὰς ἀπὸ τῶν ὑμετέρων πολεμίων δεκάτας· ἔπειτα ταμιεύσας, ἐν ἀκροπόλει τὰ ἀριστεῖα τῆς πόλεως, ἃ ἔλαβεν ἀπὸ τῶν βαρβάρων, ὑφῃρημένος ἐξ ἀκροπόλεως, τόν τε δίφρον τὸν ἀργυρόποδα, καὶ τὸν ἀκινάκην τὸν Μαρδονίου, ὃς ἦγε τριακοσίους Δαρεικούς. ἀλλὰ ταῦτά γ' οὕτω περιφανῆ ἐστιν, ὥς τε πάντας ἀνθρώπους εἰδέναι. ἀλλὰ τἄλλα, οὐ [5]βίαιος ὡς οὐδεὶς ἀνθρώπων; εἶτα φείσασθαί τινος αὐτῶν ἄξιόν ἐστιν, ὥς τε διὰ τούτους, ἢ τῶν δεκατῶν [6]τῆς θεοῦ ἀμελῆσαι, ἢ τῆς διπλασίας τῶν ὁσίων χρημάτων, ἢ τὸν τούτους πειρώμενον σώζειν, [7]τιμωρήσασθαι; καὶ τί κωλύσει, ἅπαντας εἶναι

[1] (καὶ [2] δεκαπλασίαν [3] ἠδίκει) [4] καὶ ὁ ἀπὸ [5] βίαιος; ὡς οὐδείς γ' ἀνθρώπων. [6] τῶν τῆς [7] μὴ τιμωρήσασθαι;

Τοιοῦτος ἦν] Hic vicissim reponendum suadeo *ἐστιν*. Ita etiam Bar. Ven. Aug. et Vindob. TAYLOR.

Οὕτως αἰσχροῖς ὀνείδεσι] *Usque eo turpibus probris hominem induit et implicuit.* Æschines, *τούτων ἑκάστους ἐνιάτοις κακοῖς περιβάλλει.* atque hinc dictum esse illud Ciceronis videtur in Acad. *In idipsum se induit quod timebat:* hoc est, eo quod vitare cupiebat, revolutus est. *Ex edit.* HERVAG.

Τριακοσίους Δαρεικοὺς] "Id est, fere sexcentos, quos dicunt, *ducatus.*" D'Orville ad Charit. Aphrod.

Τιμωρήσασθαι] Locus flagitat *μὴ τιμωρήσασθαι.* Atque ita restitue meeum, ex Ven. Obsop. Bodl. Lind. Aug. et Vind. Editis autem, Man. et Felic. TAYLOR.

πονηροὺς, ὦ ἄνδρες δικασταὶ, εἰ διὰ ταῦτα πλέον ἕξουσιν; ἐγὼ μὲν γὰρ οἶμαι οὐδέν. μὴ τοίνυν αὐτοὶ διδάσκετε, ἀλλὰ τιμωρεῖσθε, καὶ μὴ ἐᾶτε ἀγανακτεῖν, εἰ δεθήσονται ἔχοντες τὰ ὑμέτερα, ἀλλ' ἄγετ' αὐτοὺς ὑπὸ τοὺς νόμους. οὐδὲ γὰρ οἱ τῆς ξενίας ἁλισκόμενοι ἀγανακτοῦσιν, ἐν τῷ οἰκήματι τούτῳ ὄντες, ἕως ἂν τῶν ψευδομαρτυριῶν ἀγωνίσωνται· ἀλλὰ μένουσι, καὶ οὐκ οἴονται δεῖν ἐγγυητὰς καταστήσαντες, περιϊέναι. ἔδοξε γὰρ τῇ πόλει ἀπιστεῖν αὐτοῖς, καὶ οὐκ ᾤετο δεῖν διακρουσθῆναι τῆς τιμωρίας δι' ἐγγυητῶν καταστάσεως· ἀλλ' ἐνταῦθα μένειν αὐτοὺς, οὗ καὶ ἄλλοι πολλοὶ τῶν πολιτῶν. καί τοι καὶ ἐπὶ χρήμασιν ἤδη τινὲς ἐδέθησαν, καὶ ἐπὶ κρίσεσιν, ἀλλ' ὅμως ὑπέμειναν.

λδ'. Ἀηδὲς μὲν οὖν ἴσως ἐστὶν ὀνομαστὶ περί τινων μεμνῆσθαι· ἀναγκαῖον δὲ παρεξετάσαι αὐτοὺς παρὰ τούτους.
τοὺς μὲν οὖν πρὸ Εὐκλείδου ἄρχοντος ἐῶ, καὶ τοὺς σφόδρα 742
παλαιούς. καί τοι κατὰ τοὺς χρόνους, καθ' οὓς ἕκαστοι αὐτῶν ἦσαν, πολλοῦ ἄξιοι δοκοῦντες γεγενῆσθαι τὸν ἔμπροσθεν χρόνον, ὅμως ἰσχυρᾶς παρὰ τοῦ δήμου ὀργῆς ἐτύγχανον, ἐπὶ τοῖς ὕστερον γενομένοις ἀδικήμασιν. οὐ γὰρ χρόνον τινὰ δικαίους ᾤετο δεῖν αὐτοὺς ἡ πόλις εἶναι, εἶτα κλέπτας· [1] ἀλλὰ περί γε τὰ κοινὰ, ἀεὶ δικαίους. ἐδόκει γὰρ τὸν ἔμπροσθεν χρόνον οὐ φύσει, ἀλλ' ἐπιβουλεύων, τοῦ πιστευθῆναι ἕνεκεν, δίκαιος ὁ τοιοῦτος γεγονέναι ἄνθρωπος. ἀλλὰ μετ' Εὐκλείδην ἄρχοντα, ὦ ἄνδρες δικασταὶ, πρῶτον μὲν, Θρασύβουλον τὸν Κολυττέα ἅπαντες μέμνησθε δὶς δεθέντα, καὶ κριθέντα ἀμφοτέρας τὰς κρίσεις ἐν τῷ δήμῳ.

[1] ἀλλά γε περὶ

Cui assentitur Augerus.

Οὐδὲ γὰρ οἱ τῆς ξενίας ἁλισκόμενοι] Id est, *qui peregrinitatis damnati sunt et convicti.* ita enim Græcis ἁλίσκω dicitur, ut ἁλίσκω σε τούτου τοῦ ἀδικήματος, *hujus te sceleris convinco.* pro quo, verbo αἱρεῖν utitur κατὰ Μειδίου. *Ex edit.* HERVAG.

Ἕως ἂν τῶν ψευδομαρτυριῶν ἀγωνίσωνται] Ἕως ἂν ἐπισκήψωνται τοῖς μάρτυσιν, ὡς καταψευσαμένοις αὐτῶν. Sic paulo post, v. 9. διακρουσθῆναι τῆς τιμωρίας, eadem constructione, ἀντὶ τοῦ ἀποστερηθῆναι. WOLF.

λδ'. Θρασύβουλον τὸν Κολυττέα] Cave confundas hunc Thrasybulum cum illo libertatis Atheniensium assertore celebri, qui dicebatur Θρασύβουλος ὁ Λύκου Στειριεύς. Hic tamen, de quo hoc loco agitur, fuit etiam de numero eorum, qui contra XXX Tyrannos pugnaverunt, e Piræeo prodeuntes, et forte fuit Θρασύβουλος ὁ Θράσωνος, Alcibiadis inimicus, de quo Plutarchus in Alcibiade. PALMER. V. C. Antonius Gallandius emendat Κολλυτέα, *non solum*, uti ait, *ex marmoribus antiquis, sed etiam aliquot bonæ notæ Auctoribus, uti Hesychio et Strabone.* Vide Iac. Gronov. Memoriam Cossonianam p. 32. TAYLOR.

καί τοι τῶν ἐκ Πειραιῶς, καὶ ἀπὸ Φυλῆς οὗτος ἦν. ἔπειτα Φιλέψιον τὸν Λαμπρέα. ἔπειτα [1] Ἀργύριον τὸν Κολυττέα, ἄνδρα χρηστὸν καὶ δημοτικὸν, καὶ περὶ τὸ πλῆθος τὸ ὑμέτερον πολλὰ σπουδάσαντα. ἀλλ' ὅμως τοὺς νόμους ᾤετο δεῖν καὶ αὐτὸς ἐκεῖνος ὁμοίως ὥσπερ ἐπὶ τοῖς ἀδυνάτοις, οὕτω καὶ ἐφ' ἑαυτῷ ἰσχύειν. καὶ ἐγένετο ἐν τῷ οἰκήματι τούτῳ πολλὰ ἔτη, ἕως τὰ χρήματα ἀπέτισεν, ἃ ἔδοξε τῆς πόλεως ὄντα ἔχειν. καὶ ἐπ' ἐκείνῳ Καλλίστρατος, δυνάμενος, καὶ ἀδελφιδοῦς ὢν αὐτοῦ, οὐκ ἐτίθει νόμους. καὶ Μυρωνίδης ὁ Ἀρχίνου υἱὸς, τοῦ καταλαβόντος Φυλὴν, καὶ μετά γε τοὺς θεοὺς αἰτιωτάτου ὄντος τῆς καθόδου τῷ δήμῳ, καὶ ἄλλα πολλὰ καὶ καλὰ πεπολιτευμένου, καὶ ἐστρατηγηκότος πολλάκις· ἀλλ' ὅμως ἅπαντες οὗτοι ὑπέ-
743 μειναν τοὺς νόμους. καὶ οἱ ταμίαι, ἐφ' ὧν ὁ ὀπισθόδομος ἐνεπρήσθη, καὶ οἱ τῶν τῆς θεοῦ, καὶ οἱ τῶν ἄλλων θεῶν, ἐν τῷ οἰκήματι τούτῳ ἦσαν, ἕως ἡ κρίσις αὐτοῖς ἐγένετο. καὶ οἱ περὶ τὸν σῖτον ἀδικεῖν δόξαντες, καὶ ἄλλοι πολλοὶ, ὦ ἄνδρες δικασταὶ, ἅπαντες βελτίους Ἀνδροτίωνος ὄντες. εἶτα τούτοις μὲν ἔδει κυρίους τοὺς πάλαι κειμένους εἶναι νόμους, καὶ δεδωκέναι δίκην αὐτοὺς κατὰ τοὺς ὑπάρχοντας νόμους· δι' Ἀνδροτίωνα δὲ καὶ Γλαυκέτην καὶ Μελάνωπον, καινὸν δεῖ γενέσθαι [2] νόμον, διὰ τοὺς ἑαλωκότας, καὶ ψήφῳ κεκριμένους κατὰ τοὺς πάλαι κειμένους νόμους, καὶ δόξαντας ἔχειν ἱερὰ χρήματα καὶ ὅσια; εἶτ' οὐ καταγέλαστος δόξει ἡ πόλις εἶναι, εἰ τοῖς ἱεροσύλοις, ὅπως [3] σωθήσωνται, νόμον φανεῖται τιθεμένη; ἔγωγ' οἶμαι. μὴ τοίνυν ἐάσητε ὑμᾶς αὐτοὺς ὑβρίζεσθαι, μηδὲ τὴν πόλιν· ἀλλ' ἀναμνησθέντες, ὅτι Εὔδημον τὸν Κυδαθηναιέα, νόμον δόξαντα θεῖναι οὐκ ἐπιτήδειον, οὐ πάλαι, ἀλλ' ἐπ' Εὐάνδρου ἀρχοι-

[1] Ἀγύῤῥιον [2] νόμον, *νὴ Δία, τοὺς [3] σωθήσονται

Ἀργύριον] Ἀγύριον Reg. a. Ita fere Harpocratio, (nam huc respicit) Ἀγύῤῥιος. δημαγωγῶν οὗτος οὐκ ἀφανής. Δημοσθένης ἐν τῷ κατὰ Τιμοκράτους. Lege omnino Valesium ad locum, iterumque ad v. Θεωρικά. Meurs. Attic. Lect. VI. 4. IDEM.

Οἰκήματι] *Domicilio plebis*, Wolfius. Verte: *ergastulo*. Vide Comment. ad Marmor Sandvic. p. 59. IDEM. *Carcere*. D'Orville ad Charit. Aphrod. Lib. VII. cap. VI. p. 633. Vid. Valckenaer. Animad. ad Ammon. Lib. III. cap. IV.

Οἰκήματι τούτῳ] Τούτῳ indicare videtur carcerem in foro fuisse positum et digito potuisse monstrari, nisi τούτῳ significet carcerem de quo hic agitur. AUGER.

Καὶ ἐπ' ἐκείνῳ Καλλίστρατος] Καὶ Καλλίστρατος δυνάμενος (δυνατὸς ὢν) οὐκ ἐτίθει νόμους ἐπ' ἐκείνῳ. WOLF.

τος, ἀπεκτείνατε, καὶ Φίλιππον τὸν Φιλίππου τοῦ ναυκλήρου υἱὸν, μικροῦ μὲν ἀπεκτείνατε, χρημάτων δὲ πολλῶν, αὐτοῦ ἐκείνου ἀντιτιμωμένου, παρ' ὀλίγας ψήφους ἠτιμώσατε, ταύτην τὴν ὀργὴν καὶ νῦν ἐπὶ τουτονὶ λάβετε, ἐκεῖνο πρὸς τούτοις ἅπασιν ἐνθυμηθέντες, τί ποτ' ἂν ἐπάθετε ὑπὸ [1] τοῦ αὐτοῦ, εἰ οὗτος εἰς ὧν ἐπρέσβευσεν ὑπὲρ ὑμῶν. οἶμαι γὰρ οὐδὲν τοιοῦτον εἶναι, ὅτου ἂν ἀπέσχετο. ὁρᾶτε δὴ τὴν διάνοιαν αὐτοῦ· ὁ γὰρ νόμος, ὃν ἐτόλμησε θεῖναι, τὸν τρόπον αὐτοῦ δείκνυσι.

λέ. Βούλομαι δ' ὑμῖν, ὦ ἄνδρες δικασταὶ, ἐν Λοκροῖς ὡς
νομοθετοῦσι, διηγήσασθαι. οὐδὲν γὰρ χείρους ἔσεσθε πα- 744
ράδειγμά τι ἀκηκοότες· ἄλλως τε καὶ ᾧ πόλις εὐνομουμένη χρῆται. ἐκεῖνοι γὰρ οὕτως οἴονται δεῖν τοῖς πάλαι κειμένοις χρῆσθαι νόμοις, καὶ τὰ πάτρια περιστέλλειν, καὶ μὴ πρὸς τὰς βουλήσεις, μηδὲ πρὸς τὰς [2] διαλύσεις τῶν ἀδικημάτων [3] νομοθετῆσαι, ὥς τε ἄν τις βούληται νόμον καινὸν τιθέναι, ἐν βρόχῳ τὸν τράχηλον ἔχων νομοθετεῖ· καὶ ἐὰν μὲν δόξῃ καλὸς καὶ χρήσιμος εἶναι ὁ νόμος, ζῇ ὁ τιθεὶς καὶ ἀπέρχεται, εἰ δὲ μὴ, τέθνηκεν, ἐπισπασθέντος τοῦ βρόχου. καὶ γάρ τοι καινοὺς μὲν οὐ τολμῶσι [4] τιθέναι νόμους· τοῖς δὲ πάλαι κειμένοις ἀκριβῶς χρῶνται. ἐν πολλοῖς δὲ πάνυ ἔτεσιν, ὦ ἄνδρες δικασταὶ, εἷς λέγεται παρ' αὐτοῖς νόμος καινὸς τεθῆναι. ὄντος γὰρ αὐτόθι νόμου, ἐάν τις ὀφθαλμὸν ἐκκόψῃ, ἀντεκκόψαι παρασχεῖν τὸν ἑαυτοῦ, καὶ οὐ χρημάτων τιμήσεως οὐδεμιᾶς, ἀπειλῆσαί τις λέγεται ἐχθρὸς ἐχθρῷ ἕνα ἔχοντι ὀφθαλμὸν, ὅτι αὐτοῦ ἐκ-

[1] τούτου [2] διαδύσεις [3] νομοθετεῖσθαι [4] τίθεσθαι

Καὶ Φίλιππον τὸν Φιλίππου τοῦ ναυκλήρου υἱὸν μικροῦ μὲν ἀπεκτείνατε, etc.] His verbis significat, secundum actorem propemodum esse judicatum, qui litem capitali supplicio reo æstimaverat. Reum vero quanquam grandi pecunia litem sibi ipsum æstimantem, quasi deprecabundum, tamen calculis aut sententiis paucis ab eo abfuisse, ut damnatione ignominiosa plecteretur. ἀντιτιμᾶσθαι ergo reus dicitur, qui cum inficiando non sit, crimen elevare conatur, et pœnam sibi æstimat exilius et levius. *attenuare* vulgo vocant, et *per extenuationem respondere*. Quid autem sit litem æstimare, et litis æstimatio, in Pandectis annotatum est. *Ex edit.* Hervag.

Παρ' ὀλίγας ψήφους ἠτιμώσατε] *Paucis suffragiis evasit, quo minus ignominia notaretur.* Wolf.

λέ. Λοκροῖς] Vide σχ. Hermog. pag. 28. Menag. ad Laert. pag. 33. Vales. ad Harpocr. v. Ἑτερόφθαλμος. Adde Stob. Serm. 37. ex Hierocle, item serm. sive tit. de Legg. de Consuetud. Taylor.

Καὶ οὐ χρημάτων τιμήσεως οὐδεμιᾶς] In fine desiderari videtur verbum ἀπολύεσθαι, cui forte excidendi causam dedit similitudo sequentis, ἀπειλῆσαι. Jurin. Add. vid. ἀπολύεσθαι. Auger.

κόψει τοῦτον τὸν ἕνα. γενομένης δὲ ταύτης τῆς ἀπειλῆς, χαλεπῶς ἐνεγκὼν ὁ ἑτερόφθαλμος, καὶ ἡγούμενος ἀβίωτον εἶναι αὐτῷ τὸν βίον τοῦτο παθόντι, λέγεται τολμῆσαι νόμον εἰσενεγκεῖν, ἐάν τις ἕνα ἔχοντος ὀφθαλμὸν ἐκκόψῃ, ἄμφω ἀντεκκόψαι παρασχεῖν· ἵνα τῇ ἴσῃ συμφορᾷ ἀμφότεροι χρῶνται. καὶ τοῦτον μόνον λέγονται Λοκροὶ θέσθαι τὸν νόμον ἐν πλείοσιν, ἢ διακοσίοις ἔτεσιν. οἱ δὲ παρ' ὑμῖν ῥήτορες, ὦ ἄνδρες δικασταὶ, πρῶτον μὲν ὅσοι μῆνες μικροῦ δέουσι νομοθετεῖν τὰ [1]ἑαυτοῖς συμφέροντα. ἔπειτα αὐτοὶ μὲν τοὺς ἰδιώτας εἰς τὸ δεσμωτήριον ἄγουσιν, ὅταν ἄρχωσιν, ἐφ' αὑτοῖς δ' οὐκ οἴονται δεῖν τὸ αὐτὸ δίκαιον εἶναι τοῦτο. ἔπειτα τοὺς μὲν τοῦ Σόλωνος νόμους τοὺς πάλαι
45 δεδοκιμασμένους, οὓς οἱ πρόγονοι ἔθεντο, λύουσιν αὐτοί· τοῖς δ' ἑαυτῶν, οὓς ἐπ' ἀδικίᾳ τῆς πόλεως τιθέασι, χρῆσθαι ὑμᾶς οἴονται δεῖν. εἰ οὖν μὴ [2]τιμωρήσεσθε τούτους, οὐκ ἂν φθάνοι τὸ πλῆθος τούτοις τοῖς θηρίοις δουλεῦον. εὖ δ' ἴστε, ὦ ἄνδρες δικασταὶ, ὅτι ἐὰν μὲν σφόδρα ὀργίζησθε, ἧττον ἀσελγανοῦσιν· ἐὰν δὲ μὴ, πολλοὺς τοὺς ἀσελγεῖς εὑρήσετε, καὶ τοὺς ὑβρίζοντας [3]ὑμᾶς, ἐπὶ τῇ τοῦ φιλοτιμεῖσθαι προφάσει.

λϛ'. Ἵνα δὲ καὶ περὶ ἐκείνου εἴπω τοῦ νόμου, ὦ ἄνδρες δικασταὶ, ᾧ ἀκούω μέλλειν παραδείγματι χρῆσθαι τουτονὶ, καὶ φήσειν ἀκόλουθον αὐτῷ τεθεικέναι, ἐν ᾧ ἔνι, οὐδὲ δήσω Ἀθηναίων οὐδένα, ὃς ἂν ἐγγυητὰς τρεῖς καθιστῇ, τὸ αὐτὸ τέλος τελοῦντας, πλὴν ἐάν τις ἐπὶ προδοσίᾳ τῆς πόλεως, ἢ ἐπὶ καταλύσει τοῦ δήμου συνιὼν ἁλῷ, ἢ [4]τέλος πριάμενος, ἢ ἐγγυησάμενος, ἢ ἐκλέγων, μὴ [5]καταβάλῃ· ἀκούσατέ μου καὶ περὶ τούτου. οὐ γὰρ ἐρῶ, ὅτι αὐτὸς Ἀν-

[1] αὑτοῖς [2] τιμωρήσησθε [3] [ὑμᾶς] [4] τέλος τι πριάμενος [5] καταβάλλῃ

Ἑτερόφθαλμος] V. Valckenaer. Animad. ad Ammon. Lib. II. cap. I. p. 84.

Ὅσοι μῆνες] Sicut ὅσαι ἡμέραι, pro quo ὁσημέραι plerumque dicitur. WOLF.

Νομοθετεῖν] Hoc infinitivum refertur ad verbum aliquod subauditum. AUGER.

Οὐκ ἂν φθάνοι τὸ πλῆθος τούτοις τοῖς θηρίοις δουλεῦον] *Fieri non potest quin*, vel, *ut non hæc multitudo serviat his belluis.* De vario et raro tamen hujus verbi usu, vide multa in Bud. Comment. *Ex edit.* HERVAG.

Οὐκ ἂν φθάνοι — δουλεῦον] Τὸ πλῆθος ὡς τάχιστα δουλεύσει τοῖς ῥήτορσι. Notetur hæc Phrasis. Alias fere additur καὶ, ut in Evagora; οὐκ ἔφθησαν πλησιάσαντες ἀλλήλοις, καὶ περὶ πλείονος ἐποιήσαντο σφᾶς αὐτοὺς ἢ τοὺς πρότερον οἰκείους ὄντας. WOLF.

Πολλοὺς τοὺς ἀσελγεῖς εὕρητε] F. πολλοὺς ἄν. Alias malim εὑρήσετε. IDEM. εὕρητε quidem in Editorum quibusdam. MSS. tamen præstantiores εὑρήσετε, ut Wolfius, sc. Reg. *a.* Aug. etc. TAYLOR.

δροτίων ἦγεν εἰς τὸ δεσμωτήριον, καὶ ἔδει, τούτου κειμένου τοῦ νόμου· ἀλλ᾽ ἐφ᾽ οἷς κεῖται ὁ νόμος οὗτος, διδάξω ὑμᾶς. οὗτος γὰρ, ὦ ἄνδρες δικασταὶ, οὐκ ἐπὶ τοῖς κεκριμένοις καὶ ἠγωνισμένοις κεῖται, ἀλλ᾽ ἐπὶ τοῖς ἀκρίτοις, ἵνα μὴ διὰ τὸ δεδέσθαι, χεῖρον ἀναγκάζοιντο ἀγωνίζεσθαι, ἢ καὶ παντάπασιν ἀπαράσκευοι εἶεν· οὑτοσὶ δὲ, ἃ ἐπὶ τοῖς ἀκρίτοις κεῖται, ὡς περὶ πάντων εἰρημένα μέλλει πρὸς ὑμᾶς λέγειν. ὡς δὲ σαφῶς [1]γνώσεσθε ὅτι ἀληθῆ λέγω, ἐγὼ ὑμῖν ἐρῶ. οὔτε [2]γὰρ, ὦ ἄνδρες δικασταὶ, ἐξῆν ὑμῖν τιμᾷν, ὅ,τι χρὴ παθεῖν, ἢ ἀποτίσαι· ἐν γὰρ τῷ παθεῖν καὶ ὁ δεσμὸς ἔνι. οὐκ ἂν οὖν ἐξῆν δεσμοῦ τιμῆσαι, οὐθ᾽ ὅσων ἔνδειξίς ἐστί τινι ἢ ἀπαγωγὴ, προσεγέγραπτο ἂν ἐν 746
τοῖς νόμοις, τὸν δὲ ἐνδειχθέντα ἢ ἀπαχθέντα δησάντων οἱ ἕνδεκα ἐν τῷ ξύλῳ, εἴπερ μὴ ἐξῆν ἄλλους, ἢ τοὺς ἐπὶ προδοσίᾳ τῆς πόλεως, ἢ ἐπὶ καταλύσει τοῦ δήμου συνιόντας, ἢ τοὺς τὰ τέλη ὠνουμένους, καὶ μὴ καταβάλλοντας δῆσαι. νῦν δὲ ταῦθ᾽ ὑμῖν τεκμήρια ἔστω, ὅτι ἔξεστι δῆσαι. παντελῶς γὰρ ἤδη ἄκυρα ἂν ἦν τὰ τιμήματα. ἔπειτα δὲ, ὦ ἄνδρες δικασταὶ, τοῦτο τὸ γράμμα αὐτὸ μὲν καθ᾽ αὑτὸ οὐκ ἔστι νόμος, τὸ, οὐδὲ δήσω Ἀθηναίων οὐδένα· ἐν δὲ τῷ ὅρκῳ τῷ βουλευτικῷ γέγραπται, ἵνα μὴ συνιστάμενοι οἱ ῥήτορες οἱ ἐν τῇ βουλῇ δεσμὸν κατά τινος τῶν πολιτῶν λέγοιεν. ἄκυρον οὖν τοῦ δῆσαι τὴν βουλὴν ποιῶν ὁ Σόλων πρὸς τὸν ὅρκον τὸν βουλευτικὸν [3]τοῦτο προσέγραψεν, ἀλλ᾽ οὐ πρὸς τὸν ὑμέτερον. ἁπάντων γὰρ κυριώτατον ᾤετο δεῖν εἶναι τὸ δικαστήριον, καὶ ὅ,τι γνοίη, τοῦτο πάσχειν τὸν ἁλόντα. ἀναγνώσεται δ᾽ ὑμῖν αὐτοῦ τούτου ἕνεκα τὸν τῶν Ἡλιαστῶν ὅρκον. λέγε σύ.

ΟΡΚΟΣ ΗΛΙΑΣΤΩΝ.

Ψηφιοῦμαι κατὰ τοὺς νόμους, καὶ τὰ ψηφίσματα τοῦ δήμου τῶν Ἀθηναίων, καὶ τῆς βουλῆς τῶν πεντακοσίων, καὶ τύραννον οὐ ψηφιοῦμαι εἶναι, οὐδὲ ὀλιγαρχίαν· οὐδὲ ἐάν τις καταλύῃ τὸν δῆμον [4]τῶν Ἀθηναίων, ἢ λέγῃ, ἢ ἐπιψηφίζῃ παρὰ ταῦτα, οὐ πείσομαι· οὐδὲ τῶν χρεῶν τῶν ἰδίων

[1] * γνώσησθε [2] γὰρ ἂν, ὦ [3] τοῦτο ὁ Σ. πρὸς τ. ὅ. τ. β. πε. [4] τὸν

λς'. Οὔτε γὰρ] L. οὔτε γὰρ ἂν et cætera. Ita recte habent Bar. et Ital. IDEM. Adde ἄν. AUGER.

Οὐκ ἂν οὖν ἐξῆν δεσμοῦ τιμῆσαι] Conjunge τιμῆσαί τινι δεσμοῦ, et v. 12. ἢ ἀπαγωγή. WOLF. Nam in Editis erat ἡ ἀπαγωγή. Consentit Lambinus. TAYLOR.

ἀποκοπὰς, οὐδὲ γῆς ἀναδασμὸν τῆς Ἀθηναίων, οὐδ' οἰκιῶν, οὐδὲ τοὺς φεύ-
γοντας κατάξω, οὐδὲ ὧν θάνατος κατέγνωσται, οὐδὲ τοὺς μένοντας ἐξελῶ
παρὰ τοὺς νόμους τοὺς κειμένους, καὶ τὰ ψηφίσματα τοῦ δήμου τῶν Ἀθη-
747 ναίων, καὶ τῆς βουλῆς, οὔτ' αὐτὸς ἐγὼ, οὔτ' ἄλλον οὐδένα ἐάσω· οὐδὲ ἀρ-
χὴν καταστήσω, ὥστε ἄρχειν ὑπεύθυνον ὄντα ἑτέρας ἀρχῆς, καὶ τῶν
ἐννέα ἀρχόντων, καὶ τοῦ ἱερομνήμονος, καὶ [1]ὅσοι μετὰ τῶν ἐννέα ἀρχόν-
των κυαμεύονται ταύτῃ τῇ ἡμέρᾳ, καὶ κήρυκος, καὶ πρεσβείας, καὶ συνέ-
δρων, οὐδὲ δὶς τὴν αὐτὴν ἀρχὴν τὸν αὐτὸν ἄνδρα, οὐδὲ δύο ἀρχὰς ἄρξαι
τὸν αὐτὸν ἐν τῷ αὐτῷ ἐνιαυτῷ· οὐδὲ δῶρα δέξομαι τῆς Ἡλιάσεως ἕνεκα,
οὔτ' αὐτὸς ἐγὼ, οὔτ' ἄλλος ἐμοὶ, οὔτ' [2]ἄλλοι εἰδότος ἐμοῦ, [3]οὔτε τέχνῃ
οὔτε μηχανῇ οὐδεμιᾷ· καὶ γέγονα οὐκ ἔλαττον, ἢ τριάκοντα ἔτη· καὶ
ἀκροάσομαι τοῦ τε κατηγόρου καὶ τοῦ ἀπολογουμένου ὁμοίως ἀμφοῖν,
καὶ διαψηφιοῦμαι περὶ αὐτοῦ οὗ ἂν ᾖ ἡ δίωξις. ἐπόμνυμι Δία, [4]Ποσειδῶνα,
Δήμητρα. καὶ ἐπαρῶμαι ἐξώλειαν [5]ἐμαυτῷ καὶ οἰκίᾳ τῇ ἐμαυτοῦ, εἴ τι
τούτων παραβαίνοιμι· εὐορκοῦντι δὲ, [6]καλὰ πολλὰ κἀγαθὰ εἶναι.

ἐνταυθοῖ δ' οὐκ ἔνι, ὦ ἄνδρες δικασταὶ, οὐδὲ δήσω Ἀθηναίων οὐδένα. τὰ γὰρ κρίνοντα τὰς κρίσεις ἁπάσας τὰ δικαστήριά ἐστιν, οἷς ἐξουσία ἐστὶ, καὶ δεσμὸν, καὶ ἄλλο τι ὃ ἂν βούλωνται, καταγιγνώσκειν. ὡς μὲν οὖν ἔξεστιν ὑμῖν

[1] ὅσαι [2] * ἄλλη [3] οὐ [4] Ποσειδῶ [5] ἑαυτῷ—ἑαυτοῦ [6] Deest καλά.

Ἀποκοπὰς — ἀναδασμὸν] Referuntur ad ψηφιοῦμαι. AUGER.

Καὶ τῶν ἐννέα ἀρχόντων] Locus hic explanatione videtur apprime indigere. Munera, quæ obirent Athenis, erant, ut solet fieri, natura et conditione sua admodum diversa. Quædam enim dignitatem quandam et auctoritatem continebant; quædam ministerium tantum et officium merum. Attamen, si ex multis locis conjectare licuerit, utraque ἀρχαὶ vocabantur. Ait ergo: *Neminem sinam aliquod officium gerere, prinsquam de alio olim gesto rationes retulerit, sive id officium majoris ordinis sit, quale est munus* IX*virorum, Hieromnemonis sive Legati sacri, eorumque denique, qui eodem die cum* IX*viris creantur; sive id* inferioris, *uti Præconum, cæterorumque.* Verum his expeditis, quid censendum est de salebrosis istis, κήρυκος, καὶ πρεσβείας, καὶ συνέδρων, quæ Wolfius vertit: *sive præco, sive legatus, sive assessor?* Quasi *legatus* inter ministros publicos recenseretur, aut, postquam voce κήρυκος præconem designaverat, legatum, τὸν πρεσβευτὴν, per πρεσβείας designaret! Nihil minus. Præcones duplices erant: aut enim legatis in legationibus apparebant, aut magistratui in concionibus. Hos nimirum utrosque complectitur, κήρυκος πρεσβείας sc. et κήρυκος συνέδρων. Vide Ulpianum, qui ita sentit. TAYLOR.

Καὶ κήρυκος] *Etiam hujus qui sit præco legationis et assessorum.* AUGER.

Καὶ ἐπαρᾶσθαι] Felicianus ἐπαρᾶται. Puto legendum: καὶ ἐπαρῶμαι ἐξώλειαν ἐμαυτῷ, καὶ οἰκίᾳ τῇ ἐμαυτοῦ, εἴ τι τούτων παραβαίνοιμι. Nam cætera omnia prima persona καὶ αὐτοπροσώπως referuntur. Sed ubi hic, οὐδὲ δήσω Ἀθηναίων οὐδένα? Demosthenesne, an Timocrates, legem corrumpit, hic omittendo, ille inserendo? An potius a Librario verba quædam omissa sunt? Deinde v. 11. καὶ ἀκροάσομαι τοῦ τε κατηγόρου etc. quid ad Senatum? Videntur ὅ, τε βουλευτικὸς καὶ ὁ δικαστικὸς ὅρκος conflati in unum, et ambo mutilati. τοιγαροῦν ὡς δυνάμεθα· δυνάμεθα δὲ, καθὰ γέγραπται. WOLF. Multa hic admisit Wolfius omnino animadvertenda. Conqueritur verba οὐδὲ δήσω etc. hic non comparere. Neque profecto comparere poterant, aut debuerant. Ideo adduxit hoc jusjurandum, ut ostenderet, ea verba ibi *non* inesse. Atque ita post recitatam formulam ipse concludit v. 16. ἐνταυθοῖ οὐκ ἔνι. οὐδὲ δήσω etc. Quid apertius? Fons et origo erroris est, quod existimaret ille, a Demosthene recitari jusjurandum βουλευτικὸν, qui tamen disertissime profitetur, se jusjurandum δικαστικὸν adducere: et profecto adducere ea de causa, qua modo dixi. Porro de mutatione ista personæ, idem notatur a Benenato. Cæteri omnes Codd. et impressi, et MSti, constanter ἐπαρᾶται (aut ut mendose in nonnullis ἐπαρᾶσθαι) — ἑαυτῷ — ἑαυτοῦ — παραβαίνοι. Perinde est, utro modo legas: utrinque vim eandem sortiuntur. Inde sunt verba *concepta*, ejus, qui jusjurandum præstat, hinc ἐπεξηγητικὰ, Auctoris. TAYLOR.

δεσμὸν καταγιγνώσκειν, ταύτῃ ἐπιδείκνυμι· ὡς δὲ τὰ
δεδικασμένα ἄκυρα ποιεῖν, καὶ δεινὸν καὶ ἀνόσιόν ἐστι,
καὶ δήμου κατάλυσις, πάντας ἂν [1] οἶμαι ὁμολογῆσαι. ἡ
γὰρ πόλις ἡμῶν, ὦ ἄνδρες δικασταὶ, νόμοις καὶ ψηφίσμασι
διοικεῖται. εἰ δέ τις τὰ ψήφῳ κεκριμένα νόμῳ καινῷ λύσει,
τί πέρας ἔσται; ἢ πῶς τοῦτον δίκαιόν ἐστι νόμον προσ-
αγορεῦσαι, ἀλλ᾽ οὐκ ἀνομίαν; ἢ πῶς οὐ τῆς μεγίστης
ὀργῆς ὁ τοιοῦτος νομοθέτης ἄξιός ἐστιν; ἐγὼ μὲν γὰρ τῆς
ἐσχάτης νομίζω, [2] οὐ μόνον ὅτι τοῦτον τὸν νόμον ἔθηκεν, 748
ἀλλ᾽ ὅτι καὶ τοῖς ἄλλοις ὁδὸν δεικνύει καὶ περὶ δικαστηρίων
καταλύσεως, καὶ περὶ τῶν φευγόντων καθόδου, καὶ περὶ
τῶν ἄλλων τῶν δεινοτάτων. τί γὰρ κωλύει, ὦ ἄνδρες δικα-
σταὶ, εἰ οὗτος χαίρων ἀπαλλάξει, ὁ τοιοῦτον νόμον θεὶς,
ἕτερον φανῆναι ἄλλο τι τῶν τῆς πόλεως ἰσχυροτάτων κα-
ταλύσοντα νόμῳ καινῷ; ἐγὼ μὲν γὰρ οἶμαι οὐδέν. ἀκούω
δ᾽ ἔγωγε καὶ τὸ πρότερον οὕτω καταλυθῆναι τὴν δημο-
κρατίαν, παρανόμων πρῶτον γραφῶν καταλυθεισῶν, καὶ
τῶν δικαστηρίων ἀκύρων γενομένων. ἴσως μὲν οὖν ἄν τις
ὑπολάβοι, ὅτι οὐχ ὁμοίων ὄντων τῶν πραγμάτων νῦν καὶ
τότε, λέγω περὶ καταλύσεως τοῦ δήμου. ἀλλ᾽ οὐδὲ σπέρμα
δεῖ καταβάλλειν ἐν τῇ πόλει οὐδένα, ὦ ἄνδρες δικασταὶ,
τοιούτων πραγμάτων, οὐδ᾽ εἰ μή πω ἂν ἐκφύοι· ἀλλὰ καὶ
τὸν ἐγχειροῦντα λέγειν, ἢ ποιεῖν τι τοιοῦτον, δίκην διδόναι.

λζʹ. Ὅτι τοίνυν καὶ τέχνῃ κακῶς ἐνεχείρησε ποιεῖν
ὑμᾶς, ἄξιόν ἐστιν ἀκοῦσαι. ὁρῶν γὰρ ἑκάστοτε πάντας,
καὶ τοὺς πολιτευομένους, καὶ τοὺς ἰδιώτας, τοὺς νόμους
τῶν τῆς πόλεως ἀγαθῶν αἰτίους ὑπολαμβάνοντας, ἐσκό-
πει πῶς λήσει τούτους καταλύσας· κἂν ἄρα ληφθῇ τοῦτο
ποιῶν, μὴ δόξῃ δεινὸν μηδ᾽ ἀναιδὲς μηδὲν εἰργάσθαι. εὗρεν
οὖν τοῦτο ποιῶν ὃ πεποίηκε, νόμῳ τοὺς νόμους καταλῦσαι,
ἵνα τἀδικήματ᾽ αὐτοῦ τὸ τῆς σωτηρίας ὄνομ᾽ ἔχῃ. οἵτε
γὰρ σώζοντες τὴν πόλιν εἰσὶ νόμοι· ὄντε οὗτος ἔθηκεν, οὐ-

[1] οἴομαι

[2] οὐχ ὅτι τοῦτον μόνον

Γραφῶν παρανόμων] *Earum accusationum quæ sunt et dicuntur* παρανόμων. Auger.

Οὐδ᾽ εἰ μήπω ἂν ἐκφύοι] *Nec si nondum exoriantur.* Forte οὐδ᾽ εἰ μήποτ᾽, ἂν ἐκφύῃ. Quam lectionem in vertendo sum secutus. Wolf.

λζʹ. Καταλύσας] Virgula tantum post καταλύσας, deinde δόξει pro δόξῃ. Auger.

δὲν ἐκείνοις τῶν αὐτῶν ἔχοντα, νόμος. τὴν μὲν οὖν τοῦ ὀνόματος φιλανθρωπίαν, ὅτι ταύτην ἂν μάλιστα προσίεσθε,
49 κατεῖδε· τὴν δὲ χρείαν, ὅτι τἀναντία ἔχουσα φανήσεται, παρεῖδε. φέρε γὰρ, πρὸς Διός, ἔστιν ὅς τις ἂν, ἢ πρόεδρός ποτ᾽ ἐπεψήφισεν, ἢ πρύτανις τούτων [1]τί τῶν ἐν τῷ νόμῳ γεγραμμένων; ἐγὼ μὲν [2]οὖν οὐδένα ἂν οἶμαι. πῶς οὖν τοῦθ᾽ ὑπέδυ; νόμον ἔθετο ὄνομα τοῖς αὑτοῦ κακουργήμασιν. οὐ γὰρ ἁπλῶς, οὐδ᾽ ὅπως ἔτυχε, ποιοῦσι κακῶς ὑμᾶς, ἀλλ᾽ ἐσκεμμένως, καὶ τοῦτ᾽ αὐτὸ πράττοντες οὐχ οὗτοι μόνον, ἀλλὰ καὶ πολλοὶ τῶν πολιτευομένων, οἳ τούτῳ, παριόντες, αὐτίκα δὴ μάλα συναπολογήσονται. οὐ, μὰ Δί᾽, οὐ Τιμοκράτει χαρίσασθαι βουλόμενοι· πόθεν; ἀλλ᾽ αὑτῷ συμφέρειν ἕκαστος ἡγούμενος τὸν νόμον. ὥσπερ τοίνυν οὗτοι σφίσιν αὐτοῖς βοηθοῦσιν ἐφ᾽ ὑμᾶς, οὕτω δεῖ καὶ ὑμᾶς ὑμῖν αὐτοῖς βοηθεῖν. καί τοι ἀνερωτῶντός τινος αὐτὸν, ὅτου ἕνεκα τοιαῦτ᾽ ἠθέλησε γράφειν, καὶ διεξιόντος, ὡς χαλεπὸν [3]ἀγῶνα ὑπολαμβάνοι τόνδε, τετυφῶσθαι τὸν [4]ταῦτα λέγοντα ἔφη· συμπαρέσεσθαι γὰρ Ἀνδροτίωνα ἑαυτῷ, καὶ τοιούτους λόγους, σχολὴν [5]ἄγοντας, ἐσκέφθαι περὶ πάντων, ὥστ᾽ εὖ εἰδέναι ὅτι οὐδὲν [6]αὐτῷ γενήσοιτο φλαῦρον ἀπὸ τῆς γραφῆς τῆσδε. καὶ δῆτα καὶ τεθαύμακα τὴν ἀναισχυντίαν τὴν [7]τούτου, κἀκείνου· τοῦ μὲν, εἰ καλεῖ, τοῦ δὲ, εἰ πάρεισι καὶ συναπολογήσεται. μαρτυρία γὰρ δήπου φανερὰ γενήσεται πᾶσιν ὑμῖν, ὅτι τὸν νόμον [8]τούτου ἕνεκα ἐτίθει, ἀλλ᾽ οὐκ ἐπὶ πᾶσι τὸν αὐτόν.

λή. Ὅμως δὲ καὶ περὶ τῶν ἐκείνῳ πεπολιτευμένων ὑμᾶς μικρὰ βέλτιόν ἐστιν ἀκοῦσαι· καὶ τούτων ταῦτα, ὧν κεκοινώνηκεν [9]οὗτος. δι᾽ ἃ τοῦτον οὐδὲν ἧττον ἐκείνου δικαίως
50 ἂν μισοῖτε. λέξω δὲ οὐδὲν πλέον ὧν ἀκηκόαθ᾽ ὑμεῖς, εἰ μή τινες ἄρα ἐπὶ τοῖς Εὐκτήμονι γιγνομένοις μὴ παρῆσαν ἀγῶσι. καὶ πρῶτον μὲν ἐφ᾽ ᾧ μέγιστον φρονεῖ, τὴν τῶν

[1] τι [2] [οὖν] [3] τὸν ἀγῶνα [4] [ταῦτα] [5] ἄγοντα [6] αὑτῷ [7] τούτου τε κἀκείνου [8] τούτων [9] οὗτος, καὶ δι᾽

Πολλοὶ τῶν πολιτευομένων] Wolfius: *multi magistratuum.* Potius: *multi ex Rhetoribus.* JURIN.

Τοῦ δὲ, εἰ πάρεισι] Παρέρχεται, ὑπακούει. WOLF.

λή. Δι᾽ ἃ] Rectius ita, quam quod in plurimis Codd. invenio, καὶ διὰ τούτων οὐδὲν ἧττον ἐκείνου δικαίως ἂν μίσοιτο. TAYLOR.

Καὶ πρῶτον μὲν ἐφ᾽ ᾧ μέγιστον φρονεῖ] Vide hæc eadem in Androtiana, §. ιά. WOLF.

χρημάτων εἴσπραξιν ἐξετάσωμεν αὐτοῦ, ἣν μετὰ τούτου τοῦ χρηστοῦ πάντας εἰσέπραξεν ὑμᾶς. αἰτιασάμενος γὰρ Εὐκτήμονα τὰς ὑμετέρας ἔχειν εἰσφορὰς, καὶ τοῦτ᾽ ἐξελέγξειν, ἢ παρ᾽ ἑαυτοῦ καταθήσειν, ὑποσχόμενος, καταλύσας ψηφίσματι κληρωτὴν ἀρχὴν, ἐπὶ τῇ προφάσει ταύτῃ ἐπὶ τὴν εἴσπραξιν παρέδυ, καὶ τοῦτον προὐβάλλετο, εἰπὼν τὴν τοῦ σώματος ἀῤῥωστίαν, ἵν᾽, ἔφη, συνδιοικῇ μοι. δημηγορίας δὲ ἐπὶ τούτοις ποιούμενος, ὡς ἔστι τριῶν αἵρεσις ὑμῖν, ἢ τὰ πομπεῖα κατακόπτειν, ἢ πάλιν εἰσφέρειν, ἢ τοὺς ὀφείλοντας εἰσπράττειν· αἱρουμένων εἰκότως ὑμῶν τοὺς ὀφείλοντας εἰσπράττειν, ταῖς ὑποσχέσεσι κατέχων, καὶ διὰ τὸν καιρὸν, ὃς ἦν τότε, ἔχων [1] ἐξουσίαν, τοῖς μὲν κειμένοις [2] νόμοις οὐκ ᾤετο δεῖν χρῆσθαι, οὐδ᾽, εἰ μὴ τούτους ἐνόμιζεν ἱκανοὺς, ἑτέρους τιθέναι, ψηφίσματα δ᾽ εἶπεν ἐν ὑμῖν δεινὰ καὶ παράνομα, δι᾽ ὧν ἠργολάβει, προσαγωγεῖ τούτῳ χρώμενος τῶν λημμάτων, καὶ πολλὰ τῶν ὑμετέρων κέκλοφε μετὰ τούτου, γράψας τοὺς ἕνδεκα, καὶ τοὺς ἀποδέκτας, καὶ τοὺς ὑπηρέτας, ἀκολουθεῖν μεθ᾽ ἑαυτοῦ. εἶτ᾽ ἔχων τουτουσὶ, [3] ἦγ᾽ ἐπὶ τὰς ὑμετέρας οἰκίας, καὶ σὺ, ὦ Τιμόκρατες, συνηκολούθεις μόνος τῶν συναρχόντων δέκα ὄντων. καὶ μηδεὶς ὑπολαμβανέτω με λέγειν, ὡς οὐ χρῆν 751
εἰσπράττειν τοὺς ὀφείλοντας. χρῆν γάρ. ἀλλὰ πῶς; ὡς ὁ νόμος ἀγορεύει, τῶν ἄλλων ἕνεκα. τοῦτο γάρ ἐστι δημοτικόν. οὐ γὰρ τοσοῦτον, ὦ ἄνδρες Ἀθηναῖοι, πέντε ταλάντων ὑμῖν, ὧν οὗτοι τότ᾽ εἰσέπραξαν, τεθέντων ὠφέλησθε, ὅσον βέβλαφθε, τοιούτων ἐθῶν εἰς τὴν πολιτείαν εἰσαγομένων. εἰ γὰρ [4] θέλετε ἐξετάσαι, τίνος ἕνεκα μᾶλλον ἄν τις ἕλοιτο ἐν δημοκρατίᾳ ζῆν, ἢ ἐν ὀλιγαρχίᾳ, τοῦτ᾽ ἂν εὕροιτε προχειρότατον, ὅτι πάντα πρᾳότερά ἐστιν ἐν δημοκρατίᾳ. ὅτι μὲν τοίνυν τῆς [5] ὅποι βούλεσθε ὀλιγαρχίας πολλῷ ἀσελγέστερα καὶ δεινότερα ἐποίουν οὗτοι, παραλείψω· ἀλλὰ παρ᾽ [6] ἡμῖν πότε πώποτε δεινότατα ἐν τῇ πόλει γέγονεν;

[1] τὴν ἐξουσίαν [2] νόμοις περὶ τούτων οὐκ [3] ἦγεν [4] ἐθέλοιτ᾽ [5] ὅπου [6] ὑμῖν

Ἦγ᾽ ἐπὶ] Imo ἦγεν ἐπί. AUGER.

Ἕνεκα τῶν ἄλλων] F. τῶν ἀδυνάτων, ἢ ἀπόρων. Etsi nec hoc placet, nec τῶν ἀναλωμάτων ἕνεκα. WOLF. Transponenda videntur hæc verba, ut legas: χρῆν γὰρ, τῶν ἄλλων ἕνεκα, quod prius notavimus in Orat. c. Androtionem, §. ιέ. med. JURIN.

Πότε πώποτε δεινότερα κ. τ. λ.] In Androtiana [§. ιέ. fin.] paulo aliter: πότε πώποτε δεινότατα ἐν τῇ πόλει γέγονεν; ἐπὶ

εὖ οἶδ' ὅτι ἐπὶ τῶν τριάκοντα, ἅπαντες ἂν εἴποιτε. τότε τοίνυν, ὡς ἔστιν ἀκούειν, οὐδείς ἐστιν ὅς τις [1]ἀπεστεροῖτο τοῦ σωθῆναι, εἴ τις ἑαυτὸν οἴκοι κρύψειεν· ἀλλ' αὐτὸ τοῦτο [2]κατηγοροῦμεν τῶν τριάκοντα, ὅτι τοὺς ἐκ τῆς ἀγορᾶς ἀδίκως ἀπῆγον. οὗτοι τοίνυν τοσαύτην ὑπερβολὴν ἐποιήσαντο [3]ἐκείνων τῆς αὐτῶν πονηρίας, ὥστ' ἐν δημοκρατίᾳ πολιτευόμενοι, τὴν ἰδίαν οἰκίαν ἑκάστῳ δεσμωτήριον καθίστασαν, ἄγοντες τοὺς ἕνδεκα ἐπὶ τὰς οἰκίας. καί τοι, ὦ ἄνδρες δικασταὶ, τί οἴεσθε ὁπότ' ἄνθρωπος πένης, ἢ καὶ πλούσιος, [4]πολλ' ἀνηλωκὼς, καί τιν' ἴσως τρόπον εἰκότως οὐκ εὐπορῶν ἀργυρίου, μὴ μόνον εἰς τὴν ἀγορὰν φοβοῖτ' ἐμβαλεῖν, ἀλλὰ μηδ' οἴκοι μένειν ἂν ἀσφαλὲς ἡγοῖτο· ὁ δὲ τούτων αἴτιος Ἀνδροτίων εἴη, ὃν οὐδ' ὑπὲρ αὑτοῦ δίκην ἐᾶ λαβεῖν τὰ πεπραγμένα καὶ βεβιωμένα, μή τί γ' ὑπὲρ τῆς
2 πόλεως εἰσπράττειν εἰσφοράς; καί τοι εἴ τις ἔροιτ' αὐτὸν, ἤ σε, ὦ Τιμόκρατες, τὸν ἐπαινέτην τούτων, καὶ συνεργὸν, τὰς εἰσφορὰς πότερον τὰ κτήματα, ἢ τὰ σώματα [5]ὀφείλει, τὰ κτήματα φήσαιτ' ἂν, εἴπερ ἀληθῆ λέγειν βούλοισθε· ἀπὸ γὰρ τούτων εἰσφέρομεν.

λθ'. Τίνος οὖν ἕνεκα, ὦ κάκιστοι πάντων ἀνθρώπων, ἀφέντες τὸ τὰ χωρία δημεύειν, καὶ τὰς οἰκίας, καὶ ταῦτα ἀπογράφειν, ἐδεῖτε καὶ ὑβρίζετε πολίτας ἀνθρώπους, καὶ τοὺς ταλαιπώρους μετοίκους, οἷς ὑβριστικώτερον ὑμεῖς, ἢ τοῖς οἰκέταις τοῖς ἑαυτῶν [6]κέχρησθε; καὶ μὴν, εἰ [7]θέλετε,

[1] ἀπεστερεῖτο [2] κατηγοροῦσι [3] [ἐκείνων] τῆς ἑαυτῶν [4] πολλὰ δ' ἀνηλωκὼς [5] ὀφείλει; [6] κέχρησθε. [7] θέλοιτε σκέψασθαι

τῶν τριάκοντα, πάντες ἂν εἴποιτε. Wolf. Wolfius interpretatur hunc locum cum iis Codd. qui ita scribunt: ἀλλὰ παρ' ἡμῖν πότε πώποτε δεινότερα ἐν τῇ πόλει γέγονεν; οὐδ' εὖ οἶδ' ὅτι ἐπὶ τῶν τριάκοντα. At ubi veram lectionem deprehendit, nam verissima est, quam in textum admisit, versionem recudere et reformare neglexit. Taylor.

Ἀπεστεροῖτο] Ἀπεστερεῖτο Editi, Aldino excepto, et Codd. quamplurimi. Ita pariter in simili loco apud Androtianam, §. ιέ. fin. Idem.

Τοσαύτην ὑπερβολὴν] Deberet legi: τ. ὑ. ἐ. τῆς ἐκείνων πονηρίας τῇ ἑαυτῶν. Auger.

Κατηγοροῦμεν] *Accusabamus*. Fortasse placere potest, quod Bar. Lind. Aug. Obsop. Ital. Vind. et Felicianus, κατηγοροῦσι. Taylor.

Ἐπὶ τῆς οἰκίας] [Ita Ald. aliique] Illic [sc. in Androtiana §. ιέ. fin.] ἐπὶ τὰς οἰκίας. Sed et hoc ferri potest, ut στέλλεσθαι ἐπ' οἴκου. Wolf. τὰς item MSti nostri. Ita emendat Kuhnius ad Poll. L. VIII. C. IX. §. 102. Taylor.

Πολλ' ἀνηλωκὼς] Rescribe πολλὰ δ' ἀνηλωκώς. Ex Bar. Vind. Reg. α. Confer Androtianam §. ις'. Idem.

λθ'. Τοῖς ἑαυτῶν] Ἢ τοῖς οἰκέταις τοῖς ὑμετέροις αὐτῶν κέχρησθε. Ita Editi et MSti meliores. Idem.

Καὶ μὴν] Lege: καὶ μὴν εἰ θέλετε σκέψασθαι παρ' ὑμῖν αὐτοῖς. Uti in Editis et MStis quibusdam legitur. Ita quoque

σκέψασθε παρ' ὑμῖν αὐτοῖς, ὦ ἄνδρες δικασταὶ, τί δοῦλον, ἢ ἐλεύθερον εἶναι διαφέρει, τοῦτο μέγιστον ἂν εὕροιτε· ὅτι τοῖς μὲν δούλοις, τὸ σῶμα τῶν ἀδικημάτων ἁπάντων ὑπεύθυνόν ἐστι, τοῖς δ' ἐλευθέροις, ὕστατον τοῦτο προσήκει κολάζειν. οἱ δὲ, τοὐναντίον εἰς τὰ σώματα, ὥσπερ ἀνδραπόδοις, ἐποιήσαντο τὰς [1]τιμωρίας, οὕτω δ' ἀνίσως καὶ πλεονεκτικῶς ἔσχε πρὸς ὑμᾶς Ἀνδροτίων, ὥστε τὸν μὲν [2]αὑτοῦ πατέρα ᾤετο δεῖν δημοσίᾳ δεθέντα ἐπὶ χρήμασιν ἐν τῷ δεσμωτηρίῳ, μήτε ἀποδόντα ταῦτα, μήτε κριθέντα, [3]ἀποδράναι· τῶν δὲ ἄλλων πολιτῶν, τὸν μὴ δυνάμενον τὰ ἑαυτοῦ θεῖναι, οἴκοθεν εἰς τὸ δεσμωτήριον ἀχθέντα ὑφ' ἑαυτοῦ δεδέσθαι. καὶ Τιμοκράτης τῶν μὲν πολλῶν ἡμῶν τότε, ὅτε τὴν διπλασίαν εἰσέπραττεν, οὐδ' ἂν παρ' ἑνὸς λαβεῖν ἠθέλησεν ἐγγυητὰς, μὴ μέχρι τῆς ἐννάτης πρυτανείας, ἀλλ' οὐδὲ μιᾶς ἡμέρας, ἀλλ' ἢ διπλᾶ τὰ χρήματα ἔδει καταβαλεῖν, ἢ παραχρῆμα δεδέσθαι, παρεδίδου δὲ οὗτος τοῖς ἕνδεκα, τὸν οὐκ ὠφληκότα ἐν τῷ δικαστηρίῳ· νῦν δὲ ὅπως ὧν ἂν ὑμεῖς καταγνῶτε, ἄδετοι 753
περιίωσιν, ὑπεύθυνον αὐτὸν ποιήσας, νόμον εἰσενεγκεῖν ἐτόλμησεν. ἀλλ' ὅμως καὶ τάδε κἀκεῖνα φήσουσιν ὑπὲρ ὑμῶν πεπρᾶχθαι. εἶτα ταῦθ' ὑμεῖς ἐφ' ἑαυτοὺς ἀναδέξεσθε ὑπὲρ ὑμῶν πεπρᾶχθαι, καὶ τὰ τῆς τούτων θρασύτητος καὶ πονηρίας ἔργα πρᾴως οἴσετε; ἀλλὰ μισεῖν ὀφείλετε τοὺς τοιούτους, ὦ ἄνδρες Ἀθηναῖοι, μᾶλλον ἢ σώζειν. τὸν γὰρ ὑπὲρ τῆς πόλεως πράττοντά τι, καὶ πρᾴων ὑμῶν τευξόμενον, τὸ τῆς πόλεως ἦθος ἔχοντα δεῖ φαίνεσθαι. τοῦτο δ' ἔστι τί; τοὺς ἀσθενεῖς ἐλεεῖν, τοῖς ἰσχυροῖς καὶ δυναμένοις μὴ ἐπιτρέπειν ὑβρίζειν· οὐ τοὺς μὲν πολλοὺς ὠμῶς μεταχειρίζεσθαι, κολακεύειν δὲ τὸν [4]ἀεί τι δύνασθαι δοκοῦντα, ἃ σὺ ποιεῖς, ὦ Τιμόκρατες. δι' ἃ πολλῷ μᾶλλον ἂν εἰκότως [5]μὴ θελήσαντες ἀκοῦσαί σου θάνατον καταψηφίσαινθ' οὗτοι, ἢ δι' Ἀνδροτίωνα [6]ἀφείησαν.

[1] τιμωρίας. [2] αὐτοῦ [3] ἀποδρᾶναι [4] αἰεί [5] μηδὲ [6] ἀφίεσαν

Noster c. Androt. §. ιϛ'. med. Idem.

Περιίασιν] Lego περιίωσιν, quia præcedit ὅπως. Wolf. Ita etiam Codd. Bar. Aug. Vind. alii. Taylor.

Ἐφ' ἑαυτοὺς] Desunt hæc in plurimis: pergunt porro legere: εἶτα ταῦθ' ὑμεῖς ἀνέξεσθε ὑπὲρ ὑμῶν πεπρᾶχθαι. Idem.

Μὴ] Potius ut Aug. et Vindob. μηδέ. μηδὲ θελήσαντες ἀκοῦσαι, quo modo vertit Wolfius. Idem.

μ'. Ὅτι τοίνυν οὐδὲ τὴν εἴσπραξιν αὐτὴν ὑπὲρ ὑμῶν πεποίηνται, καὶ τοῦτ' αὐτίκα δὴ μάλα ὑμῖν δῆλον ποιήσω. εἰ γάρ τις ἔροιτο αὐτοὺς, πότεροι αὐτοῖς δοκοῦσιν ἀδικεῖν μᾶλλον τὴν πόλιν, οἱ γεωργοῦντες, καὶ φειδόμενοι, διὰ παιδοτροφίας δὲ καὶ οἰκεῖα ἀναλώματα, καὶ λειτουργίας ἑτέρας, [1] λελοιπότες τὰς εἰσφορὰς, ἢ οἱ τὰ τῶν ἐθελησάντων εἰσενεγκεῖν χρήματα, καὶ τὰ παρὰ τῶν συμμάχων κλέπτοντες, καὶ ἀπολλύντες· οὐκ ἂν εἰς τοῦτο δήπου τόλμης, καίπερ ὄντες ἀναιδεῖς, ἔλθοιεν, ὥστε φῆσαι τοὺς τὰ ἑαυτῶν μὴ εἰσφέροντας μᾶλλον ἀδικεῖν, ἢ τοὺς τὰ κοινὰ ὑφαιρουμένους. τίνος οὖν ἕνεκα, ὦ Τιμόκρατες, καὶ Ἀνδροτίων, ἐτῶν
4 ὄντων πλειόνων ἢ τριάκοντα, ἀφ' οὗ ὅγε ἕτερος ὑμῶν πολιτεύεται, καὶ ἐν τούτῳ τῷ χρόνῳ πολλῶν μὲν στρατηγῶν ἠδικηκότων τὴν πόλιν, πολλῶν δὲ ῥητόρων, οἳ παρὰ τουτοισὶ κέκρινται, ὧν οἱ μὲν τεθνᾶσιν ἐφ' οἷς ἠδίκουν, οἱ δ' ὑποχωρήσαντες ᾤχοντο, καταγνόντες ἑαυτῶν, οὐδενὸς πώποτε τούτων ἐξητάσθη κατήγορος ὑμῶν οὐδέτερος, οὐδ' ἀγανακτῶν ὤφθη ὑπὲρ ὧν ἡ πόλις ἔπασχεν, ἀλλ' ἐνταῦθα ἐφάνηθ' ἡμῶν κηδόμενοι, οὗ πολλοὺς ἔδει κακῶς ποιῆσαι; βούλεσθε, ὦ ἄνδρες Ἀθηναῖοι, τὸ τούτων αἴτιον ἐγὼ ὑμῖν εἴπω; ὅτι τούτων μὲν μετέχουσιν, ὧν ἀδικοῦσιν ὑμᾶς τινὲς, ἀπὸ δὲ τῶν εἰσπραττομένων ὑφῃροῦντο, δι' ἀπληστίαν δὲ τρόπων, διχόθεν καρποῦνται τὴν πόλιν. οὔτε γὰρ ῥᾷον πολλοῖς, [2] καὶ κατὰ μικρὰ ἀδικοῦσιν ἀπεχθάνεσθαι, ἢ ὀλίγοις [3] καὶ μεγάλα, οὔτε δημοτικώτερον δήπου τὰ τῶν πολλῶν ἀδικήματα ὁρᾷν, ἢ τὰ τῶν ὀλίγων. ἀλλὰ τοῦτ' αἴτιον, ὃ ἐγὼ λέγω. δεῖ τοίνυν ὑμᾶς ταῦτα λογισαμένους, καὶ μεμνημέ-

[1] ἐλλελοιπότες [2] καὶ τὰ μικρὰ [3] * καὶ τὰ μεγάλα

μ'. Γὰρ] Emendavi ex præscripto Bar. Vind. Ital. et Editionum Par. Manut. et Felic. Vulgo δέ. Recte se habet Androtiana §. ιθ'. Idem.

Λελοιπότες] Illa altera habet, o. l. consentientibus, ἐλλελοιπότες. Uti et hic habent Aug. et Vind. eodem quidem sensu, sed majore longe proprietate. Idem. M. ἐλλελοιπότες. Auger.

Ἐθελησάντων] Μὴ ἐθελησάντων Lambinus, pariter ut in illa. Mox v. 7. in Regiis quibusdam videtur legi τὰ τῶν συμμάχων, sine præpositione. Taylor.

Ὅτι τούτων μὲν μετέχουσιν] Legendum videtur: ὅτι οὗτοι, vel τοιοῦτοι. Jurin.

Ὑφῃροῦντο] Melius cum Ven. Bar. Aug. Ital. Vind. atque ut olim in illa altera contra Androtionem legebatur, ὑφαιροῦνται, §. ιθ'. Taylor.

Καὶ κατὰ μικρὰ] Ἐν μικροῖς. Sed malim τὰ μικρὰ, quia sequitur ἢ ὀλίγοις καὶ μεγάλα, non κατὰ μεγάλα. Wolf. πολλοῖς καὶ τὰ μικρὰ Cod. Vindob. Similiter in Androtiana, §. ιθ'. Taylor. Dele κατά. Auger.

νους ὧν ἂν ἕκαστος ἁμάρτῃ, κολάζειν, ὅταν λάβητέ τινα,
καὶ μὴ τὸν χρόνον, εἰ πολύς ἐστ' ἀπ' ἐκείνου, σκοπεῖν·
ἀλλ' εἰ ταῦτ' ἐποίουν. ὡς εἰ νῦν πρᾴως οἴσετ' ἐφ' οἷς τότε
ἠγανακτεῖτε, δόξετε ὀργιζόμενοι κατεγνωκέναι τὰ χρήμα-
τα τούτων, οὐκ ἀδικούμενοι. τῶν μὲν γὰρ ὀργιζομένων
ἐστὶν, ὀξέως [1]τί κακὸν τὸν λελυπηκότα ἐργάσασθαι· τῶν
δὲ ἀδικουμένων, ὅταν ποθ' ὑπ' αὐτοῖς λάβωσι τὸν ἠδικηκό-
τα, τότε τιμωρήσασθαι. οὔκουν δεῖ δοκεῖν νῦν μαλακισθέν-
τας, τότε τῶν ὀμωμοσμένων ὅρκων ἀμελήσαντας, ὑμῖν αὐ-
τοῖς χαρίσασθαι παρὰ τὸ δίκαιον· ἀλλὰ μισεῖν, καὶ μηδ' 755
ἀνέχεσθαι φωνὴν, μήτε [2]τούτων, μήτ' [3]ἐκείνων τοιαῦτα
πεπολιτευμένων.

μά. Ἀλλὰ, νὴ Δία, ταῦτα μόνον τοιοῦτοι γεγόνασιν,
ἐν οἷς πεπολίτευνται, ἄλλα δ' ἔστιν ἃ καλῶς διῳκήκασιν;
ἀλλὰ καὶ τἄλλα οὕτω προσεληλύθασι πρὸς ὑμᾶς, ὥστε
ἥκιστα, ἐν οἷς ἀκηκόατε, ἄξιόν ἐστι μισεῖν αὐτούς. τί γὰρ
βούλεσθε εἴπω, τὰ πομπεῖα ὡς ἐπεσκευάκασι; καὶ τὴν
τῶν στεφάνων καθαίρεσιν; ἢ τὴν τῶν φιαλῶν ποίησιν τὴν
καλήν; ἀλλ' ἐπὶ τούτοις γε, εἰ μηδὲν ἄλλο ἠδίκουν τὴν
πόλιν, τρὶς οὐχ ἅπαξ δικαίως ἄν μοι τεθνάναι δοκοῦσι.
καὶ γὰρ ἱεροσυλίᾳ, καὶ ἀσεβείᾳ, καὶ κλοπῇ, καὶ πᾶσι
τοῖς δεινοτάτοις εἰσὶν ἔνοχοι. τὰ μὲν οὖν πολλὰ, ὧν λέγων
ὑμᾶς ἐφενάκιζεν Ἀνδροτίων, παραλείψω. φήσας δὲ ἀποῤ-
ῥεῖν τὰ φύλλα τῶν στεφάνων, καὶ σαπροὺς εἶναι διὰ τὸν
χρόνον, ὥσπερ ἴων, ἢ ῥόδων ὄντας, ἀλλ' οὐ χρυσίου, συγ-
χωνεύειν ἔπεισεν. αἱρεθεὶς δὲ ἐπὶ ταῦτα, προσείλετο του-
τονὶ τὸν ἁπάντων τῶν κακῶν κοινωνόν. κᾆπειτ' ἐπὶ μὲν
ταῖς εἰσφοραῖς, τὸν δημόσιον παρεῖναι προσέγραψεν, ὡς δὴ
δίκαιος ὢν, ὧν ἕκαστος ἀντιγραφεὺς ἔμελλεν ἔσεσθαι τῶν
εἰσενεγκόντων· ἐπὶ τοῖς στεφάνοις δ' οὓς κατέκοπτεν, οὐχὶ
[4]προσηγάγετο ταὐτὸ δίκαιον τοῦτο, ἀλλ' αὐτὸς ῥήτωρ,

[1] τι [2] τούτου [3] ἐκείνου, τῶν τοιαῦτα [4] προσήγαγε

Κατεγνωκέναι τὰ χρήματα τούτων] Τὰ χρήματα, τὰ Ναυκρατιτικά. τούτων, Ἀνδροτίωνος, Μελανώπου, Γλαυκέτου. Sed pro τὰ χρήματα fortassis legendum π α ρ α χ ρ ῆ μ α. Wolf.

Ὑμῖν αὐτοῖς χαρίσασθαι παρὰ τὸ δίκαιον] Sic Isocrates: τὰ μὲν ἐκείνοις, τὰ δ' ἐμαυτῷ χαριοῦμαι. Loquitur autem de Naucratiticæ pecuniæ condemnatione, et non de exactione tributorum, de qua nullum judicium intercessit, ea re ultra privatam indignationem non progressa. Idem.

Μήτε τούτων] L. μήτε τούτου, μήτε ἐκείνου, nempe, *neque Timocratis, neque Androtionis.* Auger.

χρυσοχόος, ταμίας, ἀντιγραφεὺς γέγονε. καὶ μὴν εἰ μὲν ἅπαντ᾽ ἠξίους ὅσα πράττεις τῇ πόλει σαυτῷ πιστεύειν, οὐκ ἂν ὁμοίως κλέπτης ὢν ἐφωρῶ· νῦν δ᾽ ἐπὶ ταῖς εἰσφοραῖς, ὃ δίκαιόν ἐσθ᾽, ὁρίσας μὴ σοὶ πιστεύειν, ἀλλὰ τοῖς αὑτῆς δούλοις τὴν πόλιν, ὁπότ᾽ ἄλλο τι πράττων καὶ χρή-
56 ματα κινῶν ἱερὰ, ὧν ἔνια οὐδ᾽ ἐπὶ τῆς ἡμετέρας γενεᾶς ἀνετέθη, μὴ προσγραψάμενος τὴν αὐτὴν φυλακὴν, ἥν περ ἐπὶ τῶν εἰσφορῶν, φαίνῃ, οὐκ ἤδη δῆλον δι᾽ ὃ τοῦτ᾽ ἐποίησας; ἐγὼ μὲν οἶμαι. καὶ μὴν, ὦ ἄνδρες Ἀθηναῖοι, [1]καὶ κατὰ παντὸς τοῦ χρόνου σκέψασθε, ὡς καλὰ καὶ ζηλωτὰ ἐπιγράμματα τῆς πόλεως ἀνελὼν, ὡς ἀσεβῆ καὶ δεινὰ ἀντεπέγραψεν. [2]οἶμαι γὰρ ὑμᾶς ἅπαντας ὁρᾶν ὑπὸ τῶν στεφάνων ταῖς χοινικίσι κάτωθεν γεγραμμένα, οἱ σύμμαχοι τὸν δῆμον [3]τῶν Ἀθηναίων ἀνδραγαθίας ἕνεκ᾽ ἐστεφάνωσαν καὶ δικαιοσύνης· ἢ, οἱ σύμμαχοι ἀριστεῖον τῇ Ἀθηνᾷ ἀνέθεσαν· ἢ κατὰ πόλεις, οἱ δεῖνες τὸν δῆμον ἐστεφάνωσαν, σωθέντες ὑπὸ τοῦ δήμου, οἷον, Εὐβοεῖς σωθέντες καὶ ἐλευθερωθέντες ἐστεφάνωσαν τὸν [4]δῆμον· ἐπεγέγραπτό που πάλιν, Κόνων ἀπὸ τῆς ναυμαχίας τῆς πρὸς Λακεδαιμονίους. Χαβρίας ἀπὸ τῆς ἐν Νάξῳ ναυμαχίας. τοιαῦτα γὰρ ἦν τὰ τῶν στεφάνων ἐπιγράμματα. ταῦτα μὲν τοίνυν, ἃ πρότερον ζῆλον πολὺν εἶχε καὶ φιλοτιμίαν ὑμῖν, ἠφάνισται, καθαιρεθέντων τῶν στεφάνων· ἐπὶ δὲ ταῖς φιάλαις, ἃς ἀντ᾽ ἐκείνων ἐποιήσαθ᾽ ὑμῖν ὁ πόρνος οὗτος, Ἀνδροτίωνος ἐπιμελουμένου ἐποιήθησαν, ἐπιγέγραπται. καὶ οὗ τὸ σῶμα ἡταιρηκότος οὐκ ἐῶσιν οἱ νόμοι εἰς τὰ ἱερὰ εἰσιέναι, τούτου τοὔνομα ἐν τοῖς ἱεροῖς ἐπὶ τῶν φιαλῶν ἐπιγεγραμμένον ἐστίν. ὅμοιόν γε —

[1] (καὶ --- σκέψασθε) [2] οἴομαι [3] τὸν [4] δῆμον· ἐπ. που· πάλιν·

μά. Ἠξίους ὅσα πράττεις] Malim ὅσ᾽ ἔπραττες. WOLF.

Τῇ πόλει] Τὴν πόλιν marg. Benenati. Vide Orat. c. Androt. TAYLOR. Lego et distinguo: ὅσα πράττεις, τὴν πόλιν σαυτῷ. AUGER.

Προσγραψάμενος] Ita edendum curavi, motus auctoritate Bar. Aug. Lindenb. Vindob. Editt. Manut. et Felio. et Codd. præterea constantiæ in Androtiana, ubi hæc eadem leguntur, §. κ′. fin. Vulg. προγραψάμενος. Marg. Lutet. γρ. περιγραψάμενος. TAYLOR.

Καὶ μὴν etc.] Rescribendum arbitror, καὶ μὴν, ὦ ἄ. Ἀ. σκέψασθε, ὡς καλὰ καὶ κατὰ παντὸς τοῦ χρόνου ζηλωτὰ ἐπιγράμματα. Idem mendum alteri Orationi insedit, si mendum sit. Vide Wolf. ibid. §. κά. init. IDEM. Tayloro assentitur Augerus.

οὐ γάρ; — τοῦτο τοῖς προτέροις ἐπιγράμμασιν, ἢ φιλοτι-
μίαν ἴσην ἔχον ὑμῖν. τρία τοίνυν ἐκ τούτων τὰ δεινότατα
ἄν τις ἴδοι πεπραγμένα αὐτοῖς. τὴν μὲν γὰρ θεὸν τοὺς
στεφάνους σεσυλήκασι· τῆς πόλεως δὲ τὸν ζῆλον ἠφανίκασι 757
τὸν ἐκ τῶν ἔργων, ὧν ὑπομνήματ' ἦσαν, ὄντες οἱ στέφανοι·
τοὺς δ' ἀναθέντας δόξαν οὐ μικρὰν ἀφῄρηνται, [1] τῷ δοκεῖν
ὧν ἂν εὖ πάθωσιν ἐθέλειν μεμνῆσθαι.

μβ'. Καὶ τοιαῦτα καὶ τοσαῦτα τὸ πλῆθος ἐργασάμενοι κακὰ, εἰς τοῦτ' ἀναισθησίας καὶ τόλμης προεληλύθασιν, ὥσθ' ὁ μὲν οἴεται δι' ἐκεῖνον ὑφ' ὑμῶν σωθήσεσθαι, ὁ δὲ παρακάθηται, καὶ οὐ καταδύεται τοῖς πεπραγμένοις. οὕτω δ' οὐ μόνον εἰς χρήματα ἀναιδὴς, ἀλλὰ καὶ σκαιός ἐστιν, ὥστ' οὐκ οἶδεν ἐκεῖνο, ὅτι στέφανοι μέν εἰσιν ἀρετῆς σημεῖον, φιάλαι δὲ καὶ ἐκπώματα, καὶ τὰ τοιαῦτα, πλούτου. καὶ στέφανος μὲν ἅπας, κἂν μικρὸς ᾖ, τὴν ἴσην φιλοτιμίαν ἔχει τῷ μεγάλῳ· ἐκπώματα δ', ἢ θυμιατήρια, ἢ τὰ τοιαῦτα κτήματα, ἐὰν μὲν ὑπερβάλῃ τῷ πλήθει, πλούτου τινὰ δόξαν προσετρίψατο τοῖς κεκτημένοις, ἐὰν δ' ἐπὶ σμικροῖς σεμνύνηταί τις, τοσοῦτ' ἀπέχει τοῦ τιμῆς τινὸς διὰ ταῦτα τυχεῖν, ὥστε ἀπειρόκαλος προσέδοξεν εἶναι. οὗτος τοίνυν ἀνελὼν [2] μὲν τῆς δόξης κτήματα, [3] τοῦ πλούτου πεποίηται μικρὰ, καὶ ἀνάξια ὑμῶν. καὶ οὐδὲ ἐκεῖνο οἶδεν, ὅτι πρὸς μὲν χρημάτων κτῆσιν, οὐδὲ πώποτε ὁ δῆμος ἐσπούδασε· πρὸς δὲ δόξης, ὡς οὐδὲ πρὸς ἓν τῶν ἄλλων. τεκμήριον δέ. χρήματα μὲν γὰρ πλεῖστα τῶν Ἑλλήνων ποτὲ σχὼν, πάνθ' ὑπὲρ φιλοτιμίας ἀνήλωσεν· ὑπὲρ δὲ δόξης, εἰσφέρων ἐκ τῶν ἰδίων, οὐδένα πώποτε κίνδυνον ἐξέστη. ἀφ' ὧν κτήματα ἀθάνατα αὐτῷ περίεστι, τὰ μὲν, τῶν ἔργων ἡ μνήμη, τὰ δὲ, τῶν ἀναθημάτων τῶν ἐπ' ἐκείνοις σταθέντων τὸ κάλλος,
προπύλαια ταῦτα, ὁ παρθενὼν, νεώσοικοι, στοαί· οὐκ ἀμφο- 758

[1] τὸ [2] μὲν] τὰ [3] τὰ τοῦ

Τῷ δοκεῖν] In Androtiana §. κά. τὸ δοκεῖν. Vide notata ad locum. Cod. Vindob. et hic etiam τὸ habet. TAYLOR. Imo τό. AUGER.

μβ'. Ἐκεῖνον] Ἐκείνων Aug. Vide in Androt. §. κά. TAYLOR.

Ἐὰν μὲν ὑπερβάλῃ τῷ πλήθει] Sequitur, v. 18. ἐὰν δ' ἐπὶ σμικροῖς σεμνύνηταί τις. Antitheseos ratio postulare videtur: ἐὰν μὲν ὑπερβάλῃ τῷ μεγέθει, si sint ingenti magnitudine: nisi ἐπὶ σμικροῖς accipias pro ἐπ' ὀλίγοις. WOLF.

Τῷ πλήθει] Τῷ μεγέθει puto, vel τῷ πλήθει καὶ μεγέθει. Alioqui perit argumentum. JURIN.

Μὲν τῆς δόξης] Lego cum Reiskio. AUGER.

ρίσκοι δύο, οὐδὲ χρυσίδες τέτταρες, ἢ τρεῖς, ἄγουσα ἑκάστη μνᾶν, ἃς, ὅταν σοι δοκῇ, πάλιν [1]γράψεις καταχωνεύειν. οὐ γὰρ ἑαυτοὺς δεκατεύοντες, οὐδ' ἃ καταράσαιντ' ἂν οἱ ἐχθροί, ποιοῦντες, διπλᾶς πράττοντες εἰσφορὰς, ταῦτ' ἀνέθεσαν, οὐδ', [2]οἵοις περ σὺ, χρώμενοι συμβούλοις ἐπολιτεύοντο· ἀλλὰ τοὺς ἐχθροὺς κρατοῦντες, καὶ ἃ πᾶς τις ἂν εὖ φρονῶν εὔξαιτο, τὴν πόλιν εἰς ὁμόνοιαν ἀγαγόντες, ἀθάνατον κλέος αὐτοῖς λελοίπασι, τοὺς [3]δ' ἐπιτηδεύοντας οἷά σοι βεβίωται, τῆς ἀγορᾶς εἴργοντες. ὑμεῖς δ' εἰς τοσοῦτον, ὦ ἄνδρες Ἀθηναῖοι, προήχθητ' εὐηθείας, καὶ ῥαθυμίας, ὥστ' οὐδὲ τοιαῦτ' ἔχοντες παραδείγματα, ταῦτα μιμεῖσθε, ἀλλ' Ἀνδροτίων ὑμῖν πομπείων ἐπισκευαστής· [4]Ἀνδροτίων, ὦ γῆ, καὶ θεοί. καὶ τοῦτ' ἀσέβημα ἔλαττόν [5]τινος ἡγεῖσθε; ἐγὼ μὲν γὰρ ἡγοῦμαι δεῖν τὸν εἰς ἱερὰ εἰσιόντα, καὶ χερνίβων, καὶ κανῶν ἁψόμενον, καὶ τῆς πρὸς τοὺς θεοὺς ἐπιμελείας προστάτην ἐσόμενον, οὐχὶ [6]προειρημένων τακτὸν ἡμερῶν ἀριθμὸν ἁγνεύειν, ἀλλὰ τὸν βίον ὅλον ἡγνευκέναι τοιούτων ἐπιτηδευμάτων, οἷα τούτῳ βεβίωται.

μγ'. Καὶ περὶ μὲν τούτων, κατὰ σχολήν· ἃ δὲ Τιμοκράτει συνερεῖ, πολλὰ λέγειν ἔχων [7]ἔτι πρὸς τούτοις, παύσομαι. οἶδα δ', ὅτι ὡς μὲν οὐκ ἀσύμφορος ὑμῖν ἐστὶν ὁ νόμος, καὶ παρὰ πάντας τοὺς νόμους εἰσενηνεγμένος, καὶ κατὰ πάντα ἀδίκως ἔχων, οὐχ ἕξει λέγειν· ἀκούω δ' αὐτὸν λέγειν, ὡς ἐκτέτισται τὰ χρήματα Ἀνδροτίωνι, καὶ Γλαυκέτῃ, καὶ Μελανώπῳ, καὶ ὅτι δεινότατ' ἂν πάθοι πάντων ἀνθρώπων, εἰ πεποιηκότων ἐκείνων τὰ δίκαια, ὑπὲρ ὧν
9 αὐτὸς αἰτίαν ἔχει θεῖναι τὸν νόμον, μ ̀ ἧττον αὐτὸς ἁλίσκοιτο. ἐγὼ δὲ τὸν λόγον ἡγοῦμαι τοῦτον, οὐδὲ καθ' ἓν λέγειν ἐνεῖναι τούτῳ. εἰ μὲν γὰρ ὑπὲρ τούτων, οὓς τὰ προσήκοντα φήσεις πεποιηκέναι, θεῖναι τὸν νόμον ὁμολογεῖς, κατ'

[1] γράφεις [2] οἷόσπερ [3] Deest δ'. [4] Ἀνδροτίων; [5] τίνος [6] προειρημένον [τακτὸν] [7] ἔτι πρὸς τούτοις, ἔχων

Οἷοισπερ] F. τοῖς οἷόσπερ σύ. IDEM.

Ἀλλὰ τὸν βίον ὅλον ἡγνευκέναι] Ἡγνευκέναι ἀντὶ τοῦ κεκαθαρευκέναι dixit. ἁγνεύειν enim et neutrorum verborum, et activorum significationem habet, de quo vide Comment. *Ex edit.* HERVAG.

μγ'. Ἃ δὲ Τιμοκράτει συνερεῖ] Atqui nihil dixisti de suffragatione, sed mores et facta Androtionis perstrinxisti. WOLF. Hic locus paulo est intricatior, hunc quantum in me fuit elucidavi in interpretatione mea. AUGER.

Ὁμολογεῖς, κατ' ἐκεῖνό σε προσήκειν] [Ald.] προσήκει. Alii προσῆκεν. Quod si placet, legendum erit ὡμολόγεις: quod et rectius videtur. Neque ἐκεῖνό σε [1]προσῆκεν ἁλίσκεσθαι φανερῶς, ὅτι μὴ τιθέναι νόμον, ἐὰν μὴ τὸν αὐτὸν ἐπὶ πᾶσι τοῖς πολίταις ἄντικρυς οἱ κύριοι νόμοι λέγουσι, καθ' οὓς οὗτοι δικάσειν ὀμωμόκασιν· εἰ δὲ τοῦ πᾶσι συμφέροντος ἕνεκα ταῦτα νομοθετῆσαι φήσεις, μὴ λέγε τὴν ἔκτισιν τὴν τούτων — οὐδὲν γὰρ κοινωνεῖ τῷ νόμῳ τῷδε —, ἀλλ' ὡς ἐπιτήδειός ἐστι καὶ καλῶς ἔχων ὁ νόμος, τοῦτο δίδασκε. τοῦτο γάρ ἐσθ' ὑπὲρ οὗ σὺ μὲν εἰσενεγκεῖν φῄς, ἐγὼ δὲ γέγραμμαι, τἀναντία φάσκων, κρῖναι δὲ προσήκει τουτουσί. καί τοι καὶ τοῦτο οὐκ ἀπορήσαιμ' ἂν δεῖξαι, πάντα μᾶλλον ἢ κατὰ τοὺς νόμους πεποιημένους τὴν ἔκτισιν ἐκείνους τὴν τῶν χρημάτων. ἀλλὰ μὴ περὶ τούτων ὑμῶν οἰσόντων τὴν ψῆφον, τί δεῖ ταῦτα λέγοντα ἐνοχλεῖν με νυνί;

μδʹ. [2]Οἶμαι τοίνυν αὐτὸν οὐδ' ἐκείνων ἀφέξεσθαι τῶν λόγων, ὡς δεινὰ ἂν πάθοι, εἰ γράψας, ὅπως Ἀθηναίων μηδεὶς δεθήσεται, αὐτὸς πείσεταί τι κακόν· καί, ὅτι τοὺς νόμους ὡς πρᾳοτάτους καὶ μετριωτάτους εἶναι, ὑπὲρ τῶν ἀδυνάτων μάλιστά ἐστι. πρὸς δὲ τοὺς τοιούτους λόγους, βέλτιον προακηκοέναι μικρὰ πάντας ὑμᾶς, ἵν' ἧττον ἐξαπατᾶσθε. ὅταν μὲν γὰρ λέγῃ· ὅπως μηδεὶς δεθήσεται Ἀθηναίων· μὴ λανθανέτω ψευδόμενος ὑμᾶς. οὐ γὰρ τοῦτ' ἔθηκεν, ἀλλ' ὅπως ὑμεῖς ἄκυροι τῶν προστιμημάτων γενήσεσθε, 760 καὶ τὴν μεθ' ὅρκου, καὶ λόγου, καὶ κρίσεως ψῆφον ἐνηνεγμένην, [3]ἄδικον καθίστησι. [4]μηδὲ ταῦθ' ὑμῖν τῶν ἐκ τοῦ νόμου ῥημάτων ἐκλέξας λεγέτω, ἃ φιλανθρωπότατ' ἐστὶν ἀκοῦσαι, ἀλλ' ὅλον δεικνύτω τὸν νόμον ἑξῆς, καὶ τὰ συμβαίνοντ' ἐξ αὐτοῦ σκοπεῖν ἐάτω. εὑρήσετε γὰρ ταῦτα ὄντα, ἃ ἐγὼ λέγω, καὶ οὐχ ἃ φησιν οὗτος. ἀλλὰ μὴν πρός γε [5]τὸ τοῖς πολλοῖς συμφέρειν, τοὺς νόμους πρᾴους καὶ μετρίους εἶναι, τάδε χρὴ σκοπεῖν. ἔστιν, ὦ ἄνδρες Ἀθηναῖοι, δύο εἴδη, περὶ ὧν εἰσὶν οἱ νόμοι κατὰ πάσας τὰς πόλεις. ὧν τὸ μέν

[1] προσήκει [2] οἴομαι [3] ἀνάδικον [4] μὴ δὴ ταῦθ' [5] * τῷ

enim ὁμολογεῖ Τιμοκράτης, ἀλλ' αἰτίαν ἔχει. Wolf. προσήκει Bar. Ven. Vind. Edit. Parisina. προσῆκεν scribitur in margine. Taylor. Imo προσήκει. Auger. Vid. D'Orville ad Charit. Aphrod. Lib. VIII. cap. II. p. 669.

μδʹ. Ἄδικον] Illud sane nullo modo tolerari potest, ἂν ἄδικον Bar. Ven. Vindob. Lege itaque ἀνάδικον, *irritum, nullum*. Noster adv. Bœot. de dote matern. p. 1018. 26. ed. R. οὐ μόνον τὴν δίκην ταύτην, περὶ ἧς νῦν δικάζομαι, ἀνάδικον ἐποίησεν, ἀλλὰ — Vide Ulpian. ad Midianam 543. 12. ed. R. Taylor. Malim cum Reiskio ἀνάδικον. Auger.

Ὧν τὸ μέν ἐστι κ. τ. λ.] Hæc est conἔστι δι' ὧν χρώμεθα ἀλλήλοις, καὶ συναλλάττομεν, καὶ περὶ τῶν ἰδίων ἃ χρὴ ποιεῖν διωρίσμεθα, καὶ ζῶμεν ὅλως τὰ πρὸς ἡμᾶς αὐτούς· τὸ δ', ὃν τρόπον δεῖ τῷ κοινῷ τῆς πόλεως ἕνα ἕκαστον ἡμῶν χρῆσθαι, ἐὰν πολιτεύεσθαι βούληται, καὶ φῇ κήδεσθαι τῆς πόλεως. ἐκείνους μὲν τοίνυν [1]τοὺς νόμους περὶ τῶν ἰδίων ἠπίως κεῖσθαι καὶ φιλανθρώπως, ὑπὲρ τῶν πολλῶν ἐστί· τούσδε δὲ τοὺς περὶ τῶν πρὸς τὸ δημόσιον προσιόντων, τοὐναντίον ἰσχυρῶς, καὶ χαλεπῶς ἔχειν, ὑπὲρ ὑμῶν ἐστίν. οὕτω γὰρ ἂν ἥκισθ' οἱ πολιτευόμενοι τοὺς πολλοὺς ὑμῶν ἀδικοῖεν. ὅταν δὴ τούτῳ τῷ λόγῳ χρῆται, ἐπὶ ταῦτα ἀπαντᾶτε· ὅτι τοὺς νόμους, οὐκ ἐκείνους τοὺς ὑπὲρ ὑμῶν πρᾴους ποιεῖ, ἀλλὰ τούσδε, οἳ τοῖς πολιτευομένοις φόβον παρέχουσι.

με'. Πολλὰ δ' ἂν τις ἔχοι λέγειν, εἰ καθ' ἕκαστον ὧν ἐρεῖ δεικνύναι βούλοιτο, φενακισμοῦ καὶ παρακρούσεως ἕνεκα ῥηθησόμενα. ἀλλὰ τὰ μὲν πολλὰ παρήσω· κεφάλαιον
761 δ' ὑμῖν ὧν [2]μνημονεύετε ἐρῶ. σκοπεῖτ' ἐν ἅπασι τοῖς λόγοις ὁπόσους ἂν λέγῃ, εἴ τι δυνήσεται τοιοῦτον εἰπεῖν, δι' οὗ διδάξει, ὡς ἔστι δίκαιον τὸν τιθέντα τὸν νόμον, ταῦτα προστάξαι περὶ τῶν παρεληλυθότων καὶ [3]πρότερον τέλος ἐσχηκότων ποιεῖν, καὶ περὶ τῶν μελλόντων γενήσεσθαι. πάντων γὰρ ὄντων αἰσχρῶν καὶ δεινῶν τῶν γεγραμμένων ἐν τῷ νόμῳ, τοῦτο δεινότατον, καὶ μάλιστα παράνομον γέγραπται. εἰ δὲ τοῦτο μήθ' οὗτος, μήτ' ἄλλος [4]μηδεὶς τούτων δυνήσεται δεῖξαι, εἰδέναι χρὴ καὶ συνιέναι σαφῶς φενακιζομένους ὑμᾶς, καὶ λογίσασθαι πρὸς ὑμᾶς αὐτούς, ἐκ τίνος ποτὲ ἐπῆλθε τούτῳ τοιαῦτα νομοθετεῖν. οὐ προῖκα, ὦ Τιμόκρατες· πόθεν; οὐδ' ὀλίγου [5]δεῖ· τοῦτον ἔθηκας τὸν

[1] τοὺς νόμους τοὺς περὶ [2] μνημονεύσετε [3] [πρότερον]
[4] μηδεὶς τῶν συνηγορούντων τούτῳ δυν. [5] δὲ,

structio: *quorum alterum est, nempe definimus per quæ utamur nobis invicem, contrahamus inter nos, et quæ oportet facere de privatis, et omnino inter nosmet ipsos vivamus* etc. IDEM.

Τοὺς νόμους] Lege: τοὺς νόμους τοὺς περὶ τῶν ἰδίων, ut modo v. 7. τούσδε δὲ τοὺς περὶ τῶν πρὸς τὸ δημόσιον προσιόντων. Videtur excidisse per incuriam. TAYLOR.

Τοὺς ὑπὲρ ὑμῶν] *Quæ vobis defendendis sint.* Perperam Wolfius, *defendendæ*, nisi forte sit erratum preli. JURIN.

με'. Μνημονεύετε] Wolfius vertit, ac si legeretur μνημονεύσετε. Quæ quidem est scriptura Bar. Lind. Ital. Ibidem, pro ὧν MSti Ven. Bar. Obsop. Aug. Ital. Vind. ὅ. TAYLOR. μνημονεύετε, in imperativo, nisi malis μνημονεύσετε. AUGER.

Πρότερον] Deest in optimis exemplaribus. Et recte mihi deesse videtur. TAYL.

Ποιεῖν] Delendum videtur ut supervacuum. AUGER.

Οὐδ' ὀλίγου δὴ] Ἀντὶ τοῦ, οὐδ' ὀλίγων χρημάτων. Neque est, cur τὸ δὴ in δεῖ verbum

νόμον. οὐδεμίαν γὰρ ἂν εἰπεῖν ἔχοις πρόφασιν ἄλλην, δι᾽ ἣν
τοιοῦτον ἐπήρθης εἰσενεγκεῖν νόμον, ἢ τὴν σεαυτοῦ θεοῖς
ἐχθρὰν αἰσχροκέρδειαν. οὔτε γὰρ οἰκεῖος, οὔτε συγγενὴς,
οὔτε ἀναγκαῖος ἦν σοι τούτων οὐδείς· οὐδ᾽ ἐκεῖνο ἂν ἔχοις
εἰπεῖν, ὡς ἐλεήσας δεινὰ πάσχοντας ἀνθρώπους, εἵλου διὰ
ταῦτα βοηθεῖν αὐτοῖς. οὔτε γὰρ τὸ τὰ τούτων πολλοστῷ
χρόνῳ μόλις ἄκοντας ἐν τρισὶν ἐξελεγχθέντας δικαστηρίοις
καταθεῖναι, τοῦθ᾽ ἡγήσω τὸ δεινὰ πάσχειν εἶναι — ποιεῖν
γάρ ἐστι τοῦτό γε δεινὰ, καὶ παροξύνειε μᾶλλον ἄν τινα
μισεῖν, ἢ προτρέψειεν ἐλεεῖν —, οὔτ᾽ ἄλλως πρᾶος καὶ φι-
λάνθρωπος σύ τις τῶν ἄλλων διαφόρως ὢν, μᾶλλον ἐλεεῖς
αὐτούς. οὐ γάρ ἐστι τῆς αὐτῆς ψυχῆς, Ἀνδροτίωνα μὲν,
καὶ Γλαυκέτην, καὶ Μελάνωπον ἐλεεῖν, ἃ κλέψαντες εἶχον
εἰ καταθήσουσι· τουτωνὶ δὲ, τοσούτων ὄντων, καὶ τῶν ἄλ-
λων πολιτῶν, ὧν ἐπὶ τὰς οἰκίας ἐβάδιζες σὺ, τοὺς ἕνδεκα 762
καὶ τοὺς ἀποδέκτας ἔχων, καὶ τοὺς ὑπηρέτας, μηδένα πώ-
ποτε ἐλεῆσαι, ἀλλὰ θύρας [1]ὑφαιρεῖν, καὶ στρώμαθ᾽ ὑπο-
σπᾶν, καὶ διάκονον, εἴ τις ἐχρῆτο, ταύτην ἐνεχυράζειν. ἃ
σὺ πάντ᾽ ἐποίεις ἐνιαυτὸν ὅλον μετ᾽ Ἀνδροτίωνος. πολλῷ
γὰρ δήπου σχετλιώτερ᾽ ἐπάσχεθ᾽ ὑμεῖς, καὶ πολὺ μᾶλλον
ἂν εἰκότως ἠλέεις τούτους, οἳ δι᾽ ὑμᾶς, ὦ κατάρατε, τοὺς
λέγοντας οὐδ᾽ ὁτιοῦν εἰσφέροντες παύονται. καὶ οὐκ ἀπό-
χρη τοῦτο, ἀλλὰ καὶ διπλᾶ πράττονται, καὶ ταῦθ᾽ ὑπό
τε σοῦ, καὶ Ἀνδροτίωνος· οἳ μίαν εἰσφορὰν οὐδεπώποτε εἰσ-
ενηνόχατε. τηλικοῦτο τοίνυν ἐφρόνησεν οὗτος, ὡς ἄρ᾽ οὐδὲ
δίκην τούτων οὐδεμίαν δώσων· ὥς τε μόνος, δέκα τῶν συν-

[1] ἀφαιρεῖν

mutes. Wolf. Atqui mutavi securus. Ita habet Baroc. Cod. Ita etiam excuderunt Parisienses. Taylor. Tayloro assentitur Augerus.

Οὔτε γὰρ τὸ τὰ τούτων] Τὸ καταθεῖναι, Sub. τὸν Ἀνδροτίωνα, τὰ, Sub. χρήματα, τούτων, τῶν δικαστῶν, ἤτοι τὰ Ναυκρατιτικὰ, τὰ δημόσια γενόμενα. Quod si non placet, legi queat, τὸ τὰ χρήματα τούτους. Wolf. Sub. χρήματα, nempe, *pecunias quæ sunt Judicum*, i. e. totius civitatis quam repræsentabant Judices. πολλοστῷ, non minuit, sed auget: *tanto post tempore*. Auger.

Πολλοστῷ χρόνῳ] Πολὺ μετὰ τὸν προσήκοντα χρόνον. Alias contrarium hæc vox significat, ἐν πολλῷ βραχυτέρῳ χρόνῳ. Wolf.

Ὑφαιρεῖν] Minus placet istud ὑφαιρεῖν, de vi et violentia dictum. Melius certe est ἀφαιρεῖν Codd. Aug. Vind. et Parisiensium. Quanquam ne ita quidem hic locus mihi satisfacit. Taylor.

Καὶ διάκονον, εἴ τις ἐχρῆτο, ταύτην ἐνεχυράζειν] In Androtiana §. ιϛ΄. Σινώπην καὶ Φανοστράτην πόρνας ἀνθρώπους nominat. Est igitur hic τὸ χρῆσθαι, πλησιάζειν καὶ συνεῖναι. Wolf.

Ἐπάσχεθ᾽] Est abrupta et subita ad audientes conversio. Auger.

Τηλικοῦτο κ. τ. λ.] Verte: *tanta vero est istius hominis arrogantia*, quasi *horum facinorum nunquam daturus* esset *pœnas*, ut *solus* — *non dubitaret*. Taylor.

ἀρχόντων ὄντων, κοινῇ τὸν λόγον ἐγγράψαι μετ' Ἀνδροτίωνος ἐτόλμησε. προῖκα γὰρ, οὐδὲν ὠφελούμενος, ὑμῖν Τιμοκράτης ἀπεχθάνεται, καὶ νόμους εἰσφέρει πᾶσιν ἐναντίους, τὸ τελευταῖον δὲ, καὶ ἑαυτοῦ νόμῳ προτέρῳ· [1]ὅν, μὰ τὴν Ἀθηνᾶν, οὐδ' ὑμᾶς [2]οἶμαι λανθάνειν.

μς'. Ὃ τοίνυν ἔμοι γε δοκεῖ μάλιστ' ὀργῆς ἄξιον εἶναι, φράσω, καὶ οὐκ ἀποκρύψομαι· ὅτι ταῦτ', ὦ ἄνδρες Ἀθηναῖοι, πράττων ἐπ' ἀργυρίῳ, καὶ προῃρημένος ὡς ἀληθῶς μισθαρνεῖν, οὐκ εἰς ἃ καὶ συγγνώμην ἄν τις ἀκούσας ἔσχε, ταῦτ' ἀναλίσκει. ταῦτα δ' ἔστι τί; ὁ πατὴρ, ὦ ἄνδρες δικασταὶ, ὁ τούτου, τῷ δημοσίῳ ὀφείλει — καὶ οὐκ ὀνειδίζων ἐκείνῳ λέγω, ἀλλ' ἀναγκαζόμενος —, καὶ οὗτος ὁ χρηστὸς περιορᾷ. καί τοι ὅς τις μέλλων κληρονομήσειν τῆς ἀτιμίας, ἂν ἐκεῖνός τι πάθοι, μὴ οἴεται δεῖν ἐκτίσαι, ἀλλὰ κερδαίνειν ὃν ἐκεῖνος ζῇ χρόνον ἀξιοῖ τοῦτο τὸ κέρδος, τίνος ἂν
763 ὑμῖν ἀποσχέσθαι [3]δοκῇ; καὶ τὸν μὲν πατέρα οὔτ' ἐλεεῖς, οὔτε δεινά σοι πάσχειν δοκεῖ, εἰ σοῦ λαμβάνοντος καὶ χρηματιζομένου, ἀπὸ τῶν εἰσφορῶν ὧν εἰσέπραττες, ἀπὸ τῶν ψηφισμάτων ὧν γράφεις, ἀφ' ὧν εἰσφέρεις νόμων, διὰ μικρὸν ἀργύριον μὴ μετέχει τῆς [4]πόλεως, ἑτέρους δ' ἐλεῆσαί τινας [5]φῄς. ἀλλὰ, νὴ Δία, τὴν ἀδελφὴν καλῶς διῴκηκεν; ἀλλ' εἰ καὶ μηδὲν ἄλλο ἠδίκει, κατὰ τοῦτο ἄξιός ἐστιν ἀπολωλέναι. πέπρακε γὰρ αὐτὴν, καὶ οὐκ ἐκδέδωκε. τῶν γὰρ ὑμετέρων ἐχθρῶν ἑνὶ, Κερκυραίῳ τινὶ, τῶν νῦν ἐχόντων τὴν πόλιν, καταλύοντι παρ' αὐτῷ, ὅτε δεῦρο πρεσβεύοι, καὶ βουληθέντι λαβεῖν αὐτὴν — ἐξ οὗ δὲ τρόπου παραλείψω — λαβὼν ἀργύριον ἔδωκε. καὶ νῦν ἐστὶν ἐν Κερκύρᾳ. ὃς οὖν τὴν μὲν ἀδελφὴν ἐπ' ἐξαγωγῇ φησὶ μὲν ἐκδοῦναι, πέπρακε δὲ τῷ ἔργῳ, τὸν δ' ἑαυτοῦ πατέρα οὕτω γηροτροφεῖ, κολακεύει δὲ, καὶ μισθοῦ γράφει, καὶ πολιτεύεται, τοῦτον ὑμεῖς λαβόντες οὐκ ἀποκτενεῖτε; δόξετε ἄρα, ὦ ἄνδρες Ἀθηναῖοι, κρίσεις βούλεσθαι καὶ πράγματ' ἔχειν, ἀλλ' οὐκ ἀπηλλάχθαι τῶν πονηρῶν.

μζ'. Καὶ μὴν, ὅτι μὲν προσήκει πάντας κολάζειν τοὺς

[1] ὃ [2] οἴομαι [3] δοκεῖ [4] πόλεως; [5] φῄς;

Προῖκα γὰρ, οὐδὲν ὠφελούμενος] Acerba Ironia. WOLF.

ἀδικοῦντας, εὖ οἶδ᾽ ὅτι πάντες ἂν, εἴ τις ἔροιτο, φήσετε·
ὅσῳ δὲ μάλιστα τοῦτον, ὃς τὸν νόμον εἰσενήνοχεν ἐπὶ βλά-
βῃ τοῦ πλήθους, ἐγὼ διδάξαι πειράσομαι. τῶν μὲν γὰρ
κλεπτῶν καὶ λωποδυτῶν καὶ τὰ τοιαῦτα κακουργούντων
ἕκαστος, πρῶτον μὲν ὡς ἀληθῶς τὸν ἐντυχόντα ἀδικεῖ,
καὶ οὐκ ἂν οἷός τ᾽ ἂν ᾖ πάντας ἐκδύειν, οὐδὲ τὰ πάντων
ὑφελέσθαι· εἶτα καταισχύνει τὴν ἑαυτοῦ δόξαν, καὶ τὸν
βίον μόνον. εἰ δέ τις εἰσφέρει νόμον, ἐξ οὗ τοῖς βουλομένοις
ὑμᾶς ἀδικεῖν, ἡ πᾶσα ἐξουσία καὶ ἄδεια γενήσεται, οὗτος
ὅλην ἀδικεῖ τὴν πόλιν, καὶ καταισχύνει πάντας. νόμος γὰρ 764
αἰσχρὸς, ὅταν κύριος ᾖ, τῆς πόλεως ὄνειδός ἐστι τῆς θεμέ-
νης, καὶ βλάπτει πάντας, ὅσοι περ ἂν αὐτῷ χρῶνται. τὸν
οὖν καὶ βλάπτειν ὑμᾶς, καὶ δόξης ἀναπιμπλάναι φαύλης
ἐπιχειροῦντα, τοῦτον οὐ τιμωρήσεσθε λαβόντες; καὶ τί φή-
σετε; γνοίη δ᾽ ἄν τις οὕτω μάλιστα, ἡλίκα πράγματα συ-
σκευάσας, γέγραφεν αὐτὸν, καὶ ταῦθ᾽ ὡς ὑπεναντία τῇ
καθεστώσῃ πολιτείᾳ, εἰ λογίσαιτο, ὅτι πάντες οἱ κατα-
λύοντες τὸν δῆμον, ὅταν πράγμασιν ἐγχειρῶσι νεωτέροις,
τοῦτο [1] ποιοῦσι. πρῶτον ἁπάντων, ἔλυσαν τοὺς νόμους πρό-
τερον νόμῳ δι᾽ ἁμαρτίαν τινὰ ταύτην [2] ὑπέχοντες τὴν δί-
κην. πῶς οὖν οὐκ ἄξιος οὗτος, εἰ δυνατόν ἐστι, τρὶς οὐχ
ἅπαξ ἀπολωλέναι; ὃς εἷς ὢν καὶ οὐ δήπου μέλλων κατα-
λύσειν ὑμᾶς, ἀλλὰ τοὐναντίον, αὐτὸς ἐν ὑμῖν, ἂν τὰ δίκαια
[3] καὶ προσήκοντα ποιῆτε, ἀπολεῖσθαι, ὅμως ἐμιμήσατο

[1] ποιοῦσι πρῶτον ἁπάντων· ἔλυσαν * εἱρκτῆς τοὺς πρότερον. [2] ὑπέχοντας [3] καὶ τὰ προσήκοντα

μζ΄. Φήσετε] Ita cum Impressis et MSS. plerisque, aut φήσαιτε cum marg. Benenati, potius, quam quod edidit Wolfius φήσατε. Taylor. Imo φήσαιτε. et v. 5. post ἐντυχόντα F. add. μόνον. Auger.

Καὶ τὰ] Καὶ τῶν τὰ τοιαῦτα κακουργούντων Lambinus. Taylor.

Καὶ οὐκ ἂν οἷός τ᾽ ἂν ᾖ] Τὸ δυνητικὸν μόριον παρέλκει κατ᾽ Ἀττικισμόν. Sed et prior omitti queat: καὶ οὐχ οἷός τ᾽ ἂν ᾖ. Wolf.

Ὑφελέσθαι] Ἀφελέσθαι potius, uti Bar. Vind. et Aug. Taylor.

Καταισχύνει] Male a Wolfio redditur, *injuriam facit*. Idem.

Γέγραφεν αὐτὸν] Nempe νόμον. Auger.

Ἔλυσαν τοὺς νόμους — τὴν δίκην] Locus corruptus a Librario primum, deinde et a manu emendatrice. Id vero manifestum fiet, si tecum reputes, quidnam illud sit, quod primo loco faciunt omnes, qui ad remp. evertendam accedunt. Num operam dant legibus novis ferendis, ut hic Timocrates, quibus antiquas leges abrogent? Lentum id, et spei nimis tardæ et incertæ. Refringunt carceres, vinctos solvunt, damnatos liberant, eosque omnes socios adjungunt. Hic est illud πρῶτον ἁπάντων, de quo hic agitur. Fidenter itaque rescribo: ἔλυσαν δεσμοῦ τοὺς πρότερον νόμῳ δι᾽ ἁμαρτίαν τινὰ ταύτην ὑπέχοντας τὴν δίκην. Adstipulatur Obsopœus, qui ὑπέχοντας pro ὑπέχοντες in antiquo Cod. reperit: item ὅρκους pro νόμους, quod satis probat manum emendatricem hic sategisse, infeliciter tamen. Jurin. Jurino prorsus assentitur Augerus.

τοῦτο τἀδίκημα, καὶ διὰ τοῦ νόμου λύειν ἠξίωσεν, οὓς [1]δέ-
δηκε τὰ δικαστήρια· γράψας ἀναιδῶς, εἴ τινι προστετίμη-
ται δεσμοῦ, κἂν τὸ λοιπόν τινι προστιμηθῇ, τοῦτον ἀφεῖ-
σθαι. καὶ μὴν εἰ αὐτίκα δὴ μάλα κραυγὴν ἀκούσαιτε
πρὸς τῷ δικαστηρίῳ, εἶτ' εἴποι τις, ὡς ἀνέῳκται τὸ δε-
σμωτήριον, οἱ δὲ δεσμῶται φεύγουσιν· οὐδεὶς οὔτε νέος, οὔτε
γέρων, [2]οὔτ' ὀλίγωρος οὕτως ἐστὶν, ὅς τις οὐχὶ βοηθήσειεν
ἂν, καθόσον δύναται. εἰ δὲ δή τις εἴποι παρελθὼν, ὡς ὁ
τούτους ἀφιείς ἐστιν οὑτοσὶ, οὐδὲ λόγου τυχὼν, εὐθὺς ἂν
ἀπαχθεὶς θανάτῳ ζημιωθείη. νῦν τοίνυν, ὦ ἄνδρες Ἀθη-
ναῖοι, ἔχετε τοῦτον, ὃς οὐχὶ λάθρα πεποίηκε τοῦτο, ἀλλὰ
765 φενακίσας καὶ παρακρουσάμενος ὑμᾶς, νόμον τέθεικε φανε-
ρῶς, ὃς οὐκ ἀνοίγνυσι μόνον τὸ δεσμωτήριον, [3]ἀλλὰ καθαι-
ρεῖ, προσπεριείληφε δὲ καὶ τὰ δικαστήρια. τίς γὰρ ἢ τού-
των, ἢ ἐκείνων χρεία, ὅταν οἷς τετίμηται δεσμοῦ, λύωνται,
κἂν [4]τολοιπὸν τιμήσητέ τῳ, μηδὲν ὑμῖν ᾖ πλεῖον;

μή. Δεῖ τοίνυν ὑμᾶς κἀκεῖνο σκοπεῖν, ὅτι πολλοὶ τῶν
Ἑλλήνων πολλάκις εἰσὶν ἐψηφισμένοι τοῖς νόμοις χρῆσθαι
τοῖς ὑμετέροις· ἐφ' ᾧ φιλοτιμεῖσθε [5]ὑμεῖς εἰκότως. ὃ γὰρ
εἰπεῖν τινά φασιν ἐν ὑμῖν, ἀληθές εἶναί μοι δοκεῖ· ὅτι τοὺς
νόμους ἅπαντες ὑπειλήφασιν [6]ἐν ὑμῖν, ὅσοι σωφρονοῦσι,
τρόπους τῆς πόλεως εἶναι. χρὴ τοίνυν σπουδάζειν ὅπως ὡς
βέλτιστοι δόξωσιν εἶναι, καὶ τοὺς λυμαινομένους καὶ δια-
στρέφοντας αὐτοὺς κολάζειν. ὡς εἰ καταῤῥαθυμήσετε, τῆς
φιλοτιμίας τε ταύτης ἀποστερηθήσεσθε, καὶ κατὰ τῆς
πόλεως δόξαν οὐ χρηστὴν ποιήσετε. καὶ μὴν εἰ Σόλωνα
καὶ Δράκοντα δικαίως ἐπαινεῖτε, οὐκ ἂν ἔχοντες εἰπεῖν
οὐδετέρου κοινὸν εὐεργέτημα οὐδὲν, πλὴν ὅτι συμφέροντας
ἔθηκαν καὶ καλῶς ἔχοντας νόμους· δίκαιον δήπου καὶ τοῖς

[1] δέδεκε [2] Deest οὔτ'. [3] ἀλλὰ καὶ καθαιρεῖ [4] τὸ λοιπὸν [5] ὑμεῖς. [6] Desunt ἐν ὑμῖν.

Τοῦτο τἀδικήμα] Fortasse τούτων, *eorum*, quorum modo mentionem feci. TAYLOR.

Καὶ μὴν εἰ αὐτίκα] Vide Longinum §. 15. IDEM.

Οὔτ'] Nonnulli codices delent οὔτ' ante ὀλίγωρος, quod ego malim. AUGER.

μή. Ἅπαντες ὑπειλήφασιν ἐν ὑμῖν] Redundare videtur ἐν ὑμῖν. Forte irrepsit ex superiore linea. JURIN. Omnino post similem vocem exeuntem. Wolfius etiam censet abesse *posse*. Abest ab optimo Vindob. TAYLOR. Ἐν ὑμῖν delendum vid. ut male repetitum ex versu proximo. AUGER.

Οὐδετέρου κοινὸν εὐεργέτημα οὐδὲν] Nihil ergo præstitit Solon recuperata Salamine? WOLF.

ὑπεναντίους τιθεῖσιν ἐκείνοις, ὀργίλως ἔχοντας, καὶ κολά-
ζοντας φαίνεσθαι. οἶδα δὲ Τιμοκράτην, ὅτι τὸν νόμον εἰσ-
ενήνοχε τοῦτον, οὐχ ἥκιστα ὑπὲρ αὑτοῦ· πολλὰ γὰρ
ἡγεῖτο πολιτεύεσθαι παρ' ὑμῖν ἄξια δεσμοῦ.

μθ'. Βούλομαι τοίνυν ὑμῖν κἀκεῖνο διηγήσασθαι· ὅ φασί
ποτ' εἰπεῖν Σόλωνα κατηγοροῦντα νόμον τινὸς οὐκ ἐπιτήδειον
θέντος. λέγεται γὰρ τοῖς δικασταῖς αὐτὸν εἰπεῖν, ἐπειδὴ
τἄλλα κατηγόρησεν, ὅτι νόμος ἐστὶν ἁπάσαις, ὡς ἔπος
εἰπεῖν, ταῖς πόλεσιν, ἐάν τις τὸ νόμισμα διαφθείρῃ, θάνα-
τον τὴν ζημίαν εἶναι. ἐπερωτήσας δὲ εἰ δίκαιος αὐτοῖς καὶ
καλῶς ἔχων ὁ νόμος φαίνεται, ἐπειδὴ φῆσαι πάντας τοὺς 766
δικαστὰς, εἰπεῖν, ὅτι αὐτὸς ἡγεῖται, ἀργύριον μὲν, νόμισμα
εἶναι τῶν ἰδίων συναλλαγμάτων ἕνεκα, τοῖς ἰδιώταις εὑρη-
μένον· τοὺς δὲ νόμους ἡγεῖται τῆς πόλεως νόμισμα εἶναι. δεῖ
δὴ τοὺς δικαστὰς, πολλῷ μᾶλλον, εἴ τις, ὃ τῆς πόλεώς ἐστι
νόμισμα, τοῦτο διαφθείρει, καὶ παράσημον εἰσφέρει, μισεῖν
καὶ κολάζειν, ἢ εἴ τις ἐκεῖνο, ὃ τῶν ἰδιωτῶν ἐστί. προσθεῖ-
ναι δὲ τεκμήριον τοῦ καὶ μεῖζον εἶναι τὸ [1] ἀδίκημα, τὸ τοὺς
νόμους διαφθείρειν ἢ τὸ ἀργύριον, ὅτι ἀργυρίῳ μὲν, πολλαὶ
τῶν πόλεων καὶ φανερῶς πρὸς χαλκὸν καὶ [2] μόλυβδον κε-
κραμένῳ χρώμεναι σώζονται, καὶ οὐδ' ὁτιοῦν παρὰ τοῦτο
[3] πάσχουσιν· ὁμοίως δὲ νόμοις πονηροῖς χρώμενοι, καὶ δια-
φθείρεσθαι τοὺς ὄντας ἐῶντες, οὐδένες πώποτ' ἐσώθησαν.
ταύτῃ μέντοι τῇ κατηγορίᾳ καὶ Τιμοκράτης ἔνοχος καθέ-
στηκε νυνὶ, καὶ δικαίως ἂν ὑφ' ὑμῶν τοῦ προσήκοντος τύχοι
τιμήματος.

ν'. Χρῆν μὲν οὖν ἅπασιν ὀργίλως ἔχειν, ὅσοι τιθέασι
νόμους αἰσχροὺς καὶ πονηροὺς, μάλιστα δὲ τούτοις, οἳ
τοὺς τοιούτους τῶν νόμων διαφθείρουσι, δι' ὧν ἐστὶν, ἢ μι-

[1] Deest articulus. [2] μόλιβδον [3] πάσχουσι, νόμοις δὲ πονηροῖς

μθ'. Εἰπεῖν] Restitui ex Editt. Felic. et Lutetiana, MSS. Aug. Lind. et Vindob. TAYLOR.

Ἐάν τις τὸ νόμισμα διαφθείρῃ] Vide finem Leptineæ, ubi et locus qui sequitur de præmiis et pœnis tractatur. WOLF.

Εὑρημένον] Editi et MSti. Wolfius operarum, credo, negligentia, εὑρημένων. TAYLOR.

Ἡγεῖται] Alii ἡγεῖτο, uti Baroc. Ven. Linden. et Vindob. Mox pro δεῖ, emendes δεῖν cum iisdem, et Ital. et Reg. a. IDEM.

Παράσημον] Credo, hunc locum voluisse Harpocrationem, cum præ nimia festinatione Aristocrateam citavit. Vide in v. Παράσημος. Simile aliquod annotavi ad initium hujus Orationis. IDEM.

Πάσχουσιν] Lego cum Reiskio πάσχουσι, νόμοις δὲ πονηροῖς -- AUGER.

κρὰν, ἢ μεγάλην εἶναι τὴν πόλιν. εἰσὶ δ᾽ οὗτοι τίνες; οἵτε τοὺς ἀδικοῦντας τιμωρούμενοι, καὶ ὅσοι τοῖς ἐπιεικέσι τιμὰς διδόασιν. εἰ γὰρ ἅπαντες προθυμηθεῖεν ποιεῖν ἀγαθόν τι τὸ κοινὸν, τὰς τιμὰς καὶ τὰς δωρεὰς τὰς ὑπὲρ τούτων ζηλώσαντες, καὶ πάντες ἀποσταῖεν τοῦ κακουργεῖν, [1] ἢ κακόν τι πράττειν, τὰς βλάβας καὶ τὰς ζημίας τὰς ἐπὶ τούτοις κειμένας φοβηθέντες, ἔσθ᾽ ὅ,τι κωλύει τὴν πόλιν μεγίστην εἶναι; οὐ τριήρεις, ὅσας οὐδεμία ἄλλη πόλις Ἑλληνὶς κέκτηται; οὐχ ὁπλίτας; οὐχ ἱππέας; οὐ προσόδους;
767 οὐ τόπους; οὐ λιμένας; ταῦτα δὲ πάντα τί [2] καὶ σώζει καὶ συνέχει; οἱ νόμοι. κατὰ γὰρ τούτους, οὔσης τῆς πολιτείας, ἔστι ταῦτα χρήσιμα τῷ κοινῷ· εἰ δὲ [3] τοὐναντίον γένοιτο, τοῖς χρηστοῖς μὲν οὐδ᾽ ὁτιοῦν πλέον, τοῖς δ᾽ ἀδικοῦσιν ἄδεια, ὅσην Τιμοκράτης γέγραφε, πόση ταραχὴ γένοιτ᾽ ἂν [4] εἰκότως; εὖ γὰρ ἴστε, ὅτι τούτων ὧν διεξῆλθον κτημάτων, οὐδ᾽ ἂν εἰ [5] δὶς γένοιτο ὅσα νῦν ἐστὶν, οὐδ᾽ ὁτιοῦν ἂν ὄφελος εἴη. οὗτος τοίνυν ἐν τούτῳ τῷ νόμῳ φαίνεται κακῶς ἐπιχειρῶν ὑμᾶς ποιεῖν, δι᾽ οὗ τοῖς ἀδικεῖν ἐπιχειροῦσίν εἰσιν αἱ τιμωρίαι. πάντων οὖν ἕνεκα τῶν εἰρημένων ἄξιόν ἐστιν ὀργισθῆναι, καὶ κολάσαι, καὶ παράδειγμα ποιῆσαι τοῖς ἄλλοις τοῦτον· ὡς τὸ πρᾴως ἔχειν τοῖς τοιούτοις, καὶ καταψηφίζεσθαι μὲν, ὀλίγου δὲ τιμᾷν, ἐθίζειν καὶ προδιδάσκειν [6] ἔσται ἀδικεῖν ὑμᾶς ὡς πλείστους.

[1] [ἢ κακόν τι πράττειν,] [2] Deest καί. [3] τοὐναντίον, γένοιτο τοῖς [4] εἰκότως. [5] δὶς τόσα γένοιθ᾽ [6] ἐστ᾽

ν. Τῷ κοινῷ] Nonnulli Codd. has voces substituunt post γένοιτο, nonnulli utrobique dissimulant. TAYLOR.

Δι᾽ οὗ τοῖς ἀδικεῖν ἐπιχειροῦσίν εἰσιν αἱ τιμωρίαι] Ad Benenati marginem subjicitur οὐκ. Malim ἄκυροί εἰσιν. JURIN. Addo μὴ ante εἰσιν. AUGER.

ΔΗΜΟΣΘΕΝΟΥΣ

ΟΙ

ΚΑΤΑ ΑΡΙΣΤΟΓΕΙΤΟΝΟΣ

ΛΟΓΟΙ.

I. TAYLORI

PRÆFATIO

AD

ORATIONEM DEMOSTHENIS

CONTRA ARISTOGITONA.

SEQUUNTUR duæ in Aristogitona: quarum neutram Lectori perplacere posse judico, a Timocratea recenti, cæterisque, quæ modo præivere. Adeo longe distare a Demosthenica vi, atque infra ejus laudem positæ esse mihi videntur. Nam dum Aristogitonis mores insectatur, hominem *increpat*, non *percellit*, ut semper solet noster: dum de Rep. disserit, quod hic, præter solitum, longiuscule facit, (et interea sorex ille suo se indicio prodidit, cum §. δ'. fin. scribat: δότε καὶ συγχωρήσατέ μοι, ὡς πέφυκα καὶ προῄρημαι, περὶ τούτων διαλεχθῆναι) aliquando totus friget, qualem dixeris, qui arma non ex Rhetorum officinis sumserit, verum ex Philosophorum umbra atque ambulationibus. Præter ea, sententiis sæpissime durus est et impeditus, turbidus etiam atque lutulentus, et, si compositionem spectes, neque numeris, neque nitore, ad Demosthenis felicitatem unquam fere assurgit. Quanquam probe sentiam, hæc a me non esse magistri ad instar præcipienda, verum omnino ejusmodi esse, ut unumquemque sibi ea domi et in pectore sapere doceat. De me autem quod dicam, Declamatiuncula esse videtur, tanto nomine indigna, sed qualem hodie vix scribimus. Mecum etiam sentit, etsi sciam, quam parum valeat in hisce rebus aliorum opinio, Casaubonus ille magnus, Heraldus, et Duportus noster.

Idem pene erat priorum ætatum judicium, et, si qua sit, auctoritas. Præter Harpocrationem, qui non uno in loco ambigit de earum fide, disertius paulo Iul. Pollux, L. X. C. 34. §. 155. ἐν τοῖς ἐπιγραφομένοις Δημοσθένους πρὸς Ἀριστογείτονα. Licet vox, quam ex *suspectis* illis Orationibus citet, in hisce duabus neque exstet, neque unquam ibi locum habere potuisse judico. Singularis plane est de hac re Dionysii Halic. Crisis: εἰ μέντοι ἔνιοι ψευδεπίγραφοί εἰσι λόγοι ἀηδεῖς, καὶ φορτικαὶ καὶ ἄγροικοι κατασκευαί, ὡς ἐν τῇ κατὰ Ἀριστογείτονος Β. — ἐν ἄλλοις τε συχνοῖς, οὓς ὁ Δημοσθένης οὐκ ἔγραψεν, cætera. in libro, qui inscribitur π. Δημοσθ. δεινότητ. §. 57. Cum tamen videam, *priorem* tantum c. Aristogitona iis vitiis laborare, quæ isti censori displicent, *alteram* illam in neutro genere vel vitii vel virtutis excellere, et, si Demostheni mediocri esse liceret, plane eam esse, ut potius absolvi potuisset. Quod vero habet Photius Cod. CCLXV. de hoc Dionysii judicio, non minus est notandum: *Εἰσὶ δὲ οἳ καὶ τοὺς δύο κατὰ Ἀριστογείτονος ὡς νόθους παραγράφονται· ἀλλ' οὗτοι καὶ ὀρφανοὺς αὐτοὺς ἀφιᾶσιν, οὐκ ἔχοντες εἰπεῖν τοὺς τεκόντας. ὧν εἷς γέγονε καὶ Διονύσιος ὁ Ἁλικαρνασσεὺς, οὐδὲν μέγα τεκμήριον τῆς ἰδίας ὑπολήψεως παρεχόμενος, οὐδὲ ἐκεῖνο συνιδεῖν ἐθελήσας, ὡς πολλῷ μείζων, ἤπερ ἡ ἐκείνου ἀπόφασις, αὐτὸς Ἀριστογείτων ἀνομολογῶν Δημοσθένην κατ' αὐτοῦ γεγραφέναι.* Deinde citat Aristogitonis orationem cum hac inscriptione: *Ἀπολογία πρὸς τὴν Ἔνδειξιν Λυκούργου καὶ Δημοσθένους.* Quasi necesse esset, aut semper exstare, quod aliquando exstitit: aut neminem unquam fuisse repertum, qui in Vett. monumentis imitandis se exerceret.

Alii contra ea, quæ diximus, has Aristogitonianas in Canonem Demosthenicum non dubitant referre. Longinus §. 27. Sublimitatis non leve exemplum exinde allegat, animi securus et de fide Auctoris parum sollicitus. Deinde in priori legitur §. *έ*. med. celeberrima ista Legis Definitio, quam certatim et disertissimis verbis toties ex Demosthene laudant Aphthonius et Hermogenes cum suis Enarratoribus, tum Marcianus demum ICtus lib. 1. Institut. Vide l. 2. D. de Legibus. Præcipue autem omnium, Plinius IX. Epist. 26. horum sermonum elegantiis magnopere delectatur. Quæ autem res sedulo et otiosius paulo est a me animadvertenda. Antiquiores Critici, quibus displicuerunt Aristogitonianæ, (vide Dionysium et Photium in locis a me citatis) cum ob alia, tum eas reprobarunt maxime, propter *ὀνόματα φορτικὰ* et *ἀηδῆ*, ab usu et castitate Demosthenis tam aliena, quam quæ maxime; nempe qui delectu verborum, translationumque felicitate cæteris adeo excelluit, ut lectorem suum nunquam fastidiosum a se dimitteret. In his autem præ cæteris omnibus hæc Oratio se jactitat, et quæ acerrimis judicibus bilem moverunt, eorum nonnulla diligentissima manu, approbanti similis, decerpsit ille Plinius. En fiorum sparsionem! *τὸν ἀεὶ βουλόμενον εἶναι πονηρὸν τῶν ἐν τῇ πόλει παιδοτριβεῖν* §. *β'*. fin. Et, *ἀπεσχοινισμένος ἅπασι τοῖς ἐν τῇ πόλει δικαίοις* §. *ζ'*. fin. *εἰ δὲ κάπηλός ἐστι πονηρίας, καὶ παλιγκάπηλος καὶ μεταβολεὺς* §. *ί*. med. *τὰ δικαστήρια οἰκοδομῆσαι, ἵνα τοὺς τοιούτους ἐν αὐτοῖς μοσχεύητε* §. *ιά*. *τούτων οὐδένα ὁρῶ τῶν τόπων βάσιμον ὄντα, ἀλλὰ πάντα ἀπόκρημνα, φάραγγας, βάραθρα* §. *ιζ'*. *μὴ δὴ πρὸς οὓς αὐτὸς ἔχωσας λιμένας, καὶ προβόλων ἐνέπλησας, πρὸς τούτους προσορμίζου* §. *ιή*. fin. Ita dispari ingenio has orationes legerunt summi olim viri, et, ut cum Plinio ipso loquar, quæ aliis *tumida, improba,* aut *nimia,* ea contra, aliis *sublimia, audentia, plena* esse visa sunt. Verum de his satis: sentio enim, quam difficile sit, ne dicam odiosum, dijudicare, *immodicum* sit illud, an *grande, ardenter,* an *turgide* dictum, quod in Oratione eminere et exstare videtur. Priusquam autem manum de tabula, addam nonnulla his similia. νεάλης δὲ καὶ πρόσφατος — περιῆν αὐτοῦ τεταριχευμένου §. ιγ'. med. de duobus ergastuli incolis, uno recens hospite facto, altero, qui in eo inveteravit. Et, τοὺς ἐπιλήπτους φησὶν ἰᾶσθαι, αὐτὸς ὢν ἐπίληπτος πάσῃ πονηρίᾳ §. ιζ'. fin. Deinde, ἐν κρίσεσι, καὶ ἀγῶσι — ἅπαντας εἶναι βούλεται. ταῦτα γεωργεῖ etc. §. ιή. ante med. ταῦθ' οὗτος μονονοὺ κώδωνας ἐξαψάμενος διαπράττεται §. κ'. post med. Demum, ἀθληταὶ τῶν καλῶν ἔργων ἐγένοντο §. κβ'. fin.

Aristogito ille, qui in criminosa hac oratione a Scriptore nostro laceratur, Rhetor erat Athenis, quem habuit in Rep. administranda Demosthenes sibi adversarium. De eo consuli possunt σχ. Hermog. aliquoties, Quintilian. XII. 10. Plutarch. in Phocione, Tzetz. Chil. VI. 95. etc. Maussac. ad Harpocr. p. 117· et quæ jam diximus in aditu Orationis, quam habuit Æschines c. Timarchum. In primis facetum illud de Aristogitone, quod memoratur a Plutarcho in Apophthegm. Cum ille jam cicutam in carcere erat hausturus, Phocionem optimum civem conveniri voluit: eamque rem nonnullis, qui Phocioni studebant, dehortantibus, καὶ ποῦ τις ἂν, εἶπεν, ἥδιον Ἀριστογείτονι λαλήσειεν; Si qualis fuerit dicendo, rogas, respondebit Hermogenes, qui omnem orationis formam sedulo et studiosissime investigavit. Ita ille, pag. Edit. Crisp. 368. Καὶ μὴν καὶ τὸ πρὸ τῶν ἀποδείξεων λοιδορίαις ἢ σφοδρότησιν εἰκῇ κεχρῆσθαι, ἢ ἔνθα ὅλως μηδενὸς τοιούτου δεῖ, καθάπερ εἴωθεν Ἀριστογείτων ποιεῖν, φαινομένη τίς ἐστιν, οὐ μὴν οὖσα δεινότης. ὑπόκενον γὰρ καὶ ψυχρὸν μᾶλλον τὸ τοιοῦτον. Crederes, hanc fabulam non de Aristogitone, verum nomine mutato, de oratore, qui hic contra Aristogitona verba habuit, dici. Ita concordant cum hac crisi, quæ modo lecturus eris. Neque enim solummodo adversarium proscindit πρὸ τῶν ἀποδείξεων, verum per totam fere orationem convicium acre, ἀπόδειξις nulla.

Adjicere lubet, quæ de hoc homine Suidas corrasit, non aliena ab iis, quæ in his Orationibus de eo leguntur: Ἀριστογείτων Κυδιμάχου, ἢ Λυσιμάχου, Ἀθηναῖος, ῥήτωρ, μητρὸς δὲ ἀπελευθερικῆς, ὅστις ἐπεκαλεῖτο Κύων διὰ τὴν ἀναίδειαν αὐτοῦ, ἐφονεύθη δὲ ὑπὸ Ἀθηναίων, λόγους ποιήσας, Ἀπολογίαν πρὸς Δημοσθένην τὸν στρατηγόν. πρὸς Λυκοῦργον. κατὰ Τιμοθέου. κατὰ Τιμάρχου. κατὰ Ὑπερίδου. κατὰ Θρασύλλου. Ὀρφανικόν. et proxime, nam non est alius, Ἀριστογείτων Σκυδίμου, συκοφάντης. τούτου ὁ πατὴρ ὀφλήσας τῷ δημοσίῳ τελευτᾷ ἐν τῷ δεσμωτηρίῳ, καὶ αὐτὸς Ἀριστογείτων μετὰ ταῦτα ὡς κληρονόμος τοῦ ὀφλήματος ἐδέθη. ἡ δὲ μήτηρ ἐπράθη ὑπὸ τοῦ δήμου. ἐν δὲ τῷ δεσμωτηρίῳ κλέψας γραμματεῖον κατεγνώσθη ὑπὸ τῶν δεσμωτῶν. καὶ τὴν ῥῖνα, οὗ τὸ γραμματεῖον ἔκλεψεν, ἔφαγεν. καὶ Ζωβίαν ὑποδεξαμένην αὐτὸν φυγόντα, ἀξιοῦσαν εὖ παθεῖν, ὅτε ἴσχυεν, ἐπὶ τὸ τοῦ μετοικίου πωλητήριον ἤγαγεν, καὶ τὴν ἀδελφὴν ἐπ' ἐξαγωγῇ πέπρακεν. Ὑπερίδην δὲ ἐγράψατο παρανόμων ἐπὶ τῷ μετὰ Χαιρώνειαν ψηφίσματι, καὶ οὐχ εἷλεν.

Hujus generis Actio vocatur Ἔνδειξις. Ea est, cum quis jure damnatus, in judicatis non maneat, veluti hic obtinet: Lex ait, in judicio convictus debere τῷ δημοσίῳ, ille in suggestum ne prodeat, neque coram populo verba habeat: Qui quem ea pervicacia se gerentem in jus duxerit, eum ἐνδεικνύναι dicitur, quemadmodum hic Lycurgus et Demosthenes Aristogitona. Vide Harpocr. v. Ἔνδειξις. Herald. Animadv. ad Salmas. IV. 9. quæ nos ad Aristocrateam 636. 8. ed. R. Poll. L. VIII. C. 6. §. 49. Petit. LL. Attic. aliquoties, σχ. Aristoph. Vesp. 1103. Salmas. de M. U. 780. etc. Vales. ad Maussac. p. 231. Ulpian. ad Androt. Moschop. π. σχεδ. p. 152. Ait Harpocratio: πολλοὶ μέν εἰσι λόγοι Ἐνδείξεως, γνωριμώτατοι δὲ οἱ κατ' Ἀριστογείτονος Δημοσθένους. Quod sane nescio, quo animo sit accipiendum.

Periit utique, quam priori loco, utpote natu grandior, habuit Lycurgus ille severus orator, quem nuper demereri studui. Conservatur tamen ejus memoria in plurimis locis Grammaticorum aliorumque. Contra autem, causa illa, quam in istius Rhetoris vita memorat Plutarchus, non Ἐνδείξεως erat, verum Δειλίας, si qua isti Scriptori fides sit habenda. Circumfertur hodie Oratio, quam habuit contra eundem Aristogitona Dinarchus, ob acceptam ab Harpalo pecuniam. Eam in primo Tomo hujus operis consulere juvabit: nam in recensenda Aristogitonis vita plurimum cum Demosthene concordat.

Habita est hæc post Olymp. CX. 3. quo anno ad Chæroneam pugnatum est, cum in oratione memorat res ibi infeliciter gestas, et Hyperidis super ea re rogationem: ante autem Olymp. CXIII. 2. quo in exsilium abiit Demosthenes; nam in literis, quas exsul S. P. Q. A. pro liberis Lycurgi dedit, si tamen dederit, ad hanc causam sæpius alludit, et simul prodit, quam parum prospere a se et Lycurgo fuerit agitata. TAYLOR.

ΛΙΒΑΝΙΟΥ ΥΠΟΘΕΣΙΣ ΤΟΥ ΚΑΤΑ ΑΡΙΣΤΟΓΕΙΤΟΝΟΣ ΛΟΓΟΥ.

767 ΠΥΘΑΓΓΕΛΟΣ καὶ Σκάφων, ἰδόντες Ἱεροκλέα φέροντα ἱερὰ ἱμάτια, ἐφ' οἷς καὶ χρυσᾶ
γράμματα ἦν, δηλοῦντα τοὺς ἀναθέντας, ἀπάγουσι πρὸς τοὺς πρυτάνεις, ὡς ἱερόσυλον· οἱ δὲ τῇ
ὑστεραίᾳ καθιστᾶσιν εἰς τὴν ἐκκλησίαν. κἀκεῖνος ὑπὸ τῆς ἱερείας ἔφη πεμφθεὶς λαβεῖν τὰ ἱμά-
τια, ἵνα κομίσῃ πρὸς τὸ ἱερὸν κυνηγέσιον. ἐνταῦθα Ἀριστογείτων γράφει ψήφισμα, πρῶτον μὲν
768 ἀπροβούλευτον, ἔπειτα δὲ δεινότατον, [1] κελεύων, ἐὰν μὲν ὁμολογῇ τὰ ἱμάτια ἐξενεγκεῖν, ἀποθα-
νεῖν αὐτὸν αὐτίκα, ἐὰν δὲ ἀρνῆται, κρίνεσθαι· ἐξ οὗ συνέβαινεν αὐτῷ, ὁμολογήσαντι μὲν τἀληθὲς, παραχρῆμα [2] τεθνάναι, ἐξάρνῳ δὲ γενομένῳ, μετ' ὀλίγον τοῦτο παθεῖν. τοῦτο τὸ ψήφισμα γραψάμενος παρανόμων Φανόστρατος [3] ὁ Ἱεροκλέους τοῦ κινδυνεύοντος πατὴρ, συγκατηγορήσαντος [4] αὐτῷ Δημοσθένους, αἱρεῖ παρανόμων, καὶ τιμᾷ τὸ δικαστήριον Ἀριστογείτονι πέντε ταλάντων. τοῦτο μὲν δὴ πρῶτον ἀπόφλημα Ἀριστογείτονι [5] γίγνεται. ἔπειτα Ἡγήμονα γραψάμενος, καὶ τὸν ἀγῶνα ἀποδόμενος, τὸ πέμπτον μέρος μὴ [6] λαβὼν τῶν ψήφων, ὦφλε χιλίας. οὐκ ἀποδόντος δὲ αὐτοῦ κατὰ τὴν ὡρισμένην προθεσμίαν, διπλοῦται τὰ ὀφλήματα κατὰ τὸν νόμον, καὶ γίνεται δέκα τάλαντα, καὶ δισχίλιαι δραχμαί. ὑπὲρ τούτων τῶν χρημάτων ἀπογράφει τι εἰς τὸ δημόσιον χωρίον ἑαυτοῦ, καὶ τὸ χωρίον τοῦτο Εὔνομος ὠνεῖται, ὁ ἀδελφὸς αὐτοῦ, τάξιν [7] αἰτησάμενος τοῦ ὀφλήματος, ὥστε ἐν δέκα ἔτεσιν ἐκτίσαι τὸ σύμπαν, καθ' ἕκαστον ἔτος τιθεὶς τὸ ἐπιβάλλον μέρος. δύο μὲν δὴ καταβολὰς ἀπήνεγκε, τάλαντα δύο καὶ δραχμὰς τετρακο-

[1] κελεῦον [2] τεθνᾶναι [3] Deest articulus. [4] αὐτοῦ [5] γίνεται, ἔ. Ἡγέμονα [6] μεταλαβὼν [7] αἰτιασάμενος τοῦ ὠφλήματος

Τὸ ἱερὸν κυνηγέσιον] Videtur esse proprium nomen loci alicujus. WOLF. Dubito valde de isto Wolfii consilio, licet, ut ingenue fatear, nihil in promtu habeam, quod plene opponam. TAYLOR.

Αὐτοῦ] [Ita enim præter Aldum Editi.] sc. τοῦ ψηφίσματος. Sed malim αὐτῷ, τῷ Φανοστράτῳ. WOLF.

Ἀπόφλημα] F. ὄφλημα. IDEM.

Ἡγέμονα] F. Ἡγήμονα. IDEM.

Καὶ τὸν ἀγῶνα ἀποδόμενος] Causa vendita, sive prævaricatus. Sed ea, quæ sequuntur, repugnant. Videntur aut hæc verba omitti posse, et legi: γραψάμενος, καὶ τὸ πέμπτον μέρος: aut γραψάμενος, καὶ τὸν ἀγῶνα ὑποδυσάμενος. Sicut dicimus, ὑποδύεσθαι κίνδυνον ἢ πόνον. Quam ego lectionem in vertendo sum secutus. [Et alibi] τὸν ἀγῶνα ἀποδόμενος. Dubito de lectione. Sententia postulare videtur, *cum causam in judicium deduxisset*. IDEM. Non video, quomodo *istam lectionem in vertendo* sis *secutus*. Veruntamen ait Orator §. ί. fin. τὴν καθ' Ἡγήμονος εἰσαγγελίαν μέμνησαι, ὡς ἀπέδοτο: in eo loco, ubi agit de Sycophanta, omnes lites suas et actiones cauponante. Ut nulla dubitatio esse possit de lectione. Interea tamen eum Wolfio miror, quo pacto hæc constare possunt cum iis, quæ sequuntur. Deleto itaque τὸ πέμπτον μέρος μὴ λαβὼν τῶν ψήφων, quæ verba adscripsit aliquis ad oram libri sui, ignarus sc. æque mille drachmis mulctari eum, qui publicam litem transegisset, ac eum, qui causa in judicium adducta, quintam partem suffragiorum non tulerit. Vide argumentum Orationis c. Theocrin. pag. 1321. et orationem ipsam, non longe a principio, p. 1323. 19. ed. Reisk. ἐὰν ἐπεξιὼν τις μὴ μεταλάβῃ τὸ πέμπτον μέρος τῶν ψήφων, χιλίας ἀποτίνειν· κἂν μὴ ἐπεξίῃ, χιλίας ἑτέρας, ἵνα μήτε συκοφαντῇ μηδεὶς, cætera. Hujusmodi homines in jure Romano compescuit SCtum Turpillianum. TAYLOR. Wolfius: *cum causam in judicium adduxisset*. Immo: *cum pecunia accepta causam prodidisset*. Ita §. ί. fin. τὴν καθ' Ἡγήμονος εἰσαγγελίαν μέμνησαι, ὡς ἀπέδοτο. Ubi, ut etiam hoc in loco, non animum advertisse videtur Wolfius, homo bonus et probus, prodi posse causam, non solum accusationem non prosequendo, sed etiam male accusando. JURIN.

Τάξιν] Dixi ad Timocrateam p. 715. 2. ed. R. quæ Tu consules ibi. Infra in Oratione c. Theocrin. pag. 1327. 5. ed. R. κατετάξατο ὑπὲρ αὐτοῦ καὶ τοῦ ἀδελφοῦ. Quod de eadem re dicitur. TAYLOR.

Τὸ ἐπιβάλλον μέρος] *Ratam portionem*. Uniuscujusque anni τὸ ἐπιβάλλον μέρος erat Talentum unum cum drachmis ducentis. Ea phrasis explicabit istam D. Lucæ, XV. 12. Πάτερ, δός μοι τὸ ἐπιβάλλον μέρος τῆς οὐσίας. Adde Demosth. π. στεφ. §. ος'. Wolfium nostrum ad Isocratem pag. 75. notarum, I. Christoph. Wolfium in Curis Philolog. ad N.

σίας. τὸ δὲ λοιπὸν [1] ὀφείλεται τάλαντα ὀκτὼ, καὶ δραχμαὶ χίλιαι καὶ ἑξακόσιαι. δοκῶν οὖν
ἔχειν ὁ Ἀριστογείτων τοῦ λέγειν ἐξουσίαν, καὶ μηκέτι ὀφείλειν, ἐπειδὴ [2] χρήστην ἀντέδωκε τῇ
πόλει, καὶ ἐγράφετο πολλοὺς, καὶ ἐδημηγόρει, τῶν νόμων τὸν ὀφείλοντα τῷ δημοσίῳ, μέχρις ἂν
ἐκτίσῃ, ποιούντων ἄτιμον. διόπερ αὐτὸν οἱ περὶ Λυκοῦργον ἐνέδειξαν, ὡς, οὐκ ἐξὸν, λέγοντα. οὐκ
ἐξαληλιμμένου τοίνυν ἐξ ἀκροπόλεως Ἀριστογείτονος, ἀλλ' ἔτι τοῦ ὀφειλήματος ἐγγεγραμμέ-
νου, [3] χρήστου δὲ καταστάντος τοῦ τὸ χωρίον ὠνησαμένου, ζήτημα συνίσταται· πότερον ὁ πρι- 769
άμενος τὸ χωρίον ὀφείλει μόνον, ἢ καὶ ὁ πρῶτος ὄφλων, ἄχρις ἂν ἐκτισθῇ τὸ [4] χρέος; περὶ μὲν
δὴ τὰ δύο ὀφλήματα τοῦτο συνίσταται τὸ ζήτημα. φασὶ δὲ αὐτὸν οἱ κατήγοροι, καὶ τρίτον ὀφεί-
λειν ὄφλημα τῷ δημοσίῳ. πρὸς τοῦτο Ἀριστογείτων ἀνθιστάμενος φησὶν ἀδίκως ἐγγεγράφθαι,
καὶ διὰ τοῦτο δίκην λαχεῖν Ἀρίστωνι τῷ ἐγγράψαντι. Δημοσθένης δὲ καὶ Λυκοῦργος περὶ μὲν
τοῦ δικαίαν ἢ μὴ γεγενῆσθαι τὴν ἐγγραφὴν, οὐδὲν λέγουσι, φασὶ δὲ, ὅταν ἕλῃ τὸν Ἀρίστωνα,
τότε Ἀριστογείτων μὲν ἐξαλειφθήσεται, ἐκεῖνος δὲ ἐγγραφήσεται κατὰ τὸν νόμον· πρὶν δὲ κριθῆ-
ναι τὸ πρᾶγμα, οὐ προσήκει λέγειν τὸν τάχα δικαίως ἐγγεγραμμένον, καὶ ψευδῶς ἐγκαλοῦντα
Ἀρίστωνι. ταῦτα μὲν δὴ τὰ ζητήματα τῆς ὑποθέσεως. ἐνηγώνισται δ' αὐτοῖς ὁ Λυκοῦργος ἅτε
πρότερος λέγων. τῷ Δημοσθένει δὲ περὶ μὲν τούτων βραχὺς πάνυ λόγος γέγονεν, ὡς προειλημ-
μένων· ὁ δὲ ὅλος αὐτῷ λόγος τοῦ Ἀριστογείτονος βίου κατηγορίαν περιέχει.

Διονύσιος δὲ [5] ὁ Ἁλικαρνασσεὺς οὐ δέχεται τούτους τοὺς λόγους Δημοσθένους εἶναι, ἐκ τῆς
ἰδέας τεκμαιρόμενος. οἱ δὲ φασὶν ἐπίτηδες τὸν ῥήτορα τοιούτῳ χαρακτῆρι κεχρῆσθαι, ζηλώσαντα
Λυκοῦργον, εὐδοκιμοῦντα παρὰ τοῖς Ἀθηναίοις· οἱ δὲ, ἐπειδὴ τὸν κατὰ τῆς ἡλικίας χρόνον εἰς
τὴν πρωτολογίαν ἔλαβε Λυκοῦργος, καὶ πᾶσι τοῖς κεφαλαίοις αὐτὸς ἐχρήσατο, ὁ Δημοσθένης
ἠναγκάσθη λοιπὸν φιλοσοφώτερον μετελθεῖν καὶ περιοδικῶς. ἄλλοι δὲ, τὸν μὲν πρότερον δέχον-
ται Δημοσθένους εἶναι, τὸν δὲ δεύτερον οὐδαμῶς, οὐδὲν ἄξιον ἔχοντα τοῦ ῥήτορος. 770

[1] ὀφείλεται. [2] χρηστὴν [3] χρηστοῦ [4] χρέος. [5] ἁλικαρνασεὺς

T. ad Lucæ locum. IDEM.

Ἐπειδὴ τὸν κατὰ τῆς] Legendum videtur: ἐπειδὴ κατὰ τὸν τῆς ἡλικίας χρόνον τὴν πρωτολογίαν ἔλαβε Λυκοῦργος. JURIN.

ΔΗΜΟΣΘΕΝΟΥΣ

ΚΑΤΑ

ΑΡΙΣΤΟΓΕΙΤΟΝΟΣ

ΛΟΓΟΣ ΠΡΩΤΟΣ.

---

770 α΄. ΠΑΛΑΙ καθήμενος, ὦ ἄνδρες Ἀθηναῖοι, καὶ κατηγοροῦντος ἀκούων, ὥσπερ ὑμεῖς, Λυκούργου, τὰ μὲν ἄλλα καλῶς αὐτὸν ἡγούμην λέγειν, ἓν δὲ τεθαύμακα, ὁρῶν ὑπερδιατεινόμενον, εἰ ἀγνοεῖ τοῦθ᾽, ὅτι οὔτε παρὰ τοὺς ὑφ᾽ ἑαυτοῦ λόγους εἰρημένους, οὔτε παρὰ τοὺς ὑπ᾽ ἐμοῦ μέλλοντας ῥηθήσεσθαι, τὰ τουτουῒ τοῦ ἀγῶνος δίκαιά ἐστιν ἰσχυρά· ἀλλ᾽ ὡς ἂν ἕκαστος ὑμῶν [1]ἔχῃ ἢ πρὸς τὸ δυσχεραίνειν, ἢ προσίεσθαι πονηρίαν. καὶ ἔγωγε ὑπολαμβάνω τὴν μὲν κατηγορίαν, καὶ τὸ τῶν λόγων πλῆθος, ἔθους ἕνεκα καὶ τῆς ὑμετέρας ἀκροάσεως δεῖν ποιήσασθαι, κεκρίσθαι δὲ τοῦτο τὸ πρᾶγμα [2]πάλαι ἐπὶ τῆς ἑκάστου φύσεως οἴκοθεν· καὶ νῦν εἰ μέν εἰσιν ὑμῶν οἱ πλείους, οἷοι τοὺς πονηροὺς φιλεῖν καὶ σώζειν, μάτην ἐρραψῳδηκότας ἡμᾶς ἔσεσθαι, εἰ δ᾽ οἷοι μισεῖν, δίκην, ἂν θεὸς θέλῃ, τουτονὶ δώσειν.

β΄. Πολλῶν δὲ λόγων εἰρημένων, καὶ πάντων καλῶς, οὐκ ὀκνήσω πρὸς ὑμᾶς εἰπεῖν, ἅ γ᾽ ἐμοὶ φαίνεται. ἐμοὶ γὰρ οὐδ᾽ ὁτιοῦν ἐοικέναι δοκεῖ τοῖς ἄλλοις ὁ παρὼν ἀγών. σκοπεῖτε δ᾽ οὑτωσί. πρὸς ἅπαντ᾽ ἔρχονται τὰ δικαστήρια, οἱ
771 μὲν δικασταὶ, παρὰ τοῦ κατηγόρου καὶ τοῦ φεύγοντος τὸ πρᾶγμα μαθησόμενοι, περὶ οὗ δεήσει τὴν ψῆφον ἐνεγκεῖν αὐτούς· οἱ δ᾽ ἀντίδικοι, μεθ᾽ ἑαυτοῦ δείξων ἑκάτερος ὄντα τὰ τῶν νόμων δίκαια [3]ἰσχυρά. τὰ δὲ τούτου τοῦ ἀγῶνος

[1] ἔχοι πρὸς τὸ ἢ δυσχ. [2] πάλαι τὸ πρᾶγμα [3] [ἰσχυρά.] τὰ δὲ τουτουῒ

ΛΟΓΟΣ] Ex hac oratione, et Libanii argumento intelligere licet, Græcis ἐξ ἀκροπόλεως ἐξαληλιμμένους, id est, *ex arce expunctos* dici, quos Latini *ex ærariis exemptos* vocabant, quemadmodum et hi *in ærarios relatos* vocant, quos illi ἐγγεγραμμένους ἐν ἀκροπόλει, καὶ ὀφλοῦντας, καὶ καταδίκους, καὶ ἐζημιωμένους. de quibus vide lectu digna non pauca in Annotat. priorib. in Pandect. de Censorib. *Ex edit.* HERVAG.

α΄. Παρὰ] Διὰ ἢ κατὰ Bodl. Inscite. TAYLOR.

Τὰ τῶν νόμων δίκαια ἰσχυρὰ] Vox illa

πῶς ἔχει; οἱ μὲν δικάζοντες ὑμεῖς ἥκετε μᾶλλον ἡμῶν τῶν κατηγόρων εἰδότες, καὶ ὀφείλοντα τῷ δημοσίῳ τοῦτον, καὶ [1] γεγραμμένον ἐν ἀκροπόλει, [2] καὶ οὐκ ἐξὸν αὐτῷ λέγειν· ὥσθ᾽ ἕκαστον ὑμῶν κατηγόρου τάξιν ἔχειν, καὶ τὰ δίκαια εἰδέναι, [3] καὶ μὴ μαθεῖν δεῖσθαι· ὁ δὲ κρινόμενος τῶν μὲν εἰς σωτηρίαν αὐτῷ [4] φερόντων οὐδ᾽ ὁτιοῦν πάρεστιν ἔχων, οὐχὶ τοὺς ὑπὲρ αὐτοῦ τοῦ πράγματος λόγους δικαίους, οὐ τὸν ἑαυτοῦ βίον ἀνθρώπινον, οὐκ ἄλλο οὐδ᾽ ὁτιοῦν [5] ἀγαθὸν, δι᾽ ἃ δ᾽ ἂν καὶ μηδ᾽ ὁτιοῦν ἀδικῶν τις ἔδεισε, διὰ ταῦθ᾽ οὗτος οἴεται σωθήσεσθαι. ἐν γὰρ τῇ τῆς πονηρίας ὑπερβολῇ τὴν ἐλπίδα τῆς σωτηρίας ἔχει. οὕτω δὲ τούτων ἐχόντων, δοκεῖ μοί τις οὐκ ἂν ἁμαρτεῖν, εἰπὼν, ὅτι νυνὶ κρίνεται μὲν Ἀριστογείτων, δοκιμάζεσθε δὲ καὶ κινδυνεύετε ὑμεῖς περὶ δόξης. εἰ μὲν γὰρ ὀφθήσεσθε ἐπὶ τοῖς οὕτω φανεροῖς καὶ μεγάλοις ἀδικήμασιν ὀργιζόμενοι καὶ τιμωρούμενοι, δόξετε, τοῦθ᾽ ὅπερ ἐστὲ, δικασταὶ καὶ φύλακες τῶν νόμων εἰσεληλυθέναι· εἰ δ᾽ ἕτερόν τι τούτων περιέ-

1 ἐγγεγραμμένον 2 [καὶ] 3 καὶ τὸ πρᾶγμα, οὐδὲν ἧττον ἐμοῦ, καὶ μὴ μαθεῖν δ. 4 φερόντων, ἀλλ᾽ οὐδ᾽ 5 ἀγαθόν.

suprema impune abesse potest, et abest quidem a Barocciano. *Prodeunt adversarii, uterque palam facturus, causæ æquitatem*, τὰ δίκαια, *ab eo* stare. Juxta mecum interpretatur Phil. Melanchtho : sc. *eorum, qui litigant, uterque adest, ut sua justa exponat*. Scriba nimirum deesse aliquid suspicabatur propter ea, quæ in initio Orationis leguntur ; et securus itaque supplevit. Infra §. ιέ. οὕτως ἐξετάσαι τοῦτον, καὶ τὰ τουτουὶ τοῦ ἀγῶνος δίκαια. Et §. δ΄. Τὰ μὲν οὖν περὶ τῆς ἐνδείξεως καὶ τῶν νόμων δίκαια αὐτὸν, ὅπερ πεποίηκε, Λυκοῦργον αἱρεῖν ἡγούμην. Theophrast. de Querulo : δίκην νικήσας καὶ λαβὼν πάσας τὰς ψήφους, ἐγκαλεῖν τῷ γράψαντι τὸν λόγον, ὡς πολλὰ παραλελοιπότι τῶν δικαίων. C. 17. Vide Casaub. ad locum, ubi notat, Terentium et Ciceronem ad verbum *justa* interpretari. it. de Coron. §. γ΄. fin. §. έ. IDEM. ἰσχυρὰ del. vid. AUGER.

Γεγραμμένον] Malim ἐγγεγραμμένον, ut est in Bodl. et optimo Augustano. Ita Libanius in argumento, p. 350. v. 5. οὐκ ἐξαληλιμμένου ἐξ ἀκροπόλεως Ἀριστογείτονος, ἀλλ᾽ ἔτι τοῦ ὀφειλήματος ἐγγεγραμμένου. et ibid. v. 13. οὐ προσήκει λέγειν τὸν τάχα δικαίως ἐγγεγραμμένον. Et §. ιέ. οἱ νόμοι, καθ᾽ οὓς ἐγγράφονται πάντες οἱ ὀφλισκάνοντες. et proxime ibid. οἱ διὰ γραφὴν ἐγγεγραμμένοι μόνην. Vide autem porro Vales. ad Harpocr. v. Βουλεύσεως, et notata a me ad Æsch. c. Timarch. p. 23. v. 6. TAYLOR. Imo ἐγγεγραμμένον. AUGER.

Καὶ τὰ δίκαια εἰδέναι] Præfero καὶ τὸ πρᾶγμα εἰδέναι cum Lindenb. vel, uti adhuc plenius Ven. Aug. Ital. MSti Aldini et Regg. Parisienses, ὥσθ᾽ ἕκαστον ὑμῶν κατηγόρου τάξιν ἔχειν, καὶ τὸ πρᾶγμα εἰδέναι οὐδὲν ἧττον ἡμῶν, καὶ μὴ μαθεῖν δεῖσθαι. TAYLOR. Hic lego ex libris : ἔχειν, καὶ τὸ πρᾶγμα εἰδέναι οὐδὲν ἧττον ἡμῶν, καὶ μὴ μ. δ. AUGER.

Οὐδ᾽ ὁτιοῦν] Nihil est, quod addatur ἀλλ᾽ οὐδοτιοῦν, cum sequatur v. 8. οὐκ ἄλλο οὐδοτιοῦν. WOLF. Qui addunt, sunt MSti Ven. Bar. Bodl. Lind. Obsop. Aug. Ital. TAYLOR.

Ἀδικῶν] *Quæ etiam* insonti *terrorem incuterent*. WOLF. ἀδικία est ea species *pravitatis*, qua quis latas leges violat. Τὸ ἀδικεῖν, ut ait Aristot. Rhet. IV. est τὸ βλάπτειν ἑκόντα παρὰ τὸν νόμον. Similiter et Paraphrastes Nicomacheorum V. 1. Λέγεται ἄδικος, ὅ τε παράνομος, καὶ ὁ πλεονέκτης, καὶ ὁ ἄνισος — Καὶ δίκαιον μὲν τὸ νόμιμον καὶ τὸ ἴσον, ἄδικον δὲ, τὸ παράνομον καὶ τὸ ἄνισον. Ait ergo : *Aristogiton ita privatam vitam instituit, ut etiam merito sibi metueret, si leges civitatis non fuisset*

σται, ὃ μηδεὶς [1] μὲν αὐτὸς πεποιηκέναι φήσειεν, ἐν δὲ ταῖς ψήφοις εὑρεθήσεται, δέδοικα μὴ δόξητέ τισι τὸν ἀεὶ βουλόμενον εἶναι πονηρὸν τῶν ἐν τῇ πόλει παιδοτριβεῖν. ἀσθενὴς μὲν [2] γάρ ἐστι πᾶς ὁ πονηρὸς καθ' ἑαυτόν· ᾧ δ' ἂν ὑμεῖς πρόσθησθε, οὗτος ἰσχυρὸς γίγνεται. ἔστι δὲ τοῦτο τῷ μὲν
772 λαβόντι παρ' ὑμῶν, ἐργασία καὶ δυναστεία, ὑμῖν δὲ τοῖς [3] διδοῦσιν, ὄνειδος.

γ'. Βουλοίμην δ' ἄν, ὦ ἄνδρες Ἀθηναῖοι, πρὸ τοῦ περὶ τῶν ἰδίων ἐμὲ τῶν τούτου λέγειν, σπουδάσαντας ὑμᾶς ἐξετάσαι διὰ βραχέων, εἰς ὅσην αἰσχύνην καὶ ἀδοξίαν προῆχε τὴν πόλιν δημοσίᾳ πάντα τὰ τοιαῦτα θηρία, ὧν μέσος, καὶ τελευταῖος, καὶ πρῶτός ἐστιν οὗτος. [4] ὧν τὰ μὲν ἄλλα ἐάσω· ἀλλ' εἰς τὰς ἐκκλησίας ἀναβαίνουσιν, ἐν αἷς ὑμεῖς γνώμης ἀπόδειξιν, οὐ πονηρίας, τοῖς λέγουσι προτίθετε, τόλμαν, καὶ κραυγὴν, καὶ ψευδεῖς αἰτίας, καὶ [5] συκοφαντίαν, καὶ ἀναισχυντίαν, καὶ πάντα τὰ τοιαῦτα συνεσκευασμένοι· ὧν οὐκ ἂν εὕροι τις ἐναντιώτερα τῷ βουλεύεσθαι· νομίζω [6] δ' οὐδ' ἂν αἰσχίω. καὶ τούτοις τοῖς αἰσχροῖς, πάντων τῶν καλῶν τῶν τῆς πόλεως περίεισι, τῶν νόμων, τῶν προέδρων, τοῦ προγράμματος, τῆς εὐκοσμίας. εἰ μὲν οὖν ὑμεῖς ταῦτα βούλεσθε, καὶ μετὰ τῆς ὑμετέρας γνώμης οὗτοι ταῦτα ποιοῦσιν, ὁδῷ βαδίζειν [7] καὶ ἐᾷν δεῖ· εἰ δ' ἐπανορθώσασθαι ταῦτ' ἔτι καὶ νῦν οἴεσθε χρῆναι, καὶ τὰ [8] προειρημένα πόῤῥω καὶ πολὺν ἤδη χρόνον

[1] μὲν ἂν αὐτὸς [2] γὰρ πᾶς ἐστὶν [3] δοῦσιν [4] καὶ [5] συκοφαντίας
[6] δὲ μὰ τοὺς θεοὺς οὐδ' [7] [καὶ] [8] προειμένα

transgressus. TAYLOR.

Φήσειεν] Rectius omnino φήσει. Error natus est ex voce sequenti. Non tamen dissimulabo, Codd. Bar. Lind. Aug. Ital. legere ὃ μηδεὶς μὲν ἂν αὐτὸς πεποιηκέναι φήσειεν. Id quod cum mea correctione constare non posse arbitror. IDEM.

Δοκοῦσιν] [uti Ald. Man. Felic.] Hic manifestum est, legendum esse τοῖς διδοῦσιν, ex antithesi, cum antecedat, v. 5. τῷ λαβόντι, et τὸ τοῖς δοκοῦσι prorsus sit alienum, nisi quis auguretur, id ἀντὶ τοῦ τοῖς δόξαν ἔχουσιν accipiendum. WOLF. δοῦσιν Ven. Bar. Bodl. Aug. cum Edit. Benenati. TAYLOR.

γ'. Προεῖχε] Lego προῆχε, παρὰ τὸ προάγω, ἀλλὰ μὴ τὸ προέχω. WOLF. προεῖχε Editt. Ald. Man. Felic. προῆγε Ven. Bodl. cum Edit. Paris. προῆχε Bar. Aug. uti Wolfius restituit. προῆκε marg. Par. non insulse. TAYLOR. Vid. D'Orville ad Charit. Aphrod. Lib. V. cap. VIII. p. 481.

Γνώμης ἀπόδειξιν, οὐ πονηρίας] Isocrates captata παρωνομασίᾳ fortasse dixisset, οὐ πονηρίας ἐπίδειξιν. WOLF.

Καὶ κραυγὴν] Conjunctio hæc si abesset, minus turbarentur imperiti. Qui ne τόλμαν καὶ κραυγὴν conjungerent, ego τὸ, ἐν αἷς ὑμεῖς etc., parenthesi inclusi. IDEM.

Προγράμματος] Ἐν ᾧ προὐτίθετο, περὶ τίνων συνῆλθον. Vide Annotationes in Areopagiticum Isocratis. IDEM.

Καὶ ἐᾷν] Καὶ del. arbitror et sub. τὰ πράγματα. AUGER.

Προειρημένα] Προειμένα Bar. Bodl.

αἰσχρῶς καὶ κακῶς ὑπὸ τούτων διακείμενα βελτίω ποιῆσαι, πάντα τὰ τοιαῦτα ἔθη [1] παριδόντας τήμερον ὀρθῶς δεῖ δικάσαι, τὴν τὰ δίκαια ἀγαπῶσαν Εὐνομίαν περὶ πλείστου ποιησαμένους, ἣ πάσας καὶ πόλεις καὶ χώρας σώζει, καὶ τὴν ἀπαραίτητον καὶ σεμνὴν Δίκην, ἣν ὁ τὰς ἁγιωτάτας ἡμῖν τελετὰς καταδείξας Ὀρφεὺς παρὰ τὸν τοῦ Διὸς θρόνον φησὶ καθημένην, πάντα τὰ τῶν ἀνθρώπων ἐφορᾶν. ἣν εἰς ἑαυτὸν ἕκαστον [2] νομίσαντα βλέπειν, οὕτω ψηφίζεσθαι, φυλαττόμενον καὶ προορώμενον μὴ καταισχύναι ταύ- 773

[1] παριδόντας ὑμᾶς τήμ. ὀρ. [δεῖ]

[2] νομίσαντα ἂν βλ., οὕτω δὴ * δεῖ ψηφίζεσθαι

Modo v. 2. pro παριδόντας Lambinus mavult παραλιπόντας. Ante τήμερον statim ὑμᾶς substituunt Ven. Bar. Lind. Aug. Ital. TAYLOR.

Πάντα τὰ τοιαῦτα ἔθη παριδόντας τήμερον ὀρθῶς δεῖ δικάσαι] *Vos igitur hujusmodi instituta transmittentes recte atque ordine judicare par est, Eunomiam illam juris amantissimam, urbium regnorumque columen in primis colentes. Simul inexorabilem illam, augustamque* Dicen, *quam Orpheus ipse qui sacratissimarum nobis ceremoniarum auctor fuit, assessitantem Jovis solio,* humanos *omnes actus perlustrare oculis ait. Hanc quasi vos omnes (sese quisque) intueri putantes, sic oportet censere judiciis, idque etiam etiamque videre, ne quid eidem pudendum admittatis, cujus gentilis est unusquisque vestrum, judicandi locum quocunque* tempore *sortitus, si modo justi et honesti, utilitatisque politicæ rationem usquequaque habuerit.* Eleganter duas judiciorum præsides facit, Dicen et Eunomiam. De Dice vero dea, *quæ* Latinis justitia est, Hesiodus in Ergis:

Ἡ δέ τε, inquit, παρθένος ἐστὶ Δίκη, Διὸς ἐκγεγαυῖα
Κυδνή τ' αἰδοίη τε θεοῖς οἳ Ὄλυμπον ἔχουσι. κ. τ. λ.

Ejus vero imaginem ex Chrysippi Stoici libris Aul. Gel. transcripsit libro decimotertio: et Homerus Iliad. 16. hujus deæ vim esse ingentem ait, cujus etiam indignationem in judiciis spretæ, magnis *terrarum* cladibus expiari solere. dicitur eadem etiam δικαιοσύνη. Cæterum Demosthenes hic judices *juris et justitiæ gentiles*, id est, cognomines propterea appellat, quod a Dice Dicastæ, *ut* a jure Judices dicuntur. Est autem Eunomia, sive εὐνομία, *recta juris legumque constitutio.* Unde εὔνομοι populi dicuntur, *qui recta legum institutorumque ratione utuntur.* cui opposita est Dysnomia, *perversa juris legumque constitutio, quam* Hesiodus Atæ, id *est*, offensionis et noxæ contubernalem appellat, δυσνομίην ἄτην τε συνήθεας ἀλλήλῃσιν. Bud. in Annotationibus *prior.* in Pandect. de justitia. *Ex edit.* HERVAG.

Πάντα τὰ τοιαῦτα ἔθη παριδόντας] Quem usum habeant ista verba hoc loco posita, videant eruditi. Mihi videntur turbare et infringere Orationem, cum non id agatur, ut *negligantur pravæ* et *torpes* hujusmodi consuetudines, sed *ut* corrigantur et *penitus* tollantur e Rep. Quod *si* ea in præcedentem *periodi partem* v. 21. *p. p.* transferas, unde *puto* huc irrepsisse, et hic et illic longe commodiorem et dignam Demosthene lectionem habebis in hunc modum: Εἰ μὲν οὖν ὑμεῖς ταῦτα βούλεσθε, καὶ μετὰ τῆς ὑμετέρας γνώμης οὗτοι ταῦτα ποιοῦσι πάντα τὰ τοιαῦτα ἔθη παριδόντας, ὁδῷ βαδίζειν καὶ ἐᾶν δεῖ· εἰ δὲ — βελτίω ποιῆσαι, τήμερον ὀρθῶς δεῖ δικάσαι κ. τ. λ. JURIN.

Ὀρφεὺς — φησὶ] Leguntur hodie in Orphei hymnis:

Ὄμμα Δίκης μέλπω πανδερκέος, ἀγλαομόρφου,
Ἣ καὶ Ζηνὸς ἄνακτος ἐπὶ θρόνον ἱερὸν ἵζει,
Οὐρανόθεν καθορῶσα βίον θνητῶν πολυφύλων.

TAYLOR.

Οὕτω ψηφίζεσθαι] Lego οὕτω δεῖ ψηφίζεσθαι. WOLF. Omnino aliquid hujusmodi desiderari *quis non* videt? Et *sane* auctoritatem *suam* addunt Budæus, et maxime Cod. Augustanus. Quod tamen suspicor fuisse *scriptum* δή. οὕτω δὴ ψηφίζεσθαι, *ut* sine litura Codd. Ven. et Regg. Parisienses. Nam mihi *semper* alia medicina adhibenda esse videbatur. Verbum illud quærendum *est* ex v. 2. ἀπὸ τοῦ κοινοῦ, hoc *pacto* demum: ὀρθῶς δεῖ δικάσαι, τὴν — Εὐνομίαν περὶ πλείστου ποιησαμένους, — καὶ τὴν — Δίκην — εἰς ἑαυτὸν την, ἧς ἐπώνυμός ἐστιν ὑμῶν ἕκαστος ὁ ἀεὶ δικάζειν λαχὼν, [1] καὶ τὰ πάντων τῶν ἐν [2] ταύτῃ τῇ πόλει καλὰ καὶ δίκαια καὶ συμφέροντα [3] φυλάττειν, καὶ ταύτην τὴν ἡμέραν παρακαταθήκην ἔνορκον εἰληφὼς παρὰ τῶν νόμων, καὶ τῆς πολιτείας, καὶ τῆς πατρίδος. ὡς εἰ μὴ τοῦτον ἕξετε τὸν τρόπον, ἀλλ' ἀπὸ τῆς συνήθους εὐηθείας εἰσεληλυθότες καθεδεῖσθε, φοβοῦμαι μὴ τὸ πρᾶγμα εἰς τοὐναντίον περιστῇ, καὶ δοκοῦντες ἡμεῖς Ἀριστογείτονος κατηγορεῖν, ὑμῶν κατηγοροῦντες φανῶμεν. ὅσῳ γὰρ ἂν μᾶλλον ἡμῶν δειξάντων τὴν τούτου πονηρίαν, [4] μηδὲν ὑμεῖς φροντίσητε, τοσούτῳ μείζων ἡ καθ' ὑμῶν αἰσχύνη [5] γενήσεται.

δ'. Καὶ περὶ μὲν τούτων ἱκανά. πάνυ δ', ὦ ἄνδρες Ἀθηναῖοι, μετὰ πάσης οἰκειότητος ἐρῶ τἀληθῆ πρὸς ὑμᾶς. ἐγὼ γὰρ ἐν ταῖς ἐκκλησίαις ὁρῶν ὑμᾶς κατατάττοντάς με, καὶ προχειριζομένους ἐπὶ τὴν τούτου κατηγορίαν, ἠχθόμην, καὶ, μὰ τὸν Δία καὶ πάντας τοὺς θεοὺς, οὐκ [6] ἐβουλόμην. οὐ γὰρ ἠγνόουν, [7] ὅτι ὁ ποιήσας τι τοιοῦτον παρ' [8] ὑμῖν, καὶ παθὼν ἀπέρχεται, εἰ δὲ μὴ τηλικοῦτον, ὥστε εὐθὺς

[1] Deest καί. [2] [ταύτῃ] [3] * οὐ φυλάττων, ταύτην [4] μηδὲν μᾶλλον ὑμεῖς [5] γίγνεται [6] ἠβουλόμην [7] ὅ,τι [8] ἡμῖν

ἕκαστον νομίσαντα βλέπειν, οὕτω (vel οὕτω δὴ) ψηφίζεσθαι. *Recte dijudicare* oportet, *Eunomiam maximi facientes, et existimantes Justitiam in unumquemque vestrum oculos defigere, ita demum pronunciare.* Post vocem ἐφορᾶν v. antepen. culpa librarii, enatum est ἣν, quod has turbas dedit. Taylor.

Φυλάττων ταύτην] [Ita enim constanter edi solebat, et in MSS. *plurimis reperitur*] Obsop. φυλάττειν δὲ ταύτην. Sed durum est λαχὼν δικάζειν φυλάττειν. Fortasse legendum v. 2. τά τε συμπάντων, ut sit λαχὼν δικάζειν, καὶ φυλάττειν. Wolf. Vides, hic Wolfium *trepide* et diffidenter loqui, *in* Textu vero *contra* Codd. consensum καὶ *post* λαχὼν inserere, deinde φυλάττων in φυλάττειν convertere, *rursusque* conjunctionem καὶ ingeminare. Locus *sane* præfractus, *quem* ille emendando præfractiorem reddidit. Utinam *sane* abesset φυλάττων, cum ita tota hæc refingerem, adjuvantibus nonnihil scriptis Codicibus, sc. φυλαττόμενον — μὴ καταισχύναι ταύτην, ἧς ἐπώνυμός ἐστιν ὑμῶν ἕκαστος ὁ ἀεὶ δικάζειν λαχὼν, καὶ πάντα τὰ ἐν τῇ πόλει καλὰ, καὶ δίκαια, καὶ συμφέροντα, ταύτην τὴν ἡμέραν παρακαταθήκην ἔνορκον εἰληφὼς κ. τ. λ. *caventem, ne eam pudefaciat, a qua cognominati estis* (δικασταὶ sc.) *omnes vos, qui id muneris sortiti* estis, *atque idcirco omnia Reip. jura et commoditates hodierno die tanquam solenne depositum accepistis.* Taylor. L. φυλάττων καὶ ταύτην τὴν δὲ ἡμέραν κ. τ. λ. ita ut ταύτην non referatur ad ἡμέραν sed ad παρακαταθήκην. Auger.

Ἀπὸ τῆς συνήθους εὐηθείας] Κατὰ τὴν συνήθη εὐήθειαν. Wolf.

Γίγνεται] Obsop. melius et sonantius γενήσεται. Idem. γενήσεται item Bodl. Editt. etiam Manut. et Felic. φανήσεται Codd. Lindenb. *et* Ital. γίγνεται habuerunt Editi ab Aldo *et* Morelio cum *scriptis* Ven. *et* Bar. Taylor.

δ'. Οἰκειότητος] Nec *satis placet, nec* occurrit quicquam melius. μετὰ παῤῥησίας, aut μεθ' ὁσιότητος huic loco alienum est. Wolf. οἰκειότητος hic pro παῤῥησίας. Auger.

Προχειριζομένους] Προβαλλομένους Ven. marg. Morel. haud male. Licet scholion tantummodo esse potuit. Proxime, utra utra istarum lectionum valere judicabitur, ἐπὶ revocavi ex Editt. Ald. Paris. MSS. Ven. Bar. Taylor.

αἰσθέσθαι, ἀλλ᾽ ἐὰν πολλὰ τοιαῦτα ποιῇ, καὶ μὴ [1] παύ-
σηται, ταχὺ γνωσθήσεται. ὅμως δὲ ἀναγκαῖον ἡγούμην
εἶναι πείθεσθαι τοῖς ὑμετέροις βουλήμασι. τὰ μὲν οὖν περὶ
τῆς ἐνδείξεως καὶ τῶν νόμων δίκαια, αὐτὸν, ὅπερ πεποίηκε,
Λυκοῦργον [2] αἱρεῖν ἡγούμην, καὶ τοὺς μάρτυρας τῆς πονη-
ρίας τῆς τούτου τοῦτον ἑώρων [3] προκαλούμενον· ἃ δὲ καὶ λο-
γίζεσθαι [4] τοὺς ὑπὲρ πόλεως καὶ νόμων βουλευομένους προσ-
ήκει, καὶ σκοπεῖσθαι [5] δεῖ, ταῦτα προῃρούμην εἰπεῖν, καὶ 774
νῦν ἐπὶ ταῦτα πορεύσομαι. δότε δ᾽, ὦ ἄνδρες Ἀθηναῖοι,
[6] καὶ συγχωρήσατέ μοι, πρὸς Διὸς, ὡς πέφυκα, καὶ προῄ-
ρημαι, περὶ τούτων διαλεχθῆναι πρὸς ὑμᾶς. καὶ γὰρ οὐδ᾽
ἂν ἄλλως δυναίμην.

έ. Ἅπας ὁ τῶν ἀνθρώπων βίος, ὦ ἄνδρες Ἀθηναῖοι, κἂν μεγάλην πόλιν οἰκῶσι, κἂν μικρὰν, φύσει καὶ νόμοις διοικεῖται. τούτων δ᾽ ἡ μὲν φύσις ἐστὶν ἄτακτον καὶ ἀνώμαλον, καὶ κατ᾽ ἄνδρα ἕκαστον ἴδιον τοῦ ἔχοντος, οἱ δὲ νόμοι, κοινὸν καὶ τεταγμένον, [8] ταὐτὸ πᾶσιν. ἡ μὲν οὖν φύσις, ἂν ᾖ πονηρὰ, πολλάκις φαῦλα βουλεύεται· διόπερ τοὺς τοιούτους ῥᾳδίως ἐξαμαρτάνοντας εὑρήσετε· οἱ δὲ νόμοι τὸ δίκαιον, καὶ τὸ καλὸν, καὶ τὸ συμφέρον βούλονται, καὶ τοῦτο ζητοῦσι, καὶ, ἐπειδὰν εὑρεθῇ, κοινὸν τοῦτο πρόσταγμα ἀπεδείχθη πᾶσιν ἴσον καὶ ὅμοιον. καὶ τοῦτ᾽ ἔστι νόμος, ᾧ πάντας προσήκει πείθεσθαι, διὰ πολλὰ, καὶ

[1] παύηται, ταχὺ γνώσεται [2] ἐρεῖν [3] * προσκαλούμενον
[4] τοῖς ὑ. π. κ. ν. βουλευομένοις [5] * ἀεὶ [6] δότε καὶ [7] [ἕκαστον] [8] καὶ ταὐτὸ

Καὶ τῶν νόμων] L. καὶ τὰ τῶν νόμων. Deinde ἐρεῖν, et paulo inferius προσκαλούμενον. AUGER.

Αἱρεῖν] Lycurgum esse *evicturum*. Ferri potest: sed non dubito, quin legendum sit ἐρεῖν, *expositurum*. WOLF. Ita quoque Bodl. et Aug. Interea tamen, quid illud *evicturum?* Deduco ego ab αἱρέω, *electurum*. *Existimavi, Lycurgum, qui priore loco dixit, eam partem Accusationis* prælaturum fuisse, *quàm prætulisse video*. Et hoc fortasse ferri non solum *potest*, sed etiam *debet*. Ita paulo post, v. 8. ταῦτα προῃρούμην εἰπεῖν. TAYLOR. "Sed αἱρεῖν sincerum est. αἱρεῖν δίκην obvium. nollem nuper acceptum pro *eligere*." D'Orville ad Charit. Aphrod. Lib. VII. cap. VI. p. 646. V.

Νῦν ἐπὶ ταῦτα πορεύσομαι] Tropus familiaris, inquit D'Orvillius, et nihil aliud quam Ciceroniana locutio *ingredi ad rationem explicandam*. Fam. 11. 3. et alias.

έ. Κοινοὶ καὶ τεταγμένοι] Rectius Felicianus, κοινὸν καὶ τεταγμένον, καὶ ταὐτὸ πᾶσι. Nam conjunctio addenda videtur etiam ante ταὐτό. WOLF. Præter Felicianum Manutius quoque, Lind. Aug. Bodl. et Codd. Lutet. Conjunctionem addunt Bar. Aug. et Ven. TAYLOR. Lego et distinguo: καὶ τεταγμένον, καὶ ταὐτὸ πᾶσιν. AUGER.

Βουλεύεται] Βούλεται potius. Ita Cod. Lind. Infra pariter legimus in eadem causa, v. 19. οἱ δὲ νόμοι τὸ δίκαιον — βούλονται. TAYLOR.

Καὶ τοῦτ᾽ ἔστι νόμος ᾧ πάντας προσήκει πείθεσθαι] *Lex est, cui omnes homines obtemperare convenit, cum ob alia multa, tum,*

μάλιστα, ὅτι πᾶς ἐστὶ νόμος εὕρημα μὲν καὶ δῶρον θεῶν, δόγμα δὲ ἀνθρώπων φρονίμων, ἐπανόρθωμα δὲ τῶν ἑκουσίων καὶ ἀκουσίων ἁμαρτημάτων, πόλεως δὲ συνθήκη κοινὴ, καθ' ἣν πᾶσι προσήκει ζῆν τοῖς ἐν τῇ πόλει. ἀλλὰ μὴν ὅτι νῦν Ἀριστογείτων τοῖς μὲν τῆς ἐνδείξεως δικαίοις πᾶσιν ἑάλωκεν, ἕτερος δὲ οὐδείς ἐστιν ἀνεκτὸς αὐτῷ λόγος, περὶ τούτων ῥᾴδιον διδάξαι. δυοῖν γὰρ ὄντοιν, ὦ ἄνδρες Ἀθηναῖοι, ὧν ἕνεκα πάντες τίθενται [1] οἱ νόμοι, τοῦ, τε μηδένα μηδὲν ὃ μὴ δίκαιόν ἐστι ποιεῖν, καὶ τοῦ, τοὺς παραβαίνοντας ταῦτα κολαζομένους βελτίους τοὺς ἄλλους ποιεῖν· ἀμφοτέροις τούτοις οὗτος ἔνοχος ὢν φανήσεται. ἐπὶ μὲν γὰρ οἷς ἐξ ἀρχῆς παρέβη τοὺς νόμους, τὰ ὀφλήματ' [2] αὐτῶν
775 γέγονεν, ἐπὶ δ' οἷς οὐκ ἐμμένει τούτοις, νῦν ἐπὶ τὴν παρ' ὑμῶν ἄγεται τιμωρίαν. ὥστε μηδεμίαν καταλείπεσθαι πρόφασιν, δι' ἣν ἄν τις αὐτὸν ἀφίῃ. οὐδὲ γὰρ αὖ τοῦτ' ἔστιν εἰπεῖν, ὡς ἄρ' ἐκ τούτων ἡ πόλις οὐδὲν βλάπτεται. ἐγὼ γὰρ, ὅτι μὲν πάντα [3] ἀπόλλυται τὰ τῆς πόλεως ὀφλήματα, εἰ τὰ τούτου σοφίσματα προσδέξεσθε, καὶ ὅτι, εἰ ἄρα δεῖ τινὰς ἐκ τῶν ὀφειλόντων [4] ἀφεῖναι, τοὺς

[1] οἱ νόμοι τίθενται [2] αὐτῷ [3] ἀπολεῖται [4] ἀφιέναι

vel eo maxime, quod Lex omnis, inventum quidem ac munus deorum est, decretum vero prudentum hominum, ad hæc flagitiorum consultorum inconsultorumque emendatio, conspirantis denique civitatis conventum, ad cujus præscriptum omnes in civitate agentes vitam instituere par est. Plura de lege ex Aristotele, Cicerone, etc. Bud. in Annotat. prioribus in Pandect. Ad hoc autem, quod dicit ἐπανόρθωμα τῶν ἁμαρτημάτων, alludit Græcum illud elegans distichon in sicarium:

Κἢν με κατακρύπτῃς, ὡς οὐδενὸς ἀνδρὸς ὁρῶντος;
Ὄμμα δίκης καθορᾷ πάντα τὰ γιγνόμενα.

Me sepelis tanquam nemo conspexerit? atqui
Justitiæ ipse oculus omnia facta videt.

Fit hujus loci Demosth. mentio in Digest. L. 11. de Legib. plura Alciat. lib. 2. Prætermissorum. *Ex edit.* HERVAG.

Συνθήκη] Libet adscribere Enarratoris Aphthonii verba [pag. 25.] ἢ ὅτι πολλῶν συνελθόντων εἰς ταὐτὸ συνετέθη· ἢ ὅτι, κἂν ὑφ' ἑνὸς, τῇ συνθήκῃ καὶ συμφωνίᾳ τῶν ἄλλων κυροῦται. τῶν δὲ νόμων οἱ μέν εἰσι κοινοὶ, οἱ καθόλου περὶ τῶν τῆς πόλεως, οἱ δὲ ἴδιοι, οἱ περὶ τῶν πρὸς ἀλλήλους συμβολαίων. καὶ οἱ μὲν τῶν ἀγαθῶν ἀμοιβοὶ, οἱ δὲ τῶν ἀδικημάτων τιμωρηταί. WOLF.

Ἐν τῇ πόλει] Articulum debes Codd. Bar. Lind. Ital. cum editione Parisiensi. TAYLOR.

Ἐπὶ μὲν οἷς — ἐπὶ δ' οἷς] Ἀντὶ τοῦ, διότι. WOLF.

Αὐτῶν] Τὰ ὀφλήματ' αὐτῷ γέγονεν lege, et, [v. 13.] οὐκ ἐμμένει τούτοις, S. τοῖς ὀφλήμασι, μᾶλλον δὲ τοῖς ἐγνωσμένοις. IDEM. αὐτῷ similiter habent Ven. Bar. Bodl. Et recte habent. Quod superest, bene a Wolfio explicatur. Ad eamque normam, consentientibus optimis libris, et edi et pungi curavimus. TAYLOR. Vix dubitandum puto, quin scripserit Demosthenes αὐτῷ γέγονεν. JURIN. AUGER.

Ἐγὼ γὰρ] Est παράλειψις, longius ducta periodo, propter insertas αἰτιολογίας; ante cujus ἀπόδοσιν verbum ἐάσω ponitur, v. 8. p. 358. ut sit ἐγὼ — ἐάσω. Etsi fortasse principio etiam legi possit: ἐῶ γὰρ, ὅτι μὲν πάντα — WOLF.

Ἀπόλλυται] M. ἀπολεῖται. AUGER.

ἐπιεικεστάτους, καὶ τοὺς βελτίστους, καὶ τοὺς ἐπὶ τοῖς ἥκιστα δεινοῖς ὠφληκότας, τούτους ἀφιέναι δεῖ, οὐχὶ τὸν πονηρότατον, καὶ πλεῖστα ἡμαρτηκότα, καὶ δικαιότατα ὠφληκότα, καὶ ἐπὶ δεινοτάτοις, — τί γὰρ ἂν γένοιτο συκοφαντίας καὶ παρανομίας δεινότερον, ἐφ' οἷς ἀμφοτέροις οὗτος ὤφληκε; — καὶ ὅτι, οὐδ' εἰ πᾶσι τοῖς ἄλλοις ἀφίετε, οὐχὶ τῷ βιαζομένῳ δήπου συγχωρῆσαι προσήκει, — ὕβρις γὰρ τοῦτό γε —· καὶ πάντα τὰ τοιαῦτα ἐάσω. ἀλλ' ὅτι καὶ πᾶς ὁ τῆς πόλεως, καὶ τῶν νόμων κόσμος, ὦ ἄνδρες Ἀθηναῖοι, συνταράττεται καὶ διαφθείρεται κατὰ τοῦτον, καὶ τοῦτ' οἶμαι σαφῶς ὑμῖν ἐπιδείξειν. λέξω δὲ οὔτε καινὸν, οὔτε περιττὸν οὐδὲν, οὔτ' ἴδιον· ἀλλ' ὃ πάντες ὑμεῖς ἴστε ὁμοίως ἐμοί.

ς'. Εἰ γάρ τις ὑμῶν ἐξετάσαι βούλεται, τί ποτ' ἐστὶ τὸ αἴτιον, καὶ τὸ ποιοῦν τὴν βουλὴν συλλέγεσθαι, τὸν δῆμον εἰς τὴν ἐκκλησίαν ἀναβαίνειν, τὰ δικαστήρια πληροῦσθαι, τὰς ἕνας ἀρχὰς ταῖς νέαις ἑκούσας ὑπεξιέναι, πάντα δι' ὧν ἡ πόλις [1]διοικεῖται καὶ σώζεται, γίγνεσθαι, τοὺς νόμους εὑρήσει, καὶ τὸ τούτοις ἅπαντας πείθεσθαι. ἐπεὶ λυθέντων γε τούτων, καὶ ἑκάστῳ δοθείσης ἐξουσίας ὅ,τι βούλεται ποιεῖν, οὐ μόνον ἡ πολιτεία οἴχεται, ἀλλ' 776
οὐδ' ὁ βίος ἡμῶν τοῦ τῶν θηρίων οὐδὲν ἂν διενέγκοι. τί γὰρ ἂν τοῦτον αὐτὸν οἴεσθε [2]ποιεῖν, λυθέντων τῶν νόμων, ὃς ὄντων κυρίων τοιοῦτός ἐστιν; ἐπειδὴ τοίνυν οἱ νόμοι

[1] οἰκεῖται [2] ποιήσειν

Ἀφίετε] Qui nuperrime dixerat εἰ δεῖ τινὰς ἀφεῖναι, et τούτους ἀφιέναι δεῖ, cum quarto casu, ut mos est Græcis Scriptoribus, non utique lubens statim subjiceret, εἰ πᾶσι τοῖς ἄλλοις ἀφίετε, constructione adeo insolenti. Dele ergo vocem ἀφίετε. En! οὐδ', εἰ πᾶσι τοῖς ἄλλοις, οὐχὶ τῷ βιαζομένῳ δήπου συγχωρῆσαι προσήκει. Infercivit homo otiosus, et ineruditus, qui hujusmodi tibicine indigere orationem suspicabatur. TAYLOR.

Καὶ πάντα] F. ταῦτα καὶ πάντα τὰ κ. τ. λ. AUGER.

Κοινὸν] [Ita enim Ald. et cum Aldo Ven. et Par.] Antiquum exemplar καινὸν, *nihil novum, neque supervacuum.* Atque ita legendum esse probant verba sequentia: *sed quod omnes vos mecum juxta tenetis.* OBSOPŒUS.

Κοινὸν] Sequitur quidem ἴδιον illi contrarium. Sed rectius utique καινὸν, ut ostendit sententia: et sic habet Obsop. WOLF. Præstantiores item libri et vulgati, et manu exarati. TAYLOR.

ς'. Τὰς ἕνας ἀρχὰς ταῖς νέαις] Τὰς παλαιὰς ταῖς καιναῖς. WOLF. Vide Suid. in v. Ἕνη, Harpocrat. et σχ. Aristoph. Acharn. v. 171. qui omnes hunc locum citant. TAYL.

Εὑρήσει] Plenius MS. Ven. εὑρήσει τούτους αἰτίους. At melius etiam Obsop. Bodl. Lind. Ital. εὑρήσει τούτων αἰτίους. IDEM.

Τί γὰρ κ. τ. λ.] Rescribo: τί γὰρ ἂν τοῦτον αὐτὸν οἴεσθε ποιήσειν, λυθέντων τῶν νόμων, ὃς, ὄντων αὐτῶν κυρίων, τοιοῦτός ἐστιν; Illud jubent Codd. Bar. Aug. hoc idem Baroc. cum Ven. et marg. Benenati. IDEM.

μετὰ τοὺς θεοὺς ὁμολογοῦνται σώζειν τὴν πόλιν, δεῖ πάντας ὑμᾶς τὸν αὐτὸν τρόπον, [1] ὥσπερ εἰ ἐκάθησθε ἐράνου πληρωταὶ, τὸν μὲν πειθόμενον τούτοις, ὡς φέροντα τὴν τῆς σωτηρίας φορὰν πλήρη τῇ πατρίδι, τιμᾶν καὶ ἐπαινεῖν, τὸν δὲ ἀπειθοῦντα κολάζειν. ἔρανος γάρ ἐστι πολιτικὸς καὶ κοινὸς πάνθ' ὅσα ταξάντων τῶν νόμων ἕκαστος ὑμῶν ποιεῖ. ὃν ὁ λείπων, ὦ ἄνδρες Ἀθηναῖοι, πολλὰ, καὶ καλὰ, καὶ σεμνὰ, καὶ μεγάλα ὑμῶν ἀφαιρεῖται, καὶ διαφθείρει τὸ καθ' αὑτόν. ὧν ἓν ἢ δύο ἐρῶ παραδείγματος ἕνεκα τὰ γνωριμώτατα. τὸ, τὴν βουλὴν τοὺς πεντακοσίους, ἀπὸ τῆς ἀσθενοῦς ταυτησὶ κιγκλίδος τῶν ἀποῤῥήτων κυρίαν εἶναι, καὶ μὴ τοὺς ἰδιώτας ἐπεισιέναι· τὸ, τὴν ἐξ Ἀρείου πάγου βουλὴν, ὅταν ἐν τῇ βασιλείῳ στοᾷ καθεζομένη περισχοινίσηται, κατὰ πολλὴν ἡσυχίαν ἐφ' ἑαυτῆς εἶναι, καὶ ἅπαντας ἐκποδὼν ὑποχωρεῖν· τὸ, τὰς ἀρχὰς ἁπάσας, ὅσας οἱ λαχόντες ἄρχουσιν ὑμῶν, ἅμα τῷ τὸν ὑπηρέτην εἰπεῖν μετάστητε ἔξω, τῶν νόμων κρατεῖν, ἐφ' οἷς εἰσεπέμφθησαν, καὶ μὴ τοὺς ἀσελγεστάτους βιάζεσθαι·

[1] ὥσπερ ἂν εἰ

Ὥσπερ εἰ] MSti ὥσπερ ἂν, et melius adhuc, ὥσπερ ἂν εἰ. IDEM.

Ἐράνου πληρωταὶ] Vide eandem hanc similitudinem bis in Midiana tractatam. Πληρωταὶ autem hic dicuntur, (contra quam nominis significatio ferre videtur: πληρόω enim est *compleo*, et πληρωτὴς, *is, qui complet*) non qui conferunt stipem, sed qui collatam ab aliis colligunt, quasi ἀποδέκται ἢ εἰσπράκτορες τῶν ἐράνων. WOLF. De hoc loco vide Herald. Observatt. cap. 44. Salmas. ad Jus Attic. pag. 27. seq. Herald. rursus Animadv. ad Salmas. L. VI. C. V. §. 4. TAYLOR. Non *collatores*, sed *collectores collectæ*. AUGER.

Ὃν] Refertur ad ἔρανος. IDEM.

Τὸ, τὴν βουλὴν τοὺς πεντακοσίους] Hic ordo est: οἱ νόμοι σώζουσι τὸ, τὴν βουλὴν, κ. τ. λ. Quæ duo verba [οὗτοι φυλάττουσιν v. 2. p. 360.] in prima Hervagiana editione prætermissa me perturbarunt. WOLF. Prætermittuntur etiam in Ald. Ven. Bar. et Aug. TAYLOR.

Βασιλείῳ στοᾷ] Vide Harpocrat. et Meurs. Attic. Lect. VI. 17. IDEM.

Περισχοινίσηται] Τὸ δὲ δικαστήριον περιεσχοινίζετο, τοῦ μὲν βασιλέως παραγγείλαντος, τῶν δὲ θεσμοθετῶν κληρούντων τὸ δικαστήριον. τὸ δὲ περισχοίνισμα ἀπὸ πεντήκοντα ποδῶν ἐγίγνετο, καὶ οἱ ὑπηρέται ἐφειστήκεισαν, ὅπως μηδεὶς ἀνεπόπτευτος προσῇ. αἱ μὲν οὖν τῶν δικαστηρίων θύραι, κιγκλίδες ἐκαλοῦντο cætera. Pollux L. VIII. C. X. §. 123. Add. Meurs. Attic. Lect. VI. 14. IDEM.

Εἰπεῖν] Sub. τοῖς λαχοῦσι. μετάστητε ἔξω, S. τοῦ ὄχλου τῶν λοιπῶν πολιτῶν τῶν κληρωσαμένων. Sequitur non multo post, p. 361. v. 12. ὅτι ἐλάχετε· εἶτα ἀπεκληρώθητε. τουτέστι διὰ τοῦ κλήρου ἐχωρίσθητε τῶν ἄλλων. WOLF.

Μετάστητε] *Eos egredi foras jusserit.* Immo: *cæteros omnes egredi foras jusserit.* JURIN.

Τῶν νόμων κρατεῖν] Antiquum multo emendatius sic legit: ἅμα τῷ τὸν ὑπηρέτην εἰπεῖν, μετάστητε ἔξω, τοὺς νόμους κρατεῖν etc. OBSOPŒUS.

Τῶν νόμων] Κυρίους εἶναι τῶν νόμων, καθ' οὓς ἐκληρώσαντο, ἢ εἰσῆλθον εἰς τὸ βουλευτήριον. Τὸ τῶν νόμων κρατεῖν queat etiam intelligi, τοὺς νόμους οὐκ ἐμποδίζεσθαι ἐπ' αὐτοῖς, ἢ κατὰ τοὺς νόμους ἄρχειν ἐξεῖναι αὐτοῖς. WOLF. τοὺς νόμους etiam Bodl. marg. Paris. Suspicor legendum esse τῶν νομίμων. Vide ad Timocrateam, 733. 10. ed. R. potissimum vero ea, quæ dixi ad Lycurgum p. 183. Not. 17. TAYLOR. ἐφ' οἷς pro καθ' οὕς. AUGER.

ἄλλα μυρία. πάντα [1]γὰρ καλὰ, καὶ σεμνὰ, καὶ δι' ὧν ἡ
πόλις κοσμεῖται καὶ σώζεται, [2]οὗτοι φυλάττουσιν. ἡ [3]σω-
φροσύνη πρὸς τοὺς γονέας, καὶ τοὺς πρεσβευτέρους ὑμῶν,
[4]ἡ παρὰ τῶν νέων αἰσχύνη, ἡ εὐταξία, τῇ τῶν νόμων 777
προσθήκῃ, τῶν αἰσχρῶν περίεστι, τῆς ἀναισχυντίας, τῆς
θρασύτητος, τῆς ἀναιδείας. ἰταμὸν γὰρ ἡ πονηρία, καὶ
[5]τολμηρὸν, καὶ πλεονεκτικόν· καὶ τοὐναντίον ἡ καλοκα-
γαθία, ἡσύχιον, καὶ ὀκνηρὸν, καὶ βραδὺ, καὶ δεινὸν ἐλατ-
τωθῆναι. τοὺς νόμους οὖν δεῖ τηρεῖν, καὶ τούτους ἰσχυροὺς
ποιεῖν τοὺς ἀεὶ δικάζοντας ὑμῶν· μετὰ γὰρ τούτων οἱ
χρηστοὶ τῶν πονηρῶν περίεισιν· εἰ δὲ μὴ, λέλυται πάντα,
[6]ἀνέῳκται, συγκέχυται, τῶν πονηροτάτων καὶ ἀναιδεστά-
των ἡ [7]πόλις γίγνεται.

ζ'. Φέρε γὰρ, πρὸς θεῶν, [8]εἰ ἕκαστος τῶν ἐν τῇ πόλει
τὴν Ἀριστογείτονος τόλμαν καὶ ἀναισχυντίαν λαβὼν, καὶ
διαλογισάμενος ταῦθ' ἅπερ οὗτος, ὅτι ἔξεστι καὶ λέγειν
καὶ ποιεῖν μέχρι τινὸς ὅ,τι ἂν βούληταί τις ἐν δημοκρα-
τίᾳ, ἐάν περ τοῦ ποῖός τις εἶναι δόξῃ ὁ ταῦτα ποιῶν ὀλι-
γωρήσῃ, καὶ οὐδεὶς ἐπ' οὐδενὶ τῶν ἀδικημάτων εὐθὺς ἀπο-
κτενεῖ· εἰ ταῦτα διανοηθεὶς ὁ μὴ λαχὼν τῷ λαχόντι, καὶ
ὁ μὴ χειροτονηθεὶς τῷ χειροτονηθέντι [9]ἐξ ἴσου ζητοίη εἶναι,

[1] γὰρ τὰ καλὰ [2] [οὗτοι φυλάττουσιν·] [3] σωφροσύνη, ἡ πρὸς [4] Deest articulus. [5] τομὸν [6] ἀνέῳκται, ὁ βίος συγκέχυται, [7] πόλις μεστὴ γίγνεται [8] εἰ εἷς ἕκαστος [9] ἐξίσου

Ἄλλα μυρία] Ea, quæ sequuntur (πάντα γὰρ καλὰ, δι' ὧν ἡ πόλις κοσμεῖται καὶ σώζεται) parenthesi claudenda sunt αἰτιολογία τῶν μυρίων. Obsop. pro ἡ σωφροσύνη, habet οὗτοι φυλάττουσιν, ut et Felicianus. Wolf.

Ἡ παρὰ τῶν νέων αἰσχύνη, ἡ εὐταξία] F. καὶ εὐταξία. Alioqui certe salebrosa est collocatio: videturque aliquid deesse, cujusmodi sit, ἡ κατὰ τὸν βίον εὐταξία. Est hæc præclara et plane philosophica Oratio. Sed vereor, ne pluribus mendosa locis, quam qui aut collocatione codicum, aut nostra divinatione possint corrigi. Wolf. Immo quidem satis sana. Licet non recte intelligam, quid sit ἡ σωφροσύνη πρὸς τοὺς γονέας. In MStis Aug. Lind. Ital. post σωφροσύνη additur articulus ἡ. Lege itaque: ἡ σωφροσύνη· Id unum est. deinde: ἡ πρὸς τοὺς γονέας καὶ τοὺς πρεσβυτέρους ὑμῶν παρὰ τῶν νέων αἰσχύνη· additur tertium, ἡ εὐταξία. *Temperantia, Reverentia, Disciplina.* Taylor.

Τῆς ἀναιδείας] Αἰσχύνη, *pudor*, Αἰδὼς, *reverentia.* Illa turpitudinis metus est: hæc dignitati, virtuti, auctoritati, ætati honorem habet. Possunt ergo ἀναισχυντία καὶ ἀναίδεια habere locum; sed quia præcedit εὐταξία, quid si legatur τῆς ἀταξίας? Wolf.

Δεινὸν ἐλαττωθῆναι] *Damni patiens*, Wolfius. *nec facile a suo statu dejicitur*, Melanchtho. Δεινὸν ἐλαττωθῆναι, ait ille ad Theophrastum, sive Stanleius sit, sive Duportus, mirifice dictum, ac si diceres: *apta fraudari.* Sed frigidum hoc præ Græco. Et certe ea mihi videtur esse hujus phraseos elegantia, ut Latine exprimi non possit. Καλοκαγαθία δεινὸν ἐλαττωθῆναι vult dicere: *morum probitas ita comparata est, ut facile in damnum incidat.* Hæc Vir summus. Taylor.

ζ'. Μέχρι τινὸς] S. χρόνου, εἰ καὶ μὴ ἀεί. Wolf.

Εὐθὺς] Post εὐθὺς f. add. αὐτόν. Auger.

καὶ τῶν αὐτῶν μετέχειν, καὶ ὅλως μὴ νέος, μὴ πρεσβύτερος
τὰ προσήκοντα πράττοι, ἀλλὰ πᾶν τὸ τεταγμένον ἐξελά-
σας ἕκαστος ἐκ τοῦ βίου, τὴν ἑαυτοῦ βούλησιν, νόμον, ἀρ-
χὴν, πάνθ' ὑπολαμβάνοι, εἰ ταῦτα ποιοῖμεν, ἔστιν ἔτι τὴν
πόλιν οἰκεῖσθαι; τί δέ; τοὺς νόμους κυρίους εἶναι; πόσην
δ' ἂν οἴεσθε βίαν, καὶ ὕβριν, καὶ παρανομίαν ἐν ἁπάσῃ
τῇ πόλει καθ' ἑκάστην ἡμέραν γίγνεσθαι, καὶ βλασφη-
μίαν, ἀντὶ τῆς νῦν εὐφημίας καὶ τάξεως; καὶ τί δεῖ λέ-
778 γειν, ὅτι τοῖς νόμοις ἅπαντα κοσμεῖται, καὶ τῷ τούτοις
πείθεσθαι; ἀλλ' ὑμεῖς αὐτοὶ πάντων ἄρτι κληρουμένων
Ἀθηναίων, καὶ πάντων εὖ οἶδ' ὅτι βουλομένων εἰς τουτὶ
λαχεῖν τὸ δικαστήριον, μόνοι δικάζεθ' ἡμῖν. διὰ τί; ὅτι
ἐλάχετε, εἶτα ἀπεκληρώθητε. ταῦτα γὰρ οἱ νόμοι λέγου-
σιν. εἶθ' ὑμεῖς αὐτοὶ κατὰ τοὺς νόμους εἰσεληλυθότες τὸν
παρὰ τοὺς νόμους λέγειν ἢ πράττειν τι βιαζόμενον λα-
βόντες ἀφήσετε; καὶ οὐδεὶς ὑμῶν χολὴν, οὐδὲ ὀργὴν ἔχων
φανήσεται, ἐφ' οἷς ὁ βδελυρὸς καὶ ἀναιδὴς ἄνθρωπος οὑτοσὶ
βιάζεται τοὺς νόμους; ὅς, ὦ μιαρώτατε πάντων τῶν ὄντων
ἀνθρώπων, κεκλεισμένης [1] σου τῆς παῤῥησίας οὐ κιγκλίσιν,
οὐδὲ θύραις, ἃ καὶ παρανοίξειεν ἄν τις, ἀλλὰ τοσούτοις
καὶ τηλικούτοις ὀφλήμασι, καὶ τούτων παρὰ τῇ θεῷ κει-
μένων, ἐς [2] τὸ ἐντὸς τούτων βιάζῃ, καὶ προσέρχῃ πρὸς ταῦ-

[1] σοι [2] τὰ

Οἰκεῖσθαι] *Incoli*, Wolfius. Immo: *regi, administrari*. Dixi alibi et plenius. Verum, priusquam hunc locum dimittamus, examinemus id, quod sequitur. ἔστιν ἔτι τὴν πόλιν οἰκεῖσθαι; τί δέ; τοὺς νόμους κυρίους εἶναι; non facile memini, me aliquid aliud unquam legisse otiosius, aliquid aliud importunius. Comprehendit tota hæc Perioche disputationem satis honestam de Legum necessitate, earumque auctoritate: atque ad eam rem conficiendam graphice depingit, qualis futura esset Resp. si Leges, earumque auctoritas tolleretur. Concludit demum: *quid? dicemusne, hanc esse Remp.?* Hic quid infelicius, quam ut adderet *quid? dicemusne, leges esse ratas?* Nam omnis ea, quæ præteriit, argumentatio sita est in supponendo, quod *Leges non essent ratæ*. Quid homine sapiente indignius, quam ut nihil aliud *concludat*, præter ea, quæ *præmisit?* Nimirum animadvertit lector aliquis curiosus, οἰκεῖσθαι non esse *incoli*, verum *legibus contineri atque administrari*, quod ut alios quoque admoneret, allevit ista ridicola; quibus rursus deletis, vide porro, ut pergat sententia: εἰ ταῦτα ποιοῖμεν, ἔστιν ἔτι τὴν πόλιν οἰκεῖσθαι; τί δέ; πόσην ἂν οἴεσθε βίαν, et quæ sequuntur. TAYLOR.

Εἶτα ἀπεκληρώθητε] Wolfius non recte cepit hujus loci mentem, quantum ejus interpretationem intelligo. Λαχεῖν est, *sortiri, sortes ducere*, quod omnium, ἀποκληρωθῆναι, *sortibus vincere*, quod paucorum. Vertas itaque liberius: *Quod omnes voluerunt, vos soli hodie jus dicitis. Id quo modo se habet? Quia vos cum cæteris una civibus ad sortes accessistis, deinde vobis solis sortito obtigit, ut huic judicio præficeremini. id enim legum præscripto fit.* IDEM.

Ὅς, ὦ μιαρώτατε] Longinus §. 27. ubi agit de personæ in aliam personam commutatione, locum istum citat et illustrat. IDEM.

τα, ἀφ' ὧν ἀπελαύνουσί σε οἱ νόμοι· ἀπεσχοινισμένος πᾶσι τοῖς ἐν τῇ πόλει δικαίοις, γνώσεσι τριῶν δικαστηρίων, [1]τῇ γραφῇ θεσμοθετῶν, ἑτέρᾳ πρακτόρων, τῇ τῆς βουλεύσεως, ἣν αὐτὸς διώκεις, γραφῇ, καὶ [2]μονονουχ' ἁλύσει σιδηρᾷ δεδεμένος, ὑποδύῃ παρὰ ταῦτα, καὶ διασπᾷς, καὶ προφάσεις πλάττων, καὶ ψευδεῖς αἰτίας συντιθεὶς, τὰ [3]κοινὰ ἀνατρέψειν οἴει;

ή. Καὶ μὴν μέγα καὶ σαφὲς ὑμῖν ἐρῶ παράδειγμα, ὅτι ταῦτα οὐδὲ καθ' ἓν προσήκει παριδεῖν. εἰ γάρ τις αὐτίκα δὴ μάλα εἴποι, ὡς ἐκ τῶν νεωτάτων, ἢ τῶν πλουσιωτάτων, ἢ τῶν λελειτουργηκότων, ἢ τῶν τοιούτων τινὸς μερῶν ἀφορίσας, τοὺς λέγοντας εἶναι δεῖ, ἀποκτείναιτ' ἂν αὐτὸν εὖ οἶδ' ὅτι, ὡς καταλύοντα τὸν δῆμον· καὶ δικαίως ἂν τοῦ-

[1] ἐγγραφῇ [2] μονονοὺχ [3] κοινὰ δίκαι' ἀνατρ. οἴει.

Ἀπεσχοινισμένος] Vide Harpocration. Maussac. ad locum, Plin. IX. Epist. 26. IDEM.

Γνώσεσι] Harpocratio: Γνῶσις, ἀντὶ τοῦ Κρίσις. Δημοσθένης ἐν τῷ κατ' Ἀριστογείτονος. Codd. interea Ven. Ital. et Parisienses hic κρίσεσι legunt, quod puto aliquando ex scholio oriundum. IDEM.

Τῇ γραφῇ] Laudo Ven. Bar. Bodl. Aug. et Regg. Paris. ἐγγραφῇ. Thesmothetæ, et similiter exactores, non *dicam scribebant*, verum *nomina* obæratorum *in codices retulerunt*. Id quod hoc loco agitur. Oratio contra Theocrinem hæc omnia complanabit. Quod Wolfius infra ad §. θ'. ineptum est, et a mente hujus loci alienum. IDEM. Imo ἐγγραφῇ. AUGER.

Βουλεύσεως] Antiquum exemplar sic habuit: ἐν γραφῇ [istud est ἐγγραφῇ. vide notam superiorem] θεσμοθετῶν, ἑτέρᾳ πρακτόρων, τῇ τῆς βουλήσεως, ἣν αὐτὸς διώκεις, γραφῇ etc. Quam lectionem cum Aldina conferens, utra melior sit, mox videbis. OBSOPŒUS.

Τῷ τῆς βουλήσεως, ἣν αὐτὸς διώκεις γραφὴν] [uti Aldus edidit] Alii: Τῇ τῆς βουλεύσεως, ἣν αὐτοὺς διῴκεις (παρὰ τὸ διοικέω) γραφῇ. Alii τῇ τῆς βουλῆς. Mihi placet: τῇ τῆς βουλεύσεως, ἣν αὐτὸς διώκεις, γραφῇ. De hoc crimine vide Suidam. Accusavit autem Aristogito quendam Aristonem, ut a quo falso fuerit in ærarios relatus: accusatus et ipse est, quod Pythangeli vitæ falsa accusatione struxerit insidias. WOLF.

Βουλεύσεως] Harpocr. Βουλεύσεως. ἐγκλήματος ὄνομα ἐπὶ δυοῖν τατττόμενον πραγμάτων. τὸ μὲν γάρ ἐστιν, ὅταν ἐξ ἐπιβουλῆς τίς τινι κατασκευάσῃ θάνατον — τὸ δ' ἕτερον, ὅταν ἐγγεγραμμένος, ὡς ὀφείλων τῷ δημοσίῳ, αὐτὸς δικάζηταί τινι, ὡς οὐ δικαίως αὐτὸν ἐγγεγραφότι. τοῦ μὲν οὖν προτέρου μάρτυς Ἰσαῖος — περὶ δὲ τοῦ ἑτέρου ἐγκλήματος, Δημοσθένης ἐν τῷ κατ' Ἀριστογείτονος πρώτῳ. Vide infra §. ιέ. fin. Si quæras, quantum intersit inter γραφὴν βουλεύσεως, et ψευδεγγραφῆς (nam et istius quoque actio dabatur) consulas Suid. in v. Ψευδὴς ἐγγραφή. Petit. LL. Attic. p. 467. Edit. Nov. Poll. L. VIII. C. 6. §. 43. et 88. virosque doctos ad loca. Vales. ad p. 301. Harpocrationis, H. Steph. Thes. Gr. L. T. IV. p. 720. TAYLOR. γραφὴ βουλεύσεως, erat actionis id genus, cum homo inscriptus quasi debens reipublicæ, se injuria inscriptum quereretur. AUGER.

Τὰ κοινὰ] Lege confidenter cum bonis exemplaribus, Ven. Baroc. Lind. Aug. Ital. et marg. Morel. τὰ κοινὰ δίκαια ἀνατρέψειν οἴει; TAYLOR.

ή. Λελειτουργηκότων] Vide Fr. Luisini Parerg. III. 43. qui nova et insolita mente hunc locum intelligit de hominibus infimæ sortis et conditionis, de fæce populi. Nihil minus. Contendit tantum Orator, in libera Rep. qui patriæ prodesse et consulere vellent, non ex uno tantum ordine aut collegio sumi debere, qualecunque demum sit, verum id omnibus patere. IDEM.

Τινὸς] Fortasse τι, uti Ald. Ven. Bar. Aug. Ital. τῶν τοιούτων τι μέρος ἀφορίσας. Credo sane. IDEM. τινος, sub. μέρους, vel f. del. AUGER.

779 το ποιήσαιτε. καὶ μὴν ὅ,τι βούλεσθε τούτων, ἧττόν ἐστι
δεινὸν, ἢ εἴ τις, ἐξ ὧν ἐστὶν οὗτος μερῶν, εἴποι τοῖς βιαζο-
μένοις ἐξεῖναι λέγειν, ἢ τοῖς ἐκ τοῦ δεσμωτηρίου, ἢ τοῖς ὧν
ὁ δῆμος ἀπέκτεινε τοὺς πατέρας, ἢ τοῖς ἀποδεδοκιμα-
σμένοις ἄρχειν λαχοῦσιν, ἢ τοῖς ὀφείλουσι τῷ δημοσίῳ, ἢ
τοῖς καθάπαξ ἀτίμοις, ἢ τοῖς πονηροτάτοις καὶ οὖσι καὶ
δοκοῦσι. πάντα γὰρ ταῦτα ὑπάρχει τούτῳ, καὶ [1] πρόσεστι
τοῖς, οἷος οὗτός ἐστι τὴν φύσιν. ἐγὼ γὰρ, ὦ ἄνδρες Ἀθη-
ναῖοι, νομίζω μὲν αὐτὸν καὶ ἐφ' οἷς νῦν ποιεῖ, δικαίως ἂν
ἀποθανεῖν· πολὺ μέν τοι μᾶλλον, ἢ οὐδέν γε ἧττον ἐφ' οἷς
δῆλός ἐστι ποιήσων, εἰ τὴν παρ' ὑμῶν ἐξουσίαν λήψεται,
καὶ καιρὸν, ὃ μὴ γένοιτο. ὃ καὶ θαυμαστόν ἐστιν, εἴ τις
ὑμῶν ἀγνοεῖ, ὅτι ἐπὶ μὲν καλὸν ἢ χρηστὸν, ἢ τῆς πόλεως
ἄξιον πρᾶγμα οὐδὲν οὗτός ἐστι χρήσιμος, — μὴ γὰρ, ὦ
Ζεῦ καὶ θεοὶ, τοσαύτη σπάνις ἀνδρῶν γένοιτο τῇ πόλει,
ὥστε παρὰ Ἀριστογείτονος τῶν καλῶν τι ποιήσασθαι —,
ἐφ' ἃ δ' ἂν καὶ χρήσαιτό τις τοιούτῳ θηρίῳ, ἀπεύχεσθαι
τοῖς θεοῖς μὴ γενέσθαι δεῖ. εἰ δ' ἄρα καὶ συμβαίη, μεῖζόν
ἐστιν εὐτύχημα τῇ πόλει ἀπορῆσαι τοὺς βουλομένους ἐξα-
μαρτεῖν, δι' οὗ τοῦτο ποιήσουσιν, ἢ τοῦτον ἀφειμένον αὐτοῖς
ἕτοιμον ὑπάρξαι. τί γὰρ οὗτος ὀκνήσειεν ἂν, ὦ ἄνδρες Ἀθη-
ναῖοι, τῶν ἀνηκέστων ἢ δεινῶν, ἄνθρωπος μιαρὸς καὶ πα-
τρικῆς ἔχθρας πρὸς τὸν δῆμον ἀνάμεστος; τίς δ' ἂν ἄλ-
λος μᾶλλον, ὃ μὴ [2] γένοιτο, ἀνατρέψειε τὴν πόλιν, εἰ λάβοι-
το ἐξουσίας; οὐχ ὁρᾶτε, ὅτι τῆς φύσεως αὐτοῦ καὶ τῆς
πολιτείας οὐ λογισμὸς, οὐδ' αἰδὼς οὐδεμία, ἀλλ' ἀπόνοια
ἡγεῖται; μᾶλλον δὲ ὅλον ἐστὶν ἀπόνοια ἡ τούτου πολιτεία;
780' ἡ μέγιστον μέν ἐστιν αὐτῷ τῷ ἔχοντι κακὸν, δεινὸν δὲ καὶ

1 * πρόσετι τοῖς οἷόσπερ

2 γένοιτο, πᾶσαν ἀνατρ.

Ἐξ ὧν] Sensus, quem mihi non assequi videtur Interpres, hujusmodi fere est: *Si quis contenderet, dicendi faciendam esse potestatem iis hominibus, quorum in numero est Aristogito, violentis nempe, carceris effractoribus* etc. TAYLOR.

Τοῖς, οἷος κ. τ. λ.] Τοῖς τὴν φύσιν dura est ellipsis. Quid si legas: τοῖς, οἷος οὗτός ἐστιν, οὖσι τὴν φύσιν, aut, τοῖς τοιούτοις, οἷος οὗτός ἐστιν, οὖσι τὴν φύσιν? Etsi τὸ τοιούτοις abesse potest βραχυλογίᾳ Græca. WOLF. Deest τοῖς in Codd. Lind. et Ital. non recte. Et pro οἷος, οἷόσπερ habent Ven. Bar. Aug. marg. Morel. TAYLOR. F. add. οὖσι ante φύσιν. AUGER.

Ποιήσασθαι] Næ id præter fidem Grammaticæ. Legendum saltem videtur πεποιῆσθαι, ni ulcus late pateat. Quid si ἐλπίσασθαι? TAYLOR. ποιήσασθαι, sub. αὐτὴν, nempe, πόλιν. AUGER.

Μεῖζόν ἐστιν] Plura hic textui adjeci ut sensus aliquis nitidus constaret; vide interpretationem meam. IDEM.

Εἰ λάβοιτο ἐξουσίας] Ἐξουσίαν. JURIN.

χαλεπὸν πᾶσι, τῇ πόλει δ' [1] οὐδ' ἀνεκτέον. ὁ γὰρ ἀπονενοημένος ἅπας αὐτὸν μὲν προεῖται, καὶ τὴν ἐκ λογισμοῦ σωτηρίαν· ἐκ δὲ τοῦ παραδόξου, καὶ τοῦ παραλόγου, ἐὰν ἄρα σωθῇ, σώζεται. [2] τίς οὖν εὖ φρονῶν ἑαυτὸν ἂν ἢ τὰ τῇ πατρίδι συμφέροντα τούτῳ ἐπιτρέψειε; τίς δ' οὐκ ἂν, εἰς ὅσον δυνατὸν, φύγοι, καὶ τὸν ἔχοντα ταύτην ἐκποδὼν ποιήσαιτο, ἵνα [3] μηδὲ ἄκων αὐτῷ ποτὲ περιπέσῃ; οὐκ ἀπονοίας, ὦ ἄνδρες Ἀθηναῖοι, τοὺς ὑπὲρ [4] τῆς πατρίδος βουλευομένους δεῖ ζητεῖν ὅτῳ [5] κοινωνήσουσιν, ἀλλὰ νοῦ, καὶ φρενῶν ἀγαθῶν, καὶ προνοίας πολλῆς. ταῦτα μὲν γὰρ εἰς εὐδαιμονίαν ἄγει πάντας ἀνθρώπους· [6] ἐκεῖνα δὲ, οἷ τοῦτον ἀπελθεῖν δεῖ. θεωρεῖτε δὲ μὴ πρὸς τὸν ἐμὸν λόγον, ἀλλ' [7] εἰς πάντα τὰ τῶν ἀνθρώπων ἔθη βλέποντες. εἰσὶ ταῖς πόλεσι πάσαις βωμοὶ καὶ [8] νεῲ πάντων τῶν θεῶν, εν δὲ τούτοις καὶ Προνοίας Ἀθηνᾶς, ὡς μεγάλης καὶ ἀγαθῆς θεοῦ, καὶ παρὰ τῷ Ἀπόλλωνι ἐν Δελφοῖς κάλλιστος καὶ μέγιστος νεὼς εὐθὺς εἰσιόντι εἰς τὸ ἱερὸν, ὃς ὢν θεὸς καὶ

[1] οὐκ ἀνεκτὸν [2] τίς ἂν οὖν [3] μηδ' ἂν ἄκων αὐτῇ [4] Deest articulus. [5] κοινωνήσουσιν; [6] ἐκείνη [7] εἰς * τὰ πάντων ἀνθρώπων [8] νεῷ

Ἀνεκτέον] Malim οὐδ' ἀνεκτόν. WOLF. Ita MSti. Fortasse: δεινὸν δὲ καὶ χαλεπὸν πάσῃ τῇ πόλει, καὶ οὐκ ἀνεκτέον, vel ἀνεκτόν. TAYLOR. M. ἀνεκτόν. AUGER.

Τούτῳ ἐπιτρέψειε] Γρ. ταύτῃ, et in nonnullis ταύτῃ συνάψειε. Recte sane, ut mea fert sententia. *Vecordiæ*, ut loquitur Schola, in abstracto. Proinde enim dicitur: τίς δ' οὐκ ἂν, εἰς ὅσον δυνατὸν, φύγοι, καὶ τὸν ἔχοντα ταύτην (vel αὐτὴν, ut exemplaria plurima) ἐκποδὼν ποιήσαιτο; Perges porro emendando, v. 7. ἵνα μηδὲ ἄκων αὐτῇ ποτὲ περιπέσῃ. Uti MSti Ven. Bar. Bodl. Lind. Ital. Adhuc autem. Istius rei nescius, comma, quod sequitur, male interpretatur Wolfius, aut certe minus accurate. Et v. 11. pro ἐκεῖνα δὲ, legendum est, ἐκείνη δὲ, cum Codd. Ven. Bodl. Lind. Ital. et marg. Benenati. *Vecordia* sc. quæ ubique in hoc loco *personæ* vicem sustinet. TAYLOR. τὸν ἔχοντα ταύτην, vel mihi superfluum videtur et recidendum, vel quicquid dicitur de homine vecordi, de ipsa vecordia dici debet. Et v. 11. imo ἐκείνη. AUGER.

Καὶ Προνοίας Ἀθηνᾶς] Hinc etiam Æschinis locus [videtur innuere ista Æschinis c. Ctesiph. §. λϛ'. λή. fin. et sæpius] explicari potest. Opponit Ἀθηνᾶν Πρόνοιαν τῇ Ἀριστογείτονος Ἀπονοίᾳ. WOLF. Recte hoc, et tuetur ea, quæ nuper dixi. TAYLOR.

Νεὼς] F. βωμὸς, *ara*. WOLF. Non habeo necesse. *Ædiculam* intelligere potuit seu Cellam (cujusmodi fere hodie sunt Capellæ in Ecclesiis Romanensium, privatis sacris destinatæ, et suis quoque Æditūis instructæ) quarum plurimas unum Fanum complecti solebat. Nam in templo, Jovis puta, aut Apollinis, cætera quoque numina hospitio non prohibebantur. Verbi gratia: In uno Capitolio Romæ plurimorum Deorum *ædiculæ* erant. Livius XXXV. 41. Ædes duæ *Jovi eo anno* in Capitolio *dedicatæ sunt — de mulcta damnatorum quadrigæ inauratæ in Capitolio positæ in* cella Jovis *supra fastigium* ædiculæ. De contubernalibus Diis plurima habet consulenda Cl. G. D'Arnaud in commentario, quem inscripsit de Diis Παρέδροις, et quæ attulerunt viri docti ad explicanda illa Act. Apostol. XIX. 24. Adeo ut nihil mirum esse poterit, si in templo Apollinis Delphici, Minerva quoque suam ædiculam, ritus, et antistites etiam haberet. Immo Minervæ Προνοίας cellam Delphis memorat Pausanias in Phocicis: ὁ τέταρτος δὲ Ἀθηνᾶς καλεῖται Προνοίας, p. 623. Edit. Hanov. 1613. et deinde χρυσοῦ δὲ ἀσπίδα ὑπὸ Κροίσου τοῦ

μάντις κατ' ἀμφότερα οἶδε τὸ βέλτιστον· ἀλλ' οὐκ Ἀπο-
νοίας, οὐδ' Ἀναιδείας. καὶ Δίκης γε, καὶ Εὐνομίας, καὶ
Αἰδοῦς εἰσὶν ἅπασιν ἀνθρώποις βωμοὶ, οἱ μὲν κάλλιστοι
καὶ ἁγιώτατοι ἐν αὐτῇ τῇ ψυχῇ ἑκάστου καὶ τῇ φύσει, οἱ
δὲ καὶ κοινοὶ, τοῖς πᾶσι τιμᾶν ἱδρυμένοι· ἀλλ' οὐκ Ἀναι-
σχυντίας, οὐδὲ Συκοφαντίας, οὐδ' Ἐπιορκίας, οὐδ' Ἀχα-
ριστίας, ἃ πάντα τούτῳ πρόσεστιν.

θʹ. Οἶδα τοίνυν, ὅτι τὴν μὲν ὀρθὴν καὶ δικαίαν ὁδὸν
τῆς ἀπολογίας οὗτος φεύξεται· ἔξωθεν δὲ κύκλῳ περίεισι
781 λοιδορούμενος, καὶ διαβάλλων, καὶ ὑπισχνούμενος κρινεῖν,
εἰσάξειν, παραδώσειν, τὰ τοιαῦτα δή. ἔστι δὲ πάντ' αὐτῷ

Λυδοῦ τῇ Ἀθηνᾷ τῇ Προνοίᾳ δοθεῖσαν ἐλέγετο ὑπὸ τῶν Δελφῶν, ὡς Φιλόμηλος αὐτὴν ἐσύλησε. Sed me male habet, quod ea ædicula hic diceretur κάλλιστος καὶ μέγιστος: præsertim vero, nam illud alterum negligerem, quod jure summo olim contenderunt viri doctissimi, quos infra nomino, ædes istas, quas memorat Pausanias, et hic memorare videtur Demosthenes, non esse consecratas Minervæ Προνοίᾳ, verum, ut vocatur, Minervæ Προναίῃ, ædes sc. minores, ante vestibulum Apollinis, ut alibi loquitur idem Pausanias: Πρῶτα μὲν δὴ λίθου κατὰ τὴν ἔσοδόν ἐστιν Ἀθηνᾶ, καὶ Ἑρμῆς, ὀνομαζόμενοι πρόναοι. Bœotic. pag. 556. *Protemplarem* dicas, aut *Vestibularem* Minervam. Ita Herodot. de rebus Delphicis, VIII. 37. οἱ βάρβαροι, ἐπειδὴ ἐγίνοντο ἐπειγόμενοι κατὰ τὸ ἱρὸν τῆς Προναίης Ἀθηναίης, et juxta: ἐπεὶ γὰρ δὴ ἔσαν ἐπιόντες οἱ βάρβαροι κατὰ τὸ ἱρὸν τῆς Προναίης Ἀθηναίης, cætera. Suidas: Πρόνοια. ὠνομάζετό τις παρὰ Δελφοῖς Ἀθηνᾶ Πρόνοια, διὰ τὸ πρὸ τοῦ ναοῦ ἱδρῦσθαι. Iterum: Πρόνοια Ἀθηνᾶ. οἱ μὲν διὰ τὸ πρὸ τοῦ ναοῦ τοῦ ἐν Δελφοῖς ἑστάναι αὐτήν· οἱ δὲ, ὅτι προὐνόησεν etc. Adjungas Diodor. Sic. XI. §. 14. et ornatissimum Wesselingium ad locum, Gronovium ad Herodot. I. 92. H. Steph. Thes. Gr. L. T. II. col. 1080. et Append. col. 1715. Meurs. Attic. Lect. II. 17. Eund. de Regno Lacedæm. C. V. Kuster. ad Suid. Spanhem. ad Callimach. Hymn. in Lavacr. Pallad. v. 121. His adde Hesychium, Harpocrationem, Etym. M. Lexicographos. Ex quibus omnibus abunde patere arbitror, primo Minervam Delphis cultam, ut dixi, nominari non Πρόνοιαν, *providentem*, sed Προναίην, *vestibularem*: deinde, eos decipi, qui hæc Demosthenis ad eandem normam corrigi volunt, cum utique interiret omnis, qualis demum fuerit, hujus loci lepor et elegantia, in quo institui voluit comparationem inter Ἀπόνοιαν Aristogitonis, et Πρόνοιαν Minervam. Quid igitur dicemus? An erravit Simius ille Demosthenis, antiquitatis veræ ignarus, et vocabulorum similitudine deceptus, cum hæc scriberet? Illud quidem asserere non audeo, cum paria fere habeat Æschines de Corona, et probe sciam, multa in vetustis Scriptoribus reperiri posse, simili ἀμφιβολίᾳ, quasi ad ludibrium posterorum, referta. Memor tamen esto, Stanleium ad Æschyli Eumen. 21. (ubi in σχ. citatur Callimachus:

Χὴ Παλλὰς, Δελφοί νιν ὅθ' ἱδρύοντο Προναίην)

etiam Æschinem emendare, tanquam eadem scriptura usum. Statuant ergo de hac re, qui me otio et eruditione superant. TAYLOR. [v. Tourrei ad Æschin. c. Ctesiph. Ἡ δ' Ἀθηνᾶ ἐστὶν ἡ τοῦ Διὸς Σύνεσις, ἡ αὐτὴ οὖσα, ἡ ἐν αὐτῷ Πρόνοια. Phurnut. ibid. citat. *In schedis* IDEM.]

Οἱ δὲ καὶ κοινοὶ] Quoniam præcesserat v. 4. τῇ ψυχῇ ἑκάστου, cui respondet τὸ κοινοὶ, et τῇ φύσει, cui nihil respondet, amplector id, quod in Codd. deprehendi, οἱ δὲ νόμῳ, καὶ κοινοὶ κ. τ. λ. Verte autem, nam Wolfius male vertit: *aræ sunt partim privatæ, in pectoribus uniuscujusque, ipsa natura constitutæ: partim institutis, et omnibus communes.* IDEM. Post οἱ δὲ deest χειροποίητοι vel aliud quid. AUGER.

Εἰσάξειν] S. εἰς τὸ δικαστήριον. Hoc alias τῶν θεσμοθετῶν munus fuit. (Supra p. 362. v. 3. τῇ γραφῇ θεσμοθετῶν, quasi ab his fuerit accusatus Aristogito: nisi forte legendum sit τῇ γραφῇ παρὰ τοῖς θεσμοθέταις.) Quid vero si ἀπάξειν legas, S. εἰς τὸ δεσμωτήριον? WOLF.

Παραδώσειν] S. τοῖς ἕνδεκα. IDEM.

ταῦτα, ἐάν περ ὑμεῖς ὀρθῶς [1] ἀκούσητε, ἀδόκιμα. τί γὰρ οὐκ ἐξελήλεγκται τούτων ἐπὶ πάντων πολλάκις; καὶ τὰ μὲν ἄλλα ἐάσω· ἀλλ', Ἀριστόγειτον, ἑπτὰ γραφὰς κέκρικάς με, τοῖς ὑπὲρ Φιλίππου τότε πράττουσι σαυτὸν μισθώσας, καὶ εὐθύνας διδόντος δὶς κατηγόρησας. καὶ Ἀδράστειαν μὲν ἄνθρωπος ὢν ἔγωγε προσκυνῶ, καὶ ἔχω τοῖς θεοῖς καὶ ἅπασιν ὑμῖν πολλὴν χάριν, ὦ ἄνδρες Ἀθηναῖοι, τοῖς σώσασιν ἐμέ· σὺ δ' [2] οὐ πώποτ' οὐδὲν ἀληθὲς λέγων ἐφάνης, ἀλλ' ἀεὶ συκοφαντῶν ἠλέγχου. ἐὰν οὖν τοὺς νόμους ἀκύρους οὗτοι ποιήσαντες ἀφῶσί σε τήμερον, νῦν με [3] ἐξελέγξεις; περί του; σκοπεῖτε γὰρ οὑτωσί. δύ' ἔτη βιάζεται λέγειν οὗτος, οὐκ ἐξὸν αὐτῷ, ἀλλὰ λέγει γε ὁμῶς. ἔπειτ' ἐν [4] τοιούτοις τὸν μὲν ταλαίπωρον Φωκίδην, καὶ τὸν χαλκότυπον τὸν ἐκ Πειραιῶς, καὶ τὸν [5] σκυτοδέψον, καὶ ὅσων ἄλλων κατηγόρηκε παρ' ὑμῖν, εἶδεν ἀδικοῦντας τὴν πόλιν· ἐμὲ δ' οὐχ ἑώρα, τὸν ῥήτορα, ᾧ ἐπολέμει, οὐδὲ τὸν Λυκοῦργον, οὐδὲ τοὺς ἄλλους, περὶ ὧν αὐτίκα δὴ τὰ πολλὰ ἐρεῖ. καὶ μὴν κατ' ἀμφότερα ἄξιός ἐστ' ἀπολωλέναι· τοῦτο μέν, εἴ τι καθ' ἡμῶν ἔχων [6] ἀδίκημα δεικνύναι, ἡμᾶς μὲν ἠφίει, ἐπὶ δὲ τοὺς ἰδιώτας ἐπορεύετο, τοῦτο δ', εἰ μηδὲν ἔχων, ἕνεκα τοῦ παρακρούσασθαι καὶ φενακίσαι ὑμᾶς, ταῦτ' ἐρεῖ. εἰ τοίνυν ἄρα καὶ τοιοῦτός τίς ἐστιν

[1] ἀκούητε [2] οὐδὲ πώποτέ γ' οὐδὲν [3] ἐξελέγξεις· περὶ τοῦ; [4] τούτοις [5] σκυλόδεψον [6] [ἀδίκημα]

Τί γὰρ] L. τίς γάρ. AUGER.

Τούτων ἐπὶ πάντων] Forte τούτων ἁπάντων. WOLF.

Ἀδράστειαν — προσκυνῶ] De hac formula, qua utebantur, cum vellent invidiam a se amoliri, cf. D'Orville ad Charit. Aphrod. Lib. III. cap. VIII. p. 332. et Bergler. Alciphr. Epist. Lib. I. ep. 33. p. 188.

Σὺ δὲ πώποτε δ' οὐδὲν] Lego, σὺ δ' οὐ πώποτ' οὐδὲν κ. τ. λ. et mox v. 9. pro ἐὰν εἶναι, ἐὰν οὖν, vel ἐὰν τοίνυν. WOLF. Utrumque recte. Nam in editis emendandis cum Wolfio conspirant Ven. Bar. Bodl. Aug. MSti, qui σὺ δ' οὐδὲ πώποτε οὐδέν. Morelius dedit: σὺ δ' οὐδὲ πώποτέ γ' οὐδέν. Deinde v. 9. οὖν Bar. Bodl. Lind. Aug. TAYLOR.

Νῦν με κ. τ. λ.] Νῦν με ἐξελέγξεις περί του; ἀντὶ τοῦ περί τινος. [*jamne me alicujus criminis reum perages?*] Potest et interpungi post ἐξελέγξεις. περί του; WOLF. Idque satius. TAYLOR.

Ἐν τοιούτοις] Diu est, quod divinabam τούτοις. Ita etiam Bodl. Lind. Aug. Ital. τοσούτοις MSS. Felic. et Manut. IDEM. Lego ἐν τούτοις, *in his duobus annis*. AUGER.

Σκυτόδεψον] Aristophanes βυρσοδέψην appellat Cleonem, eodem sensu. WOLF. "MSS. σκυτόδεψον, et σκυλόδεψον sive σκυλλόδεψον. Ubi secunda vox, minus obvia, videretur non profecta a librariis. Ea legitur in Benenati editione." D'Orville ad Charit. Aphrod. Lib. VIII. cap. VIII. p. 750.

Εἴ τι καθ' ὑμῶν] S. τῶν Ἀθηναίων. WOLF. Multo melius ita, uti nos edidimus ex auctoritate Bar. Lind. Ital. et Edit. Benenati. TAYLOR.

Τοιοῦτος — οἷος — ζητεῖν] Εἴ τις ἐστὶν ὁ ζητῶν, εἴ τις ζητεῖ. WOLF.

ἄνθρωπος ἐν τῇ πόλει, οἷος ἐκ παντὸς τρόπου τὸν κρινοῦντά τινας καὶ συκοφαντήσοντα ζητεῖν, [1] εἴτε δικαίως, ἢ
782 ἀδίκως, μηδὲν [2] φροντίζων, οὐδένα ἂν ἧττον εὕροι χρήσιμον, ἢ τοῦτον ἑαυτῷ. διὰ τί; ὅτι τὸν κατηγορήσοντα τῶν ἄλλων, καὶ πάντας κρινοῦντα, αὐτὸν ἀνεξέλεγκτον ὑπάρχειν δεῖ· ἵνα μὴ διὰ τὴν τούτου πονηρίαν διαφεύγωσιν ἐκεῖνοι. τούτου δὲ οὔτε πλειόνων, οὔτε μειζόνων ἁμαρτημάτων οὐδεὶς μᾶλλόν ἐστι μεστὸς ἐν τῇ πόλει· [3] τί οὖν οὗτός ἐστι; κύων, νὴ Δία, φασί τινες, τοῦ δήμου. ποδαπός; οἷος, οὓς μὲν αἰτιᾶται λύκους εἶναι, μὴ δάκνειν, ἃ δέ φησι φυλάττειν πρόβατα, αὐτὸς κατεσθίειν. τίνα [4] γὰρ τῶν ῥητόρων οὗτος εἴργασταί τι κακὸν τοσοῦτον, ἡλίκον τοὺς ἰδιώτας, οὓς συκοφαντῶν περιέρχεται; τίνα δὲ, ἐξ οὗ πάλιν νῦν λέγει, κέκρικε ῥήτορα; οὐδένα· ἀλλ᾽ ἰδιώτας πολλοὺς, περὶ ὧν ψήφισμα γράφων ἑάλωκεν. ἀλλὰ μὴν τοὺς γευομένους κύνας τῶν προβάτων κατακόπτειν φασὶ δεῖν· ὥστε οὐκ ἂν φθάνοι κατακοπτόμενος. οὐδὲν γὰρ, ὦ ἄνδρες Ἀθηναῖοι, χρήσιμός ἐστιν ὧν φησίν· ἀλλ᾽ [5] οὗτος πρᾶγμα ἑώρακε μιαρὸν, καὶ ἀναιδές. λοιδορούμενος γὰρ ἐν ταῖς ἐκκλησίαις, καὶ προπετῶς ἅπασι προσκρούων, ὧν ἂν ἐκ τούτων

[1] εἰ δὲ [2] φροντίζειν [3] τίς [4] γὰρ δὴ τῶν [5] * οὑτωσὶ

Μηδὲν φροντίζειν] [Ita enim constanter edi, et, ut puto, scribi solebat.] Forte φροντίζων. Nisi quis referre velit ad οἷος, quod non placet, aut legere καὶ εἴτε δικαίως. Idem. Profecto temeraria hæc nimis et incocta. Nam ex Codd. Bar. Ven. Bodl. Ital. et Parisiensibus veram lectionem eruere possumus, et antiquum istud φροντίζειν Editorum retinere. Lege itaque: εἰ — τίς ἐστιν — οἷος ἐκ παντὸς τρόπου τὸν κρινοῦντά τινας καὶ συκοφαντήσοντα ζητεῖν, εἰ δὲ δικαίως, ἢ (vel cum marg. Paris. εἴτε) ἀδίκως, μηδὲν φροντίζειν. cætera. Taylor.

Τίνα γὰρ κ. τ. λ.] Aldus quidem sic legit: τίνα γὰρ τῶν ῥητόρων οὗτος εἴργασταί τι κακὸν τοσοῦτον, ἡλίκον τοὺς ἰδιώτας, οὓς συκοφαντῶν περιέρχεται; etc. Antiquum autem ad hunc modum: τίνα γὰρ τῶν ῥητόρων οὗτος εἴργασταί τι κακὸν τοσοῦτον, ἡλίκον ὅσον τοὺς ἰδιώτας, περὶ ὧν ψηφίσματα γράψας ἑάλω. cætera non aderant. Estque horum verborum sensus: Rhetoribus Aristogitonem accusando adeo non exhibuisse negotium, ut de illis decreta quoque scripsisse deprehensus sit, tantum autem homines privatos vexasse. *Aldina* lectio hoc loco multum confusa est, nam eadem verba post sequuntur, sed ordine præpostero. Porro cives de Repub. bene meritos decretis honorari solitos apud Athenienses quis ignorat? Totus ergo iste locus sic mihi ordinandus videtur: τίνα γὰρ τῶν ῥητόρων οὗτος εἴργασταί τι κακὸν τοσοῦτον, ἡλίκον ὅσον τοὺς ἰδιώτας; περὶ ὧν ψηφίσματα γράψας ἑάλω. τίνα δὲ ἐξ οὗ πάλιν νῦν λέγει, κέκρικε ῥήτορα; οὐδένα. ἀλλ᾽ ἰδιώτας πολλοὺς, οὓς συκοφαντῶν περιέρχεται. Obsopœus.

Περὶ ὧν ψήφισμα γράφων ἑάλωκεν] De Hierocle sacrilegii reo vide Libanii argumentum [p. 349.] Wolf.

Ὥστε οὐκ ἂν φθάνοι κατακοπτόμενος] Ὡς τάχιστα κατακεκόψεται. Idem.

Ἑώρακε] Annon εὕρηκε potius? Taylor. *Rei studuit*, nam ὁράω Græce eo sensu aliquando sumitur. Auger.

Ὧν ἂν ἐκ τούτων] Καταβὰς λαμβάνει δίκην τούτων (τῶν πραγμάτων) παρ᾽ ἑκάστου ὑμῶν καθ᾽ ἕνα, ὧν (ἃ, ἣ, ἐν οἷς) παρακρούσηται ἐκεῖ πάντας ὑμᾶς, ἐκ τούτων, τουτέστιν, ἐκ τοῦ λοιδορεῖσθαι καὶ προσκρούειν. Wolf.

ἀθρόους πάντας ὑμᾶς ἐκεῖ παρακρούσηται, τούτων κατα-
βὰς καθ' ἕνα ὑμῶν [1] παρ' ἑκάστου δίκην λαμβάνει, συκο-
φαντῶν, αἰτῶν, [2] εἰσπράττων ἀργύριον, οὐχὶ, μὰ Δία,
τοὺς [3] λέγοντας· οὗτοι γὰρ ἐπίστανται τούτῳ συνδιαβα-
πτίζεσθαι· ἀλλὰ τοὺς ἰδιώτας, καὶ τοὺς ἀπείρους. ἴσασι
δὲ οἱ πεπληγμένοι. ἀλλὰ, νὴ Δία, ταῦτα μὲν οὕτως ἔχειν
ὁμολογήσετε, χρήσιμον δὲ, ἄνθρωπον τῇ πόλει κρίνειν,
ὥστε πάντα ταῦτα παριδόντας δεῖν αὐτὸν [4] σώζειν; ἀλλ'
ὧν ἔργῳ πεῖραν εἰλήφατε, ὦ ἄνδρες Ἀθηναῖοι, μηδέ ποτε 783
ἐκ λόγου ταῦτα σκοπεῖτε. οὗτος ὑμῖν οὐχὶ προσῆλθε πέντε
ἐτῶν ὧν ἐτιμήθη μὴ λέγειν αὐτῷ. τίς οὖν ἐν τούτῳ τῷ
χρόνῳ τοῦτον ἐπόθησε; τί τῶν τῆς πόλεως ἐλλειφθὲν
διὰ τὴν ἀπουσίαν εἶδε τὴν τούτου; τί δὲ ἀφ' οὗ νῦν λέγει
βέλτιον γεγονός; ἐμοὶ μὲν γὰρ δοκεῖ τοὐναντίον. ὃν μὲν οὐ

[1] [παρ' ἑκάστου] [2] εἰσπράττων, αἰτῶν ἀργύρια; [3] λέγοντας. οὐ. οὗτοι [4] σώζειν.

Αἰτῶν] L. αἰτίων. AUGER.

Λέγοντας] Codd. meliores, Ven. Bar. Aug. aliquanto plenius et vehementius: οὐχὶ, μὰ Δία, τοὺς λέγοντας. οὐ. οὗτοι γὰρ etc. TAYLOR.

Συνδιαβαπτίζεσθαι] Sive legas ita cum Bar. Bodl. Obsop. marg. Paris. et Editionibus a Feliciano et Man. procuratis, sive διαβαπτίζεσθαι cum Ald. Paris. et Lind. utrinque habes vocem Lexicographis incognitam. Cum Melanchtho verterit, *qui norunt ejus audaciam retundere*, videtur in animo habuisse ista Sophocl. in Ajace 655.

Κἀγὼ γὰρ, ὃς τὰ δείν' ἐκαρτέρουν τότε,
Βαφῇ, σίδηρος ὥς, ἐθηλύνθην στόμα.

Verum ego arbitror, utrumque Interpretem, Melanchthonem sc. cum Wolfio nostro aberrare a loci sententia, quæ quodammodo est hujusmodi: *Ille a Rhetoribus manum abstinet*, non, quia cum eo congredi et conflictari possunt, verum, *quia eodem cum eo quæstu immersi sunt, iisdem inhonestis artibus tinguntur*. TAYLOR. [ψυχὴ τοῖς μὲν συμμέτροις αὔξεται πόνοις, τοῖς δὲ ὑπερβάλλουσι βαπτίζεται. Plutarch. de Educ. pueror. Διάνοια ὑπὸ μέθης καταβαπτισθεῖσα. et ὅταν γὰρ καταβαπτισθῇ ὑπὸ τῆς πολλῆς οἰνοποσίας ὁ λογισμός. D. Chrysostom. p. 2. T. I. iterum p. 6. IDEM *In schedis*.] Διαπληκτίζεσθαι Th. Bentley. v. Plutarch. in Timol. p. 118. ed. Bryan. et in Sulla p. 45. IDEM.

Χρήσιμον δὲ,] Ὁμολογήσετε δὲ, aut φήσετε δὲ, χρήσιμον εἶναι, ἄνθρωπον κρίνειν τῇ πόλει, id est, κατηγορεῖν τινὰ ὑπὲρ τῆς πόλεως, vel τὸν Ἀριστογείτονα δημόσιον ὄντα κατήγορον χρήσιμον εἶναι τῇ πόλει. Mox v. 9. pro ὧν ἔργων lego ὧν ἔργῳ, quia sequitur ἐκ λόγου. v. 10. WOLF. χρήσιμον δὲ, ἄνθρωπον τῇ πόλει κρίνειν. Sic interpungit Wolfius, et sic reddit: *sed cum utile sit, publicum esse accusatorem*. Utrumque male. Legendum: χρήσιμον δὲ ἄνθρωπον τῇ πόλει κρίνειν, *sed cum sententia ferenda sit de homine utili Reip.* JURIN.

Ἔργῳ] Ita omnino ex Ven. Bar. Bodl. marg. Paris. Recte etiam se habet Oratio proxima, ubi hæc eadem ῥῆσις totidem fere literis repetitur, §. ϛ'. Restituit etiam optimus Wesselingius in præcellentissima sua editione Diod. Sic. Vol. I. pag. 439. TAYLOR.

Πέντε ἐτῶν] Ἐν πέντε ἔτεσιν, ἐξ οὗ ἐτιμήθη αὐτῷ μὴ λέγειν. WOLF.

Γεγονός;] Ita MSti plerique omnes. Quatuor casi ante Wolfium, γέγονε. Quod non improbo, sed desidero auctoritatem. TAYLOR.

Τοὐναντίον] Male semper pungunt in hoc loco. Istud enim δοκεῖ ad ἀναπαύσασθαι v. 1. p. 369. pertinet, et cum eo est conglutinandum, τοὐναντίον autem adverbialiter ponendum, h. p. nimirum: ἐμοὶ μὲν γὰρ δοκεῖ τοὐναντίον — ἀναπαύσασθαι. *Mihi e contra videtur resp. refocillata fuisse* etc. IDEM.

Ὃν μὲν οὖν οὐ] Τὸ οὖν videtur abundare. WOLF. Recte. et Codd. nostri ignorant. TAYLOR.

προσήκει [1] χρόνον, ἀναπαύσασθαι τῶν κακῶν ἡ πόλις, ὧν ἅπασιν οὗτος παρεῖχεν· ἀφ' οὗ δὲ πάλιν δημηγορεῖ, πολιορκεῖσθαι, λόγους στασιώδεις καὶ ταραχώδεις ἐν ἁπάσαις ταῖς ἐκκλησίαις [2] ἀεὶ λέγοντος τούτου.

ι΄. Βούλομαι τοίνυν καὶ παρακινδυνευτικοῦ τινὸς ἅψασθαι λόγου, καὶ διαλεχθῆναι τοῖς διὰ ταῦτα φιλοῦσιν αὐτόν. οὓς ὁποίους μέν τινας χρὴ νομίζειν, αὐτοὶ σκοπεῖσθε· ἐγὼ δὲ οὐδὲν ἂν εἴποιμι, πλὴν ὅτι γε οὐ σωφρονοῦσι, προσνέμοντες αὑτοὺς τούτῳ. τῶν μὲν οὖν ἐν τῷ δικαστηρίῳ νῦν ὄντων ὑμῶν οὐδένα εἶναι τοιοῦτον τίθεμαι — καὶ γὰρ δίκαιον, ὦ ἄνδρες Ἀθηναῖοι, καὶ καλὸν, καὶ συμφέρον οὕτω καὶ λέγειν ἐμὲ, καὶ φρονεῖν περὶ ὑμῶν —, ἐκ δὲ τῶν ἄλλων πολιτῶν, ἵν' ὡς εἰς ἐλαχίστους τὴν βλασφημίαν [3] ἀγάγω, τὸν μαθητὴν, εἰ δὲ βούλεσθε, τὸν διδάσκαλον αὐτοῦ Φιλοκράτην τὸν Ἐλευσίνιον, μόνον εἶναι τοιοῦτον τίθεμαι. οὐχ ὡς οὐχὶ πλειόνων ὄντων, — ὤφελε γὰρ μηδεὶς ἄλλος Ἀριστογείτονι χαίρειν —, ἀλλ' ὃ καθ' ὑμῶν ὡς ὄνειδος ὀκνῶ [4] λέγειν, οὐδ' ἐπὶ τῶν ἄλλων πολιτῶν δίκαιός εἰμι δημοσίᾳ κατηγορεῖν. εἶτα καὶ ταὐτὸ ποιήσει καὶ πρὸς ἕνα ῥηθεὶς ὁ λόγος. τὸ μὲν οὖν ἐξετάζειν ἀκριβῶς οἷον ἀνάγκη τὴν φύσιν εἶναι τὸν Ἀριστογείτονι χαίροντα, ἐάσω,
784 ἵνα μὴ πολλὰ καὶ βλάσφημα [5] ἀναγκάζωμαι διεξιέναι· ἀλλ' ἐκεῖνο λέγω, εἰ πονηρός ἐστιν Ἀριστογείτων ἁπλῶς καὶ πικρὸς, καὶ συκοφάντης, καὶ τοιοῦτος οἷος ὑπισχνεῖται, δίδωμι, συγχωρῶ, Φιλόκρατες, σοὶ τῷ τοιούτῳ τὸν ὅμοιον σώζειν· τῶν γὰρ ἄλλων ἁπάντων καὶ φρονούντων ἃ δεῖ, καὶ φυλαττόντων τοὺς νόμους, οὐδὲν ἂν παρὰ τοῦτ'

[1] χρόνον ὑμῖν, ἀναπ. [2] ἀεὶ ταῖς ἐκκλησίαις [3] ἀναγάγω [4] λέγειν, * τοῦτ' οὐδὲ τῶν [5] ἀναγκάζωμαι λέγειν καὶ

Προσήκει] S. τοῖς κοινοῖς. Wolf.

ι΄. Τὸν Ἐλευσίνιον] Τὸν Ἐλευσίνιον μόνον [Ald. οὐ μόνον] εἶναι τοιοῦτον τίθεμαι· οὐχ ὡς οὐχὶ [Vide Var. Lect.] πλειόνων ὄντων· ὤφελε γὰρ μηδεὶς ἄλλος Ἀριστογείτονι χαίρειν· [λέγειν Ald. et Ital.] ἀλλ' ὅτι καθ' ὑμῶν ὡς ὄνειδος ὀκνῶ τοῦτο λέγειν, οὐδὲ τῶν ἄλλων πολιτῶν δίκαιός εἰμι δημοσίᾳ κατηγορεῖν. Sic censeo legendum hunc locum. Sin placet ἀλλ' ὃ καθ' ὑμῶν, pro οὐδ' ἐπὶ, lege οὐδὲ περὶ τῶν ἄλλων, vel τοῦτ' οὐδὲ περί. Idem. ἀλλ' ὃ — τοῦτ' οὐδ' κ.τ.λ. marg. Morelii, et recte omnino. Taylor.

Ἵνα μὴ πολλὰ βλάσφημα] Obsopœi Codex habet: ἵνα μὴ πολλὰ καὶ βλάσφημα ἀναγκάζωμαι λέγειν καὶ διεξιέναι. Verum τὸ λέγειν καὶ [quod præter Obsop. ostendunt quoque Ven. Bar. Bodl. Lind. Aug. Ital. cum marg. Lutet.] non placet, quia sequitur mox [v. 23.] ἀλλ' ἐκεῖνο λέγω. Wolf.

Εἰ πονηρός ἐστιν Ἀριστογείτων ἁπλῶς] *Si improbus est Aristogito, sine controversia*, Wolfius. Potius: si sim*pl*iciter, vel *duntaxat malus est Aristogito*. Jurin.

Οὐδὲν ἂν παρὰ τοῦτ'] Οὐδένα ἂν παρὰ

[1] οἶμαι γενέσθαι· εἰ δὲ κάπηλός ἐστι πονηρίας, καὶ παλιγκάπηλος, καὶ μεταβολεύς, καὶ μονονοὺ ζυγὰ καὶ στάθμα ἔχων [2] πάντα ὅσα πώποτ' ἔπραξεν, ἐπώλει, τί τοῦτον, ὦ μάταιε, ἀκονᾷς; οὔτε γὰρ μαγείρῳ μαχαίρας οὐδέν ἐστ' ὄφελος δήπουθεν, ἥ τις μὴ τέμνει, οὔτε τῷ βουλομένῳ δι' [3] αὑτοῦ πᾶσι πράγματα καὶ κακὰ γίγνεσθαι, ὁ ταῦτα ἀποδωσόμενος συκοφάντης οὐδέν ἐστι χρήσιμος. ἀλλὰ μὴν ὅτι τοιοῦτός ἐστιν οὗτος, εἰδότι σοι φράσω. τὴν καθ' Ἡγήμονος εἰσαγγελίαν μέμνησαι ὡς [4] ἀπέδοτο, καὶ τὰς κατὰ Δημάδου γραφάς. οἶσθ' ὡς ἐξέλιπε τὸν ἐλαιοπώλην Ἀγάθωνα. ταῦτα γὰρ πρώην βοῶν καὶ κεκραγὼς ἰοὺ ἰού, καὶ πάντ' ἄνω τε καὶ κάτω ποιῶν ἐν ταῖς ἐκκλησίαις, ὡς δέον στρεβλοῦν, λαβὼν [5] ὅ,τι δήποτε, παρὼν ὅτε ἠφίετο, ἄφωνος ἐγένετο. τὴν κατὰ Δημοκλέους εἰσαγγελίαν ἀνασείσας ποῖ ἔτρεψεν; ἄλλα μυρία, ὧν ἐμοὶ μὲν ἔργον ἁπάντων μνησθῆναι· σὺ δ' οἶδ' ὅτι καὶ τὰ ἀντίγραφα αὐτῶν ἔχεις, ἐργολαβῶν αὐτῷ.

[1] οἴομαι [2] , ἅπανθ', [3] αὑτοῦ
[4] ἀπέδοτο· τὰς κ. Δ. γραφὰς οἶσθ' ὡς ἐξέλιπε· τ. ἐλ. Ἀγάθωνα· (ταυτὶ γὰρ πρώην)
[5] ὁτιδήποτε

τοῦτ' ἄδικον οἶμαι γενέσθαι, non satis placet. Videtur idem esse, ac si dicat: οὐδὲν ἐκ τοῦ σώζεσθαι Ἀριστογείτονα βλαβήσεσθαι τὴν πόλιν: q. d. *unus homo improbus, cum* cæteri *cives in officio erunt, nihil nocere poterit reipublicæ*: resp. *hac de causa nihil detrimenti capiet*. Wolf. Locus iste sollicitari non debuit. Taylor.

Κάπηλος — παλιγκάπηλος — μεταβολεὺς] Quantum intersit si scire velis, consule σχ. Aristoph. Plut. 1156. ubi hæc diligenter expenduntur. Idem.

Τί τοῦτον, ὦ μάταιε, ἀκονᾷς;] Subjecit, puto, alicui librario vocem istam ἀκονᾷς mentio cultri, quæ fit paulo infra. Sed quem in sensum, ego plane non perspicio. Neque enim id agitur, ut Aristogitonem in alios acuat Philocrates, sed ut eum præsenti periculo eripiat. Nonne igitur legendum est: τί τοῦτ', ὦ μάταιε, ἀγωνιᾷς; vel quod magis arridet, etsi paulo longius a recepta lectione recedat: τί περὶ τούτου, ὦ μάταιε, ἀγωνιᾷς; Quicunque enim mutavit ἀγωνιᾷς in ἀκονᾷς, idem necesse habuit pro περὶ τούτου, τοῦτον recribere. Jurin.

Ὡς ἀπέδοτο] F. ὡς ἀπέδοτο καὶ τὰς κατὰ Δημάδου γραφάς. Wolf. Ita nullo neque jure, neque acumine, mutari et edi etiam voluit Wolfius. καὶ in nullis exemplaribus deprehenditur, neque locum habere debet. Alio modo, neque tamen adhuc satis sincere, distinxerunt hæc Felicianus et Manutius, sc. τὴν καθ' Ἡ. εἰσαγγελίαν μέμνησαι, ὡς ἀπέδοτο τὰς κατὰ Δημάδου γραφάς. οἶσθ', ὡς ἐξέλιπε τὸν ἐλαιοπώλην cætera. Ego interea cum Parisiensibus interpungo h. p. τὴν καθ' Ἡ. εἰσαγγελίαν μέμνησαι ὡς ἀπέδοτο· τὰς κατὰ Δ. γραφὰς οἶσθ' ὡς ἐξέλιπε· τὸν ἐλαιοπώλην Ἀγάθωνα — λαβὼν ὁτιδήποτε etc. *Actionem contra Hegemona memineris uti pretio vendiderit: accusationem contra Demadem scis uti destituerit: Agathonem, (ad quem judicandum cum* toties *vos interpellaverat) nactus tandem in judicio, et ejus compos factus, obmutuit.* Taylor. Wolfius: *meministi, ut Hegemonem læsæ majestatis reum fecerit.* Immo: *meministi, ut Hegemonem accusatum accepta pecunia dimiserit.* Jurin.

Πρώην] Punctum infra post πρώην. Auger.

Ἰού, ἰού] Ita multo melius cum Bar. Aug. et Lutecianis, quam ut vulgo scribitur, βοῶν καὶ κεκραγώς, καὶ ἰοὺ ἰού, πάντ' ἄνω etc. Taylor.

Ἀνασείσας] Ἀπειλησάμενος. Harpocratio, hunc locum Aristogitonianæ innuens. Vide Valesium ad locum, et corrige Wolfii interpretationem. Idem.

ιά. Τίς οὖν ὁ τὸν τοιοῦτον [1]σώζων· ἢ πονηρὸς, ἢ χρη-
στός; διὰ τί; τῶν μὲν γὰρ ὁμοίων προδότης, τῶν δὲ
χρηστῶν ἐχθρὸς ἐκ φύσεως καὶ [2]γένους· πλὴν εἰ συκοφάν-
του [3]τίς καὶ πονηροῦ σπέρμα καὶ ῥίζαν, [4]ὥσπερ γεωργὸς,
785 ὑπάρχειν οἴεται δεῖν τῇ πόλει. τοῦτο δὲ οὐ καλὸν, ὦ ἄνδρες
Ἀθηναῖοι, νομίζω δὲ, μὰ τοὺς θεοὺς, οὐδ᾽ ὅσιον. οὐδὲ γὰρ
τοὺς προγόνους ὑπολαμβάνω τὰ δικαστήρια ταῦθ᾽ ὑμῖν
οἰκοδομῆσαι, ἵνα τοὺς τοιούτους ἐν αὐτοῖς μοσχεύητε, ἀλλὰ
τοὐναντίον, ἵνα ἀνείργητε, καὶ κολάζητε, καὶ μηδεὶς ζηλοῖ,
μηδ᾽ ἐπιθυμῇ κακίας. δυσκατάπαυστον δέ τι κινδυνεύει
πρᾶγμ᾽ εἶναι πονηρία. ὅπου γὰρ Ἀριστογείτων ἐπὶ τοῖς
ὡμολογημένοις ἀδικήμασιν εἶναι κρίνεται, καὶ οὐκ ἀπόλωλε
πάλαι, τί χρὴ ποιεῖν, ἢ λέγειν; ὃς εἰς τοῦθ᾽ ἥκει πονηρίας,
ὥστ᾽ ἐνδεδειγμένος ἤδη, βοῶν, συκοφαντῶν, ἀπειλῶν οὐκ
ἐπαύετο· οἷς μὲν ὑμεῖς τὰ μέγιστα [5]ἐνεχειρίζετε στρα-
τηγοῖς, ὅτι αὐτῷ ἀργύριον αἰτοῦντι οὐκ ἔδοσαν, οὐδὲ τῶν
κοπρώνων ἂν ἐπιστάτας ἑλέσθαι φάσκων· οὐκ ἐκείνους
ὑβρίζων, οὔ, — ἐκείνοις μὲν γὰρ ἐξῆν μικρὸν ἀργύριον δοῦσι
τούτῳ, μὴ ἀκούειν ταῦτα, — ἀλλὰ τὴν ὑμετέραν χειροτονί-
αν προπηλακίζων, καὶ τῆς ἑαυτοῦ πονηρίας ἐπίδειξιν ποιού-

[1] σώσων; ἢ π.; ἢ χ.; ἢ διὰ τί; [2] γένους ἐστί· [3] τις [4] ὥσπεραν εἰ [5] ἐγχειρίζετε

ιά. Τίς οὖν κ. τ. λ.] F. Τίς οὖν ὁ τὸν τοιοῦτον σώζων [Aug. habet σώσων]; ἢ πονηρός; οὐ. ἢ χρηστός; οὐ. διὰ τί; *Quis ergo est, qui talem hominem conservatum velit? An improbus? non. An vir bonus? non. Quid ita?* Sed contra consensum Codd. lectionem tolerabilem mutare non audeo. WOLF. Wolfium vides aliter edere, aliter hariolari, aliter demum vertere. Nam ejus Interpretatio sapit eam, quam alicubi memorat, ego nondum reperire potui, lectionem: sc. τίς — ὁ — σώζων; ἢ πονηρὸς, ἢ χρηστός; πονηρός. Sed vulgata rectissime se habent, modo cum MStis, atque etiam vulgatis ab Aldo et Morelio inseras ἢ ante διὰ τί. Ecce! Τίς οὖν ὁ τὸν τοιοῦτον σώζων — ἢ διὰ τί; *Quis est, qui hunc servare velit, vel bonus, vel malus? Aut quare servaret?* TAYLOR. Wolfius: *quis igitur est, qui talem tuetur? bonus, an malus? malus. quamobrem?* Perperam. Sensus est: *Quis igitur est, qui talem salvum velit, sive bonus, sive malus? Quorsum?* JURIN. M. σώσων. et v. 3. post γένους adde ἐστὶ, et pone punctum supra. AUGER.

Ὥσπερ γεωργὸς] Alii ὥσπερ ἂν, et ὥσπερ ἂν εἰ. TAYLOR. M. γεωργοῖς. AUGER.

Μοσχεύητε] Μόσχοι sunt quidem vituli, unde nihil vetat τὸ μοσχεύειν, quasi μόσχους τρέφειν, *tanquam vitulos saginare,* vertere. Sed quia supra σπέρματος καὶ ῥίζης mentionem fecit, commodius verteris *propagare,* παρὰ τὰ μοσχεύματα, *stolones, viviradices.* WOLF. Ita olim, ut memorat, verterat ille in Interpretatione, quam Oporinus excudebat. Sed merito seipsum castigat. Μοσχεύειν λέγουσιν οἱ γεωργοὶ τὸ ἐντιθέναι ἀνεστραμμένως τὰ κλήματα ἐν ὀρύγματι γῆς ἐπὶ τῷ ἐκφύσαι ῥίζας, εἶθ᾽ οὕτως ἐμφυτευθῆναι. Schol. Hermog. juxta finem. Cætera quære in Lexicis vulgatis. TAYLOR.

Ὅπου Ἀριστ.] Ὅπου γὰρ Ἀριστογείτων. WOLF. Wolfius cum Bodl. Lind. Ven. Bar. et Benenato restituit id, quod desiderabatur in cæteris. Proxime τὸ εἶναι v. 12. delendum olim judicavi, cui sententiæ suffragantur Bodl. Lind. Ital. et marg. Benenati. TAYLOR.

μενος· τὰς δὲ κληρωτὰς ἀρχὰς σπαράττων, [1] αἰτῶν, εἰσπράττων ἀργύριον, τί κακὸν οὐ παρέχων; τὰ τελευταῖα δὲ ταυτὶ, πάντας εἰς ταραχὴν καὶ στάσιν ἐμβαλεῖν ζητήσας, γράμματ' ἐκτιθεὶς ψευδῆ· ὅλως δ' ἐπὶ τῷ πάντων κακῷ πεφυκὼς καὶ πρόδηλος ὢν, ὅτι τοιοῦτός ἐστι τῷ βίῳ. σκοπεῖτε γάρ. εἰσὶν ὁμοῦ δισμύριοι [2] πάντες Ἀθηναῖοι. τούτων ἕκαστος ἕν γέ τι πράττων κατὰ τὴν ἀγορὰν

[1] αἰτῶν ἀργύριον, εἰσπράττων

[2] * οἱ πάντες

Σπαράττων] Malim ταράττων. Ita fere Pollux VI. 32. Πρὸς τὸν θορυβοῦντα τὸ δημόσιον τάδε ἄν τις εἴποι, κυκῶν — συγκρούων πάντας πρὸς ἀλλήλους, ταράττων, τάρακτρον, cætera. IDEM.

Ὁμοῦ] Harpocratio: Δημοσθένης ἐν τῷ κατ' Ἀριστογείτονός φησιν, εἰσὶν ὁμοῦ δισμύριοι πάντες Ἀθηναῖοι, ἀντὶ τοῦ ἐγγύς. Suidas in v. — καὶ Δημοσθένης τῷ ὁμοῦ ἀντὶ τοῦ ἐγγὺς κέχρηται, ἐν τῷ κατὰ Ἀριστογείτονος. Εἰσὶ δ' ὁμοῦ δισμύριοι χιλιάδες [sic] Ἀθηναίων. ἔνθα γὰρ βούλεται δηλοῦν, ὅτι ἐγγὺς τῶν δισμυρίων εἰσίν. ἐπεὶ ὅτι γε οὐκ ἦσαν δισμύριοι, φανερόν. cætera. Cum his paria habet Didymus ad Iliad. E. 867. Male ergo Wolfius: omnino *vicies mille sunt*: cum debuit: *vicies mille sunt* præterpropter, circiter. Aristoph. in Equit. 245.

Ὁ κονιορτὸς δῆλος αὐτῶν, ὡς ὁμοῦ προσκειμένων.

Schol. ad locum: τὸ ὁμοῦ λέγουσιν Ἀττικοὶ ἀντὶ τοῦ ἐγγὺς, ὡς καὶ ἐν Εἰρήνῃ. Καὶ μὲν ὁμοῦ 'στιν ἤδε. Adde omnino Lamb. Bos. Observatt. Crit. Cap. IV. Valesium ad dictum Harpocrationis locum, eruditissimum Valckenaer. ad Eranium Philonem p. 162. et Cel. Tib. Hemsterh. ad Lucian. T. I. Nov. Edit. pag. 443. Contra, cum definitum numerum paulo excedit, dicimus μάλιστα, aut aliquid simile. Plato in Critia: πλῆθος δὲ διαφυλάττοντες ὅτι μάλιστα ταὐτὸν ἑαυτῶν εἶναι πρὸς τὸν ἀεὶ χρόνον ἀνδρῶν καὶ γυναικῶν, τὸ δυνατὸν πολεμεῖν ἤδη κατὰ τὰ ἔτη, περὶ δύο μάλιστα ὄντας μυριάδας. Quæ verba non recte a plurimis accipiuntur. Nam, si cum Salmasio Græci sermonis proprietatem spectes, non *circiter* aut *admodum*, ut illi, expones, sed quod binas myriadas aliquantulum excedit. "Μάλιστα τρία τάλαντα apud Demosthenem, inquit Vir ille summus de M. U. p. 156. sunt X talenta, et *quod excurrit*. Contra, si dixisset ὁμοῦ τρία τάλαντα, aliquid deesset ad summam trium talentorum." Cæterum de hoc numero civium Atheniensium magna est inter veteres concordia. Aristoph. Vesp. 705

Εἰσίν γε πόλεις χίλιαι, αἳ νῦν τὸν φόρον ἡμῖν ἀπάγουσι.
Τούτων εἴκοσιν ἄνδρας βόσκειν εἴ τις προσέταξεν ἑκάστῃ,
Δύο μυριάδες τῶν δημοτικῶν ἔζων ἐν πᾶσι λαγῴοις.

Ubi ait Scholiastes doctissimus: Ἐκ πολλοῦ φαίνεται περὶ τοσοῦτον ἀριθμὸν τῶν Ἀθηναίων πλῆθος προΐστασθαι. καὶ Δημοσθένης γάρ φησιν· Εἰσὶ δ' ὁμοῦ δισμύριοι πάντες Ἀθηναῖοι. Similiter eruo idem ex Plutarcho in vita Lycurgi Rhetoris hoc pacto: [Diphilum] ἁλῶναι ἐποίησε [Lycurgus] καὶ πεντήκοντα δραχμὰς ἐκ τῆς οὐσίας αὐτοῦ ἑκάστῳ τῶν πολιτῶν διένειμε, τῶν πάντων συναχθέντων ταλάντων ἑκατὸν ἑξήκοντα, ἤ, ὥς τινες, μνᾶν. Jam si Talenta centum sexaginta in drachmas resolvas, et unicuique civium Atheniensium viritim quinquaginta impertias, hominum capita erunt 19,200. sc. ὁμοῦ δισμύριοι. Adjungo Athenæum l. 6. p. m. 237. Κτησικλῆς ἐν τρίτῃ χρονικῶν, τῇ δεκάτῃ πρὸς ταῖς ἑκατὸν φησιν Ὀλυμπιάδι Ἀθήνησιν ἐξετασμὸν γενέσθαι ὑπὸ Δημητρίου τοῦ Φαληρέως τῶν κατοικούντων τὴν Ἀττικὴν, καὶ εὑρεθῆναι Ἀθηναίους μὲν δισμυρίους πρὸς τοῖς χιλίοις, μετοίκους δὲ μυρίους, οἰκετῶν δὲ μυριάδας τεσσαράκοντα. Quod si aliquando contingat, ut in hoc numero dissentirent Auctores vetustiores, (et ecce aperte dissidet Herodot. V. 97. qui ante bellum Persicum, atque hanc longe ætatem, tres myriadas, sive Atheniensium triginta mille fuisse ait) memineris, alios aliter calculum instituere: hos unamquamque ætatem et conditionem complecti, alios interea, uti hic Noster, cæterique, quos adduximus, eos tantum numerare, qui familiæ capita erant; aut saltem qui ea essent ætate, ut Remp. armis tegere possent; aut denique qui opibus ita valebant, ut in censu essent. De qua re multa habeo dicenda, verum in tempore opportuniori. Jam fere hoc omne extra oleas. TAYLOR. [Plutarch. quomodo quis etc. p. 77. D. in Bruto ed. Tonson. p. 229. Demosth. in π. παραπρ. de ætate Solonis. *In schedis* TAYLOR.

περιέρχεται, ἤτοι, νὴ τὸν Ἡρακλέα, τῶν κοινῶν ἢ τῶν ἰδίων· ἀλλ' οὐχ οὗτος, οὐδὲν οὐδ' ἂν ἔχοι δεῖξαι πρὸς ὅτῳ [1] τὸν βίον ἐστὶ τῶν μετρίων, ἢ τῶν καλῶν· οὐχὶ τῶν πολιτικῶν ἀγαθῶν ἐπὶ οὐδενὶ τὴν ψυχὴν διατρίβει· οὐ τέχνης,
786 οὐ γεωργίας, οὐκ ἄλλης ἐργασίας οὐδεμιᾶς ἐπιμελεῖται· οὐ φιλανθρωπίας, οὐχ ὁμιλίας οὐδεμιᾶς οὐδενὶ κοινωνεῖ· ἀλλὰ πορεύεται διὰ τῆς ἀγορᾶς, ὥσπερ ὄφις, ἢ σκορπίος, ἠρκὼς τὸ κέντρον, ἄττων δεῦρο κἀκεῖσε, σκοπῶν τίνι συμφορὰν, ἢ βλασφημίαν, ἢ κακόν τι προστριψάμενος, καὶ καταστήσας εἰς φόβον, ἀργύριον πράξεται· οὐδὲ προσφοιτᾷ πρός τι τούτων τῶν ἐν τῇ πόλει κουρείων, ἢ μυροπωλίων, ἢ τῶν ἄλλων ἐργαστηρίων οὐδὲ πρὸς ἕν· ἀλλ' ἄσπειστος, ἀνίδρυτος, ἄμικτος, οὐ χάριν, οὐ φιλίαν, οὐκ ἄλλο οὐδὲν, ὧν ἄνθρωπος μέτριος [2] γιγνώσκων, μεθ' ὧν δ' οἱ ζωγράφοι τοὺς ἀσεβεῖς γράφουσιν ἐν ᾅδου, μετὰ τούτων, μετ' ἀρᾶς, καὶ βλασφημίας, καὶ φθόνου, καὶ στάσεως, καὶ νείκους περιέρχεται. εἶθ' ὃν οὐδὲ τῶν ἐν ᾅδου θεῶν εἰκός ἐστι τυχεῖν ἵλεων, ἀλλ' εἰς τοὺς ἀσεβεῖς ὠσθῆναι διὰ τὴν πονηρίαν τοῦ βίου, τοῦτον ὑμεῖς ἀδικοῦντα λαβόντες, οὐ μόνον οὐ τιμωρήσεσθε, ἀλλὰ καὶ μειζόνων ἀξιώσαντες δωρεῶν ἀφήσετε, [3] ὡς τοὺς εὐεργέτας; τίνι γὰρ πώποτε ὑμεῖς ἔδοτε, ἐὰν [4] ὀφλῃ τί τῷ δημοσίῳ, τούτῳ μὴ καταθέντι τῶν ἴσων μετέχειν; οὐδενί. μὴ τοίνυν μηδὲ τούτῳ δότε

[1] * τῶν βίων [2] γινώσκων [3] ὥσπερ [4] * ὀφείλῃ τι

Ἀλλ' οὐχ οὗτος] Lege cum Italico, ἀλλ' οὐχ οὗτος ἂν οὐδὲν ἔχοι δεῖξαι, vel cum Lindenb. ἀλλ' οὐχ οὗτος οὐδὲν ἂν οὐδὲν ἔχοι δεῖξαι, maxime si interpungas post οὗτος. Idem.

Τὸν βίον] *Regii* Parisienses habent τὸν βίον ἐστὶ βιοτεύων. Idem.

Τὴν ψυχὴν] Restitui ex fide omnium impressorum, plurimorum etiam et præstantiorum Codicum. Vulgo erat τῇ ψυχῇ. Idem.

Ὄφις] Obsop. ὥσπερ ἔχις ἢ σκορπίος [et cum eo Ven. Bodl. Ital.] et mox v. 10. ἀργύριον εἰσπράξεται [similiter Bar. Ven. Bodl. Aug. Ital. marg. Par. et rectius]. Vide 4. Rhetor. ad Heren. exempla descriptionis et imaginis pene conversa ex hoc loco. Iste *quotidie per forum medium, tanquam jubatus draco, serpit, dentibus aduncis, adspectu venenato, spiritu rabido, circumspectans huc* et *illuc, si quem reperiat, cui aliquid mali faucibus afflare, ore attingere, dentibus insecare, lingua adspergere possit.* Wolf.

Ἀνίδρυτος] *Vagabundus* Wolfius. quasi *domicilium non habens.* Annotatum reperi: Ἀνίδρυτος, ἀνέστιος οἶμαι. Harpocr. et Suid. exponunt ἀνεξίλαστος. Quod non intelligo. Illa superiora rectissima sunt, et vim vocis optime explicant. Lege Aristot. Polit. L. 1. C. 2. ἄνθρωπος φύσει πολιτικὸν ζῶον, καὶ ὁ ἄπολις — ἤτοι φαῦλός ἐστιν, ἢ κρείττων, ἢ ἄνθρωπος, ὅσπερ καὶ ὁ ὑφ' Ὁμήρου λοιδορηθεὶς,

Ἀφρήτωρ, ἀθέμιστος, ἀνέστιος [Iliad. I. 63.]

ἅμα γὰρ φύσει τοιοῦτος, καὶ πολέμου ἐπιθυμητὴς, ἅτεπερ ἄζυξ, ὥσπερ ἐν πετεινοῖς. Eodem animo, morosos ille, et consuetudinum amicitiarumque osor, Timo, ab Aristophane in Lysistr. 810. vocatur ἀνίδρυτος, sive, ut scribitur quoque, ἀΐδρυτος. Taylor.

Τυχεῖν] Post τυχεῖν f. add. ἄν. Auger.

νῦν, ἀλλὰ τιμωρήσασθε, καὶ παράδειγμα ποιήσατε τοῖς ἄλλοις.

ιβ'. Ἄξιον δ' ἐστὶν, ὦ ἄνδρες Ἀθηναῖοι, καὶ τὰ λοιπὰ
ἀκοῦσαι. δεινῶν γὰρ ὄντων, [1] οὐμενοῦν ἐχόντων ὑπερβολὴν
ὧν ἠκούσατε ἄρτι λέγοντος Λυκούργου, τὰ λοιπὰ ἐνάμιλλα
τούτοις καὶ τῆς αὐτῆς φύσεως εὑρεθήσεται. πρὸς μὲν γὰρ
τῷ τὸν πατέρα ἐν τῷ δεσμωτηρίῳ προδοὺς ἀπελθεῖν ἐξ 787
Ἐρετρίας, ὥσπερ ἠκούσατε Φαίδρου, ἀποθανόντα ὁ ἀσεβὴς
οὗτος καὶ μιαρὸς οὐκ ἔθαψεν, οὐδὲ τοῖς θάψασι τὴν τα-
φὴν ἀπέδωκεν, ἀλλὰ καὶ δίκην προσέλαχε. πρὸς δὲ τῷ
τῆς μητρὸς μὴ ἀποσχέσθαι τὼ χεῖρε, ὥσπερ ἀρτίως ἠκού-
σατε τῶν μαρτύρων, καὶ τὴν ἀδελφὴν τὴν ἑαυτοῦ οὐχ ὁμο-
πατρίαν μὲν οὖσαν, θυγατέρα δὲ ἐκείνης ὁπωσδήποτε γε-
νομένην, — ἐῶ γὰρ τοῦτο —, ἀλλ' ἀδελφήν γε, ἐπ' ἐξαγωγῇ
ἀπέδοτο, ὥς φησι τὸ ἔγκλημα τῆς δίκης, ἣν ὑπὲρ τούτων
ἔλαχεν αὐτῷ ὁ χρηστὸς ἀδελφὸς οὑτοσὶ, ὁ [2] νῦν συναπολο-
γησόμενος. πρὸς δὲ τούτοις τοιούτοις οὖσιν, ἕτερον δεινὸν,
ὦ γῆ καὶ θεοὶ, πρᾶγμ' ἀκούσεσθε. ὅτε γὰρ τὸ δεσμωτή-
ριον διορύξας ἀπέδρα, τότε πρὸς γυναῖκά τινα ἔρχεται,
Ζωβίαν ὄνομα, ᾗ ἐτύγχανεν, ὡς ἔοικε, κεχρημένος ποτέ.
καὶ κρύπτει καὶ διασώζει τὰς πρώτας αὐτὸν ἡμέρας ἐκείνη,
ἃς ἐζήτουν, καὶ ἐκήρυττον οἱ ἕνδεκα. καὶ μετὰ ταῦτα
δοῦσα ὀκτὼ δραχμὰς ἐφόδιον, καὶ χιτωνίσκον, καὶ ἱμάτιον,
ἐξέπεμψεν εἰς Μέγαρα. ταύτην τὴν ἄνθρωπον τὴν τὰ τοι-
αῦτα εὐεργετήσασαν αὐτὸν, ὡς πολὺς παρ' ὑμῖν ἔπνει, καὶ
λαμπρὸς ἦν, μεμφομένην [3] τί, καὶ τούτων ὑπομιμνήσκου-
σαν, καὶ ἀξιοῦσαν εὖ παθεῖν, τὸ μὲν πρῶτον ῥαπίσας,
καὶ ἀπειλήσας ἀπέπεμψεν ἀπὸ τῆς οἰκίας· ὡς δ' οὐκ
ἐπαύετο ἡ ἄνθρωπος, ἀλλὰ γυναίου πρᾶγμα ἐποίει, καὶ
πρὸς τοὺς γνωρίμους προσιοῦσα ἐνεκάλει, λαβὼν αὐτὸς
αὐτοχειρίᾳ, πρὸς τὸ πωλητήριον τοῦ μετοικίου ἀπήγαγε.

[1] οὔμενουν [2] γυνὶ [3] τι

ιβ'. Πρὸς μὲν γὰρ κ. τ. λ.] Πρὸς τῷ ἀπελθεῖν ἐξ Ἐρετρίας, προδοὺς τὸν πατέρα (καὶ προδοῦναι.) Wolf.

Δεσμωτηρίῳ]. Vide Suid. v. Ὀφλήσειν, qui emendabit similem locum in σχ. Aristoph. Nub. 774. Taylor.

Ἐπ' ἐξαγωγῇ] Vid. Jul. Poll. L. III. C. XXV. §. 125. et viros doctos ad istum locum. Idem.

Ἐζήτουν καὶ ἐκήρυττον] Revocavi conjunctionem ope MSS. Bar. Bodl. Aug. et Editionis Lutecianæ. Si asyndetam orationem relinquas, ut est in cæteris, profecto vox altera alterius glossa fuisse videbitur. Idem. Post ἐζήτουν adde καί. Auger.

Μετοικίου] Petit. Attic. Legg. L. II. Tit. V. Harpocr. v. Μετοίκιον. Suid. Ἐξα-

καὶ εἰ μὴ κείμενον αὐτῇ τὸ μετοίκιον ἔτυχεν, ἐπέπρατ᾽ ἂν
διὰ τοῦτον, ᾧ τῆς σωτηρίας [1] αὕτη αἰτία ἐγεγόνει. καὶ
788 ταῦθ᾽ ὡς ἀληθῆ λέγω, κάλει [2] μοι τὸν τὴν ταφὴν τοῦ
πατρὸς οὐκ ἀπειληφότα, καὶ τὸν τῆς δίκης διαιτητὴν, ἣν
ὑπὲρ τῆς πράσεως τῆς ἀδελφῆς ἔλαχεν [3] αὐτῷ οὑτοσὶ, καὶ
τὸ ἔγκλημα φέρε. κάλει δέ μοι πάντων [4] πρῶτον τὸν τῆς
Ζωβίας προστάτην, τῆς ὑποδεξαμένης αὐτὸν, καὶ τοὺς
πωλητὰς, πρὸς οὓς ἀπήγαγεν αὐτήν. ὑμεῖς δ᾽ ἠγα-
νακτεῖτε ἀρτίως εἰ τῶν τὸν ἔρανον φερόντων εἰς τὴν σωτη-
ρίαν αὐτῷ κατηγορεῖ. μιαρὸν, μιαρὸν τὸ θηρίον, ὦ ἄνδρες
Ἀθηναῖοι, [5] καὶ ἄμικτον. λέγε τὰς μαρτυρίας.

ΜΑΡΤΥΡΙΑΙ.

ιγ΄. Τίς οὖν ἱκανὴ κατὰ τοῦ τοσαῦτα καὶ τοιαῦτα
[6] πονηρὰ πεποιηκότος γένοιτ᾽ ἂν δίκη; τίς ἀξία τιμω-
ρία; θάνατος μὲν γὰρ ἔμοιγε μικρὰ φαίνεται. ἓν τοίνυν
εἰπὼν ἔτι τῶν ἰδίων αὐτοῦ πονηρευμάτων, τὰ λοιπὰ ἐάσω.
πρὶν γὰρ ἐξελθεῖν[7] ἐκ τοῦ δεσμωτηρίου, ἐμπεσόντος ἀνθρώ-
που τινὸς Ταναγραίου, πρὸς κατεγγύην, γραμματεῖον
ἔχοντος, προσελθὼν καὶ λαλῶν ὅ,τι δήποθ᾽ ὑφαιρεῖται τὸ
γραμματεῖον. αἰτιωμένου δὲ καὶ δεινὰ ποιοῦντος τἀνθρώπου,
καὶ λέγοντος, ὅτι οὐδεὶς ἄλλος ὑφῄρηται, εἰς τοῦτο ἀφικνεῖ-
ται βδελυρίας, ὥστε τύπτειν ἐπεχείρησε τὸν ἄνθρωπον.
νεάλης δὲ καὶ πρόσφατος ὢν ἐκεῖνος, περιῆν αὐτοῦ τεταρι-
χευμένου, καὶ πολὺν χρόνον ἐμπεπτωκότος. ὡς δ᾽ εἰς τοῦθ᾽

[1] αὐτὴ [2] μοι πρῶτον μὲν τὸν [3] αὐτῷ ὁ χρηστὸς ἀδελφὸς οὑτοσί.
[4] πρῶτον πάντων [5] τοῦτο καὶ [6] [πονηρὰ] [7] Ταναγραίου πρὸς κατεγγύην, γραμ.

γαγή. Meurs. Attic. Lect. I. 9. Taylor.

Κείμενον] Uterque Interpres hujus Orationis falli videtur. Acceperunt enim, quasi muliercula *statim*, *incontinenter*, persoluta annua pensione, sive τοῦ μετοικίου, ita evasisset. Id aliter est. Abducta illa ad forum, ubi τῶν μετοίκων res agitabantur, et referebantur in commentarios, apparebat ex eorum libris memorialibus, eam æs istud *quotannis jam persolvisse*. Thucyd. I. 129. Τῶν ἀνδρῶν, οὕς μοι πέραν θαλάσσης ἐκ Βυζαντίου διέσωσας, κείσεταί σοι εὐεργεσία ἐν τῷ ἡμετέρῳ οἴκῳ ἐσαεὶ ἀνάγραπτος. *In album Benefactorum referri*. Infra, in hac oratione, §. ιέ. συνθῆκαι, καθ᾽ ἃς ἐδανείσατο, κείμεναι. Ita νόμοι dicuntur κεῖσθαι. Idem.

Ταφὴν] Alii γραφὴν male. Ταφὴ non solum sepultura, verum etiam *pretium*, quod pro exsequiis numerabatur. Ita supra p. 374. v. 9. Idem.

Οὑτοσὶ] Codd. Ven. Bar. Aug. eodem modo, quo nuper legebatur, ἔλαχεν αὐτῷ ὁ χρηστὸς ἀδελφὸς οὑτοσί. Idem.

Ὑμεῖς κ. τ. λ.] Apparet, Lycurgum ingratum animum objecisse Aristogitoni, eoque crimine judices concitasse. Wolf.

ιγ΄. Νεάλης καὶ πρόσφατος] Integer atque recens. τὸν νεάλη, sive παρὰ τὴν ἅλα, sive παρὰ τὸ ἅλας, deducere nihil vetat. Opponitur τῷ τεταριχευμένῳ, ut πρόσφατος τῷ πολὺν χρόνον ἐμπεπτωκότι. Taylor.

ἧκεν, ἀπεσθίει τὴν ῥῖνα τἀνθρώπου· καὶ τότε μὲν περὶ τὴν
γεγονυῖαν συμφορὰν [1] ὁ ἄνθρωπος γενόμενος, ἀπέστη τοῦ
τὸ γραμματεῖον ἐρευνᾷν [2] καὶ ζητεῖν, ὕστερον δ' εὑρίσκουσι
τὸ γραμματεῖον ἐν κιβωτίῳ τινὶ, οὗ τὴν κλεῖν οὗτος εἶχε. 789
καὶ μετὰ ταῦτα ψηφίζονται περὶ αὐτοῦ ταυτὶ οἱ ἐν τῷ οἰκήματι, μὴ πυρὸς, μὴ λύχνου, μὴ ποτοῦ, μὴ βρωτοῦ μηδένα μηδενὸς τούτῳ κοινωνεῖν, μηδὲ λαμβάνειν, μηδ' αὐτὸν τούτῳ διδόναι. καὶ ὅτι ταῦτ' ἀληθῆ λέγω, κάλει μοι τὸν ἄνθρωπον αὐτὸν, οὗ τὴν ῥῖνα ὁ μιαρὸς οὗτος [3] ἐσθίων κατέφαγε.

ΜΑΡΤΥΡΙΑ.

καλῶν γε ἔργων ὁ ῥήτωρ δημιουργὸς ὑμῖν γέγονεν. ἄξιόν γε ἐκ τοῦ τὰ τοιαῦτα πεποιηκότος στόματος λόγον ἢ συμβουλήν τινα ἀκοῦσαι. ἀνάγνωθι δὲ καὶ τουτὶ τὸ καλὸν περὶ αὐτοῦ δόγμα.

ΔΟΓΜΑ.

ιδ'. Εἶτ' οὐκ αἰσχύνεσθε, ὦ ἄνδρες Ἀθηναῖοι, εἰ οἱ μὲν ἐπὶ πονηρίᾳ καὶ τοῖς αἰσχίστοις ἐμπεπτωκότες εἰς τὸ οἴκημα, τοσούτῳ τοῦτον ἡγήσαντο [4] ἑαυτῶν πονηρότερον, ὥς τε ἄμικτον ἑαυτοῖς καταστῆσαι· ὑμεῖς δ' ἐξεληλακότων τῶν νόμων αὐτὸν ἐκ τῆς πολιτείας εἰς ὑμᾶς αὐτοὺς [5] καταστήσετε; τί τῶν πεπραγμένων, ἢ βεβιωμένων ἐπαινέσαντες; ἢ τί τῶν πάντων οὐχὶ δυσχεράναντες; οὐκ ἀσεβής; οὐκ ὠμός; οὐκ ἀκάθαρτος; οὐ συκοφάντης; ἀλλ' ὅμως τοιαῦτα ποιῶν καὶ τοιοῦτος ὢν, ἐν ἁπάσαις ἀεὶ βοᾷ ταῖς ἐκκλησίαις· ἐγὼ μόνος ἔτι [6] εὔνους ὑμῖν· πάντες οὗτοι συνεστᾶσι· προδέδοσθε· ἡ παρ' ἐμοὶ μόνον εὔνοια λοιπή. βούλομαι δὲ τὴν σφοδρὰν καὶ μεγάλην εὔνοιαν αὐτοῦ ταύτην ἐξετάσαι, πόθεν ἐστὶ, καὶ ἐκ τίνος ὡς ἀληθῶς αὐτῷ γεγονυῖα. ἵν' εἰ μέν ἐστι τοιαύτη, χρῆσθε αὐτῇ, καὶ πι-
στεύητε· εἰ δὲ μὴ, φυλάττησθε. πότερον γὰρ, ὅτι τοῦ 790

[1] Deest articulus. [2] [ἢ ζητεῖν] [3] * ἀπεσθίων [4] ἑαυτῶν εἶναι πονηρότερον [5] καταμίξετε [6] λοιπὸς

Καὶ ζητεῖν] Recidendum videtur ut inutile. AUGER.

ιδ'. Εὔνους] Λοιπὸς Editt. Ald. et Paris. MSS. Ital. Fel. et Man. Alii scribunt: ἐγὼ μόνος ὑμῖν διαμένω· πάντες οὗτοι etc. TAYLOR.

πατρὸς αὐτοῦ θάνατον κατέγνωτε, καὶ τὴν μητέρα αὐτοῦ ὄφλουσαν ἀποστασίου ἀπέδοσθε, διὰ ταῦτα αὐτὸν ὑμῖν ὑπολαμβάνετε εὔνουν εἶναι; ἀλλ᾽ ἄτοπον, νὴ τὸν Δία καὶ πάντας τοὺς θεοὺς, τοῦτό γε. εἰ μὲν γὰρ εὔνους ἐστὶν ἐκείνοις, καὶ τὸν τῆς φύσεως διασώζει νόμον, ὃς καὶ ἀνθρώποις, καὶ θηρίοις εἷς ὁ αὐτὸς ἅπασιν ὥρισται, στέργειν τοὺς γονεῖς, κακόνους ἐστὶ τοῖς ἐκείνους ἀπολωλεκόσι, δῆλον ὅτι καὶ νόμοις καὶ πολιτείᾳ τῇ τούτων· εἰ δὲ μηδένα τούτων ὑπόλογον ποιεῖται, ἡδέως ἂν εἰδείην, τίς ἐστιν ὁ τὴν πρὸς τοὺς γονέας εὔνοιαν ὁρῶν προδεδωκότα τοῦτον, ἣν πρὸς τὸν δῆμον νῦν ἔχειν ὑπισχνεῖται, πιστεύων. ἐγὼ μὲν γὰρ ἄπιστον, καὶ θεοῖς ἐχθρὸν, οὐ μόνον ἀνθρώποις ὑπολαμβάνω τὸν τῶν γονέων ἀμελοῦντα. ἀλλὰ, νὴ Δία, ὅτι τὰς ἐνδείξεις αὐτοῦ κατεψηφίσασθε, καὶ δὶς εἰς τὸ δεσμωτήριον κατέθεσθε, καὶ αὐτὸν, καὶ τὸν ἀδελφὸν, διὰ ταῦθ᾽ ὑμῖν εὔνους ἐστίν; ἀλλὰ καὶ τοῦτ᾽ ἄτοπον. ἀλλ᾽ ὅτι τὴν ἀρχὴν, ἣν ἔλαχεν, ἀπεδοκιμάσατε; ἀλλ᾽ ὅτι παρανόμων αὐτοῦ κατέγνωτε; ἀλλ᾽ ὅτι πέντε ταλάντων προσετιμήσατε; ἀλλ᾽ ὅτι δακτυλοδεικτεῖτε, ἐπὶ τῷ πονηρότατον τῶν ὄντων ἁπάντων δεικνύναι; ἀλλ᾽ ὅτι τῶν ὑπαρχόντων νόμων καὶ πολιτείας μενόντων, οὐκ ἔνι τῶν αἰσχρῶν αὐτῷ τούτων [1] ἀπαλλαγή; ἀλλὰ διὰ τί ὑμῖν οὗτός ἐστιν εὔνους; ὅτι, φησὶν, ἀναιδής [2] ἐστιν; ὁ δ᾽ ἀναιδὴς ἐκ τίνος ὠνομά-

[1] ἀπαλλαγῆναι;

[2] [ἐστιν.]

Ἀποστασίου] Correxit eruditissimus Valckenaer. ad Ammonium pag. 19. ἀπροστασίου. Actio *hæc* dabatur in Inquilinos, Inquilinasve, qui Sponsorem ex civibus non sibi assumserant: *Illa* altera Ἀποστασίου contra Libertum Libertamve, qui patronis debitam reverentiam non præstitissent; ut pleni sunt libri eorum, ad quos istud Eruditionis genus pertinet. IDEM. Et Wesseling. ad Petiti LL. AA. p. 263.

Εἰ δὲ μηδένα τούτων ὑπόλογον ποιεῖται] Sic μηδεὶς ὑπόλογος, voce composita, scribitur, nisi legendum sit: εἰ δὲ μηδὲν τούτων ὑπὸ λόγον ποιεῖται. WOLF. Vide, quæ annotavimus ad Lysiam p. 183. Adde etiam Indicem v. Ὑπόλογον. Hic pro ὑπόλογον, φροντίδα habent Ven. marg. Benen. (Illud nimirum olim glossa fuit) et λόγον Bar. Aug. TAYLOR.

Πιστεύων] L. ταύτῃ πιστεύων. AUGER.

Ἄπιστον] Ita legi et cudi malebam juxta auctoritatem Ald. Par. et Ven. ῥᾷστον Lind. Ital. ἀπίστῳ Bar. Bodl. ἀπιστῷ Obsop. Felic. Man. cum quibus interpretatur Wolfius. TAYLOR.

Παρανόμων] *Violatarum legum*, Wolfius. Male. Rectius Melanchtho: *an quia condemnatus est in judicio*, rogatæ legis perniciosæ. Dixi alibi. IDEM.

Προσετιμήσατε] [Ita Quatuor prelo cusi] Lego προσετιμήσατε, ut in Aristocratea sæpissime scriptum exstat. WOLF. προσετιμήσατε etiam Cod. Baroc. cum marg. Paris. TAYLOR.

Δακτυλοδεικτεῖτε] Δακτυλοδεικνεῖτε Codd. Ven. et Bar. Vide P. Fab. Agonist. II. 11. IDEM.

Ὅτι φησὶν, ἀναιδής ἐστιν;] Alii, ὅτι φύσιν. Forte, ὅτι φύσει, aut ὅτι τὴν φύσιν. Si placet ὅτι φησὶν, S. ὁ Ἀριστογείτων, ἢ τὶς τῶν φίλων αὐτοῦ. WOLF.

σθη τῶν ἄλλων, ἀλλ᾽ ἢ ὅταν τὰ μήτε ὄντα μήτ᾽ ἂν [1] γενόμενα, ταῦτα τολμᾷ λέγειν δι᾽ ἀναισχυντίαν, ὅπερ οὗτος ποιεῖ;

ιέ. Ἡγοῦμαι τοίνυν καὶ περὶ τῆς ἐνδείξεως, ἅ μοι παραλιπεῖν ἔδοξε Λυκοῦργος, βέλτιον εἶναι πρὸς ὑμᾶς εἰπεῖν. 791
ἐγὼ μὲν γὰρ [2] οἶμαι δεῖν ὑμᾶς, ὥσπερ ἂν εἰ χρέος ἐσκοπεῖτε ἴδιον, οὕτως ἐξετάσαι τοῦτον, καὶ τὰ τουτουῒ τοῦ ἀγῶνος δίκαια. εἰ τοίνυν τις ὀφείλειν τινὰ ᾐτιᾶτο χρήματα, ὁ δ᾽ ἠρνεῖτο, εἰ μὲν ἐφαίνοντο αἵ τε συνθῆκαι, καθ᾽ ἃς ἐδανείσατο, κείμεναι, καὶ οἱ τεθέντες ὅροι ἑστηκότες, τὸν ἀρνούμενον [3] ἡγεῖσθ᾽ ἀναιδῆ δηλονότι· εἰ δ᾽ ἀνῃρημένα ταῦτα, τὸν ἐγκαλοῦντα. οὕτω ταῦτα πέφυκεν. εἰσὶ τοίνυν ὧν Ἀριστογείτων ὀφείλει τῇ πόλει, συνθῆκαι μὲν, οἱ νόμοι, καθ᾽ οὓς ἐγγράφονται πάντες οἱ ὀφλισκάνοντες, ὅρος δὲ, ἡ σανὶς, ἡ παρὰ τῇ θεῷ κειμένη. εἰ μὲν οὖν ἀνῄρηται ταῦτα, καὶ [4] ἐξήλειπται τὸ ὄφλημα, ἡμεῖς ληροῦμεν, μᾶλλον δὲ ψευδόμεθα· εἰ δ᾽ ἔτι ἐστὶ καὶ [5] ἔσται ἕως περ ἂν ἐκτίσῃ, καὶ μένει, οὗτος οὐδὲν ἀληθὲς λέγει, ἀλλ᾽ ἀδικεῖ, καὶ δεινὰ ποιεῖ, τὰ κοινὰ δίκαια ἀφανίζειν ἐπιχειρῶν. οὐ γὰρ, εἰ μὴ πᾶν ὅσον ὦφλεν, ὀφείλει, νῦν ἡ κρίσις, οὐδ᾽ ὁ λόγος ἐστίν· ἀλλ᾽ εἰ ὀφείλει. ἢ δεινά γ᾽ ἂν πάθοιεν οἱ διὰ [6] γραφὴν ἐγγεγραμμένοι μόνην, [7] εἶθ᾽ ὅτι μικρὰ, καὶ οὐδὲν ἠδικήκα-

[1] γενόμενα, μήτ᾽ ἂν γενησόμενα, ταῦτα [2] οἴομαι [3] ἡγεῖσθ᾽ ἂν ἀναιδῆ
[4] ἐξαλήλιπται [5] * ἔστε [ἕωσπερ] ἂν ἐ., κ. μενεῖ [6] δραχμὴν [7] εἰ, διότι

Ὅταν] Malim ὅτι. Idem.

Μήτ᾽ ἂν γενόμενα] *Neque sunt, neque facta sunt*, Wolfius. Male omnino. Non observavit ille vim δυνητικοῦ μορίου, sc. *quæ neque fieri possunt*. MSti Ven. Bar. cum marg. Benenati, γενησόμενα. Taylor.

ιέ. Εἰ χρέος] Melius εἰς, ut edunt Aldus, Felicianus et Manutius, vel adhuc perfectius, uti Morelius, ὥσπερ ἂν εἰ εἰς χρέος ἐσκοπεῖτε ἴδιον. Idem.

Ὅροι] Ὅροι sunt hic et in aliis forensibus sæpe, libelli venditionis aut debiti, indices affixi ædibus aut fundis. Wolf. Præter Lexica eam rem expedient Duportus ad Theophrast. pag. 360. Salmas. de M. U. pag. 508. rursusque per totum caput 15. Herald. Animadv. L. III. C. VI. Petit. LL. Attic. pag. 506. Edit. Novæ. Vales. ad Harpocr. pag. 249. et 315. Taylor.

Ἡγεῖσθ᾽ ἀναιδῆ] Restitue cum Bodl. et Ital. ἡγεῖσθ᾽ ἂν ἀναιδῆ. Idem. L. ἡγεῖσθ᾽ ἂν ἀναιδῆ. Auger.

Σανὶς] Recte distinxit inter *syngraphas*, sive pacta conventa mutuantium, et *titulum*, vel indicem, quo significabatur, fundum, aut ædiculam mutuo sumentis pignori pro mutuo esse oppositam: At acutius paulo, quam ego perspicere possum, inter *leges* Reip. et *tabulas* istarum legum in æde Matris Deorum. Taylor.

Καὶ μένει] Vel μένοι, aut μένῃ, ut alii. Nimirum glossa est vel inutile additamentum. Idem. Inutile videtur et recidendum. Auger. " μένειν dicuntur τὰ ὀφειλήματα in publicis tabulis, donec expungantur." D'Orville.

Εἶθ᾽ ὅτι] Forte εἰ δὴ ὅτι. Wolf. εἰ δ᾽ ὅτι Ald. Fel. Man. εἰ διότι Ven. Bar. Bodl. Aug. cum Edit. Luteciana. Modo pro γραφὴν nonnulli δραχμήν. Sunt au-

σιν, ἰσχύσει τὸ ὀφείλειν κατ' αὐτῶν· ἐὰν δέ τις μεγάλα ἠδικηκὼς, [1] καὶ μίαν θεὶς ἢ δύο καταβολὰς, ἐπίτιμος ἔσται. ἔτι τοίνυν τρία ἐστὶ τὰ ὀφλήματα, ἃ ἐγγέγραπται, καὶ ἐφ' οἷς ἐνδέδεικται. τὰ μὲν δὴ δύο ἐν ἀπογραφῇ πεποίηται, τὸ δ' ἓν, οὐκ ἀπογέγραπται· ἀλλὰ βουλεύσεως τὸν Ἀλωπεκῆθεν Ἀρίστωνα διώκει. καί φησιν· ἀδίκως γάρ [2] με γέγραφεν. δεῖ δή σε, ὡς ἔοικε, δίκην λαβεῖν. οὐκοῦν ὑποσχεῖν πρῶτον, καὶ μεῖναι ἐν οἷς πέπονθας ἀνάγκη· ἢ τίνος [3] λήψῃ δίκην; εἰ γὰρ ἔξεστί σοι πάντα ποιεῖν, ἅπερ
792 τοῖς ἄλλοις, τί ἠδίκησαι;

ιϛ'. Φέρε δὴ, πρὸς θεῶν, κἀκεῖνο σκέψασθε. ἂν ἕλῃ τὸν Ἀρίστωνα τῆς βουλεύσεως, τί ἔσται; ἐξαλειφθήσεται, νὴ Δία, ὁ δ' ἀντεγγραφήσεται. ταῦτα γὰρ οἱ νόμοι λέγουσι. καλῶς. πότερον οὖν ἀπὸ ταύτης τῆς ἡμέρας ὁδὶ μὲν [4] ὀφλήσει τῷ δημοσίῳ, ὁ ἐξαλειφθεὶς, ἐκεῖνος δὲ ἐπίτιμος ἔσται, ὁ ἐγγραφείς; ἐκ γὰρ ὧν [5] νῦν ὅδε ἀξιοῖ, ταῦτα συμβαίνει. εἰ γὰρ, ὅτ' ἐγγέγραπται, μὴ ὀφείλει, ἐπειδὰν ἐξαλειφθῇ, [4] ὀφλήσει δηλονότι. ἀλλ' οὐκ ἔστι ταῦτα, οὐκ ἔστιν. ἀλλ' ὅταν ἐξαλειφθῇ, τότ' οὐκ [4] ὀφείλει· οὐκοῦν νῦν ὀφείλει. τί δ'; ἂν αὐτὸς ἀποφύγοι, [6] παρά του κομιεῖται ταῦθ' ἡ πόλις, ἃ νῦν, οὐκ ἐξὸν, οὗτος [7] αὐτῷ ποιεῖ; πόθεν δ' οἷς οὗτος θανάτου τιμᾶται, καὶ δεσμοῦ, περιϊὼν ἐν τῷ δικαστηρίῳ, οἱ μὲν τὰς

[1] ἢ [2] μ' ἐγγέγραφεν [3] λήψει [4] ὀφειλήσει [5] νυνὶ [6] παρὰ τοῦ [7] * αὐτὴν

tem non contemnendi Ven. Bodl. Aug. marg. Benenati. TAYLOR. L. δραχμήν. AUGER.

Μικρὰ καὶ οὐδὲν] Lego, μικρὰ ἢ οὐδὲν, *aut parum, aut nihil:* vel, ut Wolfius non male exponit, *parum, atque adeo nihil, deliquerunt.* Proxime, *ære alieno erunt obstricti.* Id minus exacte. Τὸ ὀφείλειν *valebit* contra *illos: omnia mala consequentur, quæ eos premere solent, qui Reip. sunt obærati. Contra autem, qui multum* debet, et *unam atque alteram pensionem solverit,* τὸ ὀφείλειν contra *illum non valebit, verum* ἐπίτιμος erit. *Id sane iniquum est.* TAYLOR. Cf. D'Orville ad Charit. Aphrod. Lib. VII. cap. V. p. 623.

Ἔτι τοίνυν κ. τ. λ.] Quid totus hic locus significet, fateor me non intelligere, præsertimque τὰ μὲν --- ἀπογέγραπται. Verti ita ut omnia inter se cohærerent, et subsequentia responderent præcedentibus. AUGER.

Τὰ μὲν δὴ δύο ἐν ἀπογραφῇ πεποίηται] Ἀπεγράψατο. WOLF.

Με γέγραφεν] Lego μ' ἐγγέγραφεν omnino. Habent id optimi Codd. Ven. Lind. Aug. Ital. Vide annotata supra §. β'. TAYLOR. Cui assentitur Augerus.

ιϛ'. Δὲ ἐπίτιμος] δὲ restitui juxta auctoritatem Codd. et Editt. omnium. Apud Wolfium erat καί. TAYLOR.

Συμβαίνει] Hic præsens pro futuro. AUGER.

Τότ' οὐκ ὀφείλει] Corrige ὀφειλήσει. Ita Ven. Bar. Bodl. Et recte Interpres: *verum ubi deletus fuerit, tum non* debebit; *nunc igitur debet.* TAYLOR.

Αὐτὸς] Nempe, Aristo. AUGER.

Αὐτῷ] Facessere jubent otiosum istud vocabulum Codd. Bar. Lind. Ital. TAYLOR. Legendum videtur ἃ νῦν, οὐκ ἐξὸν αὐτῷ, οὗτος ποιεῖ. JURIN. Jurinum exscribit Augerus.

ψυχὰς, οἱ δὲ τὸ μὴ δεινὰ πεπονθέναι κομιοῦνται; ᾧ γὰρ οὐδὲ τῶν ἴσων, οὐδὲ τῶν ἐγκυκλίων δικαίων μετουσίαν διδόασιν οἱ νόμοι, οὗτος τῶν ἀνηκέστων ἑτέροις αἴτιος γίγνεται· οὐκ ὀρθῶς, οὐδὲ πολιτικῶς, οὐδ' ὡς συμφέρει, [1] γιγνομένων τούτων. ἀλλ' ἐγὼ ταῦθ' ὁρῶν θαυμάζω, [2] τάγ' ἄνω κάτω γίγνεσθαι. τί ποτ' οἴεσθ' εἶναι, ἐὰν ἡ γῆ μὲν ἄνω, τὰ δ' ἄστρα κάτω γένηται; οὐκ ἔστι τοῦτο γενέσθαι, μηδὲ γένοιτο. ἀλλ' ὅταν οἷς ἐκ τῶν νόμων μὴ ἔξεστιν, ἐκ τῶν ὑμετέρων βουλήσεων ἐξῇ· ὅταν ἡ μὲν πονηρία τιμᾶται, τὰ χρηστὰ δ' ἀποῤῥίπτηται· [3] ὅταν τὸ δίκαιον καὶ τὸ συμφέρον ἥτταται τοῦ φθόνου· τότε ἄνω καὶ κάτω πάντα χρὴ νομίζειν ἐστράφθαι.

ιζ'. Ἤδη τοίνυν τινὰς εἶδον τῶν ἀγωνιζομένων, οἳ τοῖς πράγμασιν αὐτοῖς ἁλισκόμενοι, καὶ οὐκ ἔχοντες ὡς οὐκ
ἀδικοῦσι δεῖξαι, οἱ μὲν εἰς τὴν τοῦ βίου μετριότητα, καὶ 793
σωφροσύνην [4] κατέφευγον, οἱ δ' εἰς τὰ των προγόνων ἔργα καὶ λειτουργίας, οἱ δ' εἰς ἕτερα τοιαῦτα, δι' ὧν εἰς ἔλεον καὶ φιλανθρωπίαν τοὺς δικάζοντας ἤγαγον· τούτῳ δ' οὐδένα ὁρῶ τῶν τόπων τούτων βάσιμον ὄντα, ἀλλὰ πάντα ἀπόκρημνα, φάραγγας, βάραθρα. τί γὰρ ὡς ἀληθῶς ἐρεῖ; ὧν ὁ πατὴρ [5] αὐτοῦ τι πεποίηκε, νὴ Δία; ἀλλὰ κατεγνώκαθ' ὑμεῖς ἐν [6] τούτοις τοῖς δικαστηρίοις αὐτοῦ θάνατον, ὡς πονηροῦ δηλονότι καὶ ἀξίου τεθνάναι. ἀλλὰ, νὴ Δία, εἰ ταῦτ' ἐστὶν αὐτῷ δυσχερῆ, τὰ περὶ τὸν πατέρα, εἰς τὸν ἑαυτοῦ βίον καταφεύξεται, ὡς σώφρονα καὶ μέτριον; ποῖον;

1 [γιγνομένων τούτων.] ἀλλ' ἔγωγε 2 τὸ τἄνω κάτω γεγενῆσθαι 3 καὶ ὅταν 4 κατέφυγον 5 αὐτοῦ· τί 6 τουτοισὶ

Ἐγκυκλίων] Συνήθων Ital. Credo fuisse glossema ad marginem adscriptum. Taylor.

Τότ' ἄνω κάτω γίγνεσθαι] Forte τὰ ἄνω. Et pro γίγνεσθαι legit Obsop. γεγενῆσθαι. Et [p. 381. v. 1.] ὃν ποῦ βεβίωκεν, *quam vitam ubi actum?* Et [v. 12. h. p.] pro ἐστράφθαι, τετράφθαι. Wolf. τὸ, τ' omnes libri scripti et editi. Bodl. habet τὸ, τὰ ἄνω κάτω γεγενῆσθαι. γεγενῆσθαι etiam plurimi et præstantissimi. ἄνω καὶ κάτω, quod et scribitur, parum probo. Taylor. καὶ τά γ' ἄνω - - - mihi videtur sola adjectione hujus vocis καὶ omnia clara fieri. Auger.

Ἀλλ' ὅταν κ. τ. λ.] Corrigo: ἀλλ' ὅταν οἷς ἐκ τῶν νόμων μὴ ἔξεστι, τούτοις ἐκ τῶν ὑμετέρων βουλήσεων ἐξῇ· καὶ ὅταν ἡ μὲν πονηρία τιμᾶται, τὰ χρηστὰ δ' ἀποῤῥίπτηται· καὶ ὅταν τὸ δίκαιον καὶ τὸ συμφέρον ἡττᾶται τοῦ φθόνου, τότε ἄνω καὶ κάτω etc. Primum illud excepi ex marg. Benenati. Conjunctiones addunt, illam Ven. hanc Bar. Denique quanquam istud καὶ inter ἄνω et κάτω expungat bonus Venetus, hic tamen necessarium esse judico, licet in anterioribus id erat secus. Taylor.

ιζ'. Τι πεποίηκε] Legere jubet optimus Augustanus: ὧν ὁ πατὴρ αὐτοῦ πεποίηκε. A Veneto abest etiam αὐτοῦ. Idem. ὧν - - - τι - - *eorum ne aliquid quæ pater* etc. Auger.

Ποῖον; ὃν ποῦ βεβίωκεν;] Recte hoc, ut mihi quidem videtur. Vide supra Wol-

ὃν πού βεβίωκεν; ὃν μὲν γὰρ [1] πάντες ὑμεῖς ἑωράκατε, οὐκ ἔστι τοιοῦτος. ἀλλ' ὦ τὰν, εἰς τὰς λειτουργίας [2] ἀποχωρήσεται; τὰς πότε, ἢ ποῦ γεγονυίας; τὰς τοῦ πατρός; ἀλλ' οὐκ εἰσίν. ἀλλὰ τὰς ἑαυτοῦ; φάσεις, ἀπαγωγὰς, ἐνδείξεις, οὐχὶ λειτουργίας εὑρήσετε. ἀλλὰ, νὴ [3] Δία, καὶ χωρὶς τούτου, συγγενεῖς πολλοὶ καὶ καλοὶ κἀγαθοὶ παραστάντες αὐτὸν ἐξαιτήσονται; ἀλλ' οὔτ' εἰσὶν, οὔτ' ἐγένοντο πώποτε. πῶς γὰρ, τῷ γε μηδ' ἐλευθέρῳ; πλὴν ἔστι, νὴ Δία, ἔστιν [4] ἀδελφός τις οὗτος αὐτῷ ὁ παρὼν, καὶ τὴν καλὴν δίκην αὐτῷ λαχών. περὶ οὗ τὰ μὲν ἄλλα τί δεῖ λέγειν; [5] ἀδελφὸς δ' ἐστὶ τούτου ὁμοπάτριος, καὶ ὁμομήτριος, καὶ πρὸς τοῖς ἄλλοις κακοῖς [6] καὶ δίδυμος. [7] οὗτος — τὰ μὲν ἄλλα σιωπῶ· ἀλλ' ἐφ' οἷς ὑμεῖς τὴν μιαρὰν [8] Θεωρίδα, τὴν Λημνίαν, τὴν φαρμακίδα, καὶ αὐτὴν, καὶ τὸ γένος ἅπαν ἀπεκτείνατε, ταῦτα λαβὼν τὰ φάρμακα, καὶ τὰς ἐπῳδὰς παρὰ τῆς θεραπαίνης αὐτῆς, ἣ κατ' ἐκείνης
794 τότ' ἐμήνυσεν, ἐξ ἧσπερ ὁ βάσκανος οὑτοσὶ πεπαιδοποίηται, μαγγανεύει καὶ φενακίζει, καὶ τοὺς ἐπιλήπτους φησὶν ἰᾶσθαι, αὐτὸς ὢν ἐπίληπτος πάσῃ πονηρίᾳ. — οὗτος οὖν αὐτὸν ἐξαιτήσεται ὁ φαρμακός; ὁ λοιμός; ὃν οἰωνίσαιτ' ἄν τις μᾶλλον ἰδὼν, ἢ προσειπεῖν βούλοιτο; ὃς αὐτὸς [9] αὐτῷ θανάτου τετίμηκεν, ὅτε τοιαύτην δίκην [10] ἔλαχε;

[1] ἅπαντες [2] ἀποχωρήσεται. [3] Δία χωρὶς τούτων
[4] ἀδελφός. τίς οὗτος αὐτῷ; ὁ [5] ἀλλ' ἀδελφός γ' ἐστι τούτῳ [6] Deest καί.
[7] οὑτοσὶ [8] Θεοδωρίδα, τὴν λημνίδα, [9] αὐτῷ [10] ἔλαχε.

fium ad p. 380. v. 5. MSti plurimi οὐ. Quod eodem recidere judico. Nam οὗ, id est, *ubi*, pariter voluerunt. Atque ita excuderunt Parisienses. Lambinus hic in contrarium prorsus abit. At certe frigidus est *sensus*, quem ille revocavit, et Wolfius interpretando dedit. *Ad suam vitam confugiet —?* quam? *eum*, *quam* non vixit? *in ea enim, quam vos vidistis omnes, non est* talis. Verte autem: *quam vitam?* ubi gentium *actam? in ea enim, quam* hic *egit* coram vobis, *non est talis*. TAYLOR. Wolfius: *quam? eam*, quam *non vixit?* minus ad mentem Oratoris. Vertendum: *qualem? ubi terrarum actam?* JURIN.

Οὐκ ἔστι τοιοῦτος] *Non est* talis *ut jactari possit*. AUGER.

'Αλλὰ] Corrige, ut suadent libri meliores, ἀλλὰ, νὴ Δία, χωρὶς τούτων, sine conjunctione. TAYL. M. τούτων. AUGER.

Θεωρίδα] Harpocratio: Θεωρίς. Δημοσθένης ἐν τῷ κατ' Ἀριστογείτονος, εἰ γνήσιος. Μάντις ἦν ἡ Θεωρὶς, καὶ ἀσεβείας κριθεῖσα ἀπέθανεν, ὡς καὶ Φιλόχορος ἐν ἕκτῃ γράφει. Qui eam ream fecit, fuit noster ipse Demosthenes, ut docemur a Plutarcho; Κατηγόρησε δὲ καὶ τῆς ἱερείας Θεωρίδος, ὡς ἄλλα τε ῥᾳδιουργούσης πολλὰ, καὶ τοὺς δούλους ἐξαπατᾷν διδασκούσης, καὶ θανάτου τιμησάμενος ἀπέκτεινε. Codd. Bar. et Aug. legunt Θεοδωρίδα. TAYLOR.

Φαρμακὸς] Vide Hermog. p. 255. et 257. Didymum Demosthenis Scholiasten apud Harpocr. in v. Etym. M. p. 788. ubi scribitur mendose: οὕτως οὖν αὐτὸν ἐξαιρήσει ὁ φαρμακός; Suid. etiam et Harpocr. legit ἐξαιρήσεται. IDEM.

"Ος αὐτὸς αὐτὸν θανάτου τετίμηκεν] Lego αὑτῷ θανάτου. WOLF. αὐτὸν Ald. αὐτῷ Bar. Aug. TAYLOR.

ιή. Τί οὖν λοιπὸν, ὦ ἄνδρες Ἀθηναῖοι; ἃ κοινὰ, νὴ Δία, πᾶσιν ὑπάρχει τοῖς ἀγωνιζομένοις παρὰ τῆς τῶν ἄλλων ὑμῶν φύσεως, καὶ οὐδεὶς αὐτὸς ἑαυτῷ ταῦτα φέρει τῶν κρινομένων, ἀλλ᾽ ὑμῶν ἕκαστος ἔχων οἴκοθεν ἔρχεται, ἔλεον, συγγνώμην, [1] καὶ φιλανθρωπίαν. ἀλλὰ τούτων γε οὐδ᾽ ὅσιον, οὐδὲ θέμις τῷ μιαρῷ τούτῳ μεταδοῦναι. διὰ τί; ὅτι ὃν ἂν αὐτὸς ἕκαστος νόμον τῇ φύσει δῆλος ᾖ καθ᾽ ἁπάντων ἔχων, τούτου τυγχάνειν παρ᾽ ἑκάστου δίκαιός ἐστι καὶ αὐτός. τίνα οὖν νόμον ὑμῖν, ἢ τίνα βούλησιν ἔχειν Ἀριστογείτων κατὰ πάντων δοκεῖ; [2] πότερον εὐτυχοῦντας ὁρᾶν, καὶ ἐν εὐδαιμονίᾳ καὶ χρηστῇ δόξῃ διάγοντας; καὶ τί ποιῶν ζήσεται; τὰ γὰρ τῶν ἄλλων κακὰ τοῦτον τρέφει. οὐκοῦν ἐν κρίσεσι, καὶ ἀγῶσι, καὶ πονηραῖς αἰτίαις ἅπαντας εἶναι βούλεται. ταῦτα γεωργεῖ, ταῦτα ἐργάζεται. ὁ [3] καὶ δὴ παμπόνηρος ἄνθρωπος, ποῖός τις, ὦ ἄνδρες Ἀθηναῖοι, καλοῖτ᾽ ἂν [4] δικαίως, ὁ τρισκατάρατος, ὁ κοινὸς ἐχθρὸς, ὁ πᾶσι δυσμενὴς, ὅτῳ μήτε γῆ καρπὸν φέροι, μήτ᾽ ἀποθανόντα δέξαιτο; οὐχ ὁ τοιοῦτος; ἔγωγε νομίζω. τίνος δὲ συγγνώμης ἢ ποίων ἐλέων οἱ σεσυκοφαντημένοι παρ᾽ αὐτοῦ τετυχήκασιν; οἷς οὗτος θανάτου πᾶσιν ἐτιμᾶτο ἐν τουτοισὶ τοῖς δικαστηρίοις, καὶ ταῦτα πρὶν τὴν πρώτην ψῆφον 795
[5] διενεχθῆναι. καὶ ἐφ᾽ οἷς ὁ βάσκανος οὗτος [6] οὕτως ὠμῶς καὶ πικρῶς εἶχε, τούτους ὑμῶν οἱ λαχόντες, ὦ ἄνδρες Ἀθηναῖοι, τὰ δίκαια ποιοῦντες, ἔσωζον, τοὺς ὑπὸ τούτου συκοφαντουμένους, καὶ ἀπεψηφίζοντο, καὶ τὸ πέμπτον μέρος τῶν ψήφων οὐ μετεδίδοσαν τούτῳ· ἀλλ᾽ ἥ γε τούτου πικρία, καὶ μιαιφονία, καὶ ὠμότης παρῆν καὶ ἐξητάζετο. οὐχὶ παιδία, οὐχὶ μητέρας τῶν κρινομένων, ἐνίων γραῦς, προσεστηκυίας ὁρῶν οὗτος [7] ἠλέει. εἶτά σοι συγγνώμη; πόθεν;

[1] Deest καί. [2] πότερ᾽ [3] καὶ] δὲ [4] δικαίως; [5] διενεχθῆναι; [6] [οὕτως] [7] ἠλέει;

ιή. Ἔλεον etc.] Ἔλεος, συγγνώμη καὶ φιλανθρωπία, Lambinus. Idem.

Ὁ καὶ δὴ] Impedita satis et obscurior sententia. In MStis legitur: ὁ δὲ τοιοῦτος ποῖός τις καλοῖτ᾽ ἂν δικαίως; ὁ τρισκατάρατος, etc. Quod probo. Tum autem inducenda sunt illa in exitu orationis, οὐχ ὁ τοιοῦτος; Idem.

Πρὶν τὴν πρώτην ψῆφον διενεχθῆναι] Περὶ τοῦ ἐγκλήματος, πότερον ἔνοχος ἦν τούτῳ, ἢ μή· ἡ δὲ δευτέρα, ἐπειδὴ κατακριθῇ, ὅ,τι χρὴ παθεῖν ἢ ἀποτίσαι. Wolf. Deest πρώτην in MStis Ven. et Bar. Taylor.

Προσεστηκυίας] Melius esse credo παρεστηκυίας Codicum Lind. et Ital. vel παρεστώσας plurimorum, Ven. Bar. Bodl. Obsop. Aug. MSS. Fel. et Man. cum marg. Benenati. Idem. Imo παρεἢ [1] παρά του; ἢ τοῖς σοῖς παιδίοις ἔλεος; πολλοῦ γε καὶ δεῖ. σὺ τὸν εἰς ταῦτα ἔλεον προδέδωκας, Ἀριστόγειτον, μᾶλλον δ' ἀνῄρηκας ὅλως. μὴ δὴ πρὸς οὓς αὐτὸς ἔχωσας λιμένας, καὶ προβόλων ἐνέπλησας, πρὸς τούτους προσορμίζου. οὐ γὰρ δίκαιον.

ιθ'. Εἰ τοίνυν [2] ἀκούσετε καὶ τὰς βλασφημίας, ἃς κατὰ τὴν ἀγορὰν περιϊὼν καθ' ὑμῶν ἔλεγεν, ἔτι μᾶλλον ἂν αὐτὸν μισήσετε· καὶ δικαίως. φησὶ γὰρ πολλοὺς ὀφείλειν τῷ δημοσίῳ, τούτους δὲ πάντας ὑπάρχειν ὁμοίους ἑαυτῷ. ἐγὼ δὲ πολλοὺς μὲν εἶναι τοὺς ἠτυχηκότας, εἰ καὶ δι' εἰσὶ μόνοι, συγχωρῶ, — [3] πάντη γὰρ πλείους εἰσὶ τοῦ δέοντος, καὶ οὐδένα τῶν [4] ἄλλων ὀφείλειν ἔδει —, οὐ μέντοι, μὰ τοὺς θεούς, τούτῳ γε ὑπάρχειν οἶμαι τούτους [5] ὁμοίους, — οὐδὲ πολλοῦ δεῖ —, ἀλλὰ καὶ πᾶν τοὐναντίον. οὑτωσὶ δὲ λογίζεσθε. καὶ μή με ὑπολάβητε, ὦ ἄνδρες Ἀθηναῖοι, ὡς πρὸς ὀφείλοντας ὑμᾶς τῷ δημοσίῳ διαλέγεσθαι. οὔτε [6] γάρ ἐστι — μὴ γένοιτο τοῦτο — οὔτ' ἐγὼ νομίζω. ἀλλ' εἴ τῴ τις ἄρα, ἢ φίλος, ἢ γνώριμός
796 ἐστιν ἐν τούτοις, ὡς ὑπὲρ τούτου τοῦτον προσήκει μισεῖν, τοῦτο βούλομαι δεῖξαι. πρῶτον μὲν ὅτι ἀνθρώπους ἐπιεικεῖς, οἷς [7] αἱ ἐγγύαι καὶ φιλανθρωπίαι γίγνονται [8] ὀφλήματα ἴδια, οἷς οὐ πρόσεστι κοινὰ ἀδικήματα, ἠτυχηκέναι δὲ συμβέβηκεν, εἰς τὴν ὁμοίαν τάξιν [9] αὐτῷ καὶ βλασφημίαν ἄγει, οὐκ ὀρθῶς, οὐδὲ προσηκόντως. οὐ γάρ ἐστιν ὅμοιον, Ἀριστόγειτον, οὐδὲ πολλοῦ δεῖ, γράψαντά σε τῶν πολιτῶν τρεῖς ἀκρίτους ἀποκτεῖναι, γραφὴν ἁλῶναι παρα-

[1] παρὰ τοῦ; [2] * ἀκούσαιτε τὰς --- μισήσαιτε [3] παντὶ
[4] ἄλλων, πλὴν τοῦτον, ὀφείλειν [5] ὁμοίους οἴομαι τούτους. ο. π. δεῖ. ἀλλὰ πᾶν
[6] γὰρ * ἔστε [7] Deest articulus. [8] καὶ ὀφλήματα [9] αὐτῷ

στηκυίας. Auger.

ιζ'. Μισήσετε] Morelius dedit μισήσαιτε. In Cod. autem Italico ita scribitur hic locus: ἔτι μᾶλλον ἂν αὐτὸν μισήσετε, καὶ δικαίως ἀποκτείνετε. Taylor. M. ἀκούσαιτε, et μισήσαιτε. et v. 17. ἔστε. Auger.

Τῶν ἄλλων] Addunt Ven. et marg. Paris. πλὴν τούτων. Bar. autem et Aug. πλὴν τοῦτον. Legendum est autem πλὴν τούτου. Taylor.

Οὐδὲ πολλοῦ δεῖ] Interpretare, πολλοῦ γε καὶ δεῖ. Si minus placet, οὐδὲ πολλοῦ λόγου δεῖ. Wolf.

Ἐν τούτοις] *Inter hos qui circumstant.* ὑπὲρ τούτου, *hujus sui amici causa.* Auger.

Γίγνονται, καὶ ὀφλήματα ἴδια] Lego: γίγνονται ὀφλήματα ἴδια, et p. 384. v. 30. ταῦθ' οὗτος μονονού. Wolf. Amplector potius vulgatam lectionem Impressorum Felic. Manut. et Lutee. γίγνονται, καὶ ὀφλήματα. Eamque satis bene reddit Versio Wolfiana. Taylor.

Οὐδὲ πολλοῦ δεῖ] *Neque multis verbis est opus.* Vide supra ad v. 14. Tu vertes: *neque enim idem est; longe abest.* Idem.

νόμων, καὶ δέον σε ἐπὶ ταύτῃ τεθνάναι, τιμήματος τυχεῖν· καὶ φίλον ἐγγυησάμενον, μὴ δύνασθαι ζημίαν ἀπροσδόκητον ἐνεγκεῖν. οὐχ ὅμοιον, οὔ.

κ΄. Ἐπειθ᾽, ὅτι τὴν κοινὴν φιλανθρωπίαν, ἣν ὑμεῖς ἔχετε ἐκ φύσεως πρὸς ἀλλήλους, οὗτος ἀναιρεῖ καὶ διαφθείρει τὸ καθ᾽ αὑτὸν, ἴδοιτ᾽ ἂν ἐντεῦθεν. ὑμεῖς γὰρ, ὦ ἄνδρες Ἀθηναῖοι, τῇ τῆς φύσεως πρὸς ἀλλήλους, ὅπερ εἶπον, χρώμενοι φιλανθρωπίᾳ, ὥσπερ αἱ συγγένειαι τὰς ἰδίας οἰκοῦσιν οἰκίας, οὕτω τὴν πόλιν οἰκεῖτε δημοσίᾳ. πῶς οὖν ἐκεῖναι; ὅπου πατήρ ἐστι, καὶ υἱεῖς ἄνδρες, τυχὸν δὲ καὶ τούτων παῖδες, ἐνταῦθα ἀνάγκη πολλὰς καὶ μηδὲν ὁμοίας εἶναι βουλήσεις. οὐ γὰρ τῶν αὐτῶν οὔτε λόγων, οὔτ᾽ ἔργων ἐστὶν ἡ νεότης τῷ γήρᾳ. ἀλλ᾽ ὅμως οἵ τε νέοι πάνθ᾽ ὅσα ἂν πράττωσιν, ἄν περ ὦσι μέτριοι, οὕτω ποιοῦσιν, ὥς τε μάλιστα μὲν πειρᾶσθαι λανθάνειν, εἰ δὲ μὴ, φανεροί γ᾽ εἶναι τοῦτο βουλόμενοι ποιεῖν· οἵ τε πρεσβύτεροι πάλιν, ἂν ἄρα ἴδωσιν ἢ δαπάνην, ἢ πότον, ἢ παιδιὰν πλείω τῆς μετρίας, οὕτω ταῦθ᾽ ὁρῶσιν, ὥς τε μὴ δοκεῖν ἑωρακέναι. ἐκ δὲ τούτων γίγνεταί τε πάντα ἃ φέρουσιν αἱ φύσεις, καὶ καλῶς γίγνεται. τὸν αὐτὸν τοίνυν τρόπον τοῦτον καὶ ὑμεῖς, 797
ὦ ἄνδρες Ἀθηναῖοι, τὴν πόλιν οἰκεῖτε συγγενικῶς καὶ φιλανθρώπως· οἱ μὲν οὕτως ὁρῶντες τὰ τῶν ἠτυχηκότων ἔργα, ὥστε, τὸ τῆς παροιμίας, ὁρῶντας μὴ ὁρᾶν, καὶ ἀκούοντας μὴ ἀκούειν, οἱ δ᾽ οὕτω ποιοῦντες ἃ πράττουσιν, ὥστ᾽ εἶναι φανεροὶ [1] φυλαττόμενοι καὶ αἰσχυνόμενοι. ἐκ δὲ τούτων ἡ κοινὴ καὶ πάντων τῶν ἀγαθῶν αἰτία τῇ πόλει μένει, καὶ συνέστηκεν ὁμόνοια. ταῦτα τοίνυν Ἀριστογείτων τὰ καλῶς οὕτω πεπηγότα τῇ φύσει, καὶ τοῖς ἤθεσι τοῖς ὑμετέροις, κινεῖ, καὶ ἀναιρεῖ, καὶ [2] μεταῤῥίπτει· καὶ ἃ τῶν ἄλλων τῶν ἠτυχηκότων ἕκαστος ἀψοφητὶ ποιεῖ, ταῦθ᾽ οὗτος μονονοὺ κώδωνας ἐξαψάμενος διαπράττεται. οὐ πρύτανις, οὐ κήρυξ, οὐκ ἐπιστάτης, οὐχ ἡ προεδρεύουσα φυλὴ τούτου κρατεῖν δύναται. ἐπειδὰν οὖν τις ὑμῶν ἐφ᾽ οἷς οὗτος ἀσελ-

[1] καὶ φυλαττόμενοι [2] μεταῤῥιπτεῖ

κ΄. Ὁρῶντας μὴ ὁρᾶν] *Seeing ye shall see and not understand.* Ita N. T. scriptores. Plutarch. de liberorum educat. circa finem ὡς ἔνια τῶν πραττομένων ὁρῶντας μὴ ὁρᾶν καὶ μὴ ἀκούειν ἀκούοντας. Idem *In schedis.*

Οὗτος] Ita Bar. Bodl. marg. Paris. cum Lambino. Editi οὕτω. Vide supra ad p. 383. v. 21. Idem.

γαίνει, [1] λυπηθεὶς, τουτονὶ ταῦτα ποιεῖν εἴπῃ, καὶ ταῦτα, ὀφείλοντα τῷ δημοσίῳ, τί δ᾽; οὐ καὶ ὁ δεῖνά, φησιν, ὀφείλει; τὸν ἐχθρὸν ἕκαστος [2] εἰπὼν τὸν ἑαυτοῦ. ὥστε τὴν πονηρίαν τὴν τούτου αἰτίαν εἶναι τῶν βλασφημιῶν, αἳ περὶ τῶν οὐχ ὁμοίων τούτῳ διὰ τοῦτον γίγνονται.

κά. Λοιπὸν τοίνυν ἐστὶν, ὦ ἄνδρες Ἀθηναῖοι, τοῖς ἀπαλλαγῆναι βουλομένοις τούτου, παράδειγμα σαφὲς καὶ ἐναργὲς ἔχοντας ἐκ τῶν νόμων, μάλιστα μὲν θανάτου αὐτῷ τιμῆσαι· εἰ δὲ μὴ, τοσοῦτον ἐπιθεῖναι τίμημα χρημάτων, ὅσον οὐ δυνήσεται φέρειν. ἄλλη γὰρ οὐκ ἔστιν ἀπαλλαγὴ τούτου, σαφῶς ἐπίστασθε. καὶ γὰρ, ὦ ἄνδρες Ἀθηναῖοι,
798 τῶν μὲν ἄλλων ἀνθρώπων ἂν τις ἴδοι τοὺς μὲν βελτίστους καὶ μετριωτάτους αὐτῇ τῇ φύσει πάντα ποιοῦντας ἑκόντας ἃ δεῖ· τοὺς δὲ χείρους μὲν τούτων, ἔξω δὲ τοῦ πονηροὺς ἄγαν κληθῆναι, τῷ φόβῳ τῷ πρὸς ὑμᾶς, καὶ τῷ τοῖς αἰσχροῖς, καὶ λόγοις, καὶ ὀνείδεσιν ἀλγεῖν, εὐλαβουμένους ἐξαμαρτάνειν· τοὺς δὲ πονηροτάτους καὶ τοὺς ἐξαγίστους ὀνομαζομένους, τάς γε συμφορὰς σωφρονίζειν λέγουσιν. οὑτοσὶ τοίνυν Ἀριστογείτων τοσοῦτον ὑπερῆρκε πάντας ἀν-

[1] λυπηθείς· τουτονὶ δὲ ταῦτα ποιεῖν; εἴπῃ, καὶ ταῦτ᾽ ὀφ. τῷ δημοσίῳ; [2] ὑπειπὼν

Ταῦτα] Eum talia et talia *dicat agere, cum debeat ærario*, Wolfius. Parum exacte. *Si quis igitur vestrum motus ejus petulantia, conqueratur, eum istiusmodi facinora patrare*, adeoque, vel, atque etiam, *cum sit ærario obstrictus*, cætera. Atque ad eum sensum exemplaria nostra pungi curavimus. IDEM. Lego et distinguo: λυπηθεὶς, τουτονὶ ταῦτα ποιεῖν, εἴπῃ, καὶ ταῦτα ὀφείλοντα τῷ δημοσίῳ; *ita ne istum hæc facere, dicit, cum debeat ærario?* Deinde: τί δ᾽; οὐ καὶ ὁ δεῖνά, φησιν, ὀφείλει; addo: καὶ ὁ δεῖνα, οὔ, φησιν, ὀφείλει, τὸν - - - - ἑαυτοῦ; AUGER.

Τί δ᾽; οὐ καὶ ὁ δεῖνα] Apparet, hunc locum esse mutilatum. Sententia *certe* est: *Aristogitonis exemplo cives sua crimina communicare cum aliis, et ita propagari lites.* ad quàm planius exprimendam verba quædam desunt. WOLF. Nihil simplicius loci hujus vera mente: Nihil Wolfii explicatione et suspicionibus futilius. *Cum Cives Aristogitoni petulantiam exprobrant, atque insuper, petulantiam hominis, qui publico erat obæratus, ibi, arrepta occasione inimicos suos sugillandi, quid? ait, Egone debeo solus? annon obæratus est quoque Simo, et Pamphilus et Charidemus?* Lege autem, τὸν ἐχθρὸν ἕκαστον εἰπὼν (vel ὑπειπὼν ut MSti fere omnes, cordate sane et feliciter!) τὸν ἑαυτοῦ. TAYLOR.

Τοῦτον] Restitui ex Editis et MStis. τούτων Wolfius. IDEM.

κά. Παράδειγμα] Mihi quidem nec παράδειγμα, nec παράγγελμα, nec ἀδίκημα satis placet. Ac fieri potest, ut aliquid desit. WOLF. ἀδίκημα MSti Ven. Bar. Bodl. Lind. Obsop. Ital. marg. Benenati. TAYL.

Τοὺς δὲ πονηροτάτους καὶ τοὺς ἐξαγίστους] Ἐξαγίστους vocat *sceleratos ac diros*, qui etiam ἐναγεῖς, καὶ ἀλιτήριοι, καὶ ἐπάρατοι, καὶ τῇ ἀρᾷ ἔνοχοι, ἀλάστορές τε καὶ παλαμναῖοι, id est, *exsecrabiles, devoti manibus, impuri, et sacri, sanguinarii, sicarii, conscelerati.* Æschines κατὰ Κτησιφ. καὶ λιμὴν ὁ νῦν ἐξάγιστος καὶ ἐπάρατος ὠνομασμένος, id est, *sceleratus ac dirus portus. Ex edit.* HERVAG.

Τάς τε συμφορὰς] Forte addendum καὶ τὰς τιμωρίας. Nisi legas τάς γε. WOLF. Recte sane. Et quanquam Baroc. habeat τάς γε, cæteri tamen omnes, credo, constanter, τάς τε, et marg. Paris. addit, quod Wolfius addi voluit. TAYLOR.

θρώπους πονηρίᾳ, ὥς τε οὐδὲ παθὼν ἐνουθετήθη, ἀλλ' ἐπὶ
τοῖς αὐτοῖς ἀδικήμασι καὶ πλεονεκτήμασι πάλιν εἴληπται.
καὶ τοσούτῳ πλείονος ὀργῆς ἄξιός ἐστι νῦν ἢ πρότερον,
ὅσῳ τότε μὲν γράφειν μόνον ᾤετο δεῖν παρὰ τοὺς νόμους·
νυνὶ δὲ [1] ταῦτα ποιεῖν, αἰτιᾶσθαι, λέγειν, διαβάλλειν,
[2] ἄγειν, βλασφημεῖν, θανάτου τιμᾶσθαι, εἰσαγγέλλειν,
κακολογεῖν τοὺς ἐπιτίμους, αὐτὸς ὀφείλων τῷ δημοσίῳ.
τούτου γὰρ οὐδέν ἐστι δεινότερον. τὸ μὲν οὖν νουθετεῖν τοῦ-
τον, μανία. ὃς γὰρ, οἷς ὁ δῆμος [3] ἅπαντας τοὺς ἐνοχλοῦν-
τας ἑαυτὸν νουθετεῖ θορύβοις, μηδὲ πώποθ' ὑπεῖξε, μηδὲ
διετράπη, ταχύ γ' ἂν φροντίσειέ τι τοῦ παρ' ἑνὸς λόγου.
[4] ἀνίατον, ὦ ἄνδρες Ἀθηναῖοι, τὸ πρᾶγμά ἐστι τὸ τούτου.
δεῖ δὴ πάντας, ὥσπερ [5] ἰατροὶ, ὅταν καρκῖνον, ἢ φαγέδαι-
ναν, ἢ [6] τῶν ἀνιατωτάτων τί κακῶν ἴδωσιν, ἀπέκαυσαν,
ἢ ὅλως ἀπέκοψαν, οὕτω τοῦτο τὸ θηρίον ὑμᾶς ἐξορίσαι,
ῥίψαι ἐκ τῆς πόλεως, ἀνελεῖν, μὴ περιμείναντάς τι παθεῖν,
ὃ [7] μήτε δημοσίᾳ γένοιτο, ἀλλὰ προευλαβηθέντας. ὡδὶ γὰρ
ὁρᾶτε. οὐδένα πώποθ' ὑμῶν ἴσως ἔχις ἔδακεν, οὐδὲ φαλάγ-
γιον, μήτε δάκοι [8] ποτέ· ἀλλ' ὅμως [9] πάντα τὰ τοιαῦτα 799
ἐπὰν ἴδητε, εὐθὺς [10] ἀποκτενεῖτε. τὸν αὐτὸν τοίνυν τρόπον,
ὦ ἄνδρες Ἀθηναῖοι, καὶ ὅταν συκοφάντην, καὶ πικρὸν,
καὶ ἔχιν τὴν φύσιν ἄνθρωπον ἴδητε, μή ποτε ἕκαστον
ὑμῶν δήξεται, περιμένετε, ἀλλ' ὁ προστυχὼν ἀεὶ τιμω-
ρείσθω.

κβ'. Λυκοῦργος μὲν οὖν τὴν Ἀθηνᾶν ἐμαρτύρετο, καὶ τὴν μητέρα τῶν θεῶν, καὶ καλῶς γ' ἐποίει· ἐγὼ δὲ τοὺς προγόνους τοὺς ὑμετέρους, καὶ τὰς ἀρετὰς ἐκείνων ἀνα-

[1] πάντα [2] [ἄγειν,] [3] ἅπας [4] ἀνίατον, ἀνίατον, ἄνδρες [5] οἱ ἰατροὶ, ὅ. καρκίνον
[6] τῶν ἄλλων ἀνιάτων τι [7] μήτ' ἰδίᾳ, μήτε δημ. [8] [ποτέ·] [9] ἅπαντα
[10] ἀποκτείνετε

Γράφειν μόνον] Post γράφειν, addo καὶ λέγειν, et deleo λέγειν v. seq. Pro ἄγειν lego ἀπάγειν. AUGER.

Ταῦτα] Vel πάντα potius, ut Ven. Bar. Aug. marg. Benen. Quod haud paulo melius. TAYLOR.

Ὁ δῆμος ἅπας] Obsop. ἅπαντας. WOLF. Cum Obsopœo excudit, cum cæteris omnibus (ἅπας enim omnes mordicus tenent) interpretatur Wolfius noster. TAYLOR.

Ἀνίατον] Ἀνίατον, ἀνίατον, majori cum vehementia et spiritu, legunt Ald. Ven. Bar. Lind. Aug. IDEM. Gemino. AUGER.

Φαγέδαιναν] Vid. Valckenaer. Animad. ad Ammon. Lib. III. cap. XVII. p. 225.

Ὃ μήτε δημοσίᾳ γένοιτο] Forte addendum μήτ' ἰδίᾳ. WOLF. ὃ μήτε ἰδίᾳ μήτε δημοσίᾳ γένοιτο, MSS. Ven. Bar. Lind. Aug. Ital. cum Editione Luteciana. TAYLOR. Wolfio quoque assentitur Augerus.

Μή ποτε] Pro μὴ ἕως. WOLF.

καλῶ, ὧν [1] οὐδὲ χρόνος τὴν μνήμην ἠφάνικεν. εἰκότως. ἐπολιτεύοντο γὰρ, οὐχὶ τοῖς πονηροτάτοις [2] καὶ συκοφάνταις συνεργεῖν διδόντες ἑαυτοὺς, οὐδὲ τὸν ἐντὸς τείχους φθόνον ἀσκοῦντες ἐπ' ἀλλήλους, ἀλλὰ καὶ τῶν ῥητόρων καὶ τῶν ἰδιωτῶν τοὺς μὲν σώφρονας καὶ χρηστοὺς τιμῶντες, τοὺς δὲ πονηροὺς καὶ θρασεῖς μισοῦντες καὶ κολάζοντες· ἐξ ὧν [3] πάντες ἀθληταὶ τῶν καλῶν ἔργων ἐγένοντο.

κγ'. Ἓν δ' εἰπὼν ἔτι, παύσασθαι βούλομαι. ἔξιτε αὐτίκα δὴ μάλα ἐκ τοῦ δικαστηρίου· θεωρήσουσι δ' ὑμᾶς οἱ περιεστηκότες, καὶ ξένοι καὶ πολῖται, καὶ κατ' ἄνδρα εἰς ἕκαστον τὸν παριόντα βλέψονται, καὶ φυσιογνωμονήσουσι τοὺς ἀποψηφισαμένους. τί οὖν [4] ἐρεῖτε, ὦ ἄνδρες Ἀθηναῖοι, εἰ προέμενοι τοὺς νόμους ἔξιτε; ποίοις προσώποις, ἢ τίσιν ὀφθαλμοῖς πρὸς ἕκαστον τούτων ἀντιβλέψεσθε; πῶς δ' εἰς τὸ μητρῷον βαδιεῖσθε, ἄν τι βούλησθε; οὐ γὰρ [5] δήπου καθ' ἕνα ὑμῶν ἕκαστος ὥσπερ ἐπὶ κυρίους τοὺς νόμους πορεύσεται, εἰ νῦν μὴ βεβαιώσαντες αὐτοὺς ἔξιτε ἅπαντες κοινῇ. πῶς δὲ ταῖς νουμηνίαις εἰς τὴν ἀκρόπολιν ἀναβαί-
800 νοντες, τἀγαθὰ τῇ πόλει διδόναι, καὶ ἕκαστος ἑαυτῷ τοῖς θεοῖς εὔξεται, ὅταν ὄντος τούτου ἐκεῖ, καὶ τοῦ πατρὸς αὐτοῦ τοῦ χρηστοῦ, τἀναντία τοῖς ὅρκοις, καὶ τοῖς ἐκεῖ γράμμασιν ἐγνωκότες ἦτε; ἢ τί ἐρεῖτε, ὦ ἄνδρες Ἀθηναῖοι; τί ἐρεῖτε, ἄν τις ὑμᾶς ἐρωτᾷ, γνωρίσας τοὺς ἀποψηφισαμένους; τί φήσετε; ἀρέσκειν τοῦτον ὑμῖν; καὶ τίς ὁ τοῦτο τολμήσων εἰπεῖν; τίς ὁ τῆς τούτου πονηρίας μετ' ἀρᾶς καὶ κακῆς δόξης κληρονομεῖν βουλησόμενος, ἀλλ' οὐκ αὐτὸς ἕκαστος [6] καταψηφίσασθαι; οὐκοῦν καταρᾶσθαι τοῖς ἀποψηφισαμένοις, τοῦτο τὸ πιστὸν ἕκαστος διδοὺς, ὡς οὐκ αὐτὸς οὗτός ἐστι. καὶ τί δεῖ ταῦτα ποιεῖν, ἐξὸν εὐφημεῖν, καὶ ἅπαντας ἅπασι πάντα τἀγαθὰ εὔχεσθαι, καὶ ὑμᾶς ὑμῖν αὐτοῖς, καὶ τοὺς ἄλλους Ἀθηναίους ἅπαντας ὑμῖν;

[1] οὐδ' ὁ χρόνος [2] καὶ τοῖς συκοφάνταις [3] ἅπαντες [4] ἐρεῖτε; τί ἐρεῖτε, ὦ [5] δήπου γε καθ' [6] ἀποψηφίσασθαι; οὐκοῦν καταράσεσθε

κβ'. Συνεργεῖν διδόντες ἑαυτοὺς] Οὐ παρέσχον ἑαυτοὺς συμπράττοντας τοῖς συκοφάνταις. Idem.

Ἀθληταὶ τῶν καλῶν ἔργων] Vide Victor. Var. Lect. XXIV. 9. Taylor.

κγ'. Ἕκαστος] Add. φήσων. Deinde lego καταράσεσθε. Auger.

Καταρᾶσθαι] Lege καταρᾶσθε, ut marg. Morelii habet. Codd. Bar. Bodl. et Aug. καταράσεσθε. Taylor.

προσθήσω δὲ καὶ τοὺς ξένους, καὶ παῖδας, καὶ γυναῖκας. ἐφῖκται γάρ, ἐφῖκται πάντων ἡ τούτου κακοπραγμοσύνη, καὶ πᾶσι βουλομένοις ἐστὶν ἀπαλλαγῆναι τῆς τούτου πονηρίας, καὶ δίκην δεδωκότα αὐτὸν ἐπιδεῖν.

'Εφῖκται] Pro ἐφῖκται γὰρ πάντων, in antiquo vehementius sic: ἐφῖκται γάρ, ἐφῖκται πάντων ἡ τούτου κακοπραγμοσύνη. *Pervenit enim,* pervenit *ad omnes hujus improbitas.* Facere autem eam repetitionem ad epitasin obscurum opinor esse nemini. Obsopœus.

ΔΗΜΟΣΘΕΝΟΥΣ

ΚΑΤΑ

ΑΡΙΣΤΟΓΕΙΤΟΝΟΣ

ΛΟΓΟΣ ΔΕΥΤΕΡΟΣ.

ά. ῞ΟΤΙ μὲν [1] τοίνυν ὀφείλει τῷ δημοσίῳ Ἀριστογείτων οὑτοσὶ, καὶ οὐκ ἔστιν ἐπίτιμος, καὶ οἱ νόμοι διαῤῥήδην ἀπαγορεύουσιν [2] ἐν τῷ δήμῳ μὴ ἐξεῖναι τοῖς τοιούτοις λέ-
801 γειν, φανερῶς ἐπιδέδεικται, ἄνδρες δικασταί· δεῖ δ᾽ ὑμᾶς ἅπαντας μὲν ἀπείργειν καὶ κωλύειν τοὺς παρανομοῦντας, πολὺ δὲ μάλιστα τοὺς ἐν ταῖς ἀρχαῖς ὄντας, καὶ τοὺς πολιτευομένους. διὰ γὰρ τούτους τὰ κοινὰ καὶ βλάπτεσθαι πέφυκεν, ἂν ὦσι φαῦλοι, καὶ τὰ μέγιστα πάλιν ὠφελεῖσθαι, ἐὰν ὦσιν ἐπιεικεῖς, καὶ θέλωσιν ἐμμένειν τοῖς νόμοις. ὡς ἂν ἅπαξ δῶτε τοῖς ὑπὲρ τῶν κοινῶν [3] ἐγχειροῦσι πράττειν τὸ παρανομεῖν καὶ καταφρονεῖν τῶν ὡρισμένων δικαίων, ἀναγκαῖόν ἐστιν ἅπαντας ἀπολαύειν τῆς τούτων κακίας τοὺς μετέχοντας τῆς πόλεως. ὥσπερ γὰρ τῶν ἐν ταῖς ναυσὶν ἁμαρτημάτων, ἃ συμβαίνει περὶ τοὺς πλοῦς, ὅταν μὲν τῶν ναυτῶν τις [4] ἁμάρτῃ, βραχεῖαν τὴν βλάβην ἤνε-

[1] τοίνυν καὶ ὀφείλει [2] [ἐν τῷ δήμῳ] [3] ἐγχειροῦσί τι πράττειν [4] ἁμάρτῃ * τι,

ΛΟΓΟΣ] Quanquam hanc Orationem multi negent esse Demosthenis, quod in ea nihil dignum sit Demosthenis eloquentia, de qua meum non est pronunciare, aut judicium facere, tamen cum multis in locis apud Aldum corruptissime excusa legatur, nolui illam qualemcunque præterire. Itaque quicquid invenire potui, libens et diligenter annotavi, inque medium contuli. Sic enim de Græcis Scriptoribus sentio, nullius Orationes sine aliquo fructu legi posse; ideoque nullas respuendas. OBSOPŒUS.

ά. Βλάπτεσθαι] Interpres recte ad sensum: *per hos maximas resp. clades accipit.* Uti profecto eum decebat. Sed Græca vitiosa sunt, et perquam incommode abest vox necessaria. Repone itaque μάλιστα. διὰ γὰρ τούτους τὰ κοινὰ καὶ μάλιστα βλάπτεσθαι πέφυκεν, ἂν ὦσι φαῦλοι, καὶ τὰ μέγιστα πάλιν ὠφελεῖσθαι, ἐὰν ὦσιν ἐπιεικεῖς. Vix satis erat dicere βλάπτεσθαι, ubi quæritur de gradu et intensione βλάβης, et unde Resp. *gravissimum* vulnus acciperet. TAYLOR. Cui assentitur Augerus.

Ὑπὲρ τῶν κοινῶν — πράττειν] Alii dicerent τὰ κοινὰ πράττειν, credo. Auscultabis ergo Codd. Bar. Bodl. Aug. τοῖς ὑπὲρ τῶν κοινῶν ἐγχειροῦσί τι πράττειν. TAYLOR.

γκεν, ὅταν δ' ὁ κυβερνήτης ἀποσφαλῇ, [1] ἢ διαμάρτῃ, κοι-
νῇ τὴν ἀτυχίαν ἅπασι τοῖς συμπλέουσι κατεσκεύασεν·
ὡσαύτως τὰ μὲν τῶν ἰδιωτῶν ἁμαρτήματα, οὐκ εἰς τὸ
πλῆθος, εἰς δ' [2] αὐτοὺς ἤνεγκε τὰς βλάβας, τὰ δὲ τῶν
ἀρχόντων καὶ πολιτευομένων εἰς ἅπαντας ὑμᾶς ἀφικνεῖ-
ται. διὸ καὶ τὰς τιμωρίας ὁ Σόλων τοῖς μὲν ἰδιώταις βρα-
δείας ἐποίησε, ταῖς δ' ἀρχαῖς, καὶ τοῖς δημαγωγοῖς, τα-
χείας· ὑπολαμβάνων, τοῖς μὲν ἐνδέχεσθαι καὶ παρὰ τὸν
χρόνον τὸ δίκαιον λαβεῖν, [3] τοῖς δ' οὐκ εἶναι περιμεῖναι τὸ
ἐκδικούμενον. τὸ γὰρ τιμωρησόμενον οὐχ ὑπέσται, τῆς πο-
λιτείας καταλυθείσης.

β'. Καὶ τούτοις τοῖς δικαίοις οὐδεὶς οὕτως οὔτε ἀναιδὴς,
οὔτε ὑπὲρ ὑμᾶς φρονῶν ἐστὶν, ὅστις ἀντιλέγειν ἐπιχειρήσει,
πλὴν Ἀριστογείτονος [4] τούτου, καὶ τῆς τούτου τόλμης καὶ
πονηρίας· ἀλλὰ πάσας τὰς ἀρχὰς, καὶ τοὺς πολιτευομέ- 802
νους εὑρήσομεν, ἐπειδὰν ἅπαξ [5] τί καταγνῶτε ὑμεῖς, τού-
τοις ἐμμένοντας. τοῦτο μὲν γὰρ, ὅταν ἀποχειροτονηθῶσί
τινες τῶν ἐν ταῖς ἀρχαῖς, παραχρῆμα πέπαυνται ἄρχον-
τες, καὶ τοὺς στεφάνους περιῄρηνται· τοῦτο δὲ, ὅσοις τῶν
θεσμοθετῶν εἰς Ἄρειον πάγον οὐχ οἷόν τ' ἐστὶν ἀνελθεῖν,
παρέντες τὸ βιάζεσθαι, στέργουσιν [6] ἐμμένοντες ταῖς ὑμε-
τέραις γνώσεσι. καὶ ταῦτ' εἰκότως ποιοῦσιν. ὥσπερ γὰρ,
ὅταν ἄρχωσι, τοὺς ἰδιώτας οἴονται δεῖν αὐτοῖς πειθαρχεῖν,
ὡσαύτως ὅταν αὐτοὶ ἰδιῶται γένωνται πάλιν, τοῖς τῆς πό-
λεως ἄρχουσι νόμοις δικαίως ἂν [7] ἀκολουθεῖεν. ἔτι τοίνυν οἱ
πολιτευόμενοι πάντες, ἐκ τῶν παλαιῶν εἰ βούλεσθε ἀρξά-

1 [ἢ διαμάρτῃ,] κοινὴν 2 αὑτοὺς 3 * τοὺς δ' ο. ε. περιμεῖναι [τὸ ἐκδικούμενον.]
4 τουτουῒ 5 τινὸς 6 [ἐμμένοντες] 7 ἀκολουθοῖεν

Κοινῇ] Obsop. κοινὴν τὴν ἀτυχίαν τοῖς ἐμπλέουσι, hoc est, τοῖς πλέουσιν ἐν τῇ νηΐ. Wolf.

Αὑτοὺς] Lege cum accuratius impressis αὑτοὺς, se *ipsos*. Taylor. Auger.

Τοῖς μὲν ἐνδέχεσθαι] Videtur ἀκυρολογία esse: quasi homines privati pœnas sumant de aliis, cum sententia sit, privatos quovis tempore licere ulcisci. Quid si legas: ὑπολαμβάνων παρὰ τῶν μὲν ἐνδέχεσθαι καὶ μετὰ χρόνον τὸ δίκαιον λαβεῖν· ἐπὶ τῶν δ' οὐκ εἶναι περιμεῖναι τὸ ἐκδικούμενον? Nota τὸ ἐκδικούμενον, τὸ τιμωρησόμενον, ἀντὶ ἐκδικήσεως, καὶ τιμωρίας. Wolf. Pro παρὰ M. μετά. Deinde leg. ἐπὶ τοῖς δ'. Auger.

Τὸ ἐκδικούμενον] In nonnullis exemplaribus desunt ea verba. Et sane nullo cum detrimento abesse posse judico. Enata sunt nimirum e margine. Taylor.

Τὸ γὰρ] Lege omnino: τὸν γὰρ τιμωρησόμενον οὐχ ὑπολείπεσθαι. Illud suppeditavit Bar. utrumque Ven. Aug. et marg. Benenati. Γρ. etiam ὑπολείπεσθαι ἔτι. Idem.

β'. Τούτους ἐμμένοντας] Malim τούτοις, sub. τοῖς κατεγνωσμένοις. Wolf. Cum Wolfio, Ven. Bar. Aug. et marg. Benenati. Taylor. τούτοις pro τούτῳ, *judicio vestro*. Auger.

μενοι χρόνων θεωρεῖν, ὡσαύτως φαίνονται καὶ αὐτοὶ εἴκοντες τοῖς ὑμετέροις δικαίοις. Ἀριστείδην μὲν γάρ φασιν ὑπὸ τῶν προγόνων [1] μετατεθέντα, ἐν Αἰγίνῃ διατρίβειν, ἕως αὐτὸν [2] ὁ δῆμος κατεδέξατο· Μιλτιάδην δὲ καὶ Περικλέα ὄφλοντας, τὸν μὲν τριάκοντα, τὸν δὲ πεντήκοντα τάλαντα, ἐκτίσαντας οὕτω δημηγορεῖν. ὃ καὶ δεινότατον ἂν εἴη συμβαῖνον, τοὺς μὲν πολλὰ καὶ μεγάλα ποιήσαντας ὑμᾶς ἀγαθὰ μὴ τυχεῖν ταύτης τῆς δωρεᾶς, ὥστε παρὰ τοὺς νόμους τοὺς κειμένους τι παρ' ὑμῖν πρᾶξαι· τὸν δὲ μηδὲν μὲν ἀγαθὸν εἰργασμένον, παμπληθῆ δ' ἐξημαρτηκότα, τοῦτον οὕτω προχείρως φαίνεσθαι, καὶ παρὰ τὸ συμφέρον, [3] καὶ τὸ δίκαιον, ἐξουσίαν παρ' ὑμῶν τοῦ παρανομεῖν εἰληφότα.

γ'. Καὶ τί δεῖ λέγειν περὶ τῶν παλαιῶν; ἀλλὰ τοὺς
803 ἐφ' ὑμῶν αὐτῶν ἀναλογίσασθε, εἴ τις οὕτως ἀναιδὴς γέγονε πώποτε. οὐδένα [4] γὰρ εὕροιτε, εἰ βούλησθε ἀκριβῶς ἐξετάζειν. χωρὶς τοίνυν τούτων, ὅταν τις ψηφίσματος ἢ νόμου γραφὴν ἀπενέγκῃ πρὸς τοὺς θεσμοθέτας, ὁ μὲν νόμος, ἢ τὸ ψήφισμα ἄκυρόν ἐστιν, ὁ δὲ θεὶς ἢ γράψας, οὐδὲν αναισχυντεῖ βιαζόμενος, ἀλλ' ὅ,τι ἂν ὑμεῖς ψηφίσησθε, τούτῳ ἐμμένει, κἂν ᾖ πρῶτος [5] τῷ δύνασθαι λέγειν, ἢ πράττειν ἐν ὑμῖν. καί τοι πῶς οὐκ ἄτοπον, ἃ μὲν ἅπαντες ὑμεῖς συλλεγέντες ἐψηφίσασθε κατὰ τοὺς νόμους, ἄκυρα εἶναι· τὴν δὲ Ἀριστογείτονος βούλησιν εἰς τὸ παρανομεῖν κυριωτέραν οἴεσθαι δεῖν [6] νόμων αὐτῶν καταστῆσαι; πάλιν τοίνυν, ὅταν τις ἐπεξιὼν μὴ μεταλάβῃ τὸ πέμπτον μέρος τῶν ψήφων, ἐφ' οἷς οἱ νόμοι κελεύουσι τὸ λοιπὸν μὴ γράφεσθαι, μηδ' ἀπάγειν, μηδ' ἐφηγεῖσθαι, τὸν αὐτὸν τρό-

[1] μετασταθέντα [2] ὁ δῆμος αὐτὸν [3] καὶ παρὰ τὸ [4] γὰρ ἂν εὕροιτε, εἰ βούλοισθε [5] τὸ [6] τῶν νόμων

Μετατεθέντα] Lege μετασταθέντα auctoritate Codd. meliorum. TAYLOR. AUGER.

Ἐκτίσαντας] De Pericle esto. Miltiadem vero in carcere computruisse tradunt. WOLF. Ante ἐκτίσαντας in Cod. Baroc. scribitur ἀποδόντας. Nemini certe dubium esse possit, id olim aut scholion fuisse, aut variam demum lectionem. TAYLOR.

γ'. Τούτῳ ἐμμένει] Nempe, judicio Thesmothetarum; τούτῳ non cohæret cum ὅ,τι quod præcedit. AUGER.

Κατὰ τοὺς νόμους] In editis male distingui solitum, ἃ μὲν ἅπαντες ὑμεῖς συλλεγέντες ἐψηφίσασθε, κατὰ τοὺς νόμους ἄκυρα εἶναι. Tu corriges mecum. Et acerrima sane est oppositio. Irrita *ergo fient, quæ vos olim legitime sanxistis: Ejus voluntas ad malefaciendum magis* rata *erit, quam Leges ipsæ.* Pro κατὰ hic MSti διὰ, non recte. TAYLOR.

πον παρὰ ταῦτ᾽ οὐδεὶς οἴεται δεῖν πράττειν τῶν ἐνόχων
ὄντων τούτοις τοῖς ἐπιτιμίοις· Ἀριστογείτονι δ᾽, ὡς ἔοικε,
μόνῳ τῶν [1] πάντων οὐδὲν οὔτε δικαστήριον, οὔτε νόμος [2] κυ-
ριώτερόν ἐστι τῆς αὐτοῦ βουλήσεως. καὶ ταῦτα πάντα
οὕτω διαφυλάττουσιν, οὐδὲ πώποτε οὔθ᾽ ὑμῖν, οὔτε τοῖς
προγόνοις μετεμέλησεν. ἔστι γὰρ δημοκρατίας φυλακὴ, τὸ
τῶν μὲν ἐχθρῶν ἢ βουλευομένους, ἢ μαχομένους περιεῖναι·
τῶν δὲ νόμων, ἢ προαιρουμένους, ἢ [3] ἀναγκαζομένους ἡτ-
τᾶσθαι.

δ΄. Καὶ ταῦθ᾽ ὅτι τοῦτον τὸν τρόπον προσήκει πράτ-
τεσθαι, καὶ παρ᾽ αὐτοῦ τούτου φανερῶς συνωμολόγηται.
ὅτε γὰρ Ὑπερίδης ἔγραψε, τῶν περὶ Χαιρώνειαν ἀτυχημά-
των τοῖς Ἕλλησι γενομένων, καὶ τῆς πόλεως ὑπὲρ αὐτῶν
τῶν ἐδαφῶν εἰς κίνδυνον μέγιστον [4] κατακεκλιμένης, εἶναι
τοὺς ἀτίμους ἐπιτίμους, ἵν᾽ ὁμονοοῦντες ἅπαντες ὑπὲρ τῆς 804
ἐλευθερίας προθύμως ἀγωνίζωνται, ὅταν τις κίνδυνος τη-
λικοῦτος καταλαμβάνῃ τὴν πόλιν· τούτου τοῦ ψηφίσμα-
τος γραφὴν παρανόμων ἀπενέγκας ἠγωνίζετο ἐν τῷ δικα-
στηρίῳ. καί τοι πῶς οὐ δεινὸν εἰς μὲν τὴν [5] ὑπὲρ τῆς πατρίδος
σωτηρίαν μηδενὶ τῶν πολιτῶν Ἀριστογείτονα τουτονὶ συγ-
χωρῆσαι τυχεῖν τῆς ἐπιτιμίας· εἰς δὲ τὴν αὐτοῦ παρανομίαν
παρὰ πάντων ὑμῶν ἀξιοῦν λαμβάνειν τὴν αὐτὴν δωρεάν;
καί τοι πολύ γε νομιμώτερον καὶ δικαιότερον τὸ ψήφισμα
ἐκεῖνο ἦν, οὗ σὺ νῦν ἀξιοῖς ψηφίσασθαί σοι τουτουσί. τὸ
μὲν γὰρ ἴσον καὶ κοινὸν ἅπασι τοῖς πολίταις ἦν· τὸ δὲ
ἄνισον, καὶ σοὶ μόνῳ τῶν ἐν τῇ πόλει τὴν πλεονεξίαν
κατασκευάζον. καὶ τὸ μὲν, ὑπὲρ τοῦ μὴ γενέσθαι τὴν εἰ-
ρήνην, ἐφ᾽ ᾧ τε ἕνα κύριον τῆς ὅλης πολιτείας καταστῆναι·

[1] ἁπάντων [2] κυριώτερός [3] συναναγκαζομένους [4] κατακεκλημένης [5] [ὑπὲρ]

δ΄. Παρ᾽ αὐτοῦ τούτου] Nempe, Ἀριστογείτονος. AUGER.

Ἔγραψε] Vide notata ad initium Orationis Lycurgi c. Leocratem. Hanc rogationem memorat et judicium propter eam ab Aristogitone institutum Plutarchus in vita Hyperidis. Κριθεὶς δ᾽ ὑπὸ Ἀριστογείτονος παρανόμων, ἐπὶ τῷ γράψαι μετὰ Χαιρώνειαν — ἀπέφυγεν· αἰτιωμένων δέ τινων αὐτὸν, ὡς παριδόντα πολλοὺς νόμους ἐν τῷ ψηφίσματι, εἰ μὴ ἐπεσκότει, ἔφη, μοι τὰ Μακεδόνων ὅπλα, οὐκ ἐγὼ τὸ ψήφισμα ἔγραψα, ἡ δ᾽ ἐν Χαιρωνείᾳ μάχη. Similiter Longinus §. 15. Ὡς, νὴ Δία, καὶ ὁ Ὑπερίδης κατηγορούμενος, ἐπειδὴ τοὺς δούλους μετὰ τὴν ἧτταν ἐλευθέρους ἐψηφίσατο, εἶπεν, οὐχ ὁ ῥήτωρ ἔγραψεν, ἀλλ᾽ ἡ ἐν Χαιρωνείᾳ μάχη. TAYLOR.

Κατακεκλιμένης] Imo κατακεκλεισμένης. AUGER.

Ἐφ᾽ ᾧ τε ἕνα] Marg. Benenati babet ἐφ᾽ ᾧ τε μὴ ἕνα. Sed inutiliter. Mentem Scriptoris satis expressit Wolfius in inτὸ δ', ὑπὲρ τοῦ τὰ τουτωνὶ δόγματα καὶ νόμιμα ἐκ παλαιοῦ παραδοθέντα ὑπὸ τῶν προγόνων σοὶ μόνῳ δεδόσθαι ἐξουσίαν ἀδεῶς παραβαίνοντι καὶ πράττοντι, ὅ,τι ἂν βουληθῇς. ἡδέως δ' ἂν ἔγωγε αὐτὸν ἐρωτήσαιμι, πότερα ἔννομον καὶ δικαίαν ἐποιήσατο τοῦ ψηφίσματος τὴν γραφὴν, ἢ τοὐναντίον, ἄδικον καὶ παράνομον. εἰ μὲν γὰρ ἀσύμφορον, καὶ τῷ δήμῳ βλαβερὰν, δι' αὐτὸ τοῦτο δικαίως ἂν ἀποθάνοις· εἰ δὲ συμφέρουσαν, καὶ τοῖς πολλοῖς ὠφέλιμον, διὰ τί νῦν τἀναντία, οἷς αὐτὸς ἔγραψας, ψηφίζεσθαι τούτους ἀξιοῖς; ἀλλ' οὔτ' ἐκεῖνα δίκαια, οὔτε ταῦτα ἔννομα, οὐδὲ συμφέροντά ἐστιν ὑμῖν.

έ. Ὁρῶ δ' ὑμᾶς ἔγωγε, ὦ ἄνδρες δικασταὶ, ταύτην ἔχοντας τὴν γνώμην καὶ περὶ ὑμῶν αὐτῶν· πολλὰς γὰρ
805 ἐνδείξεις ἤδη κατεψηφίσασθε ἰδιωτῶν ἀνθρώπων. καί τοι πῶς οὐ δεινὸν, ἐφ' ὑμῶν μὲν αὐτῶν ἐξετάζεσθαι ἀκριβῶς τοὺς νόμους, ἐπὶ δὲ τῶν περιεργαζομένων [1] τι, καὶ κοινῇ πάντας ἐνοχλούντων, καὶ προσποιουμένων ὑπὲρ τοὺς ἄλλους εἶναι, ῥᾳθύμως οὕτως ἔχειν; οὐ γὰρ δή τινες ὑμῶν οὕτως ἔχουσιν, ὡς [2] προσήκειν μὲν ταῦθ' οὕτως ἔχειν, ὡς ἐγὼ λέγω, διὰ δὲ τὴν ἐπιείκειαν τὴν Ἀριστογείτονος, καὶ τὸ χρήσιμον αὐτὸν ὑμῖν εἶναι, παροπτέον [3] τί καὶ παρανομοῦντα αὐτόν. ὅτι μὲν γὰρ πονηρὸς, καὶ τὸν τρόπον ἄδικος, ἱκανῶς ὑμῖν, ὡς ἔγωγ' οἶμαι, ἐκ τῶν προειρημένων Λυκοῦργος ἐπέδειξεν· ὅτι δὲ οὐδὲ χρήσιμος, ἐξ αὐτῶν τῶν πολιτευμάτων ἄν τις [4] αὐτὸν θεωρήσειε. τίνα γὰρ παραγαγὼν εἰς τὸ δικαστήριον ὧν ᾐτιᾶτο, τούτων εἴρηκε κατηγορῶν; ἢ ποῖον πόρον ὑμῖν πεπόρικεν; ἢ τί ψήφισμα γέγραφεν, ᾧ πεισθέντες ὑμεῖς οὐ πάλιν μετανοῆσαι προείλεσθε; καὶ γὰρ ταῦτα οὕτω σκαιός ἐστι, καὶ βάρβαρος τὸν τρόπον, ὥσθ', ὅταν ὑμᾶς ἴδῃ παροργισθέντας [3] τί πρός τινας, καὶ μᾶλλον τοῦ δέοντος παροξυνθέντας, τηνικαῦτα παρὰ τὴν ὀργὴν ὑμῶν τὰ βουλήματα λαβὼν, τοῖς καιροῖς ἐναντιοῦται. δεῖ

[1] τε [2] προσήκει [3] τι [4] * αὐτοῦ

terpretatione. Taylor.

Τουτωνὶ] *Atheniensium.* Auger.

έ. Τί] L. τε. et v. 25. αὐτοῦ. et v. 26. τοῦτον pro τούτων. Idem.

Προσήκειν] Προσήκει Ven. Baroc. ὡς οἴεσθαι προσήκειν Bodl. Melius sane, ὡς προσῆκον. Taylor.

Καὶ γὰρ ταῦτα] Τὸ ταῦτα non video quid faciat ad sensum. Wolf. καὶ γὰρ παρὰ ταῦτα Bodl. Quod fere interpretatur Wolfius. Taylor.

Τοῖς καιροῖς ἐναντιοῦται] *Age vero,* inquit

δὲ τὸν πολιτευόμενον ὑπὲρ ὑμῶν, οὐχὶ τοῖς ἐξαίφνης μετ'
ὀργῆς πάθεσιν ὑμῖν συμπίπτουσιν ἐπακολουθεῖν, ἀλλὰ τοῖς
λογισμοῖς, καὶ τοῖς πράγμασι, καὶ τοῖς ὑπάρχουσι καιροῖς
ἀκολουθεῖν. τὰ μὲν γὰρ, ταχὺ μεταπίπτειν εἴθισται· τὰ
δὲ, διαμένειν καὶ πλείονα χρόνον ὑπάρχειν. ὧν οὗτος οὐδὲν
ἐνθυμούμενος ἐλέγχει τὰ ἀπόῤῥητα τῆς πολιτείας, ὥστε
ταὐτὰ ἀναγκάζεσθαι καὶ κύρια, καὶ πάλιν ἄκυρα ποιεῖν. 806

ϛ'. Ἀλλ' ἴσως, ὅτι πρὸς ἅπαντας ἀεὶ προαιρεῖται λοι-
δορεῖσθαι, καὶ μέμφεσθαι, καὶ διασπᾶσθαι τὰ λεγόμενα,
διὰ ταῦτα περιποιῆσαι νῦν αὐτὸν ἁρμόττει; ἀλλὰ ταῦτά
γε, νὴ τὴν Ἀθηνᾶν, ὄνειδός ἐστιν, ἄνδρες δικασταὶ, [1] τὰ
γιγνόμενα τῇ πόλει ἐπὶ τοῦ βήματος, καὶ διὰ τὰς τούτων
ἀπονοίας ἐπονείδιστον ἤδη τὸ πολιτεύεσθαι παρὰ τοῖς ἐπι-
εικέσιν ὑμῶν ἐστίν. εἰ δ' [2] οὖν τινὶ ὑμῶν τοῦτ' ἐν ἡδονῇ
συμβέβηκεν, οὐκ ἀπορήσετε τῶν τὰ τοιαῦτα ποιησόντων·
ἐπεὶ καὶ νῦν μεστὸν τὸ βῆμά ἐστιν. οὐ γὰρ ἐπιτιμᾶν τοῖς
συμβουλευομένοις χαλεπὸν, ἀλλὰ συμβουλεῦσαί τι καὶ
πεῖσαι τῶν δεόντων ὑμᾶς ψηφίσασθαι. πρὸς δὲ τούτοις, εἰ
μὲν μὴ καὶ πρότερον τοῖς αὐτοῖς τούτοις χρώμενος λόγοις
ἐξηπάτησεν ὑμᾶς, ὅτ' ἠγωνίζετο τὴν προτέραν ἔνδειξιν, ἣν
μὲν οὐδ' οὕτω δίκαιον τὸ παρὰ τοὺς ὑπάρχοντας νόμους τι
συγχωρεῖν· οὐ δεῖ [3] γὰρ παρανομεῖν δόντας τισὶ, τοὺς
ἄλλους κατὰ τοὺς νόμους ἀξιοῦν πράττειν· οὐ μὴν ἀλλ'

[1] τῇ πόλει γιγνόμενα [2] οὖν ταῦτά τισιν ὑμῶν ἐν [3] γὰρ, τὸ παρανομεῖν

Ille, *si hic non satis insanit sua sponte, instiga.* Irati placandi sunt potius, quam inflammandi. Hoc enim illud tempus postulat. Si non placet, *occasionibus advertetur*, repone, *omnem excedat modum.* Wolf. Nescio sane, annon rectius ita distinguere et legere : τηνικαῦτα παρὰ τὴν ὀργὴν ὑμῶν, τὰ βουλεύματα λαβὼν cætera. *accommodans sua consilia vestræ iracundiæ.* Taylor. Taylorum exscribit Augerus.

Ἀκολουθεῖν] Optimi Codd. non agnoscunt, et certe minus est necessarium. Immo profecto ingrata est admodum horum vocabulorum repetitio in eodem fere commate. Taylor.

Ὑπάρχειν] Ὑπάρχει Wolfius, errore, ut puto, operarum. Idem.

Ἐλέγχει τὰ ἀπόῤῥητα τῆς πολιτείας] Obsop. ἐλέγχεται. Τὰ ἀπόῤῥητα utrum arcana, an vero, quæ interdicta sunt? Vetitæ fuerunt ἀντινομίαι, eædemque nimis fuere manifestæ, quod ex multis Demosthenis locis apparet. Wolf.

ϛ'. Καὶ διασπᾶσθαι] Annotatum est καὶ διαβοᾶσθαι. Sed prius magis probo. Sequitur enim, οὐ γὰρ ἐπιτιμᾶν τοῖς συμβουλευομένοις etc. Idem. διαβοᾶσθαι habet auctoritatem eorum Codd. qui ætate et fide vincunt. Quorum nonnulli ita collocant : λοιδορεῖσθαι, καὶ διαβοᾶσθαι, καὶ μέμφεσθαι τὰ λεγόμενα. Id utique unice verum est. Taylor.

Τῇ πόλει] Emendatius multo Cod. Bar. si bona fide verterit hæc Wolfius, quod sane puto : sc. ὄνειδός ἐστιν, ἄνδρες δικασταὶ, τῇ πόλει τὰ γινόμενα ἐπὶ τοῦ βήματος. Idem. Transpone. Auger.

Ἐν ἡδονῇ] Idem fere sonat, quod πρὸς ἡδονὴν et πρὸς ἡδονῆς. Vid. D'Orville ad Charit. Aphrod. Lib. VI. cap. IV. p. 554.

Παρανομεῖν] Τὸ παρανομεῖν, omnino, ut

ἴσως γε εὐλογώτερον ἦν τὸ πιστεῦσαι, καὶ καταχαρίσα-
σθαι, καὶ προέσθαι τι τῶν τοιούτων. ἐπειδὴ δὲ τότ᾽ ἀφέν-
τες ἐπὶ ταῖς μελλούσαις ἐλπίσι, μικρὸν ὕστερον τὸν αὐτὸν
τοῦτον ὡς πράττοντα, καὶ λέγοντα, μὴ τὰ ἄριστα τῷ
δήμῳ πάλιν ἐκολάσατε, τίς ὑπολείπεται σκῆψις ὑμῖν
ἁρμόττουσα, ἂν νῦν παρακρουσθῆτε; ὧν μὲν γὰρ ἔργῳ
πεῖραν εἰλήφατε, τί δεῖ τοῖς λόγοις πιστεύειν; ὧν δὲ
μηδέπω τὴν δοκιμασίαν ἔχετε ἀκριβῆ παρ᾽ ὑμῖν αὐτοῖς,
ἐκ τῶν λεγομένων ἴσως ἀναγκαῖόν ἐστι κρίνειν.

ζ'. Θαυμάζω δ᾽ ἔγωγε τῶν οὕτως ἐχόντων, ὥστε τὰ
μὲν ἴδια τοῖς ἐκ τῶν παρεληλυθότων χρόνων οὖσιν ἐπιει-
807 κέσι, τούτοις παρακατατίθεσθαι· τὰ δ᾽ ἐν τῇ πολιτείᾳ
κοινὰ τοῖς [1]ὁμολογουμένως ἐξεληλεγμένοις οὖσι φαύλοις
ἐπιτρέπειν. καὶ κύνα μὲν ἐπὶ ποίμνιον ἀγεννῆ καὶ φαῦλον
οὐδ᾽ ἂν εἷς ἐπιστήσειε φυλάττειν· ἐπὶ δὲ τοὺς τὰ κοινὰ
πράττοντας τοὺς τυχόντας ἀνθρώπους φασὶν ἔνιοί [2]τινες
δεῖν φύλακας ἐφιστάνειν, οἳ προσποιούμενοι μηνύειν τοὺς
[3]ἁμαρτάνοντας, αὐτοὶ τῆς μεγίστης εἰσὶ φυλακῆς δεό-
μενοι. ὧν, ἐὰν ἔχητε νοῦν, ἐνθυμούμενοι τοὺς μὲν φά-
σκοντας [4]τούτῳ τῷ λόγῳ φιλεῖν ὑμᾶς, χαίρειν [5]ἐάσατε·
αὐτοὶ δὲ τοῦτ᾽ ἐκ παντὸς τρόπου παραφυλάξατε, ὅπως
μηδενὶ δῶτ᾽ ἐξουσίαν, ἀκύρους τοὺς νόμους ποιεῖν, ἄλλως
τε, καὶ τῶν [6]πολλῶν ὑπὲρ τοῦ πλήθους καὶ λέγειν, καὶ
γράφειν δύνασθαι προσποιουμένων. ὡς πάνδεινόν ἐστι, τοὺς

[1] ὁμολογουμένοις καὶ ἐξεληλ. ο. φ., τούτοις ἐπιτρέπειν [2] [τινες] [3] ἐξαμαρτάνοντας [4] τούτους [5] ἐάσετε [6] * πολλὰ

optimi habent. Taylor.

Τὸ πιστεῦσαι καὶ καταχαρίσασθαι] Forte τό τε πιστεῦσαι. Wolf. Wolfium credo rem recta via reputasse, et, si per typothetam licuisset, id ipsum dixisse, quod res est: τότε nimirum, *tunc, eo tempore*, cum nondum vos deceperat: in primo aditu. Taylor.

Μελλούσαις] Obsop. ὁμολογουμέναις. Quod non placet. Wolf. Scripti etiam libri cuncti. Taylor.

ζ'. Παρακατατιθεμένων] Rectius παρακατατίθεσθαι, et v. 14. ἐπιτρέπειν. Et sic Obsopœus. Wolf. Felicianus etiam, aliique. Taylor.

Ὁμολογουμένως] Cusi ante Wolfium, ὁμολογουμένοις καὶ ἐξεληλεγμένοις. Melius fortasse disjunctive: ἢ ἐξελ. *quorum improbitas* vel *manifeste ab omnibus deprehenditur*, vel *in judicio ita visa est*. Idem.

Ἐπιτρέπειν] Lege τούτοις ἐπιτρ. ut Ven. Idem.

Ἔνιοί τινες] Τινες delendum, et v. 20. M. ἐάσετε, et v. seq. παραφυλάξετε, et v. pen. L. καὶ τῶν πολλὰ, ita ut τῶν cohæreat cum μηδενί. Auger.

Ἄλλως τε] Forte ἄλλως τε τῶν πολιτευομένων καὶ ὑπὲρ τοῦ πλήθους. Verti: *præsertim cum vulgares etiam homines populi suscipere causam et dicendo et decernendo non recusent*. Nunc hanc lectionem sequor. Wolf. Lambinus legit ἄλλως τε καὶ πολλῶν, sine articulo: *præsertim cum multi sint, qui profitentur, se dicere et decernere posse pro Rep.* Taylor.

μὲν προγόνους ὑπὲρ τοῦ μὴ καταλυθῆναι τοὺς νόμους ἀπο-
θνήσκειν τολμᾷν· ὑμᾶς δὲ μηδὲ τοὺς ἁμαρτάνοντας εἰς [1] αὐ-
τοὺς τιμωρεῖσθαι προελέσθαι. καὶ τὸν μὲν γράψαντα τοὺς
νόμους Σόλωνα ψηφίσασθαι χαλκοῦν ἐν ἀγορᾷ στῆσαι·
αὐτῶν δὲ τῶν νόμων οὕτως ὀλιγωροῦντας φαίνεσθαι, δι' οὓς
κἀκεῖνον ὑπερβαλλόντως συμβέβηκε τιμᾶσθαι. πῶς [2] καὶ
οὐκ ἂν εἴη τὸ συμβαῖνον ἄλογον, εἰ νομοθετοῦντες μὲν
ὀργίζεσθε τοῖς πονηροῖς, [3] ἐπ' αὐτοφώρῳ δέ τινας εἰληφότες
ἀθῴους ἐάσετε· καὶ τὸν μὲν νομοθέτην ἕνα ὄντα πᾶσιν
ὑπὲρ ὑμῶν ἀπεχθάνεσθαι τοῖς φαύλοις, ὑμᾶς δὲ μηδ' ὑπὲρ
ὑμῶν αὐτῶν κοινῇ συλλεγέντας ἐπιδείξασθαι μισοῦντας
τοὺς πονηρούς, ἀλλ' ὑφ' ἑνὸς ἀνδρὸς πονηρίας ἡττηθῆναι;
καὶ θάνατον μὲν ὡρικέναι ζημίαν, ἐάν τις οὐκ ὄντα νόμον
παράσχηται· τοὺς δὲ [4] ὄντας εἰς τὴν τῶν οὐκ ὄντων νόμων 808
τάξιν ἄγοντας, τούτους ἀτιμωρήτους περιορᾶν;

ή. Οὕτω δ' ἂν ἀκριβέστατα [5] συνθεωρήσετε τὸ τοῖς κειμένοις νόμοις πείθεσθαι ἡλίκον ἀγαθόν ἐστι, καὶ τὸ καταφρονεῖν καὶ μὴ πειθαρχεῖν αὐτοῖς ἡλίκον κακόν, εἰ [6] τὰ ἐκ τῶν νόμων ἀγαθὰ χωρίς, καὶ τὰ διὰ τῆς παρανομίας συμβαίνοντα [7] πρὸ ὀφθαλμῶν ὑμῖν αὐτοῖς ποιησάμενοι [8] θεωρήσετε· εὑρήσετε γὰρ τὴν μέν, τὰ τῆς μανίας καὶ τῆς ἀκρασίας καὶ τῆς πλεονεξίας, τοὺς δέ, τὰ τῆς φρονήσεως, καὶ σωφροσύνης, καὶ δικαιοσύνης ἔργα διαπραττομένους. δῆλον δέ· τῶν γὰρ πόλεων ταύτας [9] ἄριστ' ἂν οἰκουμένας ἴδοιμεν ἄν, ἐν αἷς ἄριστοι νομοθέται γεγόνασι. τὰ μὲν γὰρ ἐν τοῖς σώμασιν ἀῤῥωστήματα τοῖς τῶν ἰατρῶν εὑρήμασι καταπαύεται· τὰς δ' ἐν ταῖς ψυχαῖς ἀγριότητας, αἱ τῶν νομοθετῶν ἐξορίζουσι διάνοιαι. ὅλως δὲ

[1] αὐτοὺς [2] καὶ] δ' [3] ἐπαυτοφώρῳ [4] τοὺς δὲ τοὺς ὄντας νόμους εἰς
[5] συνθεωρήσαιτε [6] τά τε ἐκ [7] πρὸ τῶν ὀφθαλμῶν [8] *θεωρήσαιτε
[9] ἄριστ' ἴδοιμεν ἂν οἰκουμένας, ἐν

Προελέσθαι] Deest in exemplaribus Linden. Obsop. et Ital. Id quod non arbitror esse verum. Nam quicunque hæc scripsit, instituit sane, quemadmodum inter ἀποθνήσκειν et τιμωρεῖσθαι, ita etiam oppositionem inter τολμᾷν et προελέσθαι. Idem.

Ψηφίσασθαι] Ante ψηφίσασθαι sub. ὑμᾶς. Auger.

Πῶς καὶ] Πῶς δὲ οὐκ ἂν εἴη κ. τ. λ. Editi. Taylor.

Τοὺς δὲ ὄντας] Lege, ut emendatiora exemplaria, τοὺς δὲ τοὺς ὄντας νόμους εἰς τὴν τῶν οὐκ ὄντων τάξιν ἄγοντας, vel τῶν ὥσπερ οὐκ ὄντων. Idem. τοὺς δὲ τοὺς ὄντας. Auger.

ή. Συνθεωρήσετε] Lege cum Lambino et Bodl. συνθεωρήσαιτε. Taylor.

οὐδὲν οὔτε σεμνὸν, οὔτε σπουδαῖον εὑρήσομεν, ὃ μὴ νόμου κεκοινώνηκεν. ἐπεὶ καὶ τὸν ὅλον κόσμον καὶ τὰ θεῖα, καὶ τὰς καλουμένας ὥρας, νόμος καὶ τάξις — εἰ χρὴ τοῖς ὁρωμένοις πιστεύειν — διοικεῖν φαίνεται. παρακαλέσαντες οὖν ὑμᾶς αὐτοὺς, ὦ ἄνδρες Ἀθηναῖοι, βοηθήσατε μὲν τοῖς νόμοις, καταψηφίσασθε δὲ τῶν εἰς τὸ θεῖον ἀσεβεῖν προῃρημένων. καὶ ταῦτα ἐὰν πράξητε, τὰ δέοντα ποιήσετε, καὶ τὰ κράτιστα ψηφιεῖσθε.

Διοικεῖν φαίνεται] Forte διοικῶν φαίνεται, sub. ὁ νόμος. Wolf.

ΔΗΜΟΣΘΕΝΟΥΣ

ΕΠΙΤΡΟΠΙΚΟΙ.

ΥΠΟΘΕΣΙΣ ΤΟΥ ΚΑΤΑ ΑΦΟΒΟΥ ΕΠΙΤΡΟΠΗΣ ΛΟΓΟΥ.

Pag. ed. Reisk.

---

811 ΔΗΜΟΣΘΕΝΗΣ ὁ Παιανιεὺς, Δημοσθένους τοῦ ῥήτορος πατὴρ, τελευτῶν ἐπὶ δύο παισὶ, τῷ
τε Δημοσθένει καὶ θυγατρὶ, ἐπιτρόπους καθίστησι καὶ τῶν παίδων καὶ τῶν χρημάτων τρεῖς.
δύο μὲν συγγενεῖς, Ἄφοβόν τε καὶ Δημοφῶντα· ἕνα δὲ φίλον ἐκ παίδων, Θηριππίδην. καὶ Θηριπ-
πίδῃ μὲν δίδωσιν ἑβδομήκοντα καρποῦσθαι μνᾶς, ἄχρις ἂν Δημοσθένης εἰς ἄνδρας ἐγγραφῇ. Δη-
812 μοφῶντι δὲ ἐγγυᾷ τὴν θυγατέρα, προστάξας αὐτὸν προῖκα δύο τάλαντα λαβεῖν. Ἀφόβῳ δὲ,
τὴν ἑαυτοῦ μὲν γυναῖκα, τῶν δὲ παίδων μητέρα, Κλεοβούλην τὴν Γύλωνος, ἀξιοῖ γήμασθαι, μνᾶς
ἐπιδοὺς ὀγδοήκοντα· κεχρῆσθαι δὲ κελεύει τῇ τε οἰκίᾳ, καὶ τοῖς ἐν αὐτῇ σκεύεσι, μέχρι τῆς
Δημοσθένους εἰς ἄνδρας ἐγγραφῆς. οὗτοι τὰ μὲν δοθέντα χρήματα αὐτοῖς εὐθὺς λαμβάνουσι· γα-
μεῖ δὲ οὔτε Ἄφοβος τὴν γυναῖκα τοῦ τελευτήσαντος, οὔτε Δημοφῶν τὴν θυγατέρα. διαχειρίσαν-
τες δὲ τὴν οὐσίαν τεττάρων καὶ δέκα ταλάντων, ὡς ὁ ῥήτωρ ἐπιδείκνυσιν, ὀφείλοντες τριάκοντα
τάλαντα ἐκτίσαι ἐπικαρπίας καὶ ἀποδοῦναι, μικρὰ παντελῶς παρέδωκαν εἰς ἄνδρας ἐγγραφέντι
τῷ Δημοσθένει. διὸ πρὸς τὸν Ἄφοβον εἰσελήλυθεν ἐπιτροπῆς δέκα ταλάντων τὴν δίκην λαχὼν,
ἐπειδὴ, τρίτος ὢν ἐπίτροπος, τὸ τρίτον ὀφείλει τῶν χρημάτων· ἃ καὶ συντίθησιν ὁ ῥήτωρ ἔκ τε
τῶν ἀρχαίων, καὶ τῆς ἐπικαρπίας [κατὰ] Ἀφόβου, πρός τινας ἀντιῤῥήσεις, ἀγομένας ὑπὸ τοῦ Ἀφό-
βου. οὗτος ὁ λόγος ἐπηγώνισται. ἔχει δὲ καὶ τῶν προειρημένων ἐπανάμνησιν.

Ἐπιτρόπους] Erant Ἐπίτροποι, vel testamento, vel ab Archonte dati. Testamento datos fuisse constat e Demosthenis Orationibus contra Aphobum et Onetorem, unde eidem ἐν τῷ κ. Στεφ. ψευδομ. α. dicuntur ἐπιτροπεύεσθαι κατὰ τὴν διαθήκην. Ab Archonte dari scribit Pollux L. VIII. et Legem babes π. Μακάρτ. p. 1076. ed. R. quæ incipit ὁ Ἄρχων ἐπιμελείσθω τῶν ὀρφάνων κ. τ. λ. Tutores autem isti, sive testamento, sive ab Archonte dati, potestatem habebant in pupillos, qui illis erant crediti: nam *tutela est*, ut Servius definit, *vis ac potestas in capite libero, ad tuendum eum, qui propter ætatem suam sponte se defendere nequit.* L. 1. de tutelis:—habebant quoque potestatem in bona, et ea omnia faciebant, quæ pupilli facere tenebantur, donec adolevissent. Quare tutoris patrimonium obligatum erat pupillo. *Petit. Leg. Attic.* l. VI. t. VII. p. 591-2.

Ἐπιτροπῆς — τὴν δίκην] Vid. Herald. Animadv: in Salmas. Obss. ad Jus A. et R. l. II. c. VI. §. IV. sqq.

Καὶ συντίθησιν] F. συνίστησιν. et v. pen. τῆς ἐπικαρπίας κατ' Ἀφόβου, τὸ, κατ' Ἀφόβου, videtur abundare. Wolf.

Οὗτος ὁ λόγος ἐπηγώνισται] Hæc clausula pertinet ad secundam orationem. Idem.

ΔΗΜΟΣΘΕΝΟΥΣ

ΚΑΤΑ ΑΦΟΒΟΥ

ΛΟΓΟΣ ΠΡΩΤΟΣ.

α΄. ΕΙ μὲν ἐβούλετο Ἄφοβος, ὦ ἄνδρες δικασταί, τὰ δί- 813
καια ποιεῖν ἢ περὶ ὧν διαφερόμεθα [1] τοῖς οἰκείοις ἐπιτρέ-

[1] τοῖς * γε οἰκείοις

ΚΑΤΑ ΑΦΟΒΟΥ] Consultus Chirius Fortunatianus libro Rhetoricorum 3. folio 102. In adoxo, id est, in humili genere materiæ proxima sermoni debent esse principia, neque sententiis alte petitis, neque verbis ultra modum ornatis, nec structura graviore, sed quasi resoluta et simplici. Vis autem omnium sententiarum, quam his principiis adhibemus, ea esse debet, ut rem a proprietate revocet ad communitatem, et dicat, omnium interesse illam rem vindicari, propterea quod quanto quæque minora sint, tanto crebrius et magis inter multos cadere possint: nec tam oportere spectari magnitudinem rerum et personarum, quam rationem æqui et iniqui, veri atque falsi. Eandem enim esse horum in minimis vim, quam in maximis. Talia principia sunt pleraque apud Demosthenem in his libris, qui inscribuntur Idiotici, et magis apud Lysiam, et apud quosdam ex nostris veteribus. Certe M. Tullius, quum pro Archia diceret, non aliter exorsus est. Wolf.

ΑΦΟΒΟΥ] In hac oratione circumventum se esse Demosthenes a tribus tutoribus dicit, et bona sua fraude eorum suppressa et interversa, quæ illi pauca a patre relicta esse dicebant, ipse vero ad quatuordecim talenta fuisse contenderat. Statim igitur post narrationem [§. γ΄.] ita inquit, τὸ δὲ πλῆθος τῆς οὐσίας, ὅτι τοῦτ' ἦν τὸ καταλειφθὲν, etc. *Quod vero tantæ facultates a patre meo relictæ, maximi mihi testes iidem* ipsi *facti* sunt. *Siquidem in classibus ordinandis ipsi pro me professi sunt, ut in vicenas quinas minas quingenas ipsi drachmas conferrent, quantum scilicet conferebat Timotheus Cononis, et ii qui maximos tunc census possidebant.* His verbis Orator hujusmodi facere enthymema videtur. Cum nomine meo tutores ipsi mei in classes divitum relati, et tantum conferre professi sint, quantum qui plurimum, planum fit me quoque divitem ab eis æstimatum. Deinde recitatis testimoniis [§. γ΄. fin.] ita subdit, δῆλον μὲν τοίνυν καὶ ἐκ τούτων ἐστὶ τὸ πλῆθος τῆς οὐσίας. πεντεκαίδεκα ταλάντων γὰρ τρία τάλαντα τίμημα, ταύτην ἠξίουν εἰσφέρειν τὴν εἰσφοράν.' Id est, *Manifesta est igitur per ea quæ audistis relictarum mihi fortunarum copia, siquidem quindecim talentorum censum* tria *talenta, collationem pro me profitendam censuerunt.* Ex duobus his locis collatis intelligendum relinquitur, quod Demosthenes de sex millibus talentûm dixit, de mille ac ducentis dixisse: et quod illi quinis talentis censi in capita dicuntur, exæquatis tenuiorum cum copiosorum fortunis, ita intelligendum, ut quinta tantum parte bonorum censi essent, ut Demosthenes facultates suas quindecim talentûm fuisse ex eo argumentatur, quod tutorum professione pupillari nomine facta, tribus talentis censsus sit. Qua ratione et ditissimi cujusque substantia censebatur, ea lege ut hactenus conferre teneretur, si ratio ita posceret belli administrandi. Hoc est enim quod dixit, in vicenas quinas minas, quingenas drachmas conferre, hoc est, quintum quemque denarium, ut more nostro loquar. Vigintiquinque enim minæ duo millia et quingentas drachmas valent, sic fit ut sex millia talentûm ad triginta millia crescant: ne temerarium sit quod Demosthenes dixit, de pecuniarum copia, quæ Athenis erant, et intelligimus immunem plebem esse inopem; quod confirmari et certius constitui ex oratione ejus pro Cte-

πειν, οὐδὲν ἂν ἔδει δικῶν οὐδὲ πραγμάτων. [1]ἀπέχρη γὰρ ἂν τοῖς ὑπ' ἐκείνων γνωσθεῖσιν ἐμμένειν, ὥστε μηδεμίαν ἡμῖν εἶναι πρὸς τουτονὶ διαφοράν. ἐπειδὴ δὲ οὗτος τοὺς μὲν σαφῶς εἰδότας τὰ ἡμέτερα ἔφυγε μηδὲν διαγνῶναι περὶ αὐτῶν, εἰς δ' ὑμᾶς τοὺς οὐδὲν τῶν ἡμετέρων ἀκριβῶς ἐπισταμένους ἐλήλυθεν, ἀνάγκη ἐστὶν ἐν ὑμῖν παρ' αὐτοῦ πειρᾶσθαι τῶν δικαίων τυγχάνειν. οἶδα μὲν οὖν, ὦ ἄνδρες δικασταὶ, ὅτι, πρὸς ἄνδρας καὶ λέγειν ἱκανοὺς καὶ παρασκευάσασθαι δυναμένους, χαλεπόν ἐστιν εἰς ἀγῶνα καθίστασθαι περὶ τῶν [2]ὄντων ἁπάντων, ἄπειρον ὄντα παντάπασι πραγμάτων διὰ τὴν ἡλικίαν. ὅμως δὲ, καί περ πολὺ τούτων καταδεέστερος ὢν, πολλὰς ἐλπίδας ἔχω καὶ παρ' ὑμῖν τεύξεσθαι τῶν δικαίων, καὶ [3]μέχρι τοῦ τὰ γεγενημένα διεξελθεῖν καὶ αὐτὸς ἀρκούντως ἐρεῖν, ὥσθ' ὑμᾶς μήτ' ἀπολειφθῆναι τῶν πραγμάτων μηδὲ καθ' ἓν, μήτ'
14 ἀγνοῆσαι περὶ ὧν δεήσει τὴν ψῆφον διενεγκεῖν. δέομαι δ' ὑμῶν, ὦ ἄνδρες δικασταὶ, μετ' εὐνοίας [4]γέ μου ἀκοῦσαι, κἂν ἠδικῆσθαι δοκῶ βοηθῆσαί μοι τὰ δίκαια. ποιήσομαι δ' ὡς ἂν δύνωμαι διὰ βραχυτάτων τοὺς λόγους. [5]ὅθεν οὖν ῥᾷστα μαθήσεσθε περὶ αὐτῶν, ἐντεῦθεν ὑμᾶς καὶ ἐγὼ πρῶτον πειράσομαι διδάσκειν.

β'. Δημοσθένης γὰρ ὁ ἐμὸς πατὴρ, ὦ ἄνδρες δικασταὶ, κατέλιπεν οὐσίαν μὲν σχεδὸν τεττάρων καὶ δέκα ταλάντων· ἐμὲ δὲ ἑπτὰ ἐτῶν ὄντα, καὶ τὴν ἀδελφὴν πέντε· ἔτι δὲ τὴν ἡμετέραν μητέρα, πεντήκοντα μνᾶς εἰς τὸν οἶκον εἰσενηνεγμένην. βουλευσάμενος δὲ περὶ ἡμῶν, ὅτ' [6]ἔμελλε τελευτᾶν, ἅπαντα ταῦτα ἐνεχείρισεν Ἀφόβῳ τε τούτῳ καὶ Δημοφῶντι τῷ Δήμωνος υἱεῖ, τούτοιν μὲν ἀδελφιδοῖν ὄντοιν, τῷ μὲν ἐξ ἀδελφοῦ, τῷ δὲ ἐξ ἀδελφῆς γεγονότοιν· ἔτι δὲ Θηριππίδῃ τῷ Παιανιεῖ, γένει μὲν οὐδὲν προσήκοντι, φίλῳ δ' ἐκ παιδὸς ὑπάρχοντι. κἀκείνῳ μὲν ἔδωκεν

[1] ἀπέχρην [2] ὄντων, ἁπάντων ἄπειρον [3] μέχρι γε τοῦ [4] τ' ἐμοῦ [5] ὅθεν δ' οὖν [6] ἤμελλε

siphonte potest, in qua se rem trierarchicam lege lata præclare constituisse gloriatur, ut in eandem annotatum est, eo loco ubi ait: τοὺς τριηράρχους αἱρεῖσθαι ἐπὶ τὴν τριήρη, etc. Budæus libro quinto de Asse. *Ex edit.* HERVAG.

β'. Ἐνεχείρησεν] Ab ἐγχειρέω perperam, ἐνεχείρισεν ab ἐγχειρίζω recte. WOLF. Imo ἐνεχείρισεν. AUGER.

Θηριππίδῃ μὲν Παιανιεῖ] F. τῷ Παιανιεῖ. WOLF.

ἐκ τῶν ἐμῶν ἑβδομήκοντα μνᾶς καρπώσασθαι τοσοῦτον χρόνον, ἕως ἂν ἐγὼ ἀνὴρ εἶναι δοκιμασθείην, ὅπως μὴ δι' ἐπιθυμίαν χρημάτων χεῖρόν τι τῶν ἐμῶν διοικήσειε· Δημοφῶντι δὲ τὴν ἐμὴν ἀδελφὴν καὶ δύο τάλαντα εὐθὺς ἔδωκεν ἔχειν· αὐτῷ δὲ τούτῳ τὴν [1] μητέρα καὶ προῖκα ὀγδοήκοντα μνᾶς καὶ τὴν οἰκίαν, καὶ σκεύεσι χρῆσθαι τοῖς ἐμοῖς, ἡγούμενος, εἰ καὶ τούτους ἔτι οἰκειοτέρους ἐμοὶ ποιήσειεν, οὐκ ἂν χεῖρον ἐμὲ ἐπιτροπευθῆναι ταύτης τῆς οἰκειότητος προσγενομένης. λαβόντες δὲ οὗτοι ταῦτα πρῶτον σφίσιν αὐτοῖς ἐκ τῶν χρημάτων, καὶ τὴν ἄλλην οὐσίαν ἅπασαν 815
διαχειρίσαντες, καὶ δέκα ἔτη ἡμᾶς ἐπιτροπεύσαντες, τὰ μὲν ἄλλα πάντα ἀπεστερήκασι, τὴν οἰκίαν δὲ καὶ ἀνδράποδα τέτταρα καὶ δέκα καὶ ἀργυρίου μνᾶς τριάκοντα, μάλιστα σύμπαντα ταῦτα, εἰς ἑβδομήκοντα μνᾶς παραδεδώκασι.

γ'. Καὶ τὸ μὲν κεφάλαιον τῶν ἀδικημάτων, ὡς ἂν συντομώτατα εἴποι τις, τοῦτ' ἔστιν, ὦ ἄνδρες δικασταί· τὸ δὲ πλῆθος τῆς οὐσίας, ὅτι τοῦτ' ἦν τὸ καταλειφθὲν, μέγιστοι μὲν αὐτοὶ μάρτυρές μοι γεγόνασιν. εἰς γὰρ τὴν συμμορίαν ὑπὲρ ἐμοῦ συνετάξαντο, κατὰ τὰς πέντε καὶ εἴκοσι μνᾶς, πεντακοσίας δραχμὰς εἰσφέρειν, ὅσον περ Τιμόθεος ὁ Κόνωνος καὶ οἱ τὰ μέγιστα κεκτημένοι [2] τιμητὰ εἰσέφερον.

[1] μητέρα τὴν ἡμετέραν καὶ π. ὀ. μ. καὶ * τῇ οἰκίᾳ

[2] τιμήματα

Δοκιμασθείην] Ex hoc aliisque locis harum Orationum, quibus Tutores suos male gestæ tutelæ reos agit Demosthenes, Corsinus Fast. Att. P. I. Diss. XI. §. 6. repudiata Dionysii hypothesi, Plutarchi sententiam defendit, atque Demosthenis ortum ad exeuntem Scirophorionem anni 4. Olymp. IIC. refert.

Καὶ τὴν οἰκίαν καὶ σκεύεσι] Mihi vid. leg. καὶ τῆς οἰκίας σκεύεσι. AUGER.

γ'. Εἰς γὰρ τὴν συμμορίαν—] Quibus e verbis docemur, eos qui in reditibus haberent annuis viginti quinque minas, contulisse εἰς τὴν συμμορίαν illarum viginti quinque minarum partem quintam, nempe quingentas drachmas; atque ita, puto, pro hoc modulo majus vel minus: quanquam injuriam sibi factam hac in re testatur Demosthenes, cum ex illis quatuordecim ferme talentis, quos pater in bonis reliquerat, superessent tantum talenta novem et semis, reliquis talentis quatuor et semis erogatis prout tabulis testamenti cautum fuerat. *Petit. Leg. Attic.* L. III. T. IV. p. 360.

Κατὰ τὰς πέντε καὶ εἴκοσι μνᾶς πεντακοσίας δραχμὰς εἰσφέρειν] Hoc est, ut existimo, de aureis 250. aureos 50. de 15. talentis 3. talenta, quintam partem rei familiaris. Sed utrum soli divites tantum contulerunt, tenuiores minus? cum videatur æqualis esse solere tributorum ratio. 2. oratione legitur: οὐκ ἐπὶ τοῖς μικροῖς τιμήμασι, etc. Deinde quæ ratio est 25. minas particulatim nominandi prius, cum mox totus census commemoretur? WOLF.

Καὶ οἱ τὰ μέγιστα κεκτημένοι τιμητὰ εἰσέφερον] Τιμητὰ dixit ἀντὶ τοῦ τιμήματα. Est autem τίμημα *census*. unde πρῶτον, δεύτερον, τρίτον τίμημα dicunt, hoc est, *classes*. Circa finem autem hujus primæ κατὰ Ἀφόβου ubi dicit, ἐὰν γὰρ ἀποφύγῃ με οὗτος, ὃ μὴ γένοιτο, τὴν ἐπωβελίαν ὀφλήσω, μνᾶς ἑκατόν. καὶ τοῦτο μὲν ἐὰν καταψηφίσηδεῖ δὲ καὶ καθ' ἕκαστον ὑμᾶς ἀκοῦσαι, τά τε ἐνεργὰ αὐτῶν καὶ ὅσα ἦν ἀργὰ, καὶ ὅσου ἦν ἄξια ἕκαστα. ταῦτα γὰρ μαθόντες ἀκριβῶς εἴσεσθε, ὅτι τῶν πώποτε ἐπιτροπευσάντων οὐδένες ἀναιδέστερον οὐδὲ περιφανέστερον, ἢ οὗτοι τὰ ἡμέτερα, διηρπάκασι. πρῶτον μὲν οὖν, ὡς συνετιμήσαντο ὑπὲρ ἐμοῦ ταύτην τὴν εἰσφορὰν εἰς τὴν συμμορίαν, παρέξομαι τούτων μάρτυρας· ἔπειτα, ὅτι οὐ πένητα κατέλιπέ με ὁ πατὴρ οὐδὲ ἑβδομήκοντα μνῶν οὐσίαν κεκτημένον, ἀλλὰ τοσαύτην ὅσην οὐδ' αὐτοὶ οὗτοι ἀποκρύψασθαι διὰ τὸ μέγεθος πρὸς τὴν πόλιν ἠδυνήθησαν. καί μοι ἀναγίνωσκε λαβὼν [1] ταύτην τὴν μαρτυρίαν.

ΜΑΡΤΥΡΙΑ.

δῆλον μὲν τοίνυν καὶ ἐκ τούτων ἐστὶ τὸ πλῆθος τῆς οὐσί-
816 ας. πεντεκαίδεκα ταλάντων [2] γάρ. τρία τάλαντα τίμη-
μα. ταύτην [3] ἠξίουν εἰσφέρειν τὴν εἰσφοράν.

δ'. Ἔτι δ' ἀκριβέστερον εἴσεσθε, τὴν οὐσίαν αὐτὴν

[1] ταυτηνὶ [2] γὰρ τρία [3] * δ' ἠξίουν

σθε τιμητὸν, etc. τιμητὸν appellat *litis æstimationem*, hoc est, decem talenta quæ a tutore petebat, tantum enim fuisse tutelæ suæ censum aiebat, hoc est, tanti se censum sub tutoribus, cujus sexta pars ἐπωβελία ab eo dicitur, hoc est, centum minæ: decem enim talenta sexcentas minas continent, quod verbum etiam libro quinto de Asse interpretatum est in mentione census Demosthenis facultatum; quem locum si cui adire vacet, superiora verba Oratoris facile intellexerit. Est enim ἐπωβελία *sexta pars æstimationis litis*, pœna calumniosi actoris in judiciis ignominiosis. Ubi autem legitur, καὶ τούτῳ μὲν ἐὰν καταψηφίσησθε τιμητὸν fortasse τούτου legendum in genitivo, hoc sensu: *quod si hunc in æstimationem litis damnaveritis, non ex sua pecunia judicatum facturus est, sed ex mea, quam ipse domum suam avertit. Et cum mihi minor sit census ejus summæ sexta parte, non modo paternis bonis eversus, sed præterea ignominia notatus ero propter famosum judicium, et ob id quod facere judicatum non potero.* Ubi rursum προσητιμωμένος dixit a προσατιμῶσαι verbo, quod est, præter cætera incommoda, *infamia* etiam *notari*, unde ἄτιμοι *ignominia notati* dicuntur. Sequitur autem τάτε ἐνεργὰ αὐτῶν καὶ ὅσα ἦν ἀργά. Ubi notandum ἀργὰ χρήματα dici, sicut et δάνεια ἀργὰ, quæ compendium nullum usurarum afferunt, hoc est, ἀεργὰ καὶ μὴ ἐργαζόμενα: contra vero χρήματα ἐνεργὰ, quæstuosæ fœnusque pensitantes pecuniæ, Latinis *pecunia fœnore occupata*. Est enim ἔργον *lucrum*, ut in hac eadem, τὸ δ' ἔργον τούτων τῶν χρημάτων πεντήκοντα μναῖ τοῦ ἐνιαυτοῦ ἑκάστου, hoc est, *quæstus et usura*, et τόκος, ut supra dixerat. et rursus, καὶ πότερον οὗτος ἐπιτροπευθεὶς ἀπεδέξαιτ' ἂν τοῦτον τὸν λόγον παρὰ τῶν ἐπιτρόπων, ἢ τἀρχαῖα ἀπολαβεῖν ἂν ἠξίου σὺν τοῖς ἔργοις τοῖς γεγενημένοις; *An potius æquum esse contenderet, sortem usurasque legitimas a tutoribus se accipere?* Ex edit. Hervag.

Κεκτημένοι τιμητὰ] F. τιμήματα. Wolf.

Δῆλον κ. τ. λ.] Nam si quintam bonorum æstimatorum partem pendebant, ita ut pro XXV. minis quingenas penderent, Demosthenis autem tutores tria talenta contulerant, bona ejus necesse est fuisse quindecim talentis æstimata. Ergo εἰσφοραὶ divitum proprie erant, nisi quandoque ea ingrueret tempestas, quæ omnes omnino buio muneri obligaret, præter eos, qui extrema inopia laborarent. *Herald. Animadv. in Salmas. Obss. ad Jus A. et R.* l. VI. c. I. §. VII. p. 409. Vid. plura in l.

Πεντεκαίδεκα ταλάντων] Ἠξίουν ταύτην (τὴν οὐσίαν) εἰσφέρειν εἰσφορὰν τρία τάλαντα, ἀπὸ τῶν ιέ. Wolf.

ἀκούσαντες. ὁ γὰρ πατὴρ, ὦ ἄνδρες δικασταὶ, κατέλιπε δύο ἐργαστήρια, τέχνης οὐ μικρᾶς ἑκάτερον· μαχαιροποιοὺς μὲν τριάκοντα καὶ δύο ἢ τρεῖς, τοὺς μὲν ἀνὰ πέντε μνᾶς ἢ καὶ ἓξ, τοὺς δ' οὐκ ἐλάττονος ἢ τριῶν μνῶν ἀξίους, ἀφ' ὧν τριάκοντα μνᾶς ἀτελεῖς ἐλάμβανε τοῦ ἐνιαυτοῦ τὴν πρόσοδον· κλινοποιοὺς δὲ εἴκοσι τὸν ἀριθμὸν, τετταράκοντα μνῶν ὑποκειμένους, οἳ δώδεκα μνᾶς ἀτελεῖς αὐτῷ προσέφερον· ἀργυρίου δ' εἰς τάλαντον ἐπὶ δραχμῇ [1] δεδανεισμένου, οὗ τόκος ἐγίγνετο τοῦ ἐνιαυτοῦ ἑκάστου πλεῖον ἢ ἑπτὰ μναῖ. καὶ ταῦτα μὲν ἐνεργὰ κατέλιπεν, ὡς καὶ αὐτοὶ οὗτοι ὁμολογήσουσιν· ὧν γίγνεται τοῦ μὲν ἀρχαίου [2] κεφαλαίου, τέτταρα τάλαντα καὶ πεντακισχίλιαι, τὸ δ' ἔργον αὐτῶν, πεντήκοντα μναῖ τοῦ ἐνιαυτοῦ ἑκάστου. χωρὶς δὲ τούτων, ἐλέφαντα μὲν καὶ σίδηρον, [3] ὧν κατειργάζοντο, καὶ ξύλα κλίνεια, εἰς ὀγδοήκοντα μνῶν [4] ἄξια· κηκῖδα δὲ καὶ χαλ-

[1] δεδανεισμένον [2] κεφάλαιον [3] ὃν [4] * ἀξίαν

δ'. Τριάκοντα, καὶ δύω, ἢ τρεῖς] Post τριάκοντα est interpungendum. Neque enim dubitat, utrum 32. an 33. fuerint: sed ex illis 30. dicit, duos vel tres potuisse quinis aut senis minis æstimari, cæteros ternis: quibus illi vel ætate, vel artificio, præstiterint. Observa, ἀξίους μνᾶς πέντε ἢ ἕξ, nisi forte legendum sit μνῶν. Idem. VV. ἢ τρεῖς mera forsan corruptio vv. τοὺς μὲν, quæ in nonnullis MSS. et Editt. desiderantur.

Μνᾶς ἀτελεῖς] Forte *ultra omnem sumtum, demto victu*. Lalamantius: *Subductis omnibus*. Nostratibus proceribus quantum de reditibus decedit, quo sustentandi sunt procuratores et ministri, utinam abstinentes et integri? Si non triens, at certe quadrans: ut cujus vectigalia sunt 1200. is vix percipiat 900. Sed iidem illi præsto sunt domino, quoties opus est, et ad usum et ad ornamentum aulæ: et hac ratione aluntur multi inopes, utinam homines frugi. Wolf.

Ἐπὶ δραχμῇ δεδανεισμένου] Τῆς μνᾶς δραχμὴν ἑκάστου μηνὸς τόκον τελούσης. Talentum minas habet 60. hinc ergo singulis mensibus pendendæ fuerunt 60. drachmæ, quæ conficiunt aureos 6. duodecies 6. sunt 72. aurei, hoc est minæ 7. Ita de centenis aureis numerandi fuerunt pene duodecim, quæ Romanorum centesimis non absimilis usurarum ratio fuit. Idem. Intelligo ἑκάστης ἡμέρας, ut talentum produceret drachmam unoquoque die, et sic erat mediocre fœnus. Nam annus Atticus erat dierum 360, qui numerus drachmarum pars est totius summæ capitalis $16\frac{2}{3}$, et sic centum nummi sex tantum annuos producebant. Sed paucis infra lineis [sc. v. 12.] pro τέτταρα τάλαντα καὶ πεντακισχίλια lege καὶ πεντακισχίλιαι, supple δραχμαὶ, et sic erunt omnia plana, quæ aliter non possunt intelligi. Palmer.

Καὶ ταῦτα μὲν ἐνεργὰ κατέλιπεν] Χρήματα ἀργὰ, *pecunia ignava*, ἐνεργὰ, *quæstuosa, fœnore occupata, collata in usuras*, δεδανεισμένα: quibus vocibus utar, dum invenero meliores. Wolf.

Τοῦ μὲν ἀρχαίου κεφαλαίου] ά. Ὀλ. τῶν ἀρχαίων ἀπέστησαν absolute, hic adjective. Paulo post τό, τε ἀρχαῖον καὶ τὸ τῶν δώδεκα ἐτῶν, S. γιγνόμενον. Idem.

Τοῦ μὲν ἀρχαίου κεφαλαίου] Probo lectionem, quæ in margine quorundam librorum est annotata, τοῦ μὲν ἀρχαίου κεφάλαιον: quasi dicat, *bonorum principalium*, sive *eorum æstimationis summa*. Nam τὸ κεφάλαιον dicebatur, quæ exsistebat summa quasi principalis, summis omnibus singularibus computatis; et idcirco differentia est inter ἀρχαῖον et κεφάλαιον, sæpe tamen τὸ κεφάλαιον et τὰ κεφάλαια acceperunt ἀντὶ τῶν ἀρχαίων. *Herald. Animadv. in Salmas. ad Jus A. et R.* l. VII. c. XXIV. §. XV. p. 585.

Τὸ δ' ἔργον αὐτῶν] Οἱ τόκοι οἱ γιγνόμενοι. Wolf.

Εἰς ὀγδοήκοντα μνῶν] Aut τὸ εἰς abundare, aut μνᾶς legendum esse videtur. Idem.

κὸν, ἑβδομήκοντα μνῶν ἐωνημένα. ἔτι δὲ οἰκίαν τρισχιλί-
ων· ἔπιπλα δὲ καὶ ἐκπώματα καὶ χρυσία καὶ ἱμάτια
καὶ κόσμον τῆς μητρὸς, ἄξια [1] σύμπαντα εἰς μυρίας δρα-
χμάς· ἀργυρίου δ᾽ ἔνδον ὀγδοήκοντα μνᾶς. καὶ ταῦτα μὲν
οἴκοι κατέλιπε πάντα. ναυτικὰ δὲ ἑβδομήκοντα μνᾶς,
ἔκδοσιν παρὰ Ξούθῳ· τετρακοσίας δὲ καὶ δισχιλίας ἐπὶ
τῇ τραπέζῃ τῇ Πασίωνος, ἑξακοσίας δὲ ἐπὶ τῇ Πυλάδου·
παρὰ δὲ [2] Δημομέλει τῷ Δήμωνος υἱεῖ, χιλίας καὶ ἑξακοσί-
17 ας· κατὰ διακοσίας δὲ καὶ τριακοσίας ὁμοῦ τι τάλαντον
διακεχρημένον. καὶ τούτων αὖ τῶν χρημάτων τὸ κεφά-
λαιον πλέον ἢ ὀκτὼ τάλαντα καὶ τριάκοντα μναῖ γίγνε-
ται. συμπάντων δὲ εἰς τέτταρα καὶ δέκα τάλαντα εὑρή-
σετε σκοποῦντες. καὶ τὸ μὲν πλῆθος τῆς οὐσίας τοῦτ᾽ ἦν
τὸ καταλειφθὲν, ὦ ἄνδρες δικασταί· ὅσα δ᾽ αὐτῆς διακέ-
κλεπται, καὶ ὅσα ἰδίᾳ ἕκαστος εἴληφε, καὶ ὁπόσα κοινῇ
πάντες ἀποστεροῦσιν, οὐκ ἐνδέχεται πρὸς τὸ αὐτὸ ὕδωρ
εἰπεῖν, ἀλλ᾽ ἀνάγκη χωρὶς ἕκαστον διελεῖν ἐστίν. ἃ μὲν οὖν
Δημοφῶν καὶ Θηριππίδης ἔχουσι τῶν ἐμῶν, τότε ἐξαρκέσει
περὶ αὐτῶν εἰπεῖν, ὅταν κατ᾽ αὐτῶν τὰς γραφὰς ἀπενέ-
γκωμεν· ἃ δὲ τοῦτον ἔχοντα ἐλέγξουσιν ἐκεῖνοι, καὶ [3] ἐγὼ

[1] σύμπαντα ταῦτα εἰς   [2] Δημομέλει δὲ   [3] ἔγωγ᾽

Οἰκίαν τρισχιλίων] S. δραχμῶν, non μνῶν. Idem.

Καὶ κόσμον] Τὸν κόσμον magis placet, ut addatur κατ᾽ ἐπεξήγησιν. Idem.

Εἰς μυρίας δραχμὰς] Ἑκατὸν μνᾶς 1000. aureorum. Lalamantius χιλίας vertit, et ego sic legendum existimo. Idem.

Ἀργυρίου δ᾽ ἔνδον] S. ἀποκειμένου, ἀργοῦ, τεθησαυρισμένου. Idem.

Ναυτικὰ (S. χρήματα) δὲ ἑβδομήκοντα μνᾶς ἔκδοσιν παρὰ Ξούθῳ] Δάνειον ναυτικὸν, *usuras nauticas*, sive *maritimas*, *trajectitiam pecuniam*: cujus usuræ majores fuere cæteris, ut alibi videbimus. Lalamantius: *LXX. vero minas in classis apparatum expendendas*. Idem.

Ἔκδοσιν] Forsitan melius esset scribere κατ᾽ ἔκδοσιν. Ita enim Pollux vocat l. VIII. c. 12. δάνεισμα, ἔγγυον, ναυτικὸν, κατ᾽ ἔκδοσιν, vel κατ᾽ ἐκδόσεις, sic potius scribendum, quam, sicut vulgatum est, κατεκδόσεις. In Demosthene nihil muto. Sic alibi locutus est, in orat. c. Callip. p. 1241. v. 26. ed. R.—Ergo δάνεισμα κατ᾽ ἔκδοσιν, vel ἔκδοσις, idem quod fœnus nauticum. *Salmas. de M. U.* p. 192.

Κατὰ διακοσίας] Ὁμοῦ τι τάλαντον διακεχρημένον, τοῖς δεομένοις χορηγηθὲν ἄνευ τόκου κατὰ διακοσίας, τοῖς μὲν διακόσιαι δραχμαὶ, τοῖς δὲ τριακόσιαι. αἱ κατὰ τὰ ἀνὰ προθέσεις explent Græcis penuriam distributivorum. Wolf.

Διακεχρημένον] Legendum omnino διακεχρησμένον. Quod est, *per partes variis creditum*. Nam, ut aliud κεχρημένον, aliud est κεχρησμένον, idem in compositis obtinet. Κεχρησμένον ἀργύριον est *mutuo datum*, unde χρηστὴς, *creditor*: κεχρημένος est *indigens*, qui aliqua re opus habet. *Salmas. de M. U.* p. 191.

Τριάκοντα μναῖ γίγν.] Imo πεντήκοντα. Auger.

Συμπάντων] Sc. τὸ κεφάλαιον, σύμπαντα sc. τὰ χρήματα. Wolf.

Διακέκλεπται] Παθητικῶς, διὰ κλοπῆς ἠφάνισται. Idem.

Πρὸς τὸ αὐτὸ ὕδωρ] S. πρὸς τοῦτο τὸ κατ᾽ Ἀφόβου μόνου ἐγκεχυμένον ἐμοί. Lal. *Unius horulæ spatio dici non potest*. Idem.

Χωρὶς ἕκαστον διελεῖν] Non est opus mutari hoc in διελθεῖν. Idem.

Ἃ δὲ τοῦτον ἔχοντα ἐλέγχουσιν] Hoc

οἶδα αὐτὸν εἰληφότα, περὶ τούτων ἤδη ποιήσομαι τοὺς λό-
γους πρὸς ὑμᾶς. πρῶτον [1] μὲν ὡς ἔχει τὴν προῖκα, τὰς
ὀγδοήκοντα μνᾶς, τοῦθ' ὑμῖν ἐπιδείξω· μετὰ δὲ ταῦτα καὶ
περὶ τῶν ἄλλων ὡς ἂν δύνωμαι διὰ βραχυτάτων.

έ. Οὗτος γὰρ εὐθὺς μετὰ τὸν τοῦ πατρὸς θάνατον
ᾤκει τὴν οἰκίαν εἰσελθὼν κατὰ τὴν ἐκείνου διαθήκην, καὶ
λαμβάνει τά τε χρυσία τῆς μητρὸς καὶ τὰ ἐκπώματα τὰ
καταλειφθέντα, καὶ ταῦτα μὲν ὡς εἰς πεντήκοντα μνᾶς
εἶχεν. ἔτι δὲ τῶν ἀνδραπόδων τῶν πιπρασκομένων παρά τε
Θηριππίδου καὶ Δημοφῶντος τὰς τιμὰς ἐλάμβανεν, ἕως
ἀνεπληρώσατο τὴν προῖκα, τὰς ὀγδοήκοντα μνᾶς· καί,
ἐπειδὴ εἶχεν, ἐκπλεῖν μέλλων εἰς Κέρκυραν τριήραρχος,
ἀπεγράψατο ταῦτα πρὸς Θηριππίδην ἔχοντα ἑαυτὸν καὶ
ὡμολόγει κεκομίσθαι τὴν προῖκα. καὶ τούτων μὲν πρῶτον 818
Δημοφῶν καὶ Θηριππίδης, οἱ τούτου συνεπίτροποι, μάρτυρές
εἰσιν· ἔτι δὲ καί, ὡς αὐτὸς ὡμολόγει ταῦτα ἔχειν, Δημο-
χάρης τε ὁ Λευκονοεύς, ὁ τὴν τηθίδα τὴν ἐμὴν ἔχων, καὶ
ἄλλοι πολλοὶ μάρτυρες γεγόνασιν. οὐ γὰρ διδόντος τούτου
σῖτον τῇ μητρί, τὴν δὲ προῖκα ἔχοντος, οὐδὲ τὸν οἶκον μι-
σθοῦν ἐθέλοντος, ἀλλὰ μετὰ τῶν ἄλλων ἐπιτρόπων διαχειρί-
ζειν ἀξιοῦντος, ἐποιήσατο λόγους περὶ τούτων ὁ Δημοχάρης.
[2] αὐτὸς δ' ἀκούσας οὔτ' ἠμφισβήτησε μὴ ἔχειν, οὔτε χα-
λεπῶς ἤνεγκεν ὡς οὐκ εἰληφώς, ἀλλ' ὡμολόγει· [3] καί τι
μικρὸν ἔφη πρὸς τὴν ἐμὴν μητέρα περὶ χρυσιδίων ἀντιλέ-
γεσθαι. τοῦτο οὖν διευκρινησάμενος, καὶ περὶ τῆς τροφῆς
καὶ περὶ τῶν ἄλλων ποιήσειν οὕτως, ὥστ' ἔχειν μοι πάντα
καλῶς. καί τοι, εἰ φανήσεται, πρός τε τὸν Δημοχάρην ταῦθ'

[1] μὲν οὖν ὡς [2] οὗτος [3] καὶ ἔτι

malo, quam ἐλέγξουσι. IDEM. AUGER.

έ. Ὡς εἰς πεντήκοντα μνᾶς εἶχεν] Alii εἷλκεν, *pendebant*. WOLF.

Ἀπεγράψατο — ἑαυτὸν ἔχοντα] *Se habere scripsit*. ἀπογράφω, *in tabulas refero, perscribo, expensum fero*, vel *acceptum refero*: BUDÆUS.

Λευκονοεὺς] Vid. Rutgersii Var. Lect. L. V. c. 4. Harpocrat. et Suid. in v. Λευκονοιεύς.

Οὐ γὰρ διδόντος τούτου σῖτον τῇ μητρὶ] Σῖτος est *annua pensitatio ad alimentum viduarum et pupillorum*, quæ dabatur a curatoribus bonorum, vel a viris uxoribus repudiatis. Cujus rei exemplum est in oratione κατὰ Νεαίρας, ubi et de κυρίοις dicetur. Meminit Harpocration. Hinc σίτου δίκη appellatur *rei uxoriæ actio*. *Ex edit.* HERVAG.

Σῖτον] Σῖτος est proprie τόκος dotis non restitutæ. *Salmas. de M. U.* p. 160.

Οὐδὲ τὸν οἶκον μισθοῦν ἐθέλοντος] Elocatio ædium intelligatur cum omni instrumento et facultatibus. WOLF.

Καί τι μικρὸν ἔφη πρὸς τὴν ἐμὴν μητέρα] Utrum ἔφη πρὸς τὴν μητέρα: an μικρόν τι ἀντιλέγεσθαι (S. ὑφ' ἑαυτοῦ) πρὸς τὴν μητέρα? *Inter se et matrem parvam esse quandam* ὡμολογηκὼς καὶ πρὸς τοὺς ἄλλους οἳ παρῆσαν, παρά τε τοῦ Δημοφῶντος καὶ τοῦ Θηριππίδου τῶν ἀνδραπόδων εἰς τὴν προῖκα [1] καὶ τὰς τιμὰς εἰληφὼς, αὐτός τε ἑαυτὸν ἔχειν τὴν προῖκα ἀπογράψας πρὸς τοὺς συνεπιτρόπους, οἰκῶν τε τὴν οἰκίαν ἐπειδὴ τάχιστα ἐτελεύτησεν ὁ πατὴρ, πῶς οὐκ ἐκ πάντων ὁμολογουμένου τοῦ πράγματος εὑρεθήσεται φανερῶς τὴν προῖκα, τὰς ὀγδοήκοντα μνᾶς, κεκομισμένος, καὶ λίαν ἀναιδῶς μὴ λαβεῖν ἐξαρνούμενος; ἀλλὰ μὴν, ὡς ἀληθῆ λέγω, λάβε τὰς μαρτυρίας καὶ ἀνάγνωθι.

ΜΑΡΤΥΡΙΑΙ.

τὴν μὲν τοίνυν προῖκα τοῦτον τὸν τρόπον [2] εἶχε λαβών· μὴ γήμαντος δ᾽ αὐτοῦ τὴν μητέρα τὴν ἐμὴν, ὁ μὲν νόμος κε-
19 λεύει τὴν προῖκα ὀφείλειν ἐπ᾽ ἐννέα ὀβολοῖς, ἐγὼ δ᾽ ἐπὶ δραχμῇ μόνον τίθημι. γίγνεται δὲ, ἄν τις [3] συνθῇ, τό τε ἀρχαῖον καὶ τὸ ἔργον τῶν δώδεκα ἐτῶν μάλιστα τρία τάλαντα. καὶ ταῦτα μὲν οὕτως ὑμῖν ἐπιδείκνυμι λαβόντα καὶ ἔχειν ὁμολογήσαντα μαρτύρων ἐναντίον τοσούτων.

[1] Deest καί. [2] ἔχει [3] συντιθῇ

controversiam. Idem.

Τὴν μέν τοι προῖκα τοῦτον τὸν τρόπον εἶχε λαβὼν] *Verum* iste *dotem hujuscemodi pacto habuit: quare cum matrem meam uxorem non duxerit, lege quidem jubente debet dotem cum usuris novenum obolum restituere. Sed fac drachmales tantum usuras eum debere. Has si cum* sorte *aliquis supputaverit, duodecim annorum spatio* tria *large talenta inveniet.* Ait patrem suum Demosthenem Aphobo quem tutorem sibi dederat, in testamento octoginta minas reliquisse dotis nomine, ut uxorem suam, Demosthenis matrem, uxorem duceret: quas cum ille accepisset, matrem tamen uxorem non habuit, unde debere eum dicit dotem cum usuris restituere. Summam ergo exacte colligere volens, large vel prolixe tria talenta dixit, pro tribus talentis et quadrante, novem autem obolos pro sesquidrachma posuit, qua ratione sesquicentesima usura procederet, quam ipse, ut omnino adversario defensionis ansam præcideret, ad centesimam retraxit. Plura libro 1. de Asse, ubi copiose etiam de usura centesima. *Ex edit.* Hervag.

Μὴ γήμαντος — τίθημι] Demosthenes, de suo jure decedens, has CL. drachmas nonnisi unam drachmam menstruam vult parere. Quod sequitur, γίγνεται - - - τρία τάλαντα, verum non est de fœnore et sorte LXXX. minarum, tot enim minarum *dos* erat, quoquo te vertas modo: itaque et his domus suæ obventionem, quam locare tenebatur Aphobus tutor Demostheni testamento datus, adjungere necesse est, ut sua his constet Oratoris verbis veritas. Actio hæc τῆς προικὸς σίτου dabatur apud Prætorem in Odeo. *Petit. Leg. A*ttic. L. VI. T. II. p. 557. Solens aberrat. Centum et quinquaginta drachmæ usura ἐπὶ δραχμῇ pariunt drachmam cum dimidia menstruam, sive decem atque octo annuas. At usura ἐπὶ ἐννέα ὀβολοῖς ex sorte CL. drachmarum dat viginti septem annuas. Quo usurarum genere confuso, descendit doctissimus Petitus ad Demosthenem corrigendum, qui ea opera non indiget, sicuti operose probare ingreditur Salmasius de Modo Usur. c. 4. p. 154. quem hæc examinantem, si videtur, adi. *Wesseling.* In l. l. reponi vult Salmasius: καὶ τὸ τῶν δώδεκα ἐτῶν ἔργον, *et usura duodecim annorum.*

Ἐπ᾽ ἐννέα ὀβολοῖς] Ἐπὶ δραχμῇ καὶ ἡμισείᾳ. 6. oboli drachmam, 10. drachmæ aureum, 10. aurei minam, 60. minæ talentum conficiunt. Wolf.

ϛʹ. Ἄλλας τοίνυν ἔχει τριάκοντα μνᾶς, τοῦ ἐργαστηρίου λαβὼν τὴν πρόσοδον· καὶ ἀναισχυντότατ᾿ ἀνθρώπων ἀποστερεῖν ἐπικεχείρηκεν. ἐμοὶ δ᾿ ὁ πατὴρ κατέλιπε τριάκοντα μνᾶς [1] ἁπάντων τὴν πρόσοδον. ἀποδομένων τούτων τὰ ἡμίσεα τῶν ἀνδραπόδων, [2] πεντεκαίδεκα μνᾶς γίγνεσθαι κατὰ λόγον προσῆκε. Θηριππίδης μὲν οὖν, ἑπτὰ ἔτη τῶν ἀνδραπόδων ἐπιμεληθεὶς, ἕνδεκα μνᾶς τοῦ ἐνιαυτοῦ ἀπέφηνε, τέτταρσι μναῖς καθ᾿ ἕκαστον ἐνιαυτὸν ἔλαττον, ἢ ὅσον προσῆκε, λογιζόμενος· οὗτος δὲ, δύ᾿ ἔτη τὰ πρῶτα ἐπιμεληθεὶς, οὐδ᾿ ὁτιοῦν ἀποδείκνυσιν. ἀλλ᾿ ἐνίοτε μέν φησιν ἀργῆσαι τὸ ἐργαστήριον· ἐνίοτε δ᾿ ὡς αὐτὸς μὲν οὐκ ἐπεμελήθη τούτων, ὁ δ᾿ ἐπίτροπος Μιλύας ὁ ἀπελεύθερος ὁ ἡμέτερος διῴκησεν αὐτὰ, καὶ παρ᾿ ἐκείνου μοι προσήκει [3] ἔργον λαβεῖν. ἂν οὖν καὶ νῦν εἴπῃ τινὰ τούτων τῶν λόγων, ῥᾳδίως ἐλεγχθήσεται ψευδόμενος. ἐὰν μὲν οὖν ἀργὸν φῇ γενέσθαι, λόγον αὐτὸς ἀπενήνοχεν ἀναλωμάτων οὐκ εἰς σιτία τοῖς ἀνθρώποις, ἀλλ᾿ εἰς ἔργα, τὸν [4] εἰς τέχνην ἐλέφαντα καὶ μαχαιρῶν λαβὰς καὶ ἄλλας ἐπισκευὰς, ὡς ἐργαζομένων τῶν δημιουργῶν. ἔτι δὲ Θηριππίδῃ τριῶν ἀνδραπόδων, ἃ ἦν αὐτῷ ἐν τῷ ἐμῷ ἐργαστηρίῳ, μισθὸν ἀποδεδωκέναι λογίζεται. καίτοι γε, μὴ γενομένης ἐργασίας, οὔτε ἐκείνῳ λαβεῖν μισθὸν, οὔτε ἐμοὶ τὰ ἀναλώματα ταῦ- 820
τα λογισθῆναι, προσῆκεν. εἰ δ᾿ αὖ γενέσθαι [5] μέν φησι, τῶν δ᾿ ἔργων ἀπρασίαν εἶναι, δεῖ δήπου τά γε ἔργα αὐτὸν ἀποδεδωκότα μοι φαίνεσθαι καὶ, ὧν ἐναντίον ἀποδέδωκε, παρασχέσθαι μάρτυρας. εἰ δὲ μηδὲν τούτων πεποίηκε, πῶς οὐκ ἔχει τὴν πρόσοδον δυοῖν ἐτοῖν τὴν ἐκ τοῦ ἐργαστηρίου, [6] τριάκοντα μνᾶς, φανερῶς οὕτω τῶν ἔργων γεγενημένων; εἰ δ᾿ αὖ τούτων μὲ νμηδὲν ἐρεῖ, Μιλύαν δ᾿ αὐτὰ φήσει πάντα διῳκηκέναι, πῶς χρὴ πιστεύειν, ὅταν φῇ τὰ μὲν ἀναλώματα αὐτὸς ἀνηλωκέναι πλέον ἢ πεντακοσίας δραχμὰς, λῆμμα δ᾿ εἴ τι γέγονεν ἐκεῖνον ἔχειν. ἐμοὶ μὲν γὰρ δοκεῖ τοὐναντίον ἂν γενέσθαι τούτων, εἰ καὶ Μιλύας αὐτῶν ἐπεμελεῖτο, τὰ μὲν ἀναλώματα ἐκεῖνος ἀναλῶσαι, τὰ δὲ

[1] ἀπ᾿ αὐτῶν τ. πρόσοδον, ἀποδομένων δὲ τούτων [2] πεντεκαίδεκά μοι μνᾶς [3] λόγον [4] εἰς τὴν τέχνην [5] μὲν φήσει [6] τὰς τριάκοντα

ϛʹ. Ἀποδομένων τούτων] M. ἀποδομένων δὲ τούτων. IDEM.

Παρ᾿ ἐκείνου προσήκει ἔργον λαβεῖν] M. τὸ ἔργον, τὰ χρήματα τὰ παρὰ τῶν ἀνδραπόδων. IDEM.

Γενέσθαι] Sub. τὰ ἔργα. AUGER.

λήμματα οὗτος λαβεῖν, εἴ τι δεῖ τεκμαίρεσθαι πρὸς τὸν ἄλλον αὐτοῦ τρόπον καὶ τὴν ἀναίδειαν. λάβε οὖν τὰς μαρτυρίας ταύτας, καὶ ἀνάγνωθι [1] αὐτάς.

ΜΑΡΤΥΡΙΑΙ.

ταύτας τοίνυν ἔχει τὰς τριάκοντα μνᾶς ἀπὸ τοῦ ἐργαστηρίου, καὶ τὸ ἔργον αὐτῶν ὀκτὼ ἐτῶν, ὅ, ἐὰν ἐπὶ δραχμῇ τις τιθῇ μόνον, ἄλλας ὁμοῦ τριάκοντα μνᾶς εὑρήσει. καὶ ταῦτα μὲν ἰδίᾳ μόνος εἴληφεν, ἃ συντεθέντα πρὸς τὴν προῖκα μάλιστα τέτταρα τάλαντα γίγνεται σὺν τοῖς ἀρχαίοις· ἃ δὲ μετὰ τῶν ἄλλων ἐπιτρόπων κοινῇ διήρπακε καὶ ὅσα ἔνια μηδὲ καταλειφθῆναι παντάπασιν ἠμφισβήτηκε, ταῦθ᾽ ὑμῖν ἤδη ἐπιδείξω καθ᾽ ἕκαστον.

ζ΄. Πρῶτον μὲν οὖν περὶ τῶν κλινοποιῶν, οὓς [2] κατέλιπεν ὁ πατὴρ, ἀφανίζουσι δ᾽ οὗτοι, τετταράκοντα μὲν μνῶν
21 ὑποκειμένους, εἴκοσι δὲ ὄντας τὸν ἀριθμὸν, ἐπιδείξω ὑμῖν ὡς λίαν ἀναιδῶς καὶ φανερῶς με ἀποστεροῦσι. τούτους γὰρ καταλειφθῆναι μὲν οἴκοι παρ᾽ ἡμῖν πάντες ὁμολογοῦσι, καὶ τὰς δώδεκα μνᾶς ἑκάστου τοῦ ἐνιαυτοῦ τῷ πατρὶ γίγνεσθαί φασιν· αὐτοὶ δὲ λῆμμα μὲν παρ᾽ αὐτῶν [3] ἕνδεκα ἔτεσιν οὐδὲν ἐμοὶ γεγενημένον ἀποφαίνουσιν, ἀλλ᾽ οὐδὲ μικρὸν, ἀναλώματος δὲ κεφάλαιον εἰς αὐτοὺς οὗτος ὀλίγου δεῖν λογίζεται χιλίας, εἰς τοῦτο ἀναιδείας ἐλήλυθεν. αὐτοὺς δὲ τοὺς ἀνθρώπους, εἰς οὓς [4] πάντα ἀνηλωκέναι φησὶν, οὐδαμοῦ μοι παραδεδώκασιν, ἀλλὰ πάντων [5] καινότατον λόγον λέγουσιν, ὡς ὁ ὑποθεὶς τῷ πατρὶ [6] τὰ ἀνδράποδα πονηρότατος ἀνθρώπων πάντων ἐστὶ, καὶ ἐράνους τε λέλοιπε πλείστους καὶ ὑπέρχρεως γέγονε, καὶ τούτων οὐκ ὀλίγους

[1] αὐτοῖς [2] κατέλιπε μὲν ὁ [3] ἐν δέκα [4] ταῦτα [5] κενώτατον [6] τἀνδράποδα

Μάλιστα τέτταρα τάλαντα] Lalamantius: *cumulate in 4. talentorum summum consurgunt.* WOLF. μάλιστα *maxime*, i. e. cumulate. AUGER.

ζ΄. Πάντων καινότατον] Πάνυ ἄτοπον καὶ ἀπεικότα, καὶ πιθανότητος μηδεμιᾶς μετέχοντα. Legi etiam queat κενότατον per ε in prima. WOLF. M. κενότατον. AUGER.

Καὶ ἐράνους τε λέλοιπε πλείστους] Lalamantius: *Tantaque debita pulcrarum collationum nomine, et tantum æris alieni reliquisse.* λιπεῖν ἐράνους videtur dici is, qui non utitur liberalitate adversus eos, quos debet, aut non præstat officia debita, nec refert gratiam. φέρειν, εἰσφέρειν, λείπειν ἐράνους, πληρωτὴν ἐράνου γενέσθαι, sæpius apud Demosthenem reperias. Ego verti liberius: *cum sæpe solvisse fidem, tum,* etc. WOLF. Quid hic significet ἐράνους valde dubitatur et ego plane ignoro; Wolfii versionem secutus sum. v. seq. τούτων *horum, harum rerum.* AUGER.

κεκλήκασι κατ᾽ ἐκείνου μάρτυρας· τὰ δὲ ἀνδράποδα ὅστις ἐστὶν ὁ λαβὼν, ἢ ὅπως ἐκ τῆς οἰκίας ἐξῆλθεν, ἢ ὡς ἀφείλετό τις, ἢ πρός τινα δίκην [1] ἥττηνται, περὶ αὐτῶν οὐκ ἔχουσιν εἰπεῖν. καί τοι, εἴ τι ἔλεγον ὑγιὲς, οὐκ ἂν κατὰ τῆς ἐκείνου πονηρίας παρείχοντο μάρτυρας, [2] τοῖς οὐδὲν προσήκει φροντίζειν· ἀλλὰ τούτων ἂν ἀντελαμβάνοντο, καὶ τοὺς λαβόντας ἀπεδείκνυσαν, καὶ οὐδὲν ἂν αὐτῶν παρέλειπον. νῦν δὲ ὠμότατ᾽ ἀνθρώπων ὁμολογοῦντες καταλειφθῆναι, καὶ λαβόντες ὡς αὑτοὺς, καὶ καρπωσάμενοι δέκα ἔτη τοὺς ἀνθρώπους, ἄρδην ὅλον τὸ ἐργαστήριον ἀφανίζουσι. καὶ ταῦθ᾽ ὡς ἀληθῆ λέγω, λάβε μοι τὰς μαρτυρίας καὶ ἀναγίγνωσκε.

ΜΑΡΤΥΡΙΑΙ. 822

ὅτι τοίνυν οὐκ ἄπορος ἦν ὁ Μοιριάδης, οὐδ᾽ ἦν τῷ πατρὶ τοῦτο τὸ συμβόλαιον εἰς τἀνδράποδα ἠλιθίως συμβεβλημένον, μεγίστῳ τεκμηρίῳ γνώσεσθε. λαβὼν γὰρ ὡς ἑαυτὸν Ἄφοβος τοῦτο τὸ ἐργαστήριον, ὡς αὐτοὶ τῶν μαρτύρων ἠκούσατε, καὶ δέον αὐτὸν, εἰ καί τις ἄλλος ἐβούλετο εἰς ταῦτα συμβάλλειν, τοῦτον διακωλύειν, ἐπίτροπόν γε ὄντα, αὐτὸς ἐπὶ τούτοις τοῖς ἀνδραπόδοις τῷ Μοιριάδῃ πεντακοσίας δραχμὰς ἐδάνεισεν, ἃς ὀρθῶς καὶ δικαίως παρ᾽ ἐκείνου κεκομίσθαι ὡμολόγηκε. καί τοι πῶς οὐ δεινὸν, εἰ ἡμῖν μὲν, πρὸς τῷ [3] λῆμμα ἀπ᾽ αὐτῶν μηδὲν γεγονέναι, καὶ αὐτὰ τὰ ὑποτεθέντα ἀπόλωλεν, [4] οἳ πρότερον συνεβάλομεν· τῷ δ᾽ εἰς τὰ ἡμέτερα δανείσαντι καὶ τοσούτῳ χρόνῳ ὕστερον πράξαντι καὶ οἱ τόκοι καὶ τἀρχαῖα ἐκ τῶν ἡμετέρων ἀποδέδονται, καὶ οὐδεμία ἀπορία γέγονεν. ἀλλὰ μὴν ὡς ἀληθῆ λέγω, λάβε μοι τὴν μαρτυρίαν καὶ ἀνάγνωθι.

ΜΑΡΤΥΡΙΑ.

σκέψασθε τοίνυν, ὅσον ἀργύριον οὗτοι παρὰ τοὺς κλινοποι-

[1] ἥττηνται περὶ αὐτῶν, [2] ἧς οὐδὲν * προσῆκε [3] λῆμμά τι ἀπ᾽ [4] οἱ

Εἶς οὐδὲν προσήκει φροντίζειν] Οἷς, S. τοῖς ἐπιτρόποις. Sed quod si ἧς αὐτοῖς, S. πονηρίας. WOLF.

Καὶ οὐδὲν ἂν αὐτῶν παρέλειπον] F. οὐδένα ἂν αὐτῶν, S. τῶν λαβόντων. Hoc malo, quam ut verti: *Sic utique omni officio fungerentur.* Lalamantius: *et nihil horum reliquissent.* IDEM. Lego οὐδέν᾽ cum apostropho pro οὐδένα. AUGER.

Σκέψασθε τοίνυν, ὅσον ἀργύριον οὗτοι etc.]

οὺς κλέπτουσι. τετταράκοντα μὲν μνᾶς αὐτὸ τὸ ἀρχαῖον, δέκα δὲ ἐτῶν τὸ ἔργον αὐτῶν δύο τάλαντα· δώδεκα γὰρ μνᾶς ἑκάστου τοῦ ἐνιαυτοῦ τὴν πρόσοδον αὐτῶν ἐλάμβανον. ἆρα μικρόν τι καὶ ἐξ ἀφανοῦς; πόθεν; καὶ παραλογίσασθαι ῥᾴδιον; ἀλλ' οὐ φανερῶς οὑτωσὶ μικροῦ δεῖν τρία τάλαντα ταῦτα ἀνηρπάκασιν; ὧν κοινῇ διαπεφορημένων, τὸ τρίτον δήπου μέρος παρὰ τούτου μοι προσήκει κεκομίσθαι.

23 η'. Καὶ μὴν, ὦ ἄνδρες δικασταὶ, καὶ τὰ περὶ τοῦ ἐλέφαντος καὶ σιδήρου τοῦ καταλειφθέντος παραπλήσιά πως τούτοις πεποιήκασιν· οὐδὲ γὰρ [1] τοῦτο ἀποφαίνουσι. καίτοι κεκτημένου μὲν τοσούτους κλινοποιοὺς, κεκτημένου δὲ μαχαιροποιοὺς, οὐχ οἷόν τε μὴ οὐχὶ καὶ σίδηρον καὶ ἐλέ-

1 * τοῦτον

Considerate igitur *quantam isti pecuniam ex lectariis fabris intervertunt. Primum pro sorte quadraginta minas pono, deinde per quæstum decennii eorum opificii duo talenta, siquidem duodenas minas quotannis accipiebant ejus mercedis nomine, quam servi meruerunt.* Quibus verbis enumerat fraudes tutorum suorum, et ostendere vult, tribus propemodum talentis uno nomine se ab eis circumscriptum: atque hinc apparet, decies duodenas minas duo talenta valere: qua ratione sexaginta minæ centenariæ talentum Atticum faciunt. Eodem pertinet locus *superior*, cum de usuris centesimis loqueretur. His enim exemplis et aliis permultis hujus orationis, planum fit, quicquid aliqui scripserint de mina Attica, minam tamen Atticam semper centenariam intelligi, et hujusmodi minas sexaginta talentum efficere. Demosthenes enim non modo Athenis et ad Athenienses orationem illam habuit, sed etiam Atticissime locutus est, ut infra in eadem hac oratione, [§. ιά.] ὅστις γὰρ ἐκ τεττάρων ταλάντων καὶ τρισχιλίων, τοῖς μὲν τρία τάλαντα καὶ δισχιλίας προῖκα δέδωκε, etc. Ubi argumentatur ex verbis testamenti patris sui, hoc pacto: qui enim ex quatuor talentis et tribus millibus, his quidem tria talenta et bis millena doti dedit, illi vero septuaginta minarum usumfructum reliquit, nimirum hunc clarum est apud omnes non a tenuibus fortunis ea legata decerpsisse, sed a summa altero tanto majore, atque eo etiam pleniore quam mihi reliquerat. Quam autem summam his verbis Orator intellexerit, ex narratione ejus orationis supra non longe a principio [§. β'.] apparet, his verbis, κἀκείνῳ μὲν ἔδωκεν ἐκ τῶν ἐμῶν ἑβδομήκοντα μνᾶς καρπώσασθαι τοσοῦτον χρόνον, ἕως ἂν ἐγὼ ἀνὴρ εἶναι δοκιμασθείην, etc. *Et illi quidem* (hoc est Therippidæ) *usumfructum ex bonis meis septuaginta minarum dedit, quoad ego inter viros censerer* : id est, quoad tutelæ meæ factus essem. *Demophontem autem voluit apud se sororem meam habere cum duobus talentis. Huic autem ipsi, qui cum ago, matrem meam uxorem ducendam cum dote octoginta minarum reliquit.* Ex quibus verbis intelligimus duo talenta octoginta minas, et septuaginta, id est, centum et quinquaginta minas, tantum valere quantum quatuor talenta et ter millenas : ubi subintelligendum drachmas, ut ex Græco apparet, propter quod millenas pro mille transtuli. Sic fit, ut talentum sexaginta sit minarum, et mina centum drachmarum: minam enim Atticam ad centum drachmas auxisse Solonem, Plutarchus in ejus vita tradidit, utque ubi Græci millia dicunt ex sua persona, drachmarum semper intelligere debeamus. Quod eo pertinet, quod legitur apud Plutarchum in Pompeio, de vectigalib. Rom. imperii, et in Antonio, de decies sestertio. Quam multus autem Demosthenes in eo loquendi modo fuerit, licet ex eadem oratione perlecta intelligere, cujus loca vertere necesse nunc non habui. Hactenus Bud. de Asse lib. 3. *Ex edit.* HERVAG.

Αὐτῷ] Αὐτῶν. F. αὐτὸ τὸ ἀρχαῖον. WOLF.

Ῥᾴδιον] Dele punctum interrogationis post ῥᾴδιον. καὶ παραλογίσασθαι ῥᾴδιον est responsio ad interrogationem præcedentem. AUGER.

η'. Τοῦτο] M. ταῦτα. IDEM.

φαντα καταλιπεῖν, ἀλλ᾽ ἀνάγκη ταῦτά γε ὑπάρχειν· τίνα γὰρ ἂν εἰργάζοντο, τούτων μὴ ὑπαρξάντων; τὸν τοίνυν πλέον ἢ πεντήκοντα ἀνδράποδα κεκτημένον καὶ δυοῖν τέχναιν ἐπιμελούμενον, ὧν θάτερον ἐργαστήριον εἰς τὰς κλίνας ῥᾳδίως δύο μνᾶς τοῦ μηνὸς ἀνήλισκεν ἐλέφαντος, τὸ δὲ [1] μαχαιροποιῶν οὐκ ἔλαττον ἢ τοσοῦτον ἕτερον σὺν σιδήρῳ, τοῦτον οὔ φασι καταλιπεῖν οὐδὲν τούτων· εἰς τοῦτ᾽ ἀναιδείας ἐληλύθασιν. ὅτι μὲν οὖν οὐ πιστὰ λέγουσι, καὶ ἐκ τούτων αὐτῶν ῥᾴδιόν ἐστι μαθεῖν· ὅτι δ᾽ ἐκεῖνος κατέλιπε τοσοῦτον τὸ πλῆθος, ὥςτε μὴ μόνον ἱκανὸν εἶναι κατεργάζεσθαι τοῖς ἑαυτοῦ δημιουργοῖς, ἀλλὰ καὶ τῷ βουλομένῳ προσωνεῖσθαι τῶν ἄλλων, ἐκεῖθεν φανερὸν, ὅτι αὐτός τε ἐπώλει ζῶν, καὶ Δημοφῶν, καὶ οὗτος, τοῦ πατρὸς ἤδη τετελευτηκότος, ἐκ τῆς οἰκίας τῆς ἐμῆς [2] ἀπεδίδοτο τοῖς βουλομένοις. καί τοι πόσον τινὰ χρὴ τὸν καταλειφθέντα νομίζειν εἶναι, ὅταν φαίνηται τηλικούτοις τε ἐργαστηρίοις ἐξαρκῶν, καὶ χωρὶς ὑπὸ τῶν ἐπιτρόπων πιπρασκόμενος; ἆρ᾽ ὀλίγον; ἀλλ᾽ οὐ πολλῷ πλείω τῶν ἐγκεκλημένων; λάβε τοίνυν τὰς μαρτυρίας [3] ταύτας, καὶ ἀνάγνωθι αὐτοῖς.

ΜΑΡΤΥΡΙΑΙ. 824

τούτου τοίνυν τοῦ ἐλέφαντός ἐστι πλέον ἢ τάλαντον, ὃν οὔτε αὐτὸν οὔτε τὸ ἔργον μοι ἀποφαίνουσιν, ἀλλὰ καὶ τοῦτον ἄρδην ἀφανίζουσιν ὅλον.

θ΄. Ἔτι τοίνυν, ὦ ἄνδρες δικασταὶ, παρὰ τὸν λόγον, ὃν ἀποφέρουσιν, ἐξ ὧν αὐτοὶ λαβεῖν ὁμολογοῦσιν, ἐπιδείξω

[1] μαχαιροποιεῖον   [2] ἀπεδίδοντο   [3] ταυτασὶ

Τὸ δὲ μαχαιροποιεῖν] Alii μαχαιροποιῶν. F. τὸ δὲ μαχαιροποιοῦν, S. ἐργαστήριον, aut τὸ τῶν μαχαιροποιῶν. Nota obiter et gladios et lectulos ebore fuisse ornatos. Wolf. Adde τῶν post τὸ δέ. Auger.

Ἀλλὰ καὶ τῷ βουλομένῳ προσωνεῖσθαι τῶν ἄλλων] Ἀντὶ τοῦ ὠνεῖσθαι. Wolf.

Τούτου τοίνυν τοῦ ἐλέφαντός ἐστι πλέον ἢ τάλαντον, ὃν οὔτε αὐτὸν, οὔτε ἔργον μοι ἀποφαίνουσιν] Id est, τούτου ἐν τοῖς λόγοις τῆς ἐπιτροπῆς οὐδὲν οὐδ᾽ ὅλως ἔργον ἀποφέρουσιν. Est autem verbum ad rationes tutelares pertinens τὸ ἀποφαίνειν. Idem [§. ς΄.] Θηριππίδης μὲν οὖν ἑπτὰ ἔτη τῶν ἀνδραπόδων ἐπιμεληθεὶς, ἕνδεκα μνᾶς τοῦ ἐνιαυτοῦ ἀπέφηνε, *in rationes retulit, acceptas tutelæ retulit.* τέσσαρσι μναῖς καθ᾽ ἕκαστον ἐνιαυτὸν ἔλαττον ἢ ὅσον προσῆκε λογιζόμενος. λογίζεσθαι et ἀποφαίνειν pro eodem posuit. Et rursus, ἔργον μὲν οὐδὲν ἀποφαίνουσι τοῖς χρήμασι, *nullum quæstum pecuniarum referunt, nullum exhibent fœnus.* Δημοφῶν δὲ καὶ προσοφείλοντας ἡμᾶς ἐνέγραψε, vel ut alibi, ἀπέγραψε. Unde τῶν ὄντων ἀπόφασις ἐν ταῖς ἀντιδόσεσιν, *annotatio est bonorum, et commentarius, et recensio, indexque eorum quæ reperta sunt.* Juriscoss. *inventarium* vocant, et *repertorium*, quod ἀπογραφὴ proprie dicitur. *Ex edit.* Hervag.

ὑμῖν τρεῖς μὲν ὄντας αὐτοὺς πλέον ἢ ὀκτὼ τάλαντα ἐκ τῶν ἐμῶν ἔχοντας, ἰδίᾳ δ' ἐκ τούτων Ἄφοβον τρία τάλαντα καὶ χιλίας εἰληφότα, τά τε ἀναλωμένα χωρὶς τούτων πλείω τιθεὶς καὶ ὅσα ἐκ τούτων ἀπέδοσαν ἀφαιρῶν· ἵν' εἰδῆτε, ὅτι οὐ μικρᾶς ἀναιδείας τὰ ἐγχειρήματα αὐτῶν ἐστί. λαβεῖν γὰρ ἐκ τῶν ἐμῶν ὁμολογοῦσιν, οὗτος μὲν ὀκτὼ καὶ ἑκατὸν μνᾶς, χωρὶς ὧν ἔχοντα αὐτὸν ἐγὼ ἐπιδείξω νῦν, Θηριππίδης δὲ δύο τάλαντα, Δημοφῶν δὲ ἑπτὰ καὶ ὀγδοήκοντα μνᾶς. τοῦτο δέ ἐστι πέντε τάλαντα καὶ πεντεκαίδεκα μναῖ. [1] τοῦτο τοίνυν, ὃ μὲν οὐκ ἀθρόον ἐλήφθη, σχεδόν εἰσιν ἑβδομήκοντα μναῖ καὶ ἑπτά, ἡ πρόσοδος ἡ ἀπὸ τῶν ἀνδραπόδων, ὃ δ' εὐθὺς ἔλαβον οὗτοι, μικροῦ δέον τέτταρα τάλαντα· οἷς τὸ ἔργον ἂν [2] πρόσθηται ἐπὶ δραχμῇ μόνον τῶν δέκα ἐτῶν, ὀκτὼ τάλαντα εὑρήσετε σὺν τοῖς ἀρχαίοις καὶ χιλίας γιγνομένας. τὴν μὲν τοίνυν τροφὴν ἀπὸ τῶν ἑβδομήκοντα καὶ ἑπτὰ μνῶν λογιστέον, τῶν ἀπὸ τοῦ ἐργαστηρίου γιγνομένων. Θηριππίδης γὰρ ἑπτὰ μνᾶς ἐδίδου καθ' ἕκαστον ἐνιαυτὸν εἰς ταῦτα, καὶ ἡμεῖς τοῦτο λαβεῖν ὁμολογοῦμεν. ὥςτε, ἑβδομήκοντα [3] μνῶν ἐν τοῖς δέκα ἔτεσι τροφὴν τούτων ἡμῖν ἀνηλωκότων, τὸ περιὸν τὰς ἑπτακοσίας προστίθημι αὐτοῖς καὶ τούτῳ πλείω εἰμὶ τεθεικώς. ὃ δέ μοι δοκιμασθέντι παρέδοσαν καὶ ὅσον εἰς τὴν πόλιν εἰσενηνόχασι, τοῦτο ἀπὸ τῶν ὀκτὼ ταλάντων καὶ τοῦ [4] προστεθέντος ἀφαιρετέον ἐστίν. [5] ἀπέδοσαν τοίνυν

[1] τούτου [2] προσθῆτε [3] μνᾶς ἐ. τ. δ. ἔτεσιν εἰς τροφὴν [4] προσόντος [5] ἀπέδοσαν μὲν τοίνυν

θ'. Ὀκτὼ τάλαντα] Lege ἑπτὰ, ut sibimet ipsi constet Demosthenes. Vide p. 416. v. 5. AUGER.

Τά τε ἀναλωμένα, χωρὶς τούτων, πλείω τιθεὶς] Χωρὶς τούτων, τῶν τριῶν ταλάντων. Lal. *tum quod diario suo plures, quam cæteri, adscribit impensas.* τὸ πλείω τιθεὶς refertur ad ἐπιδείξω et personam Demosthenis, qui videri vult, ἐκ περιουσίας adversariis largiri aliquid. Locus sane obscurus est, et facilis offensio. WOLF.

Ἑπτὰ καὶ ὀγδοήκοντα μνᾶς] Sequitur ἑπτὰ καὶ ἑβδομήκοντα. An ea alia summa est? Sed quid laboramus, ubi nobis neque seritur, neque metitur? Fides istarum rationum sit penes Demosthenem et judices hujus controversiæ. Nostrum est, verba auctoris interpretari, ut quimus, (corrupta si sunt,) quando ut volumus non licet. IDEM.

Τοῦτο τοίνυν] Subjicitur ἐξηγητικῶς, ἡ πρόσοδος. IDEM.

Ὃ δ' εὐθὺς ἔλαβον] S. μετὰ τὴν τοῦ πατρὸς τελευτὴν ἐκ τῆς διαθήκης. IDEM.

Τὴν μὲν τοίνυν τροφὴν] Cujus? Mancipiorum? ergo post patris obitum non fuerunt αἱ λ' μναῖ ἀτελεῖς. An τροφὴν matris et Demosthenis et sororis. IDEM.

Ἑπτὰ μνᾶς ἐδίδου καθ' ἕκαστον ἐνιαυτὸν εἰς ταῦτα] Εἰς τίνα; τὴν τροφὴν, τῶν ἀνδραπόδων; Atqui reditus fuit tantum 7. minarum. IDEM. εἰς ταύτην, nempe τροφήν. AUGER.

Καὶ ἡμεῖς τοῦτο λαβεῖν ὁμολογοῦμεν] Alii τοῦτον, hunc, τὸν Θηριππίδην. WOLF.

Τὰς ἑπτακοσίας] S. δραχμὰς, τουτέστι τὰς ζ' μνᾶς. IDEM.

Καὶ τοῦ προστεθέντος] Utrum τῶν τόκων,

οὗτος καὶ Θηριππίδης μίαν καὶ τριάκοντα μνᾶς, εἰσφορὰς δὲ εἰσενηνοχέναι λογίζονται δυοῖν δεούσας εἴκοσι μνᾶς· ἐγὼ δ' ὑπερβαλὼν καὶ τοῦτο ποιήσω τριάκοντα μνᾶς, ἵνα πρὸς ταῦτα μηδ' ἀντειπεῖν ἔχωσιν. οὐκ οὖν ἂν [1]ἀφέληται τὸ τάλαντον ἀπὸ τῶν ὀκτὼ ταλάντων, ἑπτὰ τὰ λειπόμενά ἐστι· καὶ ταῦτα, ἐξ ὧν αὐτοὶ ὁμολογοῦσι λαβεῖν, [2]ἃ τούτους ἔχειν ἐστὶν ἀναγκαῖον. τοῦτο τοίνυν, εἰ καὶ τἆλλα πάντα ἀποστεροῦσιν ἀρνούμενοι μὴ ἔχειν, ἀποδοῦναι προσῆκεν, ὁμολογοῦντάς γε λαβεῖν ταῦτα ἐκ τῶν ἐμῶν. νῦν δὲ τί ποιοῦσιν; ἔργον μὲν οὐδὲν ἀποφαίνουσι τοῖς χρήμασιν, αὐτὰ δὲ τὰ ἀρχαῖα πάντα ἀναλωκέναι φασὶ σὺν ταῖς ἑπτὰ καὶ ἑβδομήκοντα μναῖς· Δημοφῶν δὲ καὶ προσοφείλοντας ἡμᾶς ἐνέγραψε. ταῦτ' οὐ μεγάλη καὶ περιφανὴς ἀναισχυντία; ταῦτ' οὐχ ὑπερβολὴ δεινῆς αἰσχροκερδείας; τί οὖν ποτ' ἐστὶ τὸ δεινόν, εἰ μὴ ταῦτα δόξει τηλικαύτας ὑπερβολὰς ἔχοντα; οὗτος τοίνυν τὸ καθ' αὑτὸν, ὀκτὼ καὶ ἑκατὸν μνᾶς λαβεῖν ὁμολογῶν, ἔχει καὶ αὐτὰς, καὶ τὸ ἔργον [3]δέκα ἐτῶν μάλιστα τρία τάλαντα καὶ χιλίας. καὶ ταῦθ' ὡς ἀληθῆ λέγω, καὶ, ἐν τοῖς λόγοις τοῖς τῆς ἐπιτροπῆς τὸ λῆμμα τοῦθ' ἕκαστος ὁμολογῶν λαβεῖν, ἅπαν 826
ἀναλωκέναι λογίζεται, λάβε τὰς μαρτυρίας καὶ ἀνάγνωθι.

ΜΑΡΤΥΡΙΑΙ.

ι. Νομίζω τοίνυν, ὦ ἄνδρες δικασταὶ, περὶ τούτων [4]ἱκανῶς μεμαθηκέναι ὑμᾶς καὶ ὅσα κλέπτουσι καὶ ὅσα κακουργοῦσιν ἕκαστος αὐτῶν· ἔτι δ' ἀκριβέστερον ἔγνωτ' ἂν, εἴ μοι τὰς διαθήκας, ἃς ὁ πατὴρ κατέλιπεν, οὗτοι ἀποδοῦναι ἠθέλησαν. ἐν γὰρ ἐκείναις ἐγέγραπτο, ὥς φησιν ἡ μήτηρ, ἃ κατέλιπεν ὁ πατὴρ [5]πάντα, καὶ ἐξ[6] ὧν ἔδει τούτους λαβεῖν τὰ δοθέντα, καὶ τὸν οἶκον ὅπως μισθώ-

[1] ἀφέλητε [2] Deest ἃ. [3] τῶν δέκα [4] ἱκανῶς μὲν ὑμᾶς μεμαθηκέναι [5] ἅπαντα [6] * μισθώσουσι

usura *adjecta*, an iis, *quæ ego* illis *ultra debitum* concessi? IDEM.

'Απέδοσαν οὖν τοίνυν] Aut est ἐκ παραλλήλου, aut (quod magis credo) παρέλκον τυπογραφικόν: cum sit alterum satis, et οὐκοῦν ἂν ἀφέληται. IDEM.

'Αφέληται] Pro ἀφαιρεθῇ. F. ἀφέλητε, sc. ὑμεῖς δικασταί. IDEM.

Τοῦτο τοίνυν] F. ταῦτα τοίνυν, S. τὰ ζ' τάλαντα. IDEM.

'Αρνούμενοι μὴ ἔχειν] S. τὰ ἐμά. Lal. *Se solvendo esse negantes.* IDEM.

ι. Τὸν οἶκον ὅπως μισθώσοιτο] 'Αντὶ τοῦ μισθωθῇ, παθητικῶς. Sequitur: οὐδὲ τὸν οἶκον ὅπως μισθώσουσι, F. ὅπως μισθώσοιντο, S. οἱ ἐπίτροποι, ἀντὶ τοῦ μισθώσειεν. IDEM.

σοιτο. νῦν δ' ἀπαιτοῦντός μου, καταλειφθῆναι μὲν ὁμολογοῦσιν, αὐτὰς δ' οὐκ ἀποφαίνουσι. ταῦτα δὲ ποιοῦσι, τό τε πλῆθος οὐ βουλόμενοι καταφανὲς ποιῆσαι τῆς οὐσίας τὸ καταλειφθὲν, ὃ διηρπάκασιν οὗτοι, τάς τε δωρεὰς ἵνα μὴ δοκῶσιν ἔχειν, [1] ὥς περ ἐξ αὐτοῦ τοῦ πράγματος ἐλεγχθησόμενοι ῥᾳδίως. λάβε δ' αὐτοῖς τὰς μαρτυρίας [2] ὡς ἀπεκρίναντο, καὶ ἀνάγνωθι.

ΜΑΡΤΥΡΙΑΙ.

οὗτος διαθήκην μὲν γενέσθαι φησὶ, καὶ τὰ δύο τάλαντα Δημοφῶντι καὶ τὰς ὀγδοήκοντα μνᾶς τούτῳ δοθῆναι μαρτυρεῖ· τὰς δὲ ἑβδομήκοντα μνᾶς, ἃς Θηριππίδης ἔλαβεν, οὐ προσγραφῆναί φησιν, οὐδὲ τὸ πλῆθος τῆς οὐσίας τὸ καταλειφθὲν, οὐδὲ τὸν οἶκον ὅπως μισθώσουσιν. οὐ γὰρ αὐτῷ συμφέρει προσομολογῆσαι ταῦτα. λάβε δὴ τὴν τούτου [3] μαρτυρίαν.

27

ΜΑΡΤΥΡΙΑ.

οὗτος [4] αὐτὴν μὲν τὴν διαθήκην γενέσθαι φησὶ τὸ ἀργύριον ἐκ τοῦ χαλκοῦ καὶ τῆς κηκίδος ἀποδοθῆναι τῷ Θηριππίδῃ, ὃ ἐκεῖνος οὔ φησι, καὶ τὰ δύο τάλαντα τῷ Δημοφῶντι· περὶ δὲ τῶν αὐτῷ δοθέντων γραφῆναι μέν φησιν, οὐχ ὁμολογῆσαι δ' αὐτὸς, ἵνα μὴ δοκῇ λαβεῖν. τὸ δὲ πλῆθος τῆς οὐσίας οὐδ' οὗτος ἀποφαίνει [5] καθόλου, οὐδὲ τὸ μισθοῦν τὸν οἶκον· οὐδὲ γὰρ οὐδὲ τούτῳ συμφέρει προσομολογῆσαι ταῦτα.

ιά. Δῆλον τοίνυν ἐστὶν οὐδὲν ἧττον τὸ πλῆθος τῶν καταλειφθέντων, καί περ ἀφανιζόντων τούτων τὴν οὐσίαν, ἐκ τῶν διαθηκῶν, ἐξ ὧν τοσαῦτα χρήματα ἀλλήλοις φασὶ

[1] ὥσπερ οὐκ ἐκ [2] ὧν ἐναντίον ἀπεκρίναντο [3] ἀπόκρισιν
[4] αὖ τὴν μὲν δ. γ. φησὶ καὶ τὸ [5] καθόλου τὸ καταλειφθὲν, οὐδὲ

Ὥσπερ ἐξ αὐτοῦ τοῦ πράγματος ἐλεγχθησόμενοι ῥᾳδίως] F. ὡς ἂν ἐξ αὐτοῦ τοῦ γράμματος, *quod ipso scripto* (testamenti tabulis) *facile convincerentur*. IDEM.

Μαρτυρίαν] i. e. ἀπόκρισιν, responsionem Aphobi quæ contra Aphobum testimonium erat. AUGER.

Γραφῆναι μέν φησιν, οὐχ ὁμολογῆσαι δ' αὐτὸς] *Se non consensisse: se noluisse legatum id accipere.* Felicinnus * non sine causa apposuit: etsi infra denuo legitur: οὐδ' ὁμολογῆσαι περὶ τούτων οὐδενός. WOLF.

Οὐδ' οὗτος ἀποφαίνει] Οὐδ' αὐτὸς ἀποφαίνει καθόλου τὸ καταλειφθὲν, οὐδὲ κ. τ. λ. *et ipse prorsus non declarat quæ relicta sit, nec* etc. IDEM.

δοθῆναι. ὅστις γὰρ ἐκ τεττάρων ταλάντων καὶ τρισχιλίων,
τοῖς μὲν τρία τάλαντα καὶ δισχιλίας προῖκα δέδωκε, τῷ
δ' ἑβδομήκοντα μνᾶς καρποῦσθαι, φανερὸν δήπου πᾶσιν,
ὅτι οὐκ ἀπὸ μικρᾶς οὐσίας, ἀλλὰ πλέον ἢ διπλασίας ἧς
ἐμοὶ κατέλιπε, ταῦτα ἀφεῖλεν. οὐ γὰρ δήπου τὸν μὲν υἱὸν
ἐμὲ πένητα ἐβούλετο καταλιπεῖν, τούτους δὲ, πλουσίους
ὄντας, ἔτι πλουσιωτέρους ποιῆσαι ἐπεθύμησεν, ἀλλ' ἕνεκα
τοῦ πλήθους τῶν ἐμοὶ καταλειπομένων, Θηριππίδῃ τε τοσ-
οῦτον ἀργύριον, καὶ Δημοφῶντι τὰ δύο τάλαντα οὔπω
μέλλοντι τῇ ἀδελφῇ τῇ ἐμῇ συνοικήσειν, καρποῦσθαι ἔδω-
κεν, ἵνα δυοῖν θάτερον διαπράξαιτο, ἢ διὰ τὰ διδόμενα
βελτίους αὐτοὺς εἶναι περὶ τὴν ἐπιτροπὴν προτρέψειεν, ἢ,
εἰ κακοὶ γίγνοιντο, μηδεμιᾶς συγγνώμης παρ' ὑμῶν τυγ-
χάνοιεν, εἰ, τοσούτων ἀξιωθέντες, τοιαῦτ' εἰς ἡμᾶς ἐξα- 828
μαρτάνοιεν. οὗτος τοίνυν καὶ αὐτὸς πρὸς τῇ προικὶ καὶ
τὰς θεραπαίνας λαβὼν καὶ τὴν οἰκίαν οἰκῶν, ἐπειδὴ δεῖ
λόγον αὐτὸν δοῦναι τούτων, τὰ αὑτοῦ πράττειν φησί· καὶ
εἰς τοσοῦτον αἰσχροκερδείας ἦλθεν, ὥστε καὶ τοὺς διδα-
σκάλους [1] καὶ τοὺς μισθοὺς ἀπεστέρηκε, καὶ τῶν εἰσφο-
ρῶν ἐστὶν ἃς οὐ κατέθηκεν, ἐμοὶ δὲ λογίζεται. λάβε δὴ
καὶ ταύτας τὰς μαρτυρίας [2] αὐτοῖς καὶ ἀνάγνωθι.

ΜΑΡΤΥΡΙΑΙ.

πῶς οὖν ἄν τις σαφέστερον ἐπιδείξειε πάντα διηρπακότα καὶ μηδὲ τῶν μικρῶν ἀπεσχημένον, ἢ τοῦτον τὸν τρόπον ἐπιδεικνὺς μετὰ τοσούτων μαρτύρων καὶ τεκμηρίων [1] καὶ τὴν μὲν προῖκα λαβεῖν ὁμολογήσαντα, καὶ ἔχειν αὐτὸν πρὸς τοὺς ἐπιτρόπους ἀπογράψαντα, το δ' ἐργαστήριον κεκαρπωμένον αὐτὸν καὶ τὴν πρόσοδον οὐκ ἀποφαίνοντα, τῶν δ' ἄλλων τὰ μὲν πεπρακότα καὶ τὰς τιμὰς οὐκ ἀποδεδωκό-

[1] Deest καί.

[2] αὐτοῖς τὰς μαρτυρίας

ιά. Ὅστις γὰρ ἐκ τεττάρων ταλάντων] Hæc integra summa est: quam dividit in dotes et usumfructum. Idem.

Τὰ αὑτοῦ πράττειν φησὶ] Utrum ædes se administrasse pro suis? an suis negotiis occupatum, non potuisse curare Demosthenica? Idem.

Ὥστε καὶ τοὺς διδασκάλους καὶ τοὺς μισθοὺς ἀπεστέρηκε] Posterius καὶ παρέλκει. Ad rem quod attinet: hinc est apud Plutarchum: τὸν ὡρισμένον μισθὸν Ἰσοκράτει τελέσαι μὴ δυνάμενος, τὰς δέκα μνᾶς, διὰ τὴν ὀρφανίαν, et in vita Isocratis: διακοσίας δὲ μόνας δώσειν, etc. Lal. *ut et præceptores et mercenarios frauduverit:* quasi scriptum esset καὶ τοὺς μισθωτούς. Idem.

τα, τὰ δ᾽ ὡς ἑαυτὸν λαβόντα καὶ ταῦτ᾽ ἠφανικότα, ἔτι
δὲ παρὰ τὸν λόγον, ὃν αὐτὸς [1] ἀπέδωκε, τοσαῦτα κλέ-
πτοντα; πρὸς δὲ τούτοις τὴν διαθήκην ἠφανικότα, τὰ ἀν-
δράποδα πεπρακότα, καὶ [2] τἆλλα οὕτω πάντα διῳκηκότα,
ὡς οὐδ᾽ ἂν οἱ ἔχθιστοι διοικήσαιεν; ἐγὼ μὲν οὐκ οἶδ᾽ ὅπως
ἄν τις σαφέστερον ἐπιδείξειεν.

ιβ΄. Ἐτόλμα τοίνυν πρὸς τῷ διαιτητῇ λέγειν, ὡς ἀπὸ
τῶν χρημάτων χρέα τε [3] πολλὰ ἐκτέτικεν ὑπὲρ ἐμοῦ Δη-
μοφῶντι καὶ Θηριππίδῃ τοῖς συνεπιτρόποις, καὶ ὡς πολλὰ
τῶν ἐμῶν λάβοιεν, [4] οὐδέτερα ἔχων ἐπιδεικνύναι τούτων.
29 οὔτε γὰρ ὡς ὀφείλοντά με [5] καταλιπεῖν ὁ πατὴρ, ἐν τοῖς
γράμμασιν [6] ἀπέφηνεν, οὔθ᾽, οἷς ἀποδεδωκέναι ταῦτ᾽ ἔφη,
παρέσχηται μάρτυρας, οὔτ᾽ αὖ τὸν ἀριθμὸν τῶν χρημάτων
εἰς τοὺς συνεπιτρόπους ἐπανέφερεν, ὅσον περ αὐτὸς φαίνεται
λαβὼν, ἀλλὰ πολλοῖς ἐλάττω χρήμασιν. ἐρωτηθεὶς δ᾽
ὑπὸ τοῦ διαιτητοῦ ταῦτά τε καθ᾽ ἕκαστον, καὶ τὴν οὐσίαν
τὴν αὑτοῦ πότερον ἐκ τῶν ἐπικαρπιῶν, ἢ τἀρχαῖα ἀναλί-
σκων, διῴκηκε· καὶ πότερον [7] οὗτος ἐπιτροπευθεὶς ἀπεδέξατ᾽
ἂν τοῦτον τὸν λόγον παρὰ τῶν ἐπιτρόπων, ἢ τἀρχαῖα ἀπο-

[1] ἐπέδωκε [2] τἄλλα passim [3] πάμπολλα [4] οὐδέτερον
[5] κατέλιπεν [6] * ἀναπέφηνεν [7] οὕτως

Πεπρακότα [ἔτι - - desunt in edit. Wolf. - - ἠφανικότα].

Καὶ τἆλλα] *Atque etiam in rationibus, quas ipse retulit, tantum fruatur: prætereaque testamentum delevit: et reliqua.* Wolf.

ιβ΄. Ἐρωτηθεὶς κ. τ. λ.] Ἀρχαῖα vocabant, non sortem tantum, et veluti caput debiti, quod nos dicimus *fundum, et summam principalem*; sed etiam omnium omnino bonorum, sive partorum, sive avitorum, veluti summam, bona ipsa, unde fructus et reditus percipiuntur, et percipi possunt, ἐπικαρπίας, et πρόσοδον. Τόκος est τοῦ δανείου· ἐπικαρπίαι et πρόσοδοι etiam aliorum bonorum, quæ ἀρχαῖα vocantur, non quod sint avita et πατρῷα, quod doctissimi homines existimarunt, sed quod sint, veluti ἀρχαὶ, et fontes, unde τόκοι, πρόσοδοι, et ἐπικαρπίαι manant. Opponit autem Demosthenes h. l., ἐπικαρπίας τοῖς ἀρχαίοις. Nempe ἐπικαρπία erat πρόσοδος, fructus et reditus, qui e bonis percipi poterat. Dixi e bonis generaliter, non simpliciter ex pecunia, aut ex nummis. Vox igitur generalis est, quæ restringitur secundum subjectam materiam ut loquuntur. Dicuntur quoque generaliter omnes ἐπικαρπίαι ἔργα, nec fœnus tantum. Ita appellat Demosthenes quæ tam e servorum operis et artificiis, quam quæ e pecunia fœnore data a patre suo percipiebantur. *Herald. Animadv. in Salmas. Obss. ad Jus A. et R.* l. VII. c. XXIV. §. XIV. p. 585.

Ἢ τἀρχαῖα ἀναλίσκων διῴκηκε] Τἀρχαῖα appellat τὰ πατρῷα, id est, *sortem et caput unde fructus et reditus manat*, eamque accessionem ἔργον et πρόσοδον et ἐπικαρπίαν vocat. Sic etiam accipitur in princ. Olynth. significat etiam *sortem usurarum*: et in eadem hac Demosthenes κεφάλαιον addidit, τοῦ μὲν ἀρχαίου κεφαλαίου τέτταρα τάλαντα, etc. Lysias tamen sine additamento dixit, ut Isocrates, et ipse Demosthenes κατὰ Διονυσοδ. quare fit, ut quodammodo suspicer illud verbum κεφαλαίου e margine in paginam irrepsisse ignorantia librariorum, ut fit interdum. *Ex edit.* Hervag.

Οὗτος ἐπιτροπευθεὶς] F. αὐτὸς οὕτως. Wolf.

λαβεῖν ἂν ἠξίου σὺν τοῖς ἔργοις τοῖς γεγενημένοις; πρὸς μὲν ταῦτ᾽ ἀπεκρίνατο οὐδὲν, προὐκαλεῖτο δὲ ἐθέλειν ἐπιδεῖξαί μοι τὴν οὐσίαν δέκα ταλάντων οὖσαν· εἰ δέ τι ἐλλείποι, αὐτὸς ἔφη προσθήσειν. κελεύοντος δέ μου πρὸς τὸν διαιτητὴν ἐπιδεικνύναι ταῦτα, οὐκ [1]ἔδειξεν, οὐδ᾽ ὡς οἱ συνεπίτροποι παρέδοσαν,— οὐ γὰρ ἂν αὐτοῦ κατεδιῄτησε —, μαρτυρίαν δ᾽ ἐνεβάλετο τοιαύτην, περὶ ἧς πειράσεταί τι λέγειν. ἐὰν μὲν οὖν καὶ νῦν ἔχειν με φῇ, τίνος παραδόντος ἐρωτᾶτε αὐτὸν, καὶ καθ᾽ ἕκαστον παρασχέσθαι μάρτυρας ἀξιοῦτε· ἐὰν δ᾽ εἶναί μοι φῇ, τοῦτον τὸν τρόπον καταλογιζόμενος τὰ παρ᾽ [2]ἑκάτερα τῶν ἐπιτρόπων, διπλασίοις ἐλάττω φανήσεται λέγων, ἔχοντα δ᾽ οὐδὲν μᾶλλον ἀποφαίνων. ἐγὼ γὰρ ὥσπερ καὶ τοῦτον τοσαῦτ᾽ ἔχοντα ἐξήλεγξα, οὕτω κἀκείνων ἑκάτερον οὐκ ἐλάττω τούτων ἔχοντα ἐπιδείξω. ὥστε οὐ τοῦτ᾽ αὐτῷ λεκτέον, ἀλλ᾽ ὡς ἢ αὐτὸς, ἢ οἱ συνεπίτροποι παρέδοσαν. εἰ δὲ μὴ τοῦτ᾽ ἐπιδείξει, πῶς χρὴ ταύτῃ τῇ [3]παρακλήσει προσέχειν ὑμᾶς τὸν νοῦν; οὐ- 830
δὲν γὰρ μᾶλλον ἔχοντά με ἐπιδείκνυσι.

ιγ΄. Πολλὰ τοίνυν ἀπορηθεὶς πρὸς τῷ διαιτητῇ περὶ πάντων τούτων, καὶ καθ᾽ ἕκαστον ἐξελεγχόμενος, ὥσπερ νῦν παρ᾽ ὑμῖν, ἐτόλμησε ψεύσασθαι πάντων δεινότατον, ὡς τέτταρά μοι τάλαντα ὁ πατὴρ κατέλιπε κατορωρυγμένα καὶ τούτων κυρίαν τὴν μητέρα ἐποίησε. ταῦτα δ᾽ εἶπεν, ἵν᾽, εἰ μὲν καὶ νῦν αὐτὸν προσδοκήσαιμι ἐρεῖν, ἀπολογούμενος περὶ αὐτῶν διατρίβοιμι, δέον ἕτερα αὐτοῦ με κατηγορεῖν πρὸς ὑμᾶς, εἰ δ᾽ ὡς μὴ ῥηθησομένων παραλείποιμι, νῦν αὐτὸς εἴποι· ἵνα δοκῶν εἶναι πλούσιος, ἧττον ὑφ᾽ ὑμῶν ἐλεοίμην. καὶ μαρτυρίαν μὲν οὐδεμίαν [4]ἐνεβάλλετο τούτων ὁ ταῦτ᾽ εἰπεῖν ἀξιώσας, ψιλῷ δὲ λόγῳ χρησάμενος ὡς πιστευθησόμενος ὑπ᾽ ἐκείνων. καὶ, ὅταν μὲν ἔρηταί τις αὐτὸν,

[1] ἐπέδειξεν [2] ἑκατέρῳ [3] προκλήσει [4] ἐνεβάλετο

Οὐδ᾽ ὡς συνεπίτροποι παρέδοσαν] F. οὐδ᾽ ὡς τοῖς συνεπιτρόποις παρέδωκεν: vel, οὐδ᾽, ὡς οἱ συνεπίτροποι παρέλαβον. Lal. *Nec apud arbitrum demonstravit, quod tutelæ collegæ reddidissent.* In farrag. F. οἱ συνεπίτροποι παρέλαβον οὐδ᾽ ᾐσχύνθησαν οὐδ᾽ ἔδεισαν. Idem. παρέδοσαν sub. τὰ ἐμά. Auger.

Μαρτυρίαν δ᾽ ἐνεβάλετο τοιαύτην] F. ψευδῆ. Wolf.

Τοῦτον τὸν τρόπον] *Hoc quo dicit modo.* Mox διπλασίοις sub. μέρεσιν. Auger.

Τὰ παρ᾽ ἑκάτερα τῶν ἐπιτρόπων] F. παρ᾽ ἑκατέρου. et v. 17. ταύτῃ τῇ προκλήσει. Wolf.

Ἀποφαίνων] F. ἐμαυτὸν ἀποφαίνων. Idem.

ιγ΄. Ὑπ᾽ ἐκείνων] Imo ἐπ᾽ ἐκείνῳ nempe τῷ λόγῳ. Auger.

εἰς τί τῶν ἐμῶν τοσαῦτα χρήματ' ἀνήλωκε; χρέα φησὶν ὑπὲρ ἐμοῦ ἐκτετικέναι, καὶ πένητα ἐνταυθοῖ ζητεῖ ποιεῖν· ὅταν δὲ βούληται, πλούσιον, ὡς ἔοικεν, εἴπερ καὶ τοσοῦτον ἀργύριον ἐκεῖνος οἴκοι κατέλιπεν. ὡς δ' οὐκ ἀληθῆ λέγειν οἷόν τε αὐτὸν, ἀλλ' ἀδύνατόν τι γενέσθαι τούτων, ἐκ πολλῶν ῥᾴδιον μαθεῖν.

ιδʹ. Εἰ μὲν γὰρ ὁ πατὴρ ἠπίστει τούτοις, δῆλον ὅτι οὔτ' ἂν τἄλλα ἐπέτρεπεν, οὔτ' ἂν ταῦθ' οὕτω καταλιπὼν αὐτοῖς ἔφραζε, μανία γὰρ δεινὴ τὰ κεκρυμμένα εἰπεῖν μηδὲ τῶν φανερῶν μέλλοντα ἐπιτρόπους καταστήσειν· εἰ δ' ἐπίστευεν, οὐκ ἂν δήπου τὰ μὲν πλεῖστ' αὐτοῖς τῶν χρημάτων ἐνεχείρισε, τούτων δ' οὐκ ἂν κυρίους ἐποίησεν. οὐδ' ἂν τῇ μὲν μητρί μου ταῦτα φυλάττειν ἔδωκεν, αὐτὴν [1]δ' ἑνὶ τῶν
31 ἐπιτρόπων τούτων γυναῖκα ἔδωκεν· οὐ γὰρ ἔχει λόγον,
σώζειν μὲν τὰ χρήματα διὰ τῆς ἐμῆς μητρὸς ζητεῖν, ἕνα δὲ τῶν ἀπιστουμένων καὶ αὐτῆς καὶ τῶν χρημάτων κύριον ποιεῖν. ἔτι δὲ, τούτων εἴ τι ἦν ἀληθὲς, οἴεσθ' οὐκ ἂν αὐτὴν λαβεῖν, δοθεῖσαν ὑπὸ τοῦ πατρὸς, ὃς τὴν μὲν προῖκα αὐτῆς ἤδη, τὰς ὀγδοήκοντα μνᾶς, ἔχων, ὡς συνοικήσων αὐτῇ, τὴν Φιλωνίδου τοῦ Μελιτέως θυγατέρα ἔγημε· τεττάρων δὲ ταλάντων ἔνδον ὄντων, καὶ ταῦτ' ἐκείνης ἐχούσης, ὡς οὗτός φησιν, οὐκ ἂν ἡγεῖσθε αὐτὸν [2]καὶ ἐπιδραμεῖν, ὥστε γενέσθαι μετ' ἐκείνης [3]αὐτὸν κύριον; ἢ τὴν μὲν φανερὰν οὐσίαν, ἣν καὶ ὑμῶν πολλοὶ συνῄδεσαν ὅτι κατελείφθη, μετὰ τῶν συνεπιτρόπων οὕτως αἰσχρῶς διήρπασεν, ὧν δ' οὐκ ἤμελλεθ' ὑμεῖς ἔσεσθαι μάρτυρες, [4]ἀπέσχητ' ἂν ἐξὸν αὐτῷ λαβεῖν; καὶ τίς ἂν πιστεύσειεν; οὐκ ἔστι ταῦτα, ὦ ἄνδρες δικασταὶ, οὐκ ἔστιν. ἀλλὰ τὰ μὲν χρήματα, ὅσα κατέλιπεν ὁ πατὴρ, πάντα τούτοις παρέδωκεν· οὗτος δ', ἵνα ἧττον ἐλεηθῶ παρ' ὑμῖν, τούτοις τοῖς λόγοις χρήσεται. πολ-

[1] δ' ἐκείνην ἑνὶ τ. ἐ. τούτῳ γ. [2] κἂν [3] • αὐτῶν [4] ἀπέσχετ'

ιδʹ. Οὐ γὰρ ἔχει λόγον κ. τ. λ.] *Neque enim consentaneum est patrem qui matris opera servare res suas cupiebat, in ejus potestate, quem suspectum habebat, et matrem ipsam et suas facultates constituere voluisse.* ἀπιστούμενος ἐπίτροπος dicitur tutor *suspectus.* BUDÆUS.

Τὴν Φιλωνίδου τοῦ Μελιτέως θυγατέρα ἔγημεν]. Hac de causa videtur a matre contemta incitatus Demosthenes, Aphobum potissimum accusasse, cum cæteris transegisse: nisi forte interciderint scriptæ contra illos orationes, aut eo scriptæ non sint, quod eodem prorsus essent argumento. WOLF.

Αὐτὸν κύριον] F. αὐτῶν κύριον, sc. τῶν τεττάρων ταλάντων. WOLF. αὐτῶν, sc. quatuor talentorum defossorum. AUGER.

λὰ μὲν οὖν ἔγωγ᾽ ἔχω καὶ ἄλλα τούτου κατηγορεῖν· ἐν δὲ περὶ πάντων κεφάλαιον εἰπὼν, πάσας αὐτοῦ διαλύσω τὰς ἀπολογίας. τούτῳ γὰρ ἐξῆν, μηδὲν ἔχειν τούτων τῶν πραγμάτων, μισθώσαντι τὸν οἶκον κατὰ τουτουσὶ τοὺς νόμους. λάβε τοὺς νόμους καὶ ἀνάγνωθι.

ΝΟΜΟΙ.

κατὰ τούτους τοὺς νόμους Ἀντιδώρῳ μὲν ἐκ τριῶν ταλάντων
καὶ τρισχιλίων ἐν ἓξ ἔτεσιν ἓξ τάλαντα καὶ πλεῖον ἐκ 832
τοῦ μισθωθῆναι παρεδόθη, καὶ ταῦτα ὑμῶν τινὲς εἶδον. Θεογένης γὰρ ὁ Προβαλίσιος, ὁ μισθωσάμενος αὐτοῦ τὸν οἶκον, ἐν τῇ ἀγορᾷ ταῦτα τὰ χρήματα ἐξηρίθμησεν. ἐμοὶ δ᾽ ἐκ τετταρων καὶ δέκα ταλάντων [1]ἕνδεκα ἔτεσι πρὸς τὸν χρόνον τε καὶ τὴν ἐκείνου μίσθωσιν πλεῖον ἢ τριπλάσια κατὰ τὸ εἰκὸς [2]προσῆκε γενέσθαι. τοῦτο δὲ διὰ τί οὐκ ἐποίησεν, ἐρωτᾶτε αὐτόν. εἰ μὲν γάρ φησιν [3]βέλτιον εἶναι μὴ μισθωθῆναι τὸν οἶκον, δειξάτω μὴ διπλάσια μηδὲ τριπλάσιά μοι γεγενημένα, ἀλλ᾽ αὐτὰ τὰ ἀρχαῖά μοι πάντα [4]ἀποδεδομένα· εἰ δ᾽ ἐκ τεττάρων καὶ δέκα ταλάντων ἐμοὶ μὲν μηδ᾽ ἑβδομήκοντα μνᾶς παραδεδώκασιν, ὃ δὲ καὶ προσοφείλοντά με αὐτῷ ἀπέγραψε, πῶς ἀποδέξασθαί τι προσήκει τούτων λεγόντων; οὐδαμῶς δήπουθεν.

ιέ. Τοσαύτης τοίνυν οὐσίας μοι καταλειφθείσης, ὅσην ἐξ ἀρχῆς ἠκούσατε, καὶ τοῦ τρίτου μέρους πρόσοδον [5]αὐτῇ φερούσης πεντήκοντα μνᾶς, ἐξὸν τούτοις, [6]τοῖς ἀπληστοτά-

[1] ἐν δέκα [2] προσῆκον γενέσθαι, τοῦτο διὰ [3] βέλτιόν φησιν [4] ἀποδεδομένα πάντα [5] αὐτῆς [6] Deest articulus.

Μισθώσαντι τὸν οἶκον] Id fiebat in hunc modum. Tutores sive testamento sive ab Archonte dati, Archonti indicabant locandas esse pupillorum ædes: auctoritate itaque Archontis, et e judicum, qui assidebant, *consilio*, per præconem locabantur. Ii vero, qui orphanorum ædes ab Archonte conducebant, aliquid pignori opponebant ob obventionem. Atque hæc locatio fiebat novo ineunte anno, mense Hecatombæone, tunc enim migrabant ex ædibus in alias. Dicuntur enim Hecatombæone mense: tunc primum quoque judices sorte erant capti. Qui hæc non fecisset, scribebatur illi δίκη μισθώσεως οἴκου, cujus L. VIII. §. 31. meminit Pollux, quod fieri poterat a quolibet Atheniensi: Scribebatur quoque, si tanti non locaretur, quanti debebat locari. *Petit. Leg. Attic.* L. VI. T. VII. p. 592-3. Hoc nimis angustum. οἶκον JSti Attici non *ædes* tantum, sed universas pupilli facultates appellare solent. Ipsemet Isæus οὐσίαν interpretatur Or. de Philoctem. Hered. p. 59. Imo quam alias μίσθωσιν τοῦ οἴκου, eam μίσθωσιν τῶν χρημάτων vocat Or. de Hagn. Hered. p. 87. Quæ Oratoris loca non neglexit Heraldus Animadv. ad J. A. et R. I. III. 6. §. 10. *Wesseling.*

Ὁ δὲ καὶ προσοφείλοντα] Nempe, Aphobus. AUGER.

τοις οὖσι χρημάτων, καὶ εἰ μὴ μισθοῦν τὸν οἶκον [1] ἐβούλοντο, ἀπὸ μὲν τούτων τῶν προσιόντων ἐῶντας, ὥσπερ εἶχε, κατὰ χώραν, ἡμᾶς τε τρέφειν, καὶ τὰ πρὸς τὴν πόλιν διοικεῖν, καὶ ὅσα ἐξ αὐτῶν περιεγίγνετο, ταῦτα [2] προσποιεῖν, τὴν δ᾽ ἄλλην οὐσίαν ἐνεργὸν ποιήσασιν, οὖσαν ταύτης διπλασίαν, [3] αὐτούς τε, εἰ χρημάτων ἐπεθύμουν, μέτρια ἐξ αὐτῶν λαβεῖν, ἐμοί τε σὺν τοῖς ἀρχαίοις ἐκ τῶν προσόδων τὸν οἶκον μείζω ποιῆσαι. τούτων μὲν οὐδὲν ἐποίησαν, ἀποδόμενοι δὲ ἀλλήλοις τὰ πλείστου ἄξια τῶν ἀνδραπόδων,
33 τὰ δὲ καὶ παντάπασιν ἀφανίσαντες, ἐμοῦ μὲν ἀνεῖλον καὶ τὴν ὑπάρχουσαν πρόσοδον, σφίσι δ᾽ αὐτοῖς οὐ μικρὰν ἐκ τῶν ἐμῶν κατεσκευάσαντο. [4] λαβόντες δὲ καὶ τἄλλα αἰσχρῶς οὕτω πάντα, πλέον ἢ τὰ ἡμίσεα τῶν χρημάτων μηδὲ καταλειφθῆναι κοινῇ πάντες ἀμφισβητοῦσιν, ὡς πεντεταλάντου δὲ μόνον τῆς οὐσίας οὔσης, ἐκ τοσαύτης τοὺς λόγους ἀπενηνόχασι, πρόσοδον μὲν ἐξ αὐτῶν οὐκ ἀποφαίνοντες, τὰ δὲ κεφάλαια φανερὰ [5] ἀποδεικνύντες· ἀλλ᾽ αὐτὰ τὰ ἀρχαῖα οὕτως ἀναιδῶς ἀνηλῶσθαι φάσκοντες, καὶ οὐδὲ αἰσχύνονται, ταῦτα τολμῶντες.

ιϛ´. Καί τοι τί ποτ᾽ ἂν ἔπαθον, ὑπ᾽ αὐτῶν εἰ πλείω χρόνον ἐπετροπεύθην; οὐκ ἂν [6] ἔχοιεν εἰπεῖν. ὅπου γὰρ δέκα ἐτῶν διαγενομένων, παρὰ μὲν τῶν οὕτω μικρὰ κεκόμισμαι, τῷ δὲ καὶ προσοφείλων ἐγγέγραμμαι, πῶς οὐκ ἄξιον ἀγανακτεῖν; δῆλον δὲ [7] παντάπασιν, εἰ κατελείφθην μὲν ἐνιαύσιος, ἓξ ἔτη δὲ προσεπετροπεύθην ὑπ᾽ αὐτῶν, οὐδ᾽ ἂν τὰ μικρὰ ταῦτα παρ᾽ αὐτῶν ἀπέλαβον. εἰ γὰρ ἐκεῖνα ἀνήλωται ὀρθῶς, οὐδὲν ἂν τῶν νῦν παραδοθέντων ἐξήρκεσεν εἰς ἕκτον ἔτος, ἀλλ᾽ ἢ παρ᾽ αὐτῶν ἄν με ἔτρεφον, ἢ τῷ λιμῷ περιεῖδον [8] ἀπολόμενον. καίτοι πῶς οὐ

[1] ἠβούλοντο [2] προσπεριποιεῖν [3] αὐτοῖς [4] * διαλαβόντες [5] ἀποδεικνύντες, - - - φάσκοντες. [6] ἔχοιμ᾽ ἂν εἰπεῖν [7] παντάπασιν· εἰ γὰρ κατελείφθην [8] ἀπολλύμενον

Ἐξὸν αὐτοῖς εἰ καὶ μισθοῦν τὸν οἶκον ἐβούλοντο, ἀπὸ μὲν τούτων τῶν προσιόντων] *Cum interim facile esset e reditibus, sive ab his obvenientibus patrimonii nostri, ita ut nihil e sorte absumerent, et nos alere, et munera civilia agnoscere, et quæ inde superfuissent, in rem suam vertere.* Est enim προσιέναι etiam *quotannis redire et obvenire,* unde πρόσοδος et προσοδεύομαι. At προσποιεῖν *sibi quærere* est. κατὰ χώραν autem ἐᾶν ὡς εἶχε significat *loco non movere, non attingere. Ex* edit. HERVAG.

Ἐνεργὸν οὖσαν ποιήσασιν. AUGER.

ιϛ´. Ἢ τῷ λιμῷ περιεῖδον ἀπολόμενον] *Vel fame intereuntem neglexissent,* hoc est, fame perire passi essent. WOLF.

δεινὸν, εἰ ἕτεροι μὲν οἶκοι ταλαντιαῖοι καὶ διτάλαντοι κα-
ταλειφθέντες, ἐκ τοῦ μισθωθῆναι, διπλάσιοι καὶ τριπλά-
σιοι γεγόνασιν, ὥςτε ἀξιοῦσθαι λειτουργεῖν· ὁ δ᾽ ἐμὸς τριηρ-
αρχεῖν εἰθισμένος καὶ μεγάλας εἰσφορὰς εἰσφέρειν, μηδὲ
μικρὰς δυνήσεται διὰ τὰς τούτων ἀναισχυντίας;

ιζ΄. Τίνας δ᾽ οὗτοι λελοίπασιν ὑπερβολὰς εἰπεῖν; οἳ
καὶ τὴν διαθήκην ἠφανίκασιν, ὡς λήσοντες, καὶ τὰς μὲν 834
σφετέρας [1] αὑτῶν οὐσίας ἐκ τῶν ἐπικαρπιῶν διῳκήκασι,
καὶ τἀρχαῖα τῶν ὑπαρχόντων ἐκ τῶν ἐμῶν πολλῷ μεί-
ζω πεποιήκασι· τῆς δ᾽ ἐμῆς οὐσίας, ὥςπερ τὰ μέγιστα
ὑφ᾽ ἡμῶν ἀδικηθέντες, ὅλον τὸ κεφάλαιον ἀνῃρήκασι; καὶ
ὑμεῖς μὲν, οὐδὲ τῶν εἰς ὑμᾶς ἁμαρτανόντων ὅταν τινὸς κα-
ταψηφίσησθε, οὐ πάντα τὰ ὄντα ἀφείλεσθε· ἀλλ᾽, ἢ
γυναῖκας ἢ παιδία αὐτῶν ἐλεήσαντες, μέρος τι κἀκείνοις
ὑπελείπετε. οὗτοι δὲ τοσοῦτον διαφέρουσιν ὑμῶν, ὥςτε καὶ
δωρεὰς παρ᾽ ἡμῶν προσλαβόντες, ἵνα δικαίως ἐπιτροπεύ-
σωσι, τοιαῦτα εἰς ἡμᾶς ὑβρίκασι, καὶ οὐδὲ ᾐσχύνθησαν,
εἰ μὴ [2] ᾔδεισαν, οὐδ᾽ ἠλέησαν τὴν ἐμὴν ἀδελφὴν, εἰ, δυοῖν
ταλάντοιν ὑπὸ τοῦ πατρὸς ἀξιωθεῖσα, μηδενὸς τεύξεται
τῶν προσηκόντων, ἀλλ᾽ ὥςπερ ἔχθιστοί τινες, ἀλλ᾽ οὐ
φίλοι καὶ συγγενεῖς καταλειφθέντες, [3] οὐδὲ τῆς οἰκειότητος
ἐφρόντισαν. ἀλλ᾽ ἐγὼ μὲν ὁ πάντων ταλαιπωρότατος, πρὸς

[1] αὑτῶν   [2] Desunt ᾔδεισαν, οὐδ᾽.   [3] οὐδὲν

Καί τοι πῶς οὐ δεινὸν, εἰ ἕτεροι μὲν οἶκοι ταλαντιαῖοι καὶ διτάλαντοι καταλειφθέντες] *Atqui non acerbum mihi esse non potest, quod cum reliquorum civium domus talentares et ditalentures tutoribus oblocantibus duplo triploque copiosiores factæ sunt, ita ut dignæ tandem viderentur, quæ muneribus publicis obeundis adscriberentur, mea autem domus quæ olim* trierarchiæ *muneri assueverat et collationibus pensitandis, nunc ne tantulam quidem collationem ferre poterit istorum impudentia.* οἶκον, id est, *domum* Oratores Græci pro universis facultatibus et censu accipere solent: quem loquendi morem lingua Francorum refert. Verum ex his verbis intelligimus et trierarchiam, et collationem iisdem capitibus incubuisse, ac ignominiosum fuisse munera ista dispendiosa non obire. Huc etiam pertinet, quod ex hac et altera in eundem oratione colligere possumus, quædam esse bona, quæ in censum non venirent, quæ ἀτελῆ, id est, *immunia* a Græcis appellantur. Quod autem de locatione domum Demosthenes dixit, de omnibus instructis intelligendum est, ut diximus, ut de officinis cum servis opificibus ex libro quinto de Asse. Quod autem dicit, τίνας δ᾽ οὗτοι λελοίπασιν ὑπερβολὰς εἰπεῖν, id est, *a quo superari isti possunt dicendi facultate*, notanda locutio, οὐδεμίαν λείπω ὑπερβολήν. Lucian. σκέψασθε εἴ τινα ὑπερβολὴν ἀδικίας ἀπολέλοιπεν, si *quid reliquit sibi quo sceleratior fieri posset.* ὑπερβάλλω enim τὸ ὑπερέχω καὶ ὑπερβαίνω, *excello et supero.* ὅθεν ὑπερβολὴ, quæ ἐλλείψει opponitur. Plura vide in Comment. Budæi. *Ex edit.* HERV.

ιζ΄. Καὶ οὐδὲ ᾐσχύνθησαν, εἰ μὴ ᾔδεισαν] Παρὰ τὸ εἴδω, quod huc non pertinet. F. καὶ οὐδὲ ᾐσχύνθησαν, οὐδὲ ἔδεισαν. Nisi placeat, ᾔδεσαν, παρὰ τὸ αἰδέω, αἰδέσω, ᾔδεσα. etsi potius ᾐδέσθησαν esset legendum. In farrag. F. εἰ μὴ ἔδεισαν, S. ὑμᾶς τοὺς δικαστάς. WOLF. F. εἴ μοι ἐνδεήσει.

ἀμφότερα ἀπορῶ, ταύτην θ' ὅπως [1]ἐκδῶ, καὶ τἄλλ' ὁπόθεν διοικῶ· προσεπίκειται δ' ἡ πόλις ἀξιοῦσα εἰσφέρειν, δικαίως. οὐσίαν γὰρ ἱκανὴν πρὸς ταῦτα κατέλιπέ μοι ὁ πατήρ· τὰ δὲ χρήματα τὰ καταλειφθέντα οὗτοι πάντα εἰλήφασι. καὶ νῦν, κομίσασθαι τἀμαυτοῦ ζητῶν, εἰς κίνδυνον καθέστηκα τὸν μέγιστον. ἐὰν γὰρ ἀποφύγῃ με οὗτος, ὃ μὴ γένοιτο, τὴν ἐπωβελίαν ὀφλήσω μνᾶς ἑκατόν. καὶ τούτῳ μὲν, ἐὰν καταψηφίσησθε, τιμητὸν, [2]οὐκ ἐκ τῶν ἑαυτοῦ χρημάτων, ἀλλ' ἐκ τῶν ἐμῶν [3]ποιήσετε τὴν ἔκτισιν· ἐμοὶ δὲ ἀτίμητον τοῦτ' ἔστιν. ὥστ' οὐ μόνον ἔσομαι τῶν πατρῴων ἐστερημένος, ἀλλὰ καὶ προσητιμωμένος, ἐὰν μὴ νῦν ὑμεῖς με ἐλεήσητε.

ιή. Δέομαι οὖν ὑμῶν, ὦ ἄνδρες δικασταὶ, καὶ ἱκετεύω καὶ ἀντιβολῶ, μνησθέντας καὶ τῶν νόμων καὶ τῶν ὅρκων, οὓς ὀμόσαντες δικάζετε, βοηθῆσαι ἡμῖν τὰ δίκαια, καὶ μὴ περὶ πλείονος τὰς τούτου δεήσεις, ἢ τὰς ἡμετέρας, ποιήσασθαι. δίκαιοι δ' ἐστ' ἐλεεῖν οὐ τοὺς ἀδίκους τῶν ἀνθρώπων, ἀλλὰ τοὺς παραλόγως δυστυχοῦντας, οὐδὲ τοὺς ὠμῶς οὕτως τἀλλότρια ἀποστεροῦντας, ἀλλ' ἡμᾶς τοὺς πολὺν χρόνον ὧν ὁ πατὴρ ἡμῖν κατέλιπε στερουμένους, καὶ πρὸς ὑπὸ τούτων

[1] ἐκδῶ [2] καὶ οὐκ [3] ποιήσεται

Προσεπίκειται δ' ἡ πόλις] Videtur ante hæc verba aliquid deesse. F. προσεπίκειται γὰρ ἡ π. Idem.

'Απορῶ προσεπίκειται] Animadverti olim deesse aliquid, quod hæc editio supplet: ἀπορῶ, ταύτην θ' ὅπως ἐκδῶ, καὶ τἄλλ' ὁπόθεν διοικῶ: *utrumque dubito, tum quemadmodum* hanc *elocem, tum cetera unde administrem.* Idem.

Τὴν ἐπωβελίαν] Erat ἐπωβελία, qua actor mulctabatur, nisi judicio vicisset, et reo cedebat, idque in pecuniariis causis, (ne putes cum magno Budæo in judiciis ignominiosis tantum) eratque sexta pars pecuniæ illius, de qua lis erat, et controvertebatur: quanquam nonnulli decimam esse existiment. Hesych. ἐπωβελία· ἔστι δὲ τὸ ἀκόλουθον τὸ τῆς καταδίκης τίμημά τι ὄλημα (l. τιμήματι ὃ λῆμμα) ὡς Δίδυμος, τὸ ἕκτον μέρος τοῦ τιμήματος, οἱ δὲ τὸ δέκατον. Cui accedit Eustath. ad Odyss. Α. καὶ ἐπωβελία, τὸ ἐπιδέκατον κατὰ τοὺς παλαιούς. Sed sexta pars est Demosth. [V. Suidas et Etym. Mag. in v. ἐπωβελία.] — Repetebat ab Aphobo tutore Demosthenes decem talenta: atqui si secundum Aphobum pronunciatum fuisset, Demosthenes tenebatur Aphobo ἐπωβελίαν pendere, nempe minas centum, quæ sunt sexta pars X talentûm. E sequentibus vero Demosthenis verbis, ἐμοὶ δ' - - - - ἐλεήσητε, docemur eum, qui non posset solvere τὴν ἐπωβελίαν, ignominiosum fuisse. Nam Demosthenes queritur, siquidem secundum se judicium non obtinuerit, non habere unde solvat τὴν ἐπωβελίαν, centum minas: ἐμοὶ δ' ἀτίμητον τοῦτ' ἔστιν, itaque, inquit, et paternis bonis fraudabor, et ignominiosus ero, nisi succurritis, ut qui non habeam domi, unde τὴν ἐπωβελίαν exsolvam. *Petit. Leg. Attic.* L. V. T. I. p. 486. Vid. etiam *Herald. Animadv. in Salmas. Observ. ad Jus A. et R.* l. III. c. IV. p. 210. sq.

'Εὰν καταψηφίσησθε τιμητὸν] F. τὸ τετιμημένον, τὰ δέκα τάλαντα, aut τὸ τιμητὸν, quia sequitur παρονομασία, ἐμοὶ δ' ἀτίμητον τοῦτ' ἔστι, hoc est, ἀτιμωθήσομαι, ὀφείλων τῷ δημοσίῳ, τίμημα οὐδὲν ἔχων. Wolf.

ὑβριζομένους καὶ νῦν περὶ ἀτιμίας κινδυνεύοντας. μέγα δ᾽ ἂν [1]οἶμαι στενάξαι τὸν πατέρα ἡμῶν, εἰ αἴσθοιτο τῶν προικῶν καὶ τῶν δωρεῶν, ὧν αὐτὸς τούτοις ἔδωκεν, ὑπὲρ τούτων τῆς ἐπωβελίας τὸν [2]αὐτοῦ υἱὸν ἐμὲ κινδυνεύοντα, καὶ ἄλλους μέν τινας ἤδη τῶν πολιτῶν οὐ μόνον συγγενῶν, ἀλλὰ καὶ φίλων ἀνδρῶν ἀπορούντων, θυγατέρας παρὰ σφῶν αὐτῶν ἐκδόντας· Ἄφοβον δὲ μηδ᾽, ἣν ἔλαβε προῖκα, ἐθέλοντα ἀποδοῦναι, καὶ ταῦτα ἔτει δεκάτῳ.

[1] οἴομαι [2] αὑτοῦ

ιή. Τῆς ἐπωβελίας] Sexta pars æstimatæ litis mulotæ nomine solvenda erat. Cum autem 10. talenta peteret, et singula talenta sexagenas minas contineant, 100. minarum periculo certabat. IDEM.

ΔΗΜΟΣΘΕΝΟΥΣ

ΚΑΤΑ ΑΦΟΒΟΥ

ΛΟΓΟΣ ΔΕΥΤΕΡΟΣ.

α΄. ΠΟΛΛΑ καὶ [1] μεγάλα ψευσαμένου πρὸς ὑμᾶς Ἀφόβου, τοῦτ᾿ αὐτὸν [5] ἐλέγξαι πειράσομαι πρῶτον, ἐφ᾿ ᾧ μάλιστα ἠγανάκτησα τῶν ῥηθέντων. εἶπε γὰρ, ὡς ὁ πάππος ὤφειλε τῷ δημοσίῳ, καὶ διὰ ταῦθ᾿ ὁ πατὴρ οὐκ ἐβούλετο μισθωθῆναι τὸν οἶκον, ἵνα μὴ κινδυνεύσῃ. καὶ τὴν μὲν πρόφασιν ποιεῖται ταύτην. ὡς δὲ ὀφείλων ἐτελεύτησεν ἐκεῖνος, οὐδεμίαν παρέσχετο μαρτυρίαν· ἀλλ᾿, ὡς μὲν [2] ὦφλεν, ἀνεβάλετο, τηρήσας τὴν τελευταίαν ἡμέραν· ταύτην δὲ εἰς τὸν ὕστερον λόγον ὑπελείπετο, ὡς [3] διαβαλεῖν τὸ πρᾶγμα ἐξ αὐτῆς δυνησόμενος. ἐὰν οὖν ἀναγνῶ, προσέχετ᾿ αὐτῇ τὸν νοῦν· εὑρήσετε γὰρ, οὐχ ὡς ὀφείλει μεμαρτυρημένην, ἀλλ᾿ ὡς [4] ὦφλε. τοῦτ᾿ οὖν [5] ἐλέγξαι πειράσομαι πρῶτον, ἐφ᾿ ᾧ φρονεῖ μάλιστα· ὃ καὶ ἡμεῖς ἀμφισβητοῦμεν. εἰ μὲν οὖν τότ᾿ ἐξεγένετο, καὶ μὴ τῷ χρόνῳ τοῦτ᾿ ἐνηδρεύθημεν, παρεσχόμεθ᾿ ἂν μάρτυρας ὡς ἐξετίσθη τὰ χρήματα καὶ πάντ᾿ αὐτῷ διελέλυτο τὰ πρὸς τὴν πόλιν· νῦν δὲ τεκμηρίοις μεγάλοις ἐπιδείξομεν, ὡς οὔτε ὤφειλεν, οὔτε ἦν κίνδυνος ἡμῖν οὐδεὶς φανερὰ κεκτημένοις τὰ ὄντα.

β΄. Πρῶτον μὲν γὰρ Δημοχάρης, ἔχων ἀδελφὴν τῆς ἐμῆς μητρὸς, θυγατέρα δὲ Γύλωνος, οὐκ ἀποκέκρυπται τὴν οὐ-

[1] μεγάλ᾿ ἐψευσμένου [2] ὤφειλεν, ἐνεβάλετο [3] διαβάλλειν [4] ὤφειλε [5] ἐξελέγξαι

α΄. Ἀλλ᾿ ὡς μὲν ὦφλεν] Τὸ μὲν abundare videtur, et hic locus paucis mutatis sic legendus: ἀλλ᾿ ὡς ὦφλεν. ἀνεβάλετο δὲ, τηρήσας τὴν τελευταίαν ἡμέραν· ταύτην τε (S. τὴν μαρτυρίαν) εἰς τὸν ὕστερον λόγον ἀπελείπετο. Lal. *Et solvere distulit, extremum vitæ suæ diem prævidens.* Wolf.

β΄. Οὐκ ἀποκέκρυπται τὴν οὐσίαν]. Id est, φανερὰ κέκτηται τὰ ὄντα ἑαυτοῦ. ἀποκρύπτω enim καὶ ἀποκρύπτομαι, *celo, condo, occulo,* hoc est, συγκρύπτω, συγκαλύπτω. *Ex edit.* Hervag.

σίαν· ἀλλὰ χορηγεῖ καὶ τριηραρχεῖ καὶ τὰς ἄλλας λει-
τουργίας λειτουργεῖ καὶ οὐδὲν τῶν τοιούτων δέδοικεν. ἔπειτα
αὐτὸς ὁ πατὴρ τήν τε ἄλλην οὐσίαν καὶ τέτταρα τάλαντα
καὶ τρισχιλίας φανερὰς ἐποίησεν, ἃς οὗτοι [1] γραφῆναι ἐν
ταῖς διαθήκαις καὶ λαβεῖν [2] σφὰς αὐτοὺς κατ᾽ ἀλλήλων
καταμαρτυροῦσιν. ἔτι δὲ καὶ αὐτὸς Ἄφοβος μετὰ τῶν
συνεπιτρόπων τῇ πόλει τὸ πλῆθος τῶν καταλειφθέντων
χρημάτων ἐμφανὲς ἐποίησεν, ἡγεμόνα με τῆς συμμορίας
καταστήσας οὐκ ἐπὶ μικροῖς τιμήμασιν, ἀλλ᾽ ἐπὶ τηλι-
κούτοις, ὥστε, κατὰ τὰς πέντε καὶ εἴκοσι μνᾶς, πεντα- 837
κοσίας εἰσφέρειν. καίτοι τούτων εἴ τι ἦν ἀληθές, οὐδὲν ἂν
αὐτῶν ἐποίησεν, ἀλλὰ πάντα ταῦτα εὐλαβήθη. νῦν δὲ καὶ
Δημοχάρης καὶ ὁ πατὴρ καὶ αὐτοὶ οὗτοι φαίνονται φανερὰ
ποιοῦντες, καὶ οὐδένα τοιοῦτον κίνδυνον δεδιότες.

γ΄. Πάντων δ᾽ ἀτοπώτατόν ἐστι, λέγοντας, ὡς ὁ πατὴρ οὐκ εἴα μισθοῦν τὸν οἶκον, τὴν μὲν διαθήκην μηδαμοῦ ταύτην ἀποφαίνειν, ἐξ ἧς ἦν εἰδέναι τἀκριβές· τηλικαύτην δ᾽ ἀνελόντας μαρτυρίαν, οὕτως [3] οἴεσθαι εἰκῇ πιστεύεσθαι παρ᾽ ὑμῖν. ἀλλ᾽ ἐχρῆν, ἐπειδὴ τάχιστα ἐτελεύτησεν ὁ πατὴρ, [4] εἰσκαλέσαντα μάρτυρας πολλοὺς, παρασημήνασθαι κελεῦσαι τὰς διαθήκας, ἵν᾽, εἴ τι ἐγένετο ἀμφισβητήσιμον, ἦν εἰς τὰ γράμματα ταῦτ᾽ ἐπανελθεῖν, καὶ τὴν ἀλήθειαν πάντων εὑρεῖν. νῦν δὲ ἕτερα μὲν παρασημήνασθαι ἠξίωσαν, ἐν οἷς πολλὰ τῶν καταλειπομένων οὐκ ἐγέγραπτο, ὑπομνήματα δ᾽ ἦν· αὐτὴν δὲ τὴν διαθήκην, δι᾽ ἧς [5] τούτων ἐνεσημήνατο γραμμάτων, καὶ τῶν ἄλλων ἁπάντων χρημάτων, [6] ὧν ἐγίγνοντο κύριοι, καὶ τοῦ μὴ μισθοῦν τὸν οἶκον τῆς αἰτίας ἀπελέλυντο, ταύτην δ᾽ οὐκ ἐσημήναντο, οὐδ᾽ αὐτὴν ἀπέδοσαν. ἄξιόν γε πιστεύειν αὐτοῖς, ὅ τι ἂν περὶ τούτων [7] λέγουσιν· ἀλλ᾽ ἔγωγε οὐκ οἶδ᾽ ὅ τι τοῦτ᾽ ἔστιν. οὐκ εἴα μισθοῦν τὸν οἶκον, οὐδ᾽ ἐμφανῆ τὰ χρήματα ποιεῖν ὁ πατήρ. πότερον ἐμοὶ ταῦτα, ἢ τῇ πόλει; φαίνεσθε μὲν γὰρ τοὐναντίον, ἐκείνῃ μὲν φανερὰ ποιήσαντες, ἐμοὶ δὲ

[1] γραφῆναί τε ἐν [2] σφᾶς [3] οἴεσθαι δεῖν εἰκῇ [4] εἰσκαλέσαντας
[5] τούτων, ὧν ἐσημήναντο, [6] Deest ὧν. [7] λέγωσιν

γ΄. Παρασημήνασθαι κελεῦσαι] *Alios etiam addere sua sigilla jubere.* Wolf.

Δι᾽ ἧς τούτων ἐνεσημήνατο γραμμάτων] Locus mibi obscurus et suspectus. Lal. *Tabulas veras, quarum beneficio hos codicillos obsignarunt.* Idem.

παντάπασιν ἀφανῆ πεποιηκότες, καὶ οὐδὲ ταῦτα ἀποφαίνοντες, ἐξ ὧν τιμησάμενοι τὰς εἰσφορὰς [1] εἰσφέρετε.
38 δείξατε γὰρ ταύτην τὴν οὐσίαν τίς ἦν, καὶ ποῦ [2] παραδέδοταί μοι, καὶ τίνος ἐναντίον. τὰ μὲν γὰρ δύο τάλαντα, καὶ τὰς ὀγδοήκοντα μνᾶς, ἀπὸ τῶν τεττάρων ταλάντων, καὶ τρισχιλίων ἐλάβετε. ὥςτε οὐδὲ [3] ταύτας τὰς ὑπὲρ ἐμοῦ εἰς τὸ δημόσιον ἐτιμήσασθε· ὑμέτεραι γὰρ ἦσαν ἐν ἐκείνοις τοῖς χρόνοις. ἀλλὰ μὴν ἔκ γε τῆς οἰκίας καὶ τῶν τεττάρων καὶ δέκα ἀνδραπόδων καὶ τῶν τριάκοντα μνῶν, ἅ μοι παρεδώκατε, τὴν εἰσφορὰν οὐχ οἷόν τε γενέσθαι τοσαύτην, ὅσην ὑμεῖς συνετάξασθε πρὸς τὴν συμμορίαν. ἀλλ᾽ ἀνάγκη μεγάλη τὰ καταλειφθέντα, πολλῷ πλείονα ὄντα τούτων, πάντα ὑμᾶς ἔχειν ἐστίν· ἃ φανερῶς, ὅτι διηρπάκατε, ἐξελεγχόμενοι, τοιαῦτα πλάττεσθαι τολμᾶτε. καὶ τοτὲ μὲν εἰς ἀλλήλους ἀναφέρετε· πάλιν δ᾽ εἰληφέναι κατ᾽ ἀλλήλων μαρτυρεῖτε. φάσκοντες δὲ οὐ πολλὰ λαβεῖν, μεγάλων ἀναλωμάτων λόγους ἀπενηνόχατε. πάντες δὲ κοινῇ [4] μὲν ἐπιτροπεύσαντες, ἰδίᾳ [5] δὲ μετὰ ταῦτα ἕκαστοι μηχανᾶσθε. καὶ τὴν μὲν διαθήκην ἠφανίκατε, ἐξ ἧς ἦν εἰδέναι περὶ πάντων τὴν ἀλήθειαν· φαίνεσθε δὲ οὐδέποτε [6] ταῦτα περὶ ἀλλήλων λέγοντες. λάβε δὴ τὰς μαρτυρίας, καὶ ἀνάγνωθι αὐτοῖς πάσας ἐφεξῆς, ἵνα μνησθέντες καὶ τῶν μεμαρτυρημένων, ἀκριβέστερον [7] γιγνώσκωσι περὶ αὐτῶν.

ΜΑΡΤΥΡΙΑΙ.

ταῦθ᾽ οὗτοι πρὸς [8] πεντεκαίδεκα τάλαντα τοὺς οἴκους συνετιμήσαντο ὑπὲρ ἐμοῦ, μνῶν δὲ οὐδ᾽ ἑβδομήκοντα ἀξίαν

[1] εἰσεφέρετε [2] παρέδοτέ [3] ταῦθ᾽ ὑπὲρ [4] με [5] Deest δέ. [6] ταὐτὰ [7] διαγνῶσι [8] πεντεκαιδεκαταλάντους οἴκους

Μιμησάμενοι] Μνησάμενοι, utrumque falsum. legendum τιμησάμενοι. IDEM.

Ταύτας τὰς ὑπὲρ] F. ταύτας τὰς εἰσφορὰς ὑπέρ. IDEM. M. ταῦτα ὑπὲρ, et v. seq. ὑμέτερα. AUGER.

Ἔστιν ἃ φανερῶς] F. ἔπειτα φανερῶς. et, p. 430. v. 14. ὡς αὑτὸν λαβὼν, ἀντὶ τοῦ πρὸς ἑαυτόν. WOLF.

Μεγάλων ἀναλωμάτων λόγους ἀπενηνόχατε] Ex hoc loco satis apparet, ἀποφέρειν λόγον καὶ λόγους de privatis etiam rationibus dici, cum debitor cum creditore, tutor cum pupillo *rationes subducit*. alibi, ut πρὸς Τιμόθεον, *rationes ad ærarium referre* significat. *Ex edit.* HERVAG.

Πεντεκαίδεκα τάλαντα τοὺς] Composita voce legendum πεντεκαιδεκαταλαντιαίους, ut π. Συμμορ. πεντεκαιδεκαναία. Ecce hic quatuordecim codices mutos et consentientes, cum mendum sit manifestum: in aliis minutiis ac potius ineptiis et ψευδογραφήμασι loquaces et controversos. WOLF.

μοι παραδεδώκασι τὴν οὐσίαν τρεῖς ὄντες. λέγε τὰς ἐφεξῆς.

ΜΑΡΤΥΡΙΑΙ. 839

ταύτην τὴν προῖκα, ἣν οἵ τε [1] ἐπίτροποι καταμαρτυροῦσιν αὐτὸν λαβεῖν, ἄλλοι τε πρὸς οὓς ἔχειν ὡμολόγησε, ταύτην οὔτε αὐτὴν οὔτε τὸν σῖτον ἀποδέδωκε. λάβε ἄλλας καὶ ἀναγίγνωσκε.

ΜΑΡΤΥΡΙΑΙ.

δύο ἔτη τὸ ἐργαστήριον διοικήσας, Θηριππίδῃ μὲν ἀποδέδωκε τὴν μίσθωσιν, ἐμοὶ δὲ, δυοῖν ἐτοῖν λαβὼν τὴν πρόσοδον τριάκοντα μνᾶς, οὔτε αὐτὰς οὔτε τὸ ἔργον ἀποδέδωκε. λάβε ἑτέραν καὶ ἀνάγνωθι.

ΜΑΡΤΥΡΙΑ.

ταῦτα [2] τὰ ἀνδράποδα ὡς αὑτὸν λαβὼν οὗτος καὶ τἆλλα τὰ μετὰ τούτων ὑποτεθέντα ἡμῖν, ἀνάλωμα μὲν εἰς αὐτὰ τοσοῦτον λελόγισται, λῆμμα δὲ ἀπ᾽ αὐτῶν οὐδ᾽ ὁτιοῦν· καὶ αὐτοὺς δὲ τοὺς ἀνθρώπους ἠφάνικεν, οἳ δώδεκα μνᾶς ἀτελεῖς ἑκάστου τοῦ ἐνιαυτοῦ προσέφερον. λέγ᾽ ἑτέραν.

ΜΑΡΤΥΡΙΑ.

τοῦτον τὸν ἐλέφαντα καὶ τὸν σίδηρον πεπρακὼς, οὐδὲ καταλειφθῆναί φησιν· ἀλλὰ καὶ τούτων τὴν τιμὴν ἀποστερεῖ με, μάλιστα τάλαντον. λέγε ταυτασί.

ΜΑΡΤΥΡΙΑΙ.

ταῦθ᾽ οὗτος τρία τάλαντα καὶ χιλίας ἔχει χωρὶς τῶν ἄλλων, τοῦ μὲν ἀρχαίου πέντε τάλαντα, ἃ [3] οὗτος εἴληφε· σὺν δὲ τοῖς ἔργοις, ἐὰν ἐπὶ δραχμῇ τις τιθῇ μόνον, πλέον ἢ δέκα τάλαντα ἔχει. λέγε τὰς ἐφεξῆς.

ΜΑΡΤΥΡΙΑΙ.

ταῦθ᾽ οὗτοι γραφῆναι μὲν ἐν ταῖς διαθήκαις, καὶ λαβεῖν [4] σφὰς αὐτοὺς, κατ᾽ ἀλλήλων μαρτυροῦσιν. οὗτος δὲ, καὶ

[1] συνεπίτροποι [2] τἀνδράποδα [3] [οὗτος] [4] σφᾶς

Ἃ οὗτος] Superflua videntur et delenda. AUGER.

μεταπεμφθῆναι φάσκων ὑπὸ τοῦ πατρὸς καὶ ἐλθὼν εἰς
40 τὴν οἰκίαν, εἰσελθεῖν μὲν οὔ φησιν ὡς τὸν μεταπεμψάμε-
νον, οὐδ᾽ ὁμολογῆσαι περὶ τούτων οὐδενός· Δημοφῶντος δ᾽
ἀκοῦσαι γραμματεῖον ἀναγιγνώσκοντος, καὶ Θηριππίδου λέ-
γοντος, ὡς ἐκεῖνος ταῦτα [1] διέθετο· καὶ προεισεληλυθὼς καὶ
ἅπαντα διωμολογημένος πρὸς τὸν πατέρα, ὅσα περ ἐκεῖ-
νος γράψας κατέλιπεν.

δ΄. Ὁ γὰρ πατὴρ, ὦ ἄνδρες δικασταὶ, ὡς ᾔσθετο τὴν
νόσον οὐκ [2] ἀποφευξόμενος, συγκαλέσας τούτους τρεῖς
ὄντας καὶ συμπαρακαθισάμενος Δήμωνα τὸν ἀδελφὸν, τὰ
σώματα ἡμῶν εἰς τὰς χεῖρας ἐνέθηκε, παρακαταθήκην
ἐπονομάζων· τὴν μὲν ἀδελφὴν Δημοφῶντι καὶ δύο τάλαντα
προῖκα διδοὺς εὐθὺς καὶ γυναῖκα αὐτῷ ταύτην ἐγγυῶν,
ἐμὲ δὲ πᾶσι κοινῇ μετὰ τῶν χρημάτων παρακατατιθέμε-
νος καὶ ἐπισκήπτων μισθῶσαί τε τὸν οἶκον καὶ συνδιασῶ-
σαί μοι τὴν οὐσίαν, διδοὺς ἅμα Θηριππίδῃ τε τὰς [3] ὀγδοή-
κοντα μνᾶς, καὶ τούτῳ τήν τ᾽ ἐμὴν μητέρα ἐγγυῶν ἐπὶ
ταῖς ὀγδοήκοντα μναῖς κἀμὲ εἰς τὰ τούτου γόνατα ἐντιθείς.
ὧν οὗτος, ὁ πάντων ἀνθρώπων ἀνοσιώτατος, οὐδενὸς [4] λόγον
δέδωκε, κύριος τῶν ἐμῶν γενόμενος ἐπὶ τούτοις· ἀλλὰ, τὰ
[5] χρήματα πάντα ἀπεστερηκὼς μετὰ τῶν συνεπιτρόπων,
ἐλεεῖσθαι νῦν ὑφ᾽ ὑμῶν ἀξιώσει, μνῶν οὐδ᾽ ἑβδομήκοντα
ἄξια τρίτος αὐτὸς ἀποδεδωκώς· εἶτα καὶ τούτοις [6] αὐτὸς
πάλιν ἐπιβεβουλευκώς. ὡς γὰρ τὰς δίκας ταύτας ἔμελλον
εἰσιέναι κατ᾽ αὐτῶν, ἀντίδοσιν ἐπ᾽ ἐμὲ παρεσκεύασαν, ἵνα,
εἰ μὲν ἀντιδῴην, μὴ [7] ἐξῇ μοι πρὸς αὐτοὺς ἀδικεῖν, ὡς καὶ
41 τῶν δικῶν τούτων του ἀντιδόντος γινομένων· εἰ δὲ μηδὲν τού-
των ποιοίην, ἵνα ἐκ βραχείας οὐσίας λειτουργῶν παντάπα-
σιν ἀναιρεθείην. καὶ τοῦτο αὐτοῖς ὑπηρέτησε Θρασύλοχος ὁ
Ἀναγυράσιος. ἐγὼ δὲ, τούτων οὐδὲν ἐνθυμηθεὶς, ἀντέδωκα

[1] διέθετο, [Lacuna] καὶ [2] ἀποφευξούμενος [3] ἑβδομήκοντα
[4] λόγον * ἑαυτῷ δέδωκε [5] χρήματά με πάντα [6] * αὐτοῖς [7] ἐξείη --- ἀντιδικεῖν

Καὶ προεισεληλυθὼς] L. ὁ καὶ προεισ. i. e. hæc, inquam, dicit, is qui etc. Idem.

δ΄. Ἵνα, εἰ μὲν ἀντιδῴην, μὴ ἐξῇ μοι πρὸς αὐτοὺς ἀδικεῖν] F. ἀντιδικεῖν. Wolf.

Εἰ δὲ μηδὲν τούτων] F. μηδὲ τοῦτο. Idem.

Ἀντέδωκα μὲν, ἀπέκλεισα δὲ] In oratione κατὰ Μειδ. p. 540. 2. ed. R. καὶ πρῶτον μὲν κατέσχισαν τὰς θύρας τῶν οἰκημάτων, ὡς αὐτῶν ἤδη γιγνομένας. et post, v. 18. δίδωμι εἴκοσι μνᾶς τούτοις, ὅσου τὴν τριηραρχίαν ἦσαν μεμισθωκότες. Ad verbum: *Permutavi quidem, sed exclusi, vel inclusi, ut disceptationem consecuturus.* Lal. *Bonorum quidem feci commutationem: ea tamen lege, et cum hac exceptione, ut eos mihi ju-*

μὲν, ἀπέκλεισα δὲ, ὡς διαδικασίας τευξόμενος. οὐ τυχὼν δὲ ταύτης, τῶν χρόνων ὑπογύων ὄντων, ἵνα μὴ στερηθῶ τῶν δικῶν, ἀπέτισα τὴν λειτουργίαν, ὑποθεὶς τὴν οἰκίαν καὶ τἀμαυτοῦ πάντα, βουλόμενος εἰς ὑμᾶς [1] ἐνθεῖναι τὰς πρὸς τουτουσὶ δίκας.

έ. Ἆρ' [2] οὖν μεγάλα μὲν ἐξ ἀρχῆς ἠδίκημαι, μεγάλα δὲ, ὅτι δίκην ζητῶ νῦν [3] λαβεῖν, ὑπ' αὐτῶν βλάπτομαι; τίς δ' οὐκ ἂν ὑμῶν, τούτῳ μὲν φθονήσειε δικαίως, ἡμᾶς δ' ἐλεήσειεν, ὁρῶν τῷ μὲν πρὸς τῇ οὐσίᾳ τῇ παραδοθείσῃ πλεῖον ἢ [4] δέκα ταλάντων τὴν ἐμὴν τοσαύτην οὖσαν προσγεγενημένην, ἡμᾶς δὲ μὴ μόνον τῶν πατρῴων διημαρτηκότας, ἀλλὰ καὶ τῶν νῦν παραδοθέντων διὰ τὴν τούτων πονηρίαν ἀπεστερημένους; ποῖ δ' ἂν τραποίμεθα, εἴ [5] τι ἄλλο ψηφίσεσθε ὑμεῖς περὶ αὐτῶν; εἰς τὰ ὑποκείμενα τοῖς δανείσασιν; ἀλλὰ τῶν ὑποθεμένων ἐστίν. ἀλλ' εἰς τὰ περιόντ' αὐτῶν; ἀλλὰ τούτου γίγνεται, τὴν ἐπωβελίαν ἐὰν ὄφλωμεν. μηδαμῶς, μηδαμῶς, ὦ ἄνδρες δικασταὶ, [6] γένησθε ἡμῖν τοσούτων αἴτιοι κακῶν, μηδὲ τὴν μητέρα κἀμὲ καὶ τὴν ἀδελφὴν ἀνάξια παθόντας περιΐδητε· οὓς ὁ πατὴρ οὐκ ἐπὶ ταύταις ταῖς ἐλπίσι κατέλιπεν, ἀλλὰ τὴν μὲν ὡς Δημοφῶντι συνοικήσουσαν ἐπὶ δυοῖν ταλάντοιν προικὶ, τὴν δὲ ἐπὶ ὀγδοήκοντα μναῖς τούτῳ τῷ σχετλιωτάτῳ 842
πάντων ἀνθρώπων, ἐμὲ δ' ὑμῖν διάδοχον [7] ἀντ' αὐτοῦ τῶν λειτουργιῶν ἐσόμενον. βοηθήσατε οὖν ἡμῖν, βοηθήσατε, καὶ

[1] εἰσελθεῖν [2] οὐ [3] λαβεῖν νῦν, [4] * δεκαταλάντῳ [5] τι ἂν ἄλλο * ψηφίσαισθε [6] μὴ γένησθε [7] ἀνθ' αὐτοῦ

dicio liceret persequi. Idem.

έ. Ἆρ' οὖν] M. ἆρ' οὐ. Idem.

Πρὸς τῇ οὐσίᾳ τῇ παραδοθείσῃ] S. αὐτῷ ὑπὸ τῶν γονέων: quæ utrum fuerit δέκα ταλάντων, an vero illa decem talenta ad Demosthenicam tutelam pertineant, ambiguum est. Idem.

Ἀλλὰ καὶ τῶν νῦν παραδοθέντων] Suspecta lectio, nisi forte hæc exaggerandi causa dicantur. Res enim ita se habere non videtur. Nec enim tutores illi 70. traditas minas eripuerunt: nisi forte ad subornatam Thrasylochi permutationem pertineant. Idem.

Ποῖ δ' ἂν τραποίμεθα, εἴ τι ἄλλο ψηφίσεσθε] *Quo igitur me vertam, si vos aliter de iis judicaveritis?* id est, nisi actione tutelæ, qua nunc expertus sum, vicero? *an erit mihi vitæ subsidium in bonis et fortunis, quæ in creditum subjecta sunt et supposita? at illa jam eorum sunt creditorum quibus obnoxia data sunt.* Supra autem dixerat, ἐγὼ δὲ, ἵνα μὴ στερηθῶ τῶν δικῶν, ἀπέτισα τὴν λειτουργίαν ὑποθεὶς τὴν οἰκίαν καὶ τἀμαυτοῦ πάντα. Atque hic notandum ὑποτιθέναι esse *pignori opponere*, ὅπερ ἐστὶ τοῦ δανειζομένου, τοῦ τὸ ἐνέχυρον διδόντος. ὑποτίθεσθαι autem *pignori datum accipere*, ὅπερ ἐστὶ τοῦ τὸ δανείζοντος. Et ὑποθήκη, τὸ ὑποκείμενον, id est, *pignus*. Sic Latine *pignero* et *pigneror* dicitur: quorum alterum debitoris, alterum fœneratoris est. *Ex edit.* Hervag.

Ἀλλὰ τῶν ὑποθεμένων ἐστὶν] Τῶν τὴν ὑποθήκην λαβόντων. ὁ ὑποθεὶς καὶ ὁ ὑποθέμενος differunt, ut τὸ τιθέναι καὶ θέσθαι νόμον: quorum prius est legislatoris, posterius populi. Wolf.

τοῦ δικαίου καὶ ὑμῶν αὐτῶν ἕνεκα, καὶ ἡμῶν καὶ τοῦ πατρὸς τοῦ τετελευτηκότος. σώσατέ [1] με, ἐλεήσατέ [1] με· ἐπειδὴ οὗτοι συγγενεῖς ὄντες οὐκ ἠλέησαν, εἰς ὑμᾶς καταπεφεύγαμεν. ἱκετεύω, ἀντιβολῶ πρὸς παίδων, πρὸς γυναικῶν, πρὸς τῶν ὄντων ἀγαθῶν [2] ὑμῖν. οὕτως ὄναισθε τούτων, μὴ περιΐδητέ με, μηδὲ ποιήσητε τὴν μητέρα, καὶ τῶν ἐπιλοίπων ἐλπίδων εἰς τὸν βίον στερηθεῖσαν, ἀνάξιον αὑτῆς τι παθεῖν· ἣ [3] νῦν οἴεται τυχόντα με τῶν δικαίων παρ' ὑμῖν ὑποδέξασθαι, καὶ τὴν ἀδελφὴν ἐκδώσειν. εἰ δ' ὑμεῖς ἄλλο τι γνώσεσθε — ὃ μὴ γένοιτο — τίνα οἴεσθε αὐτὴν ψυχὴν ἕξειν, ὅταν ἐμὲ μὲν ἴδῃ μὴ μόνον τῶν πατρῴων ἀπεστερημένον, ἀλλὰ καὶ προσητιμωμένον; περὶ δὲ τῆς ἀδελφῆς μηδ' ἐλπίδα ἔχουσαν, ὡς τεύξεταί τινος τῶν προσηκόντων, διὰ τὴν ἐσομένην ἀπορίαν; οὐκ ἄξιος, ὦ ἄνδρες δικασταὶ, οὔτ' ἐγὼ δίκης ἐν ὑμῖν μὴ τυχεῖν, οὔτε οὗτος τοσαῦτα χρήματα ἀδίκως κατασχεῖν. ἐμοῦ μὲν γὰρ εἰ καὶ μήπω πεῖραν εἰλήφατε ποῖός τις ἂν εἰς ὑμᾶς εἴην, ἐλπίζειν προσήκει μὴ χείρω τοῦ πατρὸς ἔσεσθαι· τούτου δὲ πεῖραν ἔχετε. ὥστε σαφῶς ἴστε, ὅτι, πολλὴν οὐσίαν παραλαβὼν, οὐ μόνον οὐδὲν πεφιλοτίμηται πρὸς ὑμᾶς, ἀλλὰ καὶ τἀλλότρια ἀποστερῶν ἐπιδέδεικται.

ϛ'. Ταῦτ' οὖν σκοποῦντες καὶ τἆλλα μνησθέντες, ᾗ δίκαιόν ἐστι, ταύτῃ διαψηφίσασθε. πίστεις δ' ἔχετε ἱκανὰς
43 ἐκ μαρτύρων, ἐκ τεκμηρίων, ἐκ τῶν εἰκότων, ἐξ ὧν οὗτοι λαβεῖν ὁμολογοῦσιν ἀθρόα τἀμά. ταῦτα δ' ἀνηλωκέναι φασὶν, οὐκ ἀνηλωκότες, ἀλλ' αὐτοὶ πάντα ἔχοντες. ὧν ἐνθυμουμένους, χρὴ ποιήσασθαί τινα ἡμῶν πρόνοιαν, εἰδότας, ὅτι, ἐγὼ μὲν τἀμαυτοῦ δι' ὑμῶν κομισάμενος, εἰκότως λειτουργεῖν ἐθελήσω, χάριτας ὀφείλων, ὅτι μοι δικαίως ἀπέδοτε τὴν οὐσίαν· οὗτος δὲ, ἐὰν αὐτὸν ποιήσητε τῶν ἐμῶν κύριον, οὐδὲν ποιήσει τούτων. μὴ γὰρ οἴεσθε αὐτὸν, ὑπὲρ ὧν ἤρνηται μὴ λαβεῖν, ὑπὲρ τούτων ὑμῖν λειτουργεῖν ἐθελήσειν· ἀλλ' [4] ἀποκρύψασθαι μᾶλλον, ἵνα δικαίως ἀποπεφευγέναι δοκῇ.

[1] Deest με. [2] ὑμῖν ἀγαθῶν. [3] νῦν μὲν οἴεται - -- * ἀποδέξεσθαι
[4] * ἀποκρύψεσθαι

Τίνα οἴεσθε αὐτὴν ψυχὴν ἕξειν] Similiter Terent. Adelph. 4. 5. 31. *quid illi tandem creditis Fore animi misero.* Isocrates in Trapezit. τίνα οἴεσθέ με γνώμην ἔχειν. et Plato, cum sensus pæne idem sit, L. VI. de Republ. τίνα οἴει καρδίαν ἴσχειν. Plura vide ap. Victor. Var. Lect. L. I. c. 7.

ΥΠΟΘΕΣΙΣ ΤΟΥ ΠΡΟΣ ΑΦΟΒΟΝ ΨΕΥΔΟΜΑΡΤΥΡΙΩΝ ΛΟΓΟΥ.

Pag. ed. Reisk.

843 ΚΡΙΝΟΜΕΝΟΣ τῆς ἐπιτροπῆς Ἄφοβος, ἐξῄτει παρὰ Δημοσθένους Μιλύαν εἰς βάσανον, εἰδὼς οὐ δοθησόμενον. οὐ γὰρ ἐδίδου Δημοσθένης, φάσκων, οἰκ οἰκέτην, ἀλλ' ἐλεύθερον, εἶναι τὸν Μιλύαν, ἐλευθερωθέντα ὑπὸ τοῦ πατρὸς, ὅτε ἐτελεύτα. καὶ εἰς τούτου πίστιν ἄλλα τε παρεχόμενος, καὶ δὴ καὶ μαρτυρίαν Στεφάνου, ὡς ἐμαρτύρησε πρὸς τοὺς δικαστὰς, φάσκων, ὡμολογηκέναι Ἄφοβον ἐπὶ τοῦ διαιτητοῦ ἐλεύθερον εἶναι Μιλύαν. ἁλοὺς δὴ τῆς ἐπιτροπῆς Ἄφοβος ψευδομαρτυριῶν Στεφάνῳ δικάζεται· ὑπὲρ οὗ τοῦτον τὸν λόγον ὁ Δημοσθένης λέγει, καὶ τἀληθῆ φάσκων αὐτὸν μεμαρτυρηκέναι, καὶ πρὸς τούτῳ δεικνὺς, ὡς οὐδὲν ἐκ ταύτης τῆς μαρτυρίας Ἄφοβος ἐβλάβη, ἀλλὰ δι' ἑτέρους ἧλω μάρτυρας, οἷς οὐκ ἐπισκηψάμενος, δῆλός ἐστιν ἡδικηκώς. 844

Καὶ εἰς τοῦτο πίστιν] F. εἰς τούτου. et, οἷς οὐκ ἐπισκηψάμενος δῆλός ἐστιν ἡδικηκώς. v. 4. Στεφάνου, ὃς ἐμαρτήρησε. et, v. ult. WOLF.

ΔΗΜΟΣΘΕΝΟΥΣ

[1]Ο ΠΡΟΣ ΑΦΟΒΟΝ

ΨΕΥΔΟΜΑΡΤΥΡΙΩΝ ΛΟΓΟΣ.

ά. ΕΙ [2]μὴ, πρότερόν μοι δίκης γενομένης πρὸς Ἄφοβον, ὦ ἄνδρες δικασταὶ, συνῄδη πολλῷ [3]τούτου μείζω καὶ δεινότερα αὐτοῦ ψευσαμένου ῥᾳδίως ἐξελέγξας διὰ τὴν περιφάνειαν τῶν ἀδικημάτων, θαυμαστῶς [4]ἂν εὐλαβούμην, μὴ καὶ νῦν οὐ δυνηθῶ δεῖξαι, πῇ παρακρούσεταί ποτε ἕκαστα

[1] Ο ΥΠΕΡ ΦΑΝΟΥ ΠΡΟΣ [2] μὴ καὶ πρότερον [3] τούτων [4] ἂν ἴσως εὐλαβούμην

ά. Αὐτοῦ ψευσαμένου ἐξελέγξας] Ἐπειδὴ ἢ ὅτι ἐψεύσατο ἐξελέγξας. Sed quid si αὐτὸν ψευσάμενον ἐξελέγξας. Animadverti enim sæpe collatis diversis codicibus, ου pro ον, et e contrario, per incuriam librariorum cum auctorum injuria scribi. WOLF. Codd. ἐξελέγξαντι, sed tum supra legendum ἐμαυτῷ συνῄδειν. In farrag. IDEM.

Πῇ παρακρούσεταί ποτε ἕκαστα ὑμῶν αὐτῶν] Non satis placet hæc lectio, nec

ὑμῶν αὐτῶν· νῦν δὲ, σὺν θεοῖς εἰπεῖν, ἄνπερ ἴσοι καὶ κοινοὶ
[1] γενήσεσθε ἡμῶν ἀκροαταὶ, πολλὰς ἐλπίδας ἔχω μηδὲν
ἧττον ὑμᾶς τὴν ἀναίδειαν τὴν τούτου γνώσεσθαι τῶν πρό-
τερον δικασάντων. καὶ, ταῦτα εἰ μὲν ἐδεῖτο λόγου τινὸς ἢ
ποικιλίας, ἔγωγε κατώκνουν ἂν τὴν ἐμαυτοῦ καταμεμφό-
μενος ἡλικίαν· νῦν δ' ἁπλῶς δεῖ διδάξαι καὶ διηγήσασθαι
τὰ τούτῳ πεπραγμένα περὶ ἡμῶν. ἐκ δὲ τούτων [2] οἶμαι πᾶ-
σιν ὑμῖν εὔγνωστον ἔσεσθαι, πότερός ποθ' ἡμῶν ἔσθ' ὁ
πονηρός. οἶδα μὲν οὖν, ὅτι τὴν δίκην οὗτος εἴληχε ταύτην,
οὐχὶ τῷ τὰ ψευδῆ τινὰ αὐτοῦ καταμεμαρτυρηκέναι ἐξε-
λέγξειν πιστεύων, ἀλλ' ἡγούμενος διὰ τὸ μέγεθος τοῦ τι-
45 μήματος τῆς δίκης ἣν ὦφλεν, ἐμοὶ μὲν ἂν γενέσθαι τινὰ
φθόνον, αὐτῷ δ' ἔλεον· καὶ διὰ ταῦτα περὶ τῆς γεγενη-
μένης δίκης νῦν ἀπολογεῖται, περὶ ἧς τότε οὐδὲν ἔσχε δί-
καιον εἰπεῖν. ἐγὼ δὲ, ὦ ἄνδρες δικασταὶ, εἰ μὲν [3] ἐπεπρά-
γμην τοῦτον τὴν δίκην ἢ μηδὲν ἤθελον μέτριον συγχωρεῖν,
ἠδίκουν μὲν οὐδ' ἂν οὕτως, τὰ παρ' ὑμῖν γνωσθέντα πραττ-
τόμενος αὐτὸν, ὅμως δ' ἂν εἶχέ τις εἰπεῖν, ὡς λίαν ὠμῶς
καὶ πικρῶς ὄντα συγγενῆ τοῦτον ἐκ τῆς [4] οὐσίας ἐκβέβλη-
κα· νῦν δὲ τοὐναντίον ἐστίν. οὗτος μὲν ἐμὲ τῶν πατρῴων
ἁπάντων μετὰ τῶν συνεπιτρόπων ἀπεστέρηκε καὶ οὐδ' ἐν
ὑμῖν φανερῶς ἐξελεγχθεὶς οἴεται δεῖν οὐδὲν τῶν μετρίων
ποιεῖν, ἀλλὰ, διασκευασάμενος τὴν οὐσίαν καὶ παραδοὺς
τὴν μὲν οἰκίαν Ἀφόβῳ, τὸν δὲ ἀγρὸν Ὀνήτορι, πρὸς μὲν
[5] ἐκείνου δίκην καὶ πράγματ' ἔχειν ἐμὲ πεποίηκεν· ἐκ δὲ
τῆς οἰκίας αὐτὸς τὰ σκεύη λαβὼν καὶ [6] τὰ ἀνδράποδα
ἐξαγαγὼν καὶ τὸν λάκκον συντρίψας καὶ τὰ θυρώματα
ἀποσπάσας καὶ μονονοὺκ αὐτὴν οἰκίαν ἐμπρήσας, Μέγαράδ'

[1] γένησθε [2] οἴομαι [3] ἐπεπράγμην Ἄφοβον τοῦτον [4] οὐσίας ἁπάσης ἐκβέβληκα [5] ἐκείνους [6] τἀνδράποδα

occurrit melior: nisi forte divinare liceat ἕκαστα, ὑμᾶς ἀπατῶν. et, v. 22. οὐδὲν τῶν μετρίων ποιεῖν. IDEM. L. πῆ παρακρούσεταί ποτε ἑκάστους ὑμῶν παράγων. Textus vulgatæ evidenter est corruptus. Inter multas emendationes quas proponit Reiskius, hæc mihi potior videtur. v. seq. εἰπεῖν, sub. ἔχω vel δύναμαι, vel ὥστε. AUGER.

Ἴσοι καὶ κοινοὶ - - - ἀκροαταὶ] Vid. Valckenaer. Animadv. ad Ammonium L. II. c. 6.

Διασκευασάμενος] Διασκευάζομαι τὸ συσκευάζομαι, id est, *sarcinas compono, colligo vasa*, ut qui foro cessuri sunt, aut alias migraturi. BUDÆUS.

Τὴν μὲν οἰκίαν Ἀφόβῳ] Aliud fortasse nomen pro hoc legendum. Quid si Αἰσίῳ, fratri Aphobi. WOLF. Wolfio assentitur Augerus.

Τὸν λάκκον] Ὄρυγμα εἰς οἴνου καὶ ἐλαίου ὑποδοχήν. Suidas. WOLF.

ἐξῴκηκε κἀκεῖ μετοίκιον τέθεικεν. ὥστε πολὺ ἂν δικαιότερον διὰ ταῦτα τὰ ἔργα τοῦτον μισήσαιτε, ἢ ἐμοῦ τινὰ ἀνεπιείκειαν καταγνοίητε.

β΄. Περὶ μὲν οὖν τῆς αἰσχροκερδείας τῆς τούτου καὶ μιαρίας ὕστερόν μοι δοκεῖ διεξελθεῖν πρὸς ὑμᾶς, καὶ νῦν δὲ ὡς ἐν κεφαλαίοις ἀκηκόατε· περὶ δὲ τῶν [1] μεμαρτυρημένων ὡς ἔστιν ἀληθῆ, περὶ ὧν περ οἴσετε τὴν ψῆφον, ἤδη πειράσομαι διδάσκειν ὑμᾶς. δέομαι δ' ὑμῶν, ὦ ἄνδρες δικασταὶ, δικαίαν δέησιν, [2] ἐξίσου ἡμῶν ἀμφοτέρων ἀκοῦσαι. τοῦτο δ' 846
ἐστὶ καὶ ὑπὲρ ὑμῶν ὁμοίως· ὅσῳ γὰρ ἂν ἀκριβέστερον τὰ πεπραγμένα μάθητε, τοσούτῳ δικαιοτέραν καὶ εὐορκοτέραν θήσεσθε περὶ αὐτῶν τὴν ψῆφον. ἐπιδείξω δὲ τοῦτον οὐ μόνον ὡμολογηκότα εἶναι τὸν Μιλύαν ἐλεύθερον, ἀλλὰ καὶ φανερὸν τοῦτ' ἔργῳ πεποιηκότα· καὶ, πρὸς τούτοις, ἐκ βασάνου περὶ [3] αὐτὸν πεφευγότα τοῦτον τοὺς ἀκριβεστάτους ἐλέγχους καὶ οὐκ ἐθελήσαντα ἐκ τούτων ἐπιδεῖξαι τὴν ἀλήθειαν, [4] ἀλλὰ πανουργοῦντα καὶ μάρτυρας ψευδεῖς παρεχόμενον καὶ διακλέπτοντα τοῖς αὑτοῦ λόγοις τὴν ἀλήθειαν τῶν πεπραγμένων, οὕτω μεγάλοις καὶ φανεροῖς ἐλέγχοις, ὥσθ' ὑμᾶς πάντας εἴσεσθαι σαφῶς, ὅτι ἡμεῖς μὲν ἀληθῆ λέγομεν, οὗτος δὲ οὐδὲν ὑγιὲς εἴρηκεν.

γ΄. Ἄρξομαι δ' ἐντεῦθεν, ὅθεν καὶ ὑμεῖς ῥᾷστ' ἂν [5] μάθητε κἀγὼ τάχιστ' ἂν διδάξαιμι. ἐγὼ γὰρ, ὦ ἄνδρες δικασταὶ, [6] Δήμωνι καὶ Δημοφῶντι καὶ Θηριππίδῃ καὶ τούτῳ δίκας ἔλαχον ἐπιτροπῆς, ἀποστερηθεὶς ἁπάντων τῶν ὄντων. γενομένης δέ μοι τῆς δίκης πρὸς τοῦτον πρῶτον, ἐπέδειξα σαφῶς τοῖς δικάζουσιν, ὥσπερ ὑμῖν ἐπιδείξω, πάνθ', ὅσα ἡμῖν κατελείφθη χρήματα, ἀπεστερηκότα τοῦτον μετ' ἐκείνων, οὐ καταψευδομαρτυρησάμενος. τεκμήριον δὲ μέγιστον· μαρτυριῶν γὰρ πλέον ἢ πάνυ πολλῶν τῶν ἁπασῶν

[1] μεμαρτυρημένων, ὦ ἄνδρες δικασταὶ, ὡς [2] ἐξ ἴσου [3] αὑτῶν
[4] ἀλλ' ἀεὶ πανουργοῦντα [5] μάθοιτε [6] [Δήμωνι καὶ]

Μετοίκιον τέθεικεν] Vid. Valckenaer. Animadv. ad Ammonium L. II. c. 7.

β΄. Ἐκ τούτων ἐπιδεῖξαι] F. ἐπιδειχθῆναι. Wolf.

γ΄. Δήμωνι καὶ Δημοφῶντι] F. Δημοφῶντι τῷ Δήμωνος υἱεῖ, ut est in prima contra Aphobum. Trium enim tantum tutorum fit mentio. Idem.

Οὐ καταψευδομαρτυρησάμενος] Ψευδεῖς μάρτυρας παρασκευάσας. Nam τὸ καταψευδομαρτυρῆσαι est falsi testis: ut τὸ καταδικάσαι judicis: τὸ καταδικάσασθαι accusatoris. Idem.

Μαρτυριῶν γὰρ πλέον ἢ πάνυ πολλῶν]

[1]ἀναγνωσθεισῶν, τῶν μὲν ὡς ἔδοσάν τι [2]τούτων τῶν ἐμῶν καταμαρτυρουσῶν, τῶν δ᾽ ὡς παρῆσαν κομιζομένῳ, τῶν δ᾽ ὡς πριάμενοι [3]παρά του τούτῳ τὰς τιμὰς διέλυσαν, οὐδ᾽ ᾗ
47 τινὶ τούτων τῶν ψευδομαρτυριῶν ἐπεσκήψατο οὐδὲ τετόλμηκε διώκειν, [4]ἀλλὰ ταύτην μίαν οὖσαν, ἐν ᾗ δραχμὴν οὐκ ἂν ἔχοι δεῖξαι μεμαρτυρημένην. καίτοι τό γε τίμημα τῶν χρημάτων, ὧν ἀπεστερήμην, οὐκ ἐκ ταύτης συντιθεὶς ἐλογιζόμην τοσοῦτον — οὐ γὰρ ἔνεστ᾽ ἀργύριον —, ἀλλ᾽ ἐξ ἐκείνων καθ᾽ ἕκαστα τιθεὶς, αἷς οὗτος οὐκ ἐπεσκήψατο· ὅθεν οἱ τότ᾽ ἀκούσαντες οὐ μόνον αὐτοῦ κατέγνωσαν, ἀλλὰ καὶ τῶν ἐπιγεγραμμένων ἐτίμησαν. τίνος οὖν ἕνεκα ἐκείνας μὲν εἴασε, τῇδε δὲ ἐπεσκήψατο; ἐγὼ καὶ τοῦτο διδάξω. τῶν μαρτυριῶν ὅσαι μὲν χρήματ᾽ ἔχειν [5]αὐτοῦ κατεμαρτύρουν, ᾔδει σαφῶς, ὅτι τοσούτῳ μᾶλλον ἐξελεγχθήσεται ταῦτα ἔχων, ὅσῳ πλείων λόγος δοθήσεται καθὲν περὶ ἑκάστου· τοῦτο δ᾽ ἤμελλεν ἐν τῇ τῶν ψευδομαρτυριῶν [6]ἔσεσθαι. ὃ γὰρ τότε ἐν μικρῷ μέρει τινὶ τοῦ παντὸς ὕδατος μετὰ τῶν ἄλλων κατηγορήσαμεν, νῦν πρὸς ἅπαν τὸ ὕδωρ αὐτὸ καθ᾽ αὑτὸ διδάξειν ἠμέλλομεν. ἀποκρίσει δ᾽ ἐπισκηψάμενος ἐνόμιζεν, ὥσπερ τόθ᾽ ὡμολόγησεν, οὕτω πάλιν ἔξαρνος γενέσθαι· ταῦτα δ᾽ ἐφ᾽ ἑαυτῷ γενήσεσθαι. διὰ ταῦτα τήνδε διώκει.

δ. Βούλομαι δὴ ταύτην, ὡς ἔστιν ἀληθὴς, ἐπιδεῖξαι

[1] ἀναγνωσθεισῶν ἐπὶ τῇ δίκῃ, καὶ τούταν τῶν μὲν [2] τούτῳ [3] παρὰ τούτου, [4] ἀλλ᾽ ἢ ταύτην [5] αὐτοῦ χρήματ᾽ ἔχειν [6] ἔσεσθαι κρίσει.

Τὸ πλέον ἢ excipit numerum certum: qui cum absit, τὸ πλέον ἢ prætereo: nisi divinare libeat πλέον ἢ πεντήκοντα τῶν ἁπασῶν, aut similem aliquem numerum reponendum: quo sublato, etiam ἁπασῶν tollendum. μαρτυριῶν γὰρ πάνυ πολλῶν ἀναγνωσθεισῶν. IDEM. πλεὸν ἢ deb vid. AUGER.

Ἐλογιζόμην τοσοῦτον] Τοσοῦτον τὸ τίμημα conjunge. WOLF.

Ἀλλὰ καὶ τῶν ἐπιγεγραμμένων ἐπετίμησαν] Id est, *tanti eum damnaverunt, quanti litem æstimaveram, quantumcunque in libello intentionis scripseram.* Significat enim ἐπιγράφεσθαι præter cætera etiam *scriptam actionem intendere, libello actionis genus edere. Ex edit.* HERVAG.

Τῶν ἐπιγεγραμμένων] Ὅσον ἔγραψα ἐν τῇ δίκῃ. WOLF.

Ὅσαι] Hic nominativus pendet, sed tamen sensus oratoris clarus est et perspicuus. AUGER.

Περὶ ἑκάστου] De unaquaque re in testimoniis exhibita. IDEM.

Τοῦ δ᾽ ἤμελλεν] M. τοῦτο δ᾽ ἤμελλεν. WOLF. AUGER.

Ἀποκρίσει δ᾽ ἐπισκηψάμενος] *Quod si responsum improbasset.* Nihil ad sensum videtur facere. F. ταύτῃ δὲ (S. τῇ μαρτυρίᾳ) ἐπισκηψάμενος. *Sin hoc testimonium accusasset.* nisi forte placcat, ἀρνήσειν δ᾽ ἐπισκηψάμενος ἐνόμιζεν, ut conjungas: ἐνόμιζεν, ἐπισκηψάμενος (εἰ ἐπισκήψαιτο τοῖς ἄλλοις μάρτυσιν) ἀρνήσειν γενέσθαι ἔξαρνος. *Se non ita facultatem habiturum denuo negandi, uti tum confessus erat, si testes persecutus esset.* WOLF. Wolfii conjecturam exscribit Augerus.

σαφῶς πᾶσιν ὑμῖν, οὐκ [1]ἐξεικότως, οὐδὲ λόγων πρὸς τὸ
παρὸν μεμηχανημένων, ἀλλ᾽ ἐκ τοῦ παρὰ πᾶσιν ὑμῖν δό-
ξαντος, ὡς ἐγὼ νομίζω, δικαίου. σκοπεῖτε δὲ ἀκούσαντες.
ἐγὼ γάρ, ὦ ἄνδρες δικασταί, περὶ τῆς μαρτυρίας τῆς ἐν
τῷ γραμματείῳ γεγραμμένης εἰδὼς ὄντα μοι τὸν ἀγῶνα,
καὶ περὶ τούτου τὴν ψῆφον ὑμᾶς οἴσοντας ἐπιστάμενος,
ᾤήθην δεῖν μηδὲν ἄλλο τούτου πρότερον, ἢ τοῦτον προκα-
λούμενος ἐξελέγξαι. καὶ τί ποιῶ; παραδοῦναι παῖδα 848
ἤθελον αὐτῷ γράμματα ἐπιστάμενον βασανίζειν, ὃς παρ-
ῆν, ὅθ᾽ ὡμολόγει ταῦθ᾽ οὗτος καὶ τὴν μαρτυρίαν ἔγραφεν,
οὐδὲν ὑφ᾽ ἡμῶν κελευσθεὶς κακοτεχνεῖν, οὐδὲ τὸ μὲν γρά-
φειν, τὸ δ᾽ ἀφαιρεῖν, ὧν οὗτος εἰρήκει περὶ τούτων, ἀλλ᾽
ἁπλῶς ὑπὲρ τοῦ πάντα τἀληθῆ καὶ τὰ τούτῳ ῥηθέντα
γράψαι. καίτοι τί κάλλιον ἦν τοῦ τὸν παῖδα στρεβλοῦντα
ἐξελέγξαι ψευδομένους ἡμᾶς; ἀλλὰ συνῄδει πάντων μά-
λιστα ἀνθρώπων, ὅτι τἀληθῆ μεμαρτύρηται· διόπερ ἔφυγε
τὴν βάσανον. ἀλλὰ μὴν οὐχ εἷς, οὐδὲ δύο ταῦτ᾽ ἴσασιν, οὐδ᾽
ὑπὸ μάλης ἡ πρόκλησις γέγονεν, ἀλλ᾽ ἐν τῇ ἀγορᾷ μέσῃ
πολλῶν παρόντων. καί μοι κάλει τούτων τοὺς μάρτυρας.

ΜΑΡΤΥΡΕΣ.

οὕτω τοίνυν οὗτός ἐστι σοφιστὴς καὶ σφόδρα ἑκὼν τὰ δί-
καια ἀγνοεῖν προσποιούμενος, ὥστε ψευδομαρτυριῶν διώκων,
καὶ περὶ τούτου τὴν ψῆφον ὑμῶν μελλόντων οἴσειν καὶ
ὀμωμοκότων, περὶ τῆς μαρτυρίας μὲν ἔφυγε τὴν βάσανον,
περὶ οὗ μάλιστα προσῆκεν αὐτῷ τὸν λόγον ποιεῖσθαι· περὶ
δ᾽ ἄλλων[2] φησὶν ἐξαιτεῖν, ψευδόμενος. καίτοι πῶς οὐχ
ὑπερφυὲς αὐτὸν δεινὰ πεπονθέναι φάσκειν, εἰ τὸν ἐλεύθε-
ρον ἐξαιτῶν, ὡς ἐγὼ σαφῶς ὑμῖν ἐπιδείξω, μὴ παρέλαβε,
τοὺς δὲ μάρτυρας οὐ δεινὰ πάσχειν νομίζειν, τὸν [3]ὁμολο-
γούμενον ὡς δοῦλον περὶ ὧν ἐμαρτύρησαν, ἐκδιδόντας, οὐκ
ἐθέλοντος τούτου παραλαβεῖν; [4]οὐδὲ γὰρ τοῦτό γ᾽ ἔνεστιν
εἰπεῖν, ὡς περὶ μέν τινων, [5]ὡς αὐτὸς βούλεται, σαφὴς ἡ
βάσανος, περὶ δ᾽ αὖ τινῶν οὐ σαφής.

[1] ἐξ εἰκότων [2] αὐτὸν μὲν δεινὰ [3] ὁμολογουμένως δοῦλον περὶ ὧν ἐμαρτύρησεν, ἐκδιδόντος [4] οὐ γὰρ δὴ τοῦτό [5] ἂν

δ'. Ὑπὲρ τοῦ] Delendum, vel legendum ὑπὲρ τούτων. Auger.

Περὶ οὗ] Sub. πράγματος. Idem.
Ὡς περὶ μέν τινων ὡς αὐτὸς] F. ὧν αὐ-

έ. Ἔτι τοίνυν, ὦ ἄνδρες δικασταὶ, ταύτην τὴν μαρτυρίαν ἐμαρτύρησεν ἀδελφὸς ὁ [1] τούτου πρῶτος Αἴσιος, ὃς νῦν μὲν ἔξαρνός ἐστι τούτῳ συναγωνιζόμενος, τότε δὲ ἐμαρτύρησε ταῦτα μετὰ τῶν ἄλλων, οὔτ' ἐπιορκεῖν οὔτ' εὐθὺς παραχρῆμα δίκην ὀφλισκάνειν βουλόμενος. ὃν οὐκ ἂν δήπου, ψευδῆ μαρτυρίαν εἰ παρεσκευαζόμην, [2] ἔγραψα ἂν εἰς τοὺς μάρτυρας, ὁρῶν μὲν Ἀφόβῳ χρώμενον μάλιστα ἀνθρώπων ἁπάντων, εἰδὼς δὲ συνεροῦντα αὐτῷ τὴν δίκην, ἔτι δ' ἐμαυτοῦ ὄντα ἀντίδικον· οὐ γὰρ ἔχει λόγον, τὸν ἑαυτοῦ διάφορον καὶ τούτου ἀδελφὸν μὴ ἀληθινῆς μαρτυρίας ἐγγράψαι μάρτυρα. τούτων τοίνυν εἰσὶ μὲν πολλοὶ μάρτυρες· ἔτι δ' οὐκ ἐλάττω τεκμήρια τῶν μαρτύρων. πρῶτον μὲν γὰρ εἴπερ ὡς ἀληθῶς ταῦτα μὴ ἐμαρτύρησεν, οὐκ ἂν νῦν ἔξαρνος ἦν· ἀλλὰ τότ' εὐθὺς ἐπὶ τοῦ δικαστηρίου, τῆς μαρτυρίας ἀναγιγνωσκομένης, ἡνίκα μᾶλλον ἂν αὐτὸν ἢ νῦν ὠφέλει. δεύτερον δ' οὐκ ἂν ἡσυχίαν ἦγεν, ἀλλὰ δίκην ἄν μοι βλάβης ἔλαχεν, εἰ ψευδομαρτυριῶν ὑπόδικον αὐτὸν ἐποίουν κατὰ [3] τοῦ ἀδελφοῦ, οὐ προσῆκον· ἐν ᾗ καὶ περὶ χρημάτων καὶ περὶ ἀτιμίας ἄνθρωποι κινδυνεύουσιν. ἔτι δὲ τὸ πρᾶγμ' ἂν ἐξελέγξαι ζητῶν, ἐξῄτησεν ἄν με τὸν παῖδα τὸν γράφοντα τὰς μαρτυρίας, ἵν', εἰ μὴ παρεδίδουν, [4] μηδὲν δίκαιον λέγειν ἐδόκουν. νῦν δὲ τοσοῦτον τοῦ ποιῆσαί τι τούτων ἐδέησεν, ὥστ' οὐδ' ἐμοῦ παραδιδόντος, ἐπειδὴ ταῦτ' ἔξαρνος ἐγένεθ', οὗτος παραλαβεῖν ἠθέλησεν· ἀλλ' ὁμοίως φαίνονται καὶ περὶ τούτων φεύγοντες τὰς βασάνους. καὶ ταῦτα ὡς ἀληθῆ λέγω, καὶ ἔν τε τοῖς μάρτυσι [5] μεμαρτυρηκὼς οὐκ ἠρνήθη ταῦτα ἐπὶ τοῦ δικαστηρίου [6] τούτου παρεστηκὼς, τῆς μαρτυρίας ἀναγιγνωσκομένης, ἐμοῦ τ' ἐκδιδόντος τὸν

[1] τουτουῒ [2] ἐνέγραψα [3] Deest articulus. [4] μηδὲν ἂν δίκαιον
[5] μεμαρτυρηκὼς Αἴσιος οὐκ [6] τούτῳ

τός. WOLF. AUGER.

έ. Τούτου ἀδελφὸν] Hic τούτου non refertur ad Stephanum, sed generatim ad quemlibet contra quem lite pugnatur. AUGER.

Ψευδομαρτυριῶν ὑπόδικον] Multa de testibus, qui falsum testimonium dixerint, vide ap. Petit. Leg. Attic. Lib. IV. Tit. VII. p. 449 seq.

Ἔτι δὲ τὸ πρᾶγμ' ἂν ἐξελέγξαι ζητῶν, ἐξῄτησεν ἄν με τὸν παῖδα, etc.] *Jam vero si rei veritatem reperiri expetivisset, servum me utique exhibere torquendum postulasset, qui testificationes ipsas scripserat: ut si dedissem, veritate per tormenta comperta, nec jus ego in hac causa, nec æquum postulare viderer, qui scilicet* ψευδομαρτυριῶν *agerem.* Ubi alterum ἂν δυνητικὸν, alterum est παραπληρωματικόν. notandum etiam ἵνα conjunctionem cum indicativo junotam esse, ἵν' ἐδόκουν, ἀντὶ τοῦ, ἵνα δόξαιμι. præterea ἐξαιτεῖν est *exposcere servum ad quæstionem,* cui ἐκδιδόναι, id est, *offerre et dedere,* reπαῖδα [1] περὶ τούτου βασανίζειν αὐτοῖς, οὐκ ἠθέλησαν παραλαβεῖν, καὶ καθ᾽ ἕκαστον ὑμῖν παρέξομαι τοὺς μάρτυρας. καί μοι κάλει δεῦρο αὐτούς.

ΜΑΡΤΥΡΕΣ.

ϛ΄. Ὃ τοίνυν, ὦ ἄνδρες δικασταὶ, πάντων τῶν εἰρημένων [2] οἶμαι μέγιστον ὑμῖν ἐρεῖν σημεῖον τοῦ ταῦτ᾽ [3] ἀποκρίνεσθαι τοῦτον, βούλομαι διελθεῖν· ἐπειδὴ γὰρ ἐξήτει με τὸν ἄνθρωπον ταῦθ᾽ ὡμολογηκὼς ἃ μεμαρτύρηται, βουλόμενος καὶ τοῦτ᾽ αὐτὸν ἐξελέγξαι τεχνάζοντα, τί ποιῶ; προσκαλοῦμαι κατὰ Δήμωνος εἰς μαρτυρίαν, ὄντος αὐτῷ [4] τοῦ θείου καὶ κοινωνοῦ τῶν ἀδικημάτων· καὶ, συγγράψας ταῦτα, ἐκέλευον μαρτυρεῖν ἃ νῦν διώκει τῶν ψευδομαρτυριῶν. οὗτος δὲ τὸ μὲν πρῶτον ἀπηναισχύντει, τοῦ δὲ διαιτητοῦ κελεύοντος μαρτυρεῖν ἢ ἐξομνύειν, ἐμαρτύρησε πάνυ μόγις. καίτοι, εἴ γ᾽ ἦν δοῦλος ἄνθρωπος καὶ μὴ προωμολόγητο πρὸς τοῦδε ἐλεύθερος εἶναι, τί [5] παθὼν ἐμαρτύρησεν, ἀλλ᾽ οὐκ ἐξομόσας ἀπηλλάγη τοῦ πράγματος; ἀλλὰ μὴν καὶ περὶ τούτων ἤθελον παραδοῦναι τὸν παῖδα τὸν γράφοντα τὴν μαρτυρίαν, ὃς τά τε γράμματα ἔμελλε γνώσεσθαι τὰ ἑαυτοῦ καὶ τοῦτον ἐμνημόνευεν ἀκριβῶς [6] μαρτυρήσαντα. καὶ ταῦτ᾽ ἤθελον, οὐχὶ μαρτύρων ἀπορῶν, οἳ παρῆσαν, — [7] ἦσαν γὰρ —, ἀλλ᾽ ἵνα μὴ τούτους αἰτιῷτο μαρτυρεῖν τὰ ψευδῆ, ἀλλὰ τὸ πιστὸν ἐκ τῆς βασάνου τούτοις ὑπάρχοι. καίτοι 851
πῶς ἄξιόν ἐστι καταγνῶναι τῶν μαρτύρων διὰ τοῦτο, οἳ μόνοι τῶν πώποτε ἠγωνισμένων δίκην ἐν ὑμῖν τὸν διώκοντα αὐτὸν αὐτοῖς μάρτυρα τούτων ἐπιδεικνύουσι γεγενημένον; ἀλλὰ μὴν ὡς ἀληθῆ λέγω, λάβε τὴν [8] πρόκλησιν καὶ τὴν μαρτυρίαν.

[9] ΠΡΟΚΛΗΣΙΣ. ΜΑΡΤΥΡΙΑ.

τηλικαῦτα τοίνυν [10] ὡς δίκαια φυγὼν οὗτος, καὶ ἐκ τοσου-

[1] περὶ ἁπάντων τούτων β. α. οὐκ ἠθέλησε παραλαβεῖν, καθ᾽ [2] οἴομαι, [3] ἀποκρίνασθαι - - - διεξελθεῖν [4] Deest articulus. [5] μαθὼν [6] μαρτυρήσαντα ταῦτα. [7] [ἦσαν γάρ·] [8] πρόσκλησιν [9] Πρόσκλησις [10] Deest ὡς.

spondet. *Ex edit.* HERVAG.

ϛ΄. Ἀπηναισχύντει] *Impudentia utebatur,* in negando scilicet. Similiter autem cum præpositione usurpatur et ἀπαναιδεύεσθαι, quod idem significat. BERGLER.

Καὶ μὴ προωμολόγητο] *Et non confessum esset prius apud istum,* sc. apud Aphobum, *esse liberum.* AUGER.

Τηλικαῦτα τοίνυν δίκαια] Τὸ ὡς abundat. WOLF.

των τεκμηρίων ἐπιδεικνύμενος ὅτι συκοφαντεῖ, τοῖς μὲν αὑτοῦ μάρτυσιν ἀξιοῖ πιστεύειν ὑμᾶς, τοὺς δ' ἐμοὺς διαβάλλει καὶ φησὶν [1] οὔτ' ἀληθῆ μαρτυρεῖν.

ζ'. Βούλομαι δὴ καὶ ἐκ τῶν εἰκότων περὶ αὐτῶν εἰπεῖν. οἶδ' οὖν, ὅτι πάντες ἂν ὁμολογήσαιτε, τοὺς ψευδομαρτυροῦντας, ἢ κέρδεσι δι' ἀπορίαν ἐπαιρομένους ἢ [2] καὶ δι' ἑταιρείαν ἢ καὶ δι' ἔχθραν τῶν ἀντιδίκων, ἐθέλειν ἄν τι τοιοῦτον ποιῆσαι. τούτων τοίνυν οὐδὲ δι' ἓν ἂν εἶεν ἐμοὶ μεμαρτυρηκότες, οὔτε γὰρ [3] ἑταιρεῖαι — πῶς γάρ; οἵ γε μήτε ἐν ταῖς αὐταῖς διατριβαῖς, μήτε καθ' ἡλικίαν, μὴ ὅτι ἐμοί τινες αὐτῶν, ἀλλ' οὔτε σφίσιν αὐτοῖς εἰσὶν —, οὔτ' [4] ἔχθραι τούτου — φανερὸν γὰρ καὶ τοῦτ' ἔστιν· ὁ μὲν γὰρ ἀδελφὸς καὶ σύνδικος, Φάνος δ' ἐπιτήδειος καὶ φυλέτης, Φίλιππος δὲ οὔτε φίλος οὔτ' ἐχθρός· ὥστε οὐδὲ ταύτην ἄν τις ἐπενέγκοι δικαίως τὴν αἰτίαν —, καὶ μὴν οὐδὲ δι' ἀπορίαν ἄν τις φήσειε — πάντες γὰρ κέκτηνται τοσαύτην οὐσίαν, ὥστε καὶ λειτουργεῖν ὑμῖν προθύμως καὶ τὰ προσταττόμενα ποιεῖν —, χωρὶς δὲ τούτων οὔτ' ἀγνῶτες ὑμῖν οὔτ' ἐπὶ τὰ χείρω γιγνωσκόμενοι, μέτριοι δ' ὄντες ἄνθρωποι.
52 καίτοι εἰ μήτε ἄποροι, μήτ' ἐχθροὶ τούτου, [5] μήτε φίλοι, πῶς χρὴ κατὰ τούτων λαβεῖν τινὰ ὑποψίαν, ὡς τὰ ψευδῆ μαρτυροῦσιν; ἐγὼ μὲν γὰρ οὐκ οἶδα.

η'. Ταῦτα τοίνυν οὗτος εἰδὼς, καὶ πάντων μάλιστα ἐπιστάμενος τἀληθῆ μεμαρτυρηκότας αὐτοὺς, ὅμως συκοφαντεῖ, καὶ φησὶν οὐ μόνον οὐκ εἰπεῖν ταῦτα, ἃ πῶς [6] τίς ἂν μᾶλλον ἐξελέγξειεν εἰρηκότα; ἀλλὰ καὶ δοῦλον εἶναι τὸν ἄνθρωπον τῷ ὄντι. βούλομαι δὲ, διὰ βραχέων εἰπὼν πρὸς ὑμᾶς, ἐξελέγξαι καὶ τοῦτ' αὐτὸν ψευδόμενον. ἐγὼ γὰρ, ὦ ἄνδρες δικασταὶ, καὶ περὶ τούτων ἠθέλησα τούτῳ παραδοῦναι βασανίζειν τὰς θεραπαίνας, αἳ τελευτῶντος τοῦ πατρὸς μνημονεύουσιν ἀφεθέντα τοῦτον ἐλεύθερον εἶναι τότε. καὶ πρὸς τούτοις ἡ μήτηρ κατ' ἐμοῦ καὶ τῆς ἀδελφῆς,

[1] οὐ τἀληθῆ [2] Deest καί. [3] * ἑταιρεία [4] * ἔχθρα
[5] μήτε ἐμοὶ φίλοι [6] τις

Οὔτ' ἀληθῆ] M. οὐ τἀληθῆ. IDEM.

ζ'. Εἶεν] Post εἶεν adderem libenter οἱ δὲ, nempe, ii qui pro me testificati sunt. AUGER.

Φάνος δ'] F. Στέφανος δ'. WOLF.

Μήτ' ἐχθροὶ τούτου μήτε φίλοι] Fortasse μήτ' ἐμοῦ φίλοι. et v. 26. ἐξελέγχειν εἰρηκότας. IDEM.

οἳ μόνοι παῖδές ἐσμὲν αὐτῇ, δι' οὓς κατεχήρευσε τὸν βίον, πίστιν ἠθέλησεν ἐπιθεῖναι παραστησαμένη, τὸν ἄνθρωπον τοῦτον ἀφεῖναι τὸν πατέρα, ἡνίκα ἐτελεύτα, καὶ νομίζεσθαι παρ' ἡμῖν τοῦτον ἐλεύθερον· ἣν μηδεὶς ὑμῶν νομιζέτω καθ' ἡμῶν ποτ' ἂν ὀμνύναι [1] ταῦτα ἐθέλειν, εἰ μὴ σαφῶς ᾔδει τὰ εὔορκα ὀμουμένη. ἀλλὰ μὴν ὡς ἀληθῆ λέγω, καὶ τοῦτο ἦμεν ἕτοιμοι ποιεῖν, κάλει τούτων τοὺς μάρτυρας.

ΜΑΡΤΥΡΕΣ.

θ'. Τοσαῦτα τοίνυν δίκαια λέγειν ἐχόντων ἡμῶν καὶ
καταφεύγειν εἰς τοὺς μεγίστους ἐλέγχους ἐθελόντων περὶ
τῶν μεμαρτυρημένων, πάντα ταῦτα φυγὼν οὗτος, οἴεται
περὶ τῆς γεγενημένης δίκης, διαβάλλων καὶ κατηγορῶν
ἐμοῦ τοῦ μάρτυρος, ὑμᾶς πείσειν καταψηφίσασθαι, πάν-
των οἶμαι [2] καὶ πρᾶγμα κατασκευάσας ἀδικώτατον καὶ
πλεονεκτικώτατον. αὐτὸς μὲν γὰρ μάρτυρας ψευδεῖς πα-
ρεσκεύασται περὶ τούτων, συγχορηγὸν ἔχων Ὀνήτορα τὸν 853
κηδεστὴν καὶ Τιμοκράτην· ἡμεῖς δ' οὐχὶ προειδότες, ἀλλ'
ὑπὲρ αὐτῆς τῆς μαρτυρίας ἡγούμενοι τὸν ἀγῶνα ἔσεσθαι,
τοὺς περὶ τῶν ἐκ τῆς ἐπιτροπῆς χρημάτων μάρτυρας οὐ
παρεσκευάσμεθα νῦν. ὅμως δὲ καίπερ οὕτω [3] τοῦ σεσοφι-
σμένου τὰ πράγματα αὐτὰ διεξιὼν [4] οἶμαι ῥᾳδίως ἐπιδεί-
ξειν δικαιότατ' ἀνθρώπων τοῦτον ὠφληκότα τὴν δίκην,
οὐχ ὅτι τὸν Μιλύαν ἐκώλυον βασανίζειν, οὐδ' ὅτι τοῦτον
ἐλεύθερον ὡμολόγησεν, οἱ δὲ μάρτυρες οἵδε ἐμαρτύρησαν,
ἀλλ' ὅτι πολλὰ τῶν ἐμῶν ἐξηλέγχθη λαβὼν, καὶ τὸν
οἶκον οὐκ ἐμίσθωσε, τῶν νόμων κελευόντων καὶ τοῦ πατρὸς

[1] ταῦτ' ἂν ἐθέλειν [2] Deest καί. [3] τούτου
[4] οἴομαι ῥᾳδίως ὑμῖν ἐπιδείξειν

η'. Πίστιν ἠθέλησεν ἐπιθεῖναι παραστησαμένη] *Ad hæc mea mater in me sororemque meam, quos solos liberos habet, quorumque gratia vitam viduam traducere sustinuit, jusjurandum concipere non recusavit, ejusque rei causa, nos in medium produxit atque in judicium.* Est enim πίστιν ἐπιθεῖναι, *jurare, fidem dare*, hoc est, καθ' ἡμῶν ὀμνύναι, *in capita liberorum jurare*: id quod fiebat, tacto ejus capite in quem jurabant, ita se sacrare caput ejus diis inferis, devovereque significantes, si pejerarent. *Ex edit.* Hervag.

Κατ' ἐμοῦ — πίστιν ἠθέλησεν ἐπιθεῖναι παραστησαμένη] Sæpius hæc formula in hac et ea, quæ sequitur, oratione repetita, non est obscura. Wolf.

θ'. Κατηγορῶν] Pone virgulam post κατηγορῶν, et dele post μάρτυρος. Auger.

Πάντων οἶμαι καὶ] Videtur transponenda conjunctio καὶ ἀδικώτατον καὶ πλεονεκτικώτατον. Wolf.

ἐν τῇ διαθήκῃ γράψαντος, ὡς ἐγὼ σαφῶς ὑμῖν ἐπιδείξω· ταῦτα μὲν γὰρ ἦν πᾶσιν ἰδεῖν, οἱ νόμοι, καὶ τὸ πλῆθος ὧν οὗτοι διηρπάκεισαν χρημάτων, τὸν Μιλύαν δ' οὐδ' ὅστις ἐστὶν οὐδεὶς ᾔδει. γνώσεσθε δὲ ἐκ τῶν ἐγκεκλημένων ὅτι ταῦθ' οὕτως ἔχοντ' ἐστίν.

ί. Ἐγὼ γὰρ, ὦ ἄνδρες δικασταὶ, [1]τὴν δίκην ἔλαχον τούτῳ [1]τῆς ἐπιτροπῆς, οὐχ ἓν τίμημα συνθεὶς, ὥσπερ [2]ἂν εἴ τις συκοφαντεῖν ἐπιχειρῶν, ἀλλ' ἕκαστον ἐγγράψας, καὶ πόθεν λαβὼν, καὶ πόσον τὸ πλῆθος, καὶ παρὰ τοῦ, καὶ οὐδαμοῦ τὸν Μιλύαν παρέγραψα ὡς εἰδότα τι τούτων. ἔστι [3]μὲν οὖν τοῦ μὲν ἐγκλήματος ἀρχὴ, τάδ' ἐγκαλεῖ Δημοσθένης Ἀφόβῳ· ἔχει μου χρήματα Ἄφοβος [4]ὑπὸ ἐπιτροπῆς ἐχόμενα, ὀγδοήκοντα μὲν μνᾶς, ἣν ἔλαβε προῖκα τῆς μητρὸς κατὰ τὴν διαθήκην τοῦ πατρός. τοῦτο πρῶτόν ἐστι τῶν χρημάτων ὧν [5]ἀποστερεῖσθαί φημι. τοῖς δὲ μάρτυσι τί μεμαρτύρηται; μαρτυροῦσι παραγενέσθαι πρὸς τῷ
54 διαιτητῇ Νοθάρχῳ, ὅτε Ἄφοβος ὡμολόγει Μιλύαν ἐλεύθερον εἶναι, ἀφεθέντα ὑπὸ τοῦ Δημοσθένους πατρός. σκοπεῖτε τοίνυν παρ' ὑμῖν αὐτοῖς, εἴ τις ἂν ὑμῖν ἢ ῥήτωρ ἢ σοφιστὴς ἢ γόης οὕτω θαυμάσιος δοκεῖ γενέσθαι καὶ λέγειν δεινὸς, ὥστ' ἐκ [6]ταύτης τῆς μαρτυρίας, διδάξαι τίν' ἀνθρώπων, ὡς ἔχει τὴν προῖκα Ἄφοβος τῆς μητρὸς [7]τῆς ἐμῆς. καὶ τί λέγων, ὦ πρὸς [1]τοῦ Διὸς, [8]ὡμολόγησεν εἶναι Μιλύαν ἐλεύθερον; καὶ τί μᾶλλον ἔχω τὴν προῖκα; οὐδὲν ἂν δήπου διὰ τοῦτό γε δόξειεν.

ιά. Ἀλλὰ πόθεν τοῦτ' ἐπεδείχθη; πρῶτον μὲν Θηριππίδης, ὢν αὐτῷ συνεπίτροπος, κατεμαρτύρησε δοῦναι. δεύτερον δὲ Δήμων, θεῖος ὢν, καὶ τῶν ἄλλων [9]οἱ παρόντες ἐμαρτύρησαν, σῖτον τῇ μητρὶ δώσειν ὁμολογεῖν τοῦτον, ὡς ἔχον-

[1] Deest articulus. [2] ἄν τις [3] Deest μέν. [4] ἀπὸ
[5] ἀπεστερῆσθαί [6] ταυτησὶ [7] τῆς ἑαυτοῦ, καὶ τί λέγων;
[8] ὁμολογεῖς [9] οἱ

ί. Πόθεν λαβὼν] Sub. ἐγένετο, *unde fuit accipiens.* AUGER.

Ὑπὸ ἐπιτροπῆς ἐχόμενα] *Sub tutelæ nomine habita.* IDEM.

Καὶ τί λέγων, [S. ὁ *μάρτυς*] ὦ πρὸς τοῦ Διός; ὡμολόγησεν ἐλεύθερον εἶναι τὸν Μιλύαν. Sic distinguo hunc locum, interrogatione posita ante ὡμολόγησε, S. ὁ Ἄφοβος. WOLF.

Lego et distinguo: καὶ τί λέγων; οὔ, πρὸς τοῦ Διὸς, ὡμολόγησεν, np. Aphobus, εἶναι Μιλύαν ἐλεύθερον. καὶ τί μᾶλλον οὐκ ἔχει τὴν προῖκα; οὐδὲν ἂν μᾶλλον δήπου διὰ τοῦτό γε δόξειεν, sub. ἔχειν. vel melius, καὶ τί μᾶλλον οὐκ ἔχειν τὴν προῖκα δόξει; οὐδὲν ——

τα τὴν προῖκα· καὶ τούτοις οὐκ ἐπεσκήψατο, δηλονότι τἀληθῆ μεμαρτυρηκότας εἰδώς. ἔτι τοίνυν ἡ μήτηρ ἠθέλησε πίστιν ἐπιθεῖναι κατ᾽ ἐμοῦ καὶ τῆς ἀδελφῆς, παραστησαμένη, τοῦτον [1] λαβεῖν τὴν προῖκα τὴν ἑαυτῆς, κατὰ τὴν τοῦ πατρὸς διαθήκην. ταύτας τὰς ὀγδοήκοντα μνᾶς, πότερ᾽ αὐτὸν ἔχειν φῶμεν, ἢ μή; καὶ πότερον διὰ τούσδε ὄφλειν τοὺς μάρτυρας, ἢ διὰ τούσδε; ἐγὼ μὲν γὰρ οἶμαι διὰ τὴν ἀλήθειαν. ταύτας τοίνυν δέκ᾽ ἔτη κεκαρπωμένος καὶ οὐδὲ δίκην ὄφλων ἀποδοῦναι τετολμηκὼς, δεινὰ πεπονθέναι φησὶ καὶ διὰ τούσδε τοὺς μάρτυρας ὠφληκέναι· καίτοι γ᾽ οὐδεὶς τούτων αὐτὸν ἔχειν ταύτην ἐμαρτύρησε.

ιβ′. Περὶ τοίνυν τῆς ἐκδόσεως καὶ τῶν κλινοποιῶν καὶ τοῦ σιδήρου καὶ τοῦ καταλειφθέντος ἡμῖν ἐλέφαντος καὶ τῆς προικὸς τῆς ἀδελφῆς, ἣν οὗτος καθυφῆκεν ὑπὲρ τοῦ καὶ αὐτὸς 855 ἔχειν ὅσα βούλοιτο τῶν ἐμῶν, ἀκούσατε καὶ σκοπεῖσθ᾽, ὡς [2] δικαίως ὤφληκε, καὶ οὐδὲν ἦν Μιλύαν περὶ τούτων βασανιστέον. περὶ μὲν γὰρ ὧν καθυφῆκας, νόμος ἐστὶ, διαῤῥήδην ὃς κελεύει σε ὁμοίως ὀφλισκάνειν, ὥσπερ ἂν αὐτὸς ἔχῃς· ὥςτε τί τῷ νόμῳ καὶ τῇ βασάνῳ; περὶ δ᾽ αὖ τῆς ἐκδόσεως, ἐπικοινωνήσαντες τῷ Ξούθῳ καὶ διανειμάμενοι τὰ χρήματα καὶ τὰς συγγραφὰς ἀνελόντες καὶ πάνθ᾽ ὃν τρόπον ἐβούλεσθε κατασκευάσαντες καὶ διαφθείραντες τὰ γράμμαθ᾽, ὡς ὑμῶν [3] ὁ Δήμων κατεμαρτύρει, καὶ τουτουσὶ παρακρούεσθαι ζητεῖτε. περὶ τοίνυν τῶν κλινοποιῶν, εἰ [4] συλλαβὼν ἀργύριον καὶ πολλὰ [5] ἴδια κερδάνας ἐπὶ τοῖς ἐμοῖς δανείζων, [6] ὧν καὶ τοὺς ἄλλους προσῆκε κωλύειν, εἶτ᾽ ἀφανεῖς πεποίηκας· τί σοὶ ποιήσουσιν οἱ μάρτυρες; οὐ γὰρ οὗτοί γε μεμαρτυρήκασιν, ὡς ὁμολογεῖς ἐπὶ τοῖς ἐμοῖς δανείζειν καὶ λαβεῖν τἀνδράποδα ὡς σαυτὸν, ἀλλ᾽ ἐν τῷ λόγῳ ταῦτα γέγραφας σύ· [7] κατεμαρτύρησαν δὲ οἱ μάρτυρες. ἀλλὰ [8] μὴν περὶ τοῦ γ᾽ ἐλέφαντος καὶ τοῦ σιδήρου, ἐγώ φημι [9] πάντας τοὺς οἰκέτας εἰδέναι τοῦτον πωλοῦντα, καὶ παρα-

[1] λαβεῖν τὴν προῖκα τοῦτον [2] δικαίως τ᾽ ὤφληκε [3] εἰς Δ. κ., φενακίζετε καὶ τ.
[4] σὺ λαβὼν [5] ἰδίᾳ [6] ὃν [7] συγκατεμαρτύρησαν [8] μὴν καὶ περὶ τοῦ ἐλέφαντος
[9] πάντας ἐγώ φημι

AUGER.

Καὶ πότερον διὰ τοῦδε ὄφλειν τοὺς μάρτυρας] F. διὰ τούσδε, aut [si de uno Stephano agitur] διὰ τόνδε τὸν μάρτυρα.

WOLF.

ιβ′. Νόμος — ἔχῃς] De hac lege vid. Petit. Leg. Attic. L. VII. T. VII. p. 643.

Ἐν τῷ λόγῳ ταῦτα γέγραφας σὺ] *In re-*

δοῦναι καὶ τότε καὶ νῦν ἤθελον αὐτῷ τούτων ὅντινα βούλοιτο λαβὼν βασανίζειν. εἰ τοίνυν φήσει με τὸν εἰδότα οὐκ ἐθέλοντα [1]δοῦναι, τοὺς οὐκ εἰδότας [2]ἐνδιδόναι, πολὺ ἦ μᾶλλον αὐτῷ παραλαβεῖν φανήσεται προσῆκον· εἰ [3]γάρ, οὕτως ὡς εἰδότας ἐξεδίδουν ἐγώ, μηδὲν ἔχειν ἔφασαν τούτων αὐτόν, ἀπήλλακτο δήπουθεν ἂν τῆς αἰτίας. ἀλλ' οὐχὶ τοιοῦτόν ἐστιν· ἀλλὰ σαφῶς ἂν ἐξηλέγχθη πωλῶν καὶ τὴν
856 τιμὴν κεκομισμένος, διόπερ τοὺς [4]ὁμολογουμένους δούλους παραβὰς, τὸν ἐλεύθερον ἠξίου βασανίζειν, [5]τὸν οὐδ' ὅσιον παραδοῦναι, τὸ πρᾶγμα οὐκ ἀγαγεῖν εἰς ἔλεγχον ζητῶν, ἀλλὰ μὴ παραλαμβάνων, βουλόμενός τι δοκεῖν λέγειν. περὶ τοίνυν πάντων τούτων, πρῶτον μὲν περὶ τῆς προικὸς, εἶθ' ὑπὲρ ὧν καθυφῆκεν, εἶθ' ὑπὲρ τῶν ἄλλων, ἀναγνώσεται τούς τε νόμους καὶ τὰς μαρτυρίας, ἵν' εἰδῆτε.

ΝΟΜΟΙ.

ΜΑΡΤΥΡΙΑΙ.

ιγ'. Οὐ τοίνυν μόνον ἐκ τούτων ἂν γνοίητε, ὅτι δεινὸν οὐδ' ὁτιοῦν πέπονθε, τὸν ἄνθρωπον οὐκ ἐκδόντος ἐμοῦ βασανίζειν, ἀλλὰ καὶ τὸ πρᾶγμα [6]αὐτὸ σκέψασθε. θῶμεν γὰρ δὴ τὸν Μιλύαν ἐπὶ τοῦ τροχοῦ στρεβλοῦσθαι· καὶ τί μάλιστ' ἂν αὐτὸν εὔξαιτο λέγειν; σκοπῶμεν. οὐχ, ὅτι τῶν χρημάτων οὐδ' ὁτιοῦν οἶδε τοῦτον ἔχοντα; καὶ δὴ λέγει. διὰ τοῦτ' ἄρα οὐκ ἔχει; πολλοῦ [7]γε δεῖ· τοὺς γὰρ εἰδότας καὶ παρόντας μάρτυρας παρεσχόμην ἐγώ. τεκμήριον δὲ καὶ πίστις ἐστὶν, οὐκ εἴ τίς τι μὴ οἶδε τοῦτον ἔχοντα — πολλοὶ γὰρ ἂν εἶεν —, ἀλλ' εἴ τις οἶδε. καταμαρτυρησάντων τοίνυν τοσούτων σου μαρτύρων, τίνι τῶν [8]μαρτυριῶν ἐπεσκήψω; δεῖξον· ἀλλ' οὐκ ἂν ἔχοις δεῖξαι. καίτοι, πῶς οὐ σαφῶς σὺ σαυτὸν ἐξελέγχεις, ὅτι ψευδῆ, δεινὰ πεπονθέναι φάσκων καὶ τὴν δίκην ἀδίκως ὠφληκέναι, τὸν ἄνθρωπον οὐ παραλαβὼν, ὃς τοὺς ταῦτα μαρτυρήσαντας ἔχειν σε καὶ λαβεῖν, περὶ ὧν ὡς οὐ καταλειφθέντων σὺ τὸν Μιλύαν ἐξήτεις, ἀφῆκας τῶν ψευδομαρτυριῶν; οὓς

[1] ἐκδοῦναι [2] ἐκδιδόναι, πολὺ δήπου μᾶλλον [3] γάρ, οὓς ὡς [4] ὁμολογουμένως
[5] ὃν [6] αὐτὸ εἰ *σκέψαισθε [7] γε καὶ δεῖ. [8] ψευδομαρτυριῶν·

ferendis rationibus posuisti. Wolf. Idem.

Τὸν οὐδ' ὅσιον] M. υἱὸν οὐχ ὅσιον. [ιγ'. Ἀφῆκας τῶν ψευδομαρτυριῶν] Οὐκ ἐπε-

πολὺ κάλλιον ἦν, εἴπερ ἠδίκησο, διώκειν. ἀλλ' οὐκ ἠδικη-
μένος συκοφαντεῖς.

ιδ'. Πολλαχόθεν μὲν οὖν ἄν τις ἴδοι τὴν σὴν πονηρίαν, 857
μάλιστα δ' εἰ περὶ τῆς διαθήκης ἀκούσειε. τοῦ γὰρ πα-
τρὸς, ὦ ἄνδρες δικασταὶ, τὰ καταλειφθέντα πάντα [1] τῇ
διαθήκῃ γράψαντος, καὶ τὸν οἶκον ὅπως [2] μισθώσουσι,
ταύτην μὲν οὐκ ἀπέδωκεν, ἵνα μὴ τὸ πλῆθος εὕροιμι ἐγὼ
τῶν χρημάτων ἐξ [3] ἀρχῆς· ὁμολογεῖ δὲ κεκτῆσθαι ταῦθ',
ἃ μάλιστα οὐχ οἷόντ' ἦν ἐξάρνῳ γενέσθαι διὰ τὴν περιφά-
νειαν. ἦν δὲ ταῦθ', ἃ γεγράφθαι φησὶν ἐν τῇ διαθήκῃ, δύο
μὲν τάλαντα Δημοφῶντα λαβεῖν εὐθὺς, τὴν δ' ἀδελφὴν
ὅταν ἡλικίαν ἔχῃ, τοῦτο δ' [4] ἔμελλεν εἰς ἔτος δέκατον γενή-
σεσθαι· τοῦτον δ' ὀγδοήκοντα μνᾶς καὶ τὴν μητέρα τὴν
ἐμὴν καὶ τὴν οἰκίαν οἰκεῖν· Θηριππίδην δ' ἑβδομήκοντα
μνᾶς λαβόντα καρπώσασθαι, ἕως ἐγὼ ἀνὴρ γενοίμην. τὰ δ'
ἄλλα, ὅσα ἐμοὶ χωρὶς τούτων κατελείφθη, καὶ τὸ μισθοῦν
τὸν οἶκον, [5] ἠφάνισεν ἐκ τῆς διαθήκης· οὐ συμφέρειν ταῦτα
νομίζων αὐτῷ ἐπιδειχθῆναι παρ' ὑμῖν. ἐπειδὴ τοίνυν ὡμο-
λογεῖτο ὑπ' αὐτοῦ, [6] τὸν πατέρα ἡμῶν τελευτῶντα
τοσοῦτον ἀργύριον τούτων ἑκάστῳ δοῦναι, τεκμήριον οἱ δι-
κάζοντες [7] τούτῳ τὰς ὁμολογίας ἐποιήσαντο ταύτας τοῦ
πλήθους τῶν χρημάτων. ὅστις γὰρ ἀπὸ τῶν ὄντων τέτταρα
τάλαντα καὶ τρισχιλίας προῖκα καὶ δωρεὰν ἔδωκε, φανερὸν
ἦν, ὅτι οὐκ ἀπὸ μικρᾶς οὐσίας, ἀλλὰ πλέον ἢ διπλασίας
ἧς ἐμοὶ κατέλιπε, ταῦτα ἀφεῖλεν. οὐ γὰρ ἂν ἐδόκει τὸν μὲν
υἱὸν ἐμὲ πένητα βούλεσθαι καταστῆσαι, τούτους δὲ, πλου-
σίους ὄντας, ἔτι πλουσιωτέρους ἐπιθυμῆσαι [8] ποιῆσαι· ἀλλ',
ἕνεκα τοῦ πλήθους τῶν ἐμοὶ καταλειπομένων, Θηριππίδῃ
τε τὰς ἑβδομήκοντα μνᾶς, καὶ Δημοφῶντι τὰ δύο τάλαντα 85
οὔπω μέλλοντι τῇ ἀδελφῇ τῇ ἐμῇ [9] συνοικεῖν, καρποῦσθαι
δοῦναι. ταῦτα δὴ τὰ χρήματα οὐδαμοῦ παραδοὺς ἐφαίνετο,
οὐδ' ἐλάττω μικροῖς· ἀλλὰ τὰ μὲν ἀναλωκέναι, τὰ δ' οὐ
λαβεῖν, ἔφη, τὰ δ' οὐκ εἰδέναι, τὰ δὲ τὸν δεῖνα ἔχειν, τὰ δ'

[1] ἐν τῇ [2] μισθώσωσι [3] αὐτῆς· ὡμολόγει [4] ἤμελλεν [5] ἠφάνιζεν [6] τούτου [7] τότε [8] ποιῆσαι ἐπιθυμεῖν [9] συνοικήσειν

σκήψω ὡς τὰ ψευδῆ μεμαρτυρηκόσι. Idem.

ιδ'. Εἰς ἔτος δέκατον] Ergo anno 15. ætatis nuptura fuit, cum quinquennis a patre relicta fuisset. Idem.

Οὐδ' ἐλάττω μικροῖς] *Ut parva seu pauca de summa abessent.* Idem.

ἔνδον εἶναι, τὰ δὲ πάντα μᾶλλον, ἢ ὅπου παρέδωκεν, εἶχε λέγειν.

ιέ. Περὶ δὲ τοῦ καταλειφθῆναι τὰ χρήματα ἔνδον, βούλομαι σαφῶς ὑμῖν ἐπιδεῖξαι ψευδόμενον· τοῦτον γὰρ τὸν λόγον καθῆκεν, ἐπειδὴ τὰ χρήματα μὲν πολλὰ [1] ἀπέφηνεν ὄντα, οὐκ εἶχε δ' ἐπιδεῖξαι ταῦθ' ὡς ἀποδέδωκεν, ἵνα [2] ἐξεικότως οὐδὲν προσῆκον ἡμῖν φανῇ κομίζεσθαι τά γ' ὄντα παρ' ἡμῖν. εἰ μὲν οὖν ὁ πατὴρ ἠπίστει τούτοις, δῆλον ὅτι οὔτ' ἂν τἄλλα ἐπέτρεπεν, οὔτ' ἂν ἐκεῖν' οὕτω καταλιπὼν αὐτοῖς ἔφραζεν· ὥστε πόθεν ἴσασιν; εἰ δ' ἐπίστευεν, οὐκ ἂν δήπου τὰ μὲν πλεῖστ' αὐτοῖς τῶν χρημάτων ἐνεχείρισε, τῶν δ' οὐκ ἂν κυρίους ἐποίησεν, οὐδ' ἂν τῇ μὲν μητρί μου ταῦτα φυλάττειν παρέδωκεν, αὐτὴν δὲ ταύτην ἑνὶ τῶν ἐπιτρόπων [3] τούτων γυναῖκα ἠγγύησεν· οὐ γὰρ ἔχει λόγον, σῶσαι μὲν τὰ χρήματα δι' ἐκείνης ζητεῖν, ἕνα δὲ τῶν απιστουμένων ταύτης [4] κἀκεῖνον κύριον ποιεῖν. ἔτι δὲ τούτων εἴ τι ἀληθὲς ἦν, οἴεσθε οὐκ [5] ἂν αὐτὴν λαβεῖν δοθεῖσαν ὑπὸ τοῦ πατρός; ὃς τὴν μὲν προῖκα αὐτῆς ἤδη, τὰς ὀγδοήκοντα μνᾶς, ἔχων, ὡς αὐτῇ συνοικήσων, τὴν Φιλωνίδου τοῦ Μελιτέως θυγατέρα ἔγημε δι' αἰσχροκέρδειαν, ἵνα, πρὸς αἷς εἶχε παρ' ἡμῶν, ἑτέρας ὀγδοήκοντα μνᾶς λάβοι παρ' ἐκείνου· τεττάρων δὲ ταλάντων ἔνδον ὄντων καὶ ταῦτα ἐκείνης ἐχούσης, ὡς οὗτός φησιν, οὐκ ἂν ἡγεῖσθε αὐτὸν κἂν ἐπιδραμεῖν, 59
ὥστε γενέσθαι μετ' ἐκείνης [6] αὐτὸν κύριον; ἢ τὴν μὲν φανερὰν οὐσίαν, ἣν καὶ ὑμῶν πολλοὶ συνῄδεσαν, ὅτι κατελείφθη, μετὰ τῶν συνεπιτρόπων οὕτως αἰσχρῶς διήρπακεν· ὧν δ' οὐκ [7] ἐμέλλεθ' ὑμεῖς ἔσεσθαι μάρτυρες, ἀπέσχετ' ἂν, ἐξὸν αὐτῷ λαβεῖν; καὶ τίς ἂν πιστεύσειεν; οὐκ ἔστι ταῦτα, ὦ ἄνδρες δικασταὶ, οὐκ ἔστιν, ἀλλὰ τὰ μὲν χρήματα, ὅσα κατέλιπεν ὁ πατὴρ, [8] ἐκείνῃ τῇ ἡμέρᾳ κατωρύττετο, ὅτε εἰς τὰς χεῖρας τούτων ἦλθεν· οὗτος δ' οὐκ ἔχων [9] ἂν εἰπεῖν

[1] πέφηνεν [2] ἐξ εἰκότων [3] τούτῳ [4] κἀκείνων [5] προῖκα τῆς μητρὸς αὐτὸς ἤδη [6] * αὐτῶν [7] ἠμέλλεθ' [8] ἐν ἐκείνῃ [9] * νῦν

ιέ. Ἵν' ἐξεικότως οὐδὲν προσῆκον ἡμῖν φανῇ κομίζεσθαι τά γ' ὄντα παρ' ἡμῖν] F. ἵν' εἰκότως, aut ἐξ εἰκότων. Ordo hic est: ἵνα κομίζεσθαι [ἀπολαβεῖν παρ' αὐτοῦ] τά γ' ὄντα παρ' ἡμῖν φανῇ ἐξ εἰκότων μηδὲν προσῆκον, τουτέστιν, ἄδικον καὶ οὐ προσῆκον. Non est constructio Attica, μηδὲν προσῆκον, ut alias, ἀντὶ τοῦ, μηδὲν προσήκοντος. Idem. ἐξ εἰκότων. Auger.

Καταλιπὼν] M. καταλείπων in præsenti. et v. 12. τούτων δὲ pro τῶν δὲ, ut supra. Idem.

ὅπου τι τούτων ἀπέδωκεν, ἵν' εὔπορος εἶναι δοκῶν μηδενὸς
τύχω παρ' ὑμῶν ἐλέου, τούτοις χρῆται τοῖς λόγοις.

ις'. Πολλὰ μὲν οὖν ἔγωγ' ἔχω καὶ ἄλλα τούτου κατη-
γορεῖν· οὐκ ἐνδέχεται δέ μοι, τῷ μάρτυρι τοῦ κινδύνου
περὶ τῆς ἐπιτιμίας ὄντος, περὶ ὧν αὐτὸς ἠδίκημαι, λέγειν.
ἀλλὰ βούλομαι πρόκλησιν ὑμῖν ἀναγνῶναι· γνώσεσθε γὰρ
ἐξ αὐτῆς ἀκούσαντες, τὰ μεμαρτυρημένα ὡς ἔστιν ἀληθῆ,
καὶ τὸν Μιλύαν ὅτι [1] νῦν περὶ πάντων φησὶν ἐξαιτεῖν, τὸ
δὲ πρῶτον, ὑπὲρ τριάκοντα μόνον μνῶν ἐξῄτει, καὶ [2] πρός,
ὅτι ζημιοῦται κατὰ τὴν μαρτυρίαν οὐδέν. ἐγὼ γὰρ πανταχῇ
τοῦτον ἐξελέγξαι βουλόμενος, καὶ τὰς τέχνας αὐτοῦ
καὶ τὰς πανουργίας ἐμφανεῖς ὑμῖν καταστῆσαι πειρώμενος,
ἠρόμην αὐτόν, πόσα εἴη τὰ χρήματα τὸ πλῆθος, καθ' ἃ
τὸν Μιλύαν ὡς [3] συνειδότα ἐξῄτησεν, οὗτος δὲ ψευδόμενος
περὶ πάντων ἔφησε. περὶ μὲν τοίνυν, ἔφην ἐγώ, τούτου
παραδώσω σοι τὸν ἔχοντα τἀντίγραφα, ὥς σύ με προὐκα-
λέσω· προομόσαντος δέ μου τὸν ἄνθρωπον, ὡς ὡμολόγησας,
ἐλεύθερον εἶναι, καὶ κατὰ Δήμωνος ἐμαρτύρησας, ἂν ἀπο- 860
μόσῃς τἀναντία τούτων κατὰ τῆς θυγατρός, ἀφίημί σοι
πάνθ' ὑπὲρ ὧν ἂν ἐξαιτήσας φανῇς τὸ πρῶτον βασανιζο-
μένου τοῦ παιδός, καὶ [4] τοσοῦτόν σοι γενέσθω τὸ τίμημα
ἔλαττον ὧν ὦφλες, καθὸ τὸν Μιλύαν ἐξῄτησας, ἵνα μηδὲν
ζημιωθῇς παρὰ τοὺς μάρτυρας. ταῦτ' ἐμοῦ προκαλεσαμέ-
νου πολλῶν παρόντων, οὐκ ἂν ἔφη ποιῆσαι. καίτοι ὅστις
αὐτὸς αὑτῷ ταῦτ' ἔφυγε δικάσαι, πῶς ὑμᾶς χρὴ τοὺς ὀμω-
μοκότας, τούτῳ πειθομένους, καταγνῶναι τῶν μαρτύρων,
ἀλλ' οὐ τοῦτον τὸν ἀναισχυντότατον πάντων ἀνθρώπων
εἶναι νομίζειν; ἀλλὰ μὴν ὡς ἀληθῆ λέγω, κάλει τούτων
τοὺς μάρτυρας.

[1] νῦν μὲν περὶ [2] προσέτι, ζημιοῦται [3] εἰδότα [4] τοσούτῳ

ις'. Καὶ πρὸς] S. τοῖς λοιποῖς γνώσεσθε ὅτι. WOLF. Sub. τούτοις, *præterea*. AUGER.

Προομόσαντος δέ μου] Est mistus hic locus, ἐκ τοῦ διηγηματικοῦ καὶ δραματικοῦ: qua de causa minus attentis videtur obscurior. In prima oratione hæc eadem exposita sunt. WOLF.

Κατὰ Δήμωνος] F. Δημοφῶντος, nisi pater in filii locum successerit in tutela. IDEM.

Ἂν ἀπομόσῃς τἀναντία τούτων κατὰ τῆς θυγατρὸς] Ἐὰν πίστιν ἐπιθῇς κατὰ τῆς θυγατρὸς παραστησάμενος. IDEM.

Καὶ τοσοῦτόν σοι] Ἀντὶ τοῦ, τοσούτῳ. IDEM.

ΜΑΡΤΥΡΕΣ.

οὐ τοίνυν ἐγὼ μὲν ταῦθ' ἕτοιμος ἦν, οἱ δὲ μάρτυρες οὐ τὴν αὐτήν μοι γνώμην εἶχον. ἀλλὰ κἀκεῖνοι παραστησάμενοι τοὺς παῖδας, ὑπὲρ ὧν ἐμαρτύρησαν, πίστιν ἐπιθεῖναι ἠθέλησαν κατ' ἐκείνων· ὁ δ' [1] οὔτ' αὐτοῖς οὔτ' ἐκείνοις οὔτ' ἐμοὶ δοῦναι τὸν ὅρκον ἠξίωσεν, ἀλλ' ἐπὶ λόγοις μεμηχανημένοις καὶ μάρτυσιν οὐ τἀληθῆ μαρτυρεῖν εἰθισμένοις τὸ πρᾶγμα καταστήσας, ἐλπίζει ῥᾳδίως ὑμᾶς ἐξαπατήσειν. λάβε οὖν αὐτοῖς καὶ ταύτην τὴν μαρτυρίαν.

ΜΑΡΤΥΡΙΑ.

ιζ'. [2] Πῶς ἄν τις σαφέστερον ἐξελέγξειε συκοφαντουμένους ἡμᾶς, καὶ καταμεμαρτυρημένον τἀληθῆ, καὶ τὴν δίκην δικαίως ὠφλημένην, ἢ τοῦτον τὸν τρόπον ἐπιδεικνύς· οἰκέτην, τὸν τὴν μαρτυρίαν γράφοντα, οὐκ ἐθελήσαντα τοῦτον βασα-
861 νίζειν περὶ αὐτῶν τῶν μεμαρτυρημένων· Αἴσιον τὸν ἀδελφὸν αὐτοῦ ταῦτα μεμαρτυρηκότα, ἅ φησιν εἶναι ψευδῆ· τοῦτον αὐτὸν ταὐτὰ τοῖς μάρτυσιν, οὓς διώκει, μεμαρτυρηκότα μοι κατὰ Δήμωνος, ὄντος αὐτῷ θείου καὶ συνεπιτρόπου· τὰς θεραπαίνας οὐκ ἐθελήσανθ' ὑπὲρ τοῦ, τὸν ἄνθρωπον ἐλεύθερον εἶναι, βασανίζειν· τὴν μητέρα τὴν ἐμαυτοῦ πίστιν περὶ τούτων ἐπιθεῖναι καθ' ἡμῶν ἐθέλουσαν· τῶν ἄλλων οἰκετῶν οὐκ ἐθέλοντα τοῦτον παραλαμβάνειν [3] οὐδέν' αὐτῶν πάντ' εἰδότων μᾶλλον, ἢ Μιλύας· τῶν μαρτύρων, οἳ κατεμαρτύρουν χρήματ' ἔχειν αὐτὸν, οὐδενὶ τῶν ψευδομαρτυριῶν ἐπεσκημμένον· τὴν διαθήκην οὐκ [4] ἀποδόντα, οὐδὲ τὸν οἶκον μισθώσαντα, τῶν νόμων κελευόντων· πίστιν ἐπιθεῖναι προομνύντος ἐμοῦ, καὶ τῶν

[1] [οὔτ' αὐτοῖς,] [2] Πῶς οὖν ἂν [3] οὐδένα τῶν πάντ' [4] ἀποδιδόντα

Ὁ δ' οὔτ' αὐτοῖς, οὔτ' ἐκείνοις] Qni sunt isti αὐτοί. F. οὔτ' αὐτοῖς ἐκείνοις, οὔτ' ἐμοί. IDEM. οὔτ' αὐτοῖς videtur redundare et delendum. AUGER.

Δοῦναι τὸν ὅρκον] Ἐπιτρέπειν ὀμνύναι. Apud Isocr. ὅρκον ἐπακτὸν διὰ δύω προφάσεις προσδέχου. WOLF.

Λάβε οὖν] F. λέγε. IDEM.

ιζ'. Συκοφαντουμένους ἡμᾶς] Ὅτι συκοφαντούμεθα, καὶ ὅτι ὁ Ἄφοβος καταμεμαρτύρηται τἀληθῆ. Nisi quis τὸ καταμεμαρτυρημένον et ὠφλημένην impersonaliter malit accipere : *testimonium recte esse dictum : litem recte perditam esse.* IDEM. Ante τἀληθῆ adde τοῦτον, et *contra Aphobum vera testimonia dicta esse.* AUGER.

Περὶ αὐτῶν τῶν μεμαρτυρημένων Αἴσιον μεμαρτυρηκότα] Ὅτι μεμαρτύρηκεν Αἴσιος. Sic οἰκέτην οὔτ' ἐθελήσαντα τοῦτον: ὅτι οὗτος οὐκ ἠθέλησε βασανίζειν τὸν οἰκέτην. Hoc noto, ne minus attentos perturbent ἀμφιβολίαι infinitivorum cum accusativis : neve quispiam Αἴσιον μεμαρτυρηκότα exponat, Αἰσίου μεμαρτυρηκότος. Observetur in hac ἀνακεφαλαιώσει τὸ διάλυτον. WOLF.

μαρτύρων, ὥστ' ἀφεῖσθαι τοῦτον τῶν χρημάτων, καθ' ἃ τὸν Μιλύαν ἐξήτησεν, οὐκ οἰηθέντα δεῖν; μὰ τοὺς θεοὺς, ἐγὼ μὲν οὐκ ἂν ἔχοιμι ἐπιδεῖξαι τοῦτ' ἀκριβέστερον, ἢ τοῦτον τὸν τρόπον. οὕτω τοίνυν φανερῶς τῶν τε μαρτύρων καταψευδόμενος, καὶ ἐκ τῶν πραγμάτων μηδὲν ζημιούμενος, καὶ τὴν δίκην δικαίως ὠφληκὼς, ὅμως ἀναισχυντεῖ.

ιή. Καὶ εἰ μὲν, μὴ καὶ παρὰ τοῖς αὐτοῦ φίλοις καὶ παρὰ τῷ διαιτητῇ προεγνωσμένος ἀδικεῖν, τούτους ἐποιεῖτο τοὺς λόγους, ἧττον ἂν ἦν ἄξιον θαυμάζειν· νῦν δ', ἐπιτρέ-

ιή. Νῦν δὲ ἐπιτρέψαι με πείσας Ἀρχενέῳ καὶ Δρακοντίδῃ] *Nunc vero cum a me contendisset et impetrasset, ut Archeneo et Dracontidæ arbitris disceptationem controversiæ permitteremus, postea compromissum solvit, quippe qui ex ipsis compromissariis audivisset, se si jurati arbitrari cogerentur, sententiam non secundum eum laturos.* ἐπιτροπὴν *compromissum* vocat. ἐπιτρέπειν enim est *compromissum pacisci*, hoc est, unum aut plures causæ disceptatores facere, alioqui jurisdictionem ejus rei non habentes. *Arbitri* autem, id est διαιτηταὶ, judices erant, per singulas tribus lecti numero quatuor et quadraginta. Moris autem erat, ut inquit Demosth. Interpres, in locum certum arbitros convenire, copiamque sui facere et præbere cuivis queribundo, ut si ipsi sordide vel ambitiose vel offenso animo arbitrio abusi essent, in promptu responderent ei, qui se ab eis damno affectum esse conquereretur. εὐθύνεσθαι id dicitur, et εὐθύνας διδόναι, in omnesque magistratus valebat. Cicero *rationem vitæ et magistratus gesti, aut curationis actæ reposci*, Latine vocat. ἔδει γὰρ πάντας τοὺς τὰ κοινὰ διοικήσαντας, εὐθύνας διδόναι τῶν πεπραγμένων, id est, *acta sua probare magistratibus et populo. Syndicare* vernacula lingua dicitur. Verum quoniam οἱ διαιτηταὶ minora negotia administrabant, ideo ab iis αἱ εὐθύναι incipiebant. Erant autem annui judices οἱ διαιτηταί. Sunt qui tradant διαιτητὰς judices quosdam fuisse, ad quos homines litigaturi controversiarum suarum disceptationem ex compacto deferebant, apud ordinarios judices ambigere nolentes. Hujusmodi autem arbitros sexagenarios aut paulo minus esse oportebat, a quibus ii, qui judices dicuntur, appellabantur, si sententia videbatur iniqua. Quoniam autem ab iis auctoribus quos legere mihi contigit, hoc non satis liquide traditur, id addam, quod sentio. διαιτητὰς enim duorum generum fuisse, ex Demosthenis lectione collegi, hoc est, αἱρετοὺς δικαστὰς, ad quos litigaturi disceptationem controversiarum conferebant, κατ' ἐπιτροπὴν τῆς δίκης, ut hoc loco Demosthenes: et ab hujuscemodi compromisso vel arbitrio recedere licebat, duntaxat re integra: id quod ἀφεῖναι δίαιταν vel ἐπιτροπὴν dicebatur. Alterum genus arbitrorum, τοὺς κατὰ κλῆρον διαιτητὰς appellabant, qui non electione litigantium, sed sortito arbitrandi potestatem habebant, et ii erant annui magistratus, ταῖς εὐθύναις ἐνεχόμενοι, ut supra dictum est. Et ut Romæ ex decuriis Prætor judices judiciorum publicorum sortiebatur, ita Athenis ex decuriis tribuum arbitri sorte dabantur ad causas privatas dijudicandas. Unde post illa verba, τούτους μὲν ἀφῆκεν ἀκούσας αὐτῶν, ὅτι εἰ μεθ' ὅρκου διαιτήσουσι, καταγνώσονται τὴν ἐπιτροπὴν, statim subdit, ἐπὶ τὸν κληρωτὸν δὲ διαιτητὴν ἐλθὼν, etc. οἱ δικασταὶ δὲ ἀκούσαντες εἰς οὓς ἐφῆκε, ταῦτα δὲ τοῖς τούτου φίλοις καὶ τῷ διαιτητῇ περὶ αὐτῶν ἔγνωσαν, καὶ δέκα ταλάντων ἐτίμησαν, id est, *Ad arbitrum igitur sorte datum quum venisset, nec diluere objecta posset, damnatus est ab* arbitro. *Judices porro ad quos ipse ab arbitris provocaverat, cum causam cognovissent, eadem ipsi quoque cum arbitris compromissariis istius amicis, cum ipsoque sorte dato arbitro pronunciarunt*, vel, *cum arbitro atque ejus amicis, ut compromissariis censuerunt, litemque homini talentis decem æstimaverunt.* Atque hinc intelligitur, Aphobum unum ex tutoribus decem talentis damnatum tutelæ judicio, quanti scilicet Orator litem illam in intentione libellari æstimarat: quæ verba leguntur corruptissime in libris quidem impressis, sed ea nos sic emendanda affirmamus. Quoniam igitur litem talentis decem, id est, minis sexcentis æstimarat, ἐν τῷ ἐγκλήματι τῷ αὐτοῦ, id est, *in libello intentatæ actionis*, ideo centum se minis, id est, mille aureis nostris periclitari cum infamiæ nota dixit, quæ sexta pars est æstimationis litis. Cæterum Plutarchus divitem patrem Demosthenis fuisse dicit, et in copia bonorum septem annos natum filium Demo-

ψαι με πείσας Ἀρχενέῳ καὶ Δρακοντίδῃ καὶ Φάνῳ τούτῳ τῷ νῦν ὑπ᾽ αὐτοῦ φεύγοντι τῶν ψευδομαρτυριῶν, τούτους μὲν ἀφῆκεν, ἀκούσας αὐτῶν ὅτι, εἰ μεθ᾽ ὅρκου ταῦτα διαι-
862 τήσουσι, καταγνώσονται τὴν ἐπιτροπὴν, ἐπὶ τὸν κληρωτὸν δὲ διαιτητὴν ἐλθὼν καὶ οὐδὲν ἔχων ἀπολύσασθαι τῶν ἐγκεκλημένων, ὦφλε τὴν δίαιταν. οἱ δικασταὶ δ᾽ ἀκούσαντες, εἰς οὓς [1]ἔφη, καὶ ταῦτα καὶ τοῖς τούτου φίλοις καὶ τῷ διαιτητῇ περὶ αὐτῶν ἔγνωσαν, καὶ δέκα ταλάντων ἐτίμησαν. οὐ μὰ Δί᾽ οὐχ ὅτι τὸν Μιλύαν ὡμολόγησεν εἶναι ἐλεύθερον —[2] τοῦτο γὰρ οὐδὲν ἦν —, ἀλλ᾽ ὅτι, πεντεκαίδεκα ταλάντων οὐσίας μοι καταλειφθείσης, τὸν μὲν οἶκον οὐκ ἐμίσθωσε, δέκα δ᾽ ἔτη μετὰ τῶν συνεπιτρόπων διαχειρίσας, πρὸς μὲν τὴν συμμορίαν ὑπὲρ παιδὸς ὄντος ἐμοῦ πέντε μνᾶς συνετάξατ᾽ εἰσφέρειν, ὅσον περ Τιμόθεος ὁ Κόνωνος, καὶ οἱ τὰ μέγιστα κεκτημένοι τιμήματα εἰσέφερον, χρόνον δὲ τοσοῦτον τὰ χρήματα ταῦτα ἐπιτροπεύσας, ὑπὲρ ὧν τηλικαύτην αὐτὸς εἰσφορὰν ἠξίωσεν εἰσφέρειν, ἐμοὶ μὲν τὸ καθ᾽ αὑτὸν οὐδ᾽ εἴκοσι μνῶν ἄξια παρέδωκε, μετὰ δ᾽ ἐκείνων ὅλα τὰ κεφάλαια καὶ τὰς ἐπικαρπίας ἀπεστέρησε. θέντες οὖν οἱ δικασταὶ τοῖς πᾶσι χρήμασιν, [3]οὐδ᾽ ἐφ᾽ ὅσῳ μισθοῦσι τοὺς οἴκους, τόκον, ἀλλ᾽ ὃς ἦν ἐλάχιστος, εὗρον τὸ σύμπαν πλέον ἢ τριάκοντα τάλαντα αὐτοὺς ἀποστεροῦντας· διὸ τούτῳ τῶν δέκα ταλάντων ἐτίμησαν.

[1] ἐφῆκε, ταὐτὰ [2] τοῦτο μὲν γὰρ [3] οὐκ

sthenem reliquisse, ἀπολειφθεὶς δ᾽ ὁ Δημοσθένης ὑπὸ τοῦ πατρὸς ἑπταέτης ἐν εὐπορείᾳ, μικρὸν γὰρ ἀπέλιπεν ἡ σύμπασα τίμησις αὐτοῦ τῆς οὐσίας πεντεκαίδεκα ταλάντων, ὑπὸ τῶν ἐπιτρόπων ἠδικήθη. *Relictus autem a patre* Demos*thenes septennis in abundanti patrimonio (ut quod* omnibus *supputatis paulo minus quindecim talentis æstimaretur) a tutoribus per injuriam fortunis eversus est, cum partem bonorum ejus in rem suam verterent, partem per* incuriam *perderent, ita ut ne præceptoribus quidem ejus mercedem docendi solverent.* Quindecim talenta novem millia aureorum nostrorum valent. Ita quæ summa Romæ post spoliatum orbem a Romanis, Æsopi patinam æquare non potuisset, Athenis divitiarum nomine censebatur. Ex Commentariis Budæi, et lib. 5. de Asse. *Ex edit.* HERVAG.

Ἐπὶ τὸν κληρωτὸν δὲ διαιτητὴν] Ergo et αἱρετοὶ et κληρωτοὶ διαιτηταὶ fuerunt. WOLF. Recte Harpocration h. l. τοὺς διαιτητὰς ait κλήρῳ πρότερον λαχόντας, ἢ ἐπιτρεψάντων αὐτοῖς τῶν κρινομένων, τοῖς κρινομένοις διαιτῆσαι. *Herald. Animadv. in Salmas. Obss. ad Jus A.* et *R.* l. V. c. XIV. p. 371. Vid.

Εἰς οὓς ἔφη καὶ ταῦτα καὶ τοῖς] F. εἰς οὓς ἔφυγε, [vel ἔφηγε, in farragine] ταῦτα καὶ τοῖς. Hoc enim et constructio et sententia postulat, etsi ἐφῆκε fortassis: et hoc est verius, unde ἔφεσις. WOLF.

Θέντες οὖν οἱ δικασταὶ τοῖς πᾶσι χρήμασι τόκον, οὐκ ἐφ᾽ ὅσῳ μισθοῦσι τοὺς οἴκους] Θεῖναι τοῖς χρήμασι τόκον loquendi modus est: *constituere, quantum usuræ nomine de pecunia sit exigendum.* IDEM. M. ἐπιθέντες, vel προσθέντες. AUGER.

ΥΠΟΘΕΣΙΣ ΤΟΥ ΠΡΟΣ ΟΝΗΤΟΡΑ ΕΞΟΥΛΗΣ ΛΟΓΟΥ.

Pag. ed. Reisk.

ΑΦΟΒΟΣ, μέλλοντος αὐτῷ Δημοσθένους τὰς τῆς ἐπιτροπῆς δίκας λαγχάνειν, ἔγημεν Ὀνήτορος ἀδελφὴν ἐκδοθεῖσαν αὐτῷ ὑπὸ Τιμοκράτους τοῦ προτέρου ἀνδρὸς, ἐπειδὴ ἐκεῖνος ἐπίκληρον λαμβάνειν ἤμελλε. μετὰ δὲ ταῦτα Ὀνήτωρ, ἤδη φεύγοντος Ἀφόβου τὴν τῆς ἐπιτροπῆς δίκην, ὡς ὁ ῥήτωρ ἀποδείκνυσι, πλασάμενος [1]ἀπολείψειν τὴν ἀδελφὴν παρ' [2]ἑαυτῷ ἀπήγαγεν. ἐπεὶ δὲ Ἄφοβος ἑάλω, ἐπὶ τὴν οὐσίαν αὐτοῦ τὸν ῥήτορα ἀφικνούμενον καὶ εἰς τὰ χωρία εἰσιόντα ἐξήλασεν Ὀνήτωρ, φάσκων, τῆς ἀδελφῆς εἶναι τὰ χωρία, εἰς τὴν προῖκα ἀποτιμηθέντα. διόπερ ἐξούλης αὐτῷ δικάζεται ὁ Δημοσθένης, ὡς ἐκ τῶν Ἀφόβου πρότερον, νῦν δὲ ἑαυτῷ γεγενημένων, ἐξεληλαμένος, φάσκων, οὐκ εἰληφέναι τὴν προῖκα Ἄφοβον, ἀλλὰ τὴν γυναῖκα μόνον· τὴν γὰρ προῖκα μὴ βουληθῆναι Ὀνήτορα, διότι κινδυνεύοντα τὸν Ἄφοβον ἑώρα καὶ τὴν οὐσίαν αὐτοῦ. νῦν οὖν φησὶ, πλαστὴ μὲν ἡ ἀπόλειψις, ὑπὲρ δὲ ὧν οὐκ εἴληφεν Ἄφοβος, τὸ χωρίον ἀποτετίμηται ἐπ' ἀποστερήσει τῶν ἐμῶν. τὸ δὲ τῆς ἐξούλης ὄνομα, Ἀττικόν. ἐξέλλειν γὰρ ἔλεγον τὸ ἐξωθεῖν καὶ ἐκβάλλειν βίᾳ. 863

[1] ἀπόλειψιν [2] ἑαυτὸν

Πλασάμενος ἀπολείψειν τὴν ἀδελφὴν παρ' ἑαυτῷ ἀπήγαγεν] Πλασάμενος, τὴν ἀδελφὴν ἀπολείψειν [S. τὸν ἄνδρα] ἀπήγαγε [αὐτὴν] παρ' ἑαυτῷ. Legi qucat, et haud scio, an debeat, πλασάμενος ἀπόλειψιν, τὴν ἀδελφὴν παρ' ἑαυτὸν ἀπήγαγεν. Wolf.

Μὴ βουληθῆναι] V. A. προέσθαι Ὀνήτορα. Idem.

ΔΗΜΟΣΘΕΝΟΥΣ

ΚΑΤΑ ΟΝΗΤΟΡΟΣ ΕΞΟΥΛΗΣ

ΛΟΓΟΣ ΠΡΩΤΟΣ.

α΄. ΠΕΡΙ πολλοῦ ποιούμενος, ὦ ἄνδρες δικασταὶ, μήτε πρὸς Ἄφοβόν μοι συμβῆναι τὴν γενομένην διαφορὰν, μήτε τὴν νῦν οὖσαν πρὸς Ὀνήτορα τουτονὶ κηδεστὴν ὄντα αὐτοῦ, πολλὰ καὶ δίκαια προκαλεσάμενος ἀμφοτέρους, οὐδενὸς ἠδυνήθην τυχεῖν τῶν μετρίων, ἀλλ' εὕρηκα πολὺ τοῦτον ἐκείνου [1]δυσκολώτερον καὶ μᾶλλον ἄξιον ὄντα δοῦναι δίκην. 864

[1] δυσκολώτερον ὄντα καὶ μᾶλλον ἄξιον δοῦναι

τὸν μὲν γὰρ, οἰόμενος δεῖν ἐν τοῖς φίλοις διαδικάσασθαι τὰ
πρὸς ἐμὲ καὶ μὴ λαβεῖν ὑμῶν πεῖραν, οὐχ οἷός τ᾽ ἐγενόμην
πεῖσαι· τοῦτον δ᾽ αὐτὸν αὐτῷ κελεύων γενέσθαι δικαστὴν,
ἵνα μὴ παρ᾽ ὑμῖν κινδυνεύσῃ, τοσοῦτον κατεφρονήθην, ὥστ᾽
οὐχὶ μόνον λόγου τυχεῖν οὐκ ἠξιώθην, ἀλλὰ καὶ ἐκ τῆς
γῆς, ἣν Ἄφοβος ἐκέκτητο ὅτε ὤφλισκανέ μοι τὴν δίκην,
ὑβριστικῶς ὑπ᾽ αὐτοῦ πάνυ ἐξεβλήθην. ἐπειδὴ οὖν [1] ἀπο-
στερεῖταί με τῶν ὄντων, τῷ αὐτοῦ κηδεστῇ πιστεύων τε
εἰς ὑμᾶς εἰσελήλυθε ταῖς ἑαυτοῦ παρασκευαῖς, ὑπόλοιπόν
[2] ἐστιν ἡμῖν πειρᾶσθαι παρ᾽ αὐτοῦ τῶν δικαίων τυγχάνειν.
οἶδα μὲν οὖν, ὦ ἄνδρες δικασταὶ, ὅτι μοι πρὸς παρασκευὰς
λόγων καὶ μάρτυρας οὐ τἀληθῆ μαρτυρήσοντας ὁ ἀγών
ἐστιν· ὅμως μέντοι [3] τοσοῦτ᾽ οἶμαι διοίσειν τῷ δικαιότερα
τούτου λέγειν, ὥστ᾽, εἴ καί τις ὑμῶν πρότερον τοῦτον ἡγεῖ-
το εἶναι μὴ πονηρὸν, ἔκ γε τῶν πρὸς ἐμὲ πεπραγμένων
865 [4] γνώσεσθ᾽, ὅτι καὶ τὸν παρεληλυθότα χρόνον ἐλάνθανεν
αὐτὸν κάκιστος ὢν καὶ ἀδικώτατος πάντων. ἀποδείξω γὰρ
αὐτὸν, οὐ μόνον τὴν προῖκα οὐ δεδωκότα, ἧς φησὶ νῦν ἀπο-
τιμήσασθαι τὸ χωρίον, ἀλλὰ καὶ ἐξ ἀρχῆς τοῖς ἐμοῖς ἐπι-
βουλεύσαντα, καὶ πρὸς τούτοις, τὴν μὲν γυναῖκα οὐκ ἀπο-
λελοιπυῖαν ὑπὲρ ἧς ἐξήγαγέ με ἐκ ταύτης τῆς γῆς, προϊ-
στάμενον δ᾽ ἐπ᾽ ἀποστερήσει τῶν ἐμῶν Ἀφόβου καὶ τού-
τους ὑπομένοντα τοὺς ἀγῶνας, οὕτω μεγάλοις τεκμηρίοις
καὶ φανεροῖς ἐλέγχοις, ὥσθ᾽ ὑμᾶς πάντας εἴσεσθαι σαφῶς,

[1] * συναποστερεῖ τέ με τ. ὄ. τ. αὐ. κηδεστῇ, [2] ἐστιν ἐν ὑμῖν [3] τοσοῦτον οἴομαι [4] γνώσεται

ά. Δεῖν ἐν τοῖς φίλοις διαδικάσασθαι τὰ πρὸς ἐμὲ] Id est, *oportere de rebus inter me et illum controversis arbitrium amicis permittere*, hoc est, *judices amicos ferre*. BUDÆUS.

Τῷ αὐτοῦ κηδεστῇ] Lego τῷ τε αὐτοῦ κηδεστῇ πιστεύων εἰς ὑμᾶς εἰσελήλυθε καὶ ταῖς ἑαυτοῦ. WOLF.

Ὑπόλοιπόν ἐστιν ἡμῖν πειρᾶσθαι παρ᾽ αὐτοῦ] F. πειρᾶσθαι δι᾽ ὑμῶν παρ᾽ αὐτοῦ. IDEM.

Ἀποδείξω ——— τὸ χωρίον] *Ostendam enim eum eam dotem non dedisse, cujus nomine se nunc affirmat prædium oppigneratum accepisse.* Et ἀποτιμηθὲν εἰς προῖκα χωρίον a Demosthene dicitur, *quod maritus oppigneravit in eum casum quo casu restituenda dos erit, certa pecunia æstimatum*, vel *ipsi marito pro pignore dotis datum*, utroruinque enim significare potest. Est autem τοῦ δόντος ἀποτιμᾶν, καὶ τοῦ λαβόντος ἀποτιμᾶσθαι, ut ὑποθεῖναι et ὑποθέσθαι. Idem [§. θ'.] καίτοι δεινὸν etc. *Atqui non consentaneum est, hunc quidem dicere se pignori accepisse fundum: illum autem quem sibi dedisse perhibet, eum ipsum fundum palam videri colere et arare.* Construitur autem verbum utraque voce (sc. ἀποτιμᾶσθαι *æstimatum accipere*, et ἀποτιμᾶν *dare æstimatum*,) cum genitivo, ut apud eundem, τὸ δὲ χωρίον φησὶν ἀποτετιμῆσθαι ταλάντου. *In Comment. L. Gr.* BUDÆUS. Vid. Herald. Animadv. in Salmas. Obss. ad Jus A. et R. l. III. c. VI. §. XI. sqq.

Προϊστάμενον] *Profectum esse ab Aphobo ut agat.* AUGER.

ὅτι δικαίως καὶ προσηκόντως οὗτος φεύγει ταύτην ὑπ' ἐμοῦ τὴν δίκην. ὅθεν δὲ ῥᾷστα μαθήσεσθέ περὶ αὐτῶν, ἐντεῦθεν ὑμᾶς καὶ ἐγὼ πρῶτον πειράσομαι διδάσκειν.

β'. Ἐγὼ γάρ, ὦ ἄνδρες δικασταί, πολλούς τε ἄλλους Ἀθηναίων καὶ τοῦτον οὐκ ἐλάνθανον κακῶς ἐπιτροπευόμενος, ἀλλ' ἦν καταφανὴς εὐθὺς ἀδικούμενος· τοσαῦται πραγματεῖαι καὶ λόγοι καὶ παρὰ τῷ ἄρχοντι καὶ παρὰ τοῖς ἄλλοις ἐγίγνοντό ὑπὲρ τῶν ἐμῶν. τό τε γὰρ πλῆθος τῶν καταλειφθέντων ἦν φανερόν, ὅτι τ' ἀμίσθωτον τὸν οἶκον ἐποίουν οἱ διαχειρίζοντες, ἵν' αὐτοὶ τὰ χρήματα καρποῖντο, οὐκ ἄδηλον ἦν. ὥστ' ἐκ τῶν γιγνομένων οὐκ ἔσθ' ὅστις οὐχ ἡγεῖτο τῶν εἰδότων δίκην με λήψεσθαι παρ' αὐτῶν, ἐπειδὰν τάχιστα ἀνὴρ εἶναι δοκιμασθείην· ἐν οἷς καὶ Τιμοκράτης καὶ Ὀνήτωρ ταύτην ἔχοντες διετέλεσαν τὴν διάνοιαν. τεκμήριον δὲ πάντων μέγιστον. οὗτος γὰρ [1]ἐβουλήθη μὲν Ἀφόβῳ δοῦναι τὴν ἀδελφήν, ὁρῶν τῆς τε αὑτοῦ πατρῴας οὐσίας καὶ τῆς ἐμῆς οὐκ ὀλίγης αὐτὸν κύριον γεγενημένον, προέσθαι δὲ τὴν προῖκα οὐκ ἐπίστευσεν, ὥσπερ εἰ τὰ τῶν ἐπι- 866
τροπευόντων χρήματα [2]ἀπότιμα τοῖς ἐπιτροπευομένοις καθεστάναι νομίζων· ἀλλὰ τὴν μὲν ἀδελφὴν ἔδωκε, τὴν δὲ προῖκα αὐτῷ Τιμοκράτης ἐπὶ πέντε ὀβολοῖς ὀφειλήσειν ὡμολόγησεν, ᾧ πρότερον ἡ γυνὴ συνοικοῦσα ἐτύγχανεν. ὄφλοντος δέ μοι τὴν δίκην Ἀφόβου τῆς ἐπιτροπῆς καὶ οὐδὲν δίκαιον ποιεῖν ἐθέλοντος, διαλύειν μὲν ἡμᾶς Ὀνήτωρ οὐκ ἐπεχείρησεν· οὐκ ἀποδεδωκὼς δὲ τὴν προῖκα, ἀλλ' αὐτὸς κύριος ὤν, ὡς ἀπολελοιπυίας τῆς ἀδελφῆς, καὶ δοὺς κομίσασθαι οὐ δυνάμενος, ἀποτιμήσασθαι φάσκων τὴν γῆν, ἐξάγειν με ἐξ αὐτῆς ἐτόλμησε. τοσοῦτον καὶ ἐμοῦ καὶ ὑμῶν καὶ τῶν κειμένων νόμων κατεφρόνησε.

γ'. Καὶ τὰ μὲν γενόμενα, δι' ἃ φεύγει τὴν δίκην καὶ περὶ ὧν οἴσετε τὴν ψῆφον, ταῦτ' ἐστίν, ὦ ἄνδρες δικασταί· παρέξομαι δὲ μάρτυρα, πρῶτον μὲν αὐτὸν τὸν Τιμοκράτην, ὡς ὡμολόγησεν ὀφειλήσειν τὴν προῖκα καὶ τὸν τόκον ἀπεδίδου τῆς προικὸς Ἀφόβῳ κατὰ τὰς ὁμολογίας, ἔπειθ' ὡς

[1] ἠβουλήθη [2] ἀποτίμημα

β'. Ὥσπερεὶ τὰ τῶν ἐπιτροπευόντων χρημάτων ἀπότιμα] Χρήματ' ἀποτίμημα. et, v. 30. δι' ἃ φεύγει τὴν δίκην. et, p. 455. v. 6. δῆλον δὲ καὶ ἐκ τῶν εἰκότων. Wolf.

αὐτὸς Ἄφοβος ὡμολόγει κομίζεσθαι τὸν τόκον παρὰ Τιμοκράτους. καί μοι λάβε τὰς μαρτυρίας.

ΜΑΡΤΥΡΙΑΙ.

ἐξ ἀρχῆς μὲν τοίνυν ὁμολογεῖται μὴ δοθῆναι τὴν προῖκα, μηδὲ γενέσθαι κύριον αὐτῆς Ἄφοβον.

δ΄. Δῆλον δὲ καὶ ἐκ τῶν εἰκότων, ὅτι τούτων ἕνεκα, ὧν εἴρηκα, ὀφείλειν εἵλοντο μᾶλλον, ἢ καταμῖξαι τὴν προῖκα εἰς τὴν οὐσίαν τὴν Ἀφόβου, τὴν οὕτω διακινδυνευθήσεσθαι μέλλουσαν. οὔτε γὰρ δι᾽ ἀπορίαν οἷόν τε εἰπεῖν ὡς οὐκ εὐθὺς ἀπέδοσαν· Τιμοκράτει τε γάρ ἐστιν οὐσία πλέον ἢ
67 δέκα ταλάντων, Ὀνήτορί τε πλέον ἢ τριάκοντα, ὥστ᾽ οὐκ ἂν διὰ τοῦτό γ᾽ εἶεν οὐκ εὐθὺς δεδωκότες. οὔτε κτήματα μὲν ἦν αὐτοῖς, ἀργύριον δ᾽ οὐκ ἔτυχε παρόν, ἡ γυνὴ δὲ ἐχήρευε, διὸ πρᾶξαι ταῦτ᾽ ἠπείχθησαν οὐχ ἅμα τὴν προῖκα διδόντες· ἀργύριόν τε γὰρ οὗτοι δανείζουσιν ἄλλοις οὐκ ὀλίγον, συνοικοῦσάν τε ταύτην ἀλλ᾽ οὐ χηρεύουσαν παρὰ Τιμοκράτους ἐξέδοσαν, ὥστε οὐδ᾽ ἂν ταύτην τὴν σκῆψιν εἰκότως αὐτῶν τις ἀποδέξαιτο. [1]καὶ μὲν δή, ὦ ἄνδρες δικασταί, κἀκεῖνο πάντες ἂν ὁμολογήσαιτε, ὅτι, τοιοῦτο πρᾶγμα συναλλάττων ὁστισοῦν, ἕλοιτ᾽ ἂν ἑτέρῳ μᾶλλον ὀφείλειν, [2]οὐ κηδεστῇ, τὴν προῖκα, μηδὲ ἀποδοῦναι. μὴ διαλυσάμενος μὲν γὰρ γίνεται χρήστης ἄδηλος, εἴτ᾽ ἀποδώσει δικαίως εἴτε μή· μετὰ δὲ τῆς γυναικὸς τἀκείνης ἀποδούς, οἰκεῖος καὶ κηδεστής. ἐν οὐδεμιᾷ γάρ ἐστιν ὑποψίᾳ τὰ δίκαια πάντα ποιήσας, ὥσθ᾽, οὕτω τοῦ πράγματος ἔχοντος, καὶ τούτων οὐδὲ καθ᾽ ἓν ὧν εἶπον ὀφείλειν ἀναγκασθέντων οὐδὲ βουληθέντων ἄν, οὐκ ἔστ᾽ εἰπεῖν ἄλλην πρόφασιν, δι᾽ ἣν οὐκ ἀπέδοσαν· ἀλλ᾽ ἀνάγκη ταύτην εἶναι τὴν αἰτίαν, δι᾽ ἣν δοῦναι τὴν προῖκα οὐκ ἐπίστευσαν.

έ. Ἐγὼ τοίνυν ὁμολογουμένως οὕτω ταῦτ᾽ [3]ἐλέγχω. ὡς δ᾽ οὐδ᾽ ὕστερον ἀπέδοσαν, [4]οἶμαι ῥᾳδίως ἐπιδείξειν ἐξ αὐ-

[1] καὶ μήν, ὦ [2] ἢ [3] ἐλέγχων, ὡς οὐδ᾽ ὕστερον [4] οἴομαι

γ΄. Ἐξαρχῆς μὲν τοίνυν ὁμολογεῖται, μὴ δοθῆναι τὴν προῖκα] Utrum ἐξαρχῆς ὁμολογεῖται, an ἐξαρχῆς μὴ δοθῆναι; Constat igitur, dotem principio non esse numeratam. Idem.

δ΄. Οὐ κηδεστῇ τὴν προῖκα] Τὸ οὐ præcedentibus comparativis sæpe pro ἢ videtur scribi. Idem. Vel οὐ accipi debet pro *quam*, vel mutari in ἤ. ibid. μηδὲ pro μή. Auger.

τῶν τῶν πεπραγμένων· ὥσθ' ὑμῖν γενέσθαι φανερὸν, ὅτι,
κἂν εἰ μὴ ἐπὶ τούτοις, ἀλλ' ἐπὶ τῷ διὰ ταχέων ἀποδοῦναι,
τἀργύριον εἶχον, οὐκ ἄν ποτ' ἀπέδοσαν, οὐδ' ἂν [1] προεῖντο·
τοιαύτας ἀνάγκας εἶχεν αὐτοῖς τὸ πρᾶγμα. δύο μὲν γὰρ
ἦν ἔτη [2] τὰ μεταξὺ τοῦ συνοικῆσαί τε τὴν γυναῖκα, καὶ
φῆσαι τούτους πεποιῆσθαι τὴν ἀπόλειψιν· ἐγήματο μὲν 868
γὰρ ἐπὶ Πολυζήλου ἄρχοντος Σκιροφοριῶνος μηνὸς, ἡ δ'
ἀπόλειψις ἐγράφη Ποσειδεῶνος μηνὸς ἐπὶ Τιμοκράτους. ἐγὼ
δ' εὐθὺς μετὰ τοὺς γάμους δοκιμασθεὶς, ἐνεκάλουν καὶ
λόγον ἀπῄτουν· καὶ, πάντων ἀποστερούμενος, τὰς δίκας
ἐλάγχανον ἐπὶ τοῦ αὐτοῦ ἄρχοντος. ὁ δὲ χρόνος οὗτος ὀφει-
λῆσαι μὲν ἐνδέχεται κατὰ τὰς ὁμολογίας, ἀποδοῦναι δ'
οὐκ ἔχει πίστιν· ὃς γὰρ διὰ ταῦτ' ἐξ ἀρχῆς ὀφείλειν εἵλε-
το [3] καὶ τόκον φέρειν, ἵνα μὴ κινδυνεύοι ἡ προὶξ μετὰ τῆς
ἄλλης οὐσίας, πῶς οὗτος ἂν ἀπέδωκεν ἤδη τὴν δίκην φεύ-
γοντος, ὃς εἰ καὶ [4] τοῦτ' ἐπίστευσε, τηνικαῦτ' ἂν ἀπολαβεῖν
ἐζήτησεν; οὐκ ἔνεστι δήπουθεν, ὦ ἄνδρες δικασταί· ἀλλὰ
μὴν ὡς ἐγήματο μὲν ἡ γυνὴ καθ' ὃν ἐγὼ λέγω χρόνον, ἀν-
τίδικοι δ' ἡμεῖς ἤδη πρὸς ἀλλήλους ἐν τῷ μεταξὺ χρόνῳ
κατέστημεν, ὕστερον [5] δ' ἐγὼ τὴν δίκην ἔλαχον, τὴν [6] δὲ
ἀπόλειψιν οὗτοι πρὸς τὸν ἄρχοντ' ἀπεγράψαντο, λάβε μοι
καθ' ἕκαστον ταύτας τὰς μαρτυρίας.

[1] προΐεντο [2] Deest articulus. [3] καὶ τὸν τόκον [4] τότ' [5] δ' ἢ ἐγὼ [6] Deest δέ.

ἑ. Ὅτι κἂν εἰ μὴ ἐπὶ τούτοις, ἀλλ' ἐπὶ τῷ διὰ ταχέων ἀποδοῦναι τἀργύριον εἶχον]. εἰ μὴ ἐπὶ τούτοις εἶχον. *Si non ob hæc pecuniam retinerent*: ἀλλ' εἰ εἶχον ἐπὶ τῷ ἀποδοῦναι τἀργύριον διὰ ταχέων. *Si id egissent, ut pecuniam quamprimum redderent*: non satis placent, nec invenio quicquam melius. [Pro εἶχον f. εἵλοντο in farragine.] WOLF. Lego et distinguo: μὴ ἐπὶ τούτοις, ἀλλ' ἐπὶ τῷ οὐ διὰ ταχέων ἀποδοῦναι, τἀργύριον εἶχον, *etiamsi - - - pecuniam retinuissent*. Deinde τότε pro ποτε. AUGER.

Τοιαύτας ἀνάγκας] Nec ἀναβολὰς placet. WOLF.

Δύο μὲν γὰρ ἔτη —— Τιμοκράτους] Corruptus ille locus, scribendumque τρία μὲν γὰρ ἔτη. Nam inter Polyzeli et Timocratis magistratum anni intercedunt duo; suntque a Sciropborione mense istius, ad Posideonem hujus, anni tres, et menses septem. Annis duobus intermediis magistratum tenuere Cephisodorus et Chion, uti clarum e Diodoro, et, qui illum Auctorem sequitur, Anonymo. Itaque corrigendus alter Demosthenis locus, qui mox sequitur [p. 457. v. 2.] Μετὰ τοίνυν τοῦτον τὸν ἄρχοντα (τὸν Πολύζηλον) Κηφισόδωρος, καὶ Χίων. Hodie non recte editur: Κηφισόδωρος Χίων. Ac minus recte vir insignis, Hier. Wolfius, tentabat: Κηφισόδωρος ἄρχων. L. IV. c. IV. De *Arch. Athen.* MEURSIUS.

Δοκιμασθεὶς] Hoc loco per δοκιμασθεὶς intelligo *tutelæ exemptus, vir judicatus, mei juris factus*. PALMER.

Φεύγοντος] Sub. τοῦ Ἀφόβου. AUGER.

Ὅς εἰ καὶ τοῦτ'] Lego τότ' ἐπίστευσεν. WOLF.

ΜΑΡΤΥΡΙΑΙ.

μετὰ τοίνυν τοῦτον τὸν ἄρχοντα, Κηφισόδωρος, Χίων. ἐπὶ τούτων ἐνεκάλουν δοκιμασθείς· ἔλαχον δὲ τὴν δίκην ἐπὶ Τιμοκράτους. λάβε μοι ταύτην τὴν μαρτυρίαν.

ΜΑΡΤΥΡΙΑ.

ἀνάγνωθι δὲ καὶ ταύτην τὴν μαρτυρίαν.

ΜΑΡΤΥΡΙΑ.

δῆλον μὲν [1] τοίνυν ἐκ τῶν μεμαρτυρημένων, ὅτι τὴν προῖκα οὐ δόντες, ἀλλ᾽ ἐπὶ τῷ διασώζειν Ἀφόβῳ τὴν οὐσίαν, ταῦτα τολμῶσι πράττειν. οἱ γὰρ ἐν τοσούτῳ χρόνῳ καὶ ὀφει-
9 λῆσαι καὶ ἀποδοῦναι καὶ οὐ κομίσασθαι καὶ τὴν γυναῖκ᾽ ἀπολιπεῖν καὶ τὸ χωρίον ἀποτιμήσασθαί φασι, πῶς οὐ φανερὸν ὅτι, προστάντες τοῦ πράγματος, τὰ γνωσθέντα ὑφ᾽ ὑμῶν ἀποστερῆσαί με ζητοῦσιν;

ϛʹ. Ὡς δὲ καὶ ἐξ ὧν αὐτὸς οὗτος καὶ Τιμοκράτης καὶ Ἄφοβος ἀπεκρίναντο, οὐχ οἷόν τε ἀποδεδόσθαι τὴν προῖκα, ταῦτ᾽ ἤδη πειράσομαι διδάσκειν ὑμᾶς. ἐγὼ γάρ, ὦ ἄνδρες δικασταί, τούτων ἕκαστον ἠρόμην πολλῶν ἐναντίον μαρτύρων· Ὀνήτορα μὲν καὶ Τιμοκράτην, οἵτινες εἶεν μάρτυρες ὧν ἐναντίον τὴν προῖκα ἀπέδοσαν, αὐτὸν δὲ Ἄφοβον, οἵτινές παρῆσαν [2] ὅταν ἐλάμβανε. καί μοι πάντες ἀπεκρίναντο

[1] τοίνυν καὶ ἐκ

[2] ὅτ᾽ ἀπελάμβανε

ΜΑΡΤΥΡΙΑΙ] F. ΜΑΡΤΥΡΙΑ, in singulari numero. Auger.

Κηφισόδωρος Χίων] Lege distinctim Κηφισόδωρος, Χίων. Nam Χίων est nomen Archontis, qui successit Cephisodoro, et eum magistratum gesserunt annis tertio et quarto Olymp. centesimæ tertiæ. Palmer.

Κηφισόδωρος Χίων] F. ἄρχων ἐπὶ τούτου. Observa, [quod et in argumento orationis περὶ Στεφάνου annotatum est] sæpe longum tempus intercessisse, antequam causa apud judices ageretur, relata jam ad prætorem. et p. 458. v. 3. καίτοι τῷ τοῦθ᾽ ὑμῶν πιστόν. et v. 6. ἀλλ᾽ οὐδὲ μετὰ πολλῶν μαρτύρων. et v. 14. καὶ τοῦτον ὧνπερ ἐναντίον. et v. 23. μάρτυρας γένει μὴ προσήκοντας. et v. 24. ὑμᾶς αὐτοῖς πιστεύσειν. et v. 25. ὅτι τοὺς ἀπενεγκόντας οἰκέτας ἐξαιτήσαντός μου μὴ γεγενημένης τῆς ἀποδόσεως. Wolf.

Χίων] Quid hic significet χίων, ignoro, et hanc vocem omisi in interpretatione mea. Auger.

Προστάντες τοῦ πράγματος] Dixit pro *alienæ liti se opponentes ultro; et causam pro alio recipientes*, ut homines circumforanei loquuntur. Hoc enim de iis dicitur, quos eventum litium præstare necesse est, si de causæ defensione appellentur, ut ad eos præcipue pertinente. Ut verbi gratia, si emptor a quo res empta vindicatur, venditorem suum in Judicium evictionis vocet, auctoritatisque asserendæ nomine cum eo experiri instituerit, vel eidem in judicium vocato denunciarit controversiam sibi notam emptæ rei nomine: tunc enim venditor, nisi liti intercesserit defensoremque se exhibuerit, litis eventum æstimationemque præstabit. Budæus.

καθ' ἕκαστον, ὅτι οὐδεὶς μάρτυς παρείη, κομίζοιτο δὲ λαμβάνων καθ' ὁποσονοῦν δέοιτ' Ἄφοβος παρ' αὐτῶν. καί τοι τῷ τοῦτο ὑμῶν πιστὸν, ὡς, ταλάντου τῆς προικὸς οὔσης, ἄνευ μαρτύρων Ὀνήτωρ καὶ Τιμοκράτης Ἀφόβῳ τοσοῦτον ἀργύριον ἐνεχείρισαν; ᾧ μὴ ὅτι τοῦτον τὸν τρόπον, ἀλλ' οὐδὲ μετὰ πολλῶν μαρτύρων ἀποδιδοὺς εἰκῆ τις ἂν ἐπίστευσεν, ἵν', εἴ τις γένοιτο διαφορὰ, κομίσασθαι ῥαδίως παρ' ὑμῖν δύνηται. μὴ γὰρ ὅτι πρὸς [1]τὸν τοιοῦτον ὄντα, ἀλλ' οὐδὲ πρὸς ἄλλον οὐδ' ἂν εἷς οὐδένα τοιοῦτον συνάλλαγμα ποιούμενος, ἀμαρτύρως ἂν ἔπραξεν· ἀλλὰ τῶν τοιούτων ἕνεκα καὶ γάμους ποιοῦμεν καὶ τοὺς ἀναγκαιοτάτους παρακαλοῦμεν, ὅτι οὐ πάρεργον, ἀλλ' ἀδελφῶν καὶ θυγατέρων βίους ἐγχειρίζομεν, ὑπὲρ ὧν τὰς ἀσφαλείας μάλιστα σκοποῦμεν. εἰκὸς τοίνυν καὶ τοῦτον, ὧνπερ ἐναντίον ὀφείλειν ὡμολόγησε καὶ τὸν τόκον οἴσειν, τῶν αὐτῶν τούτων παρόντων διαλύσασθαι πρὸς Ἄφοβον, εἴ περ ὡς 870
ἀληθῶς ἀπεδίδου τὴν προῖκ' αὐτῷ· τοῦτον μὲν γὰρ τὸν τρόπον πράξας ὅλου τοῦ πράγματος ἀπηλλάττετο, μόνος μόνῳ δ' [2]ἀποδοὺς, τοὺς ἐπὶ ταῖς ὁμολογίαις παραγενομένους, ὡς κατ' ὀφείλοντος ἂν αὐτοῦ μάρτυρας ὑπελείπετο. νῦν τοίνυν τοὺς μὲν ὄντας οἰκείους καὶ βελτίους αὐτῶν οὐκ ἠδύναντο πεῖσαι τὴν προῖκ' ἀποδεδωκέναι [3]σφὰς μαρτυρεῖν, ἑτέρους δ' εἰ παρέχοιντο μάρτυρας μηδὲν γένει προσήκοντας, οὐκ ἂν ἡγοῦνθ' ὑμᾶς αὐτοῖς πιστεύειν. ἔτι δ' ἀθρόαν μὲν φάσκοντες δεδωκέναι τὴν προῖκα, ᾔδεσαν, ὅτι τοὺς ἀπενεγκόντας οἰκέτας ἐξαιτήσομεν, οὓς, μὴ γεγενημένης τῆς δόσεως, παραδοῦναι μὴ θέλοντες, ἠλέγχοντ' ἄν· εἰ δ' αὐτοὶ μόνοι μόνῳ τοῦτον τὸν τρόπον δεδωκέναι λέγοιεν, ἐνόμιζον οὐκ ἐλεγχθήσεσθαι. διὰ τοῦτο τοῦτον εἵλοντο ἐξ ἀνάγκης ψεύδεσθαι τὸν τρόπον. τοιαύταις τέχναις καὶ πανουργίαις, ὡς ἁπλοῖ τινὲς εἶναι δόξαντες, ἡγοῦνται ῥαδίως ὑμᾶς ἐξαπατήσειν, ἁπλῶς οὐδ' ἂν μικρὸν ὑπὲρ τῶν διαφερόντων, ἀλλ' ὡς οἷόν τε ἀκριβέστατ' ἂν πράξαντες. λάβε τὰς μαρτυρίας αὐτοῖς, ὧν ἐναντίον ἀπεκρίναντο, καὶ ἀνάγνωθι.

[1] τὸν] τοῦτον [2] ἀποδιδοὺς [3] σφᾶς

ς'. Ἁπλῶς οὐδ' ἂν μικρὸν] F. ἁπλῶς οὐδὲν μικρῶν ὑπὲρ τῶν διαφερόντων. WOLF.

ΜΑΡΤΥΡΙΑΙ.

ζ΄. Φέρε δὴ, ὦ ἄνδρες δικασταὶ, καὶ τὴν γυναῖκα ὑμῖν [1]ἀποδείξω, λόγῳ μὲν ἀπολελοιπυῖαν, ἔργῳ δὲ συνοικοῦσαν Ἀφόβῳ. νομίζω γὰρ, ἂν τοῦτ᾽ ἀκριβῶς μάθητε, μᾶλλον ὑμᾶς τούτοις μὲν διαπιστήσειν, ἐμοὶ δ᾽ ἀδικουμένῳ τὰ δίκαια βοηθήσειν. μάρτυρας δὲ τῶν μὲν ὑμῖν παρέξομαι, τῶν δ᾽ ἐπιδείξω μεγάλα τεκμήρια καὶ πίστεις ἱκανάς.

71 η΄. Ἐγὼ γὰρ, ὦ ἄνδρες δικασταὶ, μετὰ τὸ γεγράφθαι παρὰ τῷ ἄρχοντι ταύτην τὴν γυναῖκα ἀπολελοιπυῖαν καὶ τὸ φάσκειν Ὀνήτορα ἀντὶ τῆς προικὸς ἀποτετιμῆσθαι τὸ χωρίον, ὁρῶν Ἄφοβον ὁμοίως ἔχοντα καὶ γεωργοῦντα τὴν γῆν καὶ τῇ γυναικὶ συνοικοῦντα, σαφῶς ᾔδειν, ὅτι λόγος ταῦτα καὶ παραγωγὴ τοῦ πράγματός ἐστι. βουλόμενος δ᾽ ἐμφανῆ [2]ποιήσασθαι ταῦτα πᾶσιν ὑμῖν, ἐλέγχειν αὐτὸν ἠξίουν ἐναντίον μαρτύρων, εἰ μὴ φάσκοι ταῦθ᾽ οὕτως ἔχειν, καὶ παρεδίδουν οἰκέτην εἰς βάσανον ὃς συνῄδει πάντ᾽ ἀκριβῶς, ὃν ἔλαβον κατὰ τὴν ὑπερημερίαν ἐκ τῶν Ἀφόβου. οὗτος δέ, μου ταῦτ᾽ ἀξιώσαντος, περὶ μὲν τοῦ συνοικεῖν Ἀφόβῳ τὴν ἀδελφὴν, ἔφυγε τὴν βάσανον· ὡς δ᾽ οὐκ ἐκεῖνος ἐγεώργει τὴν γῆν, οὐκ ἠδύνατ᾽ ἀρνηθῆναι διὰ τὴν περιφάνειαν, ἀλλὰ προσωμολόγησεν.

θ΄. Οὐ μόνον δ᾽ ἐκ τούτων ἦν ῥᾶστον γνῶναι, ὅτι καὶ συνῴκει τῇ γυναικὶ καὶ τὸ χωρίον ἐκέκτητο ἔτι πρὶν γενέσθαι τὴν δίκην, ἀλλὰ καὶ ἐξ ὧν ὄφλων διεπράξατο περὶ αὐτῶν. ὡς γὰρ οὐκ ἀποτετιμηκὼς, ἀλλ᾽ ἐμῶν ἐσομένων κατὰ τὴν δίκην, ἃ μὲν οἷόν τ᾽ ἦν ἐξενεγκεῖν, ᾤχετο λαβὼν, τοὺς καρποὺς καὶ τὰ σκεύη τὰ γεωργικὰ πάντα πλὴν τῶν πιθακνῶν· ὃ δ᾽ οὐκ οἷόν τ᾽ ἦν ἀνελεῖν, τὴν γῆν, ἐξ ἀνάγκης ὑπέλιπεν, [3]ὥστε γενέσθαι τούτῳ νῦν αὐτῆς τῆς γῆς ἀμφισβητεῖν. καίτοι δεινὸν, τὸν μὲν λέγειν, ὡς ἀπετιμήσατο τὸ χωρίον, τὸν δ᾽ ἀποτετιμηκότα φαίνεσθαι γεωργοῦντα,

[1] ἐπιδείξω [2] ποιῆσαι [3] ὥστ᾽ ἐγγενέσθαι

η΄. Κατὰ τὴν ὑπερημερίαν] Cum Aphobus judicio victus ad dictam diem non solvisset. IDEM. ὑπερημερία, delatio ejus, qui præstitutum diem prætergreditur, quo sc. dissolvere debitum debuit, aut aliud præstare, quod promisit. H. STEPH.

καὶ φάσκειν μὲν ἀπολελοιπέναι τὴν ἀδελφὴν, ὑπὲρ αὐτῶν δὲ τούτων φανερὸν εἶναι φεύγοντα τοὺς ἐλέγχους· καὶ τὸν μὲν οὐ συνοικοῦντα, ὡς οὗτός φησι, καὶ τοὺς καρποὺς καὶ 872
τὰ ἐκ τῆς γεωργίας πάντα ἐξενεγκεῖν, τὸν δ᾽ ὑπὲρ τῆς [1]ὑπολελοιπυίας πράττοντα, ὑπὲρ ἧς ἀποτετιμῆσθαί φησι τὸ χωρίον, φαίνεσθαι μηδ᾽ ὑπὲρ ἑνὸς τούτων [2]ὑπεραγανακτοῦντα ἀλλ᾽ ἡσυχίαν ἔχοντα. ταῦτ᾽ οὐ πολλὴ [3]περιφάνειά ἐστι; ταῦτ᾽ οὐχ ὁμολογουμένη προστασία; [4]φήσειε δ᾽ ἄν τις, εἰ διαλογίζοιτο ὀρθῶς ἕκαστα αὐτῶν. ὡς τοίνυν ὡμολόγει μὲν ἐκεῖνον γεωργεῖν πρὶν γενέσθαι τὴν δίκην ἐμοὶ πρὸς αὐτὸν, ὑπὲρ δὲ τοῦ μὴ συνοικεῖν τὴν ἀδελφὴν οὐκ ἠθέλησε ποιήσασθαι τὴν βάσανον, ἡ δὲ γεωργία ἐξεσκευάσθη μετὰ τὴν δίκην, πλὴν τῶν ἐγγείων, λάβε τὰς μαρτυρίας καὶ ἀνάγνωθι.

ΜΑΡΤΥΡΙΑΙ.

ι. Ἐμοὶ τοίνυν τοσούτων ὑπαρχόντων τεκμηρίων, οὐχ ἥκιστ᾽ αὐτὸς ἔδειξεν Ὀνήτωρ, ὅτι οὐκ ἀληθινὴν ἐποιήσατο τὴν ἀπόλειψιν. ᾧ γὰρ προσῆκε χαλεπῶς φέρειν, εἰ τὴν προῖκα [5]διδοὺς, ὥς φησιν, ἀντ᾽ ἀργυρίου χωρίον ἀμφισβητούμενον ἀπελάμβανεν, οὗτος, οὐχ ὡς διάφορος οὐδ᾽ ὡς ἀδικούμενος, ἀλλ᾽ ὡς οἰκειότατος πάντων, τὴν πρὸς ἐμὲ δίκην αὐτῷ συνηγωνίζετο. κἀμὲ μὲν [6]οὖν συναποστερῆσαι μετ᾽ ἐκείνου τῶν πατρῴων ἐπεχείρησε, καθ᾽ ὅσον αὐτὸς οἷός τε ἦν, ὑφ᾽ οὗ κακὸν οὐδ᾽ ὁτιοῦν ἦν πεπονθώς· Ἀφόβῳ δὲ, ὃν ἀλλότριον εἶναι προσῆκε νομίζειν, εἴ τι τούτων ἀληθὲς ἦν ὧν νῦν λέγουσι, καὶ τἀμὰ πρὸς τοῖς ἐκείνου περιποιεῖν ἐζήτησε, καὶ οὐ μόνον ἐνταῦθ᾽ τοῦτ᾽ ἐποίησεν, ἀλλὰ καὶ

[1] ἀπολελοιπυίας [2] ἀγανακτοῦντα [3] περιφάνεια πολλή [4] φήσειέ γ᾽ ἄν
[5] δοὺς [6] Deest οὖν.

θ'. Ὑπεραγανακτοῦντα] M. ἀγανακτοῦντα. WOLF.

Ταῦτ᾽ οὐ πολλὴ περιφάνειά ἐστι; ταῦτ᾽ etc.] *Nonne his planum fit istos liti alienæ se opponere? seque ejus tutores, vindices, assertores ingerere?* BUDÆUS.

Πλὴν τῶν ἐγγείων] Τὰ ἔγγεια sunt *fundi*, τὰ ἐν τῇ γῇ, ὅθεν ἔγγειοι τόκοι καὶ ναυτικοί. Sed quia hic agitur de instrumento ablato, et. supra πιθακνῶν facta est mentio, lego ἀγγείων per α. et p. 461. v. 2. ἱκετεύων ὑπὲρ αὐτοῦ. et v. 3. καὶ τούτου [sc. τοῦ ταλάντου] αὐτός. et v. 12. ἀλλὰ παραδόντος Τιμοκράτους fortasse legendum pro παρὰ ζῶντος. et v. 18. αὐτή τε ταύτην ἔχουσα τὴν ἡλικίαν. WOLF. M. ἀγγείων, ita ut idem significat quod supra πιθακνῶν. AUGER.

ι. Ἐποιήσατο] Refertur ad Onetorem, *curaverit ad Archontem deferri.* IDEM.

κατεγνωσμένης ἤδη τῆς δίκης, ἀναβὰς ἐπὶ τὸ δικαστήριον,
873 ἐδεῖτο, ἱκετεύων ὑπὲρ αὐτοῦ καὶ ἀντιβολῶν καὶ δάκρυσι κλαίων, ταλάντου τιμῆσαι, καὶ [1]τούτων αὐτὸς ἐγίγνετο ἐγγυητής. καὶ ταῦθ᾽ ὁμολογούμενα μέν ἐστι πολλαχόθεν, οἵ τε γὰρ ἐν τῷ δικαστηρίῳ τότε δικάζοντες, καὶ τῶν ἔξωθεν παρόντων πολλοὶ, συνίσασιν· ὅμως δὲ καὶ μάρτυρας ὑμῖν παρέξομαι. καί μοι λάβε ταύτην τὴν μαρτυρίαν.

ΜΑΡΤΥΡΙΑ.

ιά. Ἔτι τοίνυν, ὦ ἄνδρες δικασταὶ, καὶ τεκμηρίῳ μεγάλῳ γνῶναι ῥάδιον, ὅτι τῇ ἀληθείᾳ συνῴκει καὶ οὐδέπω καὶ τήμερον ἀπολέλοιπεν. αὕτη γὰρ ἡ γυνὴ, πρὶν μὲν ὡς Ἄφοβον ἐλθεῖν, μίαν ἡμέραν οὐκ ἐχήρευσεν, ἀλλὰ παρὰ ζῶντος Τιμοκράτους ἐκείνῳ συνῴκησε· νῦν δ᾽ ἐν τρισὶν ἔτεσιν ἄλλῳ συνοικοῦσα οὐδενὶ φαίνεται. καί τοι τῷ τοῦτο πιστὸν, ὡς τότε μὲν, ἵνα μὴ χηρεύσειε, παρ᾽ ἀνδρὸς ὡς ἄνδρα ἐβάδιζε· νυνὶ δ᾽, εἴπερ ὡς ἀληθῶς ἀπολέλοιπε, [2]τοσοῦτον χρόνον χηρεύουσα ἠνείχετο, ἐξὸν ἄλλῳ συνοικεῖν, τοῦ τε ἀδελφοῦ κεκτημένου τοσαύτην οὐσίαν, [3]αὕτη τε ταύτην ἔχουσα τὴν ἡλικίαν; οὐκ ἔχει ταῦτ᾽ ἀλήθειαν, ὦ ἄνδρες δικασταὶ, πιστὴν, ἀλλὰ λόγοι ταῦτ᾽ εἰσί. συνοικεῖ δ᾽ ἡ γυνὴ φανερῶς, καὶ οὐδὲ κρύπτεται τὸ πρᾶγμα. παρέξομαι δ᾽ ὑμῖν Πασιφῶντος μαρτυρίαν, ὃς ἀῤῥωστοῦσαν αὐτὴν θεραπεύων ἑώρα παρακαθήμενον Ἄφοβον ἐπὶ τούτου τοῦ ἄρχοντος, ἤδη τούτῳ ταυτησὶ τῆς δίκης [4]εἰλεγμένης. καί μοι λάβε τὴν Πασιφῶντος μαρτυρίαν.

ΜΑΡΤΥΡΙΑ.

ιβ΄. Ἐγὼ τοίνυν εἰδὼς, ὦ ἄνδρες δικασταὶ, καὶ μετὰ τὴν δίκην τοῦτον εὐθὺς ἀποδεδεγμένον τὰ ἐκ τῆς οἰκίας τῆς Ἀφόβου χρήματα καὶ κύριον τῶν τ᾽ ἐκείνου καὶ τῶν
874 ἐμῶν ἁπάντων γεγενημένον, καὶ συνοικοῦσαν αὐτῷ τὴν γυ-

[1] τούτου [2] τοσοῦτον ἂν χρόνον [3] αὐτή τε [4] εἰληγμένης

ιά. Καὶ οὐδὲ κρύπτεται τὸ πρᾶγμα] *Nec factum celare vult.* Budæus.

Ἤδη τούτῳ ταύτης τῆς δίκης εἰλεγμένης] Λέγω σοὶ δίκην, quod recorder, legi nusquam: sed λαγχάνω: unde εἰληγμένης per η in 2 syllaba. λέληγμαι, εἴληγμαι, παρὰ τὸ λήχω: λέλεγμαι, εἴλεγμαι, παρὰ τὸ λέγω. et, p. 462. v. 4. οὕτω δέ μου προκαλεσαμένου.

ναῖκα σαφῶς ἐπιστάμενος, τρεῖς θεραπαίνας ἐξῄτησα αὐτὸν, αἳ συνοικοῦσάν τε τὴν γυναῖκα ᾔδεσαν καὶ τὰ χρήματα ὅτι παρὰ τούτοις ἦν, ἵνα μὴ λόγοι μόνον, ἀλλὰ καὶ βάσανοι γίγνοιντο περὶ αὐτῶν. [1] οὕτω δέ μου προκαλεσαμένου ταῦτα, καὶ πάντων τῶν παρόντων δίκαια λέγειν με ἀποφαινομένων, οὐκ ἠθέλησεν εἰς τοῦτο τἀκριβὲς καταφυγεῖν· ἀλλ᾿, ὥσπερ ἑτέρων τινῶν ὄντων περὶ τῶν τοιούτων σαφεστέρων ἐλέγχων ἢ βασάνων καὶ μαρτύρων, οὔτε [2] μάρτυρα παρεχόμενος τὴν προῖκα ὡς ἀποδέδωκεν, οὔτ᾿ εἰς βασάνους ἐκδιδοὺς τὰς συνειδυίας περὶ τοῦ συνοικεῖν τὴν ἀδελφὴν, ὅτι ταῦτα ἠξίουν, ὑβριστικῶς πάνυ καὶ προπηλακιστικῶς οὐκ εἴα με [3] αὐτῷ διαλέγεσθαι. τούτου γένοιτ᾿ ἄν τις σχετλιώτερος ἄνθρωπος, ἢ μᾶλλον ἑκὼν τὰ δίκαια ἀγνοεῖν προσποιούμενος; λάβε [4] ταύτην τὴν πρόκλησιν καὶ ἀναγίγνωσκε.

ΠΡΟΚΛΗΣΙΣ.

ὑμεῖς τοίνυν καὶ ἰδίᾳ καὶ δημοσίᾳ βάσανον ἀκριβεστάτην πασῶν νομίζετε· καὶ, ὁπόταν δοῦλοι καὶ ἐλεύθεροι παραγένωνται, δέῃ δ᾿ εὑρεθῆναι τὸ ζητούμενον, οὐ χρῆσθε ταῖς τῶν ἐλευθέρων μαρτυρίαις, ἀλλὰ τοὺς δούλους βασανίζοντες οὕτω ζητεῖτε τὴν ἀλήθειαν εὑρεῖν τῶν πεπραγμένων. εἰκότως, ὦ ἄνδρες δικασταί. τῶν μὲν γὰρ μαρτυρησάντων ἤδη τινὲς οὐ τἀληθῆ μαρτυρῆσαι ἔδοξαν· δούλων δὲ βασανισθέντων, οὐδένες πώποτ᾿ ἐξηλέγχθησαν, ὡς οὐκ ἀληθῆ τὰ ἐκ τῆς βασάνου εἶπον. οὗτος δὲ, τηλικαῦτα δίκαια φυγὼν καὶ σαφεῖς οὕτως καὶ μεγάλους 875
ἐλέγχους παραλιπὼν, Ἄφοβον παρεχόμενος μάρτυρα καὶ Τιμοκράτην, τὸν μὲν ὡς ἀποδέδωκε τὴν προῖκα, τὸν δ᾿ ὡς ἀπείληφεν, ἀξιώσει πιστεύεσθαι παρ᾿ ὑμῖν, ἀμάρτυρον τὴν πρὸς τούτους πρᾶξιν γεγενῆσθαι προσποιούμενος. τοσαύτην ὑμῶν εὐήθειαν κατέγνωκεν.

[1] οὗτος δ᾿ ἐμοῦ [2] μάρτυρας [3] αὑτῷ [4] ταύτην] δ᾿ αὐτὴν

et, p. 463. v. 1. ὅτι μὲν οὖν, vel, ὅτι τοίνυν οὔτ᾿ ἀληθῆ. Wolf.

ιβ΄. Βάσανον] Post βάσανον velim addi πίστιν. Auger.

ιγʹ. Ὅτι μὲν τοίνυν οὔτ᾽ ἀληθῆ οὔτ᾽ [1] ἀληθείᾳ ἐοικότα λέξουσι, καὶ ἐκ τοῦ ἐξ ἀρχῆς αὐτοὺς ὁμολογεῖν τὴν προῖκα μὴ δοῦναι, καὶ ἐκ τοῦ πάλιν ἄνευ μαρτύρων ἀποδεδωκέναι φάσκειν, καὶ ἐκ τοῦ τὸν χρόνον μὴ ἐγχωρεῖν ἀμφισβητουμένης ἤδη τῆς οὐσίας ἀποδοῦναι τἀργύριον, καὶ ἐκ τῶν ἄλλων ἁπάντων, ἱκανῶς ἀποδεδεῖχθαί μοι νομίζω.

[1] ἀληθείαις

ΥΠΟΘΕΣΙΣ ΤΟΥ ΠΡΟΣ ΟΝΗΤΟΡΑ ΕΞΟΥΛΗΣ ΔΕΥΤΕΡΟΥ ΛΟΓΟΥ.

Pag. ed. Reisk.

ΠΑΡΑΛΕΛΕΙΜΜΕΝΑ τινὰ ἐν τῷ προτέρῳ λόγῳ διὰ τούτου προστίθησιν, ὡς καὶ αὐτὸς ἐπι- 875
σημαίνεται, καὶ δὴ καὶ πρός τινας ἀντιῤῥήσεις ἵσταται. περὶ δὲ τῶν λόγων τούτων προειρήκαμεν, ὅτι πολλοὶ φασὶν αὐτοὺς ὑπὸ Ἰσαίου συντεθῆναι, τοῦ ῥήτορος ἀπιστοῦντες εἶναι διὰ τὴν ἡλικίαν· οἱ δέ γε, εἰ μὴ τοῦτο, διωρθῶσθαί γε ὑπὸ τοῦ Ἰσαίου. ἐοίκασι γὰρ τοῖς ἐκείνου λόγοις. θαυμαστὸν δὲ οὐδὲν, εἰ τὸν διδάσκαλον ἐμιμήσατο. καὶ μηδέπω πρὸς τὸ τέλειον ἥκων, ἐπὶ τὸν ἐκείνου χαρακτῆρα μετῄει τέως.

ΔΗΜΟΣΘΕΝΟΥΣ

ΚΑΤΑ ΟΝΗΤΟΡΟΣ

ΛΟΓΟΣ ΔΕΥΤΕΡΟΣ.

α'. Ὃ ΠΑΡΕΛΙΠΟΝ ἐν τῷ προτέρῳ λόγῳ τεκμήριον, 876
οὐδενὸς τῶν εἰρημένων ἔλαττον, τοῦ μὴ δεδωκέναι τὴν προῖκα τούτους Ἀφόβῳ, τοῦτο πρῶτον εἰπὼν, μετὰ τοῦτο καὶ περὶ ὧν οὗτος ἔψευσται πρὸς ὑμᾶς, ἐξελέγχειν αὐτὸν πειράσομαι.

β'. Οὗτος γὰρ, ὦ ἄνδρες δικασταὶ, τὸ πρῶτον ὅτε τῶν Ἀφόβου διενοεῖτο ἀμφισβητεῖν, οὐχὶ τάλαντον ἔφη τὴν προῖκα, ὥσπερ νυνὶ, ἀλλ' ὀγδοήκοντα μνᾶς δεδωκέναι, [1] κατατίθησιν ὅρους, ἐπὶ μὲν τὴν οἰκίαν δισχιλίων, ἐπὶ δὲ τὸ χωρίον ταλάντου, βουλόμενος μὴ μόνον τοῦτο, ἀλλὰ κἀκείνην διασώζειν αὐτῷ. γενομένης δέ μοι τῆς δίκης πρὸς αὐτὸν, ἰδὼν ὡς διάκεισθ' ὑμεῖς πρὸς τοὺς λίαν ἀναιδῶς

[1] , καὶ τίθησιν ὅρους, [ἀλλ'] ἐπὶ

β'. Κατατίθησιν ὅρους, ἀλλ' ἐπὶ] Καὶ τίθησιν ὅρους, ἐπὶ μὲν τὴν οἰκίαν. et p. 465. Wolf.

v. 7. δικαίως ἔθηκε, καὶ ὄντας ἀληθεῖς.

ἀδικοῦντας, ἔννους γίνεται, καὶ δεινὰ πάσχειν ἡγήσατο δόξειν ἐμὲ τοσούτων χρημάτων ἀπεστερημένον, εἰ μηδ' ὁτιοῦν ἕξοιμι τῶν Ἀφόβου λαβεῖν, τοῦ τἀμὰ ἔχοντος, ἀλλ' ὑπὸ τούτου κωλυόμενος φανερὸς γενήσομαι. καὶ τί ποιεῖ; τοὺς ὅρους ἀπὸ τῆς οἰκίας ἀφαιρεῖ, καὶ τάλαντον μόνον εἶναι τὴν προῖκά φησιν, ἐν ᾧ τὸ χωρίον ἀποτετιμῆσθαι. καί τοι δῆλον, ὅτι τοὺς ἐπὶ τῆς οἰκίας ὅρους εἰ δικαίως ἔθηκε καὶ ὄντως ἀληθεῖς, δικαίως καὶ τοὺς ἐπὶ τοῦ χωρίου [1] τέθηκεν· εἰ δ' εὐθὺς ἀδικεῖν βουλόμενος ψευδεῖς ἔθηκεν ἐκείνους,
77 εἰκὸς καὶ τούτους οὐκ ἀληθεῖς ὑπάρχειν. τοῦτο τοίνυν οὐκ ἐξ ὧν ἐγὼ δεδήλωκα λόγων δεῖ σκοπεῖν, ἀλλ' ἐξ ὧν αὐτὸς οὗτος διεπράξατο, οὐδ' ὑφ' [2] ἑνὸς ἀναγκασθεὶς ἀνθρώπων· αὐτὸς γὰρ ἀνεῖλε τοὺς ὅρους, ἔργῳ φανερὸν ποιήσας, ὅτι ψεύδεται. καὶ ταῦθ' ὡς ἀληθῆ λέγω, ὅτι τὸ μὲν χωρίον καὶ νῦν οὗτός φησιν ἀποτετιμῆσθαι ταλάντου, τὴν δ' οἰκίαν ὡς [3] προωρίσατο δισχιλίων, καὶ πάλιν τοὺς ὅρους ἀνεῖλε γενομένης τῆς δίκης, τοὺς εἰδότας ὑμῖν μάρτυρας παρέξομαι. καί μοι λάβε τὴν μαρτυρίαν.

ΜΑΡΤΥΡΙΑ.

δῆλον τοίνυν, ὅτι δισχιλίων μὲν ὡρισμένος τὴν οἰκίαν, ταλάντου δὲ τὸ χωρίον, ὡς ὀγδοήκοντα μνᾶς δεδωκὼς ἔμελλεν ἀμφισβητήσειν. μεῖζον οὖν ἄν τι γένοιτο τεκμήριον ὑμῖν τοῦ μηδὲν ἀληθὲς [4] νῦν λέγειν τοῦτον, ἢ εἰ φανείη μὴ [5] ταῦτα λέγων τοῖς ἐξ ἀρχῆς περὶ τῶν αὐτῶν; ἐμοὶ μὲν γὰρ οὐδὲν ἂν δοκῇ τούτου μεῖζον εὑρεθῆναι.

γ΄. Σκέψασθε τοίνυν τὴν ἀναίδειαν, [6] ὃς ἐν ὑμῖν ἐτόλμησεν εἰπεῖν, ὡς οὐκ ἀποστερεῖ με ὅσῳ πλείονος ἄξιόν ἐστι ταλάντου, καὶ ταῦτα αὐτὸς τιμήσας οὐκ ἄξιον εἶναι πλείονος. τί γὰρ βουλόμενος δισχιλίων [7] προωρίσω τὴν οἰκίαν;

[1] τέθεικεν [2] ἑνὸς γὰρ ἀναγκασθεὶς ἀνθρώπων, αὐτὸς ἀνεῖλε [3] προσωρίσατο δ.· κ. πάλιν, ὅτι τοὺς [4] Deest νῦν. [5] ταῦτα * νῦν λέγειν [6] ὅς γ' ἐν [7] προσωρίσω

Προωρίσατο] De creditore loquens. προορίσασθαι enim significat idem quod τὴν οὐσίαν ἢ τὴν οἰκίαν ἀφορίσασθαι, hoc est, *oppignerationis et hypothecæ notam apponere.* Infra [v. ult.] τί γὰρ βουλόμενος etc. Verba sunt secundi creditoris ad primum, qui cum Aphobo debitore fraudem struebat in necem primi creditoris. Ὅρος enim est *index rei obnoxiæ.* BUDÆUS.

Ὡς προωρίσατο] Προσωρίσατο, S. πρὸς τῷ χωρίῳ ὡρίσατο. et paulo post iterum v. ult. προσωρίσω. Sic et quod *sequitur*, p. 466. v. 5. προσέξεις, ἀντὶ τοῦ, ἕξεις πρὸς τῷ χωρίῳ. WOLF.

ὅτε τὰς ὀγδοήκοντα μνᾶς ἐνεκάλεις, εἴ γε τὸ χωρίον ἄξιον
ἦν πλείονος, ἀλλ' οὐκ ἐπὶ τούτῳ καὶ τὰς δισχιλίας ἐτίθεις;
ἢ, ὅταν μέν σοι δοκῇ πάντα τὰ Ἀφόβου διασώζειν, τότε τὸ
χωρίον ἔσται ταλάντου μόνον ἄξιον, καὶ τὴν οἰκίαν ἐν δισ-
χιλίαις προσέξεις, ἥ τε προὶξ ὀγδοήκοντα μναῖ γενήσονται,
καὶ ἀξιώσεις ἔχειν ἀμφότερα· ὅταν δέ σοι μὴ συμφέρῃ, τὰ
ἐναντία πάλιν, ἡ μὲν οἰκία ταλάντου, διότι νῦν ἐγὼ ταύ-
την ἔχω, τοῦ δὲ χωρίου τὸ περιὸν, οὐκ ἐλάττονος ἢ δυοῖν 878
ἄξιον, ἵν' ἐγὼ βλάπτειν τοῦτον, οὐκ ἀποστερεῖσθαι, δοκῶ.
ὁρᾷς, ὡς ὑποκρίνῃ μὲν δεδωκέναι τὴν προῖκα, φαίνῃ δὲ κατ'
οὐδ' ὁντινοῦν τρόπον δεδωκώς; τὰ γὰρ ἀληθῆ καὶ μὴ κα-
κουργούμενα τῶν πραγμάτων, ἁπλῶς οἷ' ἂν ἐξ ἀρχῆς πρα-
χθῇ, τοιαῦτ' ἐστί· σὺ δὲ τοὐναντίον ἐξελέγχῃ πράξας εἰς
τὴν καθ' ἡμῶν ὑπηρεσίαν.

δ'. Ἄξιον τοίνυν καὶ τὸν ὅρκον, ὁποῖόν τιν' ἂν ὤμοσεν, εἴ
τις ἔδωκεν, ἐκ τούτων ἰδεῖν. ὃς γὰρ ὀγδοήκοντα μνᾶς ἔφη
τὴν προῖκα εἶναι, εἰ τότ' αὐτῷ τις ἔδωκεν, ὀμόσαντι ταῦτ'
ἀληθῆ λέγειν, κομίσασθαι, τί ἐποίησεν ἄν; ἢ δῆλον, ὅτι
[1] ὡμολόγησέ τι. καὶ γὰρ λέγων οὐ φήσει τότ' ἂν ὀμόσαι,
νῦν γε τοιαῦτ' ἀξιῶν; οὐκοῦν ὅτι γ' ἐπιώρκησεν ἂν, ἑαυ-
τὸν ἐξελέγχει. νῦν γὰρ οὐκ ὀγδοήκοντα μνᾶς, ἀλλὰ τάλαν-
τον δεδωκέναι φησί. τί [2] μᾶλλον οὖν εἰκότως τις αὐτὸν
ἐκεῖνα ἐπιορκεῖν, ἢ τάδ' ἡγοῖτο; ἢ τίνα τις δικαίως ἂν ἔχοι
περὶ τούτου διάνοιαν, τοῦ ῥᾳδίως οὕτως ἑαυτὸν ἐξελέγχοντος
ὄντ' ἐπίορκον;

ε'. Ἀλλὰ νὴ Δί' ἴσως οὐχὶ πάντ' αὐτῷ τοιαῦτα πέπρα-
κται, οὐδὲ πανταχόθεν δῆλός ἐστι τεχνάζων· ἀλλὰ καὶ
τιμώμενος φανερὸς γέγονεν ὑπὲρ Ἀφόβου ταλάντου, καὶ
τοῦτο αὐτὸς [3] ἡμῖν ἀποδώσειν ἐγγυώμενος; καί τοι σκέ-
ψασθε, ὅτι τοῦτ' ἔστι τεκμήριον, οὐ μόνον τοῦ τὴν γυναῖκα
συνοικεῖν Ἀφόβῳ καὶ τοῦτον οἰκείως ἔχειν, ἀλλὰ καὶ τοῦ
μὴ δεδωκέναι τὴν προῖκα. τίς γὰρ ἀνθρώπων ἠλίθιός ἐστιν
οὕτως, [4] ὃς ἀργύριον δοὺς τοσοῦτον, ἔπειτα ἓν λαβὼν χωρίον

[1] ὤμοσε· τί γὰρ καὶ λέγων [2] μᾶλλον ἂν οὖν [3] ὑμῖν [4] ὡς

δ'. Ἢ δῆλον] Ἢ sane AUGER. Ὡμολόγησέ τι καὶ γὰρ καὶ λέγων] F. ὡμολόγησεν ἄν. τί γὰρ καὶ λέγων οὐ φήσει. et v. 27. ἀλλὰ καὶ τιμώμενος φανερὸς γέγονε. et v. antepen. καὶ τοῦτον οἰκείως ἔχειν αὐτῷ. WOLF.

ἀμφισβητούμενον εἰς ἀποτίμησιν, σὺν οἷς πρότερον ἐζη-
79 μίωτο, τὸν ἀδικήσαντα, ὡς δίκαιόν τι ποιήσαντα, καὶ τοῦ
τῆς δίκης ὀφλήματος προσεγγυήσασθαι; οὐδένα οἶμαι. καὶ
γὰρ οὐδὲ λόγον τὸ πρᾶγμ' ἔχον ἐστὶ, τὸν αὐτὸν αὑτῷ μὴ
δυνάμενον κομίσασθαι τάλαντον, τοῦτον ἄλλῳ τινὶ φάσκειν
ἀποτίσειν καὶ ταῦτ' ἐγγυᾶσθαι· ἀλλὰ καὶ [1]ὑπ' αὐτῶν
τούτων ἐστὶ δῆλον, ὅτι τὴν μὲν προῖκα οὐ δέδωκεν, ἀντὶ δὲ
πολλῶν χρημάτων τῶν ἐμῶν οἰκεῖος ὢν Ἀφόβῳ, ταῦτ'
[2]ἐπετιμᾶτο, κληρονόμον τῶν ἐμῶν τὴν ἀδελφὴν μετ' ἐκείνου
καταστῆσαι βουλόμενος.

ς'. Εἶτα νῦν [3]παρακρούσας ζητεῖ καὶ φενακίζει, λέγων, ὡς πρότερον τοὺς ὅρους ἔστησεν, ἢ ἐκεῖνον τὴν δίκην ὀφλεῖν. οὐ πρότερόν γε ἢ παρὰ [4]σοὶ νῦν, εἴ γε ἀληθῆ λέγεις· δῆλον γὰρ, ὅτι καταγνοὺς ἀδικίαν αὐτοῦ ταῦτ' ἐποίεις. εἶτα καὶ γελοῖον τοῦτο λέγειν, ὥσπερ οὐκ εἰδότων [5]ὑμῶν, ὅτι πάντες οἱ τὰ τοιαῦτ' ἀδικοῦντες σκοποῦσι, τί λέξουσιν. οὐδεὶς δὲ πώποτ' ὦφλε σιωπῶν, οὐδ' ἀδικεῖν ὁμολογῶν· ἀλλ' ἐπειδὰν, οἶμαι, μηδὲν ἀληθὲς λέγων ἐξελεγχθῇ, τότε γιγνώσκεται ὁποῖός ἐστιν. ὅπερ καὶ [6]αὐτὸς ἔμοιγε δοκεῖ πάσχειν. ἐπεὶ, φέρε, πῶς ἐστὶ δίκαιον, ἐὰν μὲν πλείονος πλεῖον, ἐὰν δὲ ἐλάττονος ἔλαττον; ἢ, πῶς ἐστὶ δίκαιον, τῆς ἀδελφῆς τῆς σῆς μηδέπω καὶ τήμερον ἄλλῳ συνοικούσης, μηδ' ἀπηλλαγμένης Ἀφόβου, μηδὲ τὴν προῖκα δεδωκότος [7]τούτου, μηδ' ὑπὲρ τούτων εἰς βάσανον, μηδ' εἰς ἄλλο δίκαιον μηδὲν καταφυγεῖν ἐθέλοντος, ὅτι σὺ στῆσαι φὴς ὅρους, σὸν εἶναι τὸ χωρίον; ἐγὼ μὲν οὐδαμῶς οἶμαι. τὴν γὰρ ἀλήθειαν σκε-

[1] ἀπ' [2] ἀπετιμᾶτο [3] παρακρούσασθαι [4] σοὶ, εἴ γε νῦν [5] ἡμῶν
[6] οὗτος [7] * τούτῳ σοῦ

έ. Σὺν οἷς —— προσεγγυήσασθαι] *Ut præterquam quod priore jactura multatus est, pro eo quem se jam circumscripsisse noverit, tanquam secum jure egerit, insuper sponsor esse judicati sustineat?* hoc enim significat προσεγγυᾶσθαι ex vi πρὸς propositionis. Budæus.

ς'. Εἶτα νῦν παρακρούσας ζητεῖ καὶ φενακίζει] F. παρακρούσασθαι, vel παρακρούσεις ζητεῖ καὶ φενακίζειν, vel παραγωγὰς ζητεῖ καὶ φενακίζει. Wolf.

Οὐ πρότερόν γε ἢ παρά σοι νῦν, εἴ γε ἀληθῆ λέγειν] Locus corruptus: verti: *non certe prius, si quidem tu nunc vera dicis.* vel, *aut ostendito*: quasi pro παρά σοι legeretur πάρασχε νῦν, εἴγε ἀληθῆ λέγεις. sed neutrum placet. Idem.

Πῶς ἐστὶ δίκαιον, ἐὰν μὲν πλείονος, πλεῖον, εἰ δὲ ἐλάττονος, ἔλαττον] Puto transposita esse verba, et legendum: ἐὰν μὲν πλείονος [S. ἢ κτῆμά τι, *in farrag.* sc. ἄξιόν ἐστι.] ἐλάττονος, εἰ δὲ ἐλάττονος, πλείονος [S. τιμᾶσθαι ἢ ὁρίζεσθαι.] Idem. Hic sane voces aliquæ desiderantur; ego interpretatus sum quasi legeretur: πῶς ἐστὶ δίκαιον, χωρίον, ἐὰν μὲν πλείονος ἀξιοῖς, πλεῖον [sub. εἶναι], ἐὰν δὲ ἐλάττονος, ἔλαττον. Auger.

πτέον, οὐχ ἃ τις ἑαυτῷ παρεσκεύασεν ἐξεπίτηδες εἰς τὸ 880 λέγειν τι δοκεῖν, ὥσπερ ὑμεῖς.

ζ'. Ἔπειτα τὸ δεινότατον, εἰ καὶ δεδωκότες ἦτε ὡς μάλιστα τὴν προῖκα, ἣν οὐ δεδώκατε, τίς ὁ τούτων αἴτιος; οὐχ ὑμεῖς, [1] ἐπεὶ τἀμὰ ἔδοτε; οὐχ ὅλοις ἔτεσι πρότερον δέκα τἀμὰ λαβὼν εἶχεν ἐκεῖνος, ὧν ὦφλε τὴν δίκην ἢ κηδεστήν σοι γενέσθαι; ἢ σὲ μὲν [2] ἔδει κομίσασθαι πάντα, τὸν δὲ καὶ καταδικασάμενον καὶ δι' ὀρφανίαν ἠδικημένον καὶ προικὸς ἀληθινῆς ἀπεστερημένον, ὃν μόνον ἀνθρώπων οὐδὲ τῆς ἐπωβελίας ἄξιον ἦν κινδυνεύειν, ἠναγκάσθαι τοιαῦτα παθεῖν, κεκομισμένον μηδ' ὁτιοῦν, καὶ ταῦτ' ἐθέλοντα ποιεῖν ὑμῖν αὐτοῖς, εἴ τι τῶν δεόντων ἐβούλεσθε πράττειν;

[1] ἐπεὶ * εἰς τἀμὰ [2] δεῖ

ζ'. Τὸν δὲ] *Hunc ipsum qui loquitur, se ipsum ostendit.* Idem.

Οὐδὲ τῆς ἐπωβελίας ἄξιον ἦν κινδυνεύειν] Ὃν ἦν ἄξιον κινδυνεύειν οὐδὲ τῆς ἐπωβελίας, ἀντὶ τοῦ, περὶ τῆς, ἢ ἐν τῇ ἐπωβελίᾳ. Wolf.

Καὶ ταῦτ' ἐθέλοντα] F. καὶ ταῦτ', ἐθέλοντα πάντα ποιεῖν ὑμῖν. Idem.

ΔΗΜΟΣΘΕΝΟΥΣ

ΠΑΡΑΓΡΑΦΙΚΟΙ.

ΥΠΟΘΕΣΙΣ ΤΟΥ ΠΡΟΣ ΖΗΝΟΘΕΜΙΝ ΠΑΡΑΓΡΑΦΙΚΟΥ ΛΟΓΟΥ.

Pag. ed. Reisk.

380 ΔΑΝΕΙΣΑΜΕΝΟΣ παρὰ Δήμωνος, ἑνὸς τῶν Δημοσθένους συγγενῶν, ἔμπορός τις Πρῶτος ὄνομα,
ἐπρίατο τοῦ ἀργυρίου σῖτον ἐν Συρακούσαις· καὶ τοῦτον ἐκόμισεν εἰς Ἀθήνας ἐπὶ νεὼς, ἧς Ἡγέ-
στρατος ἐναυκλήρει. Ἡγέστρατος δὲ καὶ Ζηνόθεμις, πρὸς ὅν ἐστιν ἡ παραγραφὴ, Μασσαλιῶται μὲν
381 ἦσαν τὸ γένος, κακούργημα δὲ τοιοῦτον ἐν Συρακούσαις ἐκακούργησαν, ὡς ὁ ῥήτωρ φησίν. ἐδανεί-
σαντο χρήματα· ταῦτα δὲ εἰς μὲν τὴν ναῦν οὐκ ἐνέθεντο, λάθρα δὲ εἰς τὴν Μασσαλίαν ἀπέστει-
λαν, ἀποστερῆσαι τοὺς δανείσαντας βεβουλευμένοι. ἐπειδὴ γὰρ ἐγέγραπτο ἐν τῷ συμβολαίῳ, εἰ
πάθοι τι ἡ ναῦς, μὴ ἀπαιτεῖσθαι αὐτοὺς τὰ χρήματα, ἐσκέψαντο [1] καταλῦσαι τὴν ναῦν.
νύκτωρ οὖν ἐν τῷ πλῷ κατελθὼν ὁ Ἡγέστρατος διέκοπτε τοῦ πλοίου τὸ ἔδαφος· φωραθεὶς δὲ καὶ
φεύγων τοὺς ἐπιβάτας, εἰς τὴν θάλασσαν εἰσπίπτει καὶ παραχρῆμα ἀπόλλυται. ὁ τοίνυν
Ζηνόθεμις, ὁ κοινωνὸς, ὥς φησιν ὁ ῥήτωρ, τοῦ Ἡγεστράτου, μόλις σωθείσης εἰς Ἀθήνας τῆς νεὼς,
ἠμφισβήτει τοῦ σίτου, λέγων εἶναι τὸν σῖτον Ἡγεστράτου, ἐκεῖνον δὲ παρ' ἑαυτοῦ δανείσασθαι
χρήματα. ἐνστάντων δὲ [2] αὐτῶν τοῦ τε Πρώτου καὶ τοῦ Δήμωνος, ἀμφοτέροις ἔλαχε δίκην ἐμ-
πορικήν. καὶ τὸν Πρῶτον ἐξ ἐρήμης ἑλὼν ἑκόντα, ὥς φησι Δημοσθένης, καὶ συγκακουργοῦντα,
εἰσάγει καὶ τὸν Δήμωνα δεύτερον εἰς τὸ δικαστήριον. ὁ δὲ παραγράφεται μὴ εἰσαγώγιμον εἶναι
τὴν δίκην, νόμον παρεχόμενος τὸν διδόντα τοῖς ἐμπόροις τὰς δίκας εἶναι περὶ τῶν Ἀθήναζε καὶ τῶν
Ἀθήνησιν συμβολαίων. Ζηνοθέμιδι δέ φησι μηδὲν συμβόλαιον εἶναι πρὸς αὐτόν. καὶ ὁ μὲν ἀγὼν
ἐστι παραγραφικός· ὁ δὲ λόγος, ὡς τῆς εὐθυδικίας τοῦ πράγματος εἰσηγμένης, οὕτως εἴρηται
περὶ τοῦ μὴ Ζηνοθέμιδος εἶναι τὸν σῖτον, ἀλλὰ τοῦ Πρώτου, ᾧ Δήμων ἐδάνειςε τὸ ἀργύριον. οὐ
382 γὰρ βούλεται δοκεῖν ῥήματι τοῦ νόμου μόνον ἰσχυρίζεσθαι κατὰ τὸ πρᾶγμα ἀδικῶν· ἀλλὰ δεικνύ-
σιν, ὡς θαῤῥεῖ μὲν καὶ τῇ εὐθείᾳ, ἐκ περιουσίας δὲ αὐτῷ καὶ παραγραφὴν ὁ νόμος δίδωσι.

[1] * καταδῦσαι

[2] * αὐτῷ

ΖΗΝΟΘΕΜΙΝ] Rhetoricorum ad Herennium auctor lib. 1. Ex translatione, inqnit, controversia nascitur, quum aut tempus differendum, aut accusatorem, aut judices mutandos reus dicit: hac parte constitutionis Græci in judiciis, nos in jure civili plerumque utimur. Item, in privata actione exceptiones prætoriæ sunt, etc. et 2. de Inventione; Cum actio translationis aut commutationis indigere videtur, quod non aut is agit, quem oportet, aut cum eo qui cum non oportet, aut apud quos, qua lege, qua pœna, quo crimine, quo tempore non oportet, constitutio translativa appellatur, etc. Atque in nostra quidem consuetudine multis de causis fit, ut rarius incidant translationes. Nam et prætoris exceptionibus multæ excluduntur actiones, et ita jus civile habemus constitutum, ut causa cadat is, qui non, quemadmodum oportet, egerit. Quare in jure plerumque versantur. Ibi enim et exceptiones postulantur, et quodammodo agendi potestas datur, et omnis conceptio privatorum judiciorum constituitur. In ipsis autem judiciis rarius incidunt, et tamen si quando incidunt, ejusmodi sunt, ut per se minus habeant firmitudinis, confirmentur autem assumta alia aliqua constitutione. Wolf.

Ἐπρίατο τοῦ ἀργυρίου ἰστὸν] Σῖτον legendum, docet ipsa oratio. Idem.

Διέκοπτε τοῦ πλοίου τὸ ἔδαφος] Festus Pompeius carinam dicit esse infimam partem navis: sive eas trabes, quibus navis fundetur. Orator, quæ alias τρόπις dicitur et στεῖρα, videtur κοίλην ναῦν, id est *cavam navem*, appellare: nisi forte peculiaris quispiam locus sic appelletur. Idem.

Καὶ τῶν Ἀθήνησιν συμβολαίων] F. Ἀθήνηθεν, ut ex oratione colligitur. et, v. ult. ἐκ περιουσίας δὲ αὐτῷ. Idem.

ΔΗΜΟΣΘΕΝΟΥΣ

ΠΑΡΑΓΡΑΦΗ

ΠΡΟΣ ΖΗΝΟΘΕΜΙΝ.

ά. ῎ΑΝΔΡΕΣ δικασταὶ, βούλομαι, παραγεγραμμένος μὴ εἰσαγώγιμον εἶναι τὴν δίκην, περὶ τῶν νόμων πρῶτον εἰπεῖν, καθ᾽ οὓς παρεγραψάμην. οἱ νόμοι κελεύουσιν, ὦ ἄνδρες δικασταὶ, τὰς δίκας εἶναι τοῖς ναυκλήροις καὶ τοῖς ἐμπόροις τῶν Ἀθήναζε καὶ τῶν Ἀθήνηθεν συμβολαίων, [1]περὶ ὧν ἂν ὦσι συγγραφαί· ἂν δέ τις παρὰ ταῦτα δικάζηται, μὴ εἰσαγώγιμον εἶναι τὴν δίκην. τούτῳ τοίνυν Ζηνοθέμιδι πρὸς μὲν ἐμὲ ὅτι οὐδὲν ἦν συμβόλαιον οὐδὲ συγγραφὴ, καὶ αὐτὸς ὁμολογεῖ ἐν τῷ ἐγκλήματι· δανεῖσαι δέ φησιν Ἡγεστράτῳ [2]ναυκλήρῳ. τούτου δὲ ἀπολομένου ἐν τῷ πελάγει, ἡμᾶς τὸ ναῦλον σφετερίσασθαι, [3]ταυτὶ τὸ ἔγκλημά ἐστιν. ἐκ δὲ τοῦ αὐτοῦ λόγου τήν τε δίκην οὐκ εἰσαγώγιμον οὖσαν μαθήσεσθε, καὶ τὴν ὅλην ἐπιβουλὴν καὶ πονηρίαν τουτουῒ τοῦ ἀνθρώπου ὄψεσθε. δέομαι δ᾽ ὑμῶν ἁπάντων, ὦ ἄνδρες δικασταὶ, εἴπερ ἄλλῳ τινὶ πώποτε πράγματι τὸν νοῦν [4]προσέχετε, καὶ τούτῳ προσέχειν· ἀκούσεσθε γὰρ ἀνθρώπου τόλμαν καὶ πονηρίαν οὐ τὴν τυχοῦσαν, ἄνπερ ἐγὼ τὰ πεπραγμένα αὐτῷ πρὸς ὑμᾶς πολ- 883
λάκις εἰπεῖν δυνηθῶ. οἶμαι δέ.

β΄. Ζηνόθεμις γὰρ [5]οὑτοσὶ, ὢν ὑπηρέτης Ἡγεστράτου τοῦ ναυκλήρου, ὃν καὶ αὐτὸς ἔγραψεν ἐν τῷ ἐγκλήματι, ὡς ἐν τῷ πελάγει ἀπώλετο, — πῶς δὲ, οὐ προσέγραψεν, ἀλλ᾽ ἐγὼ φράσω —, ἀδίκημα τοιουτονὶ μετ᾽ ἐκείνου συνε-

[1] καὶ περὶ [2] * τῷ ναυκλήρῳ. [3] καὶ τουτὶ [4] προσείχετε
[5] οὑτοσὶ, ὦ ἄνδρες δικασταὶ, ὢν

ά. Μὴ εἰσαγώγιμον εἶναι τὴν δίκην] Fortunatianus interpretatur: *An duci in judicium debeat.* WOLF.

Ναῦλον] Hic per ναῦλον intelligo; merces quæ navi vehebantur, nempe frumentum. AUGER.

Μάθησθε] F. μαθήσεσθε. WOLF. AUGER.

Πρὸς ὑμᾶς πολλάκις εἰπεῖν] Τὸ πολλάκις videtur abundare, et sic ordinanda verba: ἄν περ ἐγὼ δυνηθῶ εἰπεῖν πρὸς ὑμᾶς (ὑμῖν) τὰ πεπ. [Si referatur πρὸς ὑμᾶς ad εἰπεῖν, *dicere apud vos.* Sin ἡμᾶς ad πεπραγμένα: ad quod et τὸ πολλάκις referri potest, ut significet, Zenothemidem *multa in se* commisisse. *In farrag.*] WOLF. πολλάκις recidendum est, ut abundans vitiose. AUGER.

σκευάσατο. χρήματα ἐν ταῖς Συρακούσαις [1]ἐδανείζετο [2]οὗτος καὶ ἐκεῖνος. ὡμολόγει δὲ ἐκεῖνος μὲν πρὸς τοὺς τούτῳ δανείζοντας, εἴ τις ἔροιτο, ἐνεῖναι σῖτον ἐν τῇ νηῒ τούτῳ πολύν· [2]οὗτος δὲ, πρὸς τοὺς ἐκείνῳ, τὸν γόμον οἰκεῖον ἔχειν αὐτὸν τῆς νεώς. [3]ἦν δὲ ὁ μὲν ναύκληρος, ὁ δὲ ἐπιβάτης. ἐπιστεύοντο εἰκότως ἃ περὶ ἀλλήλων ἔλεγον. λαμβάνοντες δὲ τὰ χρήματα, οἴκαδε ἀπέστελλον εἰς τὴν Μασσαλίαν καὶ οὐδὲν εἰς τὴν ναῦν εἰσέφερον. οὐσῶν δὲ τῶν [4]γραφῶν, ὥσπερ εἰώθασιν ἅπασαι, σωθείσης τῆς νεὼς ἀποδοῦναι τὰ χρήματα, ἵνα ἀποστερήσαιεν τοὺς [5]δανειστὰς, τὴν ναῦν καταδῦσαι ἐβουλεύσαντο. ὁ μὲν οὖν Ἡγέστρατος, ὡς ἀπὸ τῆς γῆς ἀπῆραν [6]δυοῖν ἢ τριῶν ἡμερῶν πλοῦν, καταβὰς τῆς νυκτὸς εἰς κοίλην ναῦν, διέκοπτε τοῦ πλοίου τὸ ἔδαφος· οὑτοσὶ δὲ, ὡς οὐδὲν εἰδὼς, ἄνω μετὰ τῶν ἄλλων ἐπιβατῶν διέτριβε. ψόφου δὲ γενομένου, [7]ᾐσθάνοντο οἱ ἐν τῷ πλοίῳ, ὅτι κακόν τι ἐν [8]τῇ κοίλῃ νηῒ γίνεται, καὶ βοηθοῦσι κάτω. ὡς δ' ἡλίσκετο ὁ Ἡγέστρατος καὶ δίκην δώσειν [9]ὑπέλαβε, φεύγει, καὶ ἐκδιωκόμενος ῥίπτει ἑαυτὸν εἰς τὴν θάλατταν· διαμαρτὼν δὲ τοῦ λέμβου διὰ τὸ νύκτα εἶναι, ἀπεπνίγη. ἐκεῖνος μὲν οὖν οὕτως, ὥσπερ ἦν [11]ἄξιος, κακὸς κακῶς ἀπώ-
4 λετο, ἃ τοὺς ἄλλους ἐπεβούλευσε ποιῆσαι, ταῦτα παθὼν αὐτός. οὑτοσὶ δὲ ὁ κοινωνὸς αὐτοῦ καὶ συνεργὸς, τὸ μὲν πρῶτον εὐθὺς ἐν τῷ πλοίῳ παρὰ τἀδικήματα, ὡς οὐδὲν εἰδὼς, ἀλλὰ [12]καὶ ἐκπεπληγμένος καὶ αὐτὸς, ἔπειθε τὸν πρωρέα καὶ τοὺς ναύτας εἰς τὸν λέμβον [13]ἐκβαίνειν καὶ ἐκλιπεῖν τὴν ναῦν τὴν ταχίστην, ὡς ἀνελπίστου τῆς σωτηρίας οὔσης, καὶ καταδυσομένης τῆς νεὼς αὐτίκα μάλα, ἵν', ὅπερ διενοήθησαν, [14]τουτὶ τελεσθείη, καὶ ἡ ναῦς ἀπόλοιτο, καὶ τὰ συμβόλαια ἀποστερήσαιεν. ἀποτυχὼν δὲ τούτου, καὶ

[1] ἐδανείζοντο [2] οὑτοσὶ [3] ὧν --- ἐπιβάτης, [4] συγγραφῶν [5] δανείσαντας [6] δυεῖν [7] αἰσθάνονται [8] Deest articulus. [9] ὑπελάμβανε [11] ἄξιος ἦν [12] Deest καί. [13] ἐμβαίνειν καὶ ἐκλείπειν [14] τοῦτ' ἐπιτελεσθείη

Ἦν δ' ὁ μὲν] M. ὧν δὲ ὁ μὲν ναύκληρος, ὁ δὲ ἐπιβάτης, ἐπιστεύοντο εἰκότως ἃ περὶ ἀλλήλων ἔλεγον. WOLF.

Εἰκότως δὴ] Sed τὸ δὴ abundabit, si ὧν pro ἦν legas, ut τὸ ἐπιστεύοντο sit initium τῆς ἀποδόσεως. IDEM.

Οὐσῶν δὲ τῶν γραφῶν] F. τῶν συγγραφῶν. IDEM.

Εἰς κοίλην ναῦν] Κοίλη ναῦς, *carina*, ubi *suburra*, ubi *sentina*, ἄντλος, πυθμὴν, quæ alioquin a κοίλῃ νηῒ distinguitur. Demosth. in Zenothem. Verum aliquando totum cavum, quod a carina ima patet ad tabulata et foros κοίλη ναῦς. et in eo sensu, ubi agitur de mora et somno honoratiorum in navi. *D'Orville Animadv. ad Charit. Aphrod.* L. VIII. c. III. p. 673.

Καί του παρ' ὑμῶν] Καί τινος τῶν Ἀθητοῦ παρ' ἡμῶν [1] συμπλέοντος ἐναντιωθέντος, καὶ τοῖς ναύταις, εἰ διασώσαιεν τὴν ναῦν, μισθοὺς μεγάλους ἐπαγγειλαμένου, σωθείσης εἰς Κεφαληνίαν τῆς νεὼς, διὰ τοὺς θεοὺς μάλιστά γε, [2] εἶτα διὰ τὴν ναυτῶν ἀρετὴν, πάλιν μετὰ τῶν Μασσαλιωτῶν τῶν τοῦ Ἡγεστράτου πολιτῶν μὴ καταπλεῖν Ἀθήναζε τὸ πλοῖον ἔπραττε, λέγων ὡς αὐτός τε καὶ τὰ χρήματα ἐκεῖθέν ἐστι, καὶ ὁ ναύκληρος εἴη, καὶ οἱ δεδανεικότες Μασσαλιῶται. ἀποτυχὼν δὲ καὶ τούτου, καὶ τῶν ἀρχόντων τῶν ἐν τῇ Κεφαληνίᾳ γνόντων Ἀθήναζε τὴν ναῦν καταπλεῖν, ὅθεν περ ἀνήχθη· ὃν οὐδ' ἂν εἷς ἐλθεῖν ᾤετο δεῦρο τολμῆσαι, τοιαῦτά γε ἐσκευωρημένον καὶ πεποιηκότα, οὗτος, ὦ ἄνδρες Ἀθηναῖοι, τοσοῦτον ὑπερβέβληκεν ἀναιδείᾳ καὶ τόλμῃ, ὥστ' οὐκ ἐλήλυθε μόνον, ἀλλὰ καὶ τοῦ σίτου τοῦ ἡμετέρου ἀμφισβητήσας ἡμῖν δίκην προσείληχε. τί οὖν ποτ' ἐστὶ τὸ αἴτιον, καὶ τῷ ποτ' ἐπηρμένος οὗτος καὶ ἐλήλυθε καὶ τὴν δίκην εἴληχεν, ἐγὼ ὑμῖν ἐρῶ, ἄνδρες δικασταὶ, ἀχθόμενος μὲν νὴ τὸν Δία καὶ θεοὺς, ἀναγκαζόμενος δέ. 885

γ'. Ἔστιν ἐργαστήρια μοχθηρῶν ἀνθρώπων συνεστηκότων ἐν τῷ Πειραιεῖ, οὓς οὐδ' ὑμεῖς [3] ἀγνοήσετε ἰδόντες. ἐκ τούτων ἕνα, ἡνίκα οὗτος ἔπραττεν ὅπως ἡ ναῦς μὴ [4] καταπλεύσηται δεῦρο, πρεσβευτὴν ἐκ βουλῆς τινὰ λαμβάνομεν γνώριμον οὑτωσί. ὅτι δ' ἦν τοιοῦτος οὐκ εἰδότες, ἀτύχημα οὐδὲν ἔλαττον, εἰ οἷόν τ' εἰπεῖν, ἀτυχήσαντες ἢ [5] τὸ ἐξ ἀρχῆς πονηροῖς ἀνθρώποις συμμίξαι, οὗτος ὁ πεμφθεὶς ὑφ' ἡμῶν, Ἀριστοφῶν ὄνομα αὐτῷ, ὃς καὶ τὰ τοῦ Μικκαλίωνος πράγματα ἐσκευώρηται. [6] ταῦτα μὲν οὖν ἠκούομεν ἠργολαβηκέναι αὐτὸν καὶ κατεπηγγέλθαι τουτῳΐ. καὶ ὅλως ἐστὶν ὁ πάντα πράττων οὗτος. ὁδὶ δὲ ἄσμενος δέδεκται ταῦτα. ὡς γὰρ διήμαρτε τοῦ διαφθαρῆναι τὸ πλοῖον, οὐκ

[1] ἐμπλέοντος. [2] εἶτα καὶ διὰ [3] ἀγνοήσαιτε [4] καταπλευσεῖται [5] τό γε ἐξ ἀρχῆς
[6] (ταῦτα γὰρ νῦν ἀκούομεν) ἠργολάβηκεν ἑαυτὸν, καὶ * κατεπήγγελται

ναίων. WOLF.

Τοιαῦτά γε ἐσκευωρημένον] *Qui talia contechnatus esset, qui hujuscemodi incepta insidiosa suscepisset atque adortus esset.* BUDÆUS.

Πρεσβευτὴν ἐκ βουλῆς τινὰ] Suspecta lectio. [ἐκ βουλῆς τινὰ abesse possunt. *In farrag.*] et, v. pen. ἐστὶν ὁ πάντα πράττων οὗτος. WOLF.

γ'. Ἐκ βουλῆς τινὰ] Hæc tria verba recidenda putant nonnulli, ut nullum sensum præbentia, ego retinenda censeo levi mutatione ἐπιβουλῆς pro ἐκ βουλῆς: *legatum quendam insidiarum*, Gallice *un agent de fourberie.* AUGER.

Ταῦτα] Nempe, *ea quæ facta sunt et*

ἔχων ἀποδοῦναι τὰ χρήματα τοῖς δανείσασι, — πῶς γὰρ, ἄγε ἐξ ἀρχῆς μὴ ἐνέθετο; — ἀντιποιεῖται τῶν ἡμετέρων, καὶ φησὶ τῷ Ἡγεστράτῳ ἐπὶ τούτῳ τῷ σίτῳ δεδανεικέναι, ὃν ὁ παρ᾽ ἡμῶν ἐπιπλέων ἐπρίατο. οἱ δὲ [1] δανεισταὶ ἐξαρχῆς ἐξηπατημένοι, ὁρῶντες ἑαυτοῖς ἀντὶ τῶν χρημάτων ἄνθρωπον πονηρὸν χρήστην, [2] ἀλλ᾽ οὐδ᾽ ἐλπίδα ἔχοντες, ὑπὸ τούτου παρακρουσθέντων ἡμῶν, ἐκ τῶν ἡμετέρων ἀπολήψεσθαι τὰ ἑαυτῶν, ὃν ἴσασι ψευδόμενον ταῦτα καθ᾽ ἡμῶν, τούτῳ συνδικεῖν ἀναγκάζονται τοῦ συμφέροντος εἵνεκα τοῦ ἑαυτῶν.

δ΄. Τὸ μὲν οὖν πρᾶγμα, ὑπὲρ οὗ τὴν ψῆφον οἴσετε, ὡς εἰπεῖν ἐν κεφαλαίῳ, τοιοῦτόν ἐστι· βούλομαι δὲ τοὺς μάρτυρας ὧν λέγω πρῶτον ὑμῖν παρασχόμενος, μετὰ ταῦτα δὴ καὶ τἄλλα διδάσκειν. καί μοι λέγε τὰς μαρτυρίας.

86 ΜΑΡΤΥΡΙΑΙ.

ἐπειδὴ τοίνυν ἀφίκετο δεῦρο τὸ πλοῖον, γνόντων τῶν Κεφαλήνων, ἀντιπράττοντος τούτου, ὅθεν ἐξέπλευσε τὸ πλοῖον, ἐνταῦθα καὶ καταπλεῖν αὐτὸ, τὴν μὲν ναῦν οἱ ἐπὶ τῇ νηῒ δεδανεικότες [3] ἐνθάδε εὐθέως εἶχον· τὸν δὲ σῖτον ὁ ἠγορακὼς εἶχεν· ἦν δ᾽ οὗτος ὁ ἡμῖν τὰ χρήματα ὀφείλων. μετὰ ταῦτα οὗτος ἧκεν ἔχων τὸν παρ᾽ ἡμῶν πρεσβευτὴν πεμφθέντα τὸν Ἀριστοφῶντα, καὶ ἠμφισβήτει τοῦ σίτου, φάσκων, Ἡγεστράτῳ δεδανεικέναι. τί λέγεις ἄνθρωπε; εὐθέως [4] ὁ ἄνθρωπος ὁ Πρῶτος — τοῦτο γὰρ ἦν τοὔνομα τῷ τὸν σῖτον εἰσαγαγόντι, τῷ τὰ χρήμαθ᾽ ἡμῖν ὀφείλοντι —, σὺ χρήματα δέδωκας Ἡγεστράτῳ, μεθ᾽ οὗ τοὺς ἄλλους ἐξηπάτηκας ὅπως [5] δανείσηται; καὶ σοὶ πολλάκις λέγοντα, ὅτι τοῖς προεμένοις ἀπολεῖται τὰ χρήματα, σὺ οὖν ταῦτα ἀκούων αὐτὸς ἂν προήκω; ἔφη, καὶ ἀναιδὴς ἦν. οὐκ οὖν εἰ

[1] δανεισταὶ τὸ ἐξαρχῆς [2] ἄλλο δ᾽ οὐδὲν, ἐλπίδας [3] ἐνθένδε [4] Desunt ὁ ἄνθρωπος. [5] δανείσηται, * καίτοι π. λέγοντας, — χρήματα;

de quibus queror. IDEM.

Ἀλλ᾽ οὐδ᾽ ἐλπίδα ἔχοντες ὑπὸ τούτου] S. διαλυθῆναι τὰ ὀφειλόμενα. Legendum fortassis παρὰ τούτου, ut referatur ad ἀπολήψεσθαι τὰ ἑαυτῶν. WOLF.

Παρακρουσθέντων δ᾽ ὑμῶν] S. τῶν δικαστῶν. IDEM.

δ. Σὺ χρήματα δέδωκας] M. δεδάνεικας. IDEM.

Ὅπως δανείσησθε] Probo hoc, etsi et δανείσηται ad solum Hegestratum referri potest. et mox καί σοι πολλάκις λέγοντος. IDEM.

Αὐτὸς ἂν προήκων, ἔφη, καὶ] Legendum

καὶ τὰ μάλιστα ἀληθῆ λέγεις, τῶν παρόντων τις ὑπέλαβεν, ὁ σὸς κοινωνὸς καὶ πολίτης ὁ Ἡγέστρατος, ὡς ἔοικεν, ἐξηπάτηκέ σε, καὶ ὑπὲρ τούτων αὐτὸς αὑτῷ θανάτου τιμήσας ἀπόλωλε. καὶ ὅτι γε, ἔφη τις τῶν παρόντων, ἁπάντων ἔστι συνεργὸς οὗτος ἐκείνῳ, σημεῖον ὑμῖν ἐρῶ. πρὸ γὰρ τοῦ διακόπτειν ἐπιχειρῆσαι τὴν ναῦν, τίθενται [1] πρόστιμα τῶν συμπλεόντων οὗτος καὶ Ἡγέστρατος βιβλίον συγγραφήν. καίτοι, εἰ μὲν εἰς πίστιν δέδωκας, τί πρὸ τοῦ κακουργήματος ἂν τὰ βέβαια ἐποιοῦ; εἰ δ' ἀπιστῶν ἐτύγχανες, τί οὐχ, ὥσπερ οἱ ἄλλοι, τὰ δίκαια ἐλάμβανες ἐν τῇ γῇ; τί ἂν τὰ πολλὰ [2] λέγῃ τις; ἦν γὰρ οὐδ' ὁτιοῦν πλέον ἡμῖν ταῦτα λέγουσιν· ἀλλ' [3] εἴχετο τοῦ σίτου. ἐξῆγεν αὐ- 887
τὸν ὁ Πρῶτος, καὶ ὁ κοινωνὸς τοῦ Πρώτου Φέρτατος· οὑτοσὶ δ' οὐκ ἐξήγετο, οὐδ' ἂν ἔφη διαῤῥήδην ὑπ' οὐδενὸς [4] ἐξαχθῆναι, εἰ μὴ αὐτὸν ἐγὼ ἐξάξω. μετὰ ταῦτα προὐκαλεῖτο ὁ Πρῶτος αὐτὸν καὶ ἡμεῖς ἐπὶ τὴν ἀρχὴν τὴν τῶν Συρακουσίων. κἂν μὲν ἐωνημένος τὸν σῖτον ἐκεῖνος φαίνηται, καὶ τὰ τέλη κείμενα [5] ἐκείνου, καὶ τὰς τιμὰς ὁ διαλύων ἐκεῖνος, τοῦτον πονηρὸν ὄντα [6] ἀξιοῦμεν ζημιοῦσθαι· εἰ δὲ μή, καὶ τὰ διάφορα ἀπολαβεῖν, καὶ τάλαντον προσλαβεῖν, καὶ τοῦ σίτου ἀφιστάμεθα. ταῦτ' ἐκείνου προκαλουμένου καὶ λέγοντος, καὶ ἡμῶν, οὐδὲν ἦν πλέον· ἀλλ' ἦν αἵρεσις, ἢ τοῦτον [7] ἐξάγειν, ἢ ἀπολωλεκέναι σωθέντα παρόντα τὰ

[1] πρός τινα [2] λέγοι [3] ἀντείχετο [4] ἐξαχθῆναι ἄν, εἰ [5] ἐκείνῳ [6] ἠξιοῦμεν
[7] ἐξάγειν ἡμᾶς, ἢ ἀ. σ. καὶ παρόντα

αὐτὸς ἂν προήκω; cum interrogatione, παρὰ τὸ προΐεμαι, ἀόρ. ά. μέσος, προηκάμην, προήκω, προήκατο. Sequitur, ἔφη (S. ὁ Ζηνόθεμις προέσθαι) καὶ ἀναιδὴς ἦν. Quia affirmabat rem absurdam. Idem.

Τίθενται πρόστιμα τῶν συμπλεόντων οὗτος καὶ Ἡγέστρατος βιβλίον συγγραφὴν] F. πρόστιμα ἐναντίον ἢ ἔμπροσθεν τῶν συμπλεόντων, et βιβλίου συγγραφήν. Idem. Vel delendum est βιβλίον, vel συγγραφὴν accipiendum tanquam appositio ad βιβλίον, np. scripturam, *libellum*, *quæ*, aut *qui erat syngrapha*. Auger.

Βιβλίον συγγραφὴν] Vel ut potius leg. βίβλειον συγγραφὴν, scripsit Demosthenes, ut ostendat esse exemplum syngraphæ in charta scriptum, ac diversum ab authentico. βίβλειος, ut dixi, συγγραφὴ vocatur, chartacea vel in charta scripta, quam βίβλον dixerunt. Inde βίβλειος *ex charta*. Nam τὸ βιβλίον diminutivum est, parva nempe βίβλος, exiguus liber chartaceus. Posset tamen etiam legi, quod interpreti video placuisse, βιβλίον συγγραφῆς. *Salmas. de M. U.* p. 401. Plura vide de syngrapha nautica in l. l.

Εἰ μὲν εἰς πίστιν ἔδωκας] Πιστεύων αὐτῷ. Sequitur, εἰ δ' ἀπιστῶν ἐτύγχανες. Wolf.

Τί πρὸ τοῦ κακουργήματος ἂν τὰ βέβαια ἐποιοῦ] Ἐβεβαίους τὸ συνάλλαγμα. Dicat Zenothemis, se illos testes adhibere voluisse, si arcanis pactis non stetisset Hegestratus, demerso frumento. Dilemma hoc ad coarguendam fraudem et conspirationem cum Hegestrato Zenothemidis pertinens, paulo videtur obscurius. Idem.

Τὰ διάφορα] Nempe, frumentum de quo lis erat. Auger.

Ταῦτ' ἐκείνου προκαλουμένου καὶ λέγοντος καὶ ἡμῶν οὐδὲν ἦν πλέον] F. καὶ λέγοντος· ἡμῖν οὐδὲν ἦν πλέον. Wolf. Auger.

ἡμέτερ' αὐτῶν. ὁ γὰρ αὖ Πρῶτος διεμαρτύρετο ἐξάγειν βεβαιοῦν ἀναπλεῖν ἐθέλειν εἰς τὴν Σικελίαν. [1]εἰ δ' αὖ θέλοντος αὐτοῦ προήσομεν ἡμεῖς τούτῳ τὸν σῖτον, οὐδὲν αὐτῷ [2]μέλει. καὶ ὅτι ταῦτ' ἀληθῆ λέγω, καὶ οὔτ' ἂν ἐξαχθῆναι ἔφη, εἰ μὴ ὑπ' ἐμοῦ, οὔτε ἃ προὐκαλεῖτο περὶ τοῦ ἀναπλεῖν ἐδέχετο, ἔν τε τῷ πλοίῳ τὴν συγγραφὴν ἔθετο· λέγε τὰς μαρτυρίας.

ΜΑΡΤΥΡΙΑΙ.

έ. Ἐπειδὴ τοίνυν οὔτ' ἐξάγεσθαι ἤθελεν ὑπὸ τοῦ Πρώτου, οὔτ' εἰς τὴν Σικελίαν ἀναπλεῖν ἐπὶ τὰ δίκαια, προειδώς τε ἅπαντα ἐφαίνετο, ἃ ὁ Ἡγέστρατος ἐκακούργει, λοιπὸν ἦν ἡμῖν τοῖς [4]ἐνθάδε πεποιημένοις τὸ συμβόλαιον, παρειληφόσι δὲ τὸν σῖτον παρὰ τοῦ δικαίως ἐκεῖ πριαμένου, ἐξάγειν τοῦτον. τί γὰρ ἂν καὶ ἄλλο ἐποιοῦμεν; οὔπω γὰρ
88 τοῦτό γε οὐδεὶς ἡμῶν τῶν κοινωνῶν [5]ὑπελάμβανεν, ὡς ὑμεῖς γνώσεσθέ ποτ', εἶναι τούτου τὸν σῖτον, ὃν καταλιπεῖν οὗτος ἔπειθε τοὺς ναύτας, ὅπως ἀπόλοιτο τοῦ πλοίου καταδύντος. ὃ καὶ μέγιστόν ἐστι σημεῖον τοῦ μηδὲν προσήκειν αὐτῷ. τίς γὰρ ἂν τὸν ἑαυτοῦ σῖτον ἔπειθε προέσθαι τοὺς σώζειν βουλομένους; ἢ τίς οὐκ ἂν ἔπλει δεξάμενος τὴν πρόκλησιν εἰς τὴν Σικελίαν, [6]οὗ ἦν ἐλέγξαι καθαρῶς. καὶ μὴν οὐδὲ τοῦτο [7]ἔμελλον ὑμῶν καταγνώσεσθαι, ὡς εἰσαγώγιμον τούτῳ [8]ψηφιεῖσθαι τὴν δίκην περὶ τούτων τῶν χρημάτων, ἃ κατὰ πολλοὺς τρόπους οὗτος ἔπραττεν, ὅπως μὴ εἰσαγώγιμα δεῦρ' ἔσται. πρῶτον μὲν, ὅτε αὐτὰ καταλιπεῖν τοὺς ναύτας ἔπειθεν· εἶθ', ὅτ' ἐν Κεφαληνίᾳ μὴ δεῦρο πλεῖν τὴν ναῦν ἔπραττε. πῶς γὰρ οὐκ αἰσχρὸν καὶ δεινὸν ἂν γένοιτο, εἰ Κεφαλῆνες μὲν, ὅπως [9]Ἀθηναίοις σωθῇ τὰ χρήματα, δεῦρο πλεῖν τὴν ναῦν ἔκριναν, ὑμεῖς δ' ὄντες Ἀθηναῖοι τὰ τῶν πολιτῶν τοῖς καταποντίσαι βουλη-

[1] δ' ταῦτ' ἐθέλοντος αὐτοῦ * προησόμεθ' [2] μέλειν [4] ἐνθένδε μὲν πεποιημένοις [5] ὑπέλαβεν [6] οὗ ταῦτα ἦν [7] * ἐμέλλομεν [8] ψηφιεῖσθε [9] τοῖς ἀθηναίοις

Διεμαρτύρετο. ἐξάγειν βεβαιοῦν] F. διεμαρτύρετο, τῷ ἐξάγειν βεβαιῶν, ἀναπλεῖν ἐθέλειν. Nisi forte sit ἀσύνδετον, *testificabatur, se velle illum educere, satisdare, navigare in Siciliam.* Wolf.

Βεβαιοῦν] *Rem firmare, rem facere suo met periculo.* Auger.

Ἔν τε τῷ πλοίῳ τὴν συγγραφὴν ἔθετο] Συνεγράψατο ἢ ἐποιήσατο, τὴν πρὸς Ἡγέστρατον. Wolf.

έ. Οὔπω γὰρ τοῦτό γε] F. οὔτοι. Idem.

θεῖσι δοῦναι γνοίητε; καὶ ἃ μὴ καταπλεῖν ὅλως οὗτος δεῦρό ἔπραττε, ταῦτ' εἰσαγώγιμα τούτῳ [1]ψηφίσασθαι; μὴ δῆπου, ὦ Ζεῦ καὶ θεοί! λέγε δή μοι. τί παραγέγραμμαι.

ΠΑΡΑΓΡΑΦΗ.

λέγε δή μοι τὸν νόμον.

ΝΟΜΟΣ.

ς'. Ὅτι μὲν [2]τοίνυν ἐκ τῶν νόμων παρεγραψάμην, μὴ
εἰσαγώγιμον εἶναι τὴν δίκην, ἱκανῶς [3]οἶμαι δεδεῖχθαι·
τέχνην δ' ἀκούσεσθε τοῦ σοφοῦ τοῦ ταῦτα πάντα συντε-
ταχότος τοῦ Ἀριστοφῶντος. ὡς γὰρ ἐκ τῶν πραγμάτων
ἁπλῶς οὐδὲν ἑώρων δίκαιον [4]αὐτοῖς ἐνὸν, ἐπικηρυκεύονται
τῷ Πρώτῳ, καὶ πείθουσι τὸν ἄνθρωπον [[5]μὴ] ἐνδοῦναι τὰ
πράγματ' [4]αὐτοῖς· πράττοντες μὲν, ὡς ἔοικε, καὶ ἐξ 889
ἀρχῆς τουτο, ὡς ἡμῖν [6]νῦν φανερὸν γέγονεν, οὐ δυνάμενοι
δὲ πεῖσαι. ὁ γὰρ ἄνθρωπος ὁ Πρῶτος, ἕως μὲν ᾤετο τὸν
σῖτον κέρδος ἐλθόντα ποιήσειν, ἀντείχετο τούτου, καὶ
μᾶλλον ἡρεῖτο αὐτός τε κερδᾶναι καὶ ἡμῖν τὰ δίκαια
ἀποδοῦναι, ἢ κατακοινωνήσας τούτοις τῆς μὲν ὠφελείας
τούτους ποιῆσαι μερίτας, ἡμᾶς δ' ἀδικῆσαι· ὡς δὲ δεῦρο
ἥκοντος αὐτοῦ καὶ περὶ ταῦτα πραγματευομένου, ἐπανῆ-
κεν ὁ σῖτος, ἄλλην εὐθέως ἔλαβε γνώμην. καὶ ἅμα —
εἰρήσεται γὰρ, ὦ ἄνδρες Ἀθηναῖοι, [7]πρὸς ὑμᾶς ἡ ἀλήθεια
— καὶ ἡμεῖς οἱ δεδανεικότες προσεκρούομεν αὐτῷ καὶ πι-
κρῶς εἴχομεν, τῆς τε ζημίας ἐφ' ἡμᾶς ἰούσης τῆς ἐπὶ τὸν
σῖτον, καὶ συκοφάντην ἀντὶ χρημάτων αἰτιώμενοι τοῦτον
ἡμῖν κεκομικέναι. ἐκ τούτων, οὐδὲ φύσει χρηστὸς ὢν ἄνθρω-
πος δηλονότι, ἐπὶ τούτους ἀποκλίνει, καὶ συγχωρεῖ τὴν

[1] ψηφίσαισθε [2] τοίνυν δικαίως ἐκ [3] οἴομαι [4] αὐτοῖς [5] Deest μή. [6] νυνὶ [7] πᾶσα πρὸς

ς'. Ἐπικηρυκεύονται] Hic adhibetur de privatorum hominum nunciis, et non de caduceatoribus publica auctoritate missis. Cf. Thucyd. VII. c. 48. *Valckenaer. Animadv. ad Ammonium*, L. I. c. 20. fin.

Ἢ κατακοινωσάσης τούτοις] Lego κατακοινωνήσας. WOLF.

Τούτους ποιῆσαι μερίτας] Μετόχους καὶ κοινωνοὺς τοῦ κέρδους, παρὰ τὸ μέρος. IDEM.

Τῆς ἐπὶ τὸν σῖτον] M. τῆς περὶ τὸν σῖτον, τὸν ἐπανεικότα, τουτέστιν, εὐωνότερον γενόμενον. IDEM.

Ἀποκρίνει] F. ἀποκλίνει. et p. 479. v. 1. ὅτε οὔπω ταῦτα ἐφρόνουν. IDEM.

Καὶ συγχωρεῖ τὴν δίκην ἔρημον ὄφλειν] S. ἑαυτόν. Nisi forte aliquid desit: ut omni·

δίκην ἔρημον ὀφλεῖν, ἣν οὗτος αὐτῷ λαγχάνει τότε, ὅτε οὔπω [1]ταῦτα ἐφρόνουν. εἰ μὲν γὰρ ἀφῆκε τὸν Πρῶτον, [2]ἐξήλεγκτ᾽ ἂν εὐθέως ἡμᾶς συκοφαντῶν· ὀφλεῖν δὲ παρὼν ἐκεῖνος οὐ συνεχώρει, ἵν᾽ ἐὰν μὲν αὐτῷ ποιῶσιν ἃ ὡμολογήκασιν, εἰ δὲ μὴ, τὴν ἔρημον ἀντιλάχῃ. ἀλλὰ τί ταῦτα; εἰ μὲν γὰρ ἃ γέγραφεν οὗτος εἰς τὸ ἔγκλημα, ἐποίει, οὐκ ὀφλεῖν ἂν δίκην δικαίως, ἀλλ᾽ ἀποθανεῖν ὁ Πρῶτος ἔμοιγε δοκεῖ. εἰ γὰρ ἐν κακοῖς καὶ χειμῶνι τοσοῦτον οἶνον ἔπινεν, ὥστε ὅμοιον εἶναι μανίᾳ, τί οὐκ ἄξιος εἴη παθεῖν; ἢ εἰ γράμματ᾽ ἔκλεπτεν, ἢ [3]ὑπανέῳγεν;

ζ΄. Ἀλλὰ ταῦτα μὲν πρὸς ἑαυτοὺς ὑμεῖς ὅπως ποτὲ ἔχῃ διακρινεῖσθε· τῇ δ᾽ ἐμῇ δίκῃ μηδὲν ἐκείνης πρόσαγε. εἴ τι σε ἠδίκησεν ὁ Πρῶτος ἢ λέγων ἢ ποιῶν, ἔχεις, ὡς ἔοικε, δίκην· οὐδεὶς ἡμῶν ἐκώλυσεν, οὐδὲ νῦν παραιτεῖται. εἰ δὲ σεσυκοφάντηκας, οὐ περιεργαζόμεθα νὴ Δία, ἀλλ᾽ ἐκποδών ἐστιν ἄνθρωπος· διά γε ὑμᾶς, ἵνα τάς τε μαρτυρίας τὰς ἡμετέρας λίπῃ, καὶ νῦν ὑμεῖς, ὅ τι ἂν βούλησθε, λέγητε κατ᾽ αὐτοῦ. εἰ μὴ γὰρ δι᾽ ὑμῶν ἔρημος ἐγίγνετο ἡ δίκη, ἅμα ἂν αὐτὸν προσεκαλοῦ καὶ κατηγγύας πρὸς τὸν πολέμαρχον. καὶ εἰ μὲν κατέστησέ σοι τοὺς ἐγγυητὰς, μένειν ἠναγκάζετ᾽ ἂν, ἢ σὺ παρ᾽ ὧν [4]λήψῃ δίκην, ἑτοίμους εἶχες· εἰ δὲ μὴ κατέστησεν, εἰς τὸ οἴκημα ἂν ᾔει. νῦν δὲ κοινωσάμενοι τὸ πρᾶγμα, ὁ μὲν, διὰ σοῦ τὴν γεγονυῖαν [5]ἔνδειαν οὐκ ἀποδώσειν ἡμῖν οἴεται· σὺ δ᾽ ἐκείνου κατηγο-

[1] ταὐτὰ [2] ἐξελήλεγκτ᾽ [3] μὲν αὐτοὶ πρὸς [4] λήψει [5] ἔκδειαν

no videtur hæc narratio abrupta esse de actione Zenothemidis, et de ebrietate et furto Proti. IDEM.

Ὀφλεῖν δὴ παρὼν ἐκεῖνος οὐ συνεχώρει] Τίς δὲ ὁ παρών; τίς ὁ ὄφλων. IDEM.

Ἵν᾽, ἐὰν μὲν αὐτῷ ποιῶσιν, ἃ ὡμολογήκασιν] Elliptica formula καὶ ἀνανταπόδοτος, S. εὖ ἂν εἴη, ἢ, καλῶς ἂν ἔχοι. Talis est et in Evangelio D. Lucæ c. XIII. v. 8. Κύριε, ἄφες τὴν συκῆν καὶ τοῦτο τὸ ἔτος, ἕως ὅτου σκάψω περὶ αὐτὴν, καὶ βάλω κοπρίαν, κἂν μὲν ποιήσῃ καρπόν· εἰ δὲ μήγε, εἰς τὸ μέλλον ἐκκόψεις αὐτήν. IDEM.

Ὡμολογήκασι] Adde καλῶς ἂν ἔχοι, vel aliud quid. AUGER.

Εἰ δὲ μὴ τὴν ἔρημον ἀντιλάχῃ] Sunt et hæc valde salebrosa, in quibus transferendis feci, quod potui: præstent meliora beati. WOLF.

Δικαίως] Adde vel sub. μόνον. AUGER.

Ὥστε ὅμοιον εἶναι μανίᾳ] Vim ingentem vini, quam absumpserat [Zenothemis], declarare volens Demosthenes, addit illum, non insanum tantum, sed insaniæ ipsi furorique similem. *Victor. Var. Lect.* L. VIII. c. 4. loca similia Terentii Demosthenisque de servorum ebrietate in malis rebus excutiens.

ζ΄. Ἔχεις ὡς ἔοικε δίκην] Utrum, *jure agere tibi licet?* an, *pœnas de eo sumpsisti?* WOLF.

Οὐδὲ] Lego εἰ δὲ σεσυκοφάντηκας· οὐ περιεργαζόμεθα. Νὴ Δί᾽· ἀλλ᾽ ἐκποδών ἐστιν ὁ ἄνθρωπος. Hæc est ὑποφορὰ adversarii. Respondet alter, διά γε ὑμᾶς, S. ἐκποδών ἐστι. IDEM.

Διὰ σοῦ τὴν γεγονυῖαν ἔνδειαν] F. διὰ τὴν διὰ σοῦ γεγονυῖαν ἔνδειαν, S. τὴν ἀπρασίαν ρῶν τῶν ἡμετέρων κύριος [1]γεγενῆσθαι. τεκμήριον δέ. ἐγὼ μὲν γὰρ αὐτὸν κλητεύσω· σὺ δ᾽ οὔτε κατηγγύησας, οὔτε νῦν κλητεύσεις.

ή. Ἔτι τοίνυν ἑτέρα τις ἐλπίς [2]ἐστιν αὐτοῖς τοῦ παρακρούσεσθαι καὶ φενακιεῖν ὑμᾶς. αἰτιάσονται Δημοσθένην, καὶ ἐκείνῳ ἐμὲ πιστεύοντα φήσουσιν ἐξάγειν τουτονὶ, ὑπολαμβάνοντες τῷ ῥήτορα καὶ γνώριμον εἶναι ἐκεῖνον, πιθανὴν ἔχειν τὴν αἰτίαν. ἐμοὶ δ᾽ ἐστὶ, ὦ ἄνδρες Ἀθηναῖοι, Δημοσθένης οἰκεῖος γένει· καὶ πάντας ὑμῖν ὄμνυμι τοὺς θεοὺς, ἦ μὴν ἐρεῖν τἀληθῆ. προσελθόντος δ᾽ αὐτῷ μου, καὶ παρεῖναι καὶ βοηθεῖν ἀξιοῦντος, εἴ τι ἔχοι· Δήμων, ἔφη, ἐγὼ ποιήσω μὲν, ὡς ἂν σὺ κελεύῃς. καὶ γὰρ ἂν δεινὸν εἴη. δεῖ μέντοι καὶ τὸ σαυτοῦ καὶ τοὐμὸν λογίσασθαι. ἐμοὶ συμ-
βέβηκεν ἀφ᾽ οὗ περὶ τῶν κοινῶν λέγειν ἠρξάμην, μηδὲ πρὸς 891
ἓν πρᾶγμα ἴδιον προσεληλυθέναι· ἀλλὰ καὶ τῆς πολιτείας αὐτῆς τὰ τοιαῦτα [3]ἐξέστηκα.

[1] γενήσεσθαι

[2] ἐστὶν ἐλπὶς

[3] ἐξέστηκα. Desunt quædam.

τοῦ σίτου, ἢ, τὸ ἐπανειμένον τῆς τιμῆς καὶ εὔωνον. Sententia est, Zenothemidem obstitisse, quo minus frumentum mature beneque venderetur. IDEM. ἔνδεια significat id quod deerit summæ creditæ ob damnum emergens ex frumento non statim vendito. σὺ δὲ, sub. οἶη. AUGER.

ή. Ἀλλὰ καὶ τῆς πολιτείας αὐτῆς τὰ τοιαῦτα ἐξέστηκα] Οὐδὲ δημοσίᾳ δικάζομαι ἢ συνδικῶ τινὶ, οὐκ ὢν περίτριμμα τῆς ἀγορᾶς, ὥσπερ Αἰσχίνης. Dissimulat hic id, quod facit: ὥσπερ οὐκ ὂν παρεῖναι καὶ βοηθεῖν τὸ λογογραφεῖν. Adversus Theocrinem autem Demosthenes Demosthenem accusat, et orator oratores non tam acriter, quam vere, insectatur. WOLF. Hæc ultima phrasis obscura est, et nonnulli putant pauca deesse. Ego ex hac eum sensum erui [sc. in Interpr. Gallio.] qui mihi optimus visus est. AUGER.

ΥΠΟΘΕΣΙΣ ΤΟΥ ΠΡΟΣ ΑΠΑΤΟΥΡΙΟΝ ΠΑΡΑ-ΓΡΑΦΙΚΟΥ ΛΟΓΟΥ.

Pag.
ed.
Reisk.

891 Ὁ ΠΑΡΑΓΡΑΦΟΜΕΝΟΣ τὴν δίκην, ἰδίᾳ μέν τινα συμβόλαια πρὸς Ἀπατούριον ἔχων, ἄφεσιν
ἐπ' ἐκείνοις καὶ ἀπαλλαγὴν ἐποιήσατο· νῦν δὲ ὑπὲρ Παρμένοντος ἐγκαλεῖται καὶ ἀπαιτεῖται
χρήματα. ὁ γὰρ Παρμένων πολίτης μὲν ἦν τοῦ ἐμπόρου τοῦ Ἀπατουρίου Βυζάντιος, φυγὴν δὲ
ἐκ τῆς πατρίδος κατεδεδίκαστο. φίλῳ δὲ καταρχὰς τῷ Ἀπατουρίῳ χρώμενος, ὕστερον προσ-
κρούσας, εἰς δίκας ἦλθε· καὶ ἐδίωκε τὸν Ἀπατούριον πληγῶν τε καὶ βλάβης. κἀκεῖνος αὖθις τῷ
Παρμένοντι δίκην ἀντέλαχεν. ὁ μὲν οὖν Ἀπατούριος [[1] ἐν] διαιτητῇ τὸ πρᾶγμα ἐπιτραπῆναί
φησιν Ἀριστοκλεῖ, κἀκεῖνον καταγνῶναι τοῦ Παρμένοντος. διόπερ ἐπὶ τοῦτον ἥκει τὸν νῦν παρα-
γραφόμενον τὴν δίκην, ἐγγυητὴν τοῦ Παρμένοντος γεγενῆσθαι φάσκων. ὁ δὲ οὐδὲν τούτων ὁμο-
λογεῖ· ἀλλὰ πρῶτον μέν φησι, τρισὶν αὐτοὺς ἐπιτρέψαι διαιτηταῖς, οὐχ ἑνὶ τῷ Ἀριστοκλεῖ.
ἔπειτα ἐγγυητὴν τοῦ Παρμένοντος ἐν ταῖς συνθήκαις Ἄρχιππον γραφῆναι, κἀκείνας δὲ ἀφανι-
σθῆναι τὰς συνθήκας, κακουργίᾳ τοῦ Ἀπατουρίου, πείσαντος τὸν Ἀριστοκλέα τὸν ἔχοντα αὐτὰς
892 μὴ κομίζειν εἰς μέσον, ἀλλὰ λέγειν ὡς ἀπολώλεκε τὸ γραμματεῖον καθεύδων ὁ παῖς· ἑτέρας δὲ
οὐκέτι γραφῆναι συνθήκας, οὐδὲ ἐπιτραπῆναι τὸ πρᾶγμα διαιτητῇ, τῆς μὲν πρότερον ἀναιρε-
θείσης τῇ τῶν συνθηκῶν ἀπωλείᾳ, δευτέρας δὲ οὐκέτι συμβαθείσης αὐτοῖς. [2] τὸν Ἀριστοκλέα
παρὰ πάντα τὰ δίκαια κατὰ τοῦ Παρμένοντος ἀποφήνασθαι, οὐκέτ' ὄντα διαιτητὴν, καὶ ταῦ-
τα ἀποδημοῦντός τε τοῦ Παρμένοντος κατὰ συμφορὰν μεγάλην καὶ ἀπηγορευκότος αὐτῷ μὴ
διαιτᾷν. ταῦτά τε οὖν ὁ τὴν δίκην [3] ἔχων προτείνεται τὰ δίκαια καὶ παραγράφεται τὸν ἀγῶνα,
λέγων, ἐπὶ μὲν τοῖς γενομένοις αὐτῷ πρὸς Ἀπατούριον συμβολαίοις, ἄφεσιν ὑπάρξαι, ὕστερον δὲ
οὐδὲν ἔτι γεγενῆσθαι συμβόλαιον· περὶ δὲ τῶν τοιούτων τοὺς νόμους μὴ διδόναι δικάζεσθαι.

[1] ἑνὶ [2] τὸν δὲ Ἀριστοκλέα [3] φεύγων

Ὁ παραγραφόμενος. WOLF.

Ἐν διαιτητῇ] Aut ἐν διαίτῃ τὸ πρᾶγμα, aut Ἀπατούριος διαιτητῇ τ. π. ε. φ. Ἀριστοκλεῖ. *In farrag.* leg. potius ἑνὶ διαιτητῇ. IDEM.

Συμβαθείσης αὐτοῖς. τὸν Ἀριστοκλέα] F. συμφαθείσης (παρὰ τὸ σύμφημι) aut συμβιβασθείσης αὐτοῖς. τὸν δ' Ἀριστοκλέα. IDEM.

ΔΗΜΟΣΘΕΝΟΥΣ

ΠΑΡΑΓΡΑΦΗ

ΠΡΟΣ ΑΠΑΤΟΥΡΙΟΝ.

ιά. ΤΟΙΣ μὲν ἐμπόροις, ὦ ἄνδρες Ἀθηναῖοι, καὶ τοῖς ναυκλήροις κελεύει ὁ νόμος εἶναι τὰς δίκας πρὸς τοὺς θεσμοθέτας, ἐάν τι ἀδικῶνται ἐν τῷ ἐμπορίῳ, ἢ ἐνθένδε ποι πλέοντες ἢ ἑτέρωθεν δεῦρο, καὶ τοῖς ἀδικοῦσι δεσμὸν ἔταξε τοῦτι-

τίμιον, ἕως ἂν ἐκτίσωσιν ὅ τι ἂν αὐτῶν καταγνωσθῇ, ἵνα
μηδεὶς ἀδικῇ μηδένα τῶν ἐμπόρων εἰκῇ· τοῖς δὲ περὶ τῶν
μὴ γενομένων συμβολαίων εἰς κρίσιν [1]καθισταμένοις, ἐπὶ
τὴν παραγραφὴν καταφεύγειν ἔδωκεν ὁ νόμος, ἵνα μὴ συ- 893
κοφαντῶνται, ἀλλ' αὐτοῖς τοῖς τῇ ἀληθείᾳ ἀδικουμένοις τῶν
ἐμπόρων καὶ τῶν ναυκλήρων αἱ δίκαι ὦσι. καὶ πολλοὶ ἤδη
τῶν φευγόντων ἐν ταῖς ἐμπορικαῖς παραγραψάμενοι κατὰ
τὸν νόμον τοῦτον, καὶ εἰσελθόντες εἰς ὑμᾶς, ἐξήλεγξαν
τοὺς δικαζομένους ἀδίκως ἐγκαλοῦντας καὶ ἐπὶ τῇ προφά-
σει τοῦ ἐμπορεύεσθαι συκοφαντοῦντας. ὁ μὲν οὖν μετὰ
[2]τούτων μοι ἐπιβεβουλευκὼς καὶ τὸν ἀγῶνα τουτονὶ κατε-
σκευακὼς, προϊόντος τοῦ λόγου, καταφανὴς ὑμῖν ἔσται·
ἐγκαλοῦντος δέ μοι Ἀπατουρίου τὰ ψευδῆ καὶ παρὰ τοὺς
νόμους δικαζομένου, καὶ, ὅσα μὲν ἐμοὶ καὶ τούτῳ ἐγένετο
συμβόλαια, πάντων ἀπαλλαγῆς καὶ ἀφέσεως γενομένης,
ἄλλου δὲ συμβολαίου οὐκ ὄντος ἐμοὶ πρὸς τοῦτον οὔτε ναυ-
τικοῦ οὔτ' ἐγγαίου, παρεγραψάμην τὴν δίκην μὴ εἰσαγώ-
γιμον εἶναι κατὰ τοὺς νόμους [3]τούτους.

ΝΟΜΟΙ.

β'. Ὡς τοίνυν παρὰ τοὺς νόμους τούτους εἴληχέ μοι τὴν δίκην Ἀπατούριος καὶ τὰ ψευδῆ ἐγκέκληκεν, ἐκ πολλῶν ὑμῖν τοῦτο ἐπιδείξω. ἐγὼ γὰρ, ὦ ἄνδρες δικασταὶ, πολὺν χρόνον [4]ἤδη ἐπὶ τῆς ἐργασίας ὢν τῆς κατὰ θάλατταν, μέχρι μέν τινος αὐτὸς ἐκινδύνευον· οὔπω δ' ἔτη ἐστὶν ἑπτὰ

[1] καθεσταμένοις [2] τούτου [3] τουτουσί. [4] ἤδη χρόνον

4. Περὶ τῶν μὴ γενομένων συμβολαίων] *Qui irritorum contractuum Rei fiant:* liberius verteram. et v. 4. ἵνα μηδεὶς συκοφαντῆται. IDEM.

Ἐν ταῖς ἐμπορικαῖς] S. δίκαις. Sed quid si τῶν φευγόντων δίκας ἐμπορικάς. IDEM.

Ὁ μὲν οὖν μετὰ τούτων μοι ἐπιβεβουλευκὼς] S. μετ' ἀδικίας καὶ συκοφαντίας. Nisi τὸ μετὰ τούτων, cum istis, ut adversarii advocatos intelligas, magis placeat. Nominat autem postea Eryxiam medicum Piræensem, suum inimicum. Sed fortasse legendum, μετὰ τούτου, S. τοῦ Ἀπατουρίου. IDEM. M. τούτου. AUGER.

Συμβολαίου — οὔτε ναυτικοῦ, οὔτε ἐγγείου] Nemo nescit συμβόλαια proprie dici chirographa et syngraphas; quibus pecunia sumpta mutuo cavetur reddenda sive cum periculo creditoris, si detur hac pactione trajicienda, quod est συμβόλαιον ναυτικὸν, sive citra ejusdem periculum, ut solet in συμβολαίοις ἐγγύοις quæ usuras communes ex pacto convento solvant. Inde et ejusmodi quoque usuræ ἔγγυοι debent appellari, non ἔγγειοι, ut vulgo legitur apud Demosthenem. *Salmas. de M. U.* cap. III. Quo fusius disserit V. D. de vocc. ἔγγειος et ἔγγυος.

Οὔτ' ἐγγαίου] Alias ἐγγείου. WOLF.

β'. Οὔπω δὲ ἔτη κ. τ. λ.] *Nondum anni sunt septem ex quo ego desii navigare et foris negotiari: pecunia autem non grandi quam habeo, quæstum facere cœpi, fœnore nautico occupata.* BUDÆUS.

ἀφ' οὗ τὸ μὲν πλεῖν καταλέλυκα, μέτρια δὲ ἔχων, τούτοις
πειρῶμαι ναυτικοῖς ἐργάζεσθαι. διὰ δὲ τὸ ἀφῖχθαι πολλα-
χόσε καὶ διὰ τὸ εἶναί μοι τὰς διατριβὰς περὶ τὸ ἐμπόριον,
γνωρίμως ἔχω τοῖς πλείστοις τῶν πλεόντων τὴν θάλατ-
ταν· [1] τούτοις δὲ τοῖς ἐκ Βυζαντίου καὶ πάνυ οἰκείως χρῶ-
μαι, διὰ τὸ ἐνδιατρίψαι αὐτόθι. ἔχοντος δέ μου οὕτως,
94 [2] ὡς λέγω, κατέπλευσαν δεῦρο τρίτον ἔτος οὗτός τε καὶ
πολίτης αὐτοῦ Παρμένων, Βυζάντιος μὲν τὸ γένος, φυγὰς
δ' ἐκεῖθεν· προσιόντες δ' ἐμοὶ ἐν τῷ ἐμπορίῳ οὗτος καὶ
Παρμένων ἐμνήσθησαν περὶ ἀργυρίου. ἔτυχε δὲ οὑτοσὶ ὀφεί-
λων ἐπὶ τῇ νηῒ τῇ αὑτοῦ τετταράκοντα μνᾶς, καὶ οἱ χρῆ-
σται κατήπειγον αὐτὸν [3] ἀδικοῦντες, καὶ ἐνεβάτευον εἰς
τὴν ναῦν, εἰληφότες τῇ ὑπερημερίᾳ. ἀπορουμένῳ δ' αὐτῷ
μνᾶς μὲν δέκα ὁ Παρμένων ὡμολόγησε δώσειν· τριάκοντα
δὲ μνᾶς ἐδεῖτό μου οὑτοσὶ συνευπορῆσαι, αἰτιώμενος τοὺς
χρήστας ἐπιθυμοῦντας τῆς νεὼς διαβεβληκέναι αὐτὸν ἐν τῷ
ἐμπορίῳ, ἵνα κατάσχωσι τὴν ναῦν, εἰς ἀπορίαν καταστή-
σαντες τοῦ ἀποδοῦναι τὰ χρήματα. ἐμοὶ μὲν οὖν οὐκ ἔτυχε
παρὸν ἀργύριον, χρώμενος δὲ Ἡρακλείδῃ τῷ τραπεζίτῃ
ἔπεισα αὐτὸν δανεῖσαι τὰ χρήματα λαβόντα με ἐγγυητήν.
ἤδη δὲ τῶν τριάκοντα μνῶν πεπορισμένων, ἔτυχε προσκε-
κρουκώς τι τούτῳ ὁ Παρμένων. ὡμολογηκὼς δ' εὐπορήσειν
αὐτῷ δέκα μνᾶς, καὶ τούτων δεδωκὼς τὰς τρεῖς, διὰ τὸ
[4] προειρημένον ἀργύριον ἠναγκάζετο καὶ τὸ λοιπὸν διδόναι.
αὐτὸς μὲν οὖν διὰ τοῦτο οὐκ ἐβούλετο ποιήσασθαι τὸ συμ-
βόλαιον· ἐμὲ δ' ἐκέλευε πρᾶξαι, ὅπως αὐτῷ ὡς ἀσφαλέ-
στατα ἕξει. λαβὼν δ' ἐγὼ τὰς ἑπτὰ μνᾶς παρὰ τοῦ
Παρμένοντος, καὶ τὰς τρεῖς ἃς προειλήφει οὗτος παρ' ἐκεί-
νου, ἀνθομολογησάμενος πρὸς τοῦτον, ὠνὴν ποιοῦμαι τῆς

[1] * τούτων [2] ὡς ἐγὼ λέγω [3] ἀπαιτοῦντες [4] προειμένον

Μέτρια — ναυτικῶς ἐργάζεσθαι] Ita legendum, non, ut vulgo est, ναυτικοῖς. Dicit, cum mediocres haberet facultates, se maritimis usoris et quæstibus animum adjecisse. Ἐργάζεσθαι simpliciter est *quæstum facere*. Ergo ἐργάζεσθαι ναύτικῶς [*sub usura nautica quæstum facere*], ut δανείζειν ναυτικῶς ap. Diog. Laert. in vit. Zenon. *sub usura nautica fœnerari*. *Salmas. de M. U.* cap. V. p. 190.

Οἱ χρῆσται — ὑπερημερίᾳ] *Creditores hominem inique urgebant, in possessionem navis euntes ob moram dissolvendi.* Erant autem creditores pignoratitii, quibus navem cum mercibus ille oppigneraverat, h. e. ἔτυχεν αὐτὸς ὀφείλων ἐπὶ τῇ νηΐ. Budæus. Cf. *Salmas. de M. U. p.* 575.

Ἐμοὶ μὲν οὐκ] Lego, ἐμοὶ μὲν οὖν οὐκ. Wolf.

Καὶ τὰς τρεῖς ἀνθομολογησάμενος πρὸς τοῦνεὼς καὶ τῶν παίδων, ἕως ἀποδοίη [1] τὰς δέκα μνᾶς ἃς δι' ἐμοῦ ἔλαβε, καὶ τὰς τριάκοντα ὧν κατέστησεν ἐμὲ ἐγγυητὴν τῷ τραπεζίτῃ. καὶ ὡς ἀληθῆ λέγω, ἀκούσατε τῶν 895 μαρτυριῶν.

ΜΑΡΤΥΡΙΑΙ.

γ'. Τὸν μὲν τρόπον τοῦτον ἀπήλλαξε τοὺς χρήστας Ἀπατούριος οὑτοσί· οὐ πολλῷ δὲ χρόνῳ μετὰ ταῦτα τῆς τραπέζης ἀνασκευασθείσης, καὶ τοῦ Ἡρακλείδου κατ' ἀρχὰς κεκρυμμένου, ἐπιβουλεύει οὑτοσὶ τούς τε παῖδας ἐκπέμψαι Ἀθήνηθεν καὶ τὴν ναῦν ἐξορμίσαι ἐκ τοῦ λιμένος· ὅθεν ἐμοὶ πρὸς τοῦτον ἡ πρώτη διαφορὰ ἐγένετο. αἰσθόμενος γὰρ ὁ Παρμένων ἐξαγομένων τῶν παίδων ἐπιλαμβάνεται καὶ τὴν ναῦν κατεκώλυσεν αὐτὸν ἐξορμίζειν, καὶ μεταπεμψάμενος ἐμὲ λέγει τὸ πρᾶγμα. ὡς δ' ἤκουσα, τοῦτον μὲν ἀνοσιώτατον ἡγησάμην εἶναι τῷ ἐπιχειρήματι· ἐσκοπούμην δὲ, ὅπως αὐτός τε ἀπολυθήσομαι τῆς ἐγγύης τῆς ἐπὶ τὴν τράπεζαν, καὶ ὁ ξένος μὴ ἀπολεῖ ἃ δι' ἐμοῦ τούτῳ ἐδάνεισε. καταστήσας δὲ φύλακας τῆς νεὼς, διηγησάμην τοῖς ἐγγυηταῖς τῆς τραπέζης τὴν πρᾶξιν, καὶ παρέδωκα τὸ ἐνέχυρον, εἰπὼν αὐτοῖς, ὅτι δέκα μναῖ ἐνείησαν τῷ ξένῳ ἐν τῇ νηΐ. ταῦτα δὲ πράξας, κατηγγύησα τοὺς παῖδας, ἵν', εἴ τις ἔνδεια γίγνοιτο, τὰ ἐλλείποντα ἐκ τῶν παίδων εἴη. καὶ ἐγὼ μὲν, ἐπειδὴ ἔλαβον τοῦτον ἀδικοῦντα, διωρθωσάμην ὑπὲρ ἐμαυτοῦ καὶ τοῦ ξένου· ὁ δ' ὥσπερ ἀδικούμενος, ἀλλ' οὐκ ἀδικῶν, ἐμέμφετό μοι, καὶ ἠρώτα εἰ οὐχ ἱκανόν μοι

[1] τάς τε δέκα

τον] *Et isto, tres illas, quas ab illo accepe- rat antea, coram confesso*, verti. Sed si τὸ ἀνθομολογησάμενος ad Rei personam referatur, ut et τὸ λαβὼν, sic vertas licet: *cum apud illum* (Parmenonem) *confessus essem, me et* tres *illas minas Apaturio jam datas accepisse.* Idem. τὰς τρεῖς regitur ab ἀνθομολογησάμενος. Auger.

γ'. Τὸν μὲν τρόπον — Ἀπατούριος] *Hac ratione suos creditores liberavit Apaturius.* Budæus.

Τῆς τραπέζης ἀνασκευασθείσης] *Qui foro cedunt* dicuntur apud Demosthenem ἀνασκευάζειν τὴν τράπεζαν. Idem. Id est, *mensa e foro exempta*, quod dicunt Itali *banco rotto.* Palmer.

Ταῦτα — ἔκδεια γίγνοιτο] Ita legimus ex vet. libb. non ἔνδεια. Nam ἔκδεια, ut bene Suidas, Atticis dicitur, ἡ κεχρεωστημένη λοιπὰς, *reliquatio debiti.* Debes mihi C. aureos sub pignoribus, iis distractis XC. tantum recipio. Decem qui supersunt, vel potius desunt quo minus integrum recuperem, ἔκδεια vocatur Atticis. Quod hic dixit de servis κατεγγύησα παῖδας, de navi paulo ante dixit, παρέδωκα ἐνέχυρον. De utroque paulo post subjungit, τὴν ναῦν καὶ τοὺς παῖδας παραδίδωμι, h. e. *navem trado et pueros.* Ergo κατεγγυᾶν est *tradere*, non, ut vertit doctus interpres, *sponsione obstringere. Salmas. de M. U.* p. 713.

εἴη αὐτῷ ἀπολυθῆναι τῆς ἐγγύης τῆς πρὸς τὴν τράπεζαν,
ἀλλὰ καὶ ὑπὲρ τοῦ ἀργυρίου τοῦ Παρμένοντος τὴν ναῦν
κατεγγυῶ καὶ τοὺς παῖδας, καὶ ὑπὲρ ἀνθρώπου φυγάδος
896 ἀπεχθανοίμην αὐτῷ; ἐγὼ δὲ τὸν πιστεύσαντα ἐμαυτῷ τοσ-
ούτῳ ἔφην ἧττον ἂν περιϊδεῖν, ὅσῳ φυγὰς ὢν καὶ ἀτυχῶν
ἠδικεῖτο ὑπὸ τούτου. πάντα δὲ ποιήσας καὶ εἰς ἅπασαν
ἀπέχθειαν τούτῳ ἐλθὼν, μόλις εἰσέπραξα τὸ ἀργύριον,
πραθείσης τῆς νεὼς τετταράκοντα μνῶν, ὅσουπερ ἡ θέσις
ἦν. ἀποδοθεισῶν δὲ τῶν τριάκοντα μνῶν ἐπὶ τὴν τράπεζαν
καὶ τῶν δέκα [1] μνῶν τῷ Παρμένοντι ἐναντίον πολλῶν μαρ-
τύρων, τάς τε συγγραφὰς ἀνειλόμεθα καθ' ἃς ἐδανείσθη
τὰ χρήματα, καὶ τῶν συναλλαγμάτων ἀφεῖμεν, καὶ ἀπηλ-
λάξαμεν ἀλλήλους, ὥστε μήτε τούτῳ πρὸς ἐμὲ, μήτ' ἐμοὶ
πρὸς τοῦτον πρᾶγμα εἶναι μηδέν. καὶ ὡς ἀληθῆ λέγω,
ἀκούσατε τῶν μαρτυριῶν.

ΜΑΡΤΥΡΙΑΙ.

δ'. Μετὰ ταῦτα τοίνυν ἐμοὶ μὲν οὔτε μεῖζον οὔτ' ἔλαττον πρὸς αὐτὸν συμβόλαιον γέγονεν· ὁ δὲ Παρμένων ἐδικάζετο τούτῳ τῶν τε πληγῶν, ὧν ἔλαβεν ὑπὸ τούτου, ὅτε τῶν παίδων ἐξαγομένων ἐπελάβετο, καὶ ὅτι τοῦ εἰς Σικελίαν πλοῦ διὰ τοῦτον κατεκωλύθη. ἐνεστηκυίας δὲ τῆς δίκης, δίδωσιν ὁ Παρμένων ὅρκον τούτῳ περὶ τινῶν ἐγκλημάτων· καὶ οὗτος ἐδέξατο, ἐπιδιαθέμενος ἀργύριον, ἐὰν μὴ ὀμόσῃ τὸν ὅρκον. καὶ ὅτι ἀληθῆ λέγω, λάβε μοι τὴν μαρτυρίαν.

ΜΑΡΤΥΡΙΑ.

δεξάμενος τοίνυν τὸν ὅρκον, εἰδὼς ὅτι πολλοὶ αὐτῷ συνείσονται ἐπιορκήσαντι, ἐπὶ μὲν τὸ ὀμόσαι οὐκ ἀπήντα· ὡς δὲ δίκῃ λύσων τὸν ὅρκον, προσκαλεῖται τὸν Παρμένοντα. ἐνεστηκυιῶν δ' αὐτοῖς τῶν δικῶν, πεισθέντες ὑπὸ τῶν παρ-

[1] [μνῶν]

Κατεγγυῶ] Hoc loco, pro eo quod est, et pueros et navem pro credito pigneror, et manum prædibus injicio, quæ bona satis accepto habebam obnoxia. BUDÆUS.

Ἀφεῖμεν] Κατὰ μετάθεσιν, ἀντὶ τοῦ, ἀφίεμεν ἢ ἄφεμεν ἀορ. β. WOLF.

όντων, εἰς ἐπιτροπὴν ἔρχονται· καὶ γράψαντες [1] συνθήκας, 897
ἑνὶ μὲν διαιτητῇ κοινῷ Φωκρίτῳ πολίτῃ αὐτῶν, ἕνα δ' ἑκά-
τερος παρεκαθίσατο, οὗτος μὲν Ἀριστοκλέα Οἴῆθεν, ὁ δὲ
Παρμένων ἐμέ. καὶ συνέθεντο ἐν ταῖς συνθήκαις, εἰ μὲν τρεῖς
ὄντες ὁμογνώμονες γενοίμεθα, ταῦτα κύρια εἶναι αὐτοῖς· εἰ
δὲ μὴ, οἷς οἱ δύο γνοίησαν, τούτοις ἐπάναγκες εἶναι ἐμμένειν.
συνθέμενοι δὲ ταῦτα, ἐγγυητὰς τούτων ἀλλήλοις κατέστη-
σαν, οὗτος μὲν ἐκείνῳ τὸν Ἀριστοκλέα, ὁ δὲ Παρμένων τού-
τῳ Ἄρχιππον Μυῤῥινούσιον. καὶ τὸ μὲν πρῶτον ἐτίθεντο τὰς
συνθήκας παρὰ τῷ Φωκρίτῳ· εἶτα, κελεύσαντος τοῦ Φω-
κρίτου παρ' ἄλλῳ τινὶ θέσθαι, τίθενται παρὰ τῷ Ἀριστο-
κλεῖ. καὶ ὡς ἀληθῆ λέγω, ἀκούσατε τῶν μαρτυριῶν.

ΜΑΡΤΥΡΙΑΙ.

Ὅτι μὲν ἐτέθησαν αἱ συνθῆκαι παρὰ [2] Ἀριστοκλεῖ,
καὶ ἡ ἐπιτροπὴ ἐγένετο Φωκρίτῳ καὶ Ἀριστοκλεῖ καὶ
ἐμοὶ, οἱ εἰδότες ταῦτα μεμαρτυρήκασιν ὑμῖν· δέομαι δὲ
ὑμῶν, ὦ ἄνδρες δικασταὶ, τὰ μετὰ ταῦτα πραχθέντα
ἀκοῦσαί μου. ἐντεῦθεν γὰρ ἔσται φανερὸν ὑμῖν, ὅτι συκο-
φαντοῦμαι ὑπὸ τουτουῒ Ἀπατουρίου. ἐπειδὴ γὰρ ᾔσθετο
ὁμογνώμονας ὄντας ἐμὲ καὶ τὸν Φώκριτον, καὶ ἔγνω κατα-
διαιτήσοντας ἡμᾶς ἑαυτοῦ, λῦσαι βουλόμενος τὴν ἐπιτρο-
πὴν, διαφθεῖραι τὰς συνθήκας ἐπεχείρησε μετὰ τοῦ ἔχον-
τος αὐτάς· καὶ ἦλθεν ἐπὶ τὸ [3] ἀμφισβητεῖν, ὡς αὐτῷ
διαιτητὴς εἴη ὁ Ἀριστοκλῆς, τὸν δὲ Φώκριτον καὶ ἐμὲ οὐ-
δενὸς κυρίους ἔφη εἶναι, ἀλλ' ἢ τοῦ συνδιαλῦσαι. ἀγα-
νακτήσας δὴ τῷ λόγῳ ὁ Παρμένων, ἠξίου τὸν Ἀριστοκλέα
ἐκφέρειν τὰς συνθήκας, οὐ πόῤῥω φάσκων εἶναι τὸν ἔλεγ- 898
χον, εἴ τι κακουργοῖτο περὶ τὰ γράμματα· γεγραφέναι
γὰρ αὐτὰ οἰκέτην ἑαυτοῦ. ὁμολογήσας δὲ ἐξοίσειν τὰς συν-
θήκας ὁ Ἀριστοκλῆς, ἐμφανεῖς μὲν [4] οὔπω καὶ τήμερον
ἐνήνοχεν· εἰς δὲ τὴν ἡμέραν τὴν συγκειμένην ἀπαντήσας εἰς
τὸ Ἡφαιστεῖον, προὐφασίζετο ὡς ὁ παῖς, περιμένων αὐτὸν,

[1] συνθήκας, ἐπιτρέπουσιν, ἑνὶ [2] τῷ Ἀριστοκλεῖ [3] διαμφισβητεῖν [4] οὐδέπω

δ'. Ἑνὶ μὲν διαιτητῇ] Sententia non est obscura, sed constructio parum commoda.

Idem. Παρεκαθίσατο] *Arbitrum ex compromisso*

ἀπολωλεκὼς εἴη τὸ γραμματεῖον καθεύδων. ὁ δὲ ταῦτα συγκατασκευάζων ἐστὶν Εὐρυξίας ὁ ἰατρὸς, ὁ ἐκ Πειραιῶς, οἰκείως ἔχων τῷ Ἀριστοκλεῖ· ὅςπερ καὶ ἐμοὶ τοῦ ἀγῶνος αἴτιός ἐστι, διαφόρως ἔχων. καὶ, ὡς ἐσκήψατο ἀπολωλεκέναι ὁ Ἀριστοκλῆς, ἀκούσατε τῶν μαρτυριῶν.

ΜΑΡΤΥΡΙΑΙ.

ἐντεῦθεν τοίνυν τὸ μὲν τῆς ἐπιτροπῆς ἐλέλυτο, ἠφανισμένων τῶν συνθηκῶν καὶ τῶν διαιτητῶν ἀντιλεγομένων· ἐπιχειροῦντες δὲ γράφειν ἑτέρας συνθήκας, περὶ τούτων διηνέχθησαν, οὗτος μὲν ἀξιῶν τὸν Ἀριστοκλέα, ὁ δὲ Παρμένων τοὺς τρεῖς, οἷςπερ [2] καὶ ἐξ ἀρχῆς ἡ ἐπιτροπὴ ἐγένετο. οὐ γραφεισῶν δ' ἑτέρων συνθηκῶν, τῶν δὲ ἐξαρχῆς ἀφανισθεισῶν, εἰς τοῦτ' ἦλθεν ἀναιδείας ὁ ἠφανικὼς τὰς συνθήκας, ὥςτε εἷς ὢν ἀποφανεῖσθαι ἔφη τὴν δίαιταν· παρακαλέσας δὲ ὁ Παρμένων μάρτυρας, ἀπεῖπε τῷ Ἀριστοκλεῖ μὴ ἀποφαίνεσθαι παρὰ τὰς συνθήκας καθ' αὑτοῦ ἄνευ τῶν συνδιαιτητῶν. καὶ, ὧν ἐναντίον ἀπεῖπεν, ἀκούσατε [3] τῆς μαρτυρίας.

ΜΑΡΤΥΡΙΑ.

ς'. Μετὰ ταῦτα τοίνυν [5] τῷ Παρμένοντι συνέβη συμ-
899 φορὰ δεινὴ, ὦ ἄνδρες δικασταί· οἰκοῦντος γὰρ αὐτοῦ ἐν Ὀφρυνίῳ διὰ τὴν οἴκοθεν φυγὴν, ὅτε ὁ σεισμὸς ἐγένετο ὁ περὶ Χεῤῥόνησον, καὶ συμπεσούσης αὐτῷ τῆς οἰκίας, ἀπώλοντο ἡ γυνὴ καὶ οἱ παῖδες. καὶ ὁ μὲν, πυθόμενος τὴν συμφορὰν, ᾤχετο ἐνθένδε ἀποπλέων· ὁ δὲ Ἀριστοκλῆς, διαμαρτυραμένου τοῦ ἀνθρώπου ἐναντίον μαρτύρων μὴ ἀποφαίνεσθαι καθ' αὑτοῦ ἄνευ τῶν συνδιαιτητῶν, ἀποδημήσαντος τοῦ ἀνθρώπου διὰ τὴν συμφορὰν, ἐρήμην κατ' αὐτοῦ ἀπεφήνατο τὴν δίαιταν. καὶ ἐγὼ μὲν καὶ ὁ Φώκριτος ἐν ταῖς αὐταῖς συνθήκαις γεγραμμένοι, ὅτι ἠμφισβήτησεν

[1] Ἐρυξίας [2] καὶ τὸ ἐξ [3] τὰς [4] Μαρτυρίαι. [5] τῷ μὲν Παρμένοντι

eligebat. BUDÆUS.

é. Εὐρυξίας] In Platone legitur (etsi fortasse non iidem sunt) Ἐρυξίας: quod videtur ἐτυμολογώτερον. WOLF.

Παρακαλέσας — συνδιαιτητῶν] *Testato vetuit Aristoclem arbitrium ferre* solum *sine aliis arbitris, ita ut in arbitrio paciscendo componendoque cautum fuerat.* BUDÆUS.

οὗτος μὴ εἶναι ἡμᾶς διαιτητὰς αὐτῷ, ἐφύγομεν τὸ διαιτῆσαι· ὁ δὲ, οὐ μόνον ἀμφισβητηθεὶς, ἀλλὰ καὶ ἀποῤῥηθὲν αὐτῷ, οὐδὲν ἧττον τὴν [1] ἀπόφασιν ἐποιήσατο. ὃ οὔτε ὑμῶν, οὔτε τῶν ἄλλων Ἀθηναίων ὑπομεῖναι ἂν [2] τις ποιῆσαι οὐδείς. ἃ μὲν οὖν περὶ τὴν ἀφάνισιν τῶν συνθηκῶν καὶ περὶ τὴν γνῶσιν τῆς διαίτης Ἀπατουρίῳ καὶ τῷ διαιτητῇ πέπρακται, ἐάν ποτε σωθῇ ὁ ἠδικημένος, δίκην παρ' αὐτῶν λήψεται· ἐπειδὴ δὲ εἰς τοῦτο ἐλήλυθεν Ἀπατούριος ἀναιδείας, ὥστε καὶ ἐμοὶ [3] δικάζεσθαι, ἐπιφέρων αἰτίαν, ὡς ἀνεδεξάμην ἐκτίσειν εἴ τι καταγνωσθείη τοῦ Παρμένοντος, καὶ φησὶν ἐγγραφῆναι εἰς τὰς συνθήκας ἐμὲ ἐγγυητὴν, ὥσπερ προσήκει τοιαύτην αἰτίαν ἀπολύσασθαι, πρῶτον μὲν ὑμῖν μάρτυρας παρασχήσομαι, ὡς οὐκ ἠγγυησάμην ἐγὼ τὸν Παρμένοντα, ἀλλ' Ἄρχιππος Μυῤῥινούσιος, ἔπειτα πειράσομαι καὶ ἐκ τεκμηρίων τὴν ἀπολογίαν ποιήσασθαι, ὦ ἄνδρες δικασταί.

ζ'. Πρῶτον μὲν οὖν τὸν χρόνον ἐμαυτῷ ἡγοῦμαι μάρτυρα
εἶναι τοῦ μὴ ἀληθὲς τὸ ἔγκλημα εἶναι. ἡ μὲν γὰρ ἐπιτρο- 900
πὴ τούτῳ πρὸς τὸν Παρμένοντα, τρίτον ἔτος γέγονε, καὶ ἡ γνῶσις τοῦ Ἀριστοκλέους· αἱ δὲ λήξεις τῶν δικῶν τοῖς ἐμπόροις ἔμμηνοί εἰσιν ἀπὸ τοῦ Βοηδρομιῶνος μέχρι τοῦ Μουνυχιῶνος, ἵνα παραχρῆμα τῶν δικαίων τυχόντες ἀνάγωνται. εἰ δὲ τῇ ἀληθείᾳ ἐγγυητὴς ἦν τοῦ Παρμένοντος, διὰ τί πρῶτον μὲν οὐκ εὐθὺς, τῆς γνώσεως γενομένης, [4] εἰσ-

[1] ἀπόφανσιν [2] [τις] [3] δικάζεται [4] ἐπράττετο

ζ'. Αἱ δὲ λήξεις — ἀνάγωνται] Intelligo a Boedromione ad Munychionem, excluso utroque termino Boedromione et Munychione. Nam Boedromione mense adhuc navigabatur, quanquam non sine periculo: remotissima quippe Neomenia Boedromionis in Enneadecaeteride Metonica cadit in diem octavum Kalendas Octobres. Ex die vero tertio Iduum Novembrium clauduntur maria. Ab Elaphebolione mense, qui Munychionem immediate præcedit, navigabatur: scribit enim Theophrastus τὴν θάλατταν ἐκ τῶν Διονυσίων, quæ sunt hujus mensis, πλώϊμον εἶναι. Citima autem Elaphebolionis Neomenia in Enneadecaeteride Metonis cadit in diem quartum Nonas Martias: dies vero sextus Iduum Martiarum est natalis navigationis, ab eōque aperiuntur maria. Quamdiu igitur non navigatur, id est, sex illis mensibus, qui a Boedromione ad Munychionem intercedunt, judicia reddebantur mercatoribus et naviculariis. PETIT. *Leg. Attic.* L. V. T. V. §. IX. p. 519. Non dissimilia Salmasius de Usur. Mod. c. 10. p. 691. WESSELING.

Αἱ δὲ λήξεις τῶν δικῶν] Ne quis putet intelligi debere *justitium, cessationem juris dictionis*, non enim a λήγω hæc vox λήξεις, sed ab inusitato λήχω τὸ λαγχάνω. Intellige igitur *causarum sortitiones*. PALMER.

Ἔμμηνοί εἰσιν] Suidas: ἔμμηνα, κατὰ μῆνα: καὶ, ἔμμηνοι δίκαι, αἵ τε ἐμπορικαὶ καὶ ἐρανικαί. Ubi fortasse pro ἐρανικαὶ legendum ναυτικαί. Quod si ἕμμηνοι cum aspiratione legas, hoc est, ἒξ μηνῶν, vertas licet, semestres, id est, senum mensium. Nam a fine Sextilis ad initium Martii, sunt menses sex, quibus navigationem minus

επράττετο τὴν ἐγγύην; οὐ γὰρ δὴ τοῦτό γε αὐτῷ ἔνι εἰπεῖν, ὡς διὰ τὴν πρὸς ἐμὲ φιλίαν ὤκνει μοι ἀπέχθεσθαι· [1] οὗτος γὰρ εἰσεπέπρακτο ὑπ' ἐμοῦ πρὸς ἔχθραν τὰς χιλίας δραχμὰς τὰς τοῦ Παρμένοντος, καὶ, ὅτ' ἐξώρμιζε τὴν ναῦν, ἐπιβουλεύων ἀποδράναι καὶ ἀποστερῆσαι τὸ ἐπὶ τὴν τράπεζαν χρέος, ἐκωλύθη ὑπ' ἐμοῦ. ὥστε, εἰ ἦν ἐγγεγυημένος ἐγὼ τὸν Παρμένοντα, οὐκ ἂν τρίτῳ ἔτει ὕστερον, ἀλλ' εὐθὺς τότε εἰσέπραττεν ἄν με τὴν ἐγγύην. ἀλλὰ νὴ Δία εὐπόρως διέκειτο, ὥστ' ἐνεδέχετο αὐτῷ καὶ ὕστερον ἐπ' ἐμὲ ἐλθεῖν, τότε δ' ἀσχόλως εἶχε περὶ ἀναγωγὴν ὤν; ἀλλὰ δι' ἀπορίαν ἐξειστήκει τῶν ἑαυτοῦ, καὶ τὴν ναῦν ἐπεπράκει. εἰ δ' ἄρα ἐμποδών τι αὐτῷ ἐγεγόνει τοῦ μὴ εὐθὺς τότε δικάσασθαι, διὰ τί πέρυσιν ἐπιδημῶν, μὴ ὅτι δικάσασθαι, ἀλλ' οὐδ' ἐγκαλέσαι μοι ἐτόλμησε; καίτοι προσῆκεν, εἰ ὁ μὲν Παρμένων ὠφλήκει αὐτῷ τὴν δίκην, ἐγὼ δ' ἐγγυητὴς ἦν, προσελθεῖν αὐτόν μοι ἔχοντα μάρτυρας καὶ ἀπαιτῆσαι τὴν ἐγγύην, εἰ μὴ προπέρυσιν, ἐν τῷ ἐξελθόντι ἐνιαυτῷ· καὶ, εἰ μὲν αὐτῷ ἀπεδίδουν, κομίσασθαι, εἰ δὲ μὴ, δι-
01 κάζεσθαι. τῶν γὰρ τοιούτων ἐγκλημάτων πρότερον τὰς ἀπαιτήσεις ποιοῦνται ἅπαντες, ἢ δικάζονται. οὐκ ἔστι τοίνυν ὅστις μαρτυρήσει παραγενέσθαι, ὅπου οὗτος ἢ πέρυσιν ἢ προπέρυσιν ἐδικάσατό μοι, ἢ λόγον ὁντινοῦν ἐποιήσατο πρὸς ἐμὲ περὶ ὧν νυνί μοι δικάζεται. ὅτι δ' ἐπεδήμει πέρυσιν, ὅτε αἱ δίκαι ἦσαν, λάβε μοι τὴν μαρτυρίαν.

ΜΑΡΤΥΡΙΑ.

λάβε δή μοι καὶ τὸν νόμον, ὃς κελεύει τὰς ἐγγύας ἐπετείους εἶναι. καὶ οὐκ ἰσχυρίζομαι τῷ νόμῳ, ὡς οὐ δεῖ με δί-

[1] αὐτὸς

frequentem fuisse apparet. WOLF.

Διὰ τί — ἐτόλμησε] *Cur anno superiore cum ipse in urbe esset, ne appellare quidem me ea* de *re quoquo modo ausus* est, *nedum mecum experiri?* BUDÆUS.

Λάβε δή μοι κ. τ. λ.] Vir eruditissimus, [l. V. t. IV. §. IV.] qui ad Leg. Att. commentarium scripsit, sub titulo de usuris hanc legem retulit, et accepit de sponsionibus, quæ in credito intercedebant, pro securitate creditoris. Notat enim, Atticos danistas non tantum bona sibi oppignerari voluisse debitoris, sed etiam sponsores postulasse. — Testem etiam hanc legem cito, ut liqueat, non de sponsione pro credito eam agere, sed de satisdatione judicatum solvi. Tota oratio si legatur, id evincit. — Ἐπετείους eas [sponsiones] esse lex jussit, nec ultra annum teneri fidejussorem, qui eo nomine spopondisset, voluit. Ideo et statim post judicium exigebantur hujusmodi sponsiones, et nisi solveret, qui spoponderat, ex sponso cum eo agebatur. *Salmas. de M. U.* p. 690. Plura κην δοῦναι, εἰ ἐνεγγυησάμην, ἀλλὰ [1] μαρτύρομαι τὸν νόμον εἶναι τοῦ μὴ ἐγγυήσασθαι καὶ αὐτὸν τοῦτον· ἐδεδίκαστο γὰρ ἄν μοι τῆς ἐγγύης ἐν τῷ χρόνῳ τῷ ἐν τῷ νόμῳ γεγραμμένῳ.

ΝΟΜΟΣ.

ή. Γενέσθω τοίνυν καὶ τοῦτο ὑμῖν τεκμήριον τοῦ ψεύδεσθαι Ἀπατούριον. εἰ γὰρ ἐνεγγυησάμην ἐγὼ τούτῳ τὸν Παρμένοντα, οὐκ ἔστιν ὅπως τούτῳ μὲν ὑπὲρ ἐκείνου ἀπηχθανόμην, πρόνοιαν ποιούμενος, ὅπως μὴ ἀπολεῖ ἃ δι' ἐμοῦ τούτῳ συνέβαλλεν· αὐτὸς δ' ἐμαυτὸν περιεῖδον ἂν ὑπ' ἐκείνου πρὸς τοῦτον ἐν ἐγγύῃ καταλειπόμενον. τίνα γὰρ ἐλπίδα ἔσχον τοῦτον ἀποσχήσεσθαί μου, ὃν αὐτὸς ἠναγκάκειν ἐκείνῳ τὰ δίκαια [2] ποιῆσαι, καὶ τὴν ἐγγύην αὐτὸν εἰσπρᾶξαι τὴν εἰς τὴν τράπεζαν πρὸς ἀπέχθειαν; τί προσεδόκων ὑπὸ τούτου αὐτὸς πείσεσθαι;

θ'. Ἄξιον δὲ καὶ τοῦτ' ἐνθυμηθῆναι, ὦ ἄνδρες δικασταί, ὅτι οὐκ ἄν ποτε ἔξαρνος ἐγενόμην, εἰ ἐνεγγεγυήμην. πολὺ γὰρ ὁ λόγος ἦν μοι ἰσχυρότερος ὁμολογοῦντι τὴν ἐγγύην ἐπὶ τὰς συνθήκας ἰέναι, καθ' ἃς καὶ ἡ ἐπιτροπὴ ἐγένετο. ὅτι μὲν γὰρ τρισὶν ἐπετράπη διαιτηταῖς, μεμαρτύρηται ὑμῖν· ὁπότε δὲ μὴ ἔγνωσται ὑπὸ τῶν τριῶν, τί βουλόμενος ἠρνούμην ἂν τὴν ἐγγύην; μὴ γὰρ γενομένης τῆς γνώσεως κατὰ 90
τὰς συνθήκας, οὐδ' ἂν ἔτι τῆς ἐγγύης ὑπόδικος ἦν. ὥστε οὐκ ἄν ποτε, ὦ ἄνδρες δικασταί, παραλιπὼν τὴν οὖσάν μοι ἀπολογίαν εἰ ἐνεγγυησάμην, ἐπὶ τὸ ἀρνεῖσθαι ἀπῆλθον. ἀλλὰ μὴν καὶ τοῦτο μεμαρτύρηται ὑμῖν· ὅτι, ἐπειδὴ ἠφανίσθησαν αἱ συνθῆκαι ὑπὸ τούτων, ἐζήτουν ἑτέρας γράφεσθαι οὗτος καὶ ὁ Παρμένων, ὡς ἀκύρων ὄντων αὐτοῖς τῶν πρότερον ὡμολογημένων. καίτοι ὁπότε, περὶ τῆς μελλούσης γνώσεως γενήσεσθαι, ἑτέρας ἐνεχείρουν συνθήκας γράφεσθαι, ἐπειδὴ αἱ ὑπάρχουσαι ἀπώλοντο, πῶς ἐνῆν, μὴ

[1] μάρτυρά μοί φημι τὸν

[2] ποιῆσαι; κ. τ. ἐ. α. εἰσπράξας τ. ε. τ. τ. π. ἀπέχθειαν,

vid. in ll. ll.

Τοῦτον] Apaturium. AUGER.

ή. Πρόνοιαν ποιούμενος, ὅπως μὴ ἀπολεῖ, ἃ δι' ἐμοῦ τούτῳ συνέβαινεν] F. συνέβαλεν. Hujusmodi errata gignit negligentia librariorum, cum literas nec ea forma, nec ea magnitudine pingunt, qua debebant. Intelligent hoc; qui manuscriptos codices Græcos diversos cum judicio legerunt, et inter sese contulerunt. WOLF.

Καὶ τὴν ἐγγύην αὐτὸν εἰσπρᾶξαι] Lego αὐτὸς εἰσπράξας. IDEM.

γραφεισῶν συνθηκῶν ἑτέρων, ἢ δίαιταν γενέσθαι ἢ ἐγγύην; περὶ αὐτοῦ γὰρ τούτου διενεχθέντες, οὐκ ἔγραψαν ἕτερα γράμματα, ὁ μὲν ἀξιῶν ἕνα διαιτητὴν αὐτῷ εἶναι, ὁ δὲ τρεῖς. ὁπότε δὲ αἱ μὲν ἐξ ἀρχῆς συνθῆκαι ἠφανίσθησαν, καθ' ἃς ἐμέ φησιν γενέσθαι ἐγγυητὴν, ἕτεραι δὲ μὴ ἐγράφησαν, πῶς ὀρθῶς ἄν μοι δικάζοιτο, καθ' οὗ μὴ ἔχει παρασχέσθαι συνθήκας; ἀλλὰ μὴν καὶ ὡς ἀπηγόρευσεν ὁ Παρμένων τῷ Ἀριστοκλεῖ καθ' αὑτοῦ μὴ γιγνώσκειν ἄνευ τῶν συνδιαιτητῶν, μεμαρτύρηται ὑμῖν. ὅταν δὴ ὁ αὐτὸς ἠφανικὼς φαίνηται τὰ γράμματα, καθ' ἃ [1] δεῖ τὴν δίαιταν γενέσθαι, καὶ ἄνευ τῶν [2] διαιτητῶν παρὰ τὴν ἀπόῤῥησιν φῇ δεδιῃτηκέναι, πῶς ἂν, τούτῳ τῷ ἀνθρώπῳ πιστεύσαντες, δικαίως ἐμὲ [3] ἀπολέσετε;

ί. Σκέψασθε γὰρ τοῦτο, ὦ ἄνδρες δικασταὶ, εἰ μὴ ἐμὲ νυνὶ, ἀλλὰ τὸν Παρμένοντα ἐδίωκεν Ἀπατούριος οὑτοσὶ,
03 εἰσπράττων τὰς εἴκοσι μνᾶς, ἰσχυριζόμενος τῇ Ἀριστοκλέους γνώσει· ὁ δὲ Παρμένων παρὼν ἀπελογεῖτο ὑμῖν καὶ μάρτυρας παρείχετο, τοῦτο μὲν, ὅτι οὐ μόνῳ τῷ Ἀριστοκλεῖ ἀλλὰ τρίτῳ ἐπέτρεψεν, εἶθ', ὅτι ἀπεῖπεν αὐτῷ ἄνευ τῶν συνδιαιτητῶν καθ' αὑτοῦ μὴ ἀποφαίνεσθαι, καὶ, ὅτι ἀπολομένης αὐτῷ τῆς γυναικὸς καὶ τῶν παίδων ὑπὸ τοῦ σεισμοῦ, [4] καὶ ἐπὶ τηλικαύτην συμφορὰν ἀπάραντος οἴκαδε, ὁ τὰς συνθήκας ἠφανικὼς ἐρήμην αὐτοῦ ἐν τῇ ἀποδημίᾳ κατέγνω τὴν δίαιταν — ἔστιν ὅστις ἂν ὑμῶν, ταῦτα τοῦ Παρμένοντος ἀπολογουμένου, τὴν οὕτω παρανόμως γνωσθεῖσαν δίαιταν κυρίαν ἔγνω εἶναι; μὴ γὰρ ὅτι γε ἀμφισβητουμένων ἁπάντων, ἀλλ' εἰ ἦσαν μὲν αἱ συνθῆκαι, ὡμολογεῖτο δ' εἷς εἶναι ὁ διαιτητὴς Ἀριστοκλῆς, μὴ ἀπεῖπε δὲ ὁ Παρμένων αὐτῷ καθ' αὑτοῦ μὴ διαιτᾷν, ἀλλὰ συνέβη, πρὶν ἢ τὴν [5] ἀπόφασιν γενέσθαι τῆς διαίτης, ἡ συμφορὰ τῷ ἀνθρώπῳ, τίς οὕτως ὠμός ἐστιν ἀντίδικος ἢ διαιτητὴς, ὃς [6] οὐκ ἀνεβάλετο εἰς τὸ ἐπιδημῆσαι τὸν ἄν-

[1] ἔδει [2] συνδιαιτητῶν [3] ἀπολέσαιτε [4] [καὶ] [5] ἀπόφανσιν [6] οὐκ ἂν ἀνεβάλετο

θ'. Πρὸς ἀπόῤῥησιν φῇ δεδιῃτηκέναι] Id est, cum contra interdictum sententiam tulisse eum liqueat. BUDÆUS.

ί. Τοῦτο μὲν] Exspectare facit τοῦτο δὲ, hujus loco venit εἶθ'. AUGER.

Ὡμολογεῖτο δ' εἰσιέναι ὁ διαιτητὴς Ἀριστοκλῆς] F. ὡμολογεῖτο δ' εἷς εἶναι διαιτητὴς ὁ Ἀριστοκλῆς. Hanc lectionem sententia certe postulat. et p. 492. v. 2. δικαιότερ' ἂν φαίνοιτο λέγων τούτου. et v. 6. τὰ ψευδῆ μοὶ ἐγκέκληκε. et v. 27. ἐνῆν ἂν αἰτιάσασθαι. et v. 30. αἱ συνθῆκαι τῷ μὲν λαβόντι. WOLF. Quanto melius εἷς εἶναι. AUGER.

θρωπον; εἰ δὲ ὁ Παρμένων, εἰς λόγον καταστὰς, πανταχοῦ δικαιότερ' ἂν φαίνοιτο λέγων τούτου, πῶς ἂν ὀρθῶς ἐμοῦ καταγιγνώσκοιτε, ᾧ τοπαράπαν πρὸς τὸν ἄνθρωπον τουτονὶ μηδὲν συμβόλαιόν ἐστιν;

ιά. Ὅτι μὲν οὖν ἐγὼ μὲν ὀρθῶς τὴν παραγραφὴν πεποίημαι, Ἀπατούριος δὲ τὰ ψευδῆ μοι ἐγκέκληκε καὶ παρὰ τοὺς νόμους τὴν λῆξιν πεποίηται, ἐκ πολλῶν [1]οἴμαι ἐπιδεδεῖχθαι τοῦτο ὑμῖν, ὦ ἄνδρες δικασταί. τὸ δὲ κεφάλαιον πρὸς ἐμὲ οὐδ' ἐπιχειρήσει λέγειν Ἀπατούριος, ὡς συνθῆκαί τινες αὐτῷ εἰσίν. ὅταν δὲ λέγῃ ψευδόμενος,
ὡς ἐν ταῖς πρὸς τὸν Παρμένοντα συνθήκαις ἐνεγράφην ἐγ- 904
γυητὴς, ἀπαιτεῖτε αὐτὸν τὰς συνθήκας· καὶ ἐνταῦθ' αὐτῷ ἀπαντᾶτε, ὅτι πάντες ἄνθρωποι ὅταν πρὸς ἀλλήλους ποιῶνται συγγραφὰς, τούτου ἕνεκα σημηνάμενοι τίθενται παρ' οἷς ἐὰν πιστεύωσιν, ἵν', ἐάν τι ἀντιλέγωσιν [2]ἑαυτοῖς, ἐπανέλθωσιν ἐπὶ τὰ γράμματα, ἐντεῦθεν τὸν ἔλεγχον ποιήσασθαι περὶ τοῦ ἀμφισβητουμένου. ὅταν δ' ἀφανίσας τις τἀληθὲς λόγῳ ἐξαπατᾷν πειρᾶται, πῶς ἂν δικαίως [3]πιστεύηται;

ιβ'. Ἀλλὰ νὴ Δία — τὸ ῥᾷστον τοῖς ἀδικεῖν καὶ συκοφαντεῖν προῃρημένοις — μαρτυρήσει τις αὐτῷ κατ' ἐμοῦ; ἐὰν οὖν ἐπισκήψωμαι αὐτῷ, πόθεν τὴν ἀπόδειξιν ποιήσεται τοῦ ἀληθῆ μαρτυρεῖν; ἐκ τῶν συνθηκῶν; τοῦτο τοίνυν μὴ ἀναβαλλέσθω, ἀλλ' ἤδη φερέτω ὁ ἔχων τὰς συνθήκας. εἰ δ' ἀπολωλέναι φησὶ τότε, πόθεν λάβω [4]ἐγὼ τὸν ἔλεγχον καταψευδομαρτυρηθείς; [5]εἰ γὰρ παρ' ἐμοὶ ἐτέθη τὸ γραμματεῖον, [6]ἐνῆν αἰτιάσασθαι Ἀπατούριον, ὡς ἐγὼ διὰ τὴν ἐγγύην ἠφάνικα τὰς συνθήκας· εἰ δὲ παρὰ τῷ Ἀριστοκλεῖ, διὰ τί, εἴπερ ἄνευ τῆς τούτου γνώμης ἀπολώλασιν αἱ συνθῆκαι, [7]καὶ τῷ μὲν λαβόντι αὐτὰς καὶ οὐ παρέχοντι οὐ δικάζεται; ἐμοὶ δ' ἐγκαλεῖ, μάρτυρα παρεχόμενος κατ' ἐμοῦ τὸν ἠφανικότα τὰς συνθήκας, ᾧ προσῆκεν αὐτὸν ὀργίζεσθαι, εἴπερ μὴ [8]κοινῶς μετὰ τούτου ἐκακοτέχνει; εἴρηταί μοι τὰ δίκαια, ὅσα ἠδυνάμην· ὑμεῖς οὖν κατὰ τοὺς νόμους γιγνώσκετε τὰ δίκαια.

[1] οἶμαι [2] , ἢ αὐτοῖς, ἐπανελθοῦσιν [3] πιστεύοιτο [4] ἐγὼ λάβω [5] εἰ μὲν γὰρ
[6] ἐνῆν ἂν αἰτιᾶσθαι Ἀπατουρίῳ [7] Deest καί. [8] κοινῇ

ΥΠΟΘΕΣΙΣ ΤΟΥ ΠΡΟΣ ΤΗΝ ΦΟΡΜΙΩΝΟΣ ΠΑΡΑΓΡΑΦΗΝ ΛΟΓΟΥ.

905 ΦΟΡΜΙΩΝ ἔμπορος, δανείζεται παρὰ Χρυσίππου μνᾶς εἴκοσι, πλέων εἰς Βόσπορον. ἀφικόμενος δὲ ἐκεῖσε, κατέλαβεν ἀπρασίαν τῶν φορτίων, ἃν ἐκόμιζε. διόπερ τοῦ ναυκλήρου Λάμπιδος ἀποπλεῖν βουλομένου Ἀθήναζε, καὶ κελεύοντος αὐτὸν ἐνθέσθαι τῇ νηῒ τὰ ἀγοράσματα τῶν χρημάτων παρὰ Χρυσίππου — τοῦτο γὰρ ἔφραζεν ἡ συγγραφὴ —, οὔτε φόρτον τινὰ ἐνέθετο, οὔτε ἀργύριον. ἀλλ' ἔφη πρὸς τὸν Λάμπιν ἀδυνάτως ἔχειν ἐν τῷ παρόντι ποιῆσαι ταῦτα, μικρὸν δ' ὕστερον ἐφ' ἑτέρας ἐκπλευσεῖσθαι νεὼς ἅμα τοῖς χρήμασιν. ἡ μὲν οὖν τοῦ Λάμπιδος ναῦς ἀναχθεῖσα διαφθείρεται· καὶ μετ' ὀλίγων ὁ Λάμπις ἐν τῷ λέμβῳ σώζεται, καὶ, ἀφικόμενος Ἀθήναζε, μηνύει Χρυσίππῳ τὸ εὐτύχημα τοῦ Φορμίωνος, ὡς ἀπελείφθη τε ἐν τῷ Βοσπόρῳ, καὶ εἰς τὴν ναῦν οὐδὲν ἐνέθετο. ὁ δὲ Φορμίων καταπλεύσας ὕστερον καὶ τὸ ἀργύριον ἀπαιτούμενος, τὸ μὲν πρῶτον, ὡς ἔφη Χρύσιππος, καὶ ὀφείλειν ὡμολόγει καὶ ἀποδώσειν ὑπισχνεῖτο· ἔπειτα, ὡς ἀποδεδωκὼς Λάμπιδι, μηδὲν ὀφείλειν ἔλεγε. τὴν γὰρ συγγραφὴν κελεύειν, παθούσης τι κατὰ θάλατταν τῆς νεὼς, ἀπηλλάχθαι τοῦ ὀφλήματος τὸν Φορμίωνα. ἔλαχεν οὖν δίκην αὐτῷ ὁ Χρύσιππος. ὁ δὲ συνεγράψατο· καὶ Λάμπις ἐμαρτύρησε παρὰ τῷ διαιτητῇ, ὡς ἀπειληφὼς εἴη παρὰ Φορμίωνος ἐν Βοσπόρῳ τὰ χρήματα, καὶ ἀπολωλεκὼς μετὰ τῶν ἄλλων ἐν τῇ ναυαγίᾳ.
906 πρότερον δὲ τἀναντία τούτων εἰρήκει πρὸς Χρύσιππον, ὡς οὐδὲν ὁ Φορμίων εἰς τὴν ναῦν ἐντέθεικεν. ἐλεγχόμενος δὲ ἐπὶ τούτοις ὁ Λάμπις, ἐξεστηκέναι τότε ἔφησεν, ὅτε ἐκεῖνα πρὸς τὸν Χρύσιππον ἔλεγε. τούτων ἀκούσας ὁ διαιτητὴς, καὶ μηδὲν ἀποφηνάμενος, εἰς τὸ δικαστήριον τὸ πρᾶγμα πέπομφε. καὶ ὁ ἀγὼν ὀνόματι μέν ἐστι παραγραφικός· τῷ δὲ ἀληθεῖ, παρὰ τὴν εὐθεῖαν γίγνεται. εὖ γὰρ καὶ ὁ ῥήτωρ κατ' ἀρχὰς ἐπισημαίνεται, ὡς οὐκ ἔστιν ὅλον παραγραφὴ τὸ λέγειν πεποιηκέναι πάντα κατὰ τὰ συγκείμενα, ἀποδιδόναι τὰ χρήματα Λάμπιδι, κελευούσης τοῦτο τῆς συγγραφῆς, καὶ [1] ἀφικούσης ἐπὶ τοιούτῳ πάθει τὸ ὄφλημα. ταῦτα γάρ ἐστι τὴν εὐθυδικίαν ἀγωνιζομένου καὶ τοῖς ἐπιφερομένοις ἐγκλήμασιν ἀπαντῶντος, ἀλλ' οὐκ ἀναιροῦντος τὸν περὶ αὐτῶν ἀγῶνα καὶ τὴν εἰσαγωγὴν τῆς δίκης. παραγραφὴν δὲ, φησὶν, ὁ νόμος δίδωσι περὶ τῶν μὴ γινομένων ὅλως Ἀθήνησι μηδὲ εἰς Ἀθήνας συμβολαίων. τετήρηται δὲ ἐν τῷ λόγῳ ταὐτὸν, ὅπερ καὶ περὶ τῶν κατὰ Νεαίρας, ὅτι μὴ ὑφ' ἑνὸς εἴρηται προσώπου· ἀλλ' ἑκατέρου διαστολὴ φανερὰ, ἐνταῦθα δὲ συγκέχυται. δοκεῖ δὲ ἔμοιγε ἐντεῦθεν ὁ δεύτερος λέγειν. ἀκούσας τοίνυν ὑμῶν, ὦ ἄνδρες Ἀθηναῖοι, Θεόδοτος πολλάκις, καὶ νομίσας τὸν Λάμπιν ψευδῆ μαρτυρεῖν. δῆλον δὲ, ὅτι κοινωνοί τινές εἰσιν οἱ πρὸς τὸν Φορμίωνα ἀγωνιζόμενοι.

[1] * ἀφεικυίας

Ἐφ' ἑτέρας ἐκπλευσεῖσθαι νεώς. et v. 7. καὶ μετ' ὀλίγων. Nam μετ' ὀλίγον per o est paulo post. et v. 8. τὸ εὐτύχημα. et v. 11. μηδὲν ὀφείλειν ἔλεγε, pro μηδενός. WOLF.

Ὁ δὲ συνεγράψατο] Sensus postulat παρεγράψατο. IDEM.

Παρὰ τὴν εὐθεῖαν] F. κατὰ τὴν εὐθεῖαν, ac potius κατ' εὐθυδίκιαν. IDEM.

Εὖ γὰρ] F. ἐπεὶ καὶ ὁ ῥήτωρ. vel, καὶ γὰρ καὶ ὁ ῥήτωρ. et v. 20. τῷ λέγειν. IDEM.

Καὶ ἀφικούσης] Καὶ ἀφιείσης. IDEM.

Καὶ περὶ τῶν κατὰ Νεαίρας] F. καὶ περὶ τὸν, ἀντὶ τοῦ, ἐν τῷ. IDEM.

Ἀλλ' ἑκατέρου διαστολὴ] F. ἀλλ' ἐκεῖ μὲν ἡ διαστολὴ φανερά. et v. antepen. ἀκούσας τοίνυν ἡμῶν. IDEM.

ΔΗΜΟΣΘΕΝΟΥΣ

Ο ΠΡΟΣ

ΦΟΡΜΙΩΝΑ ΥΠΕΡ ΔΑΝΕΙΟΥ

[1] ΛΟΓΟΣ.

α΄. ΔΙΚΑΙΑ ὑμῶν δεησόμεθα, ὦ ἄνδρες δικασταὶ, 907
ἀκοῦσαι ἡμῶν μετ᾽ εὐνοίας ἐν τῷ μέρει λεγόντων, γνόντας,
ὅτι ἰδιῶται παντελῶς ἐσμὲν, καὶ, πολὺν χρόνον εἰς τὸ ὑμέ-
τερον ἐμπόριον εἰσαφικνούμενοι καὶ συμβόλαια πολλοῖς
[2] συμβάλλοντες, οὐδεμίαν πώποτε δίκην πρὸς ὑμᾶς εἰσήλ-
θομεν, οὔτ᾽ ἐγκαλοῦντες, οὔτ᾽ ἐγκαλούμενοι ὑφ᾽ ἑτέρων. οὐδ᾽
ἂν νῦν, ἀκριβῶς ἴστε, ὦ ἄνδρες Ἀθηναῖοι, εἰ ὑπελαμβά-
νομεν ἀπολωλέναι τὰ χρήματα ὑπὸ τῆς νεὼς τῆς διαφθα-
ρείσης, ἃ ἐδανείσαμεν Φορμίωνι, οὐκ ἄν ποτε ἐλάχομεν
τὴν δίκην αὐτῷ· οὐχ οὕτως ἡμεῖς ἀναίσχυντοί ἐσμεν, οὐδ᾽
ἄπειροι τοῦ ζημιοῦσθαι. πολλῶν δ᾽ ἡμᾶς κακιζόντων, καὶ
[3] μάλιστα τῶν ἐμπόρων τῶν ἐπιδημησάντων ἅμα Φορμίωνι,
οἵπερ τοῦτον ᾔδεσαν οὐ συναπολέσαντα τὰ [4] χρήματα ἐν
τῇ νηῒ, δεινὸν ἡγούμεθα εἶναι τὸ μὴ βοηθῆσαι [5] ἡμῖν ἀδι-
κουμένοις ὑπὸ τούτου.

β΄. Περὶ μὲν οὖν τῆς παραγραφῆς βραχύς ἐστιν ὁ λόγος·
καὶ γὰρ οὗτοι οὐ τοπαράπαν [6] συμβόλαιον ἐξαρνοῦνται μὴ
γενέσθαι ἐν τῷ ἐμπορίῳ τῷ ὑμετέρῳ· ἀλλ᾽ οὐκέτι εἶναί
φασι πρὸς ἑαυτοὺς οὐδὲν συμβόλαιον, πεποιηκέναι γὰρ οὐ-
δὲν ἔξω τῶν ἐν τῇ συγγραφῇ γεγραμμένων. [7] οἱ μὲν οὖν νό- 908

[1] ΛΟΓΟΣ. vel, ΥΠΕΡ ΧΡΥΣΙΠΠΟΥ ΠΡΟΣ ΤΗΝ ΦΟΡΜΙΩΝΟΣ ΠΑΡΑΓΡΑΦΗΝ.
[2] συμβαλόντες [3] μάλιστα τῶν ἐν Βοσπόρῳ ἐπιδημησάντων [4] χρήματα * τὰ ἐν
[5] ἡμῖν αὐτοῖς ἀδικουμένοις [6] τὸ συμβόλαιον [7] οἱ μέντοι νόμοι

Δημοσθένους ὁ πρὸς Φορμίωνα ὑπὲρ δανείου λόγος] Alii Δημοσθένους ὑπὲρ Χρυσίππου πρὸς τὴν Φορμίωνος παραγραφὴν περὶ Δανείου λόγος, Demosthenis pro Chrysippo adversus Phormionis exceptionem de ære alieno oratio. Wolf.

α΄. Ἐν τῷ μέρει λεγόντων] Quia, duo cum essent, uterque causæ partem cgit. Idem.

Ἀπολωλέναι ὑπὸ τῆς νεὼς] Pro ἐν τῇ νηΐ. Nisi malis ἐπὶ τῆς νεώς. Idem.

Τῶν ἐμπόρων τῶν ἐπιδ.] Leg. τῶν ἐμπ. τῶν ἐκεῖ ἐπιδημησάντων, illic, nempe, in Bosphoro. Auger.

μοι, καθ' οὓς ὑμεῖς δικασταὶ κάθησθε, οὐχ οὕτω λέγουσιν. ἀλλ' ὑπὲρ μὲν τῶν μὴ γενομένων ὅλως συμβολαίων Ἀθήνησι μηδ' εἰς τὸ Ἀθηναίων ἐμπόριον [1] παραγράψασθαι δεδώκασιν· ἐὰν δέ τις γενέσθαι μὲν ὁμολογῇ, ἀμφισβητῇ δὲ ὡς πάντα πεποίηκε τὰ συγκείμενα, ἀπολογεῖσθαι κελεύουσιν εὐθυδικίαν εἰσιόντα, οὐ κατηγορεῖν τοῦ διώκοντος. οὐ μὴν ἀλλ' ἔγωγε ἐλπίζω καὶ ἐξ αὐτοῦ τοῦ πράγματος δείξειν εἰσαγώγιμον τὴν δίκην οὖσαν. σκέψασθε δ', ὦ ἄνδρες Ἀθηναῖοι, τί ὁμολογεῖται παρ' αὐτῶν τούτων, καὶ τί ἀντιλέγεται· οὕτω γὰρ ἂν ἄριστα ἐξετάσαιτε. οὐκοῦν δανείσασθαι μὲν τὰ χρήματα ὁμολογοῦσι, καὶ συνθήκας ποιήσασθαι τοῦ δανείσματος· [2] φησὶ δ' ἀποδεδωκέναι τὸ χρυσίον Λάμπιδι, τῷ Δίωνος οἰκέτῃ, ἐν Βοσπόρῳ. ἡμεῖς τοίνυν [3] οὐ τοῦτο δείξομεν, ὡς οὐκ ἀποδέδωκεν· ἀλλ', ὡς οὐδ' ἐξῆν αὐτῷ ἀποδοῦναι. [4] ἀναγκαῖα δ' ἐστὶ βραχέα τῶν ἐξ ἀρχῆς διηγήσασθαι ὑμῖν.

γ'. Ἐγὼ γάρ, ὦ ἄνδρες Ἀθηναῖοι, ἐδάνεισα Φορμίωνι τούτῳ εἴκοσι μνᾶς, ἀμφοτερόπλουν εἰς τὸν Πόντον, ἐπὶ

[1] παραγράφεσθαι [2] φασὶ [3] οὐ μόνον τοῦτο [4] ἀναγκαῖον

ϛ'. Εὐθυδικίαν] Εὐθυδικία est *recta intentionis depulsio, justa et plena recusatio:* quod fit, cum *is* qui in judicium vocatus est, nulla præscriptione fori, aut alia exceptione summotoria utitur, nec litis excipiendæ diverticulo. BUDÆUS.

Ἐξετάσεται] Alii ἐξετάσετε. M. ἐξετάσαιτε ἀορ. α. optativi. WOLF.

γ'. Ἐγὼ γὰρ — ὑποθήκῃ] *Ego Athenienses Phormioni mutuas dedi minas* XX. *ultro citroque in Pontum, alio accepto pignore,* Wolfius. Difficultas est in verbis ἐπὶ ἑτέρᾳ γε ὑποθήκῃ, ac præsertim in v. ἑτέρᾳ. Crediderat Chrysippus Phormioni mercatori minas XX. ea conditione, ut Phormio merces XL. minarum pretii in navem imponeret, quæ pignoris loco essent Chrysippo, ut docet Demosthenes. Vides igitur dimidiam partem mercium pignori obligatam fuisse, pro altera dimidia parte. Proinde verba Demosthenis *sic* interpretari malim, *altero tanto oppignerato.* In tota igitur oratione, ubicumque ὑποθήκης nomen occurrit, merces sunt intelligendæ, quæ creditoribus oppigneratæ erant ex syngrapha. Quare debitor tenebatur aut merces pignori obligatas exhibere, aut argentum, quod mutuatus fuerat; alioqui adversus eum, qui nec pecuniam creditoribus solveret, nec pignus exhiberet, gravis erat pœna proposita: adeo ut civem Atheniensem optimo loco natum ob eam culpam Athenienses capite damnarint. Tantum illis curæ fuit, ut in foro fides servaretur, quemadmodum refert Demosthenes in fine hujusce Orationis. *Emendatt.* L. IV. c. 3. VALESIUS. Plura vid. infra p. 913. v. ult. ed. R.

Ἀμφοτερόπλουν] Dicunt, quasi in commeatum remeatumque usuram taxatam: de quo locutus est Modestin. in I. 1ma. de nautico fenore. Ita contrahebatur, ut non aliter deberetur nec ipsa, nec sors ejus, quam si navis cum mercibus sospes domum rediisset. Et his verbis liquet usuram nauticam non menstruam fuisse, sed una in omne tempus navigationis et negotiationis constitutione taxatam. Fuit enim pecunia a Lampide nauclero Phormioni fenerato mutuata Athenis in Pontum, et Ponto Athenas. Et hæc ratio major est sesquiquatra, et jure Pandectarum non admissa. Nam legitima usura trajectitiæ pecuniæ non potest duplam centesimam excedere, ut actor est Papinianus in l. Nihil interest. A Græcis ephectos tocos vocatur, supersexta usura. In ll. *De asse et partibus ejus,* BUDÆUS.

[1] ἑτέρᾳ ὑποθήκῃ, καὶ συγγραφὴν ἐθέμην παρὰ Κιττῷ τῷ
τραπεζίτῃ. κελευούσης δὲ τῆς συγγραφῆς ἐνθέσθαι εἰς
τὴν ναῦν τετρακισχιλίων φορτία ἄξια, πρᾶγμα ποιεῖ πάν-
των δεινότατον. εὐθὺς γὰρ ἐν τῷ Πειραιεῖ ἐπιδανείζεται
λάθρα ἡμῶν, παρὰ μὲν Θεοδώρου τοῦ Φοίνικος τετρακισχι-
λίας πεντακοσίας δραχμὰς, παρὰ δὲ τοῦ ναυκλήρου
Λάμπιδος χιλίας [2] δραχμάς. δέον δ' αὐτὸν καταγοράσαι
φορτία Ἀθήνηθεν μνῶν ἑκατὸν δεκαπέντε, εἰ ἤμελλε τοῖς 909
[3] δανεισταῖς ποιεῖν τὰ ἐν ταῖς συγγραφαῖς γεγραμμένα,
οὐ κατηγόρασεν, ἀλλ' ἢ πεντακισχιλίων καὶ πεντακοσίων
δραχμῶν σὺν τῷ ἐπισιτισμῷ· ὀφείλει δὲ ἑβδομήκοντα
μνᾶς καὶ πέντε. ἀρχὴ μὲν οὖν αὕτη ἐγένετο τοῦ ἀδικήμα-
τος, ὦ ἄνδρες Ἀθηναῖοι· οὔτε γὰρ τὴν ὑποθήκην [4] παρέ-
σχετο, οὔτε τὰ χρήματα ἐνέθετο εἰς τὴν ναῦν, κελευούσης
τῆς συγγραφῆς ἐπάναγκες ἐντίθεσθαι. καί μοι λάβε τὴν
συγγραφήν.

ΣΥΓΓΡΑΦΗ.

λάβε δὴ καὶ τὴν τῶν πεντηκοστολόγων ἀπογραφὴν, καὶ
τὰς μαρτυρίας.

ἈΠΟΓΡΑΦΗ. ΜΑΡΤΥΡΙΑΙ.

δ'. Ἐλθὼν τοίνυν εἰς τὸν Βόσπορον, ἔχων ἐπιστολὰς

[1] ἑτέρᾳ γ' ὑποθήκῃ [2] Deest δραχμάς. [3] δανεισταις πᾶσι ποιήσειν [4] πάρεσχεν

Ἀμφοτερόπλουν] Hinc illuc, illinc huc, ut Athenis Bosporum, Bosporo Athenas, hoc est, ut pecunia Athenis accepta, negotietur Bospori, indeque reversus Athenas, solvat et sortem et usuras. ἑτερόπλοιον, unius tantum loci conditionem habet. In hac oratione Phormio ἀμφοτερόπλουν mutuatus, se ἑτερόπλοιον reddidisse fingere dicitur: numerata scilicet et sorte et usura Bospori, cum Athenis demum id faciendum esset, interimque illa pecunia ei frui licuisset. Wolf.

Παρὰ Κιττῷ τῷ τραπεζίτῃ] Hujus, pueri adhuc, fit mentio in Trapezitico Isocratis. Idem.

Οὐ κατηγόρασεν] F. οὐκ ἠγόρασεν, ἀλλ' ἤ, ἀντὶ τοῦ, οὐ πλέον ἤ. Idem.

Ὀφείλει δὲ ἑβδομήκοντα μνᾶς καὶ πέντε] Si 5500. drachmæ conficiunt minas 55., his de 115. minis subtractis, restabunt non nisi 60.. minæ: nisi forte ὁ ἐπισιτισμὸς, qui fuerit 15. minarum, sit in 55. minis supputatus. Sed notæ numerorum sæpissime permutari solitæ, magnos errores pariunt, et ingentia mendacia: in contractibus etiam fraudes. Ac mihi quidam olim de iniqua æstimatione libri cujusdam conquerenti, per jocum ille quidem, sed valde vereor, ne talia sæpe etiam serio fiant, respondit, eadem facilitate pingi notam octonariam, qua quaternariam. Idem.

Ἐπαναγκὲς] Κατ' ἀνάγκην, ἀναγκαίως. Idem.

Τῶν πεντηκοστολόγων] Post nominat ἐλλιμενιστάς: illos, quod quinquagesimas exigant: hos, quod in portubus versentur.

παρ' ἐμοῦ, ἃς δέδωκ' αὐτῷ ἀπενεγκεῖν τῷ παιδὶ τῷ ἐμῷ παραχειμάζοντι ἐκεῖ, καὶ κοινωνῷ τινὶ, γράψας ἐν τῇ ἐπιστολῇ τό τε ἀργύριον ὃ ἐδεδανείκειν καὶ τὴν ὑποθήκην, καὶ προστάξας, ἐπειδὰν τάχιστα ἐξαιρεθῇ τὰ χρήματα, ἐξετάζειν καὶ [1] ἐπακολουθεῖν — τὰς μὲν ἐπιστολὰς οὐκ ἀποδίδωσιν οὗτος, ἃς ἔλαβε παρ' ἐμοῦ, ἵνα μηδὲν εἰδείησαν ὧν ἔπραττεν οὗτος· καταλαβὼν δ' ἐν τῷ Βοσπόρῳ μοχθηρὰ τὰ πράγματα διὰ τὸν συμβάντα πόλεμον τῷ Παρεισάδῃ πρὸς τὸν Σκύθην, καὶ τῶν φορτίων ὧν ἦγε πολλὴν ἀπρασίαν, ἐν πάσῃ ἀπορίᾳ ἦν. καὶ γὰρ οἱ δανεισταὶ εἴχοντο αὐτοῦ οἱ τὰ [2] ἑτερόπλοια δανείσαντες· ὥστε τοῦ ναυκλήρου κελεύοντος αὐτὸν κατὰ τὴν συγγραφὴν ἐντίθεσθαι τὰ ἀγοράσματα τῶν ἐμῶν χρημάτων, εἶπεν οὗτος, ὁ νῦν φάσκων ἀποδεδωκέναι τὸ χρυσίον, ὅτι οὐκ ἂν δύναιτο ἐνθέσθαι εἰς τὴν ναῦν τὰ χρήματα. ἄπρατον γὰρ εἶναι τὸν ῥῶπον. καὶ ἐκεῖνον μὲν ἐκέλευεν ἀνάγεσθαι· αὐτὸς δ', ἐπειδὰν διάθηται τὰ φορτία, ἐφ' ἑτέρας νεὼς ἔφη ἐκπλεύσεσθαι. καί μοι λέγε ταύτην τὴν μαρτυρίαν.

[1] παρακολουθεῖν   [2] ἑτερόπλοα

IDEM.

Τῷ Παρεισάδῃ πρὸς τὸν Σκύθην] In Aristocratea Βηρισάδης quidam Thraciæ rex, Cotyis F., Cersobleptæ et Amadoci frater, nominatur. Sed hic fortassis alius est. IDEM.

Οἱ τὰ ἑτερόπλοια δανείσαντες] Quibus pecunia, quam Athenis mutuarant, Bospori reddenda erat. IDEM.

Ὥστε τοῦ ναυκλήρου — ἄνθρωπον] Locus fœde corruptus, quem partim ex Augustano Codice, partim ex conjectura restituisse mihi videor. Wolfius: *Adeo ut infectis.* Et hunc quidem qualemcunque sensum elicuit Wolfius ex corruptis Demosthenis verbis; quæ etiam asterisco signata sunt. Sed in Aug. Cod. longe optimo ultima verba sic leguntur: ἄπρατον γὰρ εἶναι τὸν ωρωπον. ex quibus facillimum erat veram ac sinceram hujus loci scripturam deprehendere. Scripserat enim Demosthenes ἄπρατον γὰρ εἶναι τὸν ῥῶπον. Viles ac levis pretii merces Græci ῥῶπον vocabant, et hujusmodi mercatores ῥωποπώλας, ut testatur Hesychius. Ælius Dionysius ap. Eustath. in *Il.* N. p. 927. ῥῶπον interpretatur τὸν λεπτὸν καὶ εὐτελῆ φόρτον, καὶ ποικίλον, additque, quod ad nostrum institutum plurimum facit, ἡ δὲ λέξις τοῦ ῥώπου παρά τε Δημοσθένει καὶ ἑτέροις. Neque enim alibi, quod sciam, nomen hoc ῥῶπος occurrit in Orationibus Demosthenis, præterquam hoc in loco; ex quo apparet ita necessario emendandum fuisse. Porro quam facilis et prona sit depravatio harum vocum ῥῶπος et ὤρωπος, ostendit Hesychii locus, in quo sic legitur Αἰγυπτία ἐμπωλὴ ὤρωπος, cum scribendum sit ὁ ῥῶπος. Et hæc quidem quod spectat ad v. ῥῶπος. Quod autem attinet ad vocem ἄπρατον, confirmat locus supra v. 9. et infra p. 502. v. 1. In *Emendatt.* L. IV. c. 2. VALESIUS.

Ἄπρακτον γὰρ εἶναι τὸν ἄνθρωπον] Ἀντὶ τοῦ, ἑαυτὸν εἶναι ἄπρακτον. Locus mendi suspicione non vacat. ἄπρατα γὰρ εἶναι τὰ ἀγοράσματα, etsi non multum videtur a sententia abhorrere, nec ipsum tamen satis placet, etsi mox sequitur: ἐπειδὰν διάθηται τὰ φορτία, τουτέστι, πιπράσκῃ, ut in Panegyrico, καὶ πολλῆς ἀπορίας οὔσης, τὰ μὲν ὅπου δεῖ διαθέσθαι, τὰ δὲ ὁπόθεν εἰσαγαγέσθαι. Fortassis καταχρηστικὴ quædam formula mercatorum fuit, ἄπρατον εἶναι τὸν ἄνθρωπον, ἀντὶ τοῦ, μὴ πεπρακέναι τὰ ἐμπορεύματα: ut sit passivum loco activi. ἄπρατος irritus, *impos voti*: ἄπρατος non *venditus*, *integer*, *incorruptus*: quod huc non pertinet. *In farrag.* τὸν ἄνθρωπον] huc referri potest ἄπρακτον. Sin φόρτον (quod magis placet) ἄπρατον. WOLF.

ΜΑΡΤΥΡΙΑ.

έ. Μετὰ ταῦτα τοίνυν, ὦ ἄνδρες Ἀθηναῖοι, οὗτος μὲν ἐν τῷ Βοσπόρῳ κατελέλειπτο· ὁ δὲ Λάμπις ἀναχθεὶς, ἐναυάγησεν οὐ μακρὰν ἀπὸ τοῦ ἐμπορίου. γεγεμισμένης γὰρ ἤδη τῆς νεὼς, ὡς ἀκούομεν, μᾶλλον τοῦ δέοντος, προσανέλαβεν ἐπὶ τὸ κατάστρωμα χιλίας βύρσας. ὅθεν καὶ ἡ διαφθορὰ τῇ νηῒ συνέβη· καὶ αὐτὸς μὲν ἀπεσώθη ἐν τῷ λέμβῳ μετὰ τῶν ἄλλων παίδων τῶν Δίωνος, ἀπώλεσε δὲ πλέον ἢ τριακόσια [1] σώματα χωρὶς τῶν ἄλλων. πολλοῦ δὲ πένθους ἐν τῷ Βοσπόρῳ ὄντος, ὡς ἐπύθοντο τὴν διαφθορὰν τῆς νεὼς, εὐδαιμόνιζον τὸν Φορμίωνα ἅπαντες τουτονὶ, ὅτι [2] οὐ συνανήχθη, οὔτε ἔθετο εἰς τὴν ναῦν οὐδέν. συνέβαινε δὲ παρά τε τῶν ἄλλων καὶ [3] παρὰ τούτου ὁ αὐτὸς λόγος. καί μοι ἀνάγνωθι ταύτας τὰς μαρτυρίας.

ΜΑΡΤΥΡΙΑΙ.

αὐτὸς μὲν τοίνυν ὁ Λάμπις, ᾧ [4] φασὶν ἀποδεδωκέναι τὸ χρυσίον — τούτῳ γὰρ προσέχετε τὸν νοῦν —, προσελθόντος αὐτῷ ἐμοῦ, ἐπειδὴ τάχιστα κατέπλευσεν ἐκ τῆς ναυαγίας Ἀθήναζε, καὶ ἐρωτῶντος ὑπὲρ [5] τούτου, ἔλεγεν, ὅτι οὔτε [6] τὰ χρήματα ἔνθοιτο εἰς τὴν ναῦν οὗτος κατὰ τὴν συγγραφὴν, οὔτε τὸ χρυσίον εἰληφὼς εἴη παρὰ τούτου [7] ἐν Βοσπόρῳ τότε. καί μοι ἀνάγνωθι τὴν μαρτυρίαν τῶν παραγενομένων.

ΜΑΡΤΥΡΙΑ. 91

ϛ'. Ἐπειδὴ τοίνυν, ὦ ἄνδρες Ἀθηναῖοι, ἐπεδήμησέν [6] ὁ Φορμίων οὑτοσὶ σεσωσμένος ἐφ' ἑτέρας νεὼς, προσῄειν αὐτῷ ἀπαιτῶν τὸ δάνειον· καὶ οὗτος κατὰ μὲν ἀρχὰς οὐδεπώποτε,

[1] σώματα ἐλεύθερα χωρὶς [2] οὔτε συνανήχθη, οὔτ' ἐνέθετο [3] παρ' αὐτοῦ τούτου [4] φησὶν [5] τούτων [6] Deest articulus. [7] ἐν τῷ Βοσπόρῳ [τότε].

έ. Σώματα] Ἀντὶ τοῦ, ἀνθρώπους. Nisi et equi et aliæ pecudes in navi fuerint. Idem. Leg. τριάκοντα pro τριακόσια. ἀπώλεσε *perdidit*, i. e. perire fecit. Auger.

Χωρὶς τῶν ἄλλων] Τῶν ἐμπορευμάτων, ἢ ἀγορασμάτων. Wolf.

Φασὶν] M. φησὶν, scil. ὁ Φορμίων. Idem. Auger.

Ναυαγίας] Quod Ammonius ναυαγίαν reddidit νηὸς διαφθορὰν, observari potest, utrumque permutavisse Demosthenem contra Phormion. ναυαγίαν vocans, quod superius dixerat διαφθοράν: nam ubi editur, ὅθεν καὶ ἡ διαφορὰ τῇ νηῒ συνέβη, scribendum διαφθορὰ, quod interpretem fugisse non videtur. *Valckenaer. Animadv. ad Amm.*

ὦ ἄνδρες Ἀθηναῖοι, εἶπε τὸν λόγον τοῦτον, ὃν νῦν λέγει, ἀλλ' ἀεὶ ὡμολόγει ἀποδώσειν. ἐπειδὴ δ' ἀνεκοινώσατο τοῖς νῦν παροῦσιν αὐτῷ καὶ συνδικοῦσιν, ἕτερος ἤδη ἦν καὶ οὐχ ὁ αὐτός. ὡς δ' ᾐσθόμην αὐτὸν διακρουόμενόν με, προσέρχομαι τῷ Λάμπιδι, λέγων, ὅτι [1]οὐδὲν ποιεῖ τῶν δικαίων Φορμίων, οὐδ' ἀποδίδωσι τὸ δάνειον, καὶ ἅμα ἠρόμην αὐτὸν, εἰ εἰδείη ὅπου ἐστὶν, ἵνα προσκαλεσαίμην αὐτόν. ὁ δ' ἀκολουθεῖν μ' ἐκέλευεν ἑαυτῷ, καὶ καταλαμβάνομεν πρὸς τοῖς μυροπωλίοις αὐτόν. κἀγὼ κλητῆρας ἔχων προσεκαλεσάμην αὐτόν. καὶ ὁ Λάμπις, ὦ ἄνδρες Ἀθηναῖοι, παρὼν προσκαλουμένῳ μοι οὐδαμοῦ ἐτόλμησεν εἰπεῖν, ὡς ἀπείληφε παρὰ τούτου τὸ χρυσίον, οὐδ', ὃ εἰκὸς ἦν, εἶπε, Χρύσιππε μαίνῃ· τί τοῦτον [2]προσκαλεῖς; ἐμοὶ γὰρ ἀποδέδωκε τὸ χρυσίον. ἀλλὰ [3]μὴν ὅτι ὁ Λάμπις οὐκ ἐφθέγξατο, ἀλλ' οὐδὲ αὐτὸς οὑτοσὶ οὐδὲν ἠξίωσεν εἰπεῖν, παρεστηκότος τοῦ Λάμπιδος, ᾧ νῦν φησὶν ἀποδεδωκέναι τὸ χρυσίον. καίτοι εἰκός γε ἦν αὐτὸν εἰπεῖν, ὦ ἄνδρες Ἀθηναῖοι, τί με [2]προσκαλεῖς, ὦ ἄνθρωπε; ἀποδέδωκα γὰρ τούτῳ τῷ παρεστηκότι τὸ χρυσίον, καὶ ἅμα ὁμολογοῦντα παρέχειν τὸν Λάμπιν· νυνὶ δ' οὐδ' ἕτερος αὐτῶν οὐδ' ὁτιοῦν εἶπεν ἐν τῷ τοιούτῳ καιρῷ. καὶ ὅτι ἀληθῆ λέγω, λάβε μοι τὴν μαρτυρίαν τῶν κλητήρων.

12 [4]ΜΑΡΤΥΡΙΑ.

λάβε δή μοι καὶ τὸ ἔγκλημα, ὃ ἔλαχον αὐτῷ πέρυσιν· ὅ ἐστιν οὐδενὸς ἔλαττον τεκμήριον, ὅτι [5]οὐδεπώποτ' ἔφησε Φορμίων ἀποδεδωκέναι τὸ χρυσίον Λάμπιδι.

ΕΓΚΛΗΜΑ.

τοῦτο τὸ ἔγκλημα [6]ἔλαχον ἐγὼ, ὦ ἄνδρες Ἀθηναῖοι, οὐδαμόθεν ἄλλοθεν σκοπῶν, ἀλλ' ἢ ἐκ τῆς [7]ἀγγελίας τῆς

[1] οὐδέν μοι ποιεῖ [2] προσκαλεῖ [3] μὴ [4] Μαρτυρίαι. [5] * οὐδέπω τότ' [6] ἔγραφον [7] ἀπαγγελίας

L. II. c. 20.
ς'. Ἵνα προσκαλεσαίμην αὐτὸν] *Ut in judicium eum arcesserem: ut diem ei dicerem.* Wolf.

Ἀλλὰ μὴν ὅτι ὁ Λάμπις οὐκ ἐφθέγξατο] F. ἀλλὰ μὴν οὐχ ὅτι ὁ Λάμπις οὐκ ἐφθέγξατο, ἀντὶ τοῦ, οὐ μόνον ὁ Λάμπις οὐκ ἐφθέγξατο. Idem.

Ἔλαχον] L. ἔλεγον, et infra v. pen. Auger.

Λάμπιδος, ὃς οὐκ ἔφασκεν οὔτε τὰ χρήματα ἐντεθεῖσθαι
τοῦτον, οὔτε τὸ χρυσίον ἀπειληφέναι· μὴ γὰρ οἴεσθέ με
οὕτως ἀπόπληκτον εἶναι καὶ παντελῶς μαινόμενον, ὥςτε
τοιοῦτον, ὦ ἄνδρες Ἀθηναῖοι, γράφειν ἔγκλημα, ὁμολογοῦν-
τος τοῦ Λάμπιδος ἀπειληφέναι τὸ χρυσίον, ὑφ᾽ οὗ [1] ἔμελλον
ἐξελεγχθήσεσθαι. ἔτι δὲ, ὦ ἄνδρες Ἀθηναῖοι, κἀκεῖνο σκέ-
ψασθε· αὐτοὶ γὰρ οὗτοι παραγραφὴν [2] διδόντες πέρυσιν,
οὐκ ἐτόλμησαν ἐν τῇ παραγραφῇ γράψαι, ὡς ἀποδεδώ-
κασι Λάμπιδι τὸ χρυσίον. καί μοι λέγε ταύτην τὴν πα-
ραγραφήν.

ΠΑΡΑΓΡΑΦΗ.

ἀκούετε, ὦ ἄνδρες Ἀθηναῖοι, ὅτι οὐδαμοῦ γέγραπται ἐν τῇ
παραγραφῇ, ὡς ἀποδέδωκε τὸ χρυσίον Φορμίων Λάμπιδι·
καὶ ταῦτ᾽, ἐμοῦ διαῤῥήδην γράψαντος εἰς τὸ ἔγκλημα ὃ
ἠκούσατε ἀρτίως, ὅτι οὔτε τὰ χρήματα ἔνθοιτο εἰς τὴν
ναῦν, οὔτε ἀποδέδωκε τὸ χρυσίον. τίνα οὖν ἄλλον χρὴ
περιμένειν ὑμᾶς μάρτυρα, ὅταν τηλικαύτην μαρτυρίαν παρ᾽
αὐτῶν τούτων ἔχητε;

ζ΄. Μελλούσης δὲ τῆς δίκης εἰσιέναι εἰς τὸ δικαστήριον,
ἐδέοντο ἡμῶν ἐπιτρέψαι τινί. καὶ ἡμεῖς ἐπετρέψαμεν Θε-
οδότῳ ἰσοτελεῖ κατὰ συνθήκας. καὶ ὁ Λάμπις μετὰ ταῦτα
νομίσας αὐτῷ ἀσφαλὲς ἤδη εἶναι πρὸς διαιτητῇ μαρτυρεῖν
ὅ τι βούλοιτο, μερισάμενος τὸ ἐμὸν χρυσίον μετὰ Φορμίω- 913
νος [3] τούτου, τὰ ἐναντία εἰς πρότερον εἴρηκεν. οὐ γὰρ
ὅμοιόν ἐστιν, ὦ ἄνδρες Ἀθηναῖοι, εἰς τὰ ὑμέτερα πρόσωπα
ἐμβλέποντα τὰ ψευδῆ μαρτυρεῖν, καὶ πρὸς διαιτητῇ· παρ᾽
ὑμῖν μὲν γὰρ ὀργὴ μεγάλη καὶ τιμωρία ὑπόκειται τοῖς τὰ
ψευδῆ μαρτυροῦσι, πρὸς δὲ τῷ διαιτητῇ ἀκινδύνως καὶ ἀναι-
σχύντως μαρτυροῦσιν ὅ τι ἂν βούλωνται. ἀγανακτοῦντος
δέ μου καὶ σχετλιάζοντος, ὦ ἄνδρες Ἀθηναῖοι, ἐπὶ τῇ τόλ-
μῃ τοῦ Λάμπιδος, καὶ παρεχομένου πρὸς τὸν διαιτητὴν
τὴν αὐτὴν μαρτυρίαν, ἥνπερ καὶ νῦν πρὸς ὑμᾶς παρέχομαι,

[1] ἤμελλον [2] δόντες τῆς δίκης πέρυσιν
[3] τούτου, ἐμαρτύρει τἀναντία, οἷς πρότερον εἰρήκει

ζ. Τὰ ἐναντία οἷς πρότερον εἴρηκεν] F. τὰ ἐναντία τοῖς πρότερον εἴρηκεν. Wolf.
τὰ ἐναντία, οἷς πρότερον εἶπεν, εἴρηκεν: aut,

τῶν ἐξ ἀρχῆς προσελθόντων αὐτῷ μεθ᾽ ἡμῶν, ὅτε οὔτε τὸ χρυσίον ἔφη ἀπειληφέναι παρὰ τούτου, οὔτε χρήματα αὐτὸν ἐνθέσθαι εἰς τὴν ναῦν, οὕτως ὁ Λάμπις κατακράτος ἐξελεγχόμενος [1] ψευδῆ μαρτυρῶν, καὶ πονηρὸς ὢν, ὡμολόγει μὲν εἰρηκέναι ταῦτα πρὸς τοῦτον, οὐ μέντοι γε ἐντὸς ὢν εἰπεῖν αὐτοῦ. καί μοι ἀνάγνωθι ταύτην τὴν μαρτυρίαν.

ΜΑΡΤΥΡΙΑ.

ἀκούσας τοίνυν ἡμῶν, ὦ ἄνδρες Ἀθηναῖοι, ὁ Θεόδοτος πολλάκις, καὶ νομίσας τὸν Λάμπιν ψευδῆ μαρτυρεῖν, οὐκ ἀπέγνω τῆς δίκης, ἀλλ᾽ ἐφῆκεν ἡμᾶς εἰς τὸ δικαστήριον. καταγνῶναι μὲν γὰρ οὐκ ἠβουλήθη, διὰ τὸ οἰκείως ἔχειν Φορμίωνι τούτῳ, ὡς ἡμεῖς ὕστερον ἐπυθόμεθα· ἀπογνῶναι δὲ τῆς δίκης ὤκνει, ἵν᾽ αὐτὸς μὴ ἐπιορκήσειεν.

η΄. Ἐξ αὐτοῦ δὴ τοῦ πράγματος λογίσασθε, ὦ ἄνδρες δικασταὶ, παρ᾽ ὑμῖν αὐτοῖς, ὁπόθεν ἤμελλεν ἀποδώσειν [2] οὗτος τὸ χρυσίον. ἐνθένδε μὲν γὰρ ἐξέπλει, οὐκ ἐνθέμενος
914 εἰς τὴν ναῦν τὰ χρήματα καὶ ὑποθήκην οὐκ ἔχων, ἀλλ᾽ ἐπὶ τοῖς ἐμοῖς χρήμασιν ἐπιδανεισάμενος· ἐν Βοσπόρῳ δὲ

[1] τὰ ψευδῆ

[2] οὗτος ἀποδώσειν

Ὡμολόγει μὲν εἰρηκέναι ταῦτα πρὸς τοῦτον] F. πρὸς ἐμαυτόν: nisi δεικτικῶς dicatur, aut intelligatur socius Chrysippi. IDEM. Ad quem refertur hoc τοῦτον? ex hoc loco et aliis qui sequuntur, credas non ipsum Chrysippum, sed alium pro eo, loqui. Attamen ex reliqua oratione patet ipsum pro se dicere. An τοῦτον, οὗτος, τούτῳ, intelligenda sunt, de Chrysippo loquente qui se ipsum demonstrat? Sed tunc ὅδε potius quam οὗτος adhibetur. Neque dicas Chrysippum hactenus locutum esse, et nunc alium ipsius vices subire, ut in oratione contra Neæram, nam modo, et infra pluribus locis, videbimus Chrysippum in prima persona pro se ipso loqui. AUGER.

Οὐκ ἀπέγνω τῆς δίκης] Alias ἀπογνῶναι καὶ ἀποψηφίσασθαι est *absolvere*: καταγνῶναι καὶ καταψηφίσασθαι, *condemnare*. Hic est, οὐκ ἀπέγνω τῆς δίκης, *non tulit sententiam: de re non pronunciavit*. WOLF. Vid. Harpocrat. in v. διαμαρτυρία, et Pollux l. VIII. c. 1.

η΄. Ἐνθένδε μὲν—ἐπιδανεισάμενος] Solebant mali debitores, qui pecunias mutuas ab aliquo acceperant commercandi causa, rursus ab aliis mutuari, quod ἐπιδανείζειν [Lat. *versura solvere*] dicebant. Quod quidem clam et insciis creditoribus factitabant, ne illi pignus suum sibi vindicarent, aliisque rursus oppignerari vetarent. Sic intelligendus l. l. Demosthenis: quem Wolfius vertit, *cum enim hinc navigaret, nec pecuniam in nuvem imposuerat, et pignus non habebat, sed ad meam pecuniam plus erat mutuatus*. Quam interpretationem equidem probare non possum. Vox enim ἐπιδανεισάμενος id satis indicat. Sed alius est sensus horum verborum, ἐπὶ τοῖς ἐμοῖς χρήμασι i. e. *pecunia mea pignoris loco opposita, aliam supermutuatus*. Vox hæc, ἐπὶ, pignus et hypothecam denotat, ut supra vidimus [p. 908. v. 21. ed. R.], ἐπὶ ἑτέρᾳ γε ὑποθήκῃ. Et in Or. c. Dionysodor. [p. 1283. v. 18. ed. R.] ἐπὶ τῇ νηΐ i. e. *oppignerata nave*; Wolfius vertit *ad navem*. In Emendatt. L. IV. c. 3. VALESIUS. Vid. Pet. Burmanni Not. ad l. l. Vales. et de voce ἐπιδανείζειν Salmas. de Mod. Usur. p. 504. et de voce ἐπὶ Salmas. ibid. p. 754.

Ὑποθήκην οὐκ ἔχων] Cum nihil haberet, quod pignori opponeret aliis, sed rebus Chrysippi oppigneratis, aliis etiam caveἀπρασίαν τῶν φορτίων κατέλαβε, καὶ τοὺς τὰ [1] ἑτερόπλοια δανείσαντας μόλις ἀπήλλαξε. καὶ οὗτος μὲν ἐδάνεισεν αὐτῷ δισχιλίας δραχμὰς ἀμφοτερόπλουν, ὥστ᾽ ἀπολαβεῖν Ἀθήνησι δισχιλίας ἑξακοσίας δραχμάς· Φορμίων δέ φησιν ἀποδοῦναι Λάμπιδι ἐν Βοσπόρῳ ἑκατὸν καὶ εἴκοσι στατῆρας Κυζικηνοὺς — τούτῳ γὰρ προσέχετε τὸν νοῦν — δανεισάμενος ἐγγείων τόκων. ἦσαν δὲ ἐφεκτοὶ οἱ ἔγγειοι τόκοι· ὁ δὲ Κυζικηνὸς ἐδύνατο ἐκεῖ εἴκοσι καὶ ὀκτὼ δραχμὰς Ἀττικάς. δεῖ δὴ μαθεῖν ὑμᾶς, ὅσα φησὶ χρήματα ἀποδεδωκέναι. τῶν μὲν γὰρ [2] ἑκατὸν εἴκοσι στατήρων γίγνονται τρισχίλιαι τριακόσιαι ἑξήκοντα, ὁ δὲ τόκος ὁ ἔγγειος [3] ἐφεκτὸς τῶν τριάκοντα μνῶν καὶ τριῶν καὶ ἑξήκοντα πεντακόσιαι δραχμαὶ καὶ ἑξήκοντα· τὸ δὲ [4] σύμπαν κεφάλαιον γίγνεται τόσον καὶ τόσον. ἔστιν οὖν, ὦ ἄνδρες δικασταί, οὗτος ὁ ἄνθρωπος, ἢ γενήσεταί ποτε, ὃς ἀντὶ [5] δισχιλίων ἑξακοσίων δραχμῶν τριάκοντα μνᾶς καὶ [6] τριακοσίας ἀποτίνειν προείλετ᾽ ἄν, καὶ τόκον πεντακοσίας δραχμὰς καὶ ἑξήκοντα δανεισάμενος, ἃς φησιν ἀποδεδωκέναι Φορμίων Λάμπιδι, τρισχιλίας ἐννακοσίας εἴκοσιν; ἐξὸν δ᾽ αὐτῷ ἀμ-

[1] ἑτερόπλοα [2] ἑκατὸν καὶ εἴκοσι [3] ὁ ἐφεκτὸς [4] ξύμπαν
[5] δισχιλίων καὶ ἑξακοσίων [6] τριακοσίας καὶ ἑξήκοντα ἀποτίνειν

ret. WOLF.

Οὗτος μὲν ἐδ.] Ipse Chrysippus qui loquitur. AUGER.

Ἐγγείων τόκων] His, ut supra dixi, opponuntur οἱ ναυτικοί. WOLF.

Ἦσαν δ᾽ ἐφεκτοὶ] Οἱ ἐπὶ τὸ ἕκτον τοῦ κεφαλαίου, ut de talento pendantur denæ minæ. IDEM.

Ἐφεκτοὶ] Differentia τοῦ ἐφεκτοῦ Mathematicorum et Atticorum imposuit Budæo et Agricolæ, qui τόκους ἐφεκτοὺς Demosthenis in ea π. Φορμ. interpretati sunt de usuris sesquisextis. *Sextariæ* potius appellandæ sunt. Nam ἐφεκτὸς Mathematicis Græcis est *sextarius* cui sexta adjecta est. *Salmas. de* M. *U*. p. 17. Cf. quoque p. 20.

Εἴκοσι καὶ ὀκτὼ δραχμὰς] Denæ drachmæ nunc fere aureo Rhenensi nummo respondent, qui apud nos valet cruciferos 75., cum me adolescente non pluris quam 64. fuerit. Suidas χρυσοῦν νόμισμα τετράγωνον. Apud Isocrat. in Trapezitico; ἔτι δὲ παρ᾽ ὧν ἐχρυσώνησα ὑπ᾽ ἐκεῖνον τὸν χρόνον πλείους, ἢ χιλίους στατῆρας. Non idem ubique fuit stateris pretium. Fuit enim et τετράδραχμος, et pluris, quam 28. drachmarum alicubi, ut credibile est, ac dubitationem habere videtur, nomisma utrum aureum, an argenteum fuerit. Nihil enim vetat, eandem appellationem et aureo et argenteo nomismati (ut apud nos fit) fuisse tributam, cum tantum discriminis fuerit, quantum inter aurum et argentum interest. Sed Budæus de asse hic consulatur. WOLF.

Τριῶν καὶ ἑξήκοντα] Ad ἑξήκοντα solum sub. δραχμῶν. AUGER.

Γίγνεται τόσον καὶ τόσον] Demosthenes cum scriberet orationem, argumenta mercatoribus suppeditavit, supputationem usurarum ipsis reliquit, ejus rei peritioribus: quem et ego imitans, hoc tantum dico, si minus exquisita sit hæc ratio, in causa esse notas numerorum depravatas: de quibus cur nos magnopere laboremus, quibus hic neque seritur, neque metitur, equidem non video. Et hoc semel de tota arithmetica Demosthenica testatum esse volo, ea me vertisse, quæ in auctore invenerim: correctionem τοῖς ἀριθμητικωτέροις καὶ ἐμπορικωτέροις reliquisse. WOLF.

Τρισχιλίας ἐννακοσίας εἴκοσι] F. ὀκτακοσίας ἑξήκοντα. IDEM.

φοτερόπλουν Ἀθήνησιν ἀποδοῦναι τὸ ἀργύριον, ἐν Βοσπόρῳ ἀποδέδωκε, τρισὶ καὶ δέκα μναῖς πλέον;

θʹ. Καὶ τοῖς μὲν τὰ [1] ἑτερόπλοια δανείσασι μόλις τὰ ἀρχαῖα ἀποδέδωκας, οἳ συνέπλευσάν σοι καὶ προσήδρευον· τούτῳ δὲ τῷ μὴ παρόντι οὐ μόνον τἀρχαῖα καὶ τοὺς τό-
915 κους ἀπεδίδους, ἀλλὰ καὶ τὰ ἐπιτίμια τὰ ἐκ τῆς συγγραφῆς ἀπέτινες, οὐδεμιᾶς σοι ἀνάγκης οὔσης; κἀκείνους μὲν οὐκ ἐδεδίεις, οἷς αἱ συγγραφαὶ ἐν Βοσπόρῳ τὴν πρᾶξιν ἐδίδοσαν τοῦ δανείου· τούτου δὲ φὴς φροντίζειν, ὃν ἐξ ἀρχῆς, [2] ὥς φασιν, εὐθὺς ἠδίκεις οὐκ ἐνθέμενος τὰ χρήματα εἰς τὴν ναῦν κατὰ τὴν συγγραφὴν Ἀθήνηθεν; καὶ νῦν μὲν εἰς τὸ ἐμπόριον ἥκων, οὗ τὸ συμβόλαιον ἐγένετο, οὐκ ὀκνεῖς ἀποστερεῖν τὸν δανείσαντα· ἐν Βοσπόρῳ δὲ πλείω τῶν δικαίων φὴς ποιεῖν, οὗ δίκην οὐκ ἔμελλες δώσειν;

ιʹ. Καὶ οἱ μὲν ἄλλοι πάντες οἱ τὰ [3] ἑτερόπλοια δανειζόμενοι, ὅταν ἀποστέλλωνται ἐκ τῶν ἐμπορίων, πολλοὺς παρίστανται, ἐπιμαρτυρόμενοι ὅτι τὰ [4] χρήματα ἐπικινδυνεύεται τῷ δανείσαντι· σὺ δ᾽ [5] ἐπισκήπτῃ μάρτυρι αὐτῷ τῷ [6] συνδικοῦντι, καὶ οὐδὲ τὸν παῖδα τὸν ἡμέτερον παρέλαβες ἐν Βοσπόρῳ ὄντα, οὔτε τὸν κοινωνόν, οὔτε τὰς ἐπιστο-

[1] ἑτερόπλοα [2] [ὥς φασιν] [3] ἀμφοτερόπλοα [4] χρήματα ἤδη ἐπικινδυνεύεται [5] σκήπτῃ [6] συναδικοῦντι, καὶ οὔτε τὸν

θʹ. Μόλις τὰ ἀρχαῖα ἀπέδωκας] Τὰ κεφάλαια. Idem.

Τούτῳ δὲ] Τῷ κοινωνῷ μου. Idem.

Τὰ ἐπιτίμια τὰ ἐκ τῆς συγγραφῆς] S. si fidem non servasset, ut in Trapezitico Isocratis. Idem.

Ὃν ἐξ ἀρχῆς (ὥς φασιν) εὐθὺς] Videtur proverbialis fuisse formula, ut ἀφ᾽ ἑστίας. Adversus Lacritum p. 932. 6. ed. R. εὐθὺς ἀπ᾽ ἀρχῆς ἀρξάμενοι ἐκακοτέχνουν. Idem.

ιʹ. Καὶ οἱ μὲν ἄλλοι —— συναδικοῦντι] *Cum enim alii, qui pecunias trajectitias fenerato mutuantur ad alterutrum tantum commeatum, soliti sint portu egredientes,* testes *multos corrogare, eisque coram contestari, quod pecunia trajectitia* creditori *periclitatur,* tute *hoc uno* teste *nitere, in eoque* totam *causæ fiduciam reponis, qui* tibi socius *est injuriæ et fraudis.* Sic enim ἐπισκήπτῃ dixit, ut pro Cluent. Cicero, 'niti et magnopere confidere videtur invidia inveterata judicii Juniani.' Budæus.

Ὅταν ἀποστέλλωνται κ. τ. λ.] *Cum e litore solvunt, multis adhibitis testantur pecuniam aut merces feneratorum periculo se exportare.* Idem.

Οἱ μὲν ἄλλοι - - - ἤδη κινδυνεύεται τ. δ.] Sic enim scriptum in quibusdam exemplaribus, cum in aliis sit, ἐπικινδυνεύεται. Dicit, οἱ τὰ ἑτερόπλοια δανειζόμενοι, quia de ea re ibi agebatur, non περὶ τοῦ ἀμφοτερόπλου: sed protestatio illa utroque casu fieri solebat, et ob eandem causam. *Herald. Anim. in Salmas. Obss. ad Jus A. et R.* l. II. c. XX. §. VIII.

Σὺ δ᾽ ἐπισκήπτῃ μάρτυρι αὐτῷ τῷ συνδικοῦντι] Alii συναδικοῦντι. M. μάρτυρι τῷ σαυτῷ συναδικοῦντι. et pro ἐπισκήπτῃ, lego, ἐνὶ σκήπτῃ, ἀντὶ τοῦ, ἰσχυρίζῃ καὶ ἐπερείδῃ καὶ πέποιθας: nisi forte pro σκήπτῃ legendum sit σκηρίπτῃ, unde etiam τὸ σκῆπτρον dictum volunt. Sed est id verbum rarius. ἐπισκήπτεσθαι τῷ μάρτυρι quid sit, satis nolum est: et ea res hic non agitur. Wolf. Imo σὺ δ᾽ ἐνὶ σκήπτῃ. Auger.

Καὶ οὐδὲ τὸν παῖδα τὸν ἡμέτερον παρέλαβες ἑτεροπλοίῳ τῷ ἀργυρίῳ κεχρημένῳ] Ἀλλὰ μὴ ἀμφοτερόπλῳ κατὰ τὴν συγγραφήν. Wolf.

λὰς ἀπέδωκας αὐτοῖς, ἃς ἡμεῖς ἐπεθήκαμεν, ἐν αἷς ἐγέ-
γραπτο ϖαρακολουθεῖν σοι, οἷς ἂν ϖράττῃς; καίτοι, ὦ ἄν-
δρες Ἀθηναῖοι, τί οὐκ ἂν πράξειεν ὁ τοιοῦτος, ὅστις γράμμα-
τα λαβὼν μὴ ἀποδέδωκεν ὀρθῶς καὶ δικαίως; ἢ πῶς οὐ φανε-
ρόν ἐστιν ὑμῖν τὸ τούτου κακούργημα ἐξ αὐτῶν ὧν ἔπραττε;
καίτοι, ὦ γῆ καὶ θεοί! ϖροσῆκέ γε τοσοῦτον χρυσίον ἀπο-
διδόντα, καὶ πλεῖον τοῦ δανείσματος, περιβόητον ποιεῖν
ἐν τῷ ἐμπορίῳ καὶ ϖαρακαλεῖν πάντας ἀνθρώπους, πρῶ-
τον δὲ τὸν παῖδα τὸν τούτου καὶ τὸν κοινωνόν. ἴστε γὰρ
δήπου ϖάντες, ὅτι δανείζονται μὲν μετ' ὀλίγων μαρτύρων·
ὅταν δ' ἀϖοδιδῶσι, πολλοὺς ϖαρίστανται μάρτυρας, ἵνα
ἐπιεικεῖς δοκῶσιν εἶναι περὶ τὰ συμβόλαια. σοὶ δ' ἀποδι- 916
δόντι τό τε δάνειον καὶ τόκους ἀμφοτέρους, [1] ἑτεροπλοίῳ τῷ
ἀργυρίῳ κεχρημένῳ, καὶ προστιθέντι ἑτέρας τρισκαίδεκα
μνᾶς, πῶς οὐχὶ πολλοὺς ἦν παραληπτέον μάρτυρας; καὶ,
εἰ τοῦτο ἔπραξας, οὐδ' ἂν εἷς σου μᾶλλον τῶν πλεόντων
ἐθαυμάζετο. σὺ δ' ἀντὶ τοῦ πολλοὺς μάρτυρας τούτων
ϖοιεῖσθαι, ϖάντας ἀνθρώπους λανθάνειν ἐπειρῶ, ὥσπερ
ἀδικῶν τι. καὶ, εἰ μὲν ἐμοὶ τῷ δανείσαντι ἀπεδίδους, οὐδὲν
ἔδει μαρτύρων, τὴν γὰρ συγγραφὴν ἀνελόμενος [2] ἀϖήλλαξα
ἂν τοῦ συμβολαίου· νῦν δ' [3] οὐδ' ἐμοὶ ἀλλ' ἑτέρῳ ὑπὲρ ἐμοῦ
[4] ἀπεδίδους, καὶ οὐκ Ἀθήνησιν, ἀλλ' ἐν Βοσπόρῳ, καὶ τῆς
συγγραφῆς σοι κειμένης Ἀθήνησι καὶ πρὸς ἐμὲ, καὶ, ᾧ τὸ
χρυσίον ἀπεδίδους, ὄντος θνητοῦ καὶ πέλαγος τοσοῦτον
μέλλοντος πλεῖν, μάρτυρα οὐδένα ἐϖοιήσω, οὔτε δοῦλον
οὔτ' ἐλεύθερον.

ιά. Ἡ γὰρ συγγραφή με, φησὶ, τῷ ναυκλήρῳ ἐκέλευεν ἀποδοῦναι τὸ χρυσίον. μάρτυρας δέ γε οὐκ ἐκώλυε [5] ϖαρακαλεῖν, οὐδὲ τὰς ἐπιστολὰς ἀποδοῦναι. καὶ οἵδε μὲν πρὸς σὲ δύο συγγραφὰς ἐϖοιήσαντο ὑπὲρ τοῦ συμβολαίου, ὡς ἂν σοι μάλιστ' ἀϖιστοῦντες· σὺ δὲ μόνος μόνῳ φῂς δοῦναι τῷ ναυκλήρῳ τὸ χρυσίον, εἰδὼς κατὰ σοῦ κειμένην Ἀθήνησι συγγραφὴν πρὸς τοῦτον. [6] λέγει δὲ, ὡς ἡ συγγραφὴ σω-

[1] ἑτεροπλόῳ [2] ἀπήλλαξο [3] οὐκ [4] ἀποδιδοὺς [5] παραλαβεῖν
[6] * λέγει δὲ πῶς ἡ συγγραφή;

Ἀπεδώκαμεν] F. ἐδεδώκειμεν. Idem.
Παραληπτέον] F. παρακλητέον. Idem.
Ἀπήλλαξα ἂν] Legendum ἀπήλλαξά σε ἄν; vel ἀπήλλαξά σ' ἄν. Idem.
Ἀθήνησι καὶ ϖρὸς] F. τῆς πρὸς ἐμέ. Idem.
ιά. Οἵδε] Ipse Chrysippus et ejus socii. Auger.

θείσης τῆς νεὼς αὐτὸν ἀποδοῦναι κελεύει τὰ χρήματα, [1]καὶ παρενθέσθαι τἀγοράσματα εἰς τὴν ναῦν κελεύει σε· εἰ δὲ μὴ, πεντακισχιλίας δραχμὰς ἀποτίνειν. σὺ δὲ τοῦτο μὲν τῆς συγγραφῆς οὐ [2]λαμβάνεις, παραβεβηκὼς δ' [3]εὐθὺς
7 καὶ τὰ χρήματα ἐξαρχῆς οὐκ ἐνθέμενος, ἀμφισβητεῖς πρὸς ἓν ῥῆμα τῶν ἐν τῇ συγγραφῇ, καὶ τοῦτο ἀνῃρηκὼς αὐτός. ὁπότε γὰρ ἐν τῷ Βοσπόρῳ φὴς μὴ τὰ χρήματα ἐνθέσθαι εἰς τὴν ναῦν, ἀλλὰ τὸ χρυσίον τῷ ναυκλήρῳ ἀποδοῦναι, τί ἔτι περὶ τῆς νεὼς διαλέγῃ; οὐ γὰρ μετέσχηκας τοῦ κινδύνου διὰ τὸ μηδὲν ἐνθέσθαι.

ιβʹ. Καὶ τὸ μὲν πρῶτον, ὦ ἄνδρες Ἀθηναῖοι, ὥρμησεν ἐπὶ ταύτην τὴν σκῆψιν, ὡς ἐντεθειμένος τὰ χρήματα εἰς τὴν ναῦν· ἐπειδὴ δὲ τοῦτο ἐκ πολλῶν ἔμελλεν ἐξελεγχθήσεσθαι ψευδόμενος, ἔκ τε τῆς ἀπογραφῆς τῆς ἐν Βοσπόρῳ παρὰ τοῖς ἐλλιμενισταῖς καὶ ὑπὸ τῶν ἐν τῷ ἐμπορίῳ ἐπιδημούντων κατὰ τὸν αὐτὸν χρόνον, τηνικαῦτα μεταβαλλόμενος συνίσταται μετὰ τοῦ Λάμπιδος καὶ φησὶν ἐκείνῳ τὸ χρυσίον ἀποδεδωκέναι, ἐφόδιον μὲν λαβὼν τὸ τὴν συγγραφὴν κελεύειν, οὐκ ἂν ἡγούμενος δ' ἡμᾶς εὐπόρως [4]ἐλέγξαι, ὅσα μόνοι πρὸς [5]αὐτοὺς αὐτοὶ πράξειαν. καὶ ὁ Λάμπις, ὅσα μὲν εἶπε πρὸς ἐμὲ πρὶν ὑπὸ τούτου διαφθαρῆναι, οὐκ ἐντὸς ὢν αὑτοῦ φησιν εἰπεῖν· ἐπειδὴ δὲ τὸ χρυσίον τοὐμὸν ἐμερίσατο, τότε ἐντὸς εἶναί φησιν αὑτοῦ, καὶ πάντ' ἀκριβῶς μνημονεύειν.

ιγʹ. Εἰ μὲν οὖν, ὦ ἄνδρες δικασταὶ, ἐμοῦ μόνου κατε-

[1] καὶ γὰρ ἐνθέσθαι [2] παραλαμβάνεις [3] εὐθὺς ἐξαρχῆς, καὶ τὰ χρήματα οὐκ [4] ἐξελέγξαι [5] αὐτοὺς οὗτοι

Καὶ παρενθέσθαι] Lego καὶ πρὸς [*præterea*] ἐνθέσθαι. IDEM.

Τῷ ναυκλήρῳ ἐκέλευεν ἀποδοῦναι] Πῶς οὖν ἦν ἀμφοτερόπλουν; Videntur in his forensibus orationibus, præter cæteras, complura inesse πανουργήματα, ad judices decipiendos, et adversarios evertendos comparata. Neque vero historica fides a causidico exspectanda est. Fieri etiam potest, ut nos non modo propter errata codicum, sed etiam ignoratione Græcæ consuetudinis sæpe fallamur. ἀλλ' οὐ φροντὶς Ἱπποκλείδῃ τὸ τὸν γάμον ἐξορχησαμένῳ. Me sane (verum ut fatear) pœnitet tantum operæ in rhetorum mendaciis convertendis posuisse. Verum aliquam excusationem habeo, vel ignorantiæ, vel inopiæ. Nam quod ad meum ingenium attinet, hypocritas, sophistas, sycophantas, mendaces, magos, (adderem etiam tyrannos, nisi metus hos faceret amabiles) omnes ex animo detestatus sum a teneris unguiculis: et nunc canis subolescentibus mihi quam minimum cum eis esse negotii cupio. WOLF.

ιβʹ. Ἐφόδιον λαβὼν] Ἀντὶ τοῦ, ἀφορμὴν καὶ πρόφασιν. IDEM. *Ansam et occasionem causamque arripiens ex syngraphæ verbis.* BUDÆUS.

Ἡμᾶς ἀπόρους ἐλέγξαι] Οὐκ ἂν δυνησομένους ἐλέγξαι. *In farrag.* M. εὐπόρως. WOLF.

φρόνει Λάμπις, οὐδὲν ἂν ἦν θαυμαστόν· νῦν δὲ πολλῷ
δεινότερα τούτου πέπρακται αὐτῷ πρὸς [1]πάντας. κήρυγμα
γὰρ ποιησαμένου Παρεισάδου ἐν Βοσπόρῳ, ἐάν τις βούληται
Ἀθήναζε εἰς τὸ Ἀττικὸν ἐμπόριον σιτηγεῖν, ἀτελῆ τὸν
σῖτον ἐξάγειν, ἐπιδημῶν ἐν τῷ Βοσπόρῳ Λάμπις, ἔλαβε
τὴν ἐξαγωγὴν τοῦ σίτου καὶ τὴν ἀτέλειαν ἐπὶ τῷ τῆς
πόλεως ὀνόματι. γεμίσας δὲ ναῦν μεγάλην σίτου, ἐκόμισεν
εἰς Ἄκανθον, κἀκεῖ διέθετο προσκοινωνήσας τούτῳ ἀπὸ τῶν 918
ἡμετέρων χρημάτων. καὶ ταῦτ' ἔπραξεν, ὦ ἄνδρες δικα-
σταί, οἰκῶν μὲν Ἀθήνησιν, οὔσης δ' αὐτῷ γυναικὸς ἐνθάδε
καὶ παίδων, τῶν δὲ νόμων τὰ ἔσχατα ἐπιτίμια [2]προστε-
θεικότων, εἴ τις οἰκῶν Ἀθήνησιν ἄλλοθί [3]που σιτηγήσειεν,
ἢ εἰς τὸ Ἀττικὸν ἐμπόριον. ἔτι δ' ἐν [4]τῷ τοιούτῳ καιρῷ,
ἐν ᾧ ὑμῶν οἱ μὲν ἐν τῷ ἄστει οἰκοῦντες διεμετροῦντο [5]ἄλφι-
τα ἐν τῷ Ὠδείῳ· οἱ δ' ἐν τῷ Πειραιεῖ, ἐν τῷ νεωρίῳ διελάμ-
βανον κατ' ὀβολὸν τοὺς ἄρτους, καὶ, ἐπὶ τῆς μακρᾶς
στοᾶς, τὰ ἄλφιτα καθ' ἡμίεκτον μετρούμενοι καὶ κατα-
πατούμενοι. καὶ ὅτι ἀληθῆ λέγω, λάβε μοι τήν τε μαρτυ-
ρίαν καὶ τὸν νόμον.

ΜΑΡΤΥΡΙΑ. ΝΟΜΟΣ.

ιδ'. Φορμίων τοίνυν, τούτῳ χρώμενος κοινωνῷ καὶ μάρτυρι, οἴεται δεῖν ἀποστερῆσαι τὰ χρήματα ἡμᾶς, οἵ γε σιτηγοῦντες διατετελέκαμεν εἰς τὸ ὑμέτερον ἐμπόριον, καὶ, τριῶν ἤδη καιρῶν κατειληφότων τὴν πόλιν, ἐν οἷς ὑμεῖς τοὺς χρησίμους τῷ δήμῳ [6]ἐξητάζετε, οὐδενὸς τούτων ἀπολελείμμεθα. ἀλλ' ὅτε μὲν Ἀλέξανδρος εἰς Θήβας παρῄει, ἐπεδώκαμεν ὑμῖν τάλαντον ἀργυρίου· ὅτε δὲ ὁ σῖτος ἐπετιμήθη

[1] πάντας ὑμᾶς. κηρύγματα [2] προτεθεικότων [3] * ποι [4] Deest articulus. [5] τὰ ἄλφιτα [6] ἐξετάζετε

ιγ'. Ἔτι δὲ ἐν τοιούτῳ —— μετρούμενοι] *Et hæc quidem eo tempore fecit, cum partim vestrum in urbe habitantes, farinas admensas in Odeo acciperent; et in magna porticu farinas emptitarent, ad quaternarum chœnicum modum dimensas.* Est enim ἑκτεὺς octonarum chœnicum ab eo dictus, quod sit *sextarius medimni*, h. e. *modius*, ut in libris de Asse docuimus. Budæus.

Ἐπεδώκαμεν] Inter εἰσφορὰς et ἐπιδόσεις larga erat differentia. Εἰσφοραὶ indictæ erant et necessariæ, cum essent veluti tributa, urgente belli necessitate ditioribus imperata: ἐπιδόσεις autem collationes quandoque publice factæ, eæque spontaneæ, etsi sæpe non sine crebris interpellationibus, idque in magnis reip. difficultatibus, rogatis qui in concilio erant, ad necessitatem publicam sublevandam conferre, sive ad belli sumptus pecunia opus esset, aut alia re; sive frumento ad sustentandam plebem; sive ad sumptus alios publicos. *Herald., Anim. in Salmas. Obss. ad Jus A. et* R. l. VI. c. 1. §. 5. 6.

Ὅτε δὲ ὁ σῖτος ἐπετιμήθη ——] *Cum autem frumenti auctum esset pretium, et* πρότερον καὶ ἐγένετο ἑκκαίδεκα δραχμῶν, εἰσαγαγόντες πλείους ἢ μυρίους μεδίμνους πυρῶν, διεμετρήσαμεν ὑμῖν τῆς καθεστηκυίας τιμῆς πέντε δραχμῶν τὸν μέδιμνον, καὶ ταῦτα πάντες ἴστε ἐν τῷ Πομπείῳ διαμετρούμενοι· πέρυσι δὲ εἰς τὴν σιτωνίαν τὴν ὑπὲρ τοῦ δήμου τάλαντον ὑμῖν ἐπεδώκαμεν, ἐγώ τε καὶ ὁ ἀδελφός. καί μοι ἀνάγνωθι τούτων τὰς μαρτυρίας.

19 ΜΑΡΤΥΡΙΑΙ.

ἀλλὰ μὴν εἴ [1] γε δεῖ καὶ τούτοις τεκμαίρεσθαι, οὐκ εἰκὸς ἦν ἐπιδιδόναι μὲν ἡμᾶς τοσαῦτα χρήματα ἵνα παρ' [2] ὑμῶν δόξαν ἔχωμεν, συκοφαντεῖν δὲ Φορμίωνα [3] ἵνα τὴν ὑπάρχουσαν ἐπιείκειαν ἀποβάλωμεν. δικαίως ἂν οὖν βοηθήσαιτε ἡμῖν, ὦ ἄνδρες δικασταί. ἐπέδειξα γὰρ ὑμῖν, οὔτ' ἐξ ἀρχῆς τὰ φορτία ἐνθέμενον τοῦτον εἰς τὴν ναῦν ἁπάντων ὧν ἐδανείσατο Ἀθήνηθεν, τῶν τε ἐν τῷ Βοσπόρῳ [4] πραχθέντων τοὺς τὰ ἑτερόπλοια δανείσαντας μόλις διαλύσαντα· ἔτι δὲ, οὔτ' εὐποροῦντα οὔθ' οὕτως ὄντ' ἀβέλτερον, ὥστε ἀντὶ δισχιλίων καὶ ἑξακοσίων δραχμῶν τριάκοντα μνᾶς καὶ ἐννέα ἀποδοῦναι· πρός τε τούτοις, [5] ὅτι ἀποδοῦναί φησι τὸ χρυσίον Λάμπιδι, οὔτε παραλαβόντα [6] τὸν παῖδα τὸν ἐμὸν, οὔτε τὸν κοινωνὸν ἐπιδημοῦντα ἐν [7] Βοσπόρῳ. ἐμοὶ δὲ Λάμπις αὐτὸς μαρτυρῶν φαίνεται, ὡς οὐκ ἀπείληφε τὸ χρυσίον πρὶν ὑπὸ τούτου διαφθαρῆναι. καίτοι, εἰ καθ' ἓν ἕκαστον οὕτως ἐδείκνυε Φορμίων, οὐκ οἶδ' ὅπως ἂν ἄλλως ἄμεινον ἀπελογήσατο.

[1] γε τι δεῖ [2] ὑμῖν [3] ἵνα καὶ τὴν [4] πραθέντων τοὺς τὰ ἑτερόπλοα [5] ὅτε [6] τὸν παῖδα παραλαβόντα [7] Βοσπόρῳ, οὔτε τὸν Λάμπιν.

ad sedecim drachmas excrevisset, importato frumento ultra decem millia medimnûm, justo et legitimo pretio vobis admensi sumus quinis drachmis in medimnum. Hac Demosthenica ratione sextarius Parisinus circiter aureo uno fuisset, hoc est drachmis decem. Igitur qui Athenis eum proventum quingentûm medimnûm habebant, talentum impendere publice tenebantur, h. e. sexcentos aureos. Vid. plura *ap. Budæum de Asse* etc.

Καὶ ταῦτα πάντες ἴστε ἐν τῷ πομπείῳ διαμετρούμενοι] Pollux lib. 9. depravate citat hunc locum: ἤπου δὲ καὶ πομπεῖον εἴη οἴκημα κοινὸν, Δημοσθένους εἰπόντος ἐν τῷ πρὸς Φορμίωνα περὶ δανείου· καὶ ταύταις δὲ ἐν τῷ πομπείῳ διαμετρούμενα. Wolf. Vid. Pollux lib. X. 5. Plutarch. in Isocrat. Diog. Laertius in Socrate lib. II. et in Diogene Cynic. lib. VI. et Plinius lib. XXXV. c. XI.

Ἐπέδειξα] M. ἐπεδείξαμεν. Wolf.

Τῶν τε ἐν τῷ Βοσπόρῳ πραχθέντων] F. πραθέντων, παρὰ τὸ πιπράσκω. Est autem constructio hujusmodi: μόλις διαλύσαντα τοὺς δανείσαντας τὰ ἑτερόπλοια τῶν πραθέντων (ἀπὸ ἢ διὰ τῶν πραθέντων) ἐν Βοσπόρῳ. Bosporus autem non tantum provincia est, sed etiam urbs ejusdem nominis et mercatus celebris. Idem. Leg. πραθένιέ. Ὑπὲρ δὲ τοῦ τὴν δίκην εἰσαγώγιμον εἶναι, ὁ νόμος αὐτὸς διαμαρτύρεται, κελεύων τὰς δίκας εἶναι τὰς ἐμπορικὰς τῶν συμβολαίων [1] Ἀθήνησι καὶ εἰς τὸ τῶν Ἀθηναίων ἐμπόριον, καὶ οὐ μόνον [1] Ἀθήνησιν, ἀλλὰ καὶ ὅσα ἂν γένηται ἕνεκα τοῦ πλοῦ τοῦ Ἀθήναζε· λάβε δή μοι τοὺς νόμους.

ΝΟΜΟΙ.

ὡς μὲν τοίνυν [2] γέγονε τὸ συμβόλαιον πρὸς Φορμίωνα Ἀθήνησιν οὐδ᾽ αὐτοὶ ἔξαρνοί εἰσι, παραγράφονται δὲ τὴν [3] δίκην οὐκ εἰσαγώγιμον οὖσαν. ἀλλ᾽ εἰς ποῖον δικαστήριον εἰσέλθωμεν, ὦ ἄνδρες δικασταί, εἰ μὴ πρὸς ὑμᾶς, οὗπερ τὸ 920
συμβόλαιον ἐποιησάμεθα; δεινὸν γὰρ ἂν εἴη, εἰ μὲν ἕνεκα τοῦ πλοῦ τοῦ Ἀθήναζε [4] ἠδικούμην, εἶναί μοι παρ᾽ ὑμῖν τὸ δίκαιον λαβεῖν παρὰ Φορμίωνος· ἐπειδὴ δὲ τὸ συμβόλαιον ἐν τῷ ὑμετέρῳ ἐμπορίῳ γέγονε, μὴ φάσκειν τούτους παρ᾽ ὑμῖν ὑφέξειν τὴν δίκην. καί, ὅτε μὲν Θεοδότῳ τὴν δίαιταν ἐπετρέψαμεν, ὡμολόγησαν εἶναι καθ᾽ [5] ἑαυτῶν ἐμοὶ τὴν δίκην εἰσαγώγιμον· [6] νῦν δὲ τοὐναντίον λέγουσιν, ὧν πρότερον αὐτοὶ συγκεχωρήκασιν, ὡς δέον παρὰ μὲν [7] τῷ Θεοδότῳ τῷ ἰσοτελεῖ ὑποσχεῖν αὐτοὺς δίκην ἄνευ παραγραφῆς, ἐπειδὴ δὲ εἰς τὸ Ἀθηναίων δικαστήριον εἰσερχόμεθα, μηκέτ᾽ εἰσαγώγιμον εἶναι τὴν δίκην. ἐνθυμοῦμαι δ᾽ ἔγωγε, τί ἂν ποτε εἰς τὴν παραγραφὴν ἔγραψεν, εἰ [7] ὁ Θεόδοτος ἀπέγνω τῆς δίκης, ὅπου νῦν, γνόντος τοῦ Θεοδότου ἀπιέναι ἡμᾶς εἰς τὸ δικαστήριον, οὔ φησι τὴν δίκην εἶναι εἰσαγώγιμον παρ᾽ ὑμῖν, πρὸς οὓς ἐκεῖνος ἔγνω ἀπιέναι. πάθοιμι μέντ᾽ ἂν δεινότατα, εἰ οἱ μὲν νόμοι τῶν Ἀθήνησι συμβολαίων κελεύουσι τὰς δίκας εἶναι πρὸς τοὺς θεσμοθέτας· ὑμεῖς δ᾽ ἀπογνοίητε τῆς δίκης, ὀμωμοκότες κατὰ τοὺς νόμους ψηφιεῖσθαι. τοῦ μὲν οὖν δανεῖσαι ἡμᾶς τὰ χρή-

[1] τῶν Ἀθήνησ. [2] γέγονέ μοι τὸ [3] δίκην ὡς οὐκ [4] ἠδικούμην τι, εἶναί [5] αὐτῶν [6] νυνὶ δὲ τἀναντία [7] Deest articulus.

των. Auger.

ιέ. Μὴ φάσκειν] *Dicere non*, hoc est, *negare*. Budæus.

Ὑμεῖς δ᾽ ἀπογνοίητε τῆς δίκης] Hic aliter usurpatur, quam supra, ἀντὶ τοῦ, γνοίητε μὴ εἰσαγώγιμον εἶναι τὴν δίκην. Wolf.

Ἀπογνοίητε τῆς δίκης] Videtur ἀπογινώσκειν sumi in vario sensu, et significare modo *pronuntiare* simpliciter; modo *pronuntiare in gratiam alicujus*; modo *non velle pronuntiare, actionem negare*. Hic in sensu ultimo sumitur. Auger.

ματα, αἵ τε συνθῆκαι καὶ αὐτὸς οὗτός ἐστι μάρτυς· τοῦ δὲ ἀποδεδωκέναι, οὐδείς ἐστι μάρτυς ἔξω τοῦ Λάμπιδος τοῦ συναδικοῦντος. καὶ οὗτος μὲν εἰς ἐκεῖνον μόνον ἀναφέρει τὴν ἀπόδοσιν· ἐγὼ δὲ εἴς τε τὸν Λάμπιν αὐτὸν καὶ τοὺς ἀκούσαντας αὐτοῦ, ὅτι οὐκ ἔφη ἀπειληφέναι τὸ χρυσίον. τούτῳ μὲν οὖν τοὺς ἐμοὺς μάρτυρας ἔξεστι κρίνειν, εἰ μή φησιν
921 ἀληθῆ μαρτυρεῖν αὐτούς· ἐγὼ δ' οὐκ ἔχω τί χρήσομαι τοῖς τούτου μάρτυσιν, οἵ φασιν εἰδέναι τὸν Λάμπιν μαρτυροῦντα ἀπειληφέναι τὸ χρυσίον. εἰ μὲν γὰρ ἡ μαρτυρία ἡ τοῦ Λάμπιδος κατεβάλλετο ἐνταῦθ', ἴσως ἂν ἔφασαν [1]αὐτοὶ δίκαιον εἶναι ἐπισκήπτεσθαί με ἐκείνῳ· νῦν δ' οὔτε τὴν μαρτυρίαν ταύτην ἔχω, οὑτοσί τε οἴεται δεῖν ἀθῷος εἶναι, οὐδὲν βέβαιον ἐνέχυρον καταλιπὼν ὧν πείθει ὑμᾶς ψηφίσασθαι.

ιϛ'. Πῶς δ' οὐκ ἂν εἴη ἄτοπον, εἰ αὐτοῦ Φορμίωνος ὁμολογοῦντος δανείσασθαι, φάσκοντος δὲ ἀποδεδωκέναι, τὸ μὲν ὁμολογούμενον ὑπ' αὐτοῦ τούτου ἄκυρον ποιήσετε, τὸ δ' ἀμφισβητούμενον κύριον ψηφιεῖσθε; καὶ ὁ μὲν Λάμπις, ᾧ οὗτος [2]σκήπτεται, μαρτυρεῖ ἔξαρνος γενόμενος τὸ ἐξαρχῆς, ὡς οὐκ ἀπείληφε τὸ [3]χρυσίον· ὑμεῖς δὲ γνόντες, ὡς ἀπείληφ' ἐκεῖνος, οὐκ ἐστὲ μάρτυρες τοῦ πράγματος; καὶ, οσα μὲν εἶπε μετὰ τῆς ἀληθείας, μὴ χρῆσθε [4]ἐν τεκμηρίῳ· ἃ δ' ἐψεύσατο [5]ὕστερον, ἐπειδὴ διεφθάρη, πιστότερα ταῦτα [6]ὑπολάβοιτε εἶναι; καὶ μὴν, ὦ ἄνδρες Ἀθηναῖοι, πολὺ δικαιότερόν ἐστι, τοῖς ἐξαρχῆς ῥηθεῖσι τεκμαίρεσθαι μᾶλλον ἢ τοῖς ὕστερον τεκταινομένοις· τὰ μὲν γὰρ οὐκ ἐκ παιδεύσεως, ἀλλ' ἐκ τῆς ἀληθείας ἔλεγε, τὰ δ' ὕστερον, ψευδόμενος καὶ πρὸς τὸ συμφέρον αὑτῷ. ἀναμνήσθητε δὲ, ὦ ἄνδρες Ἀθηναῖοι, ὅτι οὐδ' αὐτὸς ὁ Λάμπις ἔξαρνος ἐγένετο, ὡς οὐκ εἴη εἰρηκὼς, ὅτι οὐκ ἀπείληφε τὸ χρυσίον·

[1] οὗτοι [2] σκήπτεται μάρτυρι, ἔξαρνος [3] χρυσίον, νῦν τὰ ἐναντία μαρτυρεῖ. ὑμεῖς [4] Deest ἐν. [5] τὸ ὕστερον [6] ὑπολαμβάνοιτε

Εἰ μὲν γὰρ ἡ μαρτυρία ἡ τοῦ Λάμπιδος ἐνταῦθα κατεβάλλετο] *Hic consisteret*, vel potius *proferretur*. Apparet, aut Lampidem abfuisse, aut non scripto dixisse testimonium. Wolf.

Οὐδὲν βέβαιον ἐνέχυρον καταλιπὼν, ὧν πείθει ὑμᾶς ψηφίσασθαι. Idem.

ιϛ'. Σκήπτεται] M. σκηρίπτεται, *nititur, fretus est*. Idem.

Οὐκ ἐστὲ] M. οὐκ ἔσεσθε. Idem.

Μὴ χρῆσθε ἐν τεκμηρίῳ] F. ὡς τεκμηρίῳ. Alias sine præpositione, ut apud Isocr. τεκμηρίῳ χρώμενος τῇ περὶ τὴν ἄλλην σου παιδείαν φιλοπονίᾳ. Idem.

ἀλλ' εἰπεῖν μὲν ὡμολόγει, οὐ μέντοιγε ἐντὸς ὢν αὐτοῦ εἰπεῖν. οὐκοῦν ἄτοπον, εἰ τῆς ἐκείνου μαρτυρίας, τὸ μὲν πρὸς τοῦ ἀποστεροῦντος, πιστως ἀκούσεσθε, τὸ δ' ὑπὲρ τῶν 922
ἀποστερουμένων ἄπιστον ἔσται παρ' ὑμῖν. μηδαμῶς, ὦ ἄνδρες δικασταί.

ιζ'. Ὑμεῖς γάρ ἐστε οἱ αὐτοὶ, οἱ, τὸν ἐπιδεδανεισμένον ἐκ τοῦ ἐμπορίου πολλὰ χρήματα καὶ τοῖς δανεισταῖς οὐ παρασχόντα τὰς ὑποθήκας, θανάτῳ ζημιώσαντες, εἰσαγγελθέντα ἐν τῷ δήμῳ, καὶ ταῦτα πολίτην ὑμέτερον ὄντα καὶ πατρὸς ἐστρατηγηκότος. ἡγεῖσθε γὰρ τοὺς τοιούτους, οὐ μόνον τοὺς ἐντυγχάνοντας ἀδικεῖν, ἀλλὰ καὶ κοινῇ βλάπτειν τὸ ἐμπόριον ὑμῶν. εἰκότως. αἱ γὰρ ἐμπορίαι τοῖς ἐργαζομένοις οὐκ ἀπὸ τῶν δανειζομένων, ἀλλ' ἀπὸ τῶν δανειζόντων εἰσί· καὶ οὔτε ναῦν, οὔτε ναύκληρον, οὔτ' ἐπιβάτην ἔστ' ἀναχθῆναι, τὸ τῶν δανειζόντων μέρος ἂν ἀφαιρεθῇ. ἐν μὲν οὖν τοῖς νόμοις πολλαὶ καὶ καλαὶ βοήθειαί εἰσιν αὐτοῖς· ὑμᾶς δὲ δεῖ τοὺς ἐπανορθοῦντας φαίνεσθαι καὶ μὴ συγχωροῦντας τοῖς πονηροῖς, ἵν' ὑμῖν ὡς πλείστη ὠφέλεια παρὰ τὸ ἐμπόριον ᾖ. ἔσται δὲ, ἐὰν [1] φυλάττητε τοὺς ἑαυτῶν προϊεμένους, καὶ μὴ ἐπιτρέπητε ἀδικεῖσθαι ὑπὸ [2] τῶν τοιούτων θηρίων. ἐγὼ μὲν οὖν, ὅσαπερ οἷός τ' ἦν, εἴρηκα· καλῶ δὲ καὶ ἄλλον τινὰ τῶν φίλων, ἐὰν κελεύητε.

[1] διαφυλάττητε [2] Deest articulus.

ιζ'. Αἱ γὰρ ἐμπορίαι τοῖς ἐργαζομένοις] Haud dubie legendum αἱ γὰρ εὐπορίαι. Idem. Non est necesse: ἐμπορίαι sunt merces ipsæ, per quas mercatura exercetur. *Herald. Animadv. in Salmas. Obss. ad Jus A. et R.* l. II. c. XX. §. 11.

ΥΠΟΘΕΣΙΣ ΤΟΥ ΠΡΟΣ ΤΗΝ ΛΑΚΡΙΤΟΥ ΠΑΡΑΓΡΑΦΗΝ ΛΟΓΟΥ.

ΑΝΔΡΟΚΛΗΣ δανείσας χρήματα Ἀρτέμωνι, Φασηλίτῃ τὸ γένος, ἐμπόρῳ, τελευτήσαντος ἐκείνου πρὶν ἀποδοῦναι τὸ ἀργύριον, εἰσπράττει τὸν ἀδελφὸν αὐτοῦ Λάκριτον τὸν σοφιστὴν, δύο προβαλλόμενος δίκαια· ὅτι τε παρόντος Λακρίτου καὶ ἀναδεξαμένου τὸ ἀργύριον ἐδάνεισε τῷ Ἀρτέμωνι, καὶ, ὅτι κληρονόμος ἐστὶ τῶν Ἀρτέμωνος Λάκριτος. ὁ δὲ τῆς μὲν κληρονομίας ἀφίστασθαί φησι, παραγράφεται δὲ τὴν δίκην, λέγων, μηδὲν ἑαυτῷ πρὸς Ἀνδροκλέα συμβόλαιον εἶναι, μηδὲ συγγραφὴν μηδεμίαν· πάντως δὲ καὶ τὸ ἀναδέχεσθαι ἔξαρνος γίνεται, οὐδὲ γὰρ ἂν τοῦτο ὁμολογῶν ἠγνωμόνει πρὸς τὴν ἔκτισιν. οὐκ ὀρθῶς δέ τινες ἐνόμισαν τὸν λόγον μὴ γνήσιον εἶναι, ἀμυδροῖς ἀπατηθέντες τεκμηρίοις. τὸ μὲν γὰρ τῆς φράσεως ἀνειμένον οὐκ ἀπρεπὲς ἰδιωτικοῖς ἀγῶσι, τὸν δὲ Δία τὸν ἄνακτα κατὰ τὴν τοῦ προσώπου [1] ὑποκειμένου συνήθειαν δῆλός ἐστιν ὠνομακώς· πρὸς δὲ τὴν παραγραφὴν ἀσθενέστερον ἀπήντηκε διὰ τὸ πρᾶγμα τὸ πονηρόν.

[1] τοῦ ὑποκειμένου

Τῆς Ἀρτέμωνος] F. τῆς οὐσίας Ἀρτέμωνος. Wolf.

Δῆλός ἐστιν ὀμωμοκὼς] Nam τὸ ὠνομακὼς prorsus est absurdum. Idem.

Διὰ τὸ πρᾶγμα τὸ πονηρὸν] M. διὰ τὸ πρᾶγμα πονηρὸν ὄν. Idem.

ΔΗΜΟΣΘΕΝΟΥΣ

Ο ΠΡΟΣ

ΤΗΝ ΛΑΚΡΙΤΟΥ ΠΑΡΑΓΡΑΦΗΝ

ΛΟΓΟΣ.

α΄. ΟΥΔΕΝ καινὸν διαπράττονται οἱ [1] Φασηλῖται, ὦ ἄνδρες δικασταὶ, ἀλλ᾽ ἅπερ εἰώθασιν. οὗτοι γὰρ δεινότατοι μέν εἰσι δανείσασθαι χρήματα ἐν τῷ ἐμπορίῳ, ἐπειδὰν δὲ λάβωσι καὶ συγγραφὴν συγγράψωνται ναυτικὴν, εὐθὺς ἐπελάθοντο καὶ τῶν συγγραφῶν, καὶ τῶν νόμων, καὶ ὅτι

[1] φασηλῖται

α΄. Οἱ Φασηλιῶται] M. οἱ Φασηλῖται, ut in aliis auctoribus fere legitur, et analogia postulat, Φάσηλις, Φασηλίτης, ut Ναύκρατις, Ναυκρατίτης, et sic habet Stephanus. Wolf. M. Φασηλῖται, et ita legendum in tota hac oratione. Auger.

-δεῖ ἀποδοῦναι αὐτοὺς ἃ ἔλαβον· καὶ οἴονται, ἐὰν ἀποδῶσιν,
ὥσπερ τῶν ἰδίων τι τῶν ἑαυτῶν [1]ἀποδεδωκέναι, ἀλλ' ἀντὶ 924
τοῦ ἀποδοῦναι σοφίσματα εὑρίσκουσι καὶ παραγραφὰς καὶ προφάσεις, καὶ εἰσὶ πονηρότατοι ἀνθρώπων καὶ ἀδικώτατοι. τεκμήριον δὲ τούτου· πολλῶν γὰρ ἀφικνουμένων εἰς τὸ ὑμέτερον ἐμπόριον καὶ Ἑλλήνων καὶ Βαρβάρων, πλείους δίκαι εἰσὶν ἑκάστοτε αὐτῶν τῶν Φασηλιτῶν ἢ τῶν ἄλλων ἁπάντων. οὗτοι μὲν οὖν τοιοῦτοί εἰσιν· ἐγὼ δὲ, ὦ ἄνδρες δικασταὶ, χρήματα δανείσας Ἀρτέμωνι τῷ τούτου ἀδελφῷ κατὰ τοὺς ἐμπορικοὺς νόμους εἰς τὸν Πόντον καὶ πάλιν Ἀθήναζε, τελευτήσαντος [2]δ' ἐκείνου πρὶν ἢ ἀποδοῦναί μοι τὰ χρήματα, Λακρίτῳ τούτῳ εἴληχα τὴν δίκην ταύτην κατὰ τοὺς αὐτοὺς νόμους τούτους, καθ' οὕσπερ τὸ συμβόλαιον ἐποιησάμην, ἀδελφῷ ὄντι τούτῳ ἐκείνου καὶ ἔχοντι πάντα τὰ Ἀρτέμωνος, καὶ ὅσα ἐνθάδε κατέλιπε καὶ ὅσα ἦν αὐτῷ ἐν τῇ Φασήλιδι, [3]καὶ κληρονόμῳ ὄντι τῶν ἐκείνου ἁπάντων, καὶ οὐκ ἂν ἔχοντος τούτου δεῖξαι νόμον, ὅστις αὐτῷ δίδωσιν ἐξουσίαν ἔχειν μὲν τὰ τοῦ ἀδελφοῦ καὶ διῳκηκέναι ὅπως ἐδόκει αὐτῷ, μὴ ἀποδοῦναι δὲ [4]τὰ ἀλλότρια χρήματα, ἀλλὰ λέγειν νῦν, ὅτι οὐκ ἔστι κληρονόμος, ἀλλὰ ἀφίσταται τῶν ἐκείνου. ἡ μὲν τουτουῒ Λακρίτου πονηρία τοιαύτη ἐστίν· ἐγὼ δὲ ὑμῶν δέομαι, ὦ ἄνδρες δικασταὶ, εὐνοϊκῶς ἀκοῦσαί μου περὶ τοῦ πράγματος τουτουῒ, κἂν ἐξελέγξω αὐτὸν ἀδικοῦντα ἡμᾶς τε τοὺς δανείσαντας καὶ ὑμᾶς οὐδὲν ἧττον, βοηθεῖτε ἡμῖν τὰ δίκαια.

β'. Ἐγὼ γὰρ, ὦ ἄνδρες [5]δικασταὶ, οὐδ' ὁπωστιοῦν
ἐγνώριζον τοὺς ἀνθρώπους τούτους· Θρασυμήδης δὲ ὁ Διο- 925
φάντου υἱὸς, ἐκείνου τοῦ Σφηττίου, καὶ Μελάνωπος ὁ ἀδελφὸς αὐτοῦ, ἐπιτήδειοί μοι εἰσὶ, καὶ χρώμεθα ἀλλήλοις ὡς οἷόν τε μάλιστα. οὗτοι προσῆλθόν μοι μετὰ Λακρίτου τουτουῒ, ὁπόθεν δήποθεν ἐγνωρισμένοι τούτῳ — οὐ γὰρ οἶδα —, καὶ ἐδέοντό μου δανεῖσαι χρήματα εἰς τὸν Πόντον Ἀρτέμωνι τῷ τούτου ἀδελφῷ καὶ Ἀπολλοδώρῳ, ὅπως ἐνερ-

[1] ἀπολωλεκέναι [2] Deest δ'. [3] [καὶ] [4] τἀλλότρια [5] δικασταὶ, αὐτὸς μὲν οὐδ'

Ὥσπερ τῶν ἰδίων τι τῶν ἑαυτῶν, ἀποδεδωκέναι] F. ἐπιδεδωκέναι. et v. 9. χρήματ' ἐδάνεισα. et v. 18. ἔχειν μὲν τὰ τοῦ ἀδελφοῦ, pro μετὰ τοῦ. et v. 21. ἡ μὲν οὖν τουτουΐ. et v. 24. ἡμᾶς τε τούς. Wolf. L. cum Reiskio ἀπολωλεκέναι, vel simpliciter δεδωκέναι. Auger.

β'. Ὅπως ἐνεργοὶ ὦσι] *Ut essent navi atque industrii.* Wolf.

γοὶ ὦσιν,—οὐδὲν εἰδὼς, ὦ ἄνδρες δικασταὶ, οὐδὲ ὁ Θρασυμήδης τὴν τούτων πονηρίαν, ἀλλ᾽ οἰόμενος εἶναι ἐπιεικεῖς ἀνθρώπους καὶ οἷοίπερ προσεποιοῦντο καὶ ἔφασαν εἶναι, καὶ ἡγούμενος αὐτοὺς ποιήσειν πάντα, ὅσαπερ [1] ὑπισχνεῖτο καὶ ἀνεδέχετο Λάκριτος οὑτοσί· πλεῖστον δ᾽ ἦν ἄρα ἐψευσμένος, καὶ οὐδὲν ᾔδει οἵοις θηρίοις ἐπλησίαζε τοῖς ἀνθρώποις τούτοις —, κἀγὼ πεισθεὶς ὑπὸ τοῦ Θρασυμήδους καὶ τοῦ ἀδελφοῦ αὐτοῦ, καὶ Λακρίτου τουτουῒ ἀναδεχομένου μοι πάντ᾽ ἔσεσθαι τὰ δίκαια παρὰ τῶν ἀδελφῶν τῶν αὐτοῦ, ἐδάνεισα μετὰ ξένου τινὸς ἡμετέρου Καρυστίου τριάκοντα μνᾶς ἀργυρίου. βούλομαι οὖν, ὦ ἄνδρες δικασταὶ, τῆς συγγραφῆς ἀκοῦσαι ὑμᾶς πρῶτον, καθ᾽ ἣν ἐδανείσαμεν τὰ χρήματα, καὶ τῶν μαρτύρων τῶν παραγενομένων τῷ δανείσματι· ἔπειτα καὶ περὶ τῶν ἄλλων ἐπιδείξομεν, οἷα ἐτοιχωρύχησαν οὗτοι περὶ τὸ δάνειον. λέγε τὴν συγγραφήν· ἔπειτα τὰς μαρτυρίας.

ΣΥΓΓΡΑΦΗ.

Ἐδάνεισαν Ἀνδροκλῆς Σφήττιος καὶ [2] Ναυκράτης Καρύστιος Ἀρτέμωνι

[1] ὑπισχνοῦντο

[2] Ναυσικράτης

Οἷα ἐτοιχωρύχησαν] Τῶν τοιχωρύχων δίκην ὑφείλοντο καὶ ἔκλεψαν. IDEM.

Ἐδάνεισαν κ. τ. λ.] Trajectitiæ hujus pecuniæ drachmæ M. pariebant in dies (nam fenus nauticum diarium est [Error errorem generat. Usuram trajectitiæ pecuniæ Petitus exemplo Scaligeri diariam facit: hinc syngraphæ verba, ne a præjudicata opinione dissentirent, corrigenda fuerunt. Utrumque sine causa. Verba bene habent. Fenus nauticum nec diarium nec menstruum erat, sed temporis incerti, debebaturque uti inter contrahentes convenerat. Cum finiri non posset, quando navis, quorsum ea tendebat, esset appulsura, aut domum reversura, non poterat in certum diem usura constitui, sed in totum navigationis tempus, syngrapha definitum. Petitum refellunt Salmasius Mod. Usur. p. 21. Spanheimius ad Aristoph. Nub. v. 1290. et, qui syngrapham dedita opera illustrat, Heraldus Animadv. in Jus Attic. et Rom. L. II. 20. WESSELING.] non menstruum) singulos drachmas CCXXV. ut quidem editur: ἐπὶ διακοσίαις εἰκοσιπέντε τὰς χιλίας. Sed mendum occupavit hunc locum: nam triobolum singulis diebus dabatur in tetradrachmum. In M. drachmis sunt tetradrachma CCL., quæ in singulos dies pariunt obolos DCCL., sive drachmas CXXV. Atque numerus hic, meo judicio, legebatur in syngrapha, sed quia litera numerali ρ conceptus fuerat, facile mutavit litera hæc in sequentem σ, quæ ejusdem fere figuræ est cum præcedenti, sed in latum, non in longum, porrectæ. Rescribendum est itaque, me auctore, ἐπὶ ἑκατὸν εἰκοσιπέντε τὰς χιλίας. Dabant igitur hæ ter mille drachmæ in singulos dies drachmas CCCLXXV. Legitur tamen in eadem syngrapha v. ult. p. 515. ἐὰν δὲ μετ᾽ —— τρισχιλίας. Merces *e trajectitia pecunia comparatæ cum periculo creditoris navigabant. l.* 1. *D. de fenore nautico*, ut etiam ex hac syngrapha constat. A die autem sexto Iduum Martiarum usque in Idus Maias periculose maria tentantur, neque tamen propterea negotiatorum cessat industria. Contra vero a die sexto Kal. Juniarum in diem 18um. Kal. Octobrium secura creditur navigatio, i. e. ab *Arcturi* occasu ad ejusdem ortum. Nam, ex Euctemonis sententia, ad diem 8um. Kal. Juniarum Ἀρκτοῦρος ἑῷος δύνει. Quare Androcles atque Naucrates, qui

καὶ Ἀπολλοδώρῳ Φασηλίταις ἀργυρίου τρισχιλίας [1] δραχμὰς Ἀθήνηθεν 926
εἰς Μένδην ἢ Σκιώνην, καὶ ἐντεῦθεν εἰς Βόσπορον. ἐὰν δὲ βούλωνται τῆς

[1] δραχμὰς τρισχιλίας

hanc usuris maritimis mutuam pecuniam dederint, paululum de fenore remittunt [Imo vero augetur, siquidem pro M. drachmis CCC. drachmarum usura constituitur. Nam pro τρισχιλίας legendum esse χιλίας, sequentia docent clarissime, monueruntque, hac in re concordes, Salmasius Mod. Usur. p. 210. et Heraldus Animadv. p. 155. Wesseling.], XXV. nempe drachmas ex illis CXXV., quas M. trajectitiæ drachmæ pariebant, ut hoc lucello invitati Artemon Apollodorusque, non eo, quo incerta est et discrimini propior navigatio, tempore maria tenteut, sed *post Arcturi occasum*, μετ' Ἀρκτοῦρον, quando secure navigatur, ut ita possint nullo cum suo, nullo cum creditorum periculo Athenas redire: secura quippe tunc creditur navigatio. Atque ex his exponenda quoque sunt ista, quæ in eadem habentur syngrapha v. pen. p. 518. ἐὰν δὲ μὴ εἰσβάλλωσι — συγγραφήν. Varie scribitur hujus periodi particula ὅπου ἂν μὴ σύλα ὦσιν. Ego vero existimo legendum esse unica voce συλαῶσιν: *appulerint eo, ubi Athenienses non violent*, sed potius sacrosancti sint, quod explicat ea quæ in præcedentibus dixerat v. ult. p. 515. ἐὰν — ἱερόν. Hic enim ἐφ' ἱερὸν idem est, quod ὅπου ἂν μὴ συλαῶσιν Ἀθηναίους. ubi Athenienses non violentur, sed sacrosancti sint. [Male Petitus. Σύλαι sive σύλα ὦσιν omnia exemplaria, nec satis Atticum συλαῶσιν pro συλῶσιν. Errorem tetigit Salmasius Mod. Usur. p. 211. Cavent feneratores, ne ibi merces exponantur, ubi civibus Atticis erant σύλαι, sive concessa publice potestas rerum alterius populi comprehendarum, tum quod in amicis censeri non posset, tum quod justus esset metus, ne eodem ille jure in merces Atticas uteretur, ipsique adeo in periculum venirent pecuniæ, quam crediderant, amittendæ. Cf. Heraldum, cujus mihi sententia præ Salmasiana placet, Animadv. ad Jus A. et R. p. 160. et H. Vales. in Harpocrat. p. 72. Wesseling.] Dixit v. pen. p. 518. μείναντες — Ἑλλησπόντῳ, si diebus decem *post Caniculæ ortum* ex Hellesponto non solverint. Ex observatione Metonis, cujus Enneadecaeteris, cum hæc syngrapha scriberetur, Athenis usurpabatur, ad diem XII[um] Kal. Augusti κύων ἑῶος ἐπιτέλλει *Canicula oritur*. Demus ex Hellesponto solvisse Apollodorum die XI[mo] post ortum Caniculæ i. e. Kal. Augusti, antequam Athenas redeat, cum alio primum appellat, ut merces suas distrahat, et nonnisi XX., postquam Athenas redierit, diebus sortem cum usuris accipere debeant Androcles et Naucrates, profecto elabentur dies XLIV. minimum, qui intercedunt a Kal. Augusti ad 18[um] Kal. Octobres, a quo die incerta navigatio est et discrimini propior, quia post Idus Septembres oritur Arcturus vehementissimum sidus. Ergo cum Androcli et Naucrati reddita non sit pecunia, nisi eo tempore, quo periculose maria tentantur, atque ita non possint pecuniam suam maritimis usuris mutuam iterum in continenti dare sine ingenti periculo, nolunt quicquam de fenore nautico remittere, quemadmodum remittebant, si ex Hellesponto post Arcturi occasum solvissent, sed stant iis, quæ syngrapha caventur, nempe volunt sibi dari in M. drachmas diesque usuras maritimas, scil. drachmas CXXV. atque id ita explicant: τοὺς τόκους — συγγραφήν. Si post Arcturi occasum solvissent ex Hellesponto, cum alio atque alio appellerent mercatus causa, antequam Athenas redirent, et præterea nonnisi XX. post reditum diebus teneantur suum expungere nomen v. 2. p. 517. σωθέντων — Ἀθήναζε, Androcles atque Naucrates vix ante novum initum annum sortem suam cum usuris acciperent, nam citima Neomenia Hecatombæonis cadit in diem quartum Kal. Julias, remotissima vero Neomenia Hecatombæonis in Enneadecaeteride Metonis adscribitur diei sexto Kal. Augusti: Possemus certius pronunciare, si nobis constaret de anno, quo scripta est syngrapha, sed tamen, uti diximus, si post Arcturum solverunt ex Hellesponto, nonnisi anno sequenti ineunte debitum expunxerunt: vult autem Androcles cum Naucrate usuras accipere, perinde ac si eo, quo scripta erat syngrapha, anno reddidissent, quod accidisset, si ante Arcturi occasum solvissent ex Hellesponto, nempe ἐπὶ ἑκατὸν εἰκοσιπέντε τὰς χιλίας. Pignori autem acceperunt in navi merces, videl. ter mille cados vini Mendæi e Thracia: ἐπὶ οἴνου κ. τ. λ. Hujus meminit Stephanus. Μένδη, πόλις Θρᾴκης, ἀπὸ Μένδης γυναικός· Ἀπολλόδωρος Μένδιν αὐτήν φησι. τὸ ἐθνικὸν, Μενδαῖος οἶνος. Habes item Hippocratem ἐν τῷ περὶ τῶν ἐντὸς παθῶν: καὶ οἶνον πινέτω λευκὸν Μενδαῖον μελίχρουν. et paulo post. οἶνον δὲ πινέτω Μενδαῖον, λευκὸν, αὐστηρόν. Petitus *Leg. Attic.* L. V. T. IV. §. II. p. 502.

Ἐδάνεισαν κ. τ. λ.] Primum ex hac syngrapha constare arbitror usuræ maritimæ modum nullum legibus fuisse definitum, atque ideo τόκον, sive ἐπίπεμπτον, sive ἐπ' ἀριστερὰ μέχρι Βορυσθένους καὶ πάλιν Ἀθήναζε, ἐπὶ διακοσίαις εἰκοσιπέντε τὰς χιλίας. ἐὰν δὲ μετ' Ἀρκτοῦρον ἐκπλεύσωσιν ἐκ τοῦ Πόντου ἐφ'

ἐπίτριτον, sive quem alium inde esse ablegandum. Syngrapha illa erat de pecunia trajectitia, sive fœnore nautico data, ἀμφοτερόπλουν. Quandoque ἐδάνειζον τὰ ἑτερόπλοια, quandoque ἀμφοτερόπλουν τὰ ἑτερόπλοια, quando eo loco, quo vehebantur merces, pecunia mutuo accepta creditori reddenda erat cum usuris, si salva eo appulisset navis.—Qui ἐδάνειζον ἀμφοτερόπλουν, creditam pecuniam non recipiebant, nec usuras, nisi nave in portum unde solverat reversa. Cum igitur tempus incertum esset, quo navis eo perventura esset, quo tendebat, aut domum reversura, non poterat constitui usura in diem certum, non in mensem, aut in annum, et ideo nullus erat usuræ maritimæ modus, sed prout convenerat inter contrahentes, (qui non tam tempus, de quo nihil certi statui poterat, quam periculum pendebant,) ita debebatur. Quod vel hæc syngrapha significat, ubi pecunia erat mutuo data ἀμφοτερόπλουν. Sane priora verba ita concepta sunt, ut videantur ab initio δανείζειν ἑτερόπλοια, ad Bosphorum usque per Mendem et Scionem; sed profecto ἐδάνειζον ἀμφοτερόπλουν, pro navigatione ad Bosphorum usque per Mendem et Scionem, aut etiam a sinistra usque ad Borysthenem, et reditu Athenas; quod paulo obscurius interpretatus est Wolfius. Eo igitur casu CCXXV. drachmas stipulabantur pro M. drachmis, quod quidem fœnus τὸ ἐπίπεμπτον excedere ait Salmasius de M. U. p. 210. ubi valde se torquet frustra. Cum enim nullum certum tempus esset reddendæ pecuniæ constitutum, sed omnino incertum, quomodo dici potest quis fuerit illius usuræ modus? An τόκος ἐπίπεμπτος, vel ἐπιτέταρτος, vel ἐπίτριτος, vel quis alius dici potest, ubi nulla temporis mensura certa? Quid si altero post mense reversura erat navis? Quid si post bimestre, aut trimestre? Jam si post arcturum e Ponto solvissent, vides usuram auctam, siquidem pro M. drachmis CCC. drachmarum usura erat pacta. Nam pro τρισχιλίας legendum ibi χιλίας docent quæ sequuntur in eadem oratione.—Trajectitiæ pecuniæ periculum ad creditorem pertinebat, non ad debitorem, et ideo usuræ infinitæ i. e. non definitæ, sed tantæ quantæ in stipulationem deductæ erant; quia non tam usuræ pecuniæ creditæ erant quam pars lucri, quod ex mercibus inde coemptis fieri poterat, quæ merces si peribant cum navi, pecunia trajectitia peribat quoque. HERALDUS l. II. c. XX.

Ἐὰν δὲ μετὰ ἀρκτοῦρον—] *Quod si post arcturum portum exeant e Ponto ad sacrum promontorium navigaturi, treccnæ in millenas.* Hoc perinde est ac si diceret, *in denas minas ternæ minæ*, vel *binæ cum quadrante minæ:* quæ ratio longe abest ab illa centesima Accursianorum. Hoc enim convento fenus non in mensem statutum intelligo, sed semel in maris commeatum remeatumque, et in ejus negotiationis exitum. *De asse* lib. I. p. 31. BUDÆUS.

Ἐὰν δὲ μετ' ἀρκτοῦρον—ἱερὸν] Habes hic usuræ additamentum, si longius progrederetur navigatio. Nullum igitur tempus erat certum, nec usura ob tempus certum promissa, sed in eventum navigationis. ἐφ' ἱερὸν aliter accepit Wolfius, quod quid esset docent nos Grammatici Gr. ἱερὸν τῶν δώδεκα θεῶν ἐν Βοσπόρῳ. HERALDUS.

Ἐφ' ἱερὸν] Longissime aberravit Petitus a vera interpretatione hujus syngraphæ in voce ἐφ' ἱερόν: erat enim locus in ore Bospori septentrionali sic vocatus τὸ ἱερὸν de quo Herod. L. IV. c. 87. Polybius L. IV. c. 39. et eodem lib. inferius de Prusia bellum inferente Byzantinis c. 50. Strabo L. VII. p. 492. et L. XII. p. 812. de Sinope: διέχει δὲ τοῦ μὲν Ἱεροῦ τρισχιλίους. Ex quibus patet, quam parum feliciter intellexerit doctissimus alioqui vir hunc locum propter ἀγεωγραφησίαν, quam omnis doctus vitare debet, et de locorum situ bene intelligendo sollicitus esse, nisi velit sæpius in talibus impingere. Pluribus infra seculis de eo loco mentionem fecit Procopius L. I. de bello Vandalico, et de ædificiis Justiniani L. I. Sed et nunc etiam manet illud nomen antiquum. Turcis enim dicitur *Algiro*, quod est τὸ ἱερὸν, Arabice enim *al* est articulus antecedens. In ejus vocis interpretatione erravit Nic. Alamannus in Not. ad Procop. Ἀνέκδοτα p. 105. ubi citat verba Theophanis: τῆς Ἀβύδου καὶ τοῦ Ἱεροῦ τὰ λεγόμενα κομμέρκια ἐκούφισε, et interpretatur: *Abydi et templi vectigalium, quæ commercia vocantur, modum statuit.* Et deinde addit: *templi Blacherniani scilicet, quod est ad ostia Euxini maris, ut supra dixi ad p. 15.* Ostia autem Euxini intelligit Bospori in Propontidem defluentis os, ut videre est in ejus verbis ad p. 15. ubi sic ait: *templum Dei matris, quod Byzantii sanctissimum fuit, erat ad ipsa urbis mœnia et ostia Euxini maris in Blacherniano.* Sed de eo templo non loquitur Theophanes, sed de loco Ἱερὸν dicto, ubi vectigalia rerum, quæ e Ponto Euxino afferebantur, colligebantur; ut rerum, quæ ab Ægæo et meridionalibus partibus subvehebantur, vectigal solvebatur in Abydo. Ita intelligendum esse

Ἱερὸν, ἐπὶ τριακοσίαις τὰς χιλίας, ἐπὶ οἴνου κεραμίοις Μενδαίοις τρισχιλίοις, ὃς πλευσεῖται ἐκ Μένδης ἢ Σκιώνης ἐν τῇ εἰκοσόρῳ, ἣν Ὑβλήσιος ναυκληρεῖ. ὑποτιθέασι δὲ ταῦτα, οὐκ ὀφείλοντες ἐπὶ τούτοις ἄλλῳ οὐδενὶ

patet ex ejusdem Procopii Anecd. p. 109. πορθμὼ δύο ἑκατέρωθεν Βυζαντίου ἔστον, ἕτερος μὲν ἐφ' Ἑλλησπόντου ἀμφὶ Σηστόν τε καὶ Ἄβυδον, ὁ δὲ ἕτερος ἐπὶ τοῦ στόματος τοῦ Εὐξείνου καλουμένου Πόντου οὗ τὸ ἱερὸν ὀνομάζεται. Et paulo post: τελώνιον δὲ δημόσιον κατεστήσατο ἐν πορθμῷ ἑκατέρῳ. Tum Palatium Blachernarum, quod olim extra urbem erat, longe ab ostio Euxini maris, licet ostium illud intelligatur improprie, quomodo Alamannus intelligit. Itaque non potest vocari στενὸν, ibi enim non sunt angustiæ Bospori. PALMER. Debentur tibi ἀριστεῖα, νικητήρια. Vicisti quippe inclytam victoriam. Ὄναιο τῆς τιμῆς. In loco Petiti de Demosthenica Androclis syngrapha vidit errorem Salmasius, non pervidit, quamvis proxime accesserit. Existimavit enim locum esse in Bosporo Thracis ἐφ' ἱερὸν, et, quod mireris, Auctores scilicet locupletes habet suæ sententiæ, an potius erroris, Harpocrationem et Suidam. Sed istis Glossographis non esse temere credendum jam pridem docti monuerunt. Neque enim nomen istius loci intellexit Scylacis Caryandensis novissimus interpres, Is. Vossius magni Gerardi F. Vertit enim ἐφ' ἱερὸν *ad fanum*, deinde ἀφ' ἱεροῦ *a fano*. De errore modeste monui et locos tuos addidi; ille vero nihil ad ista rescripsit. Sed qui potuisset? in sinu gaude. *In Epist. XIV. ad Iac. Palmerium*, SARAVIUS. Saravius amori nimium indulsisse videtur. Revera enim ibi fanum, ἱερὸν fuit, ut vel Polybii verba, a Palmerio neglecta, L. IV. c. 39. patefaciunt: omnium vero clarissime Mela II. 19. cum de Bosporo Thracio: *Ipsis in faucibus oppidum, in ore templum est. Oppidi nomen Chalcedon auctor Archias Megarensium princeps: templi numen Jupiter, conditor Iason.* Et Dionysius Byzantius in Anaplo ap. P. Gyllium de Bosp. Thrac. L. III. 5. Variant quidem vetusti Scriptores de fani numine, quod Iason XII. diis aras ibi dedicarit. De templo res certa. Vide Schol. in Apollon. Rhod. II. 535. et quæ viri doctissimi P. Gyllius l. d. et Is. Vossius ad Melam commentantur. WESSELING. Cf. quoque *Salmas. de M. U.* p. 211.

Τριακοσίαις τὰς τρισχιλίας] F. τὰς χιλίας. ut de 3000 pendantur usuræ nomine 900, una cum longinquitate loci et temporis, auctæ. Vertes igitur: *trecentenis mille drachmas.* WOLF. L. χιλίας. AUGER.

Ἐπὶ οἴνου] F. καὶ ἐπὶ οἴνου. WOLF.

Ἐπὶ οἴνου κ. τ. λ.] Pecunia trajectitia accipiebatur ad mercaturam faciendam; quare qui eam pecuniam dabant, de genere et quantitate mercium convenire solebant cum eo, qui pecuniam accipiebat, quas speciali pignore sibi obligari paciscebantur. Ac si pro tota navigatione pecuniam crediderant, ἀμφοτερόπλουν, eas quoque merces, quæ ex earum, quæ invehebantur, distractione repararentur, eodem nexu teneri stipulabantur, quod ostendit hæc syngrapha. Fiebat tamen aliquando fraus, neque pecunia in eum usum impendebatur, in quem erat credita, quod querantur facta ii, quibus hæc syngrapha fuerat data. Cf. π. Φορμ. p. 922. ed. R. HERALDUS.

Κεραμίοις] Hoc tamen tenebimus, amphoram et ceramium eandem esse mensuram, ut metretam et cadum. Si quis tamen animadvertat Or. Dem. π. Λακριτ. mirabitur pretium vini importati in Pontum ex urbe quadam Thraciæ, talentum argenti statui, etiam cum naulo et apparatu necessario, et tot ceramia icosoro navi importata esse, i. e. εἰκοσακώπῳ, licet Athenæus lib. V. ἀντὶ τῆς εἰκοσήρους usus sit, de Hieronica nave loquens, τὰ δὲ τρισχίλια ταῦτα κεράμια ἄγεσθαι εἰς τὸν Πόντον εἰκοσόρῳ. Quibus verbis conjicere licet ceramium Atticum Demosthenis tempore minus fuisse amphora Romana: nisi potius intelligamus ceramia Thracia non Attica ex urbe Menda in Pontum importata. In qua oratione stamnum et ceramium pro eodem ponit. *De Asse* lib. V. p. 157. BUDÆUS.

Ὑποτιθέασι δὲ ταῦτα] Τὰ κεράμια τοῦ Μενδαίου οἴνου. quæ Mende in Pontum vehenda erant. et v. 8. p. 517. ἕως ἂν ἀποδῶσι τὸ γιγνόμενον. WOLF.

Ὑποτιθέασι κ. τ. λ.] Ergo ejusmodi merces erant iis specialiter oppigneratæ, qui pecuniam ad eam negotiationem tradidissent, quod ostendit etiam idem Demosthenes π. Φορμ. et alibi. Nec aliud fuisse Jus Rom. constat e l. 4. *in princ.* l. 6. *D. De naut. fœn.* l. *Qui Roma.* §. *Callimachus. D. De verb. oblig.* HERALDUS.

Οὐκ ὀφείλοντες κ. τ. λ.] Nam si cui eæ merces fuissent prius obligatæ, inutile pignus fuisset secundo creditori. In rebus enim mobilibus temporis ordo servabatur jure Attico, quemadmodum et Romano. Qui in pignore rei mobilis prior erat tempore, potior etiam erat jure: hac autem in conventione fraudem fuisse factam, et admissum stellionatum querebatur Demosthenes. Cf. l. 1. *de rer. judic. auct.* IDEM.

οὐδὲν ἀργύριον, οὐδ' ἐπιδανείσονται· καὶ ἀπάξουσι τὰ χρήματα τὰ ἐκ τοῦ Πόντου ἀντιφορτισθέντα πάλιν Ἀθήναζε ἐν τῷ αὐτῷ πλοίῳ ἅπαντα. σωθέντων δὲ τῶν χρημάτων Ἀθήναζε, ἀποδώσουσιν οἱ δανεισάμενοι τοῖς δανείσασι τὸ γιγνόμενον ἀργύριον κατὰ τὴν συγγραφὴν, ἡμερῶν εἴκοσιν, ἀφ' ἧς ἂν ἔλθωσιν Ἀθήναζε, ἐντελὲς, πλὴν ἐκβολῆς ἣν ἂν οἱ σύμπλοι ψηφισάμενοι κοινῇ ἐκβάλωνται, καὶ ἄν τι πολεμίοις ἀποτίσωσι, τῶν δ' ἄλλων ἁπάντων ἐντελές· καὶ παρέξουσι τοῖς δανείσασι τὴν ὑποθήκην ἀνέπαφον κρατεῖν, ἕως ἂν ἀποδῶσι τὸ γιγνόμενον ἀργύριον κατὰ τὴν συγγραφήν. ἐὰν δὲ μὴ ἀποδῶσιν ἐν τῷ συγκειμένῳ χρόνῳ, τὰ ὑποκείμενα τοῖς δανείσασιν ἐξέστω ὑποθεῖναι, καὶ ἀποδόσθαι τῆς ὑπαρχούσης τιμῆς· καὶ ἐάν τι ἐλλείπῃ τοῦ ἀργυρίου, ὃ δεῖ γενέσθαι τοῖς δανείσασι κατὰ τὴν συγγραφὴν, κατὰ Ἀρτέμωνος καὶ Ἀπολλοδώρου ἔστω ἡ πρᾶξις τοῖς δανείσασι, καὶ ἐκ

Οὐδ' ἐπιδανείσονται] Hanc quoque conventionem non fuisse observatam querebatur ibidem Demosthenes. Etsi autem qui prior erat tempore, potior erat jure, passim tamen stipulabantur, eum, cui in negotiationem maritimam pecunia credita erat, ab aliis pecuniam non accepturum sub iisdem pignoribus, ne litibus intricarentur, et contentionibus distringerentur. Id igitur dicebant οὐκ ἐπιδανείσεσθαι. π. Φορμ. p. 908. v. 25. ed. R. εὐθὺς γὰρ ἐν Πειραιεῖ ἐπιδανείζεται λάθρα ἡμῶν. IDEM.

Καὶ ἀπάξουσι κ. τ. λ.] Idipsum est, de quo etiam convenerat syngrapha, ad quam pertinet *D.* §. *Callimachus.* Eodem §. *reparare* dicit Scævola, quod hæc syngrapha ἀντιφορτίζειν. Id etiam ἀνταγοράζειν hac oratione p. 930. v. 22. ult. ed. R. Ne fraus autem conventioni fieret, servum aliquem in eadem navi mittebant, aut institorem, vel socium scribebant, qui debitorem observaret. π. Φορμ. p. 915. v. 15. ed. R. IDEM.

Σωθέντων κ. τ. λ.] Nonnisi igitur reversa nave absque naufragio, aut alio infortunio, reddebatur credita pecunia, cum in totam navigationem credita erat, εἰς ἀμφοτερόπλουν: si ita convenerat, ut non alias petitio ejus creditori competeret, quam si salva navis intra statuta tempora revenisset, ut in specie l. 6. *D. De naut. fœn.* Unde fraus quandoque facta, nave consulto demersa, mercibus aut nullis impositis aut antea venditis, ne quid solveretur creditori. Cf. π. Ζηνοθ. p. 883. v. 14. ed. R. IDEM.

Καὶ παρέξουσι — ἀργύριον] *Præbebuntque iis qui crediderint pecuniam, pignus purum ab omni manus injectione.* Dicitur enim ἀνέπαφος ὑποθήκη, *pignus omni nexu solutus.* BUDÆUS.

Καὶ παρέξουσι κ. τ. λ.] Reversi igitur debitores navem et merces oppigneratas exhibere tenebantur creditoribus, quas illi oppignerarent aut distraherent, si intra tempus constitutum facta non esset solutio. Dicit τὴν ὑποθήκην ἀνέπαφον, quæ nulli alii obligata esset, nec ab alio ullo vindicari posset. κρατεῖν autem verbum est hac in re proprium. Cf. π. Τιμοθ. p. 1187. v. 19. ed. R. HERALDUS.

Ἔστω ἡ πρᾶξις κ. τ. λ.] Si navis salva revertebatur, pecunia erat reddenda creditori cum usuris; quæ quidem pecunia si non solvebatur, navis et merces navi advectæ vendi poterant, ut ex eorum pretio creditori satisfieret; si hæc non sufficiebant, et alia debitoris bona, etiam ἔγγεια terrestria capi poterant, et distrahi, et quod aberat inde solvi. Maritima igitur bona sola specialiter obligata, cetera tantum in subsidium, atque aliis deficientibus. Atque hoc, si navis salva reversa esset, sine naufragio et sine jactura. Nam si jactura aliqua erat facta ex consensu omnium vectorum, minuebatur quoque credita pecunia pro rata, ut patet ex hac eadem syngrapha, nisi aliter convenisset inter contrahentes. Nam res pendebat ex eorum conventione. Quare si convenisset ut nave salva reversa, tantum reciperet creditor, quantum ex rebus maritimis, i. e. ex nave et mercibus ea advectis capere posset, nec ad alia debitoris bona reverterentur, conventio valebat. Negotiationis periculum jus illud constituebat. Pignora trajectitiæ pecuniæ valde erant fragilia, cum maris fortunæ addicta essent. Si peribant in mari, pecunia trajectitia peribat quoque creditori. Quare ἔγγυον, sive ἔγγειον τόκον distinguebant ἀπὸ τοῦ ναυτικοῦ, non tam quod in terra fœnus illud exercebatur, quam quod pignora habebat in terra sita, et ideo multo certiora. ἔγγυος et ἔγγειος candem originem habent, siquidem γύην dicebant veteres ἀντὶ τῆς γῆς. Ergo ἔγγυος τόκος, cui ἔγγειος οὐσία est supposita. Salmasius c. 3. de M. U. plures paginas implet, ut doceat quid sit ἔγγυος τόκος, et ἔγγειον τόκον exterminet, ubicunque reperitur, et plurimum fallitur. Hic τὰ ἔγγεια habes opposita τοῖς ναυτικοῖς, bona terrestria, i. e. bona quæ in terra situm habent, iis quæ navibus maria peragrant. IDEM.

Καὶ ἐκ τῶν] Καὶ mihi videtur delendum esse: *ex omnibus eorum bonis.* et v. 2. p. 518.

τῶν τούτων ἁπάντων καὶ ἐγγείων καὶ ναυτικῶν πανταχοῦ ὅπου ἂν ὦσι,
καθάπερ δίκην ὠφληκότων καὶ ὑπερημέρων ὄντων, καὶ ἐνὶ ἑκατέρῳ τῶν 92
δανεισάντων καὶ ἀμφοτέροις. ἐὰν δὲ μὴ [1] ἐκβάλωσι μείναντες ἐπὶ νηῒ ἡμέρας
δέκα ἐν Ἑλλησπόντῳ, ἐξελόμενοι ὅπου ἂν μὴ σύλαι ὦσιν Ἀθηναίοις, καὶ

[1] εἰσβάλωσι μείναντες * τὴν ἐπὶ κυνὶ ἡμέρας

καὶ ἐνὶ sub. τὸ πρᾶγμα κύριον ἔστω. AUGER.

Ἐγγείων] Per ἔγγεια hic, quæ distinguuntur ἀπὸ τῶν ναυτικῶν, palam est intelligi debere τὴν ἔγγειαν οὐσίαν, quæcunque in prædiis qua urbanis qua rusticis consistit. *De M. U.* p. 86. SALMAS.

Ἐὰν δὲ μὴ εἰσβάλωσι κ. τ. λ.] Corruptum puto, atque scribendum ἐκβάλωσι. Conventum antea fuerat, si jactura fuisset facta, communi vectorum consensu, sortis et usurarum partem fœneratoribus pro portione decessuram; cetera autem, quæ salva in portum Atticum reducta essent, bona fide repræsentatum iri, ut inde creditoribus satisfieret. Sequitur nunc alius casus. Quid si igitur jacturam non fecerint, sed cum decem dies in Hellesponto durassent tempestatibus vexati, coacti tandem exscendere ac merces suas in terram exportare, iisque loco aliquo, ubi Atheniensibus invadendi in debitorum bona jus non est, depositis, in portum Atticum remearint, quid fiet? Conventum igitur fuerat, eo casu usuras eos reddituros, de quibus antea convenerat, sine ulla diminutione. Si igitur jactura nulla facta fuisset, sed navi decem dierum spatio in Hellesponto tempestatibus agitata, merces in terram depositæ essent, ac postea navis in emporium Atticum reversa esset, usuræ integræ præstandæ erant, nec pro ratione jacturæ, quæ nulla facta erat, minuendæ. — Sane illud, sive ἐκβάλωσι, sive εἰσβάλωσι explicari commode nullomodo potest. Wolfium aliud egisse ait Salmasius, cum vertit, *sin onerarint.* Sed et ipse aliud agebat, aut certe satis incaute hariolabatur, cum *accipiendum* id diceret *de ingressu in Ægeum ex Hellesponto*, Ægeum mare somnians, de quo ne verbum quidem in syngrapha, et verbo εἰσβάλλειν significationem non satis commodam, cum vim et impressionem sæpius hostilem designet. Scriptum igitur existimo, ἐὰν δὲ μὴ ἐκβάλωσι, quod admodum convenit præcedentibus. Pro eo autem quod scriptum est in pluribus edd. ἐπὶ κυνὶ, quod de canicula interpretantur, retinendum puto, ἐπὶ νηῒ, quæ est aliarum edd. lectio, eaque, ni valde fallor, verior et certior. Si igitur in Hellesponto navis per X. dies agitata hæsit, ita ut exoneranda fuerit, sive etiam ibi hæserit, nec merces distrahi potuerint, (quæ est fortasse verior opinio,) et mercibus in terram depositis revertatur navis in portum Atticum, idem erit, ac si ea, mercibus aut distractis aut commutatis, reversa sit, et fœnus de quo convenit erit solvendum. Sed quid sibi volebant mercatores illi his verbis, τοὺς τόκους ἀποδόντων τοὺς πέρυσι γραφέντας εἰς τὴν συγγραφήν? An alia fuerat inter eos syngrapha anno anteriori scripta, ubi de usuris quibusdam simili in casu conventum esset? Id quidem significari videtur; nec verum tamen est, cum hac oratione exponant fœneratores mercatores Phaselitas, cum quibus contraxerant, ante eum diem fuisse sibi incognitos. Quare πέρυσι nihil ibi aliud erit, quam *antea*, sive *modo.* HERALDUS.

Μείναντες ἐπὶ νηῒ ἡμέρας δέκα] F. ἐπὶ κυνί. Quod non puto loci nomen esse, cujusmodi est κυνόσσημα: sed temporis designationem, pro μετὰ τὸν Κύνα, post exortum Caniculæ: quod sub autumnum periculosa est navigatio. Canicula, auctore Ptolemæo, 5. Cal. Augusti, Arcturus cum Vindemitore 4. Non. Septemb. oritur. Ephemerides nostræ ætatis, Caniculæ ortum a Nonis Julii circiter auspicantur, diesque caniculares medio fere Augusto terminant. WOLF.

Συλλαλῶσιν] Lege cum Harpocratione σύλαι ὦσιν. Benenati editio habet in margine adscriptum σύλα ὦσιν. Harpocration videtur intelligere *clarigationes* seu, ut dicimus, *represailles*, quod commodum satis habet sensum, et sic sentit etiam H. Stephanus. PALMER.

Ἐὰν δὲ —— μὴ σύλαι ὦσιν τοῖς Ἀθηναίοις] Quæ sic vertenda sunt: *Si vero non ingressi fuerint mare Ægæum, exspectantes decem a canis ortu dies in Hellesponto, nave exonerata eo loci ubi Atheniensibus direptiones concessæ non sunt, atque inde Athenas reversi fuerint, tum eas usuras persolvunto, de quibus in syngrapha convenerit anno præterito.* Soliti quippe Athenienses quocunque in loco, ubi σύλαι jure se habere putarent, naves diripere, ad quoscunque pertinerent. Sed dices, quid? annon isti mercatores Athenienses? Cur igitur timent eorum creditores ne diripiantur ab Atheniensibus? Immo Phaselitæ fuere, non Athenienses, et videntur eo tempore Atheniensibus datæ σύλαι contra Phaselitas. Isti quidem Phaselitæ negotiatores vinarii Athenis exierant ad mercatum, et pecuniam ab Atheniensibus fœneratoribus sumserunt mutuam nautico ἐντεῦθεν καταπλεύσαντες Ἀθήναζε, τοὺς τόκους ἀποδιδόντων τοὺς πέρυσι γραφέντας εἰς τὴν συγγραφήν. ἐὰν δέ τι ἡ ναῦς πάθῃ ἀνήκεστον, ἐν ᾗ ἂν πλέῃ τὰ χρήματα, σωτηρία ἔστω τῶν ὑποκειμένων· τὰ δὲ περιγενόμενα κοινὰ ἔστω τοῖς δανείσασι· κυριώτερον δὲ περὶ τούτων ἄλλο μηδὲν εἶναι τῆς συγγραφῆς.

ΜΑΡΤΥΡΕΣ.

Φορμίων Πειραιεὺς, Κηφισόδοτος Βοιώτιος, Ἡλιόδωρος Πιτθεύς.

λέγε δὴ καὶ τὰς μαρτυρίας.

ΜΑΡΤΥΡΙΑΙ.

Ἀρχενομίδης Ἀρχεδάμαντος Ἀναγυράσιος μαρτυρεῖ συνθήκας παρ' ἑαυτῷ καταθέσθαι Ἀνδροκλέα Σφήττιον, [1] Ναυκράτην Καρύστιον, Ἀρτέμωνα

[1] Ναυσικράτην

fœnore, nec alibi locorum deprehensos eos diripere et spoliare potuissent Atheniensium Trierarchi, quia navis eorum ac merces pignori obligata civibus erant Atheniensibus, qui pecuniam his fœnerati fuerant. Si tamen deprehensi fuissent ab aliquo portu aut urbe revertentes, in quam jus συλῶν sibi competere Athenienses Trierarchi judicassent, sine dubio eos spoliassent. Nam qui apud hostes negotiantur, et in eorum partes invehunt, pro hostibus habentur etiamsi cives sint. De sociis non est dubium. Et Athenienses, ut dixi, eo tempore σύλας habebant contra Φασηλίτας. *De M. U.* p. 213 —217. SALMAS. Cf. περὶ Στεφ. τ. τριηρ. p. 1231. v. ult. ed. R.

Ἐξελόμενοι ὅπου ἂν μὴ σύλα, vel σύλαι, ὦσιν Ἀθηναίοις] Certe σύλαι dabantur iis, qui, injuria ab exteris accepta, aut bonis ab iis spoliati, nihil æqui potuerant a principibus, quibus ii subditi, vel a civitate, cujus erant cives, obtinere. His igitur in bona aliorum, quicunque principum illorum imperio subjecti erant, vel civitatis illius incolæ, invadere jus erat, atque inde damnum a se acceptum sarcire. Id dicebant σύλην λαβεῖν, ut *ap. auct. lib. II. Œconomic. i. op. Aristot.* Hæc autem syngrapha permittebat mercatoribus, quibus pecunia nautica erat mutuo data, merces e navi exportare, si per X. dies in Hellesponto morata esset, atque eas quocunque loco ii vellent deponere, modone ubi σύλαι essent Atheniensibus, i. e. modo ne adversus illius loci cives Atheniensibus *repræsaliarum* (hac enim voce uti cogimur ad faciliorem rei explicationem) jus esset. Quare id? Primum, quia si Atheniensibus adversus eos σύλαι erant, amici non erant. Atqui cum hostibus nullum poterat esse commercium. Deinde, quoniam si jure isto adversus eos Athenienses uti voluissent, hi quoque merces, in quibus cives Attici jus aliquod habebant, retinere potuissent; quibus perditis, creditorum pecuniæ peribant ex syngraphæ illius legibus. Jure igitur τῆς σύλης merces illæ potuissent συλᾶσθαι ab iis, qui ab Atheniensibus σύλην passi essent. Quare eleganter fœneratores Attici, qui pecunia credita a Phaselitis mercatoribus fraudabantur, expostulabant p. 523. v. 9. h. or. ita ab iis secum agi, quasi Phaselitis contra Athenienses σύλαι datæ essent, i. e. quasi Phaselitis liceret Athenienses in ipso emporio Attico spoliare *repræsaliarum* jure. Atque hæc de loco obscurissimo, cui si lucem dedimus, fecimus quod voluimus, si non omnino, fecimus quod potuimus; certe Salmasii importunam gloriationem, tam vanam, quam ridiculam esse ostendimus, nec longe, nisi vehementer fallor, a scopo aberravimus. HERALDUS.

Ἐὰν δὲ — ὑποκειμένων] Hæc mihi obscura sunt, nec quomodo inde me expedire possim video. Putabam convenisse, ut si quid navi accideret, et aliquid tamen salvum esset, quod esset salvum pignoribus attribueretur. Sed quæ sequuntur mihi obstant, τὰ δὲ περιγενόμενα κοινὰ ἔστω τοῖς δανείσασι. Quæ sequuntur, κυριώτερον κ. τ. λ. clausulam solennem continent, syngraphis apponi solitam, qua cavebatur ne fraus conventioni fieret quocunque tandem pacto, neve ea judicum sententia aut alio modo infringeretur aut labefactaretur, Demosthene ipso interprete. Cf. π. Διονυσ. p. 1291. v. 3. et p. 1287. v. ult. ed. R. IDEM.

Σωτηρία ἔστω τῶν ὑποκειμένων] Τῶν ὑποθηκῶν. αἱ ὑποθῆκαι σῶαι ἔστωσαν τοῖς δανείσασι. WOLF.

Τὰ δὲ περιγενόμενα] Utrum ἐκ τῆς ναυαγίας, ἢ τῶν ὑποκειμένων. Fateor, me hæc

'Απολλόδωρον Φασηλίτας, καὶ εἶναι παρ' ἑαυτῷ ἔτι κειμένην τὴν συγγραφήν.

λέγε δὴ καὶ τὴν τῶν παραγενομένων μαρτυρίαν.

ΜΑΡΤΥΡΙΑ.

Θεόδοτος ἰσοτελὴς, Χαρῖνος [1] 'Επιχάρας Λευκονοεὺς, Φορμίων [2] ὁ Κηφισοφῶντος Πειραιεὺς, Κηφισόδωρος [3] Βοιώτιος, μαρτυροῦσι παρεῖναι, ὅτ' ἐδάνεισεν 'Ανδροκλῆς 'Απολλοδώρῳ καὶ 'Αρτέμωνι ἀργυρίου τρισχιλίας δραχμὰς, καὶ εἰδέναι τὴν συγγραφὴν καταθεμένους παρὰ 'Αρχενομίδῃ 'Αναγυρασίῳ.

γ΄. Κατὰ τὴν συγγραφὴν ταύτην, ὦ ἄνδρες δικασταὶ,
ἐδάνεισα τὰ χρήματα 'Αρτέμωνι τῷ τούτου ἀδελφῷ, κε-
λεύοντος τούτου καὶ ἀναδεχομένου πάντα ἔσεσθαί μοι τὰ 928
δίκαια κατὰ τὴν συγγραφὴν καθ' ἣν ἐδάνεισα, τούτου αὐ-
τοῦ γράφοντος καὶ συσσημηναμένου ἐπειδὴ ἐγράφη. οἱ μὲν
γὰρ ἀδελφοὶ οἱ τούτου ἔτι νεώτεροι ἦσαν, μειράκια κομιδῆ·
οὑτοσὶ δὲ Λάκριτος Φασηλίτης, μέγα πρᾶγμα, 'Ισοκρά-
τους μαθητὴς, οὗτος ἦν ὁ πάντα διοικῶν. καὶ ἑαυτῷ με
τὸν νοῦν προσέχειν ἐκέλευεν· αὐτὸς γὰρ ἔφη ποιήσειν μοι
τὰ δίκαια ἅπαντα καὶ ἐπιδημήσειν 'Αθήνησι, τὸν δὲ ἀδελ-
φὸν τὸν [4] αὐτοῦ 'Αρτέμωνα πλευσεῖσθαι ἐπὶ τοῖς χρήμασι.
καὶ τότε μὲν, ὦ ἄνδρες δικασταὶ, ὅτ' ἐβούλετο τὰ χρή-
ματα λαβεῖν παρ' ἡμῶν, καὶ ἀδελφὸς ἔφη εἶναι καὶ κοι-
νωνὸς τοῦ 'Αρτέμωνος καὶ λόγους θαυμασίως πιθανοὺς
ἔλεγεν· ἐπειδὴ δὲ τάχιστα [5] ἐγκρατὴς ἐγένετο τοῦ ἀργυρίου,
τοῦτο μὲν διενείμαντο καὶ ἐχρῶντο ὅ τι ἐδόκει τούτοις, κατὰ
δὲ τὴν συγγραφὴν τὴν ναυτικὴν, καθ' ἣν ἔλαβον τὰ χρή-

[1] 'Επιχάρους [2] Deest articulus. [3] Βοιώτιος, 'Ηλιόδωρος πιτθεὺς, μαρτυροῦσι [4] αὐτοῦ [5] ἐγκρατεῖς ἐγένοντο

non satis intelligere. Idem.

Θεόδοτος κ. τ. λ.] Cum omnino Cephisodotus Bœotius idem cum Cephisodoro Bœotio, ut et Phormion Piræeus idem est qui testatur se affuisse scribendæ syngraphæ, et cum apud Archenomidem deponeretur. Puto itaque et in hac μαρτυρίᾳ deesse nomen 'Ηλιοδώρου Πιτθέως, qui syngrapham cum illis duobus subsignavit. *De M. U.* p. 395. Salmas. Ubi plurima vid. de syngraphis scribendis, subscribendis, &c.

Βοιώτιος] Vid. Corsin. Fast. Attic. P. I. D. V. §. XVIII. qui ex h. l. infert, Bœotium hunc Atticæ Populum Marathoni proximum fuisse, atque in ipsis Atticæ Bœotiæque finibus ita collocatum, ut exinde fortasse nomen acceperit; de Tribu vero, nihil esse certe quod definiri vel divinari potest. Idem statuit V. D. §. XVI. de v. 'Ισταιόθεν p. 521. v. antepen.

γ΄. Μέγα πρᾶγμα] De hac locutione, et similibus μέγα χρῆμα, μέγα ἔργον, etc. vid. Bergler. ad Aristoph. Nub. v. 2.

Τὸν ἀδελφὸν αὐτοῦ 'Αρτέμωνι πλευσεῖσθαι] F. 'Αρτέμωνα καὶ πλευσεῖσθαι. Wolf.

Καὶ λόγους θαυμασίους πιθανοὺς] F. θαυμασίως πιθανοὺς, aut θαυμασίους καὶ πιθανοὺς, et p. 521. v. 8. τοῦ οἴνου τὴν καθισταμένην] Utrum τὴν τότε οὖσαν, an τὴν τιμὴν εἶναι ματα, οὔτε μέγα οὔτε μικρὸν ἔπραττον, ὡς αὐτὸ τὸ ἔργον ἐδήλωσεν. οὑτοσὶ δὲ Λάκριτος ἁπάντων ἦν τούτων ὁ ἐξηγητής. καθ᾽ ἕκαστον δὲ τῶν γεγραμμένων ἐν τῇ συγγραφῇ ἐπιδείξω τούτους οὐδ᾽ ὁτιοῦν πεποιηκότας ὑγιές.

δ΄. Πρῶτον μὲν γὰρ γέγραπται, ὅτι ἐπ᾽ οἴνου κεραμίοις τρισχιλίοις [1] ἐδανείζετο παρ᾽ ἡμῶν τὰς τριάκοντα μνᾶς, ὡς ὑπαρχούσης αὐτοῖς ὑποθήκης ἑτέρων τριάκοντα μνῶν, ὥστε εἰς τάλαντον ἀργυρίου τὴν τιμὴν εἶναι τοῦ οἴνου καθισταμένην, σὺν τοῖς ἀναλώμασιν ὅσα ἔδει ἀναλίσκεσθαι εἰς τὴν
929 κατασκευὴν τὴν περὶ τὸν οἶνον· τὰ δὲ τρισχίλια ταῦτα κεράμια ἄγεσθαι εἰς τὸν Πόντον [2] εἰκοσόρῳ, ἣν Ὑβλήσιος ἐναυκλήρει. γέγραπται μὲν ταῦτα ἐν τῇ συγγραφῇ, ὦ ἄνδρες δικασταὶ, ἧς ὑμεῖς ἀκηκόατε· οὗτοι δὲ ἀντὶ τῶν τρισχιλίων κεραμίων οὐδὲ πεντακόσια κεράμια εἰς τὸ πλοῖον ἐνέθεντο, ἀλλ᾽, ἀντὶ τοῦ ἠγοράσθαι αὐτοῖς τὸν οἶνον ὅσον προσῆκε, τοῖς χρήμασιν ἐχρῶντο [3] ὅσον ἐδόκει τούτοις, τὰ δὲ κεράμια τὰ τρισχίλια οὐδ᾽ [4] ἐμέλησαν οὐδὲ διενοήθησαν ἐνθέσθαι εἰς τὸ πλοῖον κατὰ τὴν συγγραφήν. ὅτι δ᾽ ἀληθῆ λέγω ταῦτα, λάβε τὴν μαρτυρίαν τῶν συμπλεόντων ἐν τῷ αὐτῷ πλοίῳ τούτοις.

ΜΑΡΤΥΡΙΑ.

Ἐρασικλῆς μαρτυρεῖ κυβερνᾶν τὴν ναῦν, ἣν Ὑβλήσιος ἐναυκλήρει, καὶ εἰδέναι Ἀπολλόδωρον [5] ἀγόμενον οἴνου Μενδαίου κεράμια τετρακόσια πεντήκοντα καὶ οὐ πλείω, ἄλλο δὲ μηδὲν ἀγώγιμον ἄγεσθαι ἐν τῷ πλοίῳ Ἀπολλόδωρον εἰς τὸν Πόντον. Ἱππίας Ἀθηνίππου Ἁλικαρνασσεὺς, μαρτυρεῖ συμπλεῖν ἐν τῇ Ὑβλησίου νηῒ, διοπτεύων τὴν ναῦν, καὶ εἰδέναι Ἀπολλόδωρον τὸν Φασηλίτην ἀγόμενον ἐν τῷ πλοίῳ ἐκ Μένδης εἰς τὸν Πόντον οἴνου Μενδαίου κεράμια τετρακόσια πεντήκοντα, ἄλλο δὲ μηδὲν φορτίον. Πρὸς τοῖσδε ἐξεμαρτύρησεν Ἀρχάδης Μνησωνίδου Ἀχαρνεὺς, Σώστρατος Φιλίππου Ἱστιαιόθεν, Φιλτιάδης Κτησίου ἐκ Ξυπετέων, Διονύσιος Δημοκρατίδου Χολλίδης.

περὶ μὲν δὴ τοῦ πλήθους τοῦ οἴνου, ὅσον ἔδει αὐτοὺς ἐνθέ-

[1] ἐδανείζοντο [2] ἐν τῇ εἰκοσόρῳ [3] ὅ,τι [4] ἐμέλλησαν [5] ἀγόμενον ἐν τῷ πλοίῳ οἴνου

καθισταμένην, ἀντὶ τοῦ, καθίστασθαι. Idem.

δ΄. Αὐτοῖς] Regitur ab ἠγοράσθαι, *emi ab ipsis*. Auger.

Διοπτεύων τὴν ναῦν] Ἐπισκοπῶν τὰ φορτία, καὶ τὰ γιγνόμενα ἐν τῇ νηΐ. Wolf.

Διοπτεύων] Censeo [et ap. Harpocrat. et Demosth.] διοπεύων legendum. Nam διοπτεύειν verbum omnino generale est; διοπεύειν proprie de navi dicitur. Confirmat sententiam meam, quod de voce δίοπος subnectit Harpocration, unde διοπεύειν dictum. Ecce tibi apud Hesychium, διοπεύειν, ἐπιμελεῖσθαι νεώς. *Att. Lect.* l. III. c. XII. Meursius. Plura vide l. l.

Ἐκ Μένδης] Πόλεως Θρᾴκης. Wolf.

Πρὸς τοῖσδε ἐξεμαρτύρησεν] Ἀκοὴν ἐμαρτύρησεν, ut alias dicit. Idem.

Ἐξ Ὑπαιτέων] Lege ἐκ Ξυπεταίων vel Ξυπετέων, nam ille Demus varie scribitur. Palmer.

σθαι εἰς τὸ πλοῖον, ταῦτα διεπράξαντο, εὐθὺς ἐντεῦθεν
ἀπὸ τοῦ πρώτου γεγραμμένου παραβαίνειν ἀρξάμενοι καὶ 930
μὴ ποιεῖν τὰ γεγραμμένα.

έ. Μετὰ δὲ ταῦτα, ἔστιν ἐν τῇ συγγραφῇ, ὅτι ὑποτιθέασι ταῦτα ἐλεύθερα, καὶ οὐδενὶ οὐδὲν ὀφείλοντες, καὶ ὅτι οὐδὲ ἐπιδανείσονται ἐπὶ τούτοις παρ' οὐδενός. ταῦτα διαῤῥήδην γέγραπται, ὦ ἄνδρες δικασταί. οὗτοι δὲ τί ἐποίησαν; ἀμελήσαντες τῶν ἐν τῇ συγγραφῇ γεγραμμένων, δανείζονται παρά τινος νεανίσκου, ἐξαπατήσαντες ὡς οὐδενὶ οὐδὲν ὀφείλοντες· καὶ ἡμᾶς τε παρεκρούσαντο καὶ ἔλαθον δανεισάμενοι ἐπὶ τοῖς ἡμετέροις, ἐκεῖνόν τε τὸν νεανίσκον τὸν δανείσαντα ἐξηπάτησαν, οὐκ ἐπ' ἐλευθέροις τοῖς χρήμασι δανειζόμενοι. τοιαῦτα τούτων ἐστὶ τὰ κακουργήματα· ταῦτα δὲ πάντ' ἐστὶ τὰ σοφίσματα Λακρίτου τουτουΐ. ὅτι δὲ ἀληθῆ λέγω, καὶ ἐπεδανείσαντο χρήματα παρὰ τὴν συγγραφὴν, μαρτυρίαν ἀναγνώσεται [1] ὑμῖν τοῦ ἐπιδανείσαντος. λέγε τὴν μαρτυρίαν.

ΜΑΡΤΥΡΙΑ.

Ἄρατος Ἁλικαρνασσεὺς μαρτυρεῖ δανεῖσαι Ἀπολλοδώρῳ ἕνδεκα μνᾶς ἀργυρίου ἐπὶ τῇ ἐμπορίᾳ, ἣν ἦγεν ἐν τῇ Ὑβλησίου νηῒ εἰς τὸν Πόντον, καὶ τοῖς ἐκεῖθεν ἀνταγορασθεῖσι· καὶ μὴ εἰδέναι αὐτὸν δεδανεισμένον παρὰ Ἀνδροκλέους ἀργύριον. οὐ γὰρ ἂν δανεῖσαι αὐτὸς Ἀπολλοδώρῳ [2] ἀργύριον.

αἱ μὲν πανουργίαι τοιαῦται τῶν ἀνθρώπων τούτων εἰσί.

ς'. Γέγραπται δὲ μετὰ ταῦτα ἐν τῇ συγγραφῇ, ὦ
ἄνδρες δικασταί· ἐπειδὰν ἀπόδωνται ἐν τῷ Πόντῳ ἃ ἦγον,
ἀνταγοράζειν πάλιν χρήματα καὶ ἀντιφορτίζεσθαι καὶ 931
ἀπάγειν Ἀθήναζε τὰ ἀντιφορτισθέντα· καὶ, ἐπειδὰν ἀφίκωνται Ἀθήναζε, ἀποδοῦναι εἴκοσιν ἡμερῶν ἡμῖν τὸ ἀργύριον δόκιμον, ἕως δ' ἂν ἀποδῶσι, κρατεῖν τῶν χρημάτων ἁπάντων ἡμᾶς καὶ [3] ἀνέπαφα παρέχειν τούτους, ἕως ἂν ἀπολάβωμεν. γέγραπται μὲν ταῦτα οὑτωσὶ ἀκριβῶς ἐν τῇ συγγραφῇ· οὗτοι δὲ, ὦ ἄνδρες δικασταὶ, ἐνταῦθα καὶ ἀπεδείξαντο [4] μάλιστα τὴν ὕβριν καὶ τὴν ἀναίδειαν τὴν ἑαυ-

[1] ὑμῖν αὐτοῦ τοῦ [2] τὸ ἀργύριον [3] ἀνέπαφα πάντα παρέχειν
[4] *μάλιστα ἐπεδείξαντο

έ. Ἐλεύθερα] Ita in Jure Romano in pacto convento, quo pignus contrahebatur, sæpe exprimi solebat, *rem quæ pignori dabatur, nulli alii esse obligatam*. Hoc est, ut Græci loquebantur, ἐλευθέραν. *De M. U.* p. 505. SALMAS.

Καὶ οὐδὲ ἐπιδανείσονται ἐπὶ τούτοις] Hinc locus superior explicari potest, οἳ τὸν ἐπιδεδανεισμένον ἐκ τοῦ ἐμπορίου. WOLF.

ς'. Χρήματα] *Merces*. BUDÆUS.

τῶν, καὶ ὅτι οὐδὲ μικρὸν προσεῖχον τοῖς γράμμασι τοῖς
γεγραμμένοις ἐν τῇ συγγραφῇ, ἀλλ' ἡγοῦντο εἶναι τὴν
συγγραφὴν ἄλλως ὕθλον καὶ φλυαρίαν. οὔτε γὰρ ἀντη-
γόρασαν οὐδὲν ἐν τῷ Πόντῳ, οὔτε ἀντεφορτίσαντο, ὥστε
ἄγειν Ἀθήναζε. ἡμεῖς [1]τε οἱ δανείσαντες τὰ χρήματα,
ἡκόντων αὐτῶν τούτων ἐκ τοῦ Πόντου, οὐκ εἴχομεν ὅτου
ἐπιλαβοίμεθα, οὐδὲ ὅτου κρατοῖμεν, ἕως [2]ὅτου κομι-
σαίμεθα τὰ ἡμέτερα αὐτῶν. οὐδ' ὁτιοῦν γὰρ εἰσήγαγον εἰς
τὸν λιμένα τὸν ὑμέτερον οὗτοι. ἀλλὰ πεπόνθαμεν καινότα-
τον, ὦ ἄνδρες δικασταί· ἐν γὰρ τῇ πόλει τῇ ἡμετέρᾳ αὐ-
τῶν οὐδὲν ἀδικοῦντες, οὐδὲ δίκην ὠφληκότες οὐδεμίαν αὐ-
τοῖς, σεσυλήμεθα τὰ ἡμέτερα αὐτῶν ὑπὸ τούτων, Φασηλ-
λιτῶν ὄντων, ὥσπερ δεδομένων συλῶν Φασηλίταις κατὰ
Ἀθηναίων. ἐπειδὰν γὰρ μὴ ἐθέλωσιν ἀποδοῦναι, ἃ ἔλαβον,
[3]τί ἄλλο τις ἔχοι ὄνομα θέσθαι τοῖς τοιούτοις, ἢ ὅτι ἀφαι-
ροῦνται βίᾳ τὰ ἀλλότρια; ἐγὼ μὲν γὰρ οὐδὲ ἀκήκοα πώ-
ποτε πρᾶγμα μιαρώτερον, ἢ ὃ οὗτοι [4]πεπραγμένοι εἰσὶ περὶ
ἡμᾶς, καὶ ταῦτα ὁμολογοῦντες λαβεῖν παρ' ἡμῶν τὰ χρή-
932 ματα. ὅσα μὲν γὰρ ἀμφισβητήσιμά ἐστι τῶν συμβολαίων,
κρίσεως δεῖται, ὦ ἄνδρες δικασταί· τὰ δὲ παρ' ἀμφοτέρων
ὁμολογηθέντα τῶν συντιθεμένων καὶ [5]τῶν περὶ ὧν συγ-
γραφαὶ κεῖνται ναυτικαί, τέλος ἔχειν ἅπαντες νομίζουσι,
καὶ χρῆσθαι προσήκει τοῖς γεγραμμένοις. ὅτι δὲ κατὰ
τὴν συγγραφὴν οὐδ' ὁτιοῦν πεποιήκασιν, ἀλλ' εὐθὺς ἀπ'
ἀρχῆς ἀρξάμενοι ἐκακοτέχνουν καὶ ἐπεβούλευον μηδὲν
ὑγιὲς ποιεῖν, ὑπό τε τῶν μαρτύρων καὶ αὐτοὶ ὑφ' αὑτῶν
ἐξελέγχονται οὑτωσὶ καταφανῶς.

ζ'. Ὃ δὲ πάντων δεινότατον διεπράξατο Λάκριτος οὑ-
τοσί, δεῖ ὑμᾶς ἀκοῦσαι· οὗτος γὰρ ἦν ὁ πάντα ταῦτα
διοικῶν. ἐπειδὴ γὰρ ἀφίκοντο δεῦρο, εἰς μὲν τὸ ὑμέτερον
ἐμπόριον οὐ καταπλέουσιν, [6]εἰς φωρῶν δὲ λιμένα ὁρμίζον-

[1] * δ' [2] [ὅτου] [3] τί ἂν ἄλλο [4] διαπεπραγμένοι [5] Deest τῶν. [6] εἰς φώρων

Ὕθλον καὶ φλυαρίαν] Idem quod apud Latinos *ludus ac jocus* valet. Docet enim in ea maxime adversarios declarasse contumeliam improbitatemque suam, quod flocci fecerunt quicquid in syngrapha scriptum fuit: remque tanti ponderis, quanti pactum illud conventumque foret, jocum nugasque fuisse existimaverunt. *In Var. Lect.* l. VI. cap. XIII. VICTORIUS.

ζ': Εἰσφορῶν δὲ λιμένα] Disjunge et lege εἰς φορῶν δὲ λιμένα, et linea sequenti similiter εἰς φορῶν λιμένα. Nam φορῶν λιμὴν fuit

ται, ὅς ἐστιν ἔξω τῶν σημείων τοῦ ὑμετέρου ἐμπορίου. καὶ ἔστιν ὅμοιον [1] εἰς φωρῶν λιμένα ὁρμίσασθαι, ὥσπερ ἂν εἴ τις εἰς Αἴγιναν ἢ εἰς Μέγαρα ὁρμίσαιτο· ἔξεστι γὰρ ἀποπλεῖν ἐκ τοῦ λιμένος τούτου, ὅποι ἂν τις βούληται, καὶ ὁπηνίκ᾽ ἂν δοκῇ αὐτῷ. καὶ τὸ μὲν πλοῖον ὥρμει ἐνταῦθα πλείους ἢ πέντε καὶ εἴκοσιν ἡμέρας· οὗτοι δὲ περιεπάτουν ἐν τῷ δείγματι τῷ ἡμετέρῳ, καὶ ἡμεῖς προσιόντες διελεγόμεθα καὶ ἐκελεύομεν τούτους ἐπιμελεῖσθαι, ὅπως ἂν ὡς τάχιστα ἀπολάβοιμεν τὰ χρήματα. οὗτοι δὲ ὡμολόγουν τε καὶ ἔλεγον, ὅτι αὐτὰ ταῦτα περαίνοιεν· καὶ ἡμεῖς τούτοις προσῆμεν, καὶ ἅμα ἐπεσκοποῦμεν, εἴ τι ἐξαιροῦνται ποθὲν ἐκ πλοίου, ἢ πεντηκοστεύονται. ἐπειδὴ δὲ ἡμέραι τε ἦσαν συχναὶ ἐπιδημοῦσι τούτοις, ἡμεῖς τε οὐδ᾽ ὁτιοῦν εὑρίσκομεν, οὔτε ἐξῃρημένον, οὔτε [2] πεντηκοστευόμενον ἐπὶ τῷ ὀνόματι
[3] τούτων, ἐνταῦθ᾽ ἤδη μᾶλλον προσεκείμεθα ἀπαιτοῦντες. 933
καὶ, ἐπειδὴ ἠνωχλοῦμεν αὐτοῖς, ἀποκρίνεται Λάκριτος οὑτοσὶ ὁ ἀδελφὸς Ἀρτέμωνος, ὅτι οὐκ ἂν οἷοί τε [4] ἦσαν ἀποδοῦναι, ἀλλ᾽ ἀπόλωλεν ἅπαντα τὰ χρήματα· καὶ ἔφη Λάκριτος δίκαιόν τι ἔχειν λέγειν περὶ τούτων. καὶ ἡμεῖς, ὦ ἄνδρες δικασταὶ, [5] ἠγανακτοῦμεν ἐπὶ τοῖς λεγομένοις· πλέον δὲ οὐδὲν ἦν ἀγανακτοῦσιν ἡμῖν, [6] τούτοις γὰρ οὐδ᾽ ὁτιοῦν ἔμελεν. οὐδὲν δὲ ἧττον ἠρωτῶμεν αὐτοὺς, ὅντινα τρόπον ἀπολωλότα εἴη τὰ χρήματα. Λάκριτος δὲ οὑτοσὶ ναυαγῆσαι ἔφη τὸ πλοῖον παραπλέον ἐκ Παντικαπαίου εἰς Θευδοσίαν· ναυαγήσαντος δὲ τοῦ πλοίου, ἀπολωλέναι τὰ χρήματα τοῖς ἀδελφοῖς τοῖς ἑαυτοῦ, ἃ ἔτυχεν [7] ἐν πλοίῳ ἐνόντα· ἐνεῖναι δὲ τάριχός τε καὶ οἶνον Κῷον καὶ ἄλλ᾽ ἄττα· καὶ ταῦτα πάντα ἔφασαν ἀντιφορτισθέντα μέλλειν [8] αὐτὰ

1 εἰς φώρων   2 πεπεντηκοστευμένον   3 τῷ τούτων   4 εἴησαν
5 ἠγανακτοῦμεν * μὲν ἐπὶ   6 τουτοισὶ   7 ἐν τῷ πλοίῳ   8 * αὐτοὶ

Atticæ portus sic vocatus *furum portus*, eo quod Piratæ et decoctores, qui non audebant Piræeum portum intrare, ibi appellebant. Sic ipse Demosthenes p. 942. v. 4. ed. R. ἐν φωρῶν λιμένι. PALMER.

Ἐν τῷ Δείγματι τῷ ὑμετέρῳ] Locus in Piræeo, inquit Suidas, in quo multi et cives et hospites conveniebant, et sermones inter se conferebant. Fortasse quia specimina mercium ibi exhiberentur; idque addit Aristophanis interpres Ἱππεῦσιν: ἐκεῖ, inquit, οἱ ἔμποροι τὰ δείγματα τῶν πωλουμένων ἐτίθεσαν. WOLF.

Καὶ ἄλλα] F. καὶ τἄλλα ἐπεσκοποῦμεν, καὶ εἴ τι ἐξαιροῦνταί ποθεν ἐκ τοῦ πλοίου. et v. 17. οἷοί τε εἴησαν. et v. ult. μέλλειν αὐτοὺς ἄγειν. et p. 525. v. 28. τῶν ἐκ τῆς Θευδοσίας τινὶ ἐν ἀγρῷ οἰκούντων. τὸ ἐν ἀγρῷ videtur omissum. Alioqui et τὸ οἰκούντων abundabit. IDEM.

Πεντηκοστεύονται] Vid. Suidas et Etym. Mag. in voce, et Pollux lib. II. c. IV. §. 34. et lib. IX. c. V.

ἄγειν Ἀθήναζε, εἰ μὴ ἀπώλετο ἐν τῷ πλοίῳ. καὶ ἃ μὲν ἔλεγε, ταῦτ᾽ ἦν.

ή. Ἄξιον δ᾽ ἀκοῦσαι τὴν βδελυρίαν τῶν ἀνθρώπων τουτωνὶ καὶ τὴν ψευδολογίαν. πρός τε γὰρ τὸ πλοῖον τὸ ναυαγῆσαν οὐδὲν ἦν αὐτοῖς συμβόλαιον, ἀλλ᾽ ἦν ἕτερος ὁ δεδανεικὼς Ἀθήνηθεν ἐπὶ τῷ ναύλῳ τῷ εἰς τὸν Πόντον καὶ [1]ἐπὶ τῷ πλοίῳ· Ἀντίπατρος ὄνομα ἦν τῷ δεδανεικότι Κιττιεὺς τὸ γένος, τό τε οἰνάριον τὸ Κῷον ὀγδοήκοντα στάμνοι ἐξεστηκότος οἴνου, καὶ τὸ τάριχος ἀνθρώπῳ τινὶ γεωργῷ παρεκομίζετο ἐν τῷ πλοίῳ ἐκ Παντικαπαίου εἰς Θευδοσίαν τοῖς ἐργάταις τοῖς περὶ τὴν γεωργίαν χρῆσθαι. τί οὖν ταύ-
34 τας τὰς προφάσεις λέγουσι; οὐδὲν γὰρ προσήκει. καί μοι λάβε τὴν μαρτυρίαν, πρῶτον μὲν τὴν Ἀπολλωνίδου, ὅτι Ἀντίπατρος ἦν ὁ δανείσας ἐπὶ τῷ πλοίῳ, τούτοις δ᾽ οὐδ᾽ ὁτιοῦν προσήκει τῆς ναυαγίας· ἔπειτα τὴν Ἐρασικλέους καὶ τὴν Ἱππίου, ὅτι ὀγδοήκοντα κεράμια μόνα παρήγετο [2]τῷ πλοίῳ.

[3]ΜΑΡΤΥΡΙΑ.

Ἀπολλωνίδης Ἁλικαρνασσεὺς μαρτυρεῖ εἰδέναι δανείσαντα Ἀντίπατρον, Κιττιέα τὸ γένος, χρήματα Ὑβλησίῳ εἰς τὸν Πόντον ἐπὶ τῇ νηΐ, ἣν Ὑβλήσιος ἐναυκλήρει, καὶ τῷ ναύλῳ τῷ εἰς τὸν Πόντον· κοινωνεῖν δὲ καὶ αὐτὸν τῆς νεὼς Ὑβλησίῳ, καὶ συμπλεῖν ἑαυτοῦ οἰκέτας ἐν τῇ νηΐ· καί, ὅτε διεφθάρη ἡ ναῦς, παρεῖναι τοὺς οἰκέτας τοὺς ἑαυτοῦ, καὶ ἀπαγγέλλειν ἑαυτῷ, καὶ ὅτι ἡ ναῦς κενὴ διεφθάρη παραπλέουσα εἰς Θευδοσίαν ἐκ Παντικαπαίου.

Ἐρασικλῆς μαρτυρεῖ συμπλεῖν Ὑβλησίῳ κυβερνῶν τὴν ναῦν εἰς τὸν Πόντον· καί, ὅτε παρέπλει ἡ ναῦς εἰς Θευδοσίαν ἐκ Παντικαπαίου, εἰδέναι κενὴν τὴν ναῦν παραπλέουσαν, καὶ Ἀπολλοδώρου, αὐτοῦ τοῦ φεύγοντος νυνὶ τὴν δίκην, μὴ εἶναι οἶνον ἐν τῷ πλοίῳ, ἀλλὰ παράγεσθαι τῶν ἐκ τῆς Θευδοσίας τινὶ [4]οἰκούντων Κῷα κεράμια περὶ ὀγδοήκοντα. Ἱππίας Ἀθηνίππου Ἁλικαρνασσεὺς μαρτυρεῖ συμπλεῖν Ὑβλησίῳ διοπτεύων τὴν ναῦν· καί, ὅτε παρέπλει ἡ ναῦς εἰς Θευδοσίαν ἐκ Παντικαπαίου, ἐνθέσθαι Ἀπολλόδωρον εἰς τὴν ναῦν ἐρίων ἀγγεῖον ἓν ἢ δύο, καὶ ταρίχους κεράμια ἕνδεκα ἢ δώδεκα, καὶ δέρματ᾽ αἴγεια δύο δεσμὰς ἢ τρεῖς, ἄλλο δ᾽ οὐδέν. Πρὸς τοῖσδ᾽ ἐξεμαρτύρησεν Εὔφιλητος Δαμοτίμου Ἀφιδναῖος, [5]Ἱππεὺς Τιμοξένου Θυμαιτάδης, Σώστρατος Φιλίππου Ἱστιαιόθεν, Ἀρχενομίδης Στράτωνος Θριάσιος, Φιλτιάδης Κτησικλέους Ξυπεταιών.

ἡ μὲν ἀναίδεια τοιαύτη τῶν ἀνθρώπων τουτωνί ἐστιν· ὑμεῖς δ᾽, ὦ ἄνδρες δικασταί, ἐνθυμεῖσθε πρὸς ὑμᾶς αὐτούς, εἴ τι-

[1] ἐπ᾽ αὐτῷ τῷ [2] ἐν τῷ [3] Μαρτυρίαι. [4] οἰκούντων] ● οἴνου [5] Ἱππίας

ή. Καὶ ὅτι ἡ ναῦς] Καὶ vid. supervacure. AUGER.

Ἱστιαιόθεν] Videtur Ἱστιαῖα δήμου nomen esse. Nihil huc pertinet Istiæus Ion apud Darium non optima fide gratiosus: de quo vide Herodotum. WOLF.

Ξυμπεταιών] Lege Ξυπεταιῶς, vel ἐκ Ξυπεταιῶν. PALMER.

νας πώποτ' ἴστε ἢ ἀκηκόατε ἐκ τοῦ Πόντου οἶνον Ἀθήναζε κατ' ἐμπορίαν εἰσάγοντας, ἄλλως τε καὶ Κῷον. πᾶν γὰρ δήπου τοὐναντίον εἰς τὸν Πόντον οἶνος εἰσάγεται ἐκ τῶν τόπων τῶν περὶ ἡμᾶς, ἐκ Πεπαρήθου, καὶ Κῶ, καὶ Θάσιος, καὶ Μενδαῖος, καὶ ἐξ ἄλλων τινῶν πόλεων παντοδαπός· ἐκ δὲ τοῦ Πόντου ἕτερά ἐστιν, ἃ εἰσάγεται δεῦρο.

θ΄. Κατεχόμενοι δ' ὑφ' ἡμῶν καὶ ἐλεγχόμενοι, εἴ τι περιγένοιτο τῶν χρημάτων ἐν τῷ Πόντῳ, ἀπεκρίνατο Λάκριτος οὑτοσὶ, ὅτι ἑκατὸν στατῆρες Κυζικηνοὶ περιγένοιντο, καὶ τοῦτο τὸ χρυσίον δεδανεικὼς εἴη [1] ἀδελφὸς αὐτοῦ ἐν τῷ Πόντῳ ναυκλήρῳ τινὶ Φασηλίτῃ πολίτῃ καὶ ἐπιτηδείῳ ἑαυτοῦ, καὶ οὐ δύναιτο κομίσασθαι, ἀλλὰ σχεδόν τι ἀπολωλὸς εἴη καὶ τοῦτο. ταῦτ' ἐστὶν, ἃ ἔλεγε Λάκριτος οὑτοσί. ἡ δὲ συγγραφὴ οὐ ταῦτα λέγει, ὦ ἄνδρες δικασταὶ, ἀλλ' ἀντιφορτισαμένους ἀπάγειν κελεύει Ἀθήναζε· οὐ δανείζειν τούτους ὅτῳ ἂν βούλωνται ἐν τῷ Πόντῳ τὰ ἡμέτερα ἄνευ ἡμῶν, ἀλλ' Ἀθήναζε παρέχειν ἀνέπαφα ἡμῖν, ἕως ἂν [2] ἡμεῖς ἀπολάβωμεν τὰ χρήματα ὅσ' ἐδανείσαμεν. καί μοι ἀναγίγνωσκε τὴν συγγραφὴν πάλιν.

ΣΥΓΓΡΑΦΗ.

Ἐδάνεισαν Ἀνδροκλῆς Σφήττιος καὶ [3] Ναυκράτης Καρύστιος Ἀρτέμωνι
καὶ Ἀπολλοδώρῳ Φασηλίταις ἀργυρίου δραχμὰς τρισχιλίας Ἀθήνηθεν εἰς
Μένδην ἢ Σκιώνην, καὶ ἐντεῦθεν εἰς Βόσπορον. ἐὰν δὲ βούλωνται τὴν ἐπ' 936
ἀριστερὰ μέχρι Βορυσθένους καὶ πάλιν Ἀθήναζε ἐπὶ τόκῳ, διακοσίαις εἰκοσιπέντε τὰς χιλίας. ἐὰν δὲ μετὰ Ἀρκτοῦρον ἐκπλεύσωσιν ἐκ τοῦ Πόντου ἐφ' Ἱερὸν, ἐπὶ τριακοσίαις τὰς χιλίας, ἐπὶ οἴνου κεραμίοις Μενδαίοις τρισχιλίοις, ὃς πλευσεῖται ἐκ Μένδης ἢ Σκιώνης ἐν τῇ εἰκοσόρῳ, ἣν Ὑβλήσιος ναυκληρεῖ. ὑποτιθέασι δὲ ταῦτ', οὐκ ὀφείλοντες ἐπὶ τούτοις ἄλλῳ οὐδενὶ οὐδὲν ἀργύριον, οὐδ' ἐπιδανείσονται· καὶ ἀπάξουσι τὰ χρήματα τὰ ἐκ τοῦ Πόντου ἀντιφορτισθέντα Ἀθήναζε πάλιν ἐν τῷ αὐτῷ πλοίῳ ἅπαντα. σωθέντων δὲ τῶν χρημάτων Ἀθήναζε, ἀποδώσουσιν οἱ δανεισάμενοι τοῖς δανείσασι τὸ γιγνόμενον ἀργύριον κατὰ τὴν συγγραφὴν, ἡμερῶν εἴκοσιν, ἀφ' ἧς ἂν ἔλθωσιν Ἀθήναζε, ἐντελὲς, πλὴν ἐκβολῆς ἣν ἂν οἱ σύμπλοι κοινῇ ψηφισάμενοι ἐκβάλωνται, καὶ ἂν τι πολεμίοις ἐκτίσωσι, τῶν δ' ἄλλων ἁπάντων ἐντελές· καὶ παρέξουσι τοῖς δανείσασι τὴν ὑποθήκην ἀνέπαφον κρατεῖν, ἕως ἂν ἀποδῶσι τὸ γιγνόμενον ἀργύριον κατὰ τὴν συγγραφήν. ἐὰν δὲ μὴ ἀποδῶσιν ἐν τῷ συγκειμένῳ χρόνῳ, τὰ ὑποκείμενα τοῖς δανείσασιν ἐξέστω ὑποθεῖναι, καὶ ἀποδόσθαι τῆς ὑπαρχούσης τιμῆς· καὶ ἐάν τι ἐλλείπῃ τοῦ ἀργυρίου, ὃ δεῖ γενέσθαι τοῖς δανείσασι κατὰ τὴν συγγραφὴν, παρὰ Ἀρτέμωνος καὶ Ἀπολλοδώρου ἔστω ἡ πρᾶξις τοῖς δανείσασι, καὶ ἐκ τῶν τούτων ἁπάντων καὶ ἐγγείων καὶ ναυτικῶν πανταχοῦ ὅπου ἂν ὦσι,

[1] ὁ ἀδελφὸς [2] [ἡμεῖς] [3] Ναυσικράτης

θ΄. Τὰ ἐκ τοῦ Πόντου] Supra τὰ ἐκ τοῦ οἴνου. Wolf.

καθάπερ δίκην ὠφληκότων καὶ ὑπερημέρων ὄντων, καὶ ἑνὶ ἑκατέρῳ τῶν δανεισάντων καὶ ἀμφοτέροις. ἐὰν δὲ μὴ εἰσβάλωσι μείναντες [1] ἐπὶ κυνὶ ἡμέρας δέκα ἐν Ἑλλησπόντῳ, ἐξελόμενοι ὅπου ἂν μὴ σῦλαι ὦσιν Ἀθηναίοις, καὶ ἐντεῦθεν καταπλεύσαντες Ἀθήναζε, τοὺς τόκους ἀποδόντων τοὺς πέρυσι γραφέντας εἰς τὴν συγγραφήν. ἐὰν δέ τι ἡ ναῦς πάθῃ ἀνήκεστον, ἐν ᾗ ἂν πλέῃ τὰ χρήματα, σωτήρια ἔστω τῶν ὑποκειμένων· τὰ δὲ περιγενόμενα κοινὰ ἔστω τοῖς δανείσασι· κυριώτερον δὲ περὶ τούτων ἄλλο μηδὲν εἶναι τῆς συγγραφῆς.

ΜΑΡΤΥΡΕΣ.

Φορμίων Πειραιεύς, Κηφισόδοτος Βοιώτιος, Ἡλιόδωρος Πιτθεύς.

ί. Πότερον, ὦ ἄνδρες δικασταί, δανείζειν κελεύει τούτους ἡ συγγραφὴ τὰ ἡμέτερα, καὶ ταῦτ' ἀνθρώπῳ, ὃν ἡμεῖς οὔτε γινώσκομεν οὔθ' ἑωράκαμεν πώποτε, ἢ ἀντιφορτισαμένους κομίσαι Ἀθήναζε, καὶ φανερὰ ποιῆσαι ἡμῖν, καὶ ἀνέπαφα παρέχειν; ἡ μὲν γὰρ συγγραφὴ οὐδὲν κυριώτερον ἐᾷ εἶναι τῶν ἐγγεγραμμένων, οὐδὲ [2] προφέρειν οὔτε νόμον, οὔτε ψήφισμα, οὔτ' ἄλλ' οὐδ' ὁτιοῦν πρὸς τὴν συγγραφήν· τούτοις δ' εὐθὺς ἐξ ἀρχῆς οὐδὲν ἐμέλησε τῆς συγγραφῆς ταύτης, ἀλλὰ τοῖς χρήμασιν ἐχρῶντο τοῖς ἡμετέροις ὥσπερ ἰδίοις οὖσιν αὐτῶν, οὕτως εἰσὶν οὗτοι κακοῦργοι σοφισταὶ καὶ ἄδικοι ἄνθρωποι. ἐγὼ δέ, μὰ τὸν Δία τὸν ἄνακτα καὶ τοὺς θεοὺς ἅπαντας, οὐδενὶ πώποτ' ἐφθόνησα οὐδ' ἐπετίμησα, ὦ ἄνδρες δικασταί, οὐδέν, εἴ τις βούλεται σοφιστὴς εἶναι καὶ Ἰσοκράτει ἀργύριον ἀναλίσκειν· μαινοίμην γὰρ ἄν, εἴ τι μοι τούτων ἐπιμελὲς εἴη. οὐ [3] μέν τοι μὰ Δία οἶμαί γε δεῖν ἀνθρώπους καταφρονοῦντας, καὶ οἰομένους δεινοὺς εἶναι, ἐφίεσθαι τῶν ἀλλοτρίων, οὐδ' ἀφαιρεῖσθαι, τῷ λόγῳ πιστεύοντας· πονηροῦ γὰρ [4] ταῦτ' ἐστὶ σοφιστοῦ καὶ οἰμωξομένου. Λάκριτος δ' οὑτοσί, ὦ ἄνδρες δικασταί, οὐ τῷ δικαίῳ πιστεύων εἰσελήλυθε ταύτην τὴν δίκην, ἀλλ' ἀκριβῶς εἰδὼς τὰ πεπραγμένα ἑαυτοῖς περὶ τὸ δάνεισμα τοῦτο, καὶ οἰόμενος δεινὸς εἶναι καὶ ῥᾳδίως λόγους ποριεῖσθαι περὶ ἀδίκων πραγμάτων, οἴεται παράξειν ὑμᾶς [5] ὅπου ἂν βούληται. ταῦτα γὰρ ἐπαγγέλλεται καὶ δεινὸς εἶναι, καὶ ἀργύριον αἰτεῖ, καὶ μαθητὰς συλλέγει, περὶ αὐ-

[1] τὴν ἐπὶ [2] προσφέρειν [3] μέντοι γε μὰ Δία, οἶμαί [4] ταῦτά γ' ἐστὶ [5] * ὅποι

Ἐν ᾗ ἂν πλέῃ τὰ χρήματα σωτήρια ἔστω Idem.

τῶν ὑποκειμένων] Supra, p. 519. v. 2. ἐν ᾗ ἂν πλέῃ τὰ χρήματα, σωτηρία ἔστω. Auger.

ί. Δεινὸς εἶναι] Post εἶναι f. add. φάσκει.

τῶν τούτων ἐπαγγελλόμενος παιδεύειν. καὶ πρῶτον μὲν τοὺς ἀδελφοὺς τοὺς ἑαυτοῦ ἐπαίδευσε τὴν παιδείαν ταύτην, ἣν ὑμεῖς αἰσθάνεσθε πονηρὰν καὶ ἄδικον, ὦ ἄνδρες δικασταί, δανείζεσθαι ἐν τῷ ἐμπορίῳ ναυτικὰ χρήματα, καὶ ταῦτ' ἀποστερεῖν, καὶ μὴ ἀποδιδόναι. πῶς ἂν γένοιντο πονηρότεροι ἄνθρωποι, ἢ τοῦ παιδεύοντος τὰ τοιαῦτα, ἢ αὐτῶν [1] τούτων τῶν παιδευομένων;

ια΄. [2] Ἐπεὶ οὖν δεινός ἐστι, καὶ πιστεύει τῷ λέγειν καὶ ταῖς χιλίαις δραχμαῖς, ἃς δέδωκε τῷ διδασκάλῳ, κελεύσατε αὐτὸν διδάξαι ὑμᾶς, ἢ ὡς τὰ χρήματα οὐκ ἔλαβον παρ' ἡμῶν, ἢ ὡς λαβόντες ἀποδεδώκασιν, ἢ ὅτι τὰς ναυτικὰς συγγραφὰς οὐ δεῖ κυρίας εἶναι, ἢ ὡς δεῖ ἄλλο τι χρήσασθαι τοῖς χρήμασιν ἢ ἐφ' οἷς ἔλαβον κατὰ τὴν συγγραφήν. τούτων ὅ τι βούλεται πεισάτω ὑμᾶς, καὶ ἔγωγε καὶ αὐτὸς συγχωρῶ σοφώτατον εἶναι τοῦτον, ἐὰν ὑμᾶς πείσῃ τοὺς περὶ τῶν συμβολαίων τῶν ἐμπορικῶν δικάζοντας· ἀλλ' εὖ οἶδ', ὅτι οὐδὲν ἂν τούτων οἷός τ' εἴη οὗτος οὔτε διδάξαι οὔτε πεῖσαι.

ιβ΄. Χωρὶς δὲ τούτων, φέρε πρὸς τῶν θεῶν, ὦ ἄνδρες δικασταί, εἰ τοὐναντίον συμβεβήκει, καὶ μὴ ὁ τούτου ἀδελ- 939
φὸς ὁ τετελευτηκὼς ἐμοὶ ὤφειλε τὰ χρήματα, ἀλλ' ἐγὼ τῷ τούτου τάλαντον, ἢ ὀγδοήκοντα μνᾶς, ἢ πλέον ἢ ἔλαττον· [3] ἆρ' οἴεσθε Λάκριτον τουτονί, ὦ ἄνδρες δικασταί, τοὺς αὐτοὺς λόγους λέγειν, οἷσπερ νυνὶ κατακέχρηται, ἢ φάσκειν ἂν αὐτὸν οὐκ εἶναι κληρονόμον καὶ ἀφίστασθαι τῶν τοῦ ἀδελφοῦ, καὶ οὐκ ἂν πάνυ πικρῶς εἰσπράττειν με, ὥσπερ καὶ παρὰ τῶν ἄλλων εἰσπέπρακται, εἴ τις τι ἐκείνῳ τῷ τετελευτηκότι ὤφειλεν, ἢ ἐν Φασήλιδι, ἢ ἄλλοθί που; καὶ εἴ γέ τις ἡμῶν, φεύγων δίκην ὑπὸ τούτου, παραγραφὴν ἐτόλμησε παραγράφεσθαι, μὴ εἰσαγώγιμον εἶναι τὴν δίκην, εὖ οἶδ', ὅτι ἠγανάκτει ἂν οὗτος καὶ ἐσχετλίαζε πρὸς ὑμᾶς, δεινὰ φάσκων πάσχειν, καὶ παρανομεῖσθαι, εἰ μή τις αὐτῷ τὴν δίκην ψηφιεῖται εἰσαγώγιμον εἶναι ἐμπορικὴν οὖσαν. ἔπειτα, ὦ Λάκριτε, σοὶ μὲν τοῦτο δίκαιον δοκεῖ εἶναι, ἐμοὶ δὲ διὰ τί οὐκ ἔσται; οὐχ ἅπασιν ἡμῖν οἱ αὐτοὶ νόμοι γεγραμμένοι εἰσί, καὶ τὸ αὐτὸ δίκαιον περὶ τῶν ἐμ-

[1] [τούτων] [2] ἐπειδὴ [3] ἆρ' ἂν οἴεσθε

πορικῶν δικῶν; ἀλλ' οὕτω βδελυρός τίς ἐστι καὶ ὑπερβάλλων ἅπαντας ἀνθρώπους τῷ πονηρὸς εἶναι, ὥστ' ἐπιχειρεῖ πείθειν ὑμᾶς ψηφίσασθαι, μὴ εἰσαγώγιμον εἶναι τὴν ἐμπορικὴν δίκην ταυτηνὶ, δικαζόντων ὑμῶν νυνὶ τὰς ἐμπορικὰς δίκας;

ιγ'. Ἀλλὰ τί κελεύεις, ὦ Λάκριτε; μὴ ἱκανὸν εἶναι ἡμᾶς ἀποστερεῖσθαι, ἃ ἐδανείσαμεν χρήματα ὑμῖν, ἀλλὰ καὶ εἰς τὸ δεσμωτήριον παραδοθῆναι ὑφ' ὑμῶν προσόφλοντας τὰ ἐπιτίμια, ἐὰν μὴ ἐκτίνωμεν; καὶ πῶς οὐκ ἂν δεινὸν εἴη καὶ σχέτλιον καὶ αἰσχρὸν ὑμῖν, ὦ ἄνδρες δικασταὶ,
40 εἰ, οἱ δανείσαντες ἐν τῷ ἐμπορίῳ τῷ ὑμετέρῳ χρήματα ναυτικὰ καὶ ἀποστερούμενοι ὑπὸ τῶν δανεισαμένων καὶ ἀποστερούντων, ἀπάγοιντο εἰς τὸ δεσμωτήριον; ταῦτ' ἐστὶν, ὦ Λάκριτε, ἃ τουτουσὶ πείθεις; ἀλλὰ ποῦ χρὴ δίκην λαβεῖν, ὦ ἄνδρες δικασταὶ, περὶ τῶν ἐμπορικῶν συμβολαίων; παρὰ ποίᾳ ἀρχῇ; ἢ ἐν τίνι χρόνῳ; παρὰ τοῖς ἕνδεκα; ἀλλὰ τοιχωρύχους καὶ κλέπτας καὶ τοὺς ἄλλους κακούργους τοὺς ἐπὶ θανάτῳ οὗτοι εἰσάγουσιν. ἀλλὰ παρὰ τῷ ἄρχοντι; οὐκοῦν ἐπικλήρων καὶ ὀρφανῶν καὶ τῶν τοκέων προστέτακται τῷ ἄρχοντι ἐπιμελεῖσθαι. ἀλλὰ νὴ Δία παρὰ τῷ βασιλεῖ; ἀλλ' οὐκ ἐσμὲν γυμνασίαρχοι, οὐδὲ ἀσεβείας οὐδένα γραφόμεθα. ἀλλ' ὁ πολέμαρχος εἰσάξει; ἀποστασίου γε καὶ ἀπροστασίου. οὐκοῦν ὑπόλοιπόν ἐστιν οἱ στρατηγοί; ἀλλὰ τοὺς τριηράρχους καθιστᾶσιν [1] οὗτοι, εἰσάγοντες εἰς τὸ δικαστήριον· ἐμπορικὴν δὲ δίκην οὐδεμίαν [2] ἂν εἰσάγουσιν. ἐγὼ δ' εἰμὶ ἔμπορος, καὶ σὺ ἀδελφὸς καὶ κληρονόμος ἑνὸς τῶν ἐμπόρων καὶ τοῦ λαβόντος παρ' ἡμῶν τὰ ἐμπορικὰ χρήματα. ποῖ οὖν δεῖ ταύτην εἰσελθεῖν τὴν δίκην; δίδαξον, ὦ Λάκριτε, μόνον

[1] [οὗτοι εἰσάγοντες εἰς τὸ δικαστήριον] [2] Deest ἄν.

ιγ'. Παρὰ ποίᾳ ἀρχῇ] Observa distincta magistratuum munera. WOLF.

Κακούργους τοὺς ἐπὶ θανάτῳ οὗτοι εἰσάγουσι] *Rerum capitalium reos et postulatos hi ad judicium sistunt et exhibent.* BUDÆUS.

Τοὺς ἐπὶ θανάτῳ] Sub. κριθησομένους. AUGER.

Καὶ ὀρφανῶν καὶ τῶν τοκέων] *Et pupillorum et parentum*, eorum scilicet, qui a filiis, quos honeste educarunt et artem docuerunt, ad egestatem redacti; non aluntur. ἔδει γὰρ τοῖς γονεῦσι, καθ' Ἡσίοδον, τὰ θρεπτήρια ἀποδοῦναι. Hoc videtur rectius, quam si, τῶν καὶ deleto, conjungas ὀρφανῶν τῶν τοκέων, *eorum, qui parentibus orbati sunt.* WOLF.

Οὐκοῦν ὑπόλοιπόν ἐστιν οἱ στρατηγοί] Ἀντὶ τοῦ, ὑπόλοιποί εἰσιν. et v. antepen. καὶ σὺ ἀδελφός. IDEM.

δίκαιόν τι λέγων, καὶ κατὰ τοὺς νόμους. ἀλλ' οὐκ ἔστιν
οὕτω δεινὸς ἄνθρωπος οὐδεὶς, ὅστις ἂν περὶ τούτων τῶν
πραγμάτων ἔχοι τι δίκαιον εἰπεῖν.

ιδ'. Οὐ τοίνυν ταῦτα μόνον, ὦ ἄνδρες δικασταὶ, δεινὰ
ἐγὼ πάσχω ὑπὸ Λακρίτου τουτουῒ, ἀλλὰ καὶ χωρὶς τοῦ
ἀποστερεῖσθαι τὰ χρήματα, καὶ εἰς τοὺς ἐσχάτους κινδύ-
νους ἀφικόμην ἂν τὸ τούτου μέρος, εἰ μή μοι ἡ συγγραφὴ
ἐβοήθει ἡ πρὸς τούτους, καὶ ἐμαρτύρει, ὅτι εἰς τὸν Πόντον 941
ἔδωκα τὰ χρήματα καὶ πάλιν Ἀθήναζε. ἴστε γὰρ δή-
που, ὦ ἄνδρες δικασταὶ, τὸν νόμον ὡς χαλεπός ἐστιν,
ἐάν τις Ἀθηναίων ἄλλοσέ πη σιτηγήσῃ ἢ Ἀθήναζε, ἢ
χρήματα δανείσῃ εἰς ἄλλο τι ἐμπόριον ἢ τὸ Ἀθηναίων,
οἷαι ζημίαι περὶ τούτων εἰσὶν, ὡς μεγάλαι καὶ δειναί.
μᾶλλον δ' αὐτὸν ἀνάγνωθι αὐτοῖς τὸν νόμον, ἵν' ἀκριβέ-
στερον μάθωσι.

ΝΟΜΟΣ.

Ἀργύριον δὲ μὴ ἐξεῖναι ἐκδοῦναι Ἀθηναίων καὶ τῶν μετοίκων τῶν Ἀθήνησι μετοικούντων [1] μηδενὶ, ὧν οὗτοι κύριοί εἰσιν, εἰς ναῦν, ἥτις ἂν μὴ μέλλῃ ἄξειν σῖτον Ἀθήναζε - - -

καὶ τἄλλα τὰ γεγραμμένα περὶ ἑκάστου αὐτῶν.

ἐὰν δέ τις ἐκδῷ παρὰ ταῦτα, εἶναι τὴν φάσιν καὶ τὴν ἀπογραφὴν τοῦ ἀργυρίου πρὸς τοὺς ἐπιμελητὰς, καθὰ περὶ τῆς νεὼς καὶ τοῦ σίτου εἴρηται, κατὰ ταῦτα. καὶ δίκη αὐτῷ μὴ ἔστω περὶ τοῦ ἀργυρίου, ὃ ἂν ἐκδῷ ἄλλοσέ πη ἢ Ἀθήναζε· μηδὲ ἀρχὴ εἰσαγέτω περὶ [2] τούτου μηδεμία.

ὁ μὲν νόμος, ὦ ἄνδρες δικασταὶ, οὕτω χαλεπός ἐστιν·
οὗτοι δὲ, οἱ μιαρώτατοι ἀνθρώπων ἁπάντων, γεγραμμένον
διαῤῥήδην ἐν τῇ συγγραφῇ, Ἀθήναζε πάλιν ἥκειν τὰ χρή-

[1] μηδενὶ, μηδὲ ὧν [2] τούτων

ιδ'. Ἀργύριον κ. τ. λ.] Ἐκδοῦναι ἀργύριον est *pecuniam sub nauticis usuris dare*, i. e. *elocare*. Non vetat ea lex, ut perperam notavit ad Leges Atticas [l. V. t. IV. §. X. p. 511.] eruditissimus commentator, " mercatoribus pecuniam credere, qui alibi quam Athenis negotiarentur." Quod est absurdum. Nam illi ipsi mercatores, qui frumentum Athenas devehere lege jubentur, alibi quam Athenis negotiabantur, utpote qui aliunde illud frumentum Athenas importare necesse haberent. Ceterum nec de omnibus mercatoribus scripta lex, sed de solis σιτεμπόροις i. e. *frumenti negotiatoribus*. Lege igitur erat vetitum, ne quis Atheniensis civis vel metœcus in eam navem, quæ proficisceretur ad frumentum apud exteros coemendum, pecuniam, cujus dominus esset, sub fœnore nautico locaret, nisi quæ frumentum illud, quod ex ea pecunia emptum foret, Athenas esset importatura. *Salmas. de M. U.* p. 194, 5.

Ὧν οὗτοι κύριοί εἰσιν εἰς ναῦν, ἥτις ἂν μὴ] F. δανεῖσαι, ἢ ἐκδοῦναι εἰς ναῦν. ὧν οὗτοι κύριοί εἰσιν, utrum οἱ Ἀθηναῖοι, an οἱ μέτοικοι, an ὧν χρημάτων? WOLF.

Ὧν οὗτοι] Ὧν refero ad μετοίκων, et οὗτοι ad Ἀθηναίων. AUGER.

Καθὰ περὶ τῆς νεὼς] Hæc ex alia lege cognoscenda essent. WOLF.

ματα, εἰς Χίον ἐπέτρεψαν καταχθῆναι ἃ ἐδανείσαντο
Ἀθήνηθεν παρ' ἡμῶν. δανειζομένου γὰρ ἐν τῷ Πόντῳ τοῦ
ναυκλήρου τοῦ Φασηλίτου ἕτερα χρήματα παρά τινος
Χίου ἀνθρώπου, οὐ φάσκοντος δὲ τοῦ Χίου δώσειν, ἐὰν μὴ
ὑποθήκην λάβῃ πάντα ὅσα ἦν περὶ τὸν ναύκληρον, καὶ
ἐπιτρέπωσι ταῦτα οἱ πρότερον δεδανεικότες, ἐπέτρεψαν
942 ταῦτα ὑποθήκην γενέσθαι τῷ Χίῳ τὰ ἡμέτερα καὶ κύριον
γενέσθαι ἐκεῖνον ἁπάντων, καὶ οὑτωσὶ ἀπέπλεον ἐκ τοῦ
Πόντου μετὰ τοῦ Φασηλίτου ναυκλήρου καὶ μετὰ τοῦ
Χίου τοῦ δεδανεικότος· καὶ ὁρμίζονται ἐν [1]φωρῶν λιμένι,
εἰς δὲ τὸ ὑμέτερον ἐμπόριον οὐχ ὡρμίσαντο· καὶ νυνὶ, ὦ
ἄνδρες δικασταὶ, τὰ Ἀθήνηθεν δανεισθέντα χρήματα εἰς
τὸν Πόντον καὶ πάλιν ἐκ τοῦ Πόντου Ἀθήναζε, εἰς Χίον
κατηγμένα ἐστὶν ὑπὸ τούτων. ὅπερ οὖν ἐν ἀρχῇ ὑπεθέμην
τοῦ λόγου, [2]ὅτι καὶ ὑμεῖς ἀδικεῖσθε οὐδὲν ἧττον τῶν δόν-
των ἡμῶν τὰ χρήματα. σκοπεῖτε δὲ, ὦ ἄνδρες δικασταὶ,
πῶς οὐκ ἀδικεῖσθε; ἐπειδάν τις τῶν νόμων τῶν ὑμετέρων
κρείττων ἐγχειρῇ εἶναι, καὶ τὰς συγγραφὰς τὰς ναυτικὰς
ἀκύρους ποιῇ καὶ καταλύῃ, καὶ τὰ χρήματα τὰ παρ'
ἡμῶν εἰς [3]Χίον ᾖ διαπεσταλκὼς, πῶς οὐκ ἀδικεῖ ὁ τοιοῦτος
ἄνθρωπος καὶ ὑμᾶς; ἐμοὶ μὲν οὖν ἐστὶν, ὦ ἄνδρες δικασταὶ,
πρὸς τούτους ὁ λόγος, τούτοις γὰρ ἔδωκα τὰ χρήματα·
τούτοις δ' ἔστω πρὸς τὸν ναύκληρον ἐκεῖνον τὸν Φασηλίτην
τὸν πολίτην τὸν αὐτῶν, ᾧ φασὶ δανεῖσαι τὰ χρήματα
ἄνευ ἡμῶν παρὰ τὴν συγγραφὴν, οὐδὲν γὰρ ἡμεῖς ἴσμεν
τίνα ἐστὶ τὰ πεπραγμένα τούτοις πρὸς τὸν πολίτην τὸν
ἑαυτῶν, ἀλλ' αὐτοὶ οὗτοι ἴσασι.

ιέ. Ταῦτα ἡγούμεθα δίκαια εἶναι, καὶ ὑμῶν δεόμεθα,
ὦ ἄνδρες δικασταὶ, βοηθεῖν ἡμῖν τοῖς ἀδικουμένοις, καὶ κο-
λάζειν τούς [4]τε κακοτεχνοῦντας καὶ σοφιζομένους ὥσπερ
οὗτοι σοφίζονται. καὶ, ἐὰν ταῦτα ποιῆτε, ὑμῖν τε αὐτοῖς
τὰ συμφέροντα ἔσεσθε ἐψηφισμένοι, καὶ περιαιρήσεσθε τῶν
943 πονηρῶν ἀνθρώπων τὰς πανουργίας ἁπάσας, ἃς ἔνιοι παν-
ουργοῦσι περὶ τὰ συμβόλαια τὰ ναυτικά.

[1] φώρων [2] [ὅτι] [3] Χίον, *νὴ Δία, φαίνηται ἀπεσταλκώς; [4] Deest τε.

"Ὅτι] Vel del., vel add. post λόγου, ἀληθές ἐστι. Auger.

ΥΠΟΘΕΣΙΣ ΤΟΥ ΠΑΡΑΓΡΑΦΙΚΟΥ ΥΠΕΡ ΦΟΡΜΙΩΝΟΣ ΛΟΓΟΥ.

Pag. ed. Reisk.

ΠΑΣΙΩΝ ὁ τραπεζίτης τελευτῶν ἐπὶ δύο παισὶν ἐξ Ἀρχίππης, Ἀπολλοδώρῳ καὶ Πασι- 943
κλεῖ, Φορμίωνα οἰκέτην ἑαυτοῦ γενόμενον, τετυχηκότα δὲ ἔτι πρότερον ἐλευθερίας, ἐπίτροπον
τοῦ νεωτέρου τῶν παίδων Πασικλέους κατέλιπε· καὶ τὴν μητέρα αὐτῶν, παλλακὴν ἑαυτοῦ γε-
νομένην, ἔδωκεν ἐπὶ προικὶ γυναῖκα. Ἀπολλόδωρος οὖν νέμεται πρὸς τὸν ἀδελφὸν τὴν πατρῴαν
οὐσίαν, πλὴν τῆς τραπέζης, καὶ τοῦ ἀσπιδοπηγείου· ταῦτα γὰρ Φορμίων ἐμεμίσθωτο παρὰ
Πασίωνος εἰς ὡρισμένον χρόνον τινά. καὶ τέως μὲν ἐλάμβανε τὸ ἥμισυ τῆς μισθώσεως ἑκάτε-
ρος, ὕστερον δὲ καὶ αὐτὰ νέμονται· καὶ γίγνεται τὸ μὲν ἀσπιδοπηγεῖον Ἀπολλοδώρου, Πασι-
κλέους δὲ ἡ τράπεζα. ἀποθανούσης γὰρ καὶ τῆς μητρὸς ὕστερον, νειμάμενος καὶ τὴν ἐκείνης οὐ-
σίαν, ἐνεκάλει τῷ Φορμίωνι, ὡς πολλὰ ἔχοντι ἑαυτοῦ χρήματα. καθίσαντες οὖν ἑαυτοὺς διαιτη-
τὰς, ὥς φησι Φορμίων, Ἀπολλοδώρῳ προσήκοντες, Νικίας καὶ Δεινίας καὶ Ἀνδρομένης, ἔπεισαν
Ἀπολλόδωρον διαλύσασθαι πρὸς Φορμίωνα τὰ ἐγκλήματα, λαβόντα πεντακισχιλίας. ὁ μὲν οὖν
Ἀπολλόδωρος μετὰ ταῦτα πάλιν εἴληχε δίκην Φορμίωνι ἀφορμῆς, — ἀφορμὴν δὲ οἱ Ἀττικοὶ 944
καλοῦσιν, ὅπερ ἡμεῖς ἐνθήκην —· ὁ δὲ Φορμίων παραγράφεται, νόμον παρεχόμενος τὸν κελεύ-
οντα, περὶ ὧν ἂν ἅπαξ ἀφῇ τις καὶ διαλύσηται, μηκέτι ἐξεῖναι δικάζεσθαι. ἅπτεται μέντοι
καὶ τῆς εὐθείας ὁ ῥήτωρ, δεικνὺς ὡς οὐκ εἶχεν ἡ τράπεζα χρήματα, ἡ διὰ τοῦ Πασίωνος·
τοῦτο δὲ πεποίηκεν, ἵνα ἡ παραγραφὴ μᾶλλον ἰσχύῃ, τῆς εὐθείας δεικνυομένης τῷ Ἀπολλο-
δώρῳ σαθρᾶς.

Νέμονται καὶ αὐτὰ] F. καὶ ταῦτα. ἀποθανούσης δὲ καὶ τῆς μητρός. et v. 12. πάλιν εἴληχε δίκην, non εἴληφε. Nam hoc *sumere pœnas*, illud *diem dicere* significat, ac multum interest inter λαμβάνειν καὶ λαγχάνειν δίκην. WOLF.

Νόμον τὸν κελεύοντα μηκέτι ἐξεῖναι δικάζεσθαι] Κελεύοντα ἐξεῖναι parum placet: κωλύοντα δικάζεσθαι mallem: Sed satis est sententiam intelligi. IDEM.

ΔΗΜΟΣΘΕΝΟΥΣ

ΠΑΡΑΓΡΑΦΗ

ΥΠΕΡ ΦΟΡΜΙΩΝΟΣ.

α΄. ΤΗΝ μὲν ἀπειρίαν τοῦ λέγειν, καὶ, ὡς ἀδυνάτως ἔχει Φορμίων, αὐτοὶ πάντες ὁρᾶτε, ὦ ἄνδρες Ἀθηναῖοι· ἀνάγκη δ᾽ ἐστὶ τοῖς ἐπιτηδείοις ἡμῖν, ἃ σύνισμεν, πολλάκις τούτου διεξιόντος ἀκηκοότες, λέγειν καὶ διδάσκειν ὑμᾶς, ἵν᾽

εἰδότες καὶ μεμαθηκότες ὀρθῶς τὰ δίκαια παρ᾽ ἡμῶν, ἃ ἂν ᾖ δίκαια καὶ εὔορκα, ταῦτα ψηφίσησθε. τὴν μὲν οὖν παραγραφὴν ἐποιησάμεθα τῆς δίκης, οὐχ ἵνα ἐκκρούοντες χρόνους ἐμποιῶμεν, ἀλλ᾽ [1]ἵνα τῶν πραγμάτων, ἐὰν ἐπιδείξῃ μηδ᾽ ὁτιοῦν ἀδικοῦνθ᾽ ἑαυτὸν οὑτοσὶ, ἀπαλλαγή τις αὐτῷ γένοιτο παρ᾽ ὑμῖν κυρία. ὅσα γὰρ παρὰ τοῖς ἄλλοις ἐστὶν ἀνθρώποις ἰσχυρὰ καὶ βέβαια, ἄνευ τοῦ παρ᾽ ὑμῖν ἀγωνίσασθαι, ταῦτα πάντα πεποιηκὼς Φορμίων οὑτοσὶ, καὶ πολλὰ μὲν εὖ πεποιηκὼς Ἀπολλόδωρον τουτονὶ, πάντα δ᾽, ὅσων κύριος τῶν τούτου κατελείφθη, διαλύσας καὶ παραδοὺς δικαίως, καὶ πάντων ἀφεθεὶς μετὰ ταῦτα τῶν ἐγκλημάτων, ὅμως, ὡς ὁρᾶτε, ἐπειδὴ φέρειν οὐκέτι τοῦτον οἷός τέ ἐστι, δίκην ταλάντων εἴκοσι λαχὼν αὐτῷ, ταύτην συκοφαντεῖ. ἐξ ἀρχῆς οὖν ἅπαντα τὰ πραχθέντα τούτῳ πρὸς Πασίωνα καὶ Ἀπολλόδωρον, ὡς ἂν δύνωμαι διὰ βραχυτάτων εἰπεῖν πειράσομαι· ἐξ ὧν, εὖ οἶδ᾽, ὅτι ἥ τε τούτου συκοφαντία φανερὰ γενήσεται, καὶ, ὡς οὐκ εἰσαγώγιμος ἡ [2]δίκη, γνώσεσθε ἅμα ταῦτ᾽ ἀκούσαντες. πρῶτον μὲν οὖν ὑμῖν ἀναγνώσεται τὰς συνθήκας, καθ᾽ ἃς ἐμίσθωσε Πασίων τὴν τράπεζαν τούτῳ καὶ τὸ [3]ἀσπιδοπήγιον. καί μοι λάβε τὰς συνθήκας, καὶ τὴν πρόκλησιν, καὶ τὰς μαρτυρίας ταυτασί.

ΣΥΝΘΗΚΑΙ. ΠΡΟΚΛΗΣΙΣ. ΜΑΡΤΥΡΙΑΙ.

αἱ μὲν οὖν συνθῆκαι, καθ᾽ ἃς ἐμίσθωσεν ὁ Πασίων τὴν τράπεζαν τούτῳ καὶ τὸ [3]ἀσπιδοπήγιον, ἤδη καθ᾽ ἑαυτὸν ὄντι, αὗταί εἰσιν, ὦ ἄνδρες Ἀθηναῖοι.

[1] ἵν᾽, ἐκ τῶν πραγμάτων ἐὰν [2] δίκη. γνώσεσθ᾽ δ᾽ ἅμα [3] ἀσπιδοπηγεῖον

ά. Τὰ δίκαια παρ᾽ ἡμῶν] M. τὰ πεπραγμένα παρ᾽ ἡμῶν· ταῦτα δὲ πότερον δίκαια, ἢ ἄδικα, τῶν δικαστῶν ἐστιν ἀποφαίνεσθαι· ἀλλὰ μὴ τῶν ἀγωνιζομένων. Sed fortasse fiduciam causæ hoc verbo præ se ferunt. WOLF. Pro τὰ δίκαια M. τἀληθῆ. AUGER.

Ταῦτα πάντα πεποιηκὼς] Sequitur in apodosi v. 12. ὅμως ὡς ὁρᾶτε συκοφαντεῖ, S. αὐτὸν ὁ Ἀπολλόδωρος. Unde aut ἀντίπτωσις est, pro πεποιηκότος, εὖ πεποιηκότος, διαλύσαντος, παραδόντος, ἀφεθέντος: aut, post τῶν ἐγκλημάτων, addendum φανήσεται, et nova periodos inchoanda: ὅμως ὡς ὁρᾶτε. WOLF.

Ἐγκλημάτων] Post ἐγκλημάτων add. vid. φανήσεται, ad quod referentur πεποιηκὼς, διαλύσας, παραδοὺς, ἀφεθείς. AUGER.

Πρόκλησιν] Verti *provocationem*, Græcam analogiam secutus: neque video, cur non et hæc metaphora, a re militari sumta, in judiciis locum habeat. Sed si cui vel sponsio, vel stipulatio magis arriserit, sciat tamen, Latinas voces Græcis nihilo magis per omnia respondere, quam illam. WOLF. Vid. Herald. Animadv. in Salmas. Obss. ad Jus A. et R. l. II. c. V.

Ἤδη καθ᾽ ἑαυτὸν ὄντι] Χωρὶς οἰκοῦντι, καὶ τὰ ἑαυτοῦ πράττοντι. WOLF.

β'. Δεῖ δ' ὑμᾶς ἀκοῦσαι καὶ μαθεῖν, ἐκ τίνος τρόπου προσώφειλε τὰ ἕνδεκα τάλαντα ὁ Πασίων ἐπὶ τὴν τράπεζαν. οὐ γὰρ δι' ἀπορίαν ταῦτ' ὤφειλεν, ἀλλὰ διὰ φιλεργίαν. ἡ μὲν γὰρ [1] ἔγγυος ἦν οὐσία Πασίωνι μάλιστα ταλάντων εἴκοσιν, ἀργύριον δὲ πρὸς ταύτῃ δεδανεισμένον ἴδιον πλέον ἢ πεντήκοντα τάλαντα. ἐν οὖν τοῖς πεντήκοντα

[1] ἔγγειος

β'. Δεῖ δὲ ὑμᾶς κ. τ. λ.] Primo explicatur, quomodo XI. talenta erant a Pasionis mensa debita; quod factum aiebat, non propter ejus inopiam, sed propter lucri cupiditatem. Etenim in rebus soli non minus XX. talentis eum possedisse; L. insuper talenta sui æris fœnore locata; ac præterea XI. talentorum summam ad mensam ejus depositam, quam et idem fœnore exercuerit. Phormionem autem, cum civitatem nondum adeptus esset, satius duxisse Pasionem ipsum XI. illorum talentûm debitorem habere, et usuras ab eo accipere, quam cum iis rem habere, quibus eam pecuniam Pasio fœnore dederat, rebus eorum soli sibi oppigneratis, cum quibus agere non potuisset nondum civitate donatus. Hæc est enim loci illius sententia, quam doctissimus interpres non est satis assecutus. *Anim. in Salmus. Obss. ad Jus A. et* R. L. II. c. XXV. Heraldus.

Οὐ γὰρ δι' κ. τ. λ.] Dicit, non quod pecunia opus haberet, sed quod rei faciendæ nullam occasionem omittere vellet, cum videlicet pecuniam illam depositam magno fœnore daret, mediocres usuras depositariis solveret. Videtur enim constituendum, usurarum nomine, aliquid depensum depositariis, quia alioquin nihil fuisset necesse reddere rationem, cur XI. talenta illa Pasio in ære alieno haberet, et inopiæ suspicionem ab eo amovere. Et sane παρακαταθήκας videntur appellasse pecunias omnes, quæ mensariis dabantur, etiam si sub usuris, quæ scilicet mediocres erant, cum mensarii gravioribus eas locarent. Illud igitur rei faciendæ studium φιλεργίαν appellat Demosthenes, et qui rei faciendæ attenti erant, dicebantur φιλεργοί. p. 957. v. 27. ed. R. Heraldus.

Ἡ μὲν γὰρ ἔγγυος ἦν οὐσία] *Bona oppignorata.* Sed lego ἔγγειος, sicut ἔγγειοι τόκοι. τῇ ἐγγείῳ opponitur ἡ δεδανεισμένη, καὶ ναυτικὴ εἰς ἔκδοσιν. Wolf. Palam est legi debere, ἔγγειος οὐσία, ut apud Lysiam. *Res soli*, hoc est, ἔγγειον οὐσίαν distinguit a pecunia quæ in fœnore erat posita. *De M. U.* p. 88. cf. p. 191. Salmas. Sed ostendimus supra [π. Λακριτ. p. 517. v. ult.] ἔγγυον et ἔγγειον esse, eadem et *res soli*. Sane Pasionem οὐσίαν habuisse sive ἔγγυον sive ἔγγειον, unde XXX. minæ colligerentur, quotannis, constat ex vv. ἐκ τῶν οἴκων πλέον ἢ μνᾶς τριάκοντα. Addit ἀργύριον δὲ δεδανεισμένον ἴδιον. Ergo habebat in fœnore ex pecunia propria plus quam L. talenta. ἴδιον dicit, ut separet a pecunia ad mensam deposita. *ibid.* Heraldus. Leg. ἔγγειος. Auger.

Δεδανεισμένον ἴδιον] Τοῖς ἄλλοις ὑπὸ Πασίωνος. ἴδιον autem dicit, quia et alii suam pecuniam aliis mutuo dandam argentariis credebant. Wolf.

Ἐν οὖν — ἦν] Negotium hæc viris dd. facessunt, unde non possunt facile extricare se. Wolfius miratur sola XI. talenta fuisse quæstuosa, et quærit an alia XXXIX. fuerint otiosa, et sine usuris mutuo data; quod ingens fuisset miraculum, hominem si respicias, et ejus artificium. Salmasius de fœn. trapez. p. 562. mensam Pasionis vult, cum eam locaret Phormioni, habuisse deposita, usque ad L. talenta, quorum XI. tantum erant ἐνεργὰ, pro quibus usuram solvebat; quod falsum esse arguit ipse Demosthenes, cum L. illa talenta ejus propria fuisse ait, et ab eo fœnore collocata: ἀργύριον δὲ δεδανεισμένον πλέον ἢ πεντήκοντα τάλαντα. Quomodo igitur XI. talenta e pecunia aliena deposita partem eorum faciunt? Sane scripserat Demosthenes, σὺν οὖν τοῖς πεντήκοντα ταλάντοις τούτοις ἀπὸ τῶν etc. Particulam οὖν sæpe esse otiosam Græci magistri notant. Ibi non est plane otiosa, et adjectionem significat. Ergo Pasionis mensæ ἀφορμὴ erat, tam ex pecunia propria, quam ex aliena. Pecunia *propria* L. talenta efficiebat; *deposita* XI. Sola illa XI. dederat Pasio Phormioni, cum mensam ei locaret et traderet. Ex iis igitur solis constabat illius mensæ locatio, quod significat Demosthenes v. 2. p. seq. μισθούμενος — λαμβάνων. Quæstum igitur solum, qui ex XI. illis talentis exsistere poterat, conductum vult a Phormione; totam Pasionis ἀφορμὴν ad ea XI. talenta restringit, quum ejus mensa Phormioni fuerat locata; ut nihil aliud ex ea locatione habue-

46 ταλάντοις τούτοις ἀπὸ τῶν παρακαταθηκῶν τῶν τῆς τραπέζης ἕνδεκα τάλαντα ἐνεργὰ ἦν. μισθούμενος οὖν ὅδε τὴν ἐργασίαν ταύτην τὴν τῆς τραπέζης καὶ τὰς παρακαταθήκας λαμβάνων, ὁρῶν, ὅτι μήπω τῆς πολιτείας αὐτῷ παρ' ὑμῖν οὔσης, οὐχ οἷός τε ἔσοιτο εἰσπράττειν, ὅσα Πασίων ἐπὶ γῇ καὶ συνοικίαις δεδανεικὼς ἦν, εἵλετο μᾶλλον αὐτὸν τὸν Πασίωνα χρήστην ἔχειν τούτων τῶν χρημάτων, ἢ τοὺς ἄλλους χρήστας οἷς προϊέμενος ἦν· καὶ οὕτω διὰ ταῦτα ἐγράφη εἰς τὴν μίσθωσιν προσοφείλων ὁ Πασίων [1] ἕνδεκα τάλαντα, ὥσπερ καὶ μεμαρτύρηται ὑμῖν. ὃν μὲν τοίνυν τρόπον ἡ μίσθωσις ἐγένετο, μεμαρτύρηται ὑμῖν ὑπ' αὐτοῦ τοῦ ἐπικαθημένου ἐπὶ τῇ τραπέζῃ· ἐπιγενομένης δὲ ἀῤῥωστίας τῷ Πασίωνι μετὰ ταῦτα, σκέψασθε ἃ διέθετο. λάβε τῆς διαθήκης τὸ ἀντίγραφον, καὶ τὴν πρόκλησιν

[1] τὰ ἕνδεκα

rit, nisi exercendæ illius mensæ facultatem; quod cum refelleret Apollodorus, 1. κ. Στεφ. p. 1111. v. 22. ed. R. falsi testimonii pro Phormione accusatum, ut contenderet falso adscriptum locationi, XI. talenta a Pasione deberi, ob pecuniam ad mensam depositam, quam summam aichat contra verisimile esse fuisse ejus propriam, dicebat mirabundus, ἔστιν οὖν ὅστις ἂν τοῦ ξύλου, καὶ τοῦ χωρίου, καὶ τοῦ γραμματείου τοσαύτην ὑπέμεινε μίσθωσιν; *est vero quisquam qui pro locatione mensæ ligneæ, tabernæ, et tabularum tantam mercedem perdere velit?* Si igitur nulla erat in locatione Pasionis ἀφορμὴ propria, mensæ tantum et tabernæ usum locatum ei aiebat; quia fortasse cum XI. talentûm ἀφορμὴ non esset mensæ propria, poterat ea repeti, quandocunque libuisset iis, qui pecuniam mensæ crediderant. Hoc igitur verum est, Phormionem contendisse, nullam fuisse ἀφορμὴν Pasionis propriam, sed tantum e deposita pecunia. Quod et ex eo efficiebat, quod alia ἀφορμὴ fuisset ab Apollodoro iis tradita, quibus is mensam postea locaverat, ὡς τοίνυν --- p. 538. v. 10. HERALDUS.

Ἕνδεκα τάλαντα ἐνεργὰ ἦν] Quid ergo reliqua 39. τὰ δεδανεισμένα ἀργὰ ἦν. Num sine usuris mutuavit? WOLF.

Δεδανεικὼς ἦν] *Mutuaverat*, np. accepta ex mensa et pro quibus fundum et domos oppignerarat. ct p. 536. v. 1. post ταυτασὶ sub. τούτων. AUGER.

Τὸν Πασίωνα χρήστην ἔχειν] Etymologicon: χρήστης, ὅ τε δανείσας, καὶ ὁ δανεισάμενος, ἢ ὀφειλέτης. Sic et Suidas et Hesychius. Quare nihil est, cur pro ὁ Πασίων ἐπὶ τράπεζαν legas ὁ Φορμίων. WOLF.

Οἷς προϊέμενος ἦν] M. προειμένος ἦν, ἀντὶ τοῦ, οἷς προεῖτο, τουτέστιν, ἐδεδανείκει τὰ χρήματα. IDEM.

Ὑπ' αὐτοῦ — τραπέζῃ] *Ab eo ipso, qui mensæ propositus erat*, qui mensam, aut mensæ negotium et rationes, exercebat. Num dices cum Salmasio, *qui mensæ insidebat*? Ergo trapezitæ et numularii non sedebant ad mensam, multo minus stabant, sed *mensæ insidebant*; et nisi mensam ei insidendo gravarent, trapezitæ non erant. *Herald. Anim. in Salmas. Obss. ad Jus A. et R.* l. II. c. XXIV. §. 6.

Λάβε τῆς διαθήκης τὸ ἀντίγραφον] Tametsi autem in κ. Στεφ. ψευδ. [p. 1137. v. 18. ed. R.] scripserit Demosthenes, non solere fieri ἀντίγραφα tabularum testamenti apud Atticos, alio tamen loco contrarium ostendit, et producti in judicium tabularum ἀντιγράφου meminit in ea ὑ. Φορμ. [Negaverat autem Salmasius id licere *de M. U. p.* 418.] *Salmas. Obss. ad Jus A. et R.* p. 209. Non consuluerat Salmasius Demosthenem ipsum, cum ista scriberet, nec attenderat, aut attendere voluerat, quæ nos notaveramus, cum eum Demosthenis locum citaremus [*scil.* fieri quandoque testamentorum ἀντίγραφα, quæ in judicio proferrentur, cum authenticæ tabulæ ibi asservarentur, ubi depositæ erant: Neque enim ulla lex id prohibebat, *quod doctissimi homines volunt*; quod ex Demosthene ipso didicimus, quamvis neget alibi solere ταυτηνὶ, καὶ τὰς μαρτυρίας ταυτασὶ, παρ᾽ οἷς αἱ διαθῆκαι κεῖνται.

ΑΝΤΙΓΡΑΦΟΝ ΔΙΑΘΗΚΗΣ. ΠΡΟΚΛΗΣΙΣ. ΜΑΡΤΥΡΙΑΙ.

γ΄. Ἐπειδὴ τοίνυν ὁ Πασίων ἐτετελευτήκει ταῦτα δια-
θέμενος, Φορμίων οὑτοσὶ τὴν μὲν γυναῖκα λαμβάνει κατὰ
τὴν διαθήκην, τὸν δὲ παῖδα [1] ἐπετρόπευεν. ἁρπάζοντος δὲ
τούτου καὶ πολλὰ ἀπὸ [2] κοινῶν τῶν χρημάτων ἀναλίσκειν
οἰομένου δεῖν, λογιζόμενοι πρὸς ἑαυτοὺς οἱ ἐπίτροποι, ὅτι,
εἰ δεήσει κατὰ τὰς διαθήκας, ὅσα ἂν οὗτος ἐκ κοινῶν τῶν
χρημάτων ἀναλώσῃ, τούτοις ἐξελόντας [3] ἀντιμοιρεῖ τὰ λοι-
πὰ νέμειν, οὐδ᾽ ὁτιοῦν ἔσται περιὸν, νείμασθαι τὰ ὄντα 947
ὑπὲρ τοῦ παιδὸς ἔγνωσαν. καὶ νέμονται τὴν ἄλλην οὐσίαν,
πλὴν ὧν ἐμισθώσατο οὑτοσί· τούτων δὲ τῆς προσόδου τὴν
ἡμίσειαν τούτῳ ἀπεδίδοσαν. ἄχρι μὲν οὖν τούτου τοῦ χρό-
νου πῶς ἔνεστ᾽ ἐγκαλεῖν αὐτῷ μισθώσεως; οὐ γὰρ νῦν,
ἀλλὰ τότ᾽ εὐθὺς ἔδει χαλεπαίνοντα φαίνεσθαι. καὶ μὴν
οὐδὲ τὰς [4] ἐπιγιγνομένας μισθώσεις ὡς οὐκ ἀπείληφεν ἔστ᾽
εἰπεῖν αὐτῷ· οὐ γὰρ ἄν ποτε, ἐπειδὴ [5] τοῦτον τὸν τρόπον
δοκιμασθέντος Πασικλέους ἀπηλλάττετο τῆς μισθώσεως

[1] ἐπετρόπευσεν [2] κοινῶν ὄντων τῶν [3] τὰς ἀντιμοιρίας, [4] ἐπιγενομένας
[5] [τοῦτον τὸν τρόπον]

fieri testamentorum ἀντίγραφα: quod de iis intelligendum est, quæ fiebant simpliciter, et non ad usum forensem aut judiciarium. *Obss.* c. *ult. p.* 177.]. Agebatur ibi de testamento Pasionis, qui pridem erat mortuus, et cum diceret Phormio liberorum ejus tutelam eo testamento sibi esse datam, una cum eorum matre in uxorem, testamenti illius ἀντίγραφον recitari jussit, ac simul πρόκλησιν sive conditionis delationem, item eorum testationem, penes quos testamentum ipsum esse dicebat, παρ᾽ οἷς αἱ διαθῆκαι κεῖνται. Ergo eo loco, cum testamenti Pasionis ἀντίγραφον recitari juberetur, si Pasio testamentum fecerat, atque id exstabat, quod volebat Phormio, aut qui pro Phormione causam agebant a Demosthene compositam, necesse fuerat post ejus obitum ἀντίγραφον fieri, quod Phormioni daretur, cum tabulæ ipsæ authenticæ apud eum forent, apud quem a Pasione depositæ fuerant. Quod si re vera nullum Pasionis testamentum authenticum exstabat, quod videtur asserere idem Demosthenes utraque κ. Στεφ. oratione, ita tamen agebant pro Phormione, quasi id exstaret, et exemplum, quod repræsentabant, esset testamento authentico assimilatum. Quare quod dicitur eo loco ἀντίγραφον, non est simplex descriptio, quam nos *copiam* dicimus, sed exemplum ad instrumentum authenticum expressum; quomodo sæpe accipi ostendi in Observationibus. *Herald. Anim. in Salmas. Obss. ad Jus A. et R.* l. II. c. VI. §. 1.

γ΄. Τούτοις ἐξελόντας] S. τοῖς κοινοῖς χρήμασι. F. τούτων ἐξελόντας, χωρίσαντας, S. αὐτοὺς τοὺς ἐπιτρόπους, τουτέστιν, ἐξαιρεθέντων τῆς καταλελειμμένης οὐσίας τῶν ὑπ᾽ Ἀπολλοδώρου δεδαπανημένων. Wolf.

Ἀντιμοιρεῖ] In hac voce me et omnia Lexica et Eustathii index destituunt: sed videtur non esse verbum ἀντιμοιρεῖν, ut ἰσομοιρεῖν καὶ μεμψιμοιρεῖν, sed adverbium ὀξυτονούμενον ἀντιμοιρεὶ, τουτέστιν, κατ᾽ ἰσομοιρίαν, μοῖραν ἀντὶ μοίρας. Qui habet aliquid certius, candide impertiat. Wolf. F. leg. ταῦτα ἐξελόντας ἀντιμοιρεὶ adverbialiter, *ex æquo.* Auger.

Οὐδοτιοῦν ἔσται περιὸν] Ἀντὶ τοῦ, περιέσται. Wolf.

ὅδε, ἀφῆκατ' ἂν αὐτὸν ἁπάντων τῶν ἐγκλημάτων, ἀλλὰ τότ' ἂν παραχρῆμα ἀπῃτεῖτε, εἴ τι προσώφειλεν ὑμῖν. ὡς τοίνυν ταῦτ' ἀληθῆ λέγω, καὶ ἐνείματο οὗτος πρὸς τὸν ἀδελφὸν παῖδα ὄντα, καὶ ἀφῆκαν τῆς μισθώσεως καὶ τῶν ἄλλων ἁπάντων ἐγκλημάτων, λάβε ταυτηνὶ τὴν μαρτυρίαν.

ΜΑΡΤΥΡΙΑ.

δ'. Εὐθὺς τοίνυν, ὦ ἄνδρες Ἀθηναῖοι, ὡς ἀφεῖσαν τουτονὶ τῆς μισθώσεως, νέμονται τὴν τράπεζαν καὶ τὸ [1] ἀσπιδοπήγιον· καὶ, λαβὼν αἵρεσιν, Ἀπολλόδωρος αἱρεῖται τὸ [1] ἀσπιδοπήγιον ἀντὶ τῆς τραπέζης. καίτοι, εἰ ἦν [2] ἰδία τις ἀφορμὴ τούτῳ πρὸς τῇ τραπέζῃ, τί δήποτ' ἂν εἵλετο τοῦτο μᾶλλον, ἢ ἐκείνην; οὔτε γὰρ ἡ πρόσοδος ἦν πλείων, ἀλλὰ ἐλάττων, τὸ μὲν γὰρ τάλαντον, ἡ δὲ ἑκατὸν μνᾶς ἔφερεν· οὔτε τὸ κτῆμα [3] ἴδιον, εἰ προσῆν χρήματα τῇ τραπέζῃ ἴδια, ἀλλ' οὐ προσῆν. διόπερ [4] σωφρόνως εἵλετο
948 τὸ [1] ἀσπιδοπήγιον οὑτοσί· τὸ μὲν γὰρ κτῆμα ἀκίνδυνόν ἐστιν, ἡ δὲ ἐργασία προσόδους ἔχουσα ἐπικινδύνους ἀπὸ χρημάτων ἀλλοτρίων. πολλὰ δ' ἂν τις ἔχοι λέγειν καὶ

[1] ἀσπιδοπηγεῖον [2] ἰδίᾳ [3] ἥδιον [4] σωφρονῶν

Καὶ ἀφῆκαν] S. ὅ, τε Ἀπολλόδωρος καὶ ὁ Πασικλῆς τὸν Φορμίωνα. Idem.

δ'. Εὐθὺς τοίνυν κ. τ. λ.] Hic locus continet argumenta Pasionis a nobis supra propositis, ad efficiendum Pasionis mensam nulla illius pecunia propria fuisse instructam, cum est locata Phormioni; quorum primum sumptum est ab optione scutorum officinæ ab Apollodoro facta in divisione, cum ejus reditus multo minor esset, quam mensæ; siquidem hæc C. minas reddebat, scutorum officina LX. tantum. Quod si verum est, oportet, tam mensam, quam officinam, locatam fuisse Pasioni II. talentis et XL. minis, ut pretium mensæ fuerit C. minarum, officinæ LX.; cum locatio κ. Στεφ. ψευδ. p. 1111. v. 6. ed. R. mensam tantum contineat, et ejus pretium, II. talenta cum minis XL.; ac significare videatur Demosthenes mensam solam tanti fuisse locatam. Verba ista v. 15. οὔτε κτῆμα ἴδιον, interpretes cruciant, qui ideo ἥδιον legi volunt, nullo sensu, aut eo incommodo. Sane scriptum existimo a Demosthene, εἶτα τὸ κτῆμα ἴδιον, ut hoc dicat, non modo mense reditum fuisse majorem, sed et certum, si Pasionis propria pecunia instructa fuisset; quo casu possessio ejus non minus certa fuisset, quam officinæ; cum ejus reditum contra multo incertiorem existimarit Apollodorus, officinam optando, cujus reditus minor longe erat; nempe quia mensa erat ære alieno instructa. Hoc igitur aiebat, εἶτα τὸ κτῆμα ἴδιον, εἰ προσῆν χρήματα τῇ τραπέζῃ, *præterea mensa fuisset propria*, (non minus quam officina scilicet) si *propria pecunia fuisset instructa*. Heraldus.

Ὡς ἀφεῖσαν] Ἀντὶ τοῦ, ἀφίεσαν, ἢ ἀφείκεισαν, κατὰ μετάθεσιν, ἢ συγκοπήν. ἀόρ. ά. esset ἄφεσαν, ut ἔθεσαν. Wolf.

Τὸ μὲν γὰρ διτάλαντον] Sic Felicianus. F. τὸ μὲν γὰρ δὴ τάλαντον. Nam διτάλαντον si fuisset τὸ ἀσπιδοπήγειον, id est 120. minarum reditum attulisset, haud stulte sapuisset Apollodorus. Wolf. Auger.

Ἔφερεν] *Quotannis reddebat; quasique tributum annuum pendebat*. Budæus.

Οὔτε τὸ κτῆμα ἴδιον] F. ἥδιον. Nam et τράπεζα et ἀσπιδοπήγειον fuerunt ἴδια κτήματα. Sed ἡ τράπεζα ἡδίων, διά τε τὴν πρόσοδον, καὶ διὰ τὸ ἀξίωμα: de quo vide Trapeziticum Isocratis nostri. Wolf. Auger.

[1]ἀποδεικνύναι σημεῖα, τοῦτον συκοφαντεῖν ἐγκαλοῦντα Φορμίωνι. ἀλλ᾽, οἶμαι, μέγιστον μὲν ἁπάντων τεκμήριόν ἐστι, τοῦ μηδεμίαν λαβεῖν ἀφορμὴν εἰς ταῦτα τοῦτον, τὸ ἐν τῇ μισθώσει γεγράφθαι, προσοφείλοντα τὸν Πασίωνα ἐπὶ τὴν τράπεζαν, οὐ δεδωκότα ἀφορμὴν τούτῳ. δεύτερον δὲ, τὸ τοῦτον ἐν τῇ νομῇ μηδὲν ἐγκαλοῦντα φαίνεσθαι. τρίτον δ᾽, ὅτι μισθῶν [2]ἑτέροις ταὐτὰ ταῦτα, τοῦ ἴσου ἀργυρίου φανήσεται προσμεμισθωκὼς, οὐκ ἰδίαν ἀφορμήν· καίτοι εἰ, ἣν ὁ πατὴρ παρέσχεν, ὑπὸ τοῦδε [3]ἀποστεροῖτο, αὐτὸν νῦν [4]προσῆκεν ἄλλοθεν πορίσαντα δεδωκέναι. ὡς τοίνυν ταῦτ᾽ ἀληθῆ λέγω, καὶ ἐμίσθωσεν ὕστερον Ξένωνι καὶ Εὐφραίῳ καὶ Εὔφρονι καὶ Καλλιστράτῳ, καὶ οὐδὲ τούτοις παρέδωκεν ἰδίαν ἀφορμὴν, ἀλλὰ τὰς παρακαταθήκας καὶ τὴν [5]ἀπὸ τούτων ἐργασίαν αὐτὴν [6]ἐμισθώσατο, λάβε μοι τὴν τούτων μαρτυρίαν, καὶ ὡς τὸ [7]ἀσπιδοπήγιον εἵλετο.

ΜΑΡΤΥΡΙΑ.

μεμαρτύρηται μὲν τοίνυν ὑμῖν, ὦ ἄνδρες Ἀθηναῖοι, ὅτι καὶ τούτοις ἐμίσθωσαν καὶ οὐ παρέδωκαν ἰδίαν ἀφορμὴν οὐδεμίαν, καὶ ἐλευθέρους τ᾽ [8]ἀφεῖσαν ὡς μεγάλα εὖ πεπονθότες, καὶ οὐκ ἐδικάζοντο οὔτ᾽ ἐκείνοις τότε οὔτε τούτῳ.

έ. Ὃν μὲν τοίνυν χρόνον ἡ μήτηρ ἔζη, ἡ πάντ᾽ ἀκριβῶς

[1] ἐπιδεικνύναι σημεῖα τοῦ, τοῦτον
[2] ἑτέροις ὕστερον ταῦτα, τοῦ ἴσου ἀργυρίου, οὐ φανήσεται προσμεμισθωκὼς ἰδίαν
[3] ἀπεστερεῖτο [4] προσῆκεν ἐκείνοις ἄλλοθεν [5] [ἀπὸ] [6] ἐμισθώσαντο
[7] ἀσπιδοπηγεῖον [8] ἀφῆκαν

Τούτῳ] Np. Phormioni. Auger.

Φανήσεται προσμεμισθωκὼς οὐκ ἰδίαν ἀφορμὴν] De Apollodori fratre Pasicle, Phormionis advocato (ac filio potius), hoc intelligo. Huic enim ἡ τράπεζα in hereiscunda familia obvenerat. Deinde conjungit Apollodorum et Pasiclem, verbis, ἐμίσθωσαν, παρέδωκαν, ἀφεῖσαν, εὖ πεπονθότες ἐδικάζοντο. Wolf.

Αὐτὸν νῦν προσῆκεν ἄλλοθεν πορίσαντα δεδωκέναι] Αὐτὸν, utrum? Apollodorum? cui? Phormioni. At, qui jam debebat ἀφορμὴν, ei alia conquirenda et danda erat? Sunt hæc præstigiarum similia, si mendum abest: aut ego, quid hoc rei sit, non assequor. Ac fortasse Demosthenes Phormionem non ita armare voluit, ut ab Apollodoro vulnerari non posset. Nam ex eadem officina pugiones adversariis porrexisse traditur, quibus sese mutuo conficerent. Ac Apollodori actio in Phormionem non exstat. Ea vero, quæ in Stephanum testem inscribitur, est hujus παραγραφῆς refutatio. Wolf.

Νῦν] *Nunc*, i. e. eo tempore quo mensam a Phormione traditam fratris nomine locavit. Auger.

Ἐμισθώσατο] F. ἐμισθώσαντο, S. ὁ Ξένων καὶ Εὐφραῖος, καὶ Εὔφρων. Wolf.

Ὅτι καὶ τούτοις ἐμίσθωσαν] S. ὁ Ἀπολλόδωρος καὶ ὁ Πασικλῆς: quasi aut hæreditate indivisa, aut societate coita. Idem.

Καὶ ἐλευθέρους ἀφεῖσαν] Utrum Xenon et reliqui servi fuerunt Pasionis? an τὸ ἐλευθέρους ἀφεῖναι, ἀντὶ τοῦ, ἀπολῦσαι ponitur? *In farrag.* F. ἀφῆκαν. Idem.

εἰδυῖα ταῦτα, οὐδὲν ἔγκλημα πώποτε ἐποιήσατο πρὸς τουτονὶ Φορμίωνα Ἀπολλόδωρος· ὡς δ᾽ ἐτελεύτησεν ἐκείνη,
949 τρισχιλίας ἐγκαλέσας ἀργυρίου δραχμὰς, πρὸς αἷς ἔδωκεν ἐκείνη δισχιλίαις τοῖς τούτου παιδίοις, καὶ χιτωνίσκον τινὰ καὶ θεράπαιναν, ἐσυκοφάντει. καὶ οὐδ᾽ ἐνταῦθα τούτων οὐδὲν, ὧν νῦν ἐγκαλεῖ, λέγων φανήσεται· ἐπιτρέψας δὲ τῷ τε τῆς ἑαυτοῦ γυναικὸς πατρὶ καὶ τῷ συγκηδεστῇ τῷ ἑαυτοῦ καὶ Λυσίνῳ καὶ Ἀνδρομένει, πεισάντων τούτων Φορμίωνα τουτονὶ δοῦναι δωρεὰν τὰς τρισχιλίας καὶ τὸ προσὸν καὶ φίλον μᾶλλον ἔχειν τοῦτον ἢ διὰ ταῦτα ἐχθρὸν εἶναι, λαβὼν τὸ σύμπαν πεντακισχιλίας καὶ πάντων ἀφεὶς τῶν [1]ἐγκλημάτων, τὸ δεύτερον εἰς τὸ ἱερὸν τῆς Ἀθηνᾶς ἐλθὼν, πάλιν, ὡς ὁρᾶτε, δικάζεται, πάσας αἰτίας συμπλάσας καὶ ἐγκλήματα ἐκ παντὸς τοῦ [2]χρόνου τοῦ πρὸ τούτου — τοῦτο γάρ ἐστι μέγιστον ἁπάντων, — ἃ οὐδὲ πώποτ᾽ ᾐτιάσατο. ὡς τοίνυν ταῦτ᾽ ἀληθῆ λέγω, λάβε μοι τὴν γνῶσιν τὴν γενομένην ἐν ἀκροπόλει, καὶ τὴν μαρτυρίαν τῶν παραγενομένων, ὅτ᾽ ἀφίει τῶν ἐγκλημάτων ἁπάντων Ἀπολλόδωρος, λαμβάνων τοῦτο τὸ ἀργύριον.

ΓΝΩΣΙΣ. ΜΑΡΤΥΡΙΑ.

ἀκούετε τῆς γνώσεως, ὦ ἄνδρες δικασταὶ, ἣν ἔγνω Δεινίας, οὗ τὴν θυγατέρα οὗτος ἔχει, καὶ Νικίας ὁ τὴν ἀδελφὴν τῆς τούτου γυναικὸς ἔχων. ταῦτα τοίνυν λαβὼν καὶ ἀφεὶς ἁπάντων τῶν ἐγκλημάτων, ὥσπερ ἢ πάντων τεθνεώτων τούτων ἢ τῆς ἀληθείας οὐ γενησομένης φανερᾶς, δίκην τοσούτων ταλάντων λαχὼν, τολμᾷ δικάζεσθαι.

ς´. Τὰ μὲν οὖν πεπραγμένα καὶ γεγενημένα Φορμίωνι πρὸς Ἀπολλόδωρον ἐξαρχῆς ἅπαντα ἀκηκόατε, ὦ ἄνδρες
950 Ἀθηναῖοι· [3]οἶμαι δὲ Ἀπολλόδωρον τουτονὶ οὐδὲν ἔχοντα δίκαιον εἰπεῖν περὶ ὧν ἐγκαλεῖ, ἅπερ παρὰ τῷ διαιτητῇ

[1] ἐγκλημάτων τὸ δεύτερον, [2] Desunt χρόνου τοῦ. [3] οἴομαι

έ. Καὶ τὸ προσὸν] Τοὺς τόκους τοὺς προσγενομένους. Verti: *et reliqua*. In margine notavi, *id quod* interest, vel, *cum accessione*: quod postremum cæteris præfero. Apparet enim, 3000. drachmarum accessionem ex usuris fuisse 2000. IDEM. *Quodque quadranti summæ et integræ superest.* BUDÆUS.

Τοῦτο γάρ ἐστι] F. καὶ (τοῦτο γάρ ἐστι τὸ μέγιστον ἁπάντων) ἃ οὐδὲ πώποτε ᾐτιάσατο. WOLF.

ς´. Οὐδὲν ἔχοντα δίκαιον εἰπεῖν] Sic lego, nisi malis οὐδένα ἔχοντα δίκαια εἰπεῖν. IDEM.

λέγειν ἐτόλμα, ταῦτ' ἐρεῖν, ὡς τὰ γράμματα ἡ μήτηρ ἠφάνικε πεισθεῖσα ὑπὸ τούτου, καὶ, τούτων ἀπολωλότων οὐκ ἔχει τίνα χρὴ τρόπον ταῦτ' ἐξελέγχειν ἀκριβῶς. περὶ δὴ τούτων καὶ ταύτης τῆς αἰτίας σκέψασθε, ἡλίκ' ἂν τις ἔχοι τεκμήρια εἰπεῖν ὅτι ψεύδεται. πρῶτον μὲν γὰρ, ὦ ἄνδρες Ἀθηναῖοι, τίς ἂν ἐνείματο τὰ πατρῷα, μὴ λαβὼν γράμματα ἐξ ὧν ἤμελλεν εἴσεσθαι τὴν καταλειφθεῖσαν οὐσίαν; οὐδὲ εἷς δήπου· καίτοι δυοῖν δέοντα εἴκοσιν ἔτη ἐστὶν ἐξότου ἐνείμω, καὶ οὐκ ἂν ἔχοις ἐπιδεῖξαι ὡς ἐνεκάλεσας πώποτε ὑπὲρ τῶν γραμμάτων. δεύτερον δὲ, τίς οὐκ ἂν, ἡνίκα Πασικλῆς ἀνὴρ γεγονὼς ἐκομίζετο τὸν λόγον τῆς ἐπιτροπῆς, εἰ δι' αὐτοῦ τὰ γράμματα ὤκνει τὴν μητέρα αἰτιᾶσθαι διεφθαρκέναι, τούτῳ ταῦτ' ἐδήλωσεν, ὅπως διὰ τούτου ταῦτα ἠλέγχθη; τρίτον δ', ἐκ ποίων γραμμάτων τὰς δίκας ἐλάγχανες; οὗτος γὰρ, πολλοῖς τῶν πολιτῶν δίκας λαγχάνων, πολλὰ χρήματα εἰσπέπρακται, γράφων εἰς τὰ ἐγκλήματα, ἔβλαψέ με ὁ δεῖνα οὐκ ἀποδιδοὺς ἐμοὶ τὸ ἀργύριον, ὃ κατέλιπεν ὁ πατὴρ ὀφείλοντα αὐτὸν ἐν τοῖς γράμμασι· καίτοι, εἰ ἠφάνιστο τὰ γράμματα, ἐκ ποίων γραμμάτων τὰς δίκας ἐλάγχανες; ἀλλὰ μὴν, ὅτι ταῦτ' ἀληθῆ λέγω, τὴν μὲν νομὴν ἀκηκόατε ἣν ἐνείματο, καὶ μεμαρτύρηται ὑμῖν· τῶν δὲ λήξεων τούτων ἀναγνώσεται ὑμῖν τὰς μαρτυρίας. λάβε τὰς μαρτυρίας μοι.

ΜΑΡΤΥΡΙΑΙ. 951

οὐκοῦν ἐν ταύταις ταῖς λήξεσιν ὡμολόγηκεν ἀπειληφέναι τὰ τοῦ πατρὸς γράμματα· οὐ γὰρ δὴ συκοφαντεῖν γε, οὐδ', ὧν οὐκ ὤφειλον οὗτοι, δικάζεσθαι φήσειεν ἄν.

ζ. Νομίζω τοίνυν, ὦ ἄνδρες Ἀθηναῖοι, μεγάλων καὶ πολλῶν ὄντων ἐξ ὧν ἐστὶν ἰδεῖν οὐκ ἀδικοῦντα Φορμίωνα τουτονὶ, μέγιστον ἁπάντων εἶναι, ὅτι Πασικλῆς ἀδελφὸς ὢν Ἀπολλοδώρου τουτουῒ οὔτε δίκην εἴληχεν, οὔτ' ἄλλο οὐδὲν, ὧν οὗτος, ἐγκαλεῖ. καίτοι οὐ δήπου τὸν μὲν παῖδα ὑπὸ τοῦ πατρὸς καταλειφθέντα, καὶ, οὗ τῶν ὄντων κύριος ἦν, ἐπίτροπος καταλελειμμένος, οὐκ ἂν ἠδίκει· σὲ δὲ, ὃς ἀνὴρ κατελείφθης, τέτταρα καὶ εἴκοσιν ἔτη γεγονὼς, καὶ ὑπὲρ αὑτοῦ ῥᾳδίως ἂν τὰ δίκαια ἐλάμβανες εὐθὺς, εἴ τι ἠδικοῦ. οὐκ ἔστι ταῦτα. ὡς τοίνυν ταῦτ' ἀληθῆ λέγω, καὶ ὁ Πασικλῆς οὐδὲν ἐγκαλεῖ, λάβε μοι τὴν τούτου μαρτυρίαν.

ΜΑΡΤΥΡΙΑ.

ή. Ἃ [1] τοίνυν περὶ τοῦ μὴ εἰσαγώγιμον εἶναι τὴν δίκην δεῖ σκοπεῖν ὑμᾶς, ταῦτ' ἀναμνήσθητε ἐκ τῶν εἰρημένων. ἡμεῖς γὰρ, ὦ ἄνδρες Ἀθηναῖοι, γεγενημένου μὲν διαλογισμοῦ καὶ ἀφέσεως τῆς τραπέζης καὶ τοῦ [2] ἀσπιδοπηγίου τῆς μισθώσεως, γεγενημένης δὲ διαίτης καὶ πάλιν ἀφέσεως πάντων, οὐκ ἐώντων τῶν νόμων δίκας, ὧν ἂν ἀφῇ τις ἅπαξ, λαγχάνειν, συκοφαντοῦντος τούτου καὶ παρὰ τοὺς νόμους δικαζομένου, παρεγραψάμεθα ἐκ τῶν νόμων μὴ εἰσαγώγιμον εἶναι τὴν δίκην. ἵν' οὖν εἰδῆθ', ὑπὲρ οὗ τὴν ψῆφον οἴσετε, τόν τε νόμον ὑμῖν τοῦτον ἀναγνώσεται καὶ τὰς μαρτυρίας ἐφεξῆς τῶν παρόντων, ὅτ' ἠφίει τῆς
952 μισθώσεως καὶ τῶν ἄλλων ἁπάντων ἐγκλημάτων Ἀπολλόδωρος Φορμίωνα. λάβε δή μοι τὰς μαρτυρίας ταυτασὶ, καὶ τὸν νόμον.

ΜΑΡΤΥΡΙΑΙ. ΝΟΜΟΣ.

ἀκούετε τοῦ νόμου λέγοντος, ὦ ἄνδρες Ἀθηναῖοι, τά τε [3] ἄλλα, καὶ, ὧν ἂν γένηται δίκη, τούτων μὴ εἶναι δίκας, καὶ ὅσα τις ἀφῆκεν ἢ ἀπήλλαξεν. εἰκότως· εἰ γάρ ἐστι δίκαιον, ὧν ἂν ἅπαξ γένηται δίκη, μηκέτ' ἐξεῖναι δικάζεσθαι, πολὺ τῶν ἀφεθέντων δικαιότερον μὴ εἶναι δίκας. ὁ μὲν γὰρ ἐν ὑμῖν ἡττηθεὶς τάχα ἂν εἴποι, ὡς ἐξηπατήθητε ὑμεῖς· ὁ δὲ αὑτοῦ φανερῶς καταγνοὺς καὶ ἀφεὶς καὶ

[1] τοίνυν ἤδη καὶ περὶ αὐτοῦ τοῦ μὴ [2] ἀσπιδοπηγείου
[3] ἄλλα, ὧν μὴ εἶναι * δεῖ δίκας, καὶ ὅσα

ζ'. Σὲ δὲ ὃς] F. σὲ δ' ἠδίκησεν, ὅς. et v. 3. καὶ ὑπὲρ σαυτοῦ, ἢ ἑαυτοῦ. IDEM.

ή. Ἃ τοίνυν αὐτοῦ] Ἃ τοίνυν τοῦ, vel αὖ τοῦ μὴ, διαιρέτως. IDEM.

Ὧν μὴ εἶναι δίκας] S. χρὴ, vel ἀντὶ τοῦ, ἂν μή εἰσι δίκαι. IDEM. Lectionis ed. Benenat. sententia fortasse hæc est: *Auditis edicere legem, tum cetera, tum, quibus de rebus judicium factum fuerit, earum actionem non dari, et quæ quis remiserit aut transegerit* dicentem.

ἀπαλλάξας, τίν᾽ ἂν ἑαυτὸν αἰτίαν αἰτιασάμενος, τῶν αὐτῶν πάλιν εἰκότως δικάζοιτο; οὐδεμίαν δήπου. διόπερ τοῦτο πρῶτον ἔγραψεν ὁ τὸν νόμον θεὶς, ὧν μὴ [1] εἶναι δίκας, καὶ ὅσα τις ἀφῆκεν ἢ ἀπήλλαξεν. ἃ τῷδε γέγονεν ἀμφότερα, καὶ γὰρ ἀφῆκε καὶ ἀπήλλαξεν. ὡς δ᾽ ἀληθῆ λέγω, μεμαρτύρηται ὑμῖν, ὦ ἄνδρες Ἀθηναῖοι.

θ΄. Λάβε δέ μοι καὶ τὸν τῆς προθεσμίας νόμον.

ΝΟΜΟΣ.

ὁ μὲν τοίνυν νόμος, ὦ ἄνδρες Ἀθηναῖοι, σαφῶς [2] οὑτοσὶ τὸν χρόνον ὥρισεν· Ἀπολλόδωρος δ᾽ οὑτοσὶ, παρεληλυθότων ἐτῶν πλέον ἢ εἴκοσι, τὴν ἑαυτοῦ συκοφαντίαν ἀξιοῖ περὶ πλείονος ὑμᾶς ποιήσασθαι τῶν νόμων, καθ᾽ οὓς ὀμωμοκότες δικάζετε. καίτοι πᾶσι μὲν τοῖς νόμοις προσέχειν εἰκός ἐσθ᾽ ὑμᾶς, οὐχ ἥκιστα δὲ τούτῳ, ὦ ἄνδρες Ἀθηναῖοι· δοκεῖ γάρ μοι καὶ ὁ Σόλων οὐδενὸς ἄλλου ἕνεκα θεῖναι αὐτὸν, ἢ τοῦ μὴ συκοφαντεῖσθαι ὑμᾶς. τοῖς μὲν γὰρ ἀδικουμένοις ἱκανὰ τὰ πέντε ἔτη ἡγήσατο εἶναι εἰσπράξασθαι, κατὰ δὲ τῶν 953
ψευδομένων τὸν χρόνον ἐνόμισε σαφέστατον ἔλεγχον ἔσεσθαι· καὶ ἅμα, ἐπειδὴ ἀδύνατον ἔγνω ὂν τούς τε συμβαλόντας καὶ τοὺς μάρτυρας ἀεὶ ζῆν, τὸν νόμον ἀντὶ τούτων ἔθηκεν, ὅπως μάρτυς εἴη τοῦ δικαίου τοῖς [3] εἰρημένοις.

ι΄. Θαυμάζω τοίνυν ἔγωγε, ὦ ἄνδρες δικασταὶ, τί [4] ποτ᾽ ἐστὶν, ἃ πρὸς ταῦτ᾽ ἐπιχειρήσει λέγειν Ἀπολλόδωρος οὑτοσί· οὐ γὰρ ἐκεῖνό γε ὑπείληφεν, ὡς ὑμεῖς, οὐδὲν ὁρῶντες εἰς χρήματα τοῦτον ἠδικημένον, ὀργιεῖσθ᾽, ὅτι τὴν μητέρα ἔγημεν αὐτοῦ Φορμίων. οὐ γὰρ ἀγνοεῖ τοῦτο, οὐδ᾽ αὐτὸν

[1] εἶναι * δεῖ δίκας, ὅσα [2] οὑτωσὶ [3] ἐῤῥήμοις [4] [ποτ᾽ ἐστὶν, ἃ]

θ΄. Εἰσπράξασθαι] Petitus rescribit εἰς πράττεσθαι [*Leg. Attic.* L. IV. T. IV. p. 431.] Primum Demosthenes non εἰσπράττεσθαι dicit, sed εἰσπράξασθαι. Deinde Petitus voces distinctas vult εἰς πράττεσθαι, quasi esset *ad agendum*; sed tunc deberet dici εἰς τὸ πράττεσθαι. Elegantissime Demosthenes uno verbo. Solon iis, *qui injuriam passi sunt, quinquennium satis esse existimavit* exigere, agere, i. e. *ad exigendum, ad agendum.* Ineleganter Petitus, et ne quidem Græce duabus vocibus. Salvin. Wolfius ibi etiam vertit *ad exigendum.* Meursius Them. Att. II. 23. *ad pœnam exigendam.* Duker. Meminit ejusdem προθεσμίας νόμου extrema Orat. adv. Nausim. et Xenopithem. In ipsa autem Lege εἰσπράξασθαι verbum fuisse non arbitror. Orator enim ejus argumentum et sententiam exhibet, et materiæ, quam tractabat, accomodat. Itaque εἰσπράξασθαι de pecunia exigenda, ut p. 540. v. 17., recte accipitur. Wesseling.

Ὅπως μάρτυς εἴη τοῦ δικαίου τοῖς εἰρημένοις] Ἵνα τὴν δικαιοσύνην φυλάττῃ, καὶ τὴν ἀλήθειαν τῶν εἰρημένων μαρτυρῇ. Wolf.

ι΄. Τί ποτ᾽ ἐστὶν ἃ] Ἀντὶ τοῦ, τίνα, ἢ ὅ, ἐρώτησις ἀριθμοῦ. Idem.

λέληθεν οὐδ᾿ ὑμῶν πολλοὺς, ὅτι Σωκράτης ὁ τραπεζίτης ἐκεῖνος, παρὰ τῶν κυρίων ἀπαλλαγεὶς, ὥςπερ ὁ τούτου πατὴρ, ἔδωκε Σατύρῳ τὴν ἑαυτοῦ γυναῖκα, ἑαυτοῦ ποτὲ γενομένῳ. ἕτερος Σωσικλῆς τραπεζιτεύσας ἔδωκε τὴν ἑαυτοῦ γυναῖκα Τιμοδήμῳ τῷ νῦν ἔτ᾿ ὄντι καὶ ζῶντι, γενομένῳ ποτὲ ἑαυτοῦ. καὶ οὐ μόνον ἐνθάδε τοῦτο ποιοῦσιν οἱ περὶ τὰς ἐργασίας ταύτας ὄντες, ὦ ἄνδρες Ἀθηναῖοι, ἀλλ᾿ ἐν Αἰγίνῃ ἔδωκε Στρυμόδωρος Ἑρμαίῳ τῷ ἑαυτοῦ οἰκέτῃ τὴν γυναῖκα, καὶ, τελευτησάσης ἐκείνης, ἔδωκε πάλιν τὴν θυγατέρα τὴν ἑαυτοῦ. καὶ πολλοὺς ἂν ἔχοι τις εἰπεῖν τοιούτους. εἰκότως. ὑμῖν μὲν γὰρ, ὦ ἄνδρες Ἀθηναῖοι, τοῖς γένει πολίταις, οὐδὲ ἓν πλῆθος χρημάτων ἀντὶ τοῦ γένους καλόν ἐστιν ἑλέσθαι· τοῖς δὲ τοῦτο μὲν δωρεὰν ἢ παρ᾿ ὑμῶν ἢ παρ᾿ ἄλλων τινῶν λαβοῦσι, τῇ τύχῃ δ᾿ ἐξ ἀρχῆς, ἀπὸ τοῦ [1] χρηματίζεσθαι, καὶ ἑτέρων πλείω κτήσασθαι, καὶ αὐτῶν τούτων ἀξιωθεῖσι, ταῦτ᾿ ἐστὶ φυλακτέα. διόπερ
954 Πασίων ὁ πατὴρ ὁ σὸς οὐ πρῶτος οὐδὲ μόνος, οὐδ᾿ αὑτὸν ὑβρίζων οὐδ᾿ ὑμᾶς τοὺς υἱεῖς, ἀλλὰ μόνην ὁρῶν σωτηρίαν τοῖς ἑαυτοῦ πράγμασιν, εἰ τοῦτον ἀνάγκῃ ποιήσειεν οἰκεῖον ὑμῖν, ἔδωκε τὴν ἑαυτοῦ γυναῖκα, μητέρα δ᾿ ὑμετέραν τούτῳ. πρὸς μὲν οὖν τὰ συμφέροντα ἐὰν ἐξετάζῃς, καλῶς αὐτὸν βεβουλευμένον εὑρήσεις· εἰ δὲ πρὸς δόξαν ἢ γένος ἀναίνῃ Φορμίωνα κηδεστὴν, ὅρα μὴ γελοῖον ᾖ σὲ ταῦτα λέγειν. εἰ γάρ τις ἔροιτό σε ποῖόν τιν᾿ ἡγῇ τὸν πατέρα τὸν σαυτοῦ εἶναι; χρηστὸν εὖ οἶδ᾿ ὅτι φήσειας ἄν· πότερον οὖν οἴει μᾶλλον ἐοικέναι τὸν τρόπον καὶ πάντα τὸν βίον Πασίωνι, σαυτὸν ἢ τοῦτον; ἐγὼ μὲν γὰρ εὖ οἶδ᾿ ὅτι τοῦτον. εἶθ᾿, [2] ὃς ἐστιν ὁμοιότερος τῷ σῷ πατρὶ, τουτονὶ, τὴν μητέρα τὴν σὴν εἰ ἔγημεν, ἀναίνῃ;

[1] χρηματίσασθαι [2] ὅστις ἐστὶν ὁμοιότερος σοῦ τῷ σ. π., τοῦτον, εἰ τὴν μ. τ. σὴν ἔγημεν

Ἀπαλλαγεὶς ὥσπερ ὁ τούτου πατὴρ, ἔδωκε Σατύρῳ] Ambiguum, utrum ἐπαλλαγεὶς ὥσπερ, ut significet, et Pasionem fuisse libertinum, id quod postea dicit aperte, servum eum fuisse Archestrati argentarii, an ἔδωκεν ὥσπερ, ut referatur ad conjugium, non ad servitutem. IDEM.

Ἕτερος Σωκλῆς] F. Σωσικλῆς. IDEM.

Ἑαυτοῦ ποτὲ γενομένῳ] S. δούλῳ, δουλεύσαντι αὐτῷ. IDEM.

Τοῖς δὲ τοῦτο] Τὴν πολιτείαν. IDEM.

Λαβοῦσι τῇ τύχῃ] F. λαβοῦσι· καὶ τῇ τύχῃ. IDEM. L. τῇ τύχῃ δ᾿ ἐξ. v. 16. αὐτῶν τούτων refertur ad honorem et jus civitatis, et deinde ταῦτα ad χρήματα. AUGER.

Κτήσασθαι καὶ αὐτῶν] F. κτήσασθαι, τῶν αὐτῶν τούτων ἀξιωθεῖσι. πῶς; τῇ τύχῃ ἐξαρχῆς. τῇ ποίᾳ; ἀπὸ τοῦ χρηματίζεσθαι καὶ ἑτέρων πλείω κτήσασθαι. et v. 19. εἰ τοῦτον ἀνάγκῃ. WOLF.

ιά. Ἀλλὰ μὴν, ὅτι γε δόντος καὶ ἐπισκήψαντος τοῦ σοῦ πατρὸς ταῦτ᾽ ἐπράχθη, οὐ μόνον ἐκ τῆς διαθήκης ἐστὶν ἰδεῖν, ὦ ἄνδρες Ἀθηναῖοι, ἀλλὰ καὶ σὺ μάρτυς αὐτὸς γέγονας. ὅτε γὰρ τὰ μητρῷα πρὸς μέρος αὐτὸς ἠξίους νέμεσθαι, ὄντων παίδων ἐκ τῆς γυναικὸς Φορμίωνι τούτῳ, τότε ὡμολόγεις κυρίως δόντος τοῦ πατρὸς τοῦ σοῦ κατὰ τοὺς νόμους αὐτὴν [1] γεγενῆσθαι. εἰ γὰρ αὐτὴν εἶχε λαβὼν ἀδίκως ὅδε, μηδενὸς δόντος, οὐκ ἦσαν οἱ παῖδες κληρονόμοι· τοῖς δὲ μὴ κληρονόμοις οὐκ ἦν μετουσία τῶν ὄντων. ἀλλὰ μὴν, ὅτι ταῦτ᾽ ἀληθῆ λέγω, [2] μεμαρτύρηται, τὸ τέταρτον μέρος λαβεῖν καὶ ἀφεῖναι τῶν ἐγκλημάτων ἁπάντων.

ιβ΄. Κατ᾽ οὐδὲν τοίνυν, ὦ ἄνδρες Ἀθηναῖοι, δίκαιον οὐδὲν εἰπεῖν ἔχων, ἀναιδεστάτους λόγους ἐτόλμα λέγειν πρὸς τῷ διαιτητῇ, περὶ ὧν προακηκοέναι βέλτιόν ἐσθ᾽ ὑμᾶς. ἕνα 955 μὲν, τὸ παράπαν μὴ γενέσθαι διαθήκην, ἀλλ᾽ [3] ἔτ᾽ εἶναι τοῦτο πλάσμα καὶ σκευώρημα ὅλον· ἕτερον δὲ, ἕνεκα τούτου πάντα ταῦτα συγχωρεῖν τὸν πρὸ τοῦ χρόνον καὶ οὐχὶ δικάζεσθαι, ὅτι μίσθωσιν αὐτῷ ἤθελε φέρειν Φορμίων πολλὴν καὶ ὑπισχνεῖτο οἴσειν, ἐπειδὴ δὲ οὐ ποιεῖ ταῦτα, τηνικαῦτά, φησι, δικάζομαι.

ιγ΄. Ὅτι δὲ ταῦτα ἀμφότερα, ἐὰν λέγῃ, ψεύσεται, καὶ τοῖς ὑφ᾽ ἑαυτοῦ πεπραγμένοις ἐναντία ἐρεῖ, σκοπεῖτε ἐκ τῶνδε. [4] ὅταν τοίνυν τὴν διαθήκην ἀρνῆται, ἐκ τίνος τρόπου πρεσβεῖα λαβὼν τὴν συνοικίαν κατὰ τὴν διαθήκην ἔχει, τοῦτο ἐρωτᾶτε αὐτόν. οὐ γὰρ ἐκεῖνό γε ἐρεῖ, ὡς, ὅσα μὲν πλεονεκτεῖν τόνδ᾽ ἔγραψεν ὁ πατὴρ, κύριά ἐστι τῆς διαθήκης· τὰ δ᾽ ἄλλα, ἄκυρα. ὅταν δ᾽ ὑπὸ τῶν τούτου ὑποσχέσεων ὑπάγεσθαι φῇ, μέμνησθε, ὅτι μάρτυρας ὑμῖν παρεσχήμεθα, οἳ, χρόνον πολὺν τοῦδε ἀπηλλαγμένου, μισθωταὶ τούτοις ἐγίγνοντο τῆς τραπέζης καὶ τοῦ [5] ἀσπιδοπηγίου. καίτοι τόθ᾽, ὁπηνίκα [6] ἐμίσθωσε τούτοις, τῷδ᾽

[1] γεγαμῆσθαι [2] * μεμαρτύρηκας τῷ τὸ [3] Deest ἔτ᾽. [4] ὅταν μὲν τοίνυν [5] ἀσπιδοπηγείου [6] ἐμίσθωσεν ἐκείνοις, τῷδ᾽ ἐγκαλεῖν

ιά. Τὰ μητρῷα πρὸς μέρος νέμεσθαι] Εἰς ἴσας μοίρας, κατ᾽ ἰσομοιρίαν. IDEM.

ιβ΄. Ἀλλ᾽ ἔτ᾽ εἶναι τοῦτο] F. ἀλλ᾽ εἶναι. τὸ ἔτι quid ad sententiam faciat, non video. IDEM.

ιγ΄. Πρεσβεῖα] Πρεσβεῖον est, legatum præcipuum quod pater maximo filio dedit, aut majori, ap. Dem. ὑ. Φορμ. Alibi, pro jure præcipuo maximi filii, quod jus primigenium; vel primigenia dici potest. BUDÆUS.

Τόνδ᾽] M. αὐτόν. AUGER.

Τῷδ᾽ εἰπεῖν] F. τάδε εἰπεῖν, εἰ ἀληθῆ ἦν. WOLF.

εἰπεῖν παραχρῆμα ἐχρῆν, [1] εἰ ἀληθῆ ἦν· ὑπὲρ ὧν τότ' ἀφεὶς, νῦν τούτῳ δικάζεται. ὡς τοίνυν ταῦτ' ἀληθῆ λέγω, καὶ πρεσβεῖά τε τὴν συνοικίαν ἔλαβε κατὰ τὴν διαθήκην, καὶ τῷδε οὐχ ὅπως ἐγκαλεῖν ᾤετο δεῖν, ἀλλ' ἐπῄνει, λάβε τὴν μαρτυρίαν.

ΜΑΡΤΥΡΙΑ.

ιδ'. Ἵνα τοίνυν εἰδῆτε, ὦ ἄνδρες Ἀθηναῖοι, ὅσα χρήματα ἔχων ἐκ τῶν μισθώσεων καὶ ἐκ τῶν χρεῶν, ὡς ἀπορῶν καὶ πάντα ἀπολωλεκὼς, [2] ὀδύρεται, βραχέα ἡμῶν ἀκού-
956 σατε. οὗτος γὰρ ἐκ μὲν τῶν χρεῶν ὁμοῦ τάλαντα εἴκοσιν εἰσπέπρακται ἐκ τῶν [3] γραμμάτων ὧν ὁ πατὴρ κατέλιπε, καὶ τούτων ἔχει [4] πλείω ἢ τὰ ἡμίσεα, πολλῶν γὰρ τὰ μέρη τὸν ἀδελφὸν ἀποστερεῖ· ἐκ δὲ τῶν μισθώσεων, ὀκτὼ μὲν ἐτῶν ἃ Φορμίων εἶχε τὴν τράπεζαν, ὀγδοήκοντα μνᾶς τοῦ ἐνιαυτοῦ ἑκάστου, τὸ ἥμισυ τῆς ὅλης μισθώσεως, καὶ ταῦτά ἐστι δέκα τάλαντα καὶ τετταράκοντα μναῖ, δέκα δ' ἐτῶν μετὰ ταῦτα ὧν [5] ἐμισθώσατο ὕστερον Ξένωνι καὶ Εὐφραίῳ καὶ Εὔφρονι καὶ Καλλιστράτῳ τάλαντον τοῦ ἐνιαυτοῦ ἑκάστου· χωρὶς δὲ τούτων, [6] ἐκ τῶν οἴκων τῆς ἐξαρχῆς νεμεθείσης οὐσίας, ἧς αὐτὸς ἐπεμελεῖτο, τὰς προσόδους, πλέον ἢ μνᾶς τριάκοντα. ἐὰν δὲ πάντα συνθῆτε, ὅσα ἐνείματο, ὅσα εἰσεπράξατο, ὅσα εἴληφε μίσθωσιν, πλέον ἢ τετταράκοντα τάλαντα εἰληφὼς φανήσεται, χωρὶς ὧν οὗτος εὖ πεποίηκε, καὶ τῶν μητρῴων, καὶ, ὧν ἀπὸ τῆς τραπέζης ἔχων οὐκ ἀποδίδωσι, πένθ' ἡμιταλάντων καὶ ἑξακοσίων δραχμῶν.

ιε'. Ἀλλὰ νὴ Δία ταῦθ' ἡ πόλις εἴληφε, καὶ δεινὰ πέπονθας πολλὰ καταλελειτουργηκώς; ἀλλ', ἃ μὲν ἐκ κοινῶν ἐλειτούργεις τῶν χρημάτων, σὺ καὶ ὁ ἀδελφὸς ἀνηλώσατε· ἃ δ' ὕστερον, οὐκ ἔστιν ἄξια μὴ ὅτι δυοῖν ταλάντοιν προσόδου, ἀλλ' οὐδὲ εἴκοσι μνῶν. μηδὲν οὖν τὴν πόλιν αἰτιῶ, μηδ', ἃ σὺ τῶν ὄντων αἰσχρῶς καὶ κακῶς ἀνήλωκας,

[1] εἴπερ [2] ὀδυρεῖται [3] γραμματείων [4] πλέον [5] ἐμίσθωσαν
[6] ἐτῶν ἴσως εἴκοσι τῆς ἐξαρχῆς

ιδ'. Ἐκ τῶν οἴκων] Ἐτῶν ἴσως εἴκοσι. Fortasse non diversa lectio est, sed additamentum, ut legas: ἐκ τῶν οἴκων, ἐτῶν ἴσως εἴκοσι: *ex ædibus intra annos* circiter 20. IDEM.

Πένθ' ἡμιταλάντων] Τεττάρων καὶ ἥμισυ IDEM.

ὡς ἡ πόλις εἴληφε, λέγε. ἵνα δὲ εἰδῆτε, ὦ ἄνδρες Ἀθηναῖοι, τό τε πλῆθος τῶν χρημάτων ὧν εἴληφε, καὶ τὰς λειτουργίας ἃς λελειτούργηκεν, ἀναγνώσεται ὑμῖν καθ' ἓν ἕκαστον. λάβε μοι τὸ βιβλίον τουτὶ, καὶ τὴν πρόκλησιν 957
ταυτηνὶ, καὶ τὰς μαρτυρίας ταυτασί.

ΒΙΒΛΙΟΝ. ΠΡΟΚΛΗΣΙΣ. ΜΑΡΤΥΡΙΑ.

τοσαῦτα μὲν τοίνυν χρήματα εἰληφὼς καὶ χρέα πολλῶν ταλάντων ἔτ' ἔχων, ὧν τὰ μὲν παρ' ἑκόντων, τὰ δ' ἐκ τῶν δικῶν εἰσπράττει, ἃ τῆς μισθώσεως ἔξω τῆς τραπέζης καὶ τῆς ἄλλης οὐσίας, ἣν κατέλιπε Πασίων, ὠφείλετο ἐκείνῳ, καὶ νῦν παρειλήφασιν οὗτοι, καὶ τοσαῦτα ἀνηλωκὼς ὅσα ὑμεῖς ἠκούσατε, οὐδὲ πολλοστὸν μέρος τῶν προσόδων, μὴ ὅτι τῶν ἀρχαίων, εἰς τὰς λειτουργίας, ὅμως ἀλαζονεύσεται καὶ τριηραρχίας ἐρεῖ καὶ χορηγίας· ἐγὼ δὲ, ὡς μὲν οὐκ ἀληθῆ ταῦτ' ἐρεῖ, ἐπέδειξα· [1]οἶμαι μὲν τοίνυν, κἂν εἰ πάντα ταῦτα ἀληθῆ λέγοι, κάλλιον εἶναι καὶ δικαιότερον τόνδε ἀπὸ τῶν αὐτοῦ λειτουργεῖν ὑμῖν, ἢ, τούτῳ δόντας τὰ τούτου, μικρὰ τῶν πάντων μετασχόντας αὐτοὺς, τόνδε μὲν ἐν ταῖς ἐσχάταις ἐνδείαις ὁρᾶν, τοῦτον δὲ ὑβρίζοντα καὶ εἰς ἅπερ εἴωθεν ἀναλίσκοντα.

ιϛʹ. Ἀλλὰ μὴν περί γε τῆς εὐπορίας, ὡς ἐκ τῶν τοῦ πατρὸς τοῦ σοῦ κέκτηται, καὶ, ὧν ἐρωτήσειν ἔφησθα, πόθεν τὰ ὄντα κέκτηται Φορμίων, μόνῳ τῶν ὄντων [2]ἀνθρώπων τοῦτον οὐκ ἔνεστιν εἰπεῖν τὸν λόγον. οὐδὲ γὰρ Πασίων ὁ σὸς πατὴρ ἐκτήσαθ' εὑρὼν, οὐδὲ τοῦ πατρὸς αὐτῷ παραδόντος· ἀλλὰ παρὰ τοῖς αὐτοῦ κυρίοις, Ἀντισθένει καὶ Ἀρχεστράτῳ, τραπεζιτεύουσι πεῖραν δοὺς, ὅτι χρηστός ἐστι καὶ δίκαιος, ἐπιστεύθη. ἔστι δ' ἐν ἐμπορίῳ καὶ χρήμασιν ἐργαζομένοις ἀνθρώποις, φιλεργὸν δόξαι καὶ χρηστὸν εἶναι τὸν αὐτὸν, θαυμαστὸν ἡλίκον. οὔτ' οὖν

[1] οἴομαί μέντοι, κἂν

[2] ἀνθρώπων σοι τοῦτον

ιέ. ΜΑΡΤΥΡΙΑ] Μ. ΜΑΡΤΥΡΙΑΙ in titulo. Auger.

Ἃ τῆς μισθώσεως ἔξω τῆς τραπέζης] Ἃ ἐκτὸς τῆς μισθώσεως τῆς τραπέζης. Wolf.

Μὴ ὅτι τῶν ἀρχαίων, εἰς τὰς λειτουργίας] Καὶ κοινοῦ, ἀνηλωκώς. Idem.

Ἢ τούτῳ δόντας τὰ τούτου] F. A. ἢ τούτῳ δόντας ὑμᾶς τὰ τούτου, scilicet τοῦ Φορμίωνος. Idem.

ιϛʹ. Φιλεργὸν εἶναι] Φιλοκερδῆ. Lucri avidus non tam heri, quam suum negotium agere solet. Idem.

ἐκείνῳ ταῦθ' οἱ κύριοι παρέδωκαν, ἀλλ' αὐτὸς ἔφυ χρη-
958 στὸς, οὔτε τῷδε ὁ σὸς πατήρ· σὲ γὰρ ἂν πρότερον τοῦδε χρηστὸν ἐποίησεν, εἰ ἦν ἐπ' ἐκείνῳ. εἰ δὲ τοῦτο ἀγνοεῖς, ὅτι πίστις ἀφορμὴ [1] πασῶν ἐστὶ μεγίστη πρὸς χρηματισμὸν, πᾶν ἂν ἀγνοήσειας. χωρὶς δὲ τούτων, πολλὰ καὶ τῷ σῷ πατρὶ καὶ σοὶ καὶ ὅλοις τοῖς ὑμετέροις πράγμασι Φορμίων γέγονε χρήσιμος· ἀλλ', οἶμαι, [2] τῆς ἀπληστίας καὶ τοῦ σοῦ τρόπου τίς ἂν δύναιτο ἐφικέσθαι;

ιζ'. Καὶ δῆτα θαυμάζω, πῶς οὐ λογίζῃ πρὸς σεαυτὸν, ὅτι ἐστὶν Ἀρχεστράτῳ τῷ ποτὲ τὸν πατέρα τὸν σὸν κτησαμένῳ υἱὸς ἐνθάδε Ἀντίμαχος, πράττων οὐ κατ' ἀξίαν, ὃς οὐ δικάζεταί σοι, οὐδὲ, φησὶ [3] δεινὰ πάσχειν, εἰ σὺ μὲν χλανίδα φορεῖς, καὶ, τὴν μὲν λέλυσαι, τὴν δ' [4] ἔδωκας ἑταίρᾳ, καὶ ταῦτα γυναῖκα ἔχων ποιεῖς, καὶ τρεῖς παῖδας ἀκολούθους περιάγεις, καὶ ζῇς ἀσελγῶς οὕτως, ὥστε καὶ τοὺς ἀπαντῶντας [5] αἰσθάνεσθαι· αὐτὸς δ' ἐκεῖνος πολλῶν ἐνδεής ἐστιν, οὐδὲ τὸν Φορμίωνα [6] ἐκεῖνος ὁρᾷ. καίτοι, εἰ κατὰ τοῦτ' οἴει σοι προσήκειν τῶν τούτου, ὅτι τοῦ πατρός ποτε ἐγένετο τοῦ σοῦ, ἐκείνῳ προσήκει μᾶλλον ἤ σοι· ὁ γὰρ αὖ σὸς πατὴρ ἐκείνων ἐγένετο. ὥστε καὶ σὺ καὶ οὗτος ἐκείνου γίνεσθε ἐκ τοῦδε τοῦ λόγου. σὺ δ' εἰς τοῦθ' ἥκεις ἀγνωμοσύνης, ὥσθ', ἃ προσήκει σοι τοὺς λέγοντας ἐχθροὺς νομίζειν, ταῦτ' αὐτὸς ποιεῖς· [7] ἀνάγκην εἶναι καὶ λέγειν· καὶ, ὑβρίζεις μὲν σαυτὸν καὶ τοὺς γονέας τεθνεῶτας, προπηλακίζεις δὲ τὴν πόλιν· καὶ, ἃ τῆς τούτων φιλανθρωπίας ἀπολαύσας εὕρετο ὁ σὸς πατὴρ καὶ μετὰ ταῦτα Φορμίων
959 οὑτοσὶ, ταῦτα, ἀντὶ τοῦ κοσμεῖν καὶ περιστέλλειν, ἵνα καὶ τοῖς δοῦσιν ὡς εὐσχημονέστατα ἐφαίνετο καὶ τοῖς λαβοῦσιν ὑμῖν, ἄγεις εἰς μέσον, ἐλέγχεις, δεικνύεις, μονονοὺκ ὀνειδίζεις, οἷον ὄντα σε ἐποιήσαντο [8] Ἀθηναῖον. εἶτα εἰς τοῦθ' ἥκεις μανίας — τί γὰρ ἂν ἄλλο τις εἴποι; — ὥστε οὐκ αι-

[1] τῶν πασῶν [2] τῆς σῆς ἀπληστίας [3] δεινά φησι [4] ἐκδέδωκας ἑταίρᾳ [5] * αἰσχύνεσθαι [6] ἐκεῖνος οὐχ ὁρᾷ [7] σ' ἀνάγκην εἶναι λέγειν [8] ἀθηναῖοι

ιζ'. Καὶ τὴν μὲν λέλυσαι, τὴν δὲ ἔδωκας ἑταίραν] Λέλυσαι, ἀντὶ τοῦ, ἐπρίω. ἔδωκας, ἀντὶ τοῦ, ἀπέδου, nisi forte mendum aliquod subsit. τήνδε ἔδωκας ἑταίρᾳ habet Felic. quod minus placet, ut ad χλανίδα referatur. IDEM.

Οὐδὲ τὸν Φορμίωνα ἐκεῖνος ὁρᾷ] S. πολλῶν ἐνδεῆ ὄντα. *In farrag.* F. ἂν οὐδ' κ. τ. λ. scil. ἐνδεᾶ ὄντα. IDEM.

Ἐκείνου] Sub. τοῦ πατρός. AUGER.

σθάνῃ, ὅτι νῦν ἡμεῖς μὲν, ἀξιοῦντες, ἐπειδή περ ἀπηλλάγη Φορμίων, [1]ὑπὸ λόγον εἶναι, εἴποτε τοῦ σοῦ πατρὸς ἐγένετο, μηδὲν ὑπὲρ σοῦ λέγομεν· σὺ δὲ, μηδέποτε ἐξίσου σοι γενέσθαι τοῦτον ἀξιῶν, κατὰ σαυτοῦ λέγεις! ἃ γὰρ ἂν σὺ δίκαια σαυτῷ κατὰ τούτου τάξῃς, τὰ αὐτὰ ταῦτα ἥξει κατὰ σοῦ παρὰ τῶν τὸν σὸν πατέρα ἐξαρχῆς κτησαμένων. ἀλλὰ μὴν, ὅτι κἀκεῖνος ἦν τινῶν, εἶτ' ἀπηλλάγη τὸν αὐτὸν τρόπον ὅνπερ οὗτος ἀφ' ὑμῶν, λάβε μοι ταυτασὶ τὰς μαρτυρίας, ὡς ἐγένετο Πασίων Ἀρχεστράτου.

ΜΑΡΤΥΡΙΑΙ.

ιή. Εἶτα τὸν σώσαντα μὲν ἐξαρχῆς τὰ πράγματα καὶ πολλὰ παρασχόντα χρήσιμον αὐτὸν τῷ πατρὶ τῷ τούτου, τοσαῦτα δ' αὐτὸν τοῦτον ἀγαθὰ εἰργασμένον ὅσα ὑμεῖς ἀκηκόατε, τοῦτον οἴεται δεῖν, ἑλὼν τηλικαύτην δίκην, ἀδίκως ἐκβάλλειν! οὐ γὰρ ἄλλο γ' ἔχοις οὐδὲν ἂν ποιῆσαι. εἰς μὲν γὰρ τὰ ὄντα εἰ βλέπεις ἀκριβῶς, ταῦτα εὑρήσεις ὧν ἐστὶν, ἂν, ὃ μὴ γένοιτο, ἐξαπατηθῶσιν οὗτοι. ὁρᾷς τὸν Ἀρχίλοχον τὸν Χαριδήμου; ποτὲ εἶχεν ἀγρόν· εἶτά γε νῦν πολλοὶ, πολλοῖς γὰρ ἐκεῖνος ὀφείλων αὐτὸν ἐκτήσατο. καὶ τὸν Σωσίνομον, καὶ τὸν Τιμόδημον, καὶ τοὺς ἄλλους τραπεζίτας; οἳ, ἐπειδὴ διαλύειν ἐδέησεν οἷς ὤφειλον, ἐξέστησαν ἁπάντων τῶν ὄντων. σὺ δ' οὐδὲν οἴει δεῖν σκοπεῖν, οὐδ' ὧν ὁ πατήρ, σου πολλῷ βελτίων ὢν καὶ ἄμεινον [2]φρονῶν, πρὸς 960
ἅπαντα ἐβουλεύσατο· ὅς, ὦ Ζεῦ καὶ θεοὶ, τοσούτῳ τοῦτον ἡγεῖτό σου πλείονος ἄξιον εἶναι καὶ σοὶ καὶ αὐτῷ καὶ τοῖς ὑμετέροις πράγμασιν, ὥστε, ἀνδρὸς ὄντος σου, τοῦτον οὐ σὲ τῶν [3]ἡμίσεων κατέλιπεν ἐπίτροπον, καὶ τὴν γυναῖκα ἔδωκε, καὶ [4]ζῶντα αὐτὸν ἐτίμα. δικαίως, ὦ ἄνδρες Ἀθηναῖοι. οἱ μὲν γὰρ ἄλλοι τραπεζῖται, μίσθωσιν οὐ φέροντες, ἀλλ' αὐτοὶ αὑτοῖς ἐργαζόμενοι, πάντες ἀπώλοντο· οὗτος δὲ, μίσθωσιν φέρων δύο τάλαντα καὶ τετταράκοντα μνᾶς, ὑμῖν ἔσωσε τὴν τράπεζαν. ὧν ἐκεῖνος μὲν χάριν εἶχε· σὺ δὲ

[1] ὑπόλογον [2] φρενῶν πρὸς ἅπαντ', [3] μισθώσεων [4] ζῶν

ιθ. Εἶτά γε νῦν πολλοὶ] S. ἔχουσιν ἐκεῖνον τὸν ἀγρόν. Wolf.

Τῶν ἡμίσεων κατέλιπεν ἐπίτροπον] *Cur sit additus, non video: Nam semissis hæreditatis fuit Pasiclis, cui tutor datus est Phormio. Idem.

οὐδένα [1] ποιεῖς λόγον, ἀλλ', ἐναντία τῇ διαθήκῃ καὶ ταῖς ἀπ' ἐκείνης ἀραῖς γραφείσαις ὑπὸ τοῦ πατρὸς, ἐλαύνεις, διώκεις, συκοφαντεῖς. ὦ βέλτιστε, εἰ οἷόν τέ σε τοῦτ' εἰπεῖν, οὐ παύσῃ καὶ γνώσῃ τοῦθ', ὅτι πολλῶν χρημάτων τὸ χρηστὸν εἶναι [2] λυσιτελέστερον; σοὶ γοῦν, εἴπερ ἀληθῆ λέγεις, χρήματα μὲν τοσαῦτ' εἰληφότι, πάντα ἀπόλωλεν, ὡς φής· εἰ δ' ἦσθα ἐπιεικὴς, οὐδέποτε αὐτὰ ἀνήλωσας.

ιθ'. Ἀλλ' ἔγωγε, μὰ τὸν Δία καὶ θεοὺς, πανταχῇ σκοπῶν οὐδὲν ὁρῶ, διότι ἂν σοι πεισθέντες οὗτοι τουδὶ καταψηφίσαιντο. τί γάρ; ὅτι πλησίον ὄντων τῶν ἀδικημάτων ἐγκαλεῖς; ἀλλ' ἔτεσι καὶ χρόνοις ὕστερον αἰτιᾷ. ἀλλ', ὅτι τοῦτον ἀπράγμων ἦσθα τὸν χρόνον; ἀλλὰ τίς οὐκ εἶδεν ὅσα πράγματα πράττων οὐ πέπαυσαι, οὐ μόνον ἰδίας δίκας διώκων οὐκ ἐλάττους ταυτησὶ, ἀλλὰ καὶ δημοσίᾳ συκοφαντῶν καὶ κρίνων τινάς; οὐχὶ Τιμομάχου κατηγό-
961 ρεις; [3] οὐ Καλλίππου, τοῦ νῦν ὄντος ἐν Σικελίᾳ; οὐ πάλιν Μένωνος; οὐκ Αὐτοκλέους; οὐ Τιμοθέου; οὐκ ἄλλων πολλῶν; καίτοι, πῶς ἔχει λόγον σὲ Ἀπολλόδωρον ὄντα, πρότερον τῶν κοινῶν, ὧν μέρος ἠδικοῦ, δίκην ἀξιοῦν λαμβάνειν, ἢ τῶν ἰδίων, ὧν νῦν ἐγκαλεῖς, ἄλλως τε καὶ τηλικούτων ὄντων, ὡς σὺ φής; τί ποτ' οὖν ἐκείνων κατηγορῶν, τόνδε εἴας; οὐκ ἠδικοῦ, ἀλλ', οἶμαι, συκοφαντεῖς νῦν. ἡγοῦμαι τοίνυν, ὦ ἄνδρες Ἀθηναῖοι, πάντων μάλιστ' εἰς τὸ πρᾶγμα εἶναι, τούτων μάρτυρας παρασχέσθαι. τὸν γὰρ συκοφαντοῦντα ἀεὶ τί νομίζειν χρὴ ποιεῖν νυνί; καὶ νὴ Δία ἔγωγε, ὦ ἄνδρες Ἀθηναῖοι, νομίζω πάνθ' ὅσα τοῦ τρόπου τοῦ Φορμίωνός ἐστι σημεῖα καὶ τῆς τούτου δικαιοσύνης καὶ φιλανθρωπίας, καὶ ταῦτ' εἰς τὸ πρᾶγμα εἶναι πρὸς ὑμᾶς εἰπεῖν. ὁ μὲν γὰρ περὶ πάντα ἄδικος, τάχ' ἂν, εἰ τύχοι, καὶ τοῦτον ἠδίκει· ὁ δὲ μηδένα μηδὲν ἠδικηκὼς, πολλοὺς δὲ εὖ πεποιηκὼς ἑκὼν, ἐκ τίνος ἂν εἰκότως τρόπου τοῦτον

[1] ποιεῖ [2] λυσιτελέστερόν ἐστι; [3] οὐχὶ

Καὶ ταῖς ἀπ' ἐκείνης ἀραῖς] S. ἐναντία. Non opus est addere, ἔνοχος ὤν. Idem.

ιθ'. Καλλίππου, τοῦ νῦν ὄντος ἐν Σικελίᾳ] Fortasse cum Dione profectus ad expellendum Dionysium juniorem. Idem.

Ὧν μέρος ἠδικοῦ] F. A. ὧν πολλοστὸν μέρος. Idem.

Νυνί] Post νυνὶ f. add. λέγε τὰς μαρτυρίας. ΜΑΡΤΥΡΙΑΙ. et v. 4. p. 550. verti quasi legeretur. ἀκούετε δὴ καὶ τὰς πρὸς Ἀπολλόδωρον [sub. προσηκούσης] τῆς πονηρίας. ἆρ' οὖν ὅμικ-ο; --- hic delendo ΜΑΡΤΥΡΙΑΙ. Auger.

[1] μόνον ἠδίκει τῶν πάντων; τούτων τοίνυν τῶν μαρτυριῶν ἀκούσαντες, γνώσεσθε τὸν ἑκατέρου τρόπον.

ΜΑΡΤΥΡΙΑΙ.

[2] ἴσθι δὴ καὶ τὰς πρὸς Ἀπολλόδωρον τῆς πονηρίας.

ΜΑΡΤΥΡΙΑΙ.

ἆρ᾽ οὖν ὅμοιος οὑτοσὶ σκοπεῖτε. λέγε.

ΜΑΡΤΥΡΙΑΙ.

ἀνάγνωθι δὴ καὶ ὅσα δημοσίᾳ χρήσιμος τῇ πόλει γέγονεν οὑτοσί.

ΜΑΡΤΥΡΙΑΙ.

κ΄. Τοσαῦτα τοίνυν, ὦ ἄνδρες Ἀθηναῖοι, Φορμίων χρήσιμος τῇ πόλει γεγονὼς καὶ πολλοῖς ὑμῶν, καὶ οὐδένα οὔτε ἰδίᾳ οὔτε δημοσίᾳ κακὸν οὐδὲν εἰργασμένος, οὐδ᾽ ἀδικῶν Ἀπολλόδωρον τουτονὶ, δεῖται καὶ ἱκετεύει καὶ ἀξιοῖ σωθῆναι, καὶ ἡμεῖς συνδεόμεθα οἱ ἐπιτήδειοι ταῦθ᾽ ὑμῶν· ἐκεῖνο 962
δ᾽ ὑμᾶς ἀκοῦσαι δεῖ. τοσαῦτα γὰρ, ὦ ἄνδρες Ἀθηναῖοι, χρήμαθ᾽ ὑμῖν ἀνεγνώσθη προσευπορηκὼς, ὅσα οὔθ᾽ οὗτος, οὔτ᾽ ἄλλος οὐδεὶς κέκτηται. πίστις μέντοι Φορμίωνι παρὰ τοῖς εἰδόσι καὶ τοσούτων καὶ πολλῷ πλειόνων χρημάτων ἐστὶ, δι᾽ ἧς καὶ αὐτὸς αὑτῷ καὶ ὑμῖν χρήσιμός ἐστιν. ἃ μὴ πρόησθε, μηδ᾽ ἐπιτρέψητε ἀνατρέψαι τῷ μιαρῷ τούτῳ ἀνθρώπῳ, μηδὲ ποιήσητε αἰσχρὸν παράδειγμα, ὡς τὰ τῶν ἐργαζομένων καὶ μετρίως ἐθελόντων ζῆν τοῖς βδελυροῖς καὶ συκοφάνταις ὑπάρχει παρ᾽ ὑμῶν λαβεῖν. πολὺ γὰρ χρησιμώτερα ὑμῖν παρὰ τῷδε ὄντα ὑπάρχει. ὁρᾶτε γὰρ αὐτοὶ καὶ ἀκούετε τῶν μαρτύρων, οἷον ἑαυτὸν τοῖς δεηθεῖσι παρέχει· καὶ τούτων οὐδὲν ἕνεκα τοῦ λυσιτελοῦντος εἰς χρήματα πεποίηκεν, ἀλλὰ φιλανθρωπίᾳ καὶ τρόπου ἐπιεικείᾳ.

κα΄. Οὔκουν ἄξιον, ὦ ἄνδρες Ἀθηναῖοι, τὸν τοιοῦτον ἄνδρα προέσθαι τούτῳ, οὐδὲ τηνικαῦτα ἐλεεῖν ὅτ᾽ οὐδὲν ἔσται

[1] μόνον ἂν ἠδίκει

[2] Ἴθι

Ἴσθι δὴ καὶ τὰς πρὸς Ἀπολλόδωρον τῆς πονηρίας] Requiro aliam lectionem, nec invenio. Wolf.

κ΄. Χρήμαθ᾽ ὑμῶν] Ὑμῖν ἀνεγνώσθη. Idem.

πλέον τούτῳ, ἀλλὰ νῦν ὅτε κύριοι καθέστατε σῶσαι· οὐ
γὰρ ἔγωγε ὁρῶ καιρὸν, ἐν τίνι ἂν μᾶλλον βοηθήσειέ τις
αὐτῷ. τὰ μὲν οὖν πολλὰ, ὧν Ἀπολλόδωρος ἐρεῖ, νομίζετ'
εἶναι λόγον καὶ συκοφαντίας, κελεύετε δ' αὐτὸν ὑμῖν ἐπι-
δεῖξαι, ἢ, ὡς οὐ διέθετο ταῦθ' ὁ πατὴρ, ἢ, ὡς ἔστι τις
ἄλλη μίσθωσις πλὴν ἣν ἡμεῖς δείκνυμεν, ἢ, ὡς οὐκ ἀφῆκεν
αὐτὸν διαλογισάμενος τῶν ἐγκλημάτων ἁπάντων ἃ ἔγνω ὁ
κηδεστὴς ὁ τούτου καὶ οὗτος αὐτὸς συνεχώρησεν, ἢ, ὡς δι-
δόασιν οἱ νόμοι δικάζεσθαι τῶν οὕτω πραχθέντων, ἢ, τῶν
τοιούτων τι δεικνύναι· ἐὰν δ', ἀπορῶν, αἰτίας καὶ βλασ-
963 φημίας λέγῃ καὶ [1] κακουργῇ, μὴ προσέχετε τὸν νοῦν, μηδ'
ὑμᾶς ἡ τούτου κραυγὴ καὶ ἀναίδεια ἐξαπατήσῃ, ἀλλὰ
φυλάττετε καὶ μέμνησθε ὅσα ἡμῶν ἀκηκόατε. κἂν ταῦτα
ποιῆτε, αὐτοί τε εὐορκήσετε, καὶ τοῦτον δικαίως σώσετε,
ἄξιον ὄντα, νὴ τὸν Δία καὶ τοὺς θεοὺς ἅπαντας. ἀνάγνωθι
λαβὼν αὐτοῖς τὸν νόμον, καὶ τὰς μαρτυρίας τασδί.

ΝΟΜΟΣ. ΜΑΡΤΥΡΙΑΙ.

Οὐκ οἶδ' ὅ τι δεῖ πλείω λέγειν· [2] οἶμαι γὰρ ὑμᾶς οὐδὲν ἀγνοεῖν τῶν εἰρημένων. ἐξέρα τὸ ὕδωρ.

[1] κακολογῇ

[2] οἴομαι

κά. Τῶν οὕτω] Adde ὑπὲρ vel περὶ ante τῶν. Auger.

Ἢ τῶν τοιούτων τι δεικνύναι] S. κελεύετε. Wolf.

Ἐξέρα τὸ ὕδωρ] Hinc apud D. Petrum, κύων ἐπὶ τὸ ἴδιον ἐξέραμα ἐπανερχομένη. In *farrag.* scholium in fine additum est, τουτέστιν, ἔκβαλλε. Idem.

ΥΠΟΘΕΣΙΣ ΤΟΥ ΠΡΟΣ ΠΑΝΤΑΙΝΕΤΟΝ ΠΑΡΑΓΡΑΦΙΚΟΥ ΛΟΓΟΥ.

Pag. ed. Reisk.

ΠΑΝΤΑΙΝΕΤΟΣ, παρὰ Τηλεμάχου τινὸς ἐργαστήριον ἐν Μαρωνείᾳ μεταλλικὸν — τόπος δὲ 963
οὗτος τῆς Ἀττικῆς — καὶ μετὰ τοῦ ἐργαστηρίου τριάκοντα τὸν ἀριθμὸν οἰκέτας ὠνούμενος,
δανείζεται παρὰ μὲν Μνησικλέους τάλαντον, παρὰ δὲ Φιλέτου καὶ Πλείστορος πέντε καὶ τεττα-
ράκοντα μνᾶς· καὶ ἦν ὠνητὴς ἐγγεγραμμένος ὁ Μνησικλῆς, καὶ τὰς ὠνὰς εἶχεν αὐτός. ὕστερον
δὲ ἀπαιτούμενος τὸ ἀργύριον ὁ Πανταίνετος δευτέρους λαμβάνει δανειστὰς, τόν τε παραγραφό-
μενον νῦν Νικόβουλον καὶ Εὔεργόν τινα, καὶ τούτοις ὑποθήκην δίδωσι τὸ ἐργαστήριον καὶ τὰ ἀν-
δράποδα· γραμματεῖον δὲ οὐχ ὑποθήκης ἀλλὰ πράσεως γράφεται, καὶ γίνεται πρατὴρ καὶ
βεβαιωτὴς τοῖς δευτέροις δανεισταῖς ὁ πρότερος δεδανεικὼς ὁ Μνησικλῆς ὁ τὰς ὠνὰς ἔχων. καὶ
μισθοῦσι τῷ Πανταινέτῳ τά τε ἀνδράποδα καὶ τὸ ἐργαστήριον Εὔεργος καὶ ὁ Νικόβουλος, ὡς 964
δεσπόται δῆθεν γεγονότες αὐτοῦ· τοσούτου δὲ μισθοῦσιν ὅσον τὸ δάνειον τόκον ἐποίει. ἐδεδανείκε-
σαν μὲν γὰρ ἑκατὸν πέντε μνᾶς, ἔδει δὲ κατὰ μνᾶν τόκον εἶναι δραχμήν· ἑκατὸν οὖν καὶ πέντε
δραχμὰς λαμβάνειν συνέθεντο, καὶ ἦν τοῦτο τῷ μὲν ἔργῳ, τόκος τῷ δὲ ὀνόματι, μίσθωσις.
τούτων πραχθέντων, ὁ μὲν Νικόβουλος ἀπεδήμησε· παρὰ δὲ τὴν ἀπουσίαν τὴν ἐκείνου Ἀθήνησι
τάδε γίγνεται. ὁ Εὔεργος, ὁ κοινωνὸς τοῦ δανείσματος, αἰτιώμενος τὸν Πανταίνετον, ὡς οὐδὲν τῶν
συγκειμένων ἐθέλοντα ποιεῖν, ἐλθὼν ἐπὶ τὸ ἐργαστήριον κατεῖχεν αὐτοῦ· καὶ δὴ ἀργύριον φυλάξας
ἐκ τῶν μετάλλων Πανταινέτῳ κομιζόμενον, ὅπερ ἔμελλεν εἰς τὸ δημόσιον καταβάλλειν, ἀφεί-
λετο τὸν κομίζοντα οἰκέτην βίᾳ· παρὸ καὶ διπλῆν εἰς τὸ δημόσιον κατέβαλεν, ὡς ἔφη, τὴν κα-
ταβολὴν ὁ Πανταίνετος, τῆς προσηκούσης προθεσμίας δι' Εὔεργον ἐκπεσών· ἐπὶ τούτοις καὶ
δίκην ἔλαχε τῷ Εὐέργῳ βλάβης, καὶ εἷλεν αὐτόν. ὡς δὲ ἐπανῆκε καὶ ὁ Νικόβουλος ἐκ τῆς ἀπο-
δημίας, καὶ δανεισταὶ πολλοί τινες ἀνεφαίνοντο τοῦ Πανταινέτου, πρότερον ἀγνοούμενοι, λόγων
πολλῶν λεγομένων, πέρας συνέβησαν, ὥστε Νικόβουλον μὲν καὶ Εὔεργον, ἀπολαμβάνοντας ἑκα-
τὸν καὶ πέντε μνᾶς, ἀποστῆναι τοῦ ἐργαστηρίου καὶ τῶν ἀνδραπόδων· ταῦτα δὲ τοὺς ἑτέρους
δανείσαντας ὠνεῖσθαι. πάλιν δὲ οὐκ ἐθελόντων τῶν δανειστῶν ὠνεῖσθαι τὰ κτήματα, εἰ μὴ
πρατῆρες αὐτοὶ καὶ βεβαιωταὶ γίγνοιντο Νικόβουλος καὶ Εὔεργος, πείθεται ὁ Νικόβουλος καὶ
ὑπ' αὐτοῦ Πανταινέτου, καθὰ φησὶν, ἀξιούμενος, οὐ πρότερον δὲ ἀνεδέξατο, πρὶν τοῦ Πανταίνε- 965
τον ἄφεσιν αὐτῷ παντὸς ἐγκλήματος δοῦναι. ὁ δὲ Πανταίνετος ἔδωκε μὲν τὴν ἄφεσιν, καὶ
ἐπράθη τὰ κτήματα· οὐδὲν δὲ ἧττον καὶ τούτῳ τὴν αὐτὴν, ἥνπερ Εὐέργῳ, δίκην εἴληχε, με-
ταλλικὴν [1] ἐπιγράφοντες τὴν δίκην, ὡς δὴ τῶν τε τὰ μέταλλα ἐργαζομένων εἷς ὢν καὶ περὶ
μέταλλον ἠδικημένος. ἐγκαλεῖ δὲ τῷ Νικοβούλῳ καὶ περὶ τῆς τῶν χρημάτων ἀφαιρέσεως τῶν
ὑπὸ τοῦ οἰκέτου κομιζομένων, καὶ περὶ τῆς τοῦ ἐργαστηρίου καὶ τῶν ἀνδραπόδων πράσεως
παρὰ τὰς συνθήκας γεγενημένης, καὶ μέντοι καὶ περὶ ἑτέρων τινῶν. ὁ δὲ Νικόβουλος παραγρά-
φεται τὸν ἀγῶνα, καθ' ἕνα μὲν ἐκεῖνον νόμον τὸν κελεύοντα, περὶ ὧν ἂν ἄφεσις καὶ
ἀπαλλαγὴ γένηται, περὶ τούτων μηκέτι ἐξεῖναι δικάζεσθαι, καθ' ἕτερον
δὲ ἐκεῖνον, ὃς διαῤῥήδην καὶ σαφῶς ὁρίζει περὶ τίνων δεῖ τὰς μεταλλικὰς δίκας
εἰσάγειν, ὧν οὐδὲν πεπονθότα Πανταίνετον, ἀτόπως φησὶ μεταλλικὴν δίκην δικάζεσθαι· καὶ
μὴν καὶ τρίτον παρέχεται νόμον, ὃς διαιρεῖ περὶ ποίων ἐγκλημάτων ποῖα χρὴ κρίνειν
δικαστήρια καὶ ποίας ἀρχὰς εἰσάγειν τὰς δίκας, Πανταίνετον δέ φησι παρὰ
τοῦτον ποιεῖν τὸν νόμον, ποικίλα ἐγκλήματα εἰς ταὐτὸν μίξαντα καὶ περὶ πάντων τῷ μεταλ-
λικῷ δικαστηρίῳ τὴν κατηγορίαν ποιούμενον. τῷ μὲν οὖν περὶ τῆς ἀφέσεως νόμῳ κατ' ἀρχὰς
κέχρηται, τοῖς δὲ δύο τοῖς ἑτέροις ἐπὶ τοῦ τέλους, καὶ ἀρχόμενος ἀπὸ τῆς παραγραφῆς
καὶ λήγων εἰς ταύτην. ἐν δὲ μέσῳ τὴν εὐθυδικίαν πεποίηκεν, ἧς μέγιστον καὶ ἰσχυρότατόν
ἐστιν, ὅτι μηδὲ ἐπιδημῶν ἐτύγχανε τότε Νικόβουλος, ὅτε Πανταίνετος ἐκεῖνα, ἐφ' οἷς τότε 966
Εὐέργῳ, καὶ νῦν Νικοβούλῳ, τὴν δίκην εἴληχε.

1 * ἐπιγραφόμενος

Παρὰ Τηλεμάχου est in oratione. WOLF.

Μαρωνείᾳ] Imperitus fuit situs Maroniæ et ἀγεωγράφητος ille, quicunque scripsit hanc hypothesin, qui eum locum in Attica ponit, si ita scripsit. Itaque si vox Μαρωνεία sana est, lege: τόπος δὲ οὗτος τῆς Θρᾴκης. PALMER.

Καὶ τὰς ὠνὰς εἶχεν αὐτὸς] Haud scio, an mancipem, redemtorem, aut fidejussorem dicere liceat. Sed malo ad verbum vertere, quam nimium in re dubia mihi permittere. WOLF.

Κατεῖχεν αὐτοῦ] F. αὐτὸ, S. τὸ ἐργαστήριον. IDEM.

Πέρας] Τελευτῶντες, κατὰ τὸ πέρας, πρὶν τὸν Πανταίνετον. et v. 27. μεταλλικὴν ἐπιγράφων τὴν δίκην. et v. 38. ποικίλα ἐγκλήματα. et ibid. F. ἐν τῷ μεταλλικῷ. IDEM.

Τοὺς ἑτέρους δανείσαντας] F. τοὺς ὕστερον δανείσαντας. IDEM.

Ὅτε Πανταίνετος ἐκεῖνα] F. A. ἔπασχεν ἐκεῖνα. IDEM.

ΔΗΜΟΣΘΕΝΟΥΣ

ΠΑΡΑΓΡΑΦΗ

ΠΡΟΣ ΠΑΝΤΑΙΝΕΤΟΝ.

ά. ΔΕΔΩΚΟΤΩΝ, ὦ ἄνδρες δικασταὶ, τῶν νόμων παραγράψασθαι περὶ ὧν ἄν τις ἀφεὶς καὶ ἀπαλλάξας δικάζηται, γεγενημένων ἀμφοτέρων μοι τούτων πρὸς Πανταίνετον τουτονὶ, παρεγραψάμην, ὡς ἠκούσατε ἀρτίως, μὴ εἰσαγώγιμον εἶναι τὴν δίκην, οὐκ οἰόμενος δεῖν ἀφεῖσθαι τοῦ δικαίου τούτου, οὐδ᾽, ἐπειδὰν ἐξελέγξω πρὸς ἅπασι τοῖς ἄλλοις καὶ ἀφεικότα τοῦτον ἐμαυτὸν καὶ ἀπηλλαγμένον, ἐγγενέσθαι τούτῳ μὴ φάσκειν ἀληθῆ με λέγειν, καὶ ποιεῖσθαι τεκμήριον, ὡς, εἴπερ ἐπράχθη τι τοιοῦτον, παρεγραψάμην ἂν αὐτόν· ἀλλ᾽, ἐπὶ ταύτης τῆς σκήψεως εἰσελθὼν, ἀμφότερα ὑμῖν ἐπιδεῖξαι, καὶ ὡς οὐδὲν ἠδίκηκα τοῦτον, καὶ ὡς παρὰ τὸν νόμον μοι δικάζεται. εἰ μὲν οὖν ἐπεπόνθει τι τούτων Πανταίνετος ὧν νῦν ἐγκαλεῖ, κατ᾽ ἐκείνους ἂν τοὺς χρόνους ἐφαίνετό μοι δικαζόμενος εὐθὺς, ἐν οἷς τὸ συμβόλαιον ἡμῖν πρὸς ἀλλήλους ἐγίγνετο, οὐσῶν μὲν ἐμμήνων τῶν δικῶν τούτων, ἐπιδημούντων δ᾽ ἡμῶν ἀμφοτέρων, ἁπάντων δ᾽ ἀνθρώπων εἰωθότων παρ᾽ αὐτὰ [1]τὰ ἀδικήματα μᾶλλον ἢ χρόνων ἐγγεγενημένων ἀγανα-
17 κτεῖν· ἐπειδὴ δὲ οὐδὲν ἠδικημένος — ὡς καὶ ὑμεῖς εὖ οἶδ᾽

[1] τἀδικήματα

ά. Παρεγραψάμην, ὡς — δίκην] *Præscripsi, ut audistis nuper, Pantæneto actionem experiundique potestatem esse denegandam:* ideo scilicet, quod me ἀφῆκεν τοῦ ἐγκλήματος, quod mihi pridem acceptum tulit quod nunc petit. BUDÆUS.

Παρεγραψάμην ἂν αὐτὸν] Cum accusativo personæ rarius, sæpius cum accusativo δίκην, aut cum infinitivo, μὴ εἰσαγώγιμον εἶναι. WOLF.

Ἐπὶ ταύτης τῆς σκήψεως εἰσελθὼν] Προφάσεως καὶ δικαιολογίας. IDEM.

Ἐπιδεῖξαι] Regitur ab οἰόμενος δεῖν. Fortasse tamen, et hoc ultimum malim, ita intelligenda hæc phrasis, ἀλλ᾽ ἐπὶ κ. τ. λ. *sed ingressus hac fiducia nixus hoc utrumque ostendere,* i. e. me hoc utrumque ostensurum. AUGER.

Οὐσῶν μὲν ἐμμήνων] De hac voce alibi dictum est, pro menstruis posse reponi semestria, παρὰ τοὺς ἓξ μῆνας τοὺς χειμερινοὺς, ἀργούσης τῆς ναυτιλίας καὶ ἐμπορίας.

ὅτι φήσετε, ἐπειδὰν τὰ πεπραγμένα ἀκούσητε — τῷ κατ-
ορθῶσαι τὴν πρὸς Εὔεργον δίκην ἐπηρμένος, συκοφαντεῖ,
ὑπόλοιπόν ἐστι παρ' ὑμῖν, ὦ ἄνδρες δικασταὶ, ἐπιδείξαντα
ὡς οὐδ' ὁτιοῦν ἀδικῶ καὶ μάρτυρας ὧν ἂν λέγω παρασχό-
μενον, πειρᾶσθαι σώζειν ἐμαυτόν. δεήσομαι δὲ καὶ δίκαια
καὶ μέτρια ὑμῶν ἁπάντων, ἀκοῦσαί τέ μου, περὶ ὧν παρ-
εγραψάμην, εὐνοϊκῶς, καὶ προσέχειν ὅλῳ τῷ [1] γράμματι
τὸν νοῦν· πολλῶν γὰρ δικῶν ἐν τῇ πόλει γεγενημένων,
οὐδένα πω δίκην οὔτ' ἀναιδεστέραν οὔτε συκοφαντικωτέραν
οἴομαι φανήσεσθαι δεδικασμένον, ἧς νῦν οὑτοσὶ λαχὼν εἰσ-
ελθεῖν τετόλμηκεν. ἐξ ἀρχῆς δὲ, [2] ὡς οἷός τε ὦ, διὰ βραχυ-
τάτων ἅπαντα τὰ πραχθέντα διηγήσομαι πρὸς ὑμᾶς.

β'. Ἐδανεισάμεν πέντε καὶ ἑκατὸν μνᾶς ἐγὼ καὶ Εὔ-
εργος, ὦ ἄνδρες δικασταὶ, Πανταινέτῳ τούτῳ ἐπ' ἐργαστη-
ρίῳ τε ἐν τοῖς ἔργοις ἐν Μαρωνείᾳ καὶ τριάκοντα ἀνδρα-
πόδοις· ἦν δὲ τοῦ δανείσματος τετταράκοντα μὲν καὶ πέντε
μναῖ ἐμαὶ, τάλαντον δ' Εὐέργου. συνέβαινε δὲ τοῦτον ὀφεί-
λειν Μνησικλεῖ μὲν Κολυττεῖ τάλαντον, Φιλέᾳ δὲ Ἐλευσινίῳ
καὶ Πλείστορι πέντε καὶ τετταράκοντα μνᾶς. πρατὴρ
[3] μὲν τοῦ ἐργαστηρίου καὶ τῶν ἀνδραπόδων ὁ Μνησικλῆς
ἡμῖν γίγνεται — καὶ γὰρ ἐώνητο ἐκεῖνος αὐτὰ τούτῳ
παρὰ [4] Τηλεμάρχου τοῦ πρότερον κεκτημένου —, μισθοῦ-
ται δὲ [5] οὗτος παρ' ἡμῶν τοῦ γιγνομένου τόκου τῷ ἀργυρίῳ,
πέντε καὶ ἑκατὸν δραχμῶν τοῦ μηνὸς ἑκάστου. καὶ τιθέ-
μεθα συνθήκας, ἐν αἷς ἥ τε μίσθωσις ἦν γεγραμμένη, καὶ
[6] λύσις παρ' ἡμῶν ἔν τινι ῥητῷ χρόνῳ. πραχθέντων δὲ τού-
των Ἐλαφηβολιῶνος μηνὸς ἐπὶ Θεοφίλου ἄρχοντος, ἐγὼ 968
μὲν ἐκπλέων εἰς τὸν Πόντον εὐθὺς ᾠχόμην, οὗτος δ' ἐνθάδε

[1] πράγματι [2] ὡς ἂν οἷός [3] μὲν δὴ τοῦ [4] Τηλεμάχου [5] οὑτοσὶ [6] λύσις τούτῳ παρ'

WOLF.
Ὅλῳ τῷ γράμματι] F. πράγματι. et v. 8. πολλῶν γὰρ δικῶν, pro δικαίων. IDEM.

β'. Ἐδανεισάμην] M. ἐδανείσαμεν. et v. 19. πρατὴρ μὲν οὖν. IDEM.

Μισθοῦται —— μηνὸς ἑκάστου] Quibus verbis significat Demosthenes, contractum illum nomine quidem *conductionem* fuisse, sed revera *mutuum usurarium*. Quem contractum ne quis improbandum censeret, addidit usuræ loco pensitationem menstruam se stipulatum, quantam scilicet usuram stipulari per leges liceret. Eam autem esse in singulas minas drachmas singulas. γιγνόμενον τόκον, *justam et legitimam usuram* vocat: ut γιγνόμενον ἀργύριον ἀποδοῦναι, *probos et legitimos numos reddere*; et ap. Herodot. II. ὄργυιαι δίκαιαι, *justæ ulnæ*, vel orgyiæ. *De asse et in Annot. in Pandect.* BUDÆUS.

Λύσις παρ' ἡμῶν] *Redemtio a nobis*, ut liceret redimere à nobis officinam. WOLF.

ἦν καὶ Εὔεργος. τὰ μὲν δὴ πραχθέντα τούτοις πρὸς [1] ἑαυτοὺς ἕως ἀπεδήμουν ἐγὼ, οὐκ ἂν ἔχοιμι εἰπεῖν· οὔτε γὰρ ταὐτὰ λέγουσιν, οὔτ᾽ ἀεὶ ταὐτὰ οὗτός γε. ἀλλὰ τοτὲ μέν φησιν ἐκπεσεῖν ὑπ᾽ ἐκείνου βίᾳ παρὰ τὰς συνθήκας ἐκ τῆς μισθώσεως, τοτὲ δὲ αὐτὸν αἴτιον αὐτῷ πρὸς τὸ δημόσιον γενέσθαι τῆς ἐγγραφῆς, τοτὲ δὲ ἄλλο ὅ τι ἂν βούληται· ἐκεῖνος δ᾽ ἁπλῶς, οὔτε τοὺς τόκους ἀπολαμβάνων, οὔτε τῶν ἄλλων τῶν ἐν ταῖς συνθήκαις ποιοῦντος οὐδὲν τούτου, ἐλθὼν παρ᾽ ἑκόντος τούτου λαβὼν ἔχειν τὰ ἑαυτοῦ, μετὰ δὲ ταῦτα ἀπελθόντα τοῦτον ἥκειν τοὺς ἀμφισβητήσοντας ἄγοντα, αὐτὸς δ᾽ οὐκ ἐπεξελθεῖν ἐκείνοις, τοῦτον δ᾽ οὐχὶ κωλύειν ἔχειν ὅσα περ ἐμισθώσατο, εἰ ποιοίη τὰ συγκείμενα. τούτων μὲν δὴ τοιούτους ἀκούω λόγους. ἐκεῖνο δὲ οἶδα, ὅτι, εἰ μὲν οὗτος ἀληθῆ λέγει, καὶ δεινὰ πέπονθεν ὥσπερ φησὶν ὑπὸ τοῦ Εὐέργου, ἔχει δίκην, [2] ἧς ἐτιμήσατο αὐτὸς — εἷλε γὰρ εἰσελθὼν αὐτὸν ὡς ὑμᾶς —, καὶ οὐ δήπου τῶν αὐτῶν παρά τε τοῦ πεποιηκότος δίκαιός ἐστι δίκην λαβεῖν καὶ παρ᾽ ἐμοῦ τοῦ μηδ᾽ ἐπιδημοῦντος· εἰ δ᾽ ὁ Εὔεργος ἀληθῆ λέγει, σεσυκοφάντηται μὲν ὡς ἔοικεν ἐκεῖνος, ἐγὼ δ᾽ οὐδ᾽ οὕτω τῶν αὐτῶν φεύγοιμ᾽ ἂν δίκην εἰκότως. ὡς οὖν ταῦτα πρῶτον ἀληθῆ λέγω, τούτων τοὺς μάρτυρας ὑμῖν παρέξομαι.

ΜΑΡΤΥΡΕΣ.

ὅτι μὲν τοίνυν καὶ πρατὴρ ἦν ἡμῖν τῶν κτημάτων, ὅσπερ
969 ἐξ ἀρχῆς αὐτὸς [3] ἐώνητο, καὶ κατὰ τὰς συνθήκας οὗτος ἐμισθώσατο ἡμέτερον ὂν τὸ ἐργαστήριον καὶ τὰ ἀνδράποδα, καὶ οὔτε παρῆν ἐγὼ τοῖς μετὰ ταῦτα πρὸς Εὔεργον τούτῳ πραχθεῖσιν οὔτε ἐπεδήμουν ὅλως, ἔλαχέ τε δίκην ἐκείνῳ καὶ οὐδὲν ἡμῖν πώποτε ἐνεκάλει, ἀκούετε τῶν μαρτύρων, ὦ ἄνδρες δικασταί.

γ΄. Ἐπειδὴ τοίνυν ἀφικόμην σχεδόν τι πάντα ἀπολωλεκὼς ὅσα ἔχων ἐξέπλευσα, ἀκούσας καὶ καταλαβὼν

[1] αὐτοὺς [2] οἷς [3] ἐώνητο, ὁ Μνησικλῆς, καὶ

Ἔχει δίκην ἧς ἐτιμήσατο αὐτὸς] S. ἐκείνῳ. Notatum αὐτόν. Malim αὐτῷ. IDEM.

Εἰ δ᾽ Εὔεργος ἀληθῆ λέγει] Τὸ ἀληθῆ λέγει videtur a grammatico adjectum, cùm possit ἀπὸ κοινοῦ ex superiore intelligi. et, v. 28. οὔτε ἐπεδήμουν ὅλως, ἔλαχε δὲ δίκην. et, p. 556. v. 2. θαυμαστὸν ὡς ἐλυπήθην, ὁρῶν τὸ πρᾶγμά μοι περιεστηκὸς εἰς ἄπορον, pro θαυ-

τοῦτον μὲν ἀφεστηκότα, τὸν δ' Εὔεργον ἔχοντα καὶ κρατοῦντα ὧν ἐωνήμεθα, [1]θαυμαστῶς ὡς ἐλυπήθην, ὁρῶν τὸ πρᾶγμά μοι περιεστηκὸς εἰς ἄτοπον· ἢ γὰρ κοινωνεῖν ἔδει τῆς ἐργασίας καὶ τῶν ἐπιμελειῶν τῷ Εὐέργῳ, ἢ χρήστην ἀντὶ τούτου τὸν Εὔεργον ἔχειν, καὶ πρὸς ἐκεῖνον πάλιν μίσθωσιν γράφειν, καὶ συμβόλαιον ποιεῖσθαι. τούτων δ' οὐδ' ἕτερον προῃρούμην· ἀηδῶς δ' ἔχων οἷς λέγω τούτοις, ἰδὼν τὸν Μνησικλέα τὸν πρατῆρα τούτων ἡμῖν γεγενημένον, προσελθὼν ἐμεμφόμην αὐτῷ, λέγων, οἷον ἄνθρωπον προὐξένησέ μοι, καὶ τοὺς ἀμφισβητοῦντας, καὶ τί ταῦτ' ἐστὶν, ἠρώτων. ἀκούσας δ' ἐκεῖνος, τῶν μὲν ἀμφισβητούντων κατεγέλα· συνελθεῖν δὲ ἔφη τούτους βούλεσθαι πρὸς ἡμᾶς, καὶ [2]συνάξειν ἡμᾶς, καὶ παραινέσειν τούτῳ πάντα ποιεῖν τὰ δίκαια ἐμοὶ, καὶ οἴεσθαι πείσειν. ὡς δὲ συνήλθομεν, τὰ μὲν πολλὰ τί δεῖ λέγειν; ἧκον δ' οἱ δεδανεικέναι φάσκοντες τούτῳ ἐπὶ τῷ ἐργαστηρίῳ καὶ τοῖς ἀνδραπόδοις, ἃ ἡμεῖς ἐπριάμεθα παρὰ Μνησικλέους· καὶ οὐδὲν ἦν ἁπλοῦν οὐδ' ὑγιὲς τούτων, πάντα δ' ἐξελεγχόμενοι ψευδῆ λέγοντες, καὶ τοῦ Μνησικλέους βεβαιοῦντος ἡμῖν, προκαλοῦνται πρό- 970
κλησιν ἡμᾶς, ὡς οὐ δεξομένους, ἢ κομίσασθαι πάντα τὰ χρήματα παρ' αὐτῶν καὶ ἀπελθεῖν, ἢ διαλῦσαι σφᾶς ὑπὲρ ὧν ἐνεκάλουν, αἰτιώμενοι πολλῷ πλείονος ἄξια ἔχειν ὧν ἐδεδώκειμεν χρημάτων. ἀκούσας δ' ἐγὼ, παραχρῆμα, οὐδὲ βουλευσάμενος, κομίσασθαι συνεχώρησα, καὶ τὸν Εὔεργον ἔπεισα. ἐπειδὴ δὲ ἔδει ἡμᾶς τὰ χρήματα [3]λαμβάνειν, καὶ τὸ πρᾶγμα εἰς τοῦτο προῆκτο, οὐκ [4]ἔφησαν μετὰ ταῦτα δώσειν οἱ τότε ἐκεῖνα [5]ἐπαγγειλάμενοι, εἰ μὴ πρατῆρες γιγνοίμεθ' ἡμεῖς τῶν κτημάτων αὐτοῖς, νοῦν ἔχοντες, ὦ ἄνδρες Ἀθηναῖοι, κατ' αὐτό γε τοῦτο· ἑώρων γὰρ ἡμᾶς οἷα

[1] θαυμάστὸν [2] συνάξειν αὐτὸς ἡμᾶς [3] ἀπολαμβάνειν [4] ἔφασαν [5] ἐπαγγελλόμενοι

μαστῶς et ἄτοπον. Idem.

γ'. Ἀηδῶς δ' ἔχων κ. τ. λ.] Vid. Herald. Anim. in Salmas. Obss. ad Jus A. et R. l. IV. c. III.

Ἡμᾶς] Hic accipiendum pro ἀμφοτέρους, i. e. *omnes partes contendentes.* Auger.

Καὶ τοῦ Μενεκλέους βεβαιοῦντος ἡμῖν] S. τὴν πρᾶσιν. Wolf.

Προκαλοῦνται πρόκλησιν — ἐνεκάλουν] *Optionem nobis offerebant, velut non accepturis, ut aut ab eis integram pecuniam auferentes a lite discederemus, aut iisdem ipsis solveremus eam pecuniam quam a nobis petebant.* διαλῦσαι enim τὸν ἐγκαλοῦντα est *eum liberare,* h. e. ἀπαλλάξαι. Budæus.

Ὡς οὐ δεξομένους, per ο, non per α. Wolf.

Ἢ διαλῦσαι σφᾶς] *Absolvere, satisfacere sibi.* Idem.

ἐσυκοφαντούμεθα ὑπὸ [1] τούτων. ὡς οὖν καὶ ταῦτα ἀληθῆ λέγω, λάβε μοι καὶ ταύτας τὰς μαρτυρίας.

ΜΑΡΤΥΡΙΑΙ.

δ΄. Ἐπειδὴ τοίνυν τὸ πρᾶγμα ἐνταῦθ᾽ εἱστήκει, καὶ τὰ μὲν χρήματα οὐ προΐεντο οὓς ἐπήγαγεν οὗτος, ἡμεῖς δ᾽ εἰκότως ἐφαινόμεθα ὧν ἐωνήμεθα κρατεῖν, ἱκέτευεν, ἐδεῖτο, ἠντιβόλει πρατῆρας ἡμᾶς γενέσθαι. ἀξιοῦντος δὲ τούτου καὶ πολλὰ δεηθέντος ἐμοῦ, καὶ τί οὐχὶ ποιήσαντος; καὶ τοῦτο ὑπέμεινα. ὁρῶν δ᾽ αὐτὸν, ὦ ἄνδρες Ἀθηναῖοι, κακοήθη, καὶ, τὸ μὲν ἐξ ἀρχῆς τοῦ Μνησικλέους κατηγοροῦντα πρὸς ἡμᾶς, πάλιν δὲ ὡς φίλος ἦν τὰ μάλιστα Εὐέργῳ τούτῳ προσκεκρουκότα, καὶ, τὸ μὲν πρῶτον ὡς ἐγὼ κατέπλευσα ἄσμενον φάσκοντα ἑωρακέναι με, ἐπειδὴ δὲ ἔδει τὰ δίκαια ποιεῖν [3] ἐμοὶ δυσκολαίνοντα, καὶ, ἅπασι μέχρι τοῦ προλαβεῖν καὶ τυχεῖν ὧν δέοιτο φίλον ὄντα, μετὰ ταῦτα δ᾽ ἐ-
971 χθρὸν καὶ διάφορον γιγνόμενον, ἠξίουν ἀπαλλαττόμενος καὶ πρατὴρ ὑπὲρ τῶν [4] τούτου γινόμενος, πάντων ἀφεθεὶς τῶν ἐγκλημάτων καὶ ἀπαλλαγεὶς, οὕτω διαλύεσθαι. τούτων δὴ συγχωρηθέντων, οὗτος μὲν ἀφῆκεν ἁπάντων ἐμέ· ἐγὼ δὲ πρατὴρ, ὥσπερ ἐδεῖθ᾽ οὗτος, τῶν κτημάτων [5] ἐγενόμην, καθάπερ αὐτὸς ἐπριάμην παρὰ Μνησικλέους. κομισάμενος δὲ τὰ ἐμαυτοῦ καὶ τοῦτον οὐδ᾽ ὁτιοῦν ἀδικῶν, μὰ τοὺς θεοὺς, οὐδ᾽ ἂν εἴ τι γένοιτο, ᾠήθην ἂν δίκην μοι λαχεῖν ποτὲ τουτονί. τὰ μὲν δὴ γεγενημένα, καὶ περὶ ὧν οἴσετε τὴν ψῆφον, καὶ δι᾽ ἃ τὴν δίκην συκοφαντούμενος παρεγραψάμην μὴ εἰσαγώγιμον εἶναι, ταῦτ᾽ ἐστὶν, ὦ ἄνδρες δικασταί· παρασχόμενος δὲ μάρτυρας οἳ παρῆσαν, ἡνίκα ἀφιέμην ὑπὸ τούτου καὶ ἀπηλλαττόμην, ὡς οὐδ᾽ εἰσαγώγιμος ἐκ τῶν νόμων ἐστὶν ἡ δίκη, μετὰ ταῦτ᾽ ἐπιδείξω. καί μοι λέγε ταύτην τὴν μαρτυρίαν.

ΜΑΡΤΥΡΙΑ.

λέγε δή [6] μοι τὴν τῶν ἐωνημένων μαρτυρίαν, ἵν᾽ εἰδῆθ᾽,

[1] τούτου [2] ᾧ φ. η. τ. μ., τῷ Εὐέργῳ, [3] ἐμοὶ πάλιν δυσκολαίνοντα
[4] τούτου τινῶν γινόμενος [5] ἐγιγνόμην [6] μοι καὶ τὴν

Ὡς ἐσυκοφαντούμεθα ὑπὸ τούτων] F. τούτου, s. τοῦ Πανταινέτου. IDEM.

ὅτι τούτου κελεύοντος αὐτὰ ἀπεδόμην, οἷς οὗτος ἐκέλευσε.

ΜΑΡΤΥΡΙΑ.

οὐ τοίνυν μόνον ἡμῖν εἰσὶν οὗτοι μάρτυρες, ὡς ἀφείμεθα καὶ νῦν συκοφαντούμεθα, ἀλλὰ καὶ Πανταίνετος αὐτός. ὅτε γὰρ λαγχάνων Εὐέργῳ τὴν δίκην εἴασεν ἐμὲ, τότ᾽ ἐμαρτύρει οὗτος πρὸς ἐμὲ αὐτῷ μηδὲν ἔγκλημα ὑπόλοιπον εἶναι· οὐ γὰρ ἂν δήπου τῶν αὐτῶν ἀδικημάτων, παρόντων ἀμφοῖν ὁμοίως ἐγκαλῶν, τὸν μὲν εἴασε, τῷ δ᾽ ἐδικάζετο. ἀλλὰ μὴν, ὅτι γ᾽ οὐκ ἐῶσιν οἱ νόμοι περὶ τῶν οὕτω πραχθέντων πάλιν λαγχάνειν, [1] οἶμαι μὲν ὑμᾶς, καὶ μηδὲν εἰπόντος 972
ἐμοῦ, γιγνώσκειν· ὅμως δὲ λέγε αὐτοῖς καὶ τὸν νόμον τουτονί.

ΝΟΜΟΣ.

ἀκούετε, ὦ ἄνδρες Ἀθηναῖοι, τοῦ νόμου λέγοντος ἄντικρυς, ὧν ἂν ἀφῇ καὶ ἀπαλλάξῃ τις, μηκέτι τὰς δίκας εἶναι· καὶ μὴν, ὅτι γ᾽ ἀμφότερ᾽ ἐστὶ πεπραγμένα ταῦτα τούτῳ πρὸς ἡμᾶς, ἠκούσατε τῶν μαρτύρων.

έ. Ἁπάντων μὲν τοίνυν τῶν ἐν τοῖς νόμοις ἀπειρημένων οὐ προσήκει δικάζεσθαι, οὐχ ἥκιστα δὲ τούτων. ἃ μὲν γὰρ τὸ δημόσιον πέπραχεν, ἔχοι τις ἂν εἰπεῖν, ὡς ἀδίκως ἢ οὐ προσήκοντα πέπραχε, καὶ, περὶ ὧν ἔγνω τὸ δικαστήριον, ἔστιν εἰπεῖν ὡς ἐξαπατηθὲν τοῦτ᾽ ἐποίησε, καὶ, περὶ τῶν ἄλλων τῶν ἐν τῷ νόμῳ κειμένων, καθ᾽ ἑκάστου γένοιτ᾽ ἂν τις εἰκότως λόγος· ἃ δ᾽ αὐτὸς ἐπείσθη καὶ ἀφῆκεν, οὐκ ἔνι δήπουθεν εἰπεῖν, οὐδ᾽ αὑτὸν [2] αἰτιάσασθαι ὡς οὐ δικαίως ταῦτ᾽ ἐποίησεν. οἱ μὲν οὖν παρά τι τῶν ἄλλων τούτων δικαζόμενοι, τοῖς ὑφ᾽ ἑτέρων δικαίοις ὡρισμένοις οὐκ ἐμμένουσιν, ὁ δ᾽ ὧν ἂν ἀφῇ πάλιν λαγχάνων, τοῖς ὑφ᾽ ἑαυτοῦ· διὸ πάντων μάλιστ᾽ ἄξιον τούτοις χαλεπαίνειν. οὐκοῦν, ὡς μὲν ἀφῆκέ με πάντων ὅτε ἐγενόμην τῶν ἀνδραπόδων πρατὴρ, ἐπέδειξα· ὅτι δ᾽ οὐκ ἐῶσιν οἱ νόμοι τού-

[1] οἴομαι [2] αἰτιᾶσθαι

Οἱ μὲν οὖν παρά τι τῶν ἄλλων τούτων δικαζόμενοι] Non placet hæc lectio, nec occurrit melior. IDEM. Pro τούτων f. leg. ἀπειρημένων. AUGER.

των εἶναι δίκας, ἀκηκόατε ἀρτίως ἀναγιγνωσκομένου τοῦ νόμου.

ϛ΄. Ἵνα δ᾽, ὦ ἄνδρες Ἀθηναῖοι, μή τις οἴηται τοῖς περὶ τῶν πραγμάτων αὐτῶν δικαίοις ἂν ἁλισκόμενόν με ἐπὶ τοῦτο ἀποχωρεῖν, καὶ καθ᾽ ἕκαστον, ὧν ἐγκαλεῖ, βούλομαι δεῖξαι αὐτὸν ψευδόμενον. λέγε [1] αὐτὸ τὸ ἔγκλημα, ὅ μοι δικάζεται.

73 ΕΓΚΛΗΜΑ.

[2] Ἔβλαψε Νικόβουλος ἐπιβουλεύσας ἐμοὶ καὶ τῇ οὐσίᾳ τῇ ἐμῇ, ἀφελέσθαι κελεύσας Ἀντιγένην τὸν ἑαυτοῦ οἰκέτην τὸ ἀργύριον τοῦ ἐμοῦ οἰκέτου, ὃ ἔφερε καταβολὴν τῇ πόλει τοῦ μετάλλου, ὃ ἐγὼ ἐπριάμην ἐννενήκοντα μνῶν· καὶ αἴτιος ἐμοὶ γενόμενος ἐγγραφῆναι τὸ διπλοῦν τῷ δημοσίῳ.

ἐπίσχες. ταυτὶ πάντα, ἃ νῦν ἐγκέκληκεν ἐμοὶ, πρότερον τὸν Εὔεργον αἰτιασάμενος, τὴν δίκην εἷλε. μεμαρτύρηται μὲν δὴ καὶ ἐν ἀρχῇ μοι τοῦ λόγου πρὸς ὑμᾶς, ὡς ἀπεδήμουν ὅτε τούτοις αἱ πρὸς ἀλλήλους ἐγίγνοντο διαφοραί· οὐ μὴν ἀλλὰ καὶ ἐκ τοῦ [3] ἐγκλήματος τούτου δῆλόν ἐστιν. οὐδαμοῦ γὰρ ὡς ἔγωγέ τι πεποίηκα τούτων ἔγραψεν· ἀλλ᾽, ὑπογράψας ἐπιβουλεῦσαί με αὐτῷ καὶ τῇ οὐσίᾳ, [4] προστάξαι φησὶ τῷ παιδὶ ταῦτα ποιεῖν, ψευδόμενος. πῶς γὰρ ἐγὼ προσέταξα, ὃς, ὅτε ἐξέπλεον, τῶν γενησομένων ἐνταῦθ᾽ οὐδ᾽ ὁτιοῦν δήπουθεν ᾔδειν; εἶτα καὶ πόση μωρία, λέγοντα, ὡς ἐπεβούλευον ἀτιμῶσαι καὶ τὰ ἔσχατα πρᾶξαι, οἰκέτῃ με ταῦτα προστάξαι γεγραφέναι, ἃ οὐδὲ πολίτης πολίτην δύναιτ᾽ ἂν ποιῆσαι; τί οὖν ἐστὶ τοῦτο; οὐκ ἔχων, οἶμαι, κατ᾽ οὐδὲν διὰ τὴν ἀποδημίαν εἰς ἐμὲ τούτων ἀνενεγκεῖν τι, συκοφαντεῖν δὲ βουλόμενος, ὡς προσέταξα, ἐνέγραψεν· οὐδὲ γὰρ λόγος ἦν, εἰ μὴ τοῦτ᾽ ἐποίησε. λέγε [5] τὸ ἀκόλουθον.

ΕΓΚΛΗΜΑ.

καὶ, ἐπειδὴ ὦφλον ἐγὼ τῷ δημοσίῳ, καταστήσας Ἀντιγένην τὸν ἑαυτοῦ οἰκέτην εἰς τὸ ἐργαστήριον τὸ ἐμὸν, τὸ ἐπὶ Θρασύλλου, κύριον τῶν ἐμῶν, ἀπαγορεύοντος ἐμοῦ.

[1] δ᾽ αὐτὸ [2] Ἔβλαψέ με Νικόβουλος [3] ἐγκλήματος * αὐτοῦ τοῦτο [4] προστάξαι με φησὶ [5] τἀκόλουθον

Δικαίοις ἂν ἁλισκόμενόν με ἐπὶ τοῦτο ἀποχωρεῖν. Wolf.

Ἐκ τοῦ ἐγκλήματος τούτου] M. τοῦτο δῆλον. et, v. 24. οἰκέτῃ με ταῦτα, vel τὰ τοιαῦτα, pro μετὰ ταῦτα. Idem.

Ἐπὶ Θρασύλλῳ] Thrasyllum erat locus quidam Amphitropæ, quemadmodum Aulon. Nec puto recte sentire Harpocrationem, qui interpretatur: ἐπὶ τῷ Θρασύλλου μνήματι. *Att. Lect.* L. V. c. 30. Meur-

ἐπίσχες. πάλιν ταυτὶ πάντα ὑπ' αὐτοῦ τοῦ πράγμα- 974
τος ἐξελεγχθήσεται ψευδόμενος. γέγραφε γὰρ καταστῆσαι μὲν ἐμὲ, ἀπαγορεύειν δὲ αὐτόν· ταῦτα δ' οὐχ οἷόν τε τὸν μὴ παρόντα. οὔτε γὰρ ἐγὼ καθίστην, ὅγε ὢν ἐν τῷ Πόντῳ, οὔτ' [1] ἀπηγόρευσεν οὗτος τῷ μὴ παρόντι. πῶς γάρ; πῶς οὖν εἰς ἀνάγκην ἦλθε ταῦθ' οὕτω γράψαι; Εὔεργος τότ', οἶμαι, πλημμελῶν ὧν δέδωκε δίκην, συνήθως ἔχων ἐμοὶ καὶ γνώριμος ὢν, κατέστησέ τινα οἰκέτην οἴκοθεν λαβὼν παρ' ἐμοῦ φυλάττειν, ὡς αὐτόν. εἰ μὲν οὖν ἔγραψε τἀληθὲς, γέλως ἂν ἦν· τί γὰρ, εἰ κατέστησεν Εὔεργος, [2] ἔγωγ' ἀδικῶ; φεύγων δὲ τοῦτο, τοιαῦτ' [3] ἠνάγκασται γράφειν, ἵν' ἦ πρὸς ἐμὲ αὐτῷ τὸ ἔγκλημα. λέγε τὰ ἐφεξῆς.

ΕΓΚΛΗΜΑ.

πείσας τοὺς οἰκέτας τοὺς ἐμοὺς καθέζεσθαι εἰς τὸν Κεγχρεῶνα ἐπὶ βλάβῃ τῇ ἐμῇ.

ἐπίσχες. τουτὶ παντελῶς ἤδη καὶ ἀναιδές ἐστιν. οὐ γὰρ μόνον ἐκ τοῦ προκαλεῖσθαι τούτους παραδοῦναι, τοῦτον δὲ μὴ ἐθέλειν, ἀλλὰ καὶ ἐκ πάντων δῆλόν ἐστι ψεῦδος ὄν. τίνος γὰρ ἕνεκ' ἔπειθον; ἵνα, νὴ Δί', αὐτοὺς κτήσωμαι; ἀλλ', αἱρέσεώς μοι δοθείσης ἢ ἔχειν [4] ἢ κτήσασθαι ἢ κομίσασθαι τὰ ἐμαυτοῦ, εἱλόμην κομίσασθαι, καὶ ταῦτα μεμαρτύρηται. λέγε δ' [5] ὁμοίως τὴν πρόκλησιν.

ΠΡΟΚΛΗΣΙΣ.

ταύτην τοίνυν οὐχὶ δεξάμενος τὴν πρόκλησιν, ἀλλὰ φυγὼν, σκέψασθε, οἷον εὐθέως μετὰ ταῦτ' ἐγκαλεῖ. λέγε τὸ ἐχόμενον.

[1] ἀπηγόρευεν [2] ἐγώ σε ἀδικῶ [3] ἐπηνάγκασται [4] [ἢ κτήσασθαι] [5] ὅμως

SIUS.

Θρασύλλου] Sub. ἐργαστηρίῳ. AUGER.

Κατέστησεν ὡς αὐτὸν] Ἀντὶ τοῦ, πρὸς ἑαυτόν. F. ὡς ἑαυτοῦ, s. ὄντα. WOLF. *Ut ipsum*, i. e. suo ipsius nomine qui servum collocabat. AUGER.

Καθέζεσθαι εἰς τὸν Κεγχρεῶνα] Suidas: εἰς τὸ καθαριστήριον, ὅπου τὴν ἐκ τῶν μετάλλων διέφυχον κέγχρον. Ego suspicor, esse proprium loci nomen, seu asyli servorum, ut fuit τὸ καθέζεσθαι ἐπὶ τὸ χῶμα, asylum trierarcharum: nisi forte hoc dicat, avocatos fuisse servos a mandato opere, et ad aliud traductos. WOLF.

Ἢ ἔχειν, ἢ κτήσασθαι] Aut τὸ ἢ κτήσασθαι abundat, aut καὶ κτήσασθαι legendum. IDEM. Hæ duæ voces supervacuæ videntur et recidendæ. AUGER.

ΕΓΚΛΗΜΑ.

καὶ κατεργασάμενος τὴν ἀργυρῖτιν, ἣν οἱ ἐμοὶ οἰκέται εἰργάσαντο, καὶ ἔχων τὸ ἀργύριον τὸ ἐκ ταύτης τῆς ἀργυρίτιδος.

75 ἐπίσχες. πάλιν ταῦτα πῶς ἔνεστ' ἐμοὶ πεπρᾶχθαι τῷ μὴ παρόντι, καὶ περὶ ὧν Εὐέργου κατεδικάσω; λέγε δ' [1] αὐτὸ τὸ ἔγκλημα ἐφεξῆς.

ΕΓΚΛΗΜΑ.

καὶ ἀποδόμενος τὸ ἐργαστήριον τὸ ἐμὸν καὶ τοὺς οἰκέτας παρὰ τὰς συνθήκας, ἃς ἔθετο πρὸς ἐμέ.

ἐπίσχες. τουτὶ πολὺ πάνθ' ὑπερβέβληκε τἄλλα. πρῶτον μὲν γὰρ παρὰ τὰς συνθήκας, φησίν, ἃς ἔθετο πρὸς ἐμέ· αὗται δ' εἰσὶ τίνες; ἐμισθώσαμεν τῶν τόκων τῶν γινομένων τούτῳ τὰ ἡμέτερα ἡμεῖς, καὶ ἄλλο οὐδέν· πρατὴρ μὲν γὰρ ὁ Μνησικλῆς ἡμῖν ἐγεγόνει, τούτου παρόντος καὶ κελεύοντος. μετὰ [2] ταῦτα τὸν αὐτὸν τρόπον ἡμεῖς ἑτέροις ἀπεδόμεθα, ἐφ' οἷσπερ αὐτοὶ ἐπριάμεθα, οὐ μόνον κελεύοντος ἔτι τούτου, ἀλλὰ καὶ ἱκετεύοντος· οὐδεὶς γὰρ ἤθελε δέχεσθαι τοῦτον πρατῆρα. τί οὖν αἱ τῆς μισθώσεως ἐνταῦθ' συνθῆκαι; τί τοῦτο, ὦ φαυλότατ' ἀνθρώπων, ἐνέγραψας; ἀλλὰ μήν, ὅτι σοῦ κελεύοντος, καί, ἐφ' οἷσπερ ἐωνήμεθα, αὐτοὶ πάλιν ἀπεδόμεθα, λέγε τὴν μαρτυρίαν·

ΜΑΡΤΥΡΙΑ.

μαρτυρεῖς τοίνυν καὶ σύ· ἃ γὰρ ἡμεῖς πέντε καὶ ἑκατὸν μνῶν ἐωνήμεθα, ταῦθ' ὕστερον τριῶν ταλάντων καὶ δισχιλίων καὶ ἑξακοσίων ἀπέδου σύ. καίτοι, τίς ἂν καθάπαξ [3] πρατῆρας ἔχων σοὶ δραχμὴν ἔδωκε μίαν. ἀλλὰ μήν, ὅτι ταῦτ' ἀληθῆ λέγω, κάλει μοι καὶ τούτων τοὺς μάρτυρας.

ΜΑΡΤΥΡΕΣ.

ἔχων μὲν τοίνυν, ἣν ἐπείσθη, τῶν αὑτοῦ τιμήν, δεηθεὶς δὲ

[1] αὐτοῖς [2] ταῦτα δὲ τὸν [3] πρατῆρά σ' ἔχων

Καθάπαξ μὴ πρατῆρας ἔχων addita negatione legendum, sententia docet: Lisi placent, καθάπαξ, πρατῆρα σὲ ἔχων. Wolf.

Αὐτοῦ] L. ἐμαυτοῦ, et ibid. deleo δέ. Auger.

μου τότε γενέσθαι πρατῆρα καθ' ὃ συνέβαλον ἀργύριον, 976 αὐτὸς δυοῖν ταλάντοιν προσδικάζεται. καὶ τὰ λοιπὰ τῶν ἐγκλημάτων ἔτ' ἐστὶ δεινότερα. λέγε δή μοι τὸ λοιπὸν τοῦ ἐγκλήματος.

ΕΓΚΛΗΜΑ.

ἐνταυθοῖ πόλλ' ἄττα καὶ δεινά μοι ἅμα ἐγκαλεῖ· καὶ γὰρ αἰκίαν, καὶ ὕβριν, καὶ βιαίων, καὶ πρὸς ἐπικλήρους ἀδικήματα. τούτων δ' εἰσὶν ἑκάστου χωρὶς αἱ δίκαι, καὶ οὔτε πρὸς τὴν αὐτὴν ἀρχὴν, οὔθ' ὑπὲρ τιμημάτων τῶν αὐτῶν. ἀλλ' ἡ μὲν αἰκία καὶ [1] τὰ τῶν βιαίων, πρὸς τοὺς τετταράκοντα· αἱ δὲ τῆς ὕβρεως, πρὸς τοὺς θεσμοθέτας· ὅσα δ' εἰς ἐπικλήρους, πρὸς τὸν ἄρχοντα. οἱ δὲ νόμοι καὶ τούτων διδόασι τὰς παραγραφὰς ἀντιλαγχάνειν, περὶ ὧν οὐκ εἰσὶν εἰσαγωγεῖς. λέγε δ' αὐτοῖς τοῦτον τὸν νόμον.

ΝΟΜΟΣ.

τοῦτο τοίνυν ἐμοῦ παραγεγραμμένου πρὸς τῇ ἄλλῃ παραγραφῇ, καὶ οὐκ ὄντων εἰσαγωγέων τῶν θεσμοθετῶν ὑπὲρ ὧν λαγχάνει Πανταίνετος, ἐξαλήλιπται, καὶ οὐ πρόσεστι τῇ παραγραφῇ. τὸ δ' ὅπως, ὑμεῖς σκοπεῖτε· ἐμοὶ [2] μὲν γὰρ ἕως ἂν ἔχω τὸν νόμον τοῦτον δεικνύναι, οὐδ' ὁτιοῦν διαφέρει. οὐ γὰρ τὸ γινώσκειν καὶ συνιέναι τὰ δίκαια ὑμῶν ἐξαλεῖψαι δυνήσεται.

ζ'. Λάβε δή μοι καὶ τὸν μεταλλικὸν νόμον· καὶ γὰρ ἐκ τούτου δείξειν οἴομαι οὐκ οὖσαν εἰσαγώγιμον τὴν δίκην, χάριτός τε ὧν μᾶλλον ἄξιος ἢ τοῦ συκοφαντεῖσθαι. λέγε.

[1] τὰ περὶ τῶν

[2] [μὲν]

Αὐτὸς δυοῖν ταλάντοιν προσδικάζεται] Tanti Pantænetum æstimasse mulctam, ex iis, quæ sequuntur, apparet. WOLF.

Καὶ βιαίων] Imo βίαν, nisi mavis ut infra τὰ τῶν βιαίων, subaudiendo ἐγκλήματα ἀδικημάτων. et v. 11. αἱ sub. δίκαι. AUGER.

Πρὸς τοὺς τετταράκοντα] Hujus magistratus nomen alibi me legisse non recordor. WOLF.

Καὶ τούτων τὰς παραγραφὰς ἀντιλαγχάνειν] Παραγράφεσθαι, μὴ εἰσαγώγιμον εἶναι τὴν δίκην. IDEM.

Τοῦτο ἐξαλήλιπται] Ὑπὸ τίνων, τῶν θεσμοθετῶν, ἢ τοῦ ἄρχοντος? Sequitur enim δυνήσεται. IDEM.

Καὶ οὐ πρόσεστι τῇ παραγραφῇ] Verteram: *abolita sunt, et ad præscriptionem non pertinent*: ad crimina referens: quasi scriptum esset: καὶ οὐ μέτεστι τῇ παραγραφῇ. Sed est, ut opinor, (certi enim nihil habeo) querela de iniquitate, vel prætoris, vel sexvirorum, qui exceptionem Nicobuli mutilarint. Nam id accusatori licuisse, non existimo. Alioqui pro παραγραφῇ legendum videretur γραφῇ. IDEM.

Τὸ γινώσκειν καὶ συνιέναι addita conjunctione. τὴν γνῶσιν καὶ σύνεσιν τὴν ὑμετέραν τῶν δικαίων. IDEM.

Δυνήσεται] *Poterit* nempe, quicumque ille sit qui delevit in exceptione mea illud quod addideram, sive Pantænetus, sive alius. AUGER.

ΝΟΜΟΣ.

οὗτος σαφῶς ὁ νόμος διείρηκεν, ὧν εἶναι δίκας προσήκει
μεταλλικάς. οὐκοῦν ὁ μὲν νόμος, ἐάν τις ἐξείλλῃ [1] τι-
77 νὰ τῆς ἐργασίας, ὑπόδικον ποιεῖ· ἐγὼ δ' οὐχ ὅπως
αὐτὸς ἐξείλλω τοῦτον, ὧν ἄλλος ἀπεστέρει, τούτων ἐγκρα-
τῆ κατέστησα καὶ παρέδωκα, καὶ πρατὴρ ὑπὲρ τούτου
δεηθέντος ἐγενόμην. ναί, φησιν· ἀλλὰ κἂν [2] ἄλλος τις ἀδι-
κῇ τι περὶ τὰ μέταλλα, καὶ τούτων εἰσὶ δίκαι. ὀρθῶς γ',
ὦ Πανταίνετε· ἀλλὰ ταῦτα τί ἐστιν; ἂν ὑφάψῃ τις,
ἂν ὅπλα ἐπιφέρῃ, ἂν ἐπικατατέμνῃ τῶν μέ-
τρων ἐντός, ταῦτά ἐστι τἆλλα, ὧν οὐδὲν δήπου πέπρα-
κται πρὸς ὑμᾶς ἐμοί· πλὴν [3] εἰ, τοὺς κομιζομένους ἃ προ-
εῖντό σοι, μεθ' ὅπλων ἥκειν νομίζεις. εἰ δὲ ταῦθ' ἡγῇ, πρὸς
ἅπαντας τοὺς [4] προϊεμένους τὰ ἑαυτῶν εἰσί σοι δίκαι μεταλ-
λικαί· ἀλλ' οὐ δίκαιον. φέρε γάρ, [5] ὅστις μέταλλον παρὰ
τῆς πόλεως πρίηται, τοὺς κοινοὺς παρελθὼν νόμους, καθ'
οὓς καὶ διδόναι καὶ λαμβάνειν πᾶσι προσήκει δίκας, ἐν ταῖς
μεταλλικαῖς δικάσεται; τί δέ, [6] ἐὰν δανείσηταί τις παρά
του; τί δέ, ἂν κακῶς ἀκούσῃ; ἂν πληγὰς λάβῃ; ἂν
κλοπὴν ἐγκαλῇ; ἂν προεισφορὰν μὴ κομίζηται; ἂν ὅλως

[1] τινὰ ἐκ τῆς [2] ἄλλο τι ἀδικῇ τις [3] εἰ μὴ τοὺς [4] προϊεμένους σοι τὰ [5] ὅστις ἂν μέταλλον [6] ἂν

ζ'. Ἐάν τις ἐξείλλῃ] Hinc τὴν ἐξούλην deducit Libanius. WOLF.

Ἐγὼ δὲ οὐχ — κατέστησα] *Ego vero non solum ipsum non ejeci, sed unde ab alio ejectus est, ipsum in possessionem restitui.* BUDÆUS.

Κἂν ἄλλως τις] Adverbialiter per ω. vel κἂν ἄλλο τις. et v. 10. τῶν μέτρων ἐκτός. Nam ἐντὸς τῶν μέτρων, utique licet. WOLF.

Ἂν ὑφάψῃ τις —] Primum dicit, *si quis ignem importarit atque succenderit*; quod refero tum ad ipsa metalla, cum ad columnas, quibus metallorum fodinæ sustentantur et fulciuntur, de quibus Pollux VII. 23. μεσοκρινεῖς κίονες, οἱ ἐν τοῖς μετάλλοις ἐφεστηκότες ἀνέχειν τὰ ὀρύγματα. Magnum enim dabatur sive metalli redemptoribus sive operæ mancipibus damnum, in flando metallo, et in ambustis columnis, quibus fodinæ sustinebantur. Sequitur ἂν ὅπλα ἐπιφέρῃ. Vertit Wolfius: *Si quis arma intulerit*, male, quod viri magni pace dictum velim. Corruptum locum lego ἂν ὅπλα ἐκφέρῃ, et verto: *Si vasa instrumentaque exportarit*, sive illa sint τῶν μεταλλέων, sive ad metalla aut metalli fodinas pertineant, ut sunt quæ recenset Pollux X. 31. θύλακες, περίοδος, σάλαξ. Addit demum ἂν ἐπικατατέμνῃ τῶν μέτρων ἐντός, *si effoderit*, μεταλλεύσῃ, *extra fines suos*, intra alienos; de quo paullo post p. 564. v. 2. *Leg. Attic.* L. VII. T. XII. PETITUS. Dubito de conjecturæ veritate. Ipsemet Orator arma intelligenda esse declarat: recitatis enim quibusdam ex lege, subdit continuo τἆλλα ὧν οὐδὲν δήπου πέπρακται πρὸς ὑμᾶς ἐμοί· πλὴν εἰ τοὺς κομιζομένους ἃ προεῖντό σοι, μεθ' ὅπλων ἥκειν νομίζεις, quorum ultima de armis esse accipienda utique dubitari non potest. WESSELING. Lego et intelligo cum S. Petito AUGER.

Ἂν προεισφορὰν μὴ κομίζηται] Cum divites tributum pro pauperibus pependerunt, nec pecuniam pro illis numeratam recuperare potuerunt. Vide Ulpianum in ἄλλο τι; ἐγὼ μὲν οὐκ οἶμαι· ἀλλὰ τὰς μεταλλικὰς δίκας [1] εἶναι τοῖς κοινωνοῦσι μετάλλου, καὶ τοῖς ἕτερον συντρήσασιν [2] εἰς τὰ τῶν πλησίον, καὶ ὅλως τοῖς ἐργαζομένοις τὰ μέταλλα, καὶ τῶν ἐν τῷ νόμῳ τι ποιοῦσι· τῷ δὲ δανείσαντι Πανταινέτῳ, καὶ ταῦτ' ἀπειληφότι γλίσχρως καὶ [3] μόλις, περὶ τούτου οὐκ εἶναι δίκην μεταλλικὴν προσφθεγκτέον, οὐδ' ἐγγύς. ὡς μὲν οὖν οὔτ' ἠδίκηκα τοῦτον οὐδὲν, οὔτ' εἰσαγώγιμος ἐκ τῶν νόμων ἐστὶν ἡ δίκη, ταῦτ' ἄν τις σκοπῶν ῥᾳδίως γνοίη.

ή. Οὐδὲν τοίνυν δίκαιον ἔχων οὐδὲ καθ' ἓν λέγειν ὑπὲρ 978
ὧν ἐγκαλεῖ, ἀλλὰ καὶ ψευδῆ γεγραφὼς εἰς τὸ ἔγκλημα, καὶ περὶ ὧν ἀφῆκε δικαζόμενος, τοῦ ἐξελθόντος, ὦ ἄνδρες Ἀθηναῖοι, μηνὸς, ἐπειδὴ ἔμελλον εἰσιέναι τὴν δίκην, ἤδη τῶν δικαστηρίων [4] ἐπικεκυρωμένων, προσελθὼν καὶ περιστήσας τοὺς μεθ' [5] ἑαυτοῦ τὸ ἐργαστήριον συνεστηκότων, πρᾶγμα ποιεῖ πάνδεινον. ἀναγινώσκει μοι πρόκλησιν μακρὰν, ἀξι-

[1] εἶναι δίκας [2] [εἰς τὰ τῶν πλησίον] [3] μόλις· παρὰ τούτου, [4] ἐπικεκληρωμένων [5] ἑαυτοῦ, τ. ἐ. τῶν συνεστηκότων,

orationem περὶ Συμμοριῶν. Wolf. προεισφορὰ est tributum quod, urgente necessitate, pro pauperibus pendebant divites, ita ut numeratam pro ipsis pecuniam deinde pro jure suo exigerent. Auger.

Τοῖς ἕτερον συντρήσασιν εἰς τὰ τῶν πλησίον] Συντρεῖν ἕτερον, *perfodere* aut *perforare alterum, in ea, quæ vicinorum sunt.* Videtur aliquid mendi esse in verbis: et τὸ ἕτερον fortassis abundat: sed sententia non est obscura. Wolf.

Τῶν ἐν τῷ νόμῳ τι ποιοῦσι] S. τῶν ἀπηγορευμένων ὑπὸ τοῦ νόμου. Idem.

Περὶ τούτου οὐκ εἶναι δίκην μεταλλικὴν, προσφθεγκτέον οὐδ' ἐγγὺς] Προσφθεγκτέον οὐκ εἶναι δίκην μεταλλικὴν τῷ δανείσαντι Πανταινέτῳ, οὐδ' ἐγγὺς, ἀντὶ τοῦ, Πανταινέτῳ κατ' οὐδένα τρόπον δίκην εἶναι κατὰ τοῦ δανείσαντος. Idem.

ή. Τῶν δικαστηρίων ἤδη ἐπικεκληρωμένων] Κληρωτὰ γὰρ τὰ δικαστήρια. Isocrates Areopagitico: πρὸ τῶν δικαστηρίων κληρουμένους, εἴθ' ἕξουσι τροφὴν, εἴτε καὶ μή. Sunt etiam certis in causis, apud Romanos quidem, ex ordinariis judicibus aliqui a Reis delecti, et ab alterutris nonnulli rejecti, ut in Milonianæ interpretatione docet Asconius. Si ἐπικεκυρωμένων, significat, *sortitione peracta, jam cum auctoritate fuisse judices.* Idem.

Καὶ περιστήσας τοὺς μεθ' ἑαυτοῦ τὸ ἐργαστήριον συνεστηκότων] Mendosus locus. F. τοὺς μεθ' ἑαυτοῦ ἐκ τῶν ἐργαστηρίων συνεστηκότας. etsi malim: τοὺς μεθ' ἑαυτοῦ συνεστηκότας, *gregalibus suis adductis.* Verti, ut potui: *adductisque secum iis, qui una cum ipso officinam constituerant.* Sed rectius fortassis intelliguntur τὰ ἐργαστήρια τῶν συκοφαντῶν, de quibus agitur in exceptione adversus Zenothemidem. Idem. *societatem factiosorum.* ἐργαστήριον eo sensu hic sumitur, quo π. Ζηνοθ. ἐργαστήρια τῶν συκοφαντῶν, societates *calumniatorum.* Auger.

Ἀναγινώσκει μοι πρόκλησιν μακρὰν] *Recitat mihi provocationem* vel *denunciationem bene longam, postulans servum quem conscium esse rei gestæ diceret, in quæstionem ea lege dari, ut si vera ipse dixisset, confestim ego tantæ damnarer pecuniæ, quanta pecunia legibus definita est: sin falsa viderentur quæ idem ipse in controversiam deduxisset, ipse ut quæstionis habendæ moderator et arbiter* Mnesicles *pretium servi in quæstionem injuria postulati arbitrio suo constitueret et æstimaret.* πρόκλησις est ἐξαίτησις τῶν θεραπόντων εἰς βάσανον ὅτε δικάζοιντο, πρὸς μαρτυρίαν τοῦ πράγματος. Moris enim fuit apud Antiquos, ut qui servum ad testimonium ferendum posceret, is pretii servi fidejussores daret in causa tum civili tum capitali. Qui autem servum ad quæstionem exposcebat, non alias æstimationem dabat, quam si causa caderet.

ὧν, ὃν φησιν οἰκέτην ταῦτα συνειδέναι, βασανίζεσθαι· κἂν μὲν ᾖ ταῦτ᾽ ἀληθῆ, τὴν δίκην ἀτίμητον ὄφλειν αὐτῷ, ἐὰν δὲ ψευδῆ, τὸν βασανιστὴν Μνησικλέα ἐπιγνώμονα τῆς τιμῆς εἶναι τοῦ παιδός. λαβὼν δ᾽ ἐγγυητὰς τούτων παρ᾽ ἐμοῦ, καὶ σημηναμένου τὴν πρόκλησιν ἐμοῦ — οὐχ ὡς δίκαιον ὄν· ποῦ γάρ ἐστι δίκαιον ἐν οἰκέτου σώματι καὶ ψυχῇ, ἢ δύο ὠφληκέναι τάλαντα, ἢ μηδὲν τὸν συκοφαντοῦντα ζημιοῦσθαι; ἀλλ᾽ ἐγώ, πολλῷ τῷ δικαίῳ περιεῖναι βουλόμενος, συνεχώρουν —, καὶ μετὰ ταῦτα [1]προκαλεῖταί με τὴν δίκην πάλιν, ἐπειδὴ θᾶττον ἀνείλετο τὰς παρακαταβολάς· οὕτως εὐθὺς ἦν δῆλος, οὐδ᾽ οἷς αὐτὸς ὡρίσατο δικαίοις ἐμμένων. ἐπειδὴ δ᾽ ἥκομεν πρὸς τὸν βασανιστήν, ἀντὶ τοῦ τὴν πρόκλησιν ἀνοίξας δεῖξαι τὰ γεγραμμένα, καὶ κατὰ ταῦτα πράττειν ὅ τι δόξαι — διὰ γὰρ τὸν

[1] προσκαλεῖται μέν με

Quare fidejussor intercedebat inter actorem et reum: quanquam id Demosthenes postulationem adversarii depellendo ait iniquum esse. *In Annot. in Pandect.* BUDÆUS.

Ἀναγινώσκει κ. τ. λ.] Quænam erat ilia πρόκλησις? Servum Nicobuli torquendum sibi dari poscebat Pantænetus, ea lege, ut, si in tormentis veram esse suam postulationem appareret, Nicobulus δίκην ἀτίμητον ὄφλῃ: sin falsa, pro servo tormentis adhibito tantum Nicobulo præstaret Pantænetus, quanti damnum tortor æstimaret. ἀτίμητον ergo δίκην ὄφλειν volebat Pantænetus Nicobulum, i. e. damnum, quantum ipse æstimaverat, ita ut æstimationem impugnare non liceret, sibi præstare; pro damno dato tantum sibi solvi, quantum petiiset, ut nulla alia æstimatione esset opus. Id autem æstimaverat II. talentis. His expositis, interpretatio addenda est, reformatis quibusdam, in quibus Wolfius aberravit: *Legit mihi prolixam provocationem, servum, quem harum rerum conscium dicebat, in quæstionem postulans. Quod si ea vera essent, summam, quam ille petebat, absque alia damni sui æstimatione solverem; sin falsa, æstimaret* tortor Mnesicles, quanti esset *damnum ex* servi *mei quæstione mihi datum. Atque acceptis a me vadibus, et obsignato provocationis, sive delatæ conditionis, libello, non quod justum esset, (ubi enim justum ex servi cruciatu pendere, ut aut II. talentis condemnarer, aut, si absolverer, nulla calumniatorem pœna sequeretur?) sed quod ego magna juris abundantia superare volebam, consensum* præstiti. Herald. Anim. in Salmas. Obss. ad Jus A. et R. l. III. c. V. §. 3. cf. l. VI. c. XIV.

Τὴν δίκην ἀτίμητον ὄφλειν αὐτῷ] Ne quid de petita mulcta detrahatur. Pollux lib. 8. ἀτίμητος δίκη, ἣν οὐκ ἔστιν ὑποτιμήσασθαι, ἀλλ᾽ ἢ τοσούτου τετίμηται, ὅσον ἐπιγέγραπται. Suidas: ἀτίμητος ἀγών, ἐφ᾽ ᾧ τίμημα ὡρισμένον ἐκ τῶν νόμων οὐ κεῖται, ἀλλ᾽ οἱ δικάζοντες ἐτιμῶντο, τί δεῖ παθεῖν, ἢ ἀποτίσαι, ὁ δὲ τιμητός, ᾧ πρόσεστιν ἀπὸ τῶν νόμων ὡρισμένον τίμημα. Huic contrarium habet Varini Lexicon: ὁ μὲν τιμητὸς ἀγών, ἐφ᾽ ᾧ τίμημα ὡρισμένως ἐκ τῶν νόμων οὐκ ἔστιν, ἀλλὰ τοὺς δικαστὰς ἔδει τιμᾶσθαι, ὅ,τι χρὴ παθεῖν, ἢ ἀποτίσαι, ὁ δὲ ἀτίμητος τοὐναντίον, ᾧ πρόσεστιν ἐκ τῶν νόμων ὡρισμένως τίμημα, ὡς οὐδὲν δεῖν τοὺς δικαστὰς τιμῆσαι. Ac Pollux cum Varino consentit, ut videatur Suidæ locus depravatus. ζημία autem ἀτίμητος, quam hic petit Pantænetus, non erat legibus, sed ab ipso accusatore definita duorum talentum. Itaque pro definita legibus, malim, eam, quam postulasset, aut in actione perscripsisset. WOLF.

Προκαλεῖταί με τὴν δίκην πάλιν, ἐπειδὴ θᾶττον ἀνείλετο τὰς παρακαταβολάς] Nam si quæstiones processissent, judicio nihil fuisset opus. Sed mirum, licuisse pecuniam semel depositam tollere. IDEM. Post *hæc provocat* vel *lacessit me judicio rursus, simul ac sustulit pignora.* Quibus verbis significat minime illum stetisse priore sponsione, sed pignora sua rece-

θόρυβον τὸν τότε καὶ τὸ μέλλειν καλεῖσθαι τὴν δίκην, τοιοῦτον ἦν, Προκαλοῦμαί σε ταυτὶ, Δέχομαι· Φέρε τὸν δακτύλιον, Λαβέ· Τίς δ' ἐγγυητής; Ουτοσὶ, οὐδὲν οὔτ' ἀντίγραφον, οὔτ' ἄλλο οὐδὲν ἐποιησάμην τοιοῦτον — ἀντὶ δὴ τοῦ ταῦθ' οὕτως, ὥσπερ λέγω, πράττειν, ἑτέραν ἧκεν ἔχων πρόκλησιν, ἀξιῶν αὐτὸς βασανίζειν τὸν ἄν- 979
θρωπον· καὶ ἐπιλαβόμενος εἷλκε, καὶ ἐνέλιπεν οὐδὲν ἀσελγείας. καὶ ἔγωγ' ἐνεθυμήθην, ὦ ἄνδρες δικασταὶ, ἡλίκον ἐστὶ [1]πλεονέκτημα καταπεπλῆχθαι τὸν βίον. ἐγὼ γὰρ ἐμαυτὸν ταῦτα πάσχειν ἐδόκουν, καταφρονούμενος τῷ ἁπλῶς καὶ ὡς πέφυκα ζῆν, καὶ δίκην διδόναι παμμεγέθη ταῦθ' ἀνεχόμενος. ὅτι δ' οὖν ἠναγκαζόμην, παρ' ἃ ἡγούμην δίκαια εἶναι, ἀντιπροκαλεῖσθαι καὶ τὸν οἰκέτην παρεδίδουν· καὶ ὅτι ταῦτ' ἀληθῆ λέγω, λέγε τὴν πρόκλησιν.

ΠΡΟΚΛΗΣΙΣ.

φυγὼν μὲν τοίνυν ταῦτα, φυγὼν δ' ἃ τὰ πρῶτον αὐτὸς προὐκαλέσατο, ἔγωγε, ὅ τι ποτ' ἐρεῖ πρὸς ὑμᾶς, θαυμάζω. ἵνα δ' εἰδῆτε ὑφ' οὗ φησὶ καὶ τὰ δεινὰ πεπονθέναι, θεάσασθε. οὗτός ἐστιν ὁ Πανταίνετον ἐκβαλὼν, οὗτός ἐστιν ὁ κρείττων τῶν φίλων τῶν Πανταινέτου καὶ τῶν νόμων· οὐ γὰρ ἔγωγ' ἐπεδήμουν, οὐδ' αὐτὸς ἐγκαλεῖ.

θ'. Βούλομαι δ' ὑμῖν, καὶ δι' ὧν τοὺς πρότερον δικαστὰς ἐξαπατήσας εἷλε τὸν Εὔεργον, εἰπεῖν, ἵν' εἰδῆθ', ὅτι καὶ νῦν οὐδὲν οὔτ' ἀναιδείας οὔτε τοῦ ψεύδεσθαι παραλείψει· πρὸς δὲ τούτοις, καὶ περὶ ὧν ἐμοὶ δικάζεται νῦν, τὰς αὐτὰς οὔσας ἀπολογίας εὑρήσετε, [2]ὅπερ ἔλεγχος ἀκριβέστα-

[1] πλεονέκτημα τὸ μὴ καταπεπλῆχθαι * διὰ τὸν βίον. [2] ὅσπερ

pisse. BUDÆUS.

Καὶ τὸ μέλλειν] Hic legendum mihi videtur: καὶ τὸ μέλλειν αὐτόν με προσκαλεῖσθαι πρὸς τὴν δίκην. et v. 4. οὐδὲν hoc prius eliminandum puto ut inutile. AUGER.

Καλεῖσθαι] Προκαλεῖσθαι legi vult, si bene intellexerim, Budæus, affirmans locum mutilatum esse et corruptum.

Ἡλίκον ἐστὶ πλεονέκτημα καταπεπλῆχθαι τὸν βίον] Quanta esset injuria vitam abjectam agere. F. μὴ καταπεπλῆχθαι, et hoc sequor, dum melius aliquid invenero. WOLF. Vult quoque μὴ addi Augerus.

Ἐμαυτὸν ταῦτα πάσχειν ἐδόκουν, καταφρονούμενος] Aut ἐγὼ γὰρ αὐτὸς, aut ἐμαυτὸν καταφρονούμενον. WOLF.

Παρ' ἃ ἡγούμην δίκαια] Τὸ παρ' videtur abundare, et legendum ἠναγκαζόμην ἃ ἡγούμην δίκαια. Nam παρὰ τὰ δίκαια ἀντιπροκαλεῖσθαι ὁμολογεῖν, absurdum esset, si fateretur, se iniqui aliquid postulasse. IDEM.

Ταῦτα] *Hæc quæ dico*, ut supra ταῦτα cum agitur de Pantæneto, *hæc quæ dicit*. AUGER.

θ'. Ὅπερ ἔλεγχος] M. ὅσπερ. et p. 568. v. 16. ὧν δίκην λαχὼν ᾕρηκεν; παρὰ τὸ αἱρέω, non

τός ἐστιν. ὑπὲρ τοῦ τότ' ἐκεῖνον σεσυκοφαντῆσθαι. οὗτος γὰρ ᾐτιάσατό γ' ἐκεῖνον πρὸς ἅπασι τοῖς ἄλλοις, [1] εἰσελθόντ' εἰς ἀγρὸν ὡς αὐτὸν, ἐπὶ τὰς ἐπικλήρους εἰσελθεῖν καὶ τὴν μητέρα τὴν αὐτοῦ, καὶ τοὺς νόμους ἧκεν ἔχων τοὺς
980 τῶν ἐπικλήρων πρὸς τὸ δικαστήριον. καὶ πρὸς μὲν τὸν ἄρχοντα, ὃν τῶν τοιούτων οἱ νόμοι κελεύουσιν ἐπιμελεῖσθαι, καὶ παρ' ᾧ τῷ μὲν ἠδικηκότι κίνδυνος περὶ τοῦ τί χρὴ παθεῖν ἢ ἀποτίσαι, τῷ δ' ἐπεξιόντι μετ' οὐδεμιᾶς ζημίας ἡ βοήθεια, οὐδέπω καὶ τήμερον ἐξήτασται, οὐδ' εἰσήγγειλεν, οὔτ' ἐμὲ οὔτε τὸν Εὔεργον ὡς ἀδικοῦντας· ἐν δὲ τῷ δικαστηρίῳ ταῦτα [2] κατηγορεῖ, καὶ δυοῖν ταλάντοιν εἷλε δίκην. ἦν γὰρ, οἶμαι, κατὰ μὲν τοὺς νόμους προειδότα τὴν αἰτίαν, ἐφ' ᾗ κρίνεται, ῥᾴδιον τἀληθῆ καὶ τὰ δίκαια ἐπιδείξαντ' ἀποφεύγειν· ἐν δὲ μεταλλικῇ δίκῃ, περὶ ὧν [3] οὐδὲν ἤλπιζεν αὐτοῦ κατηγορηθήσεσθαι, χαλεπὸν παραχρῆμα ἔχειν ἀπολύσασθαι τὴν διαβολήν. ἡ δ' ὀργὴ παρὰ τῶν ἐξηπατημένων ὑπὸ τούτου δικαστῶν, ἐφ' ᾧ τὴν ψῆφον [4] εἶχον πράγματι, τούτου κατεψηφίσατο. καίτοι, τὸν ἐκείνους ἐξηπατηκότα τοὺς δικαστὰς, ἆρ' ὀκνήσειν ὑμᾶς ἐξαπατᾶν οἴεσθε; ἢ πεπιστευκότα εἰσιέναι τοῖς πράγμασιν, ἀλλ' οὐ τοῖς λόγοις καὶ τοῖς [5] συνεστῶσι μεθ' ἑαυτοῦ μάρτυσι, τῷ τ' ἀκαθάρτῳ καὶ μιαρῷ Προκλεῖ τῷ μεγάλῳ τούτῳ, καὶ Στρατοκλεῖ τῷ πιθανωτάτῳ πάντων ἀνθρώπων καὶ πονηροτάτῳ, καὶ τῷ μηδὲν ὑποστελλόμενον μηδ' αἰσχυνόμενον κλαιήσειν καὶ ὀδυρεῖσθαι; καίτοι τοσούτῳ

[1] ἐλθόντ' [2] κατηγόρει [3] οὐδ' ἂν ἤλπισεν [4] * οὐκ εἶχον [5] συνεστῶσι τούτοις [μεθ' ἑαυτοῦ]

τὸ ἐρέα. et ibid. v. 18. αὐτὸς αὐτὸν, S. τὸν οἰκέτην. WOLF.

Καὶ τοὺς νόμους ἧκεν κ. τ. λ.] Queritur Demosthenes h. l. ordinem judiciorum non esse servatum adversus Evergum, II. talentis ob injuriam, quam Pantænetus dicebat puellis patre orbis ab eo factam, damnatum. Cum enim causa metallica in judicio agitaretur eum obiter questum esse, Evergum, cum officinam metallicam invaderet, in gynæceum quoque impudenter irrupisse, ubi mater et ἐπίκληροι essent, sicque injuriam iis esse factam. Atque lex περὶ τῶν ἐπικλήρων volebat, ait Demosthenes, *denunciationem*, εἰσαγγελίαν, prius apud Archonta, nempe ἄρχοντα ἐπώνυμον, quem *Prætorem* Latini reddiderunt, fieri, ad quem τῶν ἐπικλήρων cura pertinet, et apud quem reum ait periclitari de capite aut ære, non quod Prætor causas eas definiret, sed quod judicaret, admittenda esset necne εἰσαγγελία, quam si in judicium deducebat, tunc reus periclitabatur de pœna corporali aut pecuniaria; actor autem sine periculo accusabat, cum ἐν εἰσαγγελίαις pœna nulla, aut mulcta, esset in eum constituta, qui non obtinebat. *Herald*. Anim. in Salmas. Obss. ad Jus A. et R. l. III. c. XIV. §. 4.

Τούτου] M. ἐκείνου, quod refertur ad Evergum, et deinde κατεψηφίσατο, referendo ad ὀργή: AUGER.

[1]δεῖ σ᾽ ἐλέου τινὸς ἄξιον εἶναι, ὥστε μισηθείης ἂν δικαιό-
τατ᾽ ἀνθρώπων ἁπάντων ἐξ ὧν πεπραγμάτευσαι· ὅς γε
ὀφείλων μνᾶς ἑκατὸν καὶ πέντε, καὶ οὐχ οἷός τε ὢν διαλῦ-
σαι, τοὺς ταῦτα συνευπορήσαντας καὶ γενομένους αἰτίους
σοι τοῦ τὰ δίκαια ποιῆσαι τοῖς συμβαλοῦσιν ἐξαρχῆς, χω- 981
ρὶς ὧν περὶ [2]αὐτὰ συμβόλαια ἠδίκεις, καὶ προσατιμῶσαι
ζητεῖς. καὶ τοὺς μὲν ἄλλους τοὺς δανειζομένους ἴδοι τις ἂν
ἐξισταμένους τῶν ὄντων· σοὶ δ᾽ ὁ συμβεβληκὼς τοῦτο πέ-
πονθε, καὶ, δανείσας τάλαντον, δύο ὤφληκε συκοφαντη-
θείς. ἐγὼ δὲ, τετταράκοντα δανείσας μνᾶς, δυοῖν ταλάν-
τοιν ταυτηνὶ φεύγω δίκην· καὶ, ἐφ᾽ οἷς δανείσασθαι μὲν
οὐδεπώποτ᾽ [3]ἐδυνήθης ἑκατὸν μνῶν πλέον, πέπρακας δὲ
καθάπαξ τριῶν ταλάντων καὶ δισχιλίων, εἰς ταῦτα, τέτ-
ταρα ὡς ἔοικεν ἠδίκησαι [4]τάλαντα ὑπό του, καὶ ταῦτα
ὑπὸ τοῦ οἰκέτου, νὴ τὸν Δία, τοῦ ἐμοῦ. τίς δ᾽ ἂν οἰκέτῃ
παραχωρήσειε πολίτης τῶν ἑαυτοῦ; ἢ τίς ἂν φήσειεν, ὧν
δίκην λαχὼν ἥρηκεν [5]αὐτὸς Εὔεργον, τούτων καὶ τὸν ἐμὸν
παῖδα ὑπεύθυνον εἶναι προσήκειν; χωρὶς δὲ τούτων, αὐτὸς
αὐτὸν οὗτος ἀφῆκε τῶν τοιούτων αἰτιῶν ἁπασῶν. οὐ γὰρ νῦν
ἔδει λέγειν, οὐδ᾽ εἰς τὴν πρόκλησιν γράφειν ἐν ᾗ βασανίζειν
[6]ἐζήτει· ἀλλὰ, λαχόντα ἐκείνῳ τὴν δίκην, τὸν κύριον διώ-
κειν ἐμέ. νῦν δ᾽ εἴληχε μὲν ἐμοὶ, κατηγορεῖ δ᾽ ἐκείνου·
ταῦτα δ᾽ οὐκ ἐῶσιν οἱ νόμοι. τίς γὰρ πώποτε, τῷ δεσπότῃ
λαχὼν, τοῦ δούλου τὰ πράγματα, [7]ὡς κυρίου, κατηγορή-
σειεν;

ι. Ἐπειδὰν τοίνυν τις αὐτὸν ἔρηται, καὶ τί δίκαιον

[1] δεῖς ἐλέου τινὸς ἄξιος [2] αὐτὰ τὰ συμβόλαια ἠδικήκεις [3] ἠδυνήθης
[4] τάλαντα! ὑπὸ τοῦ ταῦτα; ὑπὸ [5] οὗτος [6] ἐξήτει [7] ὥσπερ κυρίου, κατηγόρησεν

ι. Ἐπειδὰν τοίνυν τις κ. τ. λ.] Demosthenes hoc loco invidiam, qua premebantur fœneratores, amovere a Nicobulo vult, quod is non artem fœneratoriam faceret, sed amicos sublevando, suis quoque rebus aliquomodo consuleret. Neque enim fœneratores privatos odio publico eximit, si qui artem illam, quanquam inter privatos parietes faciebant; sed non omnes, qui pecuniam mutuo darent, et inde lucellum facerent, inter quos haberi volebat Nicobulum, quem tamen fœnus acerrime agitasse quædam videntur demonstrare, eo ordine habendos significat. Atque locum hunc non de danistis publicis fœnus exercentibus, sed de fœneratoribus privatis, quique hoc vitæ genus dissimularent esse accipiendum, ostendit quod ille ait ibidem, postquam fœneratores invisos esse dixit, hoc genus hominum inde sibi notum, eo quod eorum pecunia quandoque usus esset, iisdem quibus alii conditionibus; quod de trapezitis publicis, qui in foro prostabant omnibus noti, nihil attinebat dicere. p. 569. v. 10. Atque hos δανείζοντας appellat, non δανειστὰς, quia δανειστοῦ appellatio artem veluti et professionem significat; ὁ δανείζων autem dici potest, qui rem eandem facit, sed non tanquam artifex, ut ita dicam, nec pas-

ἕξεις λέγειν πρὸς Νικόβουλον; μισοῦσί, φησιν, Ἀθηναῖοι
τοὺς δανείζοντας· Νικόβουλος δ᾽ ἐπίφθονός ἐστι, καὶ τα-
χέως βαδίζει, καὶ μέγα φθέγγεται, καὶ βακτηρίαν φορεῖ·
ταῦτα δ᾽ ἐστὶν ἅπαντά, φησι, πρὸς ἐμοῦ. καὶ ταῦτ᾽ οὐκ
αἰσχύνεται λέγων, οὐδὲ τοὺς ἀκούοντας οἴεται μανθάνειν,
ὅτι συκοφαντοῦντός ἐστιν ὁ λογισμὸς οὗτος, οὐκ ἀδικου-
2 μένου. ἐγὼ δ᾽ ἀδικεῖν μὲν οὐδένα τῶν δανειζόντων οἴομαι·
μισεῖσθαι μέντοι τινὰς εἰκότως ἂν ὑφ᾽ ὑμῶν, οἳ, τέχνην τὸ
πρᾶγμα πεποιημένοι, μήτε συγγνώμης μήτ᾽ ἄλλου μηδε-
νός εἰσιν, ἀλλ᾽ ἢ τοῦ πλείονος. διὰ [1] γὰρ τὸ δεδανεῖσθαι
πολλάκις, μὴ μόνον αὐτὸς τούτῳ δανεῖσαι, οὐδ᾽ [2] ἐγὼ ταύ-
τους ἀγνοῶ οὐδὲ φιλῶ· οὐ μέντοι γε ἀποστερῶ, μὰ Δία,
οὐδὲ συκοφαντῶ. ὅστις δὲ εἴργασται μὲν, ὥσπερ ἐγὼ πλέων
καὶ κινδυνεύων, εὐπορήσας δὲ μικρῶν ἐδάνεισε ταῦτα, καὶ
χαρίσασθαι βουλόμενος καὶ μὴ λαθεῖν διαῤῥυὲν αὐτὸν τὸ
ἀργύριον, τί τίς ἂν τοῦτον εἰς ἐκείνους τιθείη; εἰ μὴ τοῦ-
το λέγεις, ὡς, ὃς ἂν σοι δανείσῃ, τοῦτον δημοσίᾳ μισεῖσθαι
προσήκει. λέγε δή μοι τὰς μαρτυρίας, τίς ἐγὼ πρὸς τοὺς
συμβάλλοντας [3] ἀνθρώπους καὶ πρὸς τοὺς δεομένους εἰμί.

[1] γὰρ καὶ τὸ [2] ἐγὼ αὐτὸς τούτους [3] * ἄνθρωπος

sim, sed per occasionem, et aliam ob causam, quam ut inde tantum rem faciat. Sed et δανείζων, dicetur, qui clam eam rem facit, μήτε συγγνώμης μήτε ἄλλου μηδενὸς ὢν, ἀλλ᾽ ἢ τοῦ πλείονος: non ut beneficium cuiquam conferat, atque inopiam alterius sublevet, sed ut ex eo negotio lucrum, quam fieri potest, maximum percipiat; unde fit ut nulla misericordia, nullo humanitatis respectu tangatur, id unum agens, ut lucrum faciat, cui proposito sæpe obstat χρηστότης, et Ζεὺς ὁ μειλίχιος. Ejusmodi igitur homines toti sunt τοῦ πλείονος, qui est effectus fœnoris. Quare ne momentum quidem temporis, quod caro vendunt, perdere in animum inducere possunt, nec cuiquam parcunt, meri δανεισταί: sed quia publice id non profitentur, δανείζοντας eos dicit Aristoteles Polit. l. I. c. VII. At Nicobulus dicebat δανεῖσαι quidem se τῷ Πανταινέτῳ, sed ut ei auxilio esset, ut res ejus juvaret, simul etiam ut ex pecunia sua pauxillum emolumenti caperet; quo nomine inter τούτους τοὺς δανείζοντας censendum se negabat. ὅστις - - - προσήκει. v. 13. Nota illud eleganter dictum, καὶ μὴ λαθεῖν διαῤῥυὲν αὐτὸν τὸ ἀργύριον· Quomodo eos, qui pecuniam otiosam in arca premunt, dicebat eleganter Chrysost. in Psalm. XLIX. τὸν πλοῦτον ἐλαττοῦν τῇ φυλακῇ. Quare οἱ δανείζοντες h. l. non sunt οἱ κιχρῶντες, qui gratis mutuo dant, ut Salmasius de M. U. p. 17. volebat, sed ἐπὶ τόκῳ. Neque cum dicebat Nicobulus pecuniam suam se δανεῖσαι, χαρίζεσθαι βουλόμενον, significabat mutuam se dedisse pecuniam gratis, sed amicis opitulantem nec fœnerandi artem facientem, etsi pecuniæ suæ usuram caperet. *Herald. Anim. in Salmas. Obss. ad Jus A. et R.* l. II. c. XXIV. §. 1. sqq.

Μισοῦσι Ἀθηναῖοι τοὺς δανείζοντας] Similiter Plautus Mostell. III. 1. 123. *Nullum ædepol hodie genus est hominum tetrius - - - quam Danisticum.*

Καὶ βακτηρίαν φορεῖ] Utrum id fœneratorum insigne fuit? an habuerunt in eo descripta debitorum nomina? aut incisas æris alieni summas? τῷ γὰρ ταχέως βαδίζοντι τίς χρεία βακτηρίας. Wolf.

Ταῦτα δὲ ἐστὶν ἅπαντά, φησι, πρὸς ἐμοῦ] *Hæc, inquit, omnia a me stant, et causam meam adjuvant.* Budæus.

ΜΑΡΤΥΡΙΑΙ.

τοιοῦτος, ὦ Πανταίνετε, ἐγὼ ὁ ταχὺ βαδίζων, καὶ τοιοῦτος σὺ ὁ ἀτρέμας.

ιά. Ἀλλὰ μὴν περί γε τοῦ ἐμοῦ βαδίσματος ἢ τῆς διαλέκτου πάντ' ἐρῶ τἀληθῆ πρὸς ὑμᾶς, ὦ ἄνδρες δικασταί, μετὰ παῤῥησίας· ἐγὼ γὰρ οὐχὶ λέληθα ἐμαυτὸν, οὐδ' ἀγνοῶ, οὐ τῶν εὖ πεφυκότων κατὰ ταῦτα ὢν ἀνθρώπων, οὐδὲ τῶν λυσιτελούντων [1] ἐμαυτῷ. εἰ γὰρ ἐν οἷς οὐδὲν ὠφελοῦμαι ποιῶν, λυπῶ τινὰς, πῶς οὐκ ἀτυχῶ κατὰ τοῦτο τὸ μέρος; ἀλλὰ τί χρὴ παθεῖν, ἂν τῷ [2] δεῖνι δανείσω; διὰ ταῦτα δίκην προσόφλειν; μηδαμῶς. κακίαν γάρ μ ι καὶ πονηρίαν οὔθ' οὗτος προσοῦσαν οὐδεμίαν δείξει, οὔθ' ὑμῶν τοσούτων ὄντων οὐδεὶς σύνοιδε· τἄλλα δὲ ταῦθ' ἕκαστος ἡμῶν, ὅπως ἔτυχε, πέφυκεν, οἶμαι. καὶ φύσει μάχε- 983
σθαι [3] μὲν ἔχοντα οὐκ εὔπορόν ἐστιν, οὐ γὰρ ἂν ἀλλήλων διεφέρομεν οὐδέν· γνῶναι δ' ἰδόντα ἕτερον καὶ ἐπιπλῆξαι, ῥᾴδιον. ἀλλὰ τί τούτων ἐμοὶ πρὸς σὲ, Πανταίνετε; [4] οὐδέν. πολλὰ καὶ δεινὰ πέπονθας. οὐκοῦν εἴληφας [5] δίκην, οὐ παρ' ἐμοῦ γε· οὐδὲ γὰρ ἠδικήθης οὐδὲν ὑπ' ἐμοῦ. οὐ γὰρ ἄν ποτε ἀφῆκας, οὐδ', ὅτ' Εὐέργῳ προῃροῦ λαγχάνειν, εἴας ἂν ἐμὲ, οὐδὲ πρατῆρα ἠξίωσας ὑποστῆναι τόν γε δεινά σε καὶ μεγάλα εἰργασμένον. εἶτα καὶ πῶς ἂν ὁ μὴ παρὼν, μηδ' ἐπιδημῶν ἐγὼ τί σε ἠδίκησα;

ιβ΄. Εἰ τοίνυν ὡς οἷόν τε μέγιστ' ἠδικῆσθαι δοίη [6] τις αὐτῷ, καὶ ἐρεῖν ἅπαντα τἀληθῆ περὶ τούτων νυνὶ, ἐκεῖνό γ' [7] οἶμαι πάντας ἂν ὑμᾶς ὁμολογῆσαι, ὅτι πολλὰ συμβέβηκεν ἠδικῆσθαί τισιν ἤδη μείζω τῶν εἰς χρήματα γινομένων ἀδικημάτων. καὶ γὰρ ἀκούσιοι φόνοι, καὶ ὕβρεις εἰς ἃ μὴ δεῖ, καὶ πολλὰ τοιαῦτα ἄλλα γίνεται. ἀλλ' ὅμως ἁπάντων τούτων ὅρος καὶ λύσις τοῖς παθοῦσι τέτακται, τὸ πεισθέντας ἀφεῖναι· καὶ τοῦθ' οὕτω τὸ δίκαιον ἐν πᾶσιν ἰσχύει, ὥστε ἂν, ἑλών τις [8] ἀκουσίου φόνου καὶ σαφῶς ἐπι-

[1] * ἑαυτοῖς [2] [δεῖνι] [3] μὲν ἔχοντα μάχεσθαι [4] [οὐδὲν] [5] δίκην. οὐ παρ' ἐμοῦ γε; [6] τις ἂν αὐτῷ [7] οἴομαι [8] * ἑκουσίου

ιά. Τούτων] Sub. ἐνόντων. Malim tamen ταῦτα subaudiendo ἔνοντα, vel etiam addendo, et v. 24. post τις adde vel sub. τινά. et p. 571. v. 5. L. ἢ καὶ τεθνᾶναι. AUGER.

Ἠξίωσας ὑποστῆναι] Γενέσθαι. WOLF.

ιβ΄. Ἂν ἑλών τις ἀκουσίου φόνου] M. ἑκουσίου. τοῦτο γὰρ δεινότερον. et, p. 571. v. pen. τοῦτ' ἔσται δεινότατον. IDEM.

δείξας μὴ καθαρὸν, μετὰ ταῦτ' αἰδέσηται καὶ ἀφῇ, οὐκέτ' ἐκβαλεῖν κύριος τὸν αὐτόν ἐστιν. οὐδὲ γὰρ, ἂν ὁ παθὼν αὐτὸς ἀφῇ τοῦ φόνου πρὶν τελευτῆσαι τὸν δράσαντα, οὐδενὶ τῶν λοιπῶν συγγενῶν ἔξεστ' ἐπεξιέναι· ἀλλ', οὓς ἐκπίπτειν καὶ φεύγειν, [1] ἂν ἁλίσκωνται, καὶ τεθνάναι προστάττουσιν οἱ νόμοι, τούτους, ἂν ἀφεθῶσιν ἅπαξ, ἁπάντων ἐκλύει τῶν δεινῶν τοῦτο τὸ ῥῆμα. εἶθ' ὑπὲρ [2] μὲν ψυχῆς καὶ τῶν μεγίστων οὕτως ἰσχύει καὶ μένει τὸ ἀφεῖναι, ὑπὲρ δὲ χρημάτων καὶ ἐλαττόνων ἐγκλημάτων ἄκυρον ἔσται; μη-
84 δαμῶς. οὐ γὰρ, εἰ μὴ τῶν δικαίων ἐγὼ παρ' ὑμῖν τεύξομαι, τοῦτ' ἔστι δεινότατον· ἀλλ', εἰ πρᾶγμα δίκαιον, ὡρισμένον ἐκ παντὸς τοῦ χρόνου, νυνὶ [3] καταλυθήσεται ἐφ' ἡμῶν.

[1] ἂν * δ' ἁλίσκωνται

[2] μὲν τῆς ψυχῆς

[3] καταλύσετε

ΥΠΟΘΕΣΙΣ ΤΟΥ ΠΑΡΑΓΡΑΦΙΚΟΥ ΠΡΟΣ ΝΑΥΣΙΜΑΧΟΝ ΚΑΙ ΞΕΝΟΠΕΙΘΗΝ ΛΟΓΟΥ.

Pag. ed. Reisk.

ΝΑΥΣΙΜΑΧΟΣ καὶ Ξενοπείθης ἐπετροπεύθησαν ὑπὸ Ἀρισταίχμου. ἐγγραφέντες δὲ εἰς 984
ἄνδρας ἔλαχον δίκην ἐπιτροπῆς αὐτῷ. εἶτα διελύσαντο λαβόντες τρία τάλαντα, καὶ ἀφῆκαν αὐτὸν τῶν ἐγκλημάτων. καὶ ὁ μὲν τετελεύτηκε καταλιπὼν παῖδας τέτταρας· τούτοις δὲ μετὰ χρόνον συχνὸν ὁ Ναυσίμαχος καὶ Ξενοπείθης δικάζονται βλάβης, χρήματα ἀπαιτοῦντες ἐκ τῆς ἐπιτροπῆς. οἱ δὲ παραγράφονται παρατιθέμενοι τὸν νόμον τὸν οὐκ ἐῶντα, περὶ ὧν ἄν τις ἄφεσιν δῷ καὶ ἀπαλλαγὴν, πάλιν δικάζεσθαι.

Ἔλαχον δίκην ἐπιτροπῆς αὐτῷ. et ibid. λαβόντες τρία τάλαντα. et v. 3. ἀφῆκαν αὐτὸν τῶν ἐγκλημάτων. et v. 5. οἱ δὲ παραγράφονται. WOLF.

Γράφονται] Rescribendum est παραγράφονται. *Leg. Attic.* L. IV. T. IV. p. 429. PETITUS.

ΔΗΜΟΣΘΕΝΟΥΣ

ΠΑΡΑΓΡΑΦΗ

ΠΡΟΣ ΝΑΥΣΙΜΑΧΟΝ ΚΑΙ ΞΕΝΟΠΕΙΘΗΝ.

α΄. ΔΕΔΩΚΟΤΩΝ, ὦ ἄνδρες Ἀθηναῖοι, τῶν νόμων
παραγράφεσθαι, περὶ ὧν [1] ἄν τις ἀφεὶς καὶ ἀπαλλάξας
πάλιν δικάζηται, γεγενημένων ἀμφοτέρων τούτων τῷ πατρὶ
πρὸς Ναυσίμαχον καὶ Ξενοπείθην τοὺς εἰληχότας ἡμῖν, 985
παρεγραψάμεθα, ὥσπερ ἠκούσατε ἀρτίως, μὴ εἰσαγώγιμον
εἶναι τὴν δίκην. δεήσομαι δὲ καὶ δίκαια καὶ μέτρια ὑμῶν
ἁπάντων, πρῶτον μὲν εὐνοϊκῶς ἀκοῦσαί μου λέγοντος,
ἔπειτ', ἐὰν ἀδικεῖσθαι δοκῶ [2] ἢ καὶ μὴ προσήκοντος ἐγκλήματος φεύγειν δίκην, βοηθῆσαί μοι τὰ δίκαια. ὃ μὲν γὰρ
ὑμεῖς ἐπὶ τῇ δίκῃ τίμημα ἀκηκόατε, τριάκοντά εἰσιν μναῖ

[1] ἂν ὧν [2] Deest ἢ.

α. Τοὺς εἰληχότας ἡμῖν] S. δίκην. quæ vox fortassis a librariis est omissa. WOLF.

Ἐὰν ἀδικεῖσθαι δοκῶ, ἢ καὶ μὴ] Τὸ ἢ mallem abesse, ut est annotatum in varia lectione. IDEM.

Τριάκοντα μναῖ] Quater 30. minæ sunt

ὧν δὲ φεύγομεν χρημάτων, τέτταρα τάλαντα. ὄντες γὰρ δύο τέτταρας εἰλήχασι δίκας ἡμῖν τῶν αὐτῶν χρημάτων ἁπάσας, τρισχιλίων ἑκάστην, βλάβης· καὶ νυνὶ πρὸς τριάκοντα μνῶν ἐπίγραμμα ὑπὲρ τοσούτων χρημάτων εἰς ἀγῶνα καθέσταμεν. τὴν μὲν οὖν συκοφαντίαν τὴν τούτων, καὶ μεθ' ὅσης ἐπιβουλῆς ἐληλύθασιν ἐφ' ἡμᾶς, ἐξ αὐτῶν τῶν πεπραγμένων εἴσεσθε· ἀναγνώσεται δὲ [1] πρῶτον ὑμῖν τὰς μαρτυρίας, ὡς ἀφεῖσαν τὸν πατέρα ἡμῶν ὧν ἐνεκάλεσαν εἰς τὴν ἐπιτροπήν. κατὰ γὰρ τοῦτο καὶ παρεγραψάμεθα μὴ εἰσαγώγιμον εἶναι τὴν δίκην. καί μοι λέγε ταυτασὶ τὰς μαρτυρίας.

ΜΑΡΤΥΡΙΑΙ.

ὅτι μὲν τοίνυν, ὦ ἄνδρες δικασταὶ, [2] δίκας ἔλαχον τῆς ἐπιτροπῆς, καὶ ἀφεῖσαν ταύτας, καὶ τὰ συγχωρηθέντα χρήματα ἔχουσιν, ἀκούετε τῶν [3] μαρτυριῶν· ὅτι δ' οὐκ ἐῶσιν οἱ νόμοι περὶ τῶν οὕτω πραχθέντων αὖθις δικάζεσθαι, νομίζω μὲν ὑμᾶς ἅπαντας εἰδέναι, κἂν μηδὲν εἴπω περὶ αὐτῶν ἐγὼ, βούλομαι δ' ὅμως καὶ τὸν νόμον ὑμῖν αὐτὸν ἀναγνῶναι. λέγε τὸν νόμον.

986

ΝΟΜΟΣ.

ἀκούετε, ὦ ἄνδρες δικασταὶ, τοῦ νόμου σαφῶς λέγοντος ἕκαστα ὧν μὴ [4] εἶναι δίκας, ὧν ἔνεστιν, ὁμοίως τοῖς ἄλλοις κύριον, περὶ ὧν ἄν τις ἀφῇ καὶ ἀπαλλάξῃ μὴ δικάζεσθαι; οὕτω τοίνυν καὶ μετὰ πολλῶν μαρτύρων τῆς ἀφέσεως γεγονυίας, καὶ φανερῶς ἀπολύοντος ἡμᾶς τοῦ νόμου, εἰς τοῦτο ἐληλύθασιν ἀναισχυντίας οὗτοι καὶ τόλμης, ὥστε, τεττάρων μὲν καὶ δέκα ἐτῶν γεγενημένων ἀφ'

[1] πρῶτον μὲν ὑμῖν [2] καὶ δίκας [3] μαρτύρων
[4] εἶναι * δεῖ δίκας·- ὧν ἐν ἐστιν, ὁμοίως

120. et quater 3000. drachmæ sunt totidem (1000. enim drachmæ 10. minas faciunt) 60. minæ talentum. Ergo 240. minæ sunt 4. talenta: quia uterque frater a quatuor fratribus tricenas minas postulavit. IDEM. Vid. Herald. Anim. in Salmas. Obss. ad Jus A. et R. l. III. c. IV. §. V.

Ὧν ἔνεστιν ὁμοίως τοῖς ἄλλοις κύριον] Pro ἀφ', ἧ, ἐξ ὧν. *In farrag.* Unica vocabula ὑφὲν scripta, cum duo verba sint, hunc locum obscuravit. Qua divisa, nihil opus est assumentis scholii. Tu lege, retentis auctoris verbis: ὧν μὴ εἶναι δίκας, scil. χρὴ, vel κατ' ἐναλλαγὴν, ὧν μή εἰσι δίκαι, ὧν ἕν ἐστιν, ὁμοίως τοῖς ἄλλοις κύριον. Ait, multa esse ob quæ actio non detur: quorum unum sint ea, quæ acta transactaque sint, æque ratum ac cætera. WOLF.

οὗ τὸν πατέρα ἡμῶν ἀφεῖσαν, εἴκοσι δὲ καὶ δυοῖν ἀφ' οὗ τυγχάνουσι γεγραμμένοι, τετελευτηκότος δὲ καὶ τοῦ πατρὸς τοῦ ἡμετέρου [1] καθ' ὃν αὐτοῖς ἐγένοντο αἱ ἀπαλλαγαὶ, καὶ τῶν ἐπιτρόπων οἳ μετὰ τὸν ἐκείνου θάνατον τῶν ἡμετέρων ἐγένοντο κύριοι, καὶ τῆς ἑαυτῶν μητρὸς ἥτις ἅπαντα ταῦτα ᾔδει, καὶ διαιτητῶν, καὶ μαρτύρων, καὶ πάντων — τῶν πλείστων, ὡς εἰπεῖν, τὴν ἀπειρίαν τὴν ἡμετέραν καὶ τὴν ἐξ ἀνάγκης ἄγνοιαν τῶν πεπραγμένων, ἕρμαιον νομίσαντες [2] αὐτῶν, τὰς δίκας ἡμῖν ἔλαχον ταύτας, καὶ λόγον οὔτε δίκαιον οὔτ' ἐπιεικῆ τολμῶσι λέγειν.

β'. Φασὶ γὰρ οὐκ ἀποδόσθαι τὰ πατρῷα ὧν ἐκομίζοντο χρημάτων, οὐδ' ἀποστῆναι τῶν ὄντων, ἀλλ', ὅσα αὐτοῖς κατελείφθη χρέα καὶ σκεύη καὶ ὅλως χρήματα, ταῦθ' αὐτῶν γίγνεσθαι· ἐγὼ δ' οἶδ' ἀκούων, ὅτι τὴν οὐσίαν Ξενοπείθης καὶ Ναυσικράτης ἅπασαν χρέα κατέλιπον καὶ φανερὰν ἐκέκτηντο μικράν τινα, εἰσπραχθέντων δὲ τῶν χρεῶν καί τινων σκευῶν πραθέντων, ἔτι δ' ἀνδραπόδων, τὰ χωρία καὶ τὰς συνοικίας ἐπρίαντο οἱ ἐπίτροποι, ἃ παρέλαβον οὗτοι. εἰ μὲν οὖν μηδὲν ἠμφισβητήθη περὶ τούτων πρότερον, μηδ' ὡς οὐ καλῶς διῳκημένων εἰς δίκην ἦλθεν, 987
ἄλλος ἂν ἦν λόγος· ἐπειδὴ δ', ὅλην τὴν ἐπιτροπὴν ἐγκαλέσαντες οὗτοι καὶ δίκας λαχόντες, χρήματ' ἐπράξαντο, ταῦτα πάντα ἀφεῖται τότε. οὔτε γὰρ οὗτοι τοῦ ὀνόματος δήπου τοῦ τῆς ἐπιτροπῆς τὰς δίκας ἐδίωκον, ἀλλὰ τῶν χρημάτων, οὔτ' ἐκεῖνοι τοὔνομα τοῦτο ἐωνοῦντο ὧν ἀπέτισαν χρημάτων, ἀλλὰ τὰ ἐγκλήματα. ὅτι μὲν οὖν, ὧν πρὸ τῶν ἀπαλλαγῶν εἰσέπραξε χρεῶν ὁ πατὴρ ἢ ὅλως ἔλαβε χρημάτων ἐκ τῆς ἐπιτροπῆς, οὐδενός εἰσι δίκαι τούτοις καθ' ἡμῶν ἀπηλλαγμένοις, ἐξ αὐτῶν τῶν νόμων καὶ τῆς ἀφέσεως ἱκανῶς πάντας ἡγοῦμαι ὑμᾶς μεμαθηκέναι. ὅτι δ' ὕστερον οὐκ ἔνι τὴν κομιδὴν γεγενῆσθαι τούτων τῶν χρημάτων — τοῦτο γὰρ πλάττουσιν οὗτοι καὶ παράγουσι —, τοῦτο βούλομαι δεῖξαι.

[1] καθ'] πρὸς [2] αὐτῶν

'Αφ' οὗ τυγχάνουσι γεγραμμένοι] 'Αφ' οὗ τὸν πατέρα ἐγράψαντο. Idem.

Καθ' ὃν] F. πρὸς ὃν, ἢ, μεθ' οὗ. Idem.

Καὶ πάντων τῶν πλείστων ὡς εἰπεῖν] F. καὶ τῶν πλείστων ἢ πάντων ὡς εἰπεῖν, S. τετελευτηκότων. Idem.

β'. 'Απηλλαγμένοι] 'Απηλλαγμένων, *contra nos qui missi facti sumus.* Sin ἀπηλλαγμένοις, ad accusatores referatur, quibus satisfactum est. Idem.

γ΄. Τὸν μὲν γὰρ πατέρα οὐδ᾽ ἂν αἰτιάσαιντο λαβεῖν, τέτταρσι γὰρ ἢ τρισὶ μησὶν ὕστερον ἢ διελύσατο πρὸς τούτους ἐτελεύτησεν· ὡς δ᾽ οὐδὲ Δημάρετον τὸν καταλειφθέντα ἡμῶν ἐπίτροπον λαβεῖν οἷόν τε — καὶ γὰρ τοῦτον ἔγραψαν εἰς τὸ ἔγκλημα —, καὶ τοῦτο ἐπιδείξω. μέγιστοι μὲν οὖν εἰσὶν αὐτοὶ ἡμῖν οὗτοι μάρτυρες. οὐδαμοῦ γὰρ φανήσονται δίκην εἰληχότες ζῶντι τῷ Δημαρέτῳ· οὐ μὴν ἀλλὰ καὶ τὸ πρᾶγμα ἄν τις σκοπῶν αὐτὸ καὶ θεωρῶν, ἴδοι οὐ μόνον οὐχὶ λαβόντα, ἀλλ᾽ οὐδ᾽ ἐνὸν αὐτῷ λαβεῖν. ἦν μὲν γὰρ τὸ χρέος [1] ἐν Βοσπόρῳ· ἀφίκετο δ᾽ οὐδὲ πώποτε εἰς τὸν τόπον τοῦτον ὁ Δημάρετος. πῶς οὖν εἰσέπραξεν; ἔπεμψε, νὴ Δία, εἴποι τις ἄν, τὸν κομιούμενον. σκοπεῖτε δὴ τοῦτο
988 ουτωσί. ὤφειλεν Ἑρμῶναξ στατῆρας ἑκατὸν, παρὰ Ναυσικράτους λαβὼν, τούτοις. τούτων ἐπίτροπος καὶ κηδεμὼν Ἀρίσταιχμος ἐγένετο ἑκκαίδεκα ἔτη. οὐκοῦν ἅ γε, τούτων ἀνδρῶν γεγονότων, δι᾽ ἑαυτοῦ διέλυσε χρήματα ὁ Ἑρμῶναξ, οὐκ ἀπέδωκεν, ὅτ᾽ ἦσαν παῖδες· οὐ γὰρ δίς γε ταὐτὰ κατετίθει. ἔστιν οὖν οὕτω τίς ἀνθρώπων ἄτοπος, ὥσθ᾽, ἃ τοὺς κυρίους διεκρούσατο μὴ καταθεῖναι τοσοῦτον χρόνον, ταῦτα τῷ μὴ κυρίῳ, γράψαντι γράμματα, ἑκὼν ἀποδοῦναι; ἐγὼ μὲν οὐκ οἶμαι. ἀλλὰ μὴν ὡς ἀληθῆ λέγω, καὶ ὁ μὲν πατὴρ ἐτελεύτησεν εὐθέως μετὰ τὰς διαλύσεις, τῷ Δημαρέτῳ δ᾽ οὐδὲ πώποθ᾽ οὗτοι τῶν χρημάτων [2] τούτων δίκην ἔλαχον, οὐδ᾽ ὅλως ἐξέπλευσεν ἐκεῖνος οὐδ᾽ ἀπεδήμησεν ἐκεῖσε, λάβε τὰς μαρτυρίας.

ΜΑΡΤΥΡΙΑΙ.

ὅτι μὲν τοίνυν οὔθ᾽ ὁ πατὴρ μετὰ τὴν ἄφεσιν τὰ χρήματα εἰσέπραξεν, οὔτ᾽ ἂν ἔδωκεν ἑκὼν οὐδεὶς εἴ τινα ἔπεμψεν ὁ Δημάρετος, οὔτ᾽ ἂν ἔπλευσεν αὐτὸς, οὐδ᾽ ἂν ἀφίκετο ἐκεῖσε, δῆλον ἐκ τῶν χρόνων καὶ τῶν [3] μαρτύρων ὑμῖν γέγονε.

[1] ἐν τῷ Βοσπόρῳ [2] τούτων τῶν χρημάτων [3] μαρτυριῶν

γ΄. Οὐκοῦν ἅ γε] Per γ, non per τ. qui error frequens est ob γάμμα alterum, cum et lineola etiam versus sinistram errore calami additur. Videtur hic locus esse mutilus, quod solutio ista Hermonactis quasi ex abrupto inseritur, et magnæ impudentiæ esset, a tutoribus eam pecuniam postulare, quam ipsi suæ tutelæ facti, a debitore accepissent. Idem.

Οὔτ᾽ ἂν ἔπλευσεν] Hic legendum arbitror: οὔ τ᾽ αὖ ἔπλευσεν αὐτὸς, οὐδ᾽ ἀφίκετο, delendo ἂν, nisi mavis αὖ repetere, οὐδ᾽ αὖ δ'. Βούλομαι τοίνυν καὶ ὅλως ψευδομένους αὐτοὺς ὅλον τὸ πρᾶγμα ἐπιδεῖξαι. οὗτοι γὰρ γεγράφασιν εἰς ὃ νῦν ἔγκλημα διώκουσιν, ὀφείλειν ἡμᾶς τὸ ἀργύριον, κομισαμένου τοῦ πατρὸς καὶ παραδόντος αὐτοῖς τοῦτο τὸ χρέος, ἐν τῷ λόγῳ τῆς ἐπιτροπῆς ὀφειλόμενον. καί μοι λέγε αὐτὸ τὸ ἔγκλημα λαβών.

ΕΓΚΛΗΜΑ.

ἀκούετε γεγραμμένον ἐν τῷ ἐγκλήματι παραδόντος ἐμοὶ τοῦ Ἀρισταίχμου τὸ χρέος ἐν τῷ λόγῳ τῆς ἐπιτροπῆς; ὅτε τοίνυν ἐλάγχανον τῷ πατρὶ τῆς 989
ἐπιτροπῆς, τἀναντία ἐγράψαντο τούτων· ὡς γὰρ οὐκ ἀποδόντι λόγον καὶ [1]τοῦτ' ἐγκαλοῦντες φαίνονται. λέγε δ' αὐτὸ τὸ ἔγκλημα, ὃ τότ' ἔλαχον τῷ πατρί.

ΕΓΚΛΗΜΑ.

ἐν ποίῳ δὴ λόγῳ νῦν ἐγκαλεῖτε, ὡς παρέδωκεν, ὦ Ξενοπείθη καὶ Ναυσίμαχε; τοτὲ μὲν γὰρ ὡς οὐκ ἀποδιδόντι δίκας ἐλαγχάνετε, καὶ χρήματ' ἐπράττεσθε· τοτὲ δ' ὡς παραδόντος διώκετε. εἰ δ' ἐπ' ἀμφότερα ἔσται συκοφαντεῖν ὑμῖν, καὶ τοτὲ μὲν τοῦ μὴ παραδοῦναι χρήματα πράξεσθε, τοτὲ δὲ ὡς παραδόντος διώξετε, οὐδὲν [2]κωλύσει καὶ τρίτον τι σκοπεῖν μετὰ ταῦτα ὅτου πάλιν δικάσεσθε· οἱ νόμοι δ' οὐ ταῦτα λέγουσιν, ἀλλ' ἅπαξ περὶ τῶν αὐτῶν πρὸς τὸν αὐτὸν εἶναι τὰς δίκας.

έ. Ἵνα τοίνυν εἰδῆτε, ὦ ἄνδρες Ἀθηναῖοι, ὅτι οὐ μόνον οὐκ ἀδικοῦνται νῦν, ἀλλὰ καὶ παρὰ πάντας ἡμῖν δικάζονται τοὺς νόμους, βούλομαι καὶ τοῦτον ὑμῖν τὸν νόμον εἰπεῖν, ὅστις διαῤῥήδην λέγει, ἐὰν πέντε ἔτη παρέλθῃ, καὶ μὴ δικάσωνται, μηκέτ' εἶναι τοῖς ὀρφανοῖς δίκην περὶ τῶν ἐκ τῆς ἐπιτροπῆς ἐγκλημάτων. καὶ τοῦτον ὑμῖν ἀναγνώσεται τὸν νόμον.

[1] τοῦτό γ' ἐγκαλοῦντες

[2] καλύει

ἀφίκετο. AUGER.

δ'. Εἰς ὃ νῦν ἔγκλημα διώκουσιν]. Εἰς τοῦθ', ὅ. WOLF. i. e. εἰς τοῦτο ἔγκλημα καθ' ὃ νῦν διώκουσιν. AUGER.

Οὐκ ἀποδόντι λόγον] Sub. ἐλάγχανον. Et v. 15. παρέδωκεν sub. τὸ χρέος. Intelligentia hujus loci, qui paulo obscurior est, pendet, ut mihi videtur, ex vera significatione verbi παραδίδωμι. Hic, meo quidem judicio, significat, *declarare aliquid scripto aliquo quo ratio redditur rei administratæ.* IDEM.

ΝΟΜΟΣ.

ἀκούετε, ὦ ἄνδρες δικασταὶ, τοῦ νόμου λέγοντος ἄντικρυς, ἐὰν μὴ πέντε ἐτῶν δικάσωνται, μηκέτ' εἶναι δίκην; οὐκοῦν ἐλάχομεν, φαῖεν ἄν. καὶ διελύσασθέ γε· ὥστ' οὐκ εἰσὶν αὖθις ὑμῖν δίκαι. ἢ δεινόν γ' ἂν εἴη, εἰ τῶν μὲν ἐξαρχῆς ἀδικημάτων οὐ δίδωσιν ἔξω πέντε ἐτῶν τὰς δίκας τοῖς ὀρφανοῖς ὁ [1] νόμος κατὰ τῶν οὐκ ἀφειμένων ἐπι-
990 τρόπων· πρὸς δὲ τοὺς ἐξ ἐκείνων ἡμᾶς, περὶ ὧν αὐτοὺς ἀφείκατε, εἰκοστῷ νῦν ἔτει δίκην τελέσαισθ' ὑμεῖς.

ϛ'. Ἀκούω τοίνυν αὐτοὺς τὰ μὲν [2] περὶ τῶν πραγμάτων αὐτῶν καὶ τῶν νόμων δίκαια φευξεῖσθαι· παρεσκευάσθαι δὲ λέγειν, ὡς πολλὰ χρήματα αὐτοῖς κατελείφθη, καὶ ταῦτ' ἀπεστερήθησαν, καὶ τεκμηρίῳ [3] χρήσασθαι τούτῳ, τῷ μεγέθει τῶν δικῶν ἃς ἐξαρχῆς ἔλαχον, καὶ τὴν ὀρφανίαν ὀδυρεῖσθαι, καὶ τὸν τῆς ἐπιτροπῆς λόγον διεξιέναι, καὶ ταῦτ' εἶναι, οἷς πεπιστεύκασι, καὶ δι' ὧν ὑμᾶς ἐξαπατήσειν οἴονται. ἐγὼ δὲ τῶν μὲν δικῶν τὸ μέγεθος τῶν τότε [4] λεχθεισῶν μεῖζον ἡγοῦμαι τεκμήριον [5] ἡμῖν, ὡς ἐσυκοφαντεῖτο ὁ πατὴρ, εἶναι, ἢ τούτοις ὡς πολλὰ ἀπεστεροῦντο. ὀγδοήκοντα μὲν γὰρ τάλαντ' ἔχων ἐξελέγχειν, οὐδεὶς ἂν τρία λαβὼν ἀπηλλάγη· τοσούτων δὲ χρημάτων φεύγων ἐπιτροπῆς, οὐδείς ἐστιν, ὅστις οὐκ ἂν ἔδωκε τρία τάλαντα, τὸν κίνδυνον ὠνούμενος καὶ τὰ φύσει τότε τούτοις πλεονεκτήματα ὑπάρχοντα. καὶ γὰρ ὀρφανοὶ, καὶ νέοι, καὶ ὁποῖοί τινές εἰσιν, ἀγνῶτες ἦσαν· ταῦτα δὲ πάντες φασὶ μεγάλων δικαίων παρ' ὑμῖν ἰσχύειν πλέον.

ζ'. Ὅτι τοίνυν οὐδ' ἀνάσχοισθ' ἂν αὐτῶν εἰκότως οὐδὲν περὶ τῆς ἐπιτροπῆς, καὶ τοῦτ' οἴομαι δείξειν. εἰ γὰρ ὡς [6] οἴονται μέγιστ' ἠδικῆσθαι δοίη [7] τις αὐτοῖς καὶ ἐρεῖν ἅπαν-

[1] νόμος, οὐδὲ κατὰ [2] * παρὰ [3] χρήσεσθαι τούτου [4] ληχθεισῶν [5] ὑμῖν
[6] οἴονται] οἷόν τε [7] τις ἂν αὐτοῖς κ. ἐ. πάντα

Δίκην τελέσαισθ' ὑμεῖς] Τελέσασθαι δίκην, ἀντὶ τοῦ, ἀποφαίνεσθαι περὶ τοῦ ἐγκλήματος. Sic πρὸς Βοιωτὸν infra, p. 999. 25. ed. R. εἰ ἐρήμην ἐάσει τελεσθῆναι τὴν δίκην. Wolf.

ϛ'. Καὶ τεκμηρίῳ χρήσασθαι τούτῳ, τῷ μεγέθει] F. τούτων (S. τῶν χρημάτων) τῷ μ. *In farrag.* M. χρήσεσθαι τούτου, scil. τοῦ ἀποστερηθῆναι. Idem. χρήσεσθαι τούτων. Auger.

Τῶν τότε λεχθεισῶν] Λέγειν δίκας in hac significatione (quod sciam) non dicitur, sed λαγχάνειν. unde εἰληγμέναι δίκαι καὶ ληχθεῖσαι per η in secunda, παρὰ τὸ λήχω. Wolf.

ζ'. Ὡς οἷόν τε μέγιστα] Hanc lectionem probo. Idem.

τα τἀληθῆ περὶ τούτων νυνὶ, ἐκεῖνό γ' [1]οἶμαι πάντας ἂν ὑμᾶς ὁμολογῆσαι, ὅτι πολλὰ συμβέβηκεν ἠδικῆσθαί τισιν ἤδη μείζω τῶν εἰς χρήματα γιγνομένων ἀδικημάτων. καὶ γὰρ ἀκούσιοι φόνοι, καὶ ὕβρεις εἰς ἃ μὴ δεῖ, [2]καὶ πολλὰ τοιαῦτ' ἀδικήματα γίγνεται· ἀλλ' ὅμως ἁπάντων τούτων 991
ὅρος καὶ λύσις τοῖς παθοῦσι τέτακται τὸ πεισθέντας ἀφεῖναι, καὶ τοῦθ' οὕτω τὸ δίκαιον ἐν πᾶσιν ἰσχύει, ὥστ' ἂν, ἑλών τις [3]ἀκουσίου φόνου καὶ σαφῶς ἐπιδείξας μὴ καθαρὸν, μετὰ ταῦτα αἰδέσηται καὶ ἀφῇ, οὐκέτ' ἐκβαλεῖν κύριος τὸν αὐτόν ἐστιν. εἶθ' ὑπὲρ μὲν ψυχῆς καὶ τῶν μεγίστων οὕτως ἰσχύει καὶ μένει τὸ ἀφεῖναι, ὑπὲρ δὲ χρημάτων καὶ ἐλαττόνων ἐγκλημάτων ἄκυρον ἔσται; μηδαμῶς. οὐ γὰρ, εἰ μὴ τῶν δικαίων ἐγὼ παρ' ὑμῖν τεύξομαι, τοῦτ' ἔστι δεινότατον· ἀλλ', εἰ πρᾶγμα δίκαιον, ὡρισμένον ἐκ παντὸς τοῦ χρόνου, νυνὶ καταλυθήσεται.

ή. Οὐκ ἐμίσθωσαν ἡμῶν τὸν οἶκον, ἴσως ἐροῦσιν· οὐ γὰρ ἐβούλεθ' ὁ θεῖος ὑμῶν Ξενοπείθης, ἀλλὰ, φήναντος Νικίδου, τοὺς δικαστὰς ἔπεισεν ἐᾶσαι διοικεῖν αὐτόν. καὶ ταῦτ' ἴσασι πάντες. πολλὰ δ' ἥρπασαν ἡμῶν ἐκεῖνοι· οὐκοῦν, ἢν ἐπείσθητέ γε, τούτων δίκην παρ' αὐτῶν ἔχετε, καὶ οὐ δήπουθεν πάλιν δεῖ λαβεῖν ὑμᾶς παρ' ἐμοῦ.

θ'. Ἵνα δὲ μηδ' οἴησθε εἶναί τι ταῦτα, ἔστι μὲν οὐκ ἴσον· πῶς γάρ; πρὸς τοὺς πράξαντας διαλυσαμένους τῶν οὐκ εἰδότων κατηγορεῖν. ὅμως μέντοι, ὦ Ξενοπείθη καὶ Ναυσίμαχε, εἰ μεγάλα ὑμῖν καὶ θαυμαστὰ τὰ δίκαια [4]εἶναι ταῦτα ὑπολαμβάνετε, ἀποδόντες τὰ τρία τάλαντα περαίνετε· ὧν δὲ τοῦ μὴ κατηγορῆσαι τοσαῦτα χρήματα ἐπράξασθε, πρὶν ἂν ταῦτα ἀποδῶτε, σιωπᾶν ἐστὲ δίκαιοι, καὶ [5]μὴ κατηγορεῖν καὶ ἔχειν. ἔσχατον γὰρ δὴ πραγμάτων τοῦτό γε.

[1] οἴομαι [2] καὶ ἄλλα πολλὰ [3] ἑκουσίου [4] εἶναι τὰ δίκαια [5] * μὴ καὶ

Καὶ τοῦθ' οὕτω — ἐστι] *Et usque adeo hoc jus in omnes valet, ut si quis propter cædem non voluntariam alium arcesserit, reum etiam peregerit, manifestoque convicerit, deinde a reo placatus quoquo modo culpam crimenve condonarit, ultra finibus patriæ expellere eum non possit; quia injuria remissa abolitaque exsuscitari deinde nequit.* Et iisdem verbis usus est Demosthenes in Orat. π. Πανταινετ. circa fin. αἰδοῦμαι enim non modo ἐντρέπομαι significat, καὶ μετ' αἰδοῦς ἐπιδέχομαι, h. e. *veneror et honori habeo*; sed etiam πείθομαι, *placor et injuriam remitto, iram condono.* Budæus.

ή. Αὐτὸν] Nempe τὸν οἶκον. Auger.

θ'. Περαίνετε] Sub. τὴν δίκην. Ibidem ὧν refertur ad tutores et regitur a κατηγορῆσαι, hæc vox pendet, et nihil est in sequentibus quo cum possit construi. τοῦ

ί. Τάχα [1] τοίνυν καὶ τριηραρχίας ἐροῦσι· καὶ τὰ ὄντα
992 ὡς ἀναλώκασιν εἰς ὑμᾶς. ἐγὼ δ', ὅτι μὲν ψεύσονται, καὶ,
τὰ πολλὰ ἀπολωλεκότες τῶν ὄντων αὐτοῖς, μικρὰ τῆς πό-
λεως μετειληφυίας, οὐ δικαίαν οὐδὲ γιγνομένην χάριν ἀξιώ-
σουσι κομίζεσθαι παρ' ὑμῶν, ἐάσω· ἀξιῶ δὲ καὶ αὐτὸς, ὦ
ἄνδρες δικασταὶ, εἶναι τοῖς λειτουργοῦσιν ὑμῖν ἅπασι χάριν
τινὰ ὑπάρχουσαν παρ' ὑμῶν, τισὶ δὲ μεγίστην; τοῖς, ὃ
μὲν χρήσιμον τῇ πόλει τοῦ πράγματός ἐστι, ποιοῦσιν, ὃ δ'
αἰσχρὸν ἂν ἅπαντες εἶναι φήσαιεν καὶ ὄνειδος, μὴ κατα-
σκευάζουσιν. οἱ μὲν τοίνυν μετὰ τοῦ λειτουργεῖν τὰ σφέ-
τερα αὑτῶν διεφθαρκότες, τὴν βλασφημίαν ἀντὶ τῆς χρεί-
ας τῇ πόλει καταλείπουσιν, οὐδεὶς γὰρ αὐτὸς αὑτοῦ κατ-
ηγόρησε πώποτε, ἀλλ', ὡς ἡ πόλις τὰ ὄντα [2] ἀφαιρεῖται,
λέγει· οἱ δὲ, ὅσα μὲν προστάττετε ὑμεῖς, ποιοῦντες προ-
θύμως, τῇ περὶ [3] τὰ ἄλλα δὲ σωφροσύνῃ τὰ ὄντα σώζοντες,
οὐ μόνον κατὰ τοῦτ' ἐκείνων πλεονεκτοῖεν ἂν εἰκότως, [4] ὅτι
γεγόνασι χρήσιμοι καὶ ἔσονται, ἀλλ' ὅτι καὶ χωρὶς ὀνεί-
δους ταῦτα παρ' αὐτῶν ὑμῖν γίγνεται. ἡμεῖς μὲν τοίνυν
τοιοῦτοι εἰς ὑμᾶς φανούμεθα ὄντες· τούτους δ' ἐάσω, μή με
φῶσι κακῶς αὐτοὺς λέγειν.

ιά. Οὐ τοίνυν θαυμάσαιμ' ἂν, εἰ καὶ δακρύειν καὶ ἐλε-
εινοὺς αὑτοὺς πειρῶνται ποιεῖν. ἐγὼ δ' ἀξιῶ πρὸς ταῦτα
ὑπολαμβάνειν ἅπαντας ὑμᾶς, ὅτι τῶν αἰσχρῶν ἐστὶ, μᾶλ-
λον δ' οὐδὲ δικαίων, τὰ μὲν ὄντα κατέσθοντας καὶ παροι-
νοῦντας μετὰ Ἀριστοκράτους καὶ Διογνήτου καὶ [5] τοιούτων
ἀνθρώπων καὶ κακῶς ἀναλωκέναι· τὰ δ' ἀλλότρια ὥστε
λαβεῖν, δακρύειν νυνὶ καὶ κλαίειν. ἐπ' ἐκείνοις ἔκλαιετ' ἂν,
993 οἷς ἐποιεῖτε, δικαίως· νῦν δὲ οὐ δεῖ δακρύειν, ἀλλ' ὡς οὐκ
ἀφήκατε δεικνύναι, ἤ, ὡς εἰσὶν ὧν ἂν ἀφήκατε αὖθις
ὑμῖν [6] δικαίως τὸ λαγχάνειν ἔτι δίκαιόν ἐστι, τοῦ νόμου
πέντε ἔτη τὴν προθεσμίαν δεδωκότος. ταῦτα γάρ ἐστιν

[1] τοίνυν ἴσως καὶ [2] ἀφήρηται [3] τἆλλα [4] ὅτι καὶ γεγόνασιν
[5] τοιούτων ἑτέρων ἀνθρώπων αἰσχρῶς καὶ κακῶς
[6] * δίκαι, ἢ ὡς εἰκοστῷ λαγχάνειν ἔτει δίκαιόν ἐστι,

μὴ sub. ἕνεκα. IDEM.

ιά. Μᾶλλον δ' οὐδὲ δικαίων] Felic. οὐδὲ δίκαιον, ἢ, οὐδὲ τῶν δικαίων. WOLF.

Κατέσθοντας] Imo κατεσθίοντας. AUGER.

Καὶ κακῶς] F. A. καὶ τὰ μὲν ἴδια κακῶς ἀνηλωκέναι, τὰ δ' ἀλλότρια, etc. ut constet ἀντίθετον. WOLF.

Ἢ ὡς εἰσὶν ὧν ἂν ἀφήκητε, αὖθις ὑμῖν δικαίως τὸ λαγχάνειν, ὅτι δίκαιόν ἐστι] F. ἢ ὡς εἰσιν, ἃν ἂν ἀφήκητε, αὖθις δίκαι; ἤ, ὡς τὸ λαγχάνειν ἔτι δίκαιόν ἐστι. IDEM.

ὑπὲρ ὧν οὗτοι δικάζουσιν. ἐὰν δὲ μὴ δύνωνται ταῦτα [1] δεικνύναι, ὡς οὐ δυνήσονται, ἡμεῖς ὑμῶν ἁπάντων, ὦ ἄνδρες δικασταὶ, [2] δεησόμεθα, μὴ ἡμᾶς προέσθαι τούτοις, μηδὲ τετάρτην οὐσίαν ἔτι δοῦναι, τρεῖς ἑτέρας κακῶς διῳκηκόσιν, ἣν παρ' ἑκόντων ἔλαβον τῶν ἐπιτρόπων, ἣν ὑπὲρ τῶν δικῶν εἰσεπράξαντο, ἣν πρώην ἀφείλοντο Αἰσίου δίκην ἑλόντες· ἀλλ' ἡμᾶς τὰ ἡμέτερα, ὥσπερ ἐστὶ δίκαιον, ἐᾶν ἔχειν. ἃ καὶ ὑμῖν ἐστὶν [3] ἐν ὠφελείᾳ μείζονι παρ' ἡμῖν ὄντα, ἢ παρὰ τούτοις· καὶ δικαιότερον δήπου τὰ ἡμέτερα ἡμᾶς ἐστὶν ἔχειν, ἢ τούτους.

Οὐκ οἶδ', ὅτι δεῖ πλείω λέγειν· [4] οἶμαι γὰρ ὑμᾶς οὐδὲν ἀγνοεῖν τῶν εἰρημένων. ἐξέρα τὸ ὕδωρ.

1 [δεικνύναι]   2 δεόμεθα   3 ἐπ'   4 οἴομαι

Ἣν πρώην ἀφείλοντο Αἰσίου δίκην ἑλόντες] Ἀφείλοντο Αἰσίου conjunge. IDEM.

FINIS TOMI TERTII.

Londini imprimebat J. F. Dove, in Area quæ est Divi Joannis.

Lightning Source UK Ltd.
Milton Keynes UK
UKHW011847301218
334695UK00013B/477/P

9 780428 044435